해커스 JLPT 일본어능력시험 한권합격 N2
기본서+모의고사+단어장

학습을 위한 **추가 혜택**

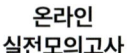
온라인 실전모의고사

무료 교재 MP3
(학습용/문제별 복습용/ 고사장 소음 버전)

시험 D-20 빈출 단어·문형 암기장
(PDF+MP3)

무료 어휘 암기 퀴즈
(PDF)

무료 청해 받아쓰기
(PDF)

JLPT N2 최신 기출 어휘·문형 자료
(PDF)

[이용 방법]
해커스일본어 사이트(japan.Hackers.com) 접속 후 로그인 ▶
페이지 상단 [교재/MP3 → MP3/자료] 클릭 후 이용하기

해커스일본어 사이트 바로 가기 ▶

해커스일본어 인강 30% 할인쿠폰

KK8BAF40CK6B5000   * 쿠폰 유효기간: 쿠폰 등록 후 30일

[이용 방법]
해커스일본어 사이트(japan.Hackers.com) 접속 후 로그인 ▶
메인 우측 하단 [쿠폰&수강권 등록]에서 쿠폰번호 등록 후 강의 결제 시 사용 가능

* 본 쿠폰은 1회에 한해 등록 가능합니다.
* 이 외 쿠폰과 관련된 문의는 해커스 고객센터(02-537-5000)로 연락 바랍니다.

JLPT N2 합격 목표를 적어보자!

- 나의 다짐

  한번에 합격하자!

- JLPT N2 합격 달성 _____년 _____월
- JLPT N2 목표 점수 _____점 / 180점

교재 p.14~15에 있는 학습플랜을 활용하여
매일매일 정해진 분량의 학습량으로 **JLPT N2를 준비**해보세요.

해커스 JLPT

일본어능력시험

한권합격

기본서 + 모의고사 + 단어장

N2

JLPT 최신 출제 경향을
철저히 분석하여 반영한
「해커스 JLPT N2 한권합격」을 내면서

"'이 책만 계속 보면 합격할 것이다' 하는 교재 추천 부탁드립니다."

"이것저것 할 수 있는 거 다하는데 왜 제자리인 느낌인 걸까요?"

"청해는 어떻게 공부를 해야 할지 감이 안 잡히네요."

대부분의 학습자들이 JLPT N2 학습으로 많은 어려움을 호소합니다. 이러한 학습자들의 어려움을 해결하고자 해커스 JLPT 연구소가 수 년간의 시험 분석을 통해 최신 출제 경향을 철저하게 반영한 **「해커스 JLPT N2 한권합격」**을 드디어 출간하게 되었습니다.

해커스 JLPT 연구소는 학습자들이 단 한 권으로 충분히 대비하고, 한 번에 합격하는데 도움을 드리고자 노력하였습니다. 또한, 지금까지 학습하셨던 기존 교재들의 불편함, 부족한 점을 보완하여 여러분들에게 단순한 시험 합격을 넘어 일본을 이해하고 소통하기 위한 튼튼한 발판이 되도록 정성을 다했습니다.

해커스 JLPT **N2** 한권합격

JLPT N2 최신 출제 경향을 반영한 교재!
JLPT N2에 합격하기 위해서는 최신 출제 경향을 확실하게 파악하고 철저히 대비하는 것이 매우 중요합니다. 이를 위해, 해커스의 JLPT 전문 연구원들은 최신 출제경향을 심도 있게 분석하여 교재 전반에 철저하게 반영하였습니다.

혼자서도 충분히 공부할 수 있는 상세한 해설이 있는 교재!
학습을 할 때 가장 중요한 것은 해설입니다. 정답이 왜 정답인지, 오답은 왜 오답인지 정확히 이해하면서 공부를 해야 실력이 차곡차곡 쌓입니다. 「해커스 JLPT N2 한권합격」은 모든 문제에 대한 해석, 해설, 어휘 정리를 수록하여 시험에 보다 철저히 대비할 수 있게 하였습니다.

듣기 실력을 극대화하는 입체적 MP3 구성!
본 교재는 청해 과목의 각 테스트를 한 번에 듣고 푸는 MP3와, 잘 들리지 않는 문제만을 골라서 듣고 학습할 수 있는 문제별 분할 MP3를 모두 제공하고 있습니다. 따라서 학습자들은 원하는 테스트와 문제를 손쉽게 찾아 듣고 학습할 수 있으며, "해커스 MP3 플레이어" 어플을 사용하면 1.05~2.0배속까지 원하는 배속으로 들을 수 있어 자신의 실력에 맞춰 효과적으로 듣기 실력을 향상시킬 수 있습니다.

「해커스 JLPT N2 한권합격」으로 꼭! 합격하시기를 기원하며, 일본어 실력 향상은 물론, 더 큰 목표와 꿈을 이뤄나가시기를 바랍니다.

목차

해커스가 제시하는 JLPT 합격 비법　　　　6
A부터 Z까지 알려주는 JLPT 소개　　　　10
JLPT N2 합격을 위한 학습 플랜　　　　14

언어지식 문자·어휘

문제 1 한자읽기　　　　18
문제 2 표기　　　　40
문제 3 단어형성　　　　62
문제 4 문맥규정　　　　82
문제 5 유의표현　　　　104
문제 6 용법　　　　126

언어지식 문법

N2 빈출 문법　　　　149
　01 명사 뒤에 접속하는 문형　　　　150
　02 동사 뒤에 접속하는 문형　　　　156
　03 명사와 동사 모두에 접속하는 문형　　　　166
　04 여러 품사 뒤에 접속하는 문형　　　　170
　05 조사　　　　194
　06 부사　　　　198
　07 접속사　　　　204
　08 수동·사역·사역 수동 표현　　　　208
　09 경어 표현　　　　210
　10 수수 표현　　　　212
　11 추측·전언 표현　　　　214

문제 7 문법형식 판단　　　　218
문제 8 문장만들기　　　　234
문제 9 글의 문법　　　　250

해커스 JLPT N2 한권합격

독해

문제 10 내용이해(단문)	270
문제 11 내용이해(중문)	292
문제 12 통합이해	320
문제 13 주장이해(장문)	334
문제 14 정보검색	346

청해

문제 1 과제이해	360
문제 2 포인트이해	368
문제 3 개요이해	376
문제 4 즉시응답	382
문제 5 통합이해	386

실전모의고사

실전모의고사 1	400
실전모의고사 2	452
실전모의고사 3	502

 해설집 - 정답·해석·해설 [책 속의 책]
시험 D-20 빈출단어·문형 암기장 [별책]

해커스가 제시하는
JLPT 합격 비법

1. JLPT N2 최신 출제 경향 및 문제 풀이 전략을 철저히 익힌다!

① 최신 출제 경향을 담은 문제별 핵심 전략

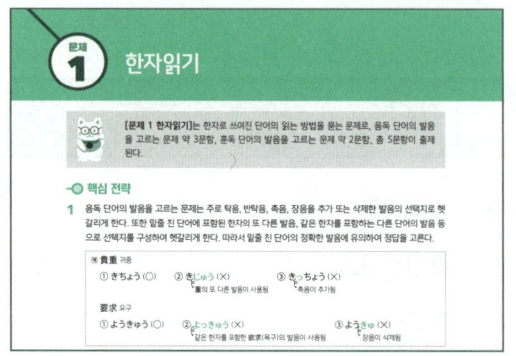

JLPT N2 최신 출제 경향을 문제별로 철저하게 분석하여 핵심 전략을 정리하였습니다.

② 효과적인 문제 풀이를 위한 문제 풀이 Step

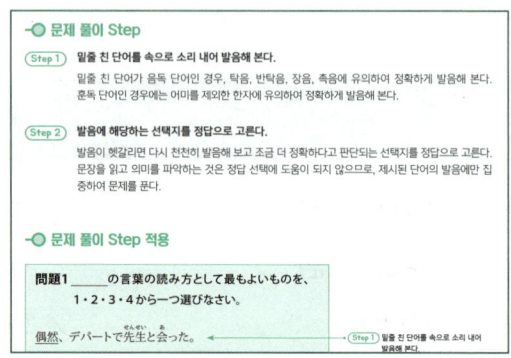

각 문제별로 가장 효과적인 문제 풀이 Step을 수록하였습니다. 실전에서 적용 가능한 문제 풀이 전략을 익힘으로써 효과적으로 대비할 수 있습니다.

③ 풀이 전략을 습득하는 문제 풀이 Step 적용

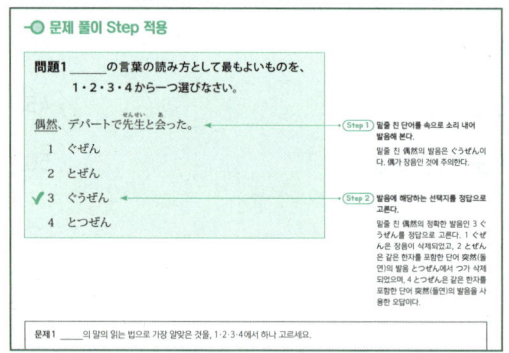

학습한 핵심 전략과 문제 풀이 Step을 문제별 대표 유형에 적용해 풀어봄으로써 더욱 철저히 체득할 수 있도록 하였습니다.

④ 풀이 실력이 향상하는 실력 다지기&연습문제

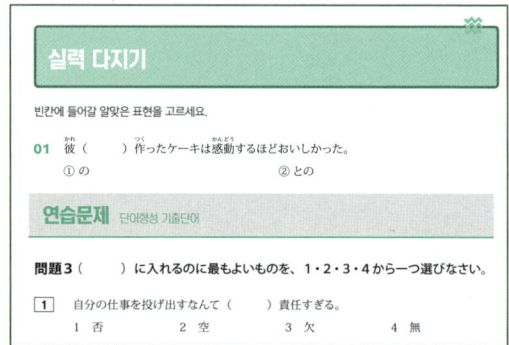

핵심 전략과 문제 풀이 Step을 곧바로 적용할 수 있고, 학습한 단어를 바로 연습할 수 있는 문제를 통해 문제 풀이 실력을 충분히 다지고 향상시키도록 하였습니다.

2. 기본기와 실전 감각을 동시에 쌓는다!

① 반드시 알아야 하는 N2 기출단어 & 출제예상단어

JLPT N2에 출제된 단어를 최빈출단어와 빈출단어로 나누어 수록하였고, 시험에 출제될 것으로 예상되는 단어까지 수록하였습니다.

* 교재에 수록된 단어의 한자 및 히라가나 표기는 JLPT N2 출제 경향에 따른 것입니다.

② 일본어 실력을 향상시키는 N2 빈출 문법

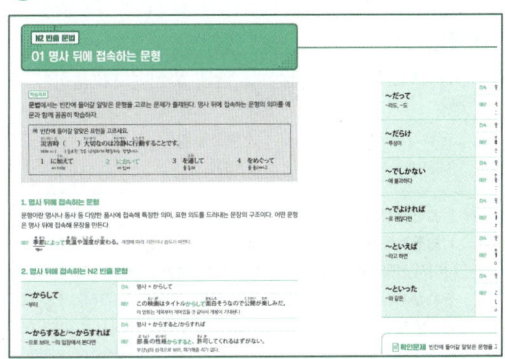

문법 문제를 푸는 데 필요한 기능어는 물론, 해석에 꼭 필요한 문법 사항 및 문형까지 수록하여 전반적인 일본어 실력 향상에 도움이 됩니다.

③ 합격 실력을 굳히는 실전 대비하기

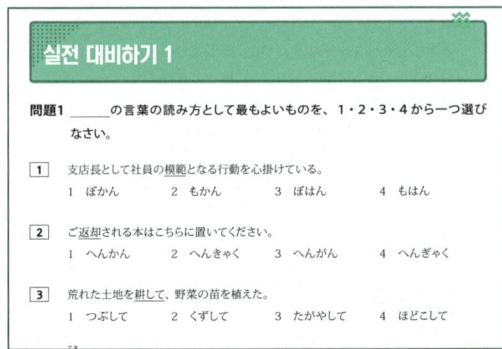

실제 최신 출제 경향이 반영된 여러 회차의 실전 대비하기를 풀어봄으로써, 앞서 학습한 내용을 적용하고 실력을 키우면서 각 문제의 학습을 마무리하도록 하였습니다.

④ 실전 감각을 극대화하는 실전모의고사 4회분

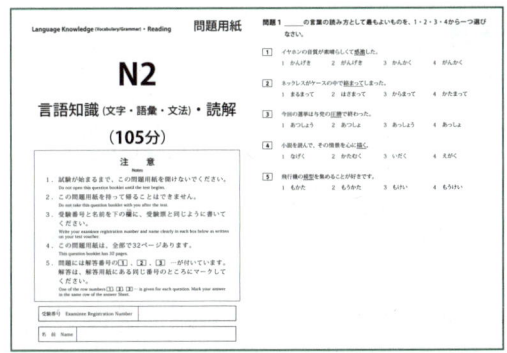

교재 수록 3회분 + 온라인 제공 1회분, 총 4회분의 모의고사를 풀어봄으로써 실전 감각을 극대화할 수 있어 실전에서도 마음껏 실력을 발휘할 수 있습니다.

해커스가 제시하는
JLPT 합격 비법

3. 상세한 해설로 문제 풀이 실력을 극대화한다!

① 문제 풀이에 바로 적용 가능한 해설

> **2**
> 내일 오후는, 관동지방에 태풍이 올 우려가 있 ★어서 예정을 취소 했다.
> 1 우려가 있   2 예정을 취소
> 3 태풍이 올   4 어서
>
> 해설 1 おそれがある는 동사 사전형에 접속하므로 먼저 3 台風が来る 1 おそれがある(태풍이 올 우려가 있다)로 연결할 수 있다. 이것을 나머지 선택지와 함께 의미가 통하게 연결하면 3 台風が来る 1 お それがある 4 ので 2 予定をキャンセル(태풍이 올 우려가 있어서 예정을 취소)가 되면서 전체 문맥과도 어울린다. 따라서 4 ので(어

가장 효과적으로 문제를 풀 수 있는 문제 풀이 Step을 기반으로 하여 실제 시험장에서 바로 적용 가능한 문제 풀이 해설을 수록하였습니다.

② 정답은 물론 오답 설명까지 포함한 해설

> 해설 여학생이 먼저 해야 할 작업을 묻는 문제이다. 남학생이 早速です が、インタビューの音源を文字に起こす作業を手伝ってくれま すか(바로 시작입니다만, 인터뷰 음원을 텍스트로 옮기는 작업을 도 와주시겠습니까?)라고 하자, 여학생이 分かりました(알겠습니다)라 고 했으므로, 1 インタビューの内容を文字にする(인터뷰 내용을 텍스트로 한다)가 정답이다. 2는 이미 했고, 3은 남학생이 할 일이며, 4는 인터뷰 내용을 텍스트로 한 후에 할 일이므로 오답이다.
> 어휘 研究室 けんきゅうしつ 圕연구실 作業 さぎょう 圕작업
> スチューデントアシスタント 圕학생 조교 仕事 しごと 圕업무, 일
> 内容 ないよう 圕내용 教授 きょうじゅ 圕교수(님)
> 研究 けんきゅう 圕연구 講義 こうぎ 圕강의

정답뿐만 아니라 오답에 대한 설명까지 상세하게 수록하여 학습자들이 왜 오답인지를 충분히 이해할 수 있도록 하였습니다.

③ 일본어 문장 구조의 이해를 돕는 해석

> **1**
> 독서에 대한 오해 중 하나는 가능한 한 많은 책을 읽어야 한다는 생각입니다. 확실히 많은 책을 접함으로써 지식이 늘고 시야가 넓어 지는 것은 사실이지만, 양을 추구하는 나머지, 한 권 한 권을 깊이 음미할 수 없게 된다면 그것은 아까운 일입니다. 독서의 속도나 권 수보다 책과 마주하는 방식이 중요합니다. 독서를 통해 얻을 수 있 는 진정한 가치는 책의 내용을 암기하는 것이 아니라, 저자의 다 른 세계관과 자신의 생각이나 경험을 결합시켜 새로운 깨달음을 얻는 것입니다.
>
> 필자는 독서에 대해 어떻게 생각하고 있는가?

자연스럽지만 직역에 가까운 해석을 수록하여 해석을 통해서도 일본어 문장의 구조를 이해할 수 있도록 하였습니다.

④ 사전이 필요 없는 어휘 정리

> 어휘 誤解 ごかい 圕오해 できるだけ 閉가능한
> 考え方 かんがえかた 圕생각 確かに たしかに 閉확실히
> 触れる ふれる 圕접하다, 만지다 知識 ちしき 圕지식
> 増える ふえる 圕늘다 視野 しや 圕시야
> 広がる ひろがる 圕넓어지다 事実 じじつ 圕사실 量 りょう 圕양
> 追求 ついきゅう 圕추구 ~あまり ~하는 나머지
> 味わう あじわう 圕음미하다 もったいない い형아깝다
> 冊数 さつすう 圕권수 向き合い方 むきあいかた 圕마주하는 방식
> 得る える 圕얻다 価値 かち 圕가치 内容 ないよう 圕내용
> 暗記 あんき 圕암기 著者 ちょしゃ 圕저자
> 異なる ことなる 圕다르다 世界観 せかいかん 圕세계관
> 経験 けいけん 圕경험
> 結びつける むすびつける 圕결합시키다, 결부하다

지문, 스크립트에 사용된 거의 모든 어휘 및 문형을 상세 히 정리하여 따로 사전을 찾을 필요 없이 효율적으로 학 습할 수 있습니다.

4. 추가 학습자료로 합격 실력을 완성한다!

① 시험 D-20 빈출단어·문형 암기장

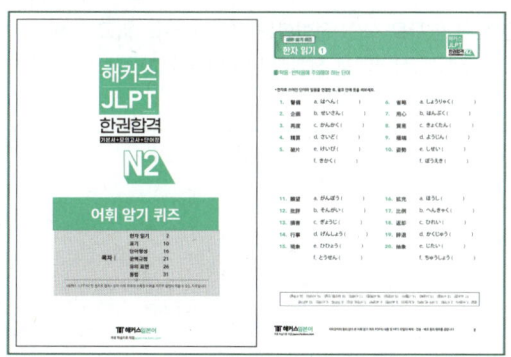

N2 단어와 문형을 20일 동안 체계적으로 학습할 수 있도록 구성하였습니다. 해커스 일본어(japan.Hackers.com)에서 PDF로도 내려받을 수 있습니다.

② 학습용 MP3 & 복습용 MP3 & 고사장 MP3

문제 풀이를 위한 MP3뿐만 아니라, 원하는 문제만 반복하여 들을 수 있는 복습용 MP3, 실전 감각을 익힐 수 있는 고사장 버전 MP3까지 제공하여 청해 실력을 극대화할 수 있도록 하였습니다. "해커스 MP3 플레이어" 어플로 모든 MP3를 원하는 배속으로 들을 수 있습니다.

③ 어휘 암기 퀴즈 PDF

어휘 암기 퀴즈 PDF를 통해 어휘를 잘 암기했는지 스스로 확인해볼 수 있도록 하였습니다.

④ 청해 받아쓰기 PDF

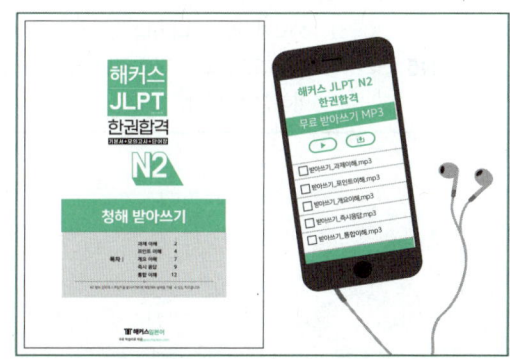

청해 문제 풀이에 핵심이 되는 키워드를 집중적으로 듣고 받아쓰는 연습을 하면서 직청직해 실력을 키울 수 있도록 하였습니다.

A부터 Z까지 알려주는
JLPT 소개

■ JLPT 란?

Japanese-Language Proficiency Test의 앞 글자를 딴 것으로, 일본어를 모국어로 하지 않는 사람의 일본어 능력을 측정하여 인정하는 시험이며, 일본국제교류기금과 일본국제교육지원협회가 주최하는 전 세계적으로 인정받을 수 있는 시험이다. 아울러 JLPT는 일본 문부과학성 국비 유학생 선발 기준이 되며, 대학 입학, 각급 업체 및 기관의 채용 승진 등 다양한 곳에 활용할 수 있다.

■ 급수 구성

급수	인정 수준
N1	폭넓은 화제에 대해 쓰인 신문의 논설, 평론 등 논리적으로 복잡한 글이나 추상적인 글을 읽고 구성이나 내용, 흐름을 이해할 수 있으며, 자연스러운 속도의 뉴스, 강의 등을 듣고 논리 구성을 이해하거나 요지를 파악할 수 있다.
N2	폭넓은 화제에 대해 쓰인 신문이나 잡지의 기사, 해설, 평론 등 논지가 명쾌한 글을 읽고 이해할 수 있으며, 자연스러움에 가까운 속도의 뉴스, 강의 등을 듣고 흐름이나 내용, 요지를 파악할 수 있다.
N3	일상적인 화제에 대해 쓰인 구체적인 내용의 글을 읽고 이해할 수 있으며, 조금 난이도가 있는 글도 다른 표현이 주어지면 요지를 이해할 수 있다. 제법 자연스러움에 가까운 속도의 회화를 듣고 구체적인 내용이나 등장인물의 관계를 거의 이해할 수 있다.
N4	기본적인 어휘나 한자를 사용해 쓰인 일상생활 속 화제의 글을 읽고 이해할 수 있으며, 천천히 말하면 내용을 거의 이해할 수 있다.
N5	히라가나 가타카나, 일상생활에서 쓰이는 기본적인 한자로 쓰인 정형화된 어구나 글을 읽고 이해할 수 있으며, 교실이나 주변 등 일상생활에서 자주 마주치는 장면에서 천천히 말하면 필요한 정보를 듣고 이해할 수 있다.

■ 시험 과목과 시험 시간

급수	1교시		휴식	2교시
N1	언어지식(문자·어휘·문법) / 독해 110분(10:00~11:50)		20분	청해 60분(12:10~13:10) *시험은 55분간 진행
N2	언어지식(문자·어휘·문법) / 독해 105분(10:00~11:45)			청해 55분(12:05~13:00) *시험은 50분간 진행
N3	언어지식(문자·어휘) 30분(14:00~14:30)	언어지식(문법) / 독해 70분(14:35~15:45)		청해 45분(16:05~16:50) *시험은 40분간 진행
N4	언어지식(문자·어휘) 25분(14:00~14:25)	언어지식(문법) / 독해 55분(14:30~15:25)		청해 40분(15:45~16:25) *시험은 35분간 진행
N5	언어지식(문자·어휘) 20분(14:00~14:20)	언어지식(문법) / 독해 40분(14:25~15:05)		청해 35분(15:25~16:00) *시험은 30분간 진행

* 시험이 시작되는 10시(N1~N2), 14시(N3~N5) 이후 시험장 입장은 불가하며, 2교시도 응시할 수 없다.
* 청해는 별도의 마킹 시간이 없으므로 한 개의 문항을 풀 때마다 바로 바로 마킹한다.

■ 합격 기준

JLPT에 합격하기 위해서는 종합득점의 합격점과 과목별 기준점을 넘는 점수가 필요하다.

급수	합격점 / 종합득점	과목별 기준점 / 과목별 득점		
		언어지식(문자·어휘·문법)	독해	청해
N1	100점 / 180점	19점 / 60점	19점 / 60점	19점 / 60점
N2	90점 / 180점	19점 / 60점	19점 / 60점	19점 / 60점
N3	95점 / 180점	19점 / 60점	19점 / 60점	19점 / 60점
N4	90점 / 180점	38점 / 120점		19점 / 60점
N5	80점 / 180점	38점 / 120점		19점 / 60점

* JLPT는 합격점 이상 득점하면 합격하며, 한 과목이라도 과락 기준점 미만으로 득점하면 불합격됩니다.

A부터 Z까지 알려주는
JLPT 소개

■ 문제 구성

과목		문제 유형	문항 수				
			N1	N2	N3	N4	N5
언어지식	문자·어휘	한자읽기	6	5	8	7	7
		표기	-	5	6	5	5
		단어형성	-	5	-	-	-
		문맥규정	7	7	11	8	6
		유의표현	6	5	5	4	3
		용법	6	5	5	4	-
		합계	25	32	35	28	21
	문법	문법형식 판단	10	12	13	13	9
		문장만들기	5	5	5	4	4
		글의 문법	5	5	5	4	4
		합계	20	22	23	21	17
독해		내용이해(단문)	4	5	4	3	2
		내용이해(중문)	9	9	6	3	2
		내용이해(장문)	4	-	4	-	-
		통합이해	2	2	-	-	-
		주장이해(장문)	4	3	-	-	-
		정보검색	2	2	2	2	1
		합계	25	21	16	8	5
청해		과제이해	5	5	6	8	7
		포인트이해	6	6	6	7	6
		개요이해	5	5	3	-	-
		발화표현	-	-	4	5	5
		즉시응답	11	12	9	8	6
		통합이해	3	4	-	-	-
		합계	30	32	28	28	24
총 문항수			100	107	102	85	67

* 문항 수는 시험마다 각 급수별로 1~4문항씩 달라질 수 있습니다.

■ 시험 접수 및 준비, 결과 확인

1. 시험 접수, 시험일, 시험 결과 조회 일정

회차	시험 접수	시험일	시험 결과 조회
매년 제1회 시험	매년 4월 초	매년 7월 첫 번째 일요일	매년 8월 말
매년 제2회 시험	매년 9월 초	매년 12월 첫 번째 일요일	매년 1월 말

* 일반 접수 기간이 끝난 뒤, 약 일주일 동안의 추가 접수 기간이 있다.
  정확한 시험 일정은 JLPT 한국 홈페이지 (http://jlpt.or.kr)에서 확인 가능하다.

2. 시험 접수 방법

(1) 인터넷 접수　* 회원 가입 및 로그인 필요
    JLPT 한국 홈페이지(http://jlpt.or.kr)에서 [시험 접수]로 접수한다.

(2) 우편 접수　*시험장 선택 불가
    구비 서류를 등기우편으로 발송하여 접수한다.
    - 구비 서류 : 수험 원서(홈페이지 다운로드), 증명사진 1매(뒷면에 이름, 생년월일, 휴대 전화 번호 기재), 수험료(우체국 통상환)
    - 보낼 곳 : [서울권역] (03060) 서울시 종로구 율곡로53, 해영빌딩 1007호 JLPT일본어능력시험
      [부산권역] (48792) 부산광역시 동구 중앙대로 319, 1501호(초량동, 부산YMCA) (사) 부산한일문화교류협회
      [제주권역] (63219) 제주특별자치도 제주시 청사로 1길 18-4 제주상공회의소 JLPT 담당자 앞

3. 시험 준비물

 수험표　 규정 신분증 (주민등록증, 운전면허증, 여권 등)　 필기구 (연필이나 샤프, 지우개)　 시계

4. 결과 확인

(1) 결과 조회
    1회 시험은 8월 말, 2회 시험은 1월 말에 JLPT 한국 홈페이지(http://jlpt.or.kr)에서 조회 가능하다.

(2) 결과표 수령 방법
    JLPT 결과표는 1회 시험은 9월 말, 2회 시험은 2월 말에 접수 시 기재한 주소로 택배 발송된다.
    합격자 : 일본어능력인정서, 일본어능력시험 인정결과 및 성적에 관한 증명서 발송
    불합격자 : 일본어능력시험 인정결과 및 성적에 관한 증명서만 발송

(3) 자격 유효 기간
    유효기간이 없는 평생 자격이지만, 기관 등에서는 보통 2년 이내 성적을 요구한다.

JLPT N2 합격을 위한
학습 플랜

📅 20일 완성 학습 플랜

20일 동안 문제 유형을 하루에 2개씩 학습해, 짧은 기간에 집중적으로 학습하는 플랜입니다.

1일	2일	3일	4일	5일
[언어지식(문자·어휘)] 문제1-2	[언어지식(문자·어휘)] 문제3-4	[언어지식(문자·어휘)] 문제5-6	[N2 빈출 문법] 01~04	[N2 빈출 문법] 05~11
[암기장] 1日	[암기장] 2日	[암기장] 3日	[암기장] 4日	[암기장] 5日
6일	**7일**	**8일**	**9일**	**10일**
[언어지식(문법)] 문제7-8	[언어지식(문법)] 문제9	[독해] 문제10-11	[독해] 문제12-13	[독해] 문제14
[암기장] 6日	[암기장] 7日	[암기장] 8日	[암기장] 9日	[암기장] 10日
11일	**12일**	**13일**	**14일**	**15일**
[청해] 문제1-2	[청해] 문제3-4	[청해] 문제5	[실전모의고사] 1 풀기	[실전모의고사] 1 복습
[암기장] 11日	[암기장] 12日	[암기장] 13日	[암기장] 14日	[암기장] 15日
16일	**17일**	**18일**	**19일**	**20일**
[실전모의고사] 2 풀기	[실전모의고사] 2 복습	[실전모의고사] 3 풀기	[실전모의고사] 3 복습	전체 총정리
[암기장] 16日	[암기장] 17日	[암기장] 18日	[암기장] 19日	[암기장] 20日

30일 완성 학습 플랜

30일 동안 문제 유형을 하루에 1개씩 학습해, 일일 학습의 부담을 줄이고 더욱 꼼꼼하게 학습하는 플랜입니다.

1일	2일	3일	4일	5일
[언어지식(문자·어휘)] 문제1	[언어지식(문자·어휘)] 문제2	[언어지식(문자·어휘)] 문제3	[언어지식(문자·어휘)] 문제4	[언어지식(문자·어휘)] 문제5

6일	7일	8일	9일	10일
[언어지식(문자·어휘)] 문제6	[N2 빈출 문법] 01~04	[N2 빈출 문법] 05~11	[언어지식(문법)] 문제7	[언어지식(문법)] 문제8
		[암기장] 1日	[암기장] 2日	[암기장] 3日

11일	12일	13일	14일	15일
[언어지식(문법)] 문제9	[독해] 문제10	[독해] 문제11	[독해] 문제12	[독해] 문제13
[암기장] 4日	[암기장] 5日	[암기장] 6日	[암기장] 7日	[암기장] 8日

16일	17일	18일	19일	20일
[독해] 문제14	[청해] 문제1	[청해] 문제2	[청해] 문제3	[청해] 문제4
[암기장] 9日	[암기장] 10日	[암기장] 11日	[암기장] 12日	[암기장] 13日

21일	22일	23일	24일	25일
[청해] 문제5	[실전모의고사] 1 풀기	[실전모의고사] 1 복습	[실전모의고사] 2 풀기	[실전모의고사] 2 복습
[암기장] 14日	[암기장] 15日	[암기장] 16日	[암기장] 17日	[암기장] 18日

26일	27일	28일	29일	30일
[실전모의고사] 3 풀기	[실전모의고사] 3 복습	[언어지식] 전체 복습	[독해 / 청해] 전체 복습	전체 총정리
[암기장] 19日	[암기장] 20日			

* 60일 학습을 원할 경우 위의 표에서 하루 분량을 이틀에 걸쳐서 학습하면 됩니다.

무료 온라인 실전모의고사·학습자료 제공
해커스일본어 **japan.Hackers.com**

해커스 JLPT N2 한권합격

언어지식
문자·어휘

문제 1 한자읽기
문제 2 표기
문제 3 단어형성
문제 4 문맥규정
문제 5 유의표현
문제 6 용법

한자읽기

[문제 1 한자읽기]는 한자로 쓰여진 단어의 읽는 방법을 묻는 문제로, 음독 단어의 발음을 고르는 문제 약 3문항, 훈독 단어의 발음을 고르는 문제 약 2문항, 총 5문항이 출제된다.

핵심 전략

1 음독 단어의 발음을 고르는 문제는 주로 탁음, 반탁음, 촉음, 장음을 추가 또는 삭제한 발음의 선택지로 헷갈리게 한다. 또한 밑줄 친 단어에 포함된 한자의 또 다른 발음, 같은 한자를 포함하는 다른 단어의 발음 등으로 선택지를 구성하여 헷갈리게 한다. 따라서 밑줄 친 단어의 정확한 발음에 유의하여 정답을 고른다.

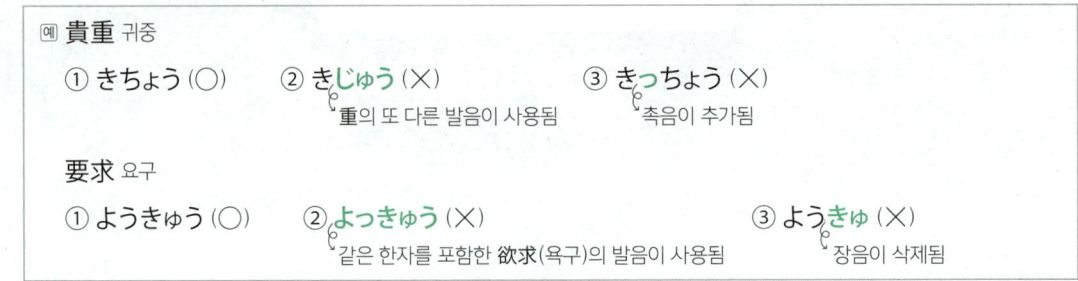

2 훈독 단어의 발음을 고르는 문제는 주로 명사의 경우에는 의미적으로 연관이 있는 단어의 발음으로 헷갈리게 하고, 동사나 형용사의 경우에는 문맥에 어울리는 다른 의미의 단어, 어미가 같은 다른 단어로 헷갈리게 한다. 따라서 오로지 밑줄 친 단어에서 한자의 발음에만 유의하여 정답을 고른다.

3 단어의 발음, 특히 탁음, 반탁음, 촉음, 장음 여부에 유의하여 꼼꼼히 암기한다.

문제 풀이 Step

Step 1 **밑줄 친 단어를 속으로 소리 내어 발음해 본다.**

밑줄 친 단어가 음독 단어인 경우, 탁음, 반탁음, 장음, 촉음에 유의하여 정확하게 발음해 본다. 훈독 단어인 경우에는 어미를 제외한 한자에 유의하여 정확하게 발음해 본다.

Step 2 **발음에 해당하는 선택지를 정답으로 고른다.**

발음이 헷갈리면 다시 천천히 발음해 보고 조금 더 정확하다고 판단되는 선택지를 정답으로 고른다. 문장을 읽고 의미를 파악하는 것은 정답 선택에 도움이 되지 않으므로, 제시된 단어의 발음에만 집중하여 문제를 푼다.

문제 풀이 Step 적용

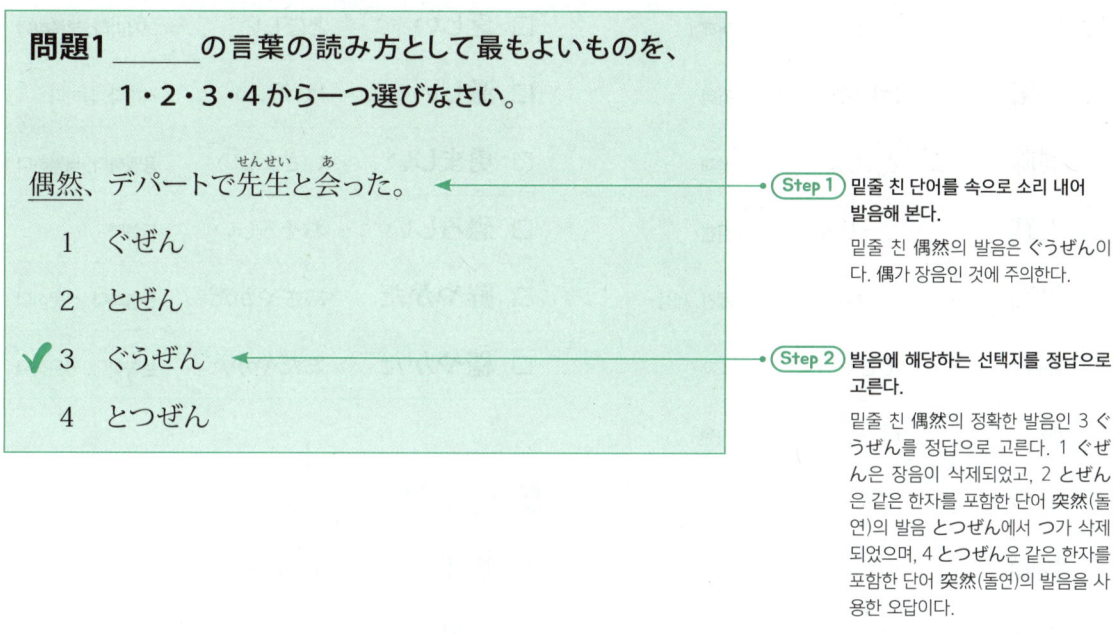

문제 1 _____의 말의 읽는 법으로 가장 알맞은 것을, 1·2·3·4에서 하나 고르세요.

우연히, 백화점에서 선생님과 만났다.

어휘 偶然 ぐうぜん 🔈 우연히   デパート 🔈 백화점

한자읽기 기출단어 2025~2021

☑ 발음과 뜻을 가리고 아는 단어인지 확인한 후 박스에 체크하고 학습하세요.

🟩 최빈출단어

☐ 腕	うで	팔		☐ 賢い	かしこい	현명하다
☐ 運賃	うんちん	운임		☐ 辛い	からい	맵다
☐ 介護	かいご	개호, 간호		☐ 鋭い	するどい	날카롭다, 예리하다
☐ 拡充	かくじゅう	확충		☐ 厚かましい	あつかましい	뻔뻔스럽다
☐ 肩	かた	어깨		☐ 乏しい	とぼしい	모자라다, 부족하다
☐ 警備	けいび	경비		☐ 激しい	はげしい	격하다, 심하다
☐ 削除	さくじょ	삭제		☐ 勇ましい	いさましい	용맹하다, 씩씩하다
☐ 実践	じっせん	실천		☐ 恐ろしい	おそろしい	두렵다
☐ 世間	せけん	세간, 세상		☐ 鮮やかだ	あざやかだ	선명하다, 산뜻하다
☐ 素材	そざい	소재		☐ 穏やかだ	おだやかだ	온화하다, 평온하다
☐ 破片	はへん	파편				
☐ 分析	ぶんせき	분석		## 🟩 빈출단어		
☐ 模範	もはん	모범		☐ 握手	あくしゅ	악수
☐ 迷う	まよう	헤매다		☐ 衣装	いしょう	의상
☐ 傾く	かたむく	기울다		☐ 幹事	かんじ	간사
☐ 詰まる	つまる	막히다		☐ 起床	きしょう	기상
☐ 定める	さだめる	정하다		☐ 刑事	けいじ	형사
☐ 焦る	あせる	안달하다		☐ 検事	けんじ	검사
☐ 荒れる	あれる	거칠어지다		☐ 腰	こし	허리
☐ 敗れる	やぶれる	지다, 패배하다		☐ 才能	さいのう	재능

□ 賛否	さんぴ	찬부, 찬반		□ 挟まる	はさまる	끼이다
□ 情景	じょうけい	정경		□ 休まる	やすまる	편안해지다
□ 声援	せいえん	성원		□ 務める	つとめる	(역할을) 맡다
□ 背骨	せぼね	등골, 척추		□ 辞める	やめる	그만두다
□ 善良	ぜんりょう	선량		□ 暴れる	あばれる	날뛰다
□ 途端	とたん	찰나, 그 순간		□ 崩れる	くずれる	무너지다
□ 農薬	のうやく	농약		□ 潰れる	つぶれる	찌부러지다
□ 膝	ひざ	무릎		□ 外れる	はずれる	빠지다, 안 맞다
□ 分解	ぶんかい	분해		□ 偉い	えらい	훌륭하다
□ 疑う	うたがう	의심하다		□ 渋い	しぶい	떫다
□ 収まる	おさまる	진정되다		□ 著しい	いちじるしい	뚜렷하다, 현저하다
□ 絡まる	からまる	얽히다		□ 眩しい	まぶしい	눈부시다
□ 定まる	さだまる	정해지다		□ 詳細だ	しょうさいだ	상세하다
□ 静まる	しずまる	가라앉다		□ 優秀だ	ゆうしゅうだ	우수하다
□ 貯まる	たまる	(돈이) 모이다		□ 爽やかだ	さわやかだ	상쾌하다

확인 문제 단어의 알맞은 발음을 고르세요.

01 警備 ⓐ けいび ⓑ けいひ
02 破片 ⓐ はべん ⓑ はへん
03 分析 ⓐ ふんせき ⓑ ぶんせき
04 荒れる ⓐ あせる ⓑ あれる
05 厚かましい ⓐ あつかましい ⓑ あっかましい
06 鋭い ⓐ かしこい ⓑ するどい
07 乏しい ⓐ はげしい ⓑ とぼしい
08 賛否 ⓐ さんぴ ⓑ さんぷ

정답 01 ⓐ 02 ⓑ 03 ⓑ 04 ⓑ 05 ⓐ 06 ⓑ 07 ⓑ 08 ⓐ

한자읽기 기출단어 2020~2016

✓ 발음과 뜻을 가리고 아는 단어인지 확인한 후 박스에 체크하고 학습하세요.

■ 최빈출단어

□ 記憶	きおく	기억
□ 求人	きゅうじん	구인
□ 偶然	ぐうぜん	우연
□ 刺激	しげき	자극
□ 垂直	すいちょく	수직
□ 治療	ちりょう	치료
□ 容姿	ようし	용모
□ 競う	きそう	겨루다, 경쟁하다
□ 抱える	かかえる	(떠)안다
□ 劣る	おとる	뒤떨어지다
□ 絞る	しぼる	(쥐어)짜다
□ 湿る	しめる	습기 차다
□ 握る	にぎる	쥐다
□ 離れる	はなれる	떨어지다
□ 乱れる	みだれる	흐트러지다
□ 幼い	おさない	어리다
□ 険しい	けわしい	험하다
□ 等しい	ひとしい	같다, 동등하다
□ 柔軟だ	じゅうなんだ	유연하다
□ 和やかだ	なごやかだ	온화하다, 화목하다

■ 빈출단어

□ 確認	かくにん	확인
□ 下降	かこう	하강
□ 願望	がんぼう	바람, 소원
□ 企画	きかく	기획
□ 期日	きじつ	기일
□ 掲載	けいさい	게재
□ 軽傷	けいしょう	경상
□ 下旬	げじゅん	하순
□ 再度	さいど	재차
□ 実験	じっけん	실험
□ 失敗	しっぱい	실패
□ 処理	しょり	처리
□ 資料	しりょう	자료
□ 心配	しんぱい	걱정
□ 製品	せいひん	제품
□ 総額	そうがく	총액
□ 抽選	ちゅうせん	추첨
□ 強火	つよび	센 불
□ 戸棚	とだな	선반
□ 恥	はじ	창피

☐	被害	ひがい	피해	☐	当たる	あたる	맞다
☐	一言	ひとこと	한마디	☐	落ちる	おちる	떨어지다
☐	批評	ひひょう	비평	☐	恨む	うらむ	원망하다
☐	費用	ひよう	비용	☐	悔む	くやむ	후회하다
☐	負担	ふたん	부담	☐	悩む	なやむ	고민하다
☐	本物	ほんもの	진짜	☐	憎む	にくむ	미워하다, 증오하다
☐	湖	みずうみ	호수	☐	納める	おさめる	넣다, 납입하다
☐	密閉	みっぺい	밀폐	☐	貯める	ためる	저축하다
☐	虫歯	むしば	충치	☐	慰める	なぐさめる	위로하다
☐	冷蔵庫	れいぞうこ	냉장고	☐	映る	うつる	비치다
☐	扱う	あつかう	다루다	☐	探る	さぐる	더듬어 찾다, 탐지하다
☐	奪う	うばう	빼앗다	☐	怖い	こわい	무섭다
☐	伴う	ともなう	동반하다, 따르다	☐	怪しい	あやしい	수상하다
☐	倒す	たおす	쓰러트리다	☐	圧倒的だ	あっとうてきだ	압도적이다
☐	接する	せっする	접하다	☐	貴重だ	きちょうだ	귀중하다

확인 문제 단어의 알맞은 발음을 고르세요.

01 偶然　ⓐ ぐうぜん　ⓑ ぐぜん
02 劣る　ⓐ おどる　ⓑ おとる
03 乱れる　ⓐ みたれる　ⓑ みだれる
04 和やかだ　ⓐ なごやかだ　ⓑ さわやかだ
05 下降　ⓐ かこう　ⓑ げこう
06 強火　ⓐ きょうか　ⓑ つよび
07 一言　ⓐ ひとごと　ⓑ ひとこと
08 密閉　ⓐ みつへい　ⓑ みっぺい

정답 01 ⓐ 02 ⓑ 03 ⓑ 04 ⓐ 05 ⓐ 06 ⓑ 07 ⓑ 08 ⓑ

한자읽기 기출단어 2015~2010

✅ 발음과 뜻을 가리고 아는 단어인지 확인한 후 박스에 체크하고 학습하세요.

🟩 최빈출단어

☐ 勧誘	かんゆう	권유
☐ 撮影	さつえい	촬영
☐ 地元	じもと	고향
☐ 省略	しょうりゃく	생략
☐ 尊重	そんちょう	존중
☐ 油断	ゆだん	방심
☐ 備える	そなえる	대비하다, 비치하다

🟩 빈출단어

☐ 圧勝	あっしょう	압승
☐ 大幅	おおはば	대폭
☐ 規模	きぼ	규모
☐ 行事	ぎょうじ	행사
☐ 恐怖	きょうふ	공포
☐ 極端	きょくたん	극단
☐ 拒否	きょひ	거부
☐ 計算	けいさん	계산
☐ 継続	けいぞく	계속
☐ 景色	けしき	경치
☐ 現象	げんしょう	현상
☐ 山頂	さんちょう	산꼭대기
☐ 至急	しきゅう	시급, 급히
☐ 姿勢	しせい	자세
☐ 持続	じぞく	지속
☐ 焦点	しょうてん	초점
☐ 相互	そうご	상호, 서로
☐ 装置	そうち	장치
☐ 損害	そんがい	손해
☐ 知識	ちしき	지식
☐ 調整	ちょうせい	조정
☐ 調節	ちょうせつ	조절
☐ 逃亡	とうぼう	도망
☐ 隣	となり	옆
☐ 針	はり	바늘
☐ 返却	へんきゃく	반환, 반납
☐ 貿易	ぼうえき	무역
☐ 防災	ぼうさい	방재
☐ 要求	ようきゅう	요구
☐ 幼稚	ようち	유치
☐ 世の中	よのなか	세상

☐ 理論	りろん	이론		☐ 占める	しめる	차지하다
☐ 祝う	いわう	축하하다		☐ 深める	ふかめる	깊게 하다
☐ 占う	うらなう	점치다		☐ 含める	ふくめる	포함하다
☐ 補う	おぎなう	보충하다		☐ 腐る	くさる	썩다
☐ 蓄える	たくわえる	저축하다		☐ 減る	へる	줄다
☐ 除く	のぞく	제거하다		☐ 慣れる	なれる	익숙해지다
☐ 隠す	かくす	감추다, 숨기다		☐ 触れる	ふれる	접하다
☐ 戻す	もどす	되돌리다		☐ 憎い	にくい	밉다
☐ 略する	りゃくする	생략하다		☐ 悔しい	くやしい	분하다
☐ 傷む	いたむ	상하다		☐ 清潔だ	せいけつだ	청결하다
☐ 囲む	かこむ	둘러싸다		☐ 率直だ	そっちょくだ	솔직하다
☐ 済む	すむ	끝나다		☐ 抽象的だ	ちゅうしょうてきだ	추상적이다
☐ 積む	つむ	쌓다		☐ 豊富だ	ほうふだ	풍부하다
☐ 挟む	はさむ	끼다		☐ 密接だ	みっせつだ	밀접하다
☐ 改める	あらためる	고치다, 개선하다		☐ 盛んだ	さかんだ	왕성하다, 활발하다

📋 확인 문제 단어의 알맞은 발음을 고르세요.

01 省略   ⓐ しょうりゃく   ⓑ しょうやく   05 返却   ⓐ へんぎゃく   ⓑ へんきゃく
02 備える   ⓐ そなえる   ⓑ たくわえる   06 防災   ⓐ ぼうさい   ⓑ ぼうざい
03 規模   ⓐ きぼう   ⓑ きぼ   07 要求   ⓐ よっきゅう   ⓑ ようきゅう
04 持続   ⓐ じそく   ⓑ じぞく   08 含める ⓐ ふくめる   ⓑ ふかめる

정답: 01 ⓐ 02 ⓐ 03 ⓑ 04 ⓐ 05 ⓑ 06 ⓐ 07 ⓑ 08 ⓐ

연습문제 한자읽기 기출단어

問題1 ＿＿＿の言葉の読み方として最もよいものを、1・2・3・4から一つ選びなさい。

1 重要なファイルなのに削除してしまった。
    1 はいよ　　　2 はいじょ　　　3 さくよ　　　4 さくじょ

2 針が人差し指に刺さって血が出た。
    1 とげ　　　2 はり　　　3 くぎ　　　4 や

3 この店の野菜は農薬を使わずに栽培(さいばい)されている。
    1 のらく　　　2 のやく　　　3 のうらく　　　4 のうやく

4 各国で、電気自動車産業の成長が著しい。
    1 いちじるしい　　　2 めざましい　　　3 おそろしい　　　4 かんばしい

5 兄はとても優秀で憧れる人が多い。
    1 ゆうが　　　2 ゆうりょう　　　3 ゆうしゅう　　　4 ゆうせい

6 リビングのカーテンの色を何にするか迷っている。
    1 あらそって　　　2 まよって　　　3 さそって　　　4 したがって

7 全部自分でするなんて本当に偉いですね。
    1 ずるい　　　2 かしこい　　　3 すごい　　　4 えらい

8 佐々木(ささき)さんはいつも穏やかだ。
    1 はなやか　　　2 さわやか　　　3 おだやか　　　4 にぎやか

9 今回の台風では、幸い目立った損害はなかった。
    1 さいがい　　　2 そんがい　　　3 さいかい　　　4 そんかい

10 時間がないので、以下の説明は省略します。
　　1　しゅうりゃく　　2　しゅうやく　　3　しょうりゃく　　4　しょうやく

11 プロジェクトの成功には相互の協力が必要だ。
　　1　そご　　2　そうご　　3　そごう　　4　そうごう

12 その頼みは厚かましいと思う。
　　1　そうかましい　　2　やかましい　　3　こうかましい　　4　あつかましい

13 相手の意見を尊重することで、いい関係が築ける。
　　1　しんちょ　　2　しんちょう　　3　そんちょ　　4　そんちょう

14 私を除いて、兄弟全員運動能力が高い。
　　1　ひいて　　2　はぶいて　　3　ぬいて　　4　のぞいて

15 この絵は抽象的で、見る人によって感じ方が異なる。
　　1　ゆうぞうてき　　2　ゆうしょうてき　　3　ちゅうぞうてき　　4　ちゅうしょうてき

16 オプショナルツアーは現地で解散となります。
　　1　かいさん　　2　かくさん　　3　かいざん　　4　かくざん

17 フィリピンでの事業を継続している。
　　1　げいぞく　　2　けいぞく　　3　じぞく　　4　しぞく

18 アンケートの結果を分析して上司に報告した。
　　1　ぶんかい　　2　ぶんせき　　3　ぶんるい　　4　ぶんかつ

19 腰痛は背骨のゆがみが原因かもしれません。
　　1　せいこつ　　2　せこつ　　3　せいぼね　　4　せぼね

20 激しい運動をすると頭痛がする。
　　1　まずしい　　2　きびしい　　3　はげしい　　4　くわしい

한자읽기 출제예상단어

☑ 발음과 뜻을 가리고 아는 단어인지 확인한 후 박스에 체크하고 학습하세요.

📗 명사

☐ 運搬	うんぱん	운반
☐ 解散	かいさん	해산
☐ 快癒	かいゆ	쾌유
☐ 拡散	かくさん	확산
☐ 活躍	かつやく	활약
☐ 休養	きゅうよう	휴양
☐ 恐縮	きょうしゅく	송구함, 황송함
☐ 競争	きょうそう	경쟁
☐ 経費	けいひ	경비, 비용
☐ 検証	けんしょう	검증
☐ 減少	げんしょう	감소
☐ 抗議	こうぎ	항의
☐ 交渉	こうしょう	교섭
☐ 香水	こうすい	향수
☐ 洪水	こうずい	홍수
☐ 構想	こうそう	구상
☐ 項目	こうもく	항목
☐ 個体	こたい	개체
☐ 示唆	しさ	시사
☐ 執筆	しっぴつ	집필

☐ 収集	しゅうしゅう	수집
☐ 執着	しゅうちゃく	집착
☐ 寿命	じゅみょう	수명
☐ 除外	じょがい	제외
☐ 相違	そうい	상이
☐ 臓器	ぞうき	장기
☐ 操作	そうさ	조작
☐ 中継	ちゅうけい	중계
☐ 著者	ちょしゃ	저자
☐ 通訳	つうやく	통역(가)
☐ 特徴	とくちょう	특징
☐ 土台	どだい	토대, 기초
☐ 反復	はんぷく	반복
☐ 病棟	びょうとう	병동
☐ 奉仕	ほうし	봉사
☐ 補充	ほじゅう	보충
☐ 役人	やくにん	공무원, 관리
☐ 遺言	ゆいごん	유언
☐ 連合	れんごう	연합
☐ 合間	あいま	틈, 사이

☐ 脚	あし	다리		☐ 咳	せき	기침
☐ 頭	あたま	머리		☐ 種	たね	씨, 종자
☐ 穴	あな	구멍		☐ 田畑	たはた	논밭
☐ 息	いき	숨		☐ 旅	たび	여행
☐ 岩	いわ	바위		☐ 泥	どろ	진흙
☐ 裏	うら	뒤		☐ 蓮	はす	연꽃
☐ 表	おもて	겉		☐ 旗	はた	깃발
☐ 顔	かお	얼굴		☐ 肌	はだ	피부
☐ 香り	かおり	향기		☐ 羽	はね	날개
☐ 煙	けむり	연기		☐ 幅	はば	폭
☐ 小型	こがた	소형		☐ 肘	ひじ	팔꿈치
☐ 坂	さか	비탈길, 언덕		☐ 骨	ほね	뼈
☐ 境	さかい	경계		☐ 迷子	まいご	미아
☐ 砂	すな	모래		☐ 都	みやこ	수도, 고을
☐ 隅	すみ	구석		☐ 昔	むかし	옛날

📝 확인 문제 단어의 알맞은 발음을 고르세요.

01 洪水　　ⓐ こうすい　　ⓑ こうずい　　　　05 補充　　ⓐ ほうじゅう　　ⓑ ほじゅう
02 収集　　ⓐ しゅしゅう　　ⓑ しゅうしゅう　　06 遺言　　ⓐ ゆいごん　　ⓑ ゆいげん
03 寿命　　ⓐ じゅみょう　　ⓑ しゅみょう　　　07 表　　　ⓐ おもて　　　ⓑ うら
04 土台　　ⓐ どだい　　　ⓑ どたい　　　　　08 肘　　　ⓐ ひじ　　　　ⓑ ひざ

정답 01 ⓑ 02 ⓑ 03 ⓐ 04 ⓐ 05 ⓐ 06 ⓐ 07 ⓐ 08 ⓐ

한자읽기 출제예상단어

☑ 발음과 뜻을 가리고 아는 단어인지 확인한 후 박스에 체크하고 학습하세요.

🟩 동사

□ 覆う	おおう	덮다, 감싸다
□ 慕う	したう	그리워하다
□ 養う	やしなう	기르다, 양육하다
□ 整える	ととのえる	정돈하다, 갖추다
□ 吠える	ほえる	짖다
□ 抱く	いだく	안다, 품다
□ 輝く	かがやく	빛나다
□ 乾く	かわく	마르다
□ 効く	きく	효과가 있다
□ 叩く	たたく	두드리다
□ 嘆く	なげく	탄식하다, 한탄하다
□ 開く	ひらく	열리다
□ 下げる	さげる	내리다
□ 妨げる	さまたげる	방해하다
□ 越す	こす	넘다
□ 耕す	たがやす	갈다, 경작하다
□ 催す	もよおす	개최하다
□ 許す	ゆるす	허락하다, 용서하다
□ 叫ぶ	さけぶ	소리치다, 외치다
□ 沈む	しずむ	가라앉다, 침몰하다

□ 固める	かためる	굳히다, 단단히 하다
□ 憧れる	あこがれる	동경하다
□ 溢れる	あふれる	(흘러)넘치다
□ 恐れる	おそれる	두려워하다

🟩 い형용사

□ 粗い	あらい	조잡하다
□ 淡い	あわい	옅다
□ 清い	きよい	맑다, 깨끗하다
□ 狡い	ずるい	교활하다, 능글맞다
□ 酷い	ひどい	심하다
□ 羨ましい	うらやましい	부럽다
□ 大人しい	おとなしい	얌전하다
□ 重々しい	おもおもしい	무게 있다
□ 悲しい	かなしい	슬프다
□ 厳しい	きびしい	엄격하다
□ 詳しい	くわしい	자세하다
□ 寂しい	さびしい	외롭다, 쓸쓸하다
□ 図々しい	ずうずうしい	뻔뻔하다
□ 望ましい	のぞましい	바람직하다

☐ 馬鹿馬鹿しい	ばかばかしい	어처구니 없다		☐ 結構だ	けっこうだ	훌륭하다
☐ 貧しい	まずしい	가난하다, 빈곤하다		☐ 厳重だ	げんじゅうだ	엄중하다
☐ 空しい	むなしい	허무하다, 공허하다		☐ 賢明だ	けんめいだ	현명하다
☐ 目覚しい	めざましい	눈부시다		☐ 強引だ	ごういんだ	강압적이다
☐ 珍しい	めずらしい	희귀하다, 드물다		☐ 順調だ	じゅんちょうだ	순조롭다
☐ 喧しい	やかましい	떠들썩하다, 까다롭다		☐ 清潔だ	せいけつだ	청결하다
☐ 優しい	やさしい	다정하다		☐ 短気だ	たんきだ	성미가 급하다
☐ 若々しい	わかわかしい	젊디젊다		☐ 微妙だ	びみょうだ	미묘하다
				☐ 平等だ	びょうどうだ	평등하다
				☐ 面倒だ	めんどうだ	귀찮다

■ な형용사

☐ 過激だ	かげきだ	과격하다		☐ 有効だ	ゆうこうだ	유효하다
☐ 勝手だ	かってだ	제멋대로이다		☐ 陽気だ	ようきだ	쾌활하다
☐ 簡潔だ	かんけつだ	간결하다		☐ 利口だ	りこうだ	영리하다
☐ 危険だ	きけんだ	위험하다		☐ 細やかだ	こまやかだ	세세하다
☐ 軽率だ	けいそつだ	경솔하다		☐ 賑やかだ	にぎやかだ	번화하다

📋 확인 문제 단어의 알맞은 발음을 고르세요.

01 覆う　ⓐ したう　ⓑ おおう　　05 厳しい　ⓐ まずしい　ⓑ きびしい
02 耕す　ⓐ たがやす　ⓑ もよおす　06 珍しい　ⓐ やかましい　ⓑ めずらしい
03 粗い　ⓐ あわい　ⓑ あらい　　07 短気だ　ⓐ たんきだ　ⓑ だんきだ
04 酷い　ⓐ ずるい　ⓑ ひどい　　08 微妙だ　ⓐ みみょうだ　ⓑ びみょうだ

정답 01 ⓑ 02 ⓐ 03 ⓑ 04 ⓑ 05 ⓑ 06 ⓑ 07 ⓐ 08 ⓑ

연습문제 한자읽기 출제예상단어

問題1 ＿＿＿の言葉の読み方として最もよいものを、1・2・3・4から一つ選びなさい。

1 軽率に判断せず、よく考えてから決めようと思う。
   1 けいそつ   2 けいりつ   3 きょうそつ   4 きょうりつ

2 公園で何かを叫んでいる人がいた。
   1 まなんで   2 むすんで   3 はこんで   4 さけんで

3 ボランティア活動を通して、社会に奉仕したい。
   1 ぼうし   2 ほうし   3 ぼうじ   4 ほうじ

4 この薬は他のに比べてよく効く。
   1 はたらく   2 きく   3 つづく   4 とどく

5 この地域は長い間都として栄えてきた。
   1 まち   2 けん   3 しろ   4 みやこ

6 起業に向けて、事業の構想を練っている。
   1 くうそう   2 くうぞう   3 こうそう   4 こうぞう

7 山頂付近はまだ雪が覆っていた。
   1 ふって   2 つもって   3 かぶって   4 おおって

8 彼は貧しい子供時代を乗り越えて、夢を叶えたそうだ。
   1 きびしい   2 さびしい   3 まずしい   4 くるしい

9 プリンターのインクを補充してください。
   1 ほうきゅう   2 ほうじゅう   3 ほきゅう   4 ほじゅう

[10] たいていの人はリスクを恐れる。
1 のがれる　　2 おそれる　　3 わすれる　　4 はなれる

[11] 買い物リストをもう少し簡潔にまとめました。
1 かんせつ　　2 かんけつ　　3 けんせつ　　4 けんけつ

[12] バレーの試合がライブで中継されている。
1 ちゅうりつ　2 ちゅうすう　3 ちゅうけい　4 ちゅうだん

[13] 面倒な手続きが全部終わった。
1 めんどう　　2 めんとう　　3 めいどう　　4 めどう

[14] かっこいいミュージカル俳優(はいゆう)に憧れている。
1 おぼれて　　2 あこがれて　3 ほれて　　　4 しびれて

[15] 当院は診療科によって病棟が分かれています。
1 びょうじょ　2 びょうと　　3 びょうじょう　4 びょうとう

[16] 開発したシステムの安全性を検証している。
1 げんしょう　2 けんしょう　3 げんじょう　4 けんじょう

[17] 彼は外国の政治にも詳しい。
1 とぼしい　　2 くわしい　　3 きびしい　　4 したしい

[18] 遺言を残すなら、きっと家族へ感謝を伝えると思う。
1 ゆうごん　　2 ゆうげん　　3 ゆいごん　　4 ゆいげん

[19] 役人は市民のために尽力(じんりょく)するのが使命だと思う。
1 やくにん　　2 やくじん　　3 えきにん　　4 えきじん

[20] 会社の経費をできるだけ減らしたい。
1 かいい　　　2 けいい　　　3 かいひ　　　4 けいひ

실전 대비하기 1

問題1 ＿＿＿の言葉の読み方として最もよいものを、1・2・3・4から一つ選びなさい。

[1] 支店長として社員の模範となる行動を心掛けている。
　　1　ぼかん　　　2　もかん　　　3　ぼはん　　　4　もはん

[2] ご返却される本はこちらに置いてください。
　　1　へんかん　　2　へんきゃく　3　へんがん　　4　へんぎゃく

[3] 荒れた土地を耕して、野菜の苗を植えた。
　　1　つぶして　　2　くずして　　3　たがやして　4　ほどこして

[4] 敵(てき)に立ち向かう彼は勇ましい表情をしていた。
　　1　いさましい　2　たくましい　3　のぞましい　4　あつかましい

[5] 臓器の提供には本人や家族の同意がいる。
　　1　そうき　　　2　そうし　　　3　ぞうき　　　4　ぞうし

실전 대비하기 2

問題1 _____ の言葉の読み方として最もよいものを、1・2・3・4から一つ選びなさい。

① この化粧品は肌に刺激を与えません。
　1　しげき　　　2　さげき　　　3　しつげき　　　4　さつげき

② 一日中仕事をしていて肩が痛くなった。
　1　ほね　　　2　ひざ　　　3　あたま　　　4　かた

③ パーティーの準備は順調に進んでいる。
　1　じゅんじょう　　　2　じゅんちょう　　　3　しゅんじょう　　　4　しゅんちょう

④ 彼の言葉には優しさが溢れている。
　1　あふれて　　　2　かくれて　　　3　まぎれて　　　4　おぼれて

⑤ バスの運賃は降車時に支払ってください。
　1　うんしん　　　2　うんちん　　　3　うんいん　　　4　うんにん

정답 해설집 p.8

실전 대비하기 3

問題1 ＿＿＿の言葉の読み方として最もよいものを、1・2・3・4から一つ選びなさい。

1 首相は会見で増税の可能性を示唆した。
1 しさ 2 じさ 3 しそ 4 じそ

2 大雨が続き、洪水が起こった。
1 こうすい 2 こうずい 3 ろうすい 4 ろうずい

3 彼の話を聞いて、不安を抱いた。
1 といた 2 まねいた 3 なげいた 4 いだいた

4 随分昔のことなのではっきりした記憶がありません。
1 しおく 2 しろく 3 きおく 4 きろく

5 怪しい行動をしている人がいて警察を呼んだ。
1 くやしい 2 おかしい 3 むなしい 4 あやしい

실전 대비하기 4

問題1 ＿＿＿の言葉の読み方として最もよいものを、1・2・3・4から一つ選びなさい。

1　古典バレエの衣装は細部まで美しく作られている。
　　1　せいしょう　　2　せいそう　　3　いそう　　4　いしょう

2　迷子が善良な市民によって保護された。
　　1　ぜりょう　　2　せりょう　　3　ぜんりょう　　4　せんりょう

3　面接の前にお手洗いで髪の乱れを整えた。
　　1　かえた　　2　そろえた　　3　くわえた　　4　ととのえた

4　市はその事業を強引に進めようとしている。
　　1　きょういん　　2　きょうびき　　3　ごういん　　4　ごうびき

5　大家さんと直接家賃の交渉をした。
　　1　こうたい　　2　こたい　　3　こうしょう　　4　こしょう

실전 대비하기 5

問題1 ＿＿＿の言葉の読み方として最もよいものを、1・2・3・4から一つ選びなさい。

1 あの大きな船は貨物を運搬している。
　　1　れんはん　　　2　れんぱん　　　3　うんはん　　　4　うんぱん

2 次は腕の裏を伸ばすストレッチをします。
　　1　うで　　　　　2　あし　　　　　3　ひざ　　　　　4　こし

3 鮮やかな色のワンピースが目をひいた。
　　1　さわやか　　　2　おだやか　　　3　あざやか　　　4　はなやか

4 足の怪我は、順調に快癒に向かっている。
　　1　けつゆ　　　　2　かいゆ　　　　3　けつゆう　　　4　かいゆう

5 どんな状況でも不平を嘆かず前向きでいたい。
　　1　ささやかず　　2　はかず　　　　3　いだかず　　　4　なげかず

정답 해설집 p.9

실전 대비하기 6

問題1 _____の言葉の読み方として最もよいものを、1・2・3・4から一つ選びなさい。

① さっそく習った健康法を実践してみた。
　　1　じつげん　　　2　じっげん　　　3　じつせん　　　4　じっせん

② 願望が現実になってほしい。
　　1　がんごう　　　2　げんごう　　　3　がんぼう　　　4　げんぼう

③ 恩師は厳しくも温かい言葉をくれた。
　　1　きびしくも　　2　たのしくも　　3　むずかしくも　4　やさしくも

④ 養ってくれた両親には感謝している。
　　1　たよって　　　2　いたわって　　3　かまって　　　4　やしなって

⑤ 勉強の合間に絵を描いてみた。
　　1　あいま　　　　2　がっま　　　　3　あいかん　　　4　がっかん

표기

[문제 2 표기]는 히라가나로 쓰여진 단어를 한자로는 어떻게 쓰는지를 묻는 문제이다. 음독 단어의 한자를 고르는 문제가 3문항, 훈독 단어의 한자를 고르는 문제가 2문항, 총 5문항이 출제된다.

🔍 핵심 전략

1 음독 단어의 한자를 고르는 문제는 주로 명사가 출제된다. 모양이 비슷한 한자, 음독이 같거나 비슷한 한자, 그리고 의미가 비슷한 한자나 단어를 오답으로 사용하여 헷갈리게 한다. 따라서 표기할 한자의 모양, 음독, 의미에 유의하여 정답을 고른다.

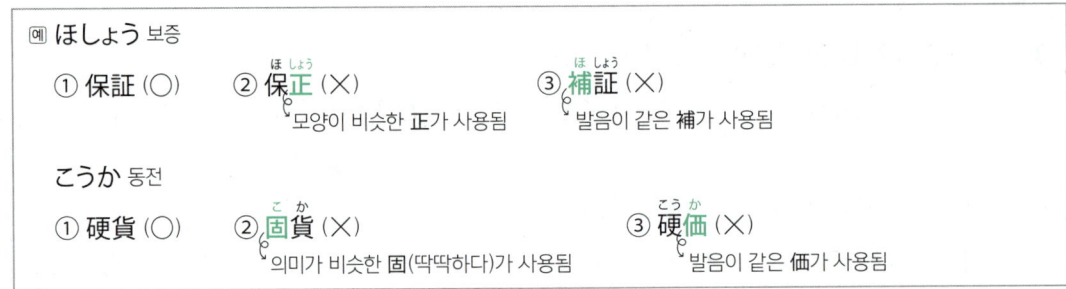

2 훈독 단어의 한자를 고르는 문제는 동사나 い형용사, な형용사, 명사가 출제된다. 주로 의미가 비슷한 한자를 사용하여 헷갈리게 하는데, 일본어에 없는 단어를 만들어 오답으로 제시하는 경우도 있으므로, 표기할 한자의 훈독과 뜻에 유의하여 정답을 고른다.

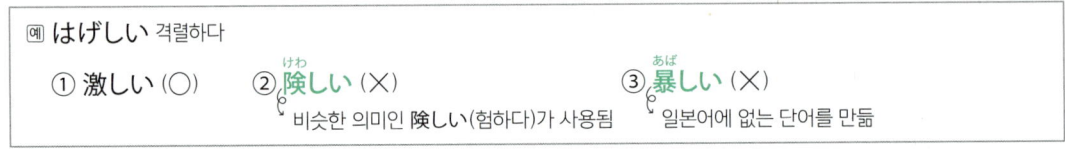

3 한자가 잘 떠오르지 않을 때는 문장을 해석하여 문맥에 어울리지 않는 선택지나, 잘못된 일본어를 사용한 선택지를 오답으로 먼저 소거한다.

4 한자를 암기할 때, 모양이 비슷한 한자, 발음이 같거나 비슷한 한자, 의미가 비슷한 한자를 구별하면서 암기한다.

문제 풀이 Step

Step 1 밑줄 친 히라가나 단어를 읽고 뜻을 떠올리며 한자를 써본다.

히라가나로 쓰여진 단어의 뜻을 생각하며 떠오르는 한자를 써본다. 만약 단어의 뜻이나 한자를 모를 경우 문장을 읽고 해석한다.

Step 2 히라가나에 해당하는 한자를 정답으로 고른다.

음독 단어의 한자가 헷갈릴 때는 다시 한번 정확한 한자의 모양을 떠올려 정답을 고른다. 훈독 단어의 한자가 헷갈릴 때는 각 선택지의 발음과 활용, 그리고 의미를 토대로 오답을 소거하면서 정답을 선택한다.

문제 풀이 Step 적용

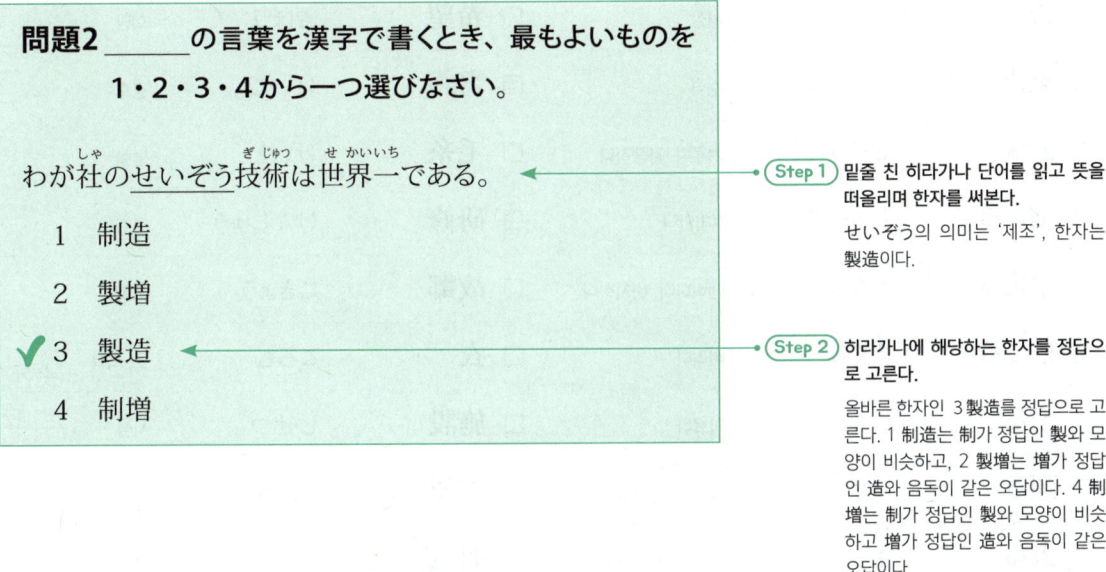

問題2 ＿＿＿の言葉を漢字で書くとき、最もよいものを1・2・3・4から一つ選びなさい。

わが社の<u>せいぞう</u>技術は世界一である。

1　制造
2　製増
✓3　製造
4　制増

Step 1 밑줄 친 히라가나 단어를 읽고 뜻을 떠올리며 한자를 써본다.

せいぞう의 의미는 '제조', 한자는 製造이다.

Step 2 히라가나에 해당하는 한자를 정답으로 고른다.

올바른 한자인 3 製造를 정답으로 고른다. 1 制造는 制가 정답인 製와 모양이 비슷하고, 2 製増는 増가 정답인 造와 음독이 같은 오답이다. 4 制増는 制가 정답인 製와 모양이 비슷하고 増가 정답인 造와 음독이 같은 오답이다.

문제2 ＿＿＿의 말을 한자로 쓸 때, 가장 알맞은 것을, 1·2·3·4에서 하나 고르세요.

우리 회사의 제조기술은 세계 제일이다.

어휘 製造 せいぞう 몡제조　わが社 わがしゃ 몡우리 회사　技術 ぎじゅつ 몡기술　世界一 せかいいち 몡세계 제일

표기 기출단어 2025~2021

MP3 바로 듣기

✓ 발음과 뜻을 가리고 아는 단어인지 확인한 후 박스에 체크하고 학습하세요.

최빈출단어

☐	永久	えいきゅう	영구
☐	勧誘	かんゆう	권유
☐	管理	かんり	관리
☐	傾向	けいこう	경향
☐	視察	しさつ	시찰
☐	垂直	すいちょく	수직
☐	競う	きそう	겨루다, 경쟁하다
☐	抱える	かかえる	(떠)안다
☐	備える	そなえる	대비하다, 비치하다
☐	捨てる	すてる	버리다
☐	至る	いたる	이르다
☐	削る	けずる	깎다, 삭감하다
☐	去る	さる	떠나다, 지나가다
☐	絞る	しぼる	(쥐어)짜다
☐	湿る	しめる	습기 차다
☐	握る	にぎる	쥐다
☐	離れる	はなれる	떨어지다
☐	厚かましい	あつかましい	뻔뻔스럽다
☐	等しい	ひとしい	같다, 동등하다
☐	順調だ	じゅんちょうだ	순조롭다

빈출단어

☐	演習	えんしゅう	연습, 실습
☐	大勢	おおぜい	많은 사람
☐	帯	おび	띠
☐	機嫌	きげん	기분, 기색
☐	希望	きぼう	희망
☐	警護	けいご	경호
☐	毛糸	けいと	털실
☐	研修	けんしゅう	연수
☐	故郷	こきょう	고향
☐	衣	ころも	옷, 의복
☐	施設	しせつ	시설
☐	志望	しぼう	지망
☐	弱点	じゃくてん	약점
☐	住居	じゅうきょ	주거
☐	住宅	じゅうたく	주택
☐	受講	じゅこう	수강
☐	情	じょう	정
☐	消失	しょうしつ	소실
☐	診察	しんさつ	진찰
☐	診断	しんだん	진단

☐ 選挙	せんきょ	선거		☐ 就く	つく	취임하다
☐ 損失	そんしつ	손실		☐ 任せる	まかせる	맡기다
☐ 短編	たんぺん	단편		☐ 捕まえる	つかまえる	붙잡다
☐ 投票	とうひょう	투표		☐ 積もる	つもる	쌓이다
☐ 布	ぬの	천		☐ 散る	ちる	(꽃이) 지다
☐ 俳優	はいゆう	배우		☐ 照る	てる	비추다, 빛나다
☐ 避難	ひなん	피난		☐ 昇る	のぼる	(해, 달이) 뜨다, 오르다
☐ 疲労	ひろう	피로		☐ 掘る	ほる	파다
☐ 袋	ふくろ	봉투		☐ 逃れる	のがれる	피하다, 도망치다
☐ 返品	へんぴん	반품		☐ 別れる	わかれる	헤어지다, 이별하다
☐ 欲	よく	욕심		☐ 柔らかい	やわらかい	부드럽다
☐ 失う	うしなう	잃다		☐ 典型的だ	てんけいてきだ	전형적이다
☐ 敬う	うやまう	공경하다		☐ 乱暴だ	らんぼうだ	난폭하다
☐ 押える	おさえる	억누르다, 누르다		☐ 豊かだ	ゆたかだ	풍부하다, 유복하다
☐ 準える	なぞらえる	견주다, 비교하다		☐ 絶えず	たえず	끊임없이

확인 문제 단어의 알맞은 한자 표기를 고르세요.

01 かんゆう ⓐ 勧誘 ⓑ 歓誘
02 しぼる   ⓐ 絞る ⓑ 削る
03 わかれる ⓐ 離れる ⓑ 別れる
04 はいゆう ⓐ 俳優 ⓑ 俳憂
05 ひなん   ⓐ 避灘 ⓑ 避難
06 うやまう ⓐ 敬う ⓑ 失う
07 えんしゅう ⓐ 寅習 ⓑ 演習
08 にぎる   ⓐ 掘る ⓑ 握る

정답 01 ⓐ 02 ⓐ 03 ⓑ 04 ⓐ 05 ⓑ 06 ⓐ 07 ⓑ 08 ⓑ

표기 기출단어 2020~2016

✅ 발음과 뜻을 가리고 아는 단어인지 확인한 후 박스에 체크하고 학습하세요.

🟩 최빈출단어

☐ 違反	いはん	위반		☐ 拡張	かくちょう	확장
☐ 介護	かいご	개호, 간호		☐ 看護	かんご	간호
☐ 帰省	きせい	귀성		☐ 系統	けいとう	계통
☐ 警備	けいび	경비		☐ 硬貨	こうか	금속 화폐, 동전
☐ 実践	じっせん	실천		☐ 在籍	ざいせき	재적
☐ 破片	はへん	파편		☐ 参考	さんこう	참고
☐ 救う	すくう	구하다, 구제하다		☐ 参照	さんしょう	참조
☐ 快い	こころよい	상쾌하다, 유쾌하다		☐ 指示	しじ	지시
☐ 勇ましい	いさましい	용맹하다, 씩씩하다		☐ 実施	じっし	실시
☐ 簡潔だ	かんけつだ	간결하다		☐ 出張	しゅっちょう	출장
☐ 好調だ	こうちょうだ	순조롭다, 호조이다		☐ 趣味	しゅみ	취미
				☐ 症状	しょうじょう	증상

🟩 빈출단어

				☐ 精算	せいさん	정산
☐ 異色	いしょく	이색		☐ 製造	せいぞう	제조
☐ 売れ行き	うれゆき	팔림새		☐ 損	そん	손해
☐ 演技	えんぎ	연기		☐ 団体	だんたい	단체
☐ お札	おさつ	지폐		☐ 罪	つみ	죄
☐ 害	がい	해		☐ 討議	とうぎ	토의
☐ 快調	かいちょう	쾌조		☐ 毒	どく	독
☐ 係員	かかりいん	담당자		☐ 発行	はっこう	발행

☐ 保証	ほしょう	보증		☐ 応じる	おうじる	응하다
☐ 本日	ほんじつ	금일, 오늘		☐ 混じる	まじる	섞다
☐ 目標	もくひょう	목표		☐ 推す	おす	밀다, 추천하다
☐ 催し	もよおし	모임, 행사		☐ 見逃す	みのがす	놓치다
☐ 陽気	ようき	양기, 명랑함		☐ 束ねる	たばねる	묶다
☐ 領収書	りょうしゅうしょ	영수증		☐ 踏む	ふむ	밟다
☐ 従う	したがう	따르다		☐ 縮める	ちぢめる	줄어들다
☐ 沿う	そう	따르다, 따라가다		☐ 配る	くばる	나눠주다
☐ 養う	やしなう	기르다		☐ 凍る	こおる	얼다
☐ 伝える	つたえる	전하다		☐ 荒い	あらい	거칠다
☐ 迎える	むかえる	맞이하다		☐ 濃い	こい	진하다, 짙다
☐ 抜く	ぬく	뽑다, 빼내다		☐ 真っ白い	まっしろい	새하얗다
☐ 省く	はぶく	줄이다, 생략하다		☐ 永遠だ	えいえんだ	영원하다
☐ 招く	まねく	초대하다, 부르다		☐ 急だ	きゅうだ	급하다
☐ 焦げる	こげる	타다		☐ 具体的だ	ぐたいてきだ	구체적이다

📋 확인 문제 단어의 알맞은 한자 표기를 고르세요.

01 けいび ⓐ 警護 ⓑ 警備 05 ほしょう ⓐ 保証 ⓑ 保正
02 すくう ⓐ 救う ⓑ 求う 06 こげる ⓐ 集げる ⓑ 焦げる
03 かんけつだ ⓐ 簡繁だ ⓑ 簡潔だ 07 こい ⓐ 濃い ⓑ 農い
04 おれい ⓐ お札 ⓑ お礼 08 どく ⓐ 毒 ⓑ 苺

정답 01 ⓑ 02 ⓐ 03 ⓑ 04 ⓑ 05 ⓐ 06 ⓑ 07 ⓐ 08 ⓐ

표기 기출단어 2015~2010

✓ 발음과 뜻을 가리고 아는 단어인지 확인한 후 박스에 체크하고 학습하세요.

◼ 최빈출단어

☐ 腕	うで	팔	☐ 援助	えんじょ	원조
☐ 運賃	うんちん	운임	☐ 開催	かいさい	개최
☐ 肩	かた	어깨	☐ 寄付	きふ	기부
☐ 撮影	さつえい	촬영	☐ 距離	きょり	거리
☐ 収穫	しゅうかく	수확	☐ 講義	こうぎ	강의
☐ 接続	せつぞく	접속	☐ 講師	こうし	강사
☐ 討論	とうろん	토론	☐ 混乱	こんらん	혼란
☐ 福祉	ふくし	복지	☐ 指摘	してき	지적
☐ 争う	あらそう	다투다	☐ 塾	じゅく	학원
☐ 傾く	かたむく	기울다	☐ 出世	しゅっせ	출세
☐ 焦る	あせる	안달하다	☐ 招待	しょうたい	초대
☐ 劣る	おとる	뒤떨어지다	☐ 象徴	しょうちょう	상징
☐ 乱れる	みだれる	흐트러지다	☐ 組織	そしき	조직
☐ 激しい	はげしい	격하다, 심하다	☐ 抵抗	ていこう	저항
☐ 鮮やかだ	あざやかだ	선명하다, 산뜻하다	☐ 手帳	てちょう	수첩
☐ 真剣だ	しんけんだ	진지하다	☐ 伝授	でんじゅ	전수
☐ 面倒だ	めんどうだ	귀찮다	☐ 伝承	でんしょう	전승
			☐ 伝達	でんたつ	전달

◼ 빈출단어

			☐ 伝統	でんとう	전통
☐ 勢い	いきおい	기세	☐ 登録	とうろく	등록

☐	批判	ひはん	비판	☐	尋ねる	たずねる	찾다, 묻다
☐	変更	へんこう	변경	☐	恵まれる	めぐまれる	혜택받다, 풍족함을 누리다
☐	補助	ほじょ	보조	☐	責める	せめる	탓하다, 책망하다
☐	礼儀	れいぎ	예의	☐	努める	つとめる	노력하다, 힘쓰다
☐	扱う	あつかう	다루다, 취급하다	☐	逆らう	さからう	거스르다, 반항하다
☐	抗う	あらがう	저항하다	☐	暮らす	くらす	살다, 생활하다
☐	負う	おう	지다, 짊어지다	☐	頼る	たよる	의지하다
☐	誘う	さそう	권하다	☐	守る	まもる	지키다
☐	拾う	ひろう	줍다	☐	訪れる	おとずれる	찾아오다
☐	与える	あたえる	주다	☐	破れる	やぶれる	찢어지다
☐	驚く	おどろく	놀라다	☐	詳しい	くわしい	자세하다
☐	導く	みちびく	인도하다	☐	湿っぽい	しめっぽい	축축하다
☐	属する	ぞくする	속하다	☐	積極的だ	せっきょくてきだ	적극적이다
☐	果たす	はたす	(역할을) 완수하다	☐	晴やかだ	はれやかだ	쾌청하다
☐	重ねる	かさねる	포개다, 겹치다	☐	即座に	そくざに	즉시, 즉각

확인 문제
단어의 알맞은 한자 표기를 고르세요.

01 さつえい ⓐ 撮影 ⓑ 最影
02 せつぞく ⓐ 接統 ⓑ 接続
03 かたむく ⓐ 傾く ⓑ 頃く
04 あざやかだ ⓐ 晴やかだ ⓑ 鮮やかだ
05 こうぎ ⓐ 講議 ⓑ 講義
06 そしき ⓐ 組織 ⓑ 組識
07 くらす ⓐ 幕らす ⓑ 暮らす
08 でんとう ⓐ 伝統 ⓑ 伝授

정답 01 ⓐ 02 ⓑ 03 ⓐ 04 ⓑ 05 ⓑ 06 ⓐ 07 ⓑ 08 ⓐ

연습문제 표기 기출단어

問題2 ＿＿＿の言葉を漢字で書くとき、最もよいものを1・2・3・4から一つ選びなさい。

1 市民らは経済政策にていこうを示している。
　1　低抗　　　2　低攻　　　3　抵抗　　　4　抵攻

2 残業が続いて、ひろうがたまっている。
　1　皮労　　　2　疲労　　　3　皮老　　　4　疲老

3 両者は話し合いを通して和解にいたったそうだ。
　1　達った　　2　及った　　3　至った　　4　着った

4 今年は工学部をしぼうしている学生が多いらしい。
　1　思望　　　2　志望　　　3　志聖　　　4　思聖

5 イベント会場のけいびを強化した。
　1　敬借　　　2　警借　　　3　敬備　　　4　警備

6 火事が発生し、館内にいた人々は急いでひなんした。
　1　逃難　　　2　避難　　　3　迎難　　　4　遣難

7 昨年から食料品の値上げがあいついでいる。
　1　合続いで　2　合次いで　3　相続いで　4　相次いで

8 進学について、両親にしんけんに相談した。
　1　心剣　　　2　真剣　　　3　心検　　　4　真検

9 初めてのとうひょうだから緊張してしまった。
　1　討票　　　2　投票　　　3　討標　　　4　投標

10	友人をキャンプにさそったが、断られてしまった。
	1 誘った　　2 招った　　3 薦った　　4 呼った

11	上司に態度をしてきされた。
	1 指摘　　2 指適　　3 示摘　　4 示適

12	台風で庭の花が一晩のうちにちってしまった。
	1 去って　　2 落って　　3 降って　　4 散って

13	彼は彫刻のように美しい容姿に加えてえんぎも上手である。
	1 演術　　2 演技　　3 寅技　　4 寅術

14	詐欺のてんけいてきな手口に引っ掛かってしまった。
	1 点型的　　2 点系的　　3 典型的　　4 典系的

15	将来にそなえて、貯金や投資をこつこつやっている。
	1 準えて　　2 備えて　　3 設えて　　4 防えて

16	新入社員はけんしゅうが終われば、各部署に配属される。
	1 研習　　2 研修　　3 件習　　4 件修

17	海の水はたえず動いている。
	1 断えず　　2 途えず　　3 停えず　　4 絶えず

18	この二本の線は長さがひとしい。
	1 同しい　　2 等しい　　3 似しい　　4 類しい

19	この国はふくしが充実していて暮らしやすい。
	1 福祉　　2 副祉　　3 福施　　4 副施

20	日がのぼるのが早くなった。
	1 揚る　　2 昇る　　3 晃る　　4 振る

표기 출제예상단어

✓ 발음과 뜻을 가리고 아는 단어인지 확인한 후 박스에 체크하고 학습하세요.

◼ 명사

☐	沿岸	えんがん	연안	☐ 減量	げんりょう	감량
☐	演劇	えんげき	연극	☐ 功績	こうせき	공적
☐	演出	えんしゅつ	연출	☐ 講堂	こうどう	강당
☐	応募	おうぼ	응모	☐ 公募	こうぼ	공모
☐	開場	かいじょう	개장	☐ 効率	こうりつ	효율
☐	拡大	かくだい	확대	☐ 故障	こしょう	고장
☐	家訓	かくん	가훈	☐ 誇張	こちょう	과장
☐	間隔	かんかく	간격	☐ 混雑	こんざつ	혼잡
☐	観測	かんそく	관측	☐ 裁判	さいばん	재판
☐	企画	きかく	기획	☐ 拾得	しゅうとく	습득
☐	奇数	きすう	홀수	☐ 趣旨	しゅし	취지
☐	救済	きゅうさい	구제	☐ 瞬間	しゅんかん	순간
☐	協力	きょうりょく	협력	☐ 障害	しょうがい	장애, 장해
☐	空想	くうそう	공상	☐ 詳細	しょうさい	상세
☐	空腹	くうふく	공복	☐ 招来	しょうらい	초래
☐	経営	けいえい	경영	☐ 助言	じょげん	조언
☐	決意	けつい	결의	☐ 徐行	じょこう	서행
☐	現状	げんじょう	현 상태	☐ 制限	せいげん	제한
☐	幻想	げんそう	환상	☐ 設計	せっけい	설계
☐	検討	けんとう	검토	☐ 先祖	せんぞ	선조

□ 倉庫	そうこ	창고		□ 比較	ひかく	비교
□ 題材	だいざい	소재, 주제		□ 比率	ひりつ	비율
□ 対等	たいとう	대등		□ 復興	ふっこう	부흥
□ 題名	だいめい	제목		□ 付録	ふろく	부록
□ 脱落	だつらく	탈락		□ 冒険	ぼうけん	모험
□ 知性	ちせい	지성		□ 防止	ぼうし	방지
□ 秩序	ちつじょ	질서		□ 包装	ほうそう	포장
□ 挑戦	ちょうせん	도전		□ 補給	ほきゅう	보급
□ 田園	でんえん	전원		□ 免許	めんきょ	면허
□ 同情	どうじょう	동정		□ 領土	りょうど	영토
□ 特権	とっけん	특권		□ 録音	ろくおん	녹음
□ 鈍感	どんかん	둔감		□ 跡継ぎ	あとつぎ	후계자
□ 濃度	のうど	농도		□ 傾き	かたむき	기울기, 경사
□ 繁栄	はんえい	번영		□ 暮れ	くれ	연말, 해 질 녘
□ 判断	はんだん	판단		□ 滴	しずく	물방울

확인 문제 단어의 알맞은 한자 표기를 고르세요.

01 かんそく ⓐ 観測   ⓑ 観側
02 けいえい ⓐ 絡営   ⓑ 経営
03 げんりょう ⓐ 滅量   ⓑ 減量
04 さいばん ⓐ 裁判   ⓑ 裁絆
05 だいざい ⓐ 題材   ⓑ 匙材
06 とっけん ⓐ 特勧   ⓑ 特権
07 ふろく   ⓐ 付緑   ⓑ 付録
08 あとつぎ ⓐ 跡継ぎ ⓑ 跡断ぎ

정답 01 ⓐ 02 ⓑ 03 ⓑ 04 ⓐ 05 ⓐ 06 ⓑ 07 ⓑ 08 ⓐ

표기 출제예상단어

✓ 발음과 뜻을 가리고 아는 단어인지 확인한 후 박스에 체크하고 학습하세요.

🟩 동사

□ 請う	こう	청하다, 부탁하다
□ 替える	かえる	바꾸다
□ 換える	かえる	교환하다
□ 枯れる	かれる	시들다, 마르다
□ 着替える	きがえる	갈아입다
□ 預かる	あずかる	맡다
□ 召し上がる	めしあがる	드시다
□ 相次ぐ	あいつぐ	잇따르다
□ 揚げる	あげる	높이 올리다
□ 通じる	つうじる	통하다, 이해되다
□ 壊す	こわす	부수다
□ 減らす	へらす	줄이다
□ 召す	めす	드시다, 입다
□ 害する	がいする	해치다
□ 損する	そんする	손해 보다
□ 罪する	つみする	처벌하다
□ 毒する	どくする	해치다
□ 慌てる	あわてる	당황하다
□ 結ぶ	むすぶ	맺다, 묶다
□ 摘む	つむ	따다, 꺾다

□ 微笑む	ほほえむ	미소짓다
□ 勧める	すすめる	권하다, 추천하다
□ 縛る	しばる	묶다
□ 光る	ひかる	빛나다
□ 暴れる	あばれる	날뛰다
□ 隠れる	かくれる	숨다
□ 壊れる	こわれる	부서지다

🟩 い형용사

□ 潔い	いさぎよい	(미련 없이) 깨끗하다
□ 薄い	うすい	얇다, 희박하다
□ 硬い	かたい	딱딱하다, 단단하다
□ 可愛い	かわいい	귀엽다
□ 尊い	とうとい	귀중하다
□ 名高い	なだかい	유명하다
□ 分厚い	ぶあつい	두툼하다
□ 深い	ふかい	깊다
□ 古い	ふるい	오래다
□ 醜い	みにくい	보기 흉하다
□ 弱い	よわい	약하다

☐ 若い	わかい	젊다		☐ 画期的だ	かっきてきだ	획기적이다
☐ 暖かい	あたたかい	따뜻하다, 포근하다		☐ 奇妙だ	きみょうだ	기묘하다
☐ 細かい	こまかい	잘다, 세세하다		☐ 強硬だ	きょうこうだ	강경하다
☐ 軟らかい	やわらかい	부드럽다		☐ 極端だ	きょくたんだ	극단적이다
☐ 息苦しい	いきぐるしい	답답하다		☐ 広大だ	こうだいだ	광대하다
☐ 可笑しい	おかしい	이상하다		☐ 小柄だ	こがらだ	몸집이 작다
☐ 険しい	けわしい	험하다, 가파르다		☐ 質素だ	しっそだ	검소하다
☐ 紛らわしい	まぎらわしい	헷갈리기 쉽다		☐ 地味だ	じみだ	수수하다
				☐ 慎重だ	しんちょうだ	신중하다

🟢 な형용사

				☐ 素敵だ	すてきだ	멋지다, 근사하다
☐ 新ただ	あらただ	새롭다		☐ 手頃だ	てごろだ	알맞다, 적당하다
☐ いい加減だ	いいかげんだ	대충이다		☐ 薄弱だ	はくじゃくだ	박약하다
☐ 円滑だ	えんかつだ	원활하다		☐ 平凡だ	へいぼんだ	평범하다
☐ 大雑把だ	おおざっぱだ	엉성하다		☐ 無口だ	むくちだ	과묵하다
☐ 快適だ	かいてきだ	쾌적하다, 편안하다		☐ 明確だ	めいかくだ	명확하다
☐ 格別だ	かくべつだ	각별하다		☐ 朗らかだ	ほがらかだ	명랑하다

📋 확인 문제 단어의 알맞은 한자 표기를 고르세요.

01 あわてる ⓐ 慌てる ⓑ 荒てる   05 けわしい ⓐ 検しい ⓑ 険しい
02 しばる   ⓐ 博る   ⓑ 縛る   06 えんかつだ ⓐ 円渦だ ⓑ 円滑だ
03 こわれる ⓐ 壊れる ⓑ 懐れる   07 きょうこうだ ⓐ 強硬だ ⓑ 強梗だ
04 みにくい ⓐ 碗い   ⓑ 醜い   08 しんちょうだ ⓐ 慎重だ ⓑ 真重だ

정답 01 ⓐ 02 ⓑ 03 ⓐ 04 ⓑ 05 ⓑ 06 ⓑ 07 ⓐ 08 ⓐ

연습문제 표기 출제예상단어

問題2 ＿＿＿＿の言葉を漢字で書くとき、最もよいものを１・２・３・４から一つ選びなさい。

1　先輩のじょげんを聞いて企画書を修正した。
　　1　祖言　　　2　功言　　　3　組言　　　4　助言

2　舞台のえんしゅつがすばらしかった。
　　1　演屈　　　2　援屈　　　3　演出　　　4　援出

3　欲しかった商品がてごろな価格で買えた。
　　1　手頃　　　2　手安　　　3　手頂　　　4　手定

4　ジャケットをめしていらっしゃる方が上田（うえだ）先生です。
　　1　巻して　　2　召して　　3　帯して　　4　付して

5　くうふくを感じる前に食事したほうがいい。
　　1　突腹　　　2　突胸　　　3　空腹　　　4　空胸

6　正月にせんぞの墓参りに行った。
　　1　前租　　　2　先租　　　3　前祖　　　4　先祖

7　彼は終始けわしい表情を浮かべていた。
　　1　怖しい　　2　荒しい　　3　険しい　　4　厳しい

8　セミナー参加者の人数にはせいげんがある。
　　1　制限　　　2　性限　　　3　制減　　　4　性減

9　家業のあとつぎがいなくて困っている。
　　1　次継ぎ　　2　跡継ぎ　　3　次譲ぎ　　4　跡譲ぎ

10 上空にきみょうな物体が飛んでいるのが見えた。
1 奇妙　　2 危妙　　3 奇炒　　4 危炒

11 この坂はかたむきが急で、雪の日は運転が怖い。
1 沈き　　2 斜き　　3 傾き　　4 偏き

12 このしおりは庭でつんだ花で作ったものだ。
1 握んだ　2 挟んだ　3 採んだ　4 摘んだ

13 マラソン中はこまめな水分のほきゅうが大切だ。
1 捕求　　2 捕給　　3 補求　　4 補給

14 マイホームはこだわりを詰め込んだせっけいにしてもらった。
1 接形　　2 設形　　3 接計　　4 設計

15 今日はあたたかくて、まさにお出かけ日和だ。
1 暖かくて　2 暁かくて　3 暑かくて　4 景かくて

16 二人の少年が繰り広げるぼうけんを描いた小説を読んでいる。
1 盲険　　2 冒険　　3 盲倹　　4 冒倹

17 彼にきちんと謝って、許しをこうつもりだ。
1 申う　　2 願う　　3 頼う　　4 請う

18 花嫁(はなよめ)がすてきなドレスに身をつつんで登場した。
1 素敵　　2 素滴　　3 華敵　　4 華滴

19 年のくれは行事が多くて、いつも慌ただしい。
1 暮れ　　2 幕れ　　3 慕れ　　4 莫れ

20 人をうやまう心を大切にしたい。
1 仰う　　2 敬う　　3 尊う　　4 拝う

실전 대비하기 1

問題2 ＿＿＿の言葉を漢字で書くとき、最もよいものを１・２・３・４から一つ選びなさい。

1 さくっと読める<u>たんぺん</u>の小説を読むことが多い。
　　1　単編　　　　2　短編　　　　3　単縄　　　　4　短縄

2 事業の<u>はんえい</u>を願っている。
　　1　範栄　　　　2　範営　　　　3　繁栄　　　　4　繁営

3 彼の表情はいつも<u>かたい</u>。
　　1　軟い　　　　2　柔い　　　　3　強い　　　　4　硬い

4 医者が運動を<u>すすめ</u>ていたのでジムに登録した。
　　1　勧めて　　　2　招めて　　　3　誘めて　　　4　請めて

5 <u>えんがん</u>に打ち寄せる波の音をしばらく聞いていた。
　　1　浜崖　　　　2　浜岸　　　　3　沿崖　　　　4　沿岸

실전 대비하기 2

問題2 ＿＿＿の言葉を漢字で書くとき、最もよいものを１・２・３・４から一つ選びなさい。

1 高齢化社会は労働力不足を<u>しょうらい</u>した。
　　1　紹来　　　　2　招来　　　　3　紹米　　　　4　招米

2 自社の本が安く買えるのは出版社で働く人の<u>とっけん</u>です。
　　1　特勧　　　　2　特権　　　　3　持勧　　　　4　持権

3 彼女はカメラを向けるとにっこり<u>ほほえんだ</u>。
　　1　微笑んだ　　2　徴笑んだ　　3　微喜んだ　　4　徴喜んだ

4 味が<u>うすい</u>から、もう少し塩を足そう。
　　1　弱い　　　　2　薄い　　　　3　低い　　　　4　貧い

5 この課題の<u>しゅし</u>は思考力を養うことです。
　　1　趣台　　　　2　越台　　　　3　趣旨　　　　4　越旨

실전 대비하기 3

問題2 ＿＿＿の言葉を漢字で書くとき、最もよいものを１・２・３・４から一つ選びなさい。

① お中元のほうそうには季節感が表れます。
　　1　抱装　　　　2　胞装　　　　3　泡装　　　　4　包装

② 駅で財布をしゅうとくして、交番に届けた。
　　1　集得　　　　2　拾得　　　　3　集特　　　　4　拾特

③ 市民ホールでは様々なもよおしが行われている。
　　1　雑し　　　　2　雄し　　　　3　推し　　　　4　催し

④ 山田教授は医療の分野で偉大なこうせきを残した。
　　1　光積　　　　2　功積　　　　3　光績　　　　4　功績

⑤ 空港であばれていた彼を見て警備員が駆け付けた。
　　1　乱れて　　　2　破れて　　　3　汚れて　　　4　暴れて

정답 해설집 p.15

실전 대비하기 4

問題2 ＿＿＿の言葉を漢字で書くとき、最もよいものを1・2・3・4から一つ選びなさい。

[1] ここの海水は、塩分ののうどが高い。
1　農度　　　2　濃度　　　3　農戸　　　4　濃戸

[2] 勤務時間をへらして家族との時間を確保した。
1　縮らして　2　減らして　3　織らして　4　滅らして

[3] この会社は人を重視するけいえいで知られている。
1　経栄　　　2　軽栄　　　3　経営　　　4　軽営

[4] 被災者のきゅうさいが最優先の課題だ。
1　救済　　　2　救斉　　　3　急済　　　4　急斉

[5] 政府はその件に対してきょうこうな姿勢を変えなかった。
1　恐鉱　　　2　恐硬　　　3　強鉱　　　4　強硬

정답 해설집 p.15

실전 대비하기 5

問題2 ＿＿＿の言葉を漢字で書くとき、最もよいものを１・２・３・４から一つ選びなさい。

1 週末、家族でえんげきを見に行きます。
　　1　漂刷　　　　2　漂劇　　　　3　演刷　　　　4　演劇

2 葉の先に垂れたしずくが光っている。
　　1　涙　　　　　2　液　　　　　3　滴　　　　　4　潮

3 彼女の考え方はあまりにきょくたんだと思う。
　　1　究短　　　　2　極短　　　　3　究端　　　　4　極端

4 生徒のみなさんはこうどうに集まってください。
　　1　講堂　　　　2　構堂　　　　3　講童　　　　4　構童

5 不公平な規則はあらためるべきだ。
　　1　換める　　　2　改める　　　3　替める　　　4　更める

실전 대비하기 6

問題2 _____の言葉を漢字で書くとき、最もよいものを1・2・3・4から一つ選びなさい。

1 この雑誌にはメイクポーチが<u>ふろく</u>でついてくる。
   1 府録   2 府緑   3 付録   4 付緑

2 その件は<u>けんとう</u>する必要があります。
   1 剣答   2 剣討   3 検答   4 検討

3 髪を高い位置で一つに<u>むすんだ</u>。
   1 結んだ   2 編んだ   3 織んだ   4 組んだ

4 ジョギングを<u>かいてき</u>に行うために新しいスニーカーを買った。
   1 快適   2 決適   3 快敵   4 決敵

5 この作品は<u>こうぼ</u>で選ばれたものです。
   1 攻募   2 公募   3 攻慕   4 公慕

문제 3 単語形成

[문제 3 단어형성]은 알맞은 접두어나 접미어를 선택하여 파생어를 완성하는 문제와, 알맞은 단어를 선택하여 복합어를 완성하는 문제로, 총 3~5문항이 출제된다. 최근에는 3문항 구성으로 주로 출제되고 있다.

핵심 전략

1 파생어를 완성하는 문제는 비슷한 의미의 접두어·접미어로 혼동을 준다. 따라서 괄호 앞 또는 뒤의 단어와 함께 쓰여 올바른 의미의 파생어를 만들어내는 접두어나 접미어를 정답으로 고른다.

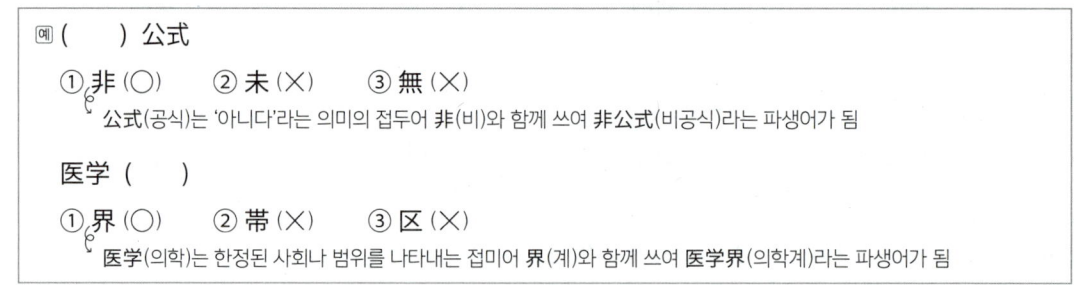

2 복합어를 완성하는 문제는 괄호 앞의 단어와 함께 쓰일 때 올바른 의미의 복합어를 완성하는 선택지를 정답으로 고른다.

┌───┐
│ 예 心 (　　)
│　① 細い (○)　　② 深い 깊다 (×)　　③ 厚い 두껍다 (×)　　④ 浅い 얕다 (×)
│　　心(마음)는 細い(가늘다)와 합쳐졌을 때 心細い(불안하다)라는 복합어가 됨
└───┘

3 괄호 앞뒤만 보았을 때 정답 후보가 두 개 이상인 경우에는, 문장을 읽고 문맥에 맞는 파생어나 복합어를 완성하는 선택지를 정답으로 고른다.

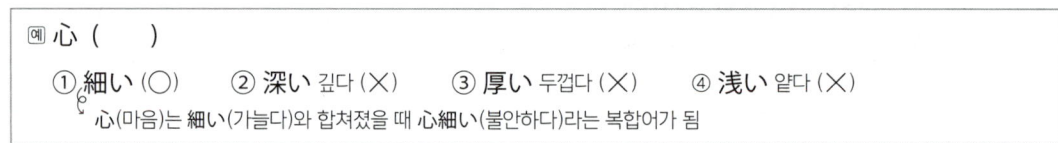

4 시험에 자주 출제되는 파생어와 복합어를 하나의 단어로 암기해 둔다.

문제 풀이 Step

Step 1 선택지를 보고 각각의 뜻을 파악한다.
먼저 선택지를 보고 각각의 뜻을 파악한다.

Step 2 괄호 앞 또는 뒤의 단어와 함께 쓰일 때 올바른 단어를 완성하는 선택지를 정답으로 고른다.
각 선택지를 괄호 앞 또는 뒤의 단어와 함께 썼을 때 올바른 의미의 파생어 또는 복합어를 완성하는 선택지를 정답으로 고른다.

문제 풀이 Step 적용

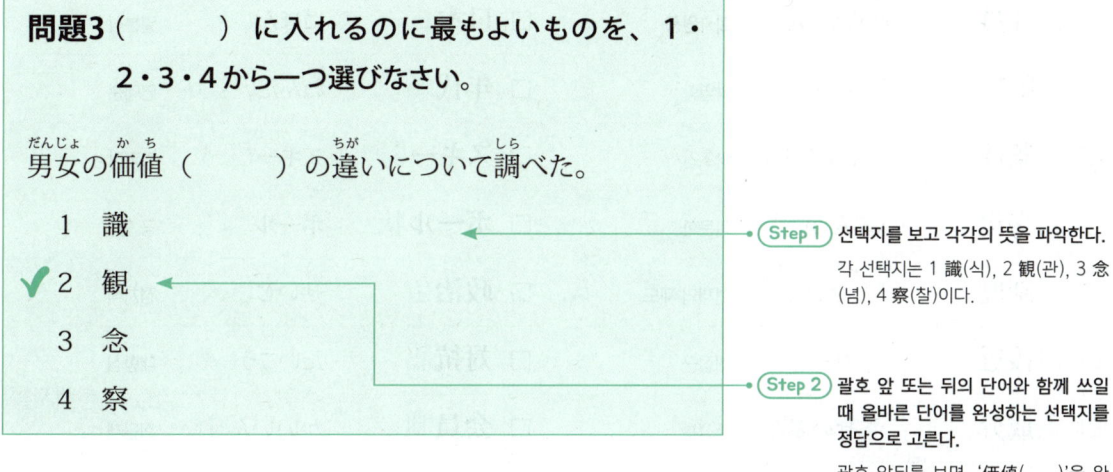

問題3 （　　）に入れるのに最もよいものを、1・2・3・4から一つ選びなさい。

男女の価値（　　）の違いについて調べた。
1　識
✓ 2　観
3　念
4　察

Step 1 선택지를 보고 각각의 뜻을 파악한다.
각 선택지는 1 識(식), 2 観(관), 3 念(념), 4 察(찰)이다.

Step 2 괄호 앞 또는 뒤의 단어와 함께 쓰일 때 올바른 단어를 완성하는 선택지를 정답으로 고른다.
괄호 앞뒤를 보면, '価値(　　)'을 완성해야 함을 알 수 있다. 価値(가치)와 함께 쓰여 価値観(가치관)을 만드는 접미어 2 観(관)을 정답으로 고른다.

문제3 （　　）에 들어갈 가장 알맞은 것을, 1·2·3·4에서 하나 고르세요.

남녀의 가치 (관) 의 차이에 대해 조사했다.
1 식　　　　2 관
3 념　　　　4 찰

어휘 価値観 かちかん 圏가치관　男女 だんじょ 圏남녀　違い ちがい 圏차이　調べる しらべる 图조사하다

단어형성 기출단어 2025~2016

발음과 뜻을 가리고 아는 단어인지 확인한 후 박스에 체크하고 학습하세요.

최빈출단어

☐ 壁際	かべぎわ	벽가, 벽 옆	☐ 別れ際	わかれぎわ	헤어질 때
☐ 食べづらい	たべづらい	먹기 힘들다	☐ 決定権	けっていけん	결정권
☐ 家族連れ	かぞくづれ	가족 동반	☐ 食べ頃	たべごろ	먹기 적당한 때
☐ 会社員風	かいしゃいんふう	회사원풍	☐ 日本式	にほんしき	일본식
☐ 悪影響	あくえいきょう	악영향	☐ 年代順	ねんだいじゅん	연대순
☐ 悪条件	あくじょうけん	악조건	☐ スキー場	スキーじょう	스키장
☐ 異文化	いぶんか	이문화	☐ ボール状	ボールじょう	공 형상
☐ 現制度	げんせいど	현재의 제도	☐ 政治色	せいじしょく	정치색
☐ 最接近	さいせっきん	최접근	☐ 対抗心	たいこうしん	대항심
☐ 主成分	しゅせいぶん	주성분	☐ 会員制	かいいんせい	회원제
☐ 前社長	ぜんしゃちょう	전 사장	☐ 受験生	じゅけんせい	수험생
☐ 低価格	ていかかく	낮은 가격, 저가	☐ 都会育ち	とかいそだち	도시에서 자람
☐ 無計画	むけいかく	무계획	☐ 顔写真付き	かおじゃしんつき	얼굴 사진 부착
			☐ 勉強漬け	べんきょうづけ	공부에 열중임
			☐ 頼みづらい	たのみづらい	부탁하기 어렵다

빈출단어

☐ 私宛て	わたしあて	내 앞	☐ 二人連れ	ふたりづれ	일행 두 명
☐ 管理下	かんりか	관리하	☐ 働き手	はたらきて	일꾼
☐ 住宅街	じゅうたくがい	주택가	☐ 絵画展	かいがてん	회화전
☐ 北側	きたがわ	북쪽	☐ 読書離れ	どくしょばなれ	독서에 소원해짐
☐ 結婚観	けっこんかん	결혼관	☐ 日本風	にほんふう	일본풍

□	用心深い	ようじんぶかい	조심성이 많다	□ 初年度	しょねんど	초년도
□	学年別	がくねんべつ	학년별	□ 前町長	ぜんちょうちょう	전 동장
□	送信元	そうしんもと	송신원	□ 低カロリー	ていカロリー	저칼로리
□	進学率	しんがくりつ	진학률	□ 同意見	どういけん	같은 의견
□	アメリカ流	アメリカりゅう	아메리카류	□ 一仕事	ひとしごと	한 가지 일
□	教育論	きょういくろん	교육론	□ 不正確だ	ふせいかくだ	부정확하다
□	異分野	いぶんや	다른 분야, 이분야	□ 副大臣	ふくだいじん	부대신, 부장관
□	仮登録	かりとうろく	가등록	□ 別会場	べつかいじょう	별도의 회장
□	貴団体	きだんたい	귀하의 단체	□ 本登録	ほんとうろく	본등록
□	現社長	げんしゃちょう	현 사장	□ 真後ろ	まうしろ	바로 뒤
□	高水準	こうすいじゅん	고수준	□ 未使用	みしよう	미사용
□	再開発	さいかいはつ	재개발	□ 無回答	むかいとう	무응답
□	主原料	しゅげんりょう	주원료	□ 名選手	めいせんしゅ	명선수
□	諸手続き	しょてつづき	여러 수속	□ 来学期	らいがっき	다음 학기

확인 문제
괄호에 들어갈 알맞은 말을 고르세요.

01 ( )条件　　ⓐ 悪　　ⓑ 初
02 ( )価格　　ⓐ 低　　ⓑ 最
03 ( )接近　　ⓐ 高　　ⓑ 最
04 ( )年度　　ⓐ 初　　ⓑ 一
05 食べ( )　　ⓐ ぐるしい　　ⓑ づらい
06 ボール( )　ⓐ 状　　ⓑ 風
07 教育( )　　ⓐ 元　　ⓑ 論
08 決定( )　　ⓐ 観　　ⓑ 権

정답 01 ⓐ 02 ⓐ 03 ⓑ 04 ⓐ 05 ⓑ 06 ⓐ 07 ⓑ 08 ⓑ

단어형성 기출단어 2015~2010

☑ 발음과 뜻을 가리고 아는 단어인지 확인한 후 박스에 체크하고 학습하세요.

◼ 최빈출단어

☐ 一日おきに	いちにちおきに	하루걸러
☐ クリーム状	クリームじょう	크림 상태
☐ 親子連れ	おやこづれ	부모자식 동행
☐ 一般的だ	いっぱんてきだ	일반적이다
☐ 和風	わふう	일본풍
☐ 就職率	しゅうしょくりつ	취업률
☐ 再提出	さいていしゅつ	재제출
☐ 高収入	こうしゅうにゅう	고수입
☐ 準決勝	じゅんけっしょう	준결승
☐ 諸外国	しょがいこく	여러 외국
☐ 諸問題	しょもんだい	여러 문제
☐ 副社長	ふくしゃちょう	부사장
☐ 真夜中	まよなか	한밤중

☐ 期限切れ	きげんぎれ	기한이 끝남
☐ 作品集	さくひんしゅう	작품집
☐ アルファベット順	アルファベットじゅん	알파벳순
☐ 文学賞	ぶんがくしょう	문학상
☐ 招待状	しょうたいじょう	초대장
☐ 国際色	こくさいしょく	국제색
☐ 危険性	きけんせい	위험성
☐ 予約制	よやくせい	예약제
☐ 決勝戦	けっしょうせん	결승전
☐ 線路沿い	せんろぞい	철로변
☐ 応援団	おうえんだん	응원단
☐ 電車賃	でんしゃちん	전철비
☐ 子供連れ	こどもづれ	자녀 동반
☐ 定期的だ	ていきてきだ	정기적이다
☐ 東京駅発	とうきょうえきはつ	도쿄역발
☐ 現実離れ	げんじつばなれ	현실을 벗어남
☐ ビジネスマン風	ビジネスマンふう	비즈니스맨풍
☐ 1年前	いちねんまえ	1년 전
☐ 成功率	せいこうりつ	성공률

◼ 빈출단어

☐ 医学界	いがくかい	의학계
☐ 小説家	しょうせつか	소설가
☐ 商店街	しょうてんがい	상점가
☐ 図書館	としょかん	도서관
☐ 風邪気味	かぜぎみ	감기 기운

☐ 投票率	とうひょうりつ	투표율		☐ 総売上	そううりあげ	매상 총액
☐ 日本流	にほんりゅう	일본류, 일본식		☐ 半透明	はんとうめい	반투명
☐ 集中力	しゅうちゅうりょく	집중력		☐ 非公式	ひこうしき	비공식
☐ 食器類	しょっきるい	식기류		☐ 本採用	ほんさいよう	본채용
☐ 薄暗い	うすぐらい	좀 어둡다, 침침하다		☐ 真新しい	まあたらしい	완전히 새롭다
☐ 各チーム	かくチーム	각 팀		☐ 未経験	みけいけん	미경험
☐ 仮採用	かりさいよう	임시 채용		☐ 無責任	むせきにん	무책임
☐ 旧制度	きゅうせいど	구 제도		☐ 来シーズン	らいシーズン	다음 시즌
☐ 現段階	げんだんかい	현 단계		☐ 音楽全般	おんがくぜんぱん	음악 전반
☐ 高性能	こうせいのう	고성능		☐ 夏休み明け	なつやすみあけ	여름방학이 끝난 직후
☐ 再放送	さいほうそう	재방송		☐ 2対1	にたいいち	2대 1
☐ 最有力	さいゆうりょく	가장 유력		☐ ムード一色	ムードいっしょく	무드 일색
☐ 準優勝	じゅんゆうしょう	준우승				

📋 확인 문제 괄호에 들어갈 알맞은 말을 고르세요.

01 ( ) 提出   ⓐ 再   ⓑ 来
02 ( ) 外国   ⓐ 総   ⓑ 諸
03 ( ) 採用   ⓐ 仮   ⓑ 半
04 ( ) 決勝   ⓐ 副   ⓑ 準
05 子供 ( )   ⓐ 連れ   ⓑ 沿い
06 招待 ( )   ⓐ 賞   ⓑ 状
07 就職 ( )   ⓐ 度   ⓑ 率
08 現実 ( )   ⓐ 離れ   ⓑ 切れ

정답 01 ⓐ 02 ⓑ 03 ⓐ 04 ⓑ 05 ⓐ 06 ⓑ 07 ⓑ 08 ⓐ

연습문제 단어형성 기출단어

問題3 （　　　）に入れるのに最もよいものを、1・2・3・4から一つ選びなさい。

1. 自分の仕事を投げ出すなんて（　　　）責任すぎる。
   1　否　　　　2　空　　　　3　欠　　　　4　無

2. バターをクリーム（　　　）にして、砂糖と混ぜます。
   1　版　　　　2　型　　　　3　質　　　　4　状

3. 3か月の（　　　）採用期間を経て、正社員になった。
   1　仮　　　　2　副　　　　3　半　　　　4　次

4. バックしたいが、（　　　）後ろに車がいてできない。
   1　正　　　　2　即　　　　3　直　　　　4　真

5. ジャンルを問わず音楽（　　　）に興味がある。
   1　範囲　　　2　全般　　　3　一帯　　　4　一面

6. ダイエットのため、（　　　）カロリーの食品を選んでいる。
   1　低　　　　2　短　　　　3　小　　　　4　下

7. 最近、線路（　　　）のアパートに引っ越した。
   1　建て　　　2　越え　　　3　沿い　　　4　通り

8. フリマアプリで（　　　）使用の家電を安く譲り受けた。
   1　未　　　　2　否　　　　3　少　　　　4　乏

9. 代表チームが勝利を収め、国内はお祝いのムード（　　　）だ。
   1　全体　　　2　全般　　　3　一色　　　4　一括

10 昨年は賃上げ率が（　　）水準を記録した。
　　1　高　　　　2　上　　　　3　大　　　　4　超

11 何も決めない（　　）計画の旅も時には楽しい。
　　1　不　　　　2　非　　　　3　無　　　　4　逆

12 ジムには一日（　　）に通うようにしている。
　　1　ぶり　　　2　おき　　　3　ずつ　　　4　ぎれ

13 式典には（　　）外国から多くの来賓(らいひん)が訪れた。
　　1　諸　　　　2　豊　　　　3　第　　　　4　広

14 夏休み（　　）のテストでは良い成績を取りたい。
　　1　済み　　　2　去り　　　3　過ぎ　　　4　明け

15 アルバムには彼の曲が発売された年代（　　）に収録されている。
　　1　番　　　　2　列　　　　3　順　　　　4　類

16 遊園地には親子（　　）が多く、とてもにぎわっていた。
　　1　連れ　　　2　持ち　　　3　付き　　　4　引き

17 東京駅(とうきょう)（　　）の新幹線に乗って、京都(きょうと)へ向かう。
　　1　発　　　　2　着　　　　3　始　　　　4　終

18 斎藤(さいとう)さんは同期全員に対抗（　　）を持っているようだ。
　　1　心　　　　2　力　　　　3　性　　　　4　式

19 消費期限（　　）の食品は口にしないほうがいい。
　　1　切れ　　　2　遅れ　　　3　割れ　　　4　離れ

20 前職で培(つちか)った（　　）分野での経験も役に立っている。
　　1　違　　　　2　外　　　　3　変　　　　4　異

정답 해설집 p.17

단어형성 출제예상단어

☑ 발음과 뜻을 가리고 아는 단어인지 확인한 후 박스에 체크하고 학습하세요.

■ 접미어와 파생어

☐ 建築家	けんちくか	건축가		☐ 写真集	しゃしんしゅう	사진집
☐ 福祉家	ふくしか	복지가		☐ 警察署	けいさつしょ	경찰서
☐ 自由化	じゆうか	자유화		☐ 税務署	ぜいむしょ	세무서
☐ 制度下	せいどか	제도하		☐ 作品賞	さくひんしょう	작품상
☐ 自然界	しぜんかい	자연계		☐ 社員証	しゃいんしょう	사원증
☐ 遅刻がち	ちこくがち	지각이 잦음		☐ 領収証	りょうしゅうしょう	영수증
☐ 病気がち	びょうきがち	병이 잦음		☐ 液体状	えきたいじょう	액체 상태
☐ 緊張感	きんちょうかん	긴장감		☐ 野球場	やきゅうじょう	야구장
☐ 責任感	せきにんかん	책임감		☐ 柔軟性	じゅうなんせい	유연성
☐ 人生観	じんせいかん	인생관		☐ 川沿い	かわぞい	강가, 냇가
☐ 疲れ気味	つかれぎみ	피곤한 기미		☐ 修理代	しゅうりだい	수리비
☐ 在庫切れ	ざいこぎれ	재고 없음		☐ 電気代	でんきだい	전기세
☐ 窓際	まどぎわ	창가		☐ 出来立て	できたて	갓 완성함
☐ 奨学金	しょうがくきん	장학금		☐ 焼き立て	やきたて	갓 구움
☐ 保証金	ほしょうきん	보증금		☐ 一戸建て	いっこだて	독채
☐ 皮ごと	かわごと	껍질째		☐ 三階建て	さんがいだて	3층 건물
☐ 丸ごと	まるごと	통째로		☐ バレエ団	バレエだん	발레단
☐ 気温差	きおんさ	기온차		☐ 出身地	しゅっしんち	출신지
☐ 国内産	こくないさん	국내산		☐ 生産地	せいさんち	생산지
☐ 組み立て式	くみたてしき	조립식		☐ 色違い	いろちがい	색이 다름

☐ 手間賃	てまちん	수고비		☐ 交通費	こうつうひ	교통비
☐ 条件付き	じょうけんつき	조건 포함		☐ 制作費	せいさくひ	제작비
☐ 朝食付き	ちょうしょくつき	조식 포함		☐ 20年ぶり	20ねんぶり	20년만
☐ 醤油漬け	しょうゆづけ	간장에 절임		☐ 久しぶり	ひさしぶり	오랜만
☐ 話しづらい	はなしづらい	말하기 어렵다		☐ 専門別	せんもんべつ	전문별
☐ 具体的だ	ぐたいてきだ	구체적이다		☐ 子供向け	こどもむけ	어린이용
☐ 政治的だ	せいじてきだ	정치적이다		☐ 女性向け	じょせいむけ	여성용
☐ 加速度	かそくど	가속도		☐ 発行元	はっこうもと	발행원
☐ 優先度	ゆうせんど	우선도		☐ 原稿料	げんこうりょう	원고료
☐ 演技派	えんぎは	연기파		☐ 宿泊料	しゅくはくりょう	숙박료
☐ 慎重派	しんちょうは	신중파		☐ 降水量	こうすいりょう	강수량
☐ 成田発	なりたはつ	나리타발		☐ 収穫量	しゅうかくりょう	수확량
☐ 限定版	げんていばん	한정판		☐ 記憶力	きおくりょく	기억력
☐ 日本語版	にほんごばん	일본어판		☐ 雑誌類	ざっしるい	잡지류

확인 문제 괄호에 들어갈 알맞은 말을 고르세요.

01 緊張( ) ⓐ 観 ⓑ 感
02 税務( ) ⓐ 団 ⓑ 署
03 一戸( ) ⓐ 建て ⓑ 立て
04 遅刻( ) ⓐ ぶり ⓑ がち
05 条件( ) ⓐ 向け ⓑ 付き
06 窓( ) ⓐ 際 ⓑ 場
07 組み立て( ) ⓐ 式 ⓑ 派
08 収穫( ) ⓐ 量 ⓑ 料

정답 01 ⓑ 02 ⓑ 03 ⓐ 04 ⓑ 05 ⓑ 06 ⓐ 07 ⓐ 08 ⓐ

단어형성 출제예상단어

✅ 발음과 뜻을 가리고 아는 단어인지 확인한 후 박스에 체크하고 학습하세요.

🟩 접두어와 파생어

☐ 異世界	いせかい	이세계		☐ 諸条件	しょじょうけん	여러 조건
☐ 薄味	うすあじ	담백한 맛		☐ 初対面	しょたいめん	첫 대면
☐ 薄色	うすいろ	옅은 색		☐ 新記録	しんきろく	신기록
☐ 薄化粧	うすげしょう	옅은 화장		☐ 新生活	しんせいかつ	신생활
☐ 旧校舎	きゅうこうしゃ	옛 교사		☐ 総人口	そうじんこう	총인구
☐ 旧正月	きゅうしょうがつ	구정		☐ 総動員	そうどういん	총동원
☐ 激辛	げきから	아주 매움		☐ 多機能	たきのう	다기능
☐ 激安	げきやす	아주 쌈		☐ 多趣味	たしゅみ	다취미
☐ 現時点	げんじてん	현시점		☐ 低気圧	ていきあつ	저기압
☐ 高学歴	こうがくれき	고학력		☐ 低レベル	ていレベル	낮은 레벨
☐ 好成績	こうせいせき	좋은 성적		☐ 同世代	どうせだい	같은 세대
☐ 好対照	こうたいしょう	좋은 대조, 대비		☐ 同年齢	どうねんれい	같은 연령
☐ 好都合	こうつごう	안성맞춤		☐ 初体験	はつたいけん	첫 체험
☐ 最下位	さいかい	최하위		☐ 初訪問	はつほうもん	첫 방문
☐ 最先端	さいせんたん	최첨단		☐ 半円形	はんえんけい	반원형
☐ 再評価	さいひょうか	재평가		☐ 半世紀	はんせいき	반세기
☐ 再利用	さいりよう	재이용, 재활용		☐ 反社会的だ	はんしゃかいてきだ	반사회적이다
☐ 主原因	しゅげんいん	주원인		☐ 反主流	はんしゅりゅう	반주류
☐ 主目的	しゅもくてき	주목적		☐ 非科学的だ	ひかがくてきだ	비과학적이다
☐ 諸事情	しょじじょう	여러 사정		☐ 非常識	ひじょうしき	비상식

☐ 非暴力	ひぼうりょく	비폭력				
☐ 一握り	ひとにぎり	한 줌	☐ 買い忘れる	かいわすれる	사는 것을 잊다	
☐ 不器用	ぶきよう	재주가 없음	☐ 学校便り	がっこうだより	학교 소식	
☐ 別世界	べっせかい	별세계	☐ 教育全般	きょういくぜんぱん	교육 전반	
☐ 別問題	べつもんだい	다른 문제	☐ 原因不明	げんいんふめい	원인 불명	
☐ 真夏	まなつ	한여름	☐ 子ども扱い	こどもあつかい	어린아이 취급	
☐ 真冬	まふゆ	한겨울	☐ 心強い	こころづよい	든든하다, 믿음직하다	
☐ 未提供	みていきょう	미제공	☐ 心弱い	こころよわい	심약하다	
☐ 未発表	みはっぴょう	미발표	☐ 婚姻届け	こんいんとどけ	혼인 신고서	
☐ 無許可	むきょか	무허가	☐ 支払い済み	しはらいずみ	지불 완료	
☐ 無慈悲	むじひ	무자비	☐ 使用済み	しようずみ	사용 완료	
☐ 名演技	めいえんぎ	명연기	☐ 解き始める	ときはじめる	풀기 시작하다	
☐ 名場面	めいばめん	명장면	☐ 年明け	としあけ	새해, 연초	
☐ 和菓子	わがし	일본식 과자	☐ 泣き出す	なきだす	울기 시작하다	
☐ 和服	わふく	일본식 옷	☐ 粘り強い	ねばりづよい	끈기 있다, 끈질기다	

■ 복합어

확인 문제 괄호에 들어갈 알맞은 말을 고르세요.

01 ( )味 ⓐ 薄 ⓑ 激
02 ( )都合 ⓐ 高 ⓑ 好
03 ( )世紀 ⓐ 半 ⓑ 別
04 ( )発表 ⓐ 未 ⓑ 非
05 ( )器用 ⓐ 反 ⓑ 不
06 使用( ) ⓐ 扱い ⓑ 済み
07 粘り( ) ⓐ 弱い ⓑ 強い
08 婚姻( ) ⓐ 届け ⓑ 便り

정답 01 ⓐ 02 ⓑ 03 ⓐ 04 ⓐ 05 ⓑ 06 ⓑ 07 ⓑ 08 ⓐ

연습문제 단어형성 출제예상단어

問題3（　　　）に入れるのに最もよいものを、1・2・3・4から一つ選びなさい。

1 彼とは今日が（　　　）対面だったが、すぐに打ち解けた。
　　1　非　　　　　2　始　　　　　3　初　　　　　4　未

2 あの映画は莫大（ばくだい）な制作（　　　）が投じられた。
　　1　給　　　　　2　賃　　　　　3　円　　　　　4　費

3 このレストランは（　　　）世紀にわたって地元で愛されてきた。
　　1　前　　　　　2　半　　　　　3　現　　　　　4　当

4 原因（　　　）のエラーが発生し、システムが停止してしまった。
　　1　不明　　　　2　不知　　　　3　未明　　　　4　未知

5 このソフトウェアは日本語（　　　）もあって使い勝手がいい。
　　1　風　　　　　2　式　　　　　3　版　　　　　4　型

6 色んな調理ができる（　　　）機能なレンジが欲しい。
　　1　有　　　　　2　増　　　　　3　盛　　　　　4　多

7 りんごは皮（　　　）食べてもおいしい果物だ。
　　1　まま　　　　2　ごと　　　　3　づくめ　　　　4　だらけ

8 行動する前にじっくり考える慎重（しんちょう）（　　　）の性格だ。
　　1　界　　　　　2　流　　　　　3　派　　　　　4　面

9 キャンセルしても支払い（　　　）の契約金は戻ってこない。
　　1　上がり　　　2　遂げ　　　　3　終わり　　　　4　済み

10 猛暑(もうしょ)の影響で、今年は米の収穫（　　　）が少なかった。
1　数　　　　　2　量　　　　　3　値　　　　　4　率

11 パン屋で運よく焼き（　　　）のパンが買えた。
1　立て　　　　2　直し　　　　3　きり　　　　4　かけ

12 次の部長候補として（　　　）有力なのは西田(にしだ)さんだと思う。
1　首　　　　　2　最　　　　　3　特　　　　　4　一

13 この家具は組み立て（　　　）なので、車で持ち帰ることができます。
1　方　　　　　2　制　　　　　3　法　　　　　4　式

14 （　　　）事情により、本日はお休みをいただきます。
1　主　　　　　2　多　　　　　3　般　　　　　4　諸

15 忙しい時ほど、優先（　　　）をつけて一つずつ終わらせる。
1　位　　　　　2　度　　　　　3　番　　　　　4　号

16 これは、10年前まで使われていた（　　　）校舎の写真です。
1　旧　　　　　2　初　　　　　3　故　　　　　4　先

17 日本でも借金や奨学（　　　）などの返済(へんさい)は学生のプレッシャーになっている。
1　賃　　　　　2　料　　　　　3　財　　　　　4　金

18 好きなアイドルの写真（　　　）を買った。
1　集　　　　　2　団　　　　　3　体　　　　　4　冊

19 今回の旅行ではホテルではなくて和（　　　）の旅館で泊まることにした。
1　流　　　　　2　風　　　　　3　版　　　　　4　型

20 中村(なかむら)さんは（　　　）趣味(しゅみ)で、いつも忙しそうだ。
1　過　　　　　2　最　　　　　3　多　　　　　4　無

실전 대비하기 1

問題3（　　　）に入れるのに最もよいものを、1・2・3・4から一つ選びなさい。

① 夕方になり、部屋が（　　）暗くなってきた。
　　1　微　　　　2　低　　　　3　少　　　　4　薄

② 留学を通して（　　）文化への理解が深められた。
　　1　相　　　　2　異　　　　3　反　　　　4　別

③ 家に帰ると、私（　　）に小包が届いていた。
　　1　寄り　　　2　宛て　　　3　付き　　　4　受け

실전 대비하기 2

問題3（　　）に入れるのに最もよいものを、1・2・3・4から一つ選びなさい。

1　山田氏は、女性では初の外務省の（　　）大臣に任命された。
　　1　次　　　　　2　副　　　　　3　後　　　　　4　来

2　引っ越しを手伝ってくれた友人に手間（　　）を払った。
　　1　賃　　　　　2　額　　　　　3　銭　　　　　4　価

3　受験生のときは勉強（　　）の毎日を過ごしていた。
　　1　染め　　　　2　落ち　　　　3　漬け　　　　4　込み

정답 해설집 p.21

실전 대비하기 3

問題3 （　　　）に入れるのに最もよいものを、1・2・3・4から一つ選びなさい。

[1] 株主(かぶぬし)総会は会社の重要事項に関する決定（　　　）を持つ。
　　1　状　　　　2　権　　　　3　点　　　　4　証

[2] 食器（　　　）は上の棚に収納してください。
　　1　組　　　　2　側　　　　3　類　　　　4　派

[3] この調査によると中高生の読書（　　　）が進んでいるそうだ。
　　1　引き　　　2　漬け　　　3　離れ　　　4　切れ

실전 대비하기 4

問題3（　　）に入れるのに最もよいものを、1・2・3・4から一つ選びなさい。

1　（　　）新しいスーツを着て、初出勤に臨んだ。
　　1　実　　　　2　全　　　　3　最　　　　4　真

2　このジュースの（　　）成分は牛乳と抹茶です。
　　1　主　　　　2　要　　　　3　本　　　　4　当

3　時代が進むにつれ、結婚（　　）は多様になっている。
　　1　性　　　　2　観　　　　3　様　　　　4　念

정답 해설집 p.21

실전 대비하기 5

問題3 （　　）に入れるのに最もよいものを、1・2・3・4から一つ選びなさい。

1　雨や強風など（　　）条件の中での登山は絶対にやめるべきだ。
　　1　難　　　　2　凶　　　　3　悪　　　　4　害

2　この都市は外国人も多く住んでいて、国際（　　）が豊かだ。
　　1　味　　　　2　制　　　　3　色　　　　4　質

3　（　　）経験でも応募可能な仕事を探している。
　　1　初　　　　2　先　　　　3　未　　　　4　不

4　パスポート申請には顔の写真（　　）の身分証明書が必要です。
　　1　沿い　　　2　連れ　　　3　写り　　　4　付き

5　日が当たる窓（　　）の席に座った。
　　1　隅(すみ)　　2　際(ぎわ)　　3　先(さき)　　4　端(はし)

실전 대비하기 6

問題3（　　　）に入れるのに最もよいものを、1・2・3・4から一つ選びなさい。

1　ひと月ごとにはがせる、（　　　）透明のカレンダーシールを愛用している。
　　1　全　　　　2　反　　　　3　半　　　　4　逆

2　寄付を募る（　　　）かけがSNSで広がっている。
　　1　呼び　　　2　受け　　　3　話し　　　4　願い

3　彼が出した書類が不十分で、（　　　）提出を求めるしかなかった。
　　1　再　　　　2　複　　　　3　来　　　　4　初

4　通りすがりのカップルが色（　　　）の服を着ていた。
　　1　同じ　　　2　変わり　　3　合い　　　4　違い

5　彼は後押ししてくれた応援（　　　）に向かって喜びのジャンプを披露した。
　　1　量　　　　2　風　　　　3　団　　　　4　集

문제 4 문맥규정

[문제 4 문맥규정]은 제시된 문장의 괄호에 들어갈 문맥에 알맞은 단어를 고르는 문제이다. 명사, 동사, 형용사, 부사를 고르는 문제가 골고루 총 7문항 출제된다.

핵심 전략

1. 문맥에 맞는 명사를 고르는 문제는, 비슷한 의미의 단어나 같은 한자가 포함된 단어로 혼동을 준다. 따라서 괄호 앞 또는 뒤에 오는 표현과 의미상 어울리는 단어를 정답으로 고른다.

    예) 現実を (　　) した作品 현실을 (　　) 한 작품
    ① 反映 반영 (○)　② 放映 방영 (×)
    　　　　　　　같은 한자 映가 포함된 단어가 사용됨

2. 문맥에 맞는 동사와 형용사를 고르는 문제는 괄호 앞 또는 뒤의 표현과 의미상 어울리는 단어를 정답으로 고른다.

    예) 海に (　　) しまった 바다에 (　　) 버렸다
    ① しずんで 가라앉아 (○)　② ころんで 넘어져 (×)

    彼の (　　) 返事 그의 (　　) 대답
    ① あいまいな 애매한 (○)　② 鈍感な 둔감한 (×)

3. 문맥에 맞는 부사를 고르는 문제는 주로 의성어·의태어가 출제된다. 괄호 앞 또는 뒤의 표현과 함께 쓰여 자연스러운 문맥을 만드는 단어를 정답으로 고른다.

    예) のどが (　　) だ 목이 (　　) 다
    ① からから 칼칼하 (○)　② ぺらぺら 유창하 (×)

4. 시험에 자주 출제되는 단어를 앞이나 뒤에서 자주 같이 사용되는 표현들과 함께 구문으로 학습해둔다.

문제 풀이 Step

Step 1 선택지를 읽고 뜻과 품사를 파악한다.

선택지를 먼저 읽고, 각 선택지의 의미를 떠올리며 품사도 함께 파악한다. 이때 각 선택지의 의미를 살짝 적어둔다.

Step 2 괄호 앞 또는 뒤에 오는 표현과 가장 잘 어울리는 의미의 선택지를 정답으로 고른다.

괄호 앞 또는 뒤를 먼저 확인하여 문맥상 알맞은 선택지를 정답으로 고른다. 정답 후보가 두 개 이상이면 문장을 읽고 자연스러운 문맥을 만드는 선택지를 정답으로 고른다.

문제 풀이 Step 적용

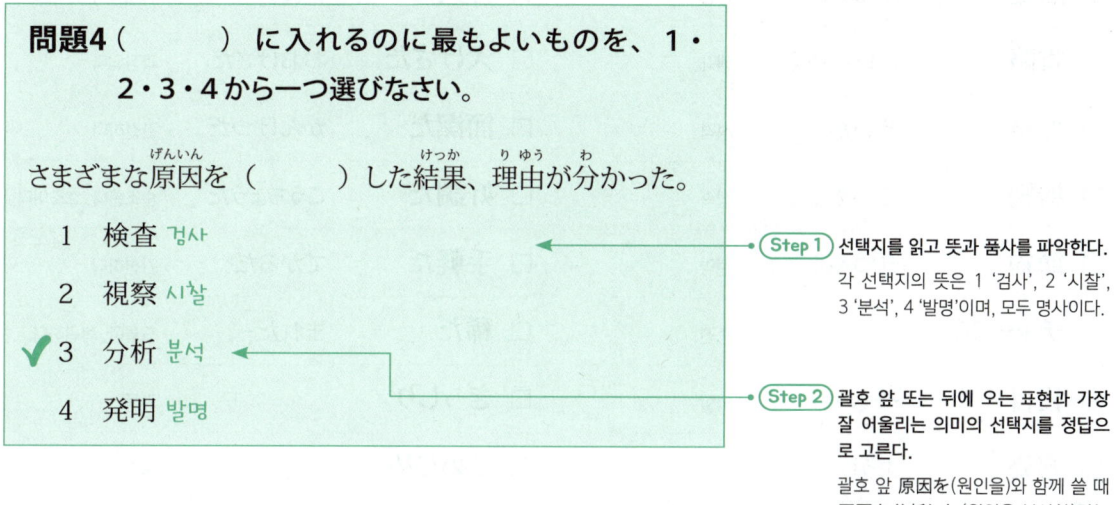

문제4 (   ) 에 들어갈 가장 알맞은 것을, 1·2·3·4에서 하나 고르세요.

다양한 원인을 (   ) 한 결과, 이유를 알았다.

1 검사   2 시찰
3 분석   4 발명

어휘 さまざまだ [な형] 다양하다   原因 げんいん [명] 원인   結果 けっか [명] 결과   理由 りゆう [명] 이유   検査 けんさ [명] 검사
視察 しさつ [명] 시찰   分析 ぶんせき [명] 분석   発明 はつめい [명] 발명

문맥규정 기출단어 2025~2021

MP3 바로 듣기

✅ 발음과 뜻을 가리고 아는 단어인지 확인한 후 박스에 체크하고 학습하세요.

🟩 최빈출단어

□ 違反	いはん	위반
□ 解約	かいやく	해약
□ 求人	きゅうじん	구인
□ 限定	げんてい	한정
□ 省略	しょうりゃく	생략
□ 性格	せいかく	성격
□ 接続	せつぞく	접속
□ 節約	せつやく	절약
□ チャージ		충전
□ 役目	やくめ	역할
□ 容姿	ようし	용모
□ 荒れる	あれる	거칠어지다
□ 劣る	おとる	뒤떨어지다
□ 救う	すくう	구하다, 구제하다
□ 迫る	せまる	다가오다
□ 備える	そなえる	대비하다, 비치하다
□ 保つ	たもつ	유지하다, 보존하다
□ 縮む	ちぢむ	줄어들다
□ 取り払う	とりはらう	철거하다
□ 握る	にぎる	쥐다

□ 触れ合う	ふれあう	접촉하다, 닿다
□ 厚かましい	あつかましい	뻔뻔스럽다
□ 騒がしい	さわがしい	떠들썩하다
□ 偉大だ	いだいだ	위대하다
□ 大げさだ	おおげさだ	과장되다
□ 簡潔だ	かんけつだ	간결하다
□ 好調だ	こうちょうだ	순조롭다, 호조이다
□ 手軽だ	てがるだ	간편하다
□ 稀だ	まれだ	드물다, 희귀하다
□ ぎっしり		가득
□ じめじめ		축축

🟩 빈출단어

□ アポイントメント		약속
□ インパクト		임팩트
□ 開設	かいせつ	개설
□ 関与	かんよ	관여
□ 口調	くちょう	어조
□ クリア		클리어
□ 後悔	こうかい	후회

□ 交渉	こうしょう	교섭		□ 思い切る	おもいきる	결심하다
□ 誤解	ごかい	오해		□ 思い込む	おもいこむ	믿어버리다
□ 進出	しんしゅつ	진출		□ 締め切る	しめきる	마감하다
□ スタイル		스타일		□ 誓う	ちかう	맹세하다
□ 設備	せつび	설비		□ 溶け込む	とけこむ	녹아들다
□ タイミング		타이밍		□ 飛びつく	とびつく	덤벼들다, 달려들다
□ 通過	つうか	통과		□ まねる		흉내내다
□ 添付	てんぷ	첨부		□ もてなす		접대하다, 대접하다
□ 特定	とくてい	특정		□ 盛り上がる	もりあがる	(흥취가) 높아지다
□ ニーズ		니즈, 요구		□ 雇う	やとう	고용하다
□ 反則	はんそく	반칙		□ 図々しい	ずうずうしい	뻔뻔스럽다
□ 報道	ほうどう	보도		□ 一時的だ	いちじてきだ	일시적이다
□ リハーサル		리허설		□ 劇的だ	げきてきだ	극적이다
□ 話題	わだい	화제		□ 多大だ	ただいだ	다대하다
□ 抱く	いだく	안다, 품다		□ こそこそ		소곤소곤
□ 追い払う	おいはらう	쫓아버리다		□ ぞろぞろ		줄줄, 졸졸

확인 문제 단어의 알맞은 뜻을 고르세요.

01 解約   ⓐ 해소   ⓑ 해약
02 節約   ⓐ 절약   ⓑ 생략
03 縮む   ⓐ 뒤떨어지다   ⓑ 줄어들다
04 取り払う ⓐ 철거하다   ⓑ 쫓아버리다
05 騒がしい ⓐ 뻔뻔스럽다   ⓑ 떠들썩하다
06 思い切る ⓐ 결심하다   ⓑ 믿어버리다
07 稀だ   ⓐ 극적이다   ⓑ 드물다
08 じめじめ ⓐ 축축   ⓑ 소곤소곤

정답 01 ⓑ 02 ⓐ 03 ⓑ 04 ⓐ 05 ⓑ 06 ⓐ 07 ⓑ 08 ⓐ

문맥규정 기출단어 2020~2016

✓ 발음과 뜻을 가리고 아는 단어인지 확인한 후 박스에 체크하고 학습하세요.

🟩 최빈출단어

☐ 苦情	くじょう	불평		☐ 穏やかだ	おだやかだ	온화하다, 평온하다
☐ 栽培	さいばい	재배		☐ 独特だ	どくとくだ	독특하다
☐ 地元	じもと	고향		☐ なだらかだ		완만하다, 부드럽다
☐ 収穫	しゅうかく	수확		☐ 面倒だ	めんどうだ	귀찮다
☐ ショック		충격		☐ ぎりぎり		빠듯이
☐ 続出	ぞくしゅつ	속출		☐ 着々と	ちゃくちゃくと	착착
☐ 尊重	そんちょう	존중		☐ のんびり		느긋하게, 태평하게
☐ 転勤	てんきん	전근				
☐ 発揮	はっき	발휘		🟩 **빈출단어**		
☐ バランス		밸런스, 균형		☐ アレンジ		어레인지
☐ 普及	ふきゅう	보급		☐ 確保	かくほ	확보
☐ プレッシャー		압박		☐ 契機	けいき	계기
☐ 油断	ゆだん	방심		☐ 気配	けはい	기미, 기색
☐ 争う	あらそう	다투다		☐ 邪魔	じゃま	방해, 장애
☐ 打ち消す	うちけす	부정하다		☐ ターゲット		타깃
☐ 衰える	おとろえる	쇠약해지다		☐ 提供	ていきょう	제공
☐ そそっかしい		덤벙대다, 덜렁대다		☐ 点検	てんけん	점검
☐ 頼もしい	たのもしい	믿음직하다		☐ 評価	ひょうか	평가
☐ 相応しい	ふさわしい	적합하다, 어울리다		☐ 分担	ぶんたん	분담
☐ 曖昧だ	あいまいだ	애매하다		☐ リーダー		리더, 지도자

☐ 憧れる	あこがれる	동경하다		☐ 引き止める	ひきとめる	말리다
☐ 当てはまる	あてはまる	꼭 들어맞다		☐ 引っかかる	ひっかかる	걸리다
☐ 行き着く	いきつく	다다르다		☐ 見分ける	みわける	분간하다
☐ 入れ替える	いれかえる	교체하다		☐ 割り込む	わりこむ	끼어들다, 새치기하다
☐ 頷く	うなずく	끄덕이다		☐ 欠かさない	かかさない	빠뜨리지 않다
☐ 追い返す	おいかえす	물리치다		☐ 安易だ	あんいだ	안이하다
☐ 聞き取る	ききとる	청취하다, 알아듣다		☐ いいかげんだ		소홀하다, 무책임하다
☐ 悔やむ	くやむ	분하게 여기다, 후회하다		☐ 活発だ	かっぱつだ	활발하다
☐ 差し引く	さしひく	빼다, 공제하다		☐ 敏感だ	びんかんだ	민감하다
☐ 達する	たっする	이르다, 도달하다		☐ 不安定だ	ふあんていだ	불안정하다
☐ 付け加える	つけくわえる	덧붙이다, 추가하다		☐ 豊富だ	ほうふだ	풍부하다
☐ 飛び上がる	とびあがる	날아오르다		☐ 有利だ	ゆうりだ	유리하다
☐ 飛び降りる	とびおりる	뛰어내리다		☐ ぐったり		축 늘어짐
☐ 飛び立つ	とびたつ	날아오르다		☐ ごちゃごちゃ		엉망진창
☐ 飛び散る	とびちる	흩어지다		☐ にっこり		생긋
☐ 取り付ける	とりつける	달다		☐ ひそひそ		소곤소곤

확인 문제 단어의 알맞은 뜻을 고르세요.

01 苦情　　ⓐ 불평　　ⓑ 압박　　　　05 穏やかだ　　ⓐ 완만하다　　ⓑ 온화하다
02 打ち消す　ⓐ 물리치다　ⓑ 부정하다　　06 のんびり　　ⓐ 느긋하게　　ⓑ 축 늘어짐
03 そそっかしい　ⓐ 덤벙대다　ⓑ 소홀하다　07 飛び降りる　ⓐ 흩어지다　　ⓑ 뛰어내리다
04 頼もしい　ⓐ 믿음직하다　ⓑ 적합하다　　08 引き止める　ⓐ 걸리다　　　ⓑ 말리다

정답 01 ⓐ 02 ⓑ 03 ⓐ 04 ⓐ 05 ⓑ 06 ⓐ 07 ⓑ 08 ⓑ

문맥규정 기출단어 2015~2010

✓ 발음과 뜻을 가리고 아는 단어인지 확인한 후 박스에 체크하고 학습하세요.

🟩 최빈출단어

☐ 完了	かんりょう	완료	☐ 活気	かっき	활기
☐ 上昇	じょうしょう	상승	☐ 機能	きのう	기능
☐ 分析	ぶんせき	분석	☐ 愚痴	ぐち	푸념
☐ 抱える	かかえる	(떠)안다	☐ 見当	けんとう	예측, 짐작
☐ 散らかす	ちらかす	어지르다	☐ 辞退	じたい	사퇴
☐ 詰まる	つまる	막히다	☐ 視野	しや	시야
☐ 濁る	にごる	탁해지다	☐ 贅沢	ぜいたく	사치
☐ 輝かしい	かがやかしい	빛나다, 눈부시다	☐ 成長	せいちょう	성장
☐ 鋭い	するどい	날카롭다, 예리하다	☐ 専念	せんねん	전념
☐ 辛い	つらい	괴롭다	☐ 体格	たいかく	체격
☐ 温厚だ	おんこうだ	온후하다, 온화하다	☐ 中継	ちゅうけい	중계
☐ 柔軟だ	じゅうなんだ	유연하다	☐ 強み	つよみ	강점
☐ 徐々に	じょじょに	서서히	☐ 訂正	ていせい	정정
			☐ デザイン		디자인
			☐ 導入	どうにゅう	도입

🟩 빈출단어

☐ 意欲	いよく	의욕	☐ 特色	とくしょく	특색
☐ 解散	かいさん	해산	☐ 場面	ばめん	장면
☐ 解消	かいしょう	해소	☐ 反映	はんえい	반영
☐ 改正	かいせい	개정	☐ パンク		펑크, 터짐
☐ 改善	かいぜん	개선	☐ 評判	ひょうばん	평판

比例	ひれい	비례
夢中	むちゅう	열중, 몰두
予測	よそく	예측
リラックス		릴랙스, 편안함
相次ぐ	あいつぐ	잇따르다, 연달다
得る	える	얻다
偏る	かたよる	치우치다
差し支える	さしつかえる	방해되다
蓄える	たくわえる	저장하다, 비축하다
通じる	つうじる	통하다
つまずく		걸려 넘어지다, 좌절하다
腹を立てる	はらをたてる	화를 내다
含む	ふくむ	포함하다
目指す	めざす	목표로 하다
面する	めんする	면하다, 인접하다
呼び止める	よびとめる	불러 세우다
スムーズだ		원활하다
適度だ	てきどだ	적당하다, 알맞다
有効だ	ゆうこうだ	유효하다, 효과적이다
あいにく		공교롭게도
予め	あらかじめ	미리, 사전에
一気に	いっきに	단숨에
いらいら		안달복달, 초조해 함
思い切って	おもいきって	과감하게
ごろごろ		뒹굴뒹굴, 데굴데굴
さっぱり		산뜻이, 후련히
すっきり		산뜻이, 말끔히
たっぷり		듬뿍, 많이
びっしょり		흠뻑
割りと	わりと	비교적
時間をつぶす	じかんをつぶす	시간을 때우다
話が尽きない	はなしがつきない	이야기가 끊이지 않다

확인 문제 단어의 알맞은 뜻을 고르세요.

01 抱える　ⓐ 떠안다　ⓑ 저장하다
02 輝かしい　ⓐ 빛나다　ⓑ 예리하다
03 愚痴　ⓐ 열중　ⓑ 푸념
04 徐々に　ⓐ 서서히　ⓑ 단숨에
05 贅沢　ⓐ 활기　ⓑ 사치
06 差し支える　ⓐ 방해되다　ⓑ 걸려 넘어지다
07 あいにく　ⓐ 사전에　ⓑ 공교롭게도
08 びっしょり　ⓐ 산뜻이　ⓑ 흠뻑

정답 01 ⓐ 02 ⓐ 03 ⓑ 04 ⓐ 05 ⓑ 06 ⓐ 07 ⓑ 08 ⓑ

연습문제 문맥규정 기출단어

問題4（　　　）に入れるのに最もよいものを、1・2・3・4から一つ選びなさい。

1. あの大通りに（　　）美術館はバスや地下鉄からのアクセスが便利だ。
   1　面した　　　2　対した　　　3　達した　　　4　属した

2. この辺りは観光地なので、（　　）の住民より他の地域からの旅行者が多く訪れる。
   1　領域　　　2　地元　　　3　町中　　　4　現場

3. このスープは料理本のレシピを少し（　　）して、自分好みに仕上げた一品です。
   1　アレンジ　　　2　デザイン　　　3　フォーカス　　　4　カバー

4. 私は（　　）性格で、頻繁（ひんぱん）に物を忘れたりうっかりミスを起こしたりする。
   1　たのもしい　　　2　なやましい　　　3　そそっかしい　　　4　うっとうしい

5. 深夜の騒音について近所の人から（　　）を言われてしまった。
   1　異論　　　2　申告　　　3　説得　　　4　苦情

6. 部長は業務において誰よりも専門性があり、また決断力もあって（　　）。
   1　勇（いさ）ましい　　　2　頼（たの）もしい　　　3　逞（たくま）しい　　　4　懐（なつ）かしい

7. 新店舗の内装工事も終盤（しゅうばん）を迎え、オープン準備が（　　）進んでいる。
   1　広々と　　　2　近々と　　　3　長々と　　　4　着々と

8. 子供は親のことを何でも（　　）ので、日頃から言動には気を付けたほうがいい。
   1　まねる　　　2　したう　　　3　しめす　　　4　よせる

9. ここから先は山頂まで（　　）傾斜が続くので、そこまできつくない。
   1　にわかな　　　2　なだらかな　　　3　ささいな　　　4　おおらかな

10 オンラインで注文した商品の配送が（　　）したという連絡が宅配業者から来た。
　1　実現　　　　2　実験　　　　3　完成　　　　4　完了

11 市民の要望に応えて、図書館内に芸術資料室を（　　）することになった。
　1　発表　　　　2　補正　　　　3　開設　　　　4　改正

12 青山(あおやま)さんとは年が離れているが、お互いにラグビーが好きで、いつも話が（　　）。
　1　持ち上げる　2　盛り上がる　3　押し寄せる　4　混み合う

13 現地のカレーは香辛料の（　　）風味が強いため、苦手な人も多い。
　1　独特な　　　2　端的な　　　3　不明な　　　4　異常な

14 三年前、管理職への昇進を断ったことを今になって（　　）している。
　1　共感　　　　2　後悔　　　　3　思考　　　　4　困惑

15 全国大会の予選敗退は今思い出しても涙が出るぐらい（　　）経験だった。
　1　辛(つら)い　　2　荒(あら)い　　3　渋(しぶ)い　　4　鈍(にぶ)い

16 電球の発明は人々の生活に（　　）変化をもたらした。
　1　過度な　　　2　大量な　　　3　強引な　　　4　劇的な

17 アトリエの壁に（　　）絵の具の跡が芸術作品のように見える。
　1　切り捨てた　2　追い出した　3　飛び散った　4　乗り越えた

18 ガス設備に故障がないか定期的に（　　）してもらっている。
　1　修理　　　　2　点検　　　　3　証明　　　　4　視察

19 伝統芸能の魅力を若者に伝えるため、古典的な演出を（　　）する試みが行われている。
　1　修復　　　　2　固定　　　　3　維持　　　　4　改善

20 高橋(たかはし)選手は、試合中、ルールに（　　）したとして退場が命じられた。
　1　逆転(ぎゃくてん)　2　攻撃(こうげき)　3　違反(いはん)　4　油断(ゆだん)

문맥규정 출제예상단어

☑ 발음과 뜻을 가리고 아는 단어인지 확인한 후 박스에 체크하고 학습하세요.

📗 명사

☐ 一致	いっち	일치	
☐ エラー		오류	
☐ 買い上げ	かいあげ	매입, 구입	
☐ 覚悟	かくご	각오	
☐ 感激	かんげき	감격, 감동	
☐ 区分	くぶん	구분	
☐ 経理	けいり	경리, 회계	
☐ 原則	げんそく	원칙	
☐ 参観	さんかん	참관	
☐ サンプル		견본, 샘플	
☐ 失望	しつぼう	실망	
☐ ステージ		무대	
☐ 対象	たいしょう	대상	
☐ 撤去	てっきょ	철거, 제거	
☐ トータル		합계, 총계	
☐ 根元	ねもと	근원	
☐ ブランド		브랜드	
☐ フロア		층, 플로어	
☐ 抱負	ほうふ	포부	
☐ 模型	もけい	모형	

📗 동사

☐ 預ける	あずける	맡기다, 예치하다
☐ 言い張る	いいはる	주장하다, 고집하다
☐ 行き過ぎる	いきすぎる	지나치다
☐ 祈る	いのる	기도하다, 빌다
☐ 受け継ぐ	うけつぐ	이어받다, 계승하다
☐ 打ち明ける	うちあける	털어놓다, 고백하다
☐ 打ち上げる	うちあげる	발사하다, 쏘아 올리다
☐ 打ち切る	うちきる	중단하다, 끊다
☐ 映す	うつす	비추다
☐ 裏切る	うらぎる	배신하다, 저버리다
☐ 描く	えがく	그리다
☐ おだてる		아첨하다, 칭찬하다
☐ 思い過ぎる	おもいすぎる	생각을 너무 많이 하다
☐ 書き上がる	かきあがる	다 쓰다, 완성되다
☐ 書き込む	かきこむ	써넣다, 기입하다
☐ 駆け込む	かけこむ	뛰어들다
☐ 駆け抜ける	かけぬける	달려 지나가다, 질주하다
☐ 叶える	かなえる	이루다
☐ 凍える	こごえる	얼다, 동상에 걸리다
☐ こぼれる		흘리다, 넘치다

□ 探し回る	さがしまわる	찾아 돌아다니다		□ 腹立つ	はらだつ	화나다, 분노하다
□ 冷める	さめる	식다, 차가워지다		□ 引き受ける	ひきうける	받아들이다
□ 締め出す	しめだす	문을 열어 주지 않다		□ 引き離す	ひきはなす	떼어놓다, 분리하다
□ 過ごす	すごす	지내다, 보내다		□ 塞がる	ふさがる	막히다, 차단되다
□ 使いこなす	つかいこなす	능숙하게 사용하다		□ 振り込む	ふりこむ	송금하다, 입금하다
□ 使い込む	つかいこむ	손에 익게 오래 쓰다		□ まとめる		정리하다
□ 詰める	つめる	채우다, 압축하다		□ 見直す	みなおす	다시 보다, 재검토하다
□ 連れ出す	つれだす	데리고 나가다		□ 見習う	みならう	본받다
□ 飛び出す	とびだす	뛰쳐나가다		□ 見慣れる	みなれる	눈에 익다
□ 取り上げる	とりあげる	집어 들다		□ 結びつく	むすびつく	결부되다, 연결되다
□ 取り扱う	とりあつかう	다루다, 취급하다		□ 命じる	めいじる	명하다
□ 取り掛かる	とりかかる	착수하다		□ 持ち込む	もちこむ	반입하다
□ 取り組む	とりくむ	몰두하다		□ 汚す	よごす	더럽히다
□ 取り消す	とりけす	삭제하다		□ 呼びかける	よびかける	호소하다
□ 取り出す	とりだす	꺼내다, 추출하다		□ 寄り掛かる	よりかかる	기대다, 의지하다
□ 早まる	はやまる	빨라지다, 앞당겨지다		□ 論じる	ろんじる	논하다

확인 문제 단어의 알맞은 뜻을 고르세요.

01 受け継ぐ　ⓐ 데리고 나가다 ⓑ 이어받다
02 打ち明ける　ⓐ 발사하다　ⓑ 털어놓다
03 書き込む　ⓐ 써넣다　ⓑ 다 쓰다
04 こぼれる　ⓐ 흘리다　ⓑ 얼다
05 引き受ける　ⓐ 떼어놓다　ⓑ 받아들이다
06 取り掛かる　ⓐ 착수하다　ⓑ 취급하다
07 見直す　ⓐ 눈에 익다　ⓑ 다시 보다
08 おだてる　ⓐ 아첨하다　ⓑ 배신하다

정답 01 ⓑ 02 ⓑ 03 ⓐ 04 ⓐ 05 ⓑ 06 ⓐ 07 ⓑ 08 ⓐ

문맥규정 출제예상단어

☑ 발음과 뜻을 가리고 아는 단어인지 확인한 후 박스에 체크하고 학습하세요.

■ い형용사

☐ 暑い	あつい	덥다
☐ うっとうしい		귀찮다, 음울하다
☐ 重苦しい	おもくるしい	답답하다
☐ 心細い	こころぼそい	불안하다
☐ すっぱい		시다
☐ 狡賢い	ずるがしこい	교활하다, 간사하다
☐ たくましい		늠름하다
☐ 甚だしい	はなはだしい	심하다, 극심하다
☐ みっともない		보기 흉하다, 창피하다

■ な형용사

☐ 意地悪だ	いじわるだ	심술궂다, 짓궂다
☐ 円満だ	えんまんだ	원만하다
☐ 大まかだ	おおまかだ	대략적이다
☐ 微かだ	かすかだ	희미하다, 미약하다
☐ 気軽だ	きがるだ	부담 없다
☐ 強大だ	きょうだいだ	강대하다
☐ ささやかだ		소박하다, 작다
☐ 静かだ	しずかだ	조용하다
☐ 真剣だ	しんけんだ	진지하다
☐ 人工的だ	じんこうてきだ	인공적이다
☐ 垂直だ	すいちょくだ	수직이다
☐ 盛大だ	せいだいだ	성대하다
☐ ダイレクトだ		직접적이다
☐ 単純だ	たんじゅんだ	단순하다
☐ 忠実だ	ちゅうじつだ	충실하다
☐ 適切だ	てきせつだ	적절하다
☐ 特殊だ	とくしゅだ	특수하다
☐ 遥かだ	はるかだ	아득하다
☐ フォーマルだ		격식적이다, 공식적이다
☐ 不完全だ	ふかんぜんだ	불완전하다
☐ ベーシックだ		기본적이다, 기초적이다
☐ 膨大だ	ぼうだいだ	방대하다
☐ 身近だ	みぢかだ	가깝다, 친하다
☐ 無駄だ	むだだ	쓸데없다, 헛되다
☐ モダンだ	モダンだ	현대적이다
☐ 有望だ	ゆうぼうだ	유망하다, 전망이 좋다

■ 부사

☐ あらゆる		온갖, 모든

いろいろ	여러 가지	どっしり	묵직하게, 안정되게
うじゃうじゃ	우글우글	どっと	한꺼번에
うっかり	깜빡	どろどろ	질척질척, 진창
うっすら	희미하게, 얇게	のびのび	자유롭게, 편하게
うとうと	꾸벅꾸벅	ふさふさ	복슬복슬, 풍성한
うろうろ	어슬렁어슬렁, 허둥지둥	ぶらぶら	어슬렁어슬렁
かさかさ	꺼칠꺼칠, 버석버석	ぶるぶる	부들부들, 떨림
がらがら	텅텅	ふんわり	폭신폭신
ぎしぎし	삐걱삐걱	べたべた	끈적끈적
くよくよ	끙끙	ぺらぺら	술술
ごくごく	꿀꺽꿀꺽	ほかほか	따끈따끈
しっとり	촉촉히	ぼろぼろ	너덜너덜, 주르륵
しょっちゅう	언제나, 늘	ぼんやり	멍하니, 흐릿하게
じろじろ	빤히, 유심히	ますます	점점
ちくちく	따끔따끔	めっきり	부쩍
どしどし	팍팍, 마구, 거침없이	ゆっくり	천천히

확인 문제 단어의 알맞은 뜻을 고르세요.

01 重苦しい ⓐ 답답하다 ⓑ 불안하다
02 甚だしい ⓐ 심하다 ⓑ 헛되다
03 遥かだ ⓐ 가깝다 ⓑ 아득하다
04 フォーマルだ ⓐ 격식적이다 ⓑ 진지하다
05 がらがら ⓐ 텅텅 ⓑ 팍팍
06 ぺらぺら ⓐ 끈적끈적 ⓑ 술술
07 ささやかだ ⓐ 소박하다 ⓑ 조용하다
08 ぼろぼろ ⓐ 복슬복슬 ⓑ 너덜너덜

정답 01 ⓐ 02 ⓐ 03 ⓑ 04 ⓐ 05 ⓐ 06 ⓑ 07 ⓐ 08 ⓑ

연습문제 문맥규정 출제예상단어

問題4（　　）に入れるのに最もよいものを、1・2・3・4から一つ選びなさい。

1 都市部には子供たちが自然の中で（　　）遊べる場所が少ない。
   1 のびのび　　2 ぶらぶら　　3 ばたばた　　4 うずうず

2 我が国では、伝統工芸の技術を（　　）若者の不足が深刻な社会問題となっている。
   1 受け取る　　2 受け継ぐ　　3 受け流す　　4 受け止める

3 安藤さんの論文は（　　）データを基に分析されていて、信ぴょう性がある。
   1 偉大な　　2 重大な　　3 膨大な　　4 過大な

4 駅構内の公衆電話は利用者が大幅に減ったため（　　）されることになったという。
   1 消去　　2 撤去　　3 引退　　4 衰退

5 規模が小さいうちの会社では平社員が社長に（　　）に意見を提示することもある。
   1 ベーシック　　2 ダイレクト　　3 マイペース　　4 シャープ

6 新入社員は自己紹介を済ませた後、今後の（　　）を語った。
   1 信念　　2 思想　　3 抱負　　4 欲望

7 スマホは通話とネットさえできればいいから、一番（　　）なプランで契約している。
   1 リアル　　2 モダン　　3 ベーシック　　4 スムーズ

8 1時間前から雪が降り、民家の屋根や道路に（　　）積もっている。
   1 うっすら　　2 あっさり　　3 ぞろぞろ　　4 ほっそり

9 某高級車の縮小模型は外部はもちろん内部まで（　　）再現されていた。
   1 格段に　　2 身近に　　3 均一に　　4 忠実に

10 まだ演劇部に入ったばかりなので、大きな（　　）に立つのは緊張する。
1　エリア　　　2　ステージ　　　3　グラウンド　　　4　リハーサル

11 寝坊して試験を受けられなくなってしまった自分に（　　）。
1　腹立った　　　2　裏切った　　　3　見失った　　　4　怒鳴った

12 まだ間違いがあると木村さんが強く（　　）ので、最後にもう一度確認してみたら確かに間違いがあった。
1　問い直す　　　2　言い張る　　　3　後押しする　　　4　勧める

13 今年の新入社員には将来（　　）な若者が多く、今後が楽しみだ。
1　確実　　　2　有効　　　3　安全　　　4　有望

14 インドネシアでの新店オープンの際に、（　　）パーティーが開かれた。
1　割高な　　　2　盛大な　　　3　大幅な　　　4　大まかな

15 時間がたって（　　）固くなってしまったピザほどまずいものはないと思う。
1　さまして　　　2　ひやして　　　3　さめて　　　4　ちぢんで

16 まずは商品の（　　）を作ってからお客様に説明するのがいいだろう。
1　タイミング　　　2　クレーム　　　3　コンプレックス　　　4　サンプル

17 プロポーズをされたが、まだ結婚する（　　）がつかない。
1　思考　　　2　専念　　　3　覚悟　　　4　油断

18 野生動物は病気を持っている可能性があるので、（　　）近づいてはいけません。
1　のんきに　　　2　かすかに　　　3　手軽に　　　4　安易に

19 創作のアイデアが出ないことを（　　）悩んでいるうちに、締め切りが近づいた。
1　うとうと　　　2　ひそひそ　　　3　くよくよ　　　4　どろどろ

20 毎朝通勤で通る道が工事で（　　）いたので、遠回りをして来た。
1　へだたって　　　2　おおって　　　3　うまって　　　4　ふさがって

실전 대비하기 1

問題4 （　　）に入れるのに最もよいものを、1・2・3・4から一つ選びなさい。

[1] 彼の新作映画は独特な映像美と音楽で、国際映画祭で大きな（　　）になっている。
　　1　題材　　　　2　論理　　　　3　話題　　　　4　議論

[2] 不安を（　　）には、適度な運動と十分な睡眠が効果的です。
　　1　追い越す　　2　取り出す　　3　打ち消す　　4　押し通す

[3] 病院の屋上庭園では、患者のためにハーブを（　　）している。
　　1　保管　　　　2　統制　　　　3　処理　　　　4　栽培

[4] ウェブサイトを開くと（　　）が発生して、ページが表示されない。
　　1　パンク　　　2　エラー　　　3　オーバー　　4　ショック

[5] 本当かどうかもわからない噂話にすぐ（　　）のはやめるべきです。
　　1　飛びつく　　2　投げこむ　　3　言いはる　　4　走りまわる

[6] 成績優秀者、または（　　）の分野で優れた実績があると奨学金がもらえる。
　　1　想定　　　　2　選定　　　　3　限定　　　　4　特定

[7] 夜の海辺を散歩していると、灯台の光が（　　）見えた。
　　1　ぼんやり　　2　やんわり　　3　ふんわり　　4　すんなり

실전 대비하기 2

問題4 （　　　）に入れるのに最もよいものを、1・2・3・4から一つ選びなさい。

1　この指輪は（　　）のダイヤモンドが使われているため、輝きが違う。
　1　本体　　　　2　本場　　　　3　本物　　　　4　本質

2　あの町は台風で住宅が壊れたり水に浸かったりするなど（　　）被害を受けた。
　1　はなはだしい　2　あつかましい　3　おもおもしい　4　やかましい

3　数学のテストが来週だと（　　）いたが、明日だと聞いて焦って勉強を始めた。
　1　話し込んで　2　詰め込んで　3　思い込んで　4　考え込んで

4　今日はマンション内の（　　）を点検する日で、昼間はエレベーターが使用できないと言う。
　1　装飾　　　　2　建築　　　　3　素材　　　　4　設備

5　舞台上の演者たちは完璧に役に（　　）いた。
　1　寄り添って　2　溶け込んで　3　見合わせて　4　近付けて

6　洗い物のあとは手が（　　）するから、毎回保湿クリームを塗っている。
　1　かさかさ　　2　べたべた　　3　ほかほか　　4　つるつる

7　今回の旅行は、宿泊費や飛行機代も含めると（　　）で30万円くらいかかった。
　1　トータル　　2　オール　　　3　セット　　　4　プラン

정답 해설집 p.30

실전 대비하기 3

問題4 （　　）に入れるのに最もよいものを、1・2・3・4から一つ選びなさい。

1. 今日は保護者(ほごしゃ)たちが子供の授業を（　　）しに学校を訪れる日だ。
   1. 検証　　2. 検診(けんしん)　　3. 参観　　4. 観測

2. レモンは（　　）苦手なので、ジャムにしませんか。
   1. からくて　　2. すっぱくて　　3. あまくて　　4. しょっぱくて

3. 高速道路で車5台が絡(から)む玉突(たまつ)き事故が発生し、全国ニュースで（　　）された。
   1. 伝授　　2. 報道　　3. 通報　　4. 通信

4. 昨日降り出した大雨できれいだった川が（　　）しまった。
   1. 錆びて　　2. 濁って　　3. 枯れて　　4. 上がって

5. 植えたばかりなのに、ラベンダーの（　　）が黒くなってしまった。
   1. 土地　　2. 根元　　3. 土台　　4. 屋根

6. 誕生日に（　　）したケーキが食べたくて直接作ってみた。
   1. しっかり　　2. のんびり　　3. ぼんやり　　4. ふんわり

7. 当ホテルは世界各国からのお客様を最高のサービスで（　　）ことを理念としています。
   1. 取り扱う　　2. もてなす　　3. おだてる　　4. 促す

실전 대비하기 4

問題4（　　）に入れるのに最もよいものを、1・2・3・4から一つ選びなさい。

1　中世と近世の封建(ほうけん)制度は明確に（　　）されている。
　1　提示　　　　2　区分　　　　3　引用　　　　4　反映

2　下記の項目(こうもく)に一つでも（　　）症状があれば、早めの受診(じゅしん)をおすすめします。
　1　取り上げる　2　向かい合う　3　思いこむ　　4　当てはまる

3　人間関係とストレスについて、大学生を（　　）にアンケートを行いました。
　1　対象　　　　2　主役　　　　3　焦点(しょうてん)　　4　項目(こうもく)

4　彼は温度の変化に（　　）反応して頭痛を起こしたりする。
　1　冷静に　　　2　円満に　　　3　敏感に　　　4　濃厚に

5　学生のときから毎日（　　）ことなく、その日あった出来事を日記に書いている。
　1　欠(か)かす　　　2　破(やぶ)る　　　　3　損(そこ)なう　　　4　遮(さえぎ)る

6　楽しみにしていた映画なのに、夜遅かったので（　　）しながら見た。
　1　うとうと　　2　ぎりぎり　　3　ぴったり　　4　ごちゃごちゃ

7　結婚式のような（　　）な場面では服装や持ち物に気を遣(つか)う必要がある。
　1　ロマンチック　2　スマート　　3　フォーマル　　4　プライベート

실전 대비하기 5

問題4 （　　）に入れるのに最もよいものを、1・2・3・4から一つ選びなさい。

1　A社の入社試験は筆記試験の一次選考を無事（　　）し、現在面接を控えている状況だ。

　　1　通行　　　　2　通用　　　　3　通過　　　　4　通達

2　こちらの商品は、ふたを開ける際に中身が（　　）おそれがあるので注意してください。

　　1　落とす　　　2　こぼれる　　3　出す　　　　4　消える

3　自分の（　　）を生かせる仕事に就きたいと思って転職(てんしょく)を決めた。

　　1　傷み　　　　2　強み　　　　3　緩み　　　　4　高み

4　山へキャンプに行くと、（　　）音や光がほとんどなくなるのでとてもリラックスした気分になれる。

　　1　人工的な　　2　人造的な　　3　災害的な　　4　公害(こうがい)的な

5　食生活が肉食に（　　）いたので、野菜中心のお弁当を作って食べている。

　　1　潜って　　　2　預けて　　　3　面して　　　4　偏って

6　あの格闘技(かくとうぎ)選手は強いイメージがあるけど、普段は（　　）タイプの人だ。

　　1　温厚な　　　2　適度な　　　3　順調な　　　4　的確な

7　このドラマは世界中で評判になった人気作で（　　）が7以上続いた。

　　1　パターン　　2　ルール　　　3　イメージ　　4　シーズン

실전 대비하기 6

問題4（　　　）に入れるのに最もよいものを、1・2・3・4から一つ選びなさい。

1. 最近、全国のスキー場で脚を怪我する人が（　　　）している。
   1. 参観　　　2. 失望　　　3. 指摘　　　4. 続出

2. いくら虫が嫌いでも、こんなに小さな虫で騒ぐなんて（　　　）だと思う。
   1. 大げさ　　2. 盛ん　　　3. 気の毒　　4. 疎か

3. スタッフみんなが時間をかけて準備してきたおかげで、イベントは（　　　）に進んでいる。
   1. トータル　2. フォーマル　3. スムーズ　4. ダイレクト

4. 当デパート一階の（　　　）は化粧品売り場でございます。
   1. フロア　　2. ステージ　　3. ロビー　　4. インテリア

5. 工事が終わったので、現場に置いてあったフェンスをもう（　　　）ことにした。
   1. 取り払う　2. 取り替える　3. 取り消す　4. 取り上げる

6. 彼の演技力は他の俳優に比べて（　　　）が、独特な魅力があって人気がある。
   1. 落ちる　　2. 劣る　　　3. 負ける　　4. 失う

7. 緊急事態では冷静さを（　　　）して、適切な判断をすることが重要だ。
   1. 実行　　　2. 表現　　　3. 提示　　　4. 発揮

유의표현

[문제 5 유의표현]은 밑줄 친 단어나 구와 의미적으로 가까운 표현을 고르는 문제로, 총 5문항이 출제된다. 주로 단어가 출제되며, 명사, 동사, 형용사, 부사의 유의표현을 고르는 문제가 골고루 출제된다.

핵심 전략

1 밑줄 친 부분이 단어인 경우, 동의어나 비슷한 의미의 선택지를 정답으로 고른다.

> 예 恐ろしい経験 무서운 경험
> ① 怖い 무서운 (○)　② 楽しい 재미있는 (✕)

2 밑줄 친 부분이 구인 경우, 밑줄 친 부분과 교체하여도 문장의 의미가 바뀌지 않는 선택지를 정답으로 고른다.

> 예 毎日通勤している 매일 통근하고 있다
> ① 仕事に行っている 일하러 가고 있다 (○)　② 勉強に行っている 공부하러 가고 있다 (✕)

3 오답 선택지는 주로 밑줄 부분에 대입해도 문장의 의미가 어색하지 않은 내용으로 구성하므로, 선택지를 밑줄 친 부분에 대입하지 말고, 밑줄 친 부분과 의미가 같거나 비슷한 선택지를 정답으로 골라야 한다.

> 예 やっかいな仕事を頼まれた。 성가신 일을 부탁받았다.
> ① 面倒な 귀찮은 (○)　② 専門的な 전문적인 (✕)　③ 楽な 쉬운 (✕)

4 시험에 자주 출제되는 단어를 동의어 또는 비슷한 의미의 구와 함께 학습해둔다.

문제 풀이 Step

Step 1 밑줄 친 단어나 구를 읽고 의미를 파악한다.

문장의 밑줄 친 부분을 읽고 그 의미를 파악한다. 이때 문장 전체를 읽고 해석하지 않아도 된다.

Step 2 선택지를 읽고 밑줄 친 부분과 의미가 같거나 비슷한 선택지를 정답으로 고른다.

선택지를 읽으며 밑줄 친 부분과 의미가 같거나 가장 비슷한 선택지를 정답으로 고른다. 밑줄 친 부분과 동일한 의미의 선택지가 없어 정답 선택이 어려우면 문장을 읽고 밑줄 친 부분과 교체하여도 문장의 의미가 바뀌지 않는 선택지를 정답으로 고른다.

문제 풀이 Step 적용

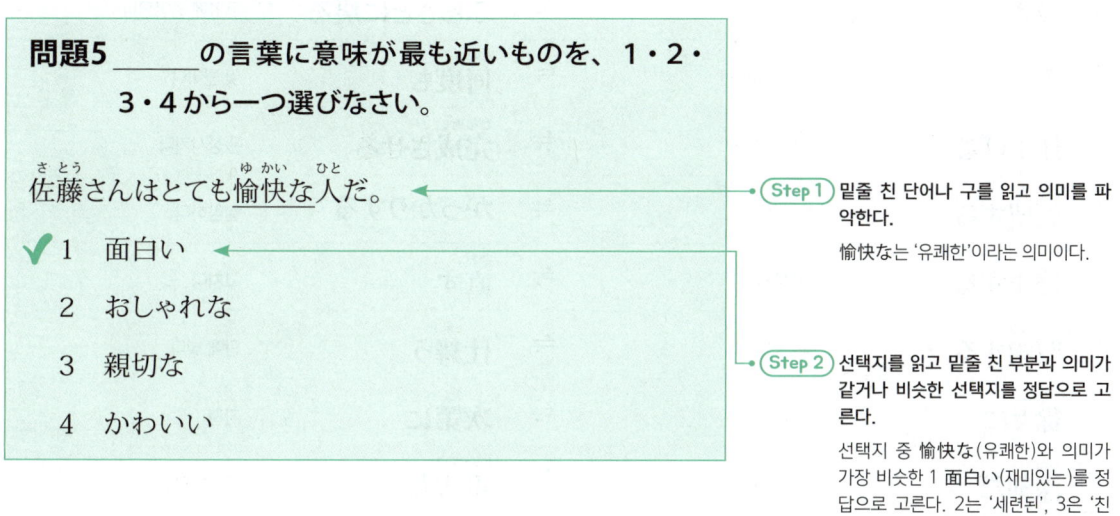

問題5 ＿＿＿の言葉に意味が最も近いものを、1・2・3・4から一つ選びなさい。

佐藤さんはとても愉快な人だ。

✓ 1 面白い
2 おしゃれな
3 親切な
4 かわいい

Step 1 밑줄 친 단어나 구를 읽고 의미를 파악한다.
愉快な는 '유쾌한'이라는 의미이다.

Step 2 선택지를 읽고 밑줄 친 부분과 의미가 같거나 비슷한 선택지를 정답으로 고른다.
선택지 중 愉快な(유쾌한)와 의미가 가장 비슷한 1 面白い(재미있는)를 정답으로 고른다. 2는 '세련된', 3은 '친절한', 4는 '귀여운'이라는 의미이다.

문제5 ＿＿＿의 말에 의미가 가장 가까운 것을, 1·2·3·4에서 하나 고르세요.

사토 씨는 매우 유쾌한 사람이다.

1 재미있는   2 세련된
3 친절한   4 귀여운

어휘 とても 🔤 매우, 몹시   愉快だ ゆかいだ な형 유쾌하다   面白い おもしろい い형 재미있다   おしゃれだ な형 세련되다
親切だ しんせつだ な형 친절하다   かわいい い형 귀엽다

유의표현 기출단어 2025~2021

✅ 발음과 뜻을 가리고 아는 단어인지 확인한 후 박스에 체크하고 학습하세요.

🟩 최빈출단어

☐	案の定	아니나 다를까	≒	やっぱり	역시
☐	依然	여전히	≒	まだ	아직
☐	うつむく	고개를 숙이다	≒	下を向く	아래를 보다
☐	帰省	귀성	≒	ふるさとに戻る	고향에 돌아오다
☐	再三	재삼, 여러 번	≒	何度も	몇 번이나
☐	仕上げる	마무리하다	≒	完成させる	완성시키다
☐	失望する	실망하다	≒	がっかりする	실망하다
☐	修正する	수정하다	≒	直す	고치다
☐	収納する	수납하다	≒	仕舞う	안에 넣다
☐	徐々に	서서히	≒	次第に	차차
☐	深刻だ	심각하다	≒	重大だ	중대하다
☐	相当	상당히	≒	かなり	꽤
☐	たちまち	금세	≒	すぐに	곧
☐	テンポ	템포	≒	速さ	빠르기
☐	人柄	인품	≒	性格	성격
☐	不平	불평	≒	文句	불만
☐	喧しい	떠들썩하다	≒	うるさい	시끄럽다
☐	騒がしい	소란스럽다			
☐	油断	방심	≒	気をつけていない	조심하지 않다
☐	レンタルする	렌탈하다	≒	借りる	빌리다

빈출단어

☐ 威張(いば)る	으스대다 ≒	偉(えら)そうにする	잘난 체하다
☐ おおよそ	대략 ≒	大体(だいたい)	거의
☐ 惜(お)しい	아쉽다 ≒	もったいない	아깝다
☐ 概要(がいよう)	개요 ≒	大体(だいたい)の内容(ないよう)	대강의 내용
☐ 各自(かくじ)	각자 ≒	一人一人(ひとりひとり)	한 사람 한 사람
☐ 行儀(ぎょうぎ)	예의 ≒	マナー	매너
☐ くるむ	휘감아 싸다 ≒	包(つつ)む	싸다, 둘러싸다
☐ 仕草(しぐさ)	몸짓 ≒	動作(どうさ)	동작
☐ 書籍(しょせき)	서적 ≒	本(ほん)	책
☐ 同僚(どうりょう)	동료 ≒	同(おな)じ会社(かいしゃ)の人(ひと)	같은 회사 사람
☐ 尖(とが)る	뾰족해지다 ≒	細(ほそ)くなる	가늘게 되다
☐ はげる	벗겨지다 ≒	取(と)れる	떨어지다
☐ 妙(みょう)だ	묘하다 ≒	不思議(ふしぎ)だ	이상하다

확인 문제 가장 가까운 의미의 표현을 고르세요.

01 失望する ⓐ やかましい ⓑ がっかりする
02 たちまち ⓐ すぐに ⓑ 大体
03 相当 ⓐ かなり ⓑ まだ
04 性格 ⓐ 仕草 ⓑ 人柄
05 重大だ ⓐ 深刻だ ⓑ 不思議だ
06 惜しい ⓐ さわがしい ⓑ もったいない
07 テンポ ⓐ 速さ ⓑ 動作
08 うつむく ⓐ 包む ⓑ 下を向く

정답 01 ⓑ 02 ⓐ 03 ⓐ 04 ⓑ 05 ⓐ 06 ⓑ 07 ⓐ 08 ⓑ

유의표현 기출단어 2020~2016

✓ 발음과 뜻을 가리고 아는 단어인지 확인한 후 박스에 체크하고 학습하세요.

🟩 최빈출단어

☐ 一日中 いちにちじゅう	하루종일	≒	終日 しゅうじつ	종일
☐ 一層 いっそう	한층	≒	もっと	더
☐ 臆病だ おくびょう	겁이 많다	≒	何でも怖がる なん こわ	무엇이든 무서워하다
☐ 落ち込む お こ	침울해지다	≒	がっかりする	실망하다
☐ かかりつけの	단골인	≒	いつも行く い	자주 가는
☐ 過剰である か じょう	과잉이다	≒	多すぎる おお	너무 많다
☐ 定める さだ	정하다	≒	決める き	정하다
☐ 触る さわ	닿다, 손을 대다	≒	いじる	주무르다, 만지다
☐ 真剣だ しん けん	진지하다	≒	真面目だ まじめ	진지하다, 성실하다
☐ 精一杯 せい いっ ぱい	힘껏	≒	一生懸命 いっしょうけんめい	목숨걸고
☐ 同情する どう じょう	동정하다	≒	かわいそうだと思う おも	불쌍하다고 생각하다
☐ 動揺する どう よう	동요하다	≒	不安になる ふ あん	불안해지다
☐ とっくに	훨씬 전에, 벌써	≒	ずっと前に まえ	훨씬 전에
☐ ハードだ	힘들다	≒	大変だ たい へん	힘들다
☐ 引き返す ひ かえ	되돌아가다	≒	戻る もど	돌아가다
☐ 卑怯だ ひ きょう	비겁하다	≒	ずるい	치사하다
☐ 物騒になる ぶっそう	위험해지다	≒	安全ではなくなる あん ぜん	안전하지 않게 되다
☐ 稀だ まれ	드물다	≒	あまりいない	별로 없다
		≒	ほとんどない	드물다, 거의 없다
☐ 愉快だ ゆ かい	유쾌하다, 즐겁다	≒	面白い おも しろ	재미있다

빈출단어

단어	뜻		유의어	뜻
誤り	잘못, 실수	≒	間違っているところ	잘못된 부분
哀れだ	불쌍하다, 가엽다	≒	かわいそうだ	불쌍하다
怒る	화나다	≒	むかつく	화가 치밀다, 울컥하다
腹が立つ	화가 나다			
関心を持つ	관심을 갖다	≒	注目する	주목하다
気を付ける	조심하다	≒	用心する	조심하다
くどい	끈덕지다	≒	しつこい	끈질기다
じたばたする	버둥버둥대다, 발버둥치다	≒	あわてる	허둥대다
しばらく	잠시	≒	当分	당분간
すっかり変わる	완전히 바뀌다	≒	一転する	완전히 바뀌다
テクニック	테크닉	≒	技術	기술
ぶつける	맞부딪치다	≒	衝突する	충돌하다
譲る	양보하다	≒	あげる	주다
利口だ	영리하다	≒	頭がいい	머리가 좋다

확인 문제 가장 가까운 의미의 표현을 고르세요.

01 引き返す ⓐ 戻る ⓑ ぶつける
02 愉快だ ⓐ 稀だ ⓑ 面白い
03 いつも行く ⓐ かかりつけの ⓑ 一転する
04 気をつける ⓐ 用心する ⓑ 落ち込む
05 しばらく ⓐ とっくに ⓑ 当分
06 利口だ ⓐ 頭がいい ⓑ ずるい
07 精一杯 ⓐ 一生懸命 ⓑ ずっと前に
08 触る ⓐ じたばたする ⓑ いじる

정답 01 ⓐ 02 ⓑ 03 ⓐ 04 ⓐ 05 ⓑ 06 ⓐ 07 ⓐ 08 ⓑ

유의표현 기출단어 2015~2010

☑ 발음과 뜻을 가리고 아는 단어인지 확인한 후 박스에 체크하고 학습하세요.

🟩 최빈출단어

☐ あまり話さ^{はな}ない	그다지 말하지 않는다	≒	無口^{むくち}だ	말이 없다
☐ 曖昧^{あいまい}だ	애매하다	≒	はっきりしない	분명하지 않다
☐ 明^{あき}らかだ	명백하다	≒	はっきりした	분명한
☐ 以前^{いぜん}	이전에	≒	かつて	일찍이
☐ お勘定^{かんじょう}を済^すませる	계산을 마치다	≒	お金^{かね}を払^{はら}う	돈을 지불하다
☐ おそらく	아마도	≒	多分^{たぶん}	아마도
		≒	ほぼ	거의, 대체로
☐ 同^{おな}じにする	같게 하다	≒	揃^{そろ}える	같게 하다, 맞추다
☐ 体^{からだ}が小^{ちい}さい	체격이 작다	≒	小柄^{こがら}だ	몸집이 작다
☐ 偶然^{ぐうぜん}	우연히	≒	たまたま	우연히
☐ 小声^{こごえ}で話^{はな}す	작은 소리로 이야기하다	≒	ささやく	속삭이다
☐ 所有^{しょゆう}する	소유하다	≒	持^もつ	가지다
☐ 騒々^{そうぞう}しい	시끄럽다	≒	うるさい	시끄럽다, 떠들썩하다
☐ 縮^{ちぢ}む	줄어들다	≒	小^{ちい}さくなる	작아지다
☐ 違^{ちが}う	다르다	≒	異^{こと}なる	다르다
☐ 注意^{ちゅうい}	주의	≒	用心^{ようじん}	조심
☐ 直前^{ちょくぜん}	직전	≒	間際^{まぎわ}	직전
☐ 突然^{とつぜん}	돌연, 갑자기	≒	いきなり	갑자기
☐ 変^{へん}だ	이상하다	≒	奇妙^{きみょう}だ	기묘하다
		≒	妙^{みょう}だ	묘하다

やや	약간	≒	少すこし	조금
		≒	わずかに	약간
優秀ゆうしゅうだ	우수하다	≒	頭あたまがいい	머리가 좋다
		≒	賢かしこい	현명하다, 영리하다
譲ゆずる	양도하다, 물려주다	≒	売うる	팔다

빈출단어

過あやまちの	잘못된	≒	正ただしくない	옳지 않은
依然いぜんとして	여전히	≒	相変あいかわらず	변함없이
思おもい掛がけない	의외의, 뜻밖의	≒	意外いがいだ	의외의
乾燥かんそうしている	건조하다	≒	かさかさしている	버석버석하다
十分注意じゅうぶんちゅういする	충분히 주의하다	≒	慎重しんちょうだ	신중하다
必死ひっしだ	필사적이다	≒	一生懸命いっしょうけんめいだ	열심이다
自みずから	스스로	≒	自分じぶんで	스스로
山やまのふもと	산기슭	≒	山やまの下したのほう	산의 아래쪽

확인 문제 가장 가까운 의미의 표현을 고르세요.

01 多分 ⓐ いきなり ⓑ おそらく
02 体が小さい ⓐ 小さくなる ⓑ 小柄だ
03 わずかに ⓐ やや ⓑ ほぼ
04 所有する ⓐ 揃える ⓑ 持つ
05 自ら ⓐ 自分で ⓑ 直前
06 過ちの ⓐ 正しくない ⓑ はっきりしない
07 偶然 ⓐ 意外だ ⓑ たまたま
08 かつて ⓐ 以前 ⓑ 相変わらず

정답 01 ⓑ 02 ⓑ 03 ⓐ 04 ⓑ 05 ⓐ 06 ⓐ 07 ⓑ 08 ⓐ

연습문제 유의표현 기출단어

問題5 ＿＿＿の言葉に意味が最も近いものを、1・2・3・4から一つ選びなさい。

1　奇妙な夢を見たせいで、気分が悪かった。
　　1　変な　　　　2　平らな　　　3　多様な　　　4　複雑な

2　母に深刻な話を打ち明けられた。
　　1　正直な　　　2　面倒な　　　3　意外な　　　4　重大な

3　かかりつけの皮膚科で肌の状態を診てもらった。
　　1　いつも行く　2　初めて行く　3　久しぶりに行く　4　ときどき行く

4　臆病な性格をどうにかしたい。
　　1　よく怒る　　2　よく泣く　　3　何でも怖がる　4　何でも話したがる

5　試験前になると、終日勉強することもある。
　　1　深夜　　　　2　早朝　　　　3　一晩中　　　4　一日中

6　審判の判定はあきらかに誤りだった。
　　1　客観的に　　2　決定的に　　3　純粋に　　　4　明確に

7　山のふもとにあるキャンプ場でキャンプを楽しんだ。
　　1　上のほう　　2　下のほう　　3　真ん中のほう　4　向こうのほう

8　遠藤さんに東京旅行のガイドを頼まれた。
　　1　予約　　　　2　撮影　　　　3　案内　　　　4　手配

9　弟は家ではあまり話さないが、外では社交的らしい。
　　1　頑固だ　　　2　無口だ　　　3　冷たい　　　4　気難しい

[10] 題名と本文の文字の大きさは揃えたほうがいい。
  1 大きくした   2 小さくした   3 別にした   4 同じにした

[11] 服を収納するスペースが足りない。
  1 あらう   2 たたむ   3 しまう   4 干す

[12] 今後、円安が一層進む可能性もある。
  1 そうとう   2 もっと   3 即座に   4 格段に

[13] 看板の文字がはげている。
  1 曲がって   2 汚れて   3 落ちて   4 取れて

[14] いとこに自転車を譲ったら、とても喜んでいた。
  1 届けた   2 貸した   3 あげた   4 買った

[15] 前を走っていたバイクが途中で引き返した。
  1 戻った   2 曲がった   3 止まった   4 外れた

[16] 緊張のせいか、志願者の声がわずかに震えている。
  1 すごく   2 ずっと   3 少し   4 まだ

[17] あの小説の内容は大体覚えている。
  1 ほぼ   2 やや   3 なんとなく   4 はっきり

[18] 今更じたばたしたってしょうがない。
  1 責めた   2 慌てた   3 怒った   4 驚いた

[19] つま先の部分がとがった靴を履いて出かけた。
  1 高くなった   2 汚くなった   3 丸くなった   4 細くなった

[20] エネルギー摂取量が過剰だと体によくない。
  1 少なすぎる   2 多すぎる   3 減りすぎる   4 増えすぎる

유의표현 출제예상단어

☑ 발음과 뜻을 가리고 아는 단어인지 확인한 후 박스에 체크하고 학습하세요.

■ 명사

☐	言いつけ	지시, 명령	≒	命令	명령
☐	指図	지시			
☐	会釈	목례, 인사	≒	挨拶	인사
☐	ガイド	가이드	≒	案内	안내
☐	勘定	(대금) 계산	≒	会計	계산, 회계
☐	訓練	훈련	≒	トレーニング	트레이닝
☐	見解	견해	≒	考え方	사고방식
☐	雑談	잡담	≒	おしゃべり	수다
☐	仕組み	짜임새, 구조	≒	構造	구조
☐	制度	제도	≒	システム	시스템
☐	テーマ	주제, 테마	≒	主題	주제
☐	でたらめ	엉터리	≒	うそ	거짓말
☐	昼間	주간, 낮	≒	日中	주간, 낮
☐	フォーカス	포커스	≒	焦点	초점
☐	復旧	복구	≒	戻る	되돌아오다
☐	最寄り	가장 가까움, 근처	≒	一番近い	제일 가깝다
☐	ユニフォーム	유니폼	≒	制服	제복
☐	流行	유행	≒	ブーム	유행
☐	レギュラー	레귤러	≒	一軍	1군, 정규
☐	レベルアップ	레벨업	≒	上達	숙달, 향상

동사

☐ 集まる	모이다	≒	揃う	(모두 한 곳에) 모이다
☐ 生かす	살리다	≒	活用する	활용하다
☐ 敬う	공경하다	≒	大切に扱う	소중히 여기다
☐ 終える	끝내다	≒	済ます	끝내다, 마치다
☐ 抑える	억누르다	≒	我慢する	참다
☐ 買い占める	매점하다	≒	全部買う	전부 사다
☐ 回復する	회복하다	≒	よくなる	좋아지다
☐ 削る	깎다, 삭감하다	≒	減らす	줄이다
☐ そわそわする	안절부절못하다, 초조하다	≒	落ち着かない	진정하지 못하다
☐ 足す	더하다	≒	追加する	추가하다
☐ 照らし合わせる	대조하다	≒	比較する	비교하다
☐ 張り切る	힘을 내다	≒	やる気を出す	의욕을 내다
☐ 休む	쉬다	≒	息抜きする	한숨 돌리다, 쉬다

확인 문제 가장 가까운 의미의 표현을 고르세요.

01 指図　　ⓐ 言いつけ　ⓑ 見解　　　05 敬う　　　ⓐ 一番近い　ⓑ 大切に扱う
02 雑談　　ⓐ 案内　　　ⓑ おしゃべり　06 足す　　　ⓐ 追加する　ⓑ 回復する
03 でたらめ　ⓐ うそ　　　ⓑ 仕組み　　07 張り切る　ⓐ 生かす　　ⓑ やる気を出す
04 レギュラー　ⓐ 一軍　　ⓑ トレーニング　08 昼間　　　ⓐ 日中　　　ⓑ 構造

정답 01 ⓐ 02 ⓑ 03 ⓐ 04 ⓐ 05 ⓑ 06 ⓐ 07 ⓑ 08 ⓐ

유의표현 출제예상단어

☑ 발음과 뜻을 가리고 아는 단어인지 확인한 후 박스에 체크하고 학습하세요.

🟩 い·な형용사

☐	くだらない	쓸모없다	≒	価値がない	가치가 없다
☐	相応しい (ふさわ)	적합하다, 어울리다	≒	適切だ (てきせつ)	적절하다
☐	大げさだ (おお)	과장되다	≒	オーバーだ	오버다, 과장되다
☐	くたくただ	녹초가 되었다	≒	ひどく疲れた (つか)	몹시 지쳤다
☐	でたらめだ	엉터리이다, 되는대로이다	≒	本当ではない (ほんとう)	사실이 아니다
☐	独特だ (どくとく)	독특하다	≒	ユニークだ	유니크하다
☐	ぶかぶかだ	헐렁헐렁하다	≒	とても大きい (おお)	무척 크다
☐	わがままだ	제멋대로이다	≒	自分勝手だ (じぶんかって)	제멋대로이다

🟩 부사

☐	あたかも	흡사	≒	まるで	마치, 꼭
☐	いきなり	갑자기	≒	突然 (とつぜん)	돌연
☐	いずれ	언젠가, 조만간	≒	そのうち	머지않아
☐	一応 (いちおう)	일단, 우선	≒	とりあえず	일단, 우선
☐	極めて (きわ)	극히	≒	非常に (ひじょう)	매우
☐	強いて (し)	억지로	≒	無理やりに (むり)	무리하게
☐	じかに	직접적으로	≒	直接 (ちょくせつ)	직접
☐	続々と (ぞくぞく)	계속해서	≒	相次いで (あいつ)	잇따라
☐	直ちに (ただ)	즉시	≒	すぐに	바로
☐	たびたび	여러 번, 자주	≒	何度も (なんど)	몇 번이나

□ 常に	늘, 항상	≒	いつも	언제나
□ やたらに	함부로, 마구	≒	何も考えず	아무것도 생각하지 않고
□ わずかに	약간	≒	少し	조금

■ 구

□ 欠かせない	빠뜨릴 수 없다	≒	ないと困る	없으면 곤란하다
□ 考えられる限りの	생각할 수 있는 모든	≒	あらゆる	온갖
□ 仕事に取り掛かる	일에 착수하다	≒	仕事を始める	일을 시작하다
□ じっとする	가만히 있다	≒	動かない	움직이지 않는다
□ 品揃えがよい	상품이 잘 갖추어져 있다	≒	物の種類がたくさんある	물건의 종류가 많이 있다
□ ついている	행운이 따르다	≒	運がいい	운이 좋다
□ まだ乾いていない	아직 마르지 않았다	≒	湿っている	젖어 있다
□ 目を通す	훑어보다	≒	ざっと見る	대충 보다
□ 役目を果たす	역할을 다하다	≒	仕事を終える	일을 끝내다
□ やむを得ない	어쩔 수 없다	≒	仕方がない	어쩔 수 없다

📝 확인 문제　가장 가까운 의미의 표현을 고르세요.

01 常に　　　　ⓐ いつも　　ⓑ 極めて　　　　05 たびたび　　ⓐ 何度も　　ⓑ あたかも
02 ついている　ⓐ 動かない　ⓑ 運がいい　　　06 相応しい　　ⓐ 適切だ　　ⓑ 直接
03 目を通す　　ⓐ 直ちに　　ⓑ ざっと見る　　07 やむを得ない　ⓐ じっとする　ⓑ 仕方がない
04 いきなり　　ⓐ そのうち　ⓑ 突然　　　　　08 役目を果たす　ⓐ 仕事を終える　ⓑ 仕事にとりかかる

정답 01 ⓐ 02 ⓑ 03 ⓑ 04 ⓑ 05 ⓐ 06 ⓐ 07 ⓑ 08 ⓐ

연습문제 유의표현 출제예상단어

問題5 ＿＿＿の言葉に意味が最も近いものを、1・2・3・4から一つ選びなさい。

1 嘘をついても、<u>いずれ</u>ばれるだろう。
　　1　すぐに　　　　2　たぶん　　　　3　必ず　　　　4　そのうち

2 廊下ですれ違った教授に<u>あいさつ</u>した。
　　1　質問　　　　2　提出　　　　3　会釈　　　　4　相談

3 会議で、<u>くだらない</u>意見を言ってしまった。
　　1　根拠がない　　2　価値がない　　3　関係がない　　4　自信がない

4 会社の近くの文房具屋は<u>品揃えがいい</u>からか、常に客が多い。
　　1　物の鮮度がいい　　　　　　　　2　物の売り場が整頓されている
　　3　物の値段が安い　　　　　　　　4　物の種類がたくさんある

5 足を骨折し、<u>じっとしていても</u>痛い。
　　1　触らなくても　　2　動かなくても　　3　揉まなくても　　4　立たなくても

6 <u>考えられる限りの</u>準備をして、試験に臨んだ。
　　1　あらゆる　　　　2　どうにか　　　　3　無理やり　　　　4　一生懸命

7 鍋に<u>直接</u>触ると、熱くて火傷する。
　　1　じかに　　　　2　むやみに　　　　3　しっかり　　　　4　うっかり

8 全員が<u>揃い</u>次第、会議を始めます。
　　1　受け取り　　　　2　静まり　　　　3　座り　　　　4　集まり

9 あの二人が結婚だなんて<u>でたらめ</u>だよ。
　　1　本当の話ではない　　　　　　　2　信じられない話だ
　　3　おめでたい話ではない　　　　　4　当たり前の話だ

[10] 製造スタッフに正しい作業を訓練する必要がある。
　　1　トレーニング　　2　チェック　　3　コピー　　4　ダウンロード

[11] やたらにお金を使ってしまった。
　　1　つねに　　2　何も考えず　　3　急に　　4　直接

[12] 最近、動画の編集技術もレベルアップしたように思う。
　　1　習得　　2　普及　　3　上達　　4　確立

[13] ランニングをしたら、くたくたになった。
　　1　のどが渇いた　　2　汗が出た　　3　ひどく疲れた　　4　結構やせた

[14] 市内で、サルの目撃(もくげき)情報が続々と寄せられている。
　　1　大量に　　2　何回も　　3　相次いで　　4　相変わらず

[15] この絵画は彼の独特な手法が用いられている。
　　1　ユニークな　　2　シンプルな　　3　ハードな　　4　プライベートな

[16] とりあえずホテルを予約した。
　　1　すぐに　　2　思い切って　　3　一応　　4　結局

[17] 睡眠(すいみん)時間をけずって一生懸命勉強した。
　　1　無視して　　2　調査して　　3　長くして　　4　減らして

[18] 犬がそわそわしている気がする。
　　1　くたびれている　　2　悲しんでいる　　3　調子がいい　　4　落ちつきがない

[19] 教授は資料をざっと見て机においた。
　　1　ながめて　　2　指して　　3　目を通して　　4　にらんで

[20] 上司の命令に逆らうことはできない。
　　1　批判　　2　言いつけ　　3　方針　　4　指導

실전 대비하기 1

問題5 ＿＿＿の言葉に意味が最も近いものを、1・2・3・4から一つ選びなさい。

① 近所にカラオケがあって毎晩騒々しい。
　　1　うるさい　　　2　たのしい　　　3　あかるい　　　4　はではでしい

② 小山さんは仕草が可愛らしい。
　　1　服装　　　　　2　話し方　　　　3　動作　　　　　4　表情

③ 思いがけない出来事が起きて驚いた。
　　1　とんでもない　2　奇妙な　　　　3　恐ろしい　　　4　意外な

④ 論文の概要を把握しなければならない。
　　1　結論の内容　　2　本文の内容　　3　大体の内容　　4　詳細の内容

⑤ 研修初日に各自が設定した目標を発表した。
　　1　一人一人　　　2　代表　　　　　3　全体　　　　　4　私

실전 대비하기 2

問題5 ＿＿＿の言葉に意味が最も近いものを、1・2・3・4から一つ選びなさい。

1 この地域で雪が降るのは稀（まれ）なことだ。
　1　絶対にない　　2　ほとんどない　　3　よくある　　4　ときどきある

2 田中（たなか）さんは最近不平ばかり言っている。
　1　冗談　　2　うそ　　3　わがまま　　4　文句

3 けがに気付いたのは試合の間際だった。
　1　直前　　2　直後　　3　最中　　4　当日

4 駐車場に車を止めていたら、塀（へい）に衝突（しょうとつ）してしまった。
　1　ぶつかって　　2　こすって　　3　傷つけて　　4　乗り上げて

5 この問題はきわめて複雑です。
　1　非常に　　2　特に　　3　一層　　4　意外と

정답 해설집 p.41

실전 대비하기 3

問題5 ＿＿＿の言葉に意味が最も近いものを、1・2・3・4から一つ選びなさい。

1　そこは修正する必要がないと思いますよ。
　　1　追加する　　　2　削除する　　　3　直す　　　4　調べる

2　母はマナーに厳しくて、しょっちゅう叱られたものだ。
　　1　門限　　　2　服装　　　3　行儀　　　4　成績

3　彼は優秀な社員だが、人前でいばったりしない。
　　1　自慢しようとしたり　　　2　目立とうとしたり
　　3　偉そうにしたり　　　4　強そうにしたり

4　強いて習い事に通わせるのはもうやめた。
　　1　無理やりに　　　2　積極的に　　　3　余計に　　　4　安易に

5　講義がきっかけで、環境問題に注目するようになった。
　　1　配慮をする　　　2　関心を持つ　　　3　取り組む　　　4　携わる

실전 대비하기 4

問題5 ＿＿＿の言葉に意味が最も近いものを、1・2・3・4から一つ選びなさい。

|1| 選手が試合で見せた<u>テクニック</u>にみんなが驚いた。
　　1　活躍　　　　2　態度　　　　3　表情　　　　4　技術

|2| 妹は母に似て<u>小柄な</u>ほうだ。
　　1　顔が小さい　　2　気が小さい　　3　声が小さい　　4　体が小さい

|3| 乾燥機にかけたセーターが<u>縮んで</u>しまった。
　　1　傷んで　　　　2　色あせて　　　3　小さくなって　　4　しわになって

|4| 店内にはおしゃれな家具が<u>揃って</u>いた。
　　1　集まって　　　2　並んで　　　　3　売られて　　　　4　飾られて

|5| 後輩の話を聞いて、<u>同情せずにはいられなかった</u>。
　　1　安易だと思わずには　　　　　　2　当たり前だと思わずには
　　3　幼稚だと思わずには　　　　　　4　かわいそうだと思わずには

실전 대비하기 5

問題5 ＿＿＿の言葉に意味が最も近いものを、1・2・3・4から一つ選びなさい。

1 それぞれ見解が違うのは仕方がないことです。
　　1　教え方　　　2　考え方　　　3　やり方　　　4　叱り方

2 一番目立つところに人気作家の書籍が並んでいる。
　　1　作品　　　　2　原稿（げんこう）　　3　絵　　　　　4　本

3 その件については正直、むかついていた。
　　1　気になって　2　腹が立って　3　とても悲しんで　4　とても悩んで

4 日々の練習に真剣に取り組みましょう。
　　1　真面目に　　2　前向きに　　3　積極的に　　4　継続的に

5 薬を飲んだら、痛みが徐々（じょじょ）に治まった。
　　1　じきに　　　2　さらに　　　3　一気（いっき）に　4　次第（しだい）に

실전 대비하기 6

問題5 ＿＿＿の言葉に意味が最も近いものを、1・2・3・4から一つ選びなさい。

1 卒業旅行は、寝る時間が惜しいほどだった。
1　待ち遠しい　　2　もったいない　　3　嫌な　　　　4　特別な

2 接客中にスマホをいじってはいけません。
1　見て　　　　　2　触って　　　　　3　持ち歩いて　4　取り出して

3 職場のユニフォームはなかなかいい。
1　規則（きそく）　2　食堂（しょくどう）　3　制服（せいふく）　4　製品（せいひん）

4 北山（きたやま）さんはわがままで、いつも周りの人を振り回す。
1　いい加減　　　2　自分勝手　　　　3　生意気　　　4　短気

5 彼女の話を聞いて動揺（どうよう）した。
1　不安になった　2　億劫（おっくう）になった　3　冷静になった　4　弱気になった

용법

[문제 6 용법]은 제시어가 상황과 의미 모두 올바르게 사용된 문장을 고르는 문제로, 총 5문항이 출제된다. 주로 명사가 출제되며, 동사, 형용사, 부사는 1~3문항 정도 출제된다.

◉ 핵심 전략

1 제시어가 명사나 동사인 경우에는, 제시어 앞의 표현에 유의하여 문맥상 제시어가 올바르게 사용된 문장을 정답으로 고른다. 오답 선택지는 제시어가 아닌 비슷한 의미의 다른 단어를 써야하는 문장으로 구성된다.

> 예) 方針(ほうしん) 방침
> ① 政府の方針が変わった。 정부의 방침이 바뀌었다. (○)
> ② 台風の方針がそれた。 태풍의 방침이 빗나갔다. (✕)
>   └ 方向(방향)가 맞는 표현
>
> さびる 녹슬다
> ① 鉄の棒は家の外に置いてあったので、さびてしまった。(○)
>   철봉은 집 밖에 놓여져 있었기 때문에, 녹슬어 버렸다.
> ② きれいだった川の水がさびて濁っている。 깨끗했던 강물이 녹슬어서 탁해져 있다. (✕)
>   └ 汚れて(더러워져서)가 맞는 표현

2 제시어가 형용사인 경우에는 바로 뒤의 표현에 유의하여 의미 관계가 올바른지 파악하고, 부사인 경우에는 뒷부분이나 문장 전체의 문맥을 파악하여 제시어가 올바르게 사용된 문장을 정답으로 고른다.

> 예) 大げさ 과장됨
> ① 小さなことを大げさに言った。 작은 일을 과장되게 말했다. (○)
> ② 成績が大げさに伸びた。 성적이 과장되게 올랐다. (✕)
>   └ 大幅に(큰 폭으로)가 맞는 표현
>
> せめて 적어도
> ① せめて1泊はしたい。 적어도 1박은 하고 싶다. (○)
> ② せめて10時には着けない。 적어도 10시에는 도착할 수 없다. (✕)
>   └ どうしても(아무리 해도)가 맞는 표현

3 시험에 자주 출제되는 품사별 단어를, 자주 사용되는 구문과 함께 학습해둔다.

문제 풀이 Step

Step 1 제시어를 읽고 품사와 의미를 파악한다.
제시어를 읽고 제시어의 품사와 의미를 파악한다. 이때 제시어의 의미를 살짝 적어둔다.

Step 2 제시어의 앞뒤 혹은 문장 전체의 문맥을 파악하여 올바르게 사용된 선택지를 정답으로 고른다.
제시어의 품사에 따라 밑줄 부분을 앞 또는 뒤의 표현과 함께 읽고, 문맥이 가장 자연스러운 선택지를 정답으로 고른다. 선택지를 읽으면서 확실히 오답인 것은 ✕, 헷갈리는 것은 △, 확실히 정답인 것은 ○로 표시하고, ○로 표시한 선택지가 있다면 정답으로 고른 뒤 바로 다음 문제로 넘어간다.

문제 풀이 Step 적용

問題6 次の言葉の使い方として最もよいものを、1・2・3・4から一つ選びなさい。

延長 연장

1　悪天候で列車が運転をやめたため、旅行の出発が三日後に延長された。 ✕
2　初めの設計では2階建てだったが、3階建ての家に延長することになった。 ✕
✓ 3　予定の時間内に結論が出ず、会議が1時間延長されることになった。 ○
4　電車の中で居眠りをして、降りる駅を一駅延長してしまった。 ✕

Step 1 제시어를 읽고 품사와 의미를 파악한다.
延長(연장)는 주로 시간 등의 길이가 늘어날 때 사용한다. 제시어가 명사이므로 우선 밑줄 앞 부분과 함께 읽고 문맥을 파악한다.

Step 2 제시어의 앞뒤 혹은 문장 전체의 문맥을 파악하여 올바르게 사용된 선택지를 정답으로 고른다.
1은 '여행 출발이 3일 뒤로 연장', 2는 '3층 집으로 연장'이라는 어색한 문맥이므로 오답이다. 3의 '회의가 1시간 연장'에서 문맥상 올바르게 사용되었으므로 정답으로 고른다. 4의 '내릴 역을 한 정거장 연장' 역시 어색한 문맥이므로 오답이다.

문제6 다음 말의 사용법으로 가장 알맞은 것을, 1·2·3·4에서 하나 고르세요.

연장

1　악천후로 열차가 운전을 멈췄기 때문에, 여행 출발이 3일 뒤로 연장되었다.
2　처음 설계에서는 2층이었지만, 3층 집으로 연장하게 되었다.
3　예정 시간내에 결론이 나오지 않아, 회의가 1시간 연장되었다.
4　전철 안에서 졸아서, 내릴 역을 한 정거장 연장해버렸다.

어휘 延長 えんちょう 명 연장　悪天候 あくてんこう 명 악천후　列車 れっしゃ 명 열차　運転 うんてん 명 운전
やめる 동 멈추다, 그만두다　出発 しゅっぱつ 명 출발　設計 せっけい 명 설계　予定 よてい 명 예정　結論 けつろん 명 결론
会議 かいぎ 명 회의　居眠りをする いねむりをする 졸다　降りる おりる 동 내리다

용법 기출단어 2025~2021

 MP3 바로 듣기

✓ 발음과 뜻을 가리고 아는 단어인지 확인한 후 박스에 체크하고 학습하세요.

🟩 최빈출단어

□ 傾向	けいこう	경향
□ 栽培	さいばい	재배
□ 続出	ぞくしゅつ	속출
□ 中断	ちゅうだん	중단
□ 廃止	はいし	폐지
□ 普及	ふきゅう	보급
□ 荒れる	あれる	거칠어지다
□ 生じる	しょうじる	발생하다, 생기다
□ 濁る	にごる	탁해지다
□ 鋭い	するどい	날카롭다, 예리하다
□ 偉大だ	いだいだ	위대하다
□ 温厚だ	おんこうだ	온후하다, 온화하다
□ 妥当だ	だとうだ	타당하다
□ 和やかだ	なごやかだ	온화하다, 화목하다
□ さっさと		빨리빨리

□ 打ち合わせ	うちあわせ	협의, 상의
□ うわさ		소문
□ 海岸	かいがん	해안
□ 火事	かじ	화재
□ 鑑賞	かんしょう	감상
□ 関連	かんれん	관련
□ 気候	きこう	기후
□ 共有	きょうゆう	공유
□ 金額	きんがく	금액
□ 禁止	きんし	금지
□ 暮れ	くれ	연말, 해 질 녘
□ 国旗	こっき	국기
□ 残高	ざんだか	잔고
□ 充実	じゅうじつ	충실
□ 修理	しゅうり	수리
□ 上達	じょうたつ	숙달, 향상
□ 印	しるし	표시
□ 進歩	しんぽ	진보
□ 清掃	せいそう	청소
□ 世代	せだい	세대

🟩 빈출단어

□ 愛着	あいちゃく	애착
□ 辺り	あたり	주변
□ 引用	いんよう	인용

☐ 早期	そうき	조기		☐ 加える	くわえる	더하다, 가입시키다
☐ 段階	だんかい	단계		☐ 妨げる	さまたげる	방해하다
☐ 定年	ていねん	정년		☐ 優れる	すぐれる	뛰어나다
☐ 展開	てんかい	전개		☐ 潰す	つぶす	찌부러뜨리다
☐ 熱中	ねっちゅう	열중, 몰두		☐ 腫れる	はれる	붓다
☐ 瓶	びん	병		☐ 晴れる	はれる	(하늘이) 개다
☐ 蓋	ふた	뚜껑		☐ 漏れる	もれる	새다
☐ ふもと		산기슭		☐ しょっぱい		짜다
☐ ベテラン		베테랑		☐ 頑固だ	がんこだ	완고하다
☐ 法律	ほうりつ	법률		☐ 急激だ	きゅうげきだ	급격하다
☐ 予報	よほう	예보		☐ 厳重だ	げんじゅうだ	엄중하다
☐ 連続	れんぞく	연속		☐ 鮮明だ	せんめいだ	선명하다, 뚜렷하다
☐ 慌てる	あわてる	허둥지둥하다		☐ 粗末だ	そまつだ	변변찮다
☐ 憐れむ	あわれむ	가엾이 여기다		☐ 着々	ちゃくちゃく	착착
☐ 薄める	うすめる	옅게하다		☐ はきはき		또박또박, 분명하게
☐ かばう		감싸다		☐ ほっと		한숨 돌림, 후유

확인 문제 단어의 알맞은 뜻을 고르세요.

01 廃止 ⓐ 폐지 ⓑ 금지
02 温厚だ ⓐ 완고하다 ⓑ 온화하다
03 荒れる ⓐ 거칠어지다 ⓑ 붓다
04 濁る ⓐ 탁해지다 ⓑ 방해하다

05 残高 ⓐ 잔고 ⓑ 금액
06 漏れる ⓐ 발생하다 ⓑ 새다
07 普及 ⓐ 진보 ⓑ 보급
08 さっさと ⓐ 빨리빨리 ⓑ 착착

정답 01 ⓐ 02 ⓑ 03 ⓐ 04 ⓐ 05 ⓐ 06 ⓑ 07 ⓑ 08 ⓐ

용법 기출단어 2020~2016

✓ 발음과 뜻을 가리고 아는 단어인지 확인한 후 박스에 체크하고 학습하세요.

🟩 최빈출단어

☐ 引退	いんたい	은퇴	☐ 期限	きげん	기한
☐ 解約	かいやく	해약	☐ 記録	きろく	기록
☐ きっかけ		계기	☐ 経済	けいざい	경제
☐ 限定	げんてい	한정	☐ 欠陥	けっかん	결함
☐ 節約	せつやく	절약	☐ 講演	こうえん	강연
☐ 素材	そざい	소재	☐ 国会	こっかい	국회
☐ 分析	ぶんせき	분석	☐ 実行	じっこう	실행
☐ 役目	やくめ	역할	☐ 渋滞	じゅうたい	정체, 길 막힘
☐ 散らかす	ちらかす	어지르다	☐ 充満	じゅうまん	충만
☐ 破る	やぶる	찢다, 파기하다	☐ 出社	しゅっしゃ	출근
☐ 大げさだ	おおげさだ	과장되다	☐ 出場	しゅつじょう	출전
☐ 順調だ	じゅんちょうだ	순조롭다	☐ 乗車	じょうしゃ	승차
☐ ぎっしり		가득	☐ 初期	しょき	초기
			☐ 初歩	しょほ	초보

🟩 빈출단어

			☐ 対策	たいさく	대책
☐ 居眠り	いねむり	앉아 좖	☐ 体操	たいそう	체조
☐ 演説	えんぜつ	연설	☐ 頂上	ちょうじょう	정상
☐ 演奏	えんそう	연주	☐ 都合	つごう	형편, 사정
☐ 延長	えんちょう	연장	☐ 定期券	ていきけん	정기권
☐ かび		곰팡이	☐ 停留所	ていりゅうじょ	정류소

□ 特殊	とくしゅ	특수		□ 繰り返す	くりかえす	반복하다
□ 並木	なみき	가로수		□ さびる		녹슬다
□ 日課	にっか	일과		□ しみる		스며들다
□ 端	はし	끝, 가장자리		□ 尽きる	つきる	다하다
□ 発車	はっしゃ	발차		□ 述べる	のべる	말하다, 서술하다
□ 発達	はったつ	발달		□ 乗り継ぐ	のりつぐ	갈아타다
□ 反省	はんせい	반성		□ めくる		넘기다
□ 秘密	ひみつ	비밀		□ 略す	りゃくす	줄이다, 생략하다
□ 封筒	ふうとう	봉투		□ 可愛らしい	かわいらしい	사랑스럽다, 귀엽다
□ 舞台	ぶたい	무대		□ だらしない		칠칠치 못하다
□ 保存	ほぞん	보존		□ 鈍い	にぶい	둔하다, 무디다
□ 目上	めうえ	윗사람, 연장자		□ 豪華だ	ごうかだ	호화스럽다, 호화롭다
□ 郵送	ゆうそう	우송, 우편으로 보냄		□ 多彩だ	たさいだ	다채롭다
□ 論争	ろんそう	논쟁		□ 一斉に	いっせいに	일제히
□ 打ち明ける	うちあける	털어놓다, 고백하다		□ きっぱり		딱 잘라, 단호히
□ 覆う	おおう	덮다, 씌우다		□ ほんの		그저, 매우 적은

확인 문제 단어의 알맞은 뜻을 고르세요.

01 欠陥   ⓐ 정체   ⓑ 결함
02 特殊   ⓐ 보존   ⓑ 특수
03 引退   ⓐ 은퇴   ⓑ 역할
04 大げさだ   ⓐ 과장되다   ⓑ 다채롭다
05 秘密   ⓐ 한정   ⓑ 비밀
06 出場   ⓐ 출근   ⓑ 출전
07 尽きる   ⓐ 다하다   ⓑ 찢다
08 きっぱり   ⓐ 딱 잘라   ⓑ 가득

용법 기출단어 2015~2010

✓ 발음과 뜻을 가리고 아는 단어인지 확인한 후 박스에 체크하고 학습하세요.

🟩 최빈출단어

☐ 違反	いはん	위반		☐ 共同	きょうどう	공동
☐ 外見	がいけん	외견		☐ 掲示	けいじ	게시
☐ 催促	さいそく	재촉		☐ 高層	こうそう	고층
☐ 世間	せけん	세간, 세상		☐ 交代	こうたい	교대
☐ 保つ	たもつ	유지하다		☐ 合同	ごうどう	합동
☐ 縮む	ちぢむ	줄어들다		☐ 作成	さくせい	작성
☐ 快い	こころよい	상쾌하다, 유쾌하다		☐ 資源	しげん	자원
☐ たくましい		늠름하다		☐ 支持	しじ	지지
☐ 乏しい	とぼしい	부족하다		☐ 指導	しどう	지도
☐ 相応しい	ふさわしい	어울리다		☐ 主観	しゅかん	주관
☐ 深刻だ	しんこくだ	심각하다		☐ 取材	しゅざい	취재
☐ 手軽だ	てがるだ	손쉽다, 간단하다		☐ 需要	じゅよう	수요
☐ とっくに		진작에, 훨씬 전에		☐ 信頼	しんらい	신뢰
				☐ 地域	ちいき	지역

🟩 빈출단어

				☐ 注目	ちゅうもく	주목
☐ 合図	あいず	신호		☐ 転職	てんしょく	이직
☐ 言い訳	いいわけ	변명		☐ 天然	てんねん	천연
☐ 遠慮	えんりょ	사양		☐ 範囲	はんい	범위
☐ 会見	かいけん	회견		☐ 服装	ふくそう	복장
☐ 雷	かみなり	천둥, 번개		☐ 分野	ぶんや	분야

☐ 方針	ほうしん	방침		☐ 冷え込む	ひえこむ	몹시 추워지다, 몸이 차가워지다
☐ 補足	ほそく	보충		☐ 塞ぐ	ふさぐ	틀어 막다, 가리다
☐ 矛盾	むじゅん	모순		☐ 振り向く	ふりむく	돌아보다
☐ 名刺	めいし	명함		☐ 隔てる	へだてる	사이를 떼다, 멀리하다
☐ 行方	ゆくえ	행방		☐ 慌ただしい	あわただしい	분주하다, 어수선하다
☐ 用途	ようと	용도		☐ 心強い	こころづよい	마음든든하다
☐ 乱暴	らんぼう	난폭		☐ 物足りない	ものたりない	무언가 아쉽다, 미흡하다
☐ 利益	りえき	이익		☐ 温暖だ	おんだんだ	온난하다
☐ 甘やかす	あまやかす	응석을 받아주다		☐ 微かだ	かすかだ	희미하다, 어렴풋하다
☐ 受け入れる	うけいれる	받아들이다		☐ 頑丈だ	がんじょうだ	튼튼하다, 옹골차다
☐ 思いつく	おもいつく	생각이 떠오르다		☐ 冷静だ	れいせいだ	냉정하다
☐ 叶う	かなう	이루어지다		☐ 生き生き	いきいき	생생, 싱싱
☐ 畳む	たたむ	개다		☐ 一旦	いったん	일단
☐ 積み重なる	つみかさなる	쌓이다, 겹쳐지다		☐ こつこつ		꾸준히
☐ 問い合わせる	といあわせる	문의하다		☐ せめて		적어도, 하다못해
☐ 外す	はずす	풀다, 벗다				

확인 문제 단어의 알맞은 뜻을 고르세요.

01 需要　ⓐ 수요　ⓑ 주관
02 保つ　ⓐ 개다　ⓑ 유지하다
03 乏しい　ⓐ 분주하다　ⓑ 부족하다
04 取材　ⓐ 주목　ⓑ 취재
05 塞ぐ　ⓐ 틀어 막다　ⓑ 돌아보다
06 催促　ⓐ 재촉　ⓑ 게시
07 支持　ⓐ 교대　ⓑ 지지
08 頑丈だ　ⓐ 튼튼하다　ⓑ 늠름하다

정답 01 ⓐ 02 ⓑ 03 ⓑ 04 ⓑ 05 ⓐ 06 ⓐ 07 ⓑ 08 ⓐ

연습문제 용법 기출단어

問題6 次の言葉の使い方として最もよいものを、1・2・3・4から一つ選びなさい。

1　頂上
1　彼は家の頂上で野菜を育て、販売までしているそうだ。
2　山の頂上から見下ろすと、美しい景色が一面に広がっていた。
3　日頃からお世話になっている頂上の社員に、業務に関して相談をした。
4　この自動車は頂上から3.8メートルの高さまで荷物を積むことができる。

2　冷静
1　彼と話したときその態度に冷静だと感じたが、実際は誰よりも思慮深かった。
2　部長は常に冷静な人で、急なトラブルが発生しても一切慌てたりしない。
3　私のストレス解消法は、冷静な場所で誰にも邪魔されずに読書をすることだ。
4　映画のクライマックスで描かれた冷静なシーンは、観客の心に深い印象を残した。

3　鈍い
1　今年は多くの地域で平年よりも桜の開花が鈍くなる見込みです。
2　出勤するというのにそんな鈍い服装で行くなんて信じられない。
3　砂浜に座り鈍く沈んでいく夕日を見ていると、心が落ち着いてきた。
4　水槽の水の温度が適温よりも低いと、金魚の動きが鈍くなるという。

4　とっくに
1　テントを組み立てていたら、とっくに蚊に刺されていた。
2　学生の頃からとっくに憧れていたパリに来ることができるなんて感激だ。
3　財布の中のクーポンを確認すると、とっくに有効期限が過ぎていた。
4　プロジェクトに取り掛かる前とっくにリスクを洗い出し、対策を練っておこう。

5　延長
1　アパートの契約は来月までですが、1年間延長したい。
2　台風の影響で、来週予定されていたイベントは延長になった。
3　新製品が成功して、海外市場への事業延長が決定された。
4　健康のために毎朝のランニングを半年以上延長している。

6 論争
1 50メートル走のタイムで論争をしたら、学年一位は西田(にしだ)君だろう。
2 議員たちが、新しい政策について激しい論争を繰り広げている。
3 新商品のキャッチコピーを決める際、自分の意見を強く論争した。
4 犬同士で論争をしているのかと思ったが、遊んでいるだけのようだ。

7 思い付く
1 大学に通っていた当時を思い付くとまさに青春だったと感じる。
2 この曲は作詞家が自身の故郷を思い付きながら歌詞を書いたそうだ。
3 いいアイデアを思い付いたと思ったが、部長には却下されてしまった。
4 将来のことを思い付いて、そろそろ貯金を始めたほうがいいだろう。

8 充満
1 マッサージ屋さんに入ると、甘いアロマの香りが充満していた。
2 最近は仕事も趣味も楽しみながら充満した毎日を過ごしている。
3 近くの川が充満するおそれが高まったため、避難指示が発令された。
4 休暇を取って家族でグアムを訪れ、夏を充満して帰ってきた。

9 方針
1 部長は新年度の事業展開に関する会社の方針を詳しく説明した。
2 目的地とは逆の方針に向かう電車に乗り、気づかないまま発車してしまった。
3 太陽は東の方針から昇るが、季節によって南寄りになったり北寄りになったりする。
4 中学や高校で、髪の長さを制限するなどの不要な方針を見直そうという動きがある。

10 かすか
1 娘は音に敏感(びんかん)で、眠りについた後でもかすかな物音で目を覚ます。
2 健康を考えて塩分を控(ひか)えているので、自炊したご飯は味がかすかだ。
3 そのカフェは店内がかすかだが、アットホームな空間で落ち着く。
4 知り合いが宝くじに当選したなんて、かすかには信じがたい。

용법 출제예상단어

발음과 뜻을 가리고 아는 단어인지 확인한 후 박스에 체크하고 학습하세요.

명사

□	維持	いじ	유지	□	対決	たいけつ	대결
□	違法	いほう	위법	□	対抗	たいこう	대항
□	横断	おうだん	횡단	□	達成	たっせい	달성
□	音声	おんせい	음성	□	短縮	たんしゅく	단축
□	顔色	かおいろ	안색	□	直進	ちょくしん	직진
□	課題	かだい	과제	□	直行	ちょっこう	직행
□	格好	かっこう	모양, 차림새, 형태	□	通信	つうしん	통신
□	加入	かにゅう	가입	□	通話	つうわ	통화
□	我慢	がまん	참음, 인내	□	定価	ていか	정가
□	経由	けいゆ	경유	□	提示	ていじ	제시
□	傑作	けっさく	걸작	□	手間	てま	노력, 수고
□	固定	こてい	고정	□	転勤	てんきん	전근
□	参列	さんれつ	참석	□	伝言	でんごん	전언
□	指定	してい	지정	□	登場	とうじょう	등장
□	授受	じゅじゅ	수수, 주고받음	□	到達	とうたつ	도달
□	出願	しゅつがん	출원	□	入社	にゅうしゃ	입사
□	証拠	しょうこ	증거	□	反論	はんろん	반론
□	承認	しょうにん	승인	□	皮肉	ひにく	비꼼, 야유
□	先端	せんたん	첨단	□	付属	ふぞく	부속
□	戦略	せんりゃく	전략	□	不都合	ふつごう	형편이 좋지 않음

物体	ぶったい	물체
放映	ほうえい	방영
味方	みかた	편, 아군
密着	みっちゃく	밀착
申し込み	もうしこみ	신청
容器	ようき	용기
用具	ようぐ	도구, 용품
様子	ようす	모양, 상태
余裕	よゆう	여유
悪口	わるぐち	험담, 비방
キャンセル		취소

■ 동사

飽きる	あきる	싫증나다
占う	うらなう	점치다
惜しむ	おしむ	아끼다
限る	かぎる	한정하다
築く	きずく	구축하다, 쌓다
崩す	くずす	무너뜨리다
くみ取る	くみとる	헤아리다
試みる	こころみる	시도하다, 시험해 보다
支える	ささえる	지탱하다
戦う	たたかう	싸우다
積もる	つもる	쌓이다
どける		치우다, 물리치다
整う	ととのう	정돈되다
眺める	ながめる	바라보다
担う	になう	짊어지다
震える	ふるえる	떨리다
認める	みとめる	인정하다
見渡す	みわたす	둘러보다, 전망하다
止す	よす	그만두다

📄 확인 문제 단어의 알맞은 뜻을 고르세요.

01 先端 ⓐ 첨단 ⓑ 전략
02 伝言 ⓐ 전언 ⓑ 전근
03 固定 ⓐ 지정 ⓑ 고정
04 密着 ⓐ 걸작 ⓑ 밀착
05 支える ⓐ 지탱하다 ⓑ 구축하다
06 飽きる ⓐ 치우다 ⓑ 싫증나다
07 通話 ⓐ 통화 ⓑ 통신
08 見渡す ⓐ 바라보다 ⓑ 둘러보다

정답 01 ⓐ 02 ⓐ 03 ⓑ 04 ⓑ 05 ⓐ 06 ⓑ 07 ⓐ 08 ⓑ

용법 출제예상단어

☑ 발음과 뜻을 가리고 아는 단어인지 확인한 후 박스에 체크하고 학습하세요.

🟩 い형용사

☐ 危うい	あやうい	위태롭다
☐ 嫌らしい	いやらしい	역겹다
☐ 疑わしい	うたがわしい	의심스럽다
☐ 重たい	おもたい	무겁다
☐ 痒い	かゆい	가렵다
☐ 気安い	きやすい	허물없다, 거리낌없다
☐ 臭い	くさい	냄새가 나다
☐ 煙い	けむい	눈이 따갑다, 맵다
☐ 恋しい	こいしい	그립다
☐ 好ましい	このましい	마음에 들다, 바람직하다
☐ 清々しい	すがすがしい	개운하다, 시원하다
☐ 切ない	せつない	애달프다, 안타깝다
☐ 力強い	ちからづよい	마음이 든든하다
☐ とんでもない		당치도 않다
☐ 情けない	なさけない	한심하다, 매정하다
☐ 馴れ馴れしい	なれなれしい	(친하지 않은데) 친한 듯 굴다
☐ のろい		느리다, 둔하다
☐ 蒸し暑い	むしあつい	무덥다
☐ めでたい		경사스럽다
☐ 緩い	ゆるい	느슨하다
☐ 煩わしい	わずらわしい	번거롭다, 성가시다

🟩 な형용사

☐ 内気だ	うちきだ	내성적이다, 소심하다
☐ 大柄だ	おおがらだ	몸집이 크다
☐ 大らかだ	おおらかだ	대범하다
☐ おしゃれだ		세련되다
☐ 疎かだ	おろそかだ	소홀하다, 등한시하다
☐ 確実だ	かくじつだ	확실하다
☐ 強力だ	きょうりょくだ	강력하다
☐ 健康だ	けんこうだ	건강하다
☐ 困難だ	こんなんだ	곤란하다
☐ 幸いだ	さいわいだ	다행스럽다
☐ 新鮮だ	しんせんだ	신선하다
☐ 健やかだ	すこやかだ	튼튼하다, 건강하다
☐ そっくりだ		꼭 닮다
☐ 率直だ	そっちょくだ	솔직하다
☐ 平らだ	たいらだ	평평하다
☐ 的確だ	てきかくだ	정확하다

適当だ	てきとうだ	대충이다, 적당하다
生意気だ	なまいきだ	건방지다, 주제 넘다
にこやかだ		생글거리다, 상냥하다
華やかだ	はなやかだ	화려하다, 호화롭다
不安定だ	ふあんていだ	불안정하다
不潔だ	ふけつだ	불결하다
厄介だ	やっかいだ	성가시다
幼稚だ	ようちだ	유치하다
余計だ	よけいだ	쓸데없다, 부질없다

■ 부사

相次いで	あいついで	잇따라
案外	あんがい	의외로
いっせいに		일제히
大いに	おおいに	크게, 많이
各々	おのおの	제각각, 각기
極めて	きわめて	극히
決して	けっして	결코
しばしば		자주, 종종
しみじみ		절실히
ずらっと		죽, 주르륵
せいぜい		가능한 한, 힘껏
せっかく		모처럼
即座に	そくざに	즉시, 즉각
当然	とうぜん	당연히
とうとう		마침내, 결국
まるで		마치, 꼭
やっと		겨우, 가까스로
ようやく		겨우
よほど		상당히, 꽤나
わざと		일부러
わりに		비교적

📋 확인 문제 단어의 알맞은 뜻을 고르세요.

01 とんでもない ⓐ 당치도 않다 ⓑ 경사스럽다
02 煩わしい ⓐ 번거롭다 ⓑ 허물없다
03 疎かだ ⓐ 소홀하다 ⓑ 위태롭다
04 厄介だ ⓐ 곤란하다 ⓑ 성가시다
05 のろい ⓐ 느리다 ⓑ 쓸데없다
06 不潔だ ⓐ 불안정하다 ⓑ 불결하다
07 にこやかだ ⓐ 생글거리다 ⓑ 느슨하다
08 好ましい ⓐ 마음에 들다 ⓑ 상냥하다

정답 01 ⓐ 02 ⓐ 03 ⓐ 04 ⓑ 05 ⓐ 06 ⓑ 07 ⓐ 08 ⓐ

연습문제 용법 출제예상단어

問題6 次の言葉の使い方として最もよいものを、1・2・3・4から一つ選びなさい。

[1] よほど
1 弟は朝から親にしかられていたが、よほど気にしていないようだ。
2 通学のことを考えると、家より学生寮に住んだほうがよほど楽だろう。
3 今急ぎの仕事で手が離せないので、よほどかけ直してもいいですか。
4 彼女も陸上部だが、種目が違うのでよほど話したことがなかった。

[2] 採用
1 世界大会で金賞に採用されたチョコレートはバラの香りが特徴的だ。
2 企画会議で私の案が採用され、リーダーを務めることになった。
3 館内の施設を採用する場合は、まず窓口で手続きを行ってください。
4 ３度目の選挙でようやく市議会議員に採用した父は喜びの涙を流した。

[3] のろい
1 前の車があまりにのろくて追い越したいが、一車線の道なのでどうにもできない。
2 今夜、父は会食で帰宅がのろくなると言うので、母と二人で先に夕食を済ませた。
3 包丁は使い続けると刃の先が摩擦で丸くなり、切れ味がのろくなってしまう。
4 海外から取り寄せる商品は配送に時間がかかるから、のろく待たないといけない。

[4] 見渡す
1 息子の成績を見渡し、英語教育に力を入れていくつもりだ。
2 誤字がないように、提出する前に作成したレポートを見渡した。
3 リーダーには全体を見渡すことができる広い視野が必要だろう。
4 ネット上の記事がフェイクニュースかどうか見渡すのは難しい。

[5] 試みる
1 定期テストは、学んだことがどのくらい定着しているかを試みるものです。
2 彼は手漕ぎボートでの太平洋横断を試みたが、残念ながら失敗に終わった。
3 ヨガをするうえで、ポーズを取るのと同じくらい呼吸に試みることが大切らしい。
4 料理中、味を試みるのを忘れていたせいで、味噌汁が少ししょっぱくなった。

6 即座に
1 子供たちも即座に独立して、この家を離れると思うと今から寂しい。
2 また即座に都合が合えば、二人でお食事にでも行きましょう。
3 髪を明るく染めた彼女は、即座に別人だと思うほどイメージが変わった。
4 面接練習を頑張った甲斐あって、ほとんどの質問に即座に答えられた。

7 機嫌
1 昨日から機嫌が優れないので、早退してから病院に行きます。
2 現在の経済機嫌では、新しい投資は難しいと思う。
3 現場の機嫌を確認してから、次の対応を決めるつもりだ。
4 朝から彼の機嫌が悪くて、話しかけるのが少し怖かったです。

8 傑作
1 その監督の作った作品には、傑作と呼ばれるものが多い。
2 その美術館の作品は調査の結果、本物ではなく傑作だと分かった。
3 私の住んでいる地域では、リンゴが傑作として売られている。
4 彼はこの作品の制作中に亡くなったため、結局これが傑作となった。

9 どける
1 庭の草がのびてきたので、明日、どけるつもりだ。
2 急に飛んできたボールをどけることができなかった。
3 事故で動けなくなった車をどけたところだ。
4 暖かくなったので、首に巻いていたマフラーをどけた。

10 味方
1 西川選手は、味方の選手から受け取ったボールをゴールへ勢いよく蹴った。
2 高校の文化祭で、味方とバンドを組んで好きなミュージシャンの曲を演奏した。
3 アルバイトの日に急な予定が入ったが、バイトの味方が代わりに働いてくれた。
4 姉は昔からその俳優の味方で、彼が出ている作品はすべて見ているらしい。

실전 대비하기 1

問題6 次の言葉の使い方として最もよいものを、1・2・3・4から一つ選びなさい。

1 素材
1. この飛行機は、硬くて丈夫な素材を用いて作られています。
2. 彼は幼い頃から演技の素材を認められ、映画に出たりしていた。
3. あの選手は常にマスクを被っていて素材を見せないことで有名です。
4. 若者の数も減りつつあり、優秀な素材を確保することが難しい。

2 大まか
1. その建物は、今までにない大まかなデザインで注目を浴びている。
2. 市役所の職員に、補助金申請の大まかな流れを説明してもらった。
3. 家計を脅かす食料品の大まかな値上げは、来年も続く見込みだ。
4. 海の底で発見された大まかな遺跡については、さまざまな説がある。

3 提示
1. 引っ越しの見積りを出してもらったが、提示された額が予想より高かった。
2. このサービスは会員登録しているすべての顧客に無料で提示されます。
3. イベントを成功させるためには、SNSを使って積極的に提示する必要がある。
4. 結婚して何年経っても、妻には忘れず感謝の気持ちを提示するようにしている。

4 積もる
1. 今週は予定がびっしりと積もっているので、暇がない。
2. 試合では、トレーニングを積もってきた自分を信じて全力で戦った。
3. 彼はモータースポーツの歴史において、最も注目を積もる勝利を記録した。
4. 何年も使われていない机の上に、ほこりが厚く積もっていた。

5 率直
1. このグラフは若者のテレビ離れが進んでいることを率直に示している。
2. 制作したロゴの案について、率直な意見を聞かせてもらえると助かります。
3. 釘は率直に打つよりも斜めに打ち込んだほうが抜けにくくなるという。
4. この湖は、人の手が加えられていない率直な自然の美しさを保っている。

정답 해설집 p.50

실전 대비하기 2

問題6 次の言葉の使い方として最もよいものを、1・2・3・4から一つ選びなさい。

1　放映
1　見逃した映画が来週初めてテレビで放映されるというので、とても楽しみだ。
2　このスピーカーは値段が高いが、音がきれいに放映されるのでよく売れている。
3　長距離を運転するときは、音楽よりもラジオを放映することのほうが多い。
4　デパートで、迷子になった子供の保護者を探す館内アナウンスが放映されている。

2　欠陥
1　私の欠陥は自分の感情や考えをはっきり見せないところだ。
2　欠陥だらけだった倉庫がきれいに掃除されていた。
3　プログラムの欠陥が原因で、データが消失してしまった。
4　数学のテストで欠陥が多くて、予想より点数が低かった。

3　保つ
1　部屋をきれいに保つために一週間に一回は掃除をしている。
2　生徒は何があっても学校の規則を保つべきである。
3　伝染病が広がらないように新たな組織や制度が保っている。
4　実施方法など、大まかな方針が出るまで保っている状況です。

4　分野
1　測定をした分野では何の異常もなかったので安心した。
2　これはあらゆる分野で活躍している若者を紹介する本です。
3　記憶は大きく分けて長期記憶と短期記憶に分野ができる。
4　広大な分野に広がるひまわり畑は、まさに絶景だった。

5　偉大
1　先日、母校の大学で創立100周年を記念した式典が偉大に執り行われたそうだ。
2　その王の墓は偉大な石を積み上げて造られていて、その大きさには圧倒される。
3　博物館では科学の分野で偉大な功績を残した人物にまつわる資料が展示されていた。
4　今ではビルが立ち並ぶこの地域も都市開発がされる前は何もない偉大な土地だった。

실전 대비하기 3

問題6 次の言葉の使い方として最もよいものを、1・2・3・4から一つ選びなさい。

1 限定
1 いくら練習しても実力が上がらないため、限定を感じている。
2 政府が毎年人数を限定して許可を出す労働許可がある。
3 サービスロボットに適したロボットを限定し、コストを検討した。
4 人気が高かったためその演劇は再び上演（じょうえん）されることが限定した。

2 分解
1 お客様のアンケート結果を分解して、利用者のニーズを把握（はあく）しようと思う。
2 図書館では書籍をジャンルごとに分解して、順番に本棚に並べている。
3 腕時計の針が外れたから修理のために分解したら、元に戻せなくなった。
4 この植物は熱帯地域に分解しているため、低温や乾燥環境では育ちにくい。

3 ふさぐ
1 リモコンの電池が切れたのか、ボタンをふさいでも反応しない。
2 人見知りの娘は、親戚（しんせき）の前でも恥ずかしがってふさいでいた。
3 台風による強風で倒れた木が、道路をふさいでしまっている。
4 当院では、混雑時、受け付けを早めにふさぐこともあります。

4 先端（せんたん）
1 外国語学習も大事だが、まずは母語の習得が先端（せんたん）だと思う。
2 卒業式で、在学時の成績が先端（せんたん）だった学生に賞が与えられた。
3 時代の先端（せんたん）を行く彼のファッションが若者に支持されている。
4 その会社は、日本で先端（せんたん）に車を作ったメーカーとして有名だ。

5 いっせいに
1 よろしければ、明日は私といっせいに学校に行きませんか。
2 そのクラスの学生たちは、先生の合図でいっせいに問題を解き始めた。
3 私は、とてものどが渇いていたので、そのグラスの水をいっせいに飲んだ。
4 新しく買った掃除機は、スイッチを入れてもいっせいに動かない。

정답 해설집 p.53

실전 대비하기 4

問題6 次の言葉の使い方として最もよいものを、1・2・3・4から一つ選びなさい。

1 あわただしい
1 私はあわただしい性格で、よく忘れものをしたり、約束を間違えたりする。
2 今朝はあわただしく時間が過ぎ、時計を見ると11時を回っていた。
3 急にあわただしく物が割れる音がして、びっくりした。
4 かえるが池にあわただしい数の卵を産んでいた。

2 節約
1 来月のヨーロッパ旅行の経費を節約できる方法を探している。
2 あの会社は人員を節約するために、来年500人リストラするそうだ。
3 高齢者や障害者の不自由を節約するバリアフリーのホテルです。
4 社長は赤字幅が徐々に節約していることを強調していた。

3 鮮明(せんめい)
1 写真を見ると、高校の文化祭の思い出が鮮明(せんめい)によみがえる。
2 鈴木(すずき)さんは転職を決めた理由を鮮明(せんめい)に言わなかった。
3 レシピ通りに分量を鮮明(せんめい)に測らないと失敗してしまう。
4 店員が製品の使い方を鮮明(せんめい)に説明してくれました。

4 めくる
1 この汚れは、手でもんで洗わないとめくることができないだろう。
2 試験開始の合図があるまで、問題用紙をめくってはいけません。
3 先日の雨で、満開だった桜の花びらはほとんどめくってしまった。
4 かぼちゃは種をスプーンでめくってから、大きめに切っていきます。

5 初歩
1 どれだけ時間が経っても初歩を忘れないことが大切です。
2 小学生のときから夏休みの初歩に宿題を終わらせると決めている。
3 趣味を作りたくて、バイオリンを初歩から学べる教室に通い始めた。
4 毎月初歩の診察(しんさつ)の際には、受付で保険証を見せる必要があります。

실전 대비하기 5

問題6 次の言葉の使い方として最もよいものを、1・2・3・4から一つ選びなさい。

1 発達
1 睡眠不足になると食欲を発達させるホルモンが出されるという。
2 温暖化によって海面が発達していることは明らかである。
3 AIが発達し続けたら、未来には人間の居場所がなくなるかもしれない。
4 両国の総生産量が発達するのでメリットがある貿易だ。

2 早期
1 フランス語は早期のレベルだから、難しい文章の読み書きはまだできない。
2 アルバイトの早期は、洗い物と掃除をするだけで業務時間が終わった。
3 長期休みの間も、早期に起きて一日を活動的に過ごすことを心掛けている。
4 定期的に検診を受けていたおかげで、病気を早期に発見することができた。

3 腫れる
1 この山は噴火が起き、土地が腫れたことによって出来上がったという。
2 引っ越しで思ったより出費が腫れ、貯金をほとんど使ってしまった。
3 自転車のタイヤが空気でしっかり腫れていると、軽く走れるようになる。
4 蚊に刺された部分が赤く腫れ、かゆくてたまらないので薬を塗った。

4 廃止
1 台風の影響で、明日のイベントを廃止しなければならなくなった。
2 父は長年続けてきた店を廃止することにしたそうだ。
3 機械の点検のため、午前中はエレベーターを廃止します。
4 時代に合わない法律を廃止しようとする動きが高まっている。

5 はきはき
1 興味のないセールスの電話がしつこく掛かってくるので、はきはきと電話を切った。
2 視力が落ちて眼鏡を買い替えたら、遠くの物体がはきはきと見えるようになった。
3 面接では話す内容に加え、はきはきと話せているかどうかが印象を大きく左右する。
4 業務スケジュールが過密でも、はきはきとこなす内田さんは憧れの先輩だ。

실전 대비하기 6

問題6 次の言葉の使い方として最もよいものを、1・2・3・4から一つ選びなさい。

1　充実
　1　病院の待合室は患者さんで充実していて、座る席がない。
　2　最近は趣味の時間も取れるようになって、生活が充実してきた。
　3　部屋の中はたばこのにおいが充実していて、急いで窓を開けた。
　4　満点がとれなかったが、テストの結果には充実している。

2　残高
　1　携帯電話のバッテリーの残高が少なかったので、充電器を持参した。
　2　買い物が面倒だから、今夜の夕飯は冷蔵庫の残高でなんとかしよう。
　3　銀行口座の残高が不足していたため、振り込みができなかった。
　4　夏休みの残高の日数を計算してみたら、あと10日でがっかりした。

3　破る
　1　私たちのチームは、10年間破られなかった記録を破った。
　2　新しいビルが建設され、町の景観を破っている。
　3　この薬は病気を早く破って、回復を促進します。
　4　会社の方針が社員の期待を破って、多くの人が失望した。

4　解約
　1　環境問題を解約するために、新しい技術の開発が必要だ。
　2　彼は約束を解約しがちだから、評判があまり良くない。
　3　もうすぐ国に帰るので、日本の携帯電話の契約を解約した。
　4　健康な生活のために、適切なストレス解約は欠かせない。

5　豪華
　1　昨日の試合では、両チームともが豪華なスコアを取った。
　2　この客室は広いし家具も高級で、とても豪華だ。
　3　あの先生は誰でも理解できるよう豪華に説明する。
　4　彼女との思い出は豪華で、今でも鮮明に覚えている。

정답 해설집 p.56

무료 온라인 실전모의고사·학습자료 제공
해커스일본어 japan.Hackers.com

해커스 JLPT [N2] 한권합격

언어 지식
문법

N2 빈출 문법
- **01** 명사 뒤에 접속하는 문형
- **02** 동사 뒤에 접속하는 문형
- **03** 명사와 동사 모두에 접속하는 문형
- **04** 여러 품사 뒤에 접속하는 문형
- **05** 조사
- **06** 부사
- **07** 접속사
- **08** 수동·사역·사역 수동 표현
- **09** 경어 표현
- **10** 수수 표현
- **11** 추측·전언 표현

문제 7 문법형식 판단
문제 8 문장만들기
문제 9 글의 문법

N2 빈출 문법
01 명사 뒤에 접속하는 문형

학습목표

문법에서는 빈칸에 들어갈 알맞은 문형을 고르는 문제가 출제된다. 명사 뒤에 접속하는 문형의 의미를 예문과 함께 꼼꼼히 학습하자.

예) 빈칸에 들어갈 알맞은 표현을 고르세요.
災害時（　　）大切なのは冷静に行動することです。
재해 시 ( ) 중요한 것은 냉정하게 행동하는 것입니다.
1　に加えて　　　2　において　　　3　を通して　　　4　をめぐって
　　에 더해　　　　　에 있어　　　　　를 통해　　　　를 둘러싸고

1. 명사 뒤에 접속하는 문형

문형이란 명사나 동사 등 다양한 품사에 접속해 특정한 의미, 표현 의도를 드러내는 문장의 구조이다. 어떤 문형은 명사 뒤에 접속해 문장을 만든다.

예문　季節によって気温や湿度が変わる。 계절에 따라 기온이나 습도가 바뀐다.
　　　명사

2. 명사 뒤에 접속하는 N2 빈출 문형

~からして ~부터	접속	명사 + からして
	예문	この映画はタイトルからして面白そうなので公開が楽しみだ。 이 영화는 제목부터 재미있을 것 같아서 개봉이 기대된다.
~からすると/~からすれば ~으로 보아, ~의 입장에서 본다면	접속	명사 + からすると/からすれば
	예문	部長の性格からすると、許可してくれるはずがない。 부장님의 성격으로 보아, 허가해줄 리가 없다.
~さえ…ば ~만 …하면	접속	명사 + さえ + 동사 가정형 + ば
	예문	あなたさえよければ日程を変更してもかまいません。 당신만 괜찮다면 일정을 변경해도 상관없어요.
~次第で ~에 따라	접속	명사 + 次第で
	예문	私の努力次第で、人生が決まると思ってるよ。 나의 노력에 따라, 인생이 결정된다고 생각해.

/ 명사 뒤에 접속하는 문형 /

문형	접속/예문
~だって ~라도, ~도	접속: 명사 + だって 예문: そんな難しいことは教授だって知らないだろう。 그런 어려운 것은 교수라도 모를 것이다.
~だらけ ~투성이	접속: 명사 + だらけ 예문: 戦争から帰ってきた彼の体は傷だらけだった。 전쟁에서 돌아온 그의 몸은 상처투성이였다.
~でしかない ~에 불과하다	접속: 명사 + でしかない 예문: 彼女は有名な俳優だが、引退したら一人の人間でしかない。 그녀는 유명한 배우지만, 은퇴하면 한 명의 인간에 불과하다.
~でよければ ~로 괜찮다면	접속: 명사 + でよければ 예문: 私でよければ、いつでもお手伝いします。 저로 괜찮다면, 언제든지 도와드리겠습니다.
~といえば ~라고 하면	접속: 명사 + といえば 예문: 青森といえば、リンゴが思い浮かびます。 아오모리라고 하면, 사과가 떠오릅니다.
~といった ~와 같은	접속: 명사 + といった 예문: この大学はアメリカ、中国、ロシアといった外国の学校と交流している。 이 대학은 미국, 중국, 러시아와 같은 외국 학교와 교류하고 있다.

확인문제 빈칸에 들어갈 알맞은 문형을 고르세요.

01 この映画はタイトル（　　）面白そうなので公開が楽しみだ。　　ⓐ からして　　ⓑ からすると
02 青森（　　）リンゴが思い浮かびます。　　ⓐ といえば　　ⓑ さえいえば
03 そんな難しいことは教授（　　）知らないだろう。　　ⓐ といった　　ⓑ だって
04 彼女は有名な俳優だが、引退したら一人の人間（　　）。　　ⓐ だらけだ　　ⓑ でしかない
05 私の努力（　　）、人生が決まると思ってるよ。　　ⓐ 次第で　　ⓑ からすれば

정답 01 ⓐ 02 ⓐ 03 ⓑ 04 ⓑ 05 ⓐ

01 명사 뒤에 접속하는 문형

문형		
～といっても ~라고 해도	접속	명사 + といっても
	예문	昔のゲーム**といっても**、今でも人気のゲームがたくさんある。 옛날 게임이라고 해도, 지금도 인기 있는 게임이 많이 있다.
～として/～としては/ ～としても ~로서/~로서는/~라고 해도	접속	명사 + として/としては/としても
	예문	彼はリーダー**として**何か物足りないと思います。 그는 리더로서 뭔가 부족하다고 생각합니다.
～に至っては ~에 이르러서는	접속	명사 + に至っては
	예문	運動はできるが、ダンス**に至っては**リズム感がなくて下手だ。 운동은 할 수 있지만, 춤에 이르러서는 리듬감이 없어서 못한다.
～において ~에 있어서	접속	명사 + において
	예문	生物学**において**彼女より詳しい人はいません。 생물학에 있어서 그녀보다 정통한 사람은 없습니다.
～に限って/～に限らず ~에 한해서/~뿐 아니라	접속	명사 + に限って/に限らず
	예문	いつも忙しい時**に限って**電話がかかってくる。 항상 바쁠 때에 한해서 전화가 걸려온다.
～にかけては/～にかけても ~에 관해서는/~에 관해서도	접속	명사 + にかけては/にかけても
	예문	足の速さ**にかけては**誰にも負けない自信があります。 발 빠르기에 관해서는 누구에게도 지지 않을 자신이 있습니다.
～に関して/～に関する ~에 관해서/~에 관한	접속	명사 + に関して/に関する
	예문	授業内容**に関して**質問がある人は研究室に来てください。 수업내용에 관해서 질문이 있는 사람은 연구실로 와 주세요.
～に比べて ~에 비해	접속	명사 + に比べて
	예문	日本**に比べて**、物価が安い国が多くある。 일본에 비해 물가가 싼 나라가 많이 있다.
～に加えて ~에다, ~에 더하여	접속	명사 + に加えて
	예문	連日にわたる大雨**に加えて**台風まで近づいてきた。 연일에 걸친 큰비에다 태풍까지 다가왔다.
～にこたえて ~에 부응하여	접속	명사 + にこたえて
	예문	妹は家族の期待**にこたえて**、大企業に就職した。 여동생은 가족의 기대에 부응하여, 대기업에 취직했다.

명사 뒤에 접속하는 문형

문형	접속 / 예문
〜にしたら ~의 입장에서 보면	접속: 명사 + にしたら 예문: 彼にしたらその提案はかえって迷惑だったかもしれません。 그의 입장에서 보면 그 제안은 오히려 민폐였을지도 모릅니다.
〜に備えて ~에 대비하여	접속: 명사 + に備えて 예문: 地震に備えて避難訓練を実施する必要がある。 지진에 대비하여 피난훈련을 실시할 필요가 있다.
〜にそって/〜にそい ~에 따라, ~을 따라	접속: 명사 + にそって/にそい 예문: 説明書に書いてある順番にそって設置してください。 설명서에 적혀있는 순서에 따라 설치해 주세요.
〜に対する ~에 대한	접속: 명사 + に対する 예문: 物価上昇に対する国民の不満が高まっている。 물가 상승에 대한 국민의 불만이 높아지고 있다.
〜にとって ~에게 있어, ~에게는	접속: 명사 + にとって 예문: 政治家にとってこの機会は成功への近道である。 정치인에게 있어 이 기회는 성공으로의 지름길이다.
〜に反して ~와 반대로, ~와 달리	접속: 명사 + に反して 예문: 専門家の予想に反して、今年の輸出はさらに減少した。 전문가의 예상과 반대로, 올해 수출은 더욱 감소했다.

📋 확인문제 빈칸에 들어갈 알맞은 문형을 고르세요.

01 彼はリーダー（　　）何か物足りないと思います。　　ⓐ として　　ⓑ にそって
02 生物学（　　）彼女より詳しい人はいません。　　ⓐ に加えて　　ⓑ において
03 いつも忙しい時（　　）電話がかかってくる。　　ⓐ に限って　　ⓑ にかけても
04 授業内容（　　）質問がある人は研究室に来てください。　　ⓐ に関して　　ⓑ に反して
05 足の速さ（　　）誰にも負けない自信があります。　　ⓐ にかけては　　ⓑ にこたえて

정답 01 ⓐ 02 ⓑ 03 ⓐ 04 ⓐ 05 ⓐ

문형	구분	내용
〜にほかならない ~임에 틀림없다, 바로 ~때문이다	접속	명사 + にほかならない
	예문	夫婦にとって最も大事なのは、信頼と尊敬**にほかならない**。 부부에게 있어 가장 중요한 것은, 신뢰와 존경임에 틀림없다.
〜に基づいて ~에 기반하여, ~를 토대로	접속	명사 + に基づいて
	예문	交通カードの利用情報**に基づいて**、バス路線を調整した。 교통카드의 이용정보에 기반하여, 버스 노선을 조정했다.
〜によって ~때문에(원인), ~에 의해(수동), ~로(수단), ~마다(경우)	접속	명사 + によって
	예문	最近気温の変化**によって**風邪を引く人が増えている。 최근 기온 변화 때문에 감기에 걸리는 사람이 늘고 있다.
〜にわたって ~에 걸쳐	접속	명사 + にわたって
	예문	花火大会が9月22日、23日の二日間**にわたって**開催される。 불꽃축제가 9월 22일, 23일의 이틀간에 걸쳐 개최된다.
〜のことだから ~니까, ~라면	접속	명사 + のことだから
	예문	いつも遅刻する彼女**のことだから**、きっと遅れてくるだろう。 항상 지각하는 그녀니까, 반드시 늦게 올 거야.
〜のもとで/〜のもとに ~하에, ~아래서	접속	명사 + のもとで/のもとに
	예문	この動物は国の管理**のもとで**保護されています。 이 동물은 국가의 관리하에 보호받고 있습니다.
〜に欠かせない ~에 빠트릴 수 없다	접속	명사 + に欠かせない
	예문	おいしい料理やお酒は、パーティー**に欠かせない**。 맛있는 요리와 술은, 파티에 빠트릴 수 없다.
〜はともかく ~는 어쨌든	접속	명사 + はともかく
	예문	その人の性格**はともかく**、この仕事に合うかが重要だ。 그 사람의 성격은 어쨌든, 이 일에 맞는지가 중요하다.
〜を通して ~을 통해	접속	명사 + を通して
	예문	二人はサークル活動**を通して**知り合ったそうです。 두 사람은 서클 활동을 통해 서로 알게 되었다고 합니다.
〜をとわず ~을 불문하고	접속	명사 + をとわず
	예문	我が社は学歴**をとわず**、人柄と能力をもとに採用します。 우리 회사는 학력을 불문하고, 인품과 능력을 토대로 채용합니다.

명사 뒤에 접속하는 문형

문형	접속/예문
～を抜きにして(は) ~을 빼고(는), ~을 제외하고(는)	접속: 명사 + を抜きにして(は) 예문: この優勝は彼を抜きにしては語れません。 이 우승은 그를 빼고는 말할 수 없습니다.
～を除いて(は) ~을 제외하고(는), ~을 빼고(는)	접속: 명사 + を除いて(は) 예문: クラスの学生は私を除いてみんな日本人だった。 학급의 학생은 나를 제외하고 모두 일본인이었다.
～をはじめ ~을 비롯하여	접속: 명사 + をはじめ 예문: この本は、茶道をはじめ、色々な日本文化について書いてある。 이 책은, 다도를 비롯하여, 다양한 일본 문화에 관해서 적혀 있다.
～をめぐって ~을 둘러싸고	접속: 명사 + をめぐって 예문: 失敗の責任をめぐって、委員会が開かれた。 실패의 책임을 둘러싸고, 위원회가 열렸다.

확인문제 빈칸에 들어갈 알맞은 문형을 고르세요.

01 この動物は国の管理（　）保護されています。　　ⓐ をはじめ　ⓑ のもとで
02 最近気温の変化（　）風邪を引く人が増えている。　ⓐ によって　ⓑ にわたって
03 その人の性格（　）、この仕事に合うかが重要だ。　ⓐ はともかく　ⓑ のことだから
04 我が社は学歴（　）、人柄と能力をもとに採用します。ⓐ をとわず　ⓑ に欠かせない
05 失敗の責任（　）、委員会が開かれた。　　　　　　ⓐ を通して　ⓑ をめぐって

정답 01 ⓑ 02 ⓐ 03 ⓐ 04 ⓐ 05 ⓑ

N2 빈출 문법
02 동사 뒤에 접속하는 문형

학습목표

문법에서는 빈칸에 들어갈 알맞은 문형을 고르는 문제가 출제된다. 동사 뒤에 접속하는 문형의 의미를 예문과 함께 꼼꼼히 학습하자.

예) 빈칸에 들어갈 알맞은 표현을 고르세요.
いろいろと考えた（　　）、今回の旅行は中止することに決めた。
여러 가지로 생각한 （　　）, 이번 여행은 중지하기로 결정했다.

1　かのように　　　**2　すえに**　　　3　とたん　　　4　とおりに
　　것 같이　　　　　끝에　　　　　　　순간　　　　　　대로

1. 동사 뒤에 접속하는 문형

어떤 문형은 동사 뒤에 접속해 문장을 만든다. 문형에 따라 た형, て형, 사전형 등 접속할 수 있는 동사의 활용형이 다르므로 유의하여 학습한다.

[동사 た형]　彼は約束**した以上**、必ず守る人です。 그는 약속한 이상, 반드시 지키는 사람입니다.
　　　　　　　　동사 た형

[동사 て형]　入院**してはじめて**健康の大切さがわかった。 입원하고 나서야 비로소 건강의 소중함을 알았다.
　　　　　　　동사 て형

[동사 사전형]　来週テストがあるから勉強**するよりほかない**。 다음 주에 시험이 있으니까 공부할 수밖에 없다.
　　　　　　　　　　　　　　　　동사 사전형

2. 동사 뒤에 접속하는 N2 빈출 문형

~たあげく ~한 끝에	접속	동사 た형 + あげく
	예문	一週間も悩ん**だあげく**、しばらく引越さないことにした。 일주일이나 고민한 끝에, 당분간 이사하지 않기로 했다.
~た以上 ~한 이상	접속	동사 た형 + 以上
	예문	進学すると決め**た以上**、きちんと準備しなければならない。 진학하겠다고 결정한 이상, 제대로 준비해야 한다.
~たかと思うと/ ~たかと思ったら ~했나 했더니	접속	동사 た형 + かと思うと/かと思ったら
	예문	落ち込んで泣いてい**たかと思ったら**、今度は笑い始めた。 풀이 죽어서 울고있나 했더니, 이번에는 웃기 시작했다.

동사 뒤에 접속하는 문형

문형	접속/예문	
~たすえに ~한 끝에	접속	동사 た형 + すえに
	예문	色々考えたすえに私たちは離婚することにした。 여러 가지 생각한 끝에 우리는 이혼하기로 했다.
~たつもりだ ~라고 생각했다	접속	동사 た형 + つもりだ
	예문	詳しく説明したつもりだけど、正確に伝わらなかったようだ。 자세히 설명했다고 생각했는데, 정확히 전달되지 않은 것 같다.
~たところ ~했더니	접속	동사 た형 + ところ
	예문	配送が可能か問い合わせたところ、できないと言われた。 배송이 가능한지 물어봤더니, 안 된다고 했다.
~たところだ 막 ~한 참이다	접속	동사 た형 + ところだ
	예문	さっき夕食を食べたところで、お腹がいっぱいです。 방금 막 저녁을 먹은 참이라, 배가 불러요.
~たとたん ~한 순간	접속	동사 た형 + とたん
	예문	泥棒は警察を見たとたん、びっくりして逃げ出した。 도둑은 경찰을 본 순간, 깜짝 놀라 도망쳤다.
~たばかりだ ~한 지 얼마 되지 않다, 막 ~하다	접속	동사 た형 + ばかりだ
	예문	昼ご飯を食べたばかりだから、お腹がいっぱいだ。 점심을 먹은 지 얼마 되지 않기 때문에, 배가 부르다.

확인문제 빈칸에 들어갈 알맞은 문형을 고르세요.

01 一週間も悩ん（　　）、しばらく引越さないことにした。　　ⓐ だあげく　　ⓑ だばかり
02 落ち込んで泣いてい（　　）、今度は笑い始めた。　　ⓐ たかと思ったら　　ⓑ たすえに
03 配送が可能か問い合わせ（　　）、できないと言われた。　　ⓐ たあげく　　ⓑ たところ
04 泥棒は警察を見（　　）、びっくりして逃げ出した。　　ⓐ たとたん　　ⓑ た以上
05 色々考え（　　）私たちは離婚することにした。　　ⓐ たすえに　　ⓑ たかと思うと

정답 01 ⓐ 02 ⓐ 03 ⓑ 04 ⓐ 05 ⓐ

문법	접속/예문	
~ている ~하고 있다(계속), ~해 있다(결과), ~하고 있다(반복), ~했다(경험), ~해 있다(완료), ~해 있다(상태)	접속	동사 て형 + いる
	예문	政府は今、少子高齢化の対策を考え**ている**。 정부는 지금, 저출산 고령화 대책을 생각하고 있다.
~ておく ~해 두다	접속	동사 て형 + おく
	예문	会議の資料は予め準備し**ておいて**ください。 회의 자료는 미리 준비해 두어 주세요.
~てから ~하고 나서	접속	동사 て형 + から
	예문	集合時間を決め**てから**自由行動をしましょう。 집합 시간을 정하고 나서 자유행동을 합시다.
~てからでないと ~한 후가 아니면, ~하지 않으면	접속	동사 て형 + からでないと
	예문	身分を確認し**てからでないと**入場できません。 신분을 확인한 후가 아니면 입장할 수 없습니다.
~てからにする ~하고 나서 하다	접속	동사 て형 + からにする
	예문	出発は全員揃っ**てからにします**ので、もうしばらく待機しましょう。 출발은 전원 모이고 나서 하겠으니, 잠시 대기합시다.
~てしまう ~해 버리다, ~하고 말다	접속	동사 て형 + しまう
	예문	最近急に暑くなったからか、熱中症で倒れ**てしまった**。 요즘 갑자기 더워져서인지, 열사병으로 쓰러져 버렸다.
~てほしい ~했으면 한다, ~하면 좋겠다	접속	동사 て형 + ほしい
	예문	これは重要事項なので何回もチェックし**てほしい**です。 이건 중요사항이니까 몇 번이고 체크했으면 합니다.
~てみる ~해 보다	접속	동사 て형 + みる
	예문	たとえ失敗するとしても一度挑戦し**てみた**方がいい。 설령 실패한다고 해도 한번 도전해보는 편이 좋아.
~てもかまわない ~해도 괜찮다, ~해도 상관없다	접속	동사 て형 + もかまわない
	예문	忙しければ、報告書は明日までに提出し**てもかまいません**。 바쁘다면, 보고서는 내일까지 제출해도 괜찮습니다.
~ても~なくても ~해도 ~하지 않아도	접속	동사 て형 + も + 동사 ない형 + なくても
	예문	今更準備し**てもしなくても**たぶん結果は同じだと思う。 이제 와서 준비해도 하지 않아도 아마 결과는 같다고 생각한다.

/ 동사 뒤에 접속하는 문형 /

~てもいい/~てもよろしい ~해도 괜찮다, ~해도 좋다, ~해도 된다	접속	동사 て형 + もいい/もよろしい
	예문	すみません、この本(ほん)をちょっと借(か)りてもいいでしょうか。 실례합니다, 이 책을 잠깐 빌려도 괜찮을까요?
~てはじめて ~하고 나서야 비로소	접속	동사 て형 + はじめて
	예문	実家(じっか)を離(はな)れてはじめて親(おや)のありがたさが分(わ)かった。 집을 떠나고 나서야 비로소 부모님의 고마움을 알았다.
~あまり ~한 나머지	접속	1 동사 사전형 + あまり　　2 동사 た형 + あまり
	예문	時間(じかん)がなくて急(いそ)いだあまり、財布(さいふ)を忘(わす)れてしまった。 시간이 없어서 서두른 나머지, 지갑을 잊고 말았다.
~一方(いっぽう)だ ~하기만 하다, ~할 뿐이다	접속	동사 사전형 + 一方だ
	예문	アプリ業界(ぎょうかい)の技術競争(ぎじゅつきょうそう)が激(はげ)しくなる一方(いっぽう)だ。 어플리케이션 업계의 기술 경쟁이 격해지기만 한다.
~上(うえ)は ~하는 이상에는, ~한 바에는	접속	1 동사 사전형 + 上は　　2 동사 た형 + 上は
	예문	会社(かいしゃ)を立(た)ち上(あ)げる上(うえ)は、相当(そうとう)な準備(じゅんび)が必要(ひつよう)だ。 회사를 세우는 이상에는, 상당한 준비가 필요하다.
~ことはない/~こともない ~할 필요는 없다	접속	동사 사전형 + ことはない/こともない
	예문	それほど怖(こわ)い人(ひと)ではないから緊張(きんちょう)することはないよ。 그렇게 무서운 사람이 아니니까 긴장할 필요는 없어.

📋 **확인문제** 빈칸에 들어갈 알맞은 문형을 고르세요.

01 身分(みぶん)を確認(かくにん)し（　）入場(にゅうじょう)できません。　　　　ⓐ てからでないと　ⓑ てから
02 たとえ失敗(しっぱい)するとしても一度挑戦(いちどちょうせん)し（　）方(ほう)がいい。　ⓐ てしまう　　　　ⓑ てみた
03 出発(しゅっぱつ)は全員揃(ぜんいんそろ)っ（　）のでもうしばらく待機(たいき)しましょう。　ⓐ てからにします　ⓑ てみます
04 これは重要事項(じゅうようじこう)なので何回(なんかい)もチェックし（　）です。　　　ⓐ てしまったん　　ⓑ てほしい
05 実家(じっか)を離(はな)れ（　）親(おや)のありがたさが分(わ)かった。　　　　ⓐ てもいい　　　　ⓑ てはじめて

정답 01 ⓐ 02 ⓑ 03 ⓐ 04 ⓑ 05 ⓑ

문법	접속 / 예문
~ことなく ~하지 않고	접속: 동사 사전형 + ことなく 예문: お父さんは家族のために、週末も休む**ことなく**働いている。 아빠는 가족을 위해서, 주말도 쉬지 않고 일하고 있다.
~しかない/~しかあるまい ~하는 수밖에 없다	접속: 동사 사전형 + しかない/しかあるまい 예문: 電車が延着したので、家まで歩いて帰る**しかない**。 전철이 연착되었기 때문에, 집까지 걸어서 돌아갈 수밖에 없다.
~つもりだ ~할 계획이다, ~할 생각이다	접속: 동사 사전형 + つもりだ / 동사 ない형 + ないつもりだ 예문: 彼女は来月から本格的に就職活動を始める**つもりだ**と言っていた。 그녀는 다음 달부터 본격적으로 취직 활동을 시작할 계획이라고 말했다.
~といい ~하면 좋다	접속: 동사 사전형 + といい 예문: ゆっくり休んで、早く病気が治る**といい**ですね。 푹 쉬고, 빨리 병이 나으면 좋겠네요.
~ところだ ~하려던 참이다	접속: 동사 사전형 + ところだ 예문: 仕事が終わって、これから帰る**ところです**。 일이 끝나서, 이제부터 돌아가려던 참이에요.
~ところだった ~할 뻔했다	접속: 동사 사전형 + ところだった 예문: 寝坊してしまい、バスに乗り遅れる**ところだった**。 늦잠을 자 버려서, 버스를 놓칠 뻔했다.
~よりほかない ~할 수밖에 없다	접속: 동사 사전형 + よりほかない 예문: 正しくない規則でも従う**よりほかない**です。 옳지 않은 규칙이라도 따를 수밖에 없습니다.
~までもない ~할 것도 없다	접속: 동사 사전형 + までもない 예문: 彼女が世界一の選手であることは言う**までもない**。 그녀가 세계 제일의 선수인 건 말할 것도 없다.
~まま(に) ~하는 대로	접속: 동사 사전형 + まま(に) 예문: 旅行中は足の向く**まま**気の向く**まま**歩き回った。 여행 동안은 발길 닿는 대로 마음 가는 대로 걸어 다녔다.
~わけにはいかない ~할 수 없다	접속: 동사 사전형 + わけにはいかない 예문: 決勝進出のため、この試合は負ける**わけにはいかない**。 결승 진출을 위해, 이 시합은 질 수 없다.

동사 뒤에 접속하는 문형

문형	접속/예문
〜か〜ないかのうちに ~하자마자	접속: 동사 사전형 + か + 동사 ない형 + ないかのうちに 예문: 演劇が終わる**か**終わら**ないかのうちに**立ち上がって拍手をした。 연극이 끝나자마자 일어서서 박수를 쳤다.
〜かのようだ ~인 것 같다	접속: 1 동사 사전형 + かのようだ 2 동사 た형 + かのようだ 예문: 彼は靴の紐を結ぶ**かのように**その場にしゃがみこんだ。 그는 신발 끈을 묶는 것 같이 그 자리에 웅크리고 앉았다.
〜からには/〜からは ~하는 이상에는, ~한 바에는	접속: 1 동사 사전형 + からには/からは 2 동사 た형 + からには/たからは 예문: 留学する**からには**、その国の文化を体験したほうがいい。 유학한 이상에는, 그 나라의 문화를 체험하는 편이 좋다.
〜ことがある 1. ~하는 경우가 있다 2. ~한 적이 있다	접속: 1 동사 사전형 + ことがある 2 동사 た형 + ことがある 예문: 1 たまに顔も洗わないで寝る**ことがあります**。 가끔 얼굴도 씻지 않고 자는 경우가 있습니다. 2 海外赴任でフランスに住んだ**ことがある**。 해외 부임으로 프랑스에서 산 적이 있다.
〜ことにする ~하기로 하다	접속: 동사 사전형 + ことにする 예문: 外国人の友達を作るため、交流会に参加する**ことにした**。 외국인 친구를 만들기 위해, 교류회에 참가하기로 했다.
〜とおりに ~하는 대로	접속: 1 동사 사전형 + とおりに 2 동사 た형 + とおりに 예문: 今は親の言う**とおりに**することにした。 지금은 부모님이 말하는 대로 하기로 했다.

확인문제 빈칸에 들어갈 알맞은 문형을 고르세요.

01 留学する（ ）、その国の文化を体験したほうがいい。　　ⓐ からには　　ⓑ とおりに
02 決勝進出のため、この試合は負ける（ ）。　　ⓐ ことがある　　ⓑ わけにはいかない
03 今は親の言う（ ）することにした。　　ⓐ からは　　ⓑ とおりに
04 外国人の友達を作るため、交流会に参加する（ ）。　　ⓐ ことにした　　ⓑ かのようだ
05 彼女が世界一の選手であることは言う（ ）。　　ⓐ までもない　　ⓑ ことがある

정답: 01 ⓐ 02 ⓑ 03 ⓑ 04 ⓐ 05 ⓐ

〜べきだ ~해야 한다	접속	동사 사전형 + べきだ
	예문	親に物を拾ったら持ち主に返す**べきだ**と言われた。 부모님은 물건을 주우면 주인에게 돌려줘야 한다고 했다.
〜ほうがよかった ~하는 편이 좋았다	접속	1 동사 사전형 + ほうがよかった　　2 동사 た형 + ほうがよかった
	예문	彼女にとっては今の仕事を続けるよりも転職する**ほうがよかった**。 그녀에게 있어서는 지금의 일을 계속하는 것보다도 이직하는 편이 좋았다.
〜までになる ~정도가 되다	접속	동사 사전형 + までになる
	예문	日本語で書かれた論文が読める**までになった**。 일본어로 쓰인 논문을 읽을 수 있는 정도가 되었다.
〜ものではない ~해서는 안 된다	접속	동사 사전형 + ものではない
	예문	目上の人にそんな失礼なことを言う**ものではない**。 손윗사람에게 그런 실례되는 것을 말해서는 안 된다.
〜ようにする ~하도록 하다	접속	동사 사전형 + ようにする
	예문	課題を明日までには提出する**ようにして**ください。 과제를 내일까지는 제출하도록 해주세요.
〜ようになる ~하게 되다	접속	동사 사전형 + ようになる
	예문	毎朝、朝食をとる前に必ずジョギングをする**ようになった**。 매일 아침, 조식을 먹기 전에 반드시 조깅을 하게 되었다.
〜得る/得る ~할 수 있다	접속	동사 ます형 + 得る
	예문	どんなに気を付けていたとしても事故は起こり**得る**。 아무리 조심하고 있었다고 해도 사고는 일어날 수 있다.
〜終わる 다 ~하다, ~하는 것이 끝나다	접속	동사 ます형 + 終わる
	예문	読み**終わった**本はカウンターや返却ポストに返却してください。 다 읽은 책은 카운터나 반납함에 반납해 주세요.
〜かけの ~하다 만	접속	동사 ます형 + かけの
	예문	食べ**かけの**パンを置いたまま出かけて、母に怒られた。 먹다 만 빵을 둔 채로 외출해서, 엄마에게 혼났다.
〜がたい ~하기 어렵다	접속	동사 ます형 + がたい
	예문	彼はいつも怒ったような顔をしていて、近寄り**がたい**。 그는 언제나 화난 것 같은 얼굴을 하고 있어서, 다가가기 어려워.

동사 뒤에 접속하는 문형

문형	접속/예문	
～かねる ~하기 어렵다	접속	동사 ます형 + かねる
	예문	課長の意見ですが、私としては賛成し**かねます**。 과장님의 의견 말인데요, 저로서는 찬성하기 어렵습니다.
～かねない ~할 수도 있다, ~할지도 모른다	접속	동사 ます형 + かねない
	예문	彼女のあいまいな言い方は誤解を招き**かねない**。 그녀의 애매한 말투는 오해를 부를 수도 있다.
～そうもない/～そうにない ~할 것 같지 않다	접속	동사 ます형 + そうもない/そうにない
	예문	こんな給料では、20年働いても自分の家を買え**そうもない**。 이런 급료로는, 20년 일해도 내 집을 살 수 있을 것 같지 않다.
～つつ ~하면서	접속	동사 ます형 + つつ
	예문	彼女はダイエットするといい**つつ**、運動は絶対しない。 그녀는 다이어트 하겠다고 말하면서, 운동은 절대 하지 않는다.
～つつある ~하는 중이다	접속	동사 ます형 + つつある
	예문	手術が成功した後、おじいさんの病気は回復**つつある**。 수술이 성공한 후, 할아버지의 병은 회복되는 중이다.
～っこない ~할 리 없다	접속	동사 ます형 + っこない
	예문	一人で10人前を食べるなんて、でき**っこない**よ。 혼자서 10인분을 먹는다니, 가능할 리 없어.

📋 확인문제 빈칸에 들어갈 알맞은 문형을 고르세요.

01 彼女はダイエットすると言い（　　）、運動は絶対しない。　　ⓐ つつ　　　　　ⓑ つつあり

02 毎朝、朝食をとる前に必ずジョギングをする（　　）。　　　ⓐ ものではない　ⓑ ようになった

03 食べ（　　）パンを置いたまま出かけて、母に怒られた。　　ⓐ かけの　　　　ⓑ がたい

04 彼女のあいまいな言い方は誤解を招き（　　）。　　　　　　ⓐ かねない　　　ⓑ かねる

05 目上の人にそんな失礼なことを言う（　　）。　　　　　　　ⓐ ものではない　ⓑ つもりだ

정답 01 ⓐ 02 ⓑ 03 ⓐ 04 ⓐ 05 ⓐ

문형	접속/예문	
〜次第 〜대로	접속	동사 ます형 + 次第
	예문	連絡が入り次第、すぐにお伝えします。 연락이 들어오는 대로, 바로 전달하겠습니다.
〜にくい 〜하기 어렵다	접속	동사 ます형 + にくい
	예문	言いにくいことを言うにはどうしても勇気が要る。 말하기 어려운 것을 말하려면 어떻게든 용기가 필요하다.
〜ようがない/〜ようもない 〜할 방도가 없다	접속	동사 ます형 + ようがない/ようもない
	예문	いくら考えてみても顧客を納得させようがない。 아무리 생각해봐도 고객을 납득시킬 방도가 없다.
〜ざるを得ない 〜하지 않을 수 없다	접속	동사 ない형 + ざるを得ない
	예문	論理的な彼の話を聞いて、私が間違っていたと認めざるを得なかった。 논리적인 그의 말을 듣고, 내가 틀렸다고 인정하지 않을 수 없었다.
〜ないかぎり 〜하지 않는 한	접속	동사 ない형 + ないかぎり
	예문	努力しないかぎり、志望大学には合格できない。 노력하지 않는 한, 지망 대학에는 합격할 수 없다.
〜ないかな 〜하지 않으려나, 〜하지 않을까?	접속	동사 ない형 + ないかな
	예문	今年の誕生日にはお兄さんがカバンを買ってくれないかな。 올해 생일에는 형이 가방을 사주지 않으려나.
〜ないことには 〜하지 않고서는	접속	동사 ない형 + ないことには
	예문	自分で体験してみないことには何も身につかない。 스스로 체험해보지 않고서는 아무것도 몸에 익지 않는다.
〜ないではいられない/ 〜ずにはいられない 〜하지 않을 수 없다	접속	동사 ない형 + ないではいられない/ずにはいられない
	예문	すごく寒くて、暖房をつけないではいられなかった。 매우 추워서, 난방을 켜지 않을 수 없었다.
〜ないでもない 〜않는 것도 아니다	접속	동사 ない형 + ないでもない
	예문	気持ちは理解できないでもないが、さっきは君が悪かったと思う。 마음은 이해할 수 없는 것도 아니지만, 아까는 네가 나빴다고 생각해.
〜ないように 〜하지 않도록	접속	동사 ない형 + ないように
	예문	公共の場では人に迷惑をかけないように注意しなさい。 공공장소에서는 다른 사람에게 민폐를 끼치지 않도록 주의하세요.

동사 뒤에 접속하는 문형

문형	접속 / 예문
~ずに ~하지 않고	접속: 동사 ない형 + ずに 예문: 医者は何も食べ**ずに**薬を飲んではいけないと言った。 의사는 아무것도 먹지 않고 약을 먹으면 안 된다고 했다.
~も…ば ~만…이면	접속: 수량사 + も + 동사 가정형 + ば 예문: この本の厚さなら1日**も**あれ**ば**余裕で読み終える。 이 책의 두께라면 하루만 있으면 여유롭게 다 읽는다.
~(よ)うとする (곧) ~하려고 하다	접속: 동사 의지형 + とする 예문: 寝**ようとしたら**友達が遊びに来て全然眠れなかった。 자려고 했는데 친구가 놀러 와서 전혀 잘 수 없었다.
~(よ)うものなら ~했다가는	접속: 동사 의지형 + ものなら 예문: また失敗をし**ようものなら**、首になってしまうよ。 또 실수를 했다가는, 해고당해 버릴 거야.
~ものなら ~할 수만 있다면	접속: 동사 가능형 + ものなら 예문: なれる**ものなら**私だって人気の小説家になりたい。 될 수만 있다면 나도 인기 소설가가 되고 싶다.

📝 확인문제 빈칸에 들어갈 알맞은 문형을 고르세요.

01 また失敗をし（ 　 ）、首になってしまうよ。　　　ⓐ ようがないと　　　ⓑ ようものなら

02 自分で体験してみ（ 　 ）何も身につかない。　　　ⓐ ないことには　　　ⓑ ないでもない

03 寝（ 　 ）友達が遊びに来て全然眠れなかった。　　　ⓐ ようとしないなら　　ⓑ ようとしたら

04 今年の誕生日にはお兄さんがカバンを買ってくれ（ 　 ）。
　　　　　　　　　　　　　　　　　　　　　　　　　　　ⓐ ないかな
　　　　　　　　　　　　　　　　　　　　　　　　　　　ⓑ ないではいられない

05 すごく寒くて、暖房をつけ（ 　 ）。
　　　　　　　　　　　　　　　　　　　　　　　　　　　ⓐ ないではいられなかった
　　　　　　　　　　　　　　　　　　　　　　　　　　　ⓑ ないでもなかった

정답 01 ⓑ 02 ⓐ 03 ⓑ 04 ⓐ 05 ⓐ

N2 빈출 문법
03 명사와 동사 모두에 접속하는 문형

학습목표

문법에서는 빈칸에 들어갈 알맞은 문형을 고르는 문제가 출제된다. 명사와 동사에 모두 접속하는 문형의 의미를 예문과 함께 꼼꼼히 암기하자.

예) 빈칸에 들어갈 알맞은 표현을 고르세요.
年(とし)を取(と)る(　　)、体(からだ)が徐々(じょじょ)に衰(おとろ)えてきた。
나이를 먹어감 (　　), 몸이 점점 쇠약해졌다.

1　において　　　　2　にあたって　　　　3　にわたって　　　　**4　にしたがって**
　에 있어서　　　　　　에 즈음하여　　　　　에 걸쳐서　　　　　　**에 따라서**

1. 명사와 동사 뒤에 접속하는 문형

어떤 문형은 명사나 동사 뒤에 접속해 문장을 만든다. 같은 문형이더라도 품사에 따라 접속 방식이 달라지므로 유의하여 학습한다.

[명사] 技術(ぎじゅつ)の発展(はってん)**につれて**、生活(せいかつ)が豊(ゆた)かになっていく。 기술의 발전에 따라, 생활이 풍족해져 간다.
　　　　　　　　명사

[동사] 練習(れんしゅう)する**につれて**上手(じょうず)になっていくのを感(かん)じる。 연습함에 따라 능숙해지는 것을 느낀다.
　　　동사

2. 명사와 동사 뒤에 접속하는 N2 빈출 문형

~以来(いらい) ~이래로	접속	1 명사 + 以来　　　　2 동사 て형 + 以来
	예문	1 事故(じこ)**以来(いらい)**、車(くるま)に乗(の)ることが怖(こわ)くなってしまった。 사고 이래로, 차에 타는 것이 무서워져버렸다. 2 東京(とうきょう)に来(き)**て以来(いらい)**、地元(じもと)には一度(いちど)も帰(かえ)っていません。 도쿄에 온 이래로, 고향에는 한 번도 돌아가지 않고 있습니다.
~うえで 1. ~로 2. ~하는 데 있어서 3. ~한 뒤에	접속	1 명사の + うえで　　　　2 동사 사전형 + うえで 3 동사 た형 + うえで
	예문	1 夫婦(ふうふ)は同(おな)じ姓(せい)を使用(しよう)することが法律(ほうりつ)の**うえで**決(き)められている。 부부는 같은 성을 사용하는 것이 법률로 정해져 있다. 2 学校生活(がっこうせいかつ)を送(おく)る**うえで**友達(ともだち)と喧嘩(けんか)しないことは重要(じゅうよう)である。 학교생활을 보내는 데 있어서 친구와 싸우지 않는 것은 중요하다. 3 安全(あんぜん)だと判断(はんだん)し**たうえで**許可(きょか)を出(だ)しています。 안전하다고 판단한 뒤에 허가를 내어주고 있습니다.

> 명사와 동사 모두에 접속하는 문형

	접속	1 명사の + おそれがある	2 동사 사전형 + おそれがある
~おそれがある ~할 우려가 있다	예문	1 そのビルは崩壊の**おそれがある**ので、ただいま立ち入り禁止です。 그 빌딩은 붕괴의 우려가 있으므로, 현재 출입 금지입니다. 2 売上の減少が続くと、倒産する**おそれがある**。 매상의 감소가 계속되면, 도산할 우려가 있다.	
	접속	1 명사 + がちだ	2 동사 ます형 + がちだ
~がちだ ~하기 일쑤이다, 자주 ~하다	예문	1 幼い頃から野菜嫌いで偏食ばかりしているので便秘**がちだ**。 어릴 적부터 야채가 싫어서 편식만 하고 있으니 변비에 걸리기 일쑤이다. 2 ストレスを受けたときは辛いものを食べ**がちに**なる。 스트레스를 받았을 때는 매운 것을 자주 먹게 된다.	
	접속	1 명사 + きり 3 동사 た형 + きり	2 동사 ます형 + きり
~きり 1. ~밖에, ~뿐 2. 계속 3. ~한 채	예문	1 一度**きり**しかない人生、後悔はしたくありません。 한 번밖에 없는 인생, 후회는 하고 싶지 않습니다. 2 発表の準備を友達に任せ**きり**になって申し訳なく思う。 발표 준비를 친구에게 계속 맡기게 되어서 미안하게 생각한다. 3 友達は、「着いたら連絡する」と言った**きり**、まだ連絡がない。 친구는, '도착하면 연락할게'라고 말한 채, 아직 연락이 없다.	

확인문제 빈칸에 들어갈 알맞은 문형을 고르세요.

01 売上の減少が続くと、倒産する（　）。　　　ⓐ ことにする　ⓑ おそれがある
02 東京に来て（　）、地元には一度も帰っていません。　ⓐ 以来　ⓑ はじめて
03 一度（　）しかない人生、後悔はしたくありません。　ⓐ きり　ⓑ 次第
04 安全だと判断した（　）許可を出しています。　ⓐ うえで　ⓑ かと思うと
05 ストレスを受けたときは辛いものを食べ（　）なる。　ⓐ つつ　ⓑ がちに

정답 01 ⓑ 02 ⓐ 03 ⓐ 04 ⓐ 05 ⓑ

~に先立って ~에 앞서	접속	1 명사 + に先立って	2 동사 사전형 + に先立って
	예문	1 引っ越しに先立って、荷物の整理や電気の手続きなどやることは多い。 이사에 앞서, 짐 정리나 전기 수속 등 할 것이 많다. 2 作品の審査を始めるに先立って、審査の基準を決めましょう。 작품 심사를 시작하기에 앞서, 심사 기준을 정합시다.	
~最中 한창 ~중	접속	1 명사の + 最中	2 동사 て형 いる + 最中
	예문	1 試験の最中に地震が起こって、急いで机の下に避難した。 한창 시험 중에 지진이 일어나서, 서둘러 책상 밑으로 피난했다. 2 社長が話している最中に携帯を見て怒られた。 사장님이 한창 말하고 있는 중에 휴대폰을 봐서 혼났다.	
~たびに ~할 때마다	접속	1 명사の + たびに	2 동사 사전형 + たびに
	예문	1 出張のたびに、家族のためにお土産を買ってくる。 출장 때마다, 가족을 위해 기념품을 사 온다. 2 会うたびに、彼は興味深い話をしてくれる。 만날 때마다, 그는 흥미로운 이야기를 해 준다.	
~ついでに ~하는 김에	접속	1 명사の + ついでに 3 동사 た형 + ついでに	2 동사 사전형 + ついでに
	예문	1 アルバイトのついでにショッピングをして帰ってきた。 아르바이트를 하는 김에 쇼핑을 하고 돌아왔다. 2 図書館に本を借りに行くついでに、読み終わった本を返した。 도서관에 책을 빌리러 가는 김에, 다 읽은 책을 반납했다. 3 旅行先を決めたついでにホテルの予約もその場で終わらせた。 여행지를 정한 김에 호텔 예약도 그 자리에서 끝냈다.	
~て済む ~으로 끝나다, ~해서 끝나다	접속	1 명사 + で済む	2 동사 て형 + て済む
	예문	1 軽い怪我で済んで、本当によかったと思う。 가벼운 부상으로 끝나서, 정말 다행이라고 생각한다. 2 謝って済むこととそうでないことがある。 사과해서 끝날 일과 그렇지 않은 일이 있다.	
~に際して ~에 즈음하여, ~할 때, ~함에 있어	접속	1 명사 + に際して	2 동사 사전형 + に際して
	예문	1 結婚式に際して、親戚や友人から祝福を受けた。 결혼식에 즈음하여, 친척과 친구로부터 축복을 받았다. 2 契約を結ぶに際して、すべての条件を確認した。 계약을 맺을 때, 모든 조건을 확인했다.	

> 명사와 동사 모두에 접속하는 문형

～にあたって/～にあたり
~때에, ~함에 있어서

접속
1 명사 + にあたって/にあたり
2 동사 사전형 + にあたって/にあたり

예문
1 海外移住にあたって、ビザの取得などすべきことが山積みです。
해외이주를 할 때에, 비자 취득 등 해야 할 것이 산더미입니다.
2 事業を始めるにあたり、皆さんにお願いがあります。
사업을 시작함에 있어서, 여러분에게 부탁이 있습니다.

～にしたがって
~에 따라

접속
1 명사 + にしたがって　　2 동사 사전형 + にしたがって

예문
1 コーチの指示にしたがって、チームのスケジュールを組む。
코치의 지시에 따라, 팀 스케줄을 짠다.
2 社会が発展するにしたがって、社会問題も発生している。
사회가 발전함에 따라, 사회 문제도 발생하고 있다.

～につれて
~함에 따라

접속
1 명사 + につれて　　2 동사 사전형 + につれて

예문
1 物価の上昇につれて、人々はより消費を控えるようになった。
물가가 상승함에 따라, 사람들은 보다 소비를 피하게 되었다.
2 親子の対話は年齢が上がるにつれて減少する傾向がある。
부모와 자식의 대화는 연령이 높아짐에 따라 감소하는 경향이 있다.

～にともなって
~에 따라, ~와 함께

접속
1 명사 + にともなって　　2 동사 사전형의 + にともなって

예문
1 地球温暖化にともなって、世界各地で火災が増えている。
지구온난화에 따라, 세계 각지에서 화재가 증가하고 있다.
2 オリンピックを開催するのにともなって競技場を改修した。
올림픽을 개최함에 따라 경기장을 수리했다.

📄 확인문제　빈칸에 들어갈 알맞은 문형을 고르세요.

01　試験の（　）に地震が起こって、急いで机の下に避難した。　　ⓐ 最中　　ⓑ ついで
02　図書館に本を借りに行く（　）、読み終わった本を返した。　　ⓐ ついでに　　ⓑ にしたがって
03　物価の上昇（　）、人々はより消費を控えるようになった。　　ⓐ につれて　　ⓑ において
04　地球温暖化（　）、世界各地で火災が増えている。　　ⓐ に先立って　　ⓑ にともなって
05　事業を始める（　）、皆さんにお願いがあります。　　ⓐ につれて　　ⓑ にあたり

정답 01 ⓐ　02 ⓐ　03 ⓐ　04 ⓑ　05 ⓑ

N2 빈출 문법

04 여러 품사 뒤에 접속하는 문형

학습목표

문법에서는 빈칸에 들어갈 알맞은 문형을 고르는 문제가 출제된다. 여러 품사에 각각 활용하여 접속하는 문형의 의미를 예문과 함께 꼼꼼히 학습하자.

예) 다음 (　　)에 들어갈 알맞은 것을 고르세요.
彼のダンスは繊細（　　　）情熱的で人をひきつけます。
그의 댄스는 섬세( ) 정열적이어서 사람을 끌어당깁니다.

1　なりに   2　というより   3　ながらも   4　どころか
　 한 대로   하기 보다   하면서도   하기는커녕

1. 여러 품사 뒤에 접속하는 문형

어떤 문형은 명사, 형용사, 동사와 같이 다양한 품사 뒤에 접속해 문장을 만든다. 같은 문형이더라도 품사에 따라 접속 방식이 달라지므로 유의하여 학습한다.

[명사]　とてもそっくりだから彼女が彼の姉の**はずだ**。 매우 닮았으므로 그녀가 그의 누나일 것이다.
　　　　　　　　　　　　　　　　　　　명사

[형용사]　皮肉めいた言葉は誰でも嫌いな**はずだ**。 비꼬는 듯한 말은 누구라도 싫어할 것이다.
　　　　　　　　　　　　　　　　형용사

[동사]　一生懸命勉強したのだから合格する**はずだ**。 열심히 공부했으니까 합격할 것이다.
　　　　　　　　　　　　　　　　동사

2. 여러 품사 뒤에 접속하는 N2 빈출 문형

~うえに ~인 데다가	접속	1 명사の/である + うえに　　2 な형용사 어간な/である + うえに 3 い형용사 보통형 + うえに　　4 동사 보통형 + うえに
	예문	1 そのデータは誤りである**うえに**測定方法も間違っていた。 　그 데이터는 잘못된 데다가 측정 방법도 틀렸다. 2 彼はハンサムな**うえに**成績も優秀である。 　그는 잘생긴 데다가 성적도 우수하다. 3 低気圧のせいで頭が痛い**うえに**吐き気までする。 　저기압 탓에 머리가 아픈 데다가 속까지 울렁거린다. 4 ネットで調べた**うえに**、関連書籍も数冊読んでおきました。 　인터넷에서 조사한 데다가, 관련 서적도 몇 권 읽어뒀습니다.

여러 품사 뒤에 접속하는 문형

~うちに
~하는 동안에, ~사이에, ~내에, ~전에

접속
1. 명사の + うちに
2. な형용사 어간な + うちに
3. い형용사 사전형 + うちに
4. 동사 사전형/ない형/동사 て형 いる + うちに

예문
1. 世界の平均気温が21世紀の**うちに**5度も上昇するそうだ。
   세계 평균 기온이 21세기 동안에 5도나 상승한다고 한다.
2. 状況がこちらに有利な**うちに**少しでも多く得点を獲得しよう。
   상황이 이쪽에 유리한 사이에 조금이라도 많이 득점을 획득하자.
3. 早い**うちに**問題を解決するためにみんなで意見を出しましょう。
   빠른 시일 내에 문제를 해결하기 위해 모두 함께 의견을 냅시다.
4. 普段からパスワードは忘れない**うちに**メモに書いています。
   평소에 비밀번호는 잊기 전에 메모에 적어 둡니다.

~おかげで
~덕분에

접속
1. 명사の + おかげで
2. な형용사 어간な/た형 + おかげで
3. い형용사 사전형/た형 + おかげで
4. 동사 た형 + おかげで

예문
1. 不登校だった私は、いい先生の**おかげで**無事卒業できた。
   등교 거부하던 나는, 좋은 선생님 덕분에 무사히 졸업할 수 있었다.
2. 部屋が静かだった**おかげで**よい睡眠がとれて疲れが吹き飛んだ。
   방이 조용했던 덕분에 좋은 수면을 취할 수 있어서 피로가 날아갔다.
3. 校長の話が短かった**おかげで**早く集会が終わった。
   교장의 말이 짧았던 덕분에 일찍 집회가 끝났다.
4. 虫歯を抜いた**おかげで**痛みがなくなり快適な生活を手に入れた。
   충치를 뽑은 덕분에 아픔이 사라져 쾌적한 생활을 손에 넣었다.

📋 확인문제 빈칸에 들어갈 알맞은 문형을 고르세요.

01 低気圧のせいで頭が痛い（　）吐き気までする。　　ⓐ うちに　　ⓑ うえに
02 校長の話が短かった（　）早く集会が終わった。　　ⓐ うえに　　ⓑ おかげで
03 不登校だった私は、いい先生の（　）無事卒業できた。　　ⓐ うちに　　ⓑ おかげで
04 世界の平均気温が21世紀の（　）5度も上昇するそうだ。　　ⓐ うちに　　ⓑ うえに

정답 01 ⓑ 02 ⓑ 03 ⓑ 04 ⓐ

〜かぎり 〜하는 한	접속	1 명사の + かぎり　　　　　2 な형용사 어간な/である + かぎり 3 い형용사 + かぎり　　　　4 동사 사전형 + かぎり
	예문	1 あの性格の**かぎり**秘密を隠しておくことはできなさそうだ。 저 성격인 한 비밀을 숨겨두는 건 못 할 것 같다. 2 実現可能である**かぎり**、私は夢を追いかけ続ける。 실현 가능한 한, 나는 꿈을 계속 좇을 것이다. 3 確実な証拠がない**かぎり**犯人として逮捕することは難しい。 확실한 증거가 없는 한 범인으로서 체포하는 것은 어렵다. 4 交通規制をする**かぎり**違反者の数はそこまで増えないだろう。 교통 규제를 하는 한 위반자의 수는 그렇게 늘지 않을 것이다.
〜かというと/〜かといえば 〜인가 하면, 〜이냐 하면	접속	1 명사(なの) + かというと/かといえば 2 な형용사 어간 + かというと/かといえば 3 い형용사 보통형(の) + かというと/かといえば 4 동사 보통형 + かというと/かといえば
	예문	1 深刻な悩み**かというと**そうでもないので、心配しないでください。 심각한 고민인가 하면 그렇지도 않기 때문에, 걱정하지 말아주세요. 2 家事が得意**かといえば**正直得意な方ではありません。 집안일을 잘 하는가 하면 솔직히 잘하는 편은 아니에요. 3 暇だから見ているだけで面白い**かといえば**特別面白くはない。 한가하니까 보고 있는 것뿐으로 재미있냐 하면 특별히 재미있지는 않다. 4 なんで約束に遅刻した**かというと**30分寝坊したからです。 왜 약속에 지각했는가 하면 30분 늦잠 잤기 때문입니다.
〜かどうか 〜인지 아닌지	접속	1 명사 + かどうか　　　　2 な형용사 어간 + かどうか 3 い형용사 사전형 + かどうか　　4 동사 사전형 + かどうか
	예문	1 ここに落ちているハンカチが彼の物**かどうか**確認してくれる? 여기에 떨어져있는 손수건이 그의 것인지 아닌지 확인해 줄래? 2 本気**かどうか**なんてその人の目を見ればすぐにわかります。 진심인지 아닌지는 그 사람의 눈을 보면 바로 알아요. 3 結婚がいい**かどうか**実際にしてみるまで想像もできません。 결혼이 좋은지 아닌지 실제로 해보기 전까지 상상도 할 수 없어요. 4 明日、部長が会議に参加する**かどうか**ご存じですか。 내일, 부장님이 회의에 참석하는지 안하는지 알고 계십니까?

― 여러 품사 뒤에 접속하는 문형 ―

	접속	1 명사 + かもしれない　　　　2 な형용사 어간 + かもしれない 3 い형용사 보통형 + かもしれない　4 동사 보통형 + かもしれない
～かもしれない ~일지도 모른다	예문	1 この状況では、これが唯一の解決法**かもしれない**。 　이런 상황에는, 이것이 유일한 해결법일지도 모른다. 2 ウイルスは流行しており、事態は想像以上に深刻**かもしれない**。 　바이러스는 유행하고 있고, 사태는 상상이상으로 심각할지도 모른다. 3 自分は大丈夫だという思い込みは危ない**かもしれない**。 　자신은 괜찮다라는 확신은 위험할지도 모른다. 4 まだ悩んではいますが、次の面接は受ける**かもしれない**です。 　아직 고민하고는 있지만, 다음 면접은 볼지도 몰라요.
	접속	1 な형용사 어간 + がる (느낌을 나타내는 な형용사만 가능) 2 い형용사 어간 + がる　　　　3 동사 ます형 + たがる
～がる ~해 하다, ~싶어 하다	예문	1 子供が不安**がる**ので、大きな声で騒がないでくれませんか。 　아이가 불안해하기 때문에, 큰 소리로 떠들지 말아 주시겠습니까? 2 彼は競技の成績に対してとても悔し**がって**いた。 　그는 경기의 성적에 대해 매우 분해하고 있었다. 3 母は近頃、新型の自動車を買いた**がっている**。 　어머니는 요즘, 신형 자동차를 사고 싶어한다. ★ ～がる는 제 3자의 감정이나 행동을 말할 때만 사용한다.

확인문제 빈칸에 들어갈 알맞은 문형을 고르세요.

01 家事が得意（　　）正直得意な方ではありません。　　ⓐ かというと　　ⓑ かどうか
02 明日、部長が会議に参加する（　　）ご存じですか。　　ⓐ かどうか　　　ⓑ かというと
03 この状況では、これが唯一の解決法（　　）。　　　　ⓐ かといえばだ　ⓑ かもしれない
04 実現可能である（　　）、私は夢を追いかけ続ける。　ⓐ かどうか　　　ⓑ かぎり

정답 01 ⓐ 02 ⓐ 03 ⓑ 04 ⓑ

문형		내용
~からといって ~라고 해서	접속	1 명사 보통형 + からといって　　2 な형용사 보통형 + からといって 3 い형용사 보통형 + からといって　　4 동사 보통형 + からといって
	예문	1 祝日だ**からといって**受験勉強をしない理由にはなりません。 국경일이라고 해서 수험 공부를 하지 않는 이유는 되지 않습니다. 2 満員電車が嫌だ**からといって**電車に乗らないわけにはいかない。 만원 전철이 싫다고 해서 전철에 타지 않을 수는 없다. 3 芸能人に詳しい**からといって**誰でも知っているわけではない。 연예인에 정통하다고 해서 누구라도 알고 있는 것은 아니다. 4 社員が増えた**からといって**すぐに業務の負担は減らない。 사원이 늘었다고 해서 바로 업무의 부담은 줄지 않는다.
~ことか ~인지, ~던가	접속	1 의문사 + な형용사 어간 な + ことか　2 의문사 + い형용사 사전형 + ことか 3 의문사 + 동사 사전형/た형 + ことか
	예문	1 雲の隙間から見える月はなんときれいな**ことか**。 구름 틈으로 보이는 달은 얼마나 아름다운지. 2 あなたがそばにいてくれるだけでどれほど頼もしい**ことか**。 당신이 곁에 있어주는 것 만으로 얼마나 믿음직스러운지. 3 辛くて苦しいとき、この歌の歌詞に私は何度救われた**ことか**。 괴롭고 힘들 때, 이 노래의 가사에 나는 몇 번이나 구원받았던가.
~ことから ~하다는 점에서, ~하기 때문에	접속	1 명사 である + ことから　　2 な형용사 어간 な/である + ことから 3 い형용사 보통형 + ことから　　4 동사 보통형 + ことから
	예문	1 留学生である**ことから**、学校から特別な配慮が与えられた。 유학생이라는 점에서, 학교로부터 특별한 배려가 주어졌다. 2 静かな**ことから**、この公園は読書に向いている。 조용하다는 점에서, 이 공원은 독서에 적합하다. 3 出品物が珍しかった**ことから**、多くの人の注目を集めた。 출품된 물건이 희귀했던 점에서, 많은 사람의 주목을 받았다. 4 ドキュメンタリーを見た**ことから**、環境問題に興味を持つようになった。 다큐멘터리를 봤기 때문에, 환경 문제에 관심을 갖게 되었다.
~ことに ~하게도	접속	1 な형용사 어간 な + ことに　　2 い형용사 사전형 + ことに 3 동사 た형 + ことに
	예문	1 残念な**ことに**、今回の大会では優勝できなかった。 유감스럽게도, 이번 대회에서는 우승하지 못했다. 2 ありがたい**ことに**、ご近所さんが海外旅行のお土産をくれた。 감사하게도, 이웃 분이 해외 여행의 기념 선물을 주었다. 3 困った**ことに**、受験票を家に置いてきてしまった。 곤란하게도, 수험표를 집에 두고 와 버렸다.

여러 품사 뒤에 접속하는 문형

~すぎず
너무 ~하지 않고

접속
1. 명사 + すぎず
2. な형용사 어간 + すぎず
3. い형용사 어간 + すぎず
4. 동사 ます형 + すぎず

예문
1. この洋服は子供**すぎず**大人**すぎず**絶妙にかわいくておしゃれだ。
   이 옷은 너무 아이 같지 않고 너무 어른 같지 않고 절묘하게 귀엽고 세련되었다.
2. 単調**すぎず**適度に刺激のある毎日を過ごしたいと思う。
   너무 단조롭지 않고 적당히 자극이 있는 매일을 보내고 싶다고 생각한다.
3. 大き**すぎず**ちょうどいい大きさの加湿器を探しているところだ。
   너무 크지 않고 딱 좋은 크기의 가습기를 찾고 있는 중이다.
4. 油断し**すぎず**緊張感を持って本番のテストに挑もう。
   너무 방심하지 말고 긴장감을 가지고 실제 시험에 도전하자.

~せいか
~탓인지

접속
1. 명사의 + せいか
2. な형용사 어간な + せいか
3. い형용사 보통형 + せいか
4. 동사 보통형 + せいか

예문
1. 熱の**せいか**頭が回らなくて思ったように宿題が進まない。
   열 탓인지 머리가 돌아가지 않아서 생각만큼 숙제가 진행되지 않는다.
2. 夕食が豪華な**せいか**普段よりもたくさん食べてしまった。
   저녁이 호화로운 탓인지 평소보다 많이 먹어버렸다.
3. 教室が薄暗い**せいか**、いつもと雰囲気が違って怖い。
   교실이 어둑어둑한 탓인지, 평소와 분위기가 달라서 무섭다.
4. 壁の色を変えた**せいか**、部屋が明るくなった気がする。
   벽 색을 바꾼 탓인지, 방이 밝아진 느낌이 든다.

확인문제 빈칸에 들어갈 알맞은 문형을 고르세요.

01 熱の( ) 頭が回らなくて思ったように宿題が進まない。 ⓐ せいか   ⓑ おかげで
02 単調( ) 適度に刺激のある毎日を過ごしたいと思う。 ⓐ すぎず   ⓑ かどうか
03 雲の隙間から見える月はなんときれいな( )。 ⓐ せいか   ⓑ ことか
04 残念な( )、今回の大会では優勝できなかった。 ⓐ ことから   ⓑ ことに

정답: 01 ⓐ 02 ⓐ 03 ⓑ 04 ⓑ

~だけでなく
~뿐 아니라

접속
1. 명사 + だけでなく
2. な형용사 어간な/である + だけでなく
3. い형용사 보통형 + だけでなく
4. 동사 보통형 + だけでなく

예문
1. このレストランは味だけでなくサービスも一流である。
   이 레스토랑은 맛뿐 아니라 서비스도 일류이다.
2. 最新のイヤホンは小型だけでなく高品質なところがポイントだ。
   최신 이어폰은 소형일 뿐 아니라 고품질인 점이 포인트다.
3. 歴史の教科書は厚いだけでなく重くて持ち運びが大変だ。
   역사 교과서는 두꺼울 뿐 아니라 무거워서 가지고 다니는 것이 힘들다.
4. 見るだけでなく実際に体験してみたほうが理解が深まる。
   볼 뿐 아니라 실제로 체험해보는 편이 이해가 깊어진다.

~だけに
~인 만큼

접속
1. 명사な/である + だけに
2. な형용사 어간な/である + だけに
3. い형용사 보통형 + だけに
4. 동사 보통형 + だけに

예문
1. 成人式の会場が地元であるだけにたくさん知り合いに会えた。
   성인식 회장이 고향인 만큼 많은 지인을 만날 수 있었다.
2. 娘が一生懸命なだけに私もできる限りのサポートをするつもりだ。
   딸이 열심인 만큼 나도 가능한 한 서포트를 할 생각이다.
3. 道が狭いだけに車で通るときは注意して運転しなければいけない。
   길이 좁은 만큼 차로 지나갈 때는 주의해서 운전하지 않으면 안 된다.
4. 私が気を使ってあげただけに、責任をもって働いてほしい。
   내가 신경 써준 만큼, 책임을 가지고 일했으면 한다.

~だけのことはある
~한 만큼의 가치는 있다

접속
1. 명사な + だけのことはある
2. な형용사 어간な + だけのことはある
3. い형용사 보통형 + だけのことはある
4. 동사 보통형 + だけのことはある

예문
1. あの人は表現力が豊かだ。さすが小説家なだけのことはある。
   저 사람은 표현력이 풍부하다. 역시 소설가인 만큼의 가치는 있다.
2. 夫は何の臭いでも当てる。臭いに敏感なだけのことはある。
   남편은 무슨 냄새라도 맞춘다. 냄새에 민감한 만큼의 가치는 있다.
3. ここのおかずはいつも売り切れる。他より安いだけのことはある。
   이곳의 반찬은 항상 매진된다. 다른 곳 보다 싼 만큼의 가치는 있다.
4. 彼女の通訳を見ると、留学しただけのことはある。
   그녀의 통역을 보면, 유학한 만큼의 가치는 있다.

/ 여러 품사 뒤에 접속하는 문형 /

~てしょうがない 매우 ~하다, ~해서 어쩔 수가 없다	접속	1 な형용사 て형 + しょうがない 2 い형용사 て형 + しょうがない 3 동사 て형 + しょうがない
	예문	1 手続きに必要な書類が複雑すぎて厄介で**しょうがない**。 수속에 필요한 서류가 너무 복잡해서 매우 번거롭다. 2 おばあさんが亡くなったことが悲しくて**しょうがない**。 할머니가 돌아가시게 된 것이 매우 슬프다. 3 テレビ番組のクイズの正解が気になって**しょうがない**。 텔레비전 프로그램 퀴즈의 정답이 궁금해서 어쩔 수가 없다.
~てたまらない ~해서 견딜 수 없다, 너무 ~하다	접속	1 な형용사 て형 + たまらない 2 い형용사 て형 + たまらない 3 동사 て형 + たまらない
	예문	1 来月行われる大会の予選のことを考えると不安で**たまらない**。 다음 달에 실시되는 대회 예선을 생각하면 너무 불안해서 견딜 수 없다. 2 私の手をぎゅっと握る赤ちゃんがかわいくて**たまらない**。 나의 손을 꼭 쥐는 아기가 너무 귀엽다. 3 人の悪口ばかり言う彼を見ていると、腹が立って**たまらない**。 다른 사람의 흉만 보는 그를 보고 있으면, 화가 나서 견딜 수 없다.

📋 확인문제 빈칸에 들어갈 알맞은 문형을 고르세요.

01 このレストランは味（　　）サービスも一流である。　　　　ⓐ だけでなく　　ⓑ なだけに
02 道が狭い（　　）車で通るときは注意して運転しなければいけない。ⓐ だけに　　　ⓑ だけでなく
03 手続きに必要な書類が複雑すぎて厄介（　　）。　　　　　　ⓐ かもしれない　ⓑ でしょうがない
04 ここのおかずはいつも売り切れる。他より安い（　　）。　　ⓐ だけのことはある　ⓑ かもしれない

정답 01 ⓐ 02 ⓐ 03 ⓑ 04 ⓐ

문형		설명
~てならない 너무 ~하다	접속	1 な형용사 て형 + ならない　　2 い형용사 て형 + ならない 3 동사 て형 + ならない
	예문	1 息子がちゃんと一人暮らしできるかどうか心配**でならない**。 아들이 제대로 혼자 살 수 있을지 너무 걱정이다. 2 大学のサークル勧誘があまりにもしつこく**てならない**。 대학의 동아리 권유가 너무 집요하다. 3 うちの犬は注射が苦手で、動物病院に行くのを嫌がっ**てならない**。 우리 개는 주사를 싫어해서, 동물 병원에 가는 것을 너무 싫어한다.
~ても不思議ではない ~해도 이상하지 않다	접속	1 명사 + でも不思議ではない 2 な형용사 어간 + でも不思議ではない 3 い형용사 어간 く + ても不思議ではない 4 동사 て형 + も不思議ではない
	예문	1 彼女は奇跡**でも不思議ではない**ほどの回復力を見せた。 그녀는 기적이라고 해도 이상하지 않을 정도의 회복력을 보였다. 2 彼の才能なら、天才と呼ばれ**ても不思議ではない**。 그의 재능이라면, 천재라고 불려도 이상하지 않다. 3 初めての海外旅行なら、不安**でも不思議ではない**。 첫 해외여행이라면, 불안해도 이상하지 않다. 4 昨日徹夜したから、今日は眠く**ても不思議ではない**。 어제 밤을 새웠으니, 오늘은 졸려도 이상하지 않다.
~というのは ~라는 것은	접속	1 명사 + というのは 2 な형용사 보통형/어간 + というのは 3 い형용사 보통형 + というのは 4 동사 보통형 + というのは
	예문	1 パソコン**というのは**パーソナルコンピューターのことである。 PC라는 것은 퍼스널 컴퓨터를 말한다. 2 彼がたいくつだった**というのは**その表情からすぐにわかりました。 그가 지루해 했다는 것은 그 표정에서 바로 알았습니다. 3 騒がしい**というのは**まさにあの人のことを指す言葉だ。 소란스럽다는 것은 정말로 저 사람을 가리키는 말이다. 4 自分の過ちを認める**というのは**そう簡単にできることではない。 자신의 과오를 인정한다는 것은 그렇게 간단하게 할 수 있는 것은 아니다.

여러 품사 뒤에 접속하는 문형

~とはいえ
~라고는 하지만

접속
1. 명사(だ) + とはいえ
2. な형용사 어간(だ) + とはいえ
3. い형용사 보통형 + とはいえ
4. 동사 보통형 + とはいえ

예문
1. 食べ放題**とはいえ**、そんなに食べたら気持ち悪くなるよ。
   무한 리필이라고는 하지만, 그렇게 먹으면 속이 안좋아질거야.
2. プロジェクトが順調だ**とはいえ**、決して油断をしてはいけない。
   프로젝트가 순조롭다고는 하지만, 결코 방심해서는 안 된다.
3. 野球がうまい**とはいえ**、プロの実力とは比べられない。
   야구를 잘한다고는 하지만, 프로의 실력과는 비교할 수 없다.
4. いくら年をとった**とはいえ**、こんなに別人になるとは。
   아무리 나이를 먹었다고는 하지만, 이렇게 다른 사람이 되다니.

~とのことだ
~라고 한다

접속
1. 명사だ + とのことだ
2. な형용사 어간だ + とのことだ
3. い형용사 보통형 + とのことだ
4. 동사 보통형 + とのことだ

예문
1. 会議の場所は第三会議室だ**とのことだ**が、時間はまだ未定だ。
   회의 장소는 제3회의실이라고 하는데, 시간은 아직 미정이다.
2. 新しい寮はとても快適だ**とのことだ**が、費用は少し高いらしい。
   새 기숙사는 매우 쾌적하다고 하는데, 비용은 조금 비싼 모양이다.
3. 今回の試験は厳しい**とのことだ**が、努力すれば合格できるだろう。
   이번 시험은 어렵다고 하는데, 노력하면 합격할 수 있을 것이다.
4. 新製品は来週発売する**とのことだ**が、価格はまだ発表されていない。
   신제품은 다음 주에 발매한다고 하는데, 가격은 아직 발표되지 않았다.

📋 확인문제 빈칸에 들어갈 알맞은 문형을 고르세요.

01 パソコン（　）パーソナルコンピューターのことである。　　ⓐ というのは　　ⓑ とはいえ
02 食べ放題（　）、そんなに食べたら気持ち悪くなるよ。　　ⓐ とはいえ　　ⓑ だけでなく
03 息子がちゃんと一人暮らしできるかどうか心配（　）。　　ⓐ なだけのことはある　　ⓑ でならない
04 会議の場所は第三会議室だ（　）が、時間はまだ未定だ。　　ⓐ とのことだ　　ⓑ とはいえだ

정답 01 ⓐ 02 ⓐ 03 ⓑ 04 ⓐ

～というように
~라는 식으로, ~라는 것처럼

접속
1. 명사 보통형/명사 + というように
2. な형용사 보통형/어간 + というように
3. い형용사 보통형 + というように
4. 동사 보통형 + というように

예문
1. 一つ仕上げるのに5時間**というように**時間を定めて仕事をしている。
   하나를 완성하는 데 5시간이라는 식으로 시간을 정해서 일을 하고 있다.
2. 友達は何かが心配だ**というように**ため息ばかりついている。
   친구는 뭔가가 걱정인 것처럼 한숨만 쉬고 있다.
3. 女の子は嬉しい**というように**にっこりと微笑んでいた。
   여자아이는 기쁜 것처럼 방긋 미소 짓고 있었다.
4. 部下は納得いかない**というように**不満そうな表情をしていた。
   부하는 납득이 되지 않는다는 것처럼 불만인듯한 표정을 하고 있었다.

～というより
~라기 보다

접속
1. 명사 보통형/명사 + というより
2. な형용사 보통형/어간 + というより
3. い형용사 보통형 + というより
4. 동사 보통형 + というより

예문
1. 彼の人生話を聞いて、共感**というより**憧れを抱いた。
   그의 인생 이야기를 듣고, 공감이라기보다 동경을 품었다.
2. 文字を読むのが面倒だ**というより**興味がないので本は読まない。
   글을 읽는 것이 귀찮다기보다 흥미가 없어서 책은 읽지 않는다.
3. この味噌汁は塩辛い**というより**むしろ水っぽい。
   이 된장국은 짜다기보다 오히려 싱겁다.
4. 先週の議会は話し合う**というより**もはや喧嘩に近かった。
   지난주 의회는 의논한다기보다 어느새 싸움에 가까웠다.

～というわけだ
~인 셈이다

접속
1. 명사 보통형/명사 + というわけだ
2. な형용사 보통형/어간 + というわけだ
3. い형용사 보통형 + というわけだ
4. 동사 보통형 + というわけだ

예문
1. その単語がなぞを解くキーワードだ**というわけだ**。
   그 단어가 수수께끼를 풀 키워드인 셈이다.
2. 首相が大阪を訪問中だから警備が厳重だ**というわけだ**。
   수상이 오사카를 방문 중이니까 경비가 엄중한 셈이다.
3. この品質とサービスから見ると安い**というわけだ**。
   이 품질과 서비스로 보면 저렴한 셈이다.
4. 実家が近いから他支店に転勤を希望していた**というわけだ**。
   집이 가깝기 때문에 타 지점으로 전근을 희망하고 있었던 셈이다.

여러 품사 뒤에 접속하는 문형

～どころか
~는커녕

접속
1. 명사 + どころか
2. な형용사 어간な + どころか
3. い형용사 사전형 + どころか
4. 동사 사전형 + どころか

예문
1. 私はゲームの操作**どころか**電源のつけ方すら分からない。
   나는 게임의 조작은커녕 전원을 켜는 방법조차 모른다.
2. あの日の記憶は曖昧な**どころか**何ひとつ覚えていません。
   그 날의 기억은 모호하기는커녕 아무것도 기억나지 않아요.
3. 彼は足が遅い**どころか**、学年で一番速いことで有名です。
   그는 다리가 느리기는커녕, 학년에서 가장 빠르기로 유명합니다.
4. 彼は手伝う**どころか**、妨害しようとだけしている。
   그는 돕기는커녕, 방해하려고만 하고 있다.

～としたら
~라고 한다면

접속
1. 명사 보통형/명사 + としたら
2. な형용사 보통형 + としたら
3. い형용사 보통형 + としたら
4. 동사 보통형 + としたら

예문
1. もしこの気持ちが恋だ**としたら**、どきどきするのも説明がつく。
   만약 이 마음이 사랑이라고 한다면, 두근두근 하는 것도 설명이 된다.
2. この犬が利口だ**としたら**、飼い主が倒れたら助けを呼ぶだろう。
   이 개가 영리하다고 한다면, 주인이 쓰러지면 도움을 요청할 것이다.
3. その仮説が正しい**としたら**、日本の経済は今後さらに低迷する。
   그 가설이 옳다고 한다면, 일본의 경제는 앞으로 더 침체된다.
4. 一年に20パーセントずつ成長する**としたら**、5年で2倍になる。
   1년에 20퍼센트씩 성장한다고 한다면, 5년이면 2배가 된다.

📄 확인문제 빈칸에 들어갈 알맞은 문형을 고르세요.

01. 友達は何かが心配だ（　）ため息ばかりついている。　　ⓐ というより　　ⓑ というように
02. 一年に20パーセントずつ成長する（　）5年で2倍になる。　　ⓐ どころか　　ⓑ としたら
03. この味噌汁は塩辛い（　）むしろ水っぽい。　　ⓐ というように　　ⓑ というより
04. 彼は足が遅い（　）、学年で一番速いことで有名です。　　ⓐ どころか　　ⓑ としたら

정답 01 ⓑ 02 ⓑ 03 ⓑ 04 ⓐ

〜とする 〜라고 하다	접속	1 명사 보통형/명사 + とする 2 な형용사 보통형 + とする 3 い형용사 보통형 + とする 4 동사 보통형 + とする
	예문	1 財布を落としたのが駅だ**として**駅に届いているかはわからない。 지갑을 잃어버린 것이 역이라고 해서 역에 있을지는 모른다. 2 その記事が本当だ**とすると**人類はもうすぐ月に行けるようになる。 그 기사가 진짜라고 하면 인류는 이제 곧 달에 갈 수 있게 된다. 3 目的地までの道のりが遠い**とすると**、ここで一度休んでおくべきだ。 목적지까지 길이 멀다고 하면, 여기서 한번 쉬어둬야 한다. 4 息子のお小遣いを増やす**とすると**、家計を見直す必要がある。 아들의 용돈을 늘린다고 하면, 가계를 다시 볼 필요가 있다.
〜とは言うものの 〜라고는 하지만	접속	1 명사 보통형/명사 + とは言うものの 2 な형용사 어간/보통형 + とは言うものの 3 い형용사 보통형 + とは言うものの 4 동사 보통형 + とは言うものの
	예문	1 週末**とは言うものの**、仕事がたくさんあって休めなかった。 주말이라고는 하지만, 일이 많이 있어서 쉴 수 없었다. 2 気の毒**とは言うものの**、誰もその青年に手を差し伸べはしない。 안쓰럽다고는 하지만, 아무도 그 청년에게 손을 내밀지는 않는다. 3 怖い**とは言うものの**、同時に興味があるというのも事実だ。 무섭다고는 하지만, 동시에 흥미가 있다는 것도 사실이다. 4 予算を増やす**とは言うものの**、どこから資金を補うかは不明だ。 예산을 늘린다고는 하지만, 어디에서 자금을 보충할지는 분명치 않다.
〜とは限らない (꼭) 〜하다고는 할 수 없다	접속	1 명사 보통형/명사 + とは限らない 2 な형용사 보통형/어간 + とは限らない 3 い형용사 보통형 + とは限らない 4 동사 보통형 + とは限らない
	예문	1 誰も進まない道だとしても、それが間違いだ**とは限らない**。 아무도 가지 않는 길이라고 해도, 그것이 틀렸다고는 할 수 없다. 2 国民の総所得が高いからといって全国民が豊かだ**とは限らない**。 국민의 종합소득이 높다고 해서 전 국민이 풍족하다고는 할 수 없다. 3 一人でいることが必ずしも寂しい**とは限らない**。 혼자서 있는 것이 반드시 외롭다고는 할 수 없다. 4 医者とは言え、すべての病気が分かる**とは限らない**。 의사라고는 해도, 모든 병을 안다고는 할 수 없다.

여러 품사 뒤에 접속하는 문형

~ながらも
~이지만

접속
1. 명사 + ながらも
2. な형용사 어간 + ながらも
3. い형용사 사전형 + ながらも
4. 동사 ます형 + ながらも

예문
1. 私の宿題ながらも、友人がほとんどの問題を解いてくれた。
   나의 숙제지만, 친구가 대부분의 문제를 풀어주었다.
2. 不器用ながらも心の優しい兄は私の自慢です。
   서투르지만 마음씨가 상냥한 오빠는 나의 자랑이다.
3. 苦しいながらも1キロを泳ぎきったことは彼の自信になった。
   힘들지만 1킬로미터를 다 헤엄친 것은 그의 자신감이 되었다.
4. あのサッカー選手は怪我しながらも最後まで走った。
   저 축구 선수는 부상당했지만 마지막까지 뛰었다.

~なければいけない/~なければならない
~해야 한다, ~하지 않으면 안 된다

접속
1. 명사 ない형 + なければいけない/なければならない
2. な형용사 ない형 + なければいけない/なければならない
3. い형용사 ない형 + なければいけない/なければならない
4. 동사 ない형 + なければいけない/なければならない

예문
1. 気持ちを伝えるにはメールじゃなく手紙でなければいけない。
   마음을 전달할 때는 메일이 아니라 편지로 해야 한다.
2. 教師になりたければ教育に対して熱心じゃなければいけない。
   교사가 되고 싶으면 교육에 대해 열심이지 않으면 안 된다.
3. 地元で一番の進学校に行くためには賢くなければならない。
   이 지역에서 제일인 학교에 가기 위해서는 똑똑해야 한다.
4. どうにかしてみんなで彼女を慰める方法を考えなければならない。
   어떻게 해서라도 다 같이 그녀를 위로할 방법을 생각해야 한다.

확인문제 빈칸에 들어갈 알맞은 문형을 고르세요.

01 気の毒(　　)、誰もその青年に手を差し伸べはしない。　　ⓐ とは言うものの　　ⓑ ながらも

02 不器用(　　)心の優しい兄は私の自慢です。　　ⓐ ながらも　　ⓑ じゃなければいけない

03 誰も進まない道だとしても、それが間違いだ(　　)。　　ⓐ とする　　ⓑ とは限らない

04 どうにかしてみんなで彼女を慰める方法を考え(　　)。　　ⓐ なければならない　　ⓑ るとは限らない

정답 01 ⓐ 02 ⓐ 03 ⓑ 04 ⓐ

〜なりに ~나름대로, ~대로	접속	1 명사 + なりに　　　　　　2 な형용사 어간 + なりに 3 い형용사 보통형 + なりに　　4 동사 보통형 + なりに
	예문	1 結果はついてこなかったけど、彼**なりに**頑張ったと思う。 결과는 따라주지 않았지만, 그 나름대로 열심히 했다고 생각한다. 2 テニスは下手だが下手**なりに**人一倍練習を積み重ねてきた。 테니스는 서투르지만 서투른 대로 남보다 배로 연습을 거듭해왔다. 3 所得が低い**なりに**節約をしながら生活をしている。 소득이 낮은 대로 절약하면서 생활을 하고 있다. 4 検定試験を受けるなら受ける**なりに**対策をしないといけない。 검정시험을 친다면 치는 나름대로 대책을 세우지 않으면 안 된다.
〜に決まっている ~임에 틀림없다, ~인 것이 당연하다	접속	1 명사 + に決まっている 2 な형용사 어간 + に決まっている 3 い형용사 보통형 + に決まっている 4 동사 보통형 + に決まっている
	예문	1 初めての給料で買うものといえば、両親へのプレゼント**に決まっている**。 첫 월급으로 사는 거라고 하면, 부모님 선물임에 틀림없다. 2 昨夜から何も口にしていないのだからぺこぺこ**に決まっている**。 어제 밤부터 아무것도 먹지 않고 있으니 배고픈 것이 당연하다. 3 10キロもあるお米を持っているんだから重い**に決まっている**。 10킬로그램이나 되는 쌀을 들고 있으니까 무거운 것이 당연하다. 4 夫は動物が大嫌いで、犬を飼いたいと言ったら反対する**に決まっている**。 남편은 동물을 매우 싫어해서, 개를 키우고 싶다고 하면 반대할 것임에 틀림없다.
〜に越したことはない ~해서 나쁠 건 없다, ~더 좋은 것은 없다	접속	1 명사 보통형 + に越したことはない 2 な형용사 어간である + の + に越したことはない 3 い형용사 사전형 + に越したことはない 4 동사 보통형 + に越したことはない
	예문	1 絶対ではないが、依頼するのが専門家である**に越したことはない**。 절대는 아니지만, 의뢰하는 것이 전문가여서 나쁠 건 없다. 2 手術後の経過が順調である**のに越したことはない**。 수술 후의 경과가 순조로운 것보다 더 좋은 것은 없다. 3 参考資料が足りないのは困るが、多い**に越したことはない**。 참고 자료가 부족한 것은 곤란하지만, 많은 건 나쁠 게 없다. 4 健康になるためには運動する**に越したことはない**。 건강해지기 위해서는 운동하는 것보다 더 좋은 것은 없다.

여러 품사 뒤에 접속하는 문형

～にしては
~치고는

접속
1. 명사 + にしては
2. な형용사 어간/보통형 + にしては
3. 동사 보통형 + にしては

예문
1. アメリカ人にしては日本語の発音がいい。
   미국인치고는 일본어 발음이 좋다.
2. でたらめにしてはあまりにも話に真実味があるように思う。
   엉터리치고는 너무나 이야기에 진실성이 있는 것처럼 생각된다.
3. 遅くまでコーヒーを飲んでいたにしてはすぐに眠りにつけた。
   늦게까지 커피를 마신 것치고는 바로 잠이 들었다.

～にしても
(가령) ~라고 해도

접속
1. 명사 + にしても
2. な형용사 어간 + にしても
3. い형용사 보통형 + にしても
4. 동사 보통형 + にしても

예문
1. 彼にしてもこんなに難しいとは思わなかったはずだ。
   그라고 해도 이렇게 어려울 거라고는 생각하지 않았을 것이다.
2. いくらかばんが邪魔にしても、手ぶらで行くわけにはいかない。
   아무리 가방이 방해라고 해도, 맨손으로 갈 수는 없다.
3. 眠いのは仕方ないにしてもやるべきことは先に終わらせないと。
   졸린 것은 어쩔 수 없다고 해도 해야 할 것은 먼저 끝내야 한다.
4. 仮にデータが消えたにしても、USBに保存してあるので問題ありません。
   만약 데이터가 사라졌다고 해도, USB에 저장되어 있으니까 문제없어요.

📋 확인문제 빈칸에 들어갈 알맞은 문형을 고르세요.

01 結果はついてこなかったけど、彼（　）頑張ったと思う。　ⓐ なりに　　ⓑ にしても
02 彼（　）こんなに難しいとは思わなかったはずだ。　ⓐ にしては　　ⓑ にしても
03 遅くまでコーヒーを飲んでいた（　）すぐに眠りにつけた。　ⓐ にしては　　ⓑ なりに
04 参考資料が足りないのは困るが、多い（　）。　ⓐ に越したことはない　ⓑ に決まっている

정답 01 ⓐ 02 ⓑ 03 ⓐ 04 ⓐ

～にすぎない
~에 불과하다, ~에 지나지 않는다

접속
1. 명사 + にすぎない
2. な형용사 어간 である + にすぎない
3. い형용사 보통형 + にすぎない
4. 동사 보통형 + にすぎない

예문
1. 19世紀に10億にすぎなかった人口は今や80億を超えた。
   19세기에 10억에 불과했던 인구는 이제는 80억을 넘었다.
2. 信号無視による事故でないことのみが明らかであるにすぎない。
   신호 무시에 의한 사고가 아닌 것만이 분명함에 지나지 않는다.
3. 実力不足というより、ただ相手が私たちより上手かったにすぎない。
   실력 부족이라기보다, 그냥 상대가 우리보다 잘했던 것에 불과하다.
4. 企業の戦略の一環として、一部人員を削減したにすぎない。
   기업 전략의 일환으로써, 일부 인원을 삭감한 것에 지나지 않는다.

～にせよ/～にもせよ
~라고 해도

접속
1. 명사 + にせよ/にもせよ
2. な형용사 어간 + にせよ/にもせよ
3. い형용사 보통형 + にせよ/にもせよ
4. 동사 보통형 + にせよ/にもせよ

예문
1. たとえうそにせよ、人を傷つけるような発言は控えるべきだ。
   설령 거짓말이라고 해도, 사람을 상처 주는 듯한 발언은 삼가 해야 한다.
2. どれほど心配にせよ、われわれにできることは残されていません。
   아무리 걱정이라 해도, 우리가 할 수 있는 일은 남아있지 않아요.
3. どれほど若々しいにせよ、実際の年齢をあざむくことはできない。
   아무리 풋풋하다고 해도, 실제 나이를 속일 수는 없다.
4. 手術は終わったにせよ、しばらく安静が必要です。
   수술이 끝났다고 해도, 당분간 안정이 필요합니다.

～に違いない
~임에 틀림없다

접속
1. 명사 + に違いない
2. な형용사 어간 + に違いない
3. い형용사 보통형 + に違いない
4. 동사 보통형 + に違いない

예문
1. あの人は筋肉がすごい。きっと運動選手に違いない。
   저 사람은 근육이 엄청나다. 분명 운동 선수임에 틀림없다.
2. 臭いも受け付けないのをみると、彼女は納豆が苦手に違いない。
   냄새도 받아들이지 않는 것을 보면, 그녀는 낫토를 꺼려함에 틀림없다.
3. あの人はいつも何かを心配しているので、用心深いに違いない。
   저 사람은 항상 뭔가를 걱정하고 있으니까, 조심성이 많음에 틀림없다.
4. 上司は朝から顔色が悪かったから、早退するに違いない。
   상사는 아침부터 얼굴색이 나빴기 때문에, 조퇴할 것임에 틀림없다.

여러 품사 뒤에 접속하는 문형

~反面 ~반면

접속
1. 명사(である) + 反面
2. な형용사 어간な + 反面
3. い형용사 사전형 + 反面
4. 동사 사전형 + 反面

예문
1. 飲食事業は赤字である反面、化粧品事業は勢いがある。
   음식 사업은 적자인 반면, 화장품 사업은 활기가 있다.
2. 田舎は自然が豊かな反面、便利な施設があまりない。
   시골은 자연이 풍부한 반면, 편리한 시설이 별로 없다.
3. 去年亡くなった祖父の写真を見ると、懐かしい反面切なくなった。
   작년에 돌아가신 할아버지의 사진을 보니, 그리운 반면 슬퍼졌다.
4. 大学生活に期待を抱く反面、勉強についていけるか不安でもある。
   대학 생활에 기대를 품는 반면, 공부에 따라갈 수 있을지 불안하기도 하다.

~にもかかわらず ~에도 불구하고

접속
1. 명사 + にもかかわらず
2. な형용사 어간 + にもかかわらず
3. い형용사 보통형 + にもかかわらず
4. 동사 보통형 + にもかかわらず

예문
1. 多数の反対にもかかわらず、法案は通過してしまった。
   다수의 반대에도 불구하고, 법안은 통과되어 버렸다.
2. 定期券はまだ有効にもかかわらず、改札を通れなかった。
   정기권은 아직 유효함에도 불구하고, 개찰구를 통과할 수 없었다.
3. 締め切り間近で忙しいにもかかわらず余裕そうに見える。
   마감 직전에 바쁨에도 불구하고 여유로워 보인다.
4. 独特な髪色で目立っているにもかかわらず一切気に留めない。
   독특한 머리 색으로 눈에 띄고 있음에도 불구하고 일절 개의치 않는다.

📋 확인문제 빈칸에 들어갈 알맞은 문형을 고르세요.

01 締め切り間近で忙しい ( ) 余裕そうに見える。　　ⓐ にすぎず　　ⓑ にもかかわらず
02 手術は終わった ( )、しばらく安静が必要です。　　ⓐ にすぎず　　ⓑ にせよ
03 上司は朝から顔色が悪かったから、早退する ( )。　　ⓐ にすぎない　　ⓑ にちがいない
04 田舎は自然が豊かな ( )、便利な施設があまりない。　　ⓐ 反面　　ⓑ ことに

정답 01 ⓑ 02 ⓑ 03 ⓑ 04 ⓐ

〜のみならず ~뿐만 아니라	접속	1 명사 + のみならず 2 な형용사 어간(である) + のみならず 3 い형용사 사전형 + のみならず 4 동사 사전형 + のみならず
	예문	1 コンサート会場のみならず周辺までもファンで覆いつくされた。 콘서트 회장 뿐만 아니라 주변까지도 팬으로 덮였다. 2 実用的のみならず経済的な製品は主婦に好まれる傾向がある。 실용적일 뿐만 아니라 경제적인 제품은 주부에게 선호 받는 경향이 있다. 3 その大学は入試が難しいのみならず学費が高いことで有名だ。 그 대학은 입시가 어려울 뿐만 아니라 학비도 비싼 걸로 유명하다. 4 犯人を取り逃がすのみならず、証拠資料も紛失してしまった。 범인을 놓쳤을 뿐만 아니라, 증거 자료도 분실해 버렸다.
〜ばかりに ~탓에, ~바람에	접속	1 명사である + ばかりに　　2 な형용사 어간な/である + ばかりに 3 い형용사 사전형 + ばかりに　　4 동사 た형 + ばかりに
	예문	1 想像以上に快適な入院生活であるばかりに退院する気がなくなった。 상상이상으로 쾌적한 입원생활인 바람에 퇴원할 마음이 없어졌다. 2 便利なばかりに現代人はスマートフォンに依存しがちである。 편리한 탓에 현대인은 스마트폰에 의존하기 십상이다. 3 彼は言葉が足りないばかりに人に誤解されやすい。 그는 말이 부족한 탓에 다른 사람에게 오해받기 쉽다. 4 彼を信じてしまったばかりに裏切られて悲しい思いをした。 그를 믿어버린 탓에 배신당해서 슬픔을 느꼈다.
〜はずだ (당연히) ~일 것이다	접속	1 명사の/である + はずだ　　2 な형용사 어간な/である + はずだ 3 い형용사 보통형 + はずだ　　4 동사 보통형 + はずだ
	예문	1 あんなにしっかりした性格だから、きっと彼がリーダーのはずだ。 저렇게 똑 부러지는 성격이니까, 분명 그가 리더일 것이다. 2 ご褒美があるとすればもっと一生懸命なはずだ。 보상이 있다고 하면 더 열심일 것이다. 3 もし排水溝に生ごみが溜まっていたらたぶん生臭いはずだ。 만약 배수구에 음식물 쓰레기가 남아 있으면 아마 비린내가 날 것이다. 4 彼は意地でも計画通りに仕事を終えるはずだ。 그는 오기로라도 계획대로 일을 끝낼 것이다.

여러 품사 뒤에 접속하는 문형

～はずがない/～はずもない
~리가 없다

접속
1. 명사의/である + はずがない/はずもない
2. な형용사 어간な/である + はずがない/はずもない
3. い형용사 보통형 + はずがない/はずもない
4. 동사 보통형 + はずがない/はずもない

예문
1. 昼間から遊んでいるところからして彼が会社員の**はずがない**。
   낮부터 놀고 있는 점으로 봐서 그는 회사원일 리가 없다.
2. いつも部屋が汚いのをみると親友は片づけが得意な**はずがない**。
   항상 방이 더러운 것을 보면 친구는 정리를 잘할 리가 없다.
3. 焼いてから1日経ってしまったおもちが柔らかい**はずもない**。
   굽고 나서 하루 지나버린 떡이 부드러울 리가 없다.
4. まじめな山田さんにそんなことができる**はずもない**。
   성실한 야마다 씨에게 그런 일이 가능할 리 없어.

～ばよかった
~하면 좋았겠다, ~할 걸 그랬다

접속
1. 명사 + ならばよかった
2. な형용사 어간 + ならばよかった
3. い형용사 어간 + ければよかった
4. 동사 사전형 う단을 え단으로 + ばよかった

예문
1. うそなら**ばよかった**のに、事実を突きつけられて心が痛む。
   거짓이었으면 좋았을 텐데, 사실을 마주하게 되어 마음이 아프다.
2. 静かなら**ばよかった**が、近くの工事現場から甚だしい騒音が聞こえた。
   조용했으면 좋았겠지만, 근처 공사 현장에서 심한 소음이 들렸다.
3. 価格が安けれ**ばよかった**が、このスマートフォンは高すぎる。
   가격이 저렴했으면 좋았겠지만, 이 스마트폰은 너무 비싸다.
4. 友達に素直に謝れ**ばよかった**と、後悔の気持ちでいっぱいだった。
   친구에게 솔직하게 사과할 걸 그랬다고, 후회의 감정으로 가득했다.

확인문제 빈칸에 들어갈 알맞은 문형을 고르세요.

01 まじめな山田さんにそんなことができる（　）。　　ⓐ はずもない　ⓑ はずだ
02 想像以上に快適な入院生活である（　）退院する気がなくなった。 ⓐ ばかりに　ⓑ のみならず
03 コンサート会場（　）、周辺までもファンで覆いつくされた。 ⓐ にもかかわらず　ⓑ のみならず
04 ご褒美があるとすればもっと一生懸命な（　）。　　ⓐ はずがない　ⓑ はずだ

정답 01 ⓐ 02 ⓐ 03 ⓑ 04 ⓑ

～ままで ~인 채로, ~한 채로	접속	1 명사の + ままで　　2 な형용사 어간な + ままで 3 い형용사 사전형 + ままで　　4 동사 た형 + ままで
	예문	1 大人になんかならずに、いつまでも子供の**ままで**いたいと願う。 어른이 되지 않고, 언제까지나 어린아이인 채로 있고 싶다고 바란다. 2 公衆トイレを常に清潔な**ままで**保つのは容易ではありません。 공중 화장실을 항상 청결한 채로 유지하는 것은 쉽지 않습니다. 3 あの子は昔から可愛い**ままで**何ひとつ変わっていない。 저 아이는 옛날부터 귀여운 채로 하나도 변하지 않았다. 4 クーラーをつけた**ままで**出かけて、部屋がひんやりしている。 에어컨을 켠 채로 나가서, 방이 서늘하다.
～もかまわず ~도 개의치 않고	접속	1 명사 + もかまわず 2 な형용사 어간な/である + の + もかまわず 3 い형용사 보통형 + の + もかまわず 4 동사 보통형 + の + もかまわず
	예문	1 あの人は人目**もかまわず**、道路の真ん中で踊っていた。 저 사람은 사람 눈도 개의치 않고, 도로 한가운데에서 춤추고 있었다. 2 若者は親が反対なの**もかまわず**アメリカへの留学を決めた。 젊은이는 부모가 반대하는 것도 개의치 않고 미국으로의 유학을 결정했다. 3 周りがうるさいの**もかまわず**必死に試験範囲を復習していた。 주위가 시끄러운 것도 개의치 않고 필사적으로 시험 범위를 복습하고 있었다. 4 服に汚れがつくの**もかまわず**、一生懸命に掃除を手伝っている。 옷에 때가 묻는 것도 개의치 않고, 열심히 청소를 돕고 있다.
～ものだ ~인 법이다	접속	1 な형용사 어간な + ものだ　　2 い형용사 사전형 + ものだ 3 동사 사전형 + ものだ
	예문	1 人の記憶というものは時間とともに変化するので不確かな**ものだ**。 사람의 기억이라는 것은 시간과 함께 변화하기 때문에 불확실한 법이다. 2 失敗したとしても前向きに頑張る人の姿はかっこいい**ものだ**。 실패했다고 해도 긍정적으로 노력하는 사람의 모습은 멋있는 법이다. 3 人は成長にともなって徐々に性格が変わる**ものだ**。 사람은 성장과 함께 서서히 성격이 변하는 법이다.

/ 여러 품사 뒤에 접속하는 문형 /

〜ものがある ~이기도 하다, ~하는 데가 있다	접속	1 な형용사 어간な + ものがある 2 い형용사 사전형 + ものがある 3 동사 사전형 + ものがある
	예문	1 あれほど努力していたのに不合格なのはかわいそうな**ものがある**。 저만큼 노력했는데 불합격인 것은 불쌍하기도 하다. 2 この寒い中、一時間も外で待たされるのは辛い**ものがある**。 이 추위에, 한 시간이나 밖에서 기다리는 것은 괴롭기도 하다. 3 このドラマは面白いわけではないが、何か人を引き付ける**ものがある**。 이 드라마는 재미있는 것은 아니지만, 무언가 사람을 잡아당기는 데가 있다.
〜ものだから ~이기 때문에	접속	1 명사な + ものだから 2 な형용사 어간な + ものだから 3 い형용사 보통형 + ものだから 4 동사 보통형 + ものだから
	예문	1 ギターは初心者な**ものだから**、ゆっくり教えていただきたいです。 기타는 초심자이기 때문에, 천천히 가르쳐 주셨으면 합니다. 2 このネックレスがあまりに素敵な**ものだから**、思わず買ってしまった。 이 목걸이가 너무나 멋지기 때문에, 엉겁결에 사고 말았어. 3 彼の作るご飯は本当においしい**ものだから**、毎回食べ過ぎる。 그가 만드는 밥은 정말 맛있기 때문에, 매번 과식한다. 4 今度の事故は不注意で起こった**ものだから**、責任が重大だ。 이번 사고는 부주의로 일어났기 때문에, 책임이 중대하다.

확인문제 빈칸에 들어갈 알맞은 문형을 고르세요.

01 彼の作るご飯は本当においしい（　　）、毎回食べ過ぎる。　　ⓐ ものだから　ⓑ ものがあるから
02 クーラーをつけた（　　）出かけて、部屋がひんやりしている。　ⓐ ままで　　　ⓑ はずで
03 人の記憶というものは時間とともに変化するので不確かな（　　）。ⓐ はずがない　ⓑ ものだ
04 お母さんは人目（　　）、スーパーで子供をしかっている。　　　ⓐ もかまわず　ⓑ のみならず

정답 01 ⓐ 02 ⓐ 03 ⓑ 04 ⓐ

〜わけがない ~할 리가 없다	접속	1 명사な/である + わけがない 2 な형용사 어간な + わけがない 3 い형용사 보통형 + わけがない 4 동사 보통형 + わけがない
	예문	1 昨日まで元気だったのに食中毒な**わけがない**よ。 어제까지 건강했는데 식중독일 리가 없어. 2 皆に優しくて親切な彼がまさか意地悪な**わけがない**。 모두에게 상냥하고 친절한 그가 설마 심술궂을 리가 없어. 3 あの川はにごってなくても底がよく見えないので浅い**わけがない**。 저 강은 탁하지 않은데도 바닥이 잘 보이지 않기 때문에 얕을 리가 없다. 4 こんなに景気がいいのに、赤字になる**わけがない**。 이렇게 경기가 좋은데, 적자가 날 리가 없다.
〜わけだ/〜わけではない ~인 것이다/~인 것은 아니다	접속	1 명사な + わけだ/わけではない 2 な형용사 어간な + わけだ/わけではない 3 い형용사 보통형 + わけだ/わけではない 4 동사 보통형 + わけだ/わけではない
	예문	1 人にできないことができるからプロな**わけだ**。 남이 못하는 것을 할 수 있기 때문에 프로인 것이다. 2 彼女はアナウンサーらしい。なるほど。それで発音が綺麗な**わけだ**。 그녀는 아나운서라고 한다. 과연. 그래서 발음이 예쁜 것이다. 3 今日はお祭りがあるらしく、どうりで人が多い**わけだ**と思った。 오늘은 축제가 있는 것 같아서, 그 때문에 사람이 많은 것이라고 생각했다. 4 彼はああやって毎日朝から晩まで練習していたから優勝した**わけだ**。 그는 저렇게 매일 아침부터 밤까지 연습했기 때문에 우승한 것이다.

여러 품사 뒤에 접속하는 문형

~わりに ~에 비해서

접속
1. 명사の + わりに
2. な형용사 어간な + わりに
3. い형용사 보통형 + わりに
4. 동사 보통형 + わりに

예문
1. 今日は日曜日の**わりに**市場に人が少なくて快適に買い物できた。
   오늘은 일요일인 것에 비해서 시장에 사람이 적어 쾌적하게 쇼핑할 수 있었다.
2. この仕事は簡単な**わりに**お給料がいいのでとても人気だ。
   이 일은 간단한 것에 비해서 급료가 좋기 때문에 아주 인기다.
3. 平日は忙しい**わりに**売り上げが伸びないでいるので悩んでいる。
   평일은 바쁜 것에 비해서 매상이 안 오르고 있기 때문에 고민이다.
4. 幼いころから習っていた**わりに**、上手ではない。
   어렸을 때부터 배운 것에 비해서, 잘 하는 것은 아니다.

📋 확인문제 빈칸에 들어갈 알맞은 문형을 고르세요.

01 皆に優しくて親切な彼がまさか意地悪な（　）。　　ⓐ わけだ　　ⓑ わけがない
02 人にできないことができるからプロな（　）。　　　ⓐ わけがない　ⓑ わけだ
03 今日は日曜日の（　）市場に人が少なくて快適に買い物できた。ⓐ わりに　ⓑ ままで
04 今日はお祭りがあるらしく、どうりで人が多い（　）と思った。ⓐ ものだから　ⓑ わけだ

정답 01 ⓑ 02 ⓑ 03 ⓐ 04 ⓑ

04 여러 품사 뒤에 접속하는 문형 193

N2 빈출 문법
05 조사

> **[학습목표]**
> **문법**에서는 빈칸에 들어갈 알맞은 조사를 고르는 문제가 출제된다. N2에서 자주 나오는 조사를 예문과 함께 꼼꼼히 학습하자.
>
> 예) 빈칸에 들어갈 알맞은 표현을 고르세요.
> 私(わたし)が気(き)に入(い)って買(か)った服(ふく)だから可愛(かわい)くない（　　）言(い)わないで。
> 내가 마음에 들어서 산 옷이니까 예쁘지 않다 (　　) 말하지마.
>
> 1 が　　　　2 は　　　　**3 とか**　　　　4 こそ
> 　가　　　　　는　　　　　　든가　　　　　　야말로

1. 조사의 역할

주로 명사와 결합하여 명사를 주어로 만들어주고, 동사와 결합하여 전후 관계를 나타내기도 한다.

[주어]　　私(わたし)**が**作(つく)ったパン　내가 만든 빵

[전후 관계]　春(はる)になる**と**花(はな)が咲(さ)く。　봄이 되면 꽃이 핀다.

2. N2 빈출 조사

〜が 1 ~이지만 2 ~했는데	1 申(もう)し訳(わけ)ありません**が**、その日(ひ)は休(やす)みです。 죄송하지만, 그 날은 휴일입니다. 2 新作(しんさく)のゲームをしてみた**が**、予想以上(よそういじょう)に面白(おもしろ)かった。 신작 게임을 해 보았는데, 예상 이상으로 재미있었다.	
〜から ~부터, ~에서	受付(うけつけ)は明日(あした)**から**始(はじ)まる。 접수는 내일부터 시작된다.	
〜くらい/ぐらい ~정도	東京(とうきょう)まで一時間(いちじかん)**ぐらい**かかります。 도쿄까지 한 시간 정도 걸립니다.	
〜こそ ~야말로	今(いま)**こそ**重要(じゅうよう)な時期(じき)である。 지금이야말로 중요한 시기이다.	
〜さえ ~마저	忙(いそが)しくて食事(しょくじ)**さえ**忘(わす)れた。 바빠서 식사마저 잊었다.	

조사

조사	의미	예문
~しか	~밖에	日本語しか話せません。 일본어밖에 말할 수 없습니다.
~すら	~조차	時間がなくて挨拶すらできなかった。 시간이 없어서 인사조차 할 수 없었다.
~だけ	~만, ~뿐	先生だけ私の話を聞いてくれた。 선생님만 나의 말을 들어줬다.
~たら	~했더니, ~하면	薬を飲んだら少し楽になりました。 약을 먹었더니 조금 편해졌습니다.
~で	1 ~에서(장소) 2 ~으로(수단, 방법, 재료) 3 ~로 인해, ~때문에(원인, 이유) 4 ~이면(범위) 5 (전부)~해서(통합, 정리)	1 公園の前で会いましょう。 　공원 앞에서 만납시다. 2 学校まで自転車で行きます。 　학교까지 자전거로 갑니다. 3 風邪で会社を休みました。 　감기로 인해 회사를 쉬었습니다. 4 駅まで10分で行ける。 　역까지 10분이면 갈 수 있다. 5 全部でいくらですか？ 　전부 해서 얼마입니까?

📋 확인문제 빈칸에 들어갈 알맞은 조사를 고르세요.

01 風邪（　）会社を休みました。　　　　　　　　ⓐ で　　ⓑ が
02 受付は明日（　）始まる。　　　　　　　　　　ⓐ から　ⓑ だけ
03 時間がなくて挨拶（　）できなかった。　　　　ⓐ から　ⓑ すら
04 今（　）重要な時期である。　　　　　　　　　ⓐ しか　ⓑ こそ
05 日本語（　）話せません。　　　　　　　　　　ⓐ しか　ⓑ ぐらい

정답 01 ⓐ 02 ⓐ 03 ⓑ 04 ⓑ 05 ⓐ

～と	1 ~라고(인용) 2 ~하면(조건)	1 社長は少し遅れると言っていました。 사장님은 조금 늦는다고 말했습니다. 2 3月になると新学期が始まる。 3월이 되면 새 학기가 시작된다.
～とか	~든가	時々は運動とかしたほうがいいよ。 가끔은 운동이라든가 하는 편이 좋아.
～との	~와의	外国人との交流は楽しい。 외국인과의 교류는 즐겁다.
～とは	1 ~란, ~라는 것은 2 ~와는 3 ~라고는, ~하다니 (놀람, 화남, 감동)	1 助詞とは名詞と名詞の意味関係を表す。 조사란 명사와 명사의 의미관계를 나타낸다. 2 彼女とはもう連絡していません。 그녀와는 이제 연락하고 있지 않습니다. 3 私が優勝するとは夢にも思わなかった。 내가 우승할 거라고는 꿈에도 생각지 못했다.
～なら	~이라면	寿司ならあの店がおいしいです。 스시라면 저 가게가 맛있어요.
～に	1 ~에(존재, 장소) 2 ~에, ~으로, ~에게 (변화나 이동의 도착점) 3 ~에(시간) 4 ~에(비율, 분모)	1 書類は机の上にあります。 서류는 책상 위에 있습니다. 2 ちょっとスーパーに行ってくるよ。 잠시 슈퍼에 다녀올게. 3 授業は午前9時に始まります。 수업은 오전 9시에 시작됩니다. 4 週に一回会議をすることにしました。 주에 1회 회의를 하기로 했습니다.
～には	~하려면	この列車に乗るには予約をとる必要があります。 이 열차를 타려면 예약할 필요가 있습니다.
～なんか	~따위	宿題なんかしたくないけど、やるしかない。 숙제 따위 하고 싶지 않지만, 할 수밖에 없다.
～のに	~인데	山田さんはお金がないのに、あるふりをしている。 야마다 씨는 돈이 없는데, 있는 척을 하고 있다.
～のみ	~뿐, ~만	今残っているのはMサイズのみです。 지금 남아 있는 것은 M사이즈뿐입니다.

조사

조사	뜻	예문
~ば	~하면	どの電車で行け**ば**いちばん便利なのか知っていますか。 어느 전철로 가면 가장 편리한지 알고 계시나요?
~ばかり	~만, ~뿐	健康のことを考えず、甘い物**ばかり**食べている。 건강을 생각하지 않고, 단 것만 먹고 있다.
~へ	~으로, ~에 (동작이 향하는 장소, 방향, 상대)	来週出張で大阪**へ**行きます。 다음 주에 출장으로 오사카에 갑니다.
~ほか	~밖에, ~외에	君が怒らせたんだから謝る**ほか**ない。 네가 화나게 했으니까 사과하는 수밖에 없어.
~ほど	~정도	この映画は涙が出る**ほど**感動的だった。 이 영화는 눈물이 나올 정도로 감동적이었다.
~まで	~까지	東京から大阪**まで**行くには、新幹線、飛行機などの交通手段があります。 도쿄에서 오사카까지 가려면, 신칸센, 비행기 등의 교통수단이 있습니다.
~もの	~이나 되는	イベント会場に500人**もの**人が集まった。 이벤트 회장에 500명이나 되는 사람이 모였다.
~よりも	~보다도	その件については田中さんが誰**よりも**よく知っている。 그 건에 관해서는 다나카 씨가 누구보다도 잘 알고 있다.

📋 확인문제 빈칸에 들어갈 알맞은 조사를 고르세요.

01 この列車に乗る（　）予約をとる必要があります。　　ⓐ と　　ⓑ には
02 彼女（　）もう連絡していません。　　　　　　　　 ⓐ とは　 ⓑ との
03 君が怒らせたんだから謝る（　）ない。　　　　　　 ⓐ ほか　 ⓑ のに
04 イベント会場に500人（　）人が集まった。　　　　 ⓐ なんか　ⓑ もの
05 この映画は涙が出る（　）感動的だった。　　　　　 ⓐ ほど　 ⓑ まで

정답 01 ⓑ 02 ⓐ 03 ⓐ 04 ⓑ 05 ⓐ

N2 빈출 문법
06 부사

학습목표

문법에서는 빈칸에 들어갈 알맞은 부사를 고르는 문제가 출제된다. **문법** 뿐만 아니라 **독해**에서도 문맥을 파악하는데 많은 도움이 되므로, N2에서 자주 나오는 부사를 예문과 함께 꼼꼼히 학습하자.

예) 빈칸에 들어갈 알맞은 표현을 고르세요.

やる気のない子供に勉強しなさいとしつこく言うのは（　　）逆効果だ。
의욕 없는 아이에게 공부하라고 끈질기게 말하는 것은 (　) 역효과다.

1　まさか　　　　2　たとえ　　　　3　むしろ　　　　4　かりに
　　설마　　　　　　예를 들어　　　　오히려　　　　　　가령

1. 부사의 역할

부사는 주로 동사, 형용사를 수식하고, 명사 또는 다른 부사를 수식하기도 하면서 피수식어의 의미를 구체적으로 나타낸다.

[동사 수식]　**ずっと**使っていたかばんがとうとう壊れた。 계속 사용해왔던 가방이 결국 망가졌다.
　　　　　　　부사　　동사

[형용사 수식]　**ずいぶん**遠い道を歩いた。 꽤 먼 길을 걸었다.
　　　　　　　　부사　　형용사

[명사 수식]　京都に行くなら、**せめて**1泊はしたい。 교토에 간다면, 적어도 1박은 하고 싶다.
　　　　　　　　　　　　　　부사　명사

[부사 수식]　演説は**もっと**ゆっくりしたほうがいいですよ。 연설은 좀 더 천천히 하는 편이 좋아요.
　　　　　　　　　　부사　부사

2. N2 빈출 부사

あたかも 마치	彼は**あたかも**全て知っていたかのように話した。 그는 마치 전부 알고 있었다는 듯이 말했다.
いきなり 갑자기	**いきなり**名前が呼ばれてびっくりした。 갑자기 이름이 불려서 깜짝 놀랐다.
いくら 아무리	**いくら**説明しても彼は分からないと言った。 아무리 설명해도 그는 모르겠다고 말했다.
いずれ 조만간, 머지않아, 결국	**いずれ**また、お伺いします。 조만간 다시, 찾아 뵙겠습니다.

부사

단어	예문
いったい 대체	**いったい**どうすればいいんだろう。 대체 어떻게 하면 좋을까?
いつのまに 어느새에	**いつのまに**外は暗くなった。 어느새에 바깥은 어두워졌다.
今に 아직도	**今に**その問題は解決していない。 아직도 그 문제는 해결되지 않았다.
今にも 금세라도	**今にも**泣きそうな顔をしている。 금세라도 울 것 같은 얼굴을 하고 있다.
おそらく 아마, 어쩌면	**おそらく**試験に落ちると思います。 아마 시험에 떨어질 거라고 생각합니다.
かえって 오히려, 반대로	薬を飲んだら、**かえって**風邪がひどくなった。 약을 먹었더니, 오히려 감기가 심해졌다.
必ずしも〜ない 반드시 ~라고 할 수 없다	お金持ちが**必ずしも**幸せだとは言え**ない**。 부자가 반드시 행복하다고는 말할 수 없다.
かりに 만일, 만약	**かりに**契約が結ばれなくても、あなたの責任ではありません。 만일 계약이 맺어지지 않아도, 당신의 책임은 아닙니다.
きっと 반드시, 틀림없이	今回は**きっと**就職できると思っていた。 이번에는 반드시 취직이 될 거라고 생각했다.

확인문제 빈칸에 들어갈 알맞은 부사를 고르세요.

01 薬を飲んだら、(　)風邪がひどくなった。　　ⓐ かりに　　ⓑ かえって
02 (　)また、お伺いします。　　　　　　　　ⓐ いくら　　ⓑ いずれ
03 今回は(　)就職できると思っていた。　　　ⓐ きっと　　ⓑ あたかも
04 (　)試験に落ちると思います。　　　　　　ⓐ いきなり　ⓑ おそらく
05 (　)名前が呼ばれてびっくりした。　　　　ⓐ いきなり　ⓑ いったい

정답 01 ⓑ 02 ⓑ 03 ⓐ 04 ⓑ 05 ⓐ

結局 결국	結局計画は失敗に終わった。 결국 계획은 실패로 끝났다.	
けっして~ない 결코 ~이 아니다	この建物は**けっして**安全では**ない**です。 이 건물은 결코 안전하지 않습니다.	
ざっと 대충, 대강	教授は私のレポートを**ざっと**見て何も言わなかった。 교수님은 나의 리포트를 대충 보고 아무것도 말하지 않았다.	
さっぱり 전혀, 완전히	機械については**さっぱり**わからない。 기계에 대해서는 전혀 모른다.	
さらに 더욱이, 게다가	お祖母さんの体調は**さらに**悪くなった。 할머니의 몸 상태가 더욱이 안 좋아졌다.	
実は 실은	**実は**最近、人間関係に悩んでいます。 실은 최근, 인간관계로 고민하고 있어요.	
少しも~ない 조금도 ~않다	あの映画は**少しも**怖く**ない**ので子供が見てもかまわない。 저 영화는 조금도 무섭지 않아서 어린이가 봐도 상관없다.	
せいぜい 기껏해야, 고작	完成するまで**せいぜい**二日かかります。 완성하기까지 기껏해야 2일 걸립니다.	
せっかく 모처럼	**せっかく**の機会だからあきらめたくない。 모처럼의 기회니까 포기하고 싶지 않다.	
そのうち 머지않아, 가까운 시일 안에	今は下手でも**そのうち**上手になるだろう。 지금은 서툴러도 머지않아 능숙해질 거야.	
それほど 그 정도, 그만큼	**それほど**大きい事件ではないから心配しなくていいよ。 그 정도로 큰 사건은 아니니까 걱정하지 않아도 돼.	
たいして~ない 그다지 ~않다	鍋料理は**たいして**好きでも**ない**が、冬になったら食べたくなる。 나베 요리는 그다지 좋아하지도 않지만, 겨울이 되면 먹고 싶어진다.	
たしかに~かもしれない 분명 ~일지도 모른다	**たしかに**彼女なら簡単にできる**かもしれません**。 분명 그녀라면 간단히 할 수 있을지도 모릅니다.	
ただ 그냥, 단지, 다만	**ただ**気になっただけです。 그냥 궁금했을 뿐입니다.	
たとえ 설령, 설사	**たとえ**お金がたくさんかかるとしても進めたいです。 설령 돈이 많이 든다고 해도 진행하고 싶습니다.	

부사

たとえば 예를 들면	デザートでしたら、**たとえば**コーヒー、ケーキなどがあります。 디저트라면, 예를 들면 커피, 케이크 등이 있습니다.	
たぶん 아마도	**たぶん**今日は帰りが遅くなりそうです。 아마도 오늘은 귀가가 늦어질 것 같아요.	
ちっとも～ない 조금도 ~않다	課長の話は**ちっとも**面白く**ない**。 과장님의 이야기는 조금도 재미있지 않다.	
ちなみに 덧붙여 말하면	木村さんは先月、結婚しました。**ちなみに**、私は独身です。 기무라 씨는 저번 달, 결혼했습니다. 덧붙여 말하면, 저는 독신입니다.	
つい 그만, 무심코	少しだけ飲もうと思っていたが、**つい**飲みすぎてしまった。 조금만 마셔야지 생각했는데, 그만 과음해버렸다.	
つまり 즉, 결국	この植物は枯れません。**つまり**、水をやらなくてもいいです。 이 식물은 시들지 않습니다. 즉, 물을 주지 않아도 됩니다.	
とうとう 드디어, 마침내, 결국	医者になりたいという夢が**とうとう**かなった。 의사가 되고 싶다는 꿈이 드디어 이루어졌다.	
どうしても 어떻게 해서든	**どうしても**一度はアフリカに行ってみたい。 어떻게 해서든 한 번은 아프리카에 가 보고 싶다.	
どうも 어쩐지, 아무래도	その話を聞くと**どうも**変な気分になる。 그 이야기를 들으니 어쩐지 이상한 기분이 된다.	
どうやら～そうだ 아무래도 ~인 것 같다	今日は**どうやら**雨が降り**そうです**。 오늘은 아무래도 비가 내릴 것 같아요.	

확인문제 빈칸에 들어갈 알맞은 부사를 고르세요.

01 （　）お金がたくさんかかるとしても進めたいです。　　ⓐ たとえ　　ⓑ たとえば
02 その話を聞くと（　）変な気分になる。　　ⓐ つまり　　ⓑ どうも
03 課長の話は（　）面白く（　）。　　ⓐ ちっとも / ない　　ⓑ たいして / ない
04 （　）の機会だからあきらめたくない。　　ⓐ せっかく　　ⓑ ちなみに
05 今は下手でも（　）上手になるだろう。　　ⓐ そのうち　　ⓑ それほど

정답 01 ⓐ　02 ⓑ　03 ⓐ　04 ⓐ　05 ⓐ

단어	예문
とっくに 훨씬 전에, 벌써	彼ならとっくに出発しました。 그라면 훨씬 전에 출발했어요.
とても~ない 도저히 ~않다	こんなおいしい料理は私にはとても作れない。 이렇게 맛있는 요리는 나는 도저히 못 만든다.
とにかく 아무튼	とにかく一度やってみよう。 아무튼 한번 해 보자.
どれほど 얼마나	どれほどこの瞬間を待ち望んでいたか。 얼마나 이 순간을 기다렸던가.
どんなに 아무리	どんなに難しい問題でも解いてみせる。 아무리 어려운 문제라도 풀어 보이겠다.
なかなか 좀처럼	仕事がなかなかうまくいかない。 일이 좀처럼 잘 되지 않는다.
なぜ~かというと 왜 ~인가하면	なぜ遅れたかというと、電車が延着したからです。 왜 늦었는가 하면, 전철이 연착했기 때문입니다.
なぜか 왠지	最近なぜか故郷の家族がなつかしくなる。 요즘 왠지 고향의 가족이 그리워진다.
二度と 다시는, 두 번 다시	この店には二度と行かないと決めた。 이 가게에는 다시는 가지 않겠다고 결심했다.
果して 과연	果して今回は何人が合格できるだろうか。 과연 이번에는 몇 명이 합격할 수 있을까?
まさか 설마, 아무리 그래도	まさか彼が犯人だとは思わなかった。 설마 그가 범인이라고는 생각하지 못했다.
まさに 정말로, 확실히	これはまさに私が読みたかった本です。 이건 정말로 제가 읽고 싶었던 책입니다.
まして 하물며, 더구나	大学生も解けないのに、まして小学生が解けるはずがない。 대학생도 풀지 못하는데, 하물며 초등학생이 풀 수 있을 리가 없다.
まず 거의, 대체로	予想はまずまちがいなかった。 예상은 거의 틀림없었다.
まもなく 곧, 머지않아	まもなく2番線に電車がまいります。 곧 2번 선에 전철이 옵니다.

부사	뜻	예문
まるで	마치, 흡사	入りたかった会社に入社できて、まるで夢のようだ。 들어가고 싶었던 회사에 입사할 수 있어서, 마치 꿈같다.
むしろ	오히려, 차라리	あの日本料理屋さんはむしろ中国人に人気だ。 저 일본요리 가게는 오히려 중국인에게 인기다.
めったに~ない	좀처럼 ~않다	大学に落ちてから姉はめったに笑わない。 대학에 떨어지고 나서부터 언니는 좀처럼 웃질 않는다.
もし	혹시, 만약	もしよろしければここに名前を書いてください。 혹시 괜찮으시다면 여기에 이름을 적어주세요.
もちろん	물론	もちろん私もその意見には賛成だ。 물론 나도 그 의견에는 찬성이다.
やがて	머지않아, 이윽고	景気はやがて回復するでしょう。 경기는 머지않아 회복할 겁니다.
やっと	겨우, 간신히	一年間準備した作品がやっと完成した。 1년간 준비한 작품이 겨우 완성되었다.
ようやく	겨우, 마침내	ずっと探し回った末に、ようやく見つけた。 계속 찾아다닌 끝에, 겨우 발견했다.

확인문제 빈칸에 들어갈 알맞은 부사를 고르세요.

01 (　) 彼が犯人だとは思わなかった。　　　　　ⓐ まさか　ⓑ まもなく
02 最近 (　) 故郷の家族がなつかしくなる。　　ⓐ もし　　ⓑ なぜか
03 あの日本料理屋さんは (　) 中国人に人気だ。ⓐ めったに ⓑ むしろ
04 大学生も解けないのに、(　) 小学生が解けるはずがない。ⓐ まして ⓑ まるで
05 景気は (　) 回復するでしょう。　　　　　　ⓐ やがて　ⓑ やっと

정답 01 ⓐ 02 ⓑ 03 ⓑ 04 ⓐ 05 ⓐ

N2 빈출 문법
07 접속사

> **학습목표**
> 문법에서는 빈칸에 들어갈 알맞은 접속사를 고르는 문제가 출제된다. N2에서 자주 나오는 접속사를 예문과 함께 꼼꼼히 학습하자.

> 예 빈칸에 들어갈 알맞은 표현을 고르세요.
> 私(わたし)はいつも学校(がっこう)から帰(かえ)るとすぐに犬(いぬ)の散歩(さんぽ)に行(い)きます。□、その日(ひ)は友達(ともだち)の家(いえ)に遊(あそ)びに行(い)くのが楽(たの)しみですっかり忘(わす)れました。
> 저는 항상 학교에서 돌아오면 바로 개의 산책에 갑니다. □, 그 날은 친구 집에 놀러 가는 것이 기대되어 완전히 잊어버렸습니다.
>
> 1 それに 게다가
> 2 しかし 하지만
> 3 または 혹은
> 4 それどころか 그러기는커녕

1. 접속사의 역할

접속사는 단어와 단어 또는 문장과 문장끼리의 순접, 역접, 병렬, 선택, 첨가, 보충, 전환, 환언 등의 의미관계를 나타낸다.

今日は蒸し暑い。**それで**エアコンをつけることにした。   오늘은 무덥다. 그래서 에어컨을 틀기로 했다.
　　문장　　　　＋　　　　문장

2. N2 빈출 접속사

(1) 순접 접속사

こうして	이렇게 해서	二人(ふたり)は数日間徹夜(すうじつかんてつや)した。**こうして**できたのがこの企画(きかく)だ。 두 사람은 수일간 밤을 샜다. 이렇게 해서 완성된 것이 이 기획이다.
したがって	따라서	今(いま)の規則(きそく)は不公平(ふこうへい)だ。**したがって**改正(かいせい)する必要(ひつよう)がある。 지금의 규칙은 불공평하다. 따라서 개정할 필요가 있다.
すると	그랬더니, 그러자	ネットで商品(しょうひん)を買(か)った。**すると**、送料(そうりょう)の請求(せいきゅう)が来(き)た。 인터넷에서 상품을 샀다. 그랬더니, 배송료 청구가 왔다.
そうすれば	그러면	考(かんが)え過(す)ぎないでください。**そうすれば**ストレスもなくなります。 너무 생각하지 마세요. 그러면 스트레스도 없어질 거예요.
そこで	그래서, 그런데	社員(しゃいん)が増(ふ)えた。**そこで**新(あたら)しい事務所(じむしょ)を探(さが)してみた。 사원이 늘었다. 그래서 새 사무실을 찾아봤다.

それで 그래서	作文が長すぎると言われました。**それで**短く直しました。 작문이 너무 길다고 들었습니다. 그래서 짧게 고쳤습니다.	
それなら 그렇다면, 그러면	週末は割引になりませんか? **それなら**買いません。 주말은 할인이 안 되나요? 그렇다면 사지 않겠습니다.	
だから 그러니까	毎日3時間しか寝ないで仕事をした。**だから**病気になったのだ。 매일 3시간밖에 자지 않고 일을 했다. 그러니까 병이 난 것이다.	

(2) 역접 접속사

けれども 하지만, 그렇지만	時間はある。**けれども**、お金がない。 시간은 있다. 하지만, 돈이 없다.	
しかし 그러나	友達の名前を呼んだ。**しかし**、彼は振り向かなかった。 친구의 이름을 불렀다. 그러나, 그는 뒤돌아보지 않았다.	
それでも 그래도, 그런데도	このカバンは高すぎる。**それでも**買いたい。 이 가방은 너무 비싸다. 그래도 사고 싶다.	
それなのに 그런데	努力はしている。**それなのに**成績がよくない。 노력은 하고 있다. 그런데 성적이 좋지 않다.	
ところが 그런데, 그러나	簡単に解決すると思っていた。**ところが**、まだ解決していない。 간단하게 해결할 거라고 생각했다. 그런데, 아직 해결되지 않았다.	

📋 **확인문제** 빈칸에 들어갈 알맞은 접속사를 고르세요.

01 今の規則は不公平だ。(   ) 改正する必要がある。　　　ⓐ したがって　　ⓑ そうすれば
02 このカバンは高すぎる。(   ) 買いたい。　　　　　　　ⓐ それで　　　　ⓑ それでも
03 簡単に解決すると思っていた。(   )、まだ解決していない。ⓐ ところが　　　ⓑ そこで
04 考え過ぎないでください。(   ) ストレスもなくなります。ⓐ そうすれば　　ⓑ それなのに
05 週末は割引になりませんか? (   ) 買いません。　　　　ⓐ けれども　　　ⓑ それなら

정답 01 ⓐ 02 ⓑ 03 ⓐ 04 ⓐ 05 ⓑ

(3) 병렬, 선택 접속사

あるいは 혹은, 또는	次の大会は東京**あるいは**大阪で開催されます。 다음 대회는 도쿄 혹은 오사카에서 개최됩니다.
そして 그리고	入りたい部署は営業部、総務部、**そして**人事部です。 들어가고 싶은 부서는 영업부, 총무부, 그리고 인사부입니다.
それとも 아니면, 그렇지 않으면	ここで食べましょうか？ **それとも**持ち帰りましょうか。 여기서 먹을까요? 아니면 가지고 갈까요?
または 또는, 혹은	申し込みたい方はメール**または**電話で連絡ください。 신청하고 싶은 분은 메일 또는 전화로 연락 주세요.
もしくは 또는, 혹은	バス**もしくは**地下鉄で行きましょう。 버스 또는 지하철로 갑시다.

(4) 첨가, 보충 접속사

しかも 게다가	空が暗くなって、**しかも**雨も降り出した。 하늘이 어두워지고, 게다가 비까지 내리기 시작했다.
そのうえ 게다가	新しい部屋は広いし、**そのうえ**日当たりもいい。 새로운 방은 넓고, 게다가 햇볕도 잘 든다.
それどころか 그뿐 아니라, 그렇기는커녕	商品がまだ届いていません。**それどころか**、連絡もとれません。 상품이 아직 도착하지 않았습니다. 그뿐 아니라, 연락도 되지 않습니다.
それに 게다가	あの店はいい商品がたくさんある。**それに**、店員も親切だ。 저 가게는 좋은 상품이 많이 있다. 게다가, 점원도 친절하다.
それにしても 그렇다고 해도	多くなると言ってはいたけど、**それにしても**これは多すぎる。 많아질 거라고는 말했지만, 그렇다고 해도 이건 너무 많다.
それには 그렇게 하기 위해서는	今回は絶対に優勝したい。**それには**毎日練習するしかない。 이번에는 꼭 우승하고 싶다. 그렇게 하기 위해서는 매일 연습하는 수밖에 없다.
ただし 단, 다만	京都行きは5,300円です。**ただし**、往復は10%割引になります。 교토행은 5,300엔입니다. 단, 왕복은 10% 할인됩니다.
では 그럼, 그러면	それは難しそうですね。**では**、こうすればどうでしょうか。 그건 어려워 보이네요. 그럼, 이렇게 하면 어떨까요?
なお 또한, 덧붙여서 말하면	9月23日までです。**なお**、詳しい説明はホームページを参考にしてください。 9월 23일까지입니다. 또한, 상세한 설명은 홈페이지를 참고해 주세요.

なぜなら 왜냐하면	今は何も言えない。なぜならまだ決まってないから。 지금은 아무것도 말할 수 없다. 왜냐하면 아직 결정되지 않았으니까.	
もっとも 다만, 단	明日までに出してね。もっとも、今日出してくれたら嬉しいけどね。 내일까지 내. 다만, 오늘 내주면 고맙겠지만.	

(5) 전환, 환언 접속사

一方 한편	売上は増加している。一方、利益は減少している。 매출은 증가하고 있다. 한편, 이익은 감소하고 있다.
さて 그럼	時間になりました。さて、みなさん準備はできましたか。 시간이 되었습니다. 그럼, 여러분 준비는 되셨나요?
すなわち 곧, 즉	文章を書くことは、すなわち、考えることだ。 글을 쓰는 것은, 곧, 생각하는 것이다.
それでは 그럼	かしこまりました。それでは9月にセミナーを開くことにします。 잘 알겠습니다. 그럼 9월에 세미나를 여는 것으로 하겠습니다.
ところで 그런데, 그건 그렇고	今日6時にチェックインします。ところで、荷物はここに置いてもいいですか。 오늘 6시에 체크인 할게요. 그런데, 짐은 여기에 둬도 되나요?

확인문제 빈칸에 들어갈 알맞은 접속사를 고르세요.

01 次の大会は東京（　）大阪で開催されます。　　　　　ⓐ あるいは　ⓑ しかも
02 9月23日までです。（　）、詳しい説明はホームページを参考にしてください。　　ⓐ なお　ⓑ ただ
03 文章を書くことは、（　）、考えることだ。　　　　　ⓐ ところで　ⓑ すなわち
04 新しい部屋は広いし、（　）日当たりもいい。　　　　ⓐ そのうえ　ⓑ それには
05 時間になりました。（　）、みなさん準備はできましたか。　ⓐ それに　ⓑ さて

정답 01 ⓐ 02 ⓐ 03 ⓑ 04 ⓐ 05 ⓑ

N2 빈출 문법

08 수동·사역·사역 수동 표현

학습목표
문법에서는 빈칸에 들어갈 알맞은 수동 표현이나 사역 표현, 사역 수동 표현을 고르는 문제가 출제된다. 정확한 문맥 파악을 위해서도 중요하므로, 각각의 용법과 의미를 꼼꼼히 학습하자.

예 빈칸에 들어갈 알맞은 표현을 고르세요.
人前に立つのが嫌いなのに全校生徒の前で発表（　　）。
사람 앞에 서는 것을 싫어하는데 전교생 앞에서 발표했다.

1 される　　　2 させた　　　3 させる　　　4 させられた
　당하다　　　　시켰다　　　　시키다　　　　(억지로) 했다

1. 수동·사역·사역 수동 표현의 의미와 형태

	수동 표현	사역 표현	사역 수동 표현
의미	~되다, ~지다, ~당하다	~하게 하다, ~시키다	억지로 ~하다
1그룹 동사	行かれる 가게 되다	行かせる 가게 하다	行かされる / 行かせられる 억지로 가다
2그룹 동사	食べられる 먹게 되다	食べさせる 먹게 하다	食べさせられる 억지로 먹다
する	される 하게 되다	させる 하게 하다	させられる 억지로 하다
くる	こられる 오게 되다	こさせる 오게 하다	こさせられる 억지로 오다

2. 수동 표현을 사용하는 경우

(1) 어떠한 동작이나 작용의 영향을 직접적으로 받을 때

예문 この仕事には高い語学力が**要求される**。 이 일에는 높은 어학력이 요구된다.
私は成績が大幅に伸びて、先生に**褒められた**。 나는 성적이 큰 폭으로 올라서, 선생님에게 칭찬받았다.

(2) 어떠한 동작이나 작용의 영향을 간접적으로 받을 때

예문 彼は奥さんに**逃げられて**、すっかり元気をなくしてしまった。 그는 부인이 집을 나가, 완전히 기운을 잃어버렸다.
私の前に次々と料理が**出されて**、とても食べきれなかった。 내 앞에 끊임없이 음식이 나와, 도저히 다 먹을 수 없었다.

잠깐! 수동 표현 형태는 가능, 존경의 의미를 나타내기도 한다.

예문 ここでは高水準の医療が**受けられる**。 여기서는 높은 수준의 의료를 받을 수 있다.
社長は毎朝6時に**起きられる**。 사장님은 매일 아침 6시에 일어나신다.

3. 사역 표현을 사용하는 경우

(1) 어떠한 명령이나 지시에 따라 동작이나 작용을 할 때

예문 教師が学生に本を**読ませた**。 교사가 학생에게 책을 읽게 했다.
　　 母は子どもを買い物に**行かせた**。 엄마는 아이를 심부름에 가게 했다.

(2) 허가, 방임, 양해, 감사 등의 의미를 나타낼 때

예문 そんなにこの仕事がやりたいのなら、**やらせて**あげる。
　　 그렇게 이 일이 하고 싶다면, 하게 해주지.
　　 甘えて泣いているだけだから、そのまま**泣かせて**おきなさい。
　　 응석 부리느라 울고 있는 것뿐이니까, 그대로 울게 놔둬.
　　 申し訳ありませんが、今日は早めに**帰らせて**いただけませんか。
　　 죄송합니다만, 오늘은 일찍 돌아가도 될까요?
　　 両親が早くなくなったので、姉が働いて私を大学に**行かせて**くれた。
　　 부모님이 일찍 돌아가셔서, 누나가 일해서 나를 대학에 보내주었다(그래서 감사하다).

4. 사역 수동 표현을 사용하는 경우

(1) 어떠한 동작이나 작용을 억지로 강요당했을 때

예문 私は先輩に無理にお酒を**飲まされた**。 선배가 억지로 술을 마시게 했다.
　　 私は昨日、お母さんに3時間も勉強を**させられた**。 어제, 엄마가 3시간이나 공부를 시켰다.

확인문제 빈칸에 들어갈 알맞은 표현을 고르세요.

01　今日は先生に（　）すごく落ち込んでいる。　　　ⓐ しかられて　　ⓑ しからせて
02　友達にお土産を（　）。　　　　　　　　　　　　ⓐ 頼まれました　ⓑ 頼まされました
03　誰かにお酒を無理に（　）はいけません。　　　　ⓐ 飲まれて　　　ⓑ 飲ませて
04　社長は体調が悪そうな彼を早めに（　）。　　　　ⓐ 帰らせた　　　ⓑ 帰らされた
05　父は母にタバコを（　）苦しんでいます。　　　　ⓐ やめられて　　ⓑ やめさせられて

정답 01 ⓐ　02 ⓐ　03 ⓑ　04 ⓐ　05 ⓑ

N2 빈출 문법
09 경어 표현

학습목표
문법에서는 빈칸에 들어갈 알맞은 경어 표현을 고르는 문제가 출제된다. 경어 표현은 문법 뿐만 아니라, 독해, 청해에서도 자주 나오므로, 일본어에 어떤 경어들이 있는지 꼼꼼히 학습하자.

예 빈칸에 들어갈 알맞은 표현을 고르세요.
田中部長、A社の鈴木様が（　）。 다나카 부장님, A사의 스즈키 님이 (　).
1　伺いました　　2　お目にかかりました　　3　ございました　　4　お越しになりました
　　찾아 뵀습니다　　　뵀습니다　　　　　　　계셨습니다　　　　오셨습니다

1. 존경 표현

존경 표현은 윗사람의 행위를 높이는 말이다.

만드는 방법	예문
お/ご + 동사 ます형/한자 명사 + になる ~하십니다	先生が出張から**お帰りになりました**。 선생님께서 출장에서 돌아오셨습니다. 部長は海外の大学を**ご卒業になった**。 부장님은 해외 대학을 졸업하셨다.
お/ご + 동사 ます형/한자 명사 + ください ~해 주세요	施設内でのご飲食は**お控えください**。 시설 내에서의 식음은 삼가 주세요. アンケート調査に**ご協力ください**。 설문조사에 협력해 주세요.
~てくださる　~해 주시다	丁寧にご**説明してくださり**、ありがとうございます。 친절히 설명해 주셔서, 감사합니다.
~させてくださる　~하게 해 주시다	教授がゼミに**参加させてくださった**。 교수님이 세미나에 참가하게 해 주셨다.

2. 겸양 표현

겸양 표현은 자기 자신 또는 자기와 관련된 사람(가족, 동료 등)의 행위를 낮추는 말이다.

만드는 방법	예문
お/ご + 동사 ます형/한자 명사 + する (いたす) ~하겠다	顧客リストはメールで**お送りします**。 고객 리스트는 메일로 보내드리겠습니다. 必ず本日中に**ご納品いたします**。 반드시 금일 중에 납품하겠습니다.
~ていただく　~해 주시다, ~해 받다	大賞に**選んでいただき**、光栄です。 대상으로 뽑아주셔서, 영광입니다.
~させていただく　~하겠다	会議の日程を**変更させていただきます**。 회의 일정을 변경하겠습니다.

3. 특수 경어 표현

일부 동사들은 앞서 언급한 방법의 경어 표현 외에, 특수 경어를 가지고 있기 때문에 그것을 사용하기도 한다.

일반동사	존경 표현	겸양 표현
会う 만나다	-	お目にかかる 뵙다
いる 있다	いらっしゃる / おいでになる 계시다	おる 있다
行く 가다	いらっしゃる / おいでになる 가시다	参る 가다
来る 오다	いらっしゃる / おいでになる / お越しになる 오시다	参る 오다
言う 말하다	おっしゃる 말씀하시다	申し上げる / 申す 말씀드리다
聞く 듣다, 묻다	-	伺う 듣다, 여쭙다
聞かせる 들려주다	-	お耳に入れる 들려드리다
見る 보다	ご覧になる 보시다	拝見する 보다
見せる 보여주다	-	お目にかける / ご覧に入れる 보여드리다
知っている 알고 있다	ご存じだ 알고계시다	存じている 알고 있다
する 하다	なさる 하시다	いたす 하다
訪ねる 방문하다	お越しになる 오시다	伺う / お邪魔する 찾아뵙다
食べる 먹다 / 飲む 마시다	召し上がる 드시다	いただく 먹다
引き受ける 받다	-	承る 받들다
分かる 이해하다	-	承知する / かしこまる 알다

확인문제 빈칸에 들어갈 알맞은 표현을 고르세요.

01 手紙をちょっと(　　)いただきます。　　　ⓐ 拝見させて　　ⓑ ご覧させて
02 この件は社長の(　　)とおりに進めます。　ⓐ おっしゃった　ⓑ お耳に入れた
03 明日、御社の支店に(　　)よろしいでしょうか。ⓐ お越しになっても　ⓑ 伺っても
04 ご遠慮なく温かいうちに(　　)ください。　　ⓐ 召し上がって　ⓑ お召しになって
05 はい、事件はもう解決したと(　　)おります。ⓐ 承って　　　　ⓑ 存じて

정답 01 ⓐ 02 ⓐ 03 ⓑ 04 ⓐ 05 ⓑ

> **N2 빈출 문법**
># 10 수수 표현

> **학습목표**
>
> **문법**에서는 빈칸에 들어갈 알맞은 수수 표현을 고르는 문제가 출제된다. **문법** 뿐만 아니라 **독해**, **청해**에서 정확한 문맥 파악을 위해서도 중요하므로, 각각의 용법과 의미를 꼼꼼히 학습하자.
>
> 예) 빈칸에 들어갈 알맞은 표현을 고르세요.
> 私のことを考えながらこの指輪を（　　）思うと、とても幸せです。
> 나를 생각하면서 이 반지를 (　　) 생각하면, 매우 행복합니다.
> 1　買ってやったのかと　　　　　　2　買ってもらったのかと
> 　　사 주었다고　　　　　　　　　　　사 받았다고
> 3　買ってあげたのかと　　　　　　4　買ってくれたのかと
> 　　사 주었다고　　　　　　　　　　　사 주었다고

1. 수수 동사

수수 동사란 물건이나 행동을 주고받을 때 사용하는 동사이다.

	주다		받다
주는 사람 → 받는 사람	나 → 상대 제 3자 → 제 3자	상대 → 나 상대 → 나의 가족, 동료, 친구 등	상대 → 나 제 3자 → 제 3자
상대와 동등한 관계일 때	あげる 주다	くれる (나에게) 주다	もらう 받다
상대가 윗사람일 때	さしあげる 드리다	くださる (나에게) 주시다	いただく 받다
상대가 손아래 / 동식물일 때	やる 주다	くれる (나에게) 주다	もらう 받다

2. あげる 주다, さしあげる 드리다, やる 주다

상대와 동등한 관계일 때는 あげる, 상대가 윗사람일 때는 さしあげる, 아랫사람이나 동식물일 때는 やる를 쓴다.

예문　姉はあい子さんにケーキを**あげた**。 언니는 아이코 씨에게 케이크를 주었다.
　　　彼はその絵を上司に**さしあげた**。 그는 그 그림을 상사에게 드렸다.
　　　弟は毎日犬にえさを**やる**。 남동생은 매일 개에게 먹이를 준다.

3. くれる (나에게) 주다, くださる (나에게) 주시다

상대와 동등하거나 상대가 아랫사람이나 동식물일 때는 くれる, 상대가 윗사람일 때는 くださる를 쓴다.

예문 母は私に着物を**くれた**。 엄마는 나에게 기모노를 주었다.
　　　部長が社員にお土産を**くださった**。 부장님이 사원에게 선물을 주셨다.

4. もらう 받다, いただく 받다

상대와 동등하거나 상대가 아랫사람이나 동식물일 때는 もらう, 상대가 윗사람일 때는 いただく를 쓴다.

예문 彼女は姉に服を**もらった**。 그녀는 언니에게 옷을 받았다.
　　　私は先生にいい本を**いただいた**。 나는 선생님께 좋은 책을 받았다.

5. て형에 연결하여 사용하는 수수 표현

'~해 주다', '~해 받다'라는 뜻으로 사용할 때는 수수 동사에 て형을 연결하여 사용한다.

예문 春子さんを家まで送っ**てあげました**。 하루코 씨를 집까지 배웅해 주었습니다.
　　　ご案内をし**てさしあげました**。 안내를 해 드렸습니다.
　　　両親が買っ**てくれた**自転車です。 부모님이 사준 자전거입니다.
　　　上司がほめ**てくださった**。 상사가 칭찬해 주셨다.
　　　友達にお金を貸し**てもらった**。 친구에게 돈을 빌렸다.
　　　素敵な着物を貸し**ていただいた**。 멋진 기모노를 빌렸다.

📋 확인문제 빈칸에 들어갈 알맞은 표현을 고르세요.

01 先輩が手伝って (　　)。　　　　　　　ⓐ さしあげた　　ⓑ くださった
02 友達に辞書を (　　)。　　　　　　　　ⓐ 貸してもらった　　ⓑ 貸してくれた
03 彼女は私にチョコレートを (　　)。　　ⓐ くれた　　ⓑ あげた
04 妹は山田さんに手紙を (　　)。　　　　ⓐ くださった　　ⓑ あげた
05 私は課長に資料を (　　)。　　　　　　ⓐ いただいた　　ⓑ やった

정답 01 ⓑ 02 ⓑ 03 ⓐ 04 ⓑ 05 ⓐ

N2 빈출 문법

11 추측·전언 표현

> **학습목표**
>
> **문법**에서는 빈칸에 들어갈 알맞은 추측 표현이나 전언 표현을 고르는 문제가 출제된다. 문장 또는 지문의 문맥 파악을 위해서도 추측·전언 표현은 매우 중요하므로, 각각의 용법과 의미를 꼼꼼히 학습하자.

> 예 빈칸에 들어갈 알맞은 표현을 고르세요.
> 渋滞のせいでいつも見ているテレビ番組が今日は(　　)。
> 정체 때문에 항상 보고 있는 텔레비전 방송을 오늘은 (　).
> 1　見えても仕方ない
> 　　보여도 어쩔 수 없다
> 2　見られないことだった
> 　　볼 수 없는 것이었다
> 3　見られそうにない
> 　　볼 수 있을 것 같지 않다
> 4　見えないことがあった
> 　　보이지 않는 경우가 있었다

1. そうだ 것 같다/라고 한다

そうだ는 추측과 전언 모두 사용할 수 있으며, 추측의 경우 직감적으로 추측할 때 사용한다.

(1) 추측의 そうだ

	명사	い형용사	な형용사	동사
긍정	-	おいしそうだ 맛있을 것 같다	静かそうだ 조용할 것 같다	行きそうだ 갈 것 같다
부정	人ではなさそうだ 사람이 아닐 것 같다	おいしそうではない 맛있을 것 같지 않다	静かそうではない 조용할 것 같지 않다	行きそうにない 行きそうもない 行きそうにもない 갈 것 같지 않다
과거	-	おいしそうだった 맛있을 것 같았다	静かそうだった 조용할 것 같았다	行きそうだった 갈 것 같았다
과거 부정	人ではなさそうだった 사람이 아닐 것 같았다	おいしそうではなかった 맛있을 것 같지 않았다	静かそうではなかった 조용할 것 같지 않았다	行きそうではなかった 갈 것 같지 않았다

예문　今すぐにでも行きそうだ。 지금 당장이라도 갈 것 같다.

あれは人ではなさそうだ。 저것은 사람이 아닐 것 같다.

あのケーキはおいしそうだった。 저 케이크는 맛있을 것 같았다.

公園は静かそうではなかった。 공원은 조용할 것 같지 않았다.

(2) 전언의 そうだ

	명사	い형용사	な형용사	동사
긍정	人だそうだ 사람이라고 한다	おいしいそうだ 맛있다고 한다	静かだそうだ 조용하다고 한다	行くそうだ 간다고 한다
부정	人ではないそうだ 사람이 아니라고 한다	おいしくないそうだ 맛있지 않다고 한다	静かではないそうだ 조용하지 않다고 한다	行かないそうだ 가지 않는다고 한다
과거	人だったそうだ 사람이었다고 한다	おいしかったそうだ 맛있었다고 한다	静かだったそうだ 조용했다고 한다	行ったそうだ 갔다고 한다
과거 부정	人ではなかったそうだ 사람이 아니었다고 한다	おいしくなかったそうだ 맛있지 않았다고 한다	静かではなかったそうだ 조용하지 않았다고 한다	行かなかったそうだ 가지 않았다고 한다

예문
今すぐにでも行くそうだ。 지금 당장이라도 간다고 한다.

あれは人ではないそうだ。 저것은 사람이 아니라고 한다

あのケーキはおいしかったそうだ。 저 케이크는 맛있었다고 한다.

公園は静かではなかったそうだ。 공원은 조용하지 않았다고 한다.

확인문제 빈칸에 들어갈 알맞은 표현을 고르세요.

01 マイクを取ったので、今から ( )。 ⓐ 話しそうだ   ⓑ 話すそうだ
02 太ってどうも ( )。 ⓐ 走れそうではない   ⓑ 走れそうにない
03 昨日見た赤い車はけっこう高い ( )。 ⓐ 車だったそうだ   ⓑ 車のそうだ
04 亡くなった友達の母親は ( )。 ⓐ 穏やかな人だったそうだ   ⓑ 穏やかな人そうだった
05 ここは桜の ( )。 ⓐ 名所そうだ   ⓑ 名所だそうだ

정답 01 ⓐ 02 ⓑ 03 ⓐ 04 ⓐ 05 ⓑ

2. らしい 것 같다/라고 한다

らしい는 추측과 전언 모두 사용할 수 있으며, 추측의 경우 객관적 근거로 추측할 때 사용한다.

	명사	い형용사	な형용사	동사
긍정	人らしい 사람인 것 같다/ 사람이라고 한다	おいしいらしい 맛있는 것 같다/ 맛있다고 한다	静からしい 조용한 것 같다/ 조용하다고 한다	行くらしい 가는 것 같다/ 간다고 한다
부정	人ではないらしい 사람이 아닌 것 같다/ 사람이 아니라고 한다	おいしくないらしい 맛있지 않은 것 같다/ 맛있지 않다고 한다	静かではないらしい 조용하지 않은 것 같다/ 조용하지 않다고 한다	行かないらしい 가지 않는 것 같다/ 가지 않는다고 한다
과거	人だったらしい 사람이었던 것 같다/ 사람이었다고 한다	おいしかったらしい 맛있었던 것 같다/ 맛있었다고 한다	静かだったらしい 조용했던 것 같다/ 조용했었다고 한다	行ったらしい 간 것 같다/ 갔다고 한다
과거 부정	人ではなかったらしい 사람이 아니었던 것 같다/ 사람이 아니었다고 한다	おいしくなかったらしい 맛있지 않았던 것 같다/ 맛있지 않았다고 한다	静かではなかったらしい 조용하지 않았던 것 같다/ 조용하지 않았다고 한다	行かなかったらしい 가지 않았던 것 같다/ 가지 않았다고 한다

[추측]

예문 旅行に行くと言っていたが、今行くらしい。 여행 간다더니, 지금 가는 것 같다.

影を見るとあれは人ではないらしい。 그림자를 보면 저것은 사람이 아닌 것 같다.

前にも食べていたのを見ると、あのケーキはおいしかったらしい。
전에도 먹고 있었던 것을 보면, 저 케이크는 맛있었던 것 같다.

ボランティアをした幼稚園の子どもは静かではなかったらしい。
봉사활동을 했던 유치원의 아이들은 조용하지 않았던 것 같다.

[전언]

예문 山田さんは今日、旅行に行くらしい。 야마다 씨는 오늘, 여행 간다고 한다.

記事によるとあれは人ではないらしい。 기사에 의하면 저것은 사람이 아니라고 한다.

友達に聞くとあのケーキはおいしかったらしい。 친구에게 들으니 저 케이크는 맛있었다고 한다.

公園で遊んでいた子どもは静かではなかったらしい。 공원에서 놀고 있던 아이들은 조용하지 않았다고 한다.

[잠깐!] らしい는 명사와 결합하여 '~답다', '~다운'의 의미로도 사용된다.

예문 彼は男らしい。 그는 남자답다.

3. ようだ 것 같다 (= みたいだ)

ようだ는 추측으로만 사용할 수 있으며, 주관적 근거로 추측할 때 사용한다. 회화에서는 ようだ 대신 みたいだ를 사용하는 경우가 많다.

	명사	い형용사	な형용사	동사
긍정	人のようだ 사람인 것 같다	おいしいようだ 맛있는 것 같다	静かなようだ 조용한 것 같다	行くようだ 가는 것 같다
부정	人ではないようだ 사람이 아닌 것 같다	おいしくないようだ 맛있지 않은 것 같다	静かではないようだ 조용하지 않은 것 같다	行かないようだ 가지 않는 것 같다
과거	人だったようだ 사람이었던 것 같다	おいしかったようだ 맛있었던 것 같다	静かだったようだ 조용했던 것 같다	行ったようだ 간 것 같다
과거 부정	人ではなかったようだ 사람이 아니었던 것 같다	おいしくなかったようだ 맛있지 않았던 것 같다	静かではなかったようだ 조용하지 않았던 것 같다	行かなかったようだ 가지 않았던 것 같다

*みたいだ는 대체로 ようだ와 접속 방법이 같다. 단, 명사 현재 긍정형, な형용사 현재 긍정형과 접속할 때는 문장 끝의 だ를 떼고 접속한다.

예문 スーツケースを持っているのを見ると、今から旅行に行く**ようだ**。 캐리어를 갖고 있는 것을 보면, 지금 여행을 가는 것 같다.
形から見てあれは人では**ないようだ**。 형태로 봐서 저것은 사람이 아닌 것 같다.
微笑んでいるので、あのケーキはおいし**かったようだ**。 미소 짓고 있으니, 저 케이크는 맛있었던 것 같다.
今、考えてみると、あまり静か**ではなかったようだ**。 지금, 생각해보면, 그다지 조용하지 않았던 것 같다.

잠깐! ようだ는 비유, 예시의 의미로도 사용된다.
예문 この雪はまるで綿**のようだ**。 이 눈은 마치 솜 같다.
あの人**のように**英語がペラペラ話せたらいいのに。 저 사람처럼 영어를 유창하게 할 수 있으면 좋을 텐데.

📋 확인문제 빈칸에 들어갈 알맞은 표현을 고르세요.

01 今にでも（　　）ような顔をしていますね。　　　ⓐ 泣き　ⓑ 泣く
02 この時間まで寝ているのを見ると、今日は学校を（　　）ようだ。　ⓐ 休む　ⓑ 休み
03 警察として警察（　　）行動をしてはいけない。　ⓐ らしくない　ⓑ のような
04 あの子はまるで人形（　　）かわいいですね。　ⓐ ように　ⓑ のように
05 北海道から沖縄まで30分で行ける技術が登場した（　　）。　ⓐ らしい　ⓑ ようだ

정답 01 ⓑ 02 ⓐ 03 ⓑ 04 ⓑ 05 ⓐ

문제 7 문법형식 판단

[문제 7 문법형식 판단]은 서술문 또는 대화문에서 괄호 안에 들어갈 문맥에 맞는 문법 형식을 고르는 문제로, 총 12문항이 출제된다. 조사나 부사를 고르는 문제는 거의 매회 1문 항씩 꾸준히 출제되며, 그 외 문형이나 구를 고르는 문제가 골고루 출제된다.

 핵심 전략

1 조사나 부사를 고르는 문제는 괄호 바로 앞뒤의 문맥에 유의하여 알맞은 의미의 선택지를 정답으로 고른다.

> 예 毎日、10分（　　　）20分（　　　）でもいいので、運動をしたほうがいい。
> 매일, 10분 (　　) 20분 (　　) 라도 괜찮으니까, 운동을 하는 편이 좋다.
>
> ① とか／とか ~이든지…이든지 (○)　② やら／やら ~인지…인지 (✕)
>
> 休みはどこかに行くより（　　　）家で寝ていたい。휴일에는 어딘가에 가는 것보다 (　　) 집에서 자고 싶다.
>
> ① むしろ 오히려 (○)　② たとえ 설령 (✕)

2 문형을 고르는 문제는 문장 전체의 문맥에 유의하여 알맞은 의미의 선택지를 정답으로 고른다. 괄호 앞 또는 뒤와 접속이 올바르지 않은 선택지가 있으면 먼저 소거한다.

> 예 あれこれ悩んだ（　　　）、X社に行くことにした。이것저것 고민한 (　　), X사에 가기로 했다.
>
> ① すえに ~끝에 (○)　② ところに ~참에 (✕)

3 구를 고르는 문제는 문장 전체의 문맥에 유의하여 알맞은 의미의 선택지를 정답으로 고른다. 주로 문말표 현으로 출제되는데 수동·사역·사역수동, 수수표현 등을 문형과 결합하여 난이도를 높인다.

> 예 この机は傷ひとつないのを見ると持ち主に（　　　）。
> 이 책상은 상처 하나 없는 것을 보아 주인에게 (　　).
>
> ① 大切にされていたに違いない 소중히 다루어졌음에 틀림없다 (○)
> ② 大切にしてくれるに決まっている 소중히 해줄 것이 분명하다 (✕)

4 문형을 고르는 문제를 비롯하여 조사, 부사, 수동·사역·사역수동표현, 수수표현, 경어표현과 관련된 문 제가 꾸준히 출제되고, 접속 형태로 정답을 골라야 하는 문제가 출제되는 경우도 있으므로, N2 빈출 문법 (p.149~217)에서 문형, 조사, 부사, 경어 및 각종 표현을 꼼꼼히 학습해둔다.

문제 풀이 Step

Step 1 선택지를 읽고 각 선택지의 의미와 무엇을 고르는 문제인지 파악한다.

선택지를 읽고 각각의 의미를 확인하고, 조사, 부사, 문형, 구 중에 무엇을 고르는 문제인지 파악한다.

Step 2 문장 또는 대화를 읽고 문맥에 맞는 선택지를 정답으로 고른다.

괄호 앞뒤 또는 문장 전체의 문맥에 유의하여 알맞은 의미의 선택지를 정답으로 고른다. 선택지는 모두 문법상 올바른 표현이므로, 반드시 문장 또는 대화의 문맥에 가장 적절한 것을 정답으로 골라야 한다.

문제 풀이 Step 적용

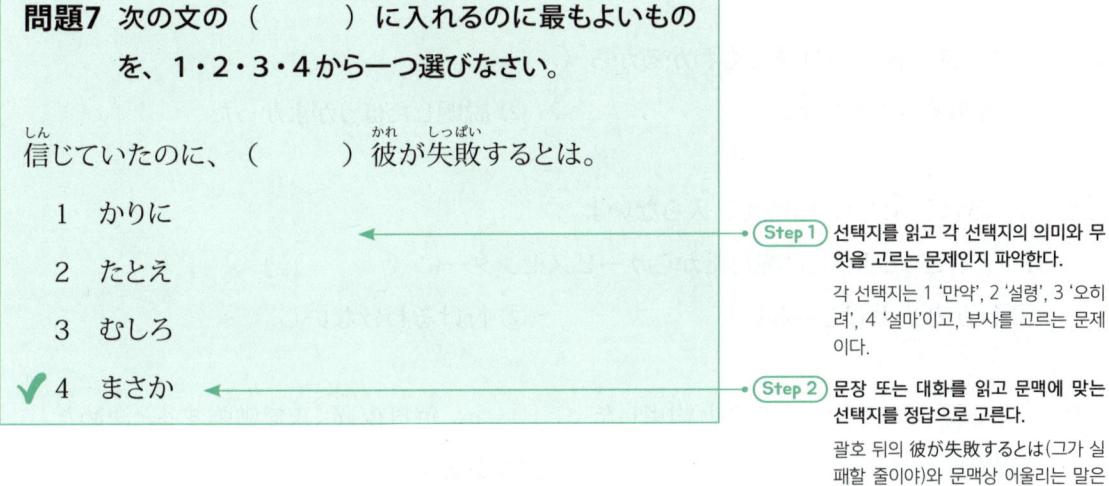

問題7 次の文の（　　　）に入れるのに最もよいものを、1・2・3・4から一つ選びなさい。

信じていたのに、（　　　）彼が失敗するとは。

1　かりに
2　たとえ
3　むしろ
✓ 4　まさか

Step 1 선택지를 읽고 각 선택지의 의미와 무엇을 고르는 문제인지 파악한다.

각 선택지는 1 '만약', 2 '설령', 3 '오히려', 4 '설마'이고, 부사를 고르는 문제이다.

Step 2 문장 또는 대화를 읽고 문맥에 맞는 선택지를 정답으로 고른다.

괄호 뒤의 彼が失敗するとは(그가 실패할 줄이야)와 문맥상 어울리는 말은 '설마 그가 실패할 줄이야'이므로, 4 まさか(설마)를 정답으로 고른다.

문제7 다음 문장의 (　　) 에 들어갈 가장 알맞은 것을, 1·2·3·4에서 하나 고르세요.

믿고 있었는데, (　　) 그가 실패할 줄이야.

1　만약　　　　　2　설령
3　오히려　　　　4　설마

어휘 信じる しんじる 통 믿다　失敗 しっぱい 명 실패　かりに 부 만약, 만일　たとえ 부 설령, 설사　むしろ 부 오히려, 차라리　まさか 부 설마

실력 다지기

빈칸에 들어갈 알맞은 표현을 고르세요.

01 彼（　　　）作ったケーキは感動するほどおいしかった。
　① の　　　　　　　　　　　　　　② との

02 A「はい、木村です。」
　　　B「A社の田中と申しますが、鈴木課長（　　　）。」
　① いらっしゃいますか　　　　　　② ございますか

03 コピー機の使い方は誰でもわかるから（　　　）。
　① 説明するまでもない　　　　　　② 説明したほうがよかった

04 A「あれ？パソコンの電源、入らないよ。」
　　　B「え、どうしよう。日曜日だからサービスセンターに（　　　）。」
　① 行かないわけじゃないし　　　　② 行けるわけないし

05 次の試験では100点を取ると約束した（　　　）、毎日夜遅くまで勉強すると決めた。
　① 以上　　　　　　　　　　　　　② あまり

06 A「山田さん、来週から出張だって。」
　　　B「そうだよ。行きたくないけど上司に指示（　　　）から仕方ないな。」
　① された　　　　　　　　　　　　② させられた

07 空いている席がなかったため、後ろに（　　　）。
　① 立つこともなかった　　　　　　② 立つしかなかった

08 子供のころ、両親が家にいない時、となりの家のお姉さんに（　　　）。

① 遊んでもらいました　　　　② 遊んでくれました

09 多くの消費者のニーズ（　　　）、販売量を増やすことにしました。

① にくわえて　　　　② にこたえて

10 一生懸命勉強したのに、渋滞がひどくて試験の時間に（　　　）。

① 間に合ってもしかたない　　　　② 間に合いそうない

11 A「どうぞ冷めないうちに（　　　）ください。」

B「ありがとうございます。」

① 召し上がって　　　　② いただいて

12 弟が大学に落ちてがっかりしている。姉（　　　）何をしてあげればいいか分からない。

① といって　　　　② として

13 子供は欲しがっていたおもちゃを買ってもらったのに（　　　）泣いてしまった。

① おそらく　　　　② かえって

14 外で遊んで帰ってよく洗わないと、ウイルスが繁殖して病気になり（　　　）。

① そうもない　　　　② かねない

실전 대비하기 1

問題7 次の文の（　　）に入れるのに最もよいものを、1・2・3・4から一つ選びなさい。

1　彼が次期代表になるなんて想像（　　）できなかった。
　　1　すら　　　　2　だけ　　　　3　きり　　　　4　こそ

2　彼女はピアノ演奏会で、素人の私には（　　）真似(まね)できない技術を見せてくれた。
　　1　いくら　　　2　かりに　　　3　たとえ　　　4　とても

3　社長が変わったことによる組織改革(そしきかいかく)（　　）、社員の間ではいろいろなうわさが流れている。
　　1　次第で　　　2　だけで　　　3　をめぐって　　4　にもかかわらず

4　新しいことを始めるときには、できるかどうか（　　）まずはやってみることが大切だ。
　　1　はさておき　2　のせいで　　3　によって　　　4　を抜きにしては

5　その車は勢いよく走りだしたかと（　　）、すぐに止まってしまった。
　　1　思ってみると　　　　　　　　2　思ったら
　　3　思わないにしても　　　　　　4　思うにつれて

6　新作の小説は1000ページを超える大作で、一週間で読み終えるのは（　　）不可能だと思う。
　　1　今にも　　　2　ようやく　　3　いったい　　　4　まず

7　A「この商品の発売日は変更した方がいいと思いませんか。」
　　B「そうですね。しかし、私一人では判断しかねますので、部長にも（　　）みます。」
　　1　おっしゃって　2　いらっしゃって　3　うかがって　4　いただいて

[8] 今日は待ちに待った親友の結婚式だというのに、(　　　) インフルエンザにかかって出席できなかった。
1　残念なことに　　2　残念なくらい　　3　残念だとしても　　4　残念すぎて

[9] 一か月間の出張が終わり、やっと家に帰れるので（　　　）。
1　うれしいはずがない
2　うれしくてしょうがない
3　うれしいわけがない
4　うれしいばかりではない

[10] 売り上げが（　　　）、それだけを重視していると決していい仕事はできないだろう。
1　大切だから
2　大切だとは言うものの
3　大切なだけあって
4　大切なばかりか

[11] 他人のミスを自分のせいにされて、本当に（　　　）。
1　くやしいだけのことはある
2　くやしくならない
3　くやしいわけではない
4　くやしくてたまらない

[12] 斎藤「X社から見積書を早急に送ってほしいと連絡がありました。」
西田「Y社に送る企画書もまだ書けていないのに。作業がうまく（　　　）、仕事が次々に入ってくるものだね。」
1　進んでいないときはともかく
2　進めないときはともかく
3　進んでいないときに限って
4　進めないときに限って

[13] 受験勉強がつらくて逃げ出したくなるたびにこの歌を聞いていた。この歌の歌詞にどれほど（　　　）。今後の人生でもきっと聞き続けるだろう。
1　励ましてきたことか
2　励まされてきたことか
3　励ましてきたからか
4　励まされてきたからか

실전 대비하기 2

問題7 次の文の（　　）に入れるのに最もよいものを、1・2・3・4から一つ選びなさい。

① 芸術祭の出展作品は厳正な審査を経て、各ジャンル5点（　　）選ばれ、来場者の投票によって最優秀賞が決まる仕組みだ。
 1　ごと　　　　2　ずつ　　　　3　しか　　　　4　ばかり

② このサイトはアメリカの記事やブログ（　　）文章を翻訳し、日本語版として配信するサービスをしている。
 1　として　　　2　にくらべて　　3　といった　　4　にくわえて

③ 親の（　　）、子供に多くのことなど望んでいない。健康で、本人が好きなことをしながら暮らしていてくれたらそれだけで立派な親孝行だと思う。
 1　立場からいって　2　立場からすると　3　存在からいって　4　存在からすると

④ 彼女は悩んだ（　　）編入の条件を満たすため、休学して試験の対策をすることに決めた。
 1　とたん　　　2　あまり　　　3　すえに　　　4　いじょう

⑤ 俳優として国際映画祭まで招待されたあの人は、アイドルというより、（　　）女優に近い。
 1　かりに　　　2　むしろ　　　3　ちっとも　　4　さっぱり

⑥ 大会の練習をしている最中に友達とおしゃべりをしていて先輩にうんと（　　）。
 1　叱られてしまった　　　　　　2　叱らせると思う
 3　叱っただろうか　　　　　　　4　叱れるようになった

⑦ 子供の頃から庭に植わっていた松の木が急に枯れてしまったので、（　　）。
 1　残念なままだった　　　　　　2　残念でならなかった
 3　残念なはずだった　　　　　　4　残念だとは限らなかった

8 SNSを（　　　）色々なコミュニティサイトの影響で、不正確な認識に基づく判断が多くなった気がする。

1　とわず　　　　2　除いて　　　　3　めぐって　　　　4　はじめ

9 そこに荷物を置くと、きっと通る人の邪魔に（　　　）。

1　なるにちがいない　　　　　　2　なったにすぎない
3　なるはずがない　　　　　　　4　なったというものではない

10 友達と喧嘩してしまった。冷静に考えると原因は私にあって、もっと相手の立場になって（　　　）。

1　考えずに済んだ　　　　　　　2　考えたつもりだった
3　考えればよかった　　　　　　4　考えてみたかった

11 （ピアノ教室で）
学生「この曲は難しくて私にはひけそうにないんですが。」
先生「練習を重ねて（　　　）ひけるかどうかわからないよ。」

1　みてはじめて　　　　　　　　2　みようものなら
3　みようとしなくても　　　　　4　みてからでないと

12 新人社員の、「皆さんに（　　　）、うれしいです。」というあいさつに部署内の社員たちから温かい視線が注がれた。

1　なさって　　　2　拝見して　　　3　お会いになれて　　4　お目にかかれて

13 A「家を出るときにちゃんと部屋の電気、消してきてくれた？」
B「え、どうだったかな。消し忘れた気が（　　　）。」
A「え、消してってあれだけ言ったのに。」

1　しないでもないけど　　　　　2　しないでもないのに
3　してもいないけど　　　　　　4　してもいないのに

실전 대비하기 3

問題7 次の文の（　　）に入れるのに最もよいものを、1・2・3・4から一つ選びなさい。

1 本当に私の言ったことを理解した（　　）、表情からはよくわからなかった。
 1　のに　　　　2　くらい　　　　3　のか　　　　4　から

2 田中「パソコンを買いたいんだけど、どれも予算オーバーでさ…。」
　　森本「実は私、最近買い替えたんだ。私が使っていたもの（　　）安く譲ろうか。」
 1　といっても　　2　からすると　　3　でよければ　　4　だからといって

3 メダルが期待された男子800メートル競走だったが、池田選手は全体7位、鈴木選手（　　）予選も突破できなかった。
 1　を通じて　　2　に沿って　　3　に至っては　　4　をもとに

4 ヨーロッパ旅行で（　　）お金を使いすぎてしまい、貯金がほぼゼロの状態になってしまった。
 1　やがて　　　　2　やっと　　　　3　つい　　　　4　ただ

5 彼が提案したアイデアは具体性に欠ける単なる思いつき（　　）が、部長がその案を気に入ってチーム全体でサポートするはめになった。
 1　ではいけなかった　　　　　　2　でしかなかった
 3　であるに越したことはなかった　4　のはずがなかった

6 A「今の給料じゃ自動車なんて（　　）。」
　　B「まあね。転職を考えてみたら？」
 1　買うしかないよ　　　　　　2　買えっこないよ
 3　買うことはないよ　　　　　4　買わざるを得ないよ

7 創業当初は小さな事務所で5人だけで始めた会社が、20年後には従業員500人を（　　）。
 1　超えるわけがない　　　　　2　超えるまでもない
 3　超えるようにした　　　　　4　超えるまでになった

8 祖母が今使っている財布がもうぼろぼろだと言っていたから、誕生日プレゼントに新しい財布を（　　　）考えている。
1　贈ったら　　　2　贈るたびに　　　3　贈ったところ　　　4　贈ろうか

9 夫は料理が（　　　）毎朝子どもたちのために弁当を作ってくれていて本当にありがたい。
1　苦手なせいか　　2　苦手なばかりに　　3　苦手なうえに　　4　苦手ながらも

10 （免税店で）
客　「ここで免税できますか。」
店員「はい、お客様。免税をご利用になれます。パスポートを（　　　）よろしいですか。」
1　拝見しても　　2　お目にかけても　　3　ご覧になっても　　4　参っても

11 父はあれほど医者に（　　　）にもかかわらずタバコをやめようとしない。
1　注意した　　2　注意させた　　3　注意された　　4　注意させられた

12 （記者会見で）
A「せっかく質問をしていただいて申し訳ありませんが、公の場ですのでそのようなプライベートな質問には（　　　）。」
1　お答えしてはなりません　　　　2　お答えしかねます
3　お答えするところです　　　　　4　お答えしようとしません

13 スポーツや音楽における能力は半分以上が遺伝の影響だと言われている。つまり、生まれ持った（　　　）。
1　ものにするならいいのか　　　　2　ものにしたらいいのか
3　ものというわけである　　　　　4　ものというからである

실전 대비하기 4

問題7 次の文の（　　）に入れるのに最もよいものを、1・2・3・4から一つ選びなさい。

1 医療の進歩とともに健康の常識は変化している。古い知識を信じ続けていると、（　　）健康に悪影響を及ぼすこともある。
　　1　どうも　　　　2　果たして　　　3　かえって　　　4　いったい

2 日本におけるアクション映画の歴史は、彼の存在（　　）語れない。
　　1　があってこそ　2　のことだから　3　はともかく　　4　を抜きにしては

3 提出直前に同僚が間違いに気づいてくれたからよかったが、注文書の数字を打ち間違えたせいで会社に大きな損失を（　　）。
　　1　与えつつあった　　　　　　　　2　与えるところだった
　　3　与えることもあった　　　　　　4　与えるままだった

4 山川さんは海外旅行の経験が豊富な（　　）、いろいろな国の文化を知っている。
　　1　だけに　　　　2　ばかりに　　　3　せいで　　　　4　ものの

5 走るのが好き（　　）好き（　　）、毎朝起きたら近所の公園を走っている。
　　1　が／が　　　　2　で／で　　　　3　を／を　　　　4　も／も

6 一度、仕事を引き受けた（　　）、困難があろうとも必ず成果を出してみせる。
　　1　あげく　　　　2　末に　　　　　3　上は　　　　　4　一方で

7 この書類は、親のサインが必要なので、父に相談（　　）。
　　1　したいものだ　　　　　　　　　2　するだけのことはある
　　3　しないわけにはいかない　　　　4　せずにはいられない

8 私たちが飲む薬は、多くの患者さんの理解と協力（　　）試験が行われ、実用化に至っている。
　　1　をはじめ　　　2　をめぐって　　　3　のついでに　　　4　のもとに

9 鈴木さんとはパーティーで名刺を交換した（　　）、一度も会っていない。
　　1　ばかりで　　　2　あまり　　　3　のみ　　　4　きり

10 彼はその作品を（　　）自分が作ったかのようにインターネット上に発表した。
　　1　あたかも　　　2　たとえ　　　3　まさか　　　4　あいにく

11 こちらの市立図書館の会議室は、18歳以上の市民でしたらどなたでも（　　）ので、いつでもお申し出ください。
　　1　ご利用くださいます
　　2　ご利用されます
　　3　ご利用いただきます
　　4　ご利用になれます

12 （観光ツアーで）
　　ガイド「右手をご覧くださいませ。あちらは「富士見台公園」です。天気がいい日にはここから富士山（　　）そう呼ばれるようになったそうです。」
　　1　を見たところ
　　2　が見えることから
　　3　を見ることによって
　　4　が見えたからには

13 （レストランで）
　　客「すみません、わさびがあまり得意ではないので、お刺身の盛り合わせにわさびではなくしょうがを（　　）。」
　　店員「かしこまりました。しょうがをお持ちいたします。」
　　1　いただいてもよろしいでしょうか
　　2　いただいてくださったんですか
　　3　差し上げてもよろしいでしょうか
　　4　差し上げてくださったんですか

실전 대비하기 5

問題7 次の文の（　　）に入れるのに最もよいものを、1・2・3・4から一つ選びなさい。

1 今年の新人賞の発表（　　）、昨年の受賞者よりコメントをいただきたいと思います。
　　1　によって　　　2　にあたり　　　3　もかまわず　　　4　にしたがって

2 面接試験を（　　）最中に、携帯電話が鳴り、不合格になってしまった。
　　1　受ける　　　　2　受けて　　　　3　受けている　　　4　受けていて

3 A「娘から一人で海外旅行に行きたいと言われたんだけど。」
　　B「何でもできるしっかりした子だから、（　　）いいんじゃない。」
　　1　行ってあげても　　　　　　　　2　行かせてあげても
　　3　行ってくれても　　　　　　　　4　行かせてくれても

4 火山の噴火によって周辺の生態系が（　　）大きな影響を受けたかについては、数十年にわたる長期的な調査が必要です。
　　1　ちっとも　　　2　あまりに　　　3　どれほど　　　4　まさか

5 何度もダイエットに失敗してきたが、今回（　　）成功させると誓った。
　　1　こそ　　　　　2　きり　　　　　3　しか　　　　　4　なら

6 電話をしろと言われても、連絡先を知らないのだから（　　）。
　　1　連絡しかねない　　　　　　　　2　連絡しようがない
　　3　連絡しそうもない　　　　　　　4　連絡しづらい

7 彼女がデビューを果たして5年。一年を通してその顔を見ない日がないほど日本のドラマ界（　　）女優となった。
　　1　に決まっている　　　　　　　　2　に至らない
　　3　にともなっている　　　　　　　4　に欠かせない

8 彼女から誰にも言わないでほしいと言われたが、誰かに（　　　）たまらない。
　1　話させたくて　　2　話してほしくて　　3　話したくて　　4　話しがたくて

9 （レストランで）
　A「ご注文はこちらのセットですね。お飲み物は何に（　　　）か。」
　B「コーヒーにします。」
　1　いただきます　　2　なさいます　　3　めしあがります　　4　くださいます

10 （説明書で）
　本製品を組み立てる際は、下の説明の順（　　　）正しく行ってください。
　1　に関して　　2　に沿って　　3　に限って　　4　に備えて

11 カフェなどで業務を行う際、画面上に映し出されたファイルの内容を周囲の客や店員などに見られて秘密情報が（　　　）から要注意だ。
　1　流出するとは限らない　　　　2　流出するおそれがある
　3　流出するばかりだ　　　　　　4　流出するというものだ

12 （取引先で）
　秋元「先週提案いたしました新商品の共同開発についてですが、検討していただけましたか。」
　北村「はい、結論から（　　　）今回は見送らせていただきます。」
　1　承りますと　　2　伺いますと　　3　拝見しますと　　4　申し上げますと

13 会社員にとって売り上げ成績を伸ばすことだけがすべてではない。何を持って（　　　）人によって違う。
　1　成長にするかは　　　　2　成長にするかで
　3　成長とするかは　　　　4　成長とするかで

실전 대비하기 6

問題7 次の文の（　　）に入れるのに最もよいものを、1・2・3・4から一つ選びなさい。

[1] 今は仕事の関係で故郷を離れているが、（　　）戻って両親と暮らしたいという思いがある。
   1 いずれ　　　2 いつの間に　　　3 せいぜい　　　4 いきなり

[2] 来学期からフランスへ交換留学に行く。フランス語は初級レベルなので、正直なところ期待（　　）不安のほうがはるかに大きい。
   1 とともに　　2 に反して　　　3 よりも　　　4 すらも

[3] このレストランで使われている野菜は、ほんの一部（　　）国産品で賄っているそうだ。
   1 を除いては　　2 はさておき　　3 をとわず　　4 といっても

[4] よほど強い雨が（　　）限り、試合は通常通りに決行される。
   1 降る　　　2 降って　　　3 降った　　　4 降らない

[5] 店員「どのようなお洋服をお探しですか。」
　　客　「えっと、子供の入園式で何を着ればいいのか迷っていて。（　　）華やかな印象のものがいいんですけど…。」
   1 派手なばかりに　2 派手などころか　3 派手かどうか　4 派手すぎず

[6] 周囲が（　　）会社をやめて独立したが、今のところ全く後悔していない。
   1 反対するのもかまわず　　　　2 反対するのみならず
   3 反対したかといえば　　　　　4 反対したからには

[7] 彼は自分がミスを犯しても、他の人のせいでミスが（　　）言うから信用できない。
   1 起きたかというと　　　　　2 起きたかのように
   3 起きたはずがないと　　　　4 起きた通りに

8 このスニーカーはメッシュ素材で通気性が（　　　）水に弱いのが難点だ。
1　いい際　　　2　いい場面で　　　3　いい反面　　　4　いい点で

9 （留守番電話のメッセージ）
浜田「西村商事の浜田です。お忙しいと（　　　）が、折り返しご連絡をいただけると幸いです。」
1　存じます　　　2　お邪魔します　　　3　お目にかけます　　　4　お耳に入れます

10 文法や語彙の使い分けには例外が多くて（　　　）ものもあり、それらはひたすら覚えていくほかない。
1　定義しかねない　　　　　　　2　定義しようもない
3　定義しそうにない　　　　　　4　定義せざるを得ない

11 昨日読んだ小説は血のつながらない親子が主人公で、親子とは何なのかいろいろと（　　　）よく眠れなかった。
1　考えさせては　　　　　　　2　考えさせて
3　考えさせられては　　　　　4　考えさせられて

12 入学当初から志望していた企業に就職が決まったことがうれしくて、だめだとはわかっているものの、周囲に（　　　）。
1　自慢しないではいられなかった　　　2　自慢してほしくなかった
3　自慢しなければならなかった　　　　4　自慢したがってはいなかった

13 上司「報告書の書き方が間違っているよ。やり方を（　　　）最初からやり直しなんてことになりかねないよ。」
部下「はい。次からは気をつけます。」
1　確認し終わったことだし　　　　2　確認し終わってからなら
3　確認するかしないかのうちに　　4　確認してからにしないと

문제 8 문장만들기

[문제 8 문장만들기]는 4개의 선택지를 올바른 순서로 배열한 뒤 ★이 있는 빈칸에 들어갈 선택지를 고르는 문제로, 총 5문항이 출제된다. ★은 주로 세 번째에 위치하며, 0~2문항 정도 다른 위치에 출제되기도 한다.

핵심 전략

1 의미만으로 4개의 선택지의 순서를 배열한다.

> 예 ① も 도   ② 息子さん 아드님   ③ もう 벌써   ④ 大学生 대학생
>
> → ② 息子さん   ① も   ★③ もう   ④ 大学生   아드님 도 ★벌써 대학생

2 품사나 문형으로 연결되는 선택지가 있으면 먼저 배열한 후 나머지 선택지를 의미에 맞게 배열한다.

> 예 ① かねない 할지도 모른다   ② 病気になり 병이 될   ③ 見つかった 발견되었다   ④ 症状が 증상이
>
> → ② 病気になり   ① かねない   ★④ 症状が   ③ 見つかった   병이 될 지도 모를 ★증상이 발견되었다
>
> 동사 ます형 + かねない는 '~할지도 모른다' 의미의 문형이다

3 선택지만으로 배열이 가능하더라도 앞뒤 문맥과는 맞지 않을 수 있으므로 배열을 마친 뒤에는 반드시 빈칸 앞뒤 표현을 보고 전체 문맥과도 어울리는지 확인한다. 또한, 선택지만으로 배열이 어려울 때도 빈칸 앞뒤 표현을 보고 자연스러운 문맥이 되도록 배열한다.

> 예 結婚生活を送る ＿＿＿ ＿＿＿ ★ ＿＿＿ のが 大切だ。
>
> ① 相手のことを 상대방을   ② 考える 생각하다   ③ うえで 에 있어서   ④ 何よりも 무엇보다도
>
> → 結婚生活を送る ③ うえで   ④ 何よりも   ★① 相手のことを   ② 考える のが 大切だ。(○)
> 결혼생활을 보내는 데 있어서 무엇보다도 ★상대방을 생각하는 것이 중요하다.
>
> → 結婚生活を送る ④ 何よりも   ① 相手のことを   ② 考える   ③ うえで のが 大切だ。(×)
> 결혼생활을 보내는 무엇보다도 상대방을 생각하는 데 있어서 것이 중요하다.

4 품사나 문형으로 연결되는 선택지를 빠르게 찾기 위해 N2 빈출 문법(p.149~217)에서 문형별 접속할 수 있는 품사와 접속 형태를 특히 더 꼼꼼히 학습해둔다.

문제 풀이 Step

Step 1 선택지를 읽고 의미를 파악한다.

선택지를 읽고 의미를 파악한다. 이때 각 선택지의 의미를 살짝 적어두면 의미적으로 자연스럽게 연결되는 선택지를 빠르게 찾아 배열할 수 있다.

Step 2 선택지를 의미가 통하도록 배열한 후, 전체 문맥과도 어울리는지 확인한다.

앞서 파악한 선택지들의 의미를 바탕으로, 우선 선택지만으로 의미가 통하도록 배열한다. 이때 문형으로 연결되는 선택지가 있을 경우 먼저 연결한다. 위치가 헷갈리는 선택지는 빈칸 앞뒤 표현을 참고해서 배열한다. 이후 전체 문맥과도 어울리는지 확인한다.

Step 3 배열한 선택지의 번호를 각 빈칸 위에 적고 ★이 있는 칸의 선택지를 정답으로 고른다.

올바르게 배열한 선택지 번호를 각 빈칸 위에 순서대로 적고, ★이 있는 빈칸의 선택지 번호를 정답으로 고른다.

문제 풀이 Step 적용

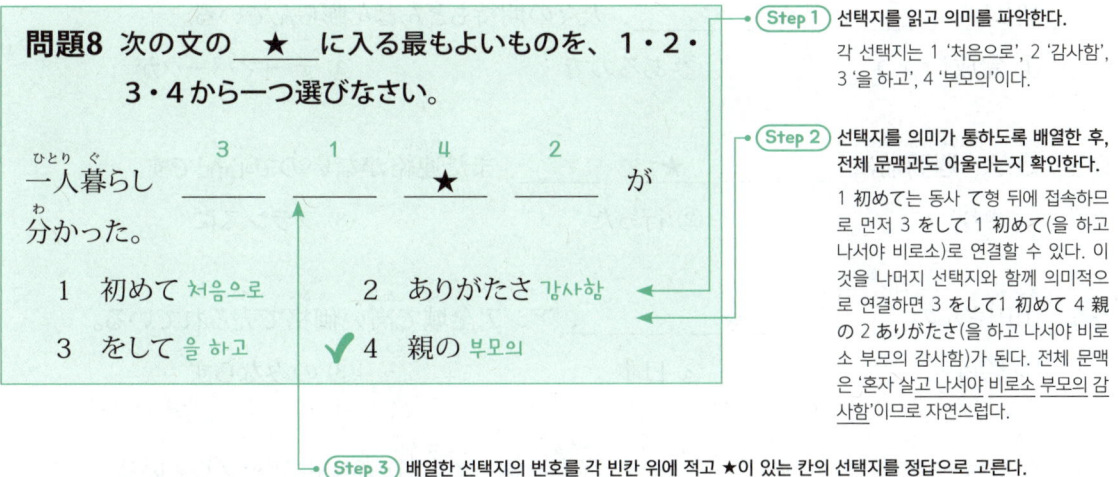

문제8 다음 문장의 ___★___ 에 들어갈 가장 알맞은 것을, 1·2·3·4에서 하나 고르세요.
혼자 살고 나서야 비로소 ★부모의 감사함을 알았다.
1 처음으로   2 감사함
3 을 하고   4 부모의

어휘 一人暮らし ひとりぐらし 몡 혼자 살기, 자취 ～をして初めて ～をしてはじめて ~을 하고 나서야 비로소 ありがたさ 몡 감사함
親 おや 몡 부모

실력 다지기

★의 위치에 들어갈 선택지를 고르세요.

01 1か月に1千万円を稼ぐなんて、＿＿＿ ★ ＿＿＿ ような話です。
① からすると ② 夢の ③ 私

02 職業を選ぶときは ＿＿＿ ★ ＿＿＿ 向いているかどうかが大切だ。
① 自分に ② 給料は ③ ともかく

03 客がどんどん減っていて ＿＿＿ ★ ＿＿＿ 状況だった。
① 閉店を ② ざるをえない ③ 考え

04 新しい ＿＿＿ ★ ＿＿＿、人々の期待もどんどん膨らんでいる。
① 完成しつつ ② あるので ③ テーマパークが

05 娘が一週間前に ＿＿＿ ★ ＿＿＿、まだ連絡がないので心配です。
① きり ② 行った ③ フランスに

06 山田さんの ＿＿＿ ★ ＿＿＿、アジア全域で高い価格で売られている。
① 絵は ② 日本 ③ のみならず

07 彼女は ＿＿＿ ★ ＿＿＿、写真を撮って自分のSNSにアップしている。
① 美味しいものを ② たびに ③ 食べる

08 今回の成果は皆さんの努力が ＿＿＿ ★ ＿＿＿ と思います。
① 出せた ② からこそ ③ あった

09 私は頭が悪いが、＿＿＿ ★ ＿＿＿ かけて勉強している。
① なりに ② 悪い ③ 時間を

10 彼は「望んでいた大学に ＿＿ ★ ＿＿ 」と言った。

① 嬉しくて　　② しょうがない　　③ 合格して

11 時間が経って、＿＿ ★ ＿＿ 忘れてしまった。

① 彼女の　　② 顔すら　　③ 初恋だった

12 経済は ＿＿ ★ ＿＿ 厳しくなり、悪くなる一方だ。

① 消費の減少　　② 輸出も　　③ に加えて

13 社会の発展 ＿＿ ★ ＿＿ とても重要なことである。

① にとって　　② 発達は　　③ 技術の

14 長い間悩んだ ＿＿ ★ ＿＿ 健太に決めた。

① 名前は　　② 主人公の　　③ あげく

15 「ここに ＿＿ ★ ＿＿ 」という貼り紙を家の前に貼った。

① 捨てないで　　② ください　　③ ゴミを

16 忙しくて先週から ＿＿ ★ ＿＿ あった本を結局、本棚に戻した。

① 読み　　② 置いて　　③ かけたまま

17 何かを ＿＿ ★ ＿＿ 自信を持つことから始めるべきだ。

① 自分に　　② に先立って　　③ 始める

18 幼いころから ＿＿ ★ ＿＿ 、彼は世界一の選手になった。

① 一生懸命　　② 練習した　　③ かいがあって

19 しっかり ＿＿ ★ ＿＿ 、一気に審査をパスした。

① だけの　　② ことはあって　　③ 準備した

20 この店ではカードは ＿＿ ★ ＿＿ のに、全員現金がなくて困った。

① 使えないので　　② 払うしかない　　③ 現金で

실전 대비하기 1

問題8 次の文の ★ に入る最もよいものを、1・2・3・4から一つ選びなさい。

(問題例)

あそこで ＿＿ ＿＿ ★ ＿＿ は山田さんです。

　1　テレビ　　　2　人　　　3　見ている　　　4　を

(解答のしかた)

1. 正しい文はこうです。

あそこで ＿＿ ＿＿ ★ ＿＿ は山田さんです。
1　テレビ　　4　を　3　見ている　　2　人

2. ★ に入る番号を解答用紙にマークします。

(解答用紙) | (例) | ① ② ● ④ |

1　友達からの依頼を何回も断ったが、＿＿ ＿＿ ★ ＿＿ しまった。

　1　あまりの　　　2　引き受けて　　　3　負けて　　　4　しつこさに

2　明日の午後は、関東地方に ＿＿ ＿＿ ★ ＿＿ した。

　1　おそれがある　　　　　　2　予定をキャンセル
　3　台風が来る　　　　　　　4　ので

3 (映画館で)
A「ねえ、席に座ったあと、＿＿＿　＿＿＿　★　＿＿＿　大丈夫?」
B「ごめん。最近寝不足で、つい寝ちゃったんだ。」
1　スタートするか　　　　　　2　寝ていたようだけど
3　しないかのうちに　　　　　4　映画の本編の上映が

4 社内でアンケートを行った結果、長時間労働を ＿＿＿　＿＿＿　★　＿＿＿ だという意見が最も多かった。
1　削減するには　　　　　　　2　明確にすることが
3　業務の優先順位を　　　　　4　最も効果的

5 私達が便利な生活をし、＿＿＿　＿＿＿　＿＿＿　★ 、地球温暖化が進んだと言われている。
1　エネルギーを　　2　ことから　　3　消費した　　4　多くの

6 過労で倒れて入院した。こんなことになるなら、＿＿＿　＿＿＿　★　＿＿＿ よかったと思った。
1　なんでも積極的に　　　　　2　絶対無理だと思うものは
3　引き受けようとするより　　4　最初からはっきり断った方が

7 私はどんなに仕事が忙しくても毎日ランニングしている。＿＿＿　＿＿＿　★　＿＿＿ なるからだ。
1　全身の血液が　　　　　　　2　循環して
3　むしろ疲れが取れやすく　　4　適度な運動を行うことで

실전 대비하기 2

問題8 次の文の ___★___ に入る最もよいものを、1・2・3・4から一つ選びなさい。

(問題例)

あそこで ＿＿＿ ＿＿＿ ★ ＿＿＿ は山田さんです。

　1　テレビ　　　2　人　　　3　見ている　　　4　を

(解答のしかた)

1. 正しい文はこうです。

　　あそこで ＿＿＿ ＿＿＿ ★ ＿＿＿ は山田さんです。
　　　　　　1 テレビ　4 を　3 見ている　2 人

2. ___★___ に入る番号を解答用紙にマークします。

（解答用紙）　(例) ① ② ● ④

---

1. 組織内のルールを疑うのは悪いことではない。その場にいる全員が ＿＿＿ ＿＿＿ ★ ＿＿＿ からだ。

　1　ただ言われた通りに　　　2　発展が止まってしまう
　3　見直すきっかけがなく　　4　従い続けているかぎり

2. 私が結婚してからも子育てを ＿＿＿ ＿＿＿ ★ ＿＿＿ 、子供を甘やかしすぎるので困っている。

　1　親には　　　　　　　2　せざるをえないが
　3　感謝　　　　　　　　4　手伝ってくれる

[3] 安いからといって衝動買いせず、ちゃんと ____ ____ ★ ____ かどうか確認してから買った方がいい。

1 切れない　　　2 うちに　　　3 使用期限が　　　4 使いきれる

[4] この和菓子は食べる人の健康を考えて ____ ____ ★ ____ なるべく早く食べることが望ましい。

1 一切加えずに　　　　　　2 購入後は
3 作られているため　　　　4 保存料を

[5] 30年間勤めてきた職場を離れることが寂しくてしょうがないが、____ ____ ★ ____ のも事実だ。

1 心に描いてみると　　　　2 第二の人生の扉を開くことを
3 また夢が膨らんでくるという　　4 一方で引退した後夫婦で歩む

[6] 自己肯定感が高い人は、自分が ____ ★ ____ ____ ことができる。

1 受け入れる　　　2 完璧では　　　3 ないにせよ　　　4 そんな自分を

[7] 今年の小説大賞で大賞に選ばれたのは「青い海」という作品だった。この物語は、____ ★ ____ ____ 共感を呼んでいる。

1 主人公になっていて　　　2 多くの読者の
3 どこにでもいるような　　4 若者が

실전 대비하기 3

問題8 次の文の ___★___ に入る最もよいものを、1・2・3・4から一つ選びなさい。

(問題例)

あそこで ＿＿＿ ＿＿＿ ★ ＿＿＿ は山田さんです。

　1　テレビ　　　2　人　　　3　見ている　　　4　を

(解答のしかた)

1. 正しい文はこうです。

あそこで ＿＿＿ ＿＿＿ ＿★＿ ＿＿＿ は山田さんです。
1　テレビ　4　を　3　見ている　2　人

2. ___★___ に入る番号を解答用紙にマークします。

   (解答用紙)　| (例) | ① | ② | ● | ④ |

1　不正な会計処理をして、会社の経営状態を ＿＿＿ ＿＿＿ ★ ＿＿＿ ことだ。

　　1　許しがたい　　　2　なんて　　　3　よく見せる　　　4　実際よりも

2　A「新しく始めた塾講師のアルバイトはどう？」

　　B「バイト先が ＿＿＿ ＿＿＿ ★ ＿＿＿ 効率よくて気に入っているよ。」

　　1　短時間でしっかり稼げる　　　　2　家から離れた場所にある
　　3　ところが　　　　　　　　　　　4　のはともかく

3 いつも規則正しい生活をして、健康に気を付けているが、＿＿＿ ＿＿＿ ★ ＿＿＿、風邪をひいてしまった。

1　窓を開けた　　　2　まま寝た　　　3　昨日の夜は　　　4　せいで

4 花粉症と診断された患者の中には ＿＿＿ ＿＿＿ ★ ＿＿＿ 人も多いそうだ。

1　と誤解をして　　　　　　　　2　なかなか良くならない
3　病院を訪れたという　　　　　4　風邪の症状が

5 彼は努力家で優秀な学生の一人だが、他人からの評価を ＿＿＿ ＿＿＿ ★ ＿＿＿ 傾向がある。

1　あまり　　　2　言えない　　　3　自分の意見を　　　4　気にする

6 この時期は、やっと ＿＿＿ ＿＿＿ ★ ＿＿＿、冬のコートは片付けないほうがいい。

1　また寒くなったりする　　　　2　こともあるから
3　かと思うと　　　　　　　　　4　暖かくなってきた

7 苦労しているのは何も雇われる側だけではない。雇う側も ＿＿＿ ＿＿＿ ★ ＿＿＿ いる。

1　給料を引き上げることを　　　2　優秀な人材の確保に
3　困難を極めていて　　　　　　4　検討して

실전 대비하기 4

問題8 次の文の ___★___ に入る最もよいものを、1・2・3・4から一つ選びなさい。

（問題例）

あそこで ＿＿＿ ＿＿＿ ___★___ ＿＿＿ は山田さんです。

1　テレビ　　　2　人　　　3　見ている　　　4　を

（解答のしかた）

1. 正しい文はこうです。

あそこで ＿＿＿ ＿＿＿ ___★___ ＿＿＿ は山田さんです。
1　テレビ　4　を　3　見ている　2　人

2. ___★___ に入る番号を解答用紙にマークします。

（解答用紙）　| （例） | ① | ② | ● | ④ |

1　開発中はすばらしい商品になると期待されていたが、重大な ＿＿＿ ＿＿＿ ___★___ ＿＿＿ ため、結局発売は延期された。

　　1　事故を　　　2　故障　　　3　起こしかねない　　4　が見つかった

2　通勤のために ＿＿＿ ＿＿＿ ___★___ ＿＿＿ と思うが、そうなると家賃が高くなることが問題だ。

　　1　駅に近い　　　　　　　　2　借りるなら
　　3　に越したことはない　　　4　アパートを

3 10年勤めた会社を辞めて転職活動を行うことになった。転職先を ＿＿＿ ★ ＿＿＿ ＿＿＿ まずは身近な人に聞いてみることにした。

1　自身の強みを客観的に　　　　2　探すにあたって
3　把握する必要があるが　　　　4　考えてもわからないので

4 普段はどこかに出かける時あらかじめ調べてから行くが、たまに目的地を決めないで ＿＿＿ ＿＿＿ ★ ＿＿＿ 結構楽しい。

1　今まで知らなかった　　　　2　気の向くままに
3　散歩すると　　　　　　　　4　店や通りに出会えて

5 新人だから業務に慣れていないのは ＿＿＿ ＿＿＿ ★ ＿＿＿ 一生懸命（いっしょうけんめい）務めるべきだ。

1　しかたがない　　　　　　　2　最後まで責任を持って
3　任された仕事なのだから　　4　といっても

6 太陽の方向を向いて咲くのは ＿＿＿ ＿＿＿ ★ ＿＿＿ 植物はたくさんある。

1　太陽を追いかける　　　　　2　何もヒマワリだけが
3　持っている性質ではなく　　4　同じように

7 誤解されがちだが、外国に長く住めば必ず ＿＿＿ ＿＿＿ ★ ＿＿＿ 。単語を暗記したり、文法のルールを学んだり努力が必要だ。

1　外国語が身に付く　　　　　2　決してそうではない
3　か　　　　　　　　　　　　4　というと

실전 대비하기 5

問題8 次の文の ＿＿★＿＿ に入る最もよいものを、1・2・3・4から一つ選びなさい。

（問題例）

あそこで ＿＿＿ ＿＿＿ ★ ＿＿＿ は山田さんです。

1　テレビ　　　2　人　　　3　見ている　　　4　を

（解答のしかた）

1．正しい文はこうです。

あそこで ＿＿＿ ＿＿＿ ★ ＿＿＿ は山田さんです。
1　テレビ　4　を　3　見ている　2　人

2．＿★＿ に入る番号を解答用紙にマークします。

　　　（解答用紙）　　（例）　①　②　●　④

---

[1]　日本では、小学生になると ＿＿＿ ＿＿＿ ★ ＿＿＿ という国も珍しくない。

　　1　登下校するのが一般的だが　　　2　治安の問題から
　　3　親が送り迎えしなければならない　　　4　子供だけで

[2]　テーブルに残った ＿＿＿ ＿＿＿ ★ ＿＿＿ しみじみと思い出し、余韻に浸った。

　　1　飲みかけの　　　2　さっき帰った友人との
　　3　コーヒーを見ながら　　　4　楽しかった会話を

3 久しぶりに小説を買った。多くの人から ＿＿＿ ＿＿＿ ★ ＿＿＿ 私には少し物足りなかった。

1 期待値が上がりすぎたせいか　　2 というから
3 期待を膨らませていたが　　4 絶賛されている

4 今回の大きな組織改革は業務の効率化 ＿＿＿ ＿＿＿ ★ ＿＿＿ している。

1 目的と　　2 だけでなく
3 向上させることも　　4 社員のモチベーションを

5 部屋をきれいに保つために使わなくなった物は捨てるべきだろう。しかし、＿＿＿ ＿＿＿ ★ ＿＿＿ 少々勇気がいる。

1 懐(なつ)かしい記憶が　　2 いざ捨てるとなると
3 お世話になった物を　　4 思い出されて

6 衆議院選挙まで3週間を切った。各党の経済政策には ＿＿＿ ＿＿＿ ★ ＿＿＿ 我々の生活に影響を与える。

1 ものも含まれていて　　2 関わる
3 選挙の結果次第で　　4 もちろん直接消費に

7 以前はそこまで身近な問題として捉えられていなかった ＿＿＿ ＿＿＿ ★ ＿＿＿ 変化した。

1 環境問題だが　　2 国や団体の取り組みが
3 活発になるにつれて　　4 人々の意識も

실전 대비하기 6

問題8 次の文の ___★___ に入る最もよいものを、1・2・3・4から一つ選びなさい。

（問題例）

あそこで ＿＿＿ ＿＿＿ ＿★＿ ＿＿＿ は山田さんです。

　　1　テレビ　　　2　人　　　3　見ている　　　4　を

（解答のしかた）

1. 正しい文はこうです。

あそこで ＿＿＿ ＿＿＿ ＿★＿ ＿＿＿ は山田さんです。
1　テレビ　　4　を　　3　見ている　　2　人

2. ＿★＿ に入る番号を解答用紙にマークします。

   （解答用紙）　（例）　①　②　●　④

1　個人差はあるが人は一日8時間寝る ＿＿＿ ＿＿＿ ＿★＿ ＿＿＿ よい眠りのために寝具に気を遣うことは生活の質を高めることとも言えるのだ。

　　1　一生のうちの約28年間は　　　2　寝ている計算になる
　　3　とすると　　　　　　　　　　4　から

2　次の試合の相手が全国大会で ＿＿＿ ＿★＿ ＿＿＿ ＿＿＿ 強い気持ちで試合に挑みたい。

　　1　強豪校だといっても　　　　　2　戦うからには
　　3　優勝も果たした　　　　　　　4　絶対に勝ってやるという

3 母の故郷である沖縄の宮古島を訪れてから ＿＿ ＿＿ ★ ＿＿ と思うようになりました。

1　研究したい　　　　　　　　　2　岡本教授のもとで
3　自分のルーツに興味を持ち　　4　沖縄の歴史を専門とする

4 急に友人たちと何か特別なことがしたくなって、6人で ＿＿ ＿＿ ★ ＿＿ 今日は諦めることにした。

1　どこも空きがなくて　　　　　2　泊まれる
3　部屋があれば　　　　　　　　4　温泉旅行にでもと思ったけれど

5 明日までに提出する講義の課題を ＿＿ ＿＿ ★ ＿＿ 抜け出せないでいる。

1　友人が勧めてくれた　　　　　2　思いつつ
3　終わらせなければとは　　　　4　ドラマが面白くて

6 悲惨な事件が発生してからもうすぐ一年を迎えようとしている。一年が過ぎる前に警視庁の ＿＿ ＿＿ ★ ＿＿ 捕まえてみせる。

1　解決して　　　　　　　　　　2　難解事件をどうにか
3　犯人を　　　　　　　　　　　4　プライドにかけても

7 私にとって仲間とのコミュニケーションが ＿＿ ＿＿ ＿＿ ★ 正直どっちだっていい。

1　釣りに行く　　　　　　　　　2　大きな楽しみでもある
3　から　　　　　　　　　　　　4　釣れても釣れなくても

문제 9 글의 문법

[문제 9 글의 문법]은 빈칸에 들어갈 글 전체의 흐름에 맞는 표현을 고르는 문제로, 지문 1개에 4~5문항이 출제된다. 주로 기능어를 고르는 문제, 알맞은 내용을 고르는 문제, 적절한 문형을 고르는 문제가 출제된다. 최근에는 4문항 구성으로 주로 출제되고 있다.

─◯ 핵심 전략

1 기능어를 고르는 문제에서는 주로 접속사, 연결어, 대명사, 지시어 등 문장과 문장을 연결해 주는 표현을 고르는 문제가 출제된다. 빈칸 바로 앞뒤 문장의 문맥에 유의하여 정답을 고른다.

> 예) 一生懸命走って来た。☐ 、店はもう閉まった後だった。
> 열심히 달려왔다. ☐ , 가게는 이미 닫은 뒤였다.
>
> ① しかし 하지만 (◯)   ② または 또는 (✗)

2 알맞은 내용을 고르는 문제는 빈칸 앞뒤 문맥을 파악해서 문맥의 핵심이 되는 내용의 선택지를 정답으로 고른다.

> 예) あの選手は練習に練習を重ねて新記録を更新した。歴史に残るこの☐は~
> 그 선수는 연습에 연습을 거듭하여 신기록을 갱신했다. 역사에 남을 이 ☐ 은~
>
> ① 記録 기록 (◯)   ② 練習 연습 (✗)

3 적절한 문형을 고르는 문제는 각 선택지에 사용된 문형의 의미에 유의하여 빈칸 앞뒤의 문맥에 적절한 문형이 사용된 선택지를 정답으로 고르고, 특히 빈칸이 문장 마지막에 위치하여 문말표현을 묻는 경우에는 해당 문단 또는 글 전체의 내용을 마무리할 수 있는 선택지를 시제, 주체, 해석에 유의하여 정답으로 고른다.

> 예) あの技術は1994年に開発されて以来、性能を改善させながら今まで☐。
> 그 기술은 1994년에 개발된 이래, 성능을 개선시키면서 지금까지 ☐ .
>
> ① 使用されている 사용되고 있다 (◯)   ② 使用したいものだ 사용하고 싶은 것이다 (✗)

4 글의 문법의 문제는 빈칸이 있는 문장만 봐서는 풀기 어렵다. 빈칸이 있는 문장과 더불어 빈칸 앞뒤 문장이나 단락의 흐름에 맞는 정답을 찾아야 하기 때문에 전체적인 내용의 흐름을 생각하면서 글을 읽는다.

5 N2 빈출 문법(p.149~217)에서 접속사, 부사, 조사, 문형의 의미와 용법을 꼼꼼히 학습해둔다.

문제 풀이 Step

Step 1 선택지를 읽고 각 선택지의 의미와 무엇을 고르는 문제인지 파악한다.

선택지를 읽으면서 각각의 의미를 확인하고, 기능어, 알맞은 내용, 적절한 문형 중 무엇을 골라야 하는지 파악한다.

선택지
1 それに 게다가　　　　2 しかし 하지만
3 または 또는　　　　　4 それどころか 그러기는커녕
→ 기능어(접속사)

Step 2 빈칸 앞뒤를 읽으면서 문맥을 파악한다.

글 전체적인 흐름을 생각하면서 지문을 읽고, 특히 빈칸 앞뒤의 문장과 단락의 문맥을 파악한다.

문맥　昔は、女性は社内の重要ポストには起用されないなど、男女内での格差があった。
　　　　☐ 、今ではそういった社会のあり方を疑問に思う人々が増えてきている。
　　　　　↳ 빈칸의 앞뒤가 상반되는 내용

옛날에는, 여성은 사내 중요 위치에는 기용되지 않는 등, 남녀 내에서의 격차가 있었다.
☐ , 지금은 그런 사회의 모습에 의문을 가지는 사람들이 늘고 있다.

Step 3 빈칸 앞뒤 문장 또는 단락의 문맥에 맞는 선택지를 정답으로 고른다.

빈칸 앞뒤의 문장과 단락에 유의하여 빈칸에 들어갈 적절한 내용의 선택지를 정답으로 고른다.

선택지　1 それに 게다가　　　✓ 2 しかし 하지만
　　　　3 または 또는　　　　　4 それどころか 그러기는커녕

문제 풀이 Step 적용

問題9 次の文章を読んで、文章全体の内容を考えて、 50 の中に入る最もよいものを、1・2・3・4から一つ選びなさい。

許される遅刻

　日本の都会にある鉄道会社は、「遅延証明書(ちえんしょうめいしょ)」というものをしばしば発行している。「遅延証明書(ちえんしょうめいしょ)」とは、電車が10分以上遅れた場合に乗客に渡される小さな紙のことを言う。鉄道が遅れたことが原因で会社や学校に遅刻する場合には、その紙を提出することで遅刻を許してもらえるのだ。主にサラリーマンや学生によって 50 。

　朝の通勤電車が遅れたとき、彼らは列車から降りると急いで改札付近の窓口に向かい、「遅延証明書(ちえんしょうめいしょ)」をもらうために行列を作る。たとえ、そこで10分以上かかったとしても問題ではない。これを手にすることで、彼らは安心して遅刻することができるのだ。

50
1　利用することが多い
2　利用したことが少ない
✓ 3　利用されることが多い
4　利用させることが少ない

Step 1 선택지를 읽고 각 선택지의 의미와 무엇을 고르는 문제인지 파악한다.

선택지는 1 '이용하는 일이 많다', 2 '이용한 일이 적다', 3 '이용되는 일이 많다', 4 '이용시키는 일이 적다'이며, 문맥에 적절한 문말표현을 골라야 한다.

Step 2 빈칸 앞뒤를 읽으면서 문맥을 파악한다.

빈칸 앞의 단락은 지연증명서가 무엇인지에 대한 설명이고, 빈칸 뒤의 단락은 샐러리맨이나 학생들이 지연증명서를 이용하는 이유에 대한 내용이다.

Step 3 빈칸 앞뒤 문장 또는 단락의 문맥에 맞는 선택지를 정답으로 고른다.

빈칸 앞에서 会社や学校に遅刻する場合には、その紙を提出することで遅刻を許してもらえるのだ라고 언급하였으므로 지연증명서가 샐러리맨이나 학생들에게 이용됨을 알 수 있다. 따라서 3 利用されることが多い를 정답으로 고른다.

문제9 다음 글을 읽고, 문장 전체의 내용을 생각해서, [50] 의 안에 들어갈 가장 알맞은 것을, 1·2·3·4에서 하나 고르세요.

용서받는 지각

일본의 도시에 있는 철도회사는, '지연증명서'라는 것을 종종 발행하고 있다. '지연증명서'란, 전철이 10분 이상 늦은 경우에 승객에게 건네지는 작은 종이를 말한다. 철도가 늦은 것이 원인으로 회사나 학교에 지각하는 경우에는, 그 종이를 제출하는 것으로 지각을 용서받을 수 있는 것이다. 주로 샐러리맨이나 학생에 의해 [50] .

아침의 통근 전철이 늦었을 때, 그들은 열차에서 내리면 서둘러 개찰구 부근의 창구로 향하여, '지연증명서'를 받기 위해 행렬을 만든다. 설령, 거기서 10분 이상 걸렸다고 해도 문제가 아니다. 이것을 손에 넣는 것으로, 그들은 안심하고 지각할 수 있는 것이다.

[50]
1 이용하는 일이 많다
2 이용한 일이 적다
3 이용되는 일이 많다
4 이용시키는 일이 적다

어휘 許す ゆるす 图용서하다, 허락하다 遅刻 ちこく 图지각 日本 にほん 图일본 都会 とかい 图도시, 도회지
鉄道会社 てつどうがいしゃ 图철도회사 遅延証明書 ちえんしょうめいしょ 图지연증명서 しばしば 图종종, 자주
発行 はっこう 图발행 以上 いじょう 图이상 遅れる おくれる 图늦다 場合 ばあい 图경우, 사정 乗客 じょうきゃく 图승객
原因 げんいん 图원인 遅刻 ちこく 图지각 提出 ていしゅつ 图제출 主に おもに 图주로, 대부분 サラリーマン 图샐러리맨
~によって ~에 의해 通勤電車 つうきんでんしゃ 图통근전철 彼ら かれら 图그들 列車 れっしゃ 图열차
降りる おりる 图내리다 急ぐ いそぐ 图서두르다 改札 かいさつ 图개찰구 付近 ふきん 图부근, 근처 窓口 まどぐち 图창구
~に向かう ~にむかう ~로 향하다, ~에 가다 ~ために ~위해 行列 ぎょうれつ 图행렬 たとえ 图설령, 설사
手にする てにする 손에 넣다 安心 あんしん 图안심 ~ことができる ~할 수 있다

실력 다지기

글 전체의 내용을 생각해서, 괄호에 들어갈 알맞은 표현을 고르세요.

(1)

> 子供の視野は、大人に比べて狭いと考えられている。一般的に大人の視野は左右150度程度なのに対し、6歳ほどの子供の視野は大人の約60％程度だという。子供たちがボールをつかむために飛び出す原因は「見えていない」からである。01 子供の視野を体験できる道具で、大人が体験してみたところ、想像以上に狭い視界に驚く人が 02 。「見えない」子供の特性を 03 が正しく理解することが、事故防止のためにとても重要だということがわかる。

01
　① 実際に
　② さらに

02
　① 多くないそうだ
　② 多いという

03
　① 大人
　② 子供

(2)

　私はシティーホテルに対して偏見を持っている。見栄を張りたい客を王様のように迎えたり、大金を稼ごうとしたりするところだという偏見である。 04 ある総支配人から次のような話を聞き、シティーホテルに対する偏見がなくなった。「年末にご家族と一緒に一泊のみ宿泊されるお客様がいらっしゃいます。 05 とても贅沢で大きな出費だと思います。しかし、1年間一生懸命働いたごほうびとして、1年に一回だけお泊りになるそうです。そんなお客様がいらっしゃるからこそ最高のサービスとして非日常的な一日を提供 06 。」

04

① そこで
② ところが

05

① このホテルに泊まることは
② 家族と一緒に来ることは

06

① しなければいけないと思っています
② しないわけではありません

실전 대비하기 1

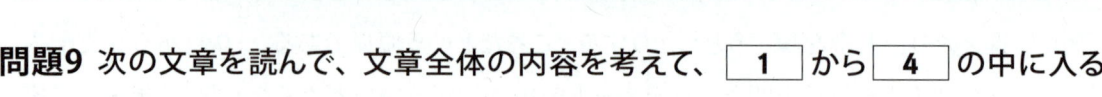

問題9 次の文章を読んで、文章全体の内容を考えて、 1 から 4 の中に入る最もよいものを、1・2・3・4から一つ選びなさい。

以下は、雑誌のコラムである。

牧場で考えた敬語のこと

　ぼくが馬の牧場に通い始めて1年間、そこにはひとつの世界があった。

　牧場の人は暑い日も寒い日も外で馬の世話をする。馬の体は大きく、ブラシをかけるのも、シャワーで 1 のも、人間の子供より手がかかる。えさをたくさん食べるから、準備も大変だ。世話をするのを見ると、馬の方が人より立場が上のようだった。

　 2 、牧場の人が馬に乗るときは、かなり厳しく、馬に接していた。時には足で蹴り、むちで打つことさえもあった。牧場の人によると、人といる時に決して馬の好きにさせないのは人の安全を守るためだそうだ。確かに、どんなに体の大きな男性でも、馬に蹴られたら骨が折れてしまう。人といるときは常に人の言うことを聞かせ、馬の好きにさせないことで、危険が防げるわけだ。

　最初、ぼくには、馬の世話を丁寧にすることと、馬をむちで打つことは真逆に見えた。しかし、反対に見えるどちらも、違うもの同士が一緒に 3 中で必要だからしていることだ。それは馬と人、どちらか一方が上、下ということではない。つまり、人と馬は対等なのだ。人が常に馬にこうしろああしろと言うのは、人が馬より上だからではない。

　このことを、ぼくは今後、他の人と何かする時に思い出したい。例えば、日本社会で敬語は物事をスムーズに行うために必要だ。だが、敬語を使うのは、相手が人として上だからなのか。対等だという意識があるなら、もっと気持ちよくできるのではないか。日本人であるぼくは牧場での時間を通して、そんな当たり前のことを 4 。

（注1）むち：細長い、打つ道具。竹や革で作られ、馬などを打って進ませるときに使う
（注2）同士：自分と相手。おたがい
（注3）対等：同じレベルであること

1
1　落とそうとする　　2　洗ってやる　　3　流しかねない　　4　浴びておく

2
1　それに　　　　　2　だから　　　　3　ところが　　　　4　なぜなら

3
1　生きたい　　　　2　生きよう　　　3　生きていく　　　4　生きてしまう

4
1　考えるべきだった　　　　　　2　考えたかもしれない
3　考えたにすぎない　　　　　　4　考えさせられた

실전 대비하기 2

問題9 次の文章を読んで、文章全体の内容を考えて、 1 から 4 の中に入る最もよいものを、1・2・3・4から一つ選びなさい。

以下は、雑誌のコラムである。

進化する「おせち」

　おせちとはお正月に食べるお祝いの料理のことをいう。重箱という箱を積み重ねた入れ物にいろんなおせち料理がつめられる。一般家庭に広まったのは江戸時代であり、その歴史は長い。

　ところで、なぜおせちはお正月に食べられるのだろうか。それは、おせち料理が縁起(注)がいいとされているためで、それを食べることで新しい年を良いものにしたいという想いがあるからである。たとえば、魚の卵である「かずのこ」は卵が多いことから子孫繁栄、すなわち、子や孫が生まれ続けることを願う意味がある。また、 1 は「マメ」の忠実だ、勤勉だという意味から、勤勉に働けるようにとの願いが込められている。昔の人は料理ひとつひとつに意味をつけて、一年に一度だけのごちそうとしておせちを楽しんできたというわけだ。

　 2 、最近のおせちは人々のニーズに合わせる形で変わりつつある。その理由は作るのに時間と手間がかかること、昔より一世帯の人数が減ったため量が多く余ること、食生活の変化にともないおせちを食べない家庭が増えていることなど多様である。そうした中、新たな需要 3 様々なおせちが登場し始めた。少人数向けの1〜2人前おせちや、ローストビーフなどのお肉をつめた洋食風おせち、さらには、犬と一緒に楽しめる愛犬おせちといったものがある。

　数十年前には想像もできなかったであろうおせちが次々と生まれている。人々の生活が時代の変化にともなって変化するように、伝統もまた、時代や人とともに 4 。

（注）縁起がいい：何かよいことが起こりそうな様子

1
1　黒豆　　　　2　この黒豆　　　3　その黒豆　　　4　あんな黒豆

2
1　しかし　　　2　そこで　　　　3　しかも　　　　4　というのは

3
1　に関して　　2　に備えて　　　3　に反して　　　4　に応えて

4
1　変化していくばかりだ　　　　2　変化していくものだ
3　変化していきかねない　　　　4　変化していかないかな

실전 대비하기 3

問題9 次の文章を読んで、文章全体の内容を考えて、 1 から 4 の中に入る最もよいものを、1・2・3・4から一つ選びなさい。

以下は、雑誌のコラムである。

日本の「麺文化」

　日本人は麺が好きな国民だ。食事を決める際、初めに「米にする？麺にする？」という言葉が出てくるほどである。現代人にとって、日本は米文化であると同時に麺文化であると　1　。

　全世界で愛されている即席麺を発明したのも日本である。即席麺、いわゆるインスタントラーメンはお湯を注ぐ　2　食べられるとても便利な食べ物だ。発明者の安藤白福(あんどうももふく)は、終戦後、飢(う)えた人々がラーメン屋に行列を作って並んでいる光景を見て、すべての人に十分な食料が必要だと思ったそうだ。こうして開発が進められ、誕生したのが即席麺である。

　ところで、即席麺を食べるとき、すすって食べる人が多いだろう。日本には蕎麦(そば)やラーメンなどの麺類をすすって食べる独特の文化があるが、これは海外ではあまり好まれないらしい。すするときの音が不快に感じられることが理由の一つだと言う。　3　は、およそ150年前の江戸(えど)(注1)で始まったという説が有力だ。

　当時、幕府の制度により江戸に単身赴任(たんしんふにん)(注2)する人が多く、手軽で安価な外食として蕎麦(そば)が発達した。その中でも人気だったのが、味のついていない麺をタレにつけて食べる「ざる蕎麦(そば)」だ。タレと空気を一緒に吸い込みながらすすって食べることで、香りや味が引(ひ)き立(た)つ(注3)といい、すすって食べる方法が流行ったそうだ。蕎麦(そば)は細いのですすると音が出てしまう。これが今に　4　。

　日本の麺文化がこれからどのように変化していくのか気になるところだ。

（注1）江戸：現在の東京

（注2）単身赴任：家族と離れ、一人で暮らしながら働くこと

（注3）引き立つ：よく感じられる

1
1　言いがたいだろう　　　　2　言い切れるだろう
3　言うほうがよかっただろう　4　言いようがないだろう

2
1　だけで　　2　だけが　　3　だけしか　　4　だけなら

3
1　このような食べ方　　2　あれらの食べ方
3　どのような食べ方　　4　それらの食べ方

4
1　残っているとされている　2　残っていくとされている
3　残っているものがある　　4　残っていくものがある

問題9 次の文章を読んで、文章全体の内容を考えて、1 から 5 の中に入る最もよいものを、1・2・3・4から一つ選びなさい。

以下は、留学生がスピーチのために書いた文章である。

日本の祭り

スミス　ティファニー

　日本は1000を超える数の祭りがあります。 1 「祭り大国」と言えるでしょう。夏前になると、祭りの情報があちこちから入ってきます。私は、これまでもドラマや漫画で祭りの場面をよく見ていたので、どんなものか大体のイメージは持っていましたが、この夏、友人に誘われて初めて見に行きました。

　自分の目で見て、その迫力に 2 。激しい太鼓の音、神輿の行列、色とりどりの衣装、にぎやかな踊りから、単なるイベントにとどまらない人々の活気や一体感を感じたのです。

　祭り 3 本来、農耕や漁業などの収穫を祝って神に感謝するものです。自然の恵みに感謝し、地域の人々が一体となって喜びを分かち合う場でした。人々が担ぐ神輿は、神様を町に連れ出すための乗り物で、神様が地域を巡りながら災いを防ぐと信じられています。それから、盆踊りのような行事は先祖を供養するためのもので、老若男女問わず参加できるものが多く、昔から庶民の楽しみとして親しまれてきました。

　さらに、地元の人たちは祭りの準備や練習に多くの時間を費やし、地域全体で作り上げます。 4 祭りが地域の人々にとって重要な意味を持つ理由の一つです。私たちが足を運ぶように各地の特徴的な祭りには国内外から多くの人が訪れます。皆さんは地元の人々へのリスペクトを忘れないように 5 。このような背景を知っていれば、自然とそうなるはずです。

（注1）農耕：田や畑を耕して農作物を作ること
（注2）供養する：祈りをささげる

1
1　どうも　　　　2　たとえ　　　　3　いわば　　　　4　じきに

2
1　驚かずにはいられませんでした　　2　驚くまでもありませんでした
3　驚くかもしれませんでした　　　　4　驚くことはありませんでした

3
1　からすれば　　2　にかけては　　3　というのは　　4　にしては

4
1　あのようなことも　　　　2　こういったことも
3　あのことも　　　　　　　4　こちらのことも

5
1　しないでもありません　　　　　　2　しそうもありません
3　してからでないといけません　　　4　してください

실전 대비하기 5

問題9 次の文章を読んで、文章全体の内容を考えて、 1 から 5 の中に入る最もよいものを、1・2・3・4から一つ選びなさい。

以下は、新聞のコラムである。

時間の感じ方

　今年も気がつけばもう半年が過ぎてしまった。ついこの前「明けましておめでとうございます」と新しい年を迎えたばかりなのに、時の経つ速さを感じる人も多いのではないだろうか。筆者も 1 一人である。10代より20代、20代より30代と、年を重ねるにつれてどんどんその速度が速くなるように感じる。なぜだろうと不思議に思って調べて 2 、おもしろいことが分かった。

　 3 子供のころの生活を思い出してみると、新学期、夏休み、旅行、遠足、運動会、冬休みと学校や家庭での行事がたくさんだ。毎年同じ行事をくり返しても、子供の一年間の成長は大きいため、毎年同じ経験をしていると感じることはないという。子供にとって毎日が新しい出来事の連続なのだ。新しい出来事が多いと、新しい情報も多い。つまり、時間あたりの新しい情報の量が 4a と言える。これが時間を長く感じる理由である。それに比べて、大人はある程度成長しきっているので、行事や毎日の仕事が習慣化しやすく、時間あたりの新しい情報の量が 4b 。この子供と大人の違いを「時間知覚の違い」と言うそうだ。

　子供のころは、遠足が楽しみで眠れなかったものだ。わくわくして色々な新しい事を想像することが時間を長く感じさせていたのだ。大人になった今でも子供の様に時間を長く感じることができるのだろうか。もう一度子供に戻ったつもりで、何か新しいことにチャレンジして一日一日を楽しんで過ごしてみる 5 。

1
1 あの 2 その 3 あんな 4 こんな

2
1 みるなら 2 みようと 3 みる時 4 みたところ

3
1 例えば 2 しかも 3 あるいは 4 要するに

4
1 a 少ない b 多い
2 a 多い b 少ない
3 a 低い b 高い
4 a 高い b 低い

5
1 に越したことはない
2 のもいいかもしれない
3 おそれがあるだろう
4 わけにはいかない

실전 대비하기 6

問題9 次の文章を読んで、文章全体の内容を考えて、 １ から ５ の中に入る最もよいものを、１・２・３・４から一つ選びなさい。

以下は、季節と生活に関する記事である。

日本の四季と暮らし

　日本の魅力の一つは四季の変化です。春夏秋冬、それぞれの季節は日本人の生活や文化に深く根付いています。 １ 、近年、地球温暖化の影響で季節が変わってきているようです。

　春は桜の季節として知られていますが、開花時期が年々早まっています。かつては4月上旬に咲いていた桜が、3月中旬に咲き始めることも珍しくなくなりました。気象庁のデータによると、日本の年平均気温は100年あたり約1.4度上昇しています。桜の開花 ２ それに伴って早まったということです。

　夏は高温多湿の季節でありながら、日本人は昔から様々な工夫で涼を取ってきました。打ち水や風鈴などの夏の風物詩は、エアコンが普及した現在でも ３ 。しかし、近年の猛暑は尋常ではなく、熱中症対策として従来の知恵だけでは不十分になっています。

　秋は「食欲の秋」とも言われ、収穫の季節として日本人に愛されてきました。紅葉狩りや月見など秋の行事は今も受け継がれています。ところが、温暖化の影響で紅葉の時期も遅くなり、12月になっても色づかない地域も ４ 。

　冬の寒さこそ日本の多様な文化を育んできたと言えるでしょう。雪かきや温泉文化、こたつなどの暖房器具は日本の冬の生活に欠かせないものです。だが現在は、暖冬傾向が続き、雪不足によって地方の観光業に大きな影響が出ています。

　四季の変化は日本文化の根幹をなすものです。地球温暖化による季節の変化は、日本の伝統行事や文化にも影響を ５ 。

1
1 結局　　　2 そして　　　3 例えば　　　4 ただし

2
1 だけ　　　2 も　　　3 と　　　4 こそ

3
1 親しんでおきます　　　2 親しまれています
3 親しんでおく点です　　　4 親しまれている点です

4
1 増えそうでした　　　2 増えていきました
3 増えてきました　　　4 増えたためでした

5
1 与えているからだと思います　　　2 与えられるところだと思います
3 与えさせることができます　　　4 与えることになるでしょう

무료 온라인 실전모의고사·학습자료 제공
해커스일본어 japan.Hackers.com

해커스 JLPT [N2] 한권합격

독해

문제 10　내용이해(단문)
문제 11　내용이해(중문)
문제 12　통합이해
문제 13　주장이해(장문)
문제 14　정보검색

내용이해(단문)

[문제 10 내용이해(단문)]는 200자 내외의 지문을 읽고 올바른 것을 고르는 문제로, 지문 5개와 각 지문과 관련된 문제 1문항씩, 총 5문항이 출제된다. 지문은 다양한 주제의 에세이 2~3지문과 공지, 문의, 안내 등의 실용문 1~2지문, 자연 과학 주제의 설명문 0~1지문이 출제된다.

핵심 전략

1 에세이는 특정한 형식 없이 필자의 생각이나 주장을 담은 글이며, 필자의 생각이나 주장을 묻는 문제가 출제된다. 필자의 생각이나 주장은 주로 지문 중·후반부에서 언급되므로 특히 중·후반부를 주의 깊게 읽는다.

> 예 筆者は、恐怖や不安をどうとらえているか。 필자는, 공포나 불안을 어떻게 받아들이고 있는가?
> 筆者の考えに合うのはどれか。 필자의 생각과 맞는 것은 어느 것인가?

2 실용문은 정보 전달을 목적으로 하는 이메일, 엽서 등의 형식이 있는 글이며, 글의 목적이나 일치/불일치를 묻는 문제가 출제된다. 글 전체의 맥락을 파악하거나, 각 선택지의 내용을 지문과 대조하여 정답을 고른다.

> 예 この文章を書いた、一番の目的は何か。 이 글을 쓴, 가장 큰 목적은 무엇인가?
> この会社の割引サービスについて正しいものはどれか。 이 회사의 할인 서비스에 대해 올바른 것은 어느 것인가?

3 설명문은 어떤 대상이나 현상에 대한 설명을 담은 글이며, 글의 세부내용을 묻는다. 글 전체의 내용을 파악하거나, 각 선택지의 내용을 지문과 대조하여 정답을 고른다.

> 예 本文の内容に合うのはどれか。 본문의 내용에 맞는 것은 무엇인가?
> サイの角について、筆者の説明に合うのはどれか。 코뿔소의 뿔에 대해서, 필자의 설명에 맞는 것은 무엇인가?

4 선택지는 지문에서 사용된 표현이 그대로 제시되지 않고, 동의어나 비슷한 표현으로 바꾸어 제시되므로 꼼꼼히 해석하고 내용을 정확히 파악하여 정답을 고른다.

문제 풀이 Step

Step 1 질문과 선택지를 읽고 공통 키워드에 표시한다.

질문을 읽으며 무엇을 묻는 문제인지 파악한 뒤에, 선택지에서 반복적으로 등장하는 공통 단어나 표현을 키워드로 표시해둔다.

질문 筆者の考えに合うのはどれか。 필자의 생각과 맞는 것은 어느 것인가?

선택지 1 学習環境がよいと、子どもたちは自分からすすんで学ぶようになる。
학습환경이 좋으면, 아이들은 스스로 자진해서 배우게 된다.

2 学習環境がよいと、子どもたちは机やいすなどの掃除をすすんで行うようになる。
학습환경이 좋으면, 아이들은 책상이나 의자 등의 청소를 자진해서 하게 된다.

Step 2 지문에서 공통 키워드가 언급되는 부분을 주의 깊게 읽고 정답의 단서를 찾는다.

필자의 생각이나 주장을 묻는 문제는 주로 지문의 중·후반부를, 글의 목적과 일치/불일치를 묻는 문제는 글 전체에서 공통 키워드가 언급되는 문장과 그 주변을 주의 깊게 읽고 정답의 단서를 찾는다.

지문 机やいすなどを片付けたり、掃除を行うことで安全にすごせる環境を作ることにもなります。しかし、学習環境をととのえることで、子どもたちが勉強に集中しやすくなり、自分から興味をもって学習する環境を作ることにもなります。

책상이나 의자 등을 정리하거나, 청소를 실시하는 것으로 안전하게 지낼 수 있는 환경을 만들기도 합니다. 하지만, 학습환경을 정돈하는 것으로, 아이들이 공부에 집중하기 쉬워 지고, 스스로 흥미를 가지고 학습하는 환경을 만들기도 합니다.

Step 3 지문에서 찾은 정답의 단서와 일치하는 선택지를 정답으로 고른다.

지문에서 찾은 정답의 단서와 일치하는 내용의 선택지를 정답으로 고른다.

질문 筆者の考えに合うのはどれか。 필자의 생각과 맞는 것은 어느 것인가?

선택지 ✓ 1 学習環境がよいと、子どもたちは自分からすすんで学ぶようになる。
학습환경이 좋으면, 아이들은 스스로 자진해서 배우게 된다.

2 学習環境がよいと、子どもたちは机やいすなどの掃除をすすんで行うようになる。
학습환경이 좋으면, 아이들은 책상이나 의자 등의 청소를 자진해서 하게 된다.

문제 풀이 Step 적용

問題10 次の文章を読んで、後の問いに対する答えとして最もよいものを、1・2・3・4から一つ選びなさい。

　自分らしく人生を生き抜いていく力を得る上で、「自分には優れた才能や専門分野がない」と感じている場合は、何をどう学んでいけば良いのだろうか。
　プロになるほどではなくても、周囲の人よりも少し得意で、好きで気になるものを学び、それらを結び合わせていく。そのようにして学んだことを柱にして、その力を活用し、組織(そしき)に頼らない働き方を目指す。そんな風に、興味(きょうみ)を広げて学びながら働くことが 自分らしく生きるため の近道ではないだろうか。

筆者の考えに合うのはどれか。

1　 自分らしく生きるため には、柱を結び合わせることが大切だ。

✓2　 自分らしく生きるため には、 好きなこと をいろいろと学びながら働くのが速い。

3　 自分らしく生きるため には、プロにならなくてもいい。

4　 自分らしく生きるため には、 好きなこと をたくさん見つけるのがいい。

Step 1 질문과 선택지를 읽고 공통 키워드에 표시한다.
에세이로 필자의 생각을 묻고 있다. 선택지에서는 자분답게 생(자분답게 살)기 위해, 좋아하는 것이라는 표현이 반복되고 있다.

Step 2 지문에서 공통 키워드가 언급되는 부분을 주의 깊게 읽고 정답의 단서를 찾는다.
필자는 중반부에서 자기 자신다운 인생을 살아가는 힘을 얻는데 있어서 주위의 사람보다 조금 잘하고, 좋아하고 마음이 가는 것을 배우고, 그것들을 결합시켜 나간다라고 서술하고, 후반부에서 그런 식으로, 흥미를 넓혀 배우면서 일하는 것이 자기답게 살기 위한 지름길이 아닐까라고 서술하고 있다.

Step 3 지문에서 찾은 정답의 단서와 일치하는 선택지를 정답으로 고른다.
필자는 자기 자신답게 살아가기 위해서는 좋아하는 것을 여러 가지로 배우면서 일하는 것이 빠르다고 생각하고 있으므로, 2 자분답게 살기 위해서는, 좋아하는 것을 여러 가지 배우면서 일하는 것이 빠르다를 정답으로 고른다.

문제10 다음 글을 읽고, 뒤의 물음에 대한 답으로 가장 알맞은 것을, 1·2·3·4에서 하나 고르세요.

　자기 자신답게 인생을 살아나가는 힘을 얻는데 있어서, '나에게는 뛰어난 재능이나 전문 분야가 없다'라고 느끼고 있는 경우에는, 무엇을 어떻게 배워가면 좋은 것일까?
　프로가 될 정도는 아니더라도, 주위 사람보다도 조금 더 잘하고, 좋아하고 궁금한 것을 배우고, 그것들을 결합해간다. 그렇게 해서 배운 것을 대들보로 하고, 그 힘을 활용하여, 조직에 의존하지 않는 근무 방식을 목표로 삼는다. 그런 식으로, 흥미를 넓혀 배우면서 일하는 것이 자기 자신답게 살기 위한 지름길이 아닐까?

필자의 생각과 맞는 것은 어느 것인가?
1 자기 자신답게 살기 위해서는, 대들보를 하나로 묶는 것이 중요하다.
2 자기 자신답게 살기 위해서는, 좋아하는 것을 여러 가지로 배우면서 일하는 것이 빠르다.
3 자기 자신답게 살기 위해서는, 프로가 되지 않아도 된다.
4 자기 자신답게 살기 위해서는, 좋아하는 것을 많이 발견하는 것이 좋다.

어휘 人生 じんせい 명 인생　生き抜く いきぬく 동 살아가다　力 ちから 명 힘　得る える 동 얻다　~上で ~うえで ~에 있어서
　　　優れる すぐれる 동 뛰어나다, 우수하다　才能 さいのう 명 재능　専門分野 せんもんぶんや 명 전문 분야
　　　感じる かんじる 동 느끼다　場合 ばあい 명 경우, 상황　学ぶ まなぶ 동 배우다　プロ 명 프로　周囲 しゅうい 명 주위
　　　得意だ とくいだ な형 잘하다　気になる きになる 궁금하다, 신경 쓰이다　結び合わせる むすびあわせる 동 결합하다, 하나로 묶다
　　　柱 はしら 명 대들보, 기둥　活用 かつよう 명 활용　組織 そしき 명 조직　頼る たよる 동 의존하다, 의지하다
　　　働き方 はたらきかた 명 근무 방식, 일하는 방법　目指す めざす 동 목표로 삼다　興味 きょうみ 명 흥미
　　　広げる ひろげる 동 넓히다, 펼치다　生きる いきる 동 살다　近道 ちかみち 명 지름길　速い はやい い형 빠르다
　　　見つける みつける 동 발견하다, 찾아내다

실력 다지기

질문에 대한 답으로 적절한 것을 고르세요.

01
> 　昔は、参考書を何冊も買う人が理解できなかった。一冊でもしっかりと勉強すれば、それで十分だと思ったからだ。しかし、本によって説明や整理の仕方が違い、何冊も見るたびに様々な内容について学ぶことができるということを知った。

筆者の考えに合うものはどれか。

① 多様な内容を勉強するため、いろんな参考書を見る必要がある。

② 一冊の参考書だけをしっかり勉強しても試験のための十分な勉強ができる。

02
> 　好きなスポーツを観覧しながら応援するのもいいが、実際にやってみると、そのスポーツについてもっと理解を深めることができる。理解が深まるとより一層、観覧や応援が楽しく感じられるだろう。

筆者は、なぜ好きなスポーツを直接やってみるほうがよいと考えているか。

① 観覧して応援するより直接やるほうがもっと楽しいから

② 好きなスポーツがもっと詳しく理解できるから

03
> 　外で遊ぶのが大好きなうちの子は、週末になると「遊園地に行きたい！」としつこく言う。友達家族に聞くと、家族そろって頻繁に遊園地に行くという。もちろん、子供と一緒に遊ぶ時間も重要だ。しかし、平日にいっしょうけんめい働いたごほうびとして週末はしっかり休みたい。

筆者は週末に子供と遊園地に行くことについてどう考えているか。

① 子供と一緒にいる時間が少ないから週末によく遊びに行ったほうがいい。

② 子供は楽しいけど本人は週末に休む時間が必要だ。

04

共用ゴミ箱撤去のお知らせ

　事務室の玄関前に共用ゴミ箱を設置していましたが、分別がしっかりされてなく、臭いの原因になり、撤去する予定です。これからは、個人用のゴミ箱を利用し、ゴミを捨てる際は、一階のゴミ捨て場に直接持ってくるよう、ご協力お願いします。

この文章を書いた一番の目的は何か。

① 個人用のゴミ箱を準備するように知らせている。

② 共用ゴミ箱をきれいに使ってもらうことを求めている。

05

掃除機の問い合わせ

　1か月前、貴社の掃除機を購入しましたが、一週間も経たないうちに壊れ、修理に出しました。しかし、修理を受けて三日も経っていませんが、また故障しました。故障が相次ぐ理由は、製品自体に問題があるからではないかと思います。新しい製品に交換できるか確認お願いします。

この文章を書いた一番の目的は何か。

① 故障した製品の再修理ができるかを聞くため

② 故障した製品を新しい製品に交換できるかを聞くため

06

新製品の先行予約についての案内

　4月に新製品ミネラルクッションが発売される予定です。今日から3月15日まで先行予約をされた方には15％の割引と、特典として収納楽々ポーチを差し上げます。3月16日から発売前まで予約された方には、15％の割引を提供させていただきます。

新製品の先行予約について正しいものはどれか。

① 今日から3月15日まで予約すれば15％割引とおまけのポーチがもらえる。

② 今日から3月15日まで予約すれば15％割引だけが受けられる。

실전 대비하기 1

問題10 次の(1)から(5)の文章を読んで、後の問いに対する答えとして最もよいものを、1・2・3・4から一つ選びなさい。

(1)
　読書についての誤解の一つはできるだけたくさんの本を読むべきだという考え方です。確かに多くの本に触れることで知識が増えて視野が広がるのは事実ですが、量を追求するあまり、一冊一冊を深く味わうことができなくなればそれはもったいないことです。読書の速さや冊数よりも本との向き合い方が大事です。読書を通して得られる本当の価値は本の内容を暗記することではなく、著者の異なる世界観と自分の考えや経験と結びつけて新たな気づきを得ることなのです。

1 筆者は読書についてどのように考えているか。
1. 量が多いほど視野が広がるから、できるだけ多く読書をするべきだ。
2. 本の内容をそのまま暗記するくらいなら、読書をしないほうがいい。
3. 読書をすることで、自分の考え方が著者の世界観と似てくる。
4. 読書の価値は、本の内容を自分の考えと結びつけることにある。

(2)
以下は、ある会社が出したメールの内容である。

社員各位

　現在、一階ロビーに設置されているコーヒーマシンは今週金曜日に撤去(注1)されることになりました。

　今まで社員の皆様に無料でコーヒーを提供してきましたが、コーヒーマシンの利用者は減少傾向にあり、少ない利用者のために総務部員が毎日マシンを洗浄(注2)し、発注・管理するのが難しくなってまいりました。

　今後は各自で飲み物を購入しに行く、または持参するなどしていただけますよう、お願いいたします。

総務部

admin-jp@abc.co.jp

(注1) 撤去する：その場所から取る
(注2) 洗浄する：洗う

2 この文書を書いた一番の目的は何か。

1　総務部員が減り、コーヒーマシンの管理が難しくなったことを知らせること
2　コーヒーマシンがなくなるので、来週からは飲み物を各自で用意することを知らせること
3　コーヒーマシンの利用者が減っているので、もっと使ってほしいというお願い
4　コーヒーマシンが故障しているので、各自で飲み物を用意してほしいというお願い

(3)

　犬が「成犬」になるのは犬が生まれてから一年半くらいだと言われています。小型、中型、大型の犬種によって多少変わりますが、その後、犬は一年に人間の４歳分ずつ、歳を重ねます。犬の成長は人間とは違い、あっという間に大人になってしまうのです。犬が子供である時期は短いですが、その間にしっかり「しつけ」をすることが大切です。そうしなければ、犬は人にかみ付いたり、人間との主従(しゅじゅう)関係(注)をうまく築けなくなったりしてしまうのです。

（注）しつけ：礼儀や決まり、ルールなどを教えること

[3]　筆者の考えに合うものはどれか。
　　１　どんな犬でも成長の速さは変わらない。
　　２　犬の成長は人間より一年半くらい遅い。
　　３　犬との関わりは生まれてから一年半が重要である。
　　４　犬が生まれて一年半くらいしたら、しつけを始めるべきである。

(4)

以下は、ある町の掲示板にあったお知らせである。

5月1日

町内会の皆様

東町内会　会長

<u>ごみ捨てについて</u>

　現在、ごみの回収日は月木金土となっています。月曜日と金曜日は生ごみ、木曜日は缶とビン、土曜日はプラスチックごみの回収日です。しかし、近ごろは、ごみ回収日の前日にごみを捨てる方がいるようで、翌日までに猫やカラスにより、ごみが食い散らかされてしまう場合があります。

　つきましては、再度ごみの回収日を確認のうえ、ごみは前日には捨てず、マナーを守っていただけますよう、お願いいたします。

4 この文章を書いた、一番の目的は何か。
1 ごみの回収場所を片付けることを求める。
2 ごみの回収場所を確認することを求める。
3 ごみ回収日の前日にごみを捨てることを求める。
4 ごみ回収日の前日にごみを捨てないことを求める。

(5)

　新人研修において決まって指導されるのが報告、連絡、相談を指す「ほうれんそう」だ。部下から上司へ一方的に実践するものだと誤解されがちだが、実際には双方向で重要な考え方である。

　上司が幹部(注)会議の内容を部下に報告することで、経営方針や戦略が共有され業務に迅速に反映できる。また、業務の最前線にいる部下に新規企画について相談すれば、現場の視点から現実的なアイデアが得られるかもしれない。互いに意識することで、業務が円滑に進み、働きやすい職場になっていくのである。

（注）幹部：会社の中心となる人

5 筆者の考えに合うのはどれか。
1　「ほうれんそう」は、部下からだけでなく上司からも積極的に行うべきだ。
2　上司が「ほうれんそう」をすることで、部下の業務のスピードが速くなる。
3　部下が「ほうれんそう」をすることで、いいアイデアが出やすくなる。
4　「ほうれんそう」は、業務を円滑に行うためにしっかり指導するべきだ。

실전 대비하기 2

問題10 次の(1)から(5)の文章を読んで、後の問いに対する答えとして最もよいものを、1・2・3・4から一つ選びなさい。

(1)
　子どもは大人が思いもよらない発想で物事を見ることがある。彼らの創造性と想像力は、まだ社会のルールや常識に縛られていないからこそ自由なのだ。私たち大人はそれを「それは違う」「そんなことはできない」と簡単に否定してしまいがちだ。しかし、子どもの奇抜なアイデアを頭ごなしに否定せず一度受け入れることで、彼らの成長を促すだけでなく私たち自身も新たな視点を持つことができる。子どもの創造性を尊重することは私たち大人の世界をも豊かにしてくれるのだ。

1 筆者の考えに合うものはどれか。
1　子どもの創造性は、大人になるにつれて失われていくものだ。
2　子どもの創造性は、自由な社会であるからこそ成長していく。
3　子どもの創造性を尊重することで、大人も新しい視点を得られる。
4　子どもの創造性を伸ばすためには、大人が豊かな創造性を持つべきだ。

(2)
以下は商品を注文した会社がメーカーに送ったメールである。

宛　先：nakadafurniture@jap.com
件　名：注文商品について

株式会社ナカダ家具 営業部 田中誠様

お世話になっております。ミヤコデパートの山本です。
本日メールを拝見しました。
納品が予定より遅れるとのことですが、注文時にお伝えしましたとおり、今回注文した家具セットは今月25日からのリニューアルオープンフェアで展示販売する予定のものです。つきましては、フェアの前日までに少なくともダイニングセット5セットは納品していただくことは可能でしょうか。
間に合わない場合は、注文全体のキャンセルも検討せざるを得ません。早急にご回答いただきますようお願い申し上げます。

ミヤコデパート
インテリア課 山本直子

---

[2] このメールの用件は何か。
1　注文した家具の数を5セットに変更できるかどうか知りたい。
2　注文した家具の一部をフェアの前日までに納品できるかどうか知りたい。
3　注文した家具のすべてをフェアの前日までに納品できるかどうか知りたい。
4　注文した家具のすべてをキャンセルできるかどうか知りたい。

(3)
　体の色や形状を背景に溶け込ませ天敵(注1)の目を逃れる昆虫は数多く存在しますが、中でも達人と名高いのがナナフシです。ナナフシは、枝や茎、葉っぱに擬態(注2)して影を潜めます。強力な攻撃力や秀でた(注3)身体能力を備えない代わりに擬態という巧妙な技を発達させました。また、死んだふりも得意です。脚をピンと伸ばしたまま地面に落下して静止していることもしばしばあります。このような一見無防備な(注4)体勢が天敵の目に留まりにくく、かえって自己防衛に役立っているのです。

(注1) 天敵：敵
(注2) 擬態する：他のものの姿に似せる
(注3) 秀でた：優れた
(注4) 無防備な：備えがない

3　ナナフシという虫について、筆者はどのように述べているか。
　1　周囲の植物に同化して、天敵から見つからないようにする。
　2　運動能力がないので、天敵に見つかったら命が危険になる。
　3　擬態しているときに天敵に見つかると、死んだふりをする。
　4　天敵に見つかっても、無防備な状態のままでいる。

(4)
　私は何らかの要因により保護者と同居できない児童を育成するための施設に勤務している。施設では安全が保障(ほしょう)されるが、一般家庭と同様の養育を施すのはたやすくないと気づかされた。リクエストしたメニューが食卓に並んだり、夕食後リビングで団らん(注)したり、一人でゆったり湯舟に浸かるといった何気ない日常に触れることなく独り立ちすることがそうだ。そうすると未来の家庭像が形成されにくいということがある。一般家庭で児童を迎え入れる制度が推し進められている背景にはそういう事情があるのだ。

（注）団らんする：集まって楽しい時間を過ごす

4 筆者がこの施設で働いて、わかったことはどのようなことか。
1　この施設で育った児童も一般家庭で育った児童のように育つこと
2　一般家庭での当たり前を知らずに大きくなる児童がいること
3　施設では一般家庭のような生活を送ることを目指していること
4　制度が見直され、一般家庭で育てられる児童が増えたこと

(5)

　特別な瞬間を写真に収めようとしたが、間に合わなかったなんて経験をした人も多いだろう。思い出を記録する道具としてカメラは欠かせないが、いつでもカメラを持っているわけではないので、チャンスを逃してしまうことがある。しかし、人間は「覚えておく」ことができるので、いつでもどこでも感じたことを逃さずに記録できる。考え方によっては、人は皆、どんなカメラよりもすばらしい「心のカメラ」を持っているのかもしれない。

[5] 筆者の考えに合うものはどれか。
1 写真を撮るチャンスを逃す場合があるので、カメラはいつでも持ち歩いている。
2 カメラを持っていれば、いつでも思い出を記録できるので便利である。
3 人は覚えておくことができるが、カメラの記録能力のほうがすばらしい。
4 人は覚えておくことができ、どんなカメラよりもすばらしい記録能力を持っている。

실전 대비하기 3

問題10 次の(1)から(5)の文章を読んで、後の問いに対する答えとして最もよいものを、1・2・3・4から一つ選びなさい。

(1)
　大学では様々な学問を、広く浅く勉強するのに対し、大学院では自分の研究分野をより深く研究します。ですから、大学院に進むと、自らの専門性を高められます。そして、研究を通して自分をさらに磨きたい、成果を出したいと考える人に囲まれた環境に身を置くことになるため、自分も何とかがんばらなければという気持ちが働き、研究活動に打ち込むようになります。そのような場を提供（ていきょう）してくれる大学院は、人としての成長につながる場所だと思います。

1 筆者の考えに合うのはどれか。
1. 大学院は専門性を高めるための場所で、それ以外の目的はない。
2. 大学院で学ぶことによって、研究だけでなく自分を成長させることもできる。
3. 努力している人達の中で生活していると、自分の努力を足りないと思う。
4. 同じ研究をしている人達と一緒に活動することは、大学院のいい点だ。

(2)
　同じ楽器といえども、その響きは操る者の腕前に委ねられる。奏者の日々の積み重ねが聴く人の心を揺さぶる音色を生み出すのだ。
　私は中高年に差し掛かり、かつて挫折(注1)したピアノを再開した。最初の課題曲は苦い思い出が残るものだったが、リベンジするという決意を胸に特訓に励んだ。その甲斐あってかアマチュアのコンクールで入賞を果たすまでに上達したのだ。水面に悠然(注2)と浮かぶ水鳥が海中でバタバタと水かきしているように、人を魅了する演奏は日頃の鍛錬の賜物(注3)であることを痛感させられた。

(注1) 挫折する：失敗してやる気をなくす
(注2) 悠然と：落ち着いて
(注3) 賜物：成果

2 ピアノについて、筆者の考えに合うのはどれか。
1　努力をすれば誰でもきれいな音色を出すことができるようになる。
2　美しい音色で演奏するためには、努力を継続することが必要である。
3　諦めずに挑戦を続ければ、どんな曲でも弾けるようになる。
4　人に見えないところで努力を重ねることで、より早く上達する。

(3)

以下は、ある会社の社内文書である。

8月1日

社員各位

総務部課長

防災訓練についてのお願い

9月1日は防災の日です。台風、地震に備えて準備をしましょう。

先日、お知らせした通り、防災訓練を実施いたします。訓練開始時に社内にいる方は、全員ご参加くださるようお願いいたします。

つきましては、避難用リュックサックの中の品物をご確認の上、不足品がありましたら、8月10日までに各部でとりまとめ、総務部までご連絡ください。

なお、訓練内容につきましては、7月25日のメールをご確認ください。

以上

3 この文書で、一番伝えたいことは何か。
1 防災訓練に備えて準備をしなければならないこと
2 避難用の品物の不足分の報告をすること
3 総務部から避難用の品物を受け取ること
4 防災訓練の全員参加をお願いすること

(4)
　優先席に座っていたある日のことだ。目の前に年配の人が立っていたので席を譲ろうとしたら、「まだそんな年寄りじゃありませんよ」と感謝されるどころか、怒られてしまった。お年寄りに気がつかずに座っていると、「若いんだから立ちなさい」と周りから言われることもある。難しいところだ。席を譲られたらうれしいと思う人、譲られて不快な気持ちになる人と様々だ。一番いいのは自分が元気なら優先席に座らないことかもしれない。

[4] 筆者の考えに合うのはどれか。
1　席を譲るときは、周りから言われるまで待つ。
2　席を譲られても、感謝する人は少ないので譲らない。
3　席を譲られても、うれしいと思わない人もいる。
4　席を譲るのは難しいので、座らないようにしている。

(5)
以下は、紅茶の販売店から届いたメールである。

お客様各位(かくい)

いつもティーハウスをご利用いただき、ありがとうございます。

4月1日より、春の紅茶フェアを開催します。会員の皆様は普段のお買い物と同様に定価の10％引きで商品をご購入(こうにゅう)いただけますが、フェアの期間中に春の新商品をお求めいただいた会員様には、次回のお買い物にご使用いただける20％割引券を差し上げます。
皆様のご来店をお待ちしております。

https://tea-house.co.jp/fair

フェアの詳細(しょうさい)は、ホームページよりご確認ください。

---

[5] このメールで紹介されている会員サービスについて、正しいものはどれか。
　　1　紅茶フェアの期間に行くと、割引券がもらえる。
　　2　紅茶フェアの期間も、1割引きで商品が買える。
　　3　紅茶フェアの期間は、2割引きで買い物ができる。
　　4　紅茶フェアの期間は、新商品が3割引きで買える。

무료 온라인 실전모의고사·학습자료 제공
해커스일본어 japan.Hackers.com

내용이해(중문)

[문제 11 내용이해(중문)]는 500자 내외의 지문을 읽고 올바른 것을 고르는 문제로, 지문 3~4개와 각 지문과 관련된 문제 2~3문항씩, 총 8~9문항이 출제된다. 지문은 특정 이슈에 대한 비교, 경험, 예시가 포함된 에세이가 출제되며, 필자의 생각이나 주장 또는 단락의 세부 내용을 묻는 문제가 출제된다. 최근에는 4지문 8문항 구성으로 주로 출제되고 있다.

핵심 전략

1 질문은 주로 단락 또는 글 전체에서 알 수 있는 필자의 생각이나 세부내용을 묻는다. 각 질문이 무엇에 대한 필자의 생각이나 세부내용을 묻는지 파악하고 관련 내용을 지문에서 찾아 일치하는 것을 정답으로 고른다.

> 예 個性について筆者の考えに合うのはどれか。 개성에 대해 필자의 생각과 맞는 것은 어느 것인가?
> 　　筆者によると、「話し言葉」の重要な特徴は何か。 필자에 의하면, '구어체'의 중요한 특징은 무엇인가?

2 밑줄이 있는 질문은 지문에서 밑줄 친 부분의 앞 또는 뒤의 내용과 일치하는 것을 정답으로 고른다.

> 예 誤解が生じてとあるが、どのようなときに誤解が生じるのか。
> 　　오해가 생겨서라고 하는데, 어떤 때에 오해가 생기는가?
> 　　この場合とはどんな場合か。 이 경우란 어떤 경우인가?

3 각 질문의 단서는 대체로 지문에서 순서대로 언급된다. 따라서 지문을 처음부터 읽으면서 문제 순서대로 질문과 관련된 단서를 찾고, 찾은 내용을 바탕으로 해당 문제의 정답을 고른다.

문제 풀이 Step

Step 1 질문을 읽고 무엇을 묻는지 파악하고 핵심 어구에 표시한다.

먼저 질문을 읽고, 무엇에 대해 묻고 있는지, 지문에서 어떤 내용을 찾아야 하는지를 파악하고 핵심 어구에 표시한다.

질문 　[少子化社会の問題点]について、筆者の考えに合うものはどれか。
　　　저출산 사회의 문제점에 대해, 필자의 생각과 맞는 것은 어느 것인가?

Step 2 지문을 읽으며 정답의 단서를 찾는다.

각 질문에 대한 단서는 대체로 지문에서 순서대로 언급되기 때문에, 지문을 처음부터 읽으면서 질문에 대한 정답의 단서를 찾는다.

지문　[少子化社会]が進行していくことにより若い世代の人口は減少しつづけ、社会の核となり働く労働者数が減少してしまいます。そうなると、将来的には日本経済に大きなダメージをもたらすことにもなりえます。

저출산 사회가 진행됨으로써 젊은 세대의 인구는 계속 감소하고, 사회의 핵이 되어 일하는 노동자 수가 감소해 버립니다. 그렇게 되면, 장래적으로는 일본 경제에 큰 대미지를 불러일으키게 될 수도 있습니다.

Step 3 지문에서 찾은 정답의 단서와 일치하는 선택지를 정답으로 고른다.

질문을 다시 한 번 읽고 각 선택지를 읽으면서, 정답의 단서와 일치하는 내용의 선택지를 정답으로 고른다. 선택지는 지문에서 사용된 표현이 그대로 사용되지 않고, 동의어나 비슷한 표현으로 바꾸어 제시되므로, 지문과 선택지 모두 정확하게 해석하고 정답을 고를 수 있도록 유의한다.

선택지　1　少子化はそれまで増え続けていた人口の上昇を食い止めてしまうものである。
　　　　　저출산화는 그때까지 계속 늘고 있던 인구의 상승을 저지해 버리는 것이다.

✓　2　少子化が進むことで、労働力が不足し、日本の財政に影響を及ぼすおそれがある。
　　　　저출산화가 진행되는 것으로, 노동력이 부족해지고, 일본 재정에 영향을 미칠 우려가 있다.

문제 풀이 Step 적용

問題11 次の文章を読んで、後の問いに対する答えとして最もよいものを、1・2・3・4から一つ選びなさい。

　日本には梅雨の時期があります。江戸時代から使われている言葉で、雨期、つまり、雨がたくさん降る時期のことです。

　5月上旬から中旬にかけて、沖縄地方が梅雨に入ります。梅雨は徐々に北上して、東京が梅雨入りするのはたいてい6月の始めごろです。梅雨は4週間から6週間ほど続きますが、その期間は曇りや雨の日が多くなり、晴れる日が少なくなります。雨が続くと気温も下がり寒くなりますが、晴れると気温は上昇し、蒸し暑くなります。この時期は湿気が多いからです。

　多くの人が、「日本では、梅雨の時期が一年で一番雨の量が多い」と思っています。しかし過去の統計をみると、実際は四国南部や東海地方、関東地方では、梅雨の時期よりも秋のほうが、降雨量が多いことが分かります。これらの地方は、台風の通り道になることが多いからです。

梅雨の時期に蒸し暑くなるのはなぜか。

1　東京は5月上旬に梅雨入りするから
2　日本の梅雨の時期は長く続くから
✓ 3　梅雨の時期は湿度が高い日が多いから
4　晴れる日は少ないが、気温は高いから

Step 1 질문을 읽고 무엇을 묻는지 파악하고 핵심 어구에 표시한다.
　질문의 梅雨の時期に蒸し暑くなるの의 이유와 관련된 내용을 지문에서 찾아야 한다.

Step 2 지문을 읽으며 정답의 단서를 찾는다.
　두 번째 단락에서 蒸し暑くなります。この時期は湿気が多いからです라며 장마 시기가 무더운 이유를 서술하고 있다.

Step 3 지문에서 찾은 정답의 단서와 일치하는 선택지를 정답으로 고른다.
　지문에서 장마 시기가 무더운 이유는 습기가 많기 때문이라고 서술하고 있으므로, 3 梅雨の時期は湿度が高い日が多いから를 정답으로 고른다.

문제11 다음 글을 읽고, 뒤의 물음에 대한 답으로 가장 알맞은 것을, 1·2·3·4에서 하나 고르세요.

일본에는 장마 시기가 있습니다. 에도 시대부터 사용되고 있는 말로, 우기, 즉, 비가 많이 내리는 시기입니다.
5월 상순부터 중순에 걸쳐, 오키나와 지방이 장마철에 듭니다. 장마는 서서히 북상해서, 도쿄가 장마철에 드는 것은 대개 6월 초쯤입니다. 장마는 4주간에서 6주간 정도 계속되는데, 그 기간은 흐린 날이나 비 오는 날이 많아지고, 맑은 날이 적어집니다. 비가 계속되면 기온도 내려가 추워집니다만, 맑아지면 기온은 상승하고, 무더워집니다. 이 시기는 습기가 많기 때문입니다.
대부분의 사람들이, '일본에서는, 장마 시기가 1년 중에서 가장 비의 양이 많다'고 생각하고 있습니다. 하지만 과거의 통계를 보면, 시코쿠 남부나 도카이 지방, 간토 지방에서는, 장마 시기보다도 가을 쪽이 강우량이 많다는 것을 알 수 있습니다. 이 지방들은, 태풍이 지나는 길이 되는 경우가 많기 때문입니다.

장마 시기에 무더워지는 것은 왜인가?
1 도쿄는 5월 상순에 장마철에 들어가기 때문에
2 일본의 장마 시기는 길게 계속되기 때문에
3 장마 시기는 습도가 높은 날이 많기 때문에
4 맑은 날은 적지만, 기온이 높기 때문에

어휘 日本 にほん 명일본   梅雨 つゆ 명장마   時期 じき 명시기   江戸時代 えどじだい 명에도 시대   雨期 うき 명우기   つまり 접즉
上旬 じょうじゅん 명상순   中旬 ちゅうじゅん 명중순   ~にかけて ~에 걸쳐   沖縄地方 おきなわちほう 명오키나와 지방
梅雨に入る つゆにはいる 장마철에 들다   徐々に じょじょに 부서서히   北上 ほくじょう 명북상   東京 とうきょう 명도쿄
たいてい 부대개, 대강   始め はじめ 명초, 시작   続く つづく 통계속되다, 잇따르다   曇り くもり 명흐림
雨の日 あめのひ 비 오는 날   晴れる日 はれるひ 맑은 날   気温 きおん 명기온   下がる さがる 통내려가다, 떨어지다
上昇 じょうしょう 명상승   蒸し暑い むしあつい い형무덥다, 찌는 듯이 덥다   湿気 しっけ 명습기   量 りょう 명양
~と思う ~とおもう ~라고 생각하다   しかし 접하지만, 그러나   過去 かこ 명과거   統計 とうけい 명통계   実際 じっさい 명실제
四国 しこく 명시코쿠   南部 なんぶ 명남부   東海地方 とうかいちほう 명도카이 지방   関東地方 かんとうちほう 명간토 지방
降雨量 こううりょう 명강우량   台風 たいふう 명태풍   通り道 とおりみち 명지나는 길, 다니는 길

실력 다지기

질문에 대한 답으로 적절한 것을 고르세요.

01
> 潔癖症は、不潔なものを病的に恐れ、清潔さを追求する症状を言う。完璧を求め、融通が利かない症状もあるが、皆がそういうわけではない。潔癖症はストレス性恐怖症の一つで、現代の社会を生きる人には発症しやすく、うつ病とも関連がある。

筆者によると、「潔癖症」の主な特徴は何か。

① 不潔さを病的に恐れて清潔さを追求する。
② 完璧さを追求して融通が利かない。

02
> 会社帰りに運動をする会社員が多い。運動をすることは健康に良いが、注意する点がある。それは、必ず運動前に軽くでもいいので、ストレッチをすることだ。激しい運動は筋肉を驚かせる可能性があるからだ。特に会社員は一日中座りっぱなしのうえ、緊張した状態から突然動くと体に負担がかかるかもしれない。

会社員が運動をするとき、なぜ特に気をつけるべきか。

① 激しい運動は筋肉を驚かせるから
② 急に動くと体に無理をさせるから

03
> 試験の難易度を調整することは難しい。特に絶対評価の試験の場合は、前の試験と比べ、難易度に大きな差がないようにすることが大切だ。試験が易しいと合格しやすく、難しいと合格しにくい。もし、以前の試験と今回の試験の難易度が違うと、難しかった試験の合格者と易しかった試験の合格者の水準が異なるにも関わらず、合格という同じ結果を受け取る問題が発生する。

問題が発生するとあるが、どんな問題か。

① 合格者の水準が違うのに同じ合格の結果をもらう。
② 試験に不合格する人が多くなる。

04
　　月日が経つにつれて本屋に行くことが好きになった。本を読むのも楽しいし、適度な人ごみの中にいるのも好きだ。最近は本屋の中にカフェが入り、大好きなコーヒーも飲めるようになった。その中でも特に私は本屋の匂いが好きだ。本屋の匂いとは本屋にいる人の匂いでもなく、コーヒーの匂いでもない、新しい本の匂いだ。

本屋の匂いとあるが、何か。

① 新しい本の匂い

② 本屋にいる人々の匂い

05
　　雨の日には傘を準備しなければならないし、外部活動の妨げになるなどして、嫌がる人がいる。でも、私は雨の日が好きだ。雨の音を聞くと心身が安らぎ、窓から雨の日の景色を見ていると、なぜか気分が良くなる。しかし、外出する予定がある日には、雨はあまり好きではない。服が濡れ洗濯するのも面倒なうえ、家の中の湿気を取り除くことに手間がかかるからである。

雨の日について筆者の考えに合うものはどれか。

① 雨が降っている景色が好きで、雨の日は出かけたくなる。

② 雨の音を聞くことは好きだが、服が濡れたりすると不便だ。

06
　　外国に住んでいた頃、住民登録のために公共機関を訪ねたことがある。入口を通った後、どこに行けばいいのかわからず、職員に見える人に英語で尋ねてみた。しかし、その人は英語ができず、まともに対応してもらえなかった。やっと窓口にたどり着いたと思ったら、窓口の職員も英語での会話が通じなかった。帰国後、偶然公共機関を訪ねたとき、外国人が困った様子だった。手を差し伸べる人が誰もおらず、私から声をかけた。公共機関では外国語ができる職員がいて、手伝ってくれればいいのに、と思った。

この文章で筆者が言いたいことは何か。

① 公共機関に外国語が話せる人がいて、外国人を助けてほしい。

② 公共機関では外国人を親切に助けてほしい。

실전 대비하기 1

問題11 次の(1)から(4)の文章を読んで、後の問いに対する答えとして最もよいものを、1・2・3・4から一つ選びなさい。

(1)
以下は、スポーツチームの運営についての文章である。

　スポーツチームを運営するうえで、最も難しい課題がチームの財政基盤を安定させることです。多くのスポーツチームは入場料収入だけでは経営が成り立たず、スポンサーからの支援が不可欠です。しかし、スポンサー企業も単なる社会貢献ではなく、自社のイメージ向上や宣伝効果を期待しているため、チームの成績が振るわなければスポンサー離れが起こりやすくなります。これでは現在の成績を保つことすら難しいでしょう。
　こうした悪循環を脱却しようと、近年注目されているのがファンとの関係性の強化です。特にSNSの普及により、選手や運営側が直接ファンとコミュニケーションを取ることが可能になりました。日々の練習風景や選手のオフの一面を公開することで、ファンは単に試合結果だけでなくチーム全体に愛着を持つようになります。このような手法はチームの成績だけに依存しない安定した支持基盤を作り上げるのに大きな力をもたらしています。結果として、成績が一時的に低迷しても離れないファンが増え、スポンサー企業にとっても継続的な価値を提供できるようになるのです。
　スポーツチーム運営において最も重要なのは、長期的な視点を持つことです。短期的な成績に一喜一憂するのではなく、地域との連携や若手育成やファンコミュニティの構築など、息の長い活動が必要です。勝利至上主義に走れば、選手の使い捨てや無理な投資につながり、最終的にはチーム自体の存続を危うくします。一方で、地域に根ざした活動を通じて子供たちにスポーツの楽しさを伝えることは将来のファンや選手の育成にもつながります。つまり、スポーツチームの運営は勝つことだけを目標にしていてはいけません。

（注1）一喜一憂する：一つ一つの出来事に喜んだり悲しんだりすること

（注2）勝利至上主義：勝つことだけを重視する考え方

[1] こうした悪循環とあるが、どのようなことか。
1 チームの成績が悪いとファンが減少し、さらに財政が悪くなること
2 チームの成績が悪いとスポンサー企業が離れ、さらに成績が下がること
3 チームの成績が悪いとスポンサー企業のイメージまで下がること
4 チームの成績が悪いとファンとの関係性まで悪くなること

[2] スポーツチーム運営について、筆者の考えに合うのはどれか。
1 勝利至上主義に走るチームは一時的に成績が上がるが、財政基盤は安定しない。
2 安定した財政基盤を持つチームは強いファンコミュニティが構築されている。
3 成績が低迷しても離れない地域に根ざしたスポンサー企業の貢献が重要である。
4 勝利だけでなく地域連携や若手育成などにつながる長期的な視点が必要である。

(2)

　同僚が新人に仕事の説明をしているのを聞き、非常に感心したことがある。一対一で教えていたのだが、新人は聞きながら熱心にメモを取っていた。説明を終えた後、彼は「メモを見ても分からなかったらいつでも聞いて下さい」と言った。その言葉で、緊張していた新人が本当にホッとして、「ありがとうございます」と言うのがわかった。

　「わからないことがあったらまたいつでも聞いて」とは、誰もが言えるかもしれない。私もよく言うし、気持ちの上でもその言葉にウソはない。しかし「メモを見てもわからなかったら」という具体的な一言は、決定的に響き方が違う。メモは取ったが理解できているかどうか、聞いた通りにできるかどうか不安に思う人は多いだろう。実際、仕事を始めると、メモを見てもわからないことはある。そんな時、本当に質問しやすくなる一言である。また、まじめにメモを取っていたことを評価し、その上でわからなくても大丈夫、と安心させる言葉だと思った。

　具体的な言葉は、人に響く。具体的にほめられるとうれしいのが良い例だ。がんばったね、だけでなく、何を、どうがんばったのか、何がうれしいのか、簡単でも具体的な一言を加えれば、その言葉は相手に響き、仕事も人間関係もスムーズになる。そしてそれは、自分自身への評価を高めることにもなるはずだ。

3 新人が本当にホッとしてとあるが、どのようなことにホッとしたのか。
   1 説明がわからないときは、いつでも質問できること
   2 メモがうまく取れていなくても、評価してくれること
   3 メモを取っていても、わからないときは質問できること
   4 まじめにメモを取っていれば、間違っていてもいいこと

4 筆者によると、具体的な言葉にはどのような効果があるか。
   1 相手への伝わり方が違うので、言わない時より相手はうれしくなる。
   2 相手を評価するので、相手の緊張をなくし、安心させることができる。
   3 言葉が響くので、仕事も人間関係もスムーズに評価できる。
   4 仕事も人間関係もスムーズになり、言った人の評価も高くなる。

(3)

　九州などの地方都市を旅行する際によくある光景だ。多くの旅行者は、同僚や家族へのお土産を買おうと地元の店に立ち寄るが、そこで困惑することがある。店に並ぶお菓子や特産品はどれもどこかで見たような、全国どこにでもあるようなものばかりで、その地域ならではの特色が感じられないのだ。結局、多くの人は店員に勧められた「一番人気」の商品を選んで購入することになる。

　最近、どこの町を旅行しても、同じレストラン、同じコンビニで、同じものを食べているような気になる。その土地にしかないものを選んで食べているし、その場所にしかない景色を見ているはずなのに、どこに行っても同じ町のように感じるのだ。どうして、こんなに均一化(注1)されてしまったのだろう。

　以前の日本はこうではなかった。地方ごとに、その地域に合った物を、その地域にしかない店で売っていた。しかし、日本中にチェーン店が店を出し、同じ看板で同じ品物、同じメニューが並ぶようになったため、他の地域との違いが目立たなくなったのだろう。

　日本は小さい国だ。しかし、地方文化の多様(注2)な国でもある。食も風景も、人々の様子も、北と南ではかなり違う。地方都市は、大都市と同じ風景を求めるのではなく、その土地の持っている良さを、もっとアピールすべきではないだろうか。

（注１）均一化：どれも同じにすること

（注２）多様な：いろいろな種類がある

5 筆者が旅行で感じていることは何か。
1 どこに行ってもその土地にしかないものが選べる。
2 その土地にしかない物しか買えなくて不便だ。
3 地方都市ではチェーン店が多いが、目立たない。
4 どの町に行っても、同じような風景になってしまった。

6 地方都市について、筆者の考えに合うのはどれか。
1 地方文化はいろいろ違うので、その土地の良さをアピールすべきだ。
2 日本の北と南では文化が違うので、同じものを求めてはいけない。
3 大都市と同じものを求める気持ちはわかるが、同じ店を作るべきではない。
4 日本は小さい国なので、どの町も同じような町にする必要がない。

(4)
　選択の自由は生き物としての根本的な欲求であり、選択肢が豊富であるほど個人の自由が拡大し、幸福が増幅すると長らく信じられてきました。信仰や職業選択の自由は国の法律でも保障されているほどです。現代においては、多様性が尊重され、かつてのように社会や親から価値観を押しつけられるようなことも格段に減りました。

　しかし、この自由がかえって人々の幸福度を低減させているという指摘があります。選択肢が多すぎると最良の決断を見極めることが容易ではなくなり、決断に対する後悔が生じやすくなるからです。選択肢が一つであれば後悔の余地がありませんが、複数存在すると、果たして自分の選択が最善だったのだろうかと何度も自問自答することになり、精神的な負担に転じてしまうのです。

　これを防ぐには、あえて選択肢を狭めることが功を奏します。例えば、バイト先を選ぶ際にも数多くの選択肢に気持ちが揺れがちですが、あらかじめ基準を設けて候補を絞り込みます。バイトの目的が収入であれば、時給を唯一の条件とし、適合しない選択肢は排除してしまうのです。そうすれば後々後悔することが減り、余計な悩みから自身を解き放つことができます。

（注1）根本的な：基本的な

（注2）増幅する：大きくなる

（注3）〜の余地がない：ここでは、〜したくてもできない

（注4）功を奏する：効果を現す

[7] この自由とはどんなことか。
1 多くの選択肢の中から自分で選べるようになったこと
2 個人の自由が尊重されるようになったこと
3 社会や親から自分の選択を強制されなくなったこと
4 最良の選択肢を見つけるまで自由に悩めるようになったこと

[8] この文章で筆者が言いたいことは何か。
1 自分の選択は自分で行うことで、精神的な自由が大きくなる。
2 自分にとって最善の選択ができると、精神的に自由になる。
3 目的だけを優先して選択していると、精神的な自由がなくなってしまう。
4 選択における自由を減らすことで、精神的な自由が手にいれられる。

실전 대비하기 2

問題11 次の(1)から(4)の文章を読んで、後の問いに対する答えとして最もよいものを、1・2・3・4から一つ選びなさい。

(1)
　今の自分を変えたいと思っている人が少なくない現代、そのような本が売られていたり、またそのためのセミナーが実施されていたりもする。

　本やセミナーで紹介されているのはだいたい、努力が必要だという内容であるが、果たして努力が持続する人はいったいどのぐらいいるのだろうか。私には無理だ。私と同じ意見の人も多いだろう。努力を長続きさせることは難しく、失敗に終わることが多いのではないか。なぜなら、努力というのはたいていつらいものだからだ。変化の過程はつらいものだというのが前提(注)なのだ。

　では、どうすれば自分が変えられるのか。

　自分を変えたいと思っている人はまず、どうやったら自分を変えられるか考えないことだ。「考えずにどうやって行動するの?」と思う人がいるかもしれない。しかし、考えることは変化を先延ばしにしているだけで意味がないのだ。またあれこれ考えてしまうのは、変化を恐れているからかもしれない。そのような準備時間など要らない。行動するために準備をするのではなく、行動しながら準備をするといい。行動をすると変化が感じられる。その変化の過程を楽しめると、自分を変えられるのだ。

（注）前提：ある出来事が成立するための基本となる条件

1 筆者によると、本やセミナーで紹介される内容はどんなことか。
1 自分を変えるためには努力が必要であるということ
2 努力をすることが長く続く人はあまりいないということ
3 努力というものは本来、つらいものであるということ
4 自分を変えるというのはつらい過程が必要だということ

2 自分を変える方法について、筆者の意見と合うのはどれか。
1 自分を変えるためには努力し続けることが大切だ。
2 自分を変えるための努力はつらいが、過程を楽しむといい。
3 どうやって自分を変えるか考えて、準備することが大切だ。
4 自分を変えたい人は考えないですぐに行動するといい。

(2)

　アフリカで誕生した人類は、3万8千～3万年前にどうやって大陸から日本列島まで来たのだろうか。当時は今よりも気温が低く、海の表面は今より80メートルほど低かったらしいが、それでも海は越えなければならなかった。海を渡った方法を探ろうと国立科学博物館のチームが、木をくりぬいただけの船で、台湾から沖縄まで渡る実験をし、無事に成功した。地図や時計を持たず、太陽や星の位置を頼りに方角を決め、200キロを丸2日近くこぎ続けたという。人類はこのように移動し、世界に広がったと証明できた。

　しかし、人はなぜ、死の危険があるのに移動したのか。環境が悪くなり移動した場合もあっただろうが、人がもともと持つ好奇心が大きな理由ではないか。海の向こうに何があるのか。知りたい、行きたいという強い気持ちが冒険へ向かわせたのではないだろうか。そして、それを実現できたのは、人が力を合わせて協力する社会性のある動物だったからだろう。メンバーがみんなで力と知恵を出し、困難を越えて、目的を達成する。元の部分にそのDNAがあるからこそ、人類は多くの場所で町を作り、それを大きくしてきたのだ。大昔から伝えられてきたこの精神は、今後も変わることはないだろう。

（注1）くりぬく：中の物を抜いて出し、穴をあけること
（注2）達成する：目標や大きな物事をして成功すること

[3] 海を渡る実験では、どのようなことが分かったか。
1 人類が木をくりぬいただけの船で移動していたこと
2 人類がどのように移動し、世界に広がったかということ
3 人類が地図や時計を頼りに方角を決めていたこと
4 人類が沖縄から台湾まで丸2日近くこぎ続けたこと

[4] 筆者によると、人類が移動した一番の理由は何か。
1 死ぬかもしれないような冒険をしたいと思ったから
2 住んでいるところの環境が悪くなったから
3 行ったことがない場所や知らないことに興味を持ったから
4 自分たちに社会性があるか知りたかったから

(3)

　<u>ひとりっ子</u>はきょうだいがいないため、家庭内で大人と過ごす時間が比較的長くなる。その結果、自然と大人の会話や価値観に親しみ、年齢に比して落ち着いた応答や思考を示すことが多いという。また、自分のペースで遊びや学びを深める時間が豊富にあるため、想像力や主体性が育ちやすいとも言われている。さらに、親の関心や愛情が一身に注がれることで自身の感情や意見を尊重する姿勢が養われやすい傾向も見られる。

　一方、きょうだいがいる子どもは日常的に他者との関わりを通じて、自己抑制(注1)や協調性を自然に学び取る機会に恵まれている。例えば、欲しいものを譲ったり、役割を分担して物事に取り組んだりする中で、対人関係における柔軟性や共感力を培って(注2)いく。特に年下のきょうだいがいる場合には、世話をする過程で思いやりや責任感が育まれることも少なくない。

　家庭環境によって育まれる力は異なるものの、いずれの子どもにもその子なりの長所や成長の可能性がある。親や周囲の大人がその個性を理解し、適切に支援することでどのような環境でも子どもは豊かに成長していくことができるのである。

（注１）自己抑制：自分の感情や欲求をおさえること
（注２）培う：身につける

[5] 筆者はひとりっ子について、どのように述べているか。
1 他者との関係性を大切に考え、尊重してふるまう傾向がある。
2 大人との関わりが多いため、落ち着いた言動が身につきやすい。
3 きょうだいがいないため、自然に社会性を培うことが難しい。
4 親の関心や愛情を一身に受けることで、主体性が育ちにくくなる。

[6] 筆者はきょうだいがいる子の長所はどのような点だと考えているか。
1 日常的な関わりの中で、自己抑制や協調性を身につけられること
2 役割を与えられることで、自然と自分の意見を主張できるようになること
3 大人と接する機会が限られている分、きょうだいへの愛情が強いこと
4 きょうだい間のやりとりを通じて、対人関係の難しさが学べること

(4)

　企業が採用選考の際に最も優先するスキルとして対人コミュニケーション能力を挙げる一方で、就活生の半数がその能力に自信を持てないという。社会で必須とされているにも関わらず、求職者にとっては習得困難な能力として立ちはだかっているのだ。

　コミュニケーションの本質は「話す」ことと「聞く」ことである。話し方のコツを伝授する自己啓発書や講演会は巷(注)に溢れているものの、聞く行為に着目する人はごく少ない。しかし、効果的な意思の疎通には、相手の発言から要望をくみ取り、それに応じて話を展開させることが求められるため、聞く力こそが根幹だと言っても大げさではない。

　これの向上には相手に興味を持つことが何よりの近道だ。こう言うと他者に興味が持てない性格だと主張する人がいるが、そもそも人は見ず知らずの人よりも親しい人に対して関心を持つものだ。日頃挨拶しかしない人に「今度引っ越すんです。」と言われても返答に困るかもしれない。親密な友人から同様の話題を振られたら次々に質問が湧いてくるはずだ。

　仮に現時点では無関心な相手でも今後関わり続けるのなら、自発的に働きかけ、相手を知ろうとする姿勢でいることが肝心だ。それによって次第に興味が生まれ、聞き方が上達していく。話し方の習得は次のステップだ。

（注）巷：世の中

[7] コミュニケーション能力について、筆者はどのように述べているか。
1 多くの企業が大学生のコミュニケーション能力に不安を感じていると述べている。
2 社会で要求されるレベルのコミュニケーション能力を持つ学生は少ないと述べている。
3 コミュニケーション能力をテーマにした本や講座が増えてきたと述べている。
4 コミュニケーション能力を考える際に話し方に注目する人が多いと述べている。

[8] 筆者は、コミュニケーション能力を高めるためにできることは何だと考えているか。
1 会話から相手の要求をくみ取り、それに合った話をすること
2 相手の話を聞いて自然と浮かんできた質問を投げ掛けること
3 会話を通して相手のことを知り、興味を持てるようにすること
4 興味がある相手には自分から思い切って話し掛けること

실전 대비하기 3

問題11 次の(1)から(3)の文章を読んで、後の問いに対する答えとして最もよいものを、1・2・3・4から一つ選びなさい。

(1)

　夏になると夕方に突然、たくさんの雨が降ることがあります。夏の夕方の雨は夕立(ゆうだち)と呼ばれ、夏の風物詩(ふうぶつし)(注)の一つでした。しかし最近、時間に関係なく、大雨が降るようになりました。これは、非常に狭い範囲で、短時間に、数十ミリ以上降るもので、局地的(きょくちてき)大雨、またはゲリラ豪雨(ごうう)と呼ばれており、近年、夏になると必ず発生しています。

　この雨が問題なのは、なんといってもいつ降るかといった予測が難しいことです。朝、テレビをつけて天気予報を見たとき、晴れのマークがついていれば、ほとんどの人は出掛けるときに傘を持たずに家を出るでしょう。それなのに、急に気温が下がって、突然、大量の雨が降るのです。うっかり、傘を持たずに出かけた人たちが、屋根のある場所へ走って避難(ひなん)する姿もめずらしくなくなりましたし、「今日、天気予報では晴れだったよね？」などという会話もよく耳にするようになりました。

　日本の夏のイメージは少し変化したように思います。今までは日本の暑い夏のイメージといえば、体を冷やすためのかき氷やうちわ、夏の夜空にあがるきれいな花火などが挙げられましたが、今では、「夏といえば雨！」と言えるほど雨の量が増加しました。ですから、夏はいつも傘を持ち歩くようにすると安心できるでしょう。

（注）風物詩(ふうぶつし)：その季節だけに見られる物や事

[1] 夏の雨にはどのような特徴があるか。
1 短い時間に、狭い地域でたくさんの雨が突然降る。
2 狭い地域にたくさん降るが、突然降ることはない。
3 雨の量は多いが、降るのは夕方だけだ。
4 天気予報が晴れでも、必ず雨が降る時間がある。

[2] 局地的大雨と呼ばれている雨について、筆者はどのように述べているか。
1 短時間でやむため、被害が少ない。
2 夏の午後から夕方にかけて発生する。
3 天気予報で晴れの日に発生する。
4 天気予報だけではわからない。

[3] 日本の夏のイメージは少し変化したとあるが、それはなぜか。
1 気温が年々高くなってきたから
2 突然降る雨が多くなったから
3 天気予報があたらなくなったから
4 雨の降る時間が長くなったから

(2)
　現代社会ではスマートフォンやタブレットの普及により、いつでもどこでも膨大な量の情報に容易にアクセスできる環境が整っている。SNSやインターネットサイトからはどんどん膨大な情報が発信され、多くの人がそれらの消費に相当な時間を費やしている。情報の海に溺れるという表現がぴったりの状況で、多くの人が情報過多(注1)による心理的疲労や不安感を抱えている。

　大量情報社会においては個人の検索履歴や好みに基づいた精密なアルゴリズムによって情報が選別され、個人に合わせて提供される仕組みが確立されている。これは一見便利な機能のように思えるが、実は我々の視野を狭める危険性をはらんで(注2)いる。自分の興味や意見に合う情報だけに接することで「フィルターバブル」と呼ばれる現象が生じ、多様な視点や異なる意見に触れる機会が減少してしまう。そのような情報が排除され自分の関心に合わせた情報だけを受け取るようになった私たちの思想からは多様性が失われていくという問題が起きている。

　この大量情報社会を生き抜くにはまず、情報の質を見極める力を身につけることだ。すべての情報を鵜呑みにする(注3)のではなく、情報源の信頼性や情報の正確性を確認する習慣が必要だ。また、意識的に自分と異なる意見や視点に触れるよう心掛け、情報の多様性を確保しようとする努力も重要である。大量の情報があふれる現代だからこそ、情報リテラシーを向上させ批判的思考を磨くことが、情報に振り回されることなく情報を有効に活用するための鍵となるのだ。

（注1）情報過多：ここでは、人間が処理できる量を超えて、情報があふれている状態

（注2）はらむ：含む

（注3）鵜呑みにする：よく考えずに受け入れる

4 情報の海に溺れるとあるが、それはどのような状況か。
1 膨大な情報がどんどん発信されて、必要な情報を選ぶことができない状況
2 膨大な情報を消費することに、心理的疲労や不安感を感じている状況
3 スマートフォンやタブレットの使用に相当な時間を費やし、生活に問題が出ている状況
4 スマートフォンやタブレットが普及して、正確な情報へのアクセスが難しくなっている状況

5 大量情報社会における個人に合わせた情報提供の問題点は何か。
1 検索履歴に基づく情報提供が確立して、個人の情報が流出する危険性があること
2 アルゴリズムの仕組みによって発信が増えて、新しい情報に追いつけないこと
3 自分が関心を持つ情報にしか触れなくなって、視野がどんどん狭まること
4 思想の多様性が失われて、自分とは異なる意見を排除するようになること

6 大量情報社会における情報の扱いについて、筆者の主張に最も合うのはどれか。
1 情報は質も量も重要だから、できるだけ多くの情報に触れて批判的思考を磨くべきだ。
2 アルゴリズムを利用しないようにして、すべての情報に平等に触れるべきだ。
3 信頼できる情報かどうかを見極めながら、多様な情報に接する努力をするべきだ。
4 情報過多による心理的疲労を防ぐために、受け取る情報量を意識的に制限するべきだ。

(3)

　最近話題になっている本がある。筋トレ、つまり体を強くする筋肉トレーニングに関する本なのだが、トレーニングの仕方ではなく、なぜトレーニングが必要なのかが書かれている。その本によると、筋トレをすることによって、人生を変えることも可能だそうだ。実際、私も筋トレを始めてから、生活がかなり変わった。いや、生活だけでなく、考え方も変わったと思う。体を動かしていることで、気持ちがとても明るくなったのだ。自分の体を自分自身で作り上げていく楽しさは、自分ができることが増えていく楽しさでもある。

　生活の中で変わったことの一つは、睡眠時間だ。筋トレのおかげでよく眠れるようになった。そのことをオーストラリア人の友人と話したのだが、その友人は1日に7時間は眠るようにしていると言っていた。毎日、仕事でとても忙しい人なので、「寝るのがもったいなくないか」と質問したら、笑われてしまった。「睡眠時間が足りないと、決断力が鈍るでしょう？」と。その人はいい仕事をし、いい人生にするためには、頭の中をすっきりとさせるのに十分な睡眠時間こそが必要なのだと言っていた。

　体を動かす楽しさと、適度な睡眠。一見、無駄に見えるこの二つは、忙しい現代人にこそ必要なものなのかもしれない。

（注）決断力が鈍る：何かを決めるのに時間がかかるようになる

[7] トレーニングを始めて、筆者はどのように変わったと述べているか。
1 運動することを通して、気持ちが明るくなった。
2 自分の健康に注意するようになり、生活が変わった。
3 １日の生活の仕方が変わったので、寝る時間が増えた。
4 できることが増えて、仕事ができるようになった。

[8] 眠る時間を十分に取ることはなぜ必要なのか。
1 忙しい仕事をしていると、眠る時間が足りないから
2 眠る時間が足りないと、人生を変えることができないから
3 いろいろなことを、よく回る頭で決められるようになるから
4 トレーニングの後は、体をよく休める時間が必要だから

[9] この文章で筆者の言いたいことは何か。
1 トレーニングと十分な睡眠は忙しいから必要だが、時間の無駄だ。
2 体を動かすことと十分に眠ることは、非常に大切なことだ。
3 人生では無駄に見えることを大切にする時間が必要だ。
4 人生では楽しいと思うことをすることが睡眠と同じくらい必要だ。

문제 12 통합이해

[문제 12 통합이해]는 300자 내외의 A와 B, 두 개의 지문을 읽고 올바른 것을 고르는 문제로, 주제가 같은 2개의 지문과 관련된 문제 2문항이 출제된다. 지문은 주로 일상적인 이슈에 대한 에세이가 출제되며, 두 지문에서 제시하는 견해를 묻는 문제가 1~2문항, 두 지문의 공통 내용을 고르는 문제가 0~1문항이 출제된다.

핵심 전략

1 두 지문이 제시하는 견해를 묻는 문제의 선택지는, 질문의 핵심 어구를 지문에서 찾아 선택지의 내용이 A, B 각 지문의 견해와 모두 일치하는 것을 정답으로 고른다.

> 예 AとBの筆者は、車社会の今後の可能性についてどのように考えているか。
> A와 B의 필자는, 자동차 사회의 앞으로의 가능성에 대해 어떻게 생각하고 있는가?
>
> 1 AもBも、車の台数はさらに増え、人々の生活に不可欠なものになるだろうと考えている。
> A도 B도, 자동차 대수는 더욱 늘어, 사람들의 생활에 불가결한 것이 될 것이라고 생각하고 있다.
>
> 2 Aは電気自動車の技術が向上すると考え、Bは将来個人で電気自動車を所有することになるだろうと考えている。
> A는 전기자동차의 기술이 향상된다고 생각하고, B는 장래 개인이 전기자동차를 소유하게 될 것이라고 생각하고 있다.

2 두 지문의 공통 내용을 고르는 문제는, 선택지의 핵심 어구와 관련된 내용을 지문에서 찾아 두 지문에서 공통적으로 서술된 내용의 선택지를 정답으로 고른다.

> 예 AとBのどちらの文章にも触れられている点は何か。
> A와 B 어느 쪽의 글에서도 다루어지고 있는 점은 무엇인가?
>
> 1 自動車所有の状況　자동차 소유현황
> 2 人々の自動車に対する関心　사람들의 자동차에 대한 관심

3 A지문을 읽은 후 B지문을 읽을 때, A지문과 동일한 내용 또는 다른 내용을 파악하면 문제를 좀 더 수월하게 풀 수 있다.

문제 풀이 Step

Step 1 질문을 읽고 무엇을 묻고 있는지 파악하고 핵심 어구에 표시한다.

두 개의 질문을 먼저 읽고, 무엇에 대해 묻고 있는지, A, B 각 지문에서 어떤 내용을 찾아야 하는지를 파악한다. 특히 질문의 について(에 대해)의 앞 부분과 선택지의 반복 어구를 핵심 어구로 표시해 둔다.

질문 　好きなことを仕事にすること について、AとBはどのように述べているか。
　　　좋아하는 것을 일로 하는 것에 대해, A와 B는 어떻게 서술하고 있는가?

Step 2 A→B 순서로 지문을 읽으며 핵심 어구를 찾아 그 주변의 내용을 파악한다.

A지문을 읽을 때 핵심 어구와 관련된 내용이 나오면 주변의 내용을 주의 깊게 읽고, 그 다음 B지문을 읽으면서 똑같이 핵심 어구와 관련된 내용이 나오면 주변의 내용을 주의 깊게 읽는다.

A지문 　好きなことを仕事にすること で、嫌いなことをするときよりもストレスがかかりにくい。また、仕事にやりがいを感じることができ、よりいっそう続けやすくなるだろう。
　　　좋아하는 것을 일로 하는 것으로, 싫은 것을 할 때보다도 스트레스를 받기 힘들다. 또, 일에 보람을 느낄 수 있어, 한층 더 계속하기 쉬워질 것이다.

B지문 　仕事となると好きなこととはいえ、多少のストレスを感じる場面もあるかもしれず、好きだったことが嫌いになってしまうなんてこともありえるだろう。
　　　일이 되면 좋아하는 일이라고 해도, 다소 스트레스를 느끼는 경우도 있을지도 모르고, 좋아했던 것이 싫어져 버리는 경우도 있을 수 있을 것이다.

Step 3 선택지를 읽고 A, B 각 지문의 내용과 일치하는 선택지를 정답으로 고른다.

선택지 　✓ 1　Aは働きがいを感じられると述べ、Bは好みが変わってしまうかもしれないと述べている。
　　　A는 일하는 보람을 느낄 수 있다고 하고, B는 취향이 바뀌어 버릴지도 모른다고 하고 있다.

　　　　2　Aは仕事をやめにくくなると述べ、Bはストレスを少しも感じないだろうと述べている。
　　　A는 일을 그만두기 힘들어 진다고 하고, B는 스트레스를 조금도 느끼지 않을 것이라고 하고 있다.

문제 풀이 Step 적용

問題12 次のAとBの文章を読んで、後の問いに対する答えとして最もよいものを、1・2・3・4から一つ選びなさい。

A

　　日本の大学は卒業まで、通常4年間である。4年は長い。2～3年すると違う学問に興味をもったり、将来なりたいと思っていた職業が変わることもあるだろう。だから大学は慎重に選ばなければならない。しかし、大学は勉強をするだけの場所ではない。例えば、文学を専攻しながら科学部というサークルに所属すれば、専攻している学問以外のことを学ぶこともできる。また、そうした勉強以外の活動の中で親しい仲間ができたり、様々な人間が集まる組織の中で意見がぶつかり合い、協調性が必要となったりすることもある。つまり、人間としてのコミュニケーション能力も鍛えられるのが大学のよいところだ。

B

　　かつて就職活動では、大学でじっくりと学んだ「大卒」の者が企業から好まれていた。時間をかけて学ぶことができるのは良い。しかし、最近の就職事情は変わりつつある。例えば、通信制高校で情報技術を学び、身に付けた能力をメディアで発信したりする若者がいる。すると、それを見た企業の人が直接連絡をとって面接に進むことがあるというのだ。また、専門学校で集中的に学んで、早く社会へ出るチャンスをつかむ者もいる。こうした学び方は、必要な能力や知識を短期間で集中的に身に付けることができ、就職活動でアピールできる材料となる。

日本の大学について、AとBはどのように述べているか。

1　AもBも大学は効率が良いと述べている。
2　AもBも大学へは行くべきだと述べている。A
✓ 3　Aは勉強以外のことも学べると述べ、Bはじっくり学べると述べている。A B
4　Aは4年間が長すぎると述べ、Bは短すぎると述べている。A

Step 1 질문을 읽고 무엇을 묻고 있는지 파악하고 핵심 어구에 표시한다.

'일본의 대학'에 대해 묻고 있으므로, '일본의 대학'을 핵심 어구로 표시하고 각각의 지문에서 일본의 대학에 대해 서술한 내용을 찾아야 한다.

Step 2 A→B 순서로 지문을 읽으며 핵심 어구를 찾아 그 주변의 내용을 파악한다.

A는 지문의 중반부에서 大学は勉強をするだけの場所ではない, 후반부에서 人間としてのコミュニケーション能力も鍛えられるのが大学のよいところだ라고 서술하고 있고, B는 지문의 초반부에서 大学でじっくりと学んだ「大卒」の者が企業から好まれていた。時間をかけて学ぶことができるのは良い라고 서술하고 있다.

Step 3 선택지를 읽고 A, B 각 지문의 내용과 일치하는 선택지를 정답으로 고른다.

3 Aは勉強以外のことも学べると述べ、Bはじっくり学べると述べている를 정답으로 고른다.

문제12 다음 A와 B의 글을 읽고, 뒤의 물음에 대한 답으로 가장 알맞은 것을, 1·2·3·4에서 하나 고르세요.

A

　일본의 대학은 졸업까지, 통상 4년간이다. 4년은 길다. 2~3년 지나면 다른 학문에 흥미를 가지거나, 장래에 되고 싶다고 생각했던 직업이 바뀌는 경우도 있을 것이다. 그래서 대학은 신중하게 고르지 않으면 안 된다. 하지만, 대학은 공부만 하는 곳이 아니다. 예를 들면, 문학을 전공하면서 과학부라는 동아리에 소속되면, 전공하고 있는 학문 이외의 것을 배울 수도 있다. 또, 그러한 공부 이외의 활동 속에서 친한 친구가 생기거나, 다양한 인간이 모인 조직 안에서 의견이 서로 충돌하여, 협조성이 필요해지거나 하는 경우도 있다. 즉, 인간으로서의 커뮤니케이션 능력도 단련할 수 있는 것이 대학의 좋은 점이다.

B

　일찍이 취직활동에서는, 대학에서 차분히 배운 '대졸'자가 기업에서 선호됐었다. 시간을 들여 배울 수 있는 것은 좋다. 하지만, 최근의 취직 사정은 바뀌고 있다. 예를 들면, 통신제 고교에서 정보기술을 배우고, 몸에 익힌 능력을 미디어에서 발신하거나 하는 젊은이가 있다. 그러면, 그것을 본 기업의 사람이 직접 연락을 취해 면접으로 나아가는 경우가 있다는 것이다. 또, 전문학교에서 집중적으로 배우고, 일찍 사회에 나갈 찬스를 쥐는 사람도 있다. 이러한 배우는 방법은, 필요한 능력이나 지식을 단기간에 집중적으로 몸에 익힐 수 있어, 취직활동에서 어필할 수 있는 재료가 된다.

일본의 대학에 대해, A와 B는 어떻게 서술하고 있는가?
1 A도 B도 대학은 효율이 좋다고 하고 있다.
2 A도 B도 대학에는 가야 한다고 하고 있다.
3 A는 공부 이외의 것도 배울 수 있다고 하고, B는 차분히 배울 수 있다고 하고 있다.
4 A는 4년간이 너무 길다고 하고, B는 너무 짧다고 하고 있다.

실력 다지기

질문에 대한 답으로 적절한 것을 고르세요.

01 A

　YouTubeに動画を載せ、活動する人を「YouTuber」と言います。「VTuber」とは、人ではない3Dまたは2Dのキャラクターが人の代わりに活動することを言います。自分自身ではなく、キャラクターを使ってYouTubeで活動することが可能になったため、性別や身体のハンディキャップを克服することができ、これからも「VTuber」の数は目に見えるほど増えていくことと予想されます。

B

　「VTuber」になるのは、様々な障害があります。大体の人は YouTuberとして活動をすると収益(しゅうえき)を得られるため、YouTubeを始める人が多いです。しかし、「VTuber」は収益(しゅうえき)がない活動初期に3Dまたは2Dのキャラクターを作ることに大量の費用がかかります。人気を得る保証がない状況で、このような挑戦(ちょうせん)をする人はそれほど多くないことでしょう。

「VTuber」についてAとBはどのように述べているか。

① AはこれからVTuberが増えると予想し、BはVTuberになりたい人があまり多くないと予想している。

② AはVTuberになるためには費用がたくさんかかると言って、BはVTuberがキャラクターとして活動するなどの長所が多いと言っている。

02　A

記憶力を向上させる最も効果的な方法は繰り返し学習です。情報を長期記憶に変換するためには、一定の間隔を置いて復習することが効果的です。学習した内容を24時間以内にもう一度、その後一週間以内にもう一度、一ヶ月以内に最後に再び復習すると記憶に長く残ります。また、情報と情報を結びつき、関連性を作ることも重要です。マインドマップや概念図を活用すると情報の間につながりが生まれ、記憶の効率が高まります。十分な睡眠も必須です。睡眠中に脳が学習した情報を整理し保存するプロセスを行うからです。

B

記憶力向上のためには、生活習慣の改善が不可欠です。規則的な運動は脳の血流量を増やし、認知機能を向上させます。特に有酸素運動は記憶力強化に役立つと言われています。栄養豊富な食事をとることも重要で、オメガ3脂肪酸などが含まれた食品は脳に良い影響を与えます。学習方法としては、学んだ内容を復習することが記憶力向上に効果的です。新しい情報を計画的に復習すると、長期記憶に変換される割合が大きく高まります。またストレス管理も記憶力維持に重要な要素です。

AとBのどちらの文章にも述べられていることは何か。

① 復習は長期記憶のために重要である。

② 記憶力をよくするためには生活改善が必要だ。

03 A

中国では、警察犬のクローンが作られ、訓練を始め話題になっています。優秀だと言われている有名な警察犬のクローンを作り、訓練させた後、警察犬として活躍するということです。このようにすれば、多数の犬の中から素質がある犬を選ぶ手間を省くことができるため、効果的に優秀な警察犬を育成することができるのです。

B

最近、中国では「クローンペット」が作られているそうです。歳をとったり、病でもうすぐ息を引き取りそうなペットの代わりになるクローンを作ったりしますが、約6百万円の費用がかかるといいます。このペットを購入すれば、共に過ごしてきた家族の一員のようなペットが死んでも、その悲しみを少しは減らすことができることと思います。

AとBのどちらの文章にも触れられていることは何か。

① クローン産業が進む中で守るべきこと

② 動物のクローンを作ることの有効性

04 **A**

eスポーツを真のスポーツだと言えるのだろうかと、違和感を感じます。スポーツというと、走ったり、ボールを投げたりして体を動かすことが思い浮かびます。椅子に座って、コンピューターでゲームをする姿は、身体の運動としては見受けられないような姿です。

B

eスポーツは判断力、戦略などが必要なスポーツです。戦闘状況に対応し、瞬間的かつ正確に操作しなければいけないし、チームのメンバーと話し合い、まるで一人で動いているようなチームワークも必要です。もちろん勝利のために多様な側面から戦略を立てなければなりません。精神的なスポーツもスポーツの一つとして認めるべきだと思います。

AとBは「eスポーツ」についてどのように述べているか。

① Aは精神的なスポーツもスポーツと言い、Bは肉体的なスポーツだけをスポーツとして認めている。

② Aはeスポーツをスポーツと呼ぶことに違和感を感じ、Bはeスポーツもスポーツとして認めるべきだと思っている。

실전 대비하기 1

問題12 次のAとBの文章を読んで、後の問いに対する答えとして最もよいものを、1・2・3・4から一つ選びなさい。

A

　物を大事にすることは、とても立派なことだと思う。しかし、特別買い物好きでなくても、普通に暮らしていると、物はどうしても増えていく。着なくなった服、あまり使わない食器など、捨てるのはもったいないとためこんでいる人は多い。未練(注)や、大切なものへの愛着。理由は様々だが、「捨てる」には少々勇気が要る。どんなに小さな物でも、大げさにいえば、そのモノに自分の今までの人生を見るからだろう。

　しかし、決心して、不要なものを片付けてしまおう、そして人生を変えよう、とすすめる本が人気である。片付けることは、今の生活に本当に必要なものを選ぶことである。自然と、物だけではなく、自分の心にとって大切なことが見えてくるかもしれない。

B

　部屋を片付けると幸福になる、頭の良い子が育つなど、片付けについての本が大流行している。次々に出版され、多くの著者が様々な効果を語っている。確かに、今は使わないものでも、捨てる機会はなかなかない。片付けるだけで、それほどすばらしい変化があるのだろうか。

　私は、昨年引越した際、荷物を半分以上処分した。それらの本が言うように、現在必要なものだけを残した。時には迷いつつ、捨てる物を決める作業は、家の片付けと同じである。もちろん、必要にせまられる引越しと、決断の大きさが違うことは分かるが、物への心の動きは似ていると思う。しかし、それだけで人生が好転するとは思わない。スッキリし、一仕事終えた後の満足感だけで十分だ。

（注）未練：あきらめきれないこと

[1] AとBのどちらの文章にも述べられていることは何か。
1　片付けについての本は信用できる。
2　片付けることは満足する作業である。
3　片付けることは必要な物を選ぶことである。
4　片付けることによって人生で大切なことがわかる。

[2] 片付けることと人生との関係について、AとBはどのように述べているか。
1　AもBも、不要な物を片付けることで人生が大きく変わると考えている。
2　AもBも、不要な物を片付けるだけでは人生が大きく変わらないと考えている。
3　Aは片付けることが人生に影響を与えると考え、Bはそんなに大きな影響を与えたりしないと考えている。
4　Aは片付けることが過去を振り返る機会になると考え、Bは決断の大小にかかわりなく、大きな影響を与えると考えている。

실전 대비하기 2

問題12 次のAとBの文章を読んで、後の問いに対する答えとして最もよいものを、1・2・3・4から一つ選びなさい。

A

　ランチの時間は私の楽しみのひとつです。勤務時間中、1時間だけ一人になることができるからです。職場の人間関係は決して悪くありませんが、一人になってひと休みすることが、私にとって、仕事の能率を上げるためにも重要です。少しの間、仕事から離れ、ぼんやりしたり、考え事をしたり、家族と連絡をとったり、短時間でもプライベートなことが自由にできると、気持ちがリフレッシュされ、精神も安定するように思います。結果、効率的に仕事にとりくめるのです。また、精神の安定は周囲の人との良好な関係にもつながります。仲間と一緒におしゃべりする休憩も楽しいかもしれませんが、労働をより良い状態で継続するためには、私には一人の時間が必要です。

B

　私はパートタイムで働いている。時給で働いているので、一日のうちお昼休憩の1時間は、もちろん給与なしである。基本的には、その時間は何をしようと、個人の自由であると思う。同僚の中に、いつもどこかへ出かけて行って、一緒に食事をとらない人がいる。仕事上は、彼女は誰に対しても感じが良く、皆に好かれていると思う。何か理由があるのかと思い、先輩に聞いてみたのだが、一人になりたいだけでしょう、と言われた。分かる気もするが、休憩時間は職場の人とコミュニケーションを取る良い機会でもある。色々な話を聞いて、会社のことや、同僚のことをよりよく知っている方が安心して働くことができる。給与なしでも、お昼休憩は、仕事のためにも大事な時間である。

1 AとBのどちらの文章にも触れられている点は何か。
1 休憩時間の過ごし方は、仕事をする上で重要である。
2 給与が発生しない休憩時間は、職場にいる必要はない。
3 休憩時間は、プライベートなことをするための時間である。
4 休憩時間の過ごし方によって、仕事の能率は変わる。

2 AとBの筆者が考える、いい休憩時間の過ごし方について、正しいのはどれか。
1 AもBも、お昼の休憩時間は一人で過ごしたほうがいいと考えている。
2 AもBも、仕事仲間とコミュニケーションを取りたいと考えている。
3 Aは一人で過ごしたいと考えており、Bは同僚と話したほうがいいと考えている。
4 Aは同僚と話したほうが楽しいと考えており、Bは一人で過ごしてもいいと考えている。

실전 대비하기 3

問題12 次のAとBの文章を読んで、後の問いに対する答えとして最もよいものを、1・2・3・4から一つ選びなさい。

A

　スポーツがうまくなりたいと思ったとき、多くの人は何度も練習することで技術が身につくと考える。もちろん、反復練習は必要だが、ただ繰り返せばよいというわけではない。正しいフォームや動きを意識しないまま練習を繰り返しても、誤ったやり方が体にしみついてしまうだけだ。反復練習の目的は正しい動きを体に覚え込ませることにある。誤ったフォームは筋肉や関節のけがにつながる。

　私はスポーツを教える立場として、選手に「何を意識して練習するか」を常に問いかけている。意味のある反復が積み重なってこそ、試合の中で無意識に正しい動きができるようになる。努力の量ではなく、練習の質が上達を左右するのである。

B

　スポーツの実力を効率よく伸ばすにはどうすればよいだろうか。私はスポーツの練習において「休むこと」も技術向上のために欠かせないと考えている。体を酷使するだけでは、疲労がたまり集中力も落ちてしまう。とくに、筋肉や関節の使い方を変えるような練習をしたときは、体に新しい動作がなじむまでに時間がかかる。そのため、あえて短時間で切り上げたり、練習を一日休みにしたりすることもある。

　休息の間に、体はその日に学んだ動作を整理し、自然な形で定着させていく。これは、脳と体が情報をゆっくりつなげていく時間でもある。休むことで技術が抜けてしまうことはなく、むしろ効率よく身につくことも多い。練習の量だけに頼らず、体と頭の両方をうまく使うことが上達への近道だと思う。

[1] スポーツの練習について、AとBが共通して述べていることは何か。
1 新しい動作を定着させてから、次の練習に進むべきだ。
2 ただ繰り返すだけの練習をしても、技術はうまく身につかない。
3 練習は毎日の努力を積み重ねることが一番大切である。
4 疲労がたまらないように、休息をとりながら練習したほうがいい。

[2] 練習方法について、AとBはどのようなアドバイスをしているか。
1 Aは正しい動きを体に覚え込ませることが大切だと述べ、Bは休息をとることで練習の効果が高まると述べている。
2 Aは誤った動きが定着すると直しにくいと述べ、Bは集中力があるうちに多くの練習を行うべきだと述べている。
3 Aは試合を想定しながら練習を行うべきだと述べ、Bは正しい動作を覚えることに集中するべきだと述べている。
4 Aは正しい動きを覚えることでけがを防げると述べ、Bは筋肉や関節が痛いときは休んだほうがいい述べている。

문제 13 주장이해(장문)

 **[문제 13 주장이해(장문)]**은 850자 내외의 지문을 읽고 올바른 것을 고르는 문제로, 지문 1개와 관련 문제 3문항이 출제된다. 지문은 특정 이슈에 대한 비교, 경험, 예시가 포함된 에세이가 출제되며, 필자의 생각이나 주장 또는 단락의 세부내용을 묻는 문제가 출제된다.

핵심 전략

1 세 개의 질문은 주로 단락 또는 글 전체에서 알 수 있는 필자의 생각이나 세부내용을 묻는다. 각 질문이 무엇에 대한 필자의 생각이나 세부내용을 묻는지 파악하고 관련 내용을 지문에서 찾아 일치하는 것을 정답으로 고른다.

> 예 感動について、筆者の考えに合うのはどれか。 감동에 대해, 필자의 생각과 맞는 것은 어느 것인가?
> 筆者は、どうして理系に進んだのか。 필자는, 어째서 이과로 나아갔는가?

2 밑줄이 있는 질문은 지문에서 밑줄 친 부분의 앞 또는 뒤의 내용과 일치하는 것을 정답으로 고른다.

> 예 好き嫌いがあってはいけないと筆者が考えているのはなぜか。
> 호불호가 있어서는 안 된다고 필자가 생각하는 것은 왜인가?
> 感動したことを現代に持ち帰ってくるとは、どのようなことか。
> 감동한 것을 현대로 가지고 돌아오는 것이란, 어떤 것인가?

3 첫 번째 문제는 지문의 초반부, 두 번째 문제는 지문의 중반부, 세 번째 문제는 지문의 후반부 또는 지문 전체의 내용을 파악해야 하는 문제로 출제된다. 따라서 지문을 처음부터 읽으면서 문제 순서대로 질문과 관련된 단서를 찾고, 찾은 내용을 바탕으로 해당 문제의 정답을 고른다.

문제 풀이 Step

Step 1 질문을 읽고 무엇을 묻는지 파악하고 핵심 어구에 표시한다.

먼저 질문을 읽고, 무엇에 대해 묻고 있는지, 지문에서 어떤 내용을 찾아야 하는지를 파악하고 핵심 어구에 표시한다.

질문   孤独であることについて、筆者の考えに合うのはどれか。
　　　고독하다는 것에 대해, 필자의 생각과 맞는 것은 어느 것인가?

Step 2 지문을 읽으며 정답의 단서를 찾는다.

각 질문에 대한 단서는 대체로 지문에서 순서대로 언급되기 때문에, 지문을 처음부터 읽으면서 질문에 대한 정답의 단서를 찾는다.

지문   孤独を抱えているというのは寂しくて非常につらいと感じる人がほとんどであるだろうが、私は孤独とは私たち人間を精神的にも成長させてくれるので決して欠かせないものだととらえている。
　　　고독을 안고 있다는 것은 외롭고 매우 힘들다고 느끼는 사람이 대부분일 테지만, 나는 고독이란 우리들 인간을 정신적으로도 성장시켜 주기 때문에 결코 빠트릴 수 없는 것이라고 받아들이고 있다.

Step 3 지문에서 찾은 정답의 단서와 일치하는 선택지를 정답으로 고른다.

질문을 다시 한 번 읽고 각 선택지를 읽으면서, 정답의 단서와 일치하는 내용의 선택지를 정답으로 고른다. 선택지는 지문에서 사용된 표현이 그대로 사용되지 않고, 동의어나 비슷한 표현으로 바꾸어 제시되므로, 지문과 선택지 모두 정확하게 해석하고 정답을 고를 수 있도록 유의한다.

선택지   ✓ 1 私たちの内面をより強くしてくれる。 우리들의 내면을 보다 강하게 해준다.
　　　　　2 自分を人と比べないようになる。 자신을 다른 사람과 비교하지 않게 된다.

문제 풀이 Step 적용

問題13 次の文章を読んで、後の問いに対する答えとして最もよいものを、1・2・3・4から一つ選びなさい。

　最近、ニューヨーク市立図書館が、就職活動のためのネクタイやかばんを貸し出すサービスを始めたというニュースを見た。「若者は面接に行くための上等なネクタイやかばんをなかなか買えない、それで機会を失う人もいる。ということで、面接に限らず、卒業式や結婚式など様々な場面で役立ててほしい、見た目が良くなれば自信もつくだろう」と関係者が語っていた。すでに別の都市でも、同様のサービスがあるという。

　仕事をすることは人間の自信に大きく関わると思う。その機会を、人生の可能性を、助けようというサービスである。今はネットで多くの情報が手に入る。単に知識を得るだけの場ならば、無数にあるだろう。そんな中で、公共図書館のこの新しい活動は、直接、文字を教えてくれるような感動を覚えた。個人の根本的な自信となる可能性を引き出す機会を平等に提供することは、公共図書館の本来の姿にふさわしいと思う。

筆者の公共図書館の説明に最も合っているものはどれか。

✓ 1　その人の可能性を引き出すために誰もが利用できる場所
2　本を読むためだけではなく、様々なサービスが受けられる場所
3　教育を受けられず文字が読めない人が文字を学べる場所
4　若者の就職支援をするなど新しいアイディアを提供する場所

Step 1 질문을 읽고 무엇을 묻는지 파악하고 핵심어구에 표시한다.
질문의 公共図書館에 대한 필자의 설명과 관련된 내용을 지문에서 찾는다.

Step 2 지문을 읽으며 정답의 단서를 찾는다.
지문에서 個人の根本的な自信となる可能性を引き出す機会を平等に提供することは、公共図書館の本来の姿にふさわしいと思う라며 공공도서관에 대한 자신의 생각을 서술하고 있다.

Step 3 지문에서 찾은 정답의 단서와 일치하는 선택지를 정답으로 고른다.
지문에서 공공도서관이란 자신감이 되는 가능성을 끌어낼 기회를 평등하게 제공하는 곳이라고 서술하고 있으므로, 1 その人の可能性を引き出すために誰もが利用できる場所를 정답으로 고른다.

문제13 다음 글을 읽고, 뒤의 물음에 대한 답으로 가장 알맞은 것을, 1·2·3·4에서 하나 고르세요.

　최근, 뉴욕시립도서관이, 취직활동을 위한 넥타이나 가방을 빌려주는 서비스를 시작했다는 뉴스를 봤다. '젊은이는 면접에 가기 위한 고급 넥타이나 가방을 좀처럼 살 수 없다, 그래서 기회를 잃는 사람도 있다. 그래서, 면접뿐만 아니라, 졸업식이나 결혼식 등 다양한 경우에 유용하게 썼으면 좋겠다, 겉모습이 좋아지면 자신감도 붙을 것이다'라고 관계자가 말했다. 벌써 다른 도시에서도, 같은 서비스가 있다고 한다.
　일을 하는 것은 인간의 자신감에 크게 관여한다고 생각한다. 그 기회를, 인생의 가능성을, 돕자고 하는 서비스이다. 지금은 인터넷으로 많은 정보가 손에 들어온다. 단지 지식을 얻기만 하는 장소라면, 무수히 있을 것이다. 그런 가운데, 공공도서관의 이 새로운 활동은, 직접, 문자를 가르쳐주는 것 같은 감동을 느꼈다. 개인의 근본적인 자신감이 되는 가능성을 끌어낼 기회를 평등하게 제공하는 것은, 공공도서관 본래의 모습에 어울린다고 생각한다.

필자의 '공공도서관'의 설명에 가장 맞는 것은 어느 것인가?
1　그 사람의 가능성을 끌어내기 위해 누구나가 이용할 수 있는 장소
2　책을 읽기 위해서 뿐만 아니라, 다양한 서비스를 받을 수 있는 장소
3　교육을 받을 수 없어서 문자를 읽을 수 없는 사람이 문자를 배울 수 있는 장소
4　젊은이의 취업지원을 하는 등 새로운 아이디어를 제공하는 장소

어휘 最近 さいきん 명최근　ニューヨーク 뉴욕　市立 しりつ 명시립　就職活動 しゅうしょくかつどう 취직활동
貸し出す かしだす 동빌려주다　サービス 명서비스　始める はじめる 동시작하다　若者 わかもの 명젊은이
面接 めんせつ 명면접　ため 명위함　上等だ じょうとうだ な형고급이다　なかなか 부좀처럼　それで 접그래서
機会 きかい 명기회　失う うしなう 동잃다　ということで 그래서　~に限らず ~にかぎらず ~뿐만 아니라, ~에 한하지 않고
卒業式 そつぎょうしき 명졸업식　結婚式 けっこんしき 명결혼식　様々だ さまざまだ な형다양하다　場面 ばめん 명경우, 장면
役立てる やくだてる 동유용하게 쓰다　~てほしい ~해주었으면 좋겠다　見た目 みため 명겉모습
自信もつく じしんもつく 자신감도 붙다　関係者 かんけいしゃ 명관계자　語る かたる 동말하다　すでに 부벌써, 이미
別 べつ 명다름　都市 とし 명도시　同様 どうよう 명같음　関わる かかわる 동관여하다　人生 じんせい 명인생
可能性 かのうせい 명가능성　助ける たすける 동돕다, 도와주다　ネット 명인터넷　多く おおく 명대부분
情報 じょうほう 명정보　手に入る てにはいる 손에 들어오다　単に たんに 부단지, 다만　知識 ちしき 명지식　得る える 동얻다
無数だ むすうだ な형무수하다　公共 こうきょう 명공공　活動 かつどう 명활동　直接 ちょくせつ 명직접
感動を覚える かんどうをおぼえる 감동을 느끼다　根本的だ こんぽんてきだ な형근본적이다　引き出す ひきだす 동끌어내다
平等だ びょうどうだ な형평등하다　提供 ていきょう 명제공　本来 ほんらい 명본래　姿 すがた 명모습, 모양
ふさわしい い형어울리다　教育 きょういく 명교육　学ぶ まなぶ 동배우다　支援 しえん 명지원

실력 다지기

질문에 대한 답으로 적절한 것을 고르세요.

01
> 　時々、好きなタレント、嫌いなタレントなどのランキングが発表されることがある。その時、多数の芸能人が両方共にランクインする。この現象から、それほど<u>個性的</u>だということがうかがえる。この<u>個性</u>が「好き」または「嫌い」につながるのだ。<u>個性的な人であるからこそ、タレントとして続けられる</u>とも言えるだろう。

<u>個性的な人であるからこそ、タレントとして続けられる</u>とは、どのようなことか。
① 個性があると、「好き」や「嫌い」など人々の関心を引くことができない。
② 人々の好き嫌いに関わらず、続けられるかどうかは「個性」の有無によって決まる。

02
> 　小説の世界では、登場人物の顔が浮かぶほどキャラクターが明確に描かれている。小説家は周りの人を参考に登場人物を作ることが多いが、ある小説家は近所のおばあさんからこんな話を聞いたという。「先生と親しくなるのは怖いですね。小説になんて書くかわかりませんから。」小説の登場人物は独特であるほどおもしろいうえ、読者もそんな登場人物を望むが<u>モデルになった本人にとっては、そうではないようだ</u>。

<u>モデルになった本人にとっては、そうではないようだ</u>とは、どのようなことか。
① 小説の中でどう書かれるか心配で、あまり好まれない。
② 小説で登場人物のキャラクターはとても重要なので、より詳しく書いてほしい。

03
> 　ロンドンを初めて訪れたとき、地下鉄のチケットを買う方法がわからず、案内デスクにガイドを頼んだ。手助けに来てくれたのは日本人の女性で、いろんな話をした。ある有名なミュージカルの話になったとき、彼女はそこに出演していると言った。「何の役ですか」若い女性のエキストラが何人か登場していたことを思い出し、そう質問した。すると、彼女は「キムです」と答えた。私は息を飲み「うわ」と声を上げた。「主人公のキムですか」と質問すると、彼女は軽くうなずいた。

筆者はどうして声を上げたのか。
① エキストラだろうと思っていた女性が主役だったため
② とても好きなミュージカルの俳優に会えたため

04
　　高校2年生の頃、部長だった先輩との仲が悪くなり、バスケット部をやめた。元々ふらっと旅立つのが好きだったせいだろうか。英語以外の授業は楽しくないと感じ、何事もなかったかのように授業をさぼったりした。何も考えずに映画館に入って見たのが「真夜中のカウボーイ」だった。なんの予備知識もなかったのだが、映画館でやっている映画が少なく、偶然見ることになったのだった。

筆者はどうして「真夜中のカウボーイ」を見たのか。

① 英語が好きで、英語で見られる映画が見たかったため

② たまたま映画館に行ったため

05
　　何かをしながら、これが終わったらあれを整理しようと考えることが多い。一つか二つ程度なら記憶しておくことができる。しかし、電話やメールで作業が中断したとしたらどうだろう。電話やメールはそれ自体、何かを調査したり、説明したりし、処理しなければならないことが増えるのだ。全てのことを記憶に依存するのは危険である。理想的なのは、タスク管理ソフトウェアに入力することだが、そんな余裕がない。一番速やかで、確実に記録を残すのは、ポストイットにメモし、目の前のモニター画面の下に貼る方法だ。終えたものはゴミ箱に捨てて、次のための空間を作ると良い。

ポストイットについて、筆者はどのように考えているか。

① 捨てなければならないゴミになってしまうのであまり好まない。

② 余裕がない時に使いやすい記憶方法である。

06
　　娘は有名なダンサーだ。小さいころからクラシックバレエを習ってきた。約30年前、私はロサンゼルスに行く機会があった。そこでタワーレコードを訪れた。その際、世界的に有名なバレエの踊り手のビデオがあった。日本では手に入れることが難しいと思い、娘のために20本ほどのビデオを買った。後に妻から聞いた話だが、娘はバレエの踊り手のビデオを見て、目を輝かせていたという。その時、踊りに対する感性が育てられたのではないかと思う。

ビデオについて筆者はどのように考えているか。

① バレエのビデオを買ってきて、娘が有名なダンサーになれたと思う。

② ダンスとクラシックバレエは関係がないため、娘に何の影響もなかったと思う。

실전 대비하기 1

問題13 次の文章を読んで、後の問いに対する答えとして最もよいものを、1・2・3・4から一つ選びなさい。

　ある60代女性が海外で行う結婚式に招待されたとうれしそうに話していた。招待した新婦は、十年以上前に日本の工場で働いていた同僚だった。二人はシフトが違っていたのでロッカーですれ違うだけの関係だったが、当時留学生の彼女がいつもコンビニのパンなどを食べているのを見かねて、ある時、弁当を2つ作り、持って行った。迷惑になるのではないかと心配したが、思いのほか喜んでくれたという。それ以来、弁当を1つ作るも2つ作るも大した違いはないので、自分が出勤する時は彼女の分も作り、ロッカーに入れていた。彼女は無事卒業し、祖国(注)の企業に就職。以来、会うことはなかったが、この度ぜひ結婚式に来てほしいとの知らせを受けた、という話である。その話を聞いて、「この人はなんて親切な人だろう」と思った。おそらく、本当にその女性にとっては、弁当を2つ作ることは大変なことではなかったのだろう。だから突然の招待に感激したのだろう。だが客観的にみると、大変な親切である。

　アメリカの著名なSF作家は、「最も尊いのは親切」「愛は負けても親切は勝つ」と言っている。また、別のSF作家は「人間を他のものと区別している特質は親切」という。奇しくも二人ともSF作家というのが興味深い。SFにはよく、人間とロボットを分けるものは何か、というテーマがあるが、二人とも「親切」が最上の人間らしさだと考えたのだろう。親切は誰にでもできる。上の話のような継続する、いわば壮大な親切でなくても、席をゆずるなど小さな親切には日々遭遇する。

　私は、愛することも尊いと思うが、親切の方が手軽な気がする。見ず知らずの人を愛することはできないが、通りすがりの一瞬だけでも人に親切にすることは可能である。何かを見て見ぬ振りをすることも、一種の親切になり得る。愛は多少パワーが必要だし、善意となると少々大げさに感じるが、親切は容易にできる。そして重要なことは、対象がいてはじめて成り立つということである。他者の存在が必要なのである。そのことも二人のSF作家が人間らしさを考えた時、人間の弱さや孤独も含め「親切」と思い至った要因ではないだろうか。親切にすることは、容易でありながら最良の人間らしさなのだ。

（注1）尊い：すぐれた価値がある

（注2）奇しくも：偶然にも、不思議にも

（注3）いわば：たとえて言えば、言ってみれば

（注4）壮大な：規模が大きく立派なこと

（注5）遭遇：思いがけなく出会うこと

（注6）通りすがり：偶然そばを通ること、通りかかること

1 客観的にみると、大変な親切であるとは、どういう意味か。
1 留学生だった同僚が無事に祖国で就職できたこと
2 弁当を2つ作っていたこと
3 同僚だった60代の女性を結婚式に招待したこと
4 結婚するという知らせをしたこと

2 SF作家について、筆者の考えに最も合うものはどれか。
1 SF作家が愛や親切について書くのは不自然なことだ。
2 SF作家が人間の親切について語っているのは興味深いことだ。
3 SF作家は小説を書きながら、人間らしさについて日々考えている。
4 SF作家の特質は、人間とロボットを分けて考えることである。

3 親切について、筆者はどのように考えているか。
1 簡単にできないが、親切にする時は何かを見て見ぬふりをしなければならない。
2 親切は人間とロボットを区別するもので、誰にでもできることだ。
3 人間の弱さやさびしさが要因となって、一瞬でも行うことができる。
4 相手がいてはじめて成り立つ、最も人間らしい行為である。

실전 대비하기 2

問題13 次の文章を読んで、後の問いに対する答えとして最もよいものを、1・2・3・4から一つ選びなさい。

　祖母はいつも笑顔で明るく、誰にでも親切で、私は子供の頃から祖母の家に行くのが大好きだった。成長するにつれ、単にやさしい祖母というよりも、一個人としてすばらしい素質の持ち主だと思うようになり、ますます尊敬している。

　祖母は、小さな漁村で生まれた。父親は生まれる2か月前に病死、母親は赤ちゃんの祖母を知人にあずけて都会へ行ってしまったという。母親代わりに育ててくれた人がとてもかわいがってくれたと、祖母は何度も話してくれる。「かわいそうに思ったんだろうねえ」と、目を細めて懐かしそうにうれしそうに話すのだ。一方、自分を置いていった母親のことも、後に会いに来てくれた、とその時のことをうれしそうに言う。聞いているこちらも幸せな気持ちになる語り方である。その後の人生も、貧乏な生活をしたことや、結婚した相手（つまり私の祖父）が、病気で倒れて動けなくなったことなど、私には大変な苦労に思えるのだが、祖母が語ると、全てが良いエピソードに思える。

　祖母はよく「今がいちばん幸せ」と言う。昔苦労したから今が幸せ、という意味ではなく、いつも、どんな状況でも、幸せを見出せる人なのだと思う。いつでも物事の良いところを感じ、記憶しているのだ。母親に捨てられたことよりも、育ててくれた人の深い愛情を覚えている。夫が動けなくなり苦労したことよりも、他の様々な出来事を幸運だったと思っている。誰かに教えられたわけではなく、無理して良い面を探そうというのでもなく、生まれながら自然にそういう性質だとしか思えない。がんばってそのように考えよう、生きよう、とする人も多い中、<u>貴重な才能</u>だ。

　人は自分の人生を思う時、自然に記憶を選んでいると思う。何をどのように記憶しているかは、全く個人の自由である。同じ出来事でも人によって異なるエピソードになるのは必然(注)であろう。私は祖母のように、できるだけうれしさや喜びを記憶していたい。不快さよりも人の好意を、まずい食事よりもおいしい食事を覚えていたい。普通、人は悪い出来事をよく覚えているものだし、そのことが間違っているとは思わない。しかし、いつでもどこでも幸せを発見できる心は、本人だけでなく周囲の人も幸福にする力を持っている。

(注) 必然：必ずそうなると決まっていること

[1] 筆者は祖母をどのような人だと考えているか。
1 筆者の成長とともに、すばらしい素質を持つようになった人
2 母親ではない人に育てられたことを、かわいそうだと思っている人
3 苦労したことをうれしいことにしようと努力している人
4 大変だったことでも、いい話として話すことができる人

[2] 貴重な才能とは、どのようなことか。
1 物事のいいところを見つけ出し、記憶する力
2 聞いている人を幸せな気持ちにさせる話し方
3 いつも笑顔で明るく、誰にでも親切な性格
4 悪い出来事もいい出来事に変えてしまう想像力

[3] 記憶することについて、筆者はどのように考えているか。
1 辛いことよりうれしいことや喜んだことを覚えておくには、才能が必要だ。
2 うれしさや喜びを記憶しておくことは、幸せになるために一番大切な事だ。
3 人は選んで記憶しているので、同じ出来事でも違うように覚えている。
4 周りの人を幸福にするために、悪い出来事は覚えておかないほうがいい。

실전 대비하기 3

問題13 次の文章を読んで、後の問いに対する答えとして最もよいものを、1・2・3・4から一つ選びなさい。

　アニメのシナリオを書く仕事を始めて分かったのは、最近の人はとにかく待てないし、待たないということだ。一話30分のアニメ番組で、間にCMが入る場合、前半の約12分と後半の約12分で話の構成を考える。例えば「友達の二人がケンカをした」という話だとすると、全体の25分ほどで、ケンカして、CMが入って、最後は仲直りという話を考えるが、前半部分で仲直りまで書いてほしいと要求される。後半は、普通に仲の良い話でいいという。見る人は後半まで仲直りを待たされることががまんできない、という制作会社の判断である。今の人はトラブルをきらうともよく言われるが、とにかく解決まで30分待てないということに驚いた。一昨年大ヒットしたアニメ映画は、確かに約10分ごとに場面も話も変わる展開だった。

　これはアニメに限った話ではない。現代の生活すべて、「待てない」「待たない」状態にある。インターネットをはじめ、技術の進歩が可能にしたこの状況に、私達は慣れすぎている。1分1秒でも速い方が好まれ、モノも情報も待たずとも手に入るようになったが、反対に相手からも早い対応が要求される。インターネット上での交流などがよい例だが、人の気持ちはそんなに早く反応できるものだろうか。もちろん、時間をかけるほうがいいという単純な話ではないが、今は「待つ」ことをあまりにも軽視していると思う。待つということは、考えるということだ。

　例えば、食事に行こうと誘われて、うれしい、行きたいと思うその心の動きを、心で感じる時間は大事である。また、メールの返事が遅いときに、なぜすぐに返事をくれないのだろうといらいらするのではなく、相手の状況を想像してみるのはどうだろう。様々なことにすぐに反応するよりも、簡単なことでも自分の頭と心を使い、状況を広く深く取りこむことから、豊かな心が形成されると思う。豊かな心は、豊かな人間関係にもつながる。自分の心が形成されないまま、他人の心とつながるのは不可能だろう。今の時代、待つということは、意識してそうしなければならない訓練のようなものであるが、心にとっては必要不可欠なことだと思う。待つことも待ってもらうことも、勇気と理解が必要かもしれない。

[1] 前半部分で仲直りまで書いてほしいのは、なぜか。
1　仲がいい友達の話にしたいから
2　ケンカが終わったのを早く見たいから
3　トラブルが続くのが嫌だから
4　10分ごとに話が変わったほうがいいから

[2] 技術の進歩について、筆者の考えに合うのはどれか。
1　ほしいモノや情報が、すぐに自分に届くようになった。
2　インターネットを使ったやり取りに時間をかけなくなった。
3　速いことには慣れたが、気持ちが反応できなくなった。
4　待たなくてもいい生活によって、人々は考えなくなった。

[3] 待つことについて、筆者はどのように考えているか。
1　相手を待ちながらいらいらすると、豊かな心は作られない。
2　相手に待ってもらう時間を作ると、人間関係が豊かになる。
3　意識して行動することで、待つことが身に付く。
4　待つことは、心にとってなくてはならないことだ。

문제 14 정보검색

[문제 14 정보검색]은 조건이나 상황을 제시하는 문제 2문항과 관련된 지문 1개가 출제된다. 제시된 조건들에 맞는 상품·서비스·가게 등을 파악해야 하는 문제, 제시된 상황에 따라 해야 할 행동이나 지불해야 하는 비용을 파악해야 하는 문제가 출제된다.

핵심 전략

1. 제시된 조건들에 맞는 상품·서비스·가게 등을 파악해야 하는 문제는, 질문 속 조건들에 해당하는 부분을 하나씩 지문에서 찾아 가능한 선택지에 표시를 한 후, 모든 조건에 부합하는 선택지를 정답으로 고른다.

   > 예) ユンさんは土曜日に友達と二人でレストランに行こうとしている。値段は一人5,000円以下にしたい。ユンさんの希望に合うレストランはどれか。
   > 윤 씨는 토요일에 친구와 둘이서 레스토랑에 가려고 한다. 가격은 한 사람당 5,000엔 이하로 하고 싶다. 윤 씨의 희망에 맞는 레스토랑은 어느 것인가?

2. 제시된 상황에 따라 해야 할 행동을 파악해야 하는 문제는, 질문 속 상황에 해당하는 부분을 지문에서 찾아 일치하는 내용의 선택지를 정답으로 고른다. 지불해야 하는 비용을 파악해야 하는 문제는 계산이 필요한 경우도 있다.

   > 예) カクさんは土曜日の授業に参加できない。カクさんがしなければならないことはどれか。
   > 가쿠 씨는 토요일 수업에 참가할 수 없다. 가쿠 씨가 하지 않으면 안 되는 것은 어느 것인가?
   > リーさんたちの料金はどのようになるか。 리 씨 일행의 요금은 어떻게 되는가?

3. 조건에 해당하는 내용을 지문에서 찾아 정답을 고를 때는, '※', '·', '注意'와 같은 참고/주의사항에 정답과 관련된 중요한 사항이 기재되어 있는 경우가 많으므로, 꼼꼼히 확인한다.

문제 풀이 Step

Step 1 질문을 읽고 제시된 조건이나 상황에 표시한다.

질문을 통해 무엇을 묻고 있는지 파악하고, 질문 속에 제시된 조건과 상황을 찾아 표시해 둔다.

질문 ゆうきさんは 一人あたり４万５千円以下 の旅行ツアーに参加したいと思っている。
　　　　　　　　　　조건 ①
　　　 朝食が出て 、 窓からは海が見える部屋 がよい。ゆうきさんの 希望に合うツアーは
　　　　조건 ②　　　　　　조건 ③　　　　　　　　　　　　　　　　질문이 묻는 내용
　　　 どれか。

　　　 유우키 씨는 한 사람당 4만 5천엔 이하의 여행 투어에 참가하고 싶다고 생각하고 있다.
　　　 조식이 나오고, 창문으로는 바다가 보이는 방이 좋다. 유우키 씨의 희망에 맞는 투어는 어느 것인가?

Step 2 지문에서 제시된 조건이나 상황에 해당하는 부분을 찾아 표시한다.

지문에서 질문의 조건이나 상황에 해당하는 부분을 찾아 표시한다. 지문에 참고나 주의사항이 있으면 꼼꼼히 읽는다.

지문

	料金/一人あたり	朝食	ホテルの特徴
沖縄ツアー	４万4,900円 조건 ①	6千円追加で朝食付き プランに変更可能	夜景が見えるお部屋と 海が見えるお部屋 の中から 조건 ③ お選びいただけます
✓ 四国ツアー	3万9,000円 조건 ①	朝食付き 조건 ②	瀬戸内海が一望 できる オーシャンビュー 조건 ③

	요금/한 사람당	조식	호텔의 특징
오키나와 투어	4만 4,900엔	6천엔 추가로 조식 포함 플랜으로 변경 가능	야경이 보이는 방과 바다가 보이는 방 중에서 선택할 수 있습니다.
시코쿠 투어	3만 9,000엔	조식 포함	세토나이카이를 한 눈에 볼 수 있는 오션 뷰

Step 3 질문의 모든 조건에 부합하는 선택지나 상황에 맞는 선택지를 정답으로 고른다.

모든 조건이나 상황에 부합하는 선택지를 정답으로 고른다.

선택지　　1　沖縄ツアー　　오키나와 투어

　　　✓ 2　四国ツアー　　시코쿠 투어

문제 풀이 Step 적용

問題14 以下はある大学に寄せられたアルバイト求人情報である。下の問いに対する答えとして最もよいものを、1・2・3・4から一つ選びなさい。

チャイさんは、平日の昼にできるアルバイトを探している。そして、土日のどちらかは休みたいと思っている。チャイさんに適切なアルバイトはどれか。

1　スーパーマーケットリンガー　A 時間帯
2　スーパーマーケットリンガー　B 時間帯
✓ 3　コーヒーショップらんらん　B 時間帯
4　コーヒーショップらんらん　C 時間帯

<急募>アルバイト情報!!

A コーヒー店 ✓

職　　種：店内接客
就業時間：A 7:00〜11:00　B 11:00〜14:00
　　　　　C 18:00〜21:00
＊土日どちらかを含めた週2〜OK
時　間　給：1,050円
＊就業時間はあなたの希望をお伺いします。応募の際、履歴書への明記をお願いします。ランチタイムに働ける方、大歓迎！

　　　　　　　　　　　　コーヒーショップ　らんらん

B スーパー

職　　種：レジ担当
就業時間：A 10:00〜13:00　B 12:00〜17:00
　　　　　C 17:00〜20:00
＊土日勤務は必須
時　間　給：1,250円以上

　　　　　　　　　　　　スーパーマーケット　リンガー

Step 1 질문을 읽고 제시된 조건이나 상황에 표시한다.

차이 씨에게 적절한 아르바이트를 고르는 문제이다. 질문에서 제시된 조건은 다음과 같다.
(1) 평일 낮
(2) 토요일이나 일요일 어느 한 쪽은 쉬고 싶음

Step 2 지문에서 제시된 조건이나 상황에 해당하는 부분을 찾아 표시한다.

첫 번째 조건인 평일 낮에 가능한 것은 커피숍 B시간대, 슈퍼마켓 B시간대이다. 그리고 두 번째 조건인 토요일이나 일요일 어느 한 쪽을 쉴 수 있는 것은 근무가 토일 어느 쪽을 포함하여 주 2회부터 가능한 커피숍이다.

Step 3 질문의 모든 조건에 부합하는 선택지나 상황에 맞는 선택지를 정답으로 고른다.

차이 씨가 원하는 모든 조건에 부합하는 것은 커피숍 B시간대이므로, 3 코히숍 B시간대이므로, 3 코히숍 B시간대를 정답으로 고른다.

문제14 이하는 어느 대학에 올라온 아르바이트 구인정보입니다. 아래의 물음에 대한 답으로 가장 알맞은 것을, 1·2·3·4에서 하나 고르세요.

차이 씨는, 평일 낮에 할 수 있는 아르바이트를 찾고 있다. 그리고, 토일 어느 한 쪽은 쉬고 싶다고 생각하고 있다. 차이 씨에게 적절한 아르바이트는 어느 것인가?

1 슈퍼마켓 링거 A시간대
2 슈퍼마켓 링거 B시간대
3 커피숍 란란 B시간대
4 커피숍 란란 C시간대

<급모> 아르바이트 정보 !!

A 커피점

직　　종: 점내 접객
취업 시간: A 7:00~11:00　B 11:00~14:00　C 18:00~21:00
* 토일 어느 한 쪽을 포함한 주 2~ OK
시　　급: 1,050엔
* 취업 시간은 당신의 희망을 여쭙겠습니다. 응모할 때, 이력서에 명기 부탁드립니다. 런치 타임에 일할 수 있는 분, 대환영!

커피숍 란란

B 슈퍼

직　　종: 계산대 담당
취업 시간: A 10:00~13:00　B 12:00~17:00　C 17:00~20:00
* 토일 근무는 필수
시　　급: 1,250엔 이상

슈퍼마켓 링거

어휘 平日 へいじつ 몡평일　探す さがす 동찾다　~と思う ~とおもう ~라고 생각하다　適切だ てきせつだ な형적절하다
時間帯 じかんたい 몡시간대　急募 きゅうぼ 몡급모　アルバイト 몡아르바이트　情報 じょうほう 몡정보　職種 しょくしゅ 몡직종
店内 てんない 몡점내　接客 せっきゃく 몡접객　土日 どにち 몡토일, 토요일과 일요일　含める ふくめる 동포함하다
時間給 じかんきゅう 몡시급, 시간급　希望 きぼう 몡희망　伺う うかがう 동여쭙다, 묻다 (聞く의 겸양어)　応募 おうぼ 몡응모
際 さい 몡때　履歴書 りれきしょ 몡이력서　明記 めいき 몡명기　ランチタイム 몡런치 타임, 점심시간
大歓迎 だいかんげい 몡대환영　スーパー 몡슈퍼　レジ 몡계산대　勤務 きんむ 몡근무　必須 ひっす 몡필수
以上 いじょう 몡이상

실력 다지기

다음 조건에 해당하는 것을 고르세요.

01 マリアさんは日本語の塾に通おうとしている。週末の夜だけ時間があり、一日に2時間以上授業を受けたい。授業料は1万5千円以下で、先生は日本人がいい。マリアさんの希望に合うクラスはどれか。

① Aクラス

② Bクラス

こんにちは!日本語教室		
	Aクラス	Bクラス
授業時間	土曜 18:00~19:00 日曜 18:00~19:00	土曜 18:00~20:00
先生	△△さん(日本人)	□□さん(日本人)
授業料	1か月 1万5千円	1か月 1万3千円
・週末の授業に参加できない場合、平日の授業に参加することができます。		

02 ケンさんは運動するために体育館の利用登録をしようとしている。毎日19時から22時まで利用して、施設はプールとテニスコートを使うつもりだ。テニスは屋外でやりたいと思っている。ケンさんが登録する体育館はどれか。

① A棟

② B棟

体育館利用案内		
	A棟	B棟
施設	・プール ・卓球台 ・テニスコート ・サッカー場	・プール ・テニスコート ・バドミントンコート ・トレーニングルーム
利用時間	08:00~22:00	09:00~23:00
料金	1か月 8千円	1か月 8千円
・A棟は屋内・屋外両方使用でき、B棟は屋内だけ使用できます。		

다음 조건에 따라 해야 할 행동을 고르세요.

03 ユンさんは新製品企画発表のために会議室を予約しようとしている。25人参加する予定である。今日は1月9日で、会議は1月15日に行われる。ユンさんは会議室を予約するために何をしたらいいか。

① 当日まで、ネットで予約してから管理部に行く。

② 1月14日まで、参加者の名簿を準備して管理部に行く。

会議室予約案内

A会議室：15人まで入れます。（一回最大2時間利用可能）
B会議室：30人まで入れます。（一回最大3時間利用可能）

・利用日の一週間前までにはネットで予約ができます。6日前からは直接管理部の窓口にて予約してください。
・当日予約はできません。
・B会議室を予約する場合は、参加者名簿を持参してください。
・マイクが必要な方は事前に管理部に来て、貸し出し名簿に名前を書いてから借りてください。

---

04 チャンさんはみどり大学の学生で、今、図書館で薬学の本を借りようとしている。学生証を持っていないチャンさんは、これからどうしたらいいか。

① 3階に行って、身分証を提示してから貸し出し申込書を作成した後、本を2冊借りる。

② 2階に行って、身分証を提示してから貸し出し申込書を作成した後、本を4冊借りる。

みどり大学図書館利用案内

利用時間：09:00～21:00
貸出冊数：在学生の方5冊、一般の方3冊
貸出期間：2週間
延長回数：2回

・在学生の方が借りられる場合は、学生証が必要です。
・一般の方が借りられる場合は、身分証を提示して、貸し出し申込書を作成してください。
　※ 在学生であっても、学生証を持っていない方は同様です。
・医学や薬学と関連した図書は3階を利用してください。

실전 대비하기 1

問題14 右のページは、ある配送会社の料金案内である。下の問いに対する答えとして最もよいものを、1・2・3・4から一つ選びなさい。

1 次の四人は荷物を送りたいと考えている。追加料金なしで利用できるのは誰か。

名前	三辺の合計	重量	預かり場所	配送方法
タマングさん	50cm	3kg	自宅	クール配送
シーラさん	80cm	5kg	職場	一般配送
川崎さん	60cm	4.5kg	コンビニエンスストア	一般配送
今井さん	90cm	5.5kg	支店	お急ぎ配送

1 タマングさん
2 シーラさん
3 川崎さん
4 今井さん

2 サナさんは九州に住んでいる。関東に住む友人の家に明日荷物が届くようお急ぎ配送で送りたい。どうすればいいか。

1 今日の正午までに配送スタッフに自宅に来てもらい、配送手続きを行う。
2 今日の正午までに支店に荷物を持ち込み、配送手続きを行う。
3 今日の夕方5時までに配送スタッフに自宅に来てもらい、配送手続きを行う。
4 今日の夕方5時までに支店に荷物を持ち込み、配送手続きを行う。

宅配便の料金

下記の表は80サイズまでを基準とした配送料金の全国一覧です。80サイズを上回る場合は、追加料金一覧表に記載された料金が付加されます。

【基本料金全国一覧表】   単位：円

		送り先					
		北海道	東北	関東	中部・近畿	中国・四国	九州
届け先	北海道	900	1,200	1,400	1,600	2,000	2,300
	東北	1,200	900	900	1,000	1,300	1,700
	関東	1,400	900	900	900	1,100	1,400
	中部・近畿	1,600	1,000	900	900	1,000	1,200
	中国・四国	2,000	1,300	1,100	1,000	900	1,000
	九州	2,300	1,700	1,400	1,200	1,000	900

【配送手続き】

自宅や勤め先など、お客様のご指定の場所まで配送スタッフが伺いお荷物を引き取る方法と、お客様が直営店やコンビニエンスストアに持ち込む方法があります。前者の場合は200円が上乗せされます。

【追加料金一覧表】

サイズ区分			一般配送	クール配送 (冷蔵・冷凍)	お急ぎ配送
サイズ	三辺合計	重量			
60サイズ	60cm以下	2kg以下	なし	なし	なし
80サイズ	80cm以下	5kg以下	なし	400円	600円
100サイズ	100cm以下	10kg以下	400円	600円	900円
120サイズ	120cm以下	15kg以下	600円	800円	1,200円

・三辺合計と重量が異なるサイズ区分に該当する場合は、大きいほうを基準とします。

・クール配送は冷蔵が0から10℃、冷凍がマイナス15℃以下の温度を保ち、保冷しながら輸送するサービスです。こちらはコンビニエンスストアでは発送を承ることができかねます。

・お急ぎ配送は夕方17時までのお預かりで、翌日の午前中までにお届け先へ配送します。こちらは営業所に直接お持ち込みいただいた場合に限り受付可能です。また、北海道、及び九州発着の場合は午前中に手続きをお済ませください。

실전 대비하기 2

問題14 右のページは外国人向けに案内されている大阪(おおさか)市内のアルバイトの求人情報である。下の問いに対する答えとして最もよいものを、1・2・3・4から一つ選びなさい。

[1] ウェイさんは、大阪(おおさか)中央大学の留学生である。大学がある梅田(うめだ)駅の近くでできるアルバイトを探している。12月は試験があり忙しいため、大学が春休みになる1月以降に開始する予定だ。右の表のうち、ウェイさんができるアルバイトはどれか。

1　①と②
2　③と④
3　①と⑥
4　②と⑥

[2] カンさんは韓国(かんこく)人の留学生である。現在、土曜日と日曜日のみ午前6時から正午まで、コンビニでアルバイトをしている。今のアルバイトに慣れてきたため、もう少しアルバイトを増やしたいと考え、他の仕事を探すことにした。右の表のうち、カンさんができないアルバイトはどれか。

1　②と⑤
2　③と④
3　⑤と⑥
4　③と⑤

大阪市　アルバイト求人

11月25日現在

週2~4日の仕事		
	① 図書館での貸出業務	② 観光案内
時給	1,000円	1,200円
勤務地	梅田駅から徒歩10分 大阪市図書館	桜川駅から徒歩5分 観光案内所
勤務時間	(1) 10:00 – 16:00 (2) 14:00 – 20:00	(1) 8:00 – 15:00 (2) 14:00 – 20:00
期間	即日～長期　開始日応相談	1月中旬～
特徴	時間交替制・土日祝勤務あり	時間交替制・土日祝勤務あり
条件	簡単なパソコン作業	韓国語または中国語が話せること
短期の仕事		
	③ 試験監督	④ 郵便局での軽作業
時給	1,100円	1,350円～1,700円
勤務地	梅田駅から徒歩10分 大阪中央大学内	梅田駅から徒歩2分 梅田郵便局
勤務時間	9:00 – 16:00	21:00 – 6:00
期間	12月7日(土)・8日(日)の2日間	12月15日～1月15日のうち 週2～4日
特徴	給与即日払い	時間固定制・高時給
条件	—	深夜に勤務できること
長期の仕事		
	⑤ 大手企業での事務	⑥ データ管理・テスト
時給	1,200円	1,000円
勤務地	本町駅から徒歩2分 オオサカ株式会社	梅田駅から徒歩2分 情報システム会社
勤務時間	10:00 – 18:00	9:00 – 17:00のうち4時間程度
期間	即日～長期	1月下旬～3か月
特徴	時間固定制・月～金のみ	時間交替制・月～金のみ
条件	学生不可	簡単なパソコン作業

실전 대비하기 3

問題14 右のページは、あるスイミングクラブのホームページに載っている案内である。下の問いに対する答えとして最もよいものを、1・2・3・4から一つ選びなさい。

1 高校生のリーさんは、泳ぐことができないので水泳クラスに通って泳げるようになりたいと考えている。しかし、続けられるかどうかわからないので、何回か試してみたい。できるだけ安く体験できるのはどれか。

1　平日午前の短期クラス
2　平日午後の短期クラス
3　平日の体験クラス
4　週末の体験クラス

2 今度の週末、チェさんは子どもと二人で体験クラスに行き、シャワー室も利用したい。子どもは高校生である。チェさんたちの料金はいくらになるか。

1　3,000円
2　3,600円
3　4,100円
4　4,600円

ルートスイミングクラブ

短期教室のお知らせ

ルートスイミングクラブでは春の短期教室をご用意しました。

初心者から上級者まで、ご自身にあったレベルのレッスンを受けられます。興味はあるけれど、不安…という方には、体験クラスもございます。

それぞれのクラス終了後、一週間以内に本科コースへの入会手続きを完了された方は、1か月分の受講料が半額になります。この機会にぜひお試しください。

●春の短期クラス●　週1回60分、全4回コース

レベルに合ったクラスで、安心して始められます。コース終了後には、そのまま本科コースへ入ることも可能です。

	平日(月~金)		土曜・日曜	
	10時~11時	15時~16時	10時~11時	15時~16時
子ども (小学生以下)	4,000円	4,500円	5,000円	4,500円
中学生	4,500円	5,000円	5,500円	5,000円
大人 (高校生以上)	5,500円	6,000円	6,500円	6,000円

●体験クラス●　60分、お1人様1回のみ

実際のクラスに入って、体験が1回できます。コース終了後にコーチより簡単なアドバイスをさせていただきます。クラスのお時間は曜日によって違いますので、お問い合わせください。

	平日(月~金)	土曜・日曜
子ども(小学生以下)	0円	1,300円
中学生	0円	1,600円
大人(高校生以上)	1,000円	1,800円

＊終了後にシャワー室の利用をご希望の場合、一人につき別途500円が必要です。

【お問い合わせ・予約受付】

ルートスイミングクラブ

両コース共通　03-1234-8301

무료 온라인 실전모의고사·학습자료 제공
해커스일본어 **japan.Hackers.com**

해커스 JLPT N2 한권합격

청해

문제 1 과제이해
문제 2 포인트이해
문제 3 개요이해
문제 4 즉시응답
문제 5 통합이해

과제이해

MP3 바로듣기

 **[문제 1 과제이해]**는 특정 사건에 대한 두 사람의 대화나 한 사람이 하는 말을 듣고, 남자 또는 여자가 해야 할 일을 고르는 문제로, 총 5문항이 출제된다. 세부적으로는 앞으로 해야 할 일을 고르는 문제와 가장 먼저 해야 할 일을 고르는 문제 등이 출제된다.

◉ 핵심 전략

1. 대화가 시작되기 전에 대화의 장소와 대화자, 질문을 먼저 들려주므로 이때 질문의 포인트를 파악해 두어야 한다. 주로 회사의 상사와 부하나 학교의 선배와 후배, 친구나 동료 사이인 두 사람이 부탁, 업무 방법 설명, 조언을 하는 대화가 출제되거나, 직원이 손님에게 구매나 접수 절차 등에 대해 설명하는 대화가 출제되며, 선택지가 그림으로 제시되는 경우도 있다.

2. 앞으로 해야 할 일을 고르는 문제는 대화 중 언급되는 여러 과제들의 수행 여부를 판단하여, 앞으로 하기로 한 과제를 정답으로 고른다.

   예) 男の人はこのあと何をしますか。 남자는 이 다음에 무엇을 합니까?

3. 가장 먼저 해야 할 일을 고르는 문제는 시간이나 날짜, 순서를 정해주는 표현에 특히 유의하여 듣고, 가장 먼저 하기로 한 과제를 정답으로 고른다.

   예) 男の学生はこのあとまず何をしますか。 남학생은 이 다음에 우선 무엇을 합니까?
   男の人は最初に何をしなければなりませんか。 남자는 처음에 무엇을 해야 합니까?

4. 대체로 선택지의 과제가 대화에서 순서대로 언급되지만, 수행 여부를 직접적으로 언급하지 않고 돌려서 이야기 하므로, 대화를 잘 듣고 이미 한 일인지, 해야 할 일인지, 하지 않아도 되는 일인지 등의 의도를 파악하여 정답을 고른다.

문제 풀이 Step

Step 1 음성을 듣기 전, 선택지를 빠르게 읽고 대화에서 언급될 과제들을 미리 확인한다.

문제지에 제시되어 있는 선택지들은 대부분 대화에서 순서대로 언급되므로, 미리 읽어두면 음성을 들을 때 과제의 내용과 순서를 더 쉽게 파악할 수 있다.

선택지 1 授業の**教科書を読む** 수업 교과서를 읽는다
2 **学校に教科書を取りに行く** 학교에 교과서를 가지러 간다

Step 2 음성에서 질문을 들을 때 질문의 포인트를 파악하고, 대화를 들을 때 과제의 수행 여부와 순서를 파악한다.

질문을 들을 때 과제를 해야 할 사람이 대화자 중 누구인지 또는 무엇을 묻는 문제인지 파악한다. 대화를 들을 때는 과제의 순서를 파악하면서 해야 할 일로 언급된 과제에는 ○표, 이미 했거나 바로 하지 않아도 되는 일로 언급된 과제에는 ×표를 한다.

질문 **男の学生**はこのあと**何を**しなければなりませんか。 남학생은 이 다음에 무엇을 해야 합니까?

과제 女: うーん、あとは、**教科書を読んで**くる宿題があったはずだよ。
음, 다음은, 교과서를 읽어오는 숙제가 있었을 거야.

男: え、まだ**読んで**ないよ。教科書、学校に置いてきちゃったし。
뭐? 아직 읽지 않았어. 교과서, 학교에 두고 와버렸고.

ねえ、**今ちょっと見**せてくれない？ **すぐに読む**からさ。
└ 선택지 2번에 ×표를 한다.   └ 선택지 1번에 ○표를 한다.
저기, 지금 잠깐 보여주지 않을래? 금방 읽을 테니까.

Step 3 음성의 질문을 다시 들으며 대화에서 하기로 언급된 과제를 정답으로 고른다.

질문을 다시 들으며 대화에서 최종적으로 하기로 언급된 과제를 정답으로 고른다.

선택지 ✓ 1 授業の**教科書を読む** 수업 교과서를 읽는다 O
2 **学校に教科書を取りに行く** 학교에 교과서를 가지러 간다 X

문제 풀이 Step 적용

🔊 문제1 과제이해_01문제풀이Step 적용.mp3

[문제지]

問題1では、まず質問を聞いてください。それから話を聞いて、問題用紙の1から4の中から、最もよいものを一つ選んでください。

1　資料とボールペンを箱に詰める　✗
✓ 2　ファイルが届いているか確認する　○
3　田中さんにファイルの注文をする　✗
4　だれかに手伝ってくれるように頼む　✗

> **Step 1** 음성을 듣기 전, 선택지를 빠르게 읽고 대화에서 언급될 과제들을 미리 확인한다.
>
> 1 '자료와 볼펜을 상자에 담기', 2 '파일이 도착했는지 확인', 3 '다나카 씨에게 파일 주문', 4 '누군가에게 도와주도록 부탁'에 관한 내용이 대화에서 언급될 것임을 예상한다.

[음성]

会社で男の人と女の人が話しています。女の人はこのあとまず何をしなければなりませんか。

男: 明日の午後の就職説明会のことなんだけど、ちょっとお願いしていいかな？
女: わかりました。配る資料は準備してありますか。
男: うん、[1]それはもう箱に入れてある。箱はまだここにあるけど。
女: あ、じゃ、それを会場に運んでおけばいいですね。ボールペンも配るんでしたっけ。
男: いや、今回はボールペンの代わりにファイルを配るんだよね。[3]ファイルは注文してあるから、今日届いているはずだけれど。
女: じゃ、届いているか確認しておきます。
男: お願い。届いていなかったら、田中さんに聞いてみて。持って行くのは明日でいいから、[2]確認だけ今日してくれる？
女: わかりました。荷物を運ぶのは午前中でいいんですよね。
男: うん。会場には田中さんも行くけど、彼も忙しいみたいだから。
女: 大丈夫です。一人でできないときは、[4]誰かに頼みますから。

女の人はこのあとまず、何をしなければなりませんか。

> **Step 2** 음성에서 질문을 들을 때 질문의 포인트를 파악하고, 대화를 들을 때 과제의 수행 여부와 순서를 파악한다.
>
> 상황 설명과 질문을 듣고 여자가 가장 먼저 해야 할 일을 묻는 문제임을 파악한다. 자료는 이미 상자에 들어있고, 파일은 주문해 두었다며, 1과 3은 할 필요가 없는 과제로 언급되었으므로 ✗표를 한다. 파일 확인은 오늘 중으로, 도움을 요청하는 것은 내일 해야 할 일로 언급되었으므로 일의 순서는 파일 확인 → 도움 요청이 되어 2는 O, 4는 ✗표를 한다.

> **Step 3** 음성의 질문을 다시 들으며 대화에서 하기로 언급된 과제를 정답으로 고른다.
>
> 여자가 가장 먼저 해야 할 일을 고르는 문제이고, 남자가 確認だけ今日してくれる？라고 했으므로, 2 ファイルが届いているか確認する를 정답으로 고른다.

[문제지]
문제1에서는, 우선 질문을 들어주세요. 그리고 나서 이야기를 듣고, 문제 용지의 1에서 4 중에, 가장 알맞은 것을 하나 골라주세요.

1 자료와 볼펜을 상자에 담는다
2 파일이 도착했는지 확인한다
3 다나카 씨에게 파일 주문을 한다
4 누군가에게 도와주도록 부탁한다

[음성]
회사에서 남자와 여자가 이야기하고 있습니다. **여자는 이 다음에 우선 무엇을 해야 합니까?**

남: 내일 오후의 취직 설명회 말인데, 좀 부탁해도 될까?
여: 알겠습니다. 나눠줄 자료는 준비되어 있나요?
남: 응, [1]그건 벌써 상자에 들어가 있어. 상자는 아직 여기에 있지만.
여: 아, 그럼, 그것을 회장에 옮겨두면 되겠네요. 볼펜도 나눠주는 거였나요?
남: 아니, 이번에는 볼펜 대신에 파일을 나눠줘. [3]파일은 주문해뒀으니까, 오늘 도착했을 텐데.
여: 그럼, 도착했는지 확인해 둘게요.
남: 부탁해. 도착해있지 않으면, 다나카 씨에게 물어봐. 가지고 가는 건 내일이어도 되니까, [2]확인만 오늘 해 줄래?
여: 알겠습니다. 짐을 옮기는 것은 오전 중에 하면 되는 거네요.
남: 응. 회장에는 다나카 씨도 가지만, 그도 바빠 보이니까.
여: 괜찮아요. 혼자서 할 수 없을 때는, [4]누군가에게 부탁할거니까요.

여자는 이 다음에 우선, 무엇을 해야 합니까?

어휘 資料 しりょう 몡자료   詰める つめる 통담다, 채우다   ファイル 몡파일, 서류철   届く とどく 통도착하다   確認 かくにん 몡확인
注文 ちゅうもん 몡주문   手伝う てつだう 통돕다   就職説明会 しゅうしょくせつめいかい 몡취직 설명회   配る くばる 통나눠주다
準備 じゅんび 몡준비   会場 かいじょう 몡회장   運ぶ はこぶ 통옮기다, 운반하다   今回 こんかい 몡이번
持って行く もっていく 가지고 가다   荷物 にもつ 몡짐   午前中 ごぜんちゅう 몡오전 중

실력 다지기

대화를 듣고 앞으로 해야 할 일을 고르세요.

01　① 会議の資料をコピーする
　　　② 部長に連絡する

02　① サークルに参加する
　　　② 交流会のスピーチを準備する

03　① 3,400円
　　　② 4,000円

04　① ホームページのお知らせを見せる
　　　② ホームページのお知らせを修正する

05　① 就職説明会の日時を決める
　　　② アンケートの結果を提出する

06 ① 上司とセミナーに行く
② 資料をメールで送る

07 ① レポートについて友達に伝える
② 世界の民族をもっと研究する

08 ① 1,800円
② 2,000円

09 ① クイズを作る
② 商品を買いに行く

10 ① 名簿のデータを発送する
② 新製品の企画を仕上げる

정답 해설집 p.134

실전 대비하기

MP3 바로듣기

問題1

問題1では、まず質問を聞いてください。それから話を聞いて、問題用紙の1から4の中から、最もよいものを一つ選んでください。

1番

2番

1　インタビューの内容を文字にする
2　インタビューを録音する
3　データをメールで送る
4　データにミスがないか確認する

3番

1 天気予報をチェックする
2 学校のホームページを見る
3 学校からのメールを確認する
4 学校に電話をする

4番

1 内容を簡単にする
2 説明をくわしくする
3 画像やイラストを増やす
4 質問で気をつけることを書く

5番

1 スケジュールを作る
2 だれが何をするか決める
3 広告の相談をする
4 お金がいくら使えるか聞く

포인트이해

MP3 바로듣기

[문제 2 포인트이해]는 두 사람의 대화나, 한 사람이 하는 말을 듣고, 세부내용을 고르는 문제로 총 6문항이 출제된다. 주로 특정 이슈에 관한 화자의 생각이나 이유, 문제점, 상태에 관한 문제가 출제된다.

🟢 핵심 전략

1. 대화가 시작되기 전에 상황 설명과 질문을 먼저 들려주며, 이때 의문사와 핵심 어구에 유의하여 질문의 포인트를 파악해야 한다. 질문이 끝나면 20초 동안 선택지를 읽을 시간을 주는데, 선택지의 내용이 대부분 대화에서 순서대로 언급되므로 정확하게 읽고 파악하는 것이 중요하다.

2. 대화는 주로 직장 동료, 아나운서와 인터뷰어, 친구, 상사와 부하 관계의 두 인물이 특정 이슈에 대한 생각이나 이유, 문제점이나 걱정거리, 상태나 특징 등에 대해 이야기하는 상황으로 출제된다.

   예) 男の人はどうしてこの店が気に入っていますか。 남자는 왜 이 가게가 마음에 들었습니까?
   先生はスピーチについて何が問題だったと言っていますか。
   선생님은 스피치에 대해 무엇이 문제였다고 말하고 있습니까?
   男の学生の今の体調はどうですか。 남학생의 지금 몸 상태는 어떻습니까?

3. 질문은 주로 何(무슨), どんな(어떤), 何が(무엇이), どう(어떻), どのように(어떻게), どうして(왜)와 같은 의문사를 사용하여 대화에서 언급된 사항을 묻는다. 특히 의문사 何(무슨)를 사용한 질문이 가장 많이 출제된다.

4. 대화를 들을 때는 질문의 핵심어구와 관련하여 언급되는 여러 내용을 주의 깊게 듣고, 질문의 포인트에 맞는 선택지를 정답으로 고른다.

문제 풀이 Step

Step 1 음성에서 상황 설명과 질문을 듣고, 20초 동안 선택지를 빠르게 읽는다.

상황 설명과 질문을 들을 때 대화자 중 누구와 관련된 문제인지 파악하고, 언급되는 이슈와 의문사를 핵심 어구로 재빨리 적어둔다. 이후 주어지는 20초 동안 각 선택지의 내용을 정확히 파악해 둔다.

상황 설명과 질문 　男の学生と女の学生が話しています。男の学生は小説がどうだったと言っていますか。
남학생과 여학생이 이야기하고 있습니다. 남학생은 소설이 어떻다고 말하고 있습니까?

선택지 　1　話の内容が暗かった　이야기의 내용이 어두웠다
　　　　2　登場人物が多すぎた　등장인물이 너무 많았다

Step 2 음성에서 대화를 들으며 질문의 의문사와 핵심 어구에 유의하여 정답의 단서를 파악한다.

질문의 의문사와 핵심 어구에 유의하여 대화를 듣고 정답의 단서를 파악한다. 대화에서는 반전이 자주 있으므로, 끝까지 주의해서 들어야 한다.

대화　女：山田くん、この小説読んだことある？
　　　　　야마다 군, 이 소설 읽은 적 있어?

　　　男：うん。あんまりおもしろくなかったよ。
　　　　　응. 별로 재미있지 않았어.

　　　女：え、なんで？話が暗いから？
　　　　　뭐? 왜? 이야기가 어두워서?

　　　男：いや、暗い話なのはいいんだけど、**あまりにたくさんの登場人物が出てくるから混乱しちゃって。**
　　　　　아니, 어두운 이야기인 것은 괜찮은데, 너무 많은 등장인물이 나오니까 혼란스러워서.

Step 3 음성의 질문을 다시 들을 때 대화에서 파악한 정답의 단서와 일치하는 선택지를 정답으로 고른다.

질문을 다시 들을 때 질문의 의문사 및 핵심 어구와 관련하여 대화의 내용과 일치하는 선택지를 정답으로 고른다.

질문　男の学生と女の学生が話しています。男の学生は小説がどうだったと言っていますか。
남학생과 여학생이 이야기하고 있습니다. 남학생은 소설이 어떻다고 말하고 있습니까?

정답　　1　話の内容が暗かった　이야기의 내용이 어두웠다
　　✓2　登場人物が多すぎた　등장인물이 너무 많았다

문제 풀이 Step 적용 🔊 문제2 포인트이해_01문제풀이Step 적용.mp3

[문제지]

問題2では、まず質問を聞いてください。そのあと、問題用紙のせんたくしを読んでください。読む時間があります。それから話を聞いて、問題用紙の1から4の中から、最もよいものを一つ選んでください。

1　進学することになったから ✕
2　おじいさんの体調が悪いから ✕
✓ 3　結婚することが決まったから ○
4　国で就職することになったから ✕

Step 1 음성에서 상황 설명과 질문을 듣고, 20초 동안 선택지를 빠르게 읽는다.

여자가 귀국하게 된 이유를 묻는 문제이다. 대화를 들을 때 1 '진학', 2 '할아버지의 몸 상태', 3 '결혼', 4 '모국에서 취직' 중 어느 것이 여자가 귀국한 이유인지를 파악해야 한다.

[음성]

男の人と女の人が話しています。女の人はどうして帰国することになったのですか。

男：日本での就職、決まったんだってね。大手メーカーなんだって?
女：ええ、それが帰国することになりまして…。
男：え?ここで就職したいって言って、[1]大学院にも進学したのに?ご家族がご病気とか?
女：[2]祖父が1年前から体調を崩しているんですが、家族はしたいことをしなさいと言ってくれているので、そちらは大丈夫なんです。実は国にいるときから付き合っている人がいて、[3]その方と6月に結婚することになりまして。
男：そうなんだ。おめでとう。
女：急な話なんですが、相手のおばあ様がご高齢でお元気なうちにという話になったんです。
男：それはいいことだね。じゃあ、もう働かないの?
女：それがありがたいことなんですが、就職が決まった会社に相談したら、[4]国の支店で働けるようにしていただけたんです。
男：それはよかったね。これから忙しくなるね。

女の人はどうして帰国することになったのですか。

Step 2 음성에서 대화를 들으며 질문의 의문사와 핵심 어구에 유의하여 정답의 단서를 파악한다.

여자는 이미 대학원에 진학하였으며, 할아버지가 몸이 좋지 않지만 가족이 배려해 주어서 괜찮다고 언급되었으므로 1, 2는 ✕표를 한다. 6월에 결혼하게 되었다고 했으므로 3에는 ○표를 한다. 고국에서 취직하는 것은 귀국으로 인해 발생한 일로, 귀국의 이유가 아니므로 4도 ✕표를 한다.

Step 3 음성의 질문을 다시 들을 때 대화에서 파악한 정답의 단서와 일치하는 선택지를 정답으로 고른다.

여자의 귀국 이유를 묻는 문제이고, 여자가 그 방과 6월에 결혼하게 되었습니다라고 했으므로, 3 結婚することが決まったから를 정답으로 고른다.

[문제지]
문제2에서는, 우선 질문을 들어주세요. 그 뒤, 문제 용지의 선택지를 읽어 주세요. 읽는 시간이 있습니다. 그리고 나서 이야기를 듣고, 문제 용지의 1에서 4 중에, 가장 알맞은 것을 하나 골라주세요.

1 진학하게 되었기 때문에
2 할아버지의 몸 상태가 나쁘기 때문에
3 결혼하는 것이 결정되었기 때문에
4 모국에서 취직하게 되었기 때문에

[음성]
남자와 여자가 이야기하고 있습니다. 여자는 왜 귀국하게 된 것입니까?
남: 일본에서의 취직, 결정됐다며. 대기업이라고?
여: 네, 그게 귀국하게 되어버려서….
남: 뭐? 여기서 취직하고 싶다고 말하고, [1]대학원에도 진학했는데? 가족이 병환이라도?
여: [2]할아버지가 1년 전부터 몸 상태가 나빠지고 있지만, 가족은 하고 싶은 것을 하라고 말 해주고 있어서, 그쪽은 괜찮아요. 실은 모국에 있을 때부터 사귀고 있는 사람이 있어서, [3]그 분과 6월에 결혼하게 되어서요.
남: 그렇구나, 축하해.
여: 갑작스런 이야기지만, 상대의 할머님이 고령이셔서 건강하실 때 하자는 이야기가 된 거예요.
남: 그건 좋은 일이네. 그럼, 이제 일 안 하는거야?
여: 그게 고마운 일인데요, 취직이 결정된 회사에 상담하니까, [4]모국의 지점에서 일할 수 있도록 해 주셨어요.
남: 그건 잘됐네. 이제부터 바빠지겠어.

여자는 왜 귀국하게 된 것입니까?

어휘 進学 しんがく 명 진학   体調 たいちょう 명 몸 상태   決まる きまる 동 결정되다, 정해지다   就職 しゅうしょく 명 취직
帰国 きこく 명 귀국   日本 にほん 명 일본   大手メーカー おおてメーカー 대기업   大学院 だいがくいん 명 대학원
祖父 そふ 명 할아버지, 조부   体調を崩す たいちょうをくずす 몸 상태가 나빠지다   実は じつは 부 실은
付き合う つきあう 동 사귀다, 교제하다   急だ きゅうだ な형 갑작스럽다, 급하다   相手 あいて 명 상대   高齢 こうれい 명 고령
元気だ げんきだ な형 건강하다   ありがたい い형 고맙다   相談 そうだん 명 상담   支店 してん 명 지점

실력 다지기

 문제2 포인트이해_02실력다지기.mp3

대화를 듣고 질문에 답하세요.

01 ① 打ち上げに参加したくないから
　　② 病院の予約があるから

02 ① 絵を見るのが好きだから
　　② 絵に興味があるから

03 ① エレベーターがないから
　　② 見る必要がなくなったから

04 ① 花火をする約束をしたから
　　② 庭の木や花に水をやる予定だから

05 ① 思い出したくない記憶があるから
　　② アレルギーがあるから

06　① いろんな講座があること
　　② イベントに参加できること

07　① 引っ越しをするかどうか
　　② アルバイト先を変えるかどうか

08　① 手軽なレシピの割にはすばらしい
　　② ねぎの甘みが良くておいしい

09　① 通勤が大変なこと
　　② 週末にも接待などで働くこと

10　① 来週の月曜日
　　② 今週の金曜日

실전 대비하기

MP3 바로듣기

問題2

問題2では、まず質問を聞いてください。そのあと、問題用紙のせんたくしを読んでください。読む時間があります。それから話を聞いて、問題用紙の1から4の中から、最もよいものを一つ選んでください。

1番

1　スケート場に通えなくなったこと
2　先輩の話を聞いたこと
3　友達を増やしたいと思ったこと
4　スキーの道具をもらったこと

2番

1　娘が忙しいから
2　朝食をとるから
3　健康にいいから
4　仕事のメールをするから

3番

1　エネルギーの消費量が多い点
2　デザインがシンプルすぎる点
3　便利な機能が少ない点
4　アフターサービスが不足している点

4番

1 持ち物を少しでも減らすこと
2 傘の忘れ物を少なくすること
3 ごみを減らしてエコに取り組むこと
4 客が少ない店の客を増やすこと

5番

1 試合を通して動き続けられる運動量
2 ドリブルやパスの正確さ
3 状況に合わせて素早く判断する力
4 チャンスをゴールにつなげる力

6番

1 子供を迎えに行く
2 子供を病院に連れて行く
3 残って仕事をする
4 家に帰って資料をまとめる

개요이해

MP3 바로듣기

[문제 3 개요이해]는 방송, 강연 등에서 한 사람이 하는 말이나, 두 사람이 하는 대화를 듣고 개요, 즉 내용의 요점을 파악하는 문제로, 총 5문항이 출제된다. 주제나 핵심 내용이 무엇인지, 화자의 생각이나 행위의 목적이 무엇인지 고르는 문제가 출제된다.

핵심 전략

1 개요이해에서는 맨 처음에 상황 설명만 들려주고 질문은 들려주지 않는다. 따라서 상황 설명을 들을 때 화자가 몇 명인지 파악하고, 이어지는 한 사람의 말이나 대화를 들을 때 주제나 요점을 파악하며 듣는다.

> 예 ラジオで医師が話しています。 라디오에서 의사가 이야기하고 있습니다.
> 女の人と男の人が学校で話しています。 여자와 남자가 학교에서 이야기하고 있습니다.

2 화자가 한 명인 경우에는 주제나 핵심 내용을 묻는 문제가 출제된다.

> 예 医師は、何について話していますか。 의사는 무엇에 대해 이야기하고 있습니까?
> この選手は1年がどうだったと言っていますか。 이 선수는 1년이 어땠다고 말하고 있습니까?

3 화자가 두 명인 경우에는 보통 두 번째로 언급된 화자의 생각이나 행위의 목적을 묻는 문제가 출제된다.

> 예 女の人は野菜についてどう思っていますか。 여자는 야채에 대해 어떻게 생각하고 있습니까?
> 男の人は何をしに来ましたか。 남자는 무엇을 하러 왔습니까?

4 개요이해부터는 문제지에 아무것도 제시되어 있지 않고 오로지 듣기로만 문제를 풀어야하므로, 청해 음성을 들으며 주요 내용을 한국어 또는 일본어로 메모하는 연습을 꾸준히 해야한다.

문제 풀이 Step

Step 1 음성에서 상황 설명을 듣고 한 사람의 말 또는 대화 중 무엇을 듣게 될지를 파악한 후 질문을 미리 예상한다.

상황 설명에서 언급된 화자가 한 사람이면 주제나 핵심 내용을 묻는 질문이, 두 사람이면 두 번째로 언급된 화자의 생각이나 행위의 목적을 묻는 질문이 나올 것임을 예상한다.

상황설명 ラジオで女の人がお茶について話しています。
화자 한 사람, 주제/핵심 내용 질문 예상
라디오에서 여자가 차에 대해 이야기하고 있습니다.

Step 2 음성을 들을 때 주요 내용을 파악하고 간단히 메모한다.

화자가 어떤 말을 하고 있는지 문제지 빈 공간에 들리는 단어나 표현을 간단하게 메모하면서 말이나 대화의 내용과 흐름을 파악한다.

음성 女: 最近働く女性の間でお茶を飲む人が増えてきたそうです。コーヒーのように眠気
　　　　　　　　　　　　　차 마시는 여성 늚
をさます効果はあまりありませんが、さまざまな香りを楽しめてリラックス効果も
잠 깨는 효과는 없음　　　　　　여러 향기　　　　　　릴랙스 효과
高いからだそうです。

최근 일하는 여성 사이에서 차를 마시는 사람이 늘었다고 합니다. 커피처럼 잠을 깨우는 효과는 별로 없습니다만, 여러 가지 향을 즐길 수 있고 릴랙스 효과도 높기 때문이라고 합니다.

Step 3 음성에서 질문과 선택지를 듣고, 알맞은 내용의 선택지를 정답으로 고른다.

질문을 듣고, 무엇을 묻는 문제인지 정확하게 파악한다. 그리고 이어지는 선택지를 들으며, 메모를 토대로 질문에 가장 알맞은 내용의 선택지를 정답으로 고른다.

질문 女の人は何について話していますか。 여자는 무엇에 대해 이야기하고 있습니까?
　　　　　　　　　　　　　　주제

선택지 ✓ 1 お茶が人気になった理由 차가 인기 있게 된 이유
　　　　2 お茶の飲み方 차를 마시는 방법

문제 풀이 Step 적용

🔊 문제3 개요이해_01문제풀이Step 적용.mp3

[문제지]

問題3では、問題用紙に何もいんさつされていません。この問題は、全体としてどんな内容かを聞く問題です。話の前に質問はありません。まず話を聞いてください。それから、質問とせんたくしを聞いて、1から4の中から、最もよいものを一つ選んでください。

— メモ —

여자

　　고가격 투어　　　매상 증가

특별한 경험　　경치와 요리를 즐김　　그 지방에 밖에 없는 것

Step 1 음성에서 상황 설명을 듣고 한 사람의 말 또는 대화 중 무엇을 듣게 될지를 파악한 후 질문을 미리 예상한다.

상황 설명에서 언급된 화자가 여자 한 명이므로, 주제나 핵심 내용을 묻는 문제가 나올 것임을 예상한다.

[음성]

旅行会社の会議で、女の人が話しています。

女: 今年は、国内旅行全体の契約数は減ったものの、高価格のツアーの売上が増加しました。多少費用が高くなっても、特別な経験ができる旅行がしたいと思う人が増加しているためと考えられます。例えば、普通の乗車料金の倍の金額であっても、景色と料理を楽しみながらゆっくりと目的地へ向かう観光列車に人気が集まっています。ホテルを選ぶ際にも、宿泊費の安さよりも、その土地にしかない食べ物やサービスがあるかを重視するお客様が増えています。

Step 2 음성을 들을 때 주요 내용을 파악하고 간단히 메모한다.

고가격의 투어 매상이 증가했는데, '특별한 경험을 할 수 있는 여행'을 하고 싶다고 생각하는 사람이 늘고, '경치와 요리를 즐기면서 느긋하게 목적지로 향하는 관광열차', '그 지방에 밖에 없는 음식이나 서비스가 있는지를 중시'를 예로 들고 있다.

女の人は何について話していますか。

1　国内旅行者が増えた原因
✓ 2　高価格ツアーが売れる理由
3　観光列車の魅力
4　旅行の価格とサービスの関係

Step 3 음성에서 질문과 선택지를 듣고, 알맞은 내용의 선택지를 정답으로 고른다.

질문에서 여자가 무엇에 대해 이야기하고 있는지 묻고 있다. 특별한 경험이 가능한 여행, 景色と料理を楽しみながらゆっくりと目的地へ向かう観光列車, その土地にしかない食べ物やサービスがあるかを重視는 모두 고가격 투어가 팔리는 이유이므로, 2 高価格ツアーが売れる理由를 정답으로 고른다.

[문제지]
문제3에서는, 문제 용지에 아무것도 인쇄되어 있지 않습니다. 이 문제는, 전체적으로 어떤 내용인지를 묻는 문제입니다. 이야기 전에 질문은 없습니다. 우선 이야기를 들어주세요. 그리고 나서, 질문과 선택지를 듣고, 1에서 4 중에, 가장 알맞은 것을 하나 골라주세요.

[음성]
여행회사의 회의에서, 여자가 이야기하고 있습니다.
여: 올해는, 국내여행 전체의 계약 수는 줄었지만, 고가격의 투어 매상이 증가했습니다. 다소 비용이 비싸져도, 특별한 경험을 할 수 있는 여행을 하고 싶다고 생각하는 사람이 증가했기 때문이라고 생각됩니다. 예를 들면, 보통의 승차요금의 배의 금액이라도, 경치와 요리를 즐기면서 느긋하게 목적지로 향하는 관광열차에 인기가 모이고 있습니다. 호텔을 고를 때도, 숙박비의 저렴함보다도, 그 지방에 밖에 없는 음식이나 서비스가 있는지를 중시하는 손님이 늘고 있습니다.

여자는 무엇에 대해 이야기하고 있습니까?
1 국내여행자가 늘어난 원인
2 고가격 투어가 팔리는 이유
3 관광열차의 매력
4 여행 가격과 서비스의 관계

어휘 国内旅行 こくないりょこう 명국내여행　全体 ぜんたい 명전체　契約数 けいやくすう 명계약 수　減る へる 동줄다
高価格 こうかかく 명고가격　ツアー 명투어　売上 うりあげ 명매상　増加 ぞうか 명증가　多少 たしょう 부다소
費用 ひよう 명비용　特別だ とくべつだ な형특별하다　経験 けいけん 명경험　考える かんがえる 동생각하다
例えば たとえば 부예를 들어　普通 ふつう 명보통　乗車料金 じょうしゃりょうきん 명승차요금　倍 ばい 명배
金額 きんがく 명금액　景色 けしき 명경치　楽しむ たのしむ 동즐기다　ゆっくり 부느긋하게　目的地 もくてきち 명목적지
向かう むかう 동향하다　観光列車 かんこうれっしゃ 명관광열차　人気 にんき 명인기　集まる あつまる 동모이다
選ぶ えらぶ 동고르다　宿泊費 しゅくはくひ 명숙박비　土地 とち 명지방, 토지　サービス 명서비스　重視 じゅうし 명중시
お客様 おきゃくさま 명손님　国内旅行者 こくないりょこうしゃ 명국내 여행자　原因 げんいん 명원인　理由 りゆう 명이유
魅力 みりょく 명매력　価格 かかく 명가격　関係 かんけい 명관계

실력 다지기

 문제3 개요이해_02실력다지기.mp3

대화를 듣고 질문에 답하세요.

01 ①　　　②

02 ①　　　②

03 ①　　　②

04 ①　　　②

05 ①　　　②

06 ①　　　②

07 ①　　　②

08 ①　　　②

09 ①　　　②

10 ①　　　②

정답 해설집 p.151

실전 대비하기

MP3 바로듣기

問題3

問題3では、問題用紙に何もいんさつされていません。この問題は、全体としてどんな内容かを聞く問題です。話の前に質問はありません。まず話を聞いてください。それから、質問とせんたくしを聞いて、1から4の中から、最もよいものを一つ選んでください。

-メモ-

즉시응답

MP3 바로듣기

 [문제 4 즉시응답]은 질문과 3개의 선택지를 듣고 질문에 적절한 응답을 고르는 문제로, 총 10~12문항이 출제된다. 주로 일상적인 상황의 질문에 대해 알맞은 응답을 고르는 문제가 출제된다. 질문이나 응답에 경어가 사용되는 문제도 꾸준히 출제되고 있다. 최근에는 11문항 구성으로 주로 출제되고 있다.

핵심 전략

1 질문이 의문문인 경우 주로 의견 묻기, 부탁, 권유, 사실 확인과 같은 상황으로 출제된다. 질문의 의도에 맞게 의견을 제시하는 응답, 승낙하거나 거절하는 응답, 또는 사실을 확인해주는 응답을 정답으로 고른다.

> 예 女: 山田さん、土曜のバイト、私と代わってもらうわけにいかない？
> 야마다 씨, 토요일 아르바이트, 나랑 바꿔주지 않을래?
>
> 男: 1 土曜ですか。分かりました。 토요일이요? 알겠습니다. (○)
> 　　2 僕、お願いしてませんけど。 저, 부탁하지 않았는데요. (×)
> 　　3 え?代わってませんけど。 네? 바꾸지 않았는데요. (×)

2 질문이 평서문인 경우 주로 걱정, 감동, 아쉬움, 안도 등의 감정을 전하거나, 어떠한 사실 또는 의견, 경험을 이야기하는 상황으로 출제된다. 질문의 의도와 상황에 맞게 공감해주는 응답을 정답으로 고른다.

> 예 男: 朝、電車に乗り遅れるところだったんだ。 아침, 전철을 놓칠 뻔했어.
>
> 女: 間に合ってよかったね。 시간에 맞춰 다행이네. (○)
> 　　乗れなかった？ 못 탔어? (×)
> 　　電車が遅れたね。 전철이 늦었구나. (×)

3 오답은 질문의 표현을 반복 사용하거나, 답변자가 아닌 질문자가 해야 하는 말, 시제가 잘못된 말 등으로 헷갈리게 하므로, 질문의 의도와 상황을 정확하게 이해하고 정답을 고른다.

문제 풀이 Step

※ 예시 문제를 들려줄 때, 1부터 12까지의 문항 번호를 미리 써 둔다.

Step 1 음성에서 질문을 들을 때 내용과 의도, 상황을 파악한다.

질문을 잘 듣고 권유, 칭찬, 아쉬움, 부탁, 위로 등 어떤 의도로 말을 하고 있는지, 그리고 질문의 내용은 무엇인지 정확하게 이해하고 상황을 파악한다.

Step 2 음성에서 선택지를 듣고 질문에 가장 적절한 것을 정답으로 고른다.

질문에 대해 확실하게 정답이라고 생각되는 응답에는 ○, 오답이라고 생각되는 응답은 ×, 정답인지 오답인지 애매한 응답은 △로 표시하고, ○표를 한 응답의 번호를 정답으로 고른다.

문제 풀이 Step 적용 문제4 즉시응답_01문제풀이Step 적용.mp3

[문제지]

問題4では、問題用紙に何もいんさつされていません。まず文を聞いてください。それから、それに対する返事を聞いて、1から3の中から、最もよいものを一つ選んでください。

― メモ ―

1 ×, ×, ○

Step 1 음성에서 질문을 들을 때 내용과 의도, 상황을 파악한다.

여자가 남자에게 의자를 옮겨줄 것을 부탁하는 상황이다.

Step 2 음성에서 선택지를 듣고 질문에 가장 적절한 것을 정답으로 고른다.

'어디로 옮길까요?'가 의자를 옮겨달라는 부탁에 대한 적절한 응답이므로 3을 정답으로 고른다. 1은 의자를 옮겨야 하는 것은 본인이므로 주체가 맞지 않는 응답, 2는 부탁하는 상황과 맞지 않는 응답이다.

[음성]

女: この椅子、運んでくれない？

男: 1　運んでくれますか。　　2　はい、運びません。

✓ 3　どこに運びましょうか。

[문제지]

문제4에서는, 문제 용지에 아무것도 인쇄되어 있지 않습니다. 우선 문장을 들어주세요. 그리고 나서, 그것에 대한 대답을 듣고, 1에서 3 중에, 가장 알맞은 것을 하나 골라주세요.

[음성]

여: 이 의자, 옮겨 주지 않을래?
남: 1 옮겨 줄 거예요?　　2 네, 옮기지 않습니다.
　　3 어디로 옮길까요?

어휘 椅子 いす 몡 의자　運ぶ はこぶ 동 옮기다

실력 다지기

 문제4 즉시응답_02실력다지기.mp3

질문을 듣고 적절한 대답을 고르세요.

01 ① ②   11 ① ②

02 ① ②   12 ① ②

03 ① ②   13 ① ②

04 ① ②   14 ① ②

05 ① ②   15 ① ②

06 ① ②   16 ① ②

07 ① ②   17 ① ②

08 ① ②   18 ① ②

09 ① ②   19 ① ②

10 ① ②   20 ① ②

정답 해설집 p.161

실전 대비하기

問題4

問題4では、問題用紙に何もいんさつされていません。まず文を聞いてください。それから、それに対する返事を聞いて、1から3の中から、最もよいものを一つ選んでください。

-メモ-

정답 해설집 p.164

통합이해

MP3 바로듣기

[문제 5 통합이해]는 다소 긴 대화를 듣고 대화 중에 언급되는 여러 가지 정보를 통합하여 푸는 문제이며, 총 3개 대화에 4문항이 출제된다. 두 사람의 대화를 듣는 1번 문제, 세 사람의 대화를 듣는 2번 문제, 한 사람이 하는 말과 그 말을 들은 두 사람의 대화를 듣는 3번 문제로 구성되며 1, 2번 문제는 듣기만으로 문제를 풀어야 하고, 3번의 (1), (2)번 문항은 문제지에 선택지가 제시되어 있다. 최근에는 주로 2, 3번 문제 유형으로만 구성되어 출제되고 있다.

 핵심 전략

1 1번 문제는 점원과 손님, 선생님과 학생, 직원과 고객 등의 관계에 있는 두 사람의 대화를 듣고, 화자 중 한 명이 최종적으로 선택한 것을 고르는 문제이다. 대화에서 언급되는 내용들을 잘 듣고 화자의 희망사항에 만족하는 것을 정답으로 고른다.

> 예 女の人はどの掃除機を買うことにしましたか。 여자는 어느 청소기를 사기로 했습니까?

2 2번 문제는 가족, 친구, 동료 등의 관계에 있는 세 사람의 어떤 주제에 대한 대화를 듣고, 최종적으로 합의한 것을 고르는 문제이다. 화자 각각의 의견을 잘 듣고 세 사람이 합의한 것을 정답으로 고른다.

> 예 問題を解決するためにどうしますか。 문제를 해결하기 위해 어떻게 합니까?

3 3번 문제는 텔레비전, 라디오, 강의 등에서 한 사람이 문제지에 제시된 4개의 선택지에 대한 특징을 설명하고, 그 설명을 들은 두 사람의 대화를 통해 두 사람이 무엇을 하기로 했는지 고르는 문제이다. 한 사람의 말에서 언급되는 선택지들의 특징을 잘 메모하고, 두 사람의 희망사항에 만족하는 것을 정답으로 고른다.

> 예 質問1　男の人はどこを見に行きますか。 질문1 남자는 어디를 보러 갑니까?
> 　　質問2　女の人はどこを見に行きますか。 질문2 여자는 어디를 보러 갑니까?

문제 풀이 Step

Step 1 음성을 들으며 핵심내용을 메모한다.

1번 문제는 대화에서 소개되는 선택사항들의 특징과 화자의 희망사항을, 2번 문제는 화자들의 의견과 합의 내용을, 3번 문제는 선택지들의 특징과 화자들의 희망사항을 메모한다.

男: 1つ目は最近出た新しい携帯電話で電話とインターネットが制限なく使えるものがあ
　　　　　　　　　　　　　　　　　　　전화, 인터넷 무제한

ります。2つ目は1つ目と同じ最新の機種ですが、電話が1時間を超えると追加の料金
　　　　　　　　　　　　　　　　　　　　　　　　　　　　　　　　　　추가요금

がかかるプランです。ですが1つ目の料金プランより安くなります。
　　　　　　　　　　　1번보다 쌈

女: へえ、そうなんですね。私、電話はあんまりしないので、安くしたほうがいいかも。
　　　　　　　　　　　　　전화 X　　　　　　　　　　싼거

じゃあこれにします。

남 : 첫 번째는 최근 나온 새로운 휴대전화로 전화와 인터넷을 제한 없이 사용할 수 있는 것이 있습니다. 두 번째는 첫 번째와 같은 최신 기종입니다만, 전화가 1시간을 넘으면 추가 요금이 드는 플랜입니다. 하지만 첫 번째 요금 플랜보다 쌉니다.
여 : 음, 그런가요. 나, 전화는 별로 안 하니까, 싸게 하는게 좋을지도. 그럼 이걸로 할게요.

Step 2 음성의 질문을 듣고, 대화의 내용과 메모를 토대로 결정사항을 정답으로 고른다.

1번 문제는 화자의 희망사항을 모두 만족하는 것을, 2번 문제는 최종적으로 합의한 것을 정답으로 고르고, 3번 문제는 질문1과 질문2가 누구에 대한 문제인지 잘 듣고 최종적으로 선택한 것을 정답으로 고른다.

질문　女の人はどのプランにしますか。 여자는 어느 플랜으로 합니까?

선택지　1 1番の料金プラン　1번 요금 플랜
　　　✓ 2 2番の料金プラン　2번 요금 플랜

문제 풀이 Step 적용

🔊 문제5 통합이해_01문제풀이Step 적용.mp3

[문제지]

1番、2番

問題用紙に何もいんさつされていません。まず話を聞いてください。それから、質問とせんたくしを聞いて、1から4の中から、最もよいものを一つ選んでください。

－メモ－

1

여자 → 테니스부

① 첫 번째: 공인, 연습 많음, 시합, 남녀 같이
② 두 번째: 공인, 시합, 남녀 따로
③ 세 번째: 연습 주 1회, 시합X, 멤버 많음, 남녀 같이
④ 네 번째: ③과 같음, 부 활동비 쌈, 남녀 같이

여자 → 시합, 연습 따로

Step 1 음성을 들으며 핵심내용을 메모한다.

첫 번째 부는 공인이고 연습이 많으며 학교 대표로 시합에 나가고 남녀가 같이 연습한다. 두 번째 부도 공인이고 학교 대표로 시합에 나가지만 남녀가 따로 연습한다. 세 번째 부는 연습이 주 1회이고, 시합에는 나가지 않지만 멤버가 많고 남녀 같이 연습한다. 네 번째 부는 세 번째 부와 비슷하지만 부 활동비가 가장 저렴하고 남녀 같이 연습한다고 한다.

[음성]

1番

大学の学生課で女の学生と職員が話しています。

女: あのー、このチラシの四つのテニス部について聞きたいんですが。

男: あ、そうですか。えっと、最初の二つは公認のクラブなんです。[1]一つ目のクラブは、練習日も多いですが、他の大学との試合にも大学を代表して参加します。[2]二つ目のも試合がありますが、こちらは男女のチームが別になりますね。一つ目のは一緒に練習します。

女: へえ。そうですか。

男: ええ、この[3]三つ目のは練習が週に1回ですね。大学を代表しての試合には出ませんが、メンバーは多いです。[4]四つ目のクラブも同じような感じですが部費は一番安いです。

女: あ、そうか。この二つも男女が一緒のチームなんですね。

男: はい、そうです。

女: ふうん、どうせクラブに入るなら、試合にも出たいし、試合は男女別々だから、練習も別のほうがいいかも。うん、これにします。

女の学生はどのクラブに入りますか。
1 一つ目のクラブ
✓ 2 二つ目のクラブ
3 三つ目のクラブ
4 四つ目のクラブ

Step 2 음성의 질문을 듣고, 대화의 내용과 메모를 토대로 결정사항을 정답으로 고른다.

여학생은 시합에 나가고 싶고, 남녀 따로 연습하는 것을 원하기 때문에, 두 가지 희망사항에 모두 해당하는 2 二つ目のクラブ를 정답으로 고른다.

[문제지]

1번, 2번

문제 용지에 아무것도 인쇄되어 있지 않습니다. 우선 이야기를 들어주세요. 그리고 나서, 질문과 선택지를 듣고, 1에서 4 중에, 가장 알맞은 것을 하나 골라주세요.

[음성]

1번

대학의 학생과에서 여학생과 직원이 이야기하고 있습니다.

여: 저기, 이 전단지의 네 개의 테니스부에 대해서 물어보고 싶은데요.

남: 아, 그런가요? 음, 맨 처음 두 개는 공인 동아리입니다. [1]첫 번째 동아리는, 연습일도 많습니다만, 다른 대학과의 시합에도 대학을 대표해서 참가합니다. [2]두 번째 것도 시합이 있습니다만, 이쪽은 남녀팀이 별도입니다. 첫 번째 것은 함께 연습합니다.

여: 아, 그래요?

남: 네, 이 [3]세 번째 것은 연습이 주 1회네요. 대학을 대표해서 시합에는 나가지 않지만, 멤버는 많습니다. [4]네 번째 동아리도 같은 느낌이지만 부 활동비는 가장 쌉니다.

여: 아, 그렇구나. 이 두 개도 남녀 함께인 팀이죠?

남: 네, 그렇습니다.

여: 흠, 어차피 동아리에 들어간다면, 시합에도 나가고 싶고, 시합은 남녀 따로따로이니까, 연습도 따로인 편이 좋을지도. 그래, 이것으로 할게요.

여학생은 어느 동아리에 들어갑니까?
1 첫 번째 동아리
2 두 번째 동아리
3 세 번째 동아리
4 네 번째 동아리

어휘 学生課 がくせいか 圏학생과　チラシ 圏전단지　テニス部 テニスぶ 圏테니스부　最初 さいしょ 圏맨 처음, 최초
公認 こうにん 圏공인　クラブ 圏동아리, 클럽　練習日 れんしゅうび 圏연습일　試合 しあい 圏시합　代表 だいひょう 圏대표
参加 さんか 圏참가　男女 だんじょ 圏남녀　チーム 圏팀　別 べつ 圏별도, 따로　メンバー 圏멤버　部費 ぶひ 圏부 활동비
どうせ 凰어차피　別々だ べつべつだ な형따로따로다

[문제지]

1番、2番

問題用紙に何もいんさつされていません。まず話を聞いてください。それから、質問とせんたくしを聞いて、1から4の中から、最もよいものを一つ選んでください。

ーメモー

2

가족, 새로운 게임

- 특별히 사줌 : 응석 받아주지마
- 시간 정함 : 엄격하게 하지마
- 성적 오르면? : 테스트 결과에 따라 OK

Step 1 음성을 들으며 핵심내용을 메모한다.

첫 번째로 성적이 좋았기 때문에 특별히 사준다, 두 번째로 게임하는 시간을 정하면 괜찮다, 세 번째로 여름방학 전 시험 성적을 올리면 사준다는 세 가지 의견이 있었다. 아빠의 특별히 사준다는 말에는 엄마가 응석을 받아주지 말라며 반대하고, 게임을 하는 시간을 정하는 것은 초등학생도 아니니 그렇게 엄격하게 하지는 말라고 딸이 반대하고 있다.

[음성]

2番

家族3人が、ゲームについて話しています。

女1: ねえ、お母さん、新しいゲームが欲しいんだけど。

女2: え?ゲーム?そんなにゲームばっかりしてたら、勉強する時間がなくなるんじゃない。

女1: えー、でも、先週のテストだって、よかったでしょ。

男: じゃあ、[1]今回は特別に、買ってやってもいいかな。

女2: お父さん、[1-]そんなに甘やかさないで。昨日だって、夜中まで起きてたから、今朝、寝坊してたじゃない。

女1: 今朝はちょっと疲れて起きられなかっただけだって。ねえ、お父さん、いいでしょ。

男: [2]ゲームする時間を決めるんだったら、いいかもな。

女1: えー、[2-]小学生じゃないんだから、そんなに厳しくしないでほしいなあ。

女2: 私は勉強のことが心配なのよ。ゲームは時間が取られるから。

女1: じゃあ、[3]夏休みの前のテストの成績が上がったら、買ってもらえる?

男: そうだな。約束が守れるなら、テストの成績も上がるかもな。どうだ?
女2: しょうがないわね。[3]テストの結果次第ね。

ゲームを買うことについて、どう決めましたか。
1　英語のテストがよかったから、すぐに買う
2　ゲームをする時間を決めてから、買う
✓3　夏休み前のテストの成績がよかったら、買う
4　勉強する約束を守ったら、買う

Step 2 음성의 질문을 듣고, 대화의 내용과 메모를 토대로 결정사항을 정답으로 고른다.

최종적으로 여름 방학 전 테스트 결과에 따라 사주겠다고 했으므로, 3 夏休み前のテストの成績がよかったら、買う를 정답으로 고른다.

[음성]

2번

가족 3명이, 게임에 대해 이야기하고 있습니다.
여1: 있잖아, 엄마, 새로운 게임이 갖고 싶은데.
여2: 응? 게임? 그렇게 게임만 하고 있으면, 공부할 시간이 없어지잖아.
여1: 아, 하지만, 지난 주 테스트도, 잘 봤잖아.
남: 그럼, [1]이번에는 특별히, 사 줘도 괜찮으려나.
여2: 아빠, [1]그렇게 응석을 받아주지마. 어제도, 한밤중까지 일어나 있어서, 오늘 아침, 늦잠을 잤잖아.
여1: 오늘 아침은 좀 피곤해서 일어날 수 없었던 것뿐이라니까. 그렇지, 아빠, 괜찮지.
남: [2]게임하는 시간을 정한다면, 괜찮을지도.
여1: 아, [2]초등학생이 아니니까, 그렇게 엄격하게 하지 않으면 좋겠어.
여2: 나는 공부가 걱정인 거야. 게임은 시간을 뺏기니까.
여1: 그럼, [3]여름 방학 전의 테스트 성적이 오르면, 사줄 거야?
남: 그렇네. 약속을 지킬 수 있다면, 테스트 성적도 오를지도. 어때?
여2: 어쩔 수가 없네. [3]테스트 결과 나름이야.
게임을 사는 것에 대해서, 어떻게 정했습니까?
1　영어 테스트를 잘 보면, 바로 산다
2　게임을 할 시간을 정하고 나서, 산다
3　여름 방학 전의 테스트 성적이 좋으면, 산다
4　공부하는 약속을 지킨다면, 산다

어휘 ゲーム 圏게임　今回 こんかい 圏이번　特別だ とくべつだ な형특별하다　甘やかす あまやかす 동응석을 받아주다
夜中 よなか 圏한밤중　起きる おきる 동일어나다　寝坊 ねぼう 圏늦잠　疲れる つかれる 동피곤하다　決める きめる 동정하다
小学生 しょうがくせい 圏초등학생　厳しい きびしい い형엄격하다　心配 しんぱい 圏걱정　成績 せいせき 圏성적
上がる あがる 동오르다　約束 やくそく 圏약속　守る まもる 동지키다　結果 けっか 圏결과

[문제지]

3番

まず話を聞いてください。それから、二つの質問を聞いて、それぞれ問題用紙の1から4の中から、最もよいものを一つ選んでください。

質問1

✓ 1 面接力アップ 실제 기업 사람과 면접 체험
2 自己分析 본인이 어떤 직업에 맞는지 알 수 있음
3 企業研究 희망 기업이 좋은 회사인지 연구
4 エントリーシート作成 입사 지원서 작성법 배움

● Step 1 음성을 들으며 핵심내용을 메모한다.
1 '면접력 업'은 실제 기업의 사람과 면접 체험을 할 수 있고, 2 '자기 분석'은 자신이 어떤 직업에 어울리는지 알 수 있으며, 3 '기업 연구'는 희망하는 기업이 좋은 기업인지 아닌지 연구하고, 4 '입사 지원서 작성'은 작년 입사한 선배로부터 입사 지원서 작성법을 배우는 것이라고 하고 있다. 남자는 기업 사람과 면접을 할 수 있는 세미나는 좀처럼 없으니까 기회라며 말하는 연습을 하겠다고 하고, 여자는 본인이 고른 직업이 자신에게 맞는지 자신이 없어 그것을 확인하고 싶다고 하고 있다.

[음성]

就職活動のためのセミナーのお知らせを聞いて、男の学生と女の学生が話しています。

男1: 来年度の卒業生を対象とした4つのセミナーのご案内です。一つ目は、面接力アップセミナーです。[1]実際に企業の方との面接が体験できます。二つ目は、自己分析セミナーです。[2]自分がどんな職業に向いているかを知ることができます。三つ目は、企業研究セミナーです。[3]希望している企業が本当にいい会社かどうかを研究できます。最後は、エントリーシート作成セミナーです。[4]エントリーシートの書き方を、去年入社した先輩から教えてもらえます。

女: もうこういう時期になったのね。そろそろ考えなきゃね。

男2: 残業や転勤とか、会社のことをまず知りたいけどな。でも、それは、先輩に聞いたり、ネットで調べられるかもしれないな。

女: そうだね。エントリーシートの書き方もサンプルがありそうね。

男2: [남]企業の人との面接ができるセミナーって、なかなかないから、これはチャンスだな。僕は話す練習をしてみるよ。

● Step 2 음성의 질문을 듣고, 대화의 내용과 메모를 토대로 결정사항을 정답으로 고른다.
질문1은 남학생이 어느 세미나에 참가하는지 묻고 있으므로, 면접 체험을 할 수 있는 1 面接力アップ를 정답으로 고른다.

女: そっか。[여]私は自分が選んだ職業が、自分に向いてるかどうか、まだ自信がないから、それを確認してから、面接の練習をしてみるわ。

質問1 男の学生は、どのセミナーに参加しますか。

[문제지]

3번

우선 이야기를 들어주세요. 그리고 나서, 두 질문을 듣고, 각각 문제 용지의 1에서 4 중에, 가장 알맞은 것을 하나 골라주세요.

질문1

1 면접력 업
2 자기 분석
3 기업 연구
4 입사 지원서 작성

[음성]

3번

취직 활동을 위한 세미나 안내를 듣고, 남학생과 여학생이 이야기하고 있습니다.

남1: 내년도의 졸업생을 대상으로 한 4개의 세미나 안내입니다. 첫 번째는, 면접력 업 세미나입니다. [1]실제로 기업 분과의 면접을 체험할 수 있습니다. 두 번째는, 자기 분석 세미나 입니다. [2]자신이 어떤 직업에 적합한지를 알 수 있습니다. 세 번째는, 기업 연구 세미나입니다. [3]희망하고 있는 기업이 정말로 좋은 회사인지 어떤지를 연구할 수 있습니다. 마지막은, 입사 지원서 작성 세미나입니다. [4]입사 지원서의 작성법을, 작년 입사한 선배에게 배울 수 있습니다.

여: 벌써 이런 시기가 됐네. 슬슬 생각해야겠어.

남2: 잔업이나 전근이라던지, 회사에 관한 것을 우선 알고 싶은데. 하지만, 그건 선배에게 묻거나, 인터넷으로 찾아볼 수 있을지도 모르겠네.

여: 그렇네. 입사 지원서의 작성법도 샘플이 있을 것 같아.

남2: [남]기업 사람과의 면접을 할 수 있는 세미나는, 좀처럼 없으니까, 이건 찬스네. 나는 말하는 연습을 해 볼래.

여: 그래? [여]나는 내가 선택한 직업이 나에게 적합한지 어떤지, 아직 자신이 없으니까, 그걸 확인하고 나서, 면접 연습을 해 볼래.

질문1 남학생은 어느 세미나에 참가합니까?

어휘 就職活動 しゅうしょくかつどう 명 취직 활동　セミナー 명 세미나　お知らせ おしらせ 명 안내, 알림　来年度 らいねんど 명 내년도
卒業生 そつぎょうせい 명 졸업생　対象 たいしょう 명 대상　案内 あんない 명 안내　面接力 めんせつりょく 명 면접력
アップ 명 업, 상승　実際に じっさいに 부 실제로　企業 きぎょう 명 기업　体験 たいけん 명 체험　自己分析 じこぶんせき 명 자기 분석
職業 しょくぎょう 명 직업　向いている むいている 적합하다, 이상적이다　企業研究 きぎょうけんきゅう 명 기업 연구
希望 きぼう 명 희망　最後 さいご 명 마지막, 최후　エントリーシート 명 입사 지원서　作成 さくせい 명 작성
書き方 かきかた 명 작성법　入社 にゅうしゃ 명 입사　先輩 せんぱい 명 선배　時期 じき 명 시기　そろそろ 부 슬슬
考える かんがえる 동 생각하다　残業 ざんぎょう 명 잔업　転勤 てんきん 명 전근　まず 부 우선　ネット 명 인터넷
調べる しらべる 동 찾아보다, 조사하다　サンプル 명 샘플　なかなか 부 좀처럼, 거의　チャンス 명 찬스, 기회
選ぶ えらぶ 동 선택하다, 고르다　職業 しょくぎょう 명 직업　自信 じしん 명 자신, 자신감　確認 かくにん 명 확인　参加 さんか 명 참가

실력 다지기

🔊 문제5 통합이해_02실력다지기.mp3

대화를 듣고 질문에 답하세요.

01 ①
②
③

02 ①
②
③

03 ①
②
③

04 ①
②
③

05 質問1

① 中国

② アメリカ

③ フランス

質問2

① 中国

② アメリカ

③ フランス

06 質問1

① A企業

② B企業

③ C企業

質問2

① A企業

② B企業

③ C企業

실전 대비하기

問題5

問題5では、長めの話を聞きます。この問題には練習はありません。
問題用紙にメモをとってもかまいません。

1番、2番

問題用紙に何もいんさつされていません。まず話を聞いてください。それから、質問とせんたくしを聞いて、1から4の中から、最もよいものを一つ選んでください。

-メモ-

3番

まず話を聞いてください。それから、二つの質問を聞いて、それぞれの問題用紙の1から4の中から、最もよいものを一つ選んでください。

質問1
1 白糸の滝
2 龍神滝
3 七光滝
4 月見滝

質問2
1 白糸の滝
2 龍神滝
3 七光滝
4 月見滝

무료 온라인 실전모의고사·학습자료 제공
해커스일본어 **japan.Hackers.com**

실전모의고사 1, 2, 3

실전모의고사 1   400
실전모의고사 2   452
실전모의고사 3   502

실전모의고사 1

답안지 작성법

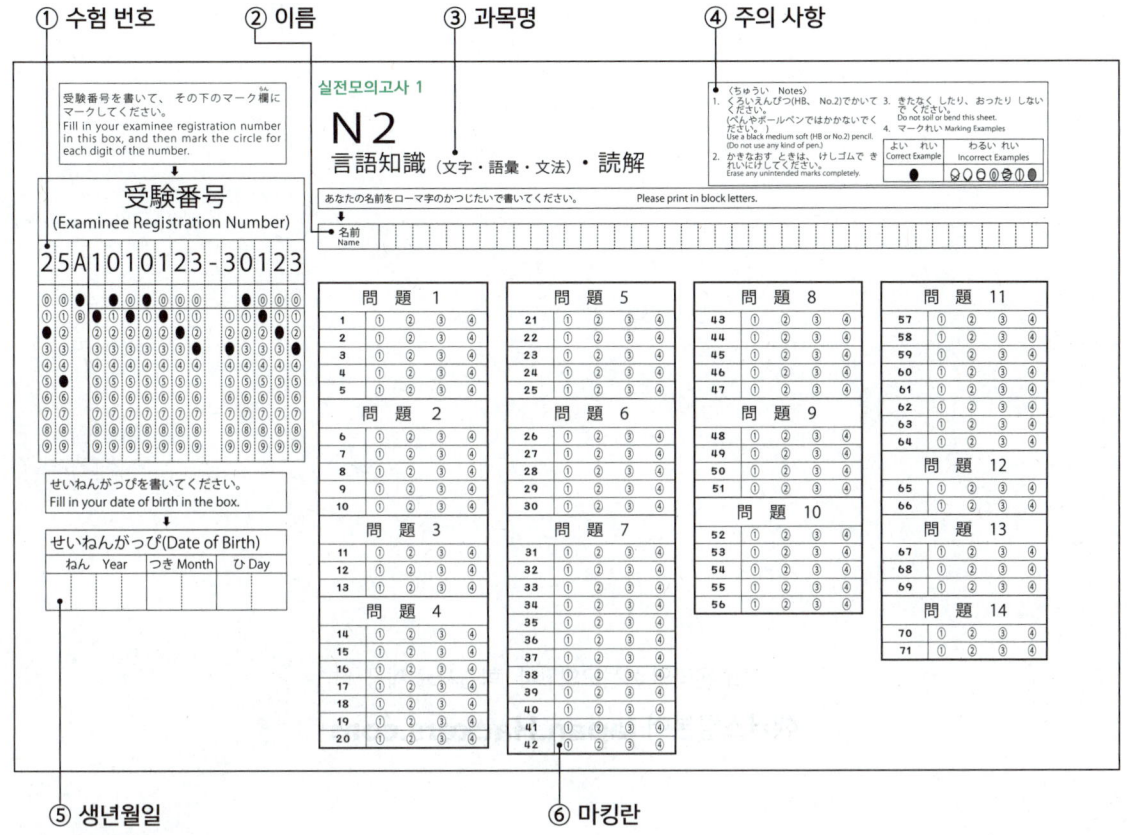

① **수험 번호**   수험자의 수험 번호가 적혀 있는 칸입니다. 수험표의 수험 번호와 OMR의 수험 번호가 일치하는지 확인하세요.

② **이름**   수험자의 이름이 적혀 있는 칸입니다. 수험표의 영문 이름과 OMR의 영문 이름이 일치하는지 확인하세요.

③ **과목명**   시험 과목의 이름입니다. 시험 시작 전, 모든 과목의 OMR이 한꺼번에 배부되므로 잘못된 과목의 OMR을 사용하지 않도록 꼭 과목명을 확인하세요.

④ **주의 사항**   OMR 작성 시의 주의 사항입니다. 꼭 숙지해서 마킹하세요.

> <해석>
> 1. 검정 연필(HB, No.2)로 써 주세요. (펜이나 볼펜으로는 쓰지 마세요.)
> 2. 고쳐 쓸 때는 지우개로 깨끗이 지워 주세요.
> 3. OMR을 더럽히거나 접지 마세요.
> 4. 마킹 예시   올바른 예 / 잘못된 예

⑤ **생년월일**   수험자의 생년월일을 기입하는 칸입니다. 생년월일 8자리를 기입해 주세요. 오늘 날짜를 작성하지 않도록 주의하세요.

⑥ **마킹란**   정답을 마킹하는 칸입니다. 마킹란은 문제1, 문제2와 같이 문제별로 구분되어 있습니다. 올바른 문제와 문항에 정답을 마킹하세요.

무료 온라인 실전모의고사·학습자료 제공
해커스일본어 japan.Hackers.com

N2

言語知識（文字・語彙・文法）・読解

실전모의고사 1

N2 聴解

受験番号 (Examinee Registration Number): 25A101 0123-30123

せいねんがっぴ (Date of Birth): —

名前 Name:

あなたの名前をローマ字のかつじたいで書いてください。
Please print in block letters.

〈ちゅうい Notes〉
1. くろいえんぴつ(HB、No.2)でかいてください。
   (ぺんやボールペンではかかないでください。)
   Use a black medium soft (HB or No.2) pencil.
   (Do not use any kind of pen.)
2. かきなおすときは、けしゴムできれいにけしてください。
   Erase any unintended marks completely.
3. きたなくしたり、おったりしないでください。
   Do not soil or bend this sheet.
4. マークれい Marking Examples

よい れい Correct Example	わるい れい Incorrect Examples
●	⊘○◐◑◒●

問題 1

	①	②	③	④
例	①	②	●	④
1	①	②	③	④
2	①	②	③	④
3	①	②	③	④
4	①	②	③	④
5	①	②	③	④

問題 2

	①	②	③	④
例	●	②	③	④
1	①	②	③	④
2	①	②	③	④
3	①	②	③	④
4	①	②	③	④
5	①	②	③	④
6	①	②	③	④

問題 3

	①	②	③	④
例	①	●	③	④
1	①	②	③	④
2	①	②	③	④
3	①	②	③	④
4	①	②	③	④
5	①	②	③	④

問題 4

	①	②	③
例	①	●	③
1	①	②	③
2	①	②	③
3	①	②	③
4	①	②	③
5	①	②	③
6	①	②	③
7	①	②	③
8	①	②	③
9	①	②	③
10	①	②	③
11	①	②	③

問題 5

		①	②	③	④
1		①	②	③	④
2	(1)	①	②	③	④
	(2)	①	②	③	④

Language Knowledge (Vocabulary/Grammar)・Reading 問題用紙

N2

言語知識(文字・語彙・文法)・読解

(105分)

注意
Notes

1. 試験が始まるまで、この問題用紙を開けないでください。
   Do not open this question booklet until the test begins.
2. この問題用紙を持って帰ることはできません。
   Do not take this question booklet with you after the test.
3. 受験番号と名前を下の欄(らん)に、受験票と同じように書いてください。
   Write your examinee registration number and name clearly in each box below as written on your test voucher.
4. この問題用紙は、全部で32ページあります。
   This question booklet has 32 pages.
5. 問題には解答番号の 1 、 2 、 3 …が付いています。解答は、解答用紙にある同じ番号のところにマークしてください。
   One of the row numbers 1, 2, 3 … is given for each question. Mark your answer in the same row of the answer Sheet.

| 受験番号 Examinee Registration Number | |

| 名　前　Name | |

問題1 ＿＿＿の言葉の読み方として最もよいものを、1・2・3・4から一つ選びなさい。

1 イヤホンの音質が素晴らしくて感激した。
  1 かんげき 2 がんげき 3 かんかく 4 がんかく

2 ネックレスがケースの中で絡まってしまった。
  1 まるまって 2 はさまって 3 からまって 4 かたまって

3 今回の選挙は与党の圧勝で終わった。
  1 あつしょう 2 あつしょ 3 あっしょう 4 あっしょ

4 小説を読んで、その情景を心に描く。
  1 なげく 2 かたむく 3 いだく 4 えがく

5 飛行機の模型を集めることが好きです。
  1 もかた 2 もうかた 3 もけい 4 もうけい

問題2 ＿＿＿の言葉を漢字で書くとき、最もよいものを1・2・3・4から一つ選びなさい。

[6] あの団体はそしきが二つに分かれている。
　　1　助織　　　　2　組識　　　　3　組織　　　　4　助識

[7] 10年間履いてきた靴がやぶれて、新しいのを買った。
　　1　壊れて　　　2　破れて　　　3　乱れて　　　4　荒れて

[8] うちの店はていかどおりに売っています。
　　1　正貨　　　　2　正価　　　　3　定貨　　　　4　定価

[9] 梅雨が続いて、家の中がしめっぽい。
　　1　湿っぽい　　2　汗っぽい　　3　汚っぽい　　4　泡っぽい

[10] 毎日保険会社から加入をかんゆうする電話が来る。
　　1　勧秀　　　　2　観秀　　　　3　観誘　　　　4　勧誘

問題3（　　）に入れるのに最もよいものを、1・2・3・4から一つ選びなさい。

11　手先が（　　）器用だったが、練習に練習を重ねて、ついに外科医になった。
　　1　不　　　　2　未　　　　3　非　　　　4　分

12　その俳優の（　　）演技に、多くの観客は心を動かされた。
　　1　高　　　　2　超　　　　3　真　　　　4　名

13　もう大人だから子ども（　　）するのはやめてほしい。
　　1　づきあい　2　おしえ　　3　あつかい　4　そだて

問題4（　　）に入れるのに最もよいものを、1・2・3・4から一つ選びなさい。

[14] 電話で苦情を言う客に対して、高橋(たかはし)さんは冷静な（　　）で対応した。
1　音波　　　2　感性　　　3　表現　　　4　口調

[15] 内気な性格のせいで、人から冷たい人だと（　　）されることがある。
1　正解　　　2　分解　　　3　了解　　　4　誤解

[16] 木村(きむら)シェフは料理の見た目にもこだわっていて、強い（　　）を与える盛り付けで有名だ。
1　インパクト　　2　アクセント　　3　ボリューム　　4　クオリティ

[17] 弟はあまり勉強が得意ではなかったが、（　　）努力を続けた結果、大学院に進学することができた。
1　いきいきと　　2　そわそわと　　3　こつこつと　　4　はきはきと

[18] 来週の水曜日の会議の時間が1時間（　　）から、メールでみんなに伝えておいて。
1　早まった　　2　急いだ　　3　上がった　　4　延ばした

[19] 某(ぼう)経営者の名言を（　　）した部長のスピーチは感動的だった。
1　描写(びょうしゃ)　　2　引用　　3　類似　　4　編集

[20] 読書家の友人を（　　）、私も毎日できるだけ本を読むことにした。
1　取り入れて　　2　持ち込んで　　3　引き受けて　　4　見習って

問題5 ＿＿＿の言葉に意味が最も近いものを、1・2・3・4から一つ選びなさい。

21 そのうわさはたちまち会社内に広まった。
　　1　ふたたび　　　2　だんだん　　　3　すぐに　　　4　ゆっくりと

22 韓国では肉を野菜にくるんで食べます。
　　1　まぜて　　　　2　のせて　　　　3　はさんで　　4　つつんで

23 弟は転職してから、はりきって働いている。
　　1　楽しそうに　　　　　　　　　　　2　やる気を出して
　　3　とても忙しく　　　　　　　　　　4　みんなと仲良く

24 両親は年中、忙しくしているから心配だ。
　　1　いつも　　　　2　ときどき　　　3　しばらく　　4　最近

25 すみません、お勘定をお願いします。
　　1　包装　　　　　2　予約　　　　　3　会計　　　　4　準備

問題6 次の言葉の使い方として最もよいものを、1・2・3・4から一つ選びなさい。

26 くどい
1 嵐のようなくどい雨と風で、窓がガタガタ鳴っている。
2 あの人の話は、同じことの繰り返しが多くてくどく感じられる。
3 家の外で、大きな声で騒いでいる人がいて、とてもくどい。
4 彼はまじめで、難しい仕事でもくどくがんばっている。

27 凍える
1 野菜を何日も冷蔵庫に入れておいたので、凍えてしまった。
2 クーラーをつけたまま寝てしまい、お腹が凍えた。
3 気温が下がって雪が降ったので、今日は凍えるような寒さになった。
4 ジュースを凍えさせて、遠足に持って行った。

28 土台
1 家の土台が地震による大きな揺れで、弱くなってしまった。
2 ショーの土台では鮮やかなドレスを着たダンサーが踊っている。
3 トラブルの土台をきちんと把握しないと、問題は解決しない。
4 日本が土台だと言われる絵文字は世界でも通じる日本語である。

29 批評
1 日本映画を批評した記事を読んで、日本に興味を持った。
2 あの店の味は、海外でも高く批評されているらしい。
3 記者は、政府の方針を激しく批評した。
4 批評がいいレストランに行ってみたが、それほどでもなかった。

30 薄める
1 会社の経費を薄めるために、電気の使用を見直しました。
2 注文したコーヒーが苦すぎて、お湯を入れて薄めて飲んだ。
3 体重を薄めるにはランニングなどの有酸素運動が効果的だ。
4 近所迷惑にならないようにテレビの音量を薄めたほうがいい。

問題7 次の文の（　　）に入れるのに最もよいものを、1・2・3・4から一つ選びなさい。

31 知り合いからリンゴを山ほどもらったから、持って行ける（　　）持って行っていいよ。

1　だけ　　　　2　など　　　　3　しか　　　　4　まで

32 苦手なことを「できない」の一言で片付けてはいけない。苦手なことを克服するために（　　）努力する必要がある。

1　できないくせに　　　　　　2　できないなりに
3　できないばかりに　　　　　4　できないかぎり

33 新しいパソコンを買うか店で3時間迷った（　　）、結局買わないで、来月のボーナスまでがまんすることにした。

1　以上　　　　2　あげく　　　　3　一方　　　　4　とたん

34 うちのチームでは、足の速さ（　　）田中さんが一番だろう。

1　にかけては　　2　をめぐって　　3　に対して　　4　に関して

35 山本「小林さんがまだ来ていませんね。休みでしょうか。」
鈴木「よく遅刻する小林さんの（　　）、今日も遅れるんじゃないでしょうか。」

1　はずだから　　2　ことだから　　3　おかげだから　　4　せいだから

36 (パーティーで)
田村「はじめまして。田村と申します。」
吉田「ああ、あなたが田村さんですか。直接（　　）、うれしいです。」

1　おいでになって　　　　　　2　お目にかかれて
3　お邪魔できて　　　　　　　4　お越しになって

37 雨の日にサッカーをしたときの服の汚れが、いくら洗っても（　　）落ちない。
1　ようやく　　　2　かえって　　　3　とうとう　　　4　ちっとも

38 こちらのレポートによると、町の人口の（　　）、商店の数も減ってきたとのことです。
1　減少に沿って　　　　　　　　2　減少にともなって
3　減少に基づいて　　　　　　　4　減少にかかわらず

39 私の弟は、音楽家になりたいと言って音楽大学に入ったかと思うと、自転車でアジア各国を旅行したいと言って、突然海外に行ってしまった。本当に弟には（　　）。
1　びっくりさせた　　　　　　　2　びっくりさせていた
3　びっくりさせられる　　　　　4　びっくりされている

40 A「合格できたのはあなたの努力の（　　）わけだから自信を持ってください。」
B「ありがとうございます。」
1　結果でなければならない　　　2　結果にほかならない
3　結果のはずがない　　　　　　4　結果に越したことはない

41 夫は乗り物酔いがひどい。特に船に（　　）、必ず具合が悪くなってしまう。それで、我が家では旅行に行くとしても船旅を選ぶことはまずない。
1　乗ろうものなら　　　　　　　2　乗ろうとなったら
3　乗るからには　　　　　　　　4　乗るとすれば

42 社長から電話があったんですが、道が混んでいて30分ぐらい遅れ（　　）。
1　るようだというものです　　　2　てしまったというわけです
3　そうだとのことです　　　　　4　るはずだといえます

問題8 次の文の ___★___ に入る最もよいものを、1・2・3・4から一つ選びなさい。

（問題例）

あそこで _____ _____ ★ _____ は山田さんです。

　　1　テレビ　　　2　人　　　3　見ている　　　4　を

（解答のしかた）

1. 正しい文はこうです。

　　あそこで _____ _____ ★ _____ は山田さんです。
　　　　　　1 テレビ　4 を　3 見ている　2 人

2. ___★___ に入る番号を解答用紙にマークします。

　　（解答用紙）　（例）　①　②　●　④

---

43 このすし屋は前からおいしいと聞いていたのですが、サービス _____ _____ ___★___ _____ と思いませんか。

　　1　店とは　　　2　からして　　　3　ちがう　　　4　他の

44 買ってすぐこわれた時計を _____ _____ ___★___ _____ 、今日中には修理できないということだった。

　　1　修理カウンターに　　　　2　ところ
　　3　聞いてみた　　　　　　　4　持って行って

45 A「この間の休暇は楽しめましたか。」
B「色々予定がありましたが、＿＿＿ ＿＿＿ ★ ＿＿＿ しまったんで。」
1　どこかに遊びに出かける　　　　2　なくなって
3　前日に体調が悪くなって　　　　4　どころでは

46 よく ＿＿＿ ＿＿＿ ★ ＿＿＿、どこかに無理なところがあったのか、予定通りに過ごせた日は一日もなかった。
1　立てた　　　2　旅行の計画を　　　3　考えて　　　4　ものの

47 今回、小さい ＿＿＿ ＿＿＿ ★ ＿＿＿ 夢がかなえられたのは、皆さんの支えのおかげです。
1　店を持つ　　　2　自分の　　　3　という　　　4　ながら

問題9 次の文章を読んで、文章全体の内容を考えて、 48 から 51 の中に入る最もよいものを、1・2・3・4から一つ選びなさい。

ペットの迎え方

　先日、来日して6年になるイギリス人に会う機会があった。互いに好きな犬の話題で盛り上がり、私が犬を迎え入れることを検討しているという話をすると、彼は「犬はどこから譲り受けるのですか。」と尋ねてきた。「もらうのではなく、ペットショップで購入するのです。」そう私は答えた。彼は先ほどまで 48 、突如真剣な面持ち(注1)になってこう言った。「ペットショップはよくないですよ。できるだけブリーダー(注2)から引き取ってください。 49 買うのを控えない限り犬や猫への被害は収まりません。」そして彼は以下のことを教えてくれた。

　19世紀、イギリスでは世界初とされる動物保護法が施行された。それ以降、イギリスでは、動物との接し方や販売、飼育に関する法規制が整備されてきた。近年では、動物を粗末に扱い、安価で取引する悪質な販売者をなくすための取り組みが進んでいる。生まれて間もない子犬や子猫を目にすれば、誰だってすぐに飼いたくなってしまうだろう。彼らは、 50 心理を上手く利用して商売をする。悲しいことに、売れ残った犬や猫は殺されてしまうらしい。そして、悪徳販売者だけでなく、これに類似した行為をしているペットショップもあるというのだ。情報が周知されるにつれて、欧米では、ペットショップではなくブリーダーから直接購入しようという意識が強まったそうだ。

　彼は最後にもう一度、強い口調で私に言った。「ペットショップで購入するという考えを 51 。」

（注1）面持ち：表情
（注2）ブリーダー：動物に出産をさせ、ペットとして売ることを職業とする人

48
1 笑っていた上に　　　　2 笑っていたばかりか
3 笑っていたあげく　　　4 笑っていたかと思うと

49
1 ペットショップで　　　2 ブリーダーから
3 日本で　　　　　　　　4 イギリスから

50
1 それの　　2 どれの　　3 こうした　　4 ああした

51
1 改めるに違いない　　　2 改めるしかありません
3 改めるべきです　　　　4 改めることだろう

問題10 次の(1)から(5)の文章を読んで、後の問いに対する答えとして最もよいものを、1・2・3・4から一つ選びなさい。

(1)
　　樹木間の適切な間隔を保つため、あえて一部の樹木を伐採する「間伐」は森林を保全するうえで欠かせない作業だ。樹木が過密に生えた森林では、地表に十分な日光が届かず樹木同士が成長を妨げ合う。また、草木の根が満足に張らず土壌が痩せていく。このような状況では、大雨の際に根が雨水を吸収しきれないため土砂崩れが発生しやすくなってしまう。
　　間伐は森林全体のバランスを整えるとともに、私たち人間の生活においても重要な役割を果たしているのだ。

（注1）伐採する：切る

（注2）地表：土地の表面

（注3）土壌：土

52　本文の内容に合うのはどれか。
1　間伐を行うのは、森林で健康に育つ樹木の数が決まっているためだ。
2　間伐を行わなければ、森林に日光が届きすぎて土壌が痩せてしまう。
3　間伐を行うことで、森林が健康になるうえ災害の備えにもつながる。
4　間伐を行っても、森林のバランスが崩れれば土砂崩れが発生する。

(2)

〒108-0074

東京都港区高輪1-2-3-2040

ルイーズ・村上　様

———— ご優待セールのご案内 ————

いつもMonoショッパーズをご利用いただき、ありがとうございます。

　年に一度のお得意様限定ご優待セールですが、本年は7月13日（土）に決定しました。

　人気のファッション、アクセサリー雑貨の他、水着や浴衣などが最大70％オフで、どれでも5点以上購入されますと、表示されている値段から更に10％オフとなります。

　ぜひこの機会をお見逃しなく。

　なお、お得意様限定の特別セールにつき、セール会場となる店内への入場にはこちらのはがきが必要となりますので、ご注意ください。

53　このはがきで紹介されているセールの内容について、正しいものはどれか。
1　セールは、会員証を持参すれば会場へ入れて、すべてが7割引の値段で買える。
2　セールは、はがきを持参すれば会場へ入れて、5点以上買うとさらに安くなる。
3　セール会場にはだれでも入れて、5点以上買えばすべてが7割引となる。
4　セール会場では、レジではがきを見せればさらに全品1割引となる。

(3)

　言葉の選び方は相手が抱くイメージに対して多大な影響を与える。誤った日本語や否定的な表現を多用することは、自らに良くない印象を植え付けるだけでなく結果的に不利益を被ることになりかねない。もちろん、その逆もまた然り(注)である。

　特に、キャリアが浅く、相手にとって判断材料が乏しい新入社員や若手ビジネスマンは、自らの言葉選びに一層注意を払いたいところだ。言葉を意識することで、ビジネスにおけるコミュニケーションも円滑になるはずだ。

（注）然りである：そうである

54 筆者の考えに合うのはどれか。
1. 悪印象を与えても、言葉を正しく使えば印象を変えられる。
2. 言葉を上手く使うことで、相手に好印象を持ってもらえる。
3. 言葉を使いこなしている人は、仕事でも実績を残す場合が多い。
4. 新入社員や若手ビジネスマンは、相手が使う言葉で印象を判断しがちだ。

（4）

　日本人の仕事を一時間あたりの金額で考えると、800円台から8万円まで100倍の差があります。そのなかでも今後AI(注)に取って代わられるのは、およそ3,000～5,000円のゾーンで、これはすなわち会社員や公務員の事務の仕事だと言われています。また、複雑な情報を処理する仕事も人の手から機械の手に渡るでしょう。そんな世界では、AIと争うことになる仕事は不利になります。これからは、自分にオリジナルの価値をつけて「貴重な存在」を目指す必要があります。

（注）AI：人工知能、英語でartificial intelligence

[55]　筆者の考えに合うのはどれか。
　　1　AIと争う仕事は不利になるので選ぶべきではない。
　　2　AIが使われる世界では、自分に価値を付ける必要がある。
　　3　AIに取って代わる貴重な存在を目指す必要がある。
　　4　AIの利用が進み、会社員や公務員の仕事は今後全てなくなる。

（5）

以下は、ある会社の社内メールである。

あて先：営業担当の皆様

件　名：追加研修の件

お疲れ様です。

今回のプロジェクトでは、残念ながら今期の売り上げ目標を達成することができませんでした。

そのため、営業担当の皆様を対象に追加研修を行うことになりました。

　　　　　　　　6月28日（金）10:00-12:00　　第一会議室

研修では、コーディネーターから今回のプロジェクトにおける営業成績を報告いたします。

チームリーダーには、各チームの抱える課題について、発表していただきますので、ご準備ください。

よろしくお願いします。

　　　　　　　　　　　　　　　　　　　　　　　　　　　　ラージ商事株式会社

　　　　　　　　　　　　　　　　　　　　　　　　　　営業部コーディネーター　山田

---

56 このメールの内容について正しいのはどれか。
1 研修を受けるのは、売り上げ目標を達成できなかった営業担当者だけである。
2 研修を受けるのは、課題を発表しなければならないチームリーダーである。
3 研修を行うのは、今期の売り上げ目標を達成できなかったからである。
4 研修を行うのは、チームの課題について報告してほしいからである。

問題11 次の(1)から(4)の文章を読んで、後の問いに対する答えとして最もよいものを、1・2・3・4から一つ選びなさい。

(1)

　スウェーデンでは、捨てられたゴミのうち、埋め立て処理されるのはたった1％。残りの半分はリサイクル、もう半分はゴミ処理場にて燃やす際に、電力に変えて再利用している。現在では、この電力で25万世帯分もの電力が作られている。さらには、国内から出るゴミの量だけでは足りなくなり、外国からゴミを輸入しているというのだ。

　スウェーデンだけでなく、リサイクルを続けるための工夫や、ゴミを増やさないための努力をしている国は他にもある。

　例えば、ドイツでは、スーパーに置いてあるリサイクル用の回収ボックスにペットボトルや瓶を入れると、30円ほどのお金が返ってくる。この「キャッシュバック制度」によってリサイクルが徹底された。

　また、アイルランドでは、住宅にもともと家具や家電が備え付けられているため、引っ越しの際に大きなゴミが出なくて済む。よって、「仕方なく捨てる」という状況を自然と減らすことができている。

　これらを聞くと、日本はまだまだ、リサイクルに対する意識が低いと言える。中古品の売買サービスや、中古品販売店は存在するものの、必要のない物はゴミとして捨てられていることの方が多い。国や企業をあげて、日本に合ったリサイクル方法の考案や、環境教育などに力を入れるべきだ。

（注1）埋め立て：ゴミなどを川や海などに積み上げて埋めること

（注2）キャッシュバック：お金を払い戻すこと

（注3）備え付ける：もともと設備としてそこに用意する

[57] スウェーデンがゴミを輸入しているのは、なぜか。
1 外国で捨てられたゴミを使い、リサイクルや電力へ転換することが得意なため
2 よりたくさんのゴミを手に入れることで、国外でも使える電力を増やしたいため
3 国内のゴミだけでは、25万世帯分の電力が作れなくなったため
4 よりたくさんのゴミを手に入れることで、よりリサイクルが得意になるため

[58] リサイクルを続けるための工夫や、ゴミを増やさないための努力について、正しいものはどれか。
1 ドイツでは、リサイクルした人への「キャッシュバック制度」を導入している。
2 ドイツでは、スーパーの回収ボックスで、リサイクルが体験できる。
3 アイルランドでは、家具のような大きいゴミを捨てることを禁止している。
4 アイルランドでは、中古品販売店の数をだんだん減らしている。

（2）

　日本の国土(注1)の面積は全世界のたった0.28％しかありません。しかし、全世界で起こったマグニチュード6以上の地震の20.5％が日本で起こり、全世界の活火山の7.0％が日本にあります。さらに日本は、地震だけでなく、台風、大雨、大雪、洪水、土砂による災害、津波、火山噴火などの自然災害が一年中起こりやすい国土です。日本に住む以上は、常に何らかの災害が起こることを意識しておく必要があります。

　そして大変なことに、洪水なら川から離れた場所へ、地震なら周りに高い建物のない場所へ、台風なら丈夫な建物の中へ、といった具合に、災害の種類や自分のいる場所に応じて避難する先を変えないといけません。また、地震によって津波が起こることもあれば、土砂災害が起こることもあります。災害が起こると、まず、自分がどんな場所にいるのかを考えて行動する必要があります。

　しかし、日本人は常に災害を恐れながら、毎日を過ごしているわけではありません。例えば、一般の住宅を建てる際には、その地域の地形に応じて、地震や水害(注2)に耐えられる(注3)ように設計されます。公共の施設(注4)は災害などがあれば、避難場所として使えるようになっています。常に災害について考え、できるだけの対策をしているのです。

（注1）国土：国の土地
（注2）水害：洪水による被害
（注3）耐える：ここでは、壊れない
（注4）施設：ある目的のために作った建物など

[59] 日本で、災害を意識しておかなければいけない理由は何か。
1 日本は一年中、自然災害が発生しやすい国だから
2 日本は一年中、絶えず地震が発生している国だから
3 全世界の地震の約2割が日本で起こっているから
4 全世界の活火山の7％が日本にあるから

[60] 日本の災害について、筆者の考えに合うのはどれか。
1 日本では、何らかの自然災害の被害を受けることは多いが、常に災害について考え、対策をしている。
2 日本では、一年中何らかの自然災害が発生するため、災害ごとに避難の場所を作らなければならない。
3 自然災害が発生しても、自分がどういう場所にいるのかを考えることができれば、安心して暮らせる。
4 ある程度の地震や水害に強い家が建てられているので、いつ自然災害が起きても大丈夫だ。

(3)

　「場数を踏む」という言葉がある。あることについて、経験を積んで慣れるという意味だ。私が初めて経験を積むことの意義を知ったのは、20歳の時である。成人した私を、父が食事に誘ってくれたのだ。そこは家族でいつも行っていたような場所ではなく、決まったメニューがない和食のお店だった。何が出てくるのかワクワクし、出てきた料理は初めての味で、名前や食べ方のマナーなどを父からひとつひとつ教わった。本やテレビなどで知ってはいたが、実際に体験すると想像と違うことも多く、父に連れて行ってもらわなければ知らない世界だった。

　その後も父から、就職後は上司や先輩達から、同じような「大人の店」で食事のしかたやマナー、お店のスタッフとのやり取りなど、多くのことを教わった。今では初めての場所でも、ほとんどトラブルなく振舞うことができる。全てそのころの経験のおかげだ。

　しかしあのころ、何も考えずに料理だけを楽しんでいたら、何も身に付かなかっただろう。「あの時スタッフにはこう言っていたな」とか「支払い時はあのようにするとスマートだな」など、後から思い返すことで、次の機会につながる。仕事や人との付き合い方なども同じで、上手になりたかったら、何度も経験することだ。場数を踏むことは、できることを増やすチャンスなのである。

[61] 筆者は、いろいろな人と食事をしたことで何ができるようになったのか。
1 行ったことのないレストランでの食事
2 初めての場所で困ったときの対処
3 大人が行くような食事の場所での振舞い
4 料理を楽しみながらのスタッフとの会話

[62] 仕事や人との付き合い方なども同じでとあるが、何が同じなのか。
1 後から思い返すことで、次の機会を探すこと
2 楽しむだけでなく、話し方なども学ぶこと
3 経験することで、次の機会により上手になること
4 できることを増やしながら、仕事を楽しむこと

(4)

　多くのアルバイト従業員を雇用している大手チェーン店では、接客業務の新人教育にマニュアルを活用することが一般的です。マニュアルがあれば、新人でも基本的な接客をこなすことができます。また、先輩による口頭指導に比べて、誤った情報を伝達したり、重要な内容を伝え漏れるリスクが少なく、教育の質も一定に保つことができます。

　これにより個人によるバラつき(注1)がない接客サービスを提供できることがマニュアルの強みです。しかし、同時に、標準を超えたサービスを提供することが困難になるというジレンマを伴います。マニュアルに沿って業務を行えば、迷うことは減りますが、その結果、自分で問題解決を図ろうという姿勢が失われるからです。このような状況が持続すると、行動が自動化し、思考を停止したような状態になりかねません。これではまるでロボットです。

　また、能動的(注2)に働きたい人にとってはマニュアルに縛られた業務が窮屈に感じられ、工夫して業務ができないことがモチベーションの低下につながることもあります。

　マニュアルは仕事のすべてではなく、あくまで基礎であり、それを応用しようという姿勢が重要だと思います。

（注1）バラつき：全部が同じでないこと
（注2）能動的に：自分から進んで

63 筆者によると、新人教育の際にマニュアルが活用されるのはなぜか。

1 新人でも客が満足するサービスを提供できるようになるから
2 先輩が口頭で指導するより、仕事でのミスが少なくなるから
3 全員が同じレベルのサービスや指導を行えるようになるから
4 新人も先輩も標準以上のサービスが提供できるようになるから

64 筆者はマニュアルを使うことで、働く人がどうなると述べているか。

1 マニュアルにない状況に出会ったときに、問題解決ができなくなる。
2 仕事で失敗することがなくなるため、思考能力が低下する。
3 マニュアルだけを頼りに働いて、自分の頭で考えなくなる。
4 仕事を工夫しても認められないため、モチベーションが下がる。

問題12 次のＡとＢはそれぞれ、美術館の予約制度について書かれた文章である。二つの文章を読んで、後の問いに対する答えとして最もよいものを、1・2・3・4から一つ選びなさい。

A

　先日、美術館に行ったところ、入口に長い行列ができていた。大変な人気だと聞いてはいたが、2時間待ちだと言われ、あきらめた。なんと3時間待ちのこともあるらしい。平日の昼間のせいか若者より中高年の姿が多く、夏の暑い午後に長時間立っている人を見ると、他人の事ながら体調は大丈夫かと心配になった。今は、予約制の美術館もあると聞いた。料金は多少高くなっても、日時を指定してスムーズに見学できる方が、長時間待つよりもいいと思う。特に、お年寄りや、旅行で時間が限られている人には、そちらの方がありがたいだろう。だいたい3時間も待たされたら、どんな人でも疲れてしまう。お目当ての絵をやっと見ることができても、感動より疲労の方が記憶に残りそうだ。

B

　ぜひ行きたい絵画展があるのだが、大混雑が予想されるため、予約制となっている。美術館というのは、好きな時に好きなだけ滞在できる場所だと思っていたので、少し変な感じがする。絵を見るために予約し、日時を決めなければならないということが、今ひとつ納得できない。絵はいつでもそこにあって、私達を待っていると思うからだ。いつ見に行ってもいいというオープンな点が、美術館の良さではないだろうか。高齢者や旅行者など、予約制の方がいい人もいるということは分かる。しかし私は、長時間待つことになっても、自由に見せてくれる方が絵との出会いにはふさわしい気がする。

65 AとBのどちらの文章にも触れられている点は何か。

1 美術館の予約制は、高齢者や旅行者にはいい制度だ。
2 長時間待つことは、絵を見るためにふさわしくない。
3 予約制は、料金が少し高くなることが納得できない。
4 絵画はいつでも自由に見ることができるものであってほしい。

66 AとBの筆者は、美術館の予約制度についてどのように述べているか。

1 Aは中高年だけが長時間待つことになると述べ、Bは美術館は好きなだけいられるほうがいいと述べている。
2 Aはお年寄りや旅行者は短時間でも待ちたがらないと述べ、Bは美術館はいつもオープンであるべきだと述べている。
3 Aは長時間待つ必要がなくていいと述べ、Bは予約なしで自由に見られるほうがいいと述べている。
4 Aは料金が高くなるので見るのをあきらめる人がいると述べ、Bは待ち時間が短くなるのでいいと述べている。

問題13 次の文章を読んで、後の問いに対する答えとして最もよいものを、1・2・3・4から一つ選びなさい。

　能力、身体、経験、人種、身分など、人間にはあらゆる違いや差がある。様々な立場や格差を超えて友情が生まれる物語は、今も昔も広く世界中で愛され、あこがれる人も多いだろう。私もその一人であるが、いったい人と人の間に生まれる友情とは何だろうか。

　「上から目線」という言葉がある。他人を自分より下に見る態度のことであり、あまり良い意味では使われない。人間は本来、自分の方が上、優れている状態に安心するものだろうが、特に意識せず何かを言ったり教えたりしたことが、最近はすぐに「上から目線」だと言われることもあり、少々神経質にも思われる。しかし実際、上下関係でしか物事を見ない人はいる。収入、学歴、社会的立場、顔や身体、経験や知識の豊富さ、何かが得意であるなど、全てがその対象となるらしい。知り合いの中に、まさにそういう人がいる。その人は面倒見が良いところもあり、あれこれと仲間の世話をやいているが、本人が期待するほど、好かれても信頼されてもいないように思う。悪い人ではないが、正直言って私も距離を感じている。どれほどお世話になっても友情を抱けないのは、「上から目線」を感じるからだろう。

　ある港町を舞台にした映画に、忘れられない場面がある。貧しい老人が、不法入国してきた少年を助ける話である。老人は、貧しい生活の中から少年のためにお金を用意し、自分にとっても危険がおよぶ計画を迷わず進めていく。いよいよ少年を送り出す時、少年が「あなたのことは忘れません」と言ったのに対し、老人は「私もだ」と答えたのだ。「私も忘れない」と。その時まさに、二人は同じ地平(注)に立っていた。少年は親切にしてくれた老人のことを忘れないだろう。そして、老人も少年のことを忘れないだろう。それだけのことだ。年齢も人種も立場も越えた、人間同士の好意と信頼がそこにあった。同じ目線に立つ、それが友情だと思う。世話をした人も受けた人も互いに忘れないというシンプルな会話は二人の間に流れる温かさを伝えるものだった。

　近い立場でも、様々な違いがあっても、誰であれ友人となる第一歩は、同じ地平に立つことだ。易しいようで難しいかもしれないが、できるだけ水平な目を持ち続けていたい。

（注）地平：ここでは、立場

67 そういう人とは、どのような人か。
1 他の人よりすばらしい経験や知識が多い人
2 他の人と自分を比べることで人間関係を作る人
3 他の人に何かを教えたり世話をしたりする人
4 他の人の細かいところが気になる神経質な人

68 友情について、筆者の考えに合うものはどれか。
1 お互いを比べて違いを認めることが友情である。
2 お互いの間に起きたことを忘れないことが友情である。
3 違いや差を超えて、同じ場所にいるのが友情である。
4 同じ目線に立ち、信頼し合うのが友情である。

69 この文章で筆者が最も言いたいことは何か。
1 友人を作りたいなら、相手の好意に期待してはいけない。
2 友人を作ることは簡単に思えるが、実はとても難しいことだ。
3 友情は年齢や社会的立場などの差にこだわらないことから生まれる。
4 お互いのしたことを忘れないことが友情を育てる一番簡単な方法だ。

問題14 右のページは、あるプールのホームページに載っている案内である。下の問いに対する答えとして最もよいものを、1・2・3・4から一つ選びなさい。

[70] チェさんは、今度の金曜日に弟とプールに行こうと考えている。チェさんは16歳の高校生で弟は10歳の小学生である。2人が一緒に利用できるのは何時までか。

1 午後6時
2 午後8時
3 午後10時
4 午後10時半

[71] ジーンさんは日曜日に家族でプールを利用した。ジーンさん夫婦と7歳の娘、65歳のジーンさんの母4人で行き、2時間半利用した。ジーンさんがプールで払った金額は家族全部でいくらか。

1 300円
2 600円
3 1,200円
4 1,800円

中央市民プール利用案内

利用時間	9:00～21:30（入場は21:00まで） ※ 金曜日は25mプールのみ9:00～22:30まで（入場は22:00まで）
休館日	第2・4月曜日（祝日は開館します。）年末年始 ※ 7月20日～8月31日までは無休で開館します。

利用料金について

利用料金（2時間まで）			超過料金（1時間ごと）		
大人	子ども	高齢者	大人	子ども	高齢者
400円	200円	200円	200円	100円	100円

※ 子ども料金は4歳以上中学生以下が対象となります。
※ 高齢者料金は65歳以上の方が対象となります。
※ 利用時間には着替えなどの時間を含みます。
※ 超過料金は利用時間2時間を超えた時点から発生します。
※ 2時間以上利用した場合は、お帰りの際に入退場ゲートの横にある精算機で超過料金をお支払いください。

[ご利用方法]
・入場の際は入口の販売機で利用券を購入し、入退場ゲートのカード入れ口に入れて通過してください。その際、退場予定時刻が表示されますので必ずご確認ください。
・4歳未満のお子様は利用できません。
・小学校入学前の幼児は16歳以上の保護者と一緒にご利用ください。
・18:00以降の小学生だけでの利用はできかねます。16歳以上の保護者と一緒にご入場いただく必要があります。ただし、小学生の利用は20:00までです。
・持ち物はロッカーに入れて必ず鍵をかけてください。ロッカー使用の際は100円硬貨が1枚必要になります。使用後は硬貨が戻りますので忘れずにお持ち帰りください。
・場内は終日禁煙です。喫煙はプールの入口に設置された喫煙場所でお願いいたします。
・プール内及びプールサイド、更衣室での飲食は禁止です。ご飲食は休憩コーナーでお願いいたします。
・プールに入る際は、水着、水泳帽子を必ず着用してください。また、ピアス・ブレスレット・ネックレスなどのアクセサリー類は必ずはずしてください。

Listening

問題用紙

N2
聴解
（50分）

注　意
Notes

1. 試験が始まるまで、この問題用紙を開けないでください。
   Do not open this question booklet until the test begins.

2. この問題用紙を持って帰ることはできません。
   Do not take this question booklet with you after the test.

3. 受験番号と名前を下の欄に、受験票と同じように書いてください。
   Write your examinee registration number and name clearly in each box below as written on your test voucher.

4. この問題用紙は、全部で12ページあります。
   This question booklet has 12 pages.

5. この問題用紙にメモをとってもかまいません。
   You may make notes in this question booklet.

受験番号　Examinee Registration Number	

名　前　Name	

問題1

(학습용) 　(고사장용)

🔊 실전모의고사1.mp3

問題1では、まず質問を聞いてください。それから話を聞いて、問題用紙の1から4の中から、最もよいものを一つ選んでください。

例

1　しゅうかつサイトでテストを受ける
2　どういう仕事がしたいか決める
3　希望の仕事をサイトに登録する
4　やりたい仕事の企業について調べる

1番
1 ホームページに案内をのせる
2 大学で案内の紙を配る
3 和室を予約する
4 予約をキャンセルする

2番
1 資料の文字数を減らす
2 グラフを大きくする
3 課長にメールを送る
4 プレゼンテーションの練習をする

3番

1　アイ
2　イウ
3　アウ
4　イ

4番

1　病院に鳥を連れて行く
2　インターネットに情報をのせる
3　けいさつに届けを出しに行く
4　鳥の写真をとる

5番

1 男の人に会社を紹介する
2 鈴木さんの連絡先を聞く
3 鈴木さんに連絡する
4 男の人に連絡先を伝える

もんだい
問題2

問題2では、まず質問を聞いてください。そのあと、問題用紙のせんたくしを読んでください。読む時間があります。それから話を聞いて、問題用紙の1から4の中から、最もよいものを一つ選んでください。

例

1 長い時間、ゆっくりしたいから
2 集中して本を読みたいから
3 田舎の自然を思い出したいから
4 おいしいケーキが食べたいから

1番

1 春の限定メニューを発売する
2 インターネットで宣伝する
3 持ち帰りメニューの値段を下げる
4 店内のインテリアを変える

2番

1 新商品の写真をさつえいする
2 ほうそうの色をへんこうする
3 今月の売り上げを知らせる
4 調査結果について知らせる

3番

1 ロビーを掃除すること
2 部屋がどこか伝えること
3 予約を管理すること
4 客の質問に答えること

4番

1 巧みなトリックを用いるところ
2 登場人物の描写が上手なところ
3 文章の表現力が豊かなところ
4 社会問題を取り上げているところ

5番

1 かぜを引いたから
2 事故にあったから
3 けいさつに行くから
4 レポートがまだだから

6番

1 科学にはまだわからないことが多いこと
2 勉強会への参加者が減っていること
3 科学にきょうみがない子供が増えたこと
4 親が子供のために時間を使えないこと

問題3

問題3では、問題用紙に何もいんさつされていません。この問題は、全体としてどんな内容かを聞く問題です。話の前に質問はありません。まず話を聞いてください。それから、質問とせんたくしを聞いて、1から4の中から、最もよいものを一つ選んでください。

- メモ -

問題4

問題4では、問題用紙に何もいんさつされていません。まず文を聞いてください。それから、それに対する返事を聞いて、1から3の中から、最もよいものを一つ選んでください。

- メモ -

問題5

問題5では、長めの話を聞きます。この問題には練習はありません。
問題用紙にメモをとってもかまいません。

1番

問題用紙に何もいんさつされていません。まず話を聞いてください。それから、質問とせんたくしを聞いて、1から4の中から、最もよいものを一つ選んでください。

- メモ -

2番

まず話を聞いてください。それから、二つの質問を聞いて、それぞれの問題用紙の1から4の中から、最もよいものを一つ選んでください。

質問1

1　プランA
2　プランB
3　プランC
4　プランD

質問2

1　プランA
2　プランB
3　プランC
4　プランD

실전모의고사 2

실전모의고사 2

N2
言語知識 (文字・語彙・文法)・読解

N2 聴解

실전모의고사 2

名前 Name

あなたの名前をローマ字かつじたいで書いてください。
Please print in block letters.

受験番号 (Examinee Registration Number)

25A1010123-30123

受験番号を書いて、その下のマーク欄にマークしてください。
Fill in your examinee registration number in this box, and then mark the circle for each digit of the number.

せいねんがっぴを書いてください。
Fill in your date of birth in the box.

せいねん Year	つき Month	ひ Day

〈ちゅうい Notes〉
1. くろいえんぴつ(HB、No.2)でかいてください。
   (ペンやボールペンではかかないでください。)
   Use a black medium soft (HB or No.2) pencil.
   (Do not use any kind of pen.)
2. かきなおすときは、けしゴムできれいにけしてください。
   Erase any unintended marks completely.
3. きたなくしたり、おったりしないでください。
   Do not soil or bend this sheet.
4. マークれい Marking Examples

よいれい Correct Example	わるいれい Incorrect Examples
●	⊘⊙◐⊗◎○●

問題 1

	1	2	3	4
例	①	②	●	④
1	①	②	③	④
2	①	②	③	④
3	①	②	③	④
4	①	②	③	④
5	①	②	③	④

問題 2

	1	2	3	4
例	①	●	③	④
1	①	②	③	④
2	①	②	③	④
3	①	②	③	④
4	①	②	③	④
5	①	②	③	④
6	①	②	③	④

問題 3

	1	2	3	4
例	①	●	③	④
1	①	②	③	④
2	①	②	③	④
3	①	②	③	④
4	①	②	③	④
5	①	②	③	④

問題 4

	1	2	3
例	①	●	③
1	①	②	③
2	①	②	③
3	①	②	③
4	①	②	③
5	①	②	③
6	①	②	③
7	①	②	③
8	①	②	③
9	①	②	③
10	①	②	③
11	①	②	③

問題 5

		1	2	3	4
1		①	②	③	④
2	(1)	①	②	③	④
	(2)	①	②	③	④

Language Knowledge (Vocabulary/Grammar)・Reading

問題用紙

N2

言語知識 (文字・語彙・文法)・読解

（105分）

注　意
Notes

1. 試験が始まるまで、この問題用紙を開けないでください。
   Do not open this question booklet until the test begins.
2. この問題用紙を持って帰ることはできません。
   Do not take this question booklet with you after the test.
3. 受験番号と名前を下の欄（らん）に、受験票と同じように書いてください。
   Write your examinee registration number and name clearly in each box below as written on your test voucher.
4. この問題用紙は、全部で32ページあります。
   This question booklet has 32 pages.
5. 問題には解答番号の 1 、 2 、 3 …が付いています。
   解答は、解答用紙にある同じ番号のところにマークしてください。
   One of the row numbers 1 、 2 、 3 … is given for each question. Mark your answer in the same row of the answer Sheet.

受験番号　Examinee Registration Number	
名　前　Name	

問題1 ＿＿＿の言葉の読み方として最もよいものを、1・2・3・4から一つ選びなさい。

1 釘を<u>垂直</u>に打ち込むのは案外難しかった。
　　1　すいちょく　　2　すいぞく　　3　すいちく　　4　すいしょく

2 これで紙幣と硬貨の<u>表</u>と裏を区別します。
　　1　うら　　2　すみ　　3　あな　　4　おもて

3 病院を訪れ、医師にどんな<u>症状</u>があるか説明した。
　　1　しょうぞう　　2　そうぞう　　3　しょうじょう　　4　そうじょう

4 姉は考え方が<u>幼い</u>ところがあり、よくけんかになる。
　　1　ずるい　　2　あまい　　3　みにくい　　4　おさない

5 両親が経営する会社で<u>経理</u>をしている。
　　1　けいり　　2　げり　　3　けいざい　　4　げざい

問題2 ＿＿＿の言葉を漢字で書くとき、最もよいものを1・2・3・4から一つ選びなさい。

6 最近売上が減少するけいこうにあって、全社員が心配している。
　　1 傾向　　　　2 頃向　　　　3 傾尚　　　　4 頃尚

7 朝のこころよい空気が好きで、ジョギングをするようになった。
　　1 嬉い　　　　2 楽い　　　　3 爽い　　　　4 快い

8 何があってもげんそくを守ることが重要です。
　　1 原側　　　　2 源側　　　　3 原則　　　　4 源則

9 平和な世界をいのっています。
　　1 祈って　　　2 願って　　　3 語って　　　4 誇って

10 バロック音楽のとくちょうを学びました。
　　1 持徴　　　　2 特徴　　　　3 持微　　　　4 特微

問題 3 （　　　）に入れるのに最もよいものを、1・2・3・4から一つ選びなさい。

11 このレストランでは、多くの若い働き（　　　）が活躍している。
　　1　肩　　　　2　頭　　　　3　手　　　　4　足

12　田中(たなか)選手は、実力があって（　　　）年度からポジションを確保していた。
　　1　未　　　　2　再　　　　3　非　　　　4　初

13　年（　　　）に、引っ越しするかどうか考えている。
　　1　過ぎ　　　2　明け　　　3　開き　　　4　迎え

問題４（　　）に入れるのに最もよいものを、1・2・3・4から一つ選びなさい。

14 もう少し教え方が（　　）したら、指導者になりたいと思う。
1　交換　　　　2　発達　　　　3　進歩　　　　4　上達

15 初めは（　　）小説だと思いつつ何となく読み始めたが、いつの間にか夢中になっていた。
1　くだらない　　2　たまらない　　3　ちがいない　　4　かまわない

16 出張には子供を連れて行くことができないので、両親に（　　）つもりだ。
1　預ける　　　2　貸す　　　　3　借りる　　　4　返す

17 アーティストは新しい展覧会に向けて創作の（　　）を高めている。
1　意欲　　　　2　本能　　　　3　感情　　　　4　理性

18 しばらく都会を離れて、田舎でゆっくりとした時間を（　　）つもりだ。
1　つぶす　　　2　かける　　　3　経つ　　　　4　過ごす

19 係員に見えないように撮影禁止の作品を（　　）撮影する観光客が後を絶たない。
1　ひそひそ　　2　こそこそ　　3　じろじろ　　4　ぞろぞろ

20 この会社は、客の（　　）を調査した上で、製品を作っている。
1　ニーズ　　　2　ターゲット　　3　タイミング　　4　チャンス

問題5 ＿＿＿の言葉に意味が最も近いものを、1・2・3・4から一つ選びなさい。

[21] やっと娘のための木製模型を仕上げることができた。
　　　1　発売する　　2　提出させる　　3　送付する　　4　完成させる

[22] 子どもに頻繁に指図するのは成長の妨げになる。
　　　1　無視　　2　命令　　3　提案　　4　希望

[23] ぱっとしない天気が当分続くそうだ。
　　　1　さらに　　2　かなり　　3　しばらく　　4　おそらく

[24] 佐々木さんは同僚で、旅行に行くほど仲がいい。
　　　1　同じ学校の人　　　　2　同じ会社の人
　　　3　同じ故郷の人　　　　4　同じ年齢の人

[25] あそこは資源がとぼしい島国だ。
　　　1　作られている　　2　とても多い　　3　不足している　　4　まったくない

問題6 次の言葉の使い方として最もよいものを、1・2・3・4から一つ選びなさい。

26 維持
1 高級な車は買うこと自体よりそれを維持する費用を考えなければならない。
2 迷い犬を維持したいが、旦那（だんな）がすごく嫌がって悩んでいる。
3 野生の動物が多くいるので、作物の維持には注意が必要だ。
4 食品の維持時によく使用される乾燥剤を利用しています。

27 円満
1 幼い頃から円満な友達である鈴木（すずき）さんは、私のよき理解者である。
2 彼は自身が主催したイベントが成功し、円満な様子だった。
3 顧客（こきゃく）との間にトラブルが起きたが、なんとか円満に解決できた。
4 今週は比較（ひかく）的に円満な天気が続き、過ごしやすい1週間だった。

28 混乱
1 朝は道が非常に混乱していて出勤するのが大変だ。
2 その都市には、古い建物と新しい建物が美しく混乱している。
3 地震のあと、部屋の中は家具や本が混乱していた。
4 国が独立したことで、地域の経済が混乱した。

29 たまる
1 電車が急にたまって、乗っていた人たちが驚いていた。
2 クラブ活動のために、生徒たちが教室にたまってきた。
3 10日も連続で仕事が続くと、とても疲れがたまる。
4 明日はとても寒くなり、雪がたまる予報だ。

30 大いに
1 その店員の説明は少し大いに聞こえた。
2 住民は、その高速道路が開通したことを、大いに喜んでいる。
3 私の母は、運動不足なのに大いに運動をしようとしない。
4 その授業（じゅぎょう）は人気があるため、大いにたくさんの学生が出席する。

問題7 次の文の（　　　）に入れるのに最もよいものを、1・2・3・4から一つ選びなさい。

31 新商品の名前は、（　　　）金曜日の会議で決定するでしょう。
　　1　さっぱり　　　2　おそらく　　　3　まさか　　　4　どうも

32 （新しい先生からのあいさつ）
「私は20年前にこの高校を卒業しました。20年ぶりに、教師（　　　）ここに戻って来ることができてとてもうれしいです。」
　　1　として　　　2　にとって　　　3　に対して　　　4　にして

33 海外で（　　　）、自分が自分の国の文化や歴史について深く知らないということに気付かされた。
　　1　生活してはじめて　　　　　　2　生活してからでないと
　　3　生活するかのように　　　　　4　生活したとおりに

34 この動物園の入場料金は、年齢（　　　）500円です。
　　1　によれば　　　2　につけて　　　3　にかかわらず　　　4　にしたがって

35 （会社で）
上司「来週の木曜日のセミナーは何時からですか。」
部下「すみません。まだ決まっていませんので、（　　　）、ご連絡します。」
　　1　決まったところ　　　　　　2　決まったとたん
　　3　決まったすえに　　　　　　4　決まり次第

36 家族は今、海外旅行中です。私も行く予定でしたが、パスポートを（　　　）、飛行機に乗れませんでした。
　　1　忘れていただけあって　　　2　忘れただけにもかかわらず
　　3　忘れてきたばかりで　　　　4　忘れてしまったばかりに

37 時間を間違えて会議に遅刻したのは、不注意だったと（　　　）。
1　言わざるを得ない　　　　　　2　言いかねない
3　言っている最中だ　　　　　　4　言いがたい

38 （ホテルで）
客「明日の10時に、タクシーを呼んでおいてくれますか。」
ホテルスタッフ「はい、10時でございますね。確かに（　　　）。」
1　お聞きしました　　　　　　　2　参りました
3　承りました　　　　　　　　　4　おいでになりました

39 うちの子は毎朝、（　　　）自分で起きて、学校に行くことができるんですよ。
1　起こさないと　　　　　　　　2　起こされなくても
3　起こされても　　　　　　　　4　起こさせないと

40 彼の足の調子は（　　　）、あと1週間もすれば走れるようになると言える。
1　治りだすというより　　　　　2　治りつつあるというより
3　治りだすことから　　　　　　4　治りつつあることから

41 今住んでいる狭いワンルームでは自分の荷物だけでいっぱいいっぱいで、ルームシェア（　　　）できるわけがない。
1　なら　　　2　さえ　　　3　なんか　　　4　くらい

42 成功を収めた経営者たちは自分の努力や優秀さを自慢したりはしない。彼らは口をそろえて、ただ運が（　　　）と言う。
1　良くても仕方がない　　　　　2　良かったにすぎない
3　良くなかったらしい　　　　　4　良くないに決まっている

問題8 次の文の＿★＿に入る最もよいものを、1・2・3・4から一つ選びなさい。

(問題例)

あそこで ＿＿＿ ＿＿＿ ★ ＿＿＿ は山田さんです。

1　テレビ　　　2　人　　　3　見ている　　　4　を

(解答のしかた)

1．正しい文はこうです。

あそこで ＿＿＿ ＿＿＿ ★ ＿＿＿ は山田さんです。
1　テレビ　4　を　3　見ている　2　人

2．＿★＿に入る番号を解答用紙にマークします。

(解答用紙)　(例)　①　②　●　④

43　彼は医者にダイエットしろと言われているが、あんなに毎日 ＿＿＿ ＿＿＿ ＿★＿ ＿＿＿ だろう。

1　やせられる　　　　　　　　2　アイスクリームを
3　わけがない　　　　　　　　4　食べていたら

44　プールで行う ＿＿＿ ＿＿＿ ＿★＿ ＿＿＿ エクササイズで、下半身の筋肉を鍛えるのに効果がある。

1　問わず　　　　　　　　　　2　誰にでも始めやすい
3　水中ウォーキングは　　　　4　性別や年齢を

45 この日本語のテキストは、日本語を使って働けるようになりたい人のために実際の ＿＿＿ ＿＿＿ ★ ＿＿＿ います。

1　載せて　　　　　　　　　　2　ビジネス会話に
3　作った例文を　　　　　　　4　基づいて

46 この俳優はまだ若いけれど、演技が ＿＿＿ ＿＿＿ ★ ＿＿＿ とても人気がある。

1　上手で　　　2　すばらしい　　　3　歌も　　　4　のみならず

47 最近のコンビニエンスストアのスイーツはとてもおいしいので、＿＿＿ ＿＿＿ ★ ＿＿＿ んです。

1　いられない　　2　買わずには　　3　見つけると　　4　新商品を

問題9 次の文章を読んで、文章全体の内容を考えて、 48 から 51 の中に入る最もよいものを、1・2・3・4から一つ選びなさい。

以下は、留学生がスピーチのために書いた文章である。

「狂言」の面白さ

サタン　チャッマニー

　文化の授業で日本の伝統的な演劇である狂言を観覧することになりました。私は自国の伝統芸能すら鑑賞したことがなく、そもそも関心が薄かったため、どうせ自分には面白さが理解できないだろうと期待せずにいました。

　ところが、舞台の公演中、私は何度も笑いました。歴史の話や難しい話が主題だろうと勝手な固定観念を持っていましたが、私たちの日常に割と近い内容で理解しやすかったです。演目は次のような内容でした。 48 に主人と二人の家来(注1)がいます。主人は外出の予定があるものの、家には秘蔵(注2)の酒があり、留守番中の家来二人がこっそり手をつけてしまうのではないかと心配になりました。 49 、家来の両手を紐で棒に縛り付け、家を出ることにします。主人が不在の間にどうしても酒が飲みたくなった家来たちが、棒に縛られたまま辛うじて動かせる手先を駆使してどうにか飲もうと試みるというストーリーです。

　所々聞き取れない単語が出てきましたが、役者の滑稽(注3)な動きに笑いを誘われました。

　このように狂言は、人々の日常で 50 笑いや失敗をおもしろおかしく描写した劇です。私が見た物語は古くから受け継がれてきたものですが、何百年前の人も似たようなことで笑っていたのかと考えると、何だか彼らが身近に感じられました。そして、今まで伝統芸能を避けてきたのがもったいなかったと 51 。今後機会があれば、故郷の伝統芸能にも触れてみたいです。

（注1）家来：主人に仕える者
（注2）秘蔵の：大切にしまっている
（注3）滑稽だ：おもしろい

48
1　この家　　　2　ある家　　　3　そこの家　　　4　あっちの家

49
1　そこで　　　2　しかも　　　3　それでも　　　4　けれども

50
1　起こってほしいような　　　2　起こりっこないような
3　起こり得そうな　　　　　　4　起こりようがなさそうな

51
1　思えてきました　　　　　　2　思うこともありました
3　思えつつありました　　　　4　思おうとしました

問題10 次の(1)から(5)の文章を読んで、後の問いに対する答えとして最もよいものを、1・2・3・4から一つ選びなさい。

(1)
　町に佇む(注)本屋には、店舗独自の売上ランキングコーナーが設けられていたり、客が店主におすすめの書籍を尋ねたりするなど、本を介した直接的かつ情緒的なふれあいが広がっていた。それは、合理性を追求するネット空間とは相反する場と言えよう。そんな本屋の閉店が相次いでいる。

　ネットの進化によって、オンライン上で無限の書籍にアクセスできる便利な時代になった。希少な専門書でさえ手軽に入手できる。しかし、書店で構築されていたような人の輪はそこに存在しないのである。

(注)佇む：ある

[52]　この文章で筆者が最も言いたいことは何か。
1　本屋には、ネット空間にはない人と人との温かい交流がある。
2　ネット空間は、合理性を追求するあまり情緒がない。
3　本を通してしか築くことができない人間関係が存在する。
4　書店が減っているのはネットで購入したほうが便利だからだ。

（2）

以下はある会社のお知らせである。

お客様各位

お知らせ

　昨今の天候不順や、深刻な災害（さいがい）等による原材料費・光熱費の価格上昇に伴い、4月1日よりお弁当商品の価格を50円ずつ値上げさせていただくことになりました。（おみそ汁（しる）は除きます。）

　コスト削減（さくげん）の努力をしてまいりましたが、経営が極（きわ）めて厳しく、赤字になりかねないため、値上げせざるを得なくなりました。

　ご迷惑をお掛けしますが、ご理解をお願い申し上げます。

おいしいべんとう屋

---

[53] このお知らせで一番伝えたいことはどれか。
1　原材料が値上がりしていること
2　商品の値段を上げること
3　値上げしない商品もあるということ
4　コストを減らそうとしたこと

(3)

　SNS(注)などで意見を発信する人が多い。その中には、こんなすばらしい文章が書けたらと思うものも、子どもが書いたのかと思うような文章もある。どうすればいい文章が書けるのだろうか。最近、文章がうまい人は読書家であることに気が付いた。本を読むことで教養(きょうよう)が身に付くのはもちろん、語彙力(ごいりょく)、思考力も身に付くからではないだろうか。何もないところからは何も生まれない。自分の中に一度入れないと表現することもできないのである。

（注）SNS：ソーシャルネットワークサービス = Social Network Service

[54]　筆者の考えに合うのはどれか。
1　子どもが書いた文でもいい文章と言えるものがある。
2　いい文章を書くために、本を読むことが大切だ。
3　使える語彙(ごい)を増やすと、上手な文章が書けるようになる。
4　自分のことをよく知った上で、意見を発信するといい。

(4)

以下は、ある航空会社が出したメールの内容である。

あて先：adams@mail.co.jp

件　名：ご予約いただきありがとうございます。

このたびはJJ航空6月1日（木）羽田発557便をご予約いただきありがとうございます。

航空券のお支払いが確認でき次第、ご予約を確定いたします。(注1)

以下よりご予約の詳細(注2)をご確認の上、5月25日（木）までにお支払いをお済ませください。

万一、期限日までにお支払いが確認できない場合は、自動的にキャンセルとなります。

あらかじめご了承ください。

ご予約のご確認・お支払いはこちら

→ https://jjsky.com

（注1）確定：しっかり決まること、決めること

（注2）詳細：くわしい内容

[55] この航空会社からのメールに書いてある内容について、正しいものはどれか。

1　5月25日（木）までに航空券のお支払いができない場合、予約が取り消される。

2　5月25日（木）までに航空券の予約を確認しなければならない。

3　6月1日（木）までに航空券のお支払いが確認できると、予約が確定される。

4　6月1日（木）までに航空券のお支払い確認できないと、予約がキャンセルされる。

(5)

　「ゴミを捨てるな。まわりまわって口の中」と書かれた看板を登山中に見つけた。自分の捨てたゴミが動物や植物に害を与え、周りの環境(かんきょう)を悪くし、最終的に自分の食卓に戻ってくるという意味だろう。人間関係でも、相手を嫌な気分にさせたり、手を抜いたりすると、結局自分も嫌な目にあうことがある。悪い行いは時間をかけ、形を変え、また自分に戻ってくるのだ。「自分の行動に責任を持つ」とは、これを意識することでもあると思う。

56 筆者の考えに合うのはどれか。
1　自分の言ったことで、最終的に相手を嫌な目にあわせることは時にある。
2　自分の悪い行いが、周りの環境(かんきょう)を悪くし、最終的に自分が嫌な目にあう。
3　相手の気分に責任を持たないと、自分の気分も悪くなる。
4　相手を悪い気分にしないか考えていると、自分の気分がよくなる。

問題11 次の(1)から(4)の文章を読んで、後の問いに対する答えとして最もよいものを、1・2・3・4から一つ選びなさい。

(1)

　イチゴやピーマンなどの野菜を栽培するとき、一定期間肥料を控えめにし、その後に適切な量の肥料を与える栽培方法がある。肥料を制限するので、その時期と期間を間違えると、植物の成長が止まってしまう。しかし、これは①植物の仕組みを考えると、科学的に理にかなっている(注1)と言える。

　豊かな環境で育てられた植物は、十分な栄養素が常に与えられている状態であるため防御(注1)物質を作らない。その必要性がないからだ。反対に、栄養が不足すると植物はストレスを感じ、自らを守るために防御物質を作り出す。そして、一定期間栄養が制限されると、植物は生き残るために様々な物質を体内に蓄積するのである。

　このような防御物質が豊富に含まれた植物は、人間の健康にもいい影響を与えることが分かっている。

(中略)

　「栄養素が少なく育った植物は成長が遅く、収穫量も少なくなるのではないか」と考える人もいるだろう。

　だが、それに関しては②問題ない。適切なタイミングで栄養制限を行うと、植物は一時的なストレスを受けるものの、その後の適切な栄養供給によって光合成(注3)の効率が上がる。さらに、ストレスに対する抵抗力も高まり、病気や害虫に強い植物に育つことが明らかになっている。結果として、収穫量を維持しながら、栄養価の高い作物がとれるわけである。

(注1)　理にかなっている：合理的である
(注2)　防御物質：植物が身を守るために作る化学物質
(注3)　光合成：植物が光のエネルギーを使って二酸化炭素と水から有機物を合成する過程

57 ①植物の仕組みについて、筆者の説明に合うのはどれか。
1 栄養が豊富な環境で育った植物は防御物質が出ると成長が止まる。
2 栄養が不足すると、植物は防御物質を作り出すのをやめて成長に集中する。
3 栄養が足りなくなった植物は生き残るために防御物質を作り出す。
4 防御物質は植物の成長を止めるため、健康な植物ほど含まれる量が少ない。

58 ②問題ないとあるが、なぜか。
1 栄養制限後に与える肥料に病気に強い特別な栄養素が含まれているから
2 植物は栄養制限をされても、ストレスを受けるわけではないから
3 栄養制限を行った植物は、栄養が少なくて害虫が近づかないから
4 一時的な栄養制限は光合成の効率を上げて、植物を強くするから

(2)

　声には本心、つまり本当の気持ちが表れるものだと思う。あるロック歌手のライブを聴き、あらためてそう感じた。1960年代から70年代にかけて、世界的な大ヒット曲を作った彼は、天才的な音楽の才能を持ちながら、創作の苦しさや人間関係によって精神の病気となり、長く表舞台から姿を消していた。しかし、近年少しずつ回復してツアーを開始、生で聴いた彼の歌声に涙が出そうになった。音の高低は不安定で、少々心配になるような歌い方だったが、心に響くのだ。音楽のすばらしさがストレートに伝わってくる。音楽が好きだ、音楽は楽しいと彼が心からそう思い、伝えたい気持ちがあるからだと思う。もちろん曲の良さもあるが、同じ曲を別の歌手が上手に歌っても、その震えるような感動はない。彼の声には彼の真実(注1)があった。

　歌でなくとも、その人が本当に心から信じていることを語る言葉には説得力(注2)がある。心打たれるスピーチなどが良い例である。これは悪い方でも同じだと思う。つまり、たとえ悪い考えでも、それを心から信じている人の声には伝わる力がある。

　だからこそ、悪い方向に影響されることもあるのだということを忘れないでおきたい。そして、芸術家のような表現力がなくても、自分の声にも本心が出るものだと気を付けたほうがいい。

（注1）真実：本当のこと
（注2）説得力：他の人にその通りだと思わせる力

[59] 筆者によると、言葉に説得力があるのはどのような場合か。
1 本当のことだけを話しているとき
2 心から信じていることを話しているとき
3 上手なスピーチを聞いているとき
4 悪い考えを信じているとき

[60] 筆者によると、声を出すときに気を付けなければいけないことはどのようなことか。
1 表現力がないと、自分の気持ちが声に表れてしまうこと
2 よくない考えに心を動かされて、話すことを忘れること
3 話す声には、自分の本当の気持ちが表れるということ
4 心から信じていないことは伝わらないということ

(3)

　一般的に、日本人は昔から議論が苦手だとされてきた。島国であり、小さな共同体で協調性が求められる。問題が起こらないようにみんなと同じ意見を持つのがいいこととされるので、自分の意見はあまり言わない。それらが主な理由である。しかし、グローバル社会である現在、習慣も価値観も違う様々な相手と向き合うためには、話す力が必要だ。今、必要な議論とは、決して相手を負かすためのものではなく、より良い可能性を見つけるための「対話」である。

　対話とは、自分の考えを述べつつ、相手の話を聞き、普遍性(注1)を探し求めるものである。注意すべき点は、始めから結論を設定しないこと。お互い、自分の結論に向かって意見を押し通すだけでは議論にならない。相手の考えをどれだけ理解できるかが重要だ。

　対話のおかげで考えが変わることもあるだろう。対話とは自分の考えを変えるためにするものだという人もいる。必要なのは柔軟な姿勢(注2)であり、人の意見に流されるのではなく、考えを変えることができることだ。

　そして真の協調とは、AとBの意見があって、A一色、B一色になるのではなく、新しい色を探すことであろう。そう思えば、議論への苦手意識も、少しは軽減するのではないだろうか。

(注1) 普遍性：広く行きわたること、例外なくすべてのものにあてはまること
(注2) 柔軟：考え方や態度などを、その場に合うように変えられること

61 筆者によると、日本人が議論が苦手な理由は何か。

1　日本は島国なので、問題が起こることがあまりないから
2　小さい社会の中で、人と違う意見を言うと問題になると思うから
3　問題が起こったら、皆と同じ意見を言わなければならないから
4　習慣や価値観が違う相手にも、同じ意見を持つように言うから

62 新しい色を探すこととはどのようなことか。

1　お互いの意見を聞いてから、それぞれの意見とは違う新しい結論を出すこと
2　お互いの意見を聞いてから、それぞれの意見の苦手な部分を探すこと
3　意見を出した後、問題が起こらないように別の意見を考えること
4　意見を出した後、いい可能性を見つけられたかもう一度考えること

(4)

　近年、都市部の公園では民間企業の参入(注1)が活発化している。これにより、テニスコートやカフェ、温泉といった施設が併設(注2)され、利便性や快適性が向上している。大人でも楽しめる公園は、地域の活性化にも貢献すると支持を得ている一方で、従来の公園が持っていた価値が見逃されているのではないかという懸念(注3)も生じている。

　かつて、公園は子供が自由に遊べるスペースだった。滑り台やブランコといった限られた遊具しかない場所で、自ら遊びを生み出していた。その過程で「このルールでは勝ち負けがすぐに決まるな」「この遊びは怪我のリスクがある」などと問題点に気付き、仲間と話し合いながら解決策を模索し、実践する。それを繰り返して自分たちにとってより良い形を作り上げる。一連のプロセスを通して、問題解決能力やコミュニケーション能力といった社会を生き抜くうえで必須の能力をおのずと獲得していたのだ。

　これからの公園づくりにおいて、民間企業参入による利点を取り込みつつも、独創的な遊びが許容(注4)される空間を残すべきではないだろうか。公園は単なるレジャー施設ではなく、子供たちの成長を促す場であり、社会全体にとっても重要な役割を果たしていることを忘れないでほしい。

（注1）参入：新たに加わること
（注2）併設する：一緒に設置する
（注3）懸念：心配
（注4）許容する：認める

[63] 筆者によると、従来の公園はどうだったと言っているか。
1 広いスペースで子供たちが自由に遊べていた。
2 シンプルな遊具が設置されていて、子供たちだけで遊べた。
3 子供たちが工夫しながら遊ぶことで、学びを得ていた。
4 子供たちの能力を育てるような工夫がされていた。

[64] 民間企業が公園事業に参入することについて、筆者の考えに合うのはどれか。
1 今までの公園のように子供たちが自由に遊べなくなるから、参入しないでほしい。
2 参入するのはいいが、子供たちの自由な遊びを邪魔しない方法を考えてほしい。
3 参入するのはいいが、子供たちの成長を助ける色々な施設を作ってほしい。
4 公園は子供たちや社会にとって重要な役割を担っているから、参入しないでほしい。

問題12 次のAとBは同窓会について書かれた文章である。二つの文章を読んで、後の問いに対する答えとして最もよいものを、1・2・3・4から一つ選びなさい。

A

　高校の同窓会があり、大いに盛り上がった。ほとんどの人が卒業以来、初めての再会である。現在48歳の私達だが、会えばたちまち高校生の時の姿を思い出す。目の前にいるのは、中年のおじさん、おばさんなのだが、あっという間に30年の年月は消え、教室や先生や文化祭、体育祭、クラスメイトのことなど思い出話が次々に出てきて、とても楽しかった。40代ともなれば皆、仕事、結婚、子供のことなど様々な問題を抱えているはずである。同窓会に参加しているのだから、ある程度生活が安定しているのだろうと考える人もいるが、それは分からない。同級生の現在の状況を特別知りたいとも思わない。少しの間10代の若い気持ちに戻って、活力を取り戻したような気がした。

B

　「卒業して30年経ちました」という案内に心が動き、初めて同窓会に参加した。少し緊張しつつも、とても楽しみにしていた。本当に久しぶりに会う顔ばかりでなつかしく、盛り上がったのだが、高校時代の思い出話ばかりで、少々期待外れだったというのが正直なところだ。確かに、学校生活のいろいろなエピソードは、知っていることも知らないことも一緒に笑い合える。しかし、せっかく同級生に会ったのだから、昔の話ばかりでなく、皆の現在の話をもっと聞きたかった。40代後半、まさに人生の中間点である。それぞれ仕事、結婚、子供などいろいろあるだろう。10代の時とは違う今の生活、悩みや自慢だっていい、同じ年齢だからこそできる新しい話を期待していた。

[65] AとBのどちらの文章にも触れられている点は何か。
1 40代ともなると、仕事や家庭のことなど様々な生活がある。
2 学生時代の友人に会うと、すぐに十代のころの気持ちが戻ってくる。
3 同窓会に参加した人が皆、安定した生活を送っているかどうかはわからない。
4 同窓会では、仕事や家庭のことなどたくさん話せてとても満足した。

[66] AとBの筆者は、同窓会での話についてどのように考えているか。
1 AもBも今のいろいろな問題について話したかったと考えている。
2 AもBも高校の思い出話ができ、盛り上がってよかったと考えている。
3 Aは昔の思い出話を楽しかったと考え、Bはそれぞれの今の状況について話したかったと考えている。
4 Aは友人達の安定した生活のことを知りたかったと考え、Bは悩みや自慢話を聞きたかったと考えている。

問題13 次の文章を読んで、後の問いに対する答えとして最もよいものを、1・2・3・4から一つ選びなさい。

　今、世の中は「所有」から「利用」へ移行している時だという。高級車やブランド品、絵画など様々な分野で新しいレンタルサービス、つまり、モノを貸すサービスが次々に登場している。毎月定額で好きな品を選ぶことができ、取り換えも可能というビジネスモデルもあるそうだ。ますます便利に、合理的になっている。

　そんなニュースの中で、人をレンタルするという話題が出ていた。ある人が自分を「何もしないけれど、ただそこにいる人」として貸し出しているそうだ。その人は「一人で入りにくい店に行きたい時、ゲームで人が足りない時など、ただ一人分の人間の存在が欲しい時に利用して下さい」と言っている。とても興味深い思いつきと活動である。実際、若い人を中心に1千件以上の依頼があり、その活動の記録は本となり出版されている。ビジネスとしても成功したわけだが、それはさておき、本当に様々な依頼があり、おもしろい。コンサートの席を埋めてほしい、勉強をさぼらないよう見ていてほしい、好きなアイドルの話を聞いてほしいなど、様々な場面で「一人分の人間の存在」が必要とされ、利用されている。中でも引っ越しの時に見送ってほしいという依頼は印象的だった。誰かに見送ってほしいという気持ちは分かるが、それが全くの他人であってもいいというのはどういうことか。別れという、感情的な場面でのレンタル利用である。その人に歴史も人格も必要ないならば人型ロボットでもいいのではないかと考えたが、人でもモノでも対象に価値や意味を見出すのは自分の心なのかもしれないと気が付いた。

　物理的な「一人分の存在」は、ほぼモノと同じであろう。そして、たとえ自分が所有しているモノでも、大切に思う気持ちがなければ、「さよなら」に意味はない。見送りを依頼した人は、自分に「さよなら」を言ってくれる存在をレンタルしたことで、大切にされている自分を作り出したのだ。そして、貸し出された人には、一時的に「私にとって大切な誰か」になってもらったのかもしれない。一時的な利用であっても、そこに満足感や慰め(注)を感じることができるのだ。

　より便利に合理的に、人もモノも何でも利用できる世の中で、満足感や慰めを得られるかどうかは自分の心次第なのだろう。

（注）慰め：悲しみ、苦しみ、さびしさなどから気をまぎらせる、心を楽しませること

67 筆者によると、レンタルされた人はどのような事をするのか。
1 依頼した人に、頼まれたいろいろなことを教える。
2 一人の人としているだけで、何もしない。
3 一人でいることが必要な人と一緒に頼まれたことをする。
4 自分という存在を大切に思ってくれる人とおもしろい活動をする。

68 引っ越しの見送りに人を借りることについて、筆者の考えに合うのはどれか。
1 全くの他人なので、人ではなくロボットでもかまわない。
2 感情的になる場面なので、価値や意味がある。
3 借りることに価値や意味をつけるのは、借りた人自身である。
4 全くの他人でモノと同じなので、見送ることに意味はない。

69 人をレンタルすることについて、筆者はどのように考えているか。
1 レンタルすることで満足できるかどうかは、利用する人の気持ちで変わる。
2 レンタルすることで満足できるなら、人型ロボットでも同じように満足できる。
3 レンタルした人を大切に思う気持ちがなければ、レンタルすることに意味はない。
4 レンタルすることは便利で合理的なので、ますます利用する人が増えていく。

問題14 右のページは、船のサービスをしている会社のサービス案内である。下の問いに対する答えとして最もよいものを、1・2・3・4から一つ選びなさい。

[70] マリアさんは、来週末に同僚2人と船で食事をしようと思っている。3人で全体の予算は8千円である。個室にしなくてもいい。マリアさんの希望に合うクルーズコースはどれか。

1　周遊コースのランチタイム
2　周遊コースのティータイム
3　周遊コースのディナータイム
4　片道コース

[71] チェさんは、来週末に孫と一緒に周遊コースのランチタイムを利用したい。チェさんは67歳、孫は6歳で、特別個室を予約しようと思っている。チェさんたちの料金はどのようになるか。

1　チェさん 2,500円、孫は無料、個室追加料金1,000円
2　チェさん 2,000円、孫1,000円、個室追加料金1,000円
3　チェさん 2,200円、孫1,250円、個室追加料金1,000円
4　チェさん 2,500円、孫1,250円のみ

クルーズのご案内

よこはまクルーズ社

よこはまクルーズ社では、片道コースのほか、船内でのお食事やお飲み物がセットになったクルーズコースをご用意しております。観光の思い出にぜひご利用ください。

【周遊コース】

◎ランチタイム　11:00～13:00（所要時間2時間）

	大人	子ども	シニア
平日	2,000円	1,000円	1,700円
土日・祝日	2,500円	1,250円	2,200円

◎ティータイム　15:00～16:00（所要時間1時間）ケーキセットのみ

	大人	子ども	シニア
平日	1,500円	750円	1,200円
土日・祝日	2,000円	1,000円	1,700円

◎ディナータイム　18:00～20:30（所要時間2.5時間）

	大人	子ども	シニア
平日	3,000円	1,500円	2,700円
土日・祝日	3,500円	1,750円	3,200円

★特別個室予約可能★

よこはまクルーズ社のクルーズコースでは、特別個室をご用意しております。仲のよいご友人やご家族と個室でゆっくりと海を眺めながらお食事をしてみてはいかがでしょうか。また、小さなお子様がいる場合も個室であれば周りを気にせずゆっくり過ごすことができるのでおすすめです。特別個室は一部屋（最大5名利用可能）1,000円の追加料金をいただきます。

【片道コース】　横浜駅東口～みなとみらい21～山下公園

運行時間　10:00～18:00

出発時刻　毎時00分および30分発。食事、ドリンク無しの片道20分コースです。

料金（平日、土日祝日共通）大人800円、シニア600円、こども400円

※両コース共通

大人：中学生以上、シニア：65歳以上、子ども：4歳～小学生以下（3歳以下は無料）

ご予約・お問い合わせ先

よこはまクルーズ社（代表）045-123-4455

Listening

問題用紙

N2

聴解

（50分）

注　意
Notes

1. 試験が始まるまで、この問題用紙を開けないでください。
   Do not open this question booklet until the test begins.

2. この問題用紙を持って帰ることはできません。
   Do not take this question booklet with you after the test.

3. 受験番号と名前を下の欄に、受験票と同じように書いてください。
   Write your examinee registration number and name clearly in each box below as written on your test voucher.

4. この問題用紙は、全部で12ページあります。
   This question booklet has 12 pages.

5. この問題用紙にメモをとってもかまいません。
   You may make notes in this question booklet.

| 受験番号　Examinee Registration Number | |

| 名　前　Name | |

問題1

🔊 실전모의고사2.mp3

問題1では、まず質問を聞いてください。それから話を聞いて、問題用紙の1から4の中から、最もよいものを一つ選んでください。

例

1　しゅうかつサイトでテストを受ける
2　どういう仕事がしたいか決める
3　希望の仕事をサイトに登録する
4　やりたい仕事の企業について調べる

1番

1 希望表を提出する
2 代わりの人を探す
3 電話をする
4 メールをする

2番

1 虫を寄せ付けない用品を買う
2 生ごみや段ボールを捨てる
3 家の持ち主に相談する
4 あみどの穴にシールをはる

3番
ばん

4番
ばん

1 作品を見た感想
2 作品に関する情報
3 自分が好きな作品の名前
4 作品に使われている手法

5番
1 業界のトレンドについて調べる
2 業界の今後の動きについて調べる
3 髪をカットしに行く
4 新しいスーツを買いに行く

問題2

問題2では、まず質問を聞いてください。そのあと、問題用紙のせんたくしを読んでください。読む時間があります。それから話を聞いて、問題用紙の1から4の中から、最もよいものを一つ選んでください。

例

1 長い時間、ゆっくりしたいから
2 集中して本を読みたいから
3 田舎の自然を思い出したいから
4 おいしいケーキが食べたいから

1番

1 さいがいへの準備が足りないこと
2 さいがいの時にあわててしまうこと
3 こうずいが起きること
4 逃げる道順と場所を知らないこと

2番

1 全員の学力を伸ばすこと
2 経験のある講師を集めること
3 保護者に活動の意義を分かってもらうこと
4 講師にまじめに取り組んでもらうこと

3番

1 全品割引になること
2 割引券がもらえること
3 野菜が割引になること
4 魚が割引になること

4番

1 安い物件を探す
2 安い内装業者に頼む
3 リサイクル製品を買う
4 自分たちで宣伝する

5番

1 商品の説明が足りないこと
2 商品の説明が細かすぎること
3 目的が書かれていないこと
4 目的がくわしく書いてあること

6番

1 水をこまめに飲んだほうがいい
2 胃腸にやさしいものを食べたほうがいい
3 冷たいものを食べたほうがいい
4 何も食べないほうがいい

問題3

問題3では、問題用紙に何もいんさつされていません。この問題は、全体としてどんな内容かを聞く問題です。話の前に質問はありません。まず話を聞いてください。それから、質問とせんたくしを聞いて、1から4の中から、最もよいものを一つ選んでください。

- メモ -

問題4

問題4では、問題用紙に何もいんさつされていません。まず文を聞いてください。それから、それに対する返事を聞いて、1から3の中から、最もよいものを一つ選んでください。

- メモ -

問題5

問題5では、長めの話を聞きます。この問題には練習はありません。
問題用紙にメモをとってもかまいません。

1番

問題用紙に何もいんさつされていません。まず話を聞いてください。それから、質問とせんたくしを聞いて、1から4の中から、最もよいものを一つ選んでください。

- メモ -

2番

まず話を聞いてください。それから、二つの質問を聞いて、それぞれの問題用紙の1から4の中から、最もよいものを一つ選んでください。

質問1

1 ドローン
2 360度カメラ
3 リストバンド型センサー
4 ウェブコントローラー

質問2

1 ドローン
2 360度カメラ
3 リストバンド型センサー
4 ウェブコントローラー

실전모의고사 3

실전모의고사 3

N2
言語知識（文字・語彙・文法）・読解

N2 聴解

실전모의고사 3

名前 Name
あなたの名前をローマ字のかつじたいで書いてください。
Please print in block letters.

受験番号 (Examinee Registration Number)

25A1010123-30123

せいねんがっぴ (Date of Birth)

ねん Year	つき Month	ひ Day

〈ちゅうい Notes〉
1. くろいえんぴつ(HB、No.2)でかいてください。
   Use a black medium soft (HB or No.2) pencil.
   (ペンやボールペンではかかないでください。)
   (Do not use any kind of pen.)
2. かきなおすときは、けしゴムできれいにけしてください。
   Erase any unintended marks completely.
3. きたなくしたり、おったりしないでください。
   Do not soil or bend this sheet.
4. マークれい Marking Examples

よい れい Correct Example	わるい れい Incorrect Examples
●	⊘ ⊙ ◯ ◐ ⦵ ⬤

もんだい 1

れい	①	②	●	④
1	①	②	③	④
2	①	②	③	④
3	①	②	③	④
4	①	②	③	④
5	①	②	③	④

もんだい 2

れい	●	②	③	④
1	①	②	③	④
2	①	②	③	④
3	①	②	③	④
4	①	②	③	④
5	①	②	③	④
6	①	②	③	④

もんだい 3

れい	①	●	③	④
1	①	②	③	④
2	①	②	③	④
3	①	②	③	④
4	①	②	③	④
5	①	②	③	④

もんだい 4

れい	①	●	③
1	①	②	③
2	①	②	③
3	①	②	③
4	①	②	③
5	①	②	③
6	①	②	③
7	①	②	③
8	①	②	③
9	①	②	③
10	①	②	③
11	①	②	③
12	①	②	③

もんだい 5

1	①	②	③	④
2	①	②	③	④
3 (1)	①	②	③	④
(2)	①	②	③	④

Language Knowledge (Vocabulary/Grammar) • Reading

問題用紙

N2

言語知識 (文字・語彙・文法)・読解

(105分)

注　意
Notes

1. 試験が始まるまで、この問題用紙を開けないでください。
   Do not open this question booklet until the test begins.
2. この問題用紙を持って帰ることはできません。
   Do not take this question booklet with you after the test.
3. 受験番号と名前を下の欄(らん)に、受験票と同じように書いてください。
   Write your examinee registration number and name clearly in each box below as written on your test voucher.
4. この問題用紙は、全部で32ページあります。
   This question booklet has 32 pages.
5. 問題には解答番号の 1 、 2 、 3 …が付いています。
   解答は、解答用紙にある同じ番号のところにマークしてください。
   One of the row numbers 1、2、3 … is given for each question. Mark your answer in the same row of the answer Sheet.

受験番号　Examinee Registration Number

名　前　Name

問題1 ＿＿＿の言葉の読み方として最もよいものを、1・2・3・4から一つ選びなさい。

1　寿命が長くて丈夫な傘を探しています。
　　1　じゅめい　　　2　しゅめい　　　3　じゅみょう　　　4　しゅみょう

2　チェーンが外れた自転車を修理に出した。
　　1　はずれた　　　2　こわれた　　　3　とれた　　　4　きれた

3　ダイエット効果の証拠に、ズボンがゆるい。
　　1　しょうと　　　2　しょうこ　　　3　せいこ　　　4　せいと

4　最近車を汚す猫にずっと悩まされている。
　　1　もどす　　　2　おこす　　　3　よごす　　　4　かくす

5　求人サイトに載っていた会社の面接を受けた。
　　1　しんじん　　　2　しんにん　　　3　きゅうにん　　　4　きゅうじん

問題2 ＿＿＿の言葉を漢字で書くとき、最もよいものを1・2・3・4から一つ選びなさい。

6　スポーツセンターでヨガのクラスをじゅこうしている。
　　1　授構　　　　2　受構　　　　3　授講　　　　4　受講

7　今回の特別講義に専門家をまねくつもりです。
　　1　招く　　　　2　呼く　　　　3　送く　　　　4　迎く

8　あの事件には多くの人がからんでいる。
　　1　縛んで　　　2　連んで　　　3　絡んで　　　4　繋んで

9　こい色のセーターが今年流行っています。
　　1　深い　　　　2　薄い　　　　3　厚い　　　　4　濃い

10　このケーキは冷蔵庫でほぞんしてください。
　　1　保存　　　　2　補存　　　　3　保在　　　　4　補在

問題3（　　）に入れるのに最もよいものを、1・2・3・4から一つ選びなさい。

11 正月は、ホテルや旅館の宿泊（　　）が高くなる。
　　1 額　　　　2 料　　　　3 値　　　　4 金

12 この図書館は、有名な建築（　　）が設計した建物だ。
　　1 員　　　　2 家　　　　3 師　　　　4 者

13 数学が得意でおとなしい妹は、体育が得意で活発な姉とは（　　）対照だ。
　　1 反　　　　2 正　　　　3 好　　　　4 逆

14 月末で仕事が忙しくて疲れ（　　）だ。
　　1 付き　　　2 気味　　　3 一色　　　4 持ち

15 その製品は（　　）価格にも関わらず、多様な機能を備えていて人気が高い。
　　1 重　　　　2 大　　　　3 小　　　　4 低

問題4（　　）に入れるのに最もよいものを、1・2・3・4から一つ選びなさい。

16　世界には様々な資源があるが、その中でも（　　）資源の一つは水である。
　　1　厳重な　　　　2　貴重な　　　　3　多大な　　　　4　重大な

17　我が校のダンス部が予選を勝ち抜き、関東代表として全国大会に（　　）することになった。
　　1　出世　　　　　2　出願　　　　　3　進出　　　　　4　続出

18　この観光バスツアーは定員に達したため、予約を（　　）ました。
　　1　取り出し　　　2　見送り　　　　3　乗り換え　　　4　締め切り

19　今までほとんど使ったことがないので、カメラの（　　）はあまり得意ではありません。
　　1　操作　　　　　2　運転　　　　　3　運用　　　　　4　動作

20　昨年からの事業拡大にともない、さらに社員を（　　）ことにした。
　　1　働く　　　　　2　勤める　　　　3　雇う　　　　　4　稼ぐ

21　将来の夢は（　　）になることなので、今、学校に通っています。
　　1　翻訳　　　　　2　直訳　　　　　3　英訳　　　　　4　通訳

22　運動会で（　　）動く子供達を見て、楽しい気分になった。
　　1　順調に　　　　2　容易に　　　　3　気楽に　　　　4　活発に

問題 5 ＿＿＿＿＿の言葉に意味が最も近いものを、1・2・3・4から一つ選びなさい。

23 この表現には、相手をうやまう気持ちが含まれる。
　　1　粗末にあつかう　　　　　2　区別して扱う
　　3　平等にあつかう　　　　　4　大切にあつかう

24 このカメラは自動でフォーカスを調整してくれる。
　　1　明るさ　　2　鮮やかさ　　3　焦点　　4　画角

25 知的財産権を所有している企業だ。
　　1　持って　　2　買って　　3　作って　　4　貸して

26 近々、駅の近くに引っ越します。
　　1　しばらく　　2　急に　　3　最近　　4　もうすぐ

27 彼の判断は妥当だったと思う。
　　1　間違っていた　　　　　　2　状況に合っていた
　　3　決めるのが早すぎた　　　4　しかたがなかった

問題6 次の言葉の使い方として最もよいものを、1・2・3・4から一つ選びなさい。

28 失望
1 夫は発熱した私の体調を失望し、家事をすべて行ってくれた。
2 自分のミスを他の人のミスだと部長に報告するなんて、彼には失望した。
3 一時、復帰を失望されていた石原(いしはら)選手が今日の試合で見事復活を果たした。
4 観光中に足が痛くなり、ヒールの高い靴を履(は)いてきたことを失望した。

29 さからう
1 鍵を落としてしまったようなので、道をさからって探してみよう。
2 今回の計画について、誰かさからって意見がありますか。
3 お客様からいただいたメールにはすぐにさからってください。
4 中学生の頃は、よく親にさからっていたものだ。

30 定年
1 バスケットボールは体力が必要なので、選手の定年が早いです。
2 来月で定年を迎える母のために、退職祝いを買いに行った。
3 私の国では選挙に投票できる定年が18歳に引き下げられた。
4 この機械の定年は約10年だから、そろそろ買い替えどきだろう。

31 熱中
1 自動翻訳システムが発表され、言語教育の現場でも熱中され始めている。
2 入院が必要だと言われたので、仕事を休んで治療に熱中することにした。
3 何かに熱中すると、時間が経つのも忘れてしまう。
4 大好きな歌手のコンサートのチケットが当たって、熱中した。

32 世代
1 このサービスは日本の世代で利用できます。
2 世代の声を聞いて、町の図書館が改善された。
3 応募には世代制限があり、18歳以上が対象です。
4 新しい政策は若い世代を支援するために作られた。

問題7 次の文の（　　）に入れるのに最もよいものを、1・2・3・4から一つ選びなさい。

33 私がアルバイトをしているレストランでは、お客様の意見や感想（　　）新しいメニューを考えている。
1　に対して　　　2　に基づいて　　　3　にとって　　　4　において

34 給料が安いのに、借金（　　）して高級ブランドの洋服を買うなんて、信じられない。
1　まで　　　2　ぐらい　　　3　さえ　　　4　だけ

35 明日からのスキー旅行は、妻が1か月前に列車の切符を予約してくれた（　　）、通常料金の半額で行くことができる。
1　ばかりに　　　2　おかげで　　　3　わりに　　　4　せいで

36 会社を辞めてパン屋を始めることは、家族とよく話し合った（　　）、決めた。
1　限りでは　　　2　からには　　　3　もので　　　4　上で

37 いい選手が、（　　）いいコーチになれるわけではないように、人を育てるのは難しいものだ。
1　おそらく　　　2　必ずしも　　　3　いったい　　　4　なかなか

38 （取引先で）
担当者「本日はお足元の悪い中、弊社へ（　　）ありがとうございます。」
原田　「いえいえ。商品のサンプルが見れるのを楽しみにしておりました。」
1　いらっしゃり　　　　　　　　2　お越しになり
3　おいでくださり　　　　　　　4　お会いくださり

39 水泳の授業で先生に「準備運動を（　　　）、プールで泳いではいけませんよ」と注意された。
1　するからには　　　　　　　　2　するとすれば
3　してはじめて　　　　　　　　4　してからでなければ

40 一人でいるのが好きだが、寂しさを（　　　）そういうわけではない。
1　感じないかといえば　　　　　2　感じないだけに
3　感じないというのは　　　　　4　感じないにしては

41 川崎「先輩、支払明細書の書き方はこれで合っていますか。」
先輩「明細書に関しては経理担当の野元さんに（　　　）ください。」
1　教えてあげるようにして　　　2　教えてあげてからにして
3　教えてもらうようにして　　　4　教えてもらってからにして

42 昼ご飯を食べようとオフィスを出たところ、雷の音が（　　　）。
1　聞こうともしなかった　　　　2　聞こえそうだった
3　聞こうとしてきた　　　　　　4　聞こえはじめてきた

43 インフルエンザになってしまったので、明日は大事な会議があるが、会社を（　　　）。
1　休むにすぎない　　　　　　　2　休むよりほかない
3　休むおそれがある　　　　　　4　休むものではない

44 午後から降り出した雪で、電車もバスも止まってしまったので、学校から家まで歩いて（　　　）。
1　帰るしかなかった　　　　　　2　帰るわけだ
3　帰るべきではなかった　　　　4　帰ることもあった

問題8 次の文の ___★___ に入る最もよいものを、1・2・3・4から一つ選びなさい。

(問題例)

あそこで ＿＿＿ ＿＿＿ ★ ＿＿＿ は山田さんです。

　1　テレビ　　　2　人　　　3　見ている　　　4　を

(解答のしかた)

1. 正しい文はこうです。

　あそこで ＿＿＿ ＿＿＿ ★ ＿＿＿ は山田さんです。
　　　1　テレビ　4　を　3　見ている　2　人

2. ___★___ に入る番号を解答用紙にマークします。

　(解答用紙)　(例)　①　②　●　④

[45] 彼は歌舞伎に ＿＿＿ ＿＿＿ ★ ＿＿＿ ながらも若い世代も親しみやすい新しいジャンルを生み出した。

　1　残し　　　2　組み合わせ　　　3　伝統を　　　4　アニメを

[46] この部署では国内だけでなく外国の企業ともやり取りを行っていて ＿＿＿ ＿＿＿ ★ ＿＿＿ のが難しいでしょう。

　1　ある程度の英語能力を　　　2　持ち合わせていない
　3　業務に従事する　　　　　　4　ことには

[47] 今回のプロジェクトではエンジン部品の組み立てなど、通常では、＿＿＿ ＿＿＿ ★ ＿＿＿ させてもらった。

　1　し得ない　　　2　体験を　　　3　経験　　　4　貴重な

48 山下さんの気持ちはわかるが、プレゼンが ＿＿＿ ＿＿＿ ★ ＿＿＿ ほかの仕事に影響が出かねない。

1　いつまでも　　　　　　　　2　うまくいかなかった
3　落ち込んでいては　　　　　4　からといって

49 円高になるのは日本国内の輸入業者にとってはうれしいことだが、輸出業者 ＿＿＿ ＿＿＿ ★ ＿＿＿ といえるだろう。

1　売り上げの減少　　　　　　2　にしてみれば
3　大問題だ　　　　　　　　　4　につながる

問題9 次の文章を読んで、文章全体の内容を考えて、 50 から 54 の中に入る最もよいものを、1・2・3・4から一つ選びなさい。

以下は、雑誌のコラムである。

> ## 華道
>
> 　華道は季節の草花や枝などを美しく花器に生け、鑑賞するわが国の伝統的な芸術である。華道は約550年前に成立したとされ、当時は男性の趣味だった。1900年代には女性の教養として挙げられるようになり、結婚前の女性が料理とともに学ぶものとなった。現代では、年齢や性別 50 楽しむ人が増えている。
>
> 　花を生けると言うと一見シンプルな行為に思える。しかし、 51 配置やスタイルには古来から受け継がれてきた理論がある。流派によって若干の違いはあるものの基本的には「正面」の存在が重要なポイントだ。華道の作品は、床の間に飾るという前提があるため、360度どこからでも見ることができる西洋のフラワーアレンジメントとは異なり、特定の方向から見ることを意識している。また、植物の本来の姿を生かすことを大切にしていて、非対称の美しさが評価される点も特徴である。
>
> 　長くなったが、 52 私も華道を始めたばかりの初心者だ。代わり映えのない毎日が嫌で始めたのだった。趣味で教室に 53 、心にいい変化が出てきたように思う。忙しい日々の中で季節を気温だけで感じていた私だったが、花に触れることで季節をより深く感じられるようになった。専門家によると、手先を細かく使うことによるアンチエイジング効果や、完成形を想像しながら作り上げることによる脳の活性化、一つの作業に集中することによるストレス軽減に期待できるそうだ。
>
> 　あなたも華道を実践すれば、心身に変化が 54 。

（注1）花器：花を生ける器

（注2）流派：系統

（注3）アンチエイジング：老化を予防する

50
1 に反して　　2 によって　　3 を通して　　4 を問わず

51
1 その　　2 あの　　3 そんな　　4 あんな

52
1 実は　　2 結局　　3 つまり　　4 確かに

53
1 通い始めても
2 通い始めたうえで
3 通い始めたあまり
4 通い始めて以来

54
1 訪れるつもりかもしれない
2 訪れてみるかもしれない
3 訪れることがあるかもしれない
4 訪れたからかもしれない

問題10 次の(1)から(5)の文章を読んで、後の問いに対する答えとして最もよいものを、1・2・3・4から一つ選びなさい。

(1)
　美術館といえば、主に成人が芸術作品を鑑賞する静寂(注1)な所という認識がある一方で、欧米では授業の場としても積極的に活用されている。単なる美術品の展示空間という枠を超え、子供が親しめる学習空間として位置づけられているのだ。
　国内でも児童向け図書室や体験型展示エリアを新設(注2)する施設が徐々に増加しているそうだ。幼少期から身近に感じることができれば成人してからも気軽に訪れる習慣ができるだろう。その結果、入館者数の伸び悩みという多くの美術館が直面する課題にも改善が見込めるかもしれない。

（注1）静寂な：静かな
（注2）新設する：新しく作る

[55] 筆者の考えに合うのはどれか。
1　全ての美術館は、図書館などの子供向けの施設を新設したほうがいい。
2　日本の美術館も欧米の美術館のように、新しくしてほしい。
3　美術館を子供が楽しめる場にすることで、訪れる人が増えるだろう。
4　子供の入館者数を増やすため、家族で楽しめる展示を増やしたほうがいい。

（2）

　プラスチックごみの海洋汚染によって、多くの生物が悪い影響を受けている。海のごみを減らすために、コーヒーショップなどで、プラスチック製のストローの使用をやめる動きが広がっているそうだ。

　しかし、ストローをやめるだけで本当に海洋汚染の解決になるのだろうか。何より大切なのは、環境を守るために、私達一人一人が何ができるかを考え、実行することだ。ストローの使用中止は、美しい海を取り戻すきっかけに過ぎないのである。

[56] 筆者の考えに合うのはどれか。
1　プラスチック製のストローの使用をやめれば、海はきれいになる。
2　プラスチック製のストローの使用をやめることは、海の環境のためにとてもいいことだ。
3　海のごみを減らすきっかけは、プラスチック製のストローの使用をやめたことだった。
4　海のごみを減らすために、みんなが各自できることを考え、実際に行動することが必要だ。

(3)

以下は、ある商品の説明の一部である。

△ ご注意 △

お風呂のフィルター(注)についた湯あか、ゴミ、糸くずなどはこまめに歯ブラシなどで洗い落としてください。これらのゴミがあると、詰まりが原因でお風呂の温度が設定したとおりにならないことがあるので、掃除は適切に行ってください。なお、フィルターのふたは左に回すとはずれるので、再度閉める際は、ふたの印を合わせてはめ込み、右に回して固定してください。その他、故障時などは下記コールセンターまでご連絡ください。

お風呂マスター　コールセンター
営業時間　10:00-18:00（平日）、
10:00-17:00（土日祝）

（注）フィルター：ごみを取るための部品、英語でfilter

[57] この文章で一番伝えたいことは何か。
1 お風呂の温度を設定とおりにするため、きちんと掃除すること
2 お風呂の掃除のときには必ず歯ブラシを使用すること
3 フィルターのフタをはずすときは右に回して、閉めるときは左に回すこと
4 フィルターにゴミがつまったらすぐに連絡すること

(4)

　ツチハンミョウという昆虫は一度に約4000個もの卵を産むが、その生存率は極めて低い。この昆虫は蜂の卵に寄生(注1)して成育するため、孵化(注2)してすぐに蜂の巣を目指さなければならない。親は蜂の巣付近の地中で産卵し、孵化した幼虫は周辺の植物によじ登って、花に潜み(注3)、何らかの昆虫が訪れると飛び乗るのだが、それが蜂でなければいずれ死んでしまう。とにかくやってきた虫に飛びつくため、偶然蜂に出会えた強運の持ち主だけが生き延びられるというわけだ。

(注1) 寄生する：他の生物にくっついて生きる
(注2) 孵化する：卵から生まれる
(注3) 潜む：隠れる

58 ツチハンミョウという虫について、筆者はどのように述べているか。
1　生まれた幼虫が蜂に見つかるよう、蜂の巣近くの花に卵を産む。
2　蜂の巣近くの土の中で産まれ、自分の力で蜂に飛び乗って巣を目指す。
3　生まれた幼虫が蜂に飛び乗れるよう、産んだ卵を蜂の巣近くの花に運ぶ。
4　蜂の巣近くの土の中で育ち、自分の力で蜂を探し、飛び乗って巣を目指す。

(5)

以下は、ある会社の社内文書である。

20XX年2月28日

社員各位

総務部長

館内一斉清掃に関するお願い

この度、3月第四週目の週末にビル全体の清掃と防虫作業を行うことになりました。作業に伴い、事前にデスク周りや廊下等に置かれている荷物の整理をお願いいたします。

失くしたり壊れたりしては困るものは外に置かず、各自でしっかりと管理するようにしてください。また、重要な書類等は鍵のついたロッカーにしまうよう徹底をお願いいたします。

---

59 この文書の内容について、正しいものはどれか。

1 3月の末に掃除と防虫作業を行いながら、デスク周りや廊下にある荷物を整理しなければならない。

2 3月の末に掃除と防虫作業を行うので、デスク周りや廊下にある荷物は捨てておく必要がある。

3 3月の末に掃除と防虫作業を行うが、大切な書類などは、自分の机に鍵をかけて入れておく必要がある。

4 3月の末に掃除と防虫作業を行うが、大切な書類などは、鍵がかかるロッカーに入れておかなければならない。

問題11 次の(1)から(3)の文章を読んで、後の問いに対する答えとして最もよいものを、1・2・3・4から一つ選びなさい。

(1)
　『若いビジネスパーソン⁽注¹⁾のための働き方』という本を開いたら、時間を守る、挨拶は省略しない、公私混同⁽注²⁾はしないなどの基本的なことから、自己紹介のコツ、上司へのマナー、電話のマナー、断り方、謝り方など、大変細かく色々書いてあった。その通りだとは思うが、それは働く場所だけでなく、全ての人間関係や社会生活において必要なマナーであろう。そのマナーを会社でのみ、必死に守ろうとすると、むしろおかしなことになりかねない。友人や家族、全くの他人に対しても、同じように敬意をもって向き合うべきである。仕事も人生も行動には責任が伴うことを忘れてはならない。働く姿勢というより、生きる姿勢と考えた方がいい。

　また、キャリア形成のためには「will　何をしたいか」「can　何ができるか」「must　今、何をすべきか」を明確にすることが、自己の本来の価値発見につながるという教えも、そのまま人生に置き換えられる。良いビジネスパーソンを目指すのではなく、良い人間になろう、良い人生を送ろうと思うことが大切だ。きちんとした大人になれば、自然に立派なビジネスパーソンにもなるだろう。仕事は人生の一部であり、その逆はない。

(注1) ビジネスパーソン：ここでは会社員
(注2) 公私混同：働いているときとそれ以外のときを区別しないこと

[60] 本の内容について、筆者はどのように述べているか。
1 本に書かれている内容は正しいので、職場では必死に守るべきである。
2 本に書かれている内容は正しいが、職場以外でも必要なことだ。
3 本に書かれている内容はおかしいので、職場以外でのみ必要なことだ。
4 本に書かれている内容は、職場で守ろうとすると笑われてしまう。

[61] 筆者によると、生きる姿勢とはどのようなことか。
1 働くときだけ、仕事のマナーを守ろうとすること
2 会社のマナーには責任が伴うことを忘れないこと
3 周りにいる人々に敬意を払うこと
4 敬意をもって仕事に向き合うこと

[62] 仕事と人生について、筆者の考えに合うのはどれか。
1 仕事は良い大人になるために必要なことの一部である。
2 良いビジネスパーソンを目指すことは、人生の一部である。
3 良い人生を送るためには、良いビジネスパーソンになることが必要だ。
4 良い人間になろうと思うことで、立派なビジネスパーソンにもなれる。

(2)

　日本で暮らしていると、他者に血液型を尋ねたり、自己紹介で自身の血液型を言及したりするシーンに頻繁に出くわす。一般的に血液型が個人の性格と結びつくと信じられていて、対人関係を築く上で有益な情報とされているのだろう。

　ところが、近年、ある学者が日米で大規模な研究を実施し、科学的に有意な関連性を支持するデータが得られなかったと発表している。では、全く無関係なのか。心理学の視点から考察すると、日本に浸透する「A型は几帳面だ」「B型はマイペースだ」といったステレオタイプ(注1)のイメージを単なる迷信として片付けるのは難しい。

　例えば、幼少期から周囲の人に「○○君はA型だから几帳面だね」などと繰り返し言われると、その言葉が一種の自己暗示として作用し、自分が本当に几帳面であると信じ込むようになる。その結果、無意識にそのイメージに沿った振る舞いを選ぶようになり、血液型に関わらず几帳面な性格の人として認知されるようになるのだ。

　このように、人の性格は簡単な思い込みによっても変化し得る。たとえ血液型による性格判断がでたらめに過ぎないとしても、社会に流布(注2)している以上、間接的に影響を及ぼすというわけだ。そして、もし直したい性格があれば、自己イメージ次第でいくらでも変えられるということを知っておくと、気が楽になるかもしれない。

（注1）ステレオタイプ：多くの人に広がっている先入観
（注2）流布している：広まっている

[63] 日本では、血液型がどのようにとらえられているか。
1 自分のことを知るのに役立つもの
2 親しくなるうえで知っておくべきもの
3 人の個性に深く関連しているもの
4 性格とはほとんど関係がないもの

[64] 血液型と性格の関係について、本文の内容に合うものはどれか。
1 心理学の見解からすると関連があるが、科学的には証明されていない。
2 科学の見解からすると関連が薄いが、一般的にはステレオタイプだと認知されている。
3 心理学の見解からすると関連が深いが、一般的には迷信だと考えられている。
4 科学の見解からすると関連がないが、心理学の見解では影響し合っているとされている。

[65] 筆者によると、他人が持つイメージによって自分の行動が変わるのはなぜか。
1 他人が持つイメージ通りの自分を期待されているように感じ、それを意識して行動するようになるから
2 他人が持つイメージが本当の自分の性格だと錯覚し、それに合った行動を取るようになるから
3 他人が持つイメージに沿った行動を無意識のうちに選ぶようになり、性格が変わっていくから
4 他人が持つイメージを認知すると、それを変えたいと思う気持ちが生まれてくるから

(3)

　産業化が進むにつれて、生活は少しずつ形を変えた。服や食べ物の製造過程は細かく分けられ、大量に生産されるようになった。先進国では余るほどたくさんの食べ物が手に入るようになり、また、安くて丈夫でおしゃれな商品が当たり前のように手に入るようになった。近年はさらに発展が進み、製造の場は外国にも広がり、世界レベルで商品の生産が行われるようになった。そのため、私たちの手に届く商品からは、作り手の「顔」が失われていった。自分たちの衣食住に関係するものが、どこで、誰の手で、どのように作られているのかがわからなくなってきたのである。

　毎日、消費しきれないほどの商品が作られる一方で、多くの物が捨てられていく。しかし、私たちは、どこでどのくらいのものが、どのように捨てられているかについて、ほとんど目にすることなく暮らしている。変わり続ける流行に合わせて、服を簡単に取りかえられる生活は私たちを豊かにしたのだろうか。

　さらに、大量に捨てられるものをどう処理し、コストをどう負担するかという大きな問題もある。こうしたことに目を向けずにいれば、そのまま、環境問題や健康問題として私たちに返ってくる可能性があるだろう。

66 産業化が進むことで、先進国ではどのように生活が変わったか。
1 物の作る過程が細分化され、どこで生産されるのかわからないようになった。
2 たくさんの食べ物と、質の良い衣服が簡単に手に入るようになった。
3 どうやって捨てるかを気にしないで、どんどん物を捨てられるようになった。
4 余るほどの商品を作れるぐらい豊かになり、外国にも輸出するようになった。

67 産業化が進んだことでどのような問題が生まれたのか。
1 見えないところで多くの物が作られ、捨てられるようになった。
2 作り手の「顔」が失われたので、製造の場が外国に移った。
3 世界レベルでの工場がたくさん作られ、不便になった。
4 豊かになったが、たくさんのものを捨てなければならなくなった。

68 筆者が一番心配しているのは、どのようなことか。
1 簡単に服を捨てられるので豊かにならないこと
2 誰がどこで、どうやって作ったものかが分からなくなってしまうこと
3 捨てる時の費用がますますふえていくこと
4 自分たちの健康や環境に影響が出るかもしれないこと

問題12 次のAとBの文章を読んで、後の問いに対する答えとして最もよいものを、1・2・3・4から一つ選びなさい。

A

　歯を磨くことについての研究はここ数年で進んだ。それにともなって人々の意識も変化してきている。かつて日本人の多くが歯を磨くのは、朝と夜の合計二回程度であった。しかし、最近ではテレビ番組の特集やコマーシャルでも歯磨きについて学ぶ機会が増え、その大切さがわかるようになった。そして、昼にも歯を磨く人が増え、食後には歯を磨くという習慣になってきたといえる。とはいえ、食後の歯磨きには注意も必要だ。なぜなら、食後すぐに歯を磨くと、歯が溶けてしまうこともあるというのだ。そのため、食後すぐに歯磨きをするのではなく、30分ほど経ってからの歯磨きをすすめる歯科医もいる。虫歯だけでなく、良い歯でいるためには、歯磨きの仕方に気をつけるべきである。

B

　日本人へのアンケートによると、歯医者に行くタイミングは歯のトラブルを自覚した時だという。しかし、スウェーデンでは歯医者へいくのは習慣となっている。歯のトラブルを起こさないために事前に歯医者へ行くのだ。また、歯に付着した汚れは時間とともに取れにくくなるため、虫歯予防のために食後はできるだけ早くきちんと歯を磨くことが大切になる。最近では日本人の歯磨き習慣にも変化が見えていて、歯ブラシだけでなく、フロスや歯間ブラシ、液体歯磨きなどを使用する人や、定期的に歯医者へ行く人も増えた。やはり、こうした歯への意識を高めることで、良い歯でいることができるのだろう。

69 日本人の歯磨きについて、AとBはどのように述べているか。

1　AもBも、日本人の歯磨きの習慣はよくなってきていると述べている。
2　AもBも、日本人の歯磨きは昔から変わらないと述べている。
3　Aは昼食後の歯磨きをする習慣がないと述べ、Bは歯に対する意識が高いと述べている。
4　Aは昼食後に歯磨きをする人が増えたと述べ、Bは歯磨きをしても汚れが取れにくいと述べている。

70 よい歯でいるために大切なことについて、AとBはどのように述べているか。

1　AもBも、定期的に歯医者へ行くことだと述べている。
2　AもBも、歯への意識を変えることだと述べている。
3　Aは歯磨きの仕方だと述べ、Bは歯への意識を高めることだと述べている。
4　Aは食後すぐに歯を磨くことだと述べ、Bは歯への意識を高めることだと述べている。

問題13 次の文章を読んで、後の問いに対する答えとして最もよいものを、1・2・3・4から一つ選びなさい。

はな子という名前のゾウが、東京に住んでいた。タイで生まれて、日本に来たのは1949年。戦争で傷ついた日本の子ども達を笑顔にしようというタイの実業家(じつぎょうか)の呼びかけがきっかけで、日本に贈られたそうだ。その後、69歳になるまで生きたはな子は、東京にいる間のほとんどを小さい動物園で人に囲まれて生活していた。

そんなはな子のことがインターネットで世界中に広まったのは、2015年のことだ。ゾウはもともと1頭で暮らす動物ではない。狭い場所に入れられて、何十年も1頭でいるのはあまりに(注1)かわいそうではないか。そんな声が世界中から集まり、はな子の環境を変えてほしいという多くの意見が動物園に届いたと聞いている。しかし最後まで、環境は変えられることはなかった。

最近、動物園の世界では「行動展示」というのがはやっているらしい。動物達をただ見せるのではなく、できるだけ自然に近い環境を作り、動物の持つ能力やその行動を見せる方法だそうだ。日本では、北海道にある動物園をはじめ、多くの動物園が行動展示をするようになってきた。それぞれの動物が走ったり、泳いだり、飛んだりする。そのような動く瞬間のすごさや美しさを見てもらおうというのだ。多くの人々に動物達に興味を持ってもらい、来園してもらうと、動物園の収入も増えるだろう。収入が増えれば、動物達にもっといい環境を作ることも可能になるかもしれない。そして何より、動物園の目的である「動物の調査研究」や「動物の多様性(たようせい)(注2)を守ること」に時間とお金を使うことができるようになる。

動物園というところは不思議なところだ。多くの動物が檻(おり)(注3)の中にいて、人々がそれを見る。もちろん動物は、私達を楽しませるために存在しているわけではないが、動物園が人々への教育とレジャーの場所であることも確かだ。そこにいる動物達のために、せめてのびのびと走れる、泳げる、飛べる場所を作ってあげたい。

はな子はおそらく日本に来てから走ったことなどなかったのではないだろうか。動物園には、多くの動物達がはな子とは違う生活ができるような場所作りが今、求められている。

(注1) あまりに:とても
(注2) 多様性(たようせい):いろいろな種類がいること

（注3）檻：動物を入れて、出ないようにしておくための囲いや部屋

[71] 筆者によると、2015年にゾウのはな子が世界中で有名になったのはなぜか。
1　はな子がとても長く生きているゾウだから
2　はな子がよくない環境で生活しているから
3　はな子の写真がインターネットに出たから
4　はな子の環境が最後まで変わらなかったから

[72] 筆者によると、動物園が「行動展示」をする目的は何か。
1　動物園の収入を増やして、多くの動物を動物園で育てるため
2　多くの人に動物に興味を持ってもらい、動物園に来てもらうため
3　動物達の環境を変えて、お客さんにすごいと思ってもらうため
4　自然に近い環境で、動物の能力や行動している様子を見せるため

[73] 筆者は、これからの動物園にどのようになってほしいと考えているか。
1　動物達のため、自然に近い環境を作ってほしい。
2　人々の教育のためにもっと力を入れてほしい。
3　人々と動物達が一緒に楽しめる場所を作ってほしい。
4　調査研究などにより多くのお金を使ってほしい。

問題14 右のページは、あるスーツケースレンタル会社のホームページに載っている案内である。下の問いに対する答えとして最もよいものを、1・2・3・4から一つ選びなさい。

[74] 上田さんは家族で行く3泊4日の大阪旅行で、スーツケースを借りることにした。上田さんは家族みんなの希望をメモに書いた。全員の希望に最も合うプランはどれか。

上田さんのメモ
上田さん… 保険は必要なく、旅行から帰った日の次の日に返却したい。
妻　　… 5泊分以上の荷物が収納できるものがいい。
息子　… 荷造りが不安なので、旅行の3日前から借りたい。

1　短期Aプラン
2　短期Bプラン
3　長期Aプラン
4　長期Bプラン

[75] キャサリンさんは5泊7日のシンガポール旅行を計画していて、長期Bプランを申し込もうと思っている。家に着いた当日に返却するつもりで、できるだけ安く済ませたい。キャサリンさんはどうしなければならないか。

1　延長料金を支払わず、7日間借りる。
2　延長料金を支払わず、8日間借りる。
3　延長料金を1日分追加で支払って、9日間借りる。
4　延長料金を2日分追加で支払って、10日間借りる。

スーツケースレンタル　スカイ

スカイでは、旅行をスマートにするスーツケースのレンタルを取り扱っています。国内最大規模で、常時5000台以上の在庫を所有しています。スーツケースのサイズやレンタル日数に応じた多様なプランをご用意しております。

レンタルプラン

プラン名	サイズ	レンタル可能日数	料金
機内持ち込みプラン	Sサイズ (1～3泊程度)	4～14日間	4日間　3,500円 5日目以降　250円／日
短期Aプラン	Mサイズ (3～5泊程度)	4～7日間	4日間　4,000円 5日目以降　250円／日
短期Bプラン	Mサイズ (3～5泊程度)	4～7日間	4日間　5,000円 5日目以降　450円／日
長期Aプラン	Lサイズ (7泊以上)	8～14日間	8日間　7,000円 9日目以降　350円／日
長期Bプラン	Lサイズ (7泊以上)	8～14日間	8日間　8,000円 9日目以降　500円／日

※レンタル日数は、商品のお届け日、及び返却日を含むものとします。レンタル開始日は旅行出発の2日前以前、終了日は帰着日から2日後以内に設定してください。荷造りや荷解きに要する時間を考慮し、余裕を持った日数でのご予約をお願いしております。

商品のお受取からご返却の流れ

① 商品到着
ご指定のレンタル開始日に配達いたします。時間指定は承っておりませんので予めご了承ください。お受取後、商品にお間違えがないか、不具合や破損がないかご確認ください。

② 商品返却
レンタル品を配送時の段ボールに梱包して、同封の着払い伝票を上部に貼付します。発送はご自身で配送業者に依頼してください。

破損時の補償について

1. 各種Bプランには基本保険が付帯されており、若干の破損や傷については補償いたします。
2. 海外でのトラブルにも対応するプレミアム保険に任意で加入することもできます。ご希望の場合は、別途1000円の費用が発生します。
3. プレミアム保険に未加入で、レンタル品が修理不能なほど大きく破損したり、紛失や盗難により返却が不可能になったりした場合は商品代金をご請求させていただきます。

Listening

問題用紙

N2

聴解

（50分）

注　意
Notes

1. 試験が始まるまで、この問題用紙を開けないでください。
   Do not open this question booklet until the test begins.

2. この問題用紙を持って帰ることはできません。
   Do not take this question booklet with you after the test.

3. 受験番号と名前を下の欄に、受験票と同じように書いてください。
   Write your examinee registration number and name clearly in each box below as written on your test voucher.

4. この問題用紙は、全部で12ページあります。
   This question booklet has 12 pages.

5. この問題用紙にメモをとってもかまいません。
   You may make notes in this question booklet.

受験番号　Examinee Registration Number	

名　前　Name	

問題1

(학습용)  (고사장용)

🔊 실전모의고사3.mp3

問題1では、まず質問を聞いてください。それから話を聞いて、問題用紙の1から4の中から、最もよいものを一つ選んでください。

例

1 しゅうかつサイトでテストを受ける
2 どういう仕事がしたいか決める
3 希望の仕事をサイトに登録する
4 やりたい仕事の企業について調べる

1番

1 駅員に忘れ物をしたことを伝える
2 鉄道会社の忘れ物センターに電話する
3 システムで忘れ物情報を検索する
4 警察署で忘れ物の届出を出す

2番

1 機器を運び入れて設置する
2 機器の位置を動かす
3 機器が正しく動くか確認する
4 機器を会場の外に運び出す

3番

1　係の人に使えるかどうか聞く
2　自転車置き場の利用料を払う
3　保険証を取りに家に帰る
4　申込書を事務所に出す

4番

1　カルチャーセンターで授業を見学する
2　インターネットでコースを申し込む
3　電話で着物の貸し出しを申し込む
4　着物の店を紹介してもらう

5番

1 直した発表用のデータを送る
2 発表用のデータを直す
3 発表のときに見せる写真を選ぶ
4 発表のたんとうしゃを決める

問題2

問題2では、まず質問を聞いてください。そのあと、問題用紙のせんたくしを読んでください。読む時間があります。それから話を聞いて、問題用紙の1から4の中から、最もよいものを一つ選んでください。

例

1 長い時間、ゆっくりしたいから
2 集中して本を読みたいから
3 田舎の自然を思い出したいから
4 おいしいケーキが食べたいから

1番

1 教室の予約ができなかったから
2 先生の都合が合わなかったから
3 準備が間に合わなかったから
4 学校で工事をするから

2番

1 人の数が足りないこと
2 仕事に慣れていない人が多いこと
3 仕事に時間がかかること
4 費用が足りなくなること

3番

1 旅館を4人分予約できなかったから
2 妻が行きたくないと言ったから
3 両親が旅行に行けなくなったから
4 旅行のお金が足りなくなったから

4番

1 あまり待たなくていいこと
2 味がおいしいこと
3 好きな辛さが選べること
4 有名な人のお店だということ

5番

1 病院で診察を受ける
2 薬を買って塗る
3 バスケットボールをする
4 こまめに体を動かす

6番

1 ロッカーでパスワードを設定する
2 注文の時にコンビニを登録する
3 持ち帰った荷物について連絡する
4 受け取りの前に配達の時間を指定する

問題3

問題3では、問題用紙に何もいんさつされていません。この問題は、全体としてどんな内容かを聞く問題です。話の前に質問はありません。まず話を聞いてください。それから、質問とせんたくしを聞いて、1から4の中から、最もよいものを一つ選んでください。

- メモ -

問題4

問題4では、問題用紙に何もいんさつされていません。まず文を聞いてください。それから、それに対する返事を聞いて、1から3の中から、最もよいものを一つ選んでください。

- メモ -

問題5

問題5では、長めの話を聞きます。この問題には練習はありません。
問題用紙にメモをとってもかまいません。

1番、2番

問題用紙に何もいんさつされていません。まず話を聞いてください。それから、質問とせんたくしを聞いて、1から4の中から、最もよいものを一つ選んでください。

- メモ -

3番

まず話を聞いてください。それから、二つの質問を聞いて、それぞれの問題用紙の1から4の中から、最もよいものを一つ選んでください。

質問1
1 第1ブース
2 第2ブース
3 第3ブース
4 第4ブース

質問2
1 第1ブース
2 第2ブース
3 第3ブース
4 第4ブース

무료 온라인 실전모의고사·학습자료 제공
해커스일본어 japan.Hackers.com

-メモ-

-メモ-

개정 2판 2쇄 발행 2025년 10월 13일

개정 2판 1쇄 발행 2025년 8월 12일

지은이	해커스 JLPT연구소
펴낸곳	㈜해커스 어학연구소
펴낸이	해커스 어학연구소 출판팀
주소	서울특별시 서초구 강남대로61길 23 ㈜해커스 어학연구소
고객센터	02-537-5000
교재 관련 문의	publishing@hackers.com
	해커스일본어 사이트(japan.Hackers.com) 교재 Q&A 게시판
동영상강의	japan.Hackers.com
ISBN	978-89-6542-751-3 (13730)
Serial Number	02-02-01

저작권자 ⓒ 2025, 해커스 어학연구소

이 책 및 음성파일의 모든 내용, 이미지, 디자인, 편집 형태에 대한 저작권은 저자에게 있습니다.
서면에 의한 저자와 출판사의 허락 없이 내용의 일부 혹은 전부를 인용, 발췌하거나 복제, 배포할 수 없습니다.

일본어 교육 1위
해커스일본어(japan.Hackers.com)

해커스일본어

- 해커스 스타강사의 **본 교재 인강**(교재 내 할인쿠폰 수록)
- 언제 어디서나 편리하게 보는 **시험 D-20 빈출 단어·문형 암기장**
- 청해 문제풀이와 단어 학습을 돕는 **다양한 무료 교재 MP3**
- **어휘 암기 퀴즈, 청해 받아쓰기, 실전모의고사** 등 다양한 JLPT 학습 콘텐츠

한경비즈니스 선정 2020 한국브랜드선호도 교육(온·오프라인 일본어) 부문 1위

일본어 교육 1위 해커스일본어
한경비즈니스 선정 2020 한국브랜드선호도 교육(온·오프라인 일본어) 부문 1위

쉽고 재미있는 일본어 학습을 위한
체계적 학습자료

무료 일본어 레벨테스트
5분 만에 일본어 실력 확인
& 본인의 실력에 맞는 학습법 추천!

선생님과의 1:1 Q&A
학습 내용과 관련된 질문사항을
Q&A를 통해 직접 답변!

해커스일본어 무료 강의
실시간 가장 핫한 해커스일본어
과목별 무료 강의 제공!

데일리 무료 학습 콘텐츠
일본어 단어부터 한자, 회화 콘텐츠까지
매일매일 확인하는 데일리 무료 콘텐츠!

일본어 교육 1위 해커스일본어
japan.Hackers.com

무료 학습자료 확인하기 ▶

해커스 JLPT 한권합격
기본서 + 모의고사 + 단어장

해설집

N2

해커스 어학연구소

해설집

무료 온라인 실전모의고사·학습자료 제공
해커스일본어 japan.Hackers.com

해커스 JLPT N2 한권합격

목차

언어지식 문자·어휘	4
언어지식 문법	58
독해	94
청해	134
실전모의고사 1	180
실전모의고사 2	220
실전모의고사 3	260

언어지식 문자·어휘

문제 1 한자읽기

연습문제 한자읽기 기출단어 p.26

1	4	2	2	3	4	4	1	5	3
6	2	7	4	8	3	9	2	10	3
11	2	12	4	13	4	14	4	15	4
16	1	17	2	18	2	19	4	20	3

문제 1 _____의 말의 읽는 법으로 가장 알맞은 것을, 1·2·3·4에서 하나 고르세요.

1
중요한 파일인데 삭제削除해 버렸다.

해설 削除는 4 さくじょ로 발음한다.
어휘 削除 さくじょ 명 삭제　重要だ じゅうようだ な형 중요하다
　　　ファイル 명 파일　排除 はいじょ 명 배제, 제거

2
바늘針이 검지에 찔려서 피가 났다.

해설 針는 2 はり로 발음한다.
어휘 針 はり 명 바늘　人差し指 ひとさしゆび 명 검지
　　　刺さる ささる 동 찔리다　血 ち 명 피　棘 とげ 명 가시
　　　針 はり 명 바늘　釘 くぎ 명 못　矢 や 명 화살

3
이 가게의 채소는 농약農薬을 사용하지 않고 재배되고 있다.

해설 農薬는 4 のうやく로 발음한다. のう가 장음인 것에 주의한다.
어휘 農薬 のうやく 명 농약　野菜 やさい 명 채소
　　　使う つかう 동 사용하다　栽培 さいばい 명 재배

4
각국에서, 전기 자동차 산업의 성장이 현저하다著しい.

해설 著しい는 1 いちじるしい로 발음한다.
어휘 著しい いちじるしい い형 현저하다, 두드러지다
　　　各国 かっこく 명 각국　電気 でんき 명 전기
　　　自動車 じどうしゃ 명 자동차　産業 さんぎょう 명 산업
　　　成長 せいちょう 명 성장
　　　目覚ましい めざましい い형 눈부시다, 괄목할 만하다
　　　恐ろしい おそろしい い형 무섭다　芳しい かんばしい い형 향기롭다

5
형은 매우 우수優秀해서 동경하는 사람이 많다.

해설 優秀는 3 ゆうしゅう로 발음한다.
어휘 優秀だ ゆうしゅうだ な형 우수하다　憧れる あこがれる 동 동경하다
　　　優雅だ ゆうがだ な형 우아하다　優良だ ゆうりょうだ な형 우량하다
　　　優勢だ ゆうせいだ な형 우세하다

6
거실 커튼의 색을 무엇으로 할지 고민하고迷って 있다.

해설 迷って는 2 まよって로 발음한다.
어휘 迷う まよう 동 고민하다　リビング 명 거실　カーテン 명 커튼
　　　争う あらそう 동 다투다　誘う さそう 동 권하다
　　　従う したがう 동 따르다

7
전부 혼자서 하다니 정말 대단하偉い네요.

해설 偉い는 4 えらい로 발음한다.
어휘 偉い えらい い형 대단하다, 위대하다　全部 ぜんぶ 명 전부
　　　狡い ずるい い형 교활하다, 약삭빠르다　賢い かしこい い형 영리하다
　　　凄い すごい い형 대단하다, 굉장하다

8
사사키 씨는 항상 온화하穏やか다.

해설 穏やかは 3 おだやか로 발음한다.
어휘 穏やかだ おだやかだ な형 온화하다, 평온하다
　　　華やかだ はなやかだ な형 화려하다
　　　爽やかだ さわやかだ な형 상쾌하다
　　　賑やかだ にぎやかだ な형 시끌벅적하다

9
이번 태풍에서는, 다행히 눈에 띈 손해損害는 없었다.

해설 損害는 2 そんがい로 발음한다. がい가 탁음인 것에 주의한다.
어휘 損害 そんがい 명 손해, 피해　今回 こんかい 명 이번, 이번에
　　　台風 たいふう 명 태풍　幸い さいわい 부 다행히

目立つ　めだつ 동 눈에 띄다, 두드러지다

10
시간이 없기 때문에, 이하의 설명은 생략省略하겠습니다.

해설　省略는 3 しょうりゃく로 발음한다.
어휘　省略　しょうりゃく 명 생략　以下　いか 명 이하
　　　説明　せつめい 명 설명

11
프로젝트의 성공에는 상호相互 협력이 필요하다.

해설　相互는 2 そうご로 발음한다. そう가 장음인 것, ご가 장음이 아닌 것에 주의한다.
어휘　相互　そうご 명 상호, 서로　プロジェクト 명 프로젝트
　　　成功　せいこう 명 성공　協力　きょうりょく 명 협력, 협조
　　　必要だ　ひつようだ な형 필요하다

12
그 부탁은 뻔뻔스럽다厚かましい고 생각한다.

해설　厚かましい는 4 あつかましい로 발음한다.
어휘　厚かましい　あつかましい い형 뻔뻔스럽다　頼み　たのみ 명 부탁
　　　喧しい　やかましい い형 시끄럽다

13
상대방의 의견을 존중尊重함으로써, 좋은 관계를 쌓을 수 있다.

해설　尊重는 4 そんちょう로 발음한다.
어휘　尊重　そんちょう 명 존중　相手　あいて 명 상대방
　　　意見　いけん 명 의견　関係　かんけい 명 관계
　　　築く　きずく 동 쌓다, 구축하다

14
나를 제외하고除いて, 형제 전원 운동 능력이 높다.

해설　除いて는 4 のぞいて로 발음한다.
어휘　除く　のぞく 동 제외하다　兄弟　きょうだい 명 형제
　　　全員　ぜんいん 명 전원　運動　うんどう 명 운동
　　　能力　のうりょく 명 능력　引く　ひく 동 당기다, 끌다
　　　省く　はぶく 동 생략하다　抜く　ぬく 동 뽑다

15
이 그림은 추상적抽象的이어서, 보는 사람에 따라 느끼는 법이 다르다.

해설　抽象的는 4 ちゅうしょうてき로 발음한다.
어휘　抽象的だ　ちゅうしょうてきだ な형 추상적이다
　　　感じ方　かんじかた 명 느끼는 방법　異なる　ことなる 동 다르다

16
선택 관광은 현지에서 해산解散입니다.

해설　解散은 1 かいさん으로 발음한다.
어휘　解散　かいさん 명 해산　オプショナルツアー 명 선택 관광
　　　現地　げんち 명 현지

17
필리핀에서의 사업을 계속継続하고 있다.

해설　継続는 2 けいぞく로 발음한다. けい가 탁음이 아닌 것에 주의한다.
어휘　継続　けいぞく 명 계속　フィリピン 명 필리핀　事業　じぎょう 명 사업

18
앙케트의 결과를 분석分析해서 상사에게 보고했다.

해설　分析는 2 ぶんせき로 발음한다.
어휘　分析　ぶんせき 명 분석　アンケート 명 앙케트, 설문 조사
　　　結果　けっか 명 결과　上司　じょうし 명 상사　報告　ほうこく 명 보고

19
요통은 척추背骨의 뒤틀림이 원인일지도 모릅니다.

해설　背骨는 4 せぼね로 발음한다. 背는 두 가지 훈독 せ와 せい로 발음할 수 있고, 骨는 훈독으로 ほね, 음독으로 こつ로 발음할 수 있는데, 背骨의 경우에는 せぼね로 발음하는 것에 주의한다.
어휘　背骨　せぼね 명 척추, 등뼈　腰痛　ようつう 명 요통
　　　ゆがみ 명 뒤틀림, 왜곡　原因　げんいん 명 원인

20
격한激しい 운동을 하면 두통이 난다.

해설　激しい는 3 はげしい로 발음한다.
어휘　激しい　はげしい い형 격하다　運動　うんどう 명 운동
　　　頭痛　ずつう 명 두통

연습문제　한자읽기 출제예상단어　　　p.32

1 1	2 4	3 2	4 2	5 4
6 3	7 4	8 3	9 4	10 2
11 2	12 3	13 1	14 2	15 4
16 2	17 2	18 3	19 1	20 4

문제1 　____　의 말의 읽는 법으로 가장 알맞은 것을, 1·2·3·4에서 하나 고르세요.

1

경솔 <u>軽率</u>하게 판단하지 않고, 잘 생각하고 나서 정하려고 생각한다.

해설 軽率는 1 けいそつ로 발음한다. 軽率는 率의 두 가지 음독 そつ와 りつ 중 そつ로 발음하는 것에 주의한다.

어휘 軽率だ けいそつだ [な형] 경솔하다　判断 はんだん [명] 판단
　　　決める きめる [동] 정하다

2

공원에서 무언가를 <u>외치고叫んで</u> 있는 사람이 있었다.

해설 叫んで는 4 さけんで로 발음한다.

어휘 叫ぶ さけぶ [동] 외치다　公園 こうえん [명] 공원
　　　学ぶ まなぶ [동] 배우다　結ぶ むすぶ [동] 맺다, 묶다
　　　運ぶ はこぶ [동] 운반하다, 나르다

3

자원봉사 활동을 통해, 사회에 봉사<u>奉仕</u>하고 싶다.

해설 奉仕는 2 ほうし로 발음한다. ほう가 탁음이 아닌 것과, 奉仕는 仕의 두 가지 음독 し와 じ 중 し로 발음하는 것에 주의한다.

어휘 奉仕 ほうし [명] 봉사　ボランティア [명] 자원봉사(자)
　　　活動 かつどう [명] 활동　社会 しゃかい [명] 사회

4

이 약은 다른 것에 비해 잘 <u>듣는다効く</u>.

해설 効く는 2 きく로 발음한다.

어휘 効く きく [동] (약이) 듣다　比べる くらべる [동] 비교하다
　　　働く はたらく [동] 일하다, 작용하다　続く つづく [동] 계속되다
　　　届く とどく [동] 도달하다, 전달되다

5

이 지역은 오랫동안 <u>수도都</u>로서 번영해 왔다.

해설 都는 4 みやこ로 발음한다.

어휘 都 と [명] 수도　地域 ちいき [명] 지역
　　　栄える さかえる [동] 번영하다, 번창하다　街 まち [명] 거리, 도시, 마을
　　　県 けん [명] 현(행정 구역)　城 しろ [명] 성

6

창업을 향해, 사업 구상<u>構想</u>을 다듬고 있다.

해설 構想는 3 こうそう로 발음한다. そう가 탁음이 아닌 것에 주의한다.

어휘 構想 こうそう [명] 구상, 계획　起業 きぎょう [명] 창업
　　　向ける むける [동] 향하다, 겨누다　事業 じぎょう [명] 사업
　　　練る ねる [동] (계획 등을) 다듬다, 연구하다

7

산꼭대기 부근은 아직 눈이 <u>덮여覆って</u> 있었다.

해설 覆って는 4 おおって로 발음한다.

어휘 覆う おおう [동] 덮다, 뒤덮다　山頂 さんちょう [명] 산꼭대기, 정상
　　　付近 ふきん [명] 부근　降る ふる [동] (비, 눈이) 내리다
　　　積もる つもる [동] 쌓이다　被る かぶる [동] 뒤집어쓰다, 쓰다

8

그는 <u>가난한貧しい</u> 어린 시절을 극복하고, 꿈을 이뤘다고 한다.

해설 貧しい는 3 まずしい로 발음한다.

어휘 貧しい まずしい [い형] 가난하다　時代 じだい [명] 시절, 시대
　　　乗り越える のりこえる [동] 극복하다　叶える かなえる [동] 이루다
　　　厳しい きびしい [い형] 엄격하다　寂しい さびしい [い형] 외롭다
　　　苦しい くるしい [い형] 괴롭다

9

프린터의 잉크를 보충<u>補充</u>해 주세요.

해설 補充는 4 ほじゅう로 발음한다. ほ가 장음이 아닌 것에 주의한다.

어휘 補充 ほじゅう [명] 보충　プリンター [명] 프린터　インク [명] 잉크

10

대부분의 사람은 위험을 <u>두려워한다恐れる</u>.

해설 恐れる는 2 おそれる로 발음한다.

어휘 恐れる おそれる [동] 두려워하다　たいてい [부] 대부분
　　　リスク [명] 위험, 리스크　逃れる のがれる [동] 도망치다
　　　忘れる わすれる [동] 잊다　離れる はなれる [동] 멀어지다

11

장 볼 목록을 좀 더 <u>간결簡潔</u>하게 정리했어요.

해설 簡潔는 2 かんけつ로 발음한다.

어휘 簡潔だ かんけつだ [な형] 간결하다
　　　買い物リスト かいものリスト [명] 장 볼 목록, 쇼핑 리스트

12

배구 시합이 라이브로 <u>중계中継</u>되고 있다.

해설 中継는 3 ちゅうけい로 발음한다.

어휘 中継 ちゅうけい [명] 중계　バレー [명] 배구　試合 しあい [명] 시합, 경기
　　　ライブ [명] 라이브, 생방송

13

<u>귀찮面倒</u>은 절차가 모두 끝났다.

해설 面倒는 1 めんどう로 발음한다.

어휘 面倒だ めんどうだ [な형]귀찮다 手続き てつづき [명]절차
全部 ぜんぶ [명]전부 終わる おわる [동]끝나다

14
멋진 뮤지컬 배우를 동경하고 憧れて 있다.

해설 憧れて는 2 あこがれて로 발음한다.

어휘 憧れる あこがれる [동]동경하다 かっこいい [い형]멋지다
ミュージカル [명]뮤지컬 俳優 はいゆう [명]배우
溺れる おぼれる [동]빠지다, 익사하다
惚れる ほれる [동]반하다, 홀딱 빠지다
痺れる しびれる [동]저리다, 마비되다

15
본원은 진료과에 따라 병동 病棟이 나뉘어 있습니다.

해설 病棟는 4 びょうとう로 발음한다.

어휘 病棟 びょうとう [명]병동 当院 とういん [명]본원, 이 병원
診療科 しんりょうか [명]진료과
分かれる わかれる [동]나뉘다, 갈라지다

16
개발한 시스템의 안전성을 검증 検証하고 있다.

해설 検証는 2 けんしょう로 발음한다. けん과 しょう가 탁음이 아닌 것에 주의한다.

어휘 検証 けんしょう [명]검증 開発 かいはつ [명]개발
システム [명]시스템 安全性 あんぜんせい [명]안전성

17
그는 외국의 정치에도 정통하다 詳しい.

해설 詳しい는 2 くわしい로 발음한다.

어휘 詳しい くわしい [い형]정통하다, 상세하다 外国 がいこく [명]외국
政治 せいじ [명]정치 乏しい とぼしい [い형]부족하다
厳しい きびしい [い형]엄격하다 親しい したしい [い형]친숙하다

18
유언 遺言을 남긴다면, 틀림없이 가족에게 감사를 전할 거라고 생각한다.

해설 遺言은 3 ゆいごん으로 발음한다.

어휘 遺言 ゆいごん [명]유언 残す のこす [동]남기다
きっと [부]틀림없이, 꼭 家族 かぞく [명]가족 感謝 かんしゃ [명]감사
伝える つたえる [동]전하다

19
공무원 役人은 시민을 위해 전력을 다하는 것이 사명이라고 생각한다.

해설 役人은 1 やくにん으로 발음한다. 役人은 役의 두 가지 음독 やく와 えき 중 やく로 발음하는 것, 人의 두 가지 음독 にん과 じん 중 にん으로 발음하는 것에 주의한다.

어휘 役人 やくにん [명]공무원, 관리 市民 しみん [명]시민
尽力 じんりょく [명]전력을 다함, 진력 使命 しめい [명]사명

20
회사의 경비 経費를 가능한 한 줄이고 싶다.

해설 経費는 4 けいひ로 발음한다.

어휘 経費 けいひ [명]경비 会社 かいしゃ [명]회사
減らす へらす [동]줄이다, 감소시키다

실전 대비하기 1 p.34

1	2	3	4	5
4	2	3	1	3

문제1 _____ 의 말의 읽는 법으로 가장 알맞은 것을, 1·2·3·4에서 하나 고르세요.

1
지점장으로서 사원의 모범 模範이 되는 행동을 유념하고 있다.

해설 模範은 4 もはん으로 발음한다. 模範은 模의 두 가지 음독 も와 ぼ 중 も로 발음하는 것에 주의한다.

어휘 模範 もはん [명]모범 行動 こうどう [명]행동
心掛ける こころがける [동]유념하다, 명심하다
支店長 してんちょう [명]지점장 社員 しゃいん [명]사원

2
반납 返却하실 책은 여기에 두어 주십시오.

해설 返却는 2 へんきゃく로 발음한다. きゃく가 탁음이 아닌 것에 주의한다.

어휘 返却 へんきゃく [명]반납

3
황폐한 토지를 경작해서 耕して, 채소 모종을 심었다.

해설 耕して는 3 たがやして로 발음한다.

어휘 耕す たがやす [동]경작하다 荒れる あれる [동]황폐하다
土地 とち [명]토지, 땅 野菜 やさい [명]채소 苗 なえ [명]모종, 묘종
植える うえる [동]심다 潰す つぶす [동]부수다, 찌그러뜨리다
崩す くずす [동]무너뜨리다 施す ほどこす [동]베풀다, 시행하다

4
적에게 맞서는 그는 용감한 勇ましい 표정을 하고 있었다.

해설 勇ましい는 1 いさましい로 발음한다.
어휘 勇ましい いさましい [い형] 용감하다　表情 ひょうじょう [명] 표정
　　　敵 てき [명] 적　立ち向かう たちむかう [동] 맞서다

5

장기臓器 제공에는 본인이나 가족의 동의가 필요하다.

해설 臓器는 3 ぞうき로 발음한다.
어휘 臓器 ぞうき [명] 장기　提供 ていきょう [명] 제공
　　　本人 ほんにん [명] 본인　家族 かぞく [명] 가족　同意 どうい [명] 동의

실전 대비하기 2
p.35

1 1　　**2** 4　　**3** 2　　**4** 1　　**5** 2

문제1 ＿＿＿의 말의 읽는 법으로 가장 알맞은 것을, 1·2·3·4에서 하나 고르세요.

1

이 화장품은 피부에 자극刺激을 주지 않습니다.

해설 刺激는 1 しげき로 발음한다.
어휘 刺激 しげき [명] 자극　化粧品 けしょうひん [명] 화장품
　　　肌 はだ [명] 피부　与える あたえる [동] 주다

2

하루 종일 일을 하고 있어서 어깨肩가 아파졌다.

해설 肩는 4 かた로 발음한다.
어휘 肩 かた [명] 어깨　一日中 いちにちじゅう [명] 하루 종일

3

파티 준비는 순조順調롭게 진행되고 있다.

해설 順調는 2 じゅんちょう로 발음한다. じゅん이 탁음인 것에 주의한다.
어휘 パーティー [명] 파티　準備 じゅんび [명] 준비
　　　順調だ じゅんちょうだ [な형] 순조롭다　進む すすむ [동] 진행되다

4

그의 말에는 다정함이 넘치고溢れて 있다.

해설 溢れては 1 あふれて로 발음한다.
어휘 溢れる あふれる [동] 넘치다　優しさ やさしさ [명] 다정함
　　　隠れる かくれる [동] 숨다　紛れる まぎれる [동] 섞이다
　　　溺れる おぼれる [동] 빠지다

5

버스의 운임運賃은 하차 시에 지불해 주세요.

해설 運賃은 2 うんちん으로 발음한다.
어휘 運賃 うんちん [명] 운임　降車 こうしゃ [명] 하차
　　　支払う しはらう [동] 지불하다

실전 대비하기 3
p.36

1 1　　**2** 2　　**3** 4　　**4** 3　　**5** 4

문제1 ＿＿＿의 말의 읽는 법으로 가장 알맞은 것을, 1·2·3·4에서 하나 고르세요.

1

수상은 회견에서 증세의 가능성을 시사示唆했다.

해설 示唆는 1 しさ로 발음한다.
어휘 示唆 しさ [명] 시사　首相 しゅしょう [명] 수상, 총리
　　　会見 かいけん [명] 회견　増税 ぞうぜい [명] 증세
　　　可能性 かのうせい [명] 가능성

2

큰비가 계속되어, 홍수洪水가 발생했다.

해설 洪水는 2 こうずい로 발음한다. ずい가 탁음인 것에 주의한다.
어휘 洪水 こうずい [명] 홍수　大雨 おおあめ [명] 큰비
　　　起こる おこる [동] 발생하다, 일어나다

3

그의 이야기를 듣고, 불안감을 품었다抱いた.

해설 抱いた는 4 いだいた로 발음한다.
어휘 抱く いだく [동] 품다　不安 ふあん [명] 불안(감)　とく [동] 풀다
　　　まねく [동] 불러오다　なげく [동] 한탄하다

4

꽤 옛날의 일이기 때문에 뚜렷한 기억記憶은 없습니다.

해설 記憶는 3 きおく로 발음한다.
어휘 記憶 きおく [명] 기억　随分 ずいぶん [부] 꽤　昔 むかし [명] 옛날
　　　はっきり [부] 뚜렷이

5

수상한怪しい 행동을 하고 있는 사람이 있어서 경찰을 불렀다.

해설 怪しい는 4 あやしい로 발음한다.

어휘 怪しい あやしい [い형]수상하다 行動 こうどう [명]행동
　　 警察 けいさつ [명]경찰

실전 대비하기 4   p.37

| 1 4 | 2 3 | 3 4 | 4 3 | 5 3 |

문제1 _____의 말의 읽는 법으로 가장 알맞은 것을, 1·2·3·4에서 하나 고르세요.

1
클래식 발레의 의상衣装은 세부적인 부분까지 아름답게 만들어져 있다.

해설 衣装는 4 いしょう로 발음한다. 装의 두 가지 음독 しょう와 そう 중 しょう로 발음하는 것에 주의한다.
어휘 衣装 いしょう [명]의상　古典バレエ こてんバレエ [명]클래식 발레
　　 細部 さいぶ [명]세부(적인 부분)　美しい うつくしい [い형]아름답다

2
미아가 선량善良한 시민에 의해 보호되었다.

해설 善良는 3 ぜんりょう로 발음한다. ぜん이 탁음인 것에 주의한다.
어휘 善良だ ぜんりょうだ [な형]선량하다　迷子 まいご [명]미아
　　 市民 しみん [명]시민　保護 ほご [명]보호

3
면접 전에 화장실에서 머리의 흐트러짐을 정리했다整えた.

해설 整えた는 4 ととのえた로 발음한다.
어휘 整える ととのえる [동]정리하다　面接 めんせつ [명]면접
　　 乱れ みだれ [명]흐트러짐　変える かえる [동]바꾸다
　　 揃える そろえる [동]갖추다　加える くわえる [동]더하다

4
시는 그 사업을 강제적強引으로 진행하려고 하고 있다.

해설 強引은 3 ごういん으로 발음한다. 強引은 強의 두 가지 음독 ごう와 きょう 중 ごう로 발음하는 것과 引은 훈독이 아닌 것에 주의한다.
어휘 強引だ ごういんだ [な형]강제적이다, 억지로 하다
　　 事業 じぎょう [명]사업　進める すすめる [동]진행하다

5
집주인과 직접 집세 교섭交渉을 했다.

해설 交渉는 3 こうしょう로 발음한다. こう가 장음인 것에 주의한다.
어휘 交渉 こうしょう [명]교섭　大家 おおや [명]집주인
　　 直接 ちょくせつ [명]직접　家賃 やちん [명]집세

실전 대비하기 5   p.38

| 1 4 | 2 1 | 3 3 | 4 2 | 5 4 |

문제1 _____의 말의 읽는 법으로 가장 알맞은 것을, 1·2·3·4에서 하나 고르세요.

1
저 큰 배는 화물을 운반運搬하고 있다.

해설 運搬은 4 うんぱん으로 발음한다. ぱん이 반탁음인 것에 주의한다.
어휘 運搬 うんぱん [명]운반　貨物 かもつ [명]화물

2
다음은 팔腕의 뒤쪽을 늘리는 스트레칭을 합니다.

해설 腕는 1 うで로 발음한다.
어휘 腕 うで [명]팔　裏 うら [명]뒤쪽　伸ばす のばす [동]늘리다, 뻗다
　　 ストレッチ [명]스트레칭　脚 あし [명]다리　膝 ひざ [명]무릎
　　 腰 こし [명]허리

3
선명鮮やか한 색의 원피스가 눈길을 끌었다.

해설 鮮やかは 3 あざやか로 발음한다.
어휘 鮮やかだ あざやかだ [な형]선명하다　ワンピース [명]원피스
　　 目をひく めをひく 눈길을 끌다　爽やかだ さわやかだ [な형]상쾌하다
　　 穏やかだ おだやかだ [な형]온화하다
　　 華やかだ はなやかだ [な형]화려하다

4
다리 부상은, 순조롭게 쾌유快癒로 향하고 있다.

해설 快癒는 2 かいゆ로 발음한다. ゆ가 장음이 아닌 것에 주의한다.
어휘 快癒 かいゆ [명]쾌유　怪我 けが [명]부상, 다침
　　 順調だ じゅんちょうだ [な형]순조롭다　向かう むかう [동]향하다

5
어떤 상황에서도 불평을 한탄하지 않고嘆かず 긍정적으로 지내고 싶다.

해설 嘆かず는 4 なげかず로 발음한다.
어휘 嘆く なげく [동]한탄하다, 탄식하다　状況 じょうきょう [명]상황
　　 不平 ふへい [명]불평　前向きだ まえむきだ [な형]긍정적이다
　　 囁く ささやく [동]속삭이다　吐く はく [동]토하다
　　 抱く いだく [동]안다, 품다

실전 대비하기 6   p.39

| 1 4 | 2 3 | 3 1 | 4 4 | 5 1 |

문제1 _____의 말의 읽는 법으로 가장 알맞은 것을, 1·2·3·4에서 하나 고르세요.

1
즉시 배운 건강법을 실천**実践**해 보았다.

해설 実践은 4 じっせん으로 발음한다. 実践은 実를 じつが 아닌 じっ으로 발음하는 것에 주의한다.
어휘 実践 じっせん 圏실천   さっそく 튄즉시, 바로
習う ならう 图배우다   健康法 けんこうほう 圏건강법
実現 じつげん 圏실현

2
소원**願望**이 현실이 되면 좋겠다.

해설 願望는 3 がんぼう로 발음한다.
어휘 願望 がんぼう 圏소원   現実 げんじつ 圏현실

3
은사님은 엄격하면서도 **厳しく**도 따뜻한 말씀을 주셨다.

해설 厳しくも는 1 きびしくも로 발음한다.
어휘 厳しい きびしい い형엄격하다   恩師 おんし 圏은사(님)
温かい あたたかい い형따뜻하다   言葉 ことば 圏말씀
楽しい たのしい い형즐겁다   難しい むずかしい い형어렵다
優しい やさしい い형상냥하다

4
길러**養って** 주신 부모님께 감사하고 있다.

해설 養っては 4 やしなって로 발음한다.
어휘 養う やしなう 图기르다, 부양하다   両親 りょうしん 圏부모님
感謝 かんしゃ 圏감사

5
공부하는 틈틈**合間**이 그림을 그려 보았다.

해설 合間는 1 あいま로 발음한다. 合間는 훈독 명사로 合(あい)와 間(ま) 모두 훈독인 것에 주의한다.
어휘 合間 あいま 圏틈   描く えがく 图그리다

 **표기**

연습문제 표기 기출단어   p.48

1 3	2 2	3 3	4 2	5 4
6 2	7 4	8 2	9 2	10 1
11 1	12 4	13 2	14 3	15 2
16 2	17 4	18 2	19 1	20 2

문제2 _____의 말을 한자로 쓸 때, 가장 알맞은 것을 1·2·3·4에서 하나 고르세요.

1
시민들은 경제 정책에 저항**ていこう**을 보이고 있다.

해설 ていこう는 3 抵抗로 표기한다. 抵(てい, 저항하다)를 선택지 1과 2의 低(てい, 낮다)와 구별해서 알아두고, 抗(こう, 저항하다)를 선택지 2와 4의 攻(こう, 공격하다)와 구별해서 알아둔다.
어휘 抵抗 ていこう 圏저항   市民 しみん 圏시민
経済 けいざい 圏경제   政策 せいさく 圏정책
示す しめす 图보이다

2
잔업이 계속되어, 피로**ひろう**가 쌓이고 있다.

해설 ひろう는 2 疲労로 표기한다. 疲(ひ, 피곤하다)를 선택지 1과 3의 皮(ひ, 가죽)와 구별해서 알아 두고, 労(ろう, 일하다)를 선택지 3과 4의 老(ろう, 늙다)와 구별해서 알아 둔다.
어휘 疲労 ひろう 圏피로   残業 ざんぎょう 圏야근, 초과근무
続く つづく 图계속되다   たまる たまる 图쌓이다, 모이다

3
양측은 대화를 통해 화해에 이르렀다**いたった**고 한다.

해설 いたった는 3 至った로 표기한다. 1, 2, 4는 없는 단어이다.
어휘 至る いたる 图이르다, 달하다   達する たっする 图도달하다
及ぶ およぶ 图이르다, 미치다   着る きる 图(옷을) 입다
両者 りょうしゃ 圏양측, 두 당사자
話し合い はなしあい 圏대화, 협의   和解 わかい 圏화해

4
올해는 공학부를 지망**しぼう**하고 있는 학생이 많은 것 같다.

해설 しぼう는 2 志望로 표기한다. 志(し, 뜻)를 선택지 1과 4의 思(し, 마음)와 구별해서 알아 두고, 望(ぼう, 바라다)를 선택지 3과 4의 聖(せい, 성스럽다)와 구별해서 알아 둔다.

어휘 志望 しぼう 圀지망, 희망　工学部 こうがくぶ 圀공학부

5

이벤트 공연장의 경비<u>けいび</u>를 강화했다.

해설 けいび는 4 警備로 표기한다. 警(けい, 경계하다)를 선택지 1과 3의 敬(けい, 공경하다)와 구별해서 알아 두고, 備(び, 갖추다)를 선택지 1과 2의 借(しゃく, 빌리다)와 구별해서 알아 둔다.

어휘 警備 けいび 圀경비　イベント 圀이벤트
会場 かいじょう 圀공연장, 회장　強化 きょうか 圀강화

6

화재가 발생하여, 관내에 있던 사람들은 서둘러 피난<u>ひなん</u>했다.

해설 ひなん은 2 避難으로 표기한다. 避(ひ, 피하다)를 선택지 1의 逃(とう, 도망가다), 선택지 3의 迎(げい, 맞이하다), 선택지 4의 遣(けん, 보내다)과 구별해서 알아 둔다.

어휘 避難 ひなん 圀피난, 대피　火事 かじ 圀화재
発生 はっせい 圀발생　館内 かんない 圀관내, 건물 안
急ぐ いそぐ 동서두르다, 급하다

7

작년부터 식료품 가격 인상이 잇따르고<u>あいついで</u> 있다.

해설 あいついで는 4 相次いで로 표기한다. 1, 2, 3은 없는 단어이다.

어휘 相次ぐ あいつぐ 동잇따르다　食料品 しょくりょうひん 圀식료품
値上げ ねあげ 圀가격 인상

8

진학에 대해, 부모님께 진지하<u>しんけん</u>게 상담했다.

해설 しんけん은 2 真剣으로 표기한다. 真(しん, 진실)을 선택지 1과 3의 心(しん, 마음)과 구별해서 알아두고, 剣(けん, 검)을 선택지 3과 4의 検(けん, 검사하다)과 구별해서 알아둔다.

어휘 真剣だ しんけんだ な형진지하다, 진심이다　進学 しんがく 圀진학
両親 りょうしん 圀부모(님)　相談 そうだん 圀상담, 상의

9

첫 투표<u>とうひょう</u>라서 긴장해 버렸다.

해설 とうひょう는 2 投票로 표기한다. 投(とう, 던지다)를 선택지 1과 3의 討(とう, 토론하다)와 구별해서 알아 두고, 票(ひょう, 표)를 선택지 3과 4의 標(ひょう, 표시)와 구별해서 알아 둔다.

어휘 投票 とうひょう 圀투표　初めて はじめて 튀처음으로
緊張 きんちょう 圀긴장

10

친구를 캠핑에 초대했<u>さそった</u>지만, 거절당하고 말았다.

해설 さそった는 1 誘った로 표기한다. 2, 3, 4는 없는 단어이다.

어휘 誘う さそう 동초대하다, 권유하다　招く まねく 동초대하다, 초래하다
薦める すすめる 동추천하다, 권하다　呼ぶ よぶ 동부르다, 호출하다
友人 ゆうじん 圀친구　キャンプ 圀캠핑, 야영
断る ことわる 동거절하다, 거부하다

11

상사에게 태도를 지적<u>してき</u>받았다.

해설 してき는 1 指摘로 표기한다. 指(し, 가리키다)를 선택지 3과 4의 示(し, 보이다)와 구별해서 알아두고, 摘(てき, 집다)를 선택지 2와 4의 適(てき, 맞다)와 구별해서 알아둔다.

어휘 指摘 してき 圀지적　上司 じょうし 圀상사　態度 たいど 圀태도

12

태풍으로 마당의 꽃이 하룻밤 사이에 떨어져<u>ちって</u> 버렸다.

해설 ちって는 4 散って로 표기한다. 2는 없는 단어이다.

어휘 散る ちる 동흩어지다, 떨어지다　台風 たいふう 圀태풍
庭 にわ 圀마당, 정원　一晩 ひとばん 圀하룻밤, 한 밤
去る さる 동가다, 떠나다　降る ふる 동(눈, 비가) 내리다

13

그는 조각같이 아름다운 모습인 데다가 연기<u>えんぎ</u>도 잘한다.

해설 えんぎ는 2 演技로 표기한다. 演(えん, 연기하다)을 선택지 3과 4의 寅(いん, 호랑이)과 구별해서 알아두고, 技(ぎ, 재주)를 1과 4의 術(じゅつ, 기술)와 구별해서 알아둔다.

어휘 演技 えんぎ 圀연기　彫刻 ちょうこく 圀조각
美しい うつくしい い형아름답다　容姿 ようし 圀모습

14

사기의 전형적<u>てんけいてき</u>인 수법에 걸려 버렸다.

해설 てんけいてき는 3 典型的로 표기한다. 典(てん, 규칙)을 선택지 1과 2의 点(てん, 검은 점)과 구별해서 알아두고, 型(けい, 틀)를 선택지 2와 4의 系(けい, 연결)와 구별해서 알아둔다.

어휘 典型的だ てんけいてきだ な형전형적이다　詐欺 さぎ 圀사기
手口 てぐち 圀수법　引っ掛かる ひっかかる 동걸리다

15

미래를 대비해<u>そなえて</u>, 저금이나 투자를 꾸준히 하고 있다.

해설 そなえて는 2 備えて로 표기한다. 1, 3, 4는 없는 단어이다.

어휘 備える そなえる 동대비하다　将来 しょうらい 圀미래, 장래
貯金 ちょきん 圀저금　投資 とうし 圀투자　こつこつ 튀꾸준히

16

신입 사원은 연수<u>けんしゅう</u>가 끝나면, 각 부서에 배속된다.

해설 けんしゅう는 2 研修로 표기한다. 研(けん, 연구하다)을 선택지 3

과 4의 件(けん, 사건)과 구별해서 알아두고, 修(しゅう, 닦다)를 선택지 1과 3의 習(しゅう, 배우다)와 구별해서 알아둔다.

어휘 研修 けんしゅう 명연수　新入社員 しんにゅうしゃいん 명신입 사원
　　　終わる おわる 동끝나다　各部署 かくぶしょ 명각 부서
　　　配属 はいぞく 명배속

17
바닷물은 끊임없이たえず 움직이고 있다.

해설 たえず는 4 絶えず로 표기한다. 1, 2, 3은 없는 단어이다.

어휘 絶えず たえず 부끊임없이　海の水 うみのみず 명바닷물
　　　動く うごく 동움직이다

18
이 두 줄의 선은 길이가 같다ひとしい.

해설 ひとしい는 2 等しい로 표기한다.

어휘 等しい ひとしい い형같다　線 せん 명선　長さ ながさ 명길이

19
이 나라는 복지ふくし가 충실해서 살기 좋다.

해설 ふくし는 1 福祉로 표기한다. 福(ふく, 복)를 선택지 2와 4의 副(ふく, 부차적임)와 구별해서 알아두고, 祉(し, 복)를 선택지 3과 4의 施(し, 베풀다)와 구별해서 알아둔다.

어휘 福祉 ふくし 명복지　充実 じゅうじつ 명충실
　　　暮らす くらす 동살다

20
해가 뜨는のぼる 것이 빨라졌다.

해설 のぼる는 2 昇る로 표기한다. 1, 3은 없는 단어이다.

어휘 昇る のぼる 동뜨다　振る ふる 동흔들다

연습문제 　표기 출제예상단어　　　　　　　　　p.54

1 4	2 3	3 1	4 2	5 3
6 4	7 3	8 1	9 2	10 1
11 3	12 4	13 4	14 4	15 1
16 2	17 4	18 1	19 1	20 2

문제2 ＿＿＿의 말을 한자로 쓸 때, 가장 알맞은 것을 1·2·3·4에서 하나 고르세요.

1
선배의 조언じょげん을 듣고 기획서를 수정했다.

해설 じょげん은 4 助言으로 표기한다. 助(じょ, 돕다)를 선택지 1의 祖(そ, 조상), 2의 功(こう, 공적), 3의 組(そ, 짜다)와 구별해서 알아둔다.

어휘 助言 じょげん 명조언　先輩 せんぱい 명선배
　　　企画書 きかくしょ 명기획서　修正 しゅうせい 명수정

2
무대 연출えんしゅつ이 훌륭했다.

해설 えんしゅつ는 3 演出로 표기한다. 演(えん, 연기하다)을 선택지 2와 4의 援(えん, 도움)과 구별해서 알아두고, 出(しゅつ, 나오다)를 선택지 1과 2의 屈(くつ, 굽히다)와 구별해서 알아둔다.

어휘 演出 えんしゅつ 명연출　舞台 ぶたい 명무대

3
갖고 싶었던 상품을 적당てごろ한 가격에 살 수 있었다.

해설 てごろ는 1 手頃로 표기한다. 2, 3, 4는 없는 단어이다.

어휘 手頃だ てごろだ な형적당하다, 알맞다　商品 しょうひん 명상품
　　　価格 かかく 명가격

4
재킷을 입고めして 계신 분이 우에다 선생님입니다.

해설 めして는 2 召して로 표기한다. 1, 3, 4는 없는 단어이다.

어휘 召す めす 동입다(着る의 존경어)　ジャケット 명재킷
　　　いらっしゃる 동계시다(いる의 존경어)

5
공복くうふく을 느끼기 전에 식사하는 편이 좋다.

해설 くうふく는 3 空腹로 표기한다. 空(くう, 비다)를 선택지 1과 2의 突(とつ, 갑자기)와 구별해서 알아두고, 腹(ふく, 배)를 선택지 2와 4의 胸(きょう, 가슴)와 구별해서 알아둔다.

어휘 空腹 くうふく 명공복　感じる かんじる 동느끼다
　　　食事 しょくじ 명식사

6
설날에 조상せんぞ의 성묘를 갔다.

해설 せんぞ는 4 先祖로 표기한다. 先(せん, 먼저)을 선택지 1과 3의 前(ぜん, 앞)과 구별해서 알아두고, 祖(そ, 조상)를 선택지 1과 2의 租(そ, 세금)와 구별해서 알아둔다.

어휘 先祖 せんぞ 명조상, 선조　正月 しょうがつ 명설날, 정월
　　　墓参り はかまいり 명성묘

7
그는 시종일관 험악한けわしい 표정을 짓고 있었다.

해설 けわしい는 3 険しい로 표기한다. 1, 2는 없는 단어이다.

어휘 険しい けわしい い형험악하다, 가파르다

怖い こわい [い형] 무섭다, 두렵다　荒い あらい [い형] 거칠다
厳しい きびしい [い형] 엄격하다, 혹독하다　終始 しゅうし [명] 시종일관
表情 ひょうじょう [명] 표정　浮かべる うかべる [동] (표정을) 짓다, 띠다

8
세미나 참가자 인원수에는 <u>제한**せいげん**</u>이 있다.

해설 せいげん은 1 制限으로 표기한다. 制(せい, 제도)를 선택지 2와 4의 性(せい, 성질)와 구별해서 알아두고, 限(げん, 한계)을 선택지 3과 4의 減(げん, 줄다)과 구별해서 알아둔다.

어휘 制限 せいげん [명] 제한　セミナー [명] 세미나
　　 参加者 さんかしゃ [명] 참가자　人数 にんずう [명] 인원수

9
가업의 <u>후계자**あとつぎ**</u>가 없어서 곤란하다.

해설 あとつぎ는 2 跡継ぎ로 표기한다. 1, 3, 4는 없는 단어이다.

어휘 跡継ぎ あとつぎ [명] 후계자　家業 かぎょう [명] 가업
　　 困る こまる [동] 곤란하다, 어려움을 겪다

10
상공에 <u>기묘**きみょう**</u>한 물체가 날고 있는 것이 보였다.

해설 きみょう는 1 奇妙로 표기한다. 奇(き, 이상하다)를 선택지 2와 4의 危(き, 위험하다)를 구별해서 알아두고, 妙(みょう, 묘하다)를 선택지 3과 4의 炒(いためる, 볶다)와 구별해서 알아둔다.

어휘 奇妙だ きみょうだ [な형] 기묘하다, 이상하다　上空 じょうくう [명] 상공
　　 物体 ぶったい [명] 물체

11
이 언덕은 <u>경사**かたむき**</u>가 급해서, 눈 오는 날은 운전이 무섭다.

해설 かたむき는 3 傾き로 표기한다. 1, 2, 4는 없는 단어이다.

어휘 傾き かたむき [명] 경사　沈む しずむ [동] 가라앉다
　　 斜め ななめ [명] 비스듬함, 경사　偏り かたより [명] 치우침, 편중
　　 坂 さか [명] 언덕, 경사길　急だ きゅうだ [な형] 급하다
　　 運転 うんてん [명] 운전　怖い こわい [い형] 무섭다

12
이 책갈피는 정원에서 <u>딴**つんだ**</u> 꽃으로 만든 것이다.

해설 つんだ는 4 摘んだ로 표기한다. 1, 3은 없는 단어이다.

어휘 摘む つむ [동] 따다, 꺾다　握る にぎる [동] 쥐다, 잡다
　　 挟む はさむ [동] 끼우다, 사이에 두다　採る とる [동] 채집하다, 따다
　　 しおり [명] 책갈피　庭 にわ [명] 정원

13
마라톤 중에는 부지런한 수분 <u>보충**ほきゅう**</u>이 중요하다.

해설 ほきゅう는 4 補給으로 표기한다. 補(ほ, 보충하다)를 선택지 1과 2의 捕(ほ, 잡다)와 구별해서 알아두고, 給(きゅう, 공급하다)를 선택지 1과 3의 求(きゅう, 구하다)와 구별해서 알아둔다.

어휘 補給 ほきゅう [명] 보충, 보급　マラソン [명] 마라톤
　　 こまめだ [な형] 부지런하다　水分 すいぶん [명] 수분

14
내 집은 고집을 가득 담은 <u>설계**せっけい**</u>로 해 주었다.

해설 せっけい는 4 設計로 표기한다. 設(せつ, 설치하다)를 선택지 1과 3의 接(せつ, 접하다)와 구별해서 알아두고, 計(けい, 계획하다)를 선택지 1과 2의 形(けい, 모양)와 구별해서 알아둔다.

어휘 設計 せっけい [명] 설계　マイホーム [명] 내 집
　　 こだわり [명] 고집, 집착, 구애됨　詰め込む つめこむ [동] 가득 담다

15
오늘은 따뜻해서<u>**あたたかくて**</u>, 정말로 외출하기 좋은 날씨이다.

해설 あたたかくては 1 暖かくて로 표기한다. 2, 3, 4는 없는 단어이다.

어휘 暖かい あたたかい [い형] 따뜻하다　暁 あかつき [명] 새벽, 동틀 무렵
　　 暑い あつい [い형] 덥다　まさに 정말로, 바로
　　 お出かけ日和 おでかけびより 외출하기 좋은 날씨

16
두 소년이 펼치는 <u>모험**ぼうけん**</u>을 그린 소설을 읽고 있다.

해설 ぼうけん은 2 冒険으로 표기한다. 冒(ぼう, 무릅쓰다)를 선택지 1과 3의 盲(もう, 눈멀다)와 구별해서 알아두고, 険(けん, 험하다)을 선택지 3과 4의 倹(けん, 검소하다)과 구별해서 알아둔다.

어휘 冒険 ぼうけん [명] 모험　少年 しょうねん [명] 소년
　　 繰り広げる くりひろげる [동] 펼치다, 전개하다
　　 描く えがく [동] 그리다, 묘사하다　小説 しょうせつ [명] 소설

17
그에게 제대로 사과하고, 용서를 <u>구할**こう**</u> 생각이다.

해설 こう는 4 請う로 표기한다. 1, 3은 없는 단어이다.

어휘 請う こう [동] 구하다, 청하다　申す もうす [동] 말씀드리다
　　 願う ねがう [동] 바라다, 원하다　頼む たのむ [동] 부탁하다
　　 きちんと [부] 제대로, 바르게　謝る あやまる [동] 사과하다
　　 許し ゆるし [명] 용서

18
신부가 <u>근사**すてき**</u>한 드레스에 몸을 감싸고 등장했다.

해설 すてき는 1 素敵로 표기한다. 素(す, 있는 그대로)를 선택지 3과 4의 華(か, 화려하다)와 구별해서 알아두고, 敵(てき, 적)를 선택지 2와 4의 滴(てき, 물방울)와 구별해서 알아둔다.

어휘 素敵だ すてきだ [な형] 근사하다, 멋지다　花嫁 はなよめ [명] 신부
　　 ドレス [명] 드레스　身をつつむ みをつつむ 몸을 감싸다, 차려입다
　　 登場 とうじょう [명] 등장

19
한 해의 끝<u>くれ</u>은 행사가 많아서, 항상 분주하다.

해설 くれ는 1 暮れ로 표기한다. 2, 3, 4는 없는 단어이다.
어휘 暮れ くれ 명끝, 연말　行事 ぎょうじ 명행사
慌ただしい あわただしい い형분주하다

20
다른 사람을 존경하는<u>うやまう</u> 마음을 소중히 하고 싶다.

해설 うやまう는 2 敬う로 표기한다.
어휘 敬う うやまう 동존경하다　仰ぐ あおぐ 동우러러보다
尊ぶ とうとぶ 동공경하다　拝む おがむ 동배례하다

실전 대비하기 1
p.56

| 1 2 | 2 3 | 3 4 | 4 1 | 5 4 |

문제2 _____의 말을 한자로 쓸 때, 가장 알맞은 것을 1·2·3·4에서 하나 고르세요.

1
가볍게 읽을 수 있는 <u>단편たんぺん</u> 소설을 읽는 경우가 많다.

해설 たんぺん은 2 短編으로 표기한다. 短(たん, 짧다)을 선택지 1과 3의 単(たん, 단순하다)과 구별해서 알아두고, 編(へん, 엮다)을 선택지 3과 4의 縄(じょう, 밧줄)와 구별해서 알아둔다.
어휘 短編 たんぺん 명단편　さくっと 부가볍게, 간단히
小説 しょうせつ 명소설

2
사업의 <u>번영はんえい</u>을 바라고 있다.

해설 はんえい는 3 繁栄로 표기한다. 繁(はん, 번성하다)을 선택지 1과 2의 範(はん, 모범)과 구별해서 알아두고, 栄(えい, 영예)를 선택지 2와 4의 営(えい, 경영하다)와 구별해서 알아둔다.
어휘 繁栄 はんえい 명번영　事業 じぎょう 명사업
願う ねがう 동바라다

3
그의 표정은 언제나 딱딱하다<u>かたい</u>.

해설 かたい는 4 硬い로 표기한다. 1은 없는 단어이다.
어휘 硬い かたい い형딱딱하다　軟らかい やわらかい い형부드럽다
柔い やわい い형부드럽다　強い つよい い형강하다
表情 ひょうじょう 명표정

4
의사가 운동을 권했기<u>すすめて</u> 때문에 체육관에 등록했다.

해설 すすめて는 1 勧めて로 표기한다. 2, 3, 4는 없는 단어이다.
어휘 勧める すすめる 동권하다　招く まねく 동부르다
誘う さそう 동권유하다　請ける うける 동인수하다
運動 うんどう 명운동　ジム 명체육관　登録 とうろく 명등록

5
<u>연안えんがん</u>에 밀려오는 파도 소리를 잠시 듣고 있었다.

해설 えんがん은 4 沿岸으로 표기한다. 沿(えん, 따르다)을 선택지 1과 2의 浜(ひん, 해변)과 구별해서 알아두고, 岸(がん, 기슭)을 선택지 1과 3의 崖(がい, 절벽)와 구별해서 알아둔다.
어휘 沿岸 えんがん 명연안, 해안
打ち寄せる うちよせる 동(파도가) 밀려오다　波 なみ 명파도
しばらく 부잠시, 한동안

실전 대비하기 2
p.57

| 1 2 | 2 2 | 3 1 | 4 2 | 5 3 |

문제2 _____의 말을 한자로 쓸 때, 가장 알맞은 것을 1·2·3·4에서 하나 고르세요.

1
고령화 사회는 노동력 부족을 <u>초래しょうらい</u>했다.

해설 しょうらい는 2 招来로 표기한다. 招(しょう, 부르다)를 선택지 1과 3의 紹(しょう, 잇다)과 구별해서 알아두고, 来(らい, 오다)를 선택지 3과 4의 米(べい, 쌀)와 구별해서 알아둔다.
어휘 招来 しょうらい 명초래　高齢化 こうれいか 명고령화
社会 しゃかい 명사회
労働力不足 ろうどうりょくぶそく 명노동력 부족

2
자사의 책을 싸게 살 수 있는 것은 출판사에서 일하는 사람의 <u>특권とっけん</u>입니다.

해설 とっけん은 2 特権으로 표기한다. 特(とく, 특별하다)를 선택지 3과 4의 持(じ, 가지다)와 구별해서 알아두고, 権(けん, 권력)을 선택지 1과 3의 勧(かん, 권하다)과 구별해서 알아둔다.
어휘 特権 とっけん 명특권　自社 じしゃ 명자사
出版社 しゅっぱんしゃ 명출판사

3
그녀는 카메라를 돌리자 방긋 <u>미소 지었다</u>ほほえんだ.

해설 ほほえんだ는 1 微笑んだ로 표기한다. 2, 3, 4는 없는 단어이다.
어휘 微笑む ほほえむ 图미소 짓다　向ける むける 图돌리다
　　 にっこり 图방긋, 싱긋

4
맛이 <u>싱거워</u>うすい서, 좀 더 소금을 넣어야겠다.

해설 うすい는 2 薄い로 표기한다. 4는 없는 단어이다.
어휘 薄い うすい い형싱겁다, 얇다　弱い よわい い형약하다
　　 低い ひくい い형낮다　貧しい まずしい い형가난하다
　　 塩 しお 图소금　足す たす 图더하다

5
이 과제의 <u>취지</u>しゅし는 사고력을 기르는 것입니다.

해설 しゅし는 3 趣旨로 표기한다. 趣(しゅ, 뜻)를 선택지 2와 4의 越(えつ, 넘다)와 구별해서 알아두고, 旨(し, 뜻)를 선택지 1과 2의 台(だい, 대)와 구별해서 알아둔다.
어휘 趣旨 しゅし 图취지　課題 かだい 图과제
　　 思考力 しこうりょく 图사고력　養う やしなう 图기르다

실전 대비하기 3　　　　　　　　　　　　　p.58

1 4　　**2** 2　　**3** 4　　**4** 4　　**5** 4

문제2 _____의 말을 한자로 쓸 때, 가장 알맞은 것을 1·2·3·4에서 하나 고르세요.

1
백중 때의 선물 포장<u>ほうそう</u>에는 계절감이 나타납니다.

해설 ほうそう는 4 包装로 표기한다. 包(ほう, 싸다)를 선택지 1의 抱(ほう, 안다), 2의 胞(ほう, 세포), 3의 泡(ほう, 거품)와 구별해서 알아둔다.
어휘 包装 ほうそう 图포장　お中元 おちゅうげん 图백중 때의 선물
　　 季節感 きせつかん 图계절감　表れる あらわれる 图나타나다

2
역에서 지갑을 <u>습득</u>しゅうとく해서, 파출소에 신고했다.

해설 しゅうとく는 2 拾得로 표기한다. 拾(しゅう, 줍다)를 선택지 1과 3의 集(しゅう, 모으다)와 구별해서 알아두고, 得(とく, 얻다)를 선택지 3과 4의 特(とく, 특별하다)와 구별해서 알아둔다.
어휘 拾得 しゅうとく 图습득　財布 さいふ 图지갑

　　 交番 こうばん 图파출소　届ける とどける 图신고하다, 전하다

3
시민 홀에서는 다양한 행사<u>もよおし</u>가 열리고 있다.

해설 もよおし는 4 催し로 표기한다. 1, 2는 없는 단어이다.
어휘 催し もよおし 图행사　推し おし 图추천　市民 しみん 图시민
　　 ホール 图홀, 회관　様々だ さまざまだ な형다양하다

4
야마다 교수는 의료 분야에서 위대한 공적<u>こうせき</u>을 남겼다.

해설 こうせき는 4 功績로 표기한다. 功(こう, 공)를 선택지 1과 3의 光(こう, 빛)와 구별해서 알아두고, 績(せき, 성과)를 선택지 1과 2의 積(せき, 쌓다)와 구별해서 알아둔다.
어휘 功績 こうせき 图공적, 업적　教授 きょうじゅ 图교수
　　 医療 いりょう 图의료　分野 ぶんや 图분야
　　 偉大だ いだいだ な형위대하다　残す のこす 图남기다

5
공항에서 날뛰고<u>あばれて</u> 있던 그를 보고 경비원이 달려왔다.

해설 あばれては 4 暴れて로 표기한다.
어휘 暴れる あばれる 图날뛰다　乱れる みだれる 图흐트러지다
　　 破れる やぶれる 图찢어지다　汚れる よごれる 图더러워지다
　　 空港 くうこう 图공항　警備員 けいびいん 图경비원
　　 駆け付ける かけつける 图달려오다

실전 대비하기 4　　　　　　　　　　　　　p.59

1 2　　**2** 2　　**3** 3　　**4** 1　　**5** 4

문제2 _____의 말을 한자로 쓸 때, 가장 알맞은 것을 1·2·3·4에서 하나 고르세요.

1
이곳의 바닷물은, 염분의 농도<u>のうど</u>가 높다.

해설 のうど는 2 濃度로 표기한다. 濃(のう, 진하다)를 선택지 1과 3의 農(のう, 농사)와 구별해서 알아두고, 度(ど, 정도)를 선택지 3과 4의 戸(と, 문짝)와 구별해서 알아둔다.
어휘 濃度 のうど 图농도　海水 かいすい 图바닷물
　　 塩分 えんぶん 图염분

2
근무시간을 줄여<u>へらして</u> 가족과의 시간을 확보했다.

해설 へらして는 2 減らして로 표기한다. 1, 3, 4는 없는 단어이다.

어휘 減らす へらす 동 줄이다　縮める ちぢめる 동 줄이다
織る おる 동 짜다　滅ぼす ほろぼす 동 멸망하다
勤務時間 きんむじかん 명 근무시간　確保 かくほ 명 확보

3
이 회사는 사람을 중시하는 경영けいえい으로 알려져 있다.

해설 けいえい는 3 経営로 표기한다. 経(けい, 지나다)를 선택지 2와 4의 軽(けい, 가볍다)와 구별해서 알아두고, 営(えい, 경영하다)를 선택지 1과 2의 栄(えい, 영예)와 구별해서 알아둔다.

어휘 経営 けいえい 명 경영　重視 じゅうし 명 중시
知られる しられる 동 알려지다

4
피해자의 구제きゅうさい가 최우선 과제다.

해설 きゅうさい는 1 救済로 표기한다. 救(きゅう, 구하다)를 선택지 3과 4의 急(きゅう, 급하다)와 구별해서 알아두고, 済(さい, 제도)를 선택지 2와 4의 斉(せい, 가지런하다)와 구별해서 알아둔다.

어휘 救済 きゅうさい 명 구제　被災者 ひさいしゃ 명 피해자
最優先 さいゆうせん 명 최우선　課題 かだい 명 과제

5
정부는 그 건에 대해 강경きょうこう한 자세를 바꾸지 않았다.

해설 きょうこう는 4 強硬로 표기한다. 強(きょう, 강하다)를 선택지 1과 2의 恐(きょう, 두렵다)와 구별해서 알아두고, 硬(こう, 굳다)를 선택지 1과 3의 鉱(こう, 광물)와 구별해서 알아둔다.

어휘 強硬だ きょうこうだ な형 강경하다　政府 せいふ 명 정부
姿勢 しせい 명 자세, 태도　変える かえる 동 바꾸다

실전 대비하기 5
p.60

1 4　　**2** 3　　**3** 4　　**4** 1　　**5** 2

문제2 _____의 말을 한자로 쓸 때, 가장 알맞은 것을 1·2·3·4에서 하나 고르세요.

1
주말, 가족끼리 연극えんげき을 보러 갑니다.

해설 えんげき는 4 演劇로 표기한다. 演(えん, 연기하다)을 선택지 1과 2의 漂(ひょう, 떠다니다)와 구별해서 알아두고, 劇(げき, 극)를 선택지 1과 3의 刷(さつ, 인쇄)와 구별해서 알아둔다.

어휘 演劇 えんげき 명 연극　週末 しゅうまつ 명 주말

2
잎 끝에 맺힌 물방울しずく이 빛나고 있다.

해설 しずく는 3 滴로 표기한다.
어휘 滴 しずく 명 물방울　涙 なみだ 명 눈물　液 えき 명 액체
潮 しお 명 바닷물, 조수　葉 は 명 잎
垂れる たれる 동 맺히다, 늘어지다　光る ひかる 동 빛나다

3
그녀의 사고방식은 너무나 극단적きょくたん이라고 생각한다.

해설 きょくたん은 4 極端으로 표기한다. 極(きょく, 극도)를 선택지 1과 3의 究(きゅう, 끝까지 밝히다)와 구별해서 알아두고, 端(たん, 끝)을 선택지 1과 2의 短(たん, 짧다)과 구별해서 알아둔다.

어휘 極端だ きょくたんだ な형 극단적이다
考え方 かんがえかた 명 사고방식

4
학생 여러분은 강당こうどう에 모여 주세요.

해설 こうどう는 1 講堂로 표기한다. 講(こう, 외다)를 선택지 2와 4의 構(こう, 얽다)와 구별해서 알아 두고, 堂(どう, 집)를 선택지 3과 4의 童(どう, 아이)와 구별해서 알아 둔다.

어휘 講堂 こうどう 명 강당　生徒 せいと 명 학생
集まる あつまる 동 모이다

5
불공평한 규칙은 개선해야あらためる 한다.

해설 あらためる는 2 改める로 표기한다. 1, 3, 4는 없는 단어이다.
어휘 改める あらためる 동 개선하다, 고치다　換える かえる 동 바꾸다
替える かえる 동 바꾸다　更ける ふける 동 깊어지다
不公平だ ふこうへいだ な형 불공평하다　規則 きそく 명 규칙

실전 대비하기 6
p.61

1 3　　**2** 4　　**3** 1　　**4** 1　　**5** 2

문제2 _____의 말을 한자로 쓸 때, 가장 알맞은 것을 1·2·3·4에서 하나 고르세요.

1
이 잡지에는 화장품 파우치가 부록ふろく으로 딸려 온다.

해설 ふろく는 3 付録로 표기한다. 付(ふ, 붙이다)를 선택지 1과 2의 府(ふ, 관청)와 구별해서 알아두고, 録(ろく, 기록)를 선택지 2와 4의 緑(りょく, 녹색)와 구별해서 알아둔다.

어휘 付録 ふろく 명부록   雑誌 ざっし 명잡지
メイクポーチ 명화장품 파우치

2

그 건은 검토けんとう할 필요가 있습니다.

해설 けんとう는 4 検討로 표기한다. 検(けん, 검사하다)을 선택지 1과 2의 剣(けん, 칼)과 구별해서 알아두고, 討(とう, 조사하다)를 선택지 1과 3의 答(とう, 답하다)와 구별해서 알아둔다.

어휘 検討 けんとう 명검토   件 けん 명건   必要 ひつよう 명필요

3

머리카락을 높은 위치에서 하나로 묶었다むすんだ.

해설 むすんだ는 1 結んだ로 표기한다. 3은 없는 단어이다.

어휘 結ぶ むすぶ 동묶다   編む あむ 동뜨다, 엮다
織る おる 동짜다, 만들다   組む くむ 동짜다, 조립하다
髪 かみ 명머리카락   位置 いち 명위치

4

조깅을 쾌적かいてき하게 하기 위해서 새로운 운동화를 샀다.

해설 かいてき는 1 快適로 표기한다. 快(かい, 상쾌하다)를 선택지 2와 4의 決(けつ, 결정하다)와 구별해서 알아두고, 適(てき, 적합하다)를 선택지 3과 4의 敵(てき, 맞서다)와 구별해서 알아둔다.

어휘 快適 かいてきだ な형쾌적하다   ジョギング 명조깅
行う おこなう 동하다, 행하다   スニーカー 명운동화

5

이 작품은 공모こうぼ로 뽑힌 것입니다.

해설 こうぼ는 2 公募로 표기한다. 公(こう, 공식적)를 선택지 1과 3의 攻(こう, 치다)와 구별해서 알아두고, 募(ぼ, 모으다)를 선택지 3과 4의 慕(ぼ, 사모하다)와 구별해서 알아둔다.

어휘 公募 こうぼ 명공모   作品 さくひん 명작품
選ぶ えらぶ 동뽑다, 고르다

문제3 단어형성

연습문제 단어형성 기출단어   p.68

1 4	2 4	3 1	4 4	5 2
6 1	7 3	8 1	9 3	10 1
11 3	12 2	13 1	14 4	15 3
16 1	17 1	18 1	19 1	20 4

문제3 (　　) 에 들어갈 가장 알맞은 것을, 1·2·3·4에서 하나 고르세요.

1

자신의 일을 팽개치다니 너무 (　　) 책임하다.

해설 괄호 뒤의 어휘 責任(책임)과 함께 쓰여 無責任(무책임)을 만드는 접두어 4 無가 정답이다.

어휘 無責任 むせきにん 명무책임   投げ出す なげだす 동팽개치다

2

버터를 크림 (　　) 로 해서, 설탕과 섞습니다.

해설 괄호 앞의 어휘 クリーム(크림)과 함께 쓰여 クリーム状(크림 상태)를 만드는 접미어 4 状가 정답이다.

어휘 クリーム状 クリームじょう 명크림 상태   バター 명버터
砂糖 さとう 명설탕   混ぜる まぜる 동섞다

3

3개월의 (　　) 채용 기간을 거쳐, 정사원이 되었다.

해설 괄호 뒤의 어휘 採用(채용)와 함께 쓰여 仮採用(임시 채용)를 만드는 접두어 1 仮가 정답이다.

어휘 仮採用 かりさいよう 명임시 채용   期間 きかん 명기간
経る へる 동거치다, 지나다   正社員 せいしゃいん 명정사원

4

후진하고 싶지만, (　　) 뒤에 차가 있어서 할 수 없다.

해설 괄호 뒤의 어휘 後ろ(뒤)와 함께 쓰여 真後ろ(바로 뒤)를 만드는 접두어 4 真가 정답이다.

어휘 真後ろ まうしろ 명바로 뒤, 정중앙 뒤   バック 명후진, 뒤로 가기

5

장르를 불문하고 음악 (　　) 에 흥미가 있다.

해설 괄호 앞의 어휘 音楽(음악)와 함께 쓰여 音楽全般(음악 전반)이라는 복합어를 만드는 2 全般이 정답이다.

어휘 音楽全般 おんがくぜんぱん 명음악 전반   範囲 はんい 명범위
一帯 いったい 명일대   一面 いちめん 명일면   ジャンル 명장르
興味 きょうみ 명흥미

6

다이어트를 위해, (　　) 칼로리의 식품을 고르고 있다.

해설 괄호 뒤의 어휘 カロリー(칼로리)와 함께 쓰여 低カロリー(저칼로리)를 만드는 접두어 1 低가 정답이다.

어휘 低カロリー ていカロリー 명저칼로리   ダイエット 명다이어트
食品 しょくひん 명식품   選ぶ えらぶ 동고르다

7
최근, 선로 (　　) 의 아파트로 이사했다.

해설 괄호 앞의 어휘 線路(선로)와 함께 쓰여 線路沿い(선로변)를 만드는 접미어 3 沿い가 정답이다.
어휘 線路沿い せんろぞい 몡선로변, 철로변　最近 さいきん 몡최근
　　アパート 몡아파트　引っ越す ひっこす 툉이사하다

8
중고 거래 앱에서 (　　) 사용의 가전제품을 싸게 양도받았다.

해설 괄호 뒤의 어휘 使用(사용)와 함께 쓰여 未使用(미사용)를 만드는 접두어 1 未가 정답이다.
어휘 未使用 みしよう 몡미사용　フリマアプリ 몡중고 거래 앱
　　家電 かでん 몡가전제품　譲り受ける ゆずりうける 툉양도받다

9
대표팀이 승리를 거두어, 국내는 축하 분위기 (　　) 이다.

해설 괄호 앞의 어휘 ムード(분위기)와 함께 쓰여 ムード一色(분위기 일색)라는 복합어를 만드는 3 一色가 정답이다.
어휘 ムード一色 ムードいっしょく 분위기 일색　代表 だいひょう 몡대표
　　勝利 しょうり 몡승리　収める おさめる 툉거두다, 이루다
　　国内 こくない 몡국내　お祝い おいわい 몡축하

10
작년은 임금 인상률이 (　　) 수준을 기록했다.

해설 괄호 뒤의 어휘 水準(수준)과 함께 쓰여 高水準(고수준)을 만드는 접두어 1 高가 정답이다.
어휘 高水準 こうすいじゅん 몡고수준, 높은 수준
　　昨年 さくねん 몡작년, 지난해
　　賃上げ率 ちんあげりつ 몡임금 인상률　記録 きろく 몡기록

11
아무것도 정하지 않은 (　　) 계획의 여행도 때로는 즐겁다.

해설 괄호 뒤의 어휘 計画(계획)와 함께 쓰여 無計画(무계획)를 만드는 접두어 3 無가 정답이다.
어휘 無計画 むけいかく 몡무계획　旅 たび 몡여행

12
체육관에는 하루 (　　) 다니도록 하고 있다.

해설 괄호 앞의 어휘 一日(하루)와 함께 쓰여 一日おき(하루 걸러)를 만드는 접미어 2 おき가 정답이다.
어휘 一日おき いちにちおき 하루 걸러　ジム 몡체육관
　　通う かよう 툉다니다

13
식전에는 (　　) 외국에서 많은 내빈이 방문했다.

해설 괄호 뒤의 어휘 外国(외국)와 함께 쓰여 諸外国(여러 외국)를 만드는 접두어 1 諸가 정답이다.
어휘 諸外国 しょがいこく 몡여러 외국　式典 しきてん 몡식전, 의식
　　来賓 らいひん 몡내빈　訪れる おとずれる 툉방문하다

14
여름 방학 (　　) 시험에서는 좋은 성적을 받고 싶다.

해설 괄호 앞의 어휘 夏休み(여름 방학)와 함께 쓰여 夏休み明け(여름 방학 끝난 후)라는 복합어를 만드는 4 明け가 정답이다.
어휘 夏休み明け なつやすみあけ 몡여름 방학(이) 끝난 후
　　成績 せいせき 몡성적

15
앨범에는 그의 곡이 발매된 연대 (　　) 으로 수록되어 있다.

해설 괄호 앞의 어휘 年代(연대)와 함께 쓰여 年代順(연대순)를 만드는 접미어 3 順이 정답이다.
어휘 年代順 ねんだいじゅん 몡연대순　アルバム 몡앨범
　　曲 きょく 몡곡　発売 はつばい 몡발매　収録 しゅうろく 몡수록

16
놀이공원에는 부모자녀 (　　) 이 많아서, 매우 붐비고 있었다.

해설 괄호 앞의 어휘 親子(부모자녀)와 함께 쓰여 親子連れ(부모자녀 동반)라는 의미를 만드는 접미어 1 連れ가 정답이다.
어휘 親子連れ おやこづれ 부모자녀 동반
　　遊園地 ゆうえんち 몡놀이공원　にぎわう 툉붐비다, 활기차다

17
도쿄역 (　　) 신칸센을 타고, 교토로 향한다.

해설 괄호 앞의 어휘 東京駅(도쿄역)과 함께 쓰여 東京駅発(도쿄역발)를 만드는 접미어 1 発가 정답이다.
어휘 東京駅発 とうきょうえきはつ 도쿄역 출발
　　東京駅着 とうきょうえきちゃく 도쿄역 도착
　　新幹線 しんかんせん 몡신칸센　京都 きょうと 몡교토
　　向かう むかう 툉향하다

18
사이토 씨는 같은 동기 전원에게 대항 (　　) 을 가지고 있는 것 같다.

해설 괄호 앞의 어휘 対抗(대항)와 함께 쓰여 対抗心(대항심)을 만드는 접미어 1 心이 정답이다.
어휘 対抗心 たいこうしん 몡대항심, 경쟁심　同期 どうき 몡동기
　　全員 ぜんいん 몡전원, 모든 사람

19
소비 기한 (　　) 인 식품은 먹지 않는 편이 좋다.

해설 괄호 앞의 어휘 消費期限(소비 기한)과 함께 쓰여 消費期限切れ(소비 기한 만료)를 만드는 접미어 1 切れ가 정답이다.

어휘 期限切れ きげんぎれ 몡 기한 만료　消費 しょうひ 몡 소비
食品 しょくひん 몡 식품　口にする くちにする 먹다, 입에 대다

20
전 직장에서 쌓은 (　　) 분야에서의 경험도 도움이 되고 있다.

해설 괄호 뒤의 어휘 分野(분야)와 함께 쓰여 異分野(다른 분야)를 만드는 접두어 4 異가 정답이다.

어휘 異分野 いぶんや 몡 다른 분야　前職 ぜんしょく 몡 전 직장
培う つちかう 쌓다　経験 けいけん 몡 경험
役に立つ やくにたつ 도움이 되다, 유용하다

연습문제 단어형성 출제예상단어　　p.74

1 3	2 4	3 2	4 1	5 3
6 4	7 2	8 3	9 4	10 2
11 1	12 2	13 4	14 4	15 2
16 1	17 4	18 1	19 2	20 3

문제3 (　　) 에 들어갈 가장 알맞은 것을, 1·2·3·4에서 하나 고르세요.

1
그와는 오늘이 (　　) 대면이었지만, 금방 친해졌다.

해설 괄호 뒤의 어휘 対面(대면)과 함께 쓰여 初対面(첫 대면)을 만드는 접두어 3 初가 정답이다.

어휘 初対面 しょたいめん 몡 첫 대면
打ち解ける うちとける 동 친해지다, 마음을 열다

2
그 영화는 막대한 제작 (　　) 가 투입되었다.

해설 괄호 앞의 어휘 制作(제작)과 함께 쓰여 制作費(제작비)를 만드는 접미어 4 費가 정답이다.

어휘 制作費 せいさくひ 몡 제작비　映画 えいが 몡 영화
莫大 ばくだい 나형 막대하다, 엄청나다　投じる とうじる 동 투입하다

3
이 레스토랑은 (　　) 세기에 걸쳐 고장에서 사랑받아 왔다.

해설 괄호 뒤의 어휘 世紀(세기)와 함께 쓰여 半世紀(반세기)를 만드는 접두어 2 半이 정답이다.

어휘 半世紀 はんせいき 몡 반세기　地元 じもと 몡 고장, 고향, 지역
愛する あいする 동 사랑하다

4
원인 (　　) 의 에러가 발생하여, 시스템이 정지해 버렸다.

해설 괄호 앞의 어휘 原因(원인)과 함께 쓰여 原因不明(원인 불명)라는 복합어를 만드는 1 不明가 정답이다.

어휘 原因不明 げんいんふめい 몡 원인 불명　エラー 몡 에러
発生 はっせい 몡 발생　システム 몡 시스템　停止 ていし 몡 정지

5
이 소프트웨어는 일본어 (　　) 도 있어서 사용하기 편리하다.

해설 괄호 앞의 어휘 日本語(일본어)와 함께 쓰여 日本語版(일본어판)을 만드는 접미어 3 版이 정답이다.

어휘 日本語版 にほんごばん 몡 일본어판　ソフトウェア 몡 소프트웨어
使い勝手がいい つかいがってがいい 사용하기 편리하다

6
여러 가지 조리를 할 수 있는 (　　) 기능인 전자레인지를 갖고 싶다.

해설 괄호 뒤의 어휘 機能(기능)와 함께 쓰여 多機能(다기능)를 만드는 접두어 4 多가 정답이다.

어휘 多機能だ たきのうだ 나형 다기능이다, 여러 가지 기능이 있다
調理 ちょうり 몡 조리, 요리　レンジ 몡 전자레인지

7
사과는 껍질 (　　) 먹어도 맛있는 과일이다.

해설 괄호 앞의 어휘 皮(껍질)과 함께 쓰여 皮ごと(껍질째)를 만드는 접미어 2 ごと가 정답이다.

어휘 皮ごと かわごと 껍질째　果物 くだもの 몡 과일

8
행동하기 전에 곰곰이 생각하는 신중 (　　) 성격이다.

해설 괄호 앞의 어휘 慎重(신중)와 함께 쓰여 慎重派(신중파)를 만드는 접미어 3 派가 정답이다.

어휘 慎重派 しんちょうは 몡 신중파　行動 こうどう 몡 행동
じっくり 뷔 곰곰이　性格 せいかく 몡 성격

9
취소해도 지불 (　　) 인 계약금은 돌아오지 않는다.

해설 괄호 앞의 어휘 支払い(지불)와 함께 쓰여 支払い済み(지불 완료)라는 복합어를 만드는 4 済み가 정답이다.

어휘 支払い済み しはらいずみ 지불 완료　キャンセル 몡 취소

契約金 けいやくきん 몡계약금　戻る もどる 몡돌아가다, 반환되다

10
폭염의 영향으로, 올해는 쌀의 수확 (　　) 이 적었다.

해설 괄호 앞의 어휘 収穫(수확)와 함께 쓰여 収穫量(수확량)를 만드는 접미어 2 量가 정답이다.

어휘 収穫量 しゅうかくりょう 몡수확량　猛暑 もうしょ 몡폭염, 혹서
影響 えいきょう 몡영향　米 こめ 몡쌀

11
빵집에서 운 좋게 (　　) 구운 빵을 살 수 있었다.

해설 괄호 앞의 어휘 焼き(구운)와 함께 쓰여 焼き立て(갓 구운)를 만드는 접미어 1 立て가 정답이다.

어휘 焼き立て やきたて 갓 구움, 방금 구움
パン屋 パンや 몡빵집, 제과점　運 うん 몡운

12
다음 부장 후보로서 (　　) 유력한 것은 니시다 씨라고 생각한다.

해설 괄호 뒤의 어휘 有力(유력)와 함께 쓰여 最有力(가장 유력)를 만드는 접두어 2 最가 정답이다.

어휘 最有力だ さいゆうりょくだ な형가장 유력하다
部長 ぶちょう 몡부장　候補 こうほ 몡후보

13
이 가구는 조립 (　　) 이어서, 자동차로 가지고 갈 수 있습니다.

해설 괄호 앞의 어휘 組み立て(조립)와 함께 쓰여 組み立て式(조립식)를 만드는 접미어 4 式가 정답이다.

어휘 組み立て式 くみたてしき 몡조립식　家具 かぐ 몡가구
持ち帰る もちかえる 통가지고 (돌아)가다

14
(　　) 사정에 의해, 오늘은 휴가를 받겠습니다.

해설 괄호 뒤의 어휘 事情(사정)와 함께 쓰여 諸事情(여러 사정)를 만드는 접두어 4 諸가 정답이다.

어휘 諸事情 しょじじょう 몡여러 사정　本日 ほんじつ 몡오늘, 금일
お休み おやすみ 몡휴가, 쉼　いただく 통받다 (もらう의 겸양어)

15
바쁠 때일수록, 우선 (　　) 를 부여하고 하나씩 끝낸다.

해설 괄호 앞의 어휘 優先(우선)과 함께 쓰여 優先度(우선도)를 만드는 접미어 2 度가 정답이다.

어휘 優先度 ゆうせんど 몡우선도　つける 통부여하다, 붙이다

16
이것은, 10년 전까지 사용되고 있던 (　　) 교사의 사진입니다.

해설 괄호 뒤의 어휘 校舎(교사)와 함께 쓰여 旧校舎(구교사)를 만드는 접두어 1 旧가 정답이다.

어휘 旧校舎 きゅうこうしゃ 몡구교사　～年前 ～ねんまえ ~년전

17
일본에서도 빚과 장학 (　　) 등의 변제는 학생의 부담이 되고 있다.

해설 괄호 앞의 어휘 奨学(장학)와 함께 쓰여 奨学金(장학금)을 만드는 접미어 4 金가 정답이다.

어휘 奨学金 しょうがくきん 몡장학금　日本 にほん 몡일본
借金 しゃっきん 몡빚　返済 へんさい 몡변제
プレッシャー 몡부담

18
좋아하는 아이돌의 사진 (　　) 을 샀다.

해설 괄호 앞의 어휘 写真(사진)과 함께 쓰여 写真集(사진집)를 만드는 접미어 1 集가 정답이다.

어휘 写真集 しゃしんしゅう 몡사진집　アイドル 몡아이돌

19
이번 여행에서는 호텔이 아니라 일본 (　　) 의 여관에서 묵기로 했다.

해설 괄호 앞의 어휘 和(일본)와 함께 쓰여 和風(일본풍)를 만드는 접미어 2 風가 정답이다.

어휘 和風 わふう 몡일본풍　今回 こんかい 몡이번
旅行 りょこう 몡여행　日本 にほん 몡일본　旅館 りょかん 몡여관
泊まる とまる 통묵다, 숙박하다

20
나카무라 씨는 (　　) 취미여서, 언제나 바쁜 것 같다.

해설 괄호 뒤의 어휘 趣味(취미)와 함께 쓰여 多趣味(다취미)를 만드는 접두어 3 多가 정답이다.

어휘 多趣味 たしゅみ 몡다취미, 취미가 많음

실전 대비하기 1　　　　　p.76

| 1 4 | 2 2 | 3 2 |

문제3 (　　) 에 들어갈 가장 알맞은 것을, 1·2·3·4에서 하나 고르세요.

1
저녁이 되어, 방이 (   ) 어둑해지기 시작했다.

해설 괄호 뒤의 어휘 暗い(어둡다)와 함께 쓰여 薄暗い(어둑어둑하다)를 만드는 접두어 4 薄가 정답이다.

어휘 薄暗い うすぐらい い형 어둑어둑하다   夕方 ゆうがた 명 저녁, 해질녘
部屋 へや 명 방

2
유학을 통해 (   ) 문화에 대한 이해가 깊어졌다.

해설 괄호 뒤의 어휘 文化(문화)와 함께 쓰여 異文化(이문화)를 만드는 접두어 2 異가 정답이다.

어휘 異文化 いぶんか 명 이문화, 다른 문화   留学 りゅうがく 명 유학
理解 りかい 명 이해   深める ふかめる 동 깊게 하다, 심화하다

3
집에 돌아오니, 내 (   ) 소포가 도착해 있었다.

해설 괄호 앞의 어휘 私(나)와 함께 쓰여 私宛て(내 앞)라는 복합어를 만드는 2 宛て가 정답이다.

어휘 私宛て わたしあて 명 내 앞   帰る かえる 동 돌아오다, 귀가하다
小包 こづつみ 명 소포   届く とどく 동 도착하다, 전달되다

실전 대비하기 2   p.77

1 2   **2** 1   **3** 3

문제3 (   ) 에 들어갈 가장 알맞은 것을, 1·2·3·4에서 하나 고르세요.

1
야마다 씨는, 여성으로는 첫 외무성 (   ) 대신에 임명되었다.

해설 괄호 뒤의 어휘 大臣(대신)과 함께 쓰여 副大臣(부대신)을 만드는 접두어 2 副가 정답이다.

어휘 副大臣 ふくだいじん 명 부대신, 부장관
外務省 がいむしょう 명 외무성, 외교부   任命 にんめい 명 임명

2
이사를 도와준 친구에게 품 (   ) 을 지불했다.

해설 괄호 앞의 어휘 手間(수고)와 함께 쓰여 手間賃(품삯)을 만드는 접미어 1 賃이 정답이다.

어휘 手間賃 てまちん 명 품삯, 수고비   引っ越し ひっこし 명 이사
友人 ゆうじん 명 친구

3
수험생일 때는 공부 (   ) 나날을 보내고 있었다.

해설 괄호 앞의 어휘 勉強(공부)와 함께 쓰여 勉強漬け(공부에 절여짐)를 만드는 접미어 3 漬け가 정답이다.

어휘 勉強漬け べんきょうづけ 명 공부에 절여짐, 공부 삼매경
受験生 じゅけんせい 명 수험생

실전 대비하기 3   p.78

1 2   **2** 3   **3** 3

문제3 (   ) 에 들어갈 가장 알맞은 것을, 1·2·3·4에서 하나 고르세요.

1
주주 총회는 회사의 중요 사항에 관한 결정 (   ) 을 가진다.

해설 괄호 앞의 어휘 決定(결정)와 함께 쓰여 決定権(결정권)을 만드는 접미어 2 権이 정답이다.

어휘 決定権 けっていけん 명 결정권   株主 かぶぬし 명 주주
総会 そうかい 명 총회   重要 じゅうよう 명 중요
事項 じこう 명 사항

2
식기 (   ) 는 위쪽 선반에 수납해 주세요.

해설 괄호 앞의 어휘 食器(식기)와 함께 쓰여 食器類(식기류)를 만드는 접미어 3 類가 정답이다.

어휘 食器類 しょっきるい 명 식기류, 그릇 종류   棚 たな 명 선반, 진열대
収納 しゅうのう 명 수납, 보관

3
이 조사에 따르면 중고등학생의 독서 (   ) 가 진행되고 있다고 한다.

해설 괄호 앞의 어휘 読書(독서)와 함께 쓰여 読書離れ(독서 기피)를 만드는 접미어 3 離가 정답이다.

어휘 読書離れ どくしょばなれ 독서 기피, 독서를 멀리함
調査 ちょうさ 명 조사   中高生 ちゅうこうせい 명 중고등학생
進む すすむ 동 진행되다

실전 대비하기 4   p.79

1 4   **2** 1   **3** 2

문제3 ( )에 들어갈 가장 알맞은 것을, 1·2·3·4에서 하나 고르세요.

1

( ) 새것의 정장을 입고, 첫 출근에 임했다.

해설 괄호 뒤의 어휘 新しい(새)와 함께 쓰여 真新しい(완전히 새것이다)를 만드는 접두어 4 真가 정답이다.
어휘 真新しい まあたらしい [い형] 완전히 새것이다　スーツ [명] 정장
　　初出勤 はつしゅっきん [명] 첫 출근　臨む のぞむ [동] 임하다, 면하다

2

이 주스의 ( ) 성분은 우유와 말차입니다.

해설 괄호 뒤의 어휘 成分(성분)과 함께 쓰여 主成分(주성분)을 만드는 접두어 1 主가 정답이다.
어휘 主成分 しゅせいぶん [명] 주성분　ジュース [명] 주스
　　牛乳 ぎゅうにゅう [명] 우유　抹茶 まっちゃ [명] 말차

3

시대가 진보함에 따라, 결혼 ( )이 다양해지고 있다.

해설 괄호 앞의 어휘 結婚(결혼)과 함께 쓰여 結婚観(결혼관)을 만드는 접두어 2 観이 정답이다.
어휘 結婚観 けっこんかん [명] 결혼관　時代 じだい [명] 시대
　　進む すすむ [동] 진보하다　多様だ たようだ [な형] 다양하다

실전 대비하기 5   p.80

1 3　　2 2　　3 3　　4 2　　5 2

문제3 ( )에 들어갈 가장 알맞은 것을, 1·2·3·4에서 하나 고르세요.

1

비나 강풍 등 ( ) 조건 속에서의 등산은 절대로 그만두어야 한다.

해설 괄호 뒤의 어휘 条件(조건)과 함께 쓰여 悪条件(악조건)을 만드는 접두어 3 悪가 정답이다.
어휘 悪条件 あくじょうけん [명] 악조건, 나쁜 조건　強風 きょうふう [명] 강풍
　　登山 とざん [명] 등산　絶対に ぜったいに [부] 절대로, 반드시

2

이 도시는 외국인도 많이 살고 있어서, 국제 ( )가 풍부하다.

해설 괄호 앞의 어휘 国際(국제)와 함께 쓰여 国際色(국제적 색채)를 만드는 접미어 3 色가 정답이다.
어휘 国際色 こくさいしょく [명] 국제적 색채　都市 とし [명] 도시
　　外国人 がいこくじん [명] 외국인　豊かだ ゆたかだ [な형] 풍부하다

3

( ) 경험이라도 지원 가능한 일을 찾고 있다.

해설 괄호 뒤의 어휘 経験(경험)과 함께 쓰여 未経験(미경험)을 만드는 접두어 3 未가 정답이다.
어휘 未経験 みけいけん [명] 미경험　応募 おうぼ [명] 지원, 응모
　　可能だ かのうだ [な형] 가능하다　仕事 しごと [명] 일, 직업
　　探す さがす [동] 찾다

4

여권 신청에는 얼굴 사진 ( ) 신분증이 필요합니다.

해설 괄호 앞의 어휘 顔写真(얼굴 사진)과 함께 쓰여 顔写真付き(얼굴 사진 포함)를 만드는 접미어 4 付き가 정답이다.
어휘 顔写真付き かおじゃしんつき 얼굴 사진 포함　パスポート [명] 여권
　　申請 しんせい [명] 신청　身分証明書 みぶんしょうめいしょ [명] 신분증
　　必要だ ひつようだ [な형] 필요하다

5

햇빛이 드는 창 ( ) 자리에 앉았다.

해설 괄호 앞의 어휘 窓(창)와 함께 쓰여 窓際(창가)를 만드는 접미어 2 際가 정답이다.
어휘 窓際 まどぎわ [명] 창가　日が当たる ひがあたる 햇빛이 들다

실전 대비하기 6   p.81

1 3　　2 1　　3 1　　4 4　　5 3

문제3 ( )에 들어갈 가장 알맞은 것을, 1·2·3·4에서 하나 고르세요.

1

한 달마다 떼어낼 수 있는, ( ) 투명의 달력 스티커를 애용하고 있다.

해설 괄호 뒤의 어휘 透明(투명)와 함께 쓰여 半透明(반투명)를 만드는 접두어 3 半이 정답이다.
어휘 半透明 はんとうめい [명] 반투명　ひと月 ひとつき [명] 한 달
　　はがす [동] 떼어내다　シール [명] 스티커, 씰　愛用 あいよう [명] 애용

2

기부를 모으는 (　　) 가 SNS에서 확산되고 있다.

해설 괄호 뒤의 어휘 かけ(거는 것)와 함께 쓰여 呼びかけ(호소, 촉구)라는 복합어를 만드는 1 呼び가 정답이다.

어휘 呼びかけ よびかけ 圏호소, 촉구　寄付 きふ 圏기부
　　 募る つのる 图모으다, 모집하다
　　 広がる ひろがる 图확산되다, 퍼지다

3

그가 낸 서류가 불충분해서, (　　) 제출을 요구할 수밖에 없었다.

해설 괄호 뒤의 어휘 提出(제출)와 함께 쓰여 再提出(재제출)를 만드는 접두어 1 再가 정답이다.

어휘 再提出 さいていしゅつ 圏재제출　書類 しょるい 圏서류
　　 不十分だ ふじゅうぶんだ な형불충분하다
　　 求める もとめる 图요구하다, 구하다

4

지나가는 커플이 색만 (　　) 옷을 입고 있었다.

해설 괄호 앞의 어휘 色(색)와 함께 쓰여 色違い(색만 다름)를 만드는 접미어 4 違い가 정답이다.

어휘 色違い いろちがい 圏색만 다름, 다른 색깔
　　 通りすがり とおりすがり 지나감　カップル 圏커플

5

그는 후원해 준 응원 (　　) 을 향해 기쁨의 점프를 선보였다.

해설 괄호 앞의 어휘 応援(응원)과 함께 쓰여 応援団(응원단)을 만드는 접미어 3 団이 정답이다.

어휘 応援団 おうえんだん 圏응원단　後押し あとおし 圏후원
　　 喜び よろこび 圏기쁨　ジャンプ 圏점프
　　 披露する ひろうする 图선보이다

문제 4 문맥규정

연습문제 문맥규정 기출단어　　p.90

1 1	2 2	3 1	4 3	5 4
6 2	7 4	8 1	9 2	10 4
11 3	12 2	13 1	14 2	15 1
16 4	17 3	18 2	19 4	20 3

문제4 (　　) 에 들어갈 가장 알맞은 것을, 1·2·3·4에서 하나 고르세요.

1

그 큰길에 (　　) 미술관은 버스나 지하철로의 접근이 편리하다.

1 면한　　　　　　　　2 대한
3 달한　　　　　　　　4 소속한

해설 미술관이 대중교통으로 접근하기 좋다고 했으므로 大通りに面した美術館はバスや地下鉄からのアクセスが便利だ(큰길에 면한 미술관은 버스나 지하철로의 접근이 편리하다)가 자연스럽다. 따라서 1 面した(면한)가 정답이다.

어휘 大通り おおどおり 圏큰길　美術館 びじゅつかん 圏미술관
　　 地下鉄 ちかてつ 圏지하철　アクセス 圏접근, 액세스
　　 便利だ べんりだ な형편리하다　面する めんする 图면하다
　　 対する たいする 图대하다　達する たっする 图달하다
　　 属する ぞくする 图소속하다

2

이 근처는 관광지이기 때문에, (　　) 의 주민보다 다른 지역에서의 여행자가 많이 방문한다.

1 영역　　　　　　　　2 그 고장
3 시내　　　　　　　　4 현장

해설 관광지라서 여행자들이 더 많이 방문한다고 했으므로 地元の住民より他の地域からの旅行者が多く訪れる(그 고장의 주민보다 다른 지역에서의 여행자가 많이 방문한다)가 자연스럽다. 따라서 2 地元(그 고장)가 정답이다.

어휘 辺り あたり 圏근처　観光地 かんこうち 圏관광지
　　 住民 じゅうみん 圏주민　他 ほか 圏다름　地域 ちいき 圏지역
　　 旅行者 りょこうしゃ 圏여행자　多く おおく 凰많이
　　 訪れる おとずれる 图방문하다　領域 りょういき 圏영역
　　 地元 じもと 圏그 고장　町中 まちなか 圏시내
　　 現場 げんば 圏현장

3

이 수프는 요리책의 레시피를 조금 (　　) 해서, 자기 취향으로 완성한 일품입니다.

1 어레인지　　　　　　2 디자인
3 포커스　　　　　　　4 커버

해설 요리책의 레시피를 자신의 취향에 맞게 완성했다고 했으므로 アレンジして、自分好みに仕上げた一品です(어레인지해서 자신의 취향에 맞게 완성한 일품입니다)가 자연스럽다. 따라서 1 アレンジ(어레인지)가 정답이다.

어휘 スープ 圏수프　料理本 りょうりぼん 圏요리책　レシピ 圏레시피
　　 好み このみ 圏취향　仕上げる しあげる 图완성하다
　　 一品 いっぴん 圏일품　アレンジ 圏어레인지, 변형

デザイン 圏 디자인　フォーカス 圏 포커스, 초점　カバー 圏 커버

4

나는 (　　) 성격으로, 빈번하게 물건을 잊어버리거나 깜빡 실수를 하거나 한다.

1 믿음직한　　　　　　2 괴로운
3 덜렁거리는　　　　　4 울적한

해설 자주 물건을 잊어버리거나 실수를 저지르는 성격이라고 했으므로 そそっかしい性格(덜렁거리는 성격)가 자연스럽다. 따라서 3 そそっかしい(덜렁거리는)가 정답이다.

어휘 性格 せいかく 圏 성격　頻繁だ ひんぱんだ な형 빈번하다
うっかり 團 깜빡　ミス 圏 실수　たのもしい い형 믿음직하다
なやましい い형 괴롭다　そそっかしい い형 덜렁거리다
うっとうしい い형 울적하다

5

심야의 소음에 대해 이웃 사람으로부터 (　　)을 말해져 버렸다.

1 이론　　　　　　　　2 신고
3 설득　　　　　　　　**4 불평**

해설 소음 때문에 이웃으로부터 무언가 들었다고 했으므로 苦情を言われてしまった(불평을 말해져 버렸다)가 자연스럽다. 따라서 4 苦情(불평)가 정답이다.

어휘 深夜 しんや 圏 심야　騒音 そうおん 圏 소음　異論 いろん 圏 이론
申告 しんこく 圏 신고　説得 せっとく 圏 설득　苦情 くじょう 圏 불평

6

부장님은 업무에 있어서 누구보다도 전문성이 있고, 또 결단력도 있어서 (　　).

1 용감하다　　　　　　**2 믿음직스럽다**
3 늠름하다　　　　　　4 그립다

해설 부장님이 전문성이 있고 결단력도 있다고 했으므로 専門性があり、また決断力もあって頼もしい(전문성이 있고, 또 결단력도 있어서 믿음직스럽다)가 자연스럽다. 따라서 2 頼もしい(믿음직스럽다)가 정답이다.

어휘 業務 ぎょうむ 圏 업무　専門性 せんもんせい 圏 전문성
決断力 けつだんりょく 圏 결단력　勇ましい いさましい い형 용감하다
頼もしい たのもしい い형 믿음직스럽다
逞しい たくましい い형 (기세가 좋아) 늠름하다
懐かしい なつかしい い형 그립다

7

신점포의 내부 공사도 종반을 맞이해, 오픈 준비가 (　　) 진행되고 있다.

1 널찍하게　　　　　　2 바싹
3 길게　　　　　　　　**4 척척**

해설 새 점포의 내부 공사가 끝나가고 있다고 했으므로 オープン準備が着々と進んでいる(오픈 준비가 척척 진행되고 있다)가 자연스럽다. 따라서 4 着々と(척척)가 정답이다.

어휘 新店舗 しんてんぽ 圏 신점포　内装 ないそう 圏 내부
工事 こうじ 圏 공사　終盤 しゅうばん 圏 종반　オープン 圏 오픈
広々 ひろびろ 團 널찍하게　近々 ちかぢか 團 바싹
長々 ながなが 團 길게　着々 ちゃくちゃく 團 척척

8

아이는 부모를 무엇이든지 (　　) 기 때문에, 평소에 언동에는 조심하는 편이 좋다.

1 흉내내　　　　　　2 그리워하
3 가리키　　　　　　　4 밀려오

해설 평소 언동에 주의해야 한다고 했으므로 子供は親のことを何でもまねるので(아이는 부모를 무엇이든지 흉내내기 때문에)가 자연스럽다. 따라서 1 まねる(흉내내)가 정답이다.

어휘 親 おや 圏 부모　何でも なんでも 圏 무엇이든지
日頃 ひごろ 圏 평소　言動 げんどう 圏 언동
気を付ける きをつける 图 조심하다　まねる 图 흉내내다
したう 图 그리워하다　しめす 图 가리키다　よせる 图 밀려오다

9

여기서부터는 산 정상까지 (　　) 경사가 이어지므로, 그렇게까지 힘들지 않다.

1 갑작스러운　　　　　**2 완만한**
3 사소한　　　　　　　4 대범한

해설 그렇게 힘들지 않다고 했으므로 なだらかな傾斜が続くので、そこまできつくない(완만한 경사가 계속되므로 그렇게까지 힘들지 않다)가 자연스럽다. 따라서 2 なだらかな(완만한)가 정답이다.

어휘 山頂 さんちょう 圏 산 정상　傾斜 けいしゃ 圏 경사
そこまで 그렇게까지　きつい い형 힘들다　にわかだ な형 갑작스럽다
なだらかだ な형 완만하다　ささいだ な형 사소하다
おおらかだ な형 대범하다

10

온라인으로 주문한 상품의 배송이 (　　) 되었다는 연락이 택배 업자로부터 왔다.

1 실현　　　　　　　　2 실험
3 완성　　　　　　　　**4 완료**

해설 택배 업자로부터 배송에 관한 연락이 왔다고 했으므로 注文した商品の配送が完了したという連絡(주문한 상품의 배송이 완료되었다는 연락)가 자연스럽다. 따라서 4 完了(완료)가 정답이다.

어휘 オンライン 圏 온라인　注文 ちゅうもん 圏 주문
商品 しょうひん 圏 상품　配送 はいそう 圏 배송
連絡 れんらく 圏 연락　宅配 たくはい 圏 택배
業者 ぎょうしゃ 圏 업자　実現 じつげん 圏 실현

実験 じっけん 명실험   完成 かんせい 명완성
完了 かんりょう 명완료

11

시민들의 요구에 부응하여, 도서관 내에 예술 자료실을 (   ) 하기로 되었다.

1 발표   2 보정
3 개설   4 개정

해설 요청에 따라 예술 자료실을 어떻게 하기로 했다고 했으므로 芸術資料室を開設することになった(예술 자료실을 개설하기로 되었다)가 자연스럽다. 따라서 3 開設(개설)가 정답이다.

어휘 市民 しみん 명시민   要望 ようぼう 명요망, 요구
応える こたえる 동부응하다   図書館 としょかん 명도서관
芸術 げいじゅつ 명예술   資料室 しりょうしつ 명자료실
発表 はっぴょう 명발표   補正 ほせい 명보정
開設 かいせつ 명개설   改正 かいせい 명개정

12

아오야마 씨와는 나이 차가 나지만, 서로 럭비를 좋아해서, 항상 이야기가 (   ).

1 들어올린다   **2 달아오른다**
3 밀려온다   4 붐빈다

해설 아오야마 씨와는 공통적으로 럭비를 좋아한다고 했으므로 ラグビーが好きで、話が盛り上がる(럭비를 좋아해서, 이야기가 달아오른다)가 자연스럽다. 따라서 2 盛り上がる(달아오른다)가 정답이다.

어휘 年が離れる としがはなれる 나이 차가 나다
お互いに おたがいに 서로   ラグビー 명럭비
持ち上げる もちあげる 동들어올리다
盛り上がる もりあがる 동달아오르다
押し寄せる おしよせる 동밀려오다   混み合う こみあう 동붐비다

13

현지의 카레는 향신료의 (   ) 풍미가 강하기 때문에, 잘 못 먹는 사람도 많다.

1 독특한   2 단적인
3 불명한   4 이상한

해설 현지 카레의 향신료가 어떠하기 때문에 잘 못 먹는 사람이 많다고 말하고 있으므로 香辛料の独特な風味(향신료의 독특한 풍미)라는 표현이 자연스럽다. 따라서 1 独特な(독특한)가 정답이다. 4 異常な(이상한)는 어떠한 것이 평소 상태와는 달리 정상적이지 않다는 의미이므로 오답이다.

어휘 現地 げんち 명현지   香辛料 こうしんりょう 명향신료
風味 ふうみ 명풍미   苦手だ にがてだ な형 못 먹다
独特だ どくとくだ な형 독특하다   端的だ たんてきだ な형 단적이다
不明だ ふめいだ な형 불명하다
異常だ いじょうだ な형 이상하다, 비정상적이다

14

3년 전, 관리직으로의 승진을 거절한 것을 지금에 와서 (   ) 하고 있다.

1 공감   **2 후회**
3 사고   4 곤혹

해설 과거에 승진을 거절했던 일을 회상하고 있으므로 今になって後悔している(지금에 와서 후회하고 있다)가 자연스럽다. 따라서 2 後悔(후회)가 정답이다.

어휘 管理職 かんりしょく 명관리직   昇進 しょうしん 명승진
断る ことわる 동거절하다   共感 きょうかん 명공감
後悔 こうかい 명후회   思考 しこう 명사고   困惑 こんわく 명곤혹

15

전국대회 예선 탈락은 지금 생각해도 눈물이 날 정도로 (   ) 경험이었다.

1 괴로운   2 거친
3 떫은   4 둔한

해설 예선 탈락이 눈물이 날 정도의 경험이었다고 했으므로 辛い経験(괴로운 경험)이 적절하다. 따라서 1 辛い(괴로운)가 정답이다.

어휘 全国 ぜんこく 명전국   大会 たいかい 명대회
予選 よせん 명예선   敗退 はいたい 명탈락   涙 なみだ 명눈물
辛い つらい い형 괴롭다   荒い あらい い형 거칠다
渋い しぶい い형 떫다   鈍い にぶい い형 둔하다

16

전구의 발명은 사람들의 생활에 (   ) 변화를 가져왔다.

1 과도한   2 대량의
3 강제적인   **4 극적인**

해설 전구의 발명이 어떠한 변화를 가져왔다고 했으므로 劇的な変化(극적인 변화)가 적절하다. 따라서 4 劇的な(극적인)가 정답이다.

어휘 電球 でんきゅう 명전구   発明 はつめい 명발명
人々 ひとびと 명사람들   変化 へんか 명변화
もたらす 동가져오다   過度だ かどだ な형 과도하다
大量 たいりょう 명대량   強引だ ごういんだ な형 강제적이다
劇的だ げきてきだ な형 극적이다

17

아틀리에 벽에 (   ) 물감 자국이 예술 작품처럼 보인다.

1 잘라 버린   2 쫓아낸
3 튄   4 이겨낸

해설 물감이 벽에 어떻게 되어 있다고 했으므로 壁に飛び散った絵の具(벽에 튄 물감)가 자연스럽다. 따라서 3 飛び散った(튄)가 정답이다.

어휘 アトリエ 명아틀리에, 화실   壁 かべ 명벽
絵の具 えのぐ 명물감, 그림 물감   跡 あと 명자국, 흔적
芸術 げいじゅつ 명예술   作品 さくひん 명작품

切り捨てる きりすてる 图잘라 버리다
追い出す おいだす 图쫓아내다 飛び散る とびちる 图튀다
乗り越える のりこえる 图이겨내다

18

가스 설비에 고장이 없는지 정기적으로 (　　) 받고 있다.
1 수리　　　　　　　　2 점검
3 증명　　　　　　　　4 시찰

해설 가스 설비에 고장이 없는지 정기적으로 어떻게 하고 있다고 말하고 있으므로 定期的に点検してもらっている(정기적으로 점검 받고 있다)가 자연스럽다. 따라서 2 点検(점검)이 정답이다.

어휘 設備 せつび 图설비　定期的だ ていきてきだ 図형정기적이다
修理 しゅうり 图수리　点検 てんけん 图점검
証明 しょうめい 图증명　視察 しさつ 图시찰

19

전통 예능의 매력을 젊은이들에게 전하기 위해, 고전적인 연출을 (　　) 하는 시도가 이루어지고 있다.
1 수리　　　　　　　　2 고정
3 유지　　　　　　　　4 개선

해설 미래 세대인 젊은이들에게 매력을 전하려 한다고 하고 있으므로 古典的な演出を改善する試み(고전적인 연출을 개선하는 시도)가 적절하다. 따라서 4 改善(개선)이 정답이다.

어휘 伝統芸能 でんとうげいのう 图전통 예능　魅力 みりょく 图매력
若者 わかもの 图젊은이　伝える つたえる 图전하다
古典的だ こてんてきだ 図형고전적이다　演出 えんしゅつ 图연출
試み こころみ 图시도　修復 しゅうふく 图수리
固定 こてい 图고정　維持 いじ 图유지　改善 かいぜん 图개선

20

다카하시 선수는, 경기 중, 룰을 (　　) 했다고 퇴장을 명령받았다.
1 역전　　　　　　　　2 공격
3 위반　　　　　　　　4 방심

해설 시합 중 퇴장을 명령 받았다고 했으므로 ルールに違反したとして(규칙을 위반했다고)가 자연스럽다. 따라서 3 違反(위반)이 정답이다.

어휘 選手 せんしゅ 图선수　~中 ~ちゅう ~중　ルール 图룰
退場 たいじょう 图퇴장　命じる めいじる 图명령하다
逆転 ぎゃくてん 图역전　攻撃 こうげき 图공격
違反 いはん 图위반　油断 ゆだん 图방심

연습문제 문맥규정 출제예상단어　　　　　p.96

1 1	2 2	3 3	4 2	5 2
6 3	7 3	8 1	9 4	10 2
11 1	12 2	13 4	14 2	15 3
16 4	17 3	18 4	19 3	20 4

문제4 (　　) 에 들어갈 가장 알맞은 것을, 1·2·3·4에서 하나 고르세요.

1

도시부에는 아이들이 자연 속에서 (　　) 놀 수 있는 장소가 적다.
1 마음껏　　　　　　　2 어슬렁어슬렁
3 분주하게　　　　　　4 근질근질

해설 아이들이 자연 속에서 놀 수 있는 장소가 적다고 했으므로 のびのび遊べる場所が少ない(마음껏 놀 수 있는 장소가 적다)가 자연스럽다. 따라서 1 のびのび(마음껏)가 정답이다.

어휘 都市部 としぶ 图도시부　自然 しぜん 图자연
のびのび 囝마음껏　ぶらぶら 囝어슬렁어슬렁
ばたばた 囝동동　うずうず 囝근질근질

2

우리 나라에서는, 전통 공예 기술을 (　　) 청년 부족이 심각한 사회 문제가 되고 있다.
1 받는　　　　　　　　2 잇는
3 받아넘기는　　　　　4 받아내는

해설 어떠한 젊은이들이 부족한 것이 사회 문제가 되고 있다고 했으므로 技術を受け継ぐ若者の不足が深刻な社会問題(기술을 잇는 젊은이들의 부족이 심각한 사회 문제)가 자연스럽다. 따라서 2 受け継ぐ(잇는)가 정답이다.

어휘 我が国 わがくに 图우리 나라　伝統 でんとう 图전통
工芸 こうげい 图공예　深刻だ しんこくだ 図형심각하다
受け取る うけとる 图받다　受け継ぐ うけつぐ 图잇다
受け流す うけながす 图받아넘기다
受け止める うけとめる 图받아내다

3

안도 씨의 논문은 (　　) 데이터를 바탕으로 분석되고 있어, 신빙성이 있다.
1 위대한　　　　　　　2 중대한
3 방대한　　　　　　　4 과대한

해설 논문이 신빙성이 있다고 했으므로 安藤さんの論文は膨大なデータを基に分析されていて(안도 씨의 논문은 방대한 데이터를 바탕으로 분석되어 있어)가 자연스럽다. 따라서 3 膨大な(방대한)가 정

답이다.

어휘 論文 ろんぶん 뗑논문　データ 뗑데이터　基 もと 뗑바탕
分析 ぶんせき 뗑분석　信ぴょう性 しんぴょうせい 뗑신빙성
偉大だ いだいだ な형위대하다　重大だ じゅうだいだ な형중대하다
膨大だ ぼうだいだ な형방대하다　過大だ かだいだ な형과대하다

4

역 구내 공중전화는 이용자가 큰 폭으로 줄었기 때문에 (　　) 되게 되었다고 한다.

1 소거　　　　　　　　2 철거
3 은퇴　　　　　　　　4 쇠퇴

해설 공중전화의 이용자가 크게 줄었다고 했으므로 撤去されることになった(철거되게 되었다)가 자연스럽다. 따라서 2 撤去(철거)가 정답이다.

어휘 駅構内 えきこうない 뗑역구내
公衆電話 こうしゅうでんわ 뗑공중전화
利用者 りようしゃ 뗑이용자　大幅だ おおはばだ な형큰 폭이다
消去 しょうきょ 뗑소거　撤去 てっきょ 뗑철거
引退 いんたい 뗑은퇴　衰退 すいたい 뗑쇠퇴

5

규모가 작은 우리 회사에서는 평사원이 사장에게 (　　) 하게 의견을 제시하기도 한다.

1 베이직　　　　　　　2 다이렉트
3 마이페이스　　　　　4 샤프

해설 회사의 규모가 작다고 했으므로 平社員が社長にダイレクトに意見を提示することもある(평사원이 사장에게 다이렉트하게 의견을 제시하는 경우도 있다)가 자연스럽다. 따라서 2 ダイレクト(다이렉트)가 정답이다.

어휘 規模 きぼ 뗑규모　平社員 ひらしゃいん 뗑평사원
提示 ていじ 뗑제시　ベーシックだ な형베이직하다
ダイレクトだ な형다이렉트하다, 직접적이다
マイペースだ な형마이페이스이다　シャープだ な형샤프하다

6

신입사원은 자기소개를 마친 뒤, 앞으로의 (　　)를 말했다.

1 신념　　　　　　　　2 사상
3 포부　　　　　　　　4 욕망

해설 앞으로의 일과 관련된 것을 말했으므로 今後の抱負を語った(앞으로의 포부를 말했다)가 자연스럽다. 따라서 3 抱負(포부)가 정답이다.

어휘 新入 しんにゅう 뗑신입　社員 しゃいん 뗑사원
自己紹介 じこしょうかい 뗑자기소개　済ます すます 동마치다
今後 こんご 뗑앞으로　語る かたる 동말하다
信念 しんねん 뗑신념　思想 しそう 뗑사상　抱負 ほうふ 뗑포부
欲望 よくぼう 뗑욕망

7

스마트폰은 통화와 인터넷만 가능하면 되니까, 제일 (　　) 한 플랜으로 계약하고 있다.

1 리얼　　　　　　　　2 모던
3 베이직　　　　　　　4 스무스

해설 스마트폰은 통화와 인터넷만 되면 된다고 말하고 있으므로 一番ベーシックなプラン(가장 베이직한 플랜)이 자연스럽다. 따라서 3 ベーシック(베이직)가 정답이다.

어휘 スマホ 뗑스마트폰　通話 つうわ 뗑통화　ネット 뗑인터넷
プラン 뗑플랜　契約 けいやく 뗑계약　リアルだ な형리얼하다
モダンだ な형모던하다　ベーシックだ な형베이직하다
スムーズだ な형스무스하다

8

1시간 전부터 눈이 내려, 민가의 지붕이나 도로에 (　　) 쌓여 있다.

1 살짝　　　　　　　　2 산뜻하게
3 졸졸　　　　　　　　4 호리호리

해설 1시간 전부터 눈이 내렸다고 했으므로 うっすら積もっている(살짝 쌓여 있다)가 자연스럽다. 따라서 1 うっすら(살짝)가 정답이다.

어휘 民家 みんか 뗑민가　屋根 やね 뗑지붕　道路 どうろ 뗑도로
積もる つもる 동쌓이다　うっすら 閅살짝　あっさり 閅산뜻하게
ぞろぞろ 閅졸졸　ほっそり 閅호리호리

9

모 고급차의 축소 모형은 외부는 물론 내부까지 (　　) 재현되어 있었다.

1 현격하게　　　　　　2 친근하게
3 균일하게　　　　　　4 충실하게

해설 축소 모형이 내부까지 어떻게 재현되어 있다고 하고 있으므로 忠実に再現されていた(충실하게 재현되어 있었다)가 자연스럽다. 따라서 4 忠実に(충실하게)가 정답이다.

어휘 某～ ぼう～ 모~　高級車 こうきゅうしゃ 뗑고급차
縮小 しゅくしょう 뗑축소　模型 もけい 뗑모형
外部 がいぶ 뗑외부　内部 ないぶ 뗑내부　再現 さいげん 뗑재현
格段だ かくだんだ な형현격하다　身近だ みぢかだ な형친근하다
均一だ きんいつだ な형균일하다
忠実だ ちゅうじつだ な형충실하다

10

아직 연극부에 들어간 지 얼마 되지 않아, 큰 (　　) 에 서는 것은 긴장된다.

1 에어리어　　　　　　2 스테이지
3 그라운드　　　　　　4 리허설

해설 연극부에 들어와 어딘가에 선다고 말하고 있으므로 大きなステージに立つの(큰 스테이지에 서는 것)가 자연스럽다. 따라서 2 ステー

ジ(스테이지)가 정답이다.

어휘 演劇部 えんげきぶ 圏연극부　緊張 きんちょう 圏긴장
　　 エリア 圏에어리어, 영역　ステージ 圏스테이지, 무대
　　 グラウンド 圏그라운드, 운동장　リハーサル 圏리허설

11
늦잠을 자서 시험을 볼 수 없게 되어 버린 자신에게 (　　).
1 화났다　　　　　　2 배신했다
3 잃어버렸다　　　　4 소리쳤다

해설 늦잠을 자서 시험을 못 보았다고 했으므로 自分に腹立った(자신에게 화났다)가 자연스럽다. 따라서 1 腹立った(화났다)가 정답이다.

어휘 腹立つ はらだつ 图화나다　裏切る うらぎる 图배신하다
　　 見失う みうしなう 图잃어버리다　怒鳴る どなる 图소리치다

12
아직 오류가 있다고 기무라 씨가 강하게 (　　)서, 마지막으로 한 번 더 확인해보니 확실히 오류가 있었다.
1 되물어　　　　　2 우겨
3 후원해　　　　　4 권해

해설 기무라 씨가 오류가 있다는 사실을 강하게 말했다고 하고 있으므로 木村さんが強く言い張るので(기무라 씨가 강하게 우겨서)가 자연스럽다. 따라서 2 言い張る(우겨)가 정답이다.

어휘 間違い まちがい 圏오류, 틀림　最後 さいご 圏마지막, 최후
　　 もう一度 もういちど 한 번 더, 다시 한 번　確認 かくにん 圏확인
　　 確かに たしかに 閉확실히, 분명히　問い直す といなおす 图되묻다
　　 言い張る いいはる 图우기다, 주장하다
　　 後押しする あとおしする 图후원하다, 밀다
　　 勧める すすめる 图권하다, 권유하다

13
올해 신입사원에는 장래 (　　) 한 젊은이가 많아, 앞으로가 기대된다.
1 확실　　　　　　2 유효
3 안전　　　　　　4 유망

해설 신입사원들을 보고 앞으로가 기대된다고 말하고 있으므로 将来有望な若者が多く、今後が楽しみだ(장래가 유망한 젊은이가 많아, 앞으로가 기대된다)가 자연스럽다. 따라서 4 有望(유망)가 정답이다.

어휘 新入社員 しんにゅうしゃいん 圏신입사원　将来 しょうらい 圏장래
　　 若者 わかもの 圏젊은이　今後 こんご 圏앞으로, 이후
　　 楽しみ たのしみ 圏기대, 즐거움　確実だ かくじつだ 極割확실하다
　　 有効だ ゆうこうだ 極割유효하다　安全だ あんぜんだ 極割안전하다
　　 有望だ ゆうぼうだ 極割유망하다

14
인도네시아에서의 새 점포를 오픈할 때, (　　) 파티가 열렸다.
1 값이 비싼　　　　2 성대한
3 대폭적인　　　　4 대략적인

해설 어떠한 파티가 열렸다고 말하고 있으므로 盛大なパーティーが開かれた(성대한 파티가 열렸다)가 자연스럽다. 따라서 2 盛大な(성대한)가 정답이다.

어휘 インドネシア 圏인도네시아　新店 しんみせ 圏새 점포, 새로 낸 가게
　　 オープン 圏오픈　際 さい 圏때　開く ひらく 图열다, 개최하다
　　 割高だ わりだかだ 極割(비교적) 값이 비싸다
　　 盛大だ せいだいだ 極割성대하다
　　 大幅だ おおはばだ 極割대폭적이다, 대대적이다
　　 大まかだ おおまかだ 極割대략적이다

15
시간이 지나 (　　) 딱딱해져 버린 피자만큼 맛없는 건 없다고 생각한다.
1 식혀서　　　　　2 차게 해서
3 식어서　　　　　4 줄어서

해설 시간이 지나 어떤 상태가 된 피자는 맛없다고 말하고 있으므로 時間がたってさめて固くなってしまったピザ(시간이 지나 식어서 딱딱해져 버린 피자)가 자연스럽다. 따라서 3 さめて(식어서)가 정답이다.

어휘 たつ 图(시간 등이) 지나다, 경과하다　固い かたい い割딱딱하다
　　 ピザ 圏피자　さます 图식히다　ひやす 图차게 하다, 식히다
　　 さめる 图식다, 차가워지다　ちぢむ 图줄다, 움츠러들다

16
우선은 상품의 (　　)을 만들고 나서 손님에게 설명하는 것이 좋을 것이다.
1 타이밍　　　　　2 클레임
3 콤플렉스　　　　4 샘플

해설 손님에게 설명하기 위해 상품과 관련된 무언가를 만드는 게 좋다고 말하고 있으므로 商品のサンプルを作ってから(상품의 샘플을 만들고 나서)가 자연스럽다. 따라서 4 サンプル(샘플)가 정답이다.

어휘 まず 閉우선　商品 しょうひん 圏상품
　　 お客様 おきゃくさま 圏손님, 고객　説明 せつめい 圏설명
　　 タイミング 圏타이밍　クレーム 圏클레임, 불만
　　 コンプレックス 圏콤플렉스　サンプル 圏샘플

17
프러포즈를 받았지만, 아직 결혼할 (　　)가 서지 않는다.
1 사고　　　　　　2 전념
3 각오　　　　　　4 방심

해설 프러포즈를 받았지만 아직 결혼에 대한 무언가가 되지 않았다고 말하고 있으므로 結婚する覚悟がつかない(결혼 각오가 서지 않는

다)가 자연스럽다. 따라서 3 覚悟(각오)가 정답이다.

어휘 プロポーズ 图프러포즈 思考 しこう 图사고
専念 せんねん 图전념 覚悟 かくご 图각오
油断 ゆだん 图방심

18

야생동물은 질병을 가지고 있을 가능성이 있기 때문에, (   ) 가까이 다가가서는 안 됩니다.

1 태평하게 2 희미하게
3 손쉽게   4 안이하게

해설 야생동물에 대한 위험성과 주의 사항을 말하고 있으므로 安易に近づいてはいけません(안이하게 가까이 다가가서는 안 됩니다)이 자연스럽다. 따라서 4 安易に(안이하게)가 정답이다.

어휘 野生 やせい 图야생 可能性 かのうせい 图가능성
近づく ちかづく 图가까이 다가가다 のんきだ 图태평하다
かすかだ 图희미하다 手軽だ てがるだ 图손쉽다
安易だ あんいだ 图안이하다

19

창작 아이디어가 나오지 않는 것을 (   ) 고민하는 동안에, 마감일이 다가왔다.

1 꾸벅꾸벅 2 소곤소곤
3 끙끙   4 질척질척

해설 아이디어가 나오지 않아 고민하는 모습을 나타내고 있으므로 くよくよ悩んでいるうちに(끙끙 고민하는 동안에)가 자연스럽다. 따라서 3 くよくよ(끙끙)가 정답이다.

어휘 創作 そうさく 图창작 アイデア 图아이디어
悩む なやむ 图고민하다 締め切り しめきり 图마감일
近づく ちかづく 图다가오다 うとうと 图꾸벅꾸벅
ひそひそ 图소곤소곤 くよくよ 图끙끙 どろどろ 图질척질척

20

매일 아침 통근으로 지나는 길이 공사로 (   ) 있었기 때문에, 우회를 해서 왔다.

1 떨어져 2 덮어
3 묻혀   4 막혀

해설 공사 때문에 항상 다니는 길을 지나갈 수 없었다고 말하고 있으므로 道が工事でふさがっていたので(길이 공사로 막혀 있었기 때문에)가 자연스럽다. 따라서 4 ふさがって(막혀)가 정답이다.

어휘 通勤 つうきん 图통근 工事 こうじ 图공사
遠回り とおまわり 图우회 へだたる 图(거리가) 떨어지다
おおう 图덮다 うまる 图묻히다 ふさがる 图막히다

실전 대비하기 1 p.98

| 1 3 | 2 3 | 3 4 | 4 2 | 5 1 |
| 6 4 | 7 1 | | | |

문제4 (   ) 에 들어갈 가장 알맞은 것을, 1·2·3·4에서 하나 고르세요.

1

그의 신작 영화는 독특한 영상미와 음악으로, 국제 영화제에서 큰 (   ) 가 되고 있다.

1 소재   2 논리
3 화제   4 논의

해설 신작 영화가 큰 무언가가 되고 있다고 했으므로 国際映画祭で大きな話題になっている(국제 영화제에서 큰 화제가 되고 있다)가 자연스럽다. 따라서 3 話題(화제)가 정답이다.

어휘 新作 しんさく 图신작 独特だ どくとくだ 图독특하다
映像美 えいぞうび 图영상미 音楽 おんがく 图음악
国際映画祭 こくさいえいがさい 图국제 영화제
話題 わだい 图화제 題材 だいざい 图소재
論理 ろんり 图논리 議論 ぎろん 图논의

2

불안을 (   ) 려면, 적당한 운동과 충분한 수면이 효과적입니다.

1 추월하 2 꺼내
3 없애   4 밀어붙이

해설 운동과 수면이 불안을 어떻게 하는 것에 효과적이라고 말하고 있으므로 不安を打ち消すには(불안을 없애기 위해서는)가 자연스럽다. 따라서 3 打ち消す(없애)가 정답이다.

어휘 不安 ふあん 图불안 適度だ てきどだ 图적당하다
睡眠 すいみん 图수면 効果的 こうかてきだ 图효과적이다
追い越す おいこす 图추월하다 取り出す とりだす 图꺼내다
打ち消す うちけす 图없애다 押し通す おしとおす 图밀어붙이다

3

병원의 옥상 정원에서는 환자를 위해 허브를 (   ) 하고 있다.

1 보관   2 통제
3 처리   4 재배

해설 정원에서 허브를 어떻게 하고 있다고 했으므로 ハーブを栽培している(허브를 재배하고 있다)가 자연스럽다. 따라서 4 栽培(재배)가 정답이다.

어휘 病院 びょういん 图병원 屋上 おくじょう 图옥상
庭園 ていえん 图정원 患者 かんじゃ 图환자 ハーブ 图허브
保管 ほかん 图보관 統制 とうせい 图통제 処理 しょり 图처리
栽培 さいばい 图재배

4

웹사이트를 여니 ( ) 가 발생해서, 페이지가 표시되지 않는다.

1 펑크   2 **에러**
3 오버   4 쇼크

해설 웹사이트가 제대로 표시되지 않는다고 하고 있으므로 エラーが発生して(에러가 발생해서)가 자연스럽다. 따라서 2 エラー(에러)가 정답이다.

어휘 ウェブサイト 웹사이트   発生 はっせい 발생
表示 ひょうじ 표시   パンク 펑크   エラー 에러
ショック 쇼크

5

정말일지 어떨지도 모르는 소문에 바로 ( ) 것은 그만둬야 합니다.

1 **달려드는**   2 던져 넣는
3 우겨대는   4 뛰어다니는

해설 소문에 어떻게 하는 것을 그만두라고 말하고 있으므로 噂話にすぐ飛びつくのはやめるべきです(소문에 바로 달려드는 것은 그만둬야 합니다)가 자연스럽다. 따라서 1 飛びつく(달려드는)가 정답이다.

어휘 噂話 うわさばなし 소문   飛びつく とびつく 달려들다
投げこむ なげこむ 던져 넣다   言いはる いいはる 우겨대다
走りまわる はしりまわる 뛰어다니다

6

성적 우수자, 또는 ( ) 분야에서 우수한 실적이 있으면 장학금을 받을 수 있다.

1 상정   2 선정
3 한정   4 **특정**

해설 성적 우수자나 어떤 분야의 실적이 좋은 사람에게 장학금을 준다고 하고 있으므로 特定の分野で優れた実績(특정 분야에서 뛰어난 실적)가 자연스럽다. 따라서 4 特定(특정)가 정답이다.

어휘 成績 せいせき 성적   優秀者 ゆうしゅうしゃ 우수자
分野 ぶんや 분야   優れる すぐれる 우수하다
実績 じっせき 실적   奨学金 しょうがくきん 장학금
想定 そうてい 상정   選定 せんてい 선정
限定 げんてい 한정   特定 とくてい 특정

7

밤의 해변을 산책하고 있는데, 등대의 빛이 ( ) 보였다.

1 **어렴풋이**   2 온화하게
3 폭신하게   4 순조롭게

해설 해변에서 바다 건너의 등대의 빛이 보이는 상황이므로 灯台の光がぼんやり見えた(등대의 빛 어렴풋이 보였다)가 자연스럽다. 따라서 1 ぼんやり(어렴풋이)가 정답이다.

어휘 海辺 うみべ 해변   灯台 とうだい 등대   ぼんやり 어렴풋이
やんわり 온화하게   ふんわり 폭신하게   すんなり 순조롭게

실전 대비하기 2 p.99

| 1 3 | 2 1 | 3 3 | 4 4 | 5 2 |
| 6 1 | 7 1 | | | |

문제4 ( ) 에 들어갈 가장 알맞은 것을, 1·2·3·4에서 하나 고르세요.

1

이 반지는 ( ) 다이아몬드가 사용되어 있기 때문에, 광채가 다르다.

1 본체   2 본고장
3 **진짜**   4 본질

해설 어떠한 다이아몬드가 쓰여 광채가 다르다고 했으므로 本物のダイヤモンドが使われているため、輝きが違う(진짜 다이아몬드가 사용되어 있기 때문에 광채가 다르다)가 자연스럽다. 따라서 3 本物(진짜)가 정답이다.

어휘 ダイヤモンド 다이아몬드   輝き かがやき 광채
本体 ほんたい 본체   本場 ほんば 본고장
本物 ほんもの 진짜   本質 ほんしつ 본질

2

저 마을은 태풍으로 주택이 부서지거나 물에 잠기거나 하는 등 ( ) 피해를 입었다.

1 **심한**   2 뻔뻔한
3 묵직한   4 시끄러운

해설 주택이 부서지거나 물에 잠기는 피해가 발생했다고 했으므로 はなはだしい被害を受けた(심한 피해를 입었다)가 자연스럽다. 따라서 1 はなはだしい(심한)가 정답이다.

어휘 住宅 じゅうたく 주택   浸かる つかる 잠기다
被害 ひがい 피해   はなはだしい 심하다
あつかましい 뻔뻔하다   おもおもしい 묵직하다
やかましい 시끄럽다

3

수학 시험이 다음 주라고 ( ) 있었는데, 내일이라고 들어서 서둘러서 공부를 시작했다.

1 이야기에 열중하고   2 가득 채우고
3 **확신하고**   4 골똘히 생각하고

해설 수학 시험 날짜를 착각하고 있었다고 했으므로 来週だと思い込んでいたが(다음 주라고 확신하고 있었는데)가 자연스럽다. 따라서 3

思い込んで(확신하고)가 정답이다.

어휘 数学 すうがく 圏수학　テスト 圏시험　来週 らいしゅう 圏다음 주
話し込む はなしこむ 圏이야기에 열중하다
詰め込む つめこむ 圏가득 채우다
思い込む おもいこむ 圏확신하다
考え込む かんがえこむ 圏골똘히 생각하다　聞く きく 圏듣다
焦る あせる 圏당황하다　勉強 べんきょう 圏공부
始める はじめる 圏시작하다

4

오늘은 맨션 내의 (　　) 를 점검하는 날이어서, 낮 동안에는 엘리베이터를 사용할 수 없다고 한다.

1 장식　　　　　　　2 건축
3 소재　　　　　　　**4 설비**

해설 점검하는 대상이 엘리베이터 사용과 관련되어 있으므로 マンション内の設備を点検する日(맨션 내의 설비를 점검하는 날)가 자연스럽다. 따라서 4 設備(설비)가 정답이다.

어휘 マンション 圏맨션　点検 てんけん 圏점검　昼間 ひるま 圏낮 동안
エレベーター 圏엘리베이터　使用 しよう 圏사용
装飾 そうしょく 圏장식　建築 けんちく 圏건축
素材 そざい 圏소재　設備 せつび 圏설비

5

무대 위의 연기자들은 완벽히 역할에 (　　) 있었다.

1 바싹 붙어　　　　　**2 녹아들어**
3 보류하고　　　　　4 가까이 대고

해설 연기자들이 완벽하게 역할에 몰입한 상황이므로 役に溶け込んでいた(역할에 녹아들어 있었다)가 자연스럽다. 따라서 2 溶け込んで(녹아들어)가 정답이다.

어휘 舞台 ぶたい 圏무대　演者 えんじゃ 圏연기자
完璧だ かんぺきだ 圏완벽하다　役 やく 圏역할
寄り添う よりそう 圏바싹 붙다
溶け込む とけこむ 圏녹아들다, 융화되다
見合わせる みあわせる 圏마주 보다
近付ける ちかづける 圏가까이 대다

6

설거지 후에는 손이 (　　) 하기 때문에, 매번 보습 크림을 바르고 있다.

1 거칠거칠　　　　　2 끈적끈적
3 따끈따끈　　　　　4 매끈매끈

해설 설거지 후에 보습 크림을 바르는 이유를 설명하고 있으므로 手がかさかさするから(손이 거칠거칠하기 때문에)가 자연스럽다. 따라서 1 かさかさ(거칠거칠)가 정답이다.

어휘 洗い物 あらいもの 圏설거지　毎回 まいかい 圏매번
保湿 ほしつ 圏보습　クリーム 圏크림　塗る ぬる 圏바르다

かさかさ 閉거칠거칠　べたべた 閉끈적끈적
ほかほか 閉따끈따끈　つるつる 閉매끈매끈

7

이번 여행은, 숙박비와 비행기비까지 포함하면 (　　) 로 30만 엔 정도 들었다.

1 토탈　　　　　　2 올
3 세트　　　　　　4 플랜

해설 여행 비용을 모두 합치면 30만 엔이라고 했으므로 トータルで30万円(토탈로 30만 엔)이라는 표현이 적절하다. 따라서 1 トータル(토탈)가 정답이다.

어휘 今回 こんかい 圏이번　宿泊費 しゅくはくひ 圏숙박비
飛行機代 ひこうきだい 圏비행기비　含める ふくめる 圏포함하다
トータル 圏토탈　オール 圏올, 전부　セット 圏세트
プラン 圏플랜, 계획

실전 대비하기 3　　　　　　　　　　　p.100

| 1 3 | 2 2 | 3 2 | 4 2 | 5 2 |
| 6 4 | 7 2 |

문제4 (　　) 에 들어갈 가장 알맞은 것을, 1·2·3·4에서 하나 고르세요.

1

오늘은 보호자들이 아이의 수업을 (　　) 하러 학교를 방문하는 날이다.

1 검증　　　　　　　2 검진
3 참관　　　　　　　4 관측

해설 보호자들이 아이의 수업과 관련해 학교를 방문한다고 말하고 있으므로 子供の授業を参観しに学校を訪れる日(아이의 수업을 참관하러 학교를 방문하는 날)가 자연스럽다. 따라서 3 参観(참관)이 정답이다.

어휘 保護者 ほごしゃ 圏보호자, 학부모　訪れる おとずれる 圏찾다
検証 けんしょう 圏검증　検診 けんしん 圏검진
参観 さんかん 圏참관　観測 かんそく 圏관측

2

레몬은 (　　) 잘 못 먹는데, 잼으로 하지 않을래요?

1 매워서　　　　　　**2 셔서**
3 달아서　　　　　　4 짜서

해설 레몬의 맛이 어때서 잘 못 먹는다고 하고 있으므로 レモンはすっぱくて苦手なので(레몬은 셔서 잘 못 먹는데)가 자연스럽다. 따라서 2 すっぱくて(셔서)가 정답이다.

어휘 レモン 圐레몬 苦手だ にがてだ 대형못 먹는다 からい 대형맵다
すっぱい 대형시다 あまい 대형달다 しょっぱい 대형짜다

3

고속 도로에서 차 5대가 얽힌 연속 추돌 사고가 발생하여, 전국 뉴스에서 (   ) 되었다.
1 전수   2 보도
3 신고   4 통신

해설 추돌 사고가 전국 뉴스로 어떻게 되었다고 말하고 있으므로 全国ニュースで報道された(전국 뉴스에서 보도되었다)가 자연스럽다. 따라서 2 報道(보도)가 정답이다.

어휘 高速 こうそく 圐고속 道路 どうろ 圐도로
絡む からむ 图얽히다, 연관되다 玉突き たまつき 圐연속 추돌
事故 じこ 圐사고 発生 はっせい 圐발생 全国 ぜんこく 圐전국
伝授 でんじゅ 圐전수 報道 ほうどう 圐보도
通報 つうほう 圐신고, 통보 通信 つうしん 圐통신

4

어제 내리기 시작한 큰비로 깨끗했던 강이 (   ) 버렸다.
1 녹슬어   2 탁해져
3 시들어   4 올라가

해설 큰비가 와서 깨끗했던 강물이 변했다고 말하고 있으므로 濁ってしまった(탁해져 버렸다)가 자연스럽다. 따라서 2 濁って(탁해져)가 정답이다.

어휘 降り出す ふりだす 图내리기 시작하다 大雨 おおあめ 圐큰비, 호우
錆びる さびる 图녹슬다 濁る にごる 图탁해지다
枯れる かれる 图시들다, 마르다 上がる あがる 图올라가다

5

심은 지 얼마 안 됐는데, 라벤더의 (   ) 가 검게 되어 버렸다.
1 토지   2 뿌리
3 토대   4 지붕

해설 라벤더의 어떤 부분이 검게 변했다고 하고 있으므로 ラベンダーの根元(라벤더의 뿌리)가 자연스럽다. 따라서 2 根元(뿌리)가 정답이다.

어휘 植える うえる 图심다 ラベンダー 圐라벤더 土地 とち 圐토지
根元 ねもと 圐뿌리 土台 どだい 圐토대 屋根 やね 圐지붕

6

생일에 (   ) 한 케이크가 먹고 싶어서 직접 만들어 봤다.
1 확실   2 느긋
3 희미   4 폭신폭신

해설 어떤 성질의 케이크가 먹고 싶었다고 했으므로 ふんわりしたケーキが食べたくて(폭신폭신한 케이크가 먹고 싶어서)가 자연스럽다. 따라서 4 ふんわり(폭신폭신)가 정답이다.

어휘 ケーキ 圐케이크 直接 ちょくせつ 圐직접 しっかり 团확실히

のんびり 团느긋하게 ぼんやり 团희미하게 ふんわり 团폭신폭신

7

본 호텔은 세계 각국으로부터의 손님을 최고의 서비스로 (   ) 것을 이념으로 하고 있습니다.
1 취급하는   2 대접하는
3 아첨하는   4 촉진하는

해설 호텔에서 손님에게 최고의 서비스로 무언가를 한다고 했으므로 当ホテルは世界各国からのお客様を最高のサービスでもてなすこと(본 호텔은 세계 각국으로부터의 손님을 최고의 서비스로 대접하는 것)가 자연스럽다. 따라서 4 もてなす(대접하는)가 정답이다.

어휘 当ホテル とうホテル 圐본 호텔, 당 호텔 世界 せかい 圐세계
各国 かっこく 圐각국 お客様 おきゃくさま 圐손님
最高 さいこう 圐최고 サービス 圐서비스
取り扱う とりあつかう 图취급하다 もてなす 图대접하다
おだてる 图아첨하다 促す うながす 图촉진하다
理念 りねん 圐이념

실전 대비하기 4   p.101

| 1 2 | 2 4 | 3 1 | 4 3 | 5 1 |
| 6 1 | 7 3 | | | |

문제4 (   ) 에 들어갈 가장 알맞은 것을, 1·2·3·4에서 하나 고르세요.

1

중세와 근세의 봉건제도는 명확하게 (   ) 되어 있다.
1 제시   2 구분
3 인용   4 반영

해설 봉건제도가 중세와 근세라는 다른 시대로 명확하게 어떻게 되어 있다고 하고 있으므로 明確に区分されている(명확히 구분되어 있다)가 자연스럽다. 따라서 2 区分(구분)이 정답이다.

어휘 中世 ちゅうせい 圐중세 近世 きんせい 圐근세
封建制度 ほうけんせいど 圐봉건제도
明確だ めいかくだ 대형명확하다 提示 ていじ 圐제시
区分 くぶん 圐구분 引用 いんよう 圐인용
反映 はんえい 圐반영

2

아래 항목에 하나라도 (   ) 증상이 있다면, 빠른 진료를 추천합니다.
1 채택하는   2 마주하는
3 믿는   4 들어맞는

해설 항목과 관련된 증상이 있다면 진료를 받으라고 말하고 있으므로 一つでも当てはまる症状があれば(하나라도 들어맞는 증상이 있다면)가 자연스럽다. 따라서 4 当てはまる(들어맞는)가 정답이다.

어휘 下記 かき 圀아래　項目 こうもく 圀항목　症状 しょうじょう 圀증상
早め はやめ 圀빠름　受診 じゅしん 圀진료(받음)
おすすめ 圀추천　取り上げる とりあげる 圄채택하다
向かい合う むかいあう 圄마주하다　思いこむ おもいこむ 圄믿다
当てはまる あてはまる 圄들어맞다

3

인간관계와 스트레스에 대해서, 대학생을 (　　) 으로 설문조사를 했습니다.

1 대상　　　　　　2 주역
3 초점　　　　　　4 항목

해설 설문조사를 진행했다고 했으므로 大学生を対象にアンケートを行いました(대학생을 대상으로 설문조사를 했습니다)가 자연스럽다. 따라서 1 対象(대상)가 정답이다.

어휘 人間関係 にんげんかんけい 圀인간관계　ストレス 圀스트레스
アンケート 圀설문조사　行う おこなう 圄하다
対象 たいしょう 圀대상　主役 しゅやく 圀주역
焦点 しょうてん 圀초점　項目 こうもく 圀항목

4

그는 온도 변화에 (　　) 반응해서 두통을 일으키거나 한다.

1 냉정하게　　　　2 원만하게
3 민감하게　　　　4 농후하게

해설 온도 변화에 따라 두통을 일으키기도 한다고 하고 있으므로 温度の変化に敏感に反応して(온도 변화에 민감하게 반응해서)가 자연스럽다. 따라서 3 敏感に(민감하게)가 정답이다.

어휘 温度 おんど 圀온도　変化 へんか 圀변화　反応 はんのう 圀반응
頭痛 ずつう 圀두통　起こす おこす 圄일으키다
冷静だ れいせいだ 나형냉정하다　円満だ えんまんだ 나형원만하다
敏感だ びんかんだ 나형민감하다　濃厚だ のうこうだ 나형농후하다

5

학생때부터 매일 (　　) 일 없이, 그날 있었던 일을 일기에 쓰고 있다.

1 빠뜨리는　　　　2 깨뜨리는
3 해치는　　　　　4 가로막는

해설 학생 때부터 매일 일기를 쓰고 있다고 하고 있으므로 毎日欠かすことなく、その日あった出来事を日記に書いている(매일 빠뜨리는 일 없이, 그날 있었던 일을 일기에 쓰고 있다)가 자연스럽다. 따라서 1 欠かす(빠뜨리다)가 정답이다.

어휘 出来事 できごと 圀일　欠かす かかす 圄빠뜨리다
破る やぶる 圄깨뜨리다　損なう そこなう 圄해치다
遮る さえぎる 圄가로막다

6

기대하고 있던 영화인데, 밤이 늦었기 때문에 (　　) 하면서 봤다.

1 꾸벅꾸벅　　　　2 아슬아슬
3 딱　　　　　　　4 엉망진창

해설 밤 늦게 영화를 보았다고 했으므로 うとうとしながら見た(꾸벅꾸벅 하면서 봤다)가 자연스럽다. 따라서 1 うとうと(꾸벅꾸벅)가 정답이다.

어휘 楽しみ たのしみ 圀기대　遅い おそい 나형늦다
うとうと 圄꾸벅꾸벅　ぎりぎり 圄아슬아슬　ぴったり 圄딱, 꼭
ごちゃごちゃ 圄엉망진창

7

결혼식과 같은 (　　) 인 상황에서는 복장이나 소지품에 신경을 쓸 필요가 있다.

1 로맨틱　　　　　2 스마트
3 의례적　　　　　4 프라이빗

해설 결혼식과 같은 복장이나 소지품에 신경을 써야 하는 자리를 나타내야 하므로 フォーマルな場面では(의례적인 상황에서는)가 자연스럽다. 따라서 3 フォーマル(의례적)가 정답이다.

어휘 結婚式 けっこんしき 圀결혼식　場面 ばめん 圀상황, 장면
服装 ふくそう 圀복장　持ち物 もちもの 圀소지품
気を遣う きをつかう 신경을 쓰다　ロマンチックだ 나형로맨틱하다
スマートだ 나형스마트하다　フォーマルだ 나형의례적이다
プライベートだ 나형프라이빗하다, 사적이다

실전 대비하기 5　　　　　　　　　　p.102

| 1 3 | 2 2 | 3 2 | 4 1 | 5 4 |
| 6 1 | 7 4 | | | |

문제4 (　　) 에 들어갈 가장 알맞은 것을, 1·2·3·4에서 하나 고르세요.

1

A사의 입사 시험은 필기시험 1차 전형을 무사히 (　　) 하고, 현재 면접을 앞두고 있는 상황이다.

1 통행　　　　　　2 통용
3 통과　　　　　　4 통달

해설 입사를 위해 1차 전형 이후 면접을 준비하고 있다고 말하고 있으므로 一次選考を無事通過し、現在面接を控えている状況だ(1차 전형을 무사히 통과하고, 현재 면접을 앞두고 있는 상황이다)가 자연스럽다. 따라서 3 通過(통과)가 정답이다.

어휘 入社 にゅうしゃ 圀입사　筆記 ひっき 圀필기　一次 いちじ 圀1차
選考 せんこう 圀전형　現在 げんざい 圀현재

面接 めんせつ 🈔면접　控える ひかえる 🈔앞두다
状況 じょうきょう 🈔상황　通行 つうこう 🈔통행
通用 つうよう 🈔통용　通過 つうか 🈔통과
通達 つうたつ 🈔통달

2

이 상품은 뚜껑을 열 때 내용물이 (　　) 우려가 있으므로 주의해 주세요.

1 떨어뜨릴　　　　　　**2 넘칠**
3 낼　　　　　　　　　4 사라질

해설 뚜껑을 열 때의 우려점에 대해 말하고 있으므로 ふたを開ける際に 中身がこぼれるおそれ(뚜껑을 열 때 내용물이 넘칠 우려)가 자연스럽다. 따라서 2 こぼれる(넘칠)가 정답이다.

어휘 商品 しょうひん 🈔상품　ふた 🈔뚜껑　際 さい 🈔때, 기회
中身 なかみ 🈔내용물, 알맹이　注意 ちゅうい 🈔주의
落とす おとす 🈔떨어뜨리다, 잃어버리다　こぼれる 🈔넘치다
出す だす 🈔내다　消える きえる 🈔사라지다

3

자신의 (　　) 을 살릴 수 있는 일에 취업하고 싶다고 생각해서 이직을 결정했다.

1 아픔　　　　　　　　**2 강점**
3 느슨함　　　　　　　4 높은 곳

해설 자신의 어떠한 점을 살릴 수 있는 곳에 취직하고 싶다고 하고 있으므로 自分の強みを生かせる仕事(자신의 강점을 살릴 수 있는 일)가 자연스럽다. 따라서 2 強み(강점)가 정답이다.

어휘 生かす いかす 🈔살리다　就く つく 🈔취업하다
転職 てんしょく 🈔이직　決める きめる 🈔결정하다
傷み いたみ 🈔아픔　強み つよみ 🈔강점　緩み ゆるみ 🈔느슨함
高み たかみ 🈔높은 곳

4

산에 캠핑하러 가면, (　　) 소리나 빛이 거의 없어지기 때문에 매우 편안한 기분이 될 수 있다.

1 인공적인　　　　　　2 인조적인
3 재해적인　　　　　　　4 공해적인

해설 산에 캠핑 갔을 때에 대해 말하고 있으므로 人工的な音や光がほとんどなくなるので(인공적인 소리나 빛이 거의 없어지기 때문에)가 자연스럽다. 따라서 1 人工的な(인공적인)가 정답이다.

어휘 キャンプ 🈔캠핑　音 おと 🈔소리　光 ひかり 🈔빛
ほとんど 🈔거의, 대부분　リラックス 🈔편안함, 릴랙스
気分 きぶん 🈔기분　人工的だ じんこうてきだ 🈔인공이다
人造的だ じんぞうてきだ 🈔인조적이다
災害的だ さいがいてきだ 🈔재해적이다
公害的だ こうがいてきだ 🈔공해적이다

5

식생활이 육식에 (　　) 있었기 때문에, 채소 중심의 도시락을 만들어 먹고 있다.

1 잠수해　　　　　　　　2 맡겨져
3 면해　　　　　　　　　**4 치우쳐**

해설 요즘은 채소 중심의 도시락을 먹고 있다고 하고 있으므로 食生活が肉食に偏っていたので(식생활이 육식에 치우쳐 있었기 때문에)가 자연스럽다. 따라서 4 偏って(치우쳐)가 정답이다.

어휘 食生活 しょくせいかつ 🈔식생활　肉食 にくしょく 🈔육식
野菜 やさい 🈔채소　中心 ちゅうしん 🈔중심
潜る もぐる 🈔잠수하다　預ける あずける 🈔맡기다
面する めんする 🈔면하다　偏る かたよる 🈔치우치다

6

저 격투기 선수는 강한 이미지가 있지만, 평소에는 (　　) 타입의 사람이다.

1 온후한　　　　　　　2 적당한
3 순조로운　　　　　　　4 정확한

해설 강한 이미지의 격투기 선수가 실제로는 다른 타입의 사람이라고 말하고 있으므로 温厚なタイプの人(온후한 타입의 사람)가 자연스럽다. 따라서 1 温厚な(온후한)가 정답이다.

어휘 格闘技 かくとうぎ 🈔격투기　選手 せんしゅ 🈔선수
イメージ 🈔이미지　普段 ふだん 🈔평소, 보통　タイプ 🈔타입
温厚だ おんこうだ 🈔온후하다　適度だ てきどだ 🈔적당하다
順調だ じゅんちょうだ 🈔순조롭다
的確だ てきかくだ 🈔정확하다

7

이 드라마는 전 세계에서 소문난 인기작으로 (　　) 이 7 이상 계속되었다.

1 패턴　　　　　　　　　2 룰
3 이미지　　　　　　　　**4 시즌**

해설 인기 드라마가 오래 계속되었다고 말하고 있으므로 シーズンが7以上続いた(시즌이 7 이상 계속되었다)가 자연스럽다. 따라서 4 シーズン(시즌)이 정답이다.

어휘 ドラマ 🈔드라마　世界中 せかいじゅう 🈔전 세계
評判になる ひょうばんになる 🈔소문이 나다
人気作 にんきさく 🈔인기작　以上 いじょう 🈔이상
続く つづく 🈔계속되다　パターン 🈔패턴　ルール 🈔룰, 규칙
イメージ 🈔이미지　シーズン 🈔시즌

실전 대비하기 6
p.103

1 4	**2** 1	**3** 3	**4** 1	**5** 1
6 2	**7** 4			

문제4 (　　) 에 들어갈 가장 알맞은 것을, 1·2·3·4에서 하나 고르세요.

1

최근, 전국의 스키장에서 다리를 다치는 사람이 (　　) 하고 있다.

1 참관　　　　2 실망
3 지적　　　　**4 속출**

해설 스키장에서 다리를 다치는 사람들이 요즘 들어 어떻다고 말하고 있으므로 脚を怪我する人が続出している(다리를 다치는 사람이 속출하고 있다)가 자연스럽다. 따라서 4 続出(속출)가 정답이다.

어휘 最近 さいきん 圀 최근　全国 ぜんこく 圀 전국
スキー場 スキーじょう 圀 스키장　脚 あし 圀 다리
怪我する けがする 图 다치다, 부상 입다　参観 さんかん 圀 참관
失望 しつぼう 圀 실망　指摘 してき 圀 지적
続出 ぞくしゅつ 圀 속출

2

아무리 벌레를 싫어해도, 이렇게 작은 벌레로 소란피우다니 (　　) 스럽다고 생각한다.

1 호들갑　　2 번성
3 불쌍　　　　4 소홀

해설 작은 벌레에 대해 과도하게 소란을 피우고 있으므로 こんなに小さな虫で騒ぐなんて大げさだと思う(이렇게 작은 벌레로 소란피우다니 호들갑스럽다고 생각한다)가 자연스럽다. 따라서 1 大げさ(호들갑)가 정답이다.

어휘 こんなに 图 이렇게　大げさだ おおげさだ な형 호들갑스럽다, 과장되다
盛んだ さかんだ な형 번성하다　気の毒だ きのどくだ な형 불쌍하다
疎かだ おろそかだ な형 소홀하다

3

스태프 모두가 시간을 들여서 준비해 온 덕분에, 이벤트는 (　　) 하게 진행되고 있다.

1 종합적　　　2 포멀
3 스무스　　4 다이렉트

해설 시간을 들여 준비한 결과 이벤트가 어떻게 진행되고 있다고 하고 있으므로 イベントはスムーズに進んでいる(이벤트는 스무스하게 진행되고 있다)가 자연스럽다. 따라서 3 スムーズ(스무스)가 정답이다.

어휘 スタッフ 圀 스태프, 담당자
時間をかける じかんをかける 시간을 들이다

準備 じゅんび 圀 준비　おかげ 圀 덕분, 덕택
イベント 圀 이벤트, 행사　進む すすむ 图 진행되다, 나아가다
トータルだ な형 종합적이다, 전체적이다
フォーマルだ な형 포멀하다, 격식있다
スムーズだ な형 스무스하다, 원활하다
ダイレクトだ な형 다이렉트다, 직접적이다

4

이 백화점 1층 (　　) 는 화장품 매장입니다.

1 플로어　　2 스테이지
3 로비　　　　4 인테리어

해설 백화점의 화장품 매장이 있는 층을 안내하고 있으므로 一階のフロアは化粧品売り場(1층 플로어는 화장품 매장)가 자연스럽다. 따라서 1 フロア(플로어)가 정답이다.

어휘 化粧品 けしょうひん 圀 화장품　フロア 圀 플로어
ステージ 圀 스테이지　ロビー 圀 로비　インテリア 圀 인테리어

5

공사가 끝났기 때문에, 현장에 두었던 펜스를 이제 (　　) 기로 했다.

1 철거하　　2 교체하
3 취소하　　　4 들어올리

해설 공사가 끝났다고 했으므로 フェンスをもう取り払うことにした(펜스를 이제 철거하기로 했다)가 자연스럽다. 따라서 1 取り払う(철거하)가 정답이다.

어휘 工事 こうじ 圀 공사　終わる おわる 图 끝나다
現場 げんば 圀 현장　置く おく 图 두다, 놓다
フェンス 圀 펜스, 울타리　もう 图 이제, 더 이상
取り払う とりはらう 图 철거하다, 치우다
取り替える とりかえる 图 교체하다　取り消す とりけす 图 취소하다
取り上げる とりあげる 图 들어올리다, 다루다

6

그의 연기력은 다른 배우에 비해 (　　) 지만, 독특한 매력이 있어서 인기가 있다.

1 추락하　　　**2 뒤떨어지**
3 패배하　　　4 잃어버리

해설 그의 능력이 다른 사람들보다 어떻다고 말하고 있으므로 彼の演技力は他の俳優に比べて劣るが(그의 연기력은 다른 배우에 비해 뒤떨어지지만)가 자연스럽다. 따라서 2 劣る(뒤떨어지)가 정답이다.

어휘 演技力 えんぎりょく 圀 연기력　俳優 はいゆう 圀 배우
比べる くらべる 图 비교하다　独特だ どくとくだ な형 독특하다
魅力 みりょく 圀 매력　人気 にんき 圀 인기
劣る おとる 图 뒤떨어지다, 열등하다
落ちる おちる 图 추락하다, 떨어지다
負ける まける 图 패배하다, 지다　失う うしなう 图 잃어버리다, 잃다

7

긴급 사태에서는 냉정함을 (　　) 하여, 적절한 판단을 하는 것이 중요하다.

1　실행　　　　　　　　2　표현
3　제시　　　　　　　　**4　발휘**

해설　긴급 사태에서 판단을 할 때는 냉정함을 드러내는 것이 중요하다고 말하고 있으므로 冷静さを発揮して、適切な判断を(냉정함을 발휘하여, 적절한 판단을)가 자연스럽다. 따라서 4 発揮(발휘)가 정답이다.

어휘　緊急 きんきゅう 図긴급　事態 じたい 図사태
　　　冷静だ れいせいだ 図냉정하다　適切だ てきせつだ 図적절하다
　　　判断 はんだん 図판단　重要だ じゅうようだ 図중요하다
　　　発揮 はっき 図발휘　実行 じっこう 図실행
　　　表現 ひょうげん 図표현　提示 ていじ 図제시

문제 5 유의표현

연습문제 유의표현 기출단어　　　　　　p.112

1 1	2 4	3 1	4 3	5 4
6 4	7 2	8 3	9 2	10 4
11 3	12 2	13 4	14 3	15 1
16 3	17 1	18 2	19 4	20 2

문제5 _____의 말에 의미가 가장 가까운 것을, 1·2·3·4에서 하나 고르세요.

1

기묘한 꿈을 꾼 탓에, 기분이 나빴다.

1　이상한　　　　　　2　평평한
3　다양한　　　　　　　4　복잡한

해설　奇妙な가 '기묘한'이라는 의미이므로, 의미가 가장 비슷한 1 変な (이상한)가 정답이다.

어휘　奇妙だ きみょうだ 図기묘하다　夢を見る ゆめをみる 꿈을 꾸다
　　　気分 きぶん 図기분　悪い わるい 図나쁘다
　　　変だ へんだ 図이상하다　平らだ たいらだ 図평평하다
　　　多様だ たようだ 図다양하다　複雑だ ふくざつだ 図복잡하다

2

어머니가 <u>심각한</u> 이야기를 털어놓았다.

1　정직한　　　　　　　2　귀찮은
3　의외의　　　　　　　**4　중대한**

해설　深刻な가 '심각한'이라는 의미이므로, 의미가 가장 비슷한 4 重大な (중대한)가 정답이다.

어휘　深刻だ しんこくだ 図심각하다
　　　打ち明ける うちあける 図털어놓다
　　　正直だ しょうじきだ 図정직하다　面倒だ めんどうだ 図귀찮다
　　　意外だ いがいだ 図의외다　重大だ じゅうだいだ 図중대하다

3

단골 피부과에서 피부 상태를 진찰받았다.

1　언제나 가는　　　　2　처음 가는
3　오랜만에 가는　　　　4　가끔 가는

해설　かかりつけ의 는 '단골'이라는 의미이므로, 이와 교체하여도 의미가 바뀌지 않는 1 いつも行く(언제나 가는)가 정답이다.

어휘　かかりつけ 図단골　皮膚科 ひふか 図피부과　肌 はだ 図피부
　　　状態 じょうたい 図상태　診る みる 図진찰하다　いつも 図언제나
　　　初めて はじめて 図처음　久しぶりに ひさしぶりに 図오랜만에
　　　ときどき 図가끔

4

겁이 많은 성격을 어떻게든 하고 싶다.

1　화를 잘 내는　　　　2　잘 우는
3　무엇이든 무서워하는　4　무엇이든 이야기하고 싶어 하는

해설　臆病な가 '겁이 많은'이라는 의미이므로, 이와 교체하여도 의미가 바뀌지 않는 3 何でも怖がる(무엇이든 무서워하는)가 정답이다.

어휘　臆病だ おくびょうだ 図겁이 많다　性格 せいかく 図성격
　　　どうにか 図어떻게든　怒る おこる 図화를 내다　泣く なく 図울다
　　　怖い こわい 図무섭다　話す はなす 図이야기하다

5

시험 전이 되면, <u>종일</u> 공부하기도 한다.

1　심야　　　　　　　　2　새벽
3　밤새　　　　　　　　**4　하루 종일**

해설　終日가 '종일'이라는 의미이므로, 의미가 가장 비슷한 4 一日中(하루 종일)가 정답이다.

어휘　終日 しゅうじつ 図종일　深夜 しんや 図심야
　　　早朝 そうちょう 図새벽　一晩中 ひとばんじゅう 図밤새
　　　一日中 いちにちじゅう 図하루 종일

6

심판의 판정은 <u>명백히</u> 잘못이었다.

1　객관적으로　　　　　2　결정적으로
3　순수하게　　　　　　**4　명확하게**

해설　あきらかに가 '명백히'라는 의미이므로, 의미가 가장 비슷한 4 明確 に(명확하게)가 정답이다.

어휘　審判 しんぱん 図심판　判定 はんてい 図판정

明らかだ あきらかだ [な형] 명백하다　誤り あやまり [명] 잘못
客観的だ きゃっかんてきだ [な형] 객관적이다
決定的だ けっていてきだ [な형] 결정적이다
純粋だ じゅんすいだ [な형] 순수하다
明確だ めいかくだ [な형] 명확하다

7

산기슭에 있는 캠핑장에서 캠핑을 즐겼다.
1 위쪽　　　　　　　　　2 아래쪽
3 가운데쪽　　　　　　　4 맞은편

해설 ふもと가 '기슭'이라는 의미이므로, 이와 교체하여도 의미가 바뀌지 않는 2 下のほう(아래쪽)가 정답이다.

어휘 ふもと [명] 기슭　キャンプ場 キャンプじょう [명] 캠핑장
キャンプ [명] 캠핑　上 うえ [명] 위　ほう [명] 쪽　下 した [명] 아래
真ん中 まんなか [명] 가운데　向こう むこう [명] 맞은편

8

엔도 씨에게 도쿄 여행 가이드를 부탁받았다.
1 예약　　　　　　　　　2 촬영
3 안내　　　　　　　　　4 수배

해설 ガイド가 '가이드'라는 의미이므로, 의미가 가장 비슷한 3 案内(안내)가 정답이다.

어휘 東京 とうきょう [명] 도쿄　ガイド [명] 가이드　予約 よやく [명] 예약
撮影 さつえい [명] 촬영　案内 あんない [명] 안내
手配 てはい [명] 수배

9

남동생은 집에서는 그다지 말하지 않지만, 밖에서는 사교적이라고 한다.
1 고집스럽　　　　　　　2 과묵하
3 차갑　　　　　　　　　4 꽤 까다롭

해설 あまり話さない가 '그다지 말하지 않'이라는 의미이므로, 의미가 가장 비슷한 2 無口だ(과묵하)가 정답이다.

어휘 あまり [부] 그다지　話す はなす [동] 말하다
社交的だ しゃこうてきだ [な형] 사교적이다
頑固だ がんこだ [な형] 고집스럽다　無口だ むくちだ [な형] 과묵하다
冷たい つめたい [い형] 차갑다
気難しい きむずかしい [い형] 꽤 까다롭다

10

제목과 본문의 글자의 크기는 맞추는 것이 좋다.
1 크게 하는　　　　　　　2 작게 하는
3 다르게 하는　　　　　　4 똑같이 하는

해설 揃えた가 '맞추는'이라는 의미이므로, 이와 교체하여도 문장의 의미가 바뀌지 않는 4 同じにした(똑같이 하는)가 정답이다.

어휘 題名 だいめい [명] 제목　本文 ほんぶん [명] 본문　文字 もじ [명] 글자
大きさ おおきさ [명] 크기　揃える そろえる [동] 맞추다
大きい おおきい [い형] 크다　小さい ちいさい [い형] 작다
別だ べつだ [な형] 다르다　同じだ おなじだ [な형] 똑같다

11

옷을 수납하는 공간이 부족하다.
1 빠는　　　　　　　　　2 개는
3 넣어 두는　　　　　　　4 말리는

해설 収納する가 '수납하는'이라는 의미이므로, 의미가 가장 비슷한 3 しまう(넣어 두는)가 정답이다.

어휘 服 ふく [명] 옷　収納 しゅうのう [명] 수납　スペース [명] 공간
足りる たりる [동] 충분하다　あらう [동] 빨다　たたむ [동] 개다
しまう [동] 넣어 두다, 치우다　干す ほす [동] 말리다

12

향후, 엔화 약세가 한층 진행될 가능성도 있다.
1 상당히　　　　　　　　2 더
3 즉석에서　　　　　　　4 현격히

해설 一層가 '한층'이라는 의미이므로, 의미가 가장 비슷한 2 もっと(더)가 정답이다.

어휘 今後 こんご [명] 향후　円安 えんやす [명] 엔화 약세, 엔저
一層 いっそう [부] 한층　可能性 かのうせい [명] 가능성
そうとう [부] 상당히　もっと [부] 더　即座に そくざに [부] 즉석에서
格段だ かくだんだ [な형] 현격하다

13

간판의 글자가 벗겨져 있다.
1 구부러져　　　　　　　2 더러워져
3 떨어져　　　　　　　　4 벗겨져

해설 はげて가 '벗겨져'라는 의미이므로, 의미가 가장 비슷한 4 取れて(벗겨져)가 정답이다.

어휘 看板 かんばん [명] 간판　文字 もじ [명] 글자　はげる [동] 벗겨지다
曲がる まがる [동] 구부러지다　汚れる よごれる [동] 더러워지다
落ちる おちる [동] 떨어지다　取れる とれる [동] 벗겨지다, 떨어지다

14

사촌에게 자전거를 양보했더니, 매우 기뻐했다.
1 전달했　　　　　　　　2 빌려줬
3 줬　　　　　　　　　　4 샀

해설 譲った가 '양보했'이라는 의미이므로, 이와 교체하여도 문장의 의미가 바뀌지 않는 3 あげた(줬)가 정답이다.

어휘 いとこ [명] 사촌　譲る ゆずる [동] 양보하다
届ける とどける [동] 전달하다　貸す かす [동] 빌려주다
あげる [동] (남에게) 주다　買う かう [동] 사다

15
앞서 달리던 오토바이가 도중에 되돌아왔다.
1 되돌아왔다 2 돌았다
3 멈췄다 4 빗나갔다

해설 引き返したが '되돌아왔다'라는 의미이므로, 의미가 같은 1 戻った (되돌아왔다)가 정답이다.

어휘 バイク 図 오토바이 引き返す ひきかえす 图 되돌아오다
戻る もどる 图 되돌아오다 曲がる まがる 图 돌다
止まる とまる 图 멈추다 外れる はずれる 图 빗나가다

16
긴장 때문인지, 지원자의 목소리가 약간 떨리고 있다.
1 굉장히 2 계속
3 조금 4 아직

해설 わずかに가 '약간'이라는 의미이므로, 의미가 가장 비슷한 3 少し (조금)가 정답이다.

어휘 緊張 きんちょう 図 긴장 せい 図 때문
志願者 しがんしゃ 図 지원자 わずか 图 약간
震える ふるえる 图 떨리다 すごく 图 굉장히 ずっと 图 계속
少し すこし 图 조금 まだ 图 아직

17
저 소설의 내용은 대략 기억하고 있다.
1 거의 2 약간
3 왠지 모르게 4 확실히

해설 大体가 '대략'이라는 의미이므로, 의미가 가장 비슷한 1 ほぼ (거의)가 정답이다.

어휘 内容 ないよう 図 내용 大体 だいたい 图 대략 ほぼ 图 거의
やや 图 약간 なんとなく 图 왠지 모르게 はっきり 图 분명히

18
이제 와서 허둥지둥해 봤자 소용없다.
1 탓해 2 서둘러
3 화내 4 놀라

해설 じたばたした가 '허둥지둥해'라는 의미이므로, 의미가 가장 비슷한 2 慌てた (서둘러)가 정답이다.

어휘 今更 いまさら 图 이제 와서 じたばた 图 허둥지둥
しょうがない 図 소용없다 責める せめる 图 탓하다
慌てる あわてる 图 서두르다, 당황하다 怒る おこる 图 화내다
驚く おどろく 图 놀라다

19
발끝 부분이 뾰족한 신발을 신고 나갔다.
1 높아진 2 더러워진

3 둥글둥글해진 4 가늘어진

해설 とがったが '뾰족한'이라는 의미이므로, 이와 교체하여도 문장의 의미가 바뀌지 않는 4 細くなった (가늘어진)가 정답이다.

어휘 つま先 つまさき 図 발끝 部分 ぶぶん 図 부분
とがる 图 뾰족해지다 高い たかい い형 높다
汚い きたない い형 더럽다 丸い まるい い형 둥글다
細い ほそい い형 가늘다

20
에너지 섭취량이 과다하면 몸에 좋지 않다.
1 너무 적으 2 너무 많으
3 너무 줄 4 너무 늘

해설 過剰だ가 '과다하'라는 의미이므로, 이와 교체하여도 문장의 의미가 바뀌지 않는 2 多すぎる (너무 많으)가 정답이다.

어휘 エネルギー 図 에너지 摂取量 せっしゅりょう 図 섭취량
過剰だ かじょうだ な형 과잉이다 少ない すくない い형 적다
多い おおい い형 많다 減る へる 图 줄다 増える ふえる 图 늘다

연습문제 유의표현 출제예상단어 p.118

1 4	2 3	3 2	4 4	5 2
6 1	7 1	8 4	9 1	10 1
11 2	12 3	13 3	14 3	15 1
16 3	17 4	18 4	19 3	20 2

문제5 _____의 말에 의미가 가장 가까운 것을, 1·2·3·4에서 하나 고르세요.

1
거짓말을 해도, 머지않아 들킬 것이다.
1 바로 2 아마
3 반드시 4 머지않아

해설 いずれが '머지않아'라는 의미이므로, 의미가 같은 4 そのうち (머지않아)가 정답이다.

어휘 嘘をつく うそをつく 거짓말을 하다 いずれ 图 머지않아
ばれる 图 들키다 そのうち 图 머지않아

2
복도에서 스쳐 지나간 교수에게 인사했다.
1 질문 2 제출
3 인사 4 상담

해설 あいさつが '인사'라는 의미이므로, 의미가 같은 3 会釈 (인사)가 정답이다.

어휘 すれ違う すれちがう 동 스쳐 지나가다　教授 きょうじゅ 명 교수
　　挨拶 あいさつ 명 인사　質問 しつもん 명 질문
　　提出 ていしゅつ 명 제출　会釈 えしゃく 명 인사
　　相談 そうだん 명 상담

3

회의에서, 시시한 의견을 말해 버렸다.
1 근거가 없는　　　　2 가치가 없는
3 관계가 없는　　　　4 자신이 없는

해설 くだらない가 '시시한'이라는 의미이므로, 이와 교체하여도 의미가 바뀌지 않는 2 価値がない(가치가 없는)가 정답이다.

어휘 くだらない い형 시시하다　根拠 こんきょ 명 근거　価値 かち 명 가치
　　関係 かんけい 명 관계　自信 じしん 명 자신

4

회사 근처의 문구점은 상품 구비가 좋아서 그런지, 항상 손님이 많다.
1 물건의 신선도가 좋　　2 물건의 판매장이 정돈되어 있
3 물건의 가격이 싸　　　4 물건의 종류가 많이 있

해설 品揃えがいい가 '상품 구비가 좋'이라는 의미이므로, 이와 교체하여도 의미가 바뀌지 않는 4 物の種類がたくさんある(물건의 종류가 많이 있)가 정답이다.

어휘 文房具屋 ぶんぼうぐや 명 문구점
　　品揃えがいい しなぞろえがいい 상품 구비가 좋다
　　常に つねに 부 항상　物 もの 명 물건　鮮度 せんど 명 신선도
　　売り場 うりば 명 판매장　整頓 せいとん 명 정돈
　　値段 ねだん 명 가격　安い やすい い형 싸다
　　種類 しゅるい 명 종류　たくさん 부 많이

5

다리를 골절하여, 가만히 있어도 아프다.
1 만지지 않아도　　　　2 움직이지 않아도
3 주무르지 않아도　　　4 서지 않아도

해설 じっとしていても가 '가만히 있어도'라는 의미이므로, 이와 교체하여도 문장의 의미가 바뀌지 않는 2 動かなくても(움직이지 않아도)가 정답이다.

어휘 骨折 こっせつ 명 골절　じっと 부 가만히　触る さわる 동 만지다
　　動く うごく 동 움직이다　揉む もむ 동 주무르다　立つ たつ 동 서다

6

생각할 수 있는 한의 준비를 하고, 시험에 임했다.
1 모든　　　　　　　　2 어떻게든
3 억지로　　　　　　　4 열심히

해설 考えられる限りの가 '생각할 수 있는 한의'라는 의미이므로, 이와 교체하여도 문장의 의미가 바뀌지 않는 1 あらゆる(모든)가 정답이다.

어휘 考える かんがえる 동 생각하다　限り かぎり 명 한도

臨む のぞむ 동 임하다　あらゆる 모든　どうにか 부 어떻게든
無理やり むりやり 부 억지로
一生懸命だ いっしょうけんめいだ な형 열심히 하다

7

냄비를 직접 만지면, 뜨거워서 화상을 입는다.
1 직접　　　　　　　　2 함부로
3 확실히　　　　　　　4 무심코

해설 直接가 '직접'이라는 의미이므로, 의미가 같은 1 じかに(직접)가 정답이다.

어휘 鍋 なべ 명 냄비　直接 ちょくせつ 명 직접　火傷 やけど 명 화상
　　じかに 부 직접　むやみに 부 함부로　しっかり 부 확실히
　　うっかり 부 무심코

8

전원이 모이는 대로, 회의를 시작하겠습니다.
1 수령하는　　　　　　2 조용해지는
3 앉는　　　　　　　　4 모이는

해설 揃い가 '모이는'이라는 의미이므로, 의미가 같은 4 集まり(모이는)가 정답이다.

어휘 全員 ぜんいん 명 전원　揃う そろう 동 모이다
　　~次第 ~しだい ~대로　受け取る うけとる 동 수령하다
　　静まる しずまる 동 조용해지다　座る すわる 동 앉다
　　集まる あつまる 동 모이다

9

저 두 사람이 결혼이라니 엉터리야.
1 사실인 이야기가 아니　2 믿을 수 없는 이야기
3 경사스러운 이야기가 아니　4 당연한 이야기

해설 でたらめだ가 '엉터리'라는 의미이므로, 이와 교체하여도 문장의 의미가 바뀌지 않는 1 本当の話ではない(사실인 이야기가 아니)가 정답이다.

어휘 でたらめだ な형 엉터리이다　信じる しんじる 동 믿다
　　おめでたい い형 경사스럽다　当たり前だ あたりまえだ な형 당연하다

10

제조 스태프에게 올바른 작업을 훈련시킬 필요가 있다.
1 트레이닝　　　　　　2 체크
3 복사　　　　　　　　4 다운로드

해설 訓練이 '훈련'이라는 의미이므로, 의미가 가장 비슷한 1 トレーニング(트레이닝)가 정답이다.

어휘 製造 せいぞう 명 제조　スタッフ 명 스태프　作業 さぎょう 명 작업
　　訓練 くんれん 명 훈련　トレーニング 명 트레이닝　チェック 명 체크
　　コピー 명 복사　ダウンロード 명 다운로드

11
함부로 돈을 써버렸다.
1 항상   2 아무것도 생각하지 않고
3 갑자기   4 직접

해설 やたらに가 '함부로'라는 의미이므로, 이와 교체하여도 문장의 의미가 바뀌지 않는 2 何も考えず(아무것도 생각하지 않고)가 정답이다.

어휘 やたらに 🔳 함부로　つねに 🔳 항상　何も なにも 아무것도
考える かんがえる 🔳 생각하다　急に きゅうに 🔳 갑자기
直接 ちょくせつ 🔳 직접

12
최근, 동영상 편집 기술도 <u>레벨업</u> 된 것 같아.
1 습득   2 보급
3 숙달   4 확립

해설 レベルアップ가 '레벨업'이라는 의미이므로, 의미가 가장 비슷한 3 上達(숙달)가 정답이다.

어휘 動画 どうが 🔳 동영상　編集 へんしゅう 🔳 편집
レベルアップ 🔳 레벨업　習得 しゅうとく 🔳 습득
普及 ふきゅう 🔳 보급　上達 じょうたつ 🔳 숙달
確立 かくりつ 🔳 확립

13
러닝을 했더니, <u>녹초가 됐다</u>.
1 목이 말랐다   2 땀이 났다
3 몹시 피곤했다   4 살이 많이 빠졌다

해설 くたくたになった가 '녹초가 됐다'라는 의미이므로, 이와 교체하여도 문장의 의미가 바뀌지 않는 3 ひどく疲れた(몹시 피곤했다)가 정답이다.

어휘 ランニング 🔳 러닝　くたくたになる 녹초가 되다
のどが渇く のどがかわく 목이 마르다　汗 あせ 🔳 땀
出る でる 🔳 나다　ひどい 🔳 심하다
疲れる つかれる 🔳 피곤하다　結構 けっこう 🔳 꽤
やせる 🔳 살이 빠지다

14
시내에서, 원숭이의 목격 정보가 <u>잇달아</u> 들어오고 있다.
1 대량으로   2 몇 번이나
3 연달아   4 변함없이

해설 続々と가 '잇달아'라는 의미이므로, 의미가 가장 비슷한 3 相次いで(연달아)가 정답이다.

어휘 市内 しない 🔳 시내　サル 🔳 원숭이　目撃 もくげき 🔳 목격
情報 じょうほう 🔳 정보　続々と ぞくぞくと 잇따라
寄せる よせる 🔳 보내다　大量だ たいりょうだ 🔳 대량이다
何回も なんかいも 몇 번이나　相次いで あいついで 🔳 연달아
相変わらず あいかわらず 🔳 여전히

15
이 그림은 그의 <u>독특한</u> 수법이 사용되고 있다.
1 독특한   2 심플한
3 하드한   4 개인적인

해설 独特な가 '독특한'이라는 의미이므로, 의미가 같은 1 ユニークな(독특한)가 정답이다.

어휘 絵画 かいが 🔳 그림　独特だ どくとくだ 🔳 독특하다
手法 しゅほう 🔳 수법　用いる もちいる 🔳 사용하다
ユニークだ 🔳 독특하다　シンプルだ 🔳 심플하다
ハードだ 🔳 하드하다　プライベートだ 🔳 개인적이다

16
<u>우선</u> 호텔을 예약했다.
1 바로   2 결심하고
3 일단   4 결국

해설 とりあえず가 '우선'이라는 의미이므로, 의미가 가장 비슷한 3 一応(일단)가 정답이다.

어휘 とりあえず 🔳 우선, 일단　予約 よやく 🔳 예약　すぐに 🔳 바로, 곧
思い切る おもいきる 🔳 결심하다　一応 いちおう 🔳 일단, 우선
結局 けっきょく 🔳 결국

17
수면시간을 <u>줄여서</u> 열심히 공부했다.
1 무시해서   2 조사해서
3 길게해서   4 줄여서

해설 けずって가 '줄여서'라는 의미이므로, 의미가 같은 4 減らして(줄여서)가 정답이다.

어휘 睡眠時間 すいみんじかん 🔳 수면시간　けずる 🔳 줄이다, 삭감하다
一生懸命 いっしょうけんめい 🔳 열심히　無視 むし 🔳 무시
調査 ちょうさ 🔳 조사　長い ながい 🔳 길다
減らす へらす 🔳 줄이다, 감소시키다

18
개가 <u>안절부절 못하고 있는</u> 느낌이 든다.
1 지쳐있는   2 슬퍼하는
3 상태가 좋은   4 침착하지 않은

해설 そわそわしている가 '안절부절 못하고 있는'이라는 의미이므로, 이와 교체하여도 문장의 의미가 바뀌지 않는 4 落ちつきがない(침착하지 않은)가 정답이다.

어휘 そわそわ 🔳 안절부절, 싱숭생숭
気がする きがする 느낌이 들다, 생각이 들다
くたびれる 🔳 지치다, 피로하다　悲しむ かなしむ 🔳 슬퍼하다
調子 ちょうし 🔳 상태　落ちつき おちつき 🔳 침착함, 차분함

19

교수님은 자료를 대충 보고 책상에 두었다.
1 바라보고 2 가리키고
3 훑어보고 4 노려보고

해설 ざっと見て가 '대충 보고'라는 의미이므로, 이와 교체하여도 문장의 의미가 바뀌지 않는 3 目を通して(훑어보고)가 정답이다.

어휘 教授 きょうじゅ 명 교수님, 교수 資料 しりょう 명 자료
ざっと 부 대충, 휙 ながめる 동 바라보다 指す さす 동 가리키다
目を通す めをとおす 동 훑어보다 にらむ 동 노려보다

20

상사의 명령에 거역할 수는 없다.
1 비판 **2 지시**
3 방침 4 지도

해설 命令가 '명령'이라는 의미이므로, 의미가 가장 비슷한 2 言いつけ(지시)가 정답이다.

어휘 上司 じょうし 명 상사 命令 めいれい 명 명령
逆らう さからう 동 거역하다 批判 ひはん 명 비판
言いつけ いいつけ 명 지시 方針 ほうしん 명 방침
指導 しどう 명 지도

실전 대비하기 1   p.120

| 1 1 | 2 3 | 3 4 | 4 3 | 5 1 |

문제5 ＿＿＿의 말에 의미가 가장 가까운 것을, 1·2·3·4에서 하나 고르세요.

1

근처에 가라오케가 있어서, 매일 밤 시끄럽다.
1 시끄럽다 2 즐겁다
3 밝다 4 매우 화려하다

해설 騒々しい가 '시끄럽다'라는 의미이므로, 의미가 같은 1 うるさい(시끄럽다)가 정답이다.

어휘 近所 きんじょ 명 근처 カラオケ 명 가라오케
騒々しい そうぞうしい い형 시끄럽다 うるさい い형 시끄럽다
たのしい い형 즐겁다 あかるい い형 밝다
はではでしい い형 매우 화려하다

2

고야마 씨는 몸짓이 귀엽다.
1 복장 2 말하는 방법
3 동작 4 표정

해설 仕草가 '몸짓'이라는 의미이므로, 의미가 가장 비슷한 3 動作(동작)가 정답이다.

어휘 仕草 しぐさ 명 몸짓, 동작 可愛らしい かわいらしい い형 귀엽다
服装 ふくそう 명 복장 話し方 はなしかた 명 말하는 방법
動作 どうさ 명 동작 表情 ひょうじょう 명 표정

3

뜻하지 않은 일이 일어나 놀랐다.
1 터무니 없는 2 기묘한
3 두려운 **4 의외의**

해설 思いがけない는 '뜻하지 않은'이라는 의미이다. 이와 교체하여도 문장의 의미가 바뀌지 않는, 4 意外な(의외의)가 정답이다.

어휘 思いがけない い형 뜻하지 않다 出来事 できごと 명 일
信じる しんじる 동 믿다 とんでもない い형 터무니 없다
奇妙だ きみょうだ な형 기묘하다 恐ろしい おそろしい い형 두렵다
意外だ いがいだ な형 의외이다

4

논문의 개요를 파악해야 한다.
1 결론의 내용 2 본문의 내용
3 대강의 내용 4 상세 내용

해설 概要가 '개요'라는 의미이므로, 이와 교체하여도 문장의 의미가 바뀌지 않는 3 大体の内容(대강의 내용)가 정답이다.

어휘 論文 ろんぶん 명 논문 概要 がいよう 명 개요
把握 はあく 명 파악 結論 けつろん 명 결론
本文 ほんぶん 명 본문 大体 だいたい 명 대강
詳細 しょうさい 명 상세

5

연수 첫날에 각자가 설정한 목표를 발표했다.
1 한 사람 한 사람 2 대표
3 전체 4 나

해설 各自가 '각자'라는 의미이므로, 이와 교체하여도 의미가 바뀌지 않는 1 一人一人(한 사람 한 사람)가 정답이다.

어휘 研修 けんしゅう 명 연수 初日 しょにち 명 첫날
各自 かくじ 명 각자 設定 せってい 명 설정
目標 もくひょう 명 목표 発表 はっぴょう 명 발표
一人一人 ひとりひとり 명 한 사람 한 사람 代表 だいひょう 명 대표
全体 ぜんたい 명 전체

실전 대비하기 2   p.121

| 1 2 | 2 4 | 3 1 | 4 1 | 5 1 |

문제5 ____의 말에 의미가 가장 가까운 것을, 1·2·3·4에서 하나 고르세요.

1

이 지역에 눈이 내리는 것은 드문 일이다.
1 절대로 없는
2 거의 없는
3 자주 있는
4 가끔 있는

해설 稀な가 '드문'이라는 의미이므로, 이와 교체하여도 의미가 바뀌지 않는 2 ほとんどない(거의 없는)가 정답이다.

어휘 地域 ちいき 圏지역　稀だ まれだ 左형드물다
絶対に ぜったいに 튀절대로　ほとんど 튀거의　よく 튀자주
ときどき 튀가끔

2

다나카 씨는 최근 불평만 하고 있다.
1 농담
2 거짓말
3 응석
4 불만

해설 不平가 '불평'이라는 의미이므로, 의미가 가장 비슷한 4 文句(불만)가 정답이다.

어휘 最近 さいきん 圏최근　不平 ふへい 圏불평　~ばかり 조~만, ~뿐
冗談 じょうだん 圏농담　うそ 圏거짓말　わがまま 圏응석
文句 もんく 圏불만

3

부상을 깨달은 것은 시합 직전이었다.
1 직전
2 직후
3 도중
4 당일

해설 間際가 '직전'이라는 의미이므로, 의미가 같은 1 直前(직전)이 정답이다.

어휘 気付く きづく 屠깨닫다　間際 まぎわ 圏직전
直前 ちょくぜん 圏직전　直後 ちょくご 圏직후
最中 さいちゅう 圏도중　当日 とうじつ 圏당일

4

주차장에 차를 세우고 있었는데, 담벼락에 충돌하고 말았다.
1 부딪치고
2 문지르고
3 상처를 내고
4 올라타고

해설 衝突して가 '충돌하고'라는 의미이므로, 의미가 가장 비슷한 1 ぶつかって(부딪치고)가 정답이다.

어휘 塀 へい 圏담벼락　衝突 しょうとつ 圏충돌　ぶつかる 屠부딪히다
こする 屠문지르다　傷つける きずつける 屠상처를 내다
乗り上げる のりあげる 屠올라타다

5

이 문제는 몹시 복잡합니다.
1 상당히
2 특히
3 한층 더
4 의외로

해설 きわめて가 '몹시'라는 의미이므로, 의미가 가장 비슷한 1 非常に(상당히)가 정답이다.

어휘 きわめて 튀몹시　非常に ひじょうに 튀상당히
特に とくに 튀특히　一層 いっそう 튀한층 더
意外と いがいと 튀의외로

실전 대비하기 3
p.122

1 3　**2** 3　**3** 3　**4** 1　**5** 2

문제5 ____의 말에 의미가 가장 가까운 것을, 1·2·3·4에서 하나 고르세요.

1

그곳은 수정할 필요가 없다고 생각해요.
1 추가할
2 삭제할
3 고칠
4 조사할

해설 修正する가 '수정할'이라는 의미이므로, 의미가 가장 비슷한 3 直す(고칠)가 정답이다.

어휘 修正 しゅうせい 圏수정　必要 ひつよう 圏필요
追加 ついか 圏추가　削除 さくじょ 圏삭제　直す なおす 屠고치다
調べる しらべる 屠조사하다

2

어머니는 매너에 엄격해서, 자주 꾸중을 듣곤 했다.
1 통금 시간
2 복장
3 예절
4 성적

해설 マナー가 '매너'라는 의미이므로, 의미가 가장 비슷한 3 行儀(예절)가 정답이다.

어휘 マナー 圏매너　しょっちゅう 튀자주　門限 もんげん 圏통금시간
服装 ふくそう 圏복장　行儀 ぎょうぎ 圏예절
成績 せいせき 圏성적

3

그는 우수한 직원이지만, 사람들 앞에서 뽐내거나 하지 않는다.
1 자랑하려고 하거나
2 눈에 띄려고 하거나
3 잘난 척하거나
4 강한 것처럼 하거나

해설 いばったり가 '뽐내거나'라는 의미이므로, 이와 교체하여도 의미가

바뀌지 않는 3 偉そうにしたり(잘난 척거나)가 정답이다.

어휘 優秀だ ゆうしゅうだ [な형]우수하다   社員 しゃいん [명]직원
　　　人前 ひとまえ [명]사람들 앞   いばる [동]뽐내다   自慢 じまん [명]자랑
　　　目立つ めだつ [동]눈에 띄다   偉そうだ えらそうだ 잘난 척하다
　　　強そうだ つよそうだ 강한 것 같다

4

구태여 학원에 보내는 것은 이제 그만두었다.

1 억지로　　　　　　　2 적극적으로
3 불필요하게　　　　　4 안이하게

해설 強いてが '구태여'라는 의미이므로, 이와 교체하여도 의미가 바뀌지 않는 1 無理やりに(억지로)가 정답이다.

어휘 強いて しいて [부]구태여   習い事 ならいごと [명]학원
　　　無理やり むりやり [부]억지로
　　　積極的だ せっきょくてきだ [な형]적극적이다
　　　余計だ よけいだ [な형]불필요하다   安易だ あんいだ [な형]안이하다

5

강의를 계기로, 환경 문제에 주목하게 됐다.

1 배려를 하　　　　　　2 관심을 가지
3 몰두하　　　　　　　4 종사하

해설 注目するが '주목하'라는 의미이므로, 이와 교체하여도 문장의 의미가 바뀌지 않는 2 関心を持つ(관심을 가지)가 정답이다.

어휘 講義 こうぎ [명]강의   きっかけ [명]계기   環境 かんきょう [명]환경
　　　注目 ちゅうもく [명]주목   配慮 はいりょ [명]배려
　　　関心 かんしん [명]관심   持つ もつ [동]가지다
　　　取り組む とりくむ [동]몰두하다   携わる たずさわる [동]종사하다

실전 대비하기 4　　　　　　　　　　p.123

| 1 4 | 2 4 | 3 3 | 4 1 | 5 4 |

문제5 ＿＿＿의 말에 의미가 가장 가까운 것을, 1·2·3·4에서 하나 고르세요.

1

선수가 시합에서 보여준 테크닉에 모두가 놀랐다.

1 활약　　　　　　　　2 태도
3 표정　　　　　　　　4 기술

해설 テクニックが '테크닉'이라는 의미이므로, 의미가 가장 비슷한 4 技術(기술)가 정답이다.

어휘 選手 せんしゅ [명]선수   試合 しあい [명]시합   テクニック [명]테크닉
　　　活躍 かつやく [명]활약   態度 たいど [명]태도
　　　表情 ひょうじょう [명]표정   技術 ぎじゅつ [명]기술

2

여동생은 어머니를 닮아 몸집이 작은 편이다.

1 얼굴이 작은　　　　　2 소심한
3 목소리가 작은　　　　4 몸이 작은

해설 小柄なが '몸집이 작은'이라는 의미이므로, 의미가 가장 비슷한 4 体が小さい(몸이 작은)가 정답이다.

어휘 小柄 こがら [명]몸집이 작음   顔 かお [명]얼굴
　　　小さい ちいさい [い형]작다   気が小さい きがちいさい 소심하다
　　　声 こえ [명]목소리   体 からだ [명]몸

3

건조기에 돌린 스웨터가 줄어들어 버렸다.

1 손상돼　　　　　　　2 빛바래
3 작아져　　　　　　　4 주름져

해설 縮んでが '줄어들어'라는 의미이므로, 이와 교체하여도 문장의 의미가 바뀌지 않는 3 小さくなって(작아져)가 정답이다.

어휘 乾燥機 かんそうき [명]건조기   かける [동](기계를) 돌리다
　　　セーター [명]스웨터   縮む ちぢむ [동]줄어들다
　　　傷む いたむ [동]손상되다   色あせる いろあせる [동]빛바래다, 주름지다

4

가게 안에는 세련된 가구가 갖추어져 있었다.

1 모여　　　　　　　　2 늘어서
3 팔리고　　　　　　　4 장식되어

해설 揃ってが '갖추어져'라는 의미이므로, 의미가 가장 비슷한 1 集まって(모여)가 정답이다.

어휘 店内 てんない [명]가게 안, 점 내   おしゃれだ [な형]세련되다
　　　揃う そろう [동]갖추어지다   集まる あつまる [동]모이다
　　　並ぶ ならぶ [동]늘어서다   売る うる [동]팔다
　　　飾る かざる [동]장식하다

5

후배의 말을 듣고, 동정하지 않을 수는 없었다.

1 안이하다고 생각하지 않고는　2 당연하다고 생각하지 않고는
3 유치하다고 생각하지 않고는　4 불쌍하다고 생각하지 않고는

해설 同情せずにはが '동정하지 않을 수는'이라는 의미이므로, 이와 교체하여도 문장의 의미가 바뀌지 않는 4 かわいそうだと思わずには(불쌍하다고 생각하지 않고는)가 정답이다.

어휘 後輩 こうはい [명]후배   同情 どうじょう [명]동정
　　　安易だ あんいだ [な형]안이하다
　　　当たり前だ あたりまえだ [な형]당연하다
　　　幼稚だ ようちだ [な형]유치하다   かわいそうだ [な형]불쌍하다

실전 대비하기 5   p.124

| 1 2 | 2 4 | 3 2 | 4 1 | 5 4 |

문제5 _____의 말에 의미가 가장 가까운 것을, 1·2·3·4에서 하나 고르세요.

1

각자 견해가 다른 것은 어쩔 수 없는 일입니다.
1 가르치는 방식   2 생각하는 방식
3 하는 방식   4 꾸짖는 방식

해설 見解가 '견해'라는 의미이므로, 이와 교체하여도 문장의 의미가 바뀌지 않는 2 考え方(생각하는 방식)가 정답이다.
어휘 それぞれ 명각자   見解 けんかい 명견해
仕方がない しかたがない 어쩔 수 없다
教える おしえる 동가르치다   考える かんがえる 동생각하다
叱る しかる 동꾸짖다

2

가장 눈에 띄는 곳에 인기 작가의 서적이 진열되어 있다.
1 작품   2 원고
3 그림   4 책

해설 書籍가 '서적'이라는 의미이므로, 의미가 가장 비슷한 4 本(책)이 정답이다.
어휘 目立つ めだつ 동눈에 띄다   人気 にんき 명인기
作家 さっか 명작가   書籍 しょせき 명서적
並ぶ ならぶ 동진열되다   作品 さくひん 명작품
原稿 げんこう 명원고

3

그 건에 대해서는 솔직히, 짜증이 나 있었다.
1 신경 쓰이고   2 화가 나
3 매우 슬퍼하고   4 매우 고민하고

해설 むかついて가 '짜증이 나'라는 의미이므로, 이와 교체하여도 의미가 바뀌지 않는 2 腹が立って(화가 나)가 정답이다.
어휘 件 けん 명건   正直 しょうじき 부솔직히   むかつく 짜증이 나다
気になる きになる 신경 쓰이다   腹が立つ はらがたつ 화가 나다
悲しむ かなしむ 동슬퍼하다   悩む なやむ 동고민하다

4

매일 연습에 진지하게 임합시다.
1 성실하게   2 긍정적으로
3 적극적으로   4 지속적으로

해설 真剣に가 '진지하게'라는 의미이므로, 의미가 가장 비슷한 1 真面目に(성실하게)가 정답이다.
어휘 日々 ひび 명매일   真剣だ しんけんだ な형진지하다
取り組む とりくむ 동임하다   真面目だ まじめだ な형성실하다
前向きだ まえむきだ な형긍정적이다
積極的だ せっきょくてきだ な형적극적이다
継続的だ けいぞくてきだ な형지속적이다

5

약을 먹었더니, 통증이 서서히 가라앉았다.
1 곧   2 더욱더
3 단숨에   4 차츰

해설 徐々には '서서히'라는 의미로, 의미가 가장 비슷한 4 次第に(차츰)가 정답이다.
어휘 痛み いたみ 명통증   徐々に じょじょに 부서서히
治まる おさまる 동가라앉다   じきに 부곧   さらに 부더욱더
一気に いっきに 부단숨에   次第に しだいに 부차츰

실전 대비하기 6   p.125

| 1 2 | 2 2 | 3 3 | 4 2 | 5 1 |

문제5 _____의 말에 의미가 가장 가까운 것을, 1·2·3·4에서 하나 고르세요.

1

졸업 여행은, 잠자는 시간이 아까울 정도였다.
1 기다려질   2 아까울
3 싫을   4 특별할

해설 惜しい가 '아까울'이라는 의미이므로, 의미가 같은 2 もったいない(아까울)가 정답이다.
어휘 惜しい おしい い형아깝다
待ち遠しい まちどおしい い형기다려지다   もったいない い형아깝다

2

접객 중에 스마트폰을 만져서는 안됩니다.
1 보아서   2 만져서
3 가지고 다녀서   4 꺼내서

해설 いじって가 '만져서'라는 의미이므로, 의미가 같은 2 触って(만져서)가 정답이다.
어휘 接客 せっきゃく 명접객   ~中 ~ちゅう ~중   スマホ 명스마트폰
いじる 동만지다   見る みる 동보다   触る さわる 동만지다
持ち歩く もちあるく 동가지고 다니다   取り出す とりだす 동꺼내다

44   무료 온라인 실전모의고사·학습자료 제공 japan.Hackers.com

1

정상

1 그는 집 정상에서 야채를 길러, 판매까지 하고 있다고 한다.
2 **산 정상에서 내려다보니, 아름다운 경치가 한쪽 면에 펼쳐져 있었다.**
3 평소에 신세를 지고 있는 정상의 사원에게, 업무에 관해 상담을 했다.
4 이 자동차는 정상에서 3.8미터 높이까지 짐을 쌓을 수 있다.

해설 頂上(정상)는 산 등의 가장 높은 부분을 나타낼 때 사용한다. 2의 山の頂上から見下ろす(산 정상에서 내려다보)에서 올바르게 사용되었으므로 2가 정답이다. 참고로, 1은 屋上(おくじょう, 옥상), 3은 目上(めうえ, 윗사람), 4는 地上(ちじょう, 지상)를 사용하는 것이 올바른 문장이다.

어휘 頂上 ちょうじょう 영정상　野菜 やさい 영채소
　　 育てる そだてる 동기르다　販売 はんばい 영판매
　　 見下ろす みおろす 동내려다보다　景色 けしき 영경치
　　 一面 いちめん 영일면, 온통　広がる ひろがる 동펼쳐지다
　　 絶景 ぜっけい 영절경　日頃 ひごろ 영평소
　　 お世話 おせわ 영신세, 돌봄　社員 しゃいん 영사원
　　 業務 ぎょうむ 영업무　相談 そうだん 영상담
　　 自動車 じどうしゃ 영자동차　荷物 にもつ 영짐
　　 積む つむ 동쌓다, 싣다

2

냉정

1 그와 이야기했을 때 그 태도에 냉정하다고 느꼈지만, 실제로는 누구보다도 사려깊었다.
2 **부장님은 항상 냉정한 사람으로, 갑작스러운 트러블이 발생해도 일절 당황하거나 하지 않는다.**
3 내 스트레스 해소법은, 냉정한 장소에서 아무에게도 방해받지 않고 독서를 하는 것이다.
4 영화의 클라이맥스에서 그려진 냉정한 장면은, 관객의 마음에 깊은 인상을 남겼다.

해설 冷静(냉정)는 감정에 좌우되지 않는 침착한 상태를 의미한다. 2의 冷静な人で、急なトラブルが発生しても一切慌てたりしない(냉정한 사람으로, 갑작스러운 트러블이 발생해도 일절 당황하거나 하지 않는다)에서 올바르게 사용되었으므로 2가 정답이다. 참고로, 1은 冷たい(つめたい, 차갑다), 3은 静かだ(しずかだ, 조용하다), 4는 残酷だ(ざんこくだ, 잔혹하다)를 사용하는 것이 올바른 문장이다.

어휘 冷静 れいせい な형냉정　態度 たいど 영태도
　　 実際 じっさい 영실제　思慮深い しりょぶかい い형사려깊다
　　 部長 ぶちょう 영부장　常に つねに 부항상　急 きゅう 영급함
　　 トラブル 영문제, 트러블　発生 はっせい 영발생
　　 一切 いっさい 영일체　慌てる あわてる 동당황하다
　　 ストレス 영스트레스　解消法 かいしょうほう 영해소법
　　 邪魔 じゃま 영방해　読書 どくしょ 영독서　映画 えいが 영영화
　　 クライマックス 영클라이맥스　描かれる えがかれる 동그려지다

3

직장의 유니폼은 꽤 좋다.
1 규칙　　　　　　　2 식당
3 제복　　　　　　4 제품

해설 ユニフォーム가 '유니폼'이라는 의미이므로, 의미가 가장 비슷한 3 制服(제복)가 정답이다.

어휘 職場 しょくば 영직장　ユニフォーム 영유니폼　規則 きそく 영규칙
　　 食堂 しょくどう 영식당　制服 せいふく 영제복
　　 製品 せいひん 영제품

4

기타야마 씨는 제멋대로여서, 항상 주위 사람을 휘두른다.
1 대충이　　　　　　**2 이기적이**
3 건방져　　　　　　4 급한 성격이

해설 わがまま가 '제멋대로'라는 의미이므로, 의미가 가장 비슷한 2 自分勝手(이기적이)가 정답이다.

어휘 わがままだ な형제멋대로이다　振り回す ふりまわす 동휘두르다
　　 いい加減だ な형대충이다
　　 自分勝手だ じぶんかってだ な형이기적이다
　　 生意気だ なまいきだ な형건방지다
　　 短気だ たんきだ な형급한 성격이다

5

그녀의 이야기를 듣고 동요했다.
1 불안해졌다　　　2 귀찮아졌다
3 냉정해졌다　　　　4 나약해졌다

해설 動揺した가 '동요했다'라는 의미이므로, 이와 교체하여도 의미가 바뀌지 않는 1 不安になった(불안해졌다)가 정답이다.

어휘 動揺 どうよう 영동요　不安だ ふあんだ な형불안하다
　　 億劫だ おっくうだ な형귀찮다　冷静だ れいせいだ な형냉정하다
　　 弱気だ よわきだ な형나약하다

연습문제 용법 기출단어　　　　　　p.134

| 1 2 | 2 2 | 3 4 | 4 3 | 5 1 |
| 6 2 | 7 3 | 8 1 | 9 1 | 10 1 |

문제6 ＿＿＿의 말에 의미가 가장 가까운 것을, 1·2·3·4에서 하나 고르세요.

シーン 명장면　観客 かんきゃく 명관객　深い ふかい い형깊다
印象 いんしょう 명인상　残す のこす 동남기다

3

둔하다

1 올해는 많은 지역에서 평년보다 벚꽃 개화가 <u>둔</u>해질 전망입니다.
2 출근한다면서 그런 <u>둔</u>한 복장으로 가다니 믿을 수 없다.
3 모래 사장에 앉아 <u>둔</u>하게 져 가는 석양을 보고 있으니, 마음이 안정되기 시작했다.
4 수조 물의 온도가 적정 온도보다 낮으면, 금붕어의 움직임이 <u>둔</u>해진다고 한다.

해설 鈍い(둔하다)는 반응이나 움직임이 느리고 굼뜬 경우에 사용한다. 4의 金魚の動きが鈍くなる(금붕어의 움직임이 둔해진다)에서 올바르게 사용되었으므로 4가 정답이다. 참고로, 1은 遅い(おそい, 늦다), 2는 だらしない(단정하지 않다), 3은 ゆっくり(천천히)를 사용하는 것이 올바른 문장이다.

어휘 鈍い にぶい い형둔하다　地域 ちいき 명지역
平年 へいねん 명평년　桜 さくら 명벚꽃　開花 かいか 명개화
見込み みこみ 명예상, 전망　出勤 しゅっきん 명출근
服装 ふくそう 명복장　信じる しんじる 동믿다
砂浜 すなはま 명모래사장　座る すわる 동앉다
沈む しずむ 동지다, 가라앉다　夕日 ゆうひ 명석양
落ち着く おちつく 동안정되다　水槽 すいそう 명수조
温度 おんど 명온도　適温 てきおん 명적정 온도
金魚 きんぎょ 명금붕어　動き うごき 명움직임

4

진작에

1 텐트를 치고 있었더니, <u>진작에</u> 모기에 물려 있었다.
2 학생 시절부터 <u>진작에</u> 동경하던 파리에 올 수 있다니 감격이다.
3 지갑 속에 쿠폰을 확인하니, <u>진작에</u> 유효 기간이 지나 있었다.
4 프로젝트에 착수하기 전 <u>진작에</u> 리스크를 철저히 밝혀내어, 대책을 다듬어 두자.

해설 とっくに(진작에)는 이미 오래 전에 어떤 일이 완료된 상태를 나타낼 때 사용한다. 3의 クーポンを確認すると、とっくに有効期限が過ぎていた(쿠폰을 확인하니, 진작에 유효 기간이 지나 있었다)에서 올바르게 사용되었으므로 3이 정답이다. 참고로, 1은 いつの間にか(언제부터인가), 2는 かねがね(줄곧), 4는 あらかじめ(미리)를 사용하는 것이 올바른 문장이다.

어휘 とっくに 부진작에　テント 명텐트
組み立てる くみたてる 동조립하다　蚊 か 명모기
刺される さされる 동물리다　憧れる あこがれる 동동경하다
パリ 명파리　感激 かんげき 명감격　財布 さいふ 명지갑
クーポン 명쿠폰　確認 かくにん 명확인
有効期限 ゆうこうきげん 명유효기간　過ぎる すぎる 동지나다
プロジェクト 명프로젝트　取り掛かる とりかかる 동착수하다
リスク 명리스크, 위험　洗い出す あらいだす 동밝혀내다
対策 たいさく 명대책　練る ねる 동다듬다, 세우다

5

연장

1 아파트 계약은 다음 달까지지만, 1년간 <u>연장</u>하고 싶다.
2 태풍의 영향으로, 다음 주 예정되어 있던 이벤트는 <u>연장</u>이 되었다.
3 신제품이 성공해서, 해외 시장으로의 사업 <u>연장</u>이 결정되었다.
4 건강을 위해 매일 아침 달리기를 반년 이상 <u>연장</u>하고 있다.

해설 延長(연장)는 기간이나 거리를 예정된 것보다 길게 하는 경우에 사용한다. 1의 アパートの契約は来月までですが、1年間延長したい(아파트 계약은 다음 달까지지만, 1년간 연장하고 싶다)에서 올바르게 사용되었으므로 1이 정답이다. 참고로, 2는 延期(えんき, 연기), 3은 拡大(かくだい, 확대), 4는 継続(けいぞく, 계속)를 사용하는 것이 올바른 문장이다.

어휘 延長 えんちょう 명연장　契約 けいやく 명계약
来月 らいげつ 명다음 달　台風 たいふう 명태풍
影響 えいきょう 명영향　予定 よてい 명예정
新製品 しんせいひん 명신제품　成功 せいこう 명성공
海外 かいがい 명해외　市場 しじょう 명시장
事業 じぎょう 명사업　決定 けってい 명결정
健康 けんこう 명건강　毎朝 まいあさ 명매일 아침
ランニング 명달리기　半年 はんとし 명반년　以上 いじょう 부이상

6

논쟁

1 50미터 달리기의 기록으로 <u>논쟁</u>을 한다면, 학년 1위는 니시다 군일 것이다.
2 의원들이, 새로운 정책에 대해 격한 <u>논쟁</u>을 펼치고 있다.
3 신상품의 선전 문구를 정할 때, 자신의 의견을 강하게 <u>논쟁</u>했다.
4 개끼리 <u>논쟁</u>을 하고 있는 것인가 생각했지만, 놀고 있을 뿐인 것 같다.

해설 論争(논쟁)는 의견이 다른 사람들끼리 주장을 펴며 다투는 경우에 사용한다. 2의 新しい政策について激しい論争を繰り広げている(새로운 정책에 대해 격한 논쟁을 펼치고 있다)에서 올바르게 사용되었으므로 2가 정답이다. 참고로, 1은 勝負(しょうぶ, 승부), 3은 主張(しゅちょう, 주장), 4는 喧嘩(けんか, 싸움)를 사용하는 것이 올바른 문장이다.

어휘 論争 ろんそう 명논쟁　メートル 명미터　走り はしり 명달리기
タイム 명기록, 시간　学年 がくねん 명학년　一位 いちい 명1위
議員 ぎいん 명의원　政策 せいさく 명정책
激しい はげしい い형격렬하다　繰り広げる くりひろげる 동펼치다
新商品 しんしょうひん 명신상품　キャッチコピー 명캐치프레이즈
意見 いけん 명의견　同士 どうし 명동료, ~끼리

7

생각해 내다

1 대학에 다니고 있었던 당시를 <u>생각해 내면</u> 정말 청춘이었다고 느낀다.

2 이 곡은 작사가가 자신의 고향을 <u>생각해 내</u>면서 가사를 썼다고 한다.
3 좋은 아이디어를 <u>생각해 냈</u>다고 생각했는데, 부장님에게는 기각되어 버렸다.
4 장래의 일을 <u>생각해 내</u>서, 슬슬 저금을 시작하는 편이 좋을 것이다.

해설 思い付く(생각해 내다)는 갑자기 발상이 떠오르는 경우에 사용한다. 3의 いいアイデアを思い付いた(좋은 아이디어를 생각해 냈다)에서 올바르게 사용되었으므로 3이 정답이다. 참고로, 1은 思い返す(おもいかえす, 되돌아보다), 2는 思い浮かべる(おもいうかべる, 떠올리다), 4는 考える(かんがえる, 생각하다)를 사용하는 것이 올바른 문장이다.

어휘 思い付く おもいつく 图생각해내다　当時 とうじ 图당시
　　 まさに 图바로　青春 せいしゅん 图청춘
　　 感じる かんじる 图느끼다　曲 きょく 图곡
　　 作詞家 さくしか 图작사가　自身 じしん 图자신
　　 故郷 こきょう 图고향　歌詞 かし 图가사　アイデア 图아이디어
　　 部長 ぶちょう 图부장　却下 きゃっか 图기각
　　 将来 しょうらい 图장래, 미래　貯金 ちょきん 图저축
　　 始める はじめる 图시작하다

8

충만
1 마사지 가게에 들어가니, 달콤한 아로마 향기가 <u>충만</u>해 있었다.
2 최근에는 일도 취미도 즐기면서 <u>충만</u>한 매일을 보내고 있다.
3 근처 강이 <u>충만</u>할 위험이 높아졌기 때문에, 피난 지시가 발령되었다.
4 휴가를 내서 가족과 괌을 방문해, 여름을 <u>충만</u>하고 돌아왔다.

해설 充満(충만)은 어떤 기운이나 냄새가 공간에 가득 차 있는 경우에 사용한다. 1의 甘いアロマの香りが充満していた(달콤한 아로마 향기가 충만해 있었다)에서 올바르게 사용되었으므로 1이 정답이다. 참고로, 2는 充実(じゅうじつ, 충실), 3은 氾濫(はんらん, 범람), 4는 満喫(まんきつ, 만끽)를 사용하는 것이 올바른 문장이다.

어휘 充満 じゅうまん 图충만　マッサージ 图마사지　アロマ 图아로마
　　 香り かおり 图향기　最近 さいきん 图최근　趣味 しゅみ 图취미
　　 おそれ 图우려, 걱정　高まる たかまる 图높아지다, 고조되다
　　 避難 ひなん 图피난　指示 しじ 图지시　発令 はつれい 图발령
　　 休暇 きゅうか 图휴가　家族 かぞく 图가족
　　 訪れる おとずれる 图방문하다

9

방침
1 부장님은 신년도의 사업 전개에 관한 회사의 <u>방침</u>을 자세하게 설명했다.
2 목적지와는 반대 <u>방침</u>으로 향하는 전철에 타서, 깨닫지 못한 채로 발차하고 말았다.
3 태양은 동쪽 <u>방침</u>에서 뜨지만, 계절에 따라 남쪽으로 치우치거나 북쪽으로 치우치거나 한다.
4 중학교나 고등학교에서, 머리카락 길이를 제한하는 등의 불필요한 <u>방침</u>을 재검토하자는 움직임이 있다.

해설 方針(방침)은 단체나 조직이 계획을 실행하기 위해 정한 방향을 의미한다. 1의 部長は新年度の事業展開に関する会社の方針を詳しく説明した(부장님은 신년도의 사업 전개에 관한 회사의 방침을 자세하게 설명했다)에서 올바르게 사용되었으므로 1이 정답이다. 참고로, 2는 方向(ほうこう, 방향), 3은 方角(ほうがく, 방위), 4는 校則(こうそく, 교칙)를 사용하는 것이 올바른 문장이다.

어휘 方針 ほうしん 图방침　新年度 しんねんど 图신년도
　　 事業 じぎょう 图사업　展開 てんかい 图전개
　　 詳しい くわしい い형자세하다　説明 せつめい 图설명
　　 目的地 もくてきち 图목적지　逆 ぎゃく 图반대
　　 向かう むかう 图향하다　電車 でんしゃ 图전철
　　 気づく きづく 图깨닫다　発車 はっしゃ 图발차
　　 太陽 たいよう 图태양　昇る のぼる 图오르다, 떠오르다
　　 季節 きせつ 图계절　寄る よる 图들르다　制限 せいげん 图제한
　　 不要だ ふようだ な형불필요하다　見直す みなおす 图재검토하다

10

희미
1 딸은 소리에 민감해서, 잠이 든 후에도 <u>희미</u>한 잡음에 눈을 뜬다.
2 건강을 생각해서 염분을 삼가고 있어서, 직접 지은 밥은 맛이 <u>희미</u>하다.
3 그 카페는 가게 안이 <u>희미</u>하지만, 가정적인 공간이라서 편안하다.
4 지인이 복권에 당첨되다니, <u>희미</u>하게는 믿기 어렵다.

해설 かすか(희미)는 소리나 빛 등이 어렴풋하고 약한 경우에 사용한다. 1의 かすかな物音で目を覚ます(희미한 잡음에 눈을 뜬다)에서 올바르게 사용되었으므로 1이 정답이다. 참고로, 2는 薄い(うすい, 연하다), 3은 狭い(せまい, 좁다), 4는 にわかだ(갑자기이다)를 사용하는 것이 올바른 문장이다.

어휘 かすか な형희미하다　娘 むすめ 图딸　音 おと 图소리
　　 敏感 びんかん な형민감　眠り ねむり 图잠　つく 图들다, 자다
　　 物音 ものおと 图소음　覚ます さます 图깨우다
　　 健康 けんこう 图건강　塩分 えんぶん 图염분
　　 控える ひかえる 图삼가다　自炊 じすい 图직접 지음
　　 カフェ 图카페　店内 てんない 图점내
　　 アットホーム な형아늑함, 집과 같은　空間 くうかん 图공간
　　 落ち着く おちつく 图안정되다　知り合い しりあい 图지인
　　 宝くじ たからくじ 图복권　当選 とうせん 图당첨
　　 にわかには信じがたい にわかにはしんじがたい 갑자기(들어서)는 믿기 어렵다

연습문제 용법 출제예상단어 p.140

| 1 2 | 2 2 | 3 1 | 4 3 | 5 2 |
| 6 4 | 7 4 | 8 1 | 9 3 | 10 1 |

문제6 ＿＿＿의 말에 의미가 가장 가까운 것을, 1·2·3·4에서 하나 고르세요.

1

상당히

1 남동생은 아침부터 부모에게 꾸중을 들었는데, 상당히 신경 쓰지 않는 것 같다.
2 통학을 생각하면, 집보다 기숙사에 사는 편이 상당히 편할 것이다.
3 지금 급한 일로 손을 뗄 수 없기 때문에, 상당히 다시 걸어도 괜찮습니까?
4 그녀도 육상부지만, 종목이 달라서 상당히 얘기한 적이 없다.

해설 よほど(상당히)는 주로 정도가 어지간히 많거나 높은 경우에 사용한다. 2의 通学のことを考えると、家より学生寮に住んだほうがよほど楽だろう(통학을 생각하면, 집보다 기숙사에 사는 편이 상당히 편할 것이다)에서 올바르게 사용되었으므로 2가 정답이다. 참고로, 1은 さほど(그다지), 3은 後ほど(のちほど, 나중에), 4는 ほとんど(거의)를 사용하는 것이 올바른 문장이다.

어휘 よほど 🖫상당히, 퍽 親 おや 🖫부모 気にする きにする 신경 쓰다
通学 つうがく 🖫통학 学生寮 がくせいりょう 🖫기숙사
楽だ らくだ 🖫편하다 急ぎ いそぎ 🖫급함 離す はなす 🖫떼다
かけ直す かけなおす 🖫다시 걸다
陸上部 りくじょうぶ 🖫육상부 種目 しゅもく 🖫종목

2

채용

1 세계 대회에서 금상에 채용된 초콜릿은 장미 향기가 특징적이다.
2 기획 회의에서 내 안이 채용되어, 리더를 맡게 되었다.
3 관내의 시설을 채용하는 경우는, 우선 창구에서 절차를 행해 주세요.
4 3번째 선거에서 겨우 시의회 의원으로 채용한 아버지는 기쁨의 눈물을 흘렸다.

해설 採用(채용)는 사람을 뽑거나 안건이나 방안을 채택하는 경우에 사용한다. 2의 私の案が採用され(내 안이 채용되어)에서 올바르게 사용되었으므로 2가 정답이다. 참고로, 1은 選ぶ(えらぶ, 선택하다), 3은 使用(しよう, 사용), 4는 当選(とうせん, 당선)을 사용하는 것이 올바른 문장이다.

어휘 採用 さいよう 🖫채용 大会 たいかい 🖫대회
金賞 きんしょう 🖫금상 チョコレート 🖫초콜릿 バラ 🖫장미
香り かおり 🖫향기 特徴的だ とくちょうてきだ 🖫특징적이다
企画 きかく 🖫기획 案 あん 🖫안 リーダー 🖫리더

務める つとめる 🖫맡다 館内 かんない 🖫관내
施設 しせつ 🖫시설 手続き てつづき 🖫절차, 수속
行う おこなう 🖫행하다 選挙 せんきょ 🖫선거 ようやく 🖫겨우
市議会 しぎかい 🖫시의회 議員 ぎいん 🖫의원
喜び よろこび 🖫기쁨 涙 なみだ 🖫눈물 流す ながす 🖫흘리다

3

느리다

1 앞 차가 너무나 느려서 앞지르고 싶지만, 1차선 길이라서 어떻게 할 수가 없다.
2 오늘 밤, 아버지는 회식으로 귀가가 느려진다고 해서, 어머니와 둘이서 먼저 저녁을 먹었다.
3 식칼은 계속 쓰면 칼끝이 마찰로 둥글어져, 칼로 자르는 맛이 느려져 버린다.
4 해외에서 들여오는 상품은 배송에 시간이 걸리기 때문에, 느리게 기다리지 않으면 안 된다.

해설 のろい(느리다)는 동작이 느리고 굼뜬 경우에 사용한다. 1의 前の車があまりにのろくて(앞 차가 너무나 느려서)에서 올바르게 사용되었으므로 1이 정답이다. 참고로, 2는 遅い(おそい, 늦다), 3은 鈍い(にぶい, 무디다), 4는 気長だ(きながだ, 느긋하다)를 사용하는 것이 올바른 문장이다.

어휘 のろい 🖫느리다 追い越す おいこす 🖫추월하다
一車線 いっしゃせん 🖫일차선 今夜 こんや 🖫오늘 밤
会食 かいしょく 🖫회식 帰宅 きたく 🖫귀가
夕食 ゆうしょく 🖫저녁 식사 済ませる すませる 🖫끝내다, 마치다
包丁 ほうちょう 🖫부엌칼
使い続ける つかいつづける 🖫계속 사용하다 刃 は 🖫칼날
摩擦 まさつ 🖫마찰 丸い まるい 🖫둥글다
切れ味 きれあじ 🖫절삭력 海外 かいがい 🖫해외
取り寄せる とりよせる 🖫들여오다 商品 しょうひん 🖫상품
配送 はいそう 🖫배송

4

둘러보다

1 아들의 성적을 둘러보고, 영어 교육에 힘을 쏟아갈 생각이다.
2 오타가 없도록, 제출하기 전에 작성한 리포트를 둘러보았다.
3 리더에게는 전체를 둘러볼 수 있는 넓은 시야가 필요할 것이다.
4 인터넷 상의 기사가 가짜 뉴스인지 어떤지 둘러보는 것은 어렵다.

해설 見渡す(둘러보다)는 넓은 범위를 한눈에 살피거나 전체를 조망하는 경우에 사용한다. 3의 全体を見渡すことができる(전체를 둘러볼 수 있는)에서 올바르게 사용되었으므로 3이 정답이다. 참고로, 1은 見極める(みきわめる, 정확히 파악하다), 2는 見直す(みなおす, 다시 보다), 4는 見極める(みきわめる, 분별하다)를 사용하는 것이 올바른 문장이다.

어휘 見渡す みわたす 🖫둘러보다 誤字 ごじ 🖫오타
提出 ていしゅつ 🖫제출 作成 さくせい 🖫작성 リーダー 🖫리더
全体 ぜんたい 🖫전체 視野 しや 🖫시야 ネット 🖫인터넷
記事 きじ 🖫기사 フェイクニュース 🖫가짜 뉴스

5

시도하다

1 정기 테스트는, 배운 것이 얼마나 정착되어 있는지를 <u>시도하는</u> 것입니다.
2 그는 노로 젓는 보트로 태평양 횡단을 <u>시도했</u>지만, 유감스럽게도 실패로 끝났다.
3 요가를 하는 데 있어서, 포즈를 취하는 것과 같은 정도로 호흡에 <u>시도하는</u> 것이 중요하다고 한다.
4 요리하는 동안, 맛을 <u>시도하는</u> 것을 잊고 있었기 때문에, 된장국이 조금 짜게 되었다.

해설 試みる(시도하다)는 무엇인가를 성공시키기 위해 행동하는 것을 나타낼 때 사용한다. 2의 太平洋横断を試みた(태평양 횡단을 시도했)에서 올바르게 사용되었으므로 2가 정답이다. 참고로, 1은 試す(ためす, 시험하다), 3은 集中する(しゅうちゅうする, 집중하다), 4는 確かめる(たしかめる, 확인하다)를 사용하는 것이 올바른 문장이다.

어휘 試みる こころみる 圏시도하다
定期テスト ていきテスト 圏정기 테스트　学ぶ まなぶ 圏배우다
どのくらい 얼마나　定着 ていちゃく 圏정착
手漕ぎボート てこぎボート 圏노로 젓는 보트
太平洋 たいへいよう 圏태평양　横断 おうだん 圏횡단
残念ながら ざんねんながら 유감스럽게도　ヨガ 圏요가
~うえで ~데 있어서　ポーズ 圏포즈　呼吸 こきゅう 圏호흡
大切だ たいせつだ な형중요하다　~中 ~ちゅう ~중
味噌汁 みそしる 圏된장국　しょっぱい い형짜다

6

즉석에서

1 아이들도 <u>즉석에서</u> 독립해서, 이 집을 떠난다고 생각하니 지금부터 쓸쓸하다.
2 또 <u>즉석에서</u> 형편이 맞으면, 둘이서 식사라도 갑시다.
3 머리카락을 밝게 물들인 그녀는, <u>즉석에서</u> 다른 사람이라고 생각할 정도로 이미지가 변했다.
4 면접 연습을 힘낸 보람이 있어, 대부분의 질문에 <u>즉석에서</u> 답할 수 있었다.

해설 即座に(즉석에서)는 어떤 일에 대해 바로 그 자리에서 즉시 대응하는 경우에 사용한다. 4의 ほとんどの質問に即座に答えられた(대부분의 질문에 즉석에서 답할 수 있었다)에서 올바르게 사용되었으므로 4가 정답이다. 참고로, 1은 やがて(머지않아), 2는 そのうち(조만간), 3은 一瞬(いっしゅん, 한 순간)을 사용하는 것이 올바른 문장이다.

어휘 即座に そくざに 凰즉석에서　独立 どくりつ 圏독립
離れる はなれる 圏떠나다　寂しい さびしい い형외롭다
都合 つごう 圏사정　髪 かみ 圏머리카락
明るい あかるい い형밝다　染める そめる 圏염색하다
別人 べつじん 圏다른 사람　イメージ 圏이미지
変わる かわる 圏변하다　面接 めんせつ 圏면접

練習 れんしゅう 圏연습　頑張る がんばる 圏열심히 하다
甲斐 かい 圏보람　ほとんど 凰거의　質問 しつもん 圏질문
答える こたえる 圏대답하다

7

기분

1 어제부터 <u>기분</u>이 좋지 않아서, 조퇴하고 나서 병원에 갑니다.
2 현재의 경제 <u>기분</u>에서는, 새로운 투자는 어렵다고 생각한다.
3 현장의 <u>기분</u>을 확인한 후에, 다음 대응을 결정할 생각이다.
4 아침부터 그의 <u>기분</u>이 나빠서, 말을 걸기가 조금 무서웠습니다.

해설 機嫌(기분)은 사람의 마음 상태나 감정을 나타내는 단어로 사용된다. 4의 彼の機嫌が悪くて(그의 기분이 나빠서)에서 올바르게 사용되었으므로 4가 정답이다. 참고로, 1은 体調(たいちょう, 컨디션), 2는 状態(じょうたい, 상태), 3은 状況(じょうきょう, 상황)를 사용하는 것이 올바른 문장이다.

어휘 機嫌 きげん 圏기분　優れる すぐれる 圏좋다, 뛰어나다
早退 そうたい 圏조퇴　病院 びょういん 圏병원
現在 げんざい 圏현재　経済 けいざい 圏경제
投資 とうし 圏투자　現場 げんば 圏현장　確認 かくにん 圏확인
対応 たいおう 圏대응　決める きめる 圏결정하다
話しかける はなしかける 圏말을 걸다　怖い こわい い형무섭다

8

걸작

1 그 감독이 만든 작품에는, <u>걸작</u>이라고 불리는 것이 많다.
2 그 미술관의 작품은 조사 결과, 진품이 아니라 <u>걸작</u>이라고 알게 되었다.
3 내가 살고 있는 지역에서는, 사과가 <u>걸작</u>으로 팔리고 있다.
4 그는 이 작품의 제작 중에 죽었기 때문에, 결국 이것이 <u>걸작</u>이 되었다.

해설 傑作(걸작)는 매우 훌륭한 작품을 말할 때 사용한다. 1의 その監督の作った作品には、傑作と呼ばれる(그 감독이 만든 작품에는, 걸작이라고 불리는)에서 문맥상 올바르게 사용되었으므로 1이 정답이다. 참고로, 2는 偽作(ぎさく, 위작), 4는 遺作(いさく, 유작)를 사용하는 것이 올바른 문장이다.

어휘 傑作 けっさく 圏걸작　監督 かんとく 圏감독　作品 さくひん 圏작품
美術館 びじゅつかん 圏미술관　調査 ちょうさ 圏조사
結果 けっか 圏결과　本物 ほんもの 圏진품, 진짜
地域 ちいき 圏지역　リンゴ 圏사과　制作 せいさく 圏제작
亡くなる なくなる 圏죽다, 돌아가다　結局 けっきょく 凰결국

9

치우다

1 정원의 잡초가 자랐기 때문에, 내일, <u>치울</u> 생각이다.
2 갑자기 날아온 공을 <u>치울</u> 수 없었다.
3 사고로 움직일 수 없게 된 차를 <u>치운</u> 참이다.
4 따뜻해졌기 때문에, 목에 두르고 있던 머플러를 <u>치웠다</u>.

해설 どける(치우다)는 어떤 대상을 다른 곳으로 가져다 놓을 때 사용한다. 3의 動けなくなった車をどけたところが(움직일 수 없게 된 차를 치운 참이다)에서 문맥상 올바르게 사용되었으므로 3이 정답이다. 참고로 2는 避ける(さける, 피하다), 4는 外す(はずす, 벗다)를 사용하는 것이 올바른 문장이다.

어휘 どける 동 치우다, 물리치다　草 くさ 명 잡초, 풀
急に きゅうに 부 갑자기　ボール 명 공, 볼　事故 じこ 명 사고
動く うごく 동 움직이다　首 くび 명 목　巻く まく 동 두르다, 말다
マフラー 명 머플러, 목도리

10

아군

1 니시카와 선수는, 아군의 선수로부터 받은 공을 골로 힘차게 찼다.
2 고등학교의 문화제에서, 아군과 밴드를 짜서 좋아하는 뮤지션의 곡을 연주했다.
3 아르바이트 날에 급한 예정이 잡혔는데, 아르바이트의 아군이 대신 일해 줬다.
4 언니는 옛날부터 그 배우의 아군이어서, 그가 나온 작품은 모두 보고 있다고 한다.

해설 味方(아군)는 주로 운동 경기 등에서의 같은 편을 나타낼 때 사용한다. 1의 味方の選手から(아군의 선수로부터)에서 올바르게 사용되었으므로 1이 정답이다. 참고로, 2는 友達(ともだち, 친구), 3은 仲間(なかま, 동료), 4는 ファン(팬)을 사용하는 것이 올바른 문장이다.

어휘 味方 みかた 명 아군　選手 せんしゅ 명 선수
受け取る うけとる 동 받다　ボール 명 공　ゴール 명 골
勢いよく いきおいよく 힘차게　蹴る ける 동 차다
文化祭 ぶんかさい 명 문화제　バンド 명 밴드　組む くむ 동 짜다
ミュージシャン 명 뮤지션　曲 きょく 명 곡　演奏 えんそう 명 연주
急だ きゅうだ な형 급하다　バイト 명 아르바이트
俳優 はいゆう 명 배우　作品 さくひん 명 작품　すべて 부 모두

실전 대비하기 1　p.142

| 1 1 | 2 2 | 3 1 | 4 4 | 5 2 |

문제6 다음 말의 사용법으로 가장 알맞은 것을, 1·2·3·4에서 하나 고르세요.

1

소재

1 이 비행기는, 단단하고 튼튼한 소재를 사용해서 만들어졌습니다.
2 그는 어렸을 때부터 연기의 소재를 인정받아, 영화에 출연하거나 했다.
3 저 선수는 항상 마스크를 쓰고 있어 소재를 보이지 않는 것으로 유명합니다.
4 젊은이의 수도 줄어들고 있어, 우수한 소재를 확보하는 것이 어렵다.

해설 素材(소재)는 어떤 것을 구성하는 원료를 나타낼 때 사용한다. 1의 硬くて丈夫な素材(단단하고 튼튼한 소재)에서 문맥상 올바르게 사용되었으므로 1이 정답이다. 참고로, 2는 素質(そしつ, 소질), 3은 素顔(すがお, 맨 얼굴), 4는 人材(じんざい, 인재)를 사용하는 것이 올바른 문장이다.

어휘 素材 そざい 명 소재　硬い かたい い형 단단하다
丈夫だ じょうぶだ な형 튼튼하다　用いる もちいる 동 사용하다
幼い おさない い형 어리다　演技 えんぎ 명 연기
認める みとめる 동 인정하다　選手 せんしゅ 명 선수
常に つねに 부 항상　マスク 명 마스크　若者 わかもの 명 젊은이
減る へる 동 줄다　優秀だ ゆうしゅうだ な형 우수하다
確保 かくほ 명 확보

2

대략적

1 그 건물은, 지금까지 없었던 대략적인 디자인으로 주목을 받고 있다.
2 시청 직원에게, 보조금 신청의 대략적인 흐름을 설명해 받았다.
3 가계를 위협하는 식료품의 대략적인 가격 인상은, 내년에도 계속될 전망이다.
4 바다 밑에서 발견된 대략적인 유적에 대해서는, 여러 가지 설이 있다.

해설 大まか(대략적)는 주로 대강의 줄거리 혹은 형태를 말할 경우에 사용한다. 1의 大まかなデザイン(대략적인 디자인)과 2의 大まかな流れ(대략적인 흐름) 모두 자연스러우므로, 문장 전체의 문맥을 파악해야 한다. 2의 市役所の職員に、補助金申請の大まかな流れを説明してもらった(시청 직원에게, 보조금 신청의 대략적인 흐름을 설명해 받았다)에서 올바르게 사용되었으므로 2가 정답이다. 참고로, 1은 異例だ(いれいだ, 이례적이다), 3은 大幅だ(おおはばだ, 대폭적이다), 4는 巨大だ(きょだいだ, 거대하다)를 사용하는 것이 올바른 문장이다.

어휘 大まかだ おおまかだ な형 대략적이다　デザイン 명 디자인
注目 ちゅうもく 명 주목　浴びる あびる 동 받다
市役所 しやくしょ 명 시청　職員 しょくいん 명 직원
補助金 ほじょきん 명 보조금　申請 しんせい 명 신청
流れ ながれ 명 흐름　家計 かけい 명 가계
脅かす おびやかす 동 위협하다　食料品 しょくりょうひん 명 식료품
値上げ ねあげ 명 가격 인상　見込み みこみ 명 전망　底 そこ 명 밑
発見 はっけん 명 발견　遺跡 いせき 명 유적　さまざまな 여러
説 せつ 명 설

3

제시

1 이사 견적을 내 받았는데, 제시된 금액이 예상보다 비쌌다.
2 이 서비스는 회원 등록하고 있는 모든 고객에게 무료로 제시됩니다.

3 이벤트를 성공시키기 위해서는, SNS를 사용해 적극적으로 제시할 필요가 있다.
4 결혼한 지 몇 년 지나도, 아내에게는 잊지 않고 감사의 마음을 제시하도록 하고 있다.

해설 提示(제시)는 의견이나 정보 등을 남에게 전달해 보여주는 경우에 사용한다. 1의 提示された額が予想より高かった(제시된 금액이 예상보다 비쌌다)에서 올바르게 사용되었으므로 1이 정답이다. 참고로, 2는 提供(ていきょう, 제공), 3은 宣伝(せんでん, 선전), 4는 表現(ひょうげん, 표현)을 사용하는 것이 올바른 문장이다.

어휘 提示 ていじ 圏제시   引っ越し ひっこし 圏이사
見積り みつもり 圏견적   額 がく 圏금액   予想 よそう 圏예상
サービス 圏서비스   会員登録 かいいんとうろく 圏회원 등록
顧客 こきゃく 圏고객   無料 むりょう 圏무료   イベント 圏이벤트
成功 せいこう 圏성공   積極的 せっきょくてき な형적극적
必要 ひつよう 圏필요   結婚 けっこん 圏결혼
何年 なんねん 圏몇 년   経つ たつ 图지나다
忘れる わすれる 图잊다   感謝 かんしゃ 圏감사
気持ち きもち 圏마음, 기분

4
쌓이다
1 이번 주는 예정이 빽빽이 쌓여 있기 때문에, 여유가 없다.
2 시합에서는, 훈련을 쌓아 온 자신을 믿고 전력으로 싸웠다.
3 그는 모터스포츠의 역사에 있어서, 가장 주목을 쌓이는 승리를 기록했다.
4 몇 년이나 쓰이고 있지 않은 책상 위에, 먼지가 두껍게 쌓여 있었다.

해설 積もる(쌓이다)는 어떠한 것이 겹겹이 포개어져 양이 많아질 때 사용한다. 4의 ほこりが厚く積もって(먼지가 두껍게 쌓여)에서 문맥상 올바르게 사용되었으므로 4가 정답이다. 참고로, 1은 詰まる(つまる, 가득 차다), 2는 重ねる(かさねる, 거듭하다), 3은 集める(あつめる, 모으다)를 사용하는 것이 올바른 문장이다.

어휘 積もる つもる 图쌓이다   予定 よてい 圏예정   びっしり 凰빽빽이
試合 しあい 圏시합   トレーニング 圏트레이닝   信じる しんじる 图믿다
全力 ぜんりょく 圏전력   戦う たたかう 图싸우다
モータースポーツ 圏모터스포츠   歴史 れきし 圏역사
最も もっとも 凰가장   注目 ちゅうもく 圏주목
勝利 しょうり 圏승리   記録 きろく 圏기록   ほこり 圏먼지
厚い あつい い형두껍다

5
솔직
1 이 그래프는 청년의 텔레비전 기피가 진행되고 있는 것을 솔직하게 나타내고 있다.
2 제작 로고의 안에 대해서, 솔직한 의견을 들려주시면 도움이 되겠습니다.

3 못은 솔직하게 박는 것보다도 비스듬하게 박는 편이 빼기 어려워진다고 한다.
4 이 호수는, 사람 손을 타지 않은 솔직한 자연의 아름다움을 유지하고 있다.

해설 率直(솔직)는 생각이나 감정을 숨기지 않고 있는 그대로 표현하는 경우에 사용한다. 2의 率直な意見を聞かせてもらえると(솔직한 의견을 들려주시면)에서 올바르게 사용되었으므로 2가 정답이다. 참고로, 1은 端的(たんてき, 단적으로), 3은 垂直(すいちょく, 수직), 4는 純粋(じゅんすい, 순수)를 사용하는 것이 올바른 문장이다.

어휘 率直 そっちょく な형솔직하다   グラフ 圏그래프
若者 わかもの 圏젊은이   ~離れ ~ばなれ ~기피
示す しめす 图나타내다   制作 せいさく 圏제작   ロゴ 圏로고
案 あん 圏안, 계획   意見 いけん 圏의견
助かる たすかる 图도움이 되다   釘 くぎ 圏못   打つ うつ 图치다
斜め ななめ 圏비스듬함   打ち込む うちこむ 图박다
抜ける ぬける 图빠지다   湖 みずうみ 圏호수
加える くわえる 图더하다   自然 しぜん 圏자연
美しさ うつくしさ 圏아름다움   保つ たもつ 图유지하다

실전 대비하기 2   p.143

1 1   **2** 3   **3** 1   **4** 2   **5** 3

문제6 _____의 말에 의미가 가장 가까운 것을, 1·2·3·4에서 하나 고르세요.

1
방영
1 놓쳤던 영화가 다음 주에 처음으로 텔레비전에서 방영된다고 해서, 너무 기대된다.
2 이 스피커는 가격이 비싸지만, 소리가 깔끔하게 방영되기 때문에 잘 팔리고 있다.
3 장거리를 운전할 때는, 음악보다도 라디오를 방영하는 경우인 쪽이 많다.
4 백화점에서, 미아가 된 아이의 보호자를 찾는 관내 아나운스가 방영되고 있다.

해설 放映(방영)는 주로 영화를 텔레비전으로 방송하는 경우에 사용한다. 1의 テレビで放映されるというので(텔레비전에서 방영된다고 해서)에서 올바르게 사용되었으므로 1이 정답이다. 참고로, 2는 出る(でる, 나오다), 3은 かける(틀다), 4는 流れる(ながれる, 들려오다)를 사용하는 것이 올바른 문장이다.

어휘 放映 ほうえい 圏방영   見逃す みのがす 图놓치다
楽しみだ たのしみだ な형기대되다   スピーカー 圏스피커
きれいだ な형깔끔하다   売れる うれる 图팔리다
長距離 ちょうきょり 圏장거리   迷子 まいご 圏미아

保護者 ほごしゃ 図 보호자　館内 かんない 図 관내
アナウンス 図 아나운스, 방송함

2

결함

1 내 결함은 자신의 감정이나 생각을 분명히 보이지 않는 점이다.
2 결함 투성이였던 창고가 깨끗하게 청소되어 있었다.
3 프로그램의 결함이 원인이 되어, 데이터가 소실되어 버렸다.
4 수학 시험에서 결함이 많아, 예상보다 점수가 낮았다.

해설 欠陥(결함)은 설계나 구조면의 기능적인 문제나 불완전한 부분을 의미한다. 3의 プログラムの欠陥が原因で、データが消失(프로그램의 결함이 원인이 되어, 데이터가 소실)에서 올바르게 사용되었으므로 3이 정답이다. 참고로, 1은 短所(たんしょ, 단점), 2는 ほこり(먼지), 4는 誤答(ごとう, 오답)을 사용하는 것이 올바른 문장이다.

어휘 欠陥 けっかん 図 결함　感情 かんじょう 図 감정
考え かんがえ 図 생각　はっきり 囲 분명히
見せる みせる 图 보이다　~だらけ ~투성이　倉庫 そうこ 図 창고
掃除 そうじ 図 청소　プログラム 図 프로그램
原因 げんいん 図 원인　データ 図 데이터　消失 しょうしつ 図 소실
数学 すうがく 図 수학　予想 よそう 図 예상　点数 てんすう 図 점수
低い ひくい い형 낮다

3

유지하다

1 방을 깨끗하게 유지하기 위해서 일주일에 1회는 청소하고 있다.
2 학생은 무슨 일이 있어도 학교 규칙을 유지해야만 한다.
3 전염병이 퍼지지 않도록 새로운 조직이나 제도가 유지하고 있다.
4 실시 방법 등, 대략적인 방침이 나올 때까지 유지하고 있는 상황입니다.

해설 保つ(유지하다)는 어떠한 상태를 그대로 지켜갈 때 사용한다. 1의 部屋をきれいに保つために(방을 깨끗하게 유지하기 위해서)에서 문맥상 올바르게 사용되었으므로 1이 정답이다. 참고로, 2는 守る(まもる, 지키다), 3은 整う(ととのう, 갖추어지다), 4는 待つ(まつ, 기다리다)를 사용하는 것이 올바른 문장이다.

어휘 保つ たもつ 图 유지하다　規則 きそく 図 규칙
伝染病 でんせんびょう 図 전염병　広がる ひろがる 图 퍼지다
新ただ あらただ な형 새롭다　組織 そしき 図 조직
制度 せいど 図 제도　実施方法 じっしほうほう 図 실시 방법
大まかだ おおまかだ な형 대략적이다　方針 ほうしん 図 방침
状況 じょうきょう 図 상황

4

분야

1 측정을 한 분야에서는 아무런 이상도 없었기 때문에 안심했다.
2 이것은 온갖 분야에서 활약하고 있는 청년을 소개하는 책입니다.
3 기억은 크게 나누어 장기 기억과 단기 기억으로 분야를 할 수 있다.
4 광대한 분야에 펼쳐진 해바라기 밭은, 실로 절경이었다.

해설 分野(분야)는 어떤 기준에 따라 구분한 각각의 영역을 일컬을 때 사용한다. 2의 あらゆる分野(온갖 분야)에서 문맥상 올바르게 사용되었으므로 2가 정답이다. 참고로, 1은 部分(ぶぶん, 부분), 3은 区分(くぶん, 구분), 4는 平野(へいや, 평야)를 사용하는 것이 올바른 문장이다.

어휘 分野 ぶんや 図 분야　測定 そくてい 図 측정
何の なんの 아무런, 어떤　異常 いじょう 図 이상
安心 あんしん 図 안심　あらゆる 囲 온갖　活躍 かつやく 図 활약
若者 わかもの 図 청년　紹介 しょうかい 図 소개
記憶 きおく 図 기억　長期 ちょうき 図 장기　短期 たんき 図 단기
広大だ こうだいだ な형 광대하다　広がる ひろがる 图
ひまわり畑 ひまわりばたけ 図 해바라기 밭　まさに 囲 실로
絶景 ぜっけい 図 절경

5

위대

1 요전날, 모교인 대학에서 창립 100주년을 기념한 식전이 위대하게 거행되었다고 한다.
2 그 왕의 무덤은 위대한 돌을 쌓아 올려 만들어져 있어, 그 크기에는 압도당한다.
3 박물관에서는 과학 분야에서 위대한 공적을 남긴 인물과 관련된 자료가 전시되어 있었다.
4 지금은 빌딩이 늘어선 이 지역도 도시 개발이 되기 전에는 아무 것도 없는 위대한 토지였다.

해설 偉大(위대)는 업적이나 성과가 뛰어나거나 훌륭한 경우에 사용한다. 3의 偉大な功績を残した(위대한 공적을 남긴)에서 올바르게 사용되었으므로 3이 정답이다. 참고로, 1은 盛大(せいだい, 성대), 2는 巨大(きょだい, 거대), 4는 広大(こうだい, 광대)를 사용하는 것이 올바른 문장이다.

어휘 偉大 いだい な형 위대　先日 せんじつ 図 요전, 며칠 전
母校 ぼこう 図 모교　創立 そうりつ 図 창립　記念 きねん 図 기념
式典 しきてん 図 식전　執り行う とりおこなう 图 거행하다
王 おう 図 왕　墓 はか 図 무덤
積み上げる つみあげる 图 쌓아 올리다　造る つくる 图 만들다
大きさ おおきさ 図 크기　圧倒 あっとう 図 압도
博物館 はくぶつかん 図 박물관　科学 かがく 図 과학
分野 ぶんや 図 분야　功績 こうせき 図 공적
残す のこす 图 남기다　人物 じんぶつ 図 인물
資料 しりょう 図 자료　展示 てんじ 図 전시
立ち並ぶ たちならぶ 图 줄지어 서다　地域 ちいき 図 지역
都市 とし 図 도시　開発 かいはつ 図 개발　土地 とち 図 토지

실전 대비하기 3   p.144

1 2 **2** 3 **3** 3 **4** 3 **5** 2

문제6 ____의 말에 의미가 가장 가까운 것을, 1·2·3·4에서 하나 고르세요.

1

한정
1 아무리 연습해도 실력이 올라가지 않아, 한정을 느끼고 있다.
2 정부가 매해 인원수를 한정해서 허가를 내는 노동 허가가 있다.
3 서비스 로봇에 적합한 로봇을 한정하고, 비용을 검토했다.
4 인기가 높았기 때문에 그 연극은 다시 상연되는 것이 한정되었다.

해설 限定(한정)는 수량이나 범위를 제한하여 정할 때 사용한다. 2의 人数を限定して(인원수를 한정해서)에서 문맥상 올바르게 사용되었으므로 2가 정답이다. 참고로, 1은 限界(げんかい, 한계), 3은 選定(せんてい, 선정), 4는 決定(けってい, 결정)를 사용하는 것이 올바른 문장이다.

어휘 限定 げんてい 명한정　いくら 부아무리　実力 じつりょく 명실력
政府 せいふ 명정부　人数 にんずう 명인원수
許可 きょか 명허가　労働 ろうどう 명노동
サービスロボット 명서비스 로봇　適する てきする 동적합하다
コスト 명비용　検討 けんとう 명검토　人気 にんき 명인기
演劇 えんげき 명연극　再び ふたたび 부다시
上演 じょうえん 명상연

2

분해
1 손님의 설문 조사 결과를 분해해서, 이용자의 니즈를 파악하려고 생각한다.
2 도서관에서는 서적을 장르별로 분해해서, 차례대로 책꽂이에 진열하고 있다.
3 손목 시계의 바늘이 떨어져서 수리를 위해 분해했더니, 원래대로 되돌릴 수 없게 되었다.
4 이 식물은 열대 지역에 분해하고 있기 때문에, 저온이나 건조한 환경에서는 자라기 어렵다.

해설 分解(분해)는 물건이나 구조를 구성 요소로 나누거나 해체하는 경우에 사용한다. 3의 腕時計の針が外れたから修理のために分解した(손목 시계의 바늘이 떨어져서 수리를 위해 분해했)에서 올바르게 사용되었으므로 3이 정답이다. 참고로, 1은 分析(ぶんせき, 분석), 2는 分類(ぶんるい, 분류), 4는 分布(ぶんぷ, 분포)를 사용하는 것이 올바른 문장이다.

어휘 分解 ぶんかい 명분해　アンケート 명설문 조사
結果 けっか 명결과　利用者 りようしゃ 명이용자
ニーズ 명수요, 요구　把握 はあく 명파악
図書館 としょかん 명도서관　書籍 しょせき 명서적

ジャンル 명장르　順番 じゅんばん 명순서　本棚 ほんだな 명책장
並べる ならべる 동진열하다, 늘어놓다
腕時計 うでどけい 명손목시계　針 はり 명바늘
外れる はずれる 동빠지다　修理 しゅうり 명수리
元 もと 명원래, 본래　戻す もどす 동되돌리다
植物 しょくぶつ 명식물　熱帯 ねったい 명열대
地域 ちいき 명지역　低温 ていおん 명저온
乾燥 かんそう 명건조　環境 かんきょう 명환경
育つ そだつ 동자라다

3

막다
1 리모콘의 전지가 끊어졌는지, 버튼을 막아도 반응하지 않는다.
2 낯을 가리는 딸은, 친척들 앞에서도 부끄러워하며 막고 있었다.
3 태풍으로 인한 강풍으로 쓰러진 나무가, 도로를 막아 버리고 있다.
4 저희 병원에서는, 혼잡 시, 접수를 일찌감치 막는 경우도 있습니다.

해설 ふさぐ(막다)는 주로 통로나 구멍을 통하지 못하게 하는 경우에 사용한다. 3의 道路をふさいでしまっている(도로를 막아 버리고 있다)에서 올바르게 사용되었으므로 3이 정답이다. 참고로, 1은 押す(おす, 누르다), 2는 うつむく(고개 숙이다), 4는 締め切る(しめきる, 마감하다)를 사용하는 것이 올바른 문장이다.

어휘 ふさぐ 동막다　リモコン 명리모콘　電池 でんち 명전지
切れる きれる 동끊어지다　反応 はんのう 명반응
人見知り ひとみしり 명낯을 가림　親戚 しんせき 명친척
恥ずかしがる はずかしがる 동부끄러워하다
強風 きょうふう 명강풍　道路 どうろ 명도로
当院 とういん 명저희 병원　混雑 こんざつ 명혼잡
受け付け うけつけ 명접수　早めに はやめに 부일찌감치

4

선두
1 외국어 학습도 중요하지만, 우선은 모국어 습득이 선두라고 생각한다.
2 졸업식에서, 재학시의 성적이 선두였던 학생에게 상이 주어졌다.
3 시대의 선두를 가는 그의 패션이 젊은이에게 지지받고 있다.
4 그 회사는, 일본에서 선두로 차를 만든 메이커로 유명하다.

해설 先端(선두)는 주로 수준이나 위치가 가장 앞서 있는 것을 나타낼 때 사용한다. 3의 時代の先端(시대의 선두)에서 올바르게 사용되었으므로 3이 정답이다. 참고로, 1은 先(さき, 먼저), 2는 一位(いちい, 1위), 4는 最初(さいしょ, 최초)를 사용하는 것이 올바른 문장이다.

어휘 先端 せんたん 명선두, 첨단　外国語 がいこくご 명외국어
学習 がくしゅう 명학습　まずは 우선은　母語 ぼご 명모국어
習得 しゅうとく 명습득　卒業式 そつぎょうしき 명졸업식
在学 ざいがく 명재학　~時 ~じ ~시　成績 せいせき 명성적
賞 しょう 명상　与える あたえる 동주다　ファッション 명패션
若者 わかもの 명젊은이　支持 しじ 명지지　日本 にほん 명일본
メーカー 명메이커

5

일제히

1 괜찮으시다면, 내일은 저와 일제히 학교에 가지 않겠습니까?
2 **그 교실의 학생들은, 선생님의 신호에 일제히 문제를 풀기 시작했다.**
3 나는, 너무 목이 말랐기 때문에, 그 유리컵의 물을 일제히 마셨다.
4 새로 산 청소기는, 스위치를 켜도 일제히 움직이지 않는다.

해설 いっせいに(일제히)는 많은 사람이 한꺼번에 같은 행동을 하는 상황을 나타낼 때 사용한다. 2의 いっせいに問題を解き始めた(일제히 문제를 풀기 시작했다)에서 문맥상 올바르게 사용되었으므로 2가 정답이다. 참고로, 1은 一緒に(いっしょに, 같이), 3은 一気に(いっきに, 한번에), 4는 一切(いっさい, 전혀)를 사용하는 것이 올바른 문장이다.

어휘 いっせいに 囝일제히   よろしい い형괜찮다, 좋다
合図 あいず 명신호, 눈짓
解き始める ときはじめる 동풀기 시작하다
のどが渇く のどがかわく 목이 마르다   掃除機 そうじき 명청소기
スイッチを入れる スイッチをいれる 스위치를 켜다

실전 대비하기 4   p.145

1 2   **2** 1   **3** 1   **4** 2   **5** 3

문제6 _____의 말에 의미가 가장 가까운 것을, 1·2·3·4에서 하나 고르세요.

1

분주하다

1 저는 분주한 성격으로, 자주 물건을 잊어버리거나 약속을 착각하거나 합니다.
2 **오늘 아침은 분주하게 시간이 지나, 시계를 보니 11시가 넘어 있었다.**
3 갑자기 분주하게 물건이 깨지는 소리가 들려, 깜짝 놀랐다.
4 개구리가 연못에 분주한 수의 알을 낳고 있었다.

해설 あわただしい(분주하다)는 쫓기는 듯이 이리저리 바쁘고 수선스러운 상황, 환경을 나타낼 때 사용한다. 2의 あわただしく時間が過ぎ(분주하게 시간이 지나)에서 문맥상 올바르게 사용되었으므로 2가 정답이다. 참고로, 1은 そそっかしい(덜렁대다), 3은 激しい(はげしい, 심하다), 4는 おびただしい(엄청나다)를 사용하는 것이 올바른 문장이다.

어휘 あわただしい い형분주하다, 어수선하다   性格 せいかく 명성격
忘れ物をする わすれものをする 물건을 잊다   約束 やくそく 명약속
間違える まちがえる 동착각하다, 잘못 알다
過ぎる すぎる 동지나다   回る まわる 동(시각이) 넘다, 지나다
急に きゅうに 囝갑자기   割れる われる 동깨지다, 갈라지다
音がする おとがする 소리가 나다   びっくりする 동깜짝 놀라다
かえる 명개구리   産む うむ 동낳다

2

절약

1 **다음 달의 유럽 여행 경비를 절약할 수 있는 방법을 찾고 있다.**
2 저 회사는 인원을 절약하기 위해, 내년에 500명 정리 해고한다고 한다.
3 고령자와 장애인의 부자유를 절약하는 배리어 프리 호텔입니다.
4 사장은 적자폭이 서서히 절약되고 있는 것을 강조하고 있었다.

해설 節約(절약)는 어떠한 것을 낭비하지 않고 필요한 곳에만 써서 아낄 때 사용한다. 1의 旅行の経費を節約(여행 경비를 절약)에서 문맥상 올바르게 사용되었으므로 1이 정답이다. 참고로, 2는 削減(さくげん, 삭감), 3은 除去(じょきょ, 제거), 4는 縮小(しゅくしょう, 축소)를 사용하는 것이 올바른 문장이다.

어휘 節約 せつやく 명절약   ヨーロッパ 명유럽   経費 けいひ 명경비
方法 ほうほう 명방법   ネット 명인터넷   探す さがす 동찾다
人員 じんいん 명인원   リストラ 명정리 해고
高齢者 こうれいしゃ 명고령자   障害者 しょうがいしゃ 명장애인
不自由 ふじゆう 명부자유   バリアフリー 명배리어 프리
赤字幅 あかじはば 명적자폭   徐々に じょじょに 囝서서히
強調 きょうちょう 명강조

3

선명

1 **사진을 보면, 고등학교 문화제의 추억이 선명하게 되살아난다.**
2 스즈키 씨는 이직을 결정한 이유를 선명하게 말하지 않았다.
3 레시피대로 분량을 선명하게 재지 않으면 실패해 버린다.
4 점원이 제품의 사용법을 선명하게 설명해 주었습니다.

해설 鮮明(선명)는 색채나 형태가 뚜렷하거나 기억이나 인상이 명확한 경우에 사용한다. 1의 思い出が鮮明によみがえる(추억이 선명하게 되살아난다)에서 올바르게 사용되었으므로 1이 정답이다. 참고로, 2는 はっきりと(분명하게), 3은 正確に(정확하게), 4는 詳しく(자세하게)를 사용하는 것이 올바른 문장이다.

어휘 鮮明だ せんめいだ な형선명하다   写真 しゃしん 명사진
見る みる 동보다   高校 こうこう 명고등학교
文化祭 ぶんかさい 명문화제   思い出 おもいで 명추억
よみがえる 동되살아나다   転職 てんしょく 명이직
決める きめる 동결정하다   理由 りゆう 명이유   レシピ 명레시피
分量 ぶんりょう 명분량   測る はかる 동재다
失敗 しっぱい 명실패   店員 てんいん 명점원
製品 せいひん 명제품   使い方 つかいかた 명사용법
説明 せつめい 명설명

4

넘기다

1 이 얼룩은, 손으로 문질러 씻지 않으면 넘길 수 없을 것이다.

2 시험 시작 신호가 있을 때까지, 문제지를 넘겨서는 안 됩니다.
3 요전의 비로, 만개했던 벚꽃의 꽃잎은 거의 넘겨 버렸다.
4 호박은 씨를 숟가락으로 넘긴 다음, 크게 잘라갑니다.

해설 めくる(넘기다)는 주로 종이 혹은 책장 등을 젖히는 경우에 사용한다. 2의 問題用紙をめくって(문제지를 넘겨서)에서 올바르게 사용되었으므로 2가 정답이다. 참고로, 1은 落とす(おとす, 없애다), 3은 散る(ちる, 지다), 4는 取り除く(とりのぞく, 제거하다)를 사용하는 것이 올바른 문장이다.

어휘 めくる 图넘기다　汚れ よごれ 圄얼룩　もむ 图문지르다
開始 かいし 圄시작　合図 あいず 圄신호
問題用紙 もんだいようし 圄문제　先日 せんじつ 圄요전
満開 まんかい 圄만개　桜 さくら 圄벚꽃
花びら はなびら 圄꽃잎　かぼちゃ 圄호박　種 たね 圄씨
大きめ おおきめ 크게

5

초보
1 얼마나 시간이 지나도 초보를 잊지 않는 것이 중요합니다.
2 초등학생 때부터 여름방학 초보에 숙제를 끝내기로 정하고 있다.
3 취미를 만들고 싶어서, 바이올린을 초보부터 배울 수 있는 교실에 다니기 시작했다.
4 매월 초보 진찰 때는, 접수처에서 보험증을 보여줄 필요가 있습니다.

해설 初歩(초보)는 어떤 기술이나 학문의 기초 단계를 나타낼 때 사용한다. 3의 バイオリンを初歩(바이올린을 초보)에서 문맥상 올바르게 사용되었으므로 3이 정답이다. 참고로, 1은 初心(しょしん, 초심), 2는 初め(はじめ, 시작), 4는 初回(しょかい, 첫 회)를 사용하는 것이 올바른 문장이다.

어휘 初歩 しょほ 圄초보　どれだけ 囝얼마나, 어느 정도
経つ たつ 图지나다, 경과하다　小学生 しょうがくせい 圄초등학생
決める きめる 图정하다　趣味 しゅみ 圄취미
バイオリン 圄바이올린　教室 きょうしつ 圄교실
通い始める かよいはじめる 图다니기 시작하다
診察 しんさつ 圄진찰　受付 うけつけ 圄접수처
保険証 ほけんしょう 圄보험증　必要 ひつよう 圄필요

실전 대비하기 5　　　　　　　　p.146

1 3　　**2** 4　　**3** 4　　**4** 4　　**5** 3

문제6 ＿＿＿의 말에 의미가 가장 가까운 것을, 1·2·3·4에서 하나 고르세요.

1

발달
1 수면 부족이 되면 식욕을 발달시키는 호르몬이 나온다고 한다.
2 온난화에 의해 해수면이 발달하고 있는 것은 명백하다.
3 AI가 계속 발달하면, 미래에는 인간이 있을 장소가 없어질지도 모른다.
4 양국의 총 생산량이 발달하기 때문에 메리트가 있는 무역이다.

해설 発達(발달)는 기술이나 기능, 문명 등이 성장할 때 사용한다. 3의 AI가 発達し続けたら(AI가 계속 발달하면)에서 문맥상 올바르게 사용되었으므로 3이 정답이다. 참고로, 1은 増進(ぞうしん, 증진), 2는 上昇(じょうしょう, 상승), 4는 増加(ぞうか, 증가)를 사용하는 것이 올바른 문장이다.

어휘 発達 はったつ 圄발달　睡眠不足 すいみんぶそく 圄수면 부족
食欲 しょくよく 圄식욕　ホルモン 圄호르몬
温暖化 おんだんか 圄온난화　海面 かいめん 圄해수면
明らかだ あきらかだ 透명백하다　未来 みらい 圄미래
居場所 いばしょ 있을 장소　両国 りょうこく 圄양국
総生産量 そうせいさんりょう 圄총 생산량　メリット 圄메리트, 이점
貿易 ぼうえき 圄무역

2

조기
1 프랑스어는 조기 레벨이라서, 어려운 문장의 읽고 쓰는 것은 아직 못한다.
2 아르바이트 조기는, 설거지와 청소를 하는 것만으로 업무 시간이 끝났다.
3 장기 휴가 중에도, 조기에 일어나서 하루를 활동적으로 보내는 것을 유념하고 있다.
4 정기적으로 검진을 받았던 덕분에, 병을 조기에 발견할 수 있었다.

해설 早期(조기)는 주로 어떤 현상이 시작된 시기를 나타낼 때 사용한다. 4의 病気を早期に発見(병을 조기에 발견)에서 문맥상 올바르게 사용되었으므로 4가 정답이다. 참고로, 1은 初級(しょきゅう, 초급), 2는 初日(しょにち, 첫 날), 3은 早朝(そうちょう, 이른 아침)를 사용하는 것이 올바른 문장이다.

어휘 早期 そうき 圄조기　フランス語 圄프랑스어　レベル 圄레벨
文章 ぶんしょう 圄문장　読み書き よみかき 읽고 쓰기
アルバイト 圄아르바이트　洗い物 あらいもの 圄설거지
掃除 そうじ 圄청소　業務 ぎょうむ 圄업무　時間 じかん 圄시간
終わる おわる 图끝나다　長期 ちょうき 圄장기
活動的 かつどうてき 透활동적　過ごす すごす 图보내다
心掛ける こころがける 图마음에 두다, 노력하다
定期的 ていきてき 透정기적　検診 けんしん 圄검진
受ける うける 图받다　病気 びょうき 圄병　発見 はっけん 圄발견

3

붓다

1 이 산은 분화가 일어나, 토지가 <u>부은</u> 것에 의해 형성되었다고 한다.
2 이사로 예상보다 지출이 <u>부어</u>, 저금을 거의 써 버렸다.
3 자전거 타이어가 공기로 충분히 <u>부어</u> 있으면, 가볍게 달릴 수 있게 된다.
4 모기에 물린 부분이 붉게 <u>부어</u>, 가려워서 견딜 수 없어 약을 발랐다.

해설 腫れる(붓다)는 살갗 등이 부풀어 오를 때 사용한다. 4의 蚊に刺された部分が赤く腫れ(모기에 물린 부분이 붉게 부어)에서 문맥상 올바르게 사용되었으므로 4가 정답이다. 참고로, 1은 盛り上がる(もりあがる, 솟아오르다), 2는 かさむ(늘다), 3은 膨らむ(ふくらむ, 부풀다)를 사용하는 것이 올바른 문장이다.

어휘 腫れる はれる 图붓다　噴火 ふんか 명분화　土地 とち 명토지
出来上がる できあがる 图형성되다, 생기다
引っ越し ひっこし 명이사　出費 しゅっぴ 명지출
貯金 ちょきん 명저금, 저축　タイヤ 명타이어　空気 くうき 명공기
蚊 か 명모기　刺される さされる 图물리다, 쏘이다
部分 ぶぶん 명부분　かゆい い형가렵다　塗る ぬる 图바르다

4

폐지

1 태풍의 영향으로, 내일 이벤트를 <u>폐지</u>하지 않으면 안 되게 되었다.
2 아버지는 오랫동안 계속해 온 가게를 <u>폐지</u>하기로 했다고 한다.
3 기계 점검을 위해, 오전 중에는 엘리베이터를 <u>폐지</u>합니다.
4 시대에 맞지 않는 법률을 <u>폐지</u>하려는 움직임이 고조되고 있다.

해설 廃止(폐지)는 있었던 제도나 법률, 규칙 등을 완전히 없애거나 그만두는 경우에 사용한다. 4의 法律を廃止しようとする動きが高まっている(법률을 폐지하려는 움직임이 고조되고 있다)에서 올바르게 사용되었으므로 4가 정답이다. 참고로, 1은 中止(중지), 2는 閉店(폐점), 3은 停止(정지)를 사용하는 것이 올바른 문장이다.

어휘 廃止 はいし 명폐지　台風 たいふう 명태풍
影響 えいきょう 명영향　イベント 명이벤트
長年 ながねん 명오랫동안　続ける つづける 图계속하다
店 みせ 명가게　機械 きかい 명기계　点検 てんけん 명점검
エレベーター 명엘리베이터　時代 じだい 명시대
合う あう 图맞다　法律 ほうりつ 명법률　動き うごき 명움직임
高まる たかまる 图고조되다, 높아지다

5

또박또박

1 관심 없는 판매 전화가 끈질기게 걸려와서, <u>또박또박</u>하게 전화를 끊었다.
2 시력이 떨어져 안경을 사서 바꾸었더니, 먼 곳의 물체가 <u>또박또박</u>하게 보이게 되었다.
3 면접에서는 이야기하는 내용과 함께, <u>또박또박</u>하게 이야기할 수 있는지 어떤지가 인상을 크게 좌우한다.
4 업무 스케줄이 과밀해도, <u>또박또박</u>하게 해내는 우치다 씨는 동경하는 선배다.

해설 はきはき(또박또박)는 말이나 행동이 명확한 경우에 사용한다. 3의 はきはきと話せているかどうか(또박또박하게 이야기할 수 있는지 어떤지)에서 올바르게 사용되었으므로 3이 정답이다. 참고로, 1은 きっぱり(딱 잘라), 2는 はっきり(분명히), 4는 てきぱき(척척)를 사용하는 것이 올바른 문장이다.

어휘 はきはき 男또박또박　興味 きょうみ 명흥미
セールス 명판매, 세일즈　しつこい い형끈질기다
視力 しりょく 명시력　落ちる おちる 图떨어지다, 나빠지다
眼鏡 めがね 명안경　買い替える かいかえる 图새로 사서 바꾸다
遠く とおく 명멀리　物体 ぶったい 명물체
面接 めんせつ 명면접　内容 ないよう 명내용
加える くわえる 图더하다　印象 いんしょう 명인상
左右 さゆう 명좌우　業務 ぎょうむ 명업무　スケジュール 명일정
過密 かみつ な형과밀　こなす 图처리하다　憧れ あこがれ 명동경
先輩 せんぱい 명선배

실전 대비하기 6　　　　p.147

1 2　**2** 3　**3** 1　**4** 3　**5** 2

문제6 _____의 말에 의미가 가장 가까운 것을, 1·2·3·4에서 하나 고르세요.

1

충실

1 병원의 대기실은 환자로 <u>충실</u>해서, 앉을 자리가 없다.
2 최근에는 취미 시간도 가질 수 있게 되어서, 생활이 <u>충실</u>해졌다.
3 방 안은 담배 냄새가 <u>충실</u>해서, 서둘러 창문을 열었다.
4 만점을 받지 못했지만, 테스트 결과에는 <u>충실</u>하고 있다.

해설 充実(충실)는 내용이나 생활이 풍부하고 알차다는 의미로 사용한다. 2의 生活が充実してきた(생활이 충실해졌다)에서 올바르게 사용되었으므로 2가 정답이다. 참고로, 1은 混雑(혼잡), 3은 充満(충만), 4는 満足(만족)를 사용하는 것이 올바른 문장이다.

어휘 充実 じゅうじつ 명충실　病院 びょういん 명병원
待合室 まちあいしつ 명대기실　患者 かんじゃ 명환자
座る すわる 图앉다　席 せき 명자리　最近 さいきん 명최근
趣味 しゅみ 명취미　取る とる 图가지다, 잡다
生活 せいかつ 명생활　部屋 へや 명방　たばこ 명담배
におい 명냄새　急ぐ いそぐ 图서두르다　窓 まど 명창문
開ける あける 图열다　満点 まんてん 명만점
結果 けっか 명결과

2

잔고
1 휴대전화의 배터리 잔고가 적었어서, 충전기를 지참했다.
2 장보기가 귀찮으니까, 오늘 밤 저녁은 냉장고의 잔고로 어떻게든 하자.
3 은행 계좌의 잔고가 부족했기 때문에, 송금을 할 수 없었다.
4 여름휴가의 잔고 일수를 계산해 보았더니, 앞으로 10일이라서 실망했다.

해설 残高(잔고)는 은행 계좌에 남아 있는 돈의 양을 나타낼 때 사용한다. 3의 銀行口座の残高が不足していた(은행 계좌의 잔고가 부족했)에서 올바르게 사용되었으므로 3이 정답이다. 참고로, 1은 残量(잔량), 2는 残り物(남은 것), 4는 残り(나머지)를 사용하는 것이 올바른 문장이다.

어휘 残高 ざんだか 명 잔고   携帯電話 けいたいでんわ 명 휴대전화
バッテリー 명 배터리   少ない すくない い형 적다
充電器 じゅうでんき 명 충전기   持参 じさん 명 지참
買い物 かいもの 명 장보기   面倒だ めんどうだ な형 귀찮다
今夜 こんや 명 오늘 밤   夕飯 ゆうはん 명 저녁(식사)
冷蔵庫 れいぞうこ 명 냉장고   なんとか 부 어떻게든
銀行 ぎんこう 명 은행   口座 こうざ 명 계좌   不足 ふそく 명 부족
振り込み ふりこみ 명 송금   夏休み なつやすみ 명 여름휴가
日数 にっすう 명 일수   計算 けいさん 명 계산   あと 부 앞으로
がっかり 부 실망

3

깨다
1 우리 팀은, 10년간 깰 수 없었던 기록을 깼다.
2 새 빌딩이 건설되어, 마을의 경관을 깨고 있다.
3 이 약은 병을 빨리 깨서, 회복을 촉진합니다.
4 회사의 방침이 사원의 기대를 깨서, 많은 사람이 실망했다.

해설 破る(깨다)는 주로 기존의 기록을 넘거나 규칙을 어기는 경우에 사용한다. 1의 10年間破られなかった記録を破った(10년간 깰 수 없었던 기록을 깼다)에서 올바르게 사용되었으므로 1이 정답이다. 참고로, 2는 損なう(そこなう, 해치다), 3은 治す(なおす, 치료하다), 4는 裏切る(うらぎる, 배반하다)를 사용하는 것이 올바른 문장이다.

어휘 破る やぶる 동 깨다   記録 きろく 명 기록   建設 けんせつ 명 건설
景観 けいかん 명 경관   回復 かいふく 명 회복
促進 そくしん 명 촉진   方針 ほうしん 명 방침   期待 きたい 명 기대
失望 しつぼう 명 실망

4

해약
1 환경 문제를 해약하기 위해서, 새로운 기술의 개발이 필요하다.
2 그는 곧잘 약속을 해약해서, 평판이 별로 좋지 않다.
3 곧 모국으로 돌아가기 때문에, 일본 휴대전화의 계약을 해약했다.
4 건강한 생활을 위해서, 적절한 스트레스 해약은 빼놓을 수 없다.

해설 解約(해약)는 계약을 취소하거나 해지하는 경우에 사용한다. 3의 日本の携帯電話の契約を解約した(일본 휴대전화의 계약을 해약했다)에서 올바르게 사용되었으므로 3이 정답이다. 참고로, 1은 解決(かいけつ, 해결), 2는 キャンセル(취소), 4는 解消(해소)를 사용하는 것이 올바른 문장이다.

어휘 解約 かいやく 명 해약   環境 かんきょう 명 환경
問題 もんだい 명 문제   技術 ぎじゅつ 명 기술
開発 かいはつ 명 개발   必要だ ひつようだ な형 필요하다
約束 やくそく 명 약속   評判 ひょうばん 명 평판   もうすぐ 부 곧
国 くに 명 모국, 나라   携帯電話 けいたいでんわ 명 휴대전화
契約 けいやく 명 계약   健康だ けんこうだ な형 건강하다
適切だ てきせつだ な형 적절하다
欠かせない かかせない 빼놓을 수 없다

5

호화
1 어제 시합에서는, 양 팀 모두 호화로운 점수를 땄다.
2 이 객실은 넓고 가구도 고급이어서, 매우 호화롭다.
3 저 선생님은 누구나 이해할 수 있게 호화롭게 설명한다.
4 그녀와의 추억은 호화로워서, 지금도 선명하게 기억하고 있다.

해설 豪華(호화)는 사치스럽고 화려한 물건이나 장소를 묘사할 때 사용한다. 2의 この客室は広いし家具も高級で、とても豪華だ(이 객실은 넓고 가구도 고급스러워서 매우 호화롭다)에서 올바르게 사용되었으므로 2가 정답이다. 참고로, 1은 見事(みごと, 훌륭), 3은 丁寧(ていねい, 정중), 4는 大切(たいせつ, 소중)를 사용하는 것이 올바른 문장이다.

어휘 豪華だ ごうかだ な형 호화롭다   試合 しあい 명 시합
スコア 명 점수   取る とる 동 따다   客室 きゃくしつ 명 객실
家具 かぐ 명 가구   高級 こうきゅう 명 고급   理解 りかい 명 이해
説明 せつめい 명 설명   思い出 おもいで 명 추억
鮮明だ せんめいだ な형 선명하다   覚える おぼえる 동 기억하다

언어지식 문법

문제 7 문법형식 판단

실력 다지기   p.220

01 ①	02 ①	03 ①	04 ②	05 ①
06 ①	07 ②	08 ①	09 ②	10 ②
11 ①	12 ②	13 ②	14 ②	

01
그(① 가) 만든 케이크는 감동할 만큼 맛있었다.

어휘 ～の 图 ~가, ~의   ケーキ 图 케이크   感動 かんどう 图 감동
～ほど 图 ~만큼, ~정도   ～との 图 ~라는

02
A "네, 기무라입니다."
B "A사의 다나카라고 합니다만, 스즈키 과장님 (① 계십니까)?"

어휘 ～と申す ～ともうす ~라고 하다 (～と言う의 겸양어)
課長 かちょう 图 과장님, 과장
いらっしゃる 图 계시다 (いる의 존경어)   ござる 图 있다

03
복사기의 사용법은 누구나 아니까 (① 설명 할 것도 없다).

어휘 コピー機 コピーき 图 복사기   使い方 つかいかた 图 사용법
説明 せつめい 图 설명   ～までもない ~할 것도 없다
～たほうがいい ~하는 편이 좋다

04
A "어라? 컴퓨터 전원, 들어오지 않아."
B "아, 어떡하지. 일요일이니까 서비스센터에 (② 갈 수도 없고)."

어휘 パソコン 图 컴퓨터   電源 でんげん 图 전원
サービスセンター 图 서비스센터

05
다음 시험에서는 100점을 받겠다고 약속한 (① 이상), 매일 밤늦게까지 공부하겠다고 결정했다.

어휘 試験 しけん 图 시험   約束 やくそく 图 약속
～た以上 ～たいじょう ~한 이상   夜遅く よるおそく 밤 늦게
決める きめる 图 결정하다   ～たあまり 너무 ~해서

06
A "야마다 씨, 다음 주부터 출장이라며?"
B "맞아. 가고 싶지 않지만 상사에게 지시 (① 받았으)니까 어쩔 수 없지."

어휘 出張 しゅっちょう 图 출장   上司 じょうし 图 상사   指示 しじ 图 지시
仕方ない しかたない い형 어쩔 수 없다, 할 수 없다

07
비어있는 자리가 없어서, 뒤에 (② 서는 수밖에 없었다).

어휘 空く あく 图 비다   席 せき 图 자리, 좌석
～こともない ~할 필요도 없다   ～しかない ~하는 수밖에 없다

08
어릴 적, 부모님이 집에 없을 때, 이웃집 누나가 (① 놀아 주었습니다).

어휘 子供のころ こどものころ 어릴 적   遊ぶ あそぶ 图 놀다
～てもらう (상대가)~해 주다   ～てくれる ~해 주다

09
많은 소비자의 니즈 (② 에 부응하여), 판매량을 늘리기로 했습니다.

어휘 消費者 しょうひしゃ 图 소비자   ニーズ 图 니즈, 필요
～にこたえて ~에 부응하여   販売量 はんばいりょう 图 판매량
増やす ふやす 图 늘리다   ～にくわえて ~에 더해

10
열심히 공부했는데, 정체가 심해서 시험 시간에 (② 맞출 수 있을 것 같지 않다).

어휘 一生懸命 いっしょうけんめい 囝 열심히   渋滞 じゅうたい 图 정체
ひどい い형 심하다   試験 しけん 图 시험
間に合う まにあう 图 (시간에) 맞추다
～そうにない ~할 것 같지 않다   ～てもしかたない ~해도 어쩔 수 없다

11
A "어서 식기 전에 (① 드셔) 주세요."
B "감사합니다."

어휘 冷める さめる 图 식다

召し上がる めしあがる 图 드시다 (食べる의 존경어)
いただく 图 먹다 (食べる의 겸양어)

12
남동생이 대학에 떨어져서 낙담하고 있다. 누나 (② 로서) 무엇을 해주면 좋을지 모르겠다.

어휘 落ちる おちる 图 떨어지다　がっかりする 낙담하다
～として ~로서　～てあげる ~해 주다　～といって ~라고 해서

13
아이는 갖고 싶어 했던 장난감을 받았는데 (② 오히려) 울어 버렸다.

어휘 欲しがる ほしがる 图 갖고 싶어 하다　おもちゃ 图 장난감
かえって 囲 오히려, 반대로　泣く なく 图 울다
～てしまう ~해 버리다, ~하고 말다　おそらく 囲 아마, 어쩌면

14
밖에서 놀고 돌아와서, 잘 씻지 않으면 바이러스가 번식해서 병에 걸릴 (② 지도 모른다).

어휘 ウイルス 图 바이러스　繁殖 はんしょく 图 번식
～かねない ~할지도 모른다　～そうもない ~할 것 같지 않다

실전 대비하기 1
p.222

1 1	2 4	3 3	4 1	5 2
6 4	7 3	8 1	9 2	10 2
11 4	12 3	13 2		

문제 7 다음 문장의 (　　) 에 들어갈 가장 알맞은 것을, 1·2·3·4에서 하나 고르세요.

1
그가 차기 대표가 되다니 상상 (　　) 못했다.

1 조차　　　　　　2 만
3 뿐　　　　　　　4 이야말로

해설 빈칸 앞에서 '상상'이라고 하고, 빈칸 뒤에서 '못했다'라고 했으므로, 극단적인 경우를 강조하는 의미를 나타내는 표현 'すら(조차)'를 사용하는 것이 자연스럽다. 따라서 1 すら(조차)가 정답이다.

어휘 次期 じき 图 차기　代表 だいひょう 图 대표　想像 そうぞう 图 상상
～すら 图 ~조차　～きり 图 ~뿐, ~밖에　～こそ 图 ~(이)야말로

2
그녀는 피아노 연주회에서, 초보인 나로서는 (　　) 흉내 낼 수 없는 기술을 보여주었다.

1 아무리　　　　　2 만일
3 설령　　　　　　4 도저히

해설 빈칸 앞에서 '초보인 나로서는'이라고 하고, 빈칸 뒤에서 '흉내 낼 수 없는 기술'이라고 했으므로, 능력의 한계나 불가능함을 강조하는 의미를 나타내는 표현 'とても(도저히)'를 사용하는 것이 자연스럽다. 따라서 4 とても(도저히)가 정답이다.

어휘 演奏会 えんそうかい 图 연주회　素人 しろうと 图 초보
真似 まね 图 흉내 냄　～てくれる ~해 주다　いくら 囲 아무리
かりに 囲 만일　たとえ 囲 설령　とても 囲 도저히

3
사장이 바뀐 것에 따른 조직 개혁 (　　), 사원 사이에서는 여러 가지 소문이 돌고 있다.

1 에 따라서　　　　2 만으로
3 을 둘러싸고　　　4 에도 관계없이

해설 빈칸 앞에서 '사장이 바뀐 것에 따른 조직 개혁'이라고 하고, 빈칸 뒤에서 '사원 사이에서는 여러가지 소문이 돌고 있다'라고 했으므로, 조직 개혁이라는 주제를 중심으로 소문이 도는 상황을 나타내는 표현 'をめぐって(을 둘러싸고)'를 사용하는 것이 자연스럽다. 따라서 3 をめぐって(을 둘러싸고)가 정답이다.

어휘 社長 しゃちょう 图 사장, 사장님　変わる かわる 图 바뀌다, 변하다
～による ~에 따른, ~에 의한　組織 そしき 图 조직
改革 かいかく 图 개혁　社員 しゃいん 图 사원　うわさ 图 소문
流れる ながれる 图 (소문이) 돌다　～次第で ~しだいで ~에 따라서
～だけで ~만으로　～をめぐって ~을 둘러싸고
～にもかかわらず ~에도 관계없이

4
새로운 것을 시작할 때에는, 할 수 있을지 어떨지 (　　), 우선은 해 보는 것이 중요하다.

1 는 제쳐두고　　　2 탓에
3 에 의해　　　　　4 를 빼고는

해설 빈칸 앞에서 '새로운 것을 시작할 때에는, 할 수 있을지 어떨지'라고 하고, 빈칸 뒤에서 '우선은 해 보는 것이 중요하다'라고 했으므로, 가능 여부를 고려하지 않고 일단 시작하는 것이 중요하다는 의미를 나타내는 표현 'はさておき(는 제쳐두고)'를 사용하는 것이 자연스럽다. 따라서 1 はさておき(는 제쳐두고)가 정답이다.

어휘 始める はじめる 图 시작하다　～かどうか ~일지 어떨지
まず 囲 우선, 먼저　～てみる ~해 보다
大切だ たいせつだ 囮 중요하다
～はさておき ~는 제쳐두고, ~는 잠시 덮어두고
～せいで ~탓에, ~때문에　～によって ~에 의해, ~에 따라
～を抜きにしては　～をぬきにしては ~를 빼고는

5

그 자동차는 세차게 달리기 시작하려나 (　　　), 바로 멈춰 버렸다.

1 생각해보니 2 생각했더니
3 생각하지 않는다고 해도 4 생각함에 따라

해설 빈칸 앞에서 '그 자동차는 세차게 달리기 시작하려나'라고 하고, 빈칸 뒤에서 '바로 멈춰 버렸다'라고 했으므로, 어떤 상황이 발생했다고 생각하는 순간 예상치 못한 다른 상황이 발생함을 나타내는 '思ったら(생각했더니)'를 사용하는 것이 자연스럽다. 따라서 2 思ったら(생각했더니)가 정답이다.

어휘 勢いよく いきおいよく 세차게, 힘차게
走りだす はしりだす 图달리기 시작하다 　止まる とまる 图멈추다
~てしまう ~해 버리다, ~하고 말다 　思う おもう 图생각하다
~てみる ~해 보다 　~かと思ったら ~かとおもったら ~하려나 생각했더니, ~했다고 생각한 순간 　~にしても ~라 해도
~につれて ~함에 따라

6

신작 소설은 1000페이지를 넘는 대작으로, 일주일에 다 읽는 것은 (　　　) 불가능하다고 생각한다.

1 금방이라도 2 겨우
3 대체 4 아마

해설 빈칸 앞에서 '일주일에 다 읽는 것은'이라고 하고 빈칸 뒤에서 '불가능하다'라고 했으므로, 그러할 것이라고 추측하는 부사인 'まず(아마)'를 사용하는 것이 자연스럽다. 따라서 4 まず(아마)가 정답이다.

어휘 新作 しんさく 图신작 　超える こえる 图넘다, 초과하다
大作 たいさく 图대작 　~終える ~おえる 다 ~하다, ~하기 끝내다
不可能だ ふかのうだ な형불가능하다
今にも いまにも 금방이라도 　ようやく 图겨우 　いったい 图대체
まず 图아마

7

A "이 상품의 발매일은 변경하는 편이 좋다고 생각하지 않으세요?"
B "그렇네요. 하지만, 저 혼자서는 판단하기 어려우니까, 부장님께도 (　　　) 볼게요."

1 말씀해 2 오셔
3 여쭤 4 받아

해설 빈칸 앞에서 '하지만, 저 혼자서는 판단하기 어려우니까, 부장님께도'라고 하고, 빈칸 뒤에서 '볼게요'라고 했으므로, 자신보다 지위가 높은 부장에게 의견을 묻는 상황에서 사용하는 겸양어 'うかがって(여쭤)'를 사용하는 것이 자연스럽다. 따라서 3 うかがって(여쭤)가 정답이다. 여기서 うかがう(여쭙다)는 聞く(묻다)의 겸양어이다. 1 おっしゃって(말씀해)는 言う(말하다)의 존경어, 2 いらっしゃって(오셔)는 来る(오다)의 존경어, 4 いただいて(받아)는 もらう(받다)의 겸양어를 활용한 것이다.

어휘 商品 しょうひん 图상품 　発売日 はつばいび 图발매일
変更 へんこう 图변경

~た方がいい ~たほうがいい ~하는 편이 좋다
~と思う ~とおもう ~라고 생각하다 　判断 はんだん 图판단
~かねる ~하기 어렵다, ~할 수 없다 　部長 ぶちょう 图부장님, 부장
~てみる ~해 보다 　おっしゃる 图말씀하시다 (言う의 존경어)
いらっしゃる 图오시다 (来る의 존경어)
うかがう 图여쭈다 (聞く의 겸양어)
いただく 图받다 (もらう의 겸양어)

8

오늘은 기다리고 기다린 친구의 결혼식이라고 하는데, (　　　) 인플루엔자에 걸려서 참석하지 못했다.

1 유감스럽게도 2 유감스러울 정도로
3 유감스럽다고 해도 4 너무 유감스러워서

해설 빈칸 앞에서 '오늘은 기다리고 기다린 친구의 결혼식이라고 하는데'라고 하고, 빈칸 뒤에서 '인플루엔자에 걸려서 참석하지 못했다'라고 했으므로, 안타깝게도 결혼식에 참석하지 못하는 상황을 표현하는 'ことに(~하게도)'를 사용하는 것이 자연스럽다. 따라서 1 残念なことに(유감스럽게도)가 정답이다.

어휘 親友 しんゆう 图(친한) 친구 　結婚式 けっこんしき 图결혼식
インフルエンザ 图인플루엔자 　出席 しゅっせき 图참석, 출석
残念だ ざんねんだ な형유감스럽다 　~ことに ~하게도
~くらい ~정도로 　~としても ~라고 해도 　~すぎて 너무 ~해서

9

한 달간의 출장이 끝나고, 드디어 집에 돌아갈 수 있어서 (　　　).

1 기쁠 리가 없다 2 매우 기쁘다
3 기쁠 이유가 없다 4 기쁜 것만은 아니다

해설 빈칸 앞에서 '한 달간의 출장이 끝나고, 드디어 집에 돌아갈 수 있어서'라고 하고, 빈칸 뒤에서는 문장이 끝나므로, 오랜 출장 후 집에 돌아가는 상황에서 느끼는 강한 기쁨을 표현하는 표현 '~てしょうがない(매우 ~하다)'를 사용하는 것이 자연스럽다. 따라서 2 うれしくてしょうがない(매우 기쁘다)가 정답이다.

어휘 出張 しゅっちょう 图출장 　やっと 图드디어, 겨우
うれしい い형기쁘다, 즐겁다 　~はずがない ~할 리가 없다
~てしょうがない 매우 ~하다, ~해서 어쩔 수가 없다
~わけがない ~할 이유가 없다, 할 리가 없다
~ばかりではない ~한 것만은 아니다

10

매상이 (　　　), 그것만을 중시하고 있으면 결코 좋은 일은 할 수 없을 것이다.

1 중요하니까 2 중요하다고는 하지만
3 중요한 만큼 4 중요할 뿐만 아니라

해설 빈칸 앞에서 '매상이'라고 하고, 빈칸 뒤에서 '그것만을 중시하고 있으면 결코 좋은 일은 할 수 없을 것이다'라고 했으므로, 매상의 중요성을 인정하면서도 그것만 중시해서는 안 된다는 양보의 의미를 나타내는 표현 '~とは言うものの(~라고는 하지만)'를 사용하는 것이

자연스럽다. 따라서 2 大切だとは言うものの(중요하다고는 하지만)가 정답이다.

어휘 売り上げ うりあげ 圏매상　重視 じゅうし 圏중시
決して けっして 囲결코, 절대로
大切だ たいせつだ 뒤형중요하다, 소중하다　~だから ~니까
~とは言うものの ~とはいうものの ~라고는 하지만
~だけあって ~인 만큼　~ばかりか ~뿐만 아니라

11

다른 사람의 실수가 내 탓이 되어서, 정말 (　　).
1 분한 만큼의 가치는 있다　2 분해지지 않는다
3 분한 것은 아니다　**4 분해서 참을 수 없다**

해설 빈칸 앞에서 '다른 사람의 실수가 내 탓이 되어서, 정말'이라고 하고, 빈칸 뒤에서는 문장이 끝나므로, 타인의 실수를 자신의 탓으로 돌리는 부당한 상황에서 느끼는 강한 분노와 억울함을 표현하는 표현 '~てたまらない(~해서 참을 수 없다)'를 사용하는 것이 자연스럽다. 따라서 4 くやしくてたまらない(분해서 참을 수 없다)가 정답이다.

어휘 他人 たにん 圏다른 사람　ミス 圏실수, 미스　せい 圏탓, 원인
くやしい い형분하다, 억울하다
~だけのことはある ~한 만큼의 가치는 있다　~くなる ~해지다
~わけではない ~하는 것은 아니다
~てたまらない ~해서 참을 수 없다

12

사이토 "X사에서 견적서를 조속히 보내 주었으면 좋겠다는 연락이 있었습니다."
니시다 "Y사에 보낼 기획서도 아직 작성하지 못했는데. 작업이 잘 (　　), 일이 계속해서 들어 오는 법이네."
1 진행되고 있지 않을 때는 어쨌든
2 진행하지 않을 때는 어쨌든
3 진행되고 있지 않을 때에 한해서
4 진행하지 않을 때에 한해서

해설 빈칸 앞에서 'Y사에 보낼 기획서도 아직 작성하지 못했는데'라고 하고, 빈칸 뒤에서 '일이 계속해서 들어 오는 법이네'라고 했으므로, 일이 잘 진행되지 않을 때 한정하여 다른 일이 들어온다는 의미를 나타내는 표현 '~に限って(~에 한해서)'를 사용하는 것이 자연스럽다. 따라서 3 進んでいないときに限って(진행되고 있지 않을 때에 한해서)가 정답이다.

어휘 見積書 みつもりしょ 圏견적서　早急だ さっきゅうだ 뒤형조속하다
送る おくる 图보내다　連絡 れんらく 圏연락
企画書 きかくしょ 圏기획서　作業 さぎょう 圏작업
うまく 囲잘, 목적대로　次々 つぎつぎ 囲계속해서, 잇달아
進む すすむ 图진행되다, 나아가다　~はともかく ~는 어쨌든
進める すすめる 图진행하다　~に限って ~にかぎって ~에 한해서

13

수험 공부가 힘들어서 도망치고 싶어질 때마다 이 노래를 듣고 있었다. 이 노래의 가사에 얼마나 (　　). 앞으로의 인생에서도 분명 계속 들을 것이다.
1 격려해 왔는가　**2 격려받아 왔는가**
3 격려해 왔기 때문인가　4 격려받아 왔기 때문인가

해설 빈칸 앞에서 '수험 공부가 힘들어서 도망치고 싶어질 때마다 이 노래를 듣고 있었다'라고 하고, 빈칸 뒤에서 '앞으로의 인생에서도 분명 계속 들을 것이다'라고 했으므로, 화자가 노래의 가사에서 격려를 받아 왔다는 의미를 나타내는 표현 '~ことか(~했는가)'라는 감탄의 표현을 사용하는 것이 자연스럽다. 따라서 2 励まされてきたことか(격려받아 왔는가)가 정답이다.

어휘 受験 じゅけん 圏수험　勉強 べんきょう 圏공부
逃げ出す にげだす 图도망치다　歌詞 かし 圏가사
励ます はげます 图격려하다　今後 こんご 圏앞으로, 이후
人生 じんせい 圏인생

실전 대비하기 2　　p.224

1 2	2 3	3 2	4 3	5 2
6 1	7 2	8 4	9 1	10 3
11 4	12 4	13 1		

문제 7 다음 문장의 (　　)에 들어갈 가장 알맞은 것을, 1·2·3·4에서 하나 고르세요.

1

예술제의 출품 작품은 엄정한 심사를 거쳐, 각 장르 5점 (　　) 선발되어, 방문객의 투표에 의해 최우수상이 결정되는 구조이다.
1 마다　**2 씩**
3 밖에　4 뿐

해설 빈칸 앞에서 '각 장르 5점'이라고 하고, 빈칸 뒤에서 '선발되어'라고 했으므로, 같은 수량이 동일하게 되풀이됨을 나타내는 조사인 'ずつ(씩)'를 사용하는 것이 자연스럽다. 따라서 2 ずつ(씩)가 정답이다.

어휘 芸術祭 げいじゅつさい 圏예술제　出展 しゅってん 圏출품
作品 さくひん 圏작품　厳正だ げんせいだ 뒤형엄정하다
審査 しんさ 圏심사　経る へる 图거치다　ジャンル 圏장르
点 てん 圏점　来場者 らいじょうしゃ 圏방문객
投票 とうひょう 圏투표　最優秀賞 さいゆうしゅうしょう 圏최우수상
決まる きまる 图결정되다　仕組み しくみ 圏구조, 시스템
~ごと 图~마다　~ずつ 图~씩　~しか 图~밖에　~ばかり 图~뿐

2

이 사이트는 미국의 기사나 블로그 (　　) 글을 번역하여, 일본어판으로써 배포하는 서비스를 하고 있다.

1 로서　　　　　　　2 에 비해서
3 와 같은　　　　　4 에 더하여

해설　빈칸 앞에서 '미국의 기사나 블로그'라고 하고, 빈칸 뒤에서 '글을 번역하여, 일본어판으로써 배포하는 서비스를 하고 있다'라고 했으므로, 앞에 나온 것들이 어떤 것인지 예시로 나타내는 표현 '~といった(~와 같은)'를 사용하는 것이 자연스럽다. 따라서 3 といった(와 같은)가 정답이다.

어휘　サイト 圏사이트　アメリカ 圏미국　記事 きじ 圏기사
　　　ブログ 圏블로그　文章 ぶんしょう 圏글, 문장
　　　翻訳 ほんやく 圏번역　日本語版 にほんごばん 圏일본어판
　　　配信 はいしん 圏배포, 전송　サービス 圏서비스　~として ~로서
　　　~にくらべて ~에 비해서　~といった ~와 같은
　　　~にくわえて ~에 더하여

3

부모의 (　　), 아이에게 많은 것은 바라지 않는다. 건강하고, 본인이 좋아하는 일을 하면서 살아 준다면 그것만으로 훌륭한 효도라고 생각한다.

1 입장을 보니　　　　**2 입장에서 보면**
3 존재를 보니　　　　4 존재에서 보면

해설　빈칸 앞에서 '부모의'라고 하고, 빈칸 뒤에서 '아이에게 많은 것은 바라지 않는다'라고 했으므로, 부모의 관점이나 입장에서 생각했을 때의 의견을 나타내는 표현 '~からすると(~에서 보면)'를 사용하는 것이 자연스럽다. 따라서 2 立場からすると(입장에서 보면)가 정답이다.

어휘　親 おや 圏부모　多く おおく 圏많음　望む のぞむ 圏바라다
　　　健康 けんこう 圏건강　本人 ほんにん 圏본인　~ながら ~하면서
　　　暮らす くらす 圏살다　親孝行 おやこうこう 圏효도
　　　立場 たちば 圏입장　~からいって ~을 보니, ~을 봐서
　　　~からすると ~에서 보면　存在 そんざい 圏존재

4

그녀는 몹시 고민한 (　　) 편입 조건을 충족시키기 위해, 휴학해서 시험 대책을 세우기로 결정했다.

1 순간　　　　　　　　2 나머지
3 끝에　　　　　　　4 이상

해설　빈칸 앞에서 '그녀는 몹시 고민한'이라고 하고, 빈칸 뒤에서 '편입 조건을 충족시키기 위해, 휴학해서 시험 대책을 세우기로 결정했다'라고 했으므로, 오랜 시간 고민한 끝에 결정했다는 의미를 나타내는 표현 '~すえに(~끝에)'를 사용하는 것이 자연스럽다. 따라서 3 すえに(끝에)가 정답이다.

어휘　悩む なやむ 圏고민하다, 망설이다　編入 へんにゅう 圏편입
　　　条件 じょうけん 圏조건　満たす みたす 圏충족시키다

休学 きゅうがく 圏휴학　試験 しけん 圏시험
対策をする たいさくをする 대책을 세우다
決める きめる 圏결정하다　~たとたん ~한 순간
~たすえに ~한 끝에　~たあまり ~한 나머지　~たいじょう ~한 이상

5

배우로서 국제영화제까지 초대받은 저 사람은, 아이돌이라기 보다, (　　) 여배우에 가깝다.

1 만일　　　　　　　**2 오히려**
3 조금도　　　　　　4 전혀

해설　빈칸 앞에서 '아이돌이라기 보다'라고 하고, 빈칸 뒤에서 '여배우에 가깝다'라고 했으므로, 앞의 것보다 뒤의 것이 더 적절하다는 대조의 의미를 나타내는 표현 'むしろ(오히려)'를 사용하는 것이 자연스럽다. 따라서 2 むしろ(오히려)가 정답이다.

어휘　俳優 はいゆう 圏배우
　　　国際映画祭 こくさいえいがさい 圏국제영화제
　　　招待 しょうたい 圏초대　アイドル 圏아이돌
　　　女優 じょゆう 圏여배우　かりに 凰만일　むしろ 凰오히려
　　　ちっとも 凰조금도　さっぱり 凰전혀

6

대회 연습을 한창 하는 중에 친구와 잡담을 하고 있어서 선배에게 매우 (　　).

1 혼나 버렸다　　　　2 혼내게 할 거라고 생각한다
3 혼냈을까　　　　　　4 혼낼 수 있게 되었다

해설　빈칸 앞에서 '대회 연습을 한창 하는 중에 친구와 잡담을 하고 있어서 선배에게 매우'라고 하고, 빈칸 뒤에서는 문장이 끝나고 있으므로, 주어인 '나'가 선배로부터 혼이 났다는 의미의 수동형 '~られる(~당하다)'를 사용하는 것이 자연스럽다. 따라서 1 叱られてしまった(혼나 버렸다)가 정답이다. 여기서 叱られる(혼나다)는 叱る(혼내다)의 수동형이다. 2의 叱らせる(혼내게 하다)는 叱る(혼내다)의 사역형, 4의 叱れる(혼낼 수 있다)는 叱る(혼내다)의 가능형이다.

어휘　大会 たいかい 圏대회　練習 れんしゅう 圏연습
　　　~ている最中 ~ているさいちゅう 한창 ~하는 중
　　　おしゃべり 圏잡담　先輩 せんぱい 圏선배　うんと 凰매우
　　　叱る しかる 圏혼내다

7

어릴 때부터 정원에 심어져 있던 소나무가 갑자기 시들어 버려서, (　　).

1 아쉬운 채였다　　　　**2 너무 아쉬웠다**
3 아쉬울 것이었다　　　4 꼭 아쉽다고는 할 수 없었다

해설　빈칸 앞에서 '어릴 때부터 정원에 심어져 있던 소나무가 갑자기 시들어 버려서'라고 하고, 빈칸 뒤에서는 문장이 끝나고 있으므로, 소나무가 죽은 것에 대한 강한 아쉬움을 표현하는 '~でならなかった(너무 ~했다)'를 사용하는 것이 자연스럽다. 따라서 2 残念でならなかった(너무 아쉬웠다)가 정답이다.

어휘 植わる うわる 图심어지다 松の木 まつのき 图소나무
　　　急に きゅうに 图갑자기 枯れる かれる 图시들다
　　　~ままだ ~인 채이다 ~てならない 너무 ~하다
　　　~はずだ ~일 것이다
　　　~とは限らない ~とはかぎらない 꼭 ~라고는 할 수 없다

어휘 ~てしまう ~하고 말다 冷静だ れいせいだ 图냉정하다
　　　原因 げんいん 图원인 相手 あいて 图상대 立場 たちば 图입장
　　　~ずに済む ~ずにすむ ~하지 않아도 되다
　　　~つもりだった ~한 셈이었다 ~ばよかった ~하면 좋았을 것이다
　　　~てみる ~해 보다 ~たい ~하고 싶다

8

SNS를 (　　) 다양한 커뮤니티 사이트의 영향으로, 부정확한 인식에 근거한 판단이 많아진 느낌이 든다.

1 불문하고　　　　　2 제외하고
3 둘러싸고　　　　　**4 비롯하여**

해설 빈칸 앞에서 'SNS를'이라고 하고, 빈칸 뒤에서 '다양한 커뮤니티 사이트의 영향으로, 부정확한 인식에 근거한 판단이 많아진 느낌이 든다'라고 했으므로, SNS를 포함하여 여러 커뮤니티 사이트들을 언급하는 표현 '~をはじめ(~을 비롯하여)'를 사용하는 것이 자연스럽다. 따라서 4 はじめ(비롯하여)가 정답이다.

어휘 色々だ いろいろだ 图다양하다
　　　コミュニティサイト 图커뮤니티 사이트 影響 えいきょう 图영향
　　　不正確だ ふせいかくだ 图부정확하다 認識 にんしき 图인식
　　　~に基づく ~にもとづく ~에 근거하다 判断 はんだん 图판단
　　　気がする きがする 느낌이 들다 ~をとわず ~를 불문하고
　　　~を除いて ~をのぞいて ~를 제외하고 ~をめぐって ~를 둘러싸고
　　　~をはじめ ~를 비롯하여

9

거기에 짐을 두면, 분명 지나가는 사람의 방해가 (　　).

1 될 것이 틀림없다　　2 된 것에 불과하다
3 될 리 없다　　　　　　4 되었다는 것은 아니다

해설 빈칸 앞에서 '거기에 짐을 두면, 분명 지나가는 사람의 방해가'라고 하고, 빈칸 뒤에서는 문장이 끝나고 있으므로, 강한 확신을 나타내는 표현 '~にちがいない(~이 틀림없다)'를 사용하는 것이 자연스럽다. 따라서 1 なるにちがいない(될 것이 틀림없다)가 정답이다.

어휘 荷物 にもつ 图짐 きっと 图분명 通る とおる 图지나가다
　　　邪魔 じゃま 图방해 ~にちがいない ~이 틀림없다
　　　~にすぎない ~에 불과하다 ~はずがない ~할 리 없다
　　　~というものではない ~라는 것은 아니다

10

친구와 싸우고 말았다. 냉정하게 생각하면 원인은 나에게 있고, 더 상대의 입장이 되어 (　　).

1 생각하지 않아도 됐다　　2 생각한 셈이었다
3 생각하면 좋았을 것이다　4 생각해 보고 싶었다

해설 빈칸 앞에서 '원인은 나에게 있고'라고 했으므로, 잘못을 후회하는 표현인 '~ばよかった(~하면 좋았을 것이다)'를 사용하는 것이 자연스럽다. 따라서 3 考えればよかった(생각하면 좋았을 것이다)가 정답이다.

11

(피아노 교실에서)
학생 "이 곡은 어려워서 저는 칠 수 있을 것 같지 않은데요."
선생님 "연습을 거듭해 (　　) 칠 수 있을지 어떨지 알 수 없어."

1 보고 나서야 비로소　　2 봤다가는
3 보려고 하지 않아도　　**4 본 후가 아니면**

해설 빈칸 앞에서 '연습을 거듭해'라고 하고, 빈칸 뒤에서 '칠 수 있을지 어떨지 알 수 없어'라고 했으므로, 실제로 해 본 후에야 결과를 알 수 있다는 의미를 나타내는 '~てからでないと(~한 후가 아니면)'를 사용하는 것이 자연스럽다. 따라서 4 みてからでないと(본 후가 아니면)가 정답이다.

어휘 ピアノ教室 ピアノきょうしつ 图피아노 교실 曲 きょく 图곡
　　　~そうにない ~할 것 같지 않다 重ねる かさねる 图거듭하다
　　　~かどうか ~일지 어떨지 ~てはじめて ~하고 나서야 비로소
　　　~(よ)うものなら ~했다가는 ~(よ)うとしない ~하려고 하지 않다
　　　~てからでないと ~한 후가 아니면

12

신입 사원의, '여러분을 (　　), 반갑습니다.'라는 인사에 부서 내의 사원들로부터 따뜻한 시선이 집중되었다.

1 하셔서　　　　　　2 봐서
3 만나실 수 있어서　　**4 뵐 수 있어서**

해설 빈칸 앞에서 '여러분을'이라고 하고, 빈칸 뒤에서 '반갑습니다'라고 했으므로, 신입 사원이 회사 선배나 상사들에게 처음 만남의 인사를 하는 상황에서 적절한 경어 표현인 'お目にかかれて(뵐 수 있어서)'를 사용하는 것이 자연스럽다. 따라서 4 お目にかかれて(뵐 수 있어서)가 정답이다. 여기서 お目にかかれる(뵐 수 있다)는 会う(만나다)의 겸양어 お目にかかる(뵙다)의 가능형이다. 1 なさって(하셔서)는 する(하다)의 존경어, 2 拝見して(봐서)는 見る(보다)의 겸양어, 3 お会いになれて(만나실 수 있어서)는 会う(만나다)의 존경어를 활용한 것이다.

어휘 新人社員 しんじんしゃいん 图신입 사원 うれしい い形반갑다
　　　あいさつ 图인사 部署内 ぶしょない 图부서 내
　　　社員 しゃいん 图사원 視線 しせん 图시선
　　　注ぐ そそぐ 图집중시키다 なさる 图하시다 (する의 존경어)
　　　拝見する はいけんする 보다 (見る의 겸양어)
　　　お会いになる おあいになる 图만나시다 (会う의 존경어)
　　　お目にかかる おめにかかる 图뵙다 (会う의 겸양어)

13

A "집을 나올 때 확실히 방 불, 끄고 와 줬어?"
B "엇, 어땠더라. 끄는 걸 잊은 느낌이 (   )."
A "엇, 끄라고 그렇게 말했는데."

1 들지 않는 것도 아니지만
2 들지 않는 것도 아닌데
3 들지도 않았지만
4 들지도 않았는데

해설 빈칸 앞에서 B가 불을 끄는 걸 잊었다는 느낌이라고 하고, 빈칸 뒤에서 A가 '끄라고 그렇게 말했는데'라고 했으므로, 이중 부정 표현인 'ないでもない(~하지 않는 것도 아니다)'를 사용하여 "그럴 가능성이 있다"는 완곡한 긍정의 의미를 나타내는 것이 자연스럽다. 따라서 1 しないでもないけど(들지 않는 것도 아니지만)가 정답이다.

어휘 部屋 へや 몡 방 電気 でんき 몡 불, 전기 消す けす 통 끄다
忘れる わすれる 통 잊다

실전 대비하기 3
p.226

1 3	2 3	3 3	4 3	5 2
6 2	7 4	8 4	9 4	10 1
11 3	12 2	13 3		

문제7 다음 문장의 (   )에 들어갈 가장 알맞은 것을, 1·2·3·4에서 하나 고르세요.

1

정말로 내가 말한 것을 이해한 (   ), 표정으로는 잘 알 수 없었다.

1 것인데
2 것 정도
3 것인지
4 것이기 때문에

해설 빈칸 앞에서 '내가 말한 것을 이해한'이라고 하고, 빈칸 뒤에서 '표정으로는 잘 알 수 없었다'라고 했으므로, 의문을 나타내는 표현인 '~のか(~것인지)'를 사용하는 것이 자연스럽다. 따라서 3 のか(것인지)가 정답이다.

어휘 理解 りかい 몡 이해 表情 ひょうじょう 몡 표정 ~のに 조 ~인데
~くらい 조 ~정도 ~のか 조 ~것인지 ~から 조 ~때문에

2

다나카 "컴퓨터를 사고 싶은데, 어느 것이든 예산 초과라서…"
모리모토 "사실 나, 최근에 새것으로 바꿨거든. 내가 썼던 것 (   ) 싸게 양도할까?"

1 이라고 해도
2 에서 볼 때
3 이라도 괜찮다면
4 이라고 해도

해설 빈칸 앞에서 '내가 썼던 것'이라고 하고, 빈칸 뒤에서 '싸게 양도할까'라고 했으므로, 조건을 나타내는 표현인 'でよければ(~이라도 괜찮다면)'를 사용하는 것이 자연스럽다. 따라서 3 でよければ(이라도 괜찮다면)가 정답이다.

어휘 予算 よさん 몡 예산 オーバー 몡 초과 実は じつは 분 사실
買い替える かいかえる 통 새것으로 바꾸다 譲る ゆずる 통 양도하다
~といっても ~라고 해도 ~からすると ~에서 볼 때
~でよければ ~이라도 괜찮다면 ~からといって ~하다고 해서

3

메달이 기대되었던 남자 800미터 경주였지만, 이케다 선수는 전체 7위, 스즈키 선수 (   ) 예선도 돌파하지 못했다.

1 를 통해서
2 에 따라
3 에 이르러서는
4 를 기반으로

해설 빈칸 앞에서 '이케다 선수는 전체 7위, 스즈키 선수'라고 하고, 빈칸 뒤에서 '예선도 돌파하지 못했다'라고 했으므로, 두 번째 선수의 더 좋지 않은 결과를 강조하는 표현 '~に至っては(~에 이르러서는)'를 사용하는 것이 자연스럽다. 따라서 3 に至っては(에 이르러서는)가 정답이다.

어휘 メダル 몡 메달 期待 きたい 몡 기대 競走 きょうそう 몡 경주
選手 せんしゅ 몡 선수 予選 よせん 몡 예선 突破 とっぱ 몡 돌파
~を通じて ~をつうじて ~를 통해서
~に沿って ~にそって ~에 따라
~に至っては ~にいたっては ~에 이르러서는, 심지어 ~는
~をもとに ~를 기반으로

4

유럽 여행에서 (   ) 돈을 너무 써 버려서, 저금이 거의 제로인 상태가 되어 버렸다.

1 머지않아
2 간신히
3 무심코
4 단지

해설 빈칸 앞에서 '유럽 여행에서'라고 하고, 빈칸 뒤에서 '돈을 너무 써 버려서'라고 했으므로, 의도하지 않게 어떤 행동을 하게 되었음을 나타내는 표현 'つい(무심코)'를 사용하는 것이 자연스럽다. 따라서 3 つい(무심코)가 정답이다.

어휘 ヨーロッパ旅行 ヨーロッパりょこう 몡 유럽여행
貯金 ちょきん 몡 저금 ほぼ 분 거의 状態 じょうたい 몡 상태
やがて 분 머지않아 やっと 분 간신히 つい 분 무심코 ただ 분 단지

5

그가 제안한 아이디어는 구체성이 부족한 단순한 생각 (   )지만, 부장이 그 안을 마음에 들어해서 팀 전체가 지원하는 처지가 되었다.

1 이면 안 됐
2 에 불과했
3 보다 더 좋은 것은 없었
4 일 리가 없었

해설 빈칸 앞에서 '구체성이 부족한 단순한 생각'이라고 했으므로, 수준이 미치지 못함을 나타내는 표현인 '~でしかない(~에 불과하다)'를 사용하는 것이 자연스럽다. 따라서 2 でしかなかった(에 불과했)가 정답이다.

어휘 提案 ていあん 몡 제안 アイデア 몡 아이디어

具体性 ぐたいせい 圏구체성　欠ける かける 동부족하다
単なる たんなる 단순한　思いつき おもいつき 圏(갑작스러운) 생각
部長 ぶちょう 圏부장　案 あん 圏안, 계획
気に入る きにいる 동마음에 들다　チーム 圏팀
全体 ぜんたい 圏전체　サポート 圏지원　はめ 圏처지
〜ではいけない 〜이면 안 되다　〜でしかない 〜에 불과했다
〜に越したことはない 〜にこしたことはない 〜보다 더 좋은 것은 없다
〜のはずがない 〜일 리가 없다

6
A "지금의 급료로는 자동차 같은 건 (　　)."
B "뭐 그렇지. 이직을 생각해 보면 어때?"

1 살 수밖에 없어　　2 살 수 있을 리 없어
3 살 필요는 없어　　4 사지 않을 수 없어

해설 빈칸 앞에서 '지금의 급료로는 자동차 같은 건'라고 하고, 빈칸 뒤에서 B가 '뭐 그렇지. 이직을 생각해 보면 어때?'라고 했으므로, 현재 상황에서 불가능함을 강조하는 표현 '〜っこない(〜할 리 없다)'를 사용하는 것이 자연스럽다. 따라서 2 買えっこないよ(살 수 있을 리 없어)가 정답이다.

어휘 給料 きゅうりょう 圏급료　〜なんて 函〜같은 건
　　転職 てんしょく 圏이직　〜しかない 〜할 수밖에 없다
　　〜っこない 〜할 리 없다　〜ことはない 〜할 필요는 없다
　　〜ざるを得ない 〜ざるをえない 〜하지 않을 수 없다

7
창업 처음에는 작은 사무실에서 5명만으로 시작한 회사가, 20년 후에는 종업원 500명을 (　　).

1 넘을 리가 없다　　2 넘을 것도 없다
3 넘도록 했다　　　4 넘기에 이르렀다

해설 빈칸 앞에서 '5명만으로 시작한 회사가, 20년 후에는 종업원 500명을'이라고 했으므로, 변화의 결과를 나타내는 표현인 '〜までになる(〜하기에 이르다)'를 사용하는 것이 자연스럽다. 따라서 4 超えるまでになった(넘기에 이르렀다)가 정답이다.

어휘 創業 そうぎょう 圏창업　当初 とうしょ 圏처음, 당초
　　小さな ちいさな 작은　事務所 じむしょ 圏사무실
　　従業員 じゅうぎょういん 圏종업원　超える こえる 동넘다
　　〜わけがない 〜할 리가 없다　〜までもない 〜할 필요가 없다
　　〜ようにする 〜하도록 하다　〜までになる 〜에 이르다

8
할머니가 지금 사용하고 있는 지갑이 이제 낡았다고 말씀하셨기 때문에, 생일 선물로 새 지갑을 (　　) 생각하고 있다.

1 선물했다면　　　2 선물할 때마다
3 선물한 직후　　4 선물할까

해설 빈칸 앞에서 '새 지갑을'이라고 하고, 빈칸 뒤에서 '생각하고 있다'라고 했으므로, 의향이나 고민을 나타내는 표현인 '〜ようか(〜할까)'를 사용하는 것이 자연스럽다. 따라서 4 贈ろうか(선물할까)가 정답이다.

어휘 祖母 そぼ 圏할머니　財布 さいふ 圏지갑
　　ぼろぼろだ な형낡다, 너덜너덜하다　贈る おくる 동선물하다, 보내다
　　〜たら 〜하면　〜たびに 〜할 때마다　〜たところ 〜한 직후, 〜한 참
　　〜ようか 〜할까

9
남편은 요리가 (　　) 매일 아침 아이들을 위해 도시락을 만들어 주고 있어 정말 고맙다.

1 서투른 탓인지　　2 서투른 탓에
3 서투른 데다가　　4 서투르면서도

해설 빈칸 앞에서 '남편은 요리가'라고 하고, 빈칸 뒤에서 '매일 아침 아이들을 위해 도시락을 만들어 주고 있어 정말 고맙다'라고 했으므로, 역접의 의미를 나타내는 표현 '〜ながらも(〜면서도)'를 사용하는 것이 자연스럽다. 따라서 4 苦手ながらも(서투르면서도)가 정답이다.

어휘 子どもたち こどもたち 圏아이들　〜ために 〜을 위해
　　本当に ほんとうに 정말　ありがたい い형고맙다
　　〜せいか 〜한 탓인지　〜ばかりに 〜한 탓에　〜うえに 〜한데다가
　　〜ながらも 〜하면서도

10
(면세점에서)
손님 "여기서 면세 가능한가요?"
점원 "네, 손님. 면세를 이용하실 수 있습니다. 여권을 (　　) 괜찮을까요?"

1 봐도　　　　2 보여드려도
3 보셔도　　　4 와도

해설 빈칸 앞에서 '여권을'이라고 하고, 빈칸 뒤에서 '괜찮을까요?'라고 했으므로, 점원이 손님의 여권을 보는 행위를 정중하게 표현하는 '拝見する(보다)'를 사용하는 것이 자연스럽다. 따라서 1 拝見しても(봐도)가 정답이다. 여기서 拝見する(보다)는 見る(보다)의 겸양어이다. 2 お目にかけても(보여드려도)는 見せる(보여주다)의 겸양어, 3 ご覧になっても(보셔도)는 見る(보다)의 존경어, 4 参っても(와도)는 来る(오다)의 겸양어를 활용한 것이다.

어휘 免税店 めんぜいてん 圏면세점　客 きゃく 圏손님
　　店員 てんいん 圏점원　利用 りよう 圏이용　パスポート 圏여권
　　拝見する はいけんする 보다 (見る의 겸양어)
　　お目にかける おめにかける 동보여드리다 (見せる의 겸양어)
　　ご覧になる ごらんになる 동보시다 (見る의 존경어)
　　参る まいる 동오다 (来る의 겸양어)

11
아버지는 그렇게 의사에게 (　　) 데도 불구하고, 담배를 끊으려고 하지 않는다.

1 주의했는　　　　2 주의시켰는
3 주의받았는　　　4 억지로 주의했는

해설 빈칸 앞에서 '의사에게'라고 하고, 빈칸 뒤에서 '데도 불구하고'라고 했으므로, '의사로부터 주의를 받았다'라는 의미의 수동형 표현 '〜さ

れる(~받다)'를 사용하는 것이 자연스럽다. 따라서 3 注意された (주의받는)가 정답이다. 여기서 注意される(주의받다)는 注意する(주의하다)의 수동형이다. 2 注意させた(주의시켰는)는 注意する(주의하다)의 사역형, 3 注意させられた(억지로 주의했는)는 注意する(주의하다)의 사역수동형을 활용한 것이다.

어휘 やめる 통 끊다　~(よ)うとしない ~하려고 하지 않다
注意 ちゅうい 명 주의　~にもかかわらず ~에도 불구하고

12

(기자 회견에서)
A "모처럼 질문을 해 주셔서 죄송하지만, 공적인 장소이기에 그런 사적인 질문에는 (　　)."
1 답해서는 안 됩니다　　2 답하기 어렵습니다
3 답하려던 참입니다　　4 답하려고 하지 않습니다

해설 빈칸 앞에서 '모처럼 질문을 해 주셔서 죄송하지만, 공적인 장소이기에 그런 사적인 질문에는'이라고 하고, 빈칸 뒤에는 문장이 끝나므로, 기자 회견이라는 공적인 자리에서 사적인 질문에 대해 정중하게 답변을 거절하는 표현 '~かねます(~하기 어렵습니다)'를 사용하는 것이 자연스럽다. 따라서 2 お答えしかねます(답하기 어렵습니다)가 정답이다.

어휘 記者 きしゃ 명 기자　会見 かいけん 명 회견
質問 しつもん 명 질문　公 おおやけ 명 공적, 공개　場 ば 명 장소
プライベートだ な형 사적이다　答える こたえる 통 답하다
~てはならない ~해서는 안 된다　~ところだ ~하려던 참이다
~ようとする ~하려고 하다

13

스포츠나 음악에서의 능력은 절반 이상이 유전의 영향이라고 말해지고 있다. 즉, 타고난 (　　).
1 것으로 하면 좋은지　　2 것으로 하면 좋은 것인가
3 것이라는 것이다　　4 것이기 때문이다

해설 빈칸 앞에서 '유전의 영향이라고 말해지고 있다. 즉, 타고난'이라고 했으므로, 앞의 내용을 정리하는 표현인 '~というわけである(~이라는 것이다)'를 사용하는 것이 자연스럽다. 따라서 3 ものというわけである(것이라는 것이다)가 정답이다.

어휘 能力 のうりょく 명 능력　遺伝 いでん 명 유전
影響 えいきょう 명 영향　生まれ持つ うまれもつ 통 타고나다

실전 대비하기 4　　p.228

1 3	2 4	3 2	4 1	5 2
6 3	7 3	8 4	9 4	10 1
11 4	12 2	13 1		

문제7 다음 문장의 (　　)에 들어갈 가장 알맞은 것을, 1·2·3·4에서 하나 고르세요.

1

의료의 진보와 함께 건강의 상식은 변화하고 있다. 오래된 지식을 계속 믿고 있으면, (　　) 건강에 악영향을 미치는 경우도 있다.
1 아무래도　　2 과연
3 도리어　　4 대체

해설 빈칸 앞에서 '오래된 지식을 계속 믿고 있으면'이라고 하고, 빈칸 뒤에서 '건강에 악영향을 미치는 경우도 있다'라고 했으므로, 의도와 반대되는 결과를 나타내는 표현 'かえって(도리어)'를 사용하는 것이 자연스럽다. 따라서 3 かえって(도리어)가 정답이다.

어휘 医療 いりょう 명 의료　進歩 しんぽ 명 진보　~とともに ~와 함께
健康 けんこう 명 건강　常識 じょうしき 명 상식
変化 へんか 명 변화　知識 ちしき 명 지식
信じ続ける しんじつづける 통 계속 믿다
悪影響 あくえいきょう 명 악영향　及ぼす およぼす 통 미치다
どうも 문 아무래도　果たして はたして 문 과연　かえって 문 도리어
いったい 문 대체

2

일본에서의 액션 영화의 역사는, 그의 존재 (　　) 이야기할 수 없다.
1 가 있었기에　　2 니까
3 는 어쨌든　　4 를 빼고는

해설 빈칸 앞에서 '그의 존재'라고 하고, 빈칸 뒤에서 '이야기할 수 없다'라고 했으므로, 어떤 것이 없으면 무언가가 불가능하거나 성립하지 않음을 나타내는 표현 '~を抜きにしては(~를 빼고는)'를 사용하는 것이 자연스럽다. 따라서 4 抜きにしては(를 빼고는)가 정답이다.

어휘 日本 にほん 명 일본　~における ~에서의　アクション 명 액션
映画 えいが 명 영화　歴史 れきし 명 역사　存在 そんざい 명 존재
語る かたる 통 이야기하다　~があってこそ ~가 있었기에
~のことだから ~니까　~はともかく ~는 어쨌든
~を抜きにしては ~をぬきにしては ~를 빼고는

3

제출 직전에 동료가 실수를 알아차려 줘서 다행이었지만, 주문서의 숫자를 잘못 입력한 탓에 회사에 큰 손실을 (　　).
1 주고 있었다　　2 줄 뻔했다
3 준 적도 있었다　　4 주는 채였다

해설 빈칸 앞에서 '동료가 실수를 알아차려 줘서 다행이었지만'이라고 하고, '회사에 큰 손실을'이라고 했으므로, 어떤 일이 일어나려 했으나 일어나지 않았음을 나타내는 표현인 '~ところだった(~할 뻔했다)'를 사용하는 것이 자연스럽다. 따라서 2 与えるところだった(줄 뻔했다)가 정답이다.

어휘 提出 ていしゅつ 圏제출　直前 ちょくぜん 圏직전
同僚 どうりょう 圏동료　間違い まちがい 圏실수
気づく きづく 동알아차리다　注文書 ちゅうもんしょ 圏주문서
数字 すうじ 圏숫자
打ち間違える うちまちがえる 동잘못 입력하다, 잘못 치다
大きな おおきな 큰　損失 そんしつ 圏손실
与える あたえる 동주다　～つつある ~하고 있다
～ところだった ~할 뻔했다　～ままだ ~하는 채이다, ~하는 대로이다

4

야마카와 씨는 해외여행 경험이 풍부 (　　), 여러 나라의 문화를 알고 있다.

1 한 만큼　　　　　2 한 바람에
3 한 탓에　　　　　4 하지만

해설 빈칸 앞에서 '야마카와 씨는 해외여행 경험이 풍부'라고 하고, 빈칸 뒤에서 '여러 나라의 문화를 알고 있다'라고 했으므로, 앞의 내용이 뒤에 오는 결과의 타당한 이유나 근거가 됨을 나타내는 표현 '～だけに(~한 만큼)'를 사용하는 것이 자연스럽다. 따라서 1 だけに(한 만큼)가 정답이다.

어휘 海外 かいがい 圏해외　経験 けいけん 圏경험
豊富だ ほうふだ な형풍부하다　いろいろだ な형여러 가지다
文化 ぶんか 圏문화　～だけに ~한 만큼　～ばかりに ~한 바람에
～せいで ~한 탓에　～ものの ~하지만

5

달리는 것이 좋 (　　) 좋 (　　), 매일 아침 일어나면 근처 공원을 달리고 있다.

1 지만/지만　　　　2 아서/아서
3 은 것을/은 것을　4 은 것도/은 것도

해설 빈칸 앞에서 '달리는 것이 좋'이라고 하고, 빈칸 뒤에서 '매일 아침 일어나면 근처 공원을 달리고 있다'라고 했으므로, 이유나 원인을 나타내는 '～で(~해서)'를 사용하는 것이 자연스럽다. 따라서 2 で/で(아서/아서)가 정답이다.

어휘 近所 きんじょ 圏근처　～が 죄~지만　～で 죄~라서
～を 죄~을/를　～も 죄~도

6

한번, 일을 맡은 (　　), 어려움이 있다고 해도 반드시 성과를 내보이겠다.

1 끝에　　　　　　2 끝에
3 이상에는　　　　4 한편

해설 빈칸 앞에서 '일을 맡은'이라고 하고, 빈칸 뒤에서 '어려움이 있다고 해도 반드시 성과를 내보이겠다'라고 했으므로, 조건과 그에 따른 결심을 나타내는 표현 '～上は(~이상에는)'를 사용하는 것이 자연스럽다. 따라서 3 上は(이상에는)가 정답이다.

어휘 一度 いちど 閉한번　引き受ける ひきうける 동맡다

困難 こんなん 圏어려움, 곤란함　成果 せいか 圏성과
～たあげく ~한 끝에　～た末に ～たすえに ~한 끝에
～上は ～うえは ~한 이상에는　～一方で ～いっぽうで ~하는 한편

7

이 서류는, 부모님의 사인이 필요하기 때문에, 아버지에게 상담 (　　).

1 하고 싶은 법이다　　　　2 할 만하다
3 하지 않을 수 없다　　　　4 하지 않고서는 있을 수 없다

해설 빈칸 앞에서 '이 서류는, 부모님의 사인이 필요하기 때문에, 아버지에게 상담'이라고 하고, 빈칸 뒤에는 문장이 끝나므로, 필요성으로 인해 어떤 행동을 하지 않을 수 없다는 의미의 표현 '～ないわけにはいかない(~하지 않을 수 없다)'를 사용하는 것이 자연스럽다. 따라서 3 しないわけにはいかない(하지 않을 수 없다)가 정답이다.

어휘 書類 しょるい 圏서류　親 おや 圏부모님　サイン 圏사인
必要だ ひつようだ な형필요하다　相談 そうだん 圏상담
～ものだ ~인 법이다　～だけのことはある ~할 만하다
～ないわけにはいかない ~하지 않을 수 없다
～ずにはいられない ~하지 않고서는 있을 수 없다

8

우리가 먹는 약은, 많은 환자의 이해와 협력 (　　) 시험이 행해져, 실용화에 이르러 있다.

1 을 비롯하여　　　　2 을 둘러싸고
3 하는 김에　　　　　4 하에

해설 빈칸 앞에서 '많은 환자의 이해와 협력'이라고 하고, 빈칸 뒤에서 '시험이 행해져, 실용화에 이르러 있다'라고 했으므로, 어떤 상황이나 조건 하에서 무언가가 이루어짐을 나타내는 표현 '～のもとに(~하에)'를 사용하는 것이 자연스럽다. 따라서 4 のもとに(하에)가 정답이다.

어휘 私たち わたしたち 圏우리　多く おおく 圏많음
患者 かんじゃ 圏환자　理解 りかい 圏이해
協力 きょうりょく 圏협력　行う おこなう 동행하다
実用化 じつようか 圏실용화　至る いたる 동이르다
～をはじめ ~을 비롯하여　～をめぐって ~을 둘러싸고
～のついでに ~하는 김에　～のもとに ~하에

9

스즈키 씨와는 파티에서 명함을 교환한 (　　), 한 번도 만나지 않았다.

1 지 얼마 안 되어　　　2 나머지
3 뿐　　　　　　　　　4 후

해설 빈칸 앞에서 '파티에서 명함을 교환한'이라고 하고, 빈칸 뒤에서 '한 번도 만나지 않았다'라고 했으므로, 단지 그것만 했을 뿐이라는 제한적 의미를 나타내는 'きり(~후)'를 사용하는 것이 자연스럽다. 따라서 4 きり(후)가 정답이다.

어휘 名刺 めいし 명 명함   交換 こうかん 명 교환   一度 いちど 명 한 번
～たばかりだ ~한 지 얼마 안 되다   ～たあまり ~한 나머지
～のみ 조 ~뿐   ～たきり ~한 후, ~한 채

～たところ ~했더니   見える みえる 동 보이다   ～ことから ~로 인해
～によって ~에 의해   ～からには ~이상에는

10

그는 그 작품을 (　　) 자신이 만든 것처럼 인터넷상에 발표했다.

1 마치   2 설령
3 설마   4 공교롭게도

해설 빈칸 앞에서 '그는 그 작품을'이라고 하고, 빈칸 뒤에서 '자신이 만든 것처럼 인터넷상에 발표했다'라고 했으므로, 실제와 다른 상황을 꾸며내는 뉘앙스를 담고 있는 표현 'あたかも(마치)'를 사용하는 것이 자연스럽다. 따라서 1 あたかも(마치)가 정답이다.

어휘 作品 さくひん 명 작품   インターネット 명 인터넷
発表 はっぴょう 명 발표   あたかも 부 마치   たとえ 부 설령
まさか 부 설마   あいにく 부 공교롭게도

11

저희 시립도서관 회의실은, 18세 이상의 시민이라면 누구라도 (　　) 므로, 언제든지 신청해 주세요.

1 이용해 주시   2 이용하시
3 이용해 주시   4 이용하실 수 있으

해설 빈칸 앞에서 '18세 이상의 시민이라면 누구라도'라고 하고, 빈칸 뒤에서 '므로, 언제든지 신청해 주세요'라고 했으므로, 회의실을 이용할 수 있다는 가능 표현 'ご利用になれます(이용하실 수 있습니다)'를 사용하는 것이 자연스럽다. 따라서 4 ご利用になれます(이용하실 수 있으)가 정답이다. 여기서 ご利用になれる(이용하실 수 있다)는 利用する(이용하다)의 존경표현 ご利用になる(이용하시다)의 가능형이다.

어휘 市立図書館 しりつとしょかん 명 시립 도서관
会議室 かいぎしつ 명 회의실   市民 しみん 명 시민
申し出る もうしでる 동 신청하다

12

(관광 투어에서)
가이드 "오른쪽을 봐 주시기 바랍니다. 저쪽은 '후지미다이 공원'입니다. 날씨가 좋은 날에는 여기에서 후지산 (　　) 그렇게 불리게 되었다고 합니다."

1 을 보았더니   2 이 보이는 것으로 인해
3 을 보는 것에 의해   4 이 보인 이상에는

해설 빈칸 앞에서 '날씨가 좋은 날에는 여기에서 후지산'이라고 하고, 빈칸 뒤에서 '그렇게 불리게 되었다고 합니다'라고 했으므로, 장소의 이름이 붙여진 이유나 원인을 설명하는 '～ことから(~으로 인해)'를 사용하는 것이 자연스럽다. 따라서 2 が見えることから(이 보이는 것으로 인해)가 정답이다.

어휘 観光 かんこう 명 관광   ツアー 명 투어   ガイド 명 가이드
右手 みぎて 명 오른쪽   富士山 ふじさん 명 후지산

13

(레스토랑에서)
손님 "죄송합니다만, 와사비를 그다지 잘 먹지 못해서, 회 모듬에 와사비가 아니라 생강을 (　　)?"
직원 "알겠습니다. 생강을 가져다 드리겠습니다."

1 받아도 될까요   2 받아 주셨나요
3 드려도 될까요   4 드려 주셨나요

해설 손님이 '와사비가 아니라 생강을'이라고 하고, 점원이 '생강을 가져다 드리겠습니다'라고 했으므로, いただく(받다)와 완곡하게 의사를 나타내는 표현인 '～てもよろしいでしょうか(~해도 될까요?)'를 사용하는 것이 자연스럽다. 따라서 1 いただいてもよろしいでしょうか(받아도 될까요)가 정답이다.

어휘 わさび 명 와사비   得意だ とくいだ な형 잘하다, 좋아하다
お刺身 おさしみ 명 사시미   盛り合わせ もりあわせ 명 모듬
しょうが 명 생강   かしこまる 동 알다, 이해하다   いたす 동 해 드리다
いただく 동 받다   ～てもよろしい ~해도 되다
～でしょうか ~일까요   ～てくださる ~해 주시다
差し上げる さしあげる 동 드리다

실전 대비하기 5   p.230

1 2	2 3	3 2	4 3	5 1
6 2	7 4	8 3	9 2	10 2
11 2	12 4	13 3		

문제 7 다음 문장의 (　　)에 들어갈 가장 알맞은 것을, 1·2·3·4에서 하나 고르세요.

1

올해 신인상 발표 (　　), 작년 수상자로부터 코멘트를 듣고 싶다고 생각합니다.

1 에 의해서   2 에 앞서
3 도 상관하지 않고   4 에 따라

해설 빈칸 앞에서 '올해 신인상 발표'라고 하고, 빈칸 뒤에서 '작년 수상자로부터 코멘트를 듣고 싶다'고 했으므로, 어떤 상황이나 기회가 발생했을 때를 나타내는 '～にあたり(~에 앞서)'를 사용하는 것이 자연스럽다. 따라서 2 にあたり(에 앞서)가 정답이다.

어휘 新人賞 しんじんしょう 명 신인상   受賞者 じゅしょうしゃ 명 수상자
コメント 명 코멘트   ～と思う ~とおもう ~라고 생각하다
～によって ~에 의해서   ～にあたり ~에 앞서
～もかまわず ~도 상관하지 않고   ～にしたがって ~에 따라

2

면접시험을 (　　) 때, 휴대전화가 울려서, 불합격이 되어 버렸다.

1 볼   2 봐서
3 한창 보고 있는 중일   4 보고 있어서

해설 빈칸 뒤의 문형 最中に(한창 ~하는 중일 때)는 동사 て형+いる(~하고 있다)와 접속할 수 있으므로 受ける(보다)와 사용하는 경우 受けている(보고 있는)로 연결된다. 따라서 3 受けている(한창 보고 있는 중일)가 정답이다.

어휘 面接試験 めんせつしけん 몡 면접시험
~最中 ~さいちゅう 한창 ~ 하는 중
携帯電話 けいたいでんわ 몡 휴대전화 　鳴る なる 동 울리다
不合格 ふごうかく 몡 불합격 　受ける うける 동 (시험을) 보다, 치르다

3

A "딸에게 혼자서 해외여행을 가고 싶다고 들었는데."
B "뭐든지 잘하는 똑똑한 아이니까, (　　) 괜찮지 않아?"

1 가 줘도   2 가게 해 줘도
3 가 줘도   4 가게 해 줘도

해설 빈칸 앞에서 '뭐든지 잘하는 똑똑한 아이니까,'라고 하고, 빈칸 뒤에서 '괜찮지 않아?'라고 했으므로, 상대에게 어떤 행동을 할 수 있도록 허락하거나 기쁜 마음으로 그 행동을 하게 해 준다는 의미의 표현 '~させてあげる(~하게 해 주다)'를 사용하는 것이 자연스럽다. 따라서 2 行かせてあげても(가게 해 줘도)가 정답이다. 여기서 行かせてあげる(가게 해 주다)는 2인칭이 3인칭에게 행위나 동작을 해 주며, 허가의 의미를 나타내는 사역수수표현이다. 4 行かせてくれても(가게 해줘도)는 상대방이 화자인 B에게 해 주는 것을 의미하므로 상황에 맞지 않아 오답이다.

어휘 娘 むすめ 몡 딸 　海外旅行 かいがいりょこう 몡 해외여행
しっかり 부 똑똑히

4

화산의 분화에 의해 주변 생태계가 (　　) 큰 영향을 받았는지에 대해서는, 수십 년에 걸친 장기적인 조사가 필요합니다.

1 조금도   2 너무나
3 얼마나   4 설마

해설 빈칸 앞에서 '주변의 생태계가'라고 하고, 빈칸 뒤에서 '큰 영향을 받았는지'라고 했으므로, 규모의 정도를 물어보는 부사인 'どれほど(얼마나)'를 사용하는 것이 자연스럽다. 따라서 3 どれほど(얼마나)가 정답이다.

어휘 火山 かざん 몡 화산 　噴火 ふんか 몡 분화 　~によって ~에 의해
周辺 しゅうへん 몡 주변 　生態系 せいたいけい 몡 생태계
大きな おおきな 큰 　影響 えいきょう 몡 영향
~について ~에 대해서 　数十年 すうじゅうねん 몡 수십 년
~にわたる ~에 걸치다 　長期的だ ちょうきてきだ な형 장기적이다
調査 ちょうさ 몡 조사 　必要だ ひつようだ な형 필요하다
ちっとも 부 조금도 　あまりに 부 너무나 　どれほど 부 얼마나
まさか 부 설마

5

몇 번이나 다이어트를 실패해왔지만, 이번 (　　) 성공시키겠다고 맹세했다.

1 에야말로   2 인 채로
3 밖에   4 이라면

해설 빈칸 앞에서 '몇 번이나 다이어트를 실패해왔지만, 이번'이라고 하고, 빈칸 뒤에서 '성공시키겠다고 맹세했다'라고 했으므로, 강조와 결의를 나타내는 '~こそ(~에야말로)'를 사용하는 것이 자연스럽다. 따라서 1 こそ(에야말로)가 정답이다.

어휘 ダイエット 몡 다이어트 　失敗 しっぱい 몡 실패
今回 こんかい 몡 이번 　成功 せいこう 몡 성공
誓う ちかう 동 맹세하다 　~こそ 조 ~야말로 　~きり ~채, ~만
~しか 조 ~밖에 　~なら 조 ~라면

6

전화를 하라고 들어도, 연락처를 모르니까 (　　).

1 연락할 수도 있다   2 연락할 방도가 없다
3 연락할 것 같지 않다   4 연락하기 힘들다

해설 빈칸 앞에서 '전화를 하라고 들어도, 연락처를 모르니까'라고 하고, 빈칸 뒤에서는 문장이 끝나므로, 어떤 행위를 하는 방법이나 수단이 전혀 없음을 나타내는 '~ようがない(~할 방도가 없다)'를 사용하는 것이 자연스럽다. 따라서 2 連絡しようがない(연락할 방도가 없다)가 정답이다. 4의 ~づらい는 심적으로 하기 힘들다는 의미를 가지고 있어 문제의 경우에는 사용할 수 없다.

어휘 連絡先 れんらくさき 몡 연락처 　~かねない ~할 수도 있다
~ようがない ~할 방도가 없다 　~そうもない ~할 것 같지 않다
~づらい ~하기 힘들다

7

그녀가 데뷔를 이루고 5년. 1년을 통틀어 그 얼굴을 보지 않는 날이 없을 정도로 일본 드라마계 (　　) 여배우가 되었다.

1 로 정해져 있는   2 에 이르지 않는
3 에 동반하고 있는   4 에 빠트릴 수 없는

해설 빈칸 앞에서 '1년을 통틀어 그 얼굴을 보지 않는 날이 없을 정도로 일본 드라마계'라고 하고, 빈칸 뒤에서 '여배우가 되었다'라고 했으므로, 어떤 분야나 상황에서 없어서는 안 될 중요한 존재임을 나타내는 '~に欠かせない(~에 빠트릴 수 없는, ~에 없어서는 안 될)'를 사용하는 것이 자연스럽다. 따라서 4 に欠かせない(에 빠트릴 수 없는)가 정답이다.

어휘 デビュー 몡 데뷔 　果たす はたす 동 이루다
通す とおす 동 통과시키다 　ドラマ界 ドラマかい 몡 드라마계
女優 じょゆう 몡 여배우 　欠かす かかす 동 빠뜨리다
~に決まっている ~にきまっている ~로 정해져 있다
~に至らない ~にいたらない ~에 이르지 않다

~にともなう ~にともなう ~에 동반하다
~に欠かせない ~にかかせない ~에 빠뜨릴 수 없다

8

그녀로부터 아무에게도 말하지 않으면 좋겠다고 들었지만, 누군가에게 ( ) 견딜 수 없다.

1 말하게 하고 싶어서 2 말했으면 해서
3 말하고 싶어서 4 말하기 어려워서

해설 빈칸 앞에서 '그녀로부터 아무에게도 말하지 않으면 좋겠다고 들었지만, 누군가에게'라고 하고, 빈칸 뒤에서 '견딜 수 없다'라고 했으므로, 화자의 욕구나 희망을 나타내는 '~たい(~하고 싶다)'를 사용하는 것이 자연스럽다. 따라서 3 話したくて(말하고 싶어서)가 정답이다.

어휘 ~てほしい ~했으면 한다   ~てたまらない ~해서 견딜 수 없다
~がたい ~하기 어렵다

9

(레스토랑에서)
A "주문은 이 세트시죠? 음료는 무엇으로 ( ) 까?"
B "커피로 하겠습니다."

1 마실겁니 **2 하시겠습니**
3 드십니 4 주시겠습니

해설 빈칸 앞에서 '음료는 무엇으로'라고 하고, 빈칸 뒤에서 '까?'라고 했으므로, 상대방의 행동에 대한 존경 표현인 '~なさる(~하시다)'를 사용하는 것이 자연스럽다. 따라서 2 なさいます(하시겠습니까)가 정답이다. 여기서 なさる(하시다)는 する(하다)의 존경어이다. 1 いただきます(마실겁니)는 飲む(마시다)의 겸양어, 3 めしあがります(드십니)는 飲む(마시다)의 존경어, 4 くださいます(주시겠습니)는 くれる(주다)의 존경어 くださる(주시다)를 활용한 것이다. 3 めしあがります(드십니)는 빈칸 앞의 조사가 を(을)일 경우에 사용할 수 있다.

어휘 注文 ちゅうもん 图주문   セット 图세트
いただく 图마시다 (飲む의 겸양어)   なさる 图하시다 (する의 존경어)
めしあがる 图드시다 (飲む의 존경어)
くださる 图주시다 (くれる의 존경어)

10

(설명서에서)
본 제품을 조립할 때는, 아래 설명의 순서 ( ) 바르게 진행해 주세요.

1 에 관해 **2 에 따라**
3 에 한해 4 에 대비해

해설 빈칸 앞에서 '본 제품을 조립할 때는, 아래 설명의 순서'라고 하고, 빈칸 뒤에서 '바르게 진행해 주세요'라고 했으므로, 어떤 기준이나 지침에 맞추어 행동함을 나타내는 '~に沿って(~에 따라)'를 사용하는 것이 자연스럽다. 따라서 2 に沿って(에 따라)가 정답이다.

어휘 説明書 せつめいしょ 图설명서   本~ ほん~ 본~
製品 せいひん 图제품   組み立てる くみたてる 图조립하다
際 さい 图때   順 じゅん 图순서   行う おこなう 图진행하다
~てください ~해 주세요   ~に関して ~にかんして ~에 관해
~に沿って ~にそって ~에 따라
~に限って ~にかぎって ~에 한해
~に備えて ~にそなえて ~에 대비해

11

카페 등에서 업무를 할 때, 화면상에 비춰진 파일 내용을 주위 손님이나 점원 등에게 보여 비밀 정보가 ( ) 니까 요주의이다.

1 유출된다고는 단정할 수 없으
2 유출될 우려가 있으
3 유출되기만 하
4 유출된다는 법이

해설 빈칸 앞에서 '화면상에 비춰진 파일 내용을 주위 손님이나 점원 등에게 보여 비밀 정보가'라고 하고, 빈칸 뒤에서 '니까 요주의이다'라고 했으므로, 어떤 상황이 발생할 가능성이나 위험성을 나타내는 '~おそれがある(~할 우려가 있다)'를 사용하는 것이 자연스럽다. 따라서 2 流出するおそれがある(유출될 우려가 있으)가 정답이다.

어휘 カフェ 图카페   業務 ぎょうむ 图업무   行う おこなう 图하다
画面 がめん 图화면   映し出す うつしだす 图비추다
ファイル 图파일   内容 ないよう 图내용   周囲 しゅうい 图주위
店員 てんいん 图점원   秘密 ひみつ 图비밀
情報 じょうほう 图정보   流出 りゅうしゅつ 图유출(됨)
要注意 ようちゅうい 图요주의, 주의 필요
~とは限らない ~とはかぎらない ~라고는 단정할 수 없다
~おそれがある ~할 우려가 있다   ~ばかりだ ~하기만 하다
~ものだ ~인 법이다

12

(거래처에서)
아키모토 "지난주 제안 드린 신상품의 공동 개발에 대해서입니다만, 검토해 주셨습니까?"
기타무라 "네, 결론부터 ( ) 이번에는 보류하겠습니다."

1 수락하면 2 삼가 들으면
3 삼가 보면 **4 말씀드리면**

해설 빈칸 앞에서 '네, 결론부터'라고 하고, 빈칸 뒤에서 '이번에는 보류하겠습니다'라고 했으므로, 상대방에게 정중하게 말하는 겸양 표현인 '申し上げる(말씀드리다)'를 사용하는 것이 자연스럽다. 따라서 4 申し上げますと(말씀드리면)가 정답이다. 여기서 申し上げる(말씀드리다)는 言う(말하다)의 겸양어이다. 1 承る(수락하다)는 引き受ける(맡다)의 겸양어, 2 伺う(삼가 듣다)는 聞く(듣다)의 겸양어, 3 拝見する(삼가 보다)는 見る(보다)의 겸양어를 활용한 것이다.

어휘 取引先 とりひきさき 图거래처   提案 ていあん 图제안
いたす 图하다 (する의 겸양어)   新商品 しんしょうひん 图신상품
共同 きょうどう 图공동   開発 かいはつ 图개발
~について ~에 대해서   検討 けんとう 图검토

結論 けつろん 圀 결론   今回 こんかい 圀 이번
見送る みおくる 통 보류하다
承る うけたまわる 통 수락하다, 받들다 (引き受ける의 겸양어)
伺う うかがう 통 삼가 듣다 (聞く의 겸양어)
拝見する はいけんする 삼가 보다 (見る의 겸양 표현)
申し上げる もうしあげる 통 말씀드리다 (言う의 겸양어)

13

회사원에게 있어 판매 성적을 늘리는 것만이 전부가 아니다. 무엇을 가지고 (　　) 사람에 따라 다르다.

1 성장으로 할지는　　　2 성장으로 할지에 따라
3 성장이라 할지는　　　4 성장이라 할지에 따라

해설 빈칸 앞에서 '무엇을 가지고'라고 하고, 빈칸 뒤에서 '사람에 따라 다르다'라고 했으므로, 무엇을 어떻게 간주하는지에 대한 판단 기준을 나타내는 '〜とするか(〜이라 할지)'와 판단 대상임을 나타내는 조사 'は'를 사용하는 것이 자연스럽다. 따라서 3 成長とするかは(성장이라 할지는)가 정답이다.

어휘 会社員 かいしゃいん 圀 회사원   売り上げ うりあげ 圀 매출
成績 せいせき 圀 성적   伸ばす のばす 통 늘리다
成長 せいちょう 圀 성장   〜にする 〜로 하다

실전 대비하기 6　　　　　　　　　　　　p.232

1 1	2 3	3 1	4 4	5 4
6 1	7 2	8 3	9 1	10 2
11 1	12 1	13 4		

문제7 다음 문장의 (　　)에 들어갈 가장 알맞은 것을, 1·2·3·4에서 하나 고르세요.

1

지금은 일 관계로 고향을 떠나 있지만, (　　) 돌아가서 부모님과 살고 싶다는 생각이 있다.

1 언젠가　　　　　　　2 어느샌가
3 겨우　　　　　　　　4 갑자기

해설 빈칸 앞에서 '지금은 일 관계로 고향을 떠나 있지만'이라고 하고, 빈칸 뒤에서 '돌아가서 부모님과 살고 싶다'라고 했으므로, 미래의 어느 시점을 나타내는 'いずれ(언젠가)'를 사용하는 것이 자연스럽다. 따라서 1 いずれ(언젠가)가 정답이다.

어휘 仕事 しごと 圀 일   関係 かんけい 圀 관계   故郷 こきょう 圀 고향
離れる はなれる 통 떨어지다   戻る もどる 통 돌아가다
両親 りょうしん 圀 부모(님)   暮らす くらす 통 살다
思い おもい 圀 마음, 생각

2

다음 학기부터 프랑스에 교환 유학을 간다. 프랑스어는 초급 레벨이라서, 솔직하게 기대 (　　) 불안 쪽이 훨씬 크다.

1 와 함께　　　　　　　2 에 반해
3 보다도　　　　　　　　4 조차도

해설 빈칸 앞에서 '기대'라고 하고, 빈칸 뒤에서 '불안 쪽이 훨씬 크다'라고 했으므로, 비교를 나타내는 '〜よりも(〜보다도)'를 사용하는 것이 자연스럽다. 따라서 3 よりも(보다도)가 정답이다.

어휘 来学期 らいがっき 圀 다음 학기   交換 こうかん 圀 교환
留学 りゅうがく 圀 유학   フランス語 フランスご 圀 프랑스어
初級 しょきゅう 圀 초급   レベル 圀 레벨
正直だ しょうじきだ な형 정직하다   期待 きたい 圀 기대
不安 ふあん 圀 불안   はるかだ な형 머다, 멀리 있다
〜とともに 〜와 함께   〜に反して 〜にはんして 〜에 반해

3

이 레스토랑에서 사용되고 있는 채소는, 극히 일부 (　　) 국산품으로 조달하고 있다고 한다.

1 를 제외하고는　　　　2 는 제쳐두고
3 를 불문하고　　　　　4 라고 해도

해설 빈칸 앞에서 '극히 일부'라고 하고, 빈칸 뒤에서 '국산품으로 조달하고 있다'라고 했으므로, 제외나 예외를 나타내는 '〜を除いては(〜를 제외하고는)'를 사용하는 것이 자연스럽다. 따라서 1 を除いては(를 제외하고는)가 정답이다.

어휘 レストラン 圀 레스토랑   野菜 やさい 圀 채소   一部 いちぶ 圀 일부
国産品 こくさんひん 圀 국산품   賄う まかなう 통 조달하다
〜を除いては 〜をのぞいては 〜를 제외하고는
〜はさておき 〜는 제쳐두고   〜をとわず 〜를 불문하고
〜といっても 〜라고 해도

4

상당히 강한 비가 (　　) 한, 시합은 통상대로 결행된다.

1 오는　　　　　　　　　2 오고
3 온　　　　　　　　　　4 오지 않는

해설 빈칸 뒤의 문형 限り(〜하는 한)와 접속할 수 있는 동사의 활용형은 사전형, ている형, た형, ない형이다. 비가 오는 상황에만 시합을 진행한다는 것보다는, 비가 오지 않는 상황에만 시합이 정상적으로 진행된다는 문맥이 더 타당하므로, 降らない(오지 않는)를 사용하는 것이 자연스럽다. 따라서 4 降らない(오지 않는)가 정답이다.

어휘 よほど 閉 상당히   〜限り 〜かぎり 〜하는 한
通常 つうじょう 圀 통상   〜通り 〜どおり 〜대로
決行 けっこう 圀 결행

5

점원 "어떤 옷을 찾고 계세요?"
손님 "엇, 아이 입학식에서 무엇을 입으면 좋을지 고민하고 있어서요. (   ) 화사한 인상인 것이 좋은데요…."

1 화려한 탓에 2 화려하기는커녕
3 화려한지 어떤지 **4 너무 화려하지 않고**

해설 빈칸 앞에서 '아이 입학식에서 무엇을 입으면 좋을지 고민하고 있어서요'라고 하고, 빈칸 뒤에서 '화사한 인상인 것이 좋은데요'라고 했으므로, 적절한 정도를 나타내는 '〜すぎず(너무 ~하지 않고)'를 사용하는 것이 자연스럽다. 따라서 4 派手すぎず(너무 화려하지 않고)가 정답이다.

어휘 店員 てんいん 図점원　洋服 ようふく 図양복, 양장
探す さがす 图찾다　入園式 にゅうえんしき 図입학식
着る きる 图입다　迷う まよう 图망설이다
派手だ はでだ な형화려하다　華やかだ はなやかだ な형화사하다
印象 いんしょう 図인상　〜ばかりに ~한 탓에
〜どころか ~하기는커녕　〜かどうか ~한지 어떤지
〜過ぎず 〜すぎず 너무 ~하지 않고

6

주위가 (   ) 회사를 그만두고 독립했는데, 지금으로서는 전혀 후회하지 않는다.

1 반대하는 것도 개의치 않고 2 반대할 뿐만 아니라
3 반대했냐 하면 4 반대한 이상에는

해설 빈칸 앞에서 '주위가'라고 하고, 빈칸 뒤에서 '회사를 그만두고 독립했는데, 지금으로서는 전혀 후회하지 않는다'라고 했으므로, 주변의 반대 의견이 있었음에도 불구하고 자신의 결정을 따랐다는 의미의 '〜のもかまわず(~하는 것도 개의치 않고)'를 사용하는 것이 자연스럽다. 따라서 1 反対するのもかまわず(반대하는 것도 개의치 않고)가 정답이다.

어휘 周囲 しゅうい 図주위　独立 どくりつ 図독립
今のところ いまのところ 지금으로서는　全く まったく 囲전혀
後悔 こうかい 図후회　〜のもかまわず ~하는 것도 개의치 않고
〜のみならず ~할 뿐만 아니라　〜かといえば ~이냐 하면
〜からには ~한 이상에는

7

그는 자신이 실수를 범해도, 다른 사람 탓으로 실수가 (   ) 말하니까 신용할 수 없다.

1 일어났는가 하면 **2 일어난 것처럼**
3 일어날 리가 없다고 4 일어난 대로

해설 빈칸 앞에서 '자신이 실수를 범해도, 다른 사람 탓으로 실수가'라고 하고, 빈칸 뒤에서 '말하니까 신용할 수 없다'라고 했으므로, 사실과 다른 상황을 가정하는 '〜かのように(~한 것처럼)'를 사용하는 것이 자연스럽다. 따라서 2 起きたかのように(일어난 것처럼)가 정답이다.

어휘 ミス 図실수　犯す おかす 图저지르다　信用 しんよう 図신용
起きる おきる 图일어나다　〜かというと ~인가 하면
〜かのように ~한 것처럼　〜はずがない ~일 리가 없다
〜通りに 〜とおりに ~대로

8

이 운동화는 메시 소재로 통기성이 (   ) 물에 약한 점이 결점이다.

1 좋을 때 2 좋은 장면으로
3 좋은 반면 4 좋은 점으로

해설 빈칸 앞에서 '메시 소재로 통기성이'라고 하고, 빈칸 뒤에서 '물에 약한 점이 결점이다'라고 했으므로, 장점과 단점을 대비시키는 '〜反面(~반면)'을 사용하는 것이 자연스럽다. 따라서 3 いい反面(좋은 반면)이 정답이다.

어휘 スニーカー 図운동화　メッシュ 図메시　素材 そざい 図소재
通気性 つうきせい 図통기성　弱い よわい い형약하다
難点 なんてん 図결점

9

(부재중 전화의 메시지)
하마다 "니시무라 상사의 하마다입니다. 바쁘시다고 (   ) 만, 받으시는 대로 연락을 받을 수 있으면 감사하겠습니다."

1 생각합니다 2 찾아뵙습니다
3 보여드리겠습니다 4 들려드리겠습니다

해설 빈칸 앞에서 '바쁘시다고'라고 하고, 빈칸 뒤에서 '만, 받으시는 대로 연락을 받을 수 있으면 감사하겠습니다'라고 했으므로, 상대방에 대한 존경과 추측을 나타내는 '存じる(생각하다)'를 사용하는 것이 자연스럽다. 따라서 1 存じます(생각합니다)가 정답이다. 여기서 存じる(생각하다)는 考える(생각하다), 思う(생각하다)의 겸양어이다. 2의 お邪魔する(찾아뵙다)는 訪れる(방문하다)의 겸양어, 3의 お目にかける(보여드리다)는 見せる(보여주다)의 겸양어, 4의 お耳に入れる(들려드리다)는 聞かせる(들려주다)의 겸양어이다.

어휘 留守番電話 るすばんでんわ 図부재중 전화　メッセージ 図메시지
商事 しょうじ 図상사　折り返し おりかえし 囲받는 대로
幸いだ さいわいだ な형감사하다
存じる ぞんじる 图생각하다 (考える, 思う의 겸양어)
お邪魔する おじゃまする 찾아뵙다
お目にかける おめにかける 보여드리다
お耳に入れる おみみにいれる 들려드리다

10

문법이나 어휘를 가려 쓰는 법에는 예외가 많고 (   ) 것도 있어, 그것들은 그저 외워 가는 수밖에 없다.

1 정의할 수도 있다 **2 정의할 수도 없는**
3 정의할 것 같지 않은 4 정의하지 않을 수 없는

해설 빈칸 앞에서 '문법이나 어휘를 가려 쓰는 법에는 예외가 많고'라고 하고, 빈칸 뒤에서 '것도 있어, 그것들은 그저 외워 가는 수밖에 없다'라

고 했으므로, 어떻게 할 수가 없다는 의미의 표현 '~ようもない(~할 수도 없다)'를 사용하는 것이 자연스럽다. 따라서 2 定義しようもない(정의할 수도 없는)가 정답이다.

어휘 文法 ぶんぽう 명 문법　語彙 ごい 명 어휘
使い分け つかいわけ 명 가려 쓰는 법　例外 れいがい 명 예외
定義 ていぎ 명 정의　覚える おぼえる 동 외우다
~かねない ~할 수도 있다　~ようもない ~할 수도 없다
~そうにない ~할 것 같지 않다
~ざるを得ない ~ざるをえない ~하지 않을 수 없다

11

어제 읽은 소설은 핏줄이 이어지지 않은 부모와 자식이 주인공이라서, 부모와 자식이란 무엇인지 여러가지로 (　　　) 잘 잠들 수 없었다.

1 생각시켜서는　　　　2 생각시켜서
3 생각하게 되어서는　　4 생각하게 되어서

해설 빈칸 앞에서 '핏줄이 이어지지 않은 부모와 자식이 주인공이라서, 부모와 자식이란 무엇인지 여러가지로'라고 하고, 빈칸 뒤에서 '잘 잠들 수 없었다'라고 했으므로, 소설의 내용에 영향을 받아 생각하게 된 상태를 나타내는 'させられる((억지로) ~하게 되다)'를 사용하는 것이 자연스럽다. 따라서 4 考えさせられて((억지로) 생각하게 되어서)가 정답이다. 1, 2의 사역 표현 させる는 말하는 화자가 다른 사람에게 무언가를 하게 할 때 사용하며, 3, 4의 사역 수동 표현 させられる는 어떤 것으로 인해 화자가 무언가를 하게 될 때 사용한다.

어휘 つながる 동 이어지다　親子 おやこ 명 부모와 자식
主人公 しゅじんこう 명 주인공　いろいろと 여러가지로
眠る ねむる 동 잠들다

12

입학 초부터 지망하고 있던 기업에 취업이 결정된 것이 기뻐서, 안 된다고는 알고 있었지만, 주위에 (　　　).

1 자랑하지 않고는 있을 수 없었다
2 자랑하지 않았으면 했다
3 자랑하지 않으면 안 되었다
4 자랑하고 싶어 하지 않았다

해설 빈칸 앞에서 '입학 초부터 지망하고 있던 기업에 취업이 결정된 것이 기뻐서, 안 된다고는 알고 있었지만, 주위에'라고 하고, 빈칸 뒤에서 문장이 끝나므로, 자랑하고 싶은 감정을 누를 수 없었다는 심정을 나타내는 표현 '~ないではいられない(~하지 않고는 있을 수 없다)'를 사용하는 것이 자연스럽다. 따라서 1 自慢しないではいられなかった(자랑하지 않고는 있을 수 없었다)가 정답이다.

어휘 入学 にゅうがく 명 입학　当初 とうしょ 명 (당)초, 초기
志望 しぼう 명 지망　企業 きぎょう 명 기업
就職 しゅうしょく 명 취직　決まる きまる 동 정해지다
だめだ な형 안 된다　周囲 しゅうい 명 주위　自慢 じまん 명 자랑
~ではいられない ~하지 않고는 있을 수 없다
~てほしくない ~하지 않았으면 한다

~なければならない ~하지 않으면 안 된다
~たがる ~하고 싶어 하다

13

상사 "보고서 쓰는 법이 틀려 있어. 하는 법을 (　　　) 처음부터 다시 하는 일이 될 수도 있어."
부하 "네, 다음부터 조심하겠습니다."

1 다 확인했으니까　　　　2 다 확인하고 나서라면
3 확인하자마자　　　　　　4 확인하고 나서 하지 않으면

해설 빈칸 앞에서 '보고서 쓰는 법이 틀려 있어. 하는 법을'이라고 하고, 빈칸 뒤에서 '처음부터 다시 하는 일이 될 수도 있어'라고 했으므로, 행동의 순서를 명확히 하여 시간적 선후관계를 강조하는 표현 '~てから(~하고 나서)'를 사용하는 것이 자연스럽다. 따라서 4 確認してからにしないと(확인하고 나서 하지 않으면)가 정답이다.

어휘 上司 じょうし 명 상사　報告書 ほうこくしょ 명 보고서
書き方 かきかた 명 쓰는 법　間違う まちがう 동 틀리다
やり方 やりかた 명 하는 방법　確認 かくにん 명 확인
最初 さいしょ 명 처음　やり直す やりなおす 동 다시 하다
気をつける きをつける 동 주의하다　~ことだし ~니까
~てから ~하고 나서　~か…ないかのうちに ~하자마자

문제 8 문장만들기

실력 다지기
p.236

01 ①	02 ③	03 ③	04 ①	05 ②
06 ②	07 ③	08 ②	09 ①	10 ①
11 ①	12 ③	13 ③	14 ②	15 ①
16 ③	17 ②	18 ②	19 ①	20 ③

01

1개월에 1천만엔을 벌다니, 저 ★의 입장에서 본다면 꿈과 같은 이야기입니다.

① 의 입장에서 본다면　　② 꿈의
③ 저

어휘 稼ぐ かせぐ 동 벌다　~からすると ~의 입장에서 본다면, ~으로 보아
夢 ゆめ 명 꿈

02

직업을 고를 때는 급료는 ★어쨌든 자신에게 적합한지 아닌지가 중요하다.

① 자신에게　　② 급료는
③ 어쨌든

어휘 職業 しょくぎょう 명 직업   選ぶ えらぶ 동 고르다
　　　向いている むいている 적합하다
　　　～かどうか ~인지 아닌지   給料 きゅうりょう 명 급료, 월급
　　　～はともかく ~는 어쨌든

03
손님이 점점 줄고 있어서 폐점을 ★생각 하지 않을 수 없는 상황이었다.
① 폐점을　　　　　② 하지 않을 수 없다
③ 생각

어휘 客 きゃく 명 손님   どんどん 부 점점   減る へる 동 줄다
　　　状況 じょうきょう 명 상황   閉店 へいてん 명 폐점
　　　～ざるをえない ~하지 않을 수 없다   考える かんがえる 동 생각하다

04
새로운 테마파크가 ★완성되는 중 이기 때문에, 사람들의 기대도 점점 부풀고 있다.
① 완성되는 중　　　② 이기 때문에
③ 테마파크가

어휘 人々 ひとびと 명 사람들   期待 きたい 명 기대   どんどん 부 점점
　　　膨らむ ふくらむ 동 부풀다   完成 かんせい 명 완성
　　　～つつある ~하는 중이다   テーマパーク 명 테마파크

05
딸이 일주일 전에 프랑스에 ★간 것을 끝으로, 아직 연락이 없어 걱정입니다.
① 한 것을 끝으로　　② 갔다
③ 프랑스에

어휘 娘 むすめ 명 딸   一週間 いっしゅうかん 명 일주일
　　　連絡 れんらく 명 연락   心配 しんぱい 명 걱정
　　　～きり ~한 것을 끝으로, ~한 채   フランス 명 프랑스

06
야마다 씨의 그림은 ★일본 뿐만 아니라, 아시아 전역에서 높은 가격으로 팔리고 있다.
① 그림은　　　　　② 일본
③ 뿐만 아니라

어휘 アジア 명 아시아   全域 ぜんいき 명 전역   価格 かかく 명 가격
　　　日本 にほん 명 일본   ～のみならず ~뿐만 아니라

07
그녀는 맛있는 것을 ★먹을 때마다, 사진을 찍어서 자신의 SNS에 올리고 있다.
① 맛있는 것을　　　② 때마다
③ 먹다

어휘 アップする 올리다, 업로드하다   ～たびに ~할 때마다

08
이번 성과는 여러분의 노력이 있었 ★기에 낼 수 있었다고 생각합니다.
① 낼 수 있었다　　　② 이기에
③ 있었다

어휘 今回 こんかい 명 이번   成果 せいか 명 성과   努力 どりょく 명 노력
　　　思う おもう 동 생각하다   ～からこそ ~이기에, ~하기에

09
나는 머리가 나쁘지만, 나쁜 ★대로 시간을 들여서 공부하고 있다.
① 대로　　　　　　② 나쁘다
③ 시간을

어휘 かける 동 (시간을) 들이다, 쓰다   ～なりに ~대로

10
그는 '바라던 대학에 합격해서 ★기뻐서 어쩔 줄 모르겠다'라고 말했다.
① 기뻐서　　　　　② 어쩔 줄 모르다
③ 합격해서

어휘 望む のぞむ 동 바라다   嬉しい うれしい い형 기쁘다
　　　～てしょうがない ~해서 어쩔 줄 모르다, 매우 ~하다
　　　合格 ごうかく 명 합격

11
시간이 지나서, 첫사랑이었던 ★그녀의 얼굴조차 잊어버렸다.
① 그녀의　　　　　② 얼굴조차
③ 첫사랑이었다

어휘 経つ たつ 동 (시간이) 지나다   ～すら 조 ~조차
　　　初恋 はつこい 명 첫사랑

12
경제는 소비의 감소 ★에 더해 수출도 가혹해지고, 나빠지기만 한다.
① 소비의 감소　　　② 수출도
③ 에 더해

어휘 経済 けいざい 명 경제   厳しい きびしい い형 가혹하다
　　　～一方だ ～いっぽうだ ~하기만 하다, ~할 뿐이다
　　　消費 しょうひ 명 소비   減少 げんしょう 명 감소
　　　輸出 ゆしゅつ 명 수출   ～に加えて ～にくわえて ~에 더해, ~에다

13
사회의 발전에 있어 ★기술의 발달은 매우 중요한 것이다.
① 에 있어 ② 발달은
③ 기술의

어휘 社会 しゃかい 圄사회　発展 はってん 圄발전
重要だ じゅうようだ 공ᇂ 중요하다　~にとって ~에 있어, ~에게는
発達 はったつ 圄발달　技術 ぎじゅつ 圄기술

14
오랫동안 고민한 끝에 ★주인공의 이름은 켄타로 정했다.
① 이름은 ② 주인공의
③ 끝에

어휘 間 あいだ 圄동안, 사이　悩む なやむ 동고민하다
決める きめる 동정하다　主人公 しゅじんこう 圄주인공
~たあげく ~한 끝에

15
'여기에 쓰레기를 ★버리지 말아 주세요'라는 벽보를 집 앞에 붙였다.
① 버리지 말아 ② 주세요
③ 쓰레기를

어휘 貼り紙 はりがみ 圄벽보　捨てる すてる 동버리다　ゴミ 圄쓰레기

16
바빠서 지난주부터 읽다 ★만 채로 놓여 있던 책을 결국, 책장에 돌려놓았다.
① 읽음 ② 놓여
③ 하다 만 채

어휘 結局 けっきょく 閈결국　戻す もどす 동돌려놓다
~かける ~하다 말다　~まま ~한 채

17
무언가를 시작하기 ★에 앞서 본인에게 자신감을 가지는 것부터 시작해야 한다.
① 본인에게 ② 에 앞서
③ 시작하다

어휘 自信 じしん 圄자신감, 자신　~べきだ ~해야 한다
~に先立って ~にさきだって ~에 앞서
始める はじめる 동시작하다

18
어릴 적부터 열심히 ★연습한 보람이 있어, 그는 세계 최고의 선수가 되었다.
① 열심히 ② 연습했다
③ 보람이 있어

어휘 幼い おさない い형어리다　世界 せかい 圄세계
選手 せんしゅ 圄선수
一生懸命 いっしょうけんめい 閈열심, 열심히
~かいがある ~한 보람이 있다

19
단단히 준비한 ★만큼의 가치는 있어서, 단숨에 심사를 패스했다.
① 만큼의 ② 것은 있어서
③ 준비했다

어휘 しっかり 閈단단히　一気に いっきに 閈단숨에　審査 しんさ 圄심사
パス 圄패스　~だけのことはある ~한 만큼의 가치는 있다
準備 じゅんび 圄준비

20
이 가게에서는 카드는 사용할 수 없어서 ★현금으로 지불할 수밖에 없는데, 전원 현금이 없어서 곤란했다.
① 사용할 수 없어서 ② 지불할 수밖에 없다
③ 현금으로

어휘 カード 圄카드　全員 ぜんいん 圄전원　現金 げんきん 圄현금
払う はらう 동지불하다　~しかない ~할 수밖에 없다

실전 대비하기 1
p.238

| 1 3 | 2 4 | 3 3 | 4 2 | 5 2 |
| 6 2 | 7 2 | | | |

문제8 다음 문장의 ___★___ 에 들어갈 가장 알맞은 것을, 1·2·3·4에서 하나 고르세요.

1
친구로부터의 의뢰를 몇 번이나 거절했지만, 지나친 끈질김에 ★져서 떠맡고 말았다.
1 지나친 2 떠맡고
3 져서 4 끈질김에

해설 전체 선택지를 의미가 통하게 연결하면 1 あまりの 4 しつこさに 3 負けて 2 引き受けて (지나친 끈질김에 져서 떠맡고)가 되면서 전체 문맥과도 어울린다. 따라서 3 負けて (져서)가 정답이다.

어휘 依頼 いらい 圐 의뢰, 부탁   断る ことわる 图 거절하다
～てしまう ～하고 말다, ～해 버리다   あまり 囝 지나치게, 너무
引き受ける ひきうける 图 떠맡다, 인수하다
負ける まける 图 지다, 패배하다   しつこさ 圐 끈질김

2

내일 오후는, 관동지방에 태풍이 올 우려가 있 ★어서 예정을 취소했다.

1 우려가 있   2 예정을 취소
3 태풍이 올   4 어서

해설 1 おそれがある는 동사 사전형에 접속하므로 먼저 3 台風が来る 1 おそれがある(태풍이 올 우려가 있다)로 연결할 수 있다. 이것을 나머지 선택지와 함께 의미가 통하게 연결하면 3 台風が来る 1 おそれがある 4 ので 2 予定をキャンセル(태풍이 올 우려가 있어서 예정을 취소)가 되면서 전체 문맥과도 어울린다. 따라서 4 ので(어서)가 정답이다.

어휘 関東地方 かんとうちほう 圐 관동지방
～おそれがある ～할 우려가 있다   予定 よてい 圐 예정
キャンセル 圐 취소, 캔슬   台風 たいふう 圐 태풍

3

(영화관에서)
A "저기, 자리에 앉은 후에, 영화 본편의 상영이 시작할까 ★시작하지 않을까 하는 사이에 자고 있었던 것 같은데 괜찮아?"
B "미안해. 요즘 잠이 부족해서, 그만 잠들어 버렸어."

1 시작할까
2 자고 있었던 것 같은데
3 시작하지 않을까 하는 사이에
4 영화 본편의 상영이

해설 1의 か 3의 ないかのうちには 함께 쓰여 문형 ～か…ないかのうちに(～할까 ～하지 않을까 하는 사이에)가 되므로 먼저 1 スタートするか 3 しないかのうちに(시작할까 시작하지 않을까 하는 사이에)로 연결할 수 있다. 이것을 나머지 선택지와 함께 의미가 통하게 연결하면 4 映画の本編の上映が 1 スタートするか 3 しないかのうちに 2 寝ていたようだけど(영화 본편의 상영이 시작할까 시작하지 않을까 하는 사이에 자고 있었던 것 같은데)가 되면서 전체 문맥과도 어울린다. 따라서 3 しないかのうちに(시작하지 않을까 하는 사이에)가 정답이다.

어휘 映画館 えいがかん 圐 영화관   席 せき 圐 자리, 좌석
座る すわる 图 앉다   大丈夫だ だいじょうぶだ 国 괜찮다
最近 さいきん 圐 요즘   寝不足 ねぶそく 圐 잠이 부족함, 수면 부족
つい 囝 그만   寝る ねる 图 자다   ～ちゃう ～해 버리다
スタート 圐 시작   ～ようだ ～것 같다
～か…ないかのうちに ~할까 ~하지 않을까 하는 사이에, ~함과 거의 동시에
本編 ほんぺん 圐 본편   上映 じょうえい 圐 상영

4

사내에서 설문 조사를 실시한 결과, 장시간 노동을 줄이기 위해서는 업무의 우선순위를 ★명확히 하는 것이 가장 효과적이라는 의견이 가장 많았다.

1 줄이기 위해서는   2 명확히 하는 것이
3 업무의 우선순위를   4 가장 효과적

해설 전체 선택지를 의미가 통하게 연결하면 1 削減するには 3 業務の優先順位を 2 明確にすることが 4 最も効果的(줄이기 위해서는 업무의 우선순위를 명확히 하는 것이 가장 효과적)가 되면서 전체 문맥과도 어울린다. 따라서 2 明確にすることが(명확히 하는 것이)가 정답이다.

어휘 社内 しゃない 圐 사내   アンケート 圐 설문 조사
行う おこなう 图 실시하다, 행하다   長時間 ちょうじかん 圐 장시간
労働 ろうどう 圐 노동   削減 さくげん 圐 줄임, 삭감
～には ~기 위해서는   明確だ めいかくだ 国 명확하다
業務 ぎょうむ 圐 업무   優先順位 ゆうせんじゅんい 圐 우선순위
効果的だ こうかてきだ 国 효과적이다

5

우리가 편리한 생활을 하고, 많은 에너지를 소비한 ★것에서, 지구 온난화가 진행되었다고 말해지고 있다.

1 에너지를   2 것에서
3 소비한   4 많은

해설 전체 선택지를 의미가 통하게 연결하면 4 多くの 1 エネルギーを 3 消費した 2 ことから(많은 에너지를 소비한 것에서)가 되면서 전체 문맥과도 어울린다. 따라서 ★이 있는 네 번째 빈칸에 위치한 2 ことから(것에서)가 정답이다.

어휘 私達 わたしたち 圐 우리들   生活 せいかつ 圐 생활
地球温暖化 ちきゅうおんだんか 圐 지구온난화
進む すすむ 图 진행되다, 나아가다
言われる いわれる 말해지다, 듣다   エネルギー 圐 에너지
消費 しょうひ 圐 소비   多く おおく 圐 많음

6

과로로 쓰러져서 입원했다. 이렇게 될 거라면, 뭐든지 적극적으로 떠맡으려고 하기보다 ★절대 무리라고 생각하는 것은 처음부터 확실히 거절하는 편이 좋았다고 생각했다.

1 뭐든지 적극적으로
2 절대 무리라고 생각하는 것은
3 떠맡으려고 하기 보다
4 처음부터 확실히 거절하는 편이

해설 전체 선택지를 의미가 통하게 연결하면 1 なんでも積極的に 3 引き受けようとするより 2 絶対無理だと思うものは 4 最初からはっきり断った方が(뭐든지 적극적으로 떠맡으려고 하기보다 절대 무리라고 생각하는 것은 처음부터 확실히 거절하는 편이)가 되면서 전체 문맥과도 어울린다. 따라서 2 絶対無理だと思うものは(절대 무

어휘 過労 かろう 图과로　倒れる たおれる 图쓰러지다
入院 にゅういん 图입원　思う おもう 图생각하다
積極的だ せっきょくてきだ な형적극적이다　絶対 ぜったい 囝절대
無理 むり 图무리　引き受ける ひきうける 图떠맡다
はっきり 囝확실히　断る ことわる 图거절하다
~た方がよい ~たほうがよい ~하는 편이 좋다

7

나는 아무리 일이 바빠도 매일 러닝을 하고 있다. 적당한 운동을 함으로써 온몸의 혈액이 ★순환되어 오히려 피로가 풀리기 쉬워 지기 때문이다.

1　온몸의 혈액이　　　　2　순환되어
3　오히려 피로가 풀리기 쉬워　4　적당한 운동을 함으로써

해설 전체 선택지를 의미가 통하게 연결하면 4 適度な運動を行うことで 1 全身の血液が 2 循環して 3 むしろ疲れが取れやすく(적당한 운동을 함으로써 온몸의 혈액이 순환되어 오히려 피로가 풀리기 쉬워)가 되면서 전체 문맥과도 어울린다. 따라서 2 循環して(순환되어)가 정답이다.

어휘 どんなに 囝아무리　ランニング 图러닝
全身 ぜんしん 图온몸, 전신　血液 けつえき 图혈액
循環 じゅんかん 图순환　むしろ 囝오히려　疲れ つかれ 图피로
取れる とれる 图풀리다　適度だ てきどだ な형적당하다
~ことで ~로써

실전 대비하기 2　　　　　　　　　　　　p.240

| 1 3 | 2 3 | 3 2 | 4 3 | 5 1 |
| 6 3 | 7 4 | | | |

문제8 다음 문장의 ★ 에 들어갈 가장 알맞은 것을, 1·2·3·4에서 하나 고르세요.

1

조직 내 규칙을 의심하는 것은 나쁜 것이 아니다. 그 자리에 있는 전원이 그저 시키는 대로 계속 따르고 있는 한 ★재검토할 계기가 없어 발전이 멈춰 버리기 때문이다.

1　그저 시키는 대로　　　2　발전이 멈춰 버리기
3　재검토할 계기가 없어　4　계속 따르고 있는 한

해설 전체 선택지를 의미가 통하게 연결하면 1 ただ言われた通りに 4 従い続けているかぎり 3 見直すきっかけがなく 2 発展が止まってしまう(그저 시키는 대로 계속 따르고 있는 한 재검토할 계기가 없어 발전이 멈춰 버리기)가 되면서 전체 문맥과도 어울린다. 따라서 3 見直すきっかけがなく(재검토할 계기가 없어)가 정답이다.

어휘 組織 そしき 图조직　~内 ~ない ~내　ルール 图규칙
疑う うたがう 图의심하다　場 ば 图자리　全員 ぜんいん 图전원
~通りに ~とおりに ~하는 대로　発展 はってん 图발전
見直す みなおす 图재검토하다　従う したがう 图따르다
~かぎり ~하는 한

2

내가 결혼하고 나서도 육아를 도와주시는 부모님께는 ★감사 하지 않을 수 없지만, 아이를 지나치게 응석부리게 하기 때문에 곤란하다.

1　부모님께는　　　　2　하지 않을 수 없지만
3　감사　　　　　　　4　도와주시는

해설 2의 せざるをえない는 명사 뒤에 접속하므로 먼저 3 感謝 2 せざるをえないが(감사하지 않을 수 없지만)로 연결할 수 있다. 이것을 나머지 선택지와 함께 의미가 통하게 연결하면 4 手伝ってくれる 1 親には 3 感謝 4 せざるをえないが(도와주시는 부모님께는 감사하지 않을 수 없지만)가 되면서 전체 문맥과도 어울린다. 따라서 3 感謝(감사)가 정답이다.

어휘 子育て こそだて 图육아　甘やかす あまやかす 图응석 부리게 하다
~せざるをえない ~하지 않을 수 없다　感謝 かんしゃ 图감사
手伝う てつだう 图돕다

3

싸다고 해서 충동구매를 하지 말고, 제대로 사용 기한이 다 되기 ★전에 다 쓸 수 있을지 어떨지 확인하고 나서 사는 편이 좋다.

1　다 되기　　　　2　전에
3　사용 기한이　　4　다 쓸 수 있을지

해설 2 うちには 1의 ない와 함께 쓰여 문형 ~ないうちに(~하기 전에)가 되므로 먼저 1 切れない 2 うちに(다 되기 전에로 연결할 수 있다. 이것을 나머지 선택지와 함께 의미가 통하게 연결하면 3 使用期限が 1 切れない 2 うちに 4 使いきれる(사용 기한이 다 되기 전에 다 쓸 수 있을지)가 되면서 전체 문맥과도 어울린다. 따라서 2 うちに(전에)가 정답이다.

어휘 ~からといって ~라고 해서　衝動買い しょうどうがい 图충동구매
ちゃんと 囝제대로　~かどうか ~일지 어떨지
確認 かくにん 图확인　~てから ~하고 나서
~た方がいい ~たほうがいい ~하는 편이 좋다
~切る ~きる 图다 ~하다　~ないうちに ~하기 전에
使用期限 しようきげん 图사용 기한

4

이 화과자는 먹는 사람의 건강을 생각해서 보존료를 전혀 첨가하지 않고 ★만들어져 있기 때문에 구입 후에는 가능한 빨리 먹는 것이 바람직하다.

1　전혀 첨가하지 않고　　2　구입 후에는
3　만들어져 있기 때문에　4　보존료를

해설 전체 선택지를 의미가 통하게 연결하면 4 保存料を 1 一切加えずに 3 作られているため 2 購入後は(보존료를 전혀 첨가하지 않

고 만들어져 있기 때문에 구입 후에는)가 되면서 전체 문맥과도 어울린다. 따라서 3 作られているため(만들어져 있기 때문에)가 정답이다.

어휘 和菓子 わがし 명 화과자　健康 けんこう 명 건강
なるべく 부 가능한, 될 수 있으면
望ましい のぞましい い형 바람직하다　一切 いっさい 부 전혀, 일절
加える くわえる 동 첨가하다, 더하다　購入 こうにゅう 명 구입
保存料 ほぞんりょう 명 보존료

5

30년간 근무해 온 직장을 떠나는 것이 너무 서운하지만, 한편으로 은퇴한 후 부부끼리 걸어갈 제 2의 인생의 문을 여는 것을 ★마음에 그려보면 다시 꿈이 부풀어 오른다는 것도 사실이다.

1 마음에 그려보면
2 제 2의 인생의 문을 여는 것을
3 다시 꿈이 부풀어 오른다는
4 한편으로 은퇴한 후 부부끼리 걸어갈

해설 전체 선택지를 의미가 통하게 연결하면 4 一方で引退した後夫婦で歩む 2 第二の人生の扉を開くことを 1 心に描いてみると 3 また夢が膨らんでくるという(한편으로 은퇴한 후 부부끼리 걸어갈 제 2의 인생의 문을 여는 것을 마음에 그려보면 다시 꿈이 부풀어 오른다)가 되면서 전체 문맥과도 어울린다. 따라서 1 心に描いてみると(마음에 그려보면)가 정답이다.

어휘 勤める つとめる 동 근무하다　職場 しょくば 명 직장
離れる はなれる 동 떠나다　寂しい さびしい い형 서운하다
〜てしょうがない 너무 〜하다　事実 じじつ 명 사실
描く えがく 동 그리다　人生 じんせい 명 인생　扉 とびら 명 문
開く ひらく 동 열다　夢 ゆめ 명 꿈　膨らむ ふくらむ 동 부풀다
一方 いっぽう 명 한편　引退 いんたい 명 은퇴
夫婦 ふうふ 명 부부　歩む あゆむ 동 걸어가다

6

자존감이 강한 사람은, 자신이 완벽하지 ★않다고 해도 그런 자신을 받아들일 수 있다.

1 받아들일　　　　　2 완벽하지
3 않다고 해도　　　　4 그런 자신을

해설 전체 선택지를 의미가 통하게 연결하면 2 完璧では 3 ないにせよ 4 そんな自分を 1 受け入れる(완벽하지 않다고 해도 그런 자신을 받아들일)가 되면서 전체 문맥과도 어울린다. 따라서 3 ないにせよ(않다고 해도)가 정답이다.

어휘 自己肯定感 じここうていかん 명 자존감, 자기긍정감
受け入れる うけいれる 동 받아들이다
完璧だ かんぺきだ な형 완벽하다　〜にせよ 〜라고 해도

7

올해 소설 대상에서 대상으로 선정된 것은 "푸른 바다"라는 작품이었다. 이 이야기는, 어디에나 있을 것 같은 ★청년이 주인공이 되어 있어 많은 독자의 공감을 자아내고 있다.

1 주인공이 되어 있어　　2 많은 독자의
3 어디에나 있을 것 같은　4 청년이

해설 전체 선택지를 의미가 통하게 연결하면 3 どこにでもいるような 4 若者が 1 主人公になっていて 2 多くの読者の(어디에나 있을 것 같은 청년이 주인공이 되어 있어 많은 독자의)가 되면서 전체 문맥과도 어울린다. 따라서 4 若者が(청년이)가 정답이다.

어휘 大賞 たいしょう 명 대상　作品 さくひん 명 작품
物語 ものがたり 명 이야기　共感 きょうかん 명 공감
主人公 しゅじんこう 명 주인공　多く おおく 명 많음
読者 どくしゃ 명 독자　〜ようだ 〜할 것 같다
若者 わかもの 명 청년, 젊은이

실전 대비하기 3　　　　　　　　　　　　　　p.242

| 1 2 | 2 1 | 3 2 | 4 1 | 5 3 |
| 6 1 | 7 1 | | | |

문제8 다음 문장의 ___★___ 에 들어갈 가장 알맞은 것을, 1·2·3·4에서 하나 고르세요.

1

부정한 회계 처리를 해서, 회사 경영 상태를 실제보다도 좋게 내보이 ★다니 용서하기 힘든 일이다.

1 용서하기 힘든　　　2 다니
3 좋게 내보이　　　　4 실제보다도

해설 전체 선택지를 의미가 통하게 연결하면 4 実際よりも 3 よく見せる 2 なんて 1 許しがたい(실제보다도 좋게 내보이다니 용서하기 힘든)가 되면서 전체 문맥과도 어울린다. 따라서 2 なんて(다니)가 정답이다.

어휘 不正だ ふせいだ な형 부정하다
会計処理 かいけいしょり 명 회계 처리
経営状態 けいえいじょうたい 명 경영 상태
許す ゆるす 동 용서하다　〜がたい 〜하기 힘들다
〜なんて 〜하다니　実際 じっさい 명 실제

2

A "새롭게 시작한 학원 강사 아르바이트는 어때?"
B "아르바이트 하는 곳이 집에서 떨어진 곳에 있는 것은 어찌 되었든 ★단시간에 두둑이 벌 수 있는 점이 효율이 좋아서 마음에 들어."

1 단시간에 두둑이 벌 수 있는	2 집에서 떨어진 곳에 있는
3 점이	4 것은 어찌 되었든

해설 전체 선택지를 의미가 통하게 연결하면 2 家から離れた場所にある 4 のはともかく 1 短時間でしっかり稼げる 3 ところが(집에서 떨어진 곳에 있는 것은 어찌 되었든 단시간에 두둑이 벌 수 있는 점이)가 되면서 전체 문맥과도 어울린다. 따라서 1 短時間でしっかり稼げる (단시간에 두둑이 벌 수 있는)가 정답이다.

어휘 新しい あたらしい [い형]새롭다　始める はじめる [동]시작하다
塾 じゅく [명]학원　講師 こうし [명]강사　アルバイト [명]아르바이트
バイト先 バイトさき 아르바이트 하는 곳　効率 こうりつ [명]효율
気に入る きにいる [동]마음에 들다　短時間 たんじかん [명]단시간
しっかり [부]두둑이　稼ぐ かせぐ [동]벌다
離れる はなれる [동]떨어지다　場所 ばしょ [명]장소
~はともかく ~은 어찌 되었든

3

항상 규칙적인 생활을 하고, 건강에 유의하고 있지만, 어젯밤은 창문을 연 ★채로 잔 탓에, 감기에 걸려 버렸다.

1 창문을 연	2 채로 잔
3 어젯밤은	4 탓에

해설 2의 ままは 동사 た형 뒤에 접속하므로 먼저 1 窓を開けた 2 まま(창문을 연 채로)로 연결할 수 있다. 이것을 나머지 선택지와 함께 의미가 통하게 연결하면 3 昨日の夜は 1 窓を開けた 2 まま寝た 4 せいで(어젯밤은 창문을 연 채로 잔 탓에)가 되면서 전체 문맥과도 어울린다. 따라서 2 まま寝た(채로 잔)가 정답이다.

어휘 規則正しい きそくただしい [い형]규칙적이다　生活 せいかつ [명]생활
健康 けんこう [명]건강　気を付ける きをつける [동]유의하다
~まま ~채로　~せいで ~탓에

4

꽃가루 알레르기라고 진단 받은 환자 중에는 감기 증상이 좀처럼 좋아지지 않는다 ★고 오해를 해서 병원을 방문했다는 사람도 많다고 한다.

1 고 오해를 해서	2 좀처럼 좋아지지 않는다
3 병원을 방문했다는	4 감기 증상이

해설 전체 선택지를 의미가 통하게 연결하면 4 風邪の症状が 2 なかなか良くならない 1 と誤解をして 3 病院を訪れたという(감기 증상이 좀처럼 좋아지지 않는다고 오해를 해서 병원을 방문했다는)가 되면서 전체 문맥과도 어울린다. 따라서 1 と誤解をして(고 오해를 해서)가 정답이다.

어휘 花粉症 かふんしょう [명]꽃가루 알레르기　診断 しんだん [명]진단
患者 かんじゃ [명]환자　誤解 ごかい [명]오해

訪れる おとずれる [동]방문하다　症状 しょうじょう [명]증상

5

그는 노력가이고 우수한 학생 중 한 명이지만, 타인으로부터의 평가를 신경 쓰는 나머지 ★자신의 의견을 말하지 못하는 경향이 있다.

1 나머지	2 말하지 못하는
3 자신의 의견을	4 신경 쓰는

해설 1 あまりは 동사 사전형 뒤에 접속하므로 먼저 4 気にする 1 あまり(신경 쓰는 나머지)로 연결할 수 있다. 이것을 나머지 선택지와 함께 의미가 통하게 연결하면 4 気にする 1 あまり 3 自分の意見を 2 言えない(신경 쓰는 나머지 자신의 의견을 말하지 못하는)가 되면서 전체 문맥과도 어울린다. 따라서 3 自分の意見を(자신의 의견을)가 정답이다.

어휘 努力家 どりょくか [명]노력가　優秀だ ゆうしゅうだ [な형]우수하다
他人 たにん [명]타인　評価 ひょうか [명]평가
傾向 けいこう [명]경향　意見 いけん [명]의견
気にする きにする 신경 쓰다

6

이 시기는, 드디어 따뜻해졌나 했더니 ★다시 추워지거나 하는 경우도 있으니까, 겨울 코트는 정리하지 않는 편이 좋다.

1 다시 추워지거나 하는	2 경우도 있으니까
3 했더니	4 따뜻해졌다

해설 3 かと思うとは 동사 た형 뒤에 접속하므로 먼저 4 暖かくなってきた 3 かと思うと(따뜻해졌나 했더니)로 연결할 수 있다. 이것을 나머지 선택지와 함께 의미가 통하게 연결하면 4 暖かくなってきた 3 かと思うと 1 また寒くなったりする 2 こともあるから(따뜻해졌나 했더니 다시 추워지거나 하는 경우도 있으니까)가 되면서 전체 문맥과도 어울린다. 따라서 1 また寒くなったりする(다시 추워지거나 하는)가 정답이다.

어휘 時期 じき [명]시기　やっと [부]드디어
片付ける かたづける [동]정리하다　~ことがある ~하는 경우가 있다
~かと思うと ~했나 했더니

7

고생하고 있는 것은 특별히 고용되는 쪽만이 아니다. 고용하는 쪽도 우수한 인재의 확보에 지극히 곤란하여 ★급료를 인상하는 것을 검토하고 있다.

1 급료를 인상하는 것을	2 우수한 인재의 확보에
3 지극히 곤란하여	4 검토하고

해설 전체 선택지를 의미가 통하게 연결하면 2 優秀な人材の確保に 3 困難を極めていて 1 給料を引き上げることを 4 検討して(우수한 인재의 확보에 지극히 곤란하여 급료를 인상하는 것을 검토하고)가 되면서 전체 문맥과도 어울린다. 따라서 1 給料を引き上げることを(급료를 인상하는 것을)가 정답이다.

어휘 苦労 くろう [명]고생　雇う やとう [동]고용하다

給料 きゅうりょう 명 급료   引き上げ ひきあげ 명 인상
優秀だ ゆうしゅうだ な형 우수하다   人材 じんざい 명 인재
確保 かくほ 명 확보   困難 こんなん 명 곤란
~を極める ~をきわめる 지극히 ~하다   検討 けんとう 명 검토

실전 대비하기 4

p.244

| 1 | 2 | 2 | 1 | 3 | 1 | 4 | 1 | 5 | 3 |
| 6 | 4 | 7 | 4 |

문제8 다음 문장의 ★ 에 들어갈 가장 알맞은 것을, 1·2·3·4에서 하나 고르세요.

1

개발 중에는 훌륭한 상품이 될 것이라고 기대되고 있었지만, 중대한 사고를 일으킬 수도 있는 ★고장 이 발견되었기 때문에, 결국 발매는 연기되었다.

1 사고를   2 고장
3 일으킬 수도 있는   4 이 발견되었기

해설 전체 선택지를 의미가 통하게 연결하면 1 事故を 3 起こしかねない 2 故障 4 が見つかった(사고를 일으킬 수도 있는 고장이 발견되었다)가 되면서 전체 문맥과도 어울린다. 따라서 2 故障(고장)가 정답이다.

어휘 開発中 かいはつちゅう 명 개발 중   商品 しょうひん 명 상품
期待 きたい 명 기대   重大だ じゅうだいだ な형 중대하다
結局 けっきょく 부 결국   発売 はつばい 명 발매
延期 えんき 명 연기   事故 じこ 명 사고   故障 こしょう 명 고장
起こす おこす 동 일으키다   ~かねない ~할 수도 있다
見つかる みつかる 동 발견되다

2

통근을 위해 아파트를 빌린다면 ★역에서 가까운 것보다 좋은 것은 없다고 생각하지만, 그렇게 되면 집값이 비싸지는 것이 문제다.

1 역에서 가까운   2 빌린다면
3 것보다 좋은 것은 없다   4 아파트를

해설 전체 선택지를 의미가 통하게 연결하면 4 アパートを 2 借りるなら 1 駅に近い 4 に越したことはない(아파트를 빌린다면 역에서 가까운 것보다 좋은 것은 없다)가 되면서 전체 문맥과도 어울린다. 따라서 1 駅に近い(역에서 가까운)가 정답이다.

어휘 通勤 つうきん 명 통근   ~と思う ~とおもう ~라고 생각하다
家賃 やちん 명 집값   借りる かりる 동 빌리다
~に越したことはない ~にこしたことはない ~보다 좋은 것은 없다

3

10년 일한 회사를 그만두고 이직 활동을 하게 되었다. 이직처를 찾는 데 있어서 ★자신의 강점을 객관적으로 파악할 필요가 있는데 생각해도 모르겠어서 우선은 가까운 사람에게 물어보기로 했다.

1 자신의 강점을 객관적으로   2 찾는 데 있어서
3 파악할 필요가 있는데   4 생각해도 모르겠어서

해설 전체 선택지를 의미가 통하게 연결하면 2 探すにあたって 1 自身の強みを客観的に 3 把握する必要があるが 4 考えてもわからないので(찾는 데 있어서 자신의 강점을 객관적으로 파악할 필요가 있는데 생각해도 모르겠어서)가 되면서 전체 문맥과도 어울린다. 따라서 1 自身の強みを客観的に(자신의 강점을 객관적으로)가 정답이다.

어휘 勤める つとめる 동 근무하다   会社 かいしゃ 명 회사
辞める やめる 동 그만두다   転職 てんしょく 명 이직
活動 かつどう 명 활동   転職先 てんしょくさき 명 이직할 곳
探す さがす 동 찾다   客観的だ きゃっかんてきだ な형 객관적이다
把握 はあく 명 파악   必要 ひつよう 명 필요

4

평소에는 어딘가로 외출할 때 미리 조사하고 나서 가지만, 가끔 목적지를 정하지 않고 기분 내키는대로 산책하면 ★지금까지 몰랐던 가게나 거리를 만날 수 있어서 꽤 즐겁다.

1 지금까지 몰랐던   2 기분 내키는대로
3 산책하면   4 가게나 거리를 만날 수 있어서

해설 전체 선택지를 의미가 통하게 연결하면 2 気の向くままに 3 散歩すると 1 今まで知らなかった 4 店や通りに出会えて(기분 내키는대로 산책하면 지금까지 몰랐던 가게나 거리를 만날 수 있어서)가 되면서 전체 문맥과도 어울린다. 따라서 1 今まで知らなかった(지금까지 몰랐던)가 정답이다.

어휘 普段 ふだん 명 평소   出かける でかける 동 외출하다
調べる しらべる 동 조사하다   目的地 もくてきち 명 목적지
決める きめる 동 정하다   向く むく 동 향하다   通り とおり 명 거리

5

신입이기 때문에 업무에 익숙하지 않은 것은 어쩔 수가 없다 고 해도 ★맡겨진 일이니까 마지막까지 책임을 가지고 열심히 임해야 한다.

1 어쩔 수가 없다   2 마지막까지 책임을 가지고
3 맡겨진 일이니까   4 고 해도

해설 전체 선택지를 의미가 통하게 연결하면 1 しかたがない 4 といっても 3 任された仕事なのだから 2 最後まで責任を持って(어쩔 수가 없다고 해도 맡겨진 일이니까 마지막까지 책임을 가지고)가 되면서 전체 문맥과도 어울린다. 따라서 3 任された仕事なのだから(맡겨진 일이니까)가 정답이다.

어휘 新人 しんじん 명 신입   業務 ぎょうむ 명 업무
しかたがない 어쩔 수 없다   責任 せきにん 명 책임
任す まかす 동 맡기다   ~といっても ~라고 해도

一生懸命 いっしょうけんめい 뗑열심, 열심히
務める つとめる 图임하다 ～べきだ ~야 한다
任す まかす 图맡기다

6

태양의 방향을 향해서 피는 것은 특별히 해바라기만이 가지고 있는 성질이 아니라 ★마찬가지로 태양을 쫓는 식물은 많이 있다.

1 태양을 쫓는　　　　2 특별히 해바라기만이
3 가지고 있는 성질이 아니라　　4 마찬가지로

해설 전체 선택지를 의미가 통하게 연결하면 2 何もヒマワリだけが 3 持っている性質ではなく 4 同じように 1 太陽を追いかける(특별히 해바라기만이 가지고 있는 성질이 아니라 마찬가지로 태양을 쫓는)가 되면서 전체 문맥과도 어울린다. 따라서 4 同じように(마찬가지로)가 정답이다.

어휘 太陽 たいよう 뗑태양　方向 ほうこう 뗑방향　向く むく 图향하다
植物 しょくぶつ 뗑식물　追いかける おいかける 图쫓다
何も なにも 특별히　ヒマワリ 뗑해바라기　性質 せいしつ 뗑성질

7

오해받기 쉽지만, 외국에서 길게 살면 반드시 외국어가 몸에 배는가 ★하면 결코 그렇지 않다. 단어를 암기하거나, 문법 규칙을 배우거나 노력이 필요하다.

1 외국어가 몸에 배는　　2 결코 그렇지 않다
3 가　　　　　　　　　　4 하면

해설 3의 か와 4의 というと는 함께 쓰여 문형 ～かというと(~인가 하면)가 되므로 먼저 3 か와 4 というと(가 하면)로 연결할 수 있다. 이것을 나머지 선택지와 함께 의미가 통하게 연결하면 1 外国語が身に付く 3 か 4 というと 2 決してそうではない(외국어가 몸에 배는가 하면 결코 그렇지 않다)가 되면서 전체 문맥과도 어울린다. 따라서 4 というと(하면)가 정답이다.

어휘 誤解 ごかい 뗑오해　外国 がいこく 뗑외국　住む すむ 图살다
外国語 がいこくご 뗑외국어　身に付く みにつく 몸에 배다
単語 たんご 뗑단어　暗記 あんき 뗑암기　文法 ぶんぽう 뗑문법
努力 どりょく 뗑노력　必要だ ひつようだ [な형]필요하다

실전 대비하기 5　　　　　　　　　　p.246

| 1 2 | 2 2 | 3 3 | 4 3 | 5 1 |
| 6 1 | 7 3 |

문제8 다음 문장의 ★ 에 들어갈 가장 알맞은 것을, 1·2·3·4에서 하나 고르세요.

1

일본에서는, 초등학생이 되면 아이들만으로 등하교하는 것이 일반적이지만 ★치안 문제로 부모가 마중해야 한다 는 나라도 드물지 않다.

1 등하교하는 것이 일반적이지만
2 치안 문제로
3 부모가 마중해야 한다
4 아이들만으로

해설 전체 선택지를 의미가 통하게 연결하면 4 子供だけで 1 登下校するのが一般的だが 2 治安の問題から 3 親が送り迎えしなければならない(아이들만으로 등하교하는 것이 일반적이지만 치안 문제로 부모가 마중해야 한다)가 되면서 전체 문맥과도 어울린다. 따라서 2 治安の問題から(치안 문제로)가 정답이다.

어휘 日本 にほん 뗑일본　小学生 しょうがくせい 뗑초등학생
～という ~라고 하는　登下校 とうげこう 뗑등하교
一般的だ いっぱんてきだ [な형]일반적이다　治安 ちあん 뗑치안
親 おや 뗑부모　送り迎え おくりむかえ 뗑마중함
～なければならない ~해야 하다

2

테이블에 남은 다 마시지 않은 커피를 보면서 ★아까 돌아간 친구와의 즐거웠던 대화를 차근차근 떠올리며, 여운에 잠겼다.

1 다 마시지 않은　　　　2 아까 돌아간 친구와의
3 커피를 보면서　　　　4 즐거웠던 대화를

해설 전체 선택지를 의미가 통하게 연결하면 1 飲みかけの 3 コーヒーを見ながら 2 さっき帰った友人との 4 楽しかった会話を(다 마시지 않은 커피를 보면서 아까 돌아간 친구와의 즐거웠던 대화를)가 되면서 전체 문맥과도 어울린다. 따라서 2 さっき帰った友人との(아까 돌아간 친구와의)가 정답이다.

어휘 テーブル 뗑테이블　残る のこる 图남다　会話 かいわ 뗑회화
しみじみ 뷔차근차근　思い出す おもいだす 图떠올리다
余韻 よいん 뗑여운　浸る ひたる 图잠기다

3

오랜만에 소설을 샀다. 많은 사람으로부터 절찬받고 있다 고 하니까 ★기대를 부풀리고 있었는데 기대치가 너무 오른 탓인지 나에게는 조금 부족했다.

1 기대치가 너무 오른 탓인지　　2 고 하니까
3 기대를 부풀리고 있었는데　　4 절찬받고 있다

해설 2 というから는 동사 보통형에 접속하므로 먼저 4 絶賛されている 2 というから(절찬받고 있다고 하니까)로 연결할 수 있다. 이것을 나머지 선택지와 함께 의미가 통하게 연결하면 4 絶賛されている 2 というから 3 期待を膨らませていたが 1 期待値が上がりすぎたせいか(절찬받고 있다고 하니까 기대를 부풀리고 있었는데 기대치가 너무 오른 탓인지)가 되면서 전체 문맥과도 어울린다. 따라서 3 期待を膨らませていたが(기대를 부풀리고 있었는데)가 정답이다.

어휘 久しぶりだ ひさしぶりだ [な형]오랜만이다　小説 しょうせつ 뗑소설

期待 きたい 몡기대　膨らむ ふくらむ 동부풀다
絶賛 ぜっさん 몡절찬　物足りない ものたりない い형부족하다

4

이번의 큰 조직 개혁은 업무의 효율화 뿐만 아니라 사원의 의욕을 ★향상시키는 것도 목적으로 하고 있다.

1 목적으로　　　　　　2 뿐만 아니라
3 향상시키는 것도　　　4 사원의 의욕을

해설 2 だけでなく는 명사에 접속하므로 먼저 빈칸 앞의 명사 効率化와 선택지 2 だけでなく를 연결할 수 있다. 이것을 나머지 선택지와 함께 의미가 통하게 연결하면 2 だけでなく 4 社員のモチベーションを 3 向上させることも 1 目的と(뿐만 아니라 사원의 의욕을 향상시키는 것도 목적으로)가 되면서 전체 문맥과도 어울린다. 따라서 3 向上させることも(향상시키는 것도)가 정답이다.

어휘 大きな おおきな 큰　組織 そしき 몡조직　改革 かいかく 몡개혁
業務 ぎょうむ 몡업무　効率化 こうりつか 몡효율화
目的 もくてき 몡목적　～だけでなく ~뿐만 아니라
向上 こうじょう 몡향상　社員 しゃいん 몡사원
モチベーション 몡의욕, 동기 부여

5

방을 깨끗하게 유지하기 위해 사용하지 않게 된 물건은 버려야 할 것이다. 하지만, 신세 진 물건을 막상 버린다고 하면 ★그리운 기억이 생각나서 조금 용기가 필요하다.

1 그리운 기억이　　　　2 막상 버린다고 하면
3 신세 진 물건을　　　　4 생각나서

해설 전체 선택지를 의미가 통하게 연결하면 3 お世話になった物を 2 いざ捨てるとなると 1 懐かしい記憶が 4 思い出されて(신세 진 물건을 막상 버린다고 하면 그리운 기억이 생각나서)가 되면서 전체 문맥과도 어울린다. 따라서 1 懐かしい記憶が(그리운 기억이)가 정답이다.

어휘 保つ たもつ 동유지하다　～ために ~하기 위해서
～べきだ ~해야 한다　実際 じっさい 몡실제
少々 しょうしょう 몡조금　勇気 ゆうき 몡용기
懐かしい なつかしい い형그립다　記憶 きおく 몡기억
いざ 튀막상　～となると ~라고 하면
お世話になる おせわになる 신세 지다

6

중의원 선거까지 3주일 남았다. 각당의 경제 정책에는 물론 직접 소비에 관계된 ★것도 포함되어 있어 선거 결과에 따라 우리 생활에 영향을 준다.

1 것도 포함되어 있어　　2 관계된
3 선거 결과에 따라　　　4 물론 직접 소비에

해설 4의 には 2의 関わる와 함께 쓰여 문형 ～に関わる(~에 관계된)가 되므로 먼저 4 もちろん直接消費に 2 関わる(물론 직접 소비에 관계된)로 연결할 수 있다. 이것을 나머지 선택지와 함께 의미가 통하게 연결하면 4 もちろん直接消費に 2 関わる 1 ものも含まれていて 3 選挙の結果次第で(물론 직접 소비에 관계된 것도 포함되어 있어 선거 결과에 따라)가 되면서 전체 문맥과도 어울린다. 따라서 1 ものも含まれていて(것도 포함되어 있어)가 정답이다.

어휘 衆議院 しゅうぎいん 몡중의원　選挙 せんきょ 몡선거
経済 けいざい 몡경제　政策 せいさく 몡정책
含む ふくむ 동포함하다　直接 ちょくせつ 몡직접
消費 しょうひ 몡소비　関わる かかわる 동관련되다
結果 けっか 몡결과　生活 せいかつ 몡생활
影響 えいきょう 몡영향　与える あたえる 동주다, 미치다

7

이전에는 그렇게까지 가까운 문제로써 인식되지 않았던 환경 문제지만 국가나 단체의 대처가 ★활발해짐에 따라 사람들의 의식도 변화했다.

1 환경 문제지만　　　　2 국가나 단체의 대처가
3 활발해짐에 따라　　　4 사람들의 의식도

해설 전체 선택지를 의미가 통하게 연결하면 1 環境問題だが 2 国や団体の取り組みが 3 活発になるにつれて 4 人々の意識も(환경 문제지만 국가나 단체의 대처가 활발해짐에 따라 사람들의 의식도)가 되면서 전체 문맥과도 어울린다. 따라서 3 活発になるにつれて(활발해짐에 따라)가 정답이다.

어휘 以前 いぜん 몡이전　身近だ みぢかだ な형가깝다
問題 もんだい 몡문제　捉える とらえる 동파악하다
環境問題 かんきょうもんだい 몡환경문제　団体 だんたい 몡단체
取り組み とりくみ 몡대처　活発だ かっぱつだ な형활발하다
意識 いしき 몡의식　変化 へんか 몡변화

실전 대비하기 6

p.248

1 2　　2 1　　3 2　　4 4　　5 1
6 1　　7 4

문제8 다음 문장의 ＿＿★＿＿ 에 들어갈 가장 알맞은 것을, 1・2・3・4에서 하나 고르세요.

1

개인차는 있지만 사람은 하루 8시간 잔다 고 하면 일생 중의 약 28년은 ★자고 있다는 계산이 되 니까 좋은 수면을 위해 침구에 신경을 쓰는 것은 삶의 질을 높이는 것이라고도 말할 수 있는 것이다.

1 일생 중의 약 28년간은　　2 자고 있다는 계산이 되
3 고 하면　　　　　　　　　4 니까

해설 3 とすると는 동사 보통형에 접속하므로 먼저 8時間寝る 3 とすると(8시간 잔다고 하면) 혹은 2 寝ている計算になる 3 とすると(자고 있다는 계산이 된다고 하면)로 연결할 수 있다. 빈칸 앞 문장과 어

울리는 문맥으로 연결하면 3 とすると 1 一生のうちの約28年間は 2 寝ている計算になる 4 から(고 하면 일생 중의 약 28년간은 자고 있다는 계산이 되니까)가 된다. 따라서 2 寝ている計算になる(자고 있다는 계산이 되)가 정답이다.

어휘 個人差 こじんさ 圏개인차 眠り ねむり 圏잠 〜のために ~을 위해
寝具 しんぐ 圏침구 生活 せいかつ 圏삶, 생활 質 しつ 圏질
高める たかめる 圏높이다 計算 けいさん 圏계산
〜とすると ~라고 한다면

2

다음 시합의 상대가 전국 대회에서 우승도 이뤄낸 ★강호 학교라고 해도 싸우는 이상 반드시 이겨 주겠다는 강한 마음으로 시합에 도전하고 싶다.

1 강호 학교라고 해도   2 싸우는 이상
3 우승도 이뤄낸   4 반드시 이겨 주겠다는

해설 전체 선택지를 의미가 통하게 연결하면 3 優勝も果たした 1 強豪校だといっても 2 戦うからには 4 絶対に勝ってやるという(우승도 이뤄낸 강호 학교라고 해도 싸우는 이상 반드시 이겨 주겠다는)가 되면서 전체 문맥과도 어울린다. 따라서 1 強豪校だといっても(강호 학교라고 해도)가 정답이다.

어휘 試合 しあい 圏시합 相手 あいて 圏상대 全国 ぜんこく 圏전국
大会 たいかい 圏대회 強豪校 きょうごうこう 圏강호 학교
戦う たたかう 圏싸우다 優勝 ゆうしょう 圏우승
果たす はたす 圏이루다 勝つ かつ 圏이기다
挑む いどむ 圏도전하다 気持ち きもち 圏기분, 마음

3

어머니의 고향인 오키나와의 미야코지마를 방문하고 나서 자신의 뿌리에 흥미를 가져 오키나와 역사를 전문으로 하는 ★오카모토 교수님 밑에서 연구하고 싶다 고 생각하게 되었습니다.

1 연구하고 싶다
2 오카모토 교수님 밑에서
3 자신의 뿌리에 흥미를 가져
4 오키나와 역사를 전문으로 하는

해설 전체 선택지를 의미가 통하게 연결하면 3 自分のルーツに興味を持ち 4 沖縄の歴史を専門とする 2 岡本教授のもとで 1 研究したい(자신의 뿌리에 흥미를 가져 오키나와 역사를 전문으로 하는 오카모토 교수님 밑에서 연구하고 싶다)가 되면서 전체 문맥과도 어울린다. 따라서 2 岡本教授のもとで(오카모토 교수님 밑에서)가 정답이다.

어휘 故郷 こきょう 圏고향 訪れる おとずれる 圏방문하다
研究 けんきゅう 圏연구 教授 きょうじゅ 圏교수
ルーツ 圏뿌리, 근원 興味 きょうみ 圏흥미 歴史 れきし 圏역사
専門 せんもん 圏전문

4

갑자기 친구들과 뭔가 특별한 것을 하고 싶어져서, 6명이서 묵을 수 있는 방이 있으면 ★온천 여행에라도 가야겠다고 생각했지만 어디도 빈 곳이 없어서 오늘은 포기하기로 했다.

1 어디도 빈 곳이 없어서
2 묵을 수 있는
3 방이 있으면
4 온천 여행에라도 가야겠다고 생각했지만

해설 전체 선택지를 의미가 통하게 연결하면 2 泊まれる 3 部屋があれば 4 温泉旅行にでもと思ったけれど 1 どこも空きがなくて(묵을 수 있는 방이 있으면 온천 여행에라도 가야겠다고 생각했지만 어디도 빈 곳이 없어서)가 되면서 전체 문맥과도 어울린다. 따라서 4 温泉旅行にでもと思ったけれど(온천 여행에라도 가야겠다고 생각했지만)가 정답이다.

어휘 急に きゅうに 閉갑자기 友人 ゆうじん 圏친구 何か なにか 뭔가
諦める あきらめる 圏포기하다 〜ことにする ~하기로 하다
どこも 어디도 空き あき 圏빈 곳 泊まる とまる 圏묵다
温泉旅行 おんせんりょこう 圏온천 여행

5

내일까지 제출할 강의 과제를 끝내야지라고는 생각하면서도 ★친구가 권유해 준 드라마가 재밌어서 빠져나오지 못하고 있다.

1 친구가 권유해 준   2 생각하면서도
3 끝내야지라고는   4 드라마가 재밌어서

해설 전체 선택지를 의미가 통하게 연결하면 3 終わらせなければとは 2 思いつつ 1 友人が勧めてくれた 4 ドラマが面白くて(끝내야지라고는 생각하면서도 친구가 권유해 준 드라마가 재밌어서)가 되면서 전체 문맥과도 어울린다. 따라서 1 友人が勧めてくれた(친구가 권유해 준)가 정답이다.

어휘 講義 こうぎ 圏강의 課題 かだい 圏과제 提出 ていしゅつ 圏제출
勧める すすめる 圏권하다 終わる おわる 圏끝나다
抜け出す ぬけだす 圏빠져나가다 ドラマ 圏드라마

6

비참한 사건이 발생한 지 이제 곧 1년을 맞이하려고 하고 있다. 1년이 지나기 전에 경시청의 자존심을 걸어서라도 난해 사건을 어떻게든 ★해결해서 범인을 잡아 보이겠다.

1 해결해서   2 난해 사건을 어떻게든
3 범인을   4 자존심을 걸어서라도

해설 전체 선택지를 의미가 통하게 연결하면 4 プライドにかけても 2 難解事件をどうにか 1 解決して 3 犯人を(자존심을 걸어서라도 난해 사건을 어떻게든 해결해서 범인을)가 되면서 전체 문맥과도 어울린다. 따라서 1 解決して(해결해서)가 정답이다.

어휘 悲惨だ ひさんだ 때형비참하다 事件 じけん 圏사건
発生 はっせい 圏발생 警視庁 けいしちょう 圏경시청

捕まえる つかまえる 图잡다　解決 かいけつ 图해결
難解 なんかい 图난해　犯人 はんにん 图범인　プライド 图자존심
事故防止 じこぼうし 图사고방지
重要だ じゅうようだ 图중요하다

7

나에게 있어 동료와의 커뮤니케이션이 낚시하러 가는 큰 재미이기도 해 서 ★낚여도 안 낚여도 솔직히 어느 쪽이라도 괜찮다.
1　낚시하러 가는　　　　2　큰 재미이기도 해
3　서　　　　　　　　　4　낚여도 안 낚여도

해설　3 から는 동사에 접속하므로 먼저 1 釣りに行く 3 から(낚시하러 가서) 혹은 2 大きな楽しみでもある 3 から(큰 재미이기도 해서)로 연결할 수 있다. 빈칸 앞 문장과 어울리는 문맥으로 연결하면 1 釣りに行く 2 大きな楽しみでもある 3 から 4 釣れても釣れなくても(낚시하러 가는 큰 재미이기도 해서 낚여도 안 낚여도)가 되면서 전체 문맥과도 어울린다. 따라서 4 釣れても釣れなくても(낚여도 안 낚여도)가 정답이다.

어휘　コミュニケーション 图커뮤니케이션　仲間 なかま 图동료
　　　釣り つり 图낚시　釣れる つれる 图낚이다
　　　正直 しょうじき 图솔직히

문제 9　글의 문법

실력 다지기　　　　　　　　　　　　　p.254

01 ①　02 ②　03 ①　04 ②　05 ①
06 ①

01-03

아이의 시야는, 어른에 비해 좁다고 생각되고 있다. 일반적으로 어른의 시야는 좌우 150도 정도인 것에 비해, 6세 정도의 아이의 시야는 어른의 약 60% 정도라고 한다. 아이들이 공을 잡기 위해 튀어나오는 원인은 '보이지 않기' 때문이다. 01 아이의 시야를 체험할 수 있는 도구로, 어른이 체험해보니, 상상 이상으로 좁은 시야에 놀라는 사람이 02 . '보이지 않는' 아이의 특성을 03 이 올바르게 이해하는 것이, 사고방지를 위해 매우 중요하다는 것을 알 수 있다.

어휘　視野 しや 图시야　~に比べて ~にくらべて ~에 비해
　　　考える かんがえる 图생각하다
　　　一般的だ いっぱんてきだ 图일반적이다　左右 さゆう 图좌우
　　　程度 ていど 图정도　~に対し ~にたいし ~에 비해
　　　ボール 图공, 볼　つかむ 图잡다　飛び出す とびだす 图튀어나오다
　　　原因 げんいん 图원인　見える みえる 图보이다
　　　体験 たいけん 图체험　道具 どうぐ 图도구　~たところ ~했더니
　　　想像 そうぞう 图상상　以上 いじょう 图이상
　　　驚く おどろく 图놀라다　特性 とくせい 图특성
　　　正しい ただしい 图올바르다　理解 りかい 图이해

01

① 실제로
② 더욱이

어휘　実際に じっさいに 图실제로　さらに 图더욱이

02

① 많지 않다고 한다
② 많다고 한다

03

① 어른
② 아이

04-06

나는 시티 호텔에 대해 편견을 가지고 있다. 허세를 부리고 싶은 손님을 왕처럼 맞이하거나, 큰돈을 벌려고 하거나 하는 곳이라는 편견이다. 04 한 총지배인으로부터 다음과 같은 이야기를 듣고, 시티 호텔에 대한 편견이 없어졌다. '연말에 가족과 함께 1박만 숙박하시는 손님이 계십니다. 05 매우 사치고 큰 지출이라고 생각합니다. 하지만, 1년간 열심히 일한 보상으로, 1년에 한 번만 묵으신다고 합니다. 그런 손님이 계시기 때문에 최고의 서비스로 비일상적인 하루를 제공 06 .'

어휘　~に対して ~にたいして ~에 대해　偏見 へんけん 图편견
　　　見栄を張る みえをはる 허세를 부리다　客 きゃく 图손님
　　　王様 おうさま 图왕　迎える むかえる 图맞이하다
　　　大金 たいきん 图큰돈, 대금　稼ぐ かせぐ 图벌다
　　　総支配人 そうしはいにん 图총지배인　なくなる 图없어지다
　　　年末 ねんまつ 图연말　宿泊 しゅくはく 图숙박
　　　いらっしゃる 图계시다 (いる의 존경어)　贅沢 ぜいたく 图사치
　　　出費 しゅっぴ 图지출, 출비
　　　一生懸命だ いっしょうけんめいだ 图열심히 하다
　　　ごほうび 图보상, 상　泊まる とまる 图묵다
　　　~からこそ ~하기 때문에　最高 さいこう 图최고
　　　サービス 图서비스
　　　非日常的だ ひにちじょうてきだ 图비일상적이다
　　　提供 ていきょう 图제공

04

① 그래서
② 그런데

어휘　そこで 图그래서　ところが 图그런데, 그러나

05
① 이 호텔에 묵는 것은
② 가족과 함께 오는 것은

06
① 하지 않으면 안 된다고 생각합니다
② 하지 않는 것은 아닙니다

실전 대비하기 1   p.256

| 1 | 2 | 2 | 3 | 3 | 3 | 4 | 4 |

문제9 다음 글을 읽고, 문장 전체의 내용을 생각해서, ①에서 ④의 안에 들어갈 가장 알맞은 것을, 1·2·3·4에서 하나 고르세요.

1-4

이하는 잡지의 칼럼이다.

목장에서 생각한 경어

내가 말 목장에 다니기 시작하고 1년간, 그곳에는 하나의 세계가 있었다.

목장 사람은 더운 날도 추운 날도 밖에서 말을 돌본다. 말의 몸은 크고, 빗질을 하는 것도, [1]샤워로 ① 것도, 인간 아이보다 손이 간다. 먹이를 많이 먹기 때문에, 준비도 힘들다. [2]돌보는 것을 보면, 말 쪽이 사람보다 지위가 위인 것 같았다. ② 목장 [2]사람이 말에 탈 때는, 제법 엄격하게, 말을 대하고 있었다. 때로는 발로 차고, 채찍으로 때리는 일까지도 있었다. 목장 사람에 의하면, 사람과 있을 때 결코 말 마음대로 하게 하지 않는 것은 사람의 안전을 지키기 위해서라고 한다. 확실히, 아무리 몸이 큰 남성이라도, 말에게 차이면 뼈가 부러져 버린다. 사람과 있을 때는 항상 사람이 말하는 것을 듣게 하고, 말의 마음대로 하게 하지 않음으로써, 위험을 방지할 수 있는 것이다.

처음, 나에게는, [3]말 돌보기를 정성스럽게 하는 것과, 말을 채찍으로 때리는 것은 정반대로 보였다. 하지만, 반대로 보이는 어느 쪽도, 다른 것끼리가 [3]함께 ③ 중에 필요하기 때문에 하고 있는 것이다. 그것은 말과 사람, 어느 한쪽이 위, 아래라는 것이 아니다. 즉, 사람과 말은 대등한 것이다. 사람이 항상 말에게 이래라 저래라 말하는 것은, 사람이 말보다 위이기 때문이 아니다.

이것을, 나는 앞으로, 다른 사람과 무언가 할 때에 생각해 내고 싶다. 예를 들어, 일본 사회에서 경어는 일을 원만하게 진행하기 위해 필요하다. 하지만, 경어를 사용하는 것은, 상대방이 사람으로서 위이기 때문인 것일까? 대등하다는 의식이 있

다면, 더 기분 좋게 할 수 있는 것이 아닐까? [4]일본인인 나는 목장에서의 시간을 통해, 그 당연한 것을 ④ .

(주1) 채찍: 가늘고 긴, 때리는 도구. 대나무나 가죽으로 만들어져, 말 등을 때려서 나아가게 할 때 사용한다
(주2) 끼리: 자신과 상대. 서로
(주3) 대등: 같은 레벨인 것

어휘 雑誌 ざっし 몡잡지   コラム 몡칼럼   牧場 ぼくじょう 몡목장
敬語 けいご 몡경어   馬 うま 몡말   通う かよう 동다니다
~始める ~はじめる ~하기 시작하다   世界 せかい 몡세계
暑い あつい い형덥다   寒い さむい い형춥다   世話 せわ 몡돌봄
ブラシをかける 빗질을 하다   人間 にんげん 몡인간
手がかかる てがかかる 손이 가다, 품이 들다   えさ 몡먹이
準備 じゅんび 몡준비   立場 たちば 몡지위, 입장
かなり 부상당히, 꽤   厳しい きびしい い형엄하다, 까다롭다
接する せっする 동대하다, 접하다   蹴る ける 동차다   むち 몡채찍
打つ うつ 동때리다, 치다   決して けっして 부결코
好きにする すきにする 마음대로 하다, 제멋대로 하다
安全 あんぜん 몡안전   守る まもる 동지키다
確か たしか 부확실히, 분명함   男性 だんせい 몡남성
骨 ほね 몡뼈   折れる おれる 동부러지다
常に つねに 부항상, 언제나   危険 きけん 몡위험
防ぐ ふせぐ 동방지하다   最初 さいしょ 몡처음, 최초
丁寧だ ていねいだ な형정성스럽다   真逆だ まぎゃくだ な형정반대다
見える みえる 동보이다   反対 はんたい 몡반대
同士 どうし 몡끼리, 같은 종류   必要だ ひつようだ な형필요하다
一方 いっぽう 몡한쪽   つまり 부즉, 요컨대
対等だ たいとうだ な형대등하다   今後 こんご 몡앞으로, 이후
思い出す おもいだす 동생각해 내다   例えば たとえば 부예를 들면
日本 にほん 몡일본   社会 しゃかい 몡사회
物事 ものごと 몡일, 사물   スムーズだ な형원만하다, 원활하다
行う おこなう 동진행하다, 행하다   だが 접하지만
相手 あいて 몡상대   意識 いしき 몡의식
気持ち きもち 몡기분, 마음   ~を通して ~をとおして ~을 통하여
当たり前だ あたりまえだ な형당연하다

1

| 1 지우려고 하는 | 2 씻겨 주는 |
| 3 흘려 보낼지도 모르는 | 4 씻겨 두는 |

해설 빈칸 앞에서 '샤워로'라고 하고, 빈칸 뒤에서 '것도, 인간 아이보다 손이 간다'라고 했으므로, 동물이나 어린이 등 자신보다 낮은 위치에 있는 대상을 돌볼 때 사용하는 표현 '〜てやる(〜해 주다)'를 사용하는 것이 자연스럽다. 따라서 2 洗ってやる(씻겨 주는)가 정답이다.

어휘 落とす おとす 동지우다, 없애다   洗う あらう 동씻다
流す ながす 동흘려 보내다   浴びる あびる 동쬐다, 쏟아지다
〜ようとする ~하려고 하다   〜てやる ~해 주다
〜かねない ~할지도 모른다   〜ておく ~해 두다

2

1 게다가	2 그러니까
3 그런데	4 왜냐하면

해설 빈칸 앞에서 '돌보는 것을 보면, 말 쪽이 사람보다 지위가 위인 것 같았다'라고 하고, 빈칸 뒤에서 '사람이 말에 탈 때는, 제법 엄격하게, 말을 대하고 있었다'라고 했으므로, 앞의 내용과 뒤의 내용이 상반되는 관계를 나타내는 접속사 ところが(그런데)를 사용하는 것이 자연스럽다. 따라서 3 ところが(그런데)가 정답이다.

어휘 それに 젭게다가, 더욱이   だから 젭그러니까, 그래서
　　 ところが 젭그런데, 그러나   なぜなら 젭왜냐하면

3

1 살고 싶은	2 살자
3 살아가는	4 살아 버리는

해설 빈칸 앞에서 '말 돌보기를 정성스럽게 하는 것과, 말을 채찍으로 때리는 것', '함께'라고 하고, 빈칸 뒤에서 '중에 필요하기 때문에 하고 있는 것이다'라고 했으므로, 함께 살아가는 과정이나 지속적인 상태를 나타내는 '〜ていく(〜해 가다)'를 사용하는 것이 자연스럽다. 따라서 3 生きていく(살아가는)가 정답이다. 1의 たい는 '〜하고 싶다', 2의 よう는 '〜하자', 4의 てしまう는 '〜해 버리다'라는 의미의 문형임을 알아 둔다.

어휘 生きる いきる 됭살다   〜たい 〜하고 싶다   〜よう 〜하자
　　 〜ていく 〜해 가다   〜てしまう 〜해 버리다, 〜하고 말다

4

1 생각해야만 했다	2 생각했을지도 모른다
3 생각한 것에 지나지 않는다	**4 생각하게 되었다**

해설 빈칸 앞에서 '일본인인 나는 목장에서의 시간을 통해, 그 당연한 것을'이라고 하고, 빈칸 뒤에 문장이 끝나므로, 경험을 통해 생각하게 된 상황을 나타내는 'させられる(〜하게 되다)'를 사용하는 것이 자연스럽다. 따라서 4 考えさせられた(생각하게 되었다)가 정답이다.

어휘 〜べきだ 〜해야만 한다   〜かもしれない 〜일지도 모른다
　　 〜にすぎない 〜에 지나지 않는다, 〜에 불과하다
　　 〜させられる 〜하게 되다

실전 대비하기 2　　　　　　　　　　　p.258

1 1	**2** 1	**3** 4	**4** 2

문제9 다음 글을 읽고, 문장 전체의 내용을 생각해서, 1 에서 4 의 안에 들어갈 가장 알맞은 것을, 1・2・3・4에서 하나 고르세요.

1-4

이하는, 잡지의 칼럼이다.

> **진화하는 '오세치'**
>
> 　오세치란 정월에 먹는 축하 요리를 말한다. 찬합이라는 상자를 겹겹이 쌓은 용기에 여러 가지 오세치 요리가 채워진다. 일반 가정에 퍼진 것은 에도 시대이며, 그 역사는 길다.
> 　그런데, 왜 오세치는 정월에 먹는 것일까. 그것은, 오세치 요리가 운수가 좋다고 여겨지기 때문에, 그것을 먹음으로써 새로운 해를 좋은 해로 만들고 싶다는 마음이 있기 때문이다. 예를 들면, 물고기의 알인 '청어알'은 알이 많은 것에서 자손 번영, 즉, [1]자식이나 손자가 계속해서 태어나는 것을 기원하는 의미가 있다. 또, 1 은 'マメ'의 충실하다, 근면하다라는 의미에서, 근면하게 일할 수 있도록 하는 염원이 담겨 있다. 옛날 사람은 요리 하나 하나에 의미를 부여해, 1년에 한 번뿐인 성찬으로써 오세치를 즐겨 온 셈이다.
> 　 2 , [2]최근 오세치는 사람들의 니즈에 맞추는 형태로 바뀌는 중이다. 그 이유는 만드는 데 시간과 수고가 드는 것, 옛날보다 한 세대의 인원수가 줄었기 때문에 양이 많이 남는 것, 식생활의 변화에 따라 오세치를 먹지 않는 가정이 늘고 있는 것 등 다양하다. 그런 가운데, [3]새로운 수요 3 다양한 오세치가 등장하기 시작했다. 적은 인원수를 위한 1~2인분 오세치나, 로스트 비프 등의 고기를 담은 양식풍 오세치, 게다가, 개와 함께 즐길 수 있는 반려견 오세치 같은 것이 있다. 수십 년 전에는 상상도 할 수 없었을 오세치가 잇달아 생겨나고 있다. [4]사람들의 생활이 시대의 변화와 함께 변화하듯이, 전통도 또, 시대나 사람과 함께 4 .

(주) 운수가 좋다: 무언가 좋은 일이 일어날 것 같은 징조

어휘 進化 しんか 명진화   おせち 명오세치 (명절 때 먹는 조림 요리)
　　 お正月 おしょうがつ 명정월   お祝い おいわい 명축하
　　 重箱 じゅうばこ 명찬합   積み重ねる つみかさねる 동겹겹이 쌓다
　　 入れ物 いれもの 명용기   いろんな 여러 가지
　　 一般家庭 いっぱんかてい 명일반 가정
　　 広まる ひろまる 동퍼지다, 넓어지다
　　 江戸時代 えどじだい 명에도 시대   歴史 れきし 명역사
　　 ところで 젭그런데   縁起 えんぎ 명운수   想い おもい 명마음
　　 かずのこ 명청어알   子孫繁栄 しそんはんえい 명자손 번영
　　 すなわち 젭즉   子 こ 명자식   孫 まご 명손자
　　 生まれ続ける うまれつづける 동계속해서 태어나다
　　 願う ねがう 동기원하다   黒豆 くろまめ 명검은콩
　　 マメ 명충실, 근면 (豆 와 동음이어)
　　 忠実だ ちゅうじつだ な형충실하다
　　 勤勉だ きんべんだ な형근면하다   込める こめる 동담다
　　 昔 むかし 명옛날   意味をつける いみをつける 의미를 부여하다
　　 ごちそう 명성찬   〜として 〜로써   〜というわけだ 〜인 셈이다
　　 最近 さいきん 명최근   ニーズ 명니즈
　　 合わせる あわせる 동맞추다   形 かたち 명형태
　　 変わる かわる 동바뀌다   〜つつある 〜하는 중이다

理由 りゆう 圀이유　手間 てま 圀노력　世帯 せたい 圀세대
人数 にんずう 圀인원수　減る へる 图줄다　量 りょう 圀양
余る あまる 图남다　食生活 しょくせいかつ 圀식생활
変化 へんか 圀변화　~にともない ~에 따라
増える ふえる 图늘다　多様だ たようだ 囵다양하다
新ただ あらただ 囵새롭다　需要 じゅよう 圀수요
登場し始める とうじょうしはじめる 图등장하기 시작하다
少人数 しょうにんずう 圀적은 수의 인원　~向け ~むけ ~를 위한
ローストビーフ 圀로스트 비프　つめる 图담다
洋食風 ようしょくふう 圀양식풍　愛犬 あいけん 圀반려견
次々と つぎつぎと 잇달아　時代 じだい 圀시대
~とともに ~와 함께　伝統 でんとう 圀전통　様子 ようす 圀징조

1

1 검은콩　　　　　　2 이 검은콩
3 그 검은콩　　　　　4 저런 검은콩

해설 빈칸 앞에서 '자식이나 손자가 계속해서 태어나는 것을 기원하는 의미가 있다. 또'라고 하고, 빈칸 뒤에서 '은 'マメ'의 충실하다, 근면하다라는 의미에서, 근면하게 일할 수 있도록 하는 염원이 담겨 있다'라며 검은콩에 대한 다른 의미를 추가로 언급하였으므로 1 黒豆(검은콩)가 정답이다.

2

1 그러나　　　　　　2 그래서
3 게다가　　　　　　4 왜냐하면

해설 빈칸 앞에서 오세치를 구성하는 재료에 대해 설명하고 빈칸 뒤에서 '최근 오세치는 사람들의 니즈에 맞추는 형태로 바뀌는 중이다'라며 오세치의 형태가 이전과는 달라졌다는 내용을 언급하였으므로, 상반되는 내용을 연결하는 접속사 1 しかし(그러나)가 정답이다.

어휘 しかし 젭그러나　そこで 젭그래서　しかも 젭게다가
というのは 젭왜냐하면

3

1 에 관하여　　　　　2 에 대비하여
3 와 반대로　　　　　4 에 부응하여

해설 빈칸 앞에서 '새로운 수요'라고 하고, 빈칸 뒤에서 '다양한 오세치가 등장하기 시작했다'라고 했으므로, 수요에 대응하여 어떤 행동이 취해지는 관계를 나타내는 '~に応えて(~에 부응하여)'를 사용하는 것이 자연스럽다. 따라서 4 に応えて(에 부응하여)가 정답이다.

어휘 ~に関して　~にかんして　~에 관하여
~に備えて　~にそなえて　~에 대비하여
~に反して　~にはんして　~와 반대로
~に応えて　~にこたえて　~에 부응하여

4

1 변화해 갈 뿐이다　　　2 변화해 가는 법이다
3 변화해 갈 수도 있다　　4 변화해 가지 않으려나

해설 빈칸 앞에서 '사람들의 생활이 시대의 변화와 함께 변화하듯이, 전통도 또, 시대나 사람과 함께'라고 하고, 빈칸 뒤에서는 문장이 끝나므로, 어떤 일이 자연스럽거나 당연함을 나타내는 '~ものだ(~하는 법이다)'를 사용하는 것이 자연스럽다. 따라서 2 変化していくものだ(변화해 가는 법이다)가 정답이다. 1의 ばかりだ는 '~뿐이다', 3의 かねない는 '~할 수도 있다'라는 의미의 문형임을 알아 둔다. 4 変化していくばかりだ(변화해 갈 뿐이다)는 나쁜 방향으로 변화할 때 사용할 수 있으므로 오답이다.

어휘 ~ばかりだ ~뿐이다　~ものだ ~인 법이다
~かねない ~할 수도 있다

실전 대비하기 3　　　　　　p.260

1 2　　**2** 1　　**3** 1　　**4** 1

문제9 다음 글을 읽고, 문장 전체의 내용을 생각해서, [1] 에서 [4] 의 안에 들어갈 가장 알맞은 것을, 1·2·3·4에서 하나 고르세요.

1-4

이하는 잡지의 칼럼이다.

일본의 '면 문화'

일본인은 면을 좋아하는 국민이다. 식사를 결정할 때, 처음에 '쌀로 할까? 면으로 할까?'라는 말이 나올 정도이다. 현대인에게 있어, [1]일본은 쌀 문화임과 동시에 면 문화라고 [1].
전 세계에서 사랑받고 있는 즉석 면을 발명한 것도 일본이다. 즉석 면, [2]소위 인스턴트 라면은 뜨거운 물을 붓는 것 [2] 먹을 수 있는 매우 편리한 음식이다. 발명자인 안도 모모후쿠는, 종전 후, 굶주린 사람들이 라면 가게에 행렬을 만들어 늘어서 있는 광경을 보고, 모든 사람에게 충분한 식료품이 필요하다고 생각했다고 한다. 이렇게 해서 개발이 진행되어, 탄생한 것이 즉석 면이다.
그런데, 즉석 면을 먹을 때, 빨아들이며 먹는 사람이 많을 것이다. [3]일본에는 소바나 라면 등의 면류를 빨아들이며 먹는 독특한 문화가 있는데, 이것은 해외에서는 별로 선호되지 않는다고 한다. 빨아들일 때의 소리가 불쾌하게 느껴진다는 것이 이유 중 하나라고 한다. [3] 은, [3]약 150년 전의 에도에서 시작되었다는 설이 유력하다.
당시, 막부 제도로 인해 에도에 단신 부임하는 사람이 많아, 간편하고 저렴한 외식으로서 소바가 발달했다. 그중에서도 인기였던 것이, 간이 되어 있지 않은 면을 양념에 찍어 먹는 '자루

소바'다. 양념과 공기를 함께 들이마시면서 빨아들이며 먹음으로써, 향과 맛을 돋운다고 하여, 빨아들이며 먹는 방법이 유행했다고 한다. [4]소바는 가늘어서 빨아들이면 소리가 나 버린다. 이것이 아직도 <u>4</u>.

일본의 면 문화가 앞으로 어떻게 변화해 갈지 궁금한 부분이다.

(주1) 에도: 현재의 도쿄
(주2) 단신 부임: 가족과 떨어져, 혼자서 생활하며 일하는 것
(주3) 돋우다: 잘 느껴지다

어휘 日本 にほん 圏일본 麺 めん 圏면 文化 ぶんか 圏문화
国民 こくみん 圏국민 食事 しょくじ 圏식사
決める きめる 圏결정하다 際 さい 圏때 初め はじめ 圏처음
米 こめ 圏쌀 現代人 げんだいじん 圏현대인
~にとって ~에게 있어 ~と同時に ~とどうじに ~와 동시에
全世界 ぜんせかい 圏전 세계 愛する あいする 圏사랑하다
即席 そくせき 圏즉석 発明 はつめい 圏발명 いわゆる 凮소위
インスタントラーメン 圏인스턴트 라면 お湯 おゆ 圏뜨거운 물
注ぐ そそぐ 圏붓다 便利だ べんりだ 圏편리하다
食べ物 たべもの 圏음식 発明者 はつめいしゃ 圏발명자
終戦 しゅうせん 圏종전 飢える うえる 圏굶주리다
人々 ひとびと 圏사람들 ラーメン屋 ラーメンや 圏라면 가게
行列 ぎょうれつ 圏행렬 並ぶ ならぶ 圏늘어서다
光景 こうけい 圏광경 十分だ じゅうぶんだ 圏충분하다
食料 しょくりょう 圏식료품 必要だ ひつようだ 圏필요하다
こうして 젭이렇게 해서 開発 かいはつ 圏개발
進める すすめる 圏진행하다 誕生 たんじょう 圏탄생
ところで 젭그런데 すする 圏빨아들이다, 후루룩거리다
多い おおい 圏많다 蕎麦 そば 圏소바 麺類 めんるい 圏면류
独特 どくとく 圏독특 海外 かいがい 圏해외
好む このむ 圏선호하다 不快だ ふかいだ 圏불쾌하다
感じる かんじる 圏느껴지다 理由 りゆう 圏이유 およそ 凮약
始まる はじまる 圏시작되다 説 せつ 圏설
有力だ ゆうりょくだ 圏유력하다 当時 とうじ 圏당시
幕府 ばくふ 圏막부 制度 せいど 圏제도 単身 たんしん 圏단신
赴任 ふにん 圏부임 手軽だ てがるだ 圏간편하다, 손쉽다
安価だ あんかだ 圏저렴하다 外食 がいしょく 圏외식
発達 はったつ 圏발달 人気 にんき 圏인기 味 あじ 圏간, 맛
タレ 圏양념 つける 圏찍다 ざる蕎麦 ざるそば 圏자루 소바
空気 くうき 圏공기 一緒に いっしょに 凮함께
吸い込む すいこむ 圏들이마시다 香り かおり 圏향
引き立つ ひきたつ 圏돋우다 方法 ほうほう 圏방법
流行る はやる 圏유행하다 細い ほそい 圏가늘다
変化 へんか 圏변화 気になる きになる 궁금하다

1

1 말하기 어려울 것이다   2 단언할 수 있을 것이다
3 말하는 편이 좋았을 것이다   4 말할 방법이 없을 것이다

해설 빈칸 앞에서 '일본은 쌀 문화임과 동시에 면 문화라고'라고 하고, 빈

칸 뒤에서는 문장이 끝나므로, 일본이 쌀 문화와 면 문화 둘 다라는 것을 확실하게 말할 수 있는 표현 '~切る(강하게 ~하다, 충분히 ~하다)'를 활용한 '言い切る(단언하다)'를 사용하는 것이 자연스럽다. 따라서 2 言い切れるだろう(단언할 수 있을 것이다)가 정답이다.

어휘 ~がたい ~하기 어렵다 言い切る いいきる 圏단언하다
~ほうがいい ~편이 좋다 ~ようがない ~방법이 없다

2

1 만으로   2 만이
3 만밖에   4 만이라면

해설 빈칸 앞에서 '소위 인스턴트 라면은 뜨거운 물을 붓는 것'이라고 하고, 빈칸 뒤에서 '먹을 수 있는 매우 편리한 음식이다'라고 했으므로, 최소한의 조건이나 수단으로 어떤 결과가 가능함을 나타내는 표현 'だけで(만으로)'를 사용하는 것이 자연스럽다. 따라서 1 だけで(만으로)가 정답이다.

3

1 이러한 먹는 방법   2 저들의 먹는 방법
3 어떠한 먹는 방법   4 그들의 먹는 방법

해설 빈칸 앞에서 '일본에는 소바나 라면 등의 면류를 빨아들이며 먹는 독특한 문화가 있는데'라고 하고, 빈칸 뒤에서 '약 150년 전의 에도에서 시작되었다는 설이 유력하다'라고 했으므로, 앞서 언급된 내용이나 화자와 가까운 것을 가리킬 때 사용되는 'この(이)'를 사용하는 것이 자연스럽다. 따라서 1 このような食べ方(이러한 먹는 방법)가 정답이다.

4

1 남아 있다고 여겨지고 있다   2 남아 갈 것이라고 여겨지고 있다
3 남아 있는 것이 있다   4 남아 갈 것이 있다

해설 빈칸 앞에서 '소바는 가늘어서 빨아들이면 소리가 나 버린다. 이것이 아직도'라고 하고, 빈칸 뒤에서는 문장이 끝나므로, 과거의 소바를 빨아들이는 문화가 현재까지 이어져 온 상태임을 나타내기 위해 현재 상태를 나타내는 표현 '~ている(~해 있다)'와 일반적인 견해나 사회적 인식을 나타내는 표현 '~とされる(~라고 여겨지다)'를 사용하는 것이 자연스럽다. 따라서 1 残っているとされている(남아 있다고 여겨지고 있다)가 정답이다.

어휘 残る のこる 圏남다 ~とされる ~라고 여겨지다
~ものがある ~하는 것이 있다

실전 대비하기 4
p.262

1 3   2 1   3 3   4 2   5 4

문제9 다음 글을 읽고, 문장 전체의 내용을 생각해서, <u>1</u> 에서 <u>5</u> 의 안에 들어갈 가장 알맞은 것을, 1·2·3·4에서 하나 고르세요.

1-5

이하는, 유학생이 스피치를 위해 쓴 글이다.

> 일본의 축제
>
> 스미스 티파니
>
> [1]일본에는 1000개가 넘는 수의 축제가 있습니다. ⬚1⬚ '축제 대국'이라고 할 수 있을 것입니다. 여름을 앞두면, 축제의 정보가 여기저기서 들어옵니다. 저는, 지금까지도 드라마나 만화에서 축제 장면을 자주 보았었기 때문에, 어떤 것인지 대강의 이미지를 가지고 있었지만, 이번 여름, 친구에게 권유받아 처음으로 보러 갔습니다.
>
> [2]자신의 눈으로 보고, 그 박력에 ⬚2⬚ . 격렬한 북소리, 신여의 행렬, 형형색색의 의상, 활기찬 춤에서, 단순한 이벤트에 그치지 않는 사람들의 활기와 일체감을 느낀 것입니다.
>
> [3]축제 ⬚3⬚ 본래, 농경이나 어업 등의 수확을 축하하며 신에게 감사하는 것입니다. 자연의 은혜에 감사하며, 지역 사람들이 하나가 되어 기쁨을 나누는 자리였습니다. 사람들이 메는 신여는, 신을 마을로 데려오기 위한 탈것으로, 신이 지역을 순회하면서 재앙을 막는다고 믿어지고 있습니다. 그리고, 본오도리와 같은 행사는 선조를 공양하기 위한 것이며, 남녀노소 불문하고 참여할 수 있는 것이 많아, 예전부터 서민의 즐거움으로 즐겨져 왔습니다.
>
> 게다가, [4]지역 사람들은 축제 준비와 연습에 많은 시간을 쏟으며, 지역 전체가 만들어 냅니다. ⬚4⬚ 축제가 지역 사람들에게 있어 중요한 의미를 가지는 이유 중 하나입니다. 저희가 찾아가듯이 각 지역의 특징적인 축제에는 국내외에서 많은 사람이 방문합니다. [5]여러분은 그 고장의 사람들에 대한 존경을 잊지 않도록 ⬚5⬚ . 이러한 배경을 알고 있으면, 자연스럽게 그렇게 될 것입니다.

(주1) 농경: 논이나 밭을 갈아서 농작물을 만드는 것
(주2) 공양하다: 기도를 올리다

어휘 スピーチ 圄 스피치　日本 にほん 圄 일본　祭り まつり 圄 축제
超える こえる 圄 넘다　数 かず 圄 수　大国 たいこく 圄 대국
情報 じょうほう 圄 정보　あちこち 여기저기　ドラマ 圄 드라마
漫画 まんが 圄 만화　場面 ばめん 圄 장면　大体 だいたい 圄 대강
イメージ 圄 이미지　友人 ゆうじん 圄 친구　誘う さそう 圄 권유하다
初めて はじめて 圄 처음으로　迫力 はくりょく 圄 박력
激しい はげしい い형 격렬하다　太鼓 たいこ 圄 북
神輿 みこし 圄 신여, 신을 모신 가마　行列 ぎょうれつ 圄 행렬
色とりどり いろとりどり 圄 형형색색　衣装 いしょう 圄 의상
にぎやかだ な형 활기차다　踊り おどり 圄 춤
単なる たんなる 단순한　イベント 圄 이벤트
~にとどまらない ~에 그치지 않는　人々 ひとびと 圄 사람들
活気 かっき 圄 활기　一体感 いったいかん 圄 일체감
本来 ほんらい 圄 본래　農耕 のうこう 圄 농경
漁業 ぎょぎょう 圄 어업　収穫 しゅうかく 圄 수확
祝う いわう 圄 축하하다　神 かみ 圄 신　感謝 かんしゃ 圄 감사
自然 しぜん 圄 자연　恵み めぐみ 圄 은혜　地域 ちいき 圄 지역

一体 いったい 圄 하나, 일체　分かち合う わかちあう 圄 나누다
場 ば 圄 자리　担ぐ かつぐ 圄 메다　連れ出す つれだす 圄 데려오다
乗り物 のりもの 圄 탈것　巡る めぐる 圄 순회하다
災い わざわい 圄 재앙　防ぐ ふせぐ 圄 막다
信じる しんじる 圄 믿다　それから 圄 그리고
盆踊り ぼんおどり 圄 본오도리, 일본의 민속춤　行事 ぎょうじ 圄 행사
先祖 せんぞ 圄 선조　供養 くよう 圄 공양
老若男女 ろうにゃくなんにょ 圄 남녀노소
~問わず ~とわず ~불문하고　参加 さんか 圄 참여
庶民 しょみん 圄 서민　親しむ したしむ 圄 즐기다　さらに 圄 게다가
地元 じもと 圄 지역, 그 고장　準備 じゅんび 圄 준비
練習 れんしゅう 圄 연습　費やす ついやす 圄 쏟다
全体 ぜんたい 圄 전체　作り上げる つくりあげる 圄 만들어 내다
~にとって ~에게 있어　重要だ じゅうようだ な형 중요하다
足を運ぶ あしをはこぶ 찾아가다　各地 かくち 圄 각지
特徴的だ とくちょうてきだ な형 특징적이다, 특색이 있다
国内外 こくないがい 圄 국내외　訪れる おとずれる 圄 방문하다
リスペクト 圄 존경　背景 はいけい 圄 배경　~はずだ ~일 것이다
田 た 圄 논　畑 はたけ 圄 밭　耕す たがやす 圄 갈다
農作物 のうさくぶつ 圄 농작물　祈り いのり 圄 기도
ささげる 圄 올리다

1

1 아무래도　　　2 설령
3 이른바　　　4 곧

해설 빈칸 앞에서 '일본에는 1000개가 넘는 수의 축제가 있습니다'라고 하고, 빈칸 뒤에서 '축제 대국이라고 할 수 있을 것입니다'라고 했으므로, 앞서 언급한 상황에서 특정 명칭이나 표현을 사용하여 정의하거나 설명할 때 쓰는 표현 '이른바(いわば)'를 사용하는 것이 자연스럽다. 따라서 3 いわば(이른바)가 정답이다.

어휘 どうも 圄 아무래도　たとえ 圄 설령　いわば 圄 이른바　じきに 圄 곧

2

1 놀라지 않을 수 없었습니다　2 놀랄 것까지도 없었습니다
3 놀랄지도 몰랐습니다　　　4 놀라는 일은 없었습니다

해설 빈칸 앞에서 '자신의 눈으로 보고, 그 박력에'라고 하고, 빈칸 뒤에서 문장이 끝나므로, 강한 인상을 받아 놀라움을 느꼈다는 의미의 표현 '~ずにはいられない(~하지 않을 수 없다)'를 사용하는 것이 자연스럽다. 따라서 1 驚かずにはいられませんでした(놀라지 않을 수 없었습니다)가 정답이다.

어휘 ~ずにはいられない ~하지 않을 수 없다
~までもない ~할 것까지도 없다　~かもしれない ~지도 모른다
~ことはない ~일은 없다

3

1 의 입장에서 보면　　　2 에 걸쳐서는
3 라는 것은　　　　　4 치고는

해설 빈칸 앞에서 '축제'라고 하고, 빈칸 뒤에서 '본래, 농경이나 어업 등의 수확을 축하하며 신에게 감사하는 것입니다'라고 했으므로, 앞의 단어나 개념에 대한 정의나 설명을 도입할 때 사용하는 표현 '〜というのは(~라는 것은)'를 사용하는 것이 자연스럽다. 따라서 3 というのは(라는 것은)가 정답이다.

어휘 〜からすれば ~의 입장에서 보면   〜にかけては ~에 걸쳐서는
〜というのは ~라는 것은   〜にしては ~치고는

4

| 1 저러한 일도 | 2 이러한 일도 |
| 3 저 일도 | 4 이쪽의 일도 |

해설 빈칸 앞에서 '지역 사람들은 축제 준비와 연습에 많은 시간을 쏟으며, 지역 전체가 만들어 냅니다'라고 하고, 빈칸 뒤에서 '축제가 지역 사람들에게 있어 중요한 의미를 가지는 이유 중 하나입니다'라고 했으므로, 앞서 언급한 내용을 직접 가리키는 지시표현인 'こういった(이러한)'를 사용하는 것이 자연스럽다. 따라서 2 こういったことも(이러한 일도)가 정답이다.

5

1 하지 않는 것도 아닙니다
2 할 것 같지 않습니다
3 하고 나서가 아니면 안 됩니다
4 해 주세요

해설 빈칸 앞에서 축제의 역사와 의미에 대해 서술하며 관광객이 그 고장 사람들에 대해 존경심을 갖는 것이 중요하다고 하고 있으므로, '여러분은 그 고장의 사람들에 대한 존경을 잊지 않도록 해 주세요'가 자연스럽다. 따라서 4 してください(해 주세요)가 정답이다.

어휘 〜そうもない ~할 것 같지 않다   〜てから ~하고 나서
〜ないといけない ~하지 않으면 안 된다   〜てください ~해 주세요

실전 대비하기 5   p.264

| 1 2 | 2 4 | 3 1 | 4 2 | 5 2 |

문제9 다음 글을 읽고, 문장 전체의 내용을 생각해서, 1 에서 5 의 안에 들어갈 가장 알맞은 것을, 1·2·3·4에서 하나 고르세요.

1-5

이하는, 신문의 칼럼이다.

시간을 느끼는 법

올해도 정신을 차려보니 벌써 반년이 지나 버렸다. 바로 얼마 전 '새해 복 많이 받으세요'라고 새해를 맞이한지 얼마 안 됐는데라며, [1]시간이 지나는 속도를 느끼는 사람도 많지 않을까. 필자도 1 [1]한 명이다. 10대보다 20대, 20대보다 30대로, 해를 거듭함에 따라 점점 그 속도가 빨라지는 것처럼 느낀다. [2]왜일까 하고 이상하게 생각해서 조사해 2 , 재미있는 것을 알았다.
3 [3]아이였을 때의 생활을 떠올려 보면, 신학기, 여름방학, 여행, 소풍, 운동회, 겨울방학으로 학교나 가정에서의 행사가 많다. 매년 같은 행사를 반복해도, 아이의 1년간의 성장은 크기 때문에, 매년 같은 경험을 하고 있다고 느끼는 일은 없다고 한다. [4]아이에게 있어서 매일이 새로운 사건의 연속인 것이다. 새로운 사건이 많으면, 새로운 정보도 많다. 즉, 시간당 새로운 정보의 양이 4a 고 말할 수 있다. 이것이 시간을 길게 느끼는 이유이다. 그에 비해, [4]어른은 어느 정도 성장을 다 했기 때문에, 행사나 매일의 일이 습관화되기 쉬워서, 시간당 새로운 정보의 양이 4b . 이 아이와 어른의 차이를 '시간지각의 차이'라고 말한다고 한다.
아이 때는, 소풍이 기대돼서 잠 못 들곤 했다. 두근두근 하고 여러 가지 새로운 것을 상상하는 것이 시간을 오래 느끼게 한 것이다. 어른이 된 지금도 아이같이 시간을 오래 느끼는 것이 가능할까? [5]한 번 더 아이로 돌아간 셈치고, 무언가 새로운 것에 도전해서 하루하루를 즐겁게 보내보는 5 .

어휘 気がつく きがつく 정신을 차리다   過ぎる すぎる 图 지나다
つい 图 바로   迎える むかえる 图 맞이하다
〜たばかり ~한지 얼마 안 됨   経つ たつ 图 (시간이) 지나다
速さ はやさ 图 속도   感じる かんじる 图 느끼다
筆者 ひっしゃ 图 필자   重ねる かさねる 图 거듭하다
〜につれて ~에 따라   どんどん 图 점점   速度 そくど 图 속도
不思議だ ふしぎだ な형 이상하다   調べる しらべる 图 조사하다
生活 せいかつ 图 생활   思い出す おもいだす 图 떠올리다
〜てみる ~해 보다   新学期 しんがっき 图 신학기
遠足 えんそく 图 소풍   運動会 うんどうかい 图 운동회
行事 ぎょうじ 图 행사   くり返す くりかえす 图 반복하다
成長 せいちょう 图 성장   経験 けいけん 图 경험
〜にとって ~에게 있어서   出来事 できごと 图 사건, 일
連続 れんぞく 图 연속   情報 じょうほう 图 정보   つまり 图 즉
時間あたり じかんあたり 图 시간당   量 りょう 图 양
理由 りゆう 图 이유   〜に比べて 〜にくらべて ~에 비해
成長しきる せいちょうしきる 图 다 성장하다
習慣化 しゅうかんか 图 습관화   違い ちがい 图 차이
楽しみ たのしみ 图 기대, 즐거움   眠る ねむる 图 잠들다
わくわく 두근두근   色々だ いろいろだ な형 여러 가지다
想像 そうぞう 图 상상   〜ことができる ~할 수 있다
戻る もどる 图 돌아가다   つもり 图 셈   チャレンジ 图 도전

1

| 1 저 | 2 그 |
| 3 저런 | 4 이런 |

해설 빈칸 앞에서 '시간이 지나는 속도를 느끼는 사람'이라고 하고, 빈칸

뒤에서 '한 명이다'라고 했으므로, 앞서 언급된 대상이나 상황을 가리키는 'その(그)'를 사용하는 것이 자연스럽다. 따라서 2 その(그)가 정답이다.

2

1 볼 거라면	2 보려고
3 볼 때	4 봤더니

해설 빈칸 앞에서 '왜일까 하고 이상하게 생각해서 조사해'라고 하고, 빈칸 뒤에서 '재미있는 것을 알았다'라고 했으므로, 행동을 한 결과로 어떤 상황이 발생했음을 나타내는 '~たところ(~했더니)'를 사용하는 것이 자연스럽다. 따라서 4 みたところ(봤더니)가 정답이다.

어휘 ~たところ ~했더니

3

1 예를 들어	2 게다가
3 또는	4 요컨대

해설 빈칸 뒤에서 '아이였을 때의 생활을 떠올려 보면, 신학기, 여름방학, 여행, 소풍, 운동회, 겨울방학으로 학교나 가정에서의 행사가 많다'라고 했으므로, 구체적인 예시를 들어 설명하기 시작할 때 사용하는 표현 '例えば(예를 들어)'를 사용하는 것이 자연스럽다. 따라서 1 例えば(예를 들어)가 정답이다.

어휘 例えば たとえば 图예를 들어 しかも 图게다가 あるいは 图또는 要するに ようするに 图요컨대

4

1 a 적다 b 많다	2 a 많다 b 적다
3 a 낮다 b 높다	4 a 높다 b 낮다

해설 빈칸 4a 앞에서 '아이에게 있어서 매일이 새로운 사건의 연속인 것이다. 새로운 사건이 많으면, 새로운 정보도 많다. 즉, 시간당 새로운 정보의 양이'라고 했으므로, 새로운 사건의 연속인 아이들은 새로운 정보량이 많을 것이므로, '多い(많다)'를 사용하는 것이 자연스럽다. 또한 빈칸 4b 앞에서는 '어른은 어느 정도 성장을 다 했기 때문에, 행사나 매일의 일이 습관화되기 쉬워서, 시간당 새로운 정보의 양이'라고 했으므로, 새로운 사건이 없는 어른은 새로운 정보량이 적을 것이므로, '少ない(적다)'를 사용하는 것이 자연스럽다. 따라서 2 a 多い(많다) b 少ない(적다)가 정답이다.

5

1 것보다 좋은 것은 없다	2 것도 좋을지도 모른다
3 우려가 있을 것이다	4 수 없다

해설 빈칸 앞에서 '한 번 더 아이로 돌아간 셈치고, 무언가 새로운 것에 도전해서 하루하루를 즐겁게 보내보는'이라고 하고, 빈칸 뒤에서 문장이 끝나므로, 시간을 길게 느끼기 위한 제안이나 권유를 완곡하게 나타내는 표현 '~かもしれない(~일지도 모른다)'를 사용하는 것이 자연스럽다. 따라서 2 のもいいかもしれない(것도 좋을지도 모른다)가 정답이다.

어휘 ~に越したことはない ~にこしたことはない ~하는 것보다 좋은 것은 없다 ~かもしれない ~일지도 모른다 ~おそれがある ~할 우려가 있다 ~わけにはいかない ~할 수 없다

실전 대비하기 6
p.266

| 1 4 | 2 2 | 3 2 | 4 3 | 5 4 |

문제9 다음 글을 읽고, 문장 전체의 내용을 생각해서, ⎣1⎦에서 ⎣5⎦의 안에 들어갈 가장 알맞은 것을, 1·2·3·4에서 하나 고르세요.

1-5

이하는, 계절과 생활에 관한 기사이다.

일본의 사계절과 삶

[1]일본의 매력 중 하나는 사계절의 변화입니다. 춘하추동, 각각의 계절은 일본인의 생활과 문화에 깊이 뿌리내리고 있습니다. ⎣1⎦, [1]근래, 지구 온난화의 영향으로 계절이 변해가고 있는 것 같습니다.

봄은 벚꽃의 계절로 알려져 있지만, 개화 시기가 해마다 빨라지고 있습니다. 예전에는 4월 상순에 피어 있던 벚꽃이, 3월 중순에 피기 시작하는 경우도 드물지 않게 되었습니다. 기상청의 데이터에 따르면, 일본의 연평균기온은 100년당 약 1.4도 상승하고 있습니다. [2]벚꽃 개화 ⎣2⎦ [2]그에 따라 빨라졌다는 것입니다.

여름은 고온다습한 계절임에도 불구하고, 일본인은 예로부터 다양한 궁리로 시원함을 취해 왔습니다. [3]물 뿌리기나 풍경 등의 여름 풍물시는, 에어컨이 보급된 현재에도 ⎣3⎦. 하지만, 최근의 폭염은 보통이 아니며, 열사병 대책으로서 종래의 지혜만으로는 불충분해지고 있습니다.

가을은 '식욕의 가을'이라고도 말해지며, 수확의 계절로서 일본인에게 사랑받아 왔습니다. 단풍놀이나 달구경 등 가을 행사는 지금도 이어지고 있습니다. 그러나, [4]온난화의 영향으로 단풍 시기도 늦어져, 12월이 되어도 물들지 않는 지역도 ⎣4⎦.

겨울의 추위야말로 일본의 다양한 문화를 육성해 왔다고 말할 수 있을 것입니다. 눈 치우기나 온천 문화, 고타쓰 등의 난방 기구는 일본의 겨울 생활에 빼놓을 수 없는 것입니다. 하지만 현재는, 따뜻한 겨울의 경향이 계속되고, 눈 부족으로 인해 지방의 관광업에 큰 영향이 나타나고 있습니다.

사계절의 변화는 일본 문화의 근간을 이루는 것입니다. [5]지구 온난화에 따른 계절의 변화는, 일본의 전통 행사나 문화에도 영향을 ⎣5⎦.

어휘 季節 きせつ 圆계절 記事 きじ 圆기사 四季 しき 圆사계절 暮らし くらし 圆삶 魅力 みりょく 圆매력 変化 へんか 圆변화

春夏秋冬 しゅんかしゅうとう 춘하추동　それぞれ 🔲 각각
根付く ねづく 🔲 뿌리내리다　近年 きんねん 🔲 근래, 최근 몇 년
地球 ちきゅう 🔲 지구　温暖化 おんだんか 🔲 온난화
影響 えいきょう 🔲 영향　桜 さくら 🔲 벚꽃　開花 かいか 🔲 개화
時期 じき 🔲 시기　年々 ねんねん 🔲 해마다
早まる はやまる 🔲 빨라지다　かつて 🔲 예전에, 한때
上旬 じょうじゅん 🔲 상순　中旬 ちゅうじゅん 🔲 중순
咲き始める さきはじめる 🔲 피기 시작하다
珍しい めずらしい 🔲 드물다　気象庁 きしょうちょう 🔲 기상청
年平均 ねんへいきん 🔲 연평균　気温 きおん 🔲 기온
〜あたり ~당, ~쯤　上昇 じょうしょう 🔲 상승
〜に伴って 〜にともなって ~에 따라
高温多湿 こうおんたしつ 🔲 고온다습
様々だ さまざまだ 🔲 다양하다　工夫 くふう 🔲 궁리, 아이디어
涼を取る りょうをとる 시원함을 취하다, 더위를 식히다
打ち水 うちみず 🔲 물 뿌리기, 물을 뿌려 더위를 식히는 일
風鈴 ふうりん 🔲 풍경　風物詩 ふうぶつし 🔲 풍물시
普及 ふきゅう 🔲 보급　現在 げんざい 🔲 현재
猛暑 もうしょ 🔲 폭염, 혹서　尋常だ じんじょうだ 🔲 보통이다
熱中症 ねっちゅうしょう 🔲 열사병　対策 たいさく 🔲 대책
従来 じゅうらい 🔲 종래　知恵 ちえ 🔲 지혜
不十分だ ふじゅうぶんだ 🔲 불충분하다　食欲 しょくよく 🔲 식욕
収穫 しゅうかく 🔲 수확　愛する あいする 🔲 사랑하다
紅葉狩り もみじがり 🔲 단풍놀이　月見 つきみ 🔲 달구경
行事 ぎょうじ 🔲 행사　受け継ぐ うけつぐ 🔲 잇다
色づく いろづく 🔲 물들다, 색이 들다　地域 ちいき 🔲 지역
多様だ たようだ 🔲 다양하다　育む はぐくむ 🔲 키우다
雪かき ゆきかき 🔲 눈 치우기　温泉 おんせん 🔲 온천
こたつ 🔲 고타쓰(일본식 난방 테이블)　暖房 だんぼう 🔲 난방
器具 きぐ 🔲 기구
〜に欠かせない にかかせない ~에 빼놓을 수 없다
暖冬 だんとう 🔲 따뜻한 겨울　傾向 けいこう 🔲 경향
雪不足 ゆきぶそく 🔲 눈 부족　地方 ちほう 🔲 지방
観光業 かんこうぎょう 🔲 관광업　根幹 こんかん 🔲 근간
なす 🔲 이루다　伝統 でんとう 🔲 전통

1

1 결국	2 그리고
3 예를 들면	**4 다만**

해설 빈칸 앞에서 '일본의 매력 중 하나는 사계절의 변화입니다. 춘하추동, 각각의 계절은 일본인의 생활과 문화에 깊이 뿌리내리고 있습니다'라고 하고, 빈칸 뒤에서 '근래, 지구 온난화의 영향으로 계절이 변해가고 있는 것 같습니다'라고 했으므로, 앞서 말한 좋은 상황에 대해 단서나 보충 설명을 덧붙이는 접속사 'ただし(다만)'를 사용하는 것이 자연스럽다. 따라서 4 ただし(다만)가 정답이다.

어휘 結局 けっきょく 🔲 결국　そして 🔲 그리고
　　 例えば たとえば 🔲 예를 들면　ただし 🔲 다만, 단

2

1 뿐	2 도
3 와	4 야말로

해설 빈칸 앞에서 '벚꽃 개화'라고 하고, 빈칸 뒤에서 '그에 따라 빨라졌다'라고 했으므로, 앞서 언급된 사항인 기온 상승에 추가로 다른 것, 즉 벚꽃 개화 시기도 같은 영향을 받았다는 의미를 나타내는 조사 'も(도)'를 사용하는 것이 자연스럽다. 따라서 2 も(도)가 정답이다.

어휘 〜だけ 🔲 ~뿐　〜も 🔲 ~도　〜と 🔲 ~와　〜こそ 🔲 ~야말로

3

1 즐겨 둡니다	**2 즐겨지고 있습니다**
3 즐겨 두는 점입니다	4 즐겨지고 있는 점입니다

해설 빈칸 앞에서 '물 뿌리기나 풍경 등의 여름 풍물시는, 에어컨이 보급된 현재에도'라고 하고, 빈칸 뒤에서는 문장이 끝나므로, 여름 풍물시의 현재 상태를 나타내는 표현 '〜ている(~고 있다)'를 사용하는 것이 자연스럽다. 따라서 2 親しまれています(즐겨지고 있습니다)가 정답이다. 3, 4의 点です는 '~점입니다'라는 의미로 여기서는 불필요하게 강조하고 있어 부자연스럽다.

어휘 親しむ したしむ 🔲 즐기다

4

1 늘 것 같습니다	2 늘어 갔습니다
3 늘기 시작했습니다	4 늘었기 때문입니다

해설 빈칸 앞에서 '온난화의 영향으로 단풍 시기도 늦어져, 12월이 되어도 물들지 않는 지역도'라고 하고, 빈칸 뒤에서는 문장이 끝나므로, 현재까지 계속 진행되어 온 변화를 나타내는 표현 '〜てくる(~하기 시작하다)'를 사용하는 것이 자연스럽다. 따라서 3 増えてきました(늘기 시작했습니다)가 정답이다.

어휘 増える ふえる 🔲 늘다

5

1 미치고 있기 때문이라고 생각합니다
2 미치는 부분이라고 생각합니다
3 미치게 할 수 있습니다
4 미치게 될 것입니다

해설 빈칸 앞에서 '지구 온난화에 따른 계절의 변화는, 일본의 전통 행사나 문화에도 영향을'이라고 하고, 빈칸 뒤에서는 문장이 끝나므로, 미래에 일어날 일에 대한 확신이나 예측을 나타내는 표현 '〜ことになるでしょう(~하게 될 것입니다)'를 사용하는 것이 자연스럽다. 따라서 4 与えることになるでしょう(미치게 될 것입니다)가 정답이다.

어휘 与える あたえる 🔲 (영향을) 미치다

무료 온라인 실전모의고사·학습자료 제공

해커스일본어 japan.Hackers.com

독해

문제 10 내용이해(단문)

실력 다지기 p.274

01 ①   02 ②   03 ②   04 ①   05 ②
06 ①

01

예전에는, 참고서를 몇 권이나 사는 사람을 이해할 수 없었다. 한 권이라도 제대로 공부하면, 그것으로 충분하다고 생각했기 때문이다. 하지만, 책에 따라 설명이나 정리 방법이 다르고, 몇 권이나 볼 때마다 여러 내용에 대해 배울 수 있다는 것을 알았다.

필자의 생각과 맞는 것은 어느 것인가?

① 다양한 내용을 공부하기 위해, 여러 참고서를 볼 필요가 있다.
② 한 권의 참고서만 제대로 공부해도 시험을 위한 충분한 공부를 할 수 있다.

어휘 昔 むかし 명예전   参考書 さんこうしょ 명참고서
理解 りかい 명이해   しっかり 부제대로, 확실히
十分だ じゅうぶんだ な형충분하다   ~によって ~에 따라, ~에 의해
説明 せつめい 명설명   整理 せいり 명정리
仕方 しかた 명방법, 방식   ~たびに ~때마다
様々だ さまざまだ な형여러 가지다   内容 ないよう 명내용
学ぶ まなぶ 동배우다   多様だ たようだ な형다양하다
必要 ひつよう 명필요   試験 しけん 명시험

02

좋아하는 스포츠를 관람하면서 응원하는 것도 좋지만, 실제로 해보면, 그 스포츠에 대해 좀 더 이해를 깊게 할 수 있다. 이해가 깊어지면 보다 한층 더, 관람이나 응원이 즐겁게 느껴질 것이다.

필자는, 왜 좋아하는 스포츠를 직접 해보는 편이 좋다고 생각하고 있는가?

① 관람해서 응원하기보다 직접 하는 편이 더 즐겁기 때문에
② 좋아하는 스포츠를 더 자세히 이해할 수 있기 때문에

어휘 観覧 かんらん 명관람   応援 おうえん 명응원
実際 じっさい 명실제   理解 りかい 명이해

深める ふかめる 동깊게 하다   深まる ふかまる 동깊어지다
より 부보다   一層 いっそう 부한층 더, 더욱
感じる かんじる 동느끼다   直接 ちょくせつ 명직접
詳しい くわしい い형자세하다

03

밖에서 노는 것을 정말 좋아하는 우리 아이는, 주말이 되면 '유원지에 가고 싶어!'라고 끈질기게 말한다. 친구 가족에게 물어보면, 가족이 모여 빈번하게 유원지에 간다고 한다. 물론, 아이와 함께 노는 시간도 중요하다. 하지만, **평일에 열심히 일한 보상으로 주말은 제대로 쉬고 싶다**.

필자는 주말에 아이와 유원지에 가는 것에 대해 어떻게 생각하고 있는가?

① 아이와 함께 있는 시간이 적으니까 주말에 자주 놀러 가는 편이 좋다.
② 아이는 즐겁지만 본인은 주말에 쉬는 시간이 필요하다.

어휘 遊ぶ あそぶ 동놀다   週末 しゅうまつ 명주말
遊園地 ゆうえんち 명유원지   しつこい い형끈질기다
そろう 동모이다   頻繁だ ひんぱんだ な형빈번하다
もちろん 부물론   重要だ じゅうようだ な형중요하다
平日 へいじつ 명평일   いっしょうけんめいだ な형열심히 하다
ごほうび 명보상, 상   しっかり 부제대로, 확실히
必要だ ひつようだ な형필요하다

04

공용 쓰레기통 철거·공지
사무실 현관 앞에 공용 쓰레기통을 설치했었습니다만, 분리수거가 제대로 되지 않고, 냄새의 원인이 되어, 철거할 예정입니다. 앞으로는, 개인용 쓰레기통을 이용하고, 쓰레기를 버릴 때는, 1층의 쓰레기장에 직접 가지고 오도록, 협력 부탁드립니다.

이 글을 쓴 가장 큰 목적은 무엇인가?

① 개인용 쓰레기통을 준비하도록 알리고 있다.
② 공용 쓰레기통을 깨끗하게 사용해줄 것을 요구하고 있다.

어휘 共用 きょうよう 명공용   ゴミ箱 ゴミばこ 명쓰레기통
撤去 てっきょ 명철거   お知らせ おしらせ 명공지
事務室 じむしつ 명사무실   設置 せっち 명설치
分別 ぶんべつ 명분리수거, 분별   しっかり 부제대로, 확실히
臭い におい 명냄새, 악취   原因 げんいん 명원인

予定 よてい 몡예정　個人用 こじんよう 몡개인용
利用 りよう 몡이용　捨てる すてる 图버리다　際 さい 몡때
ゴミ捨て場 ゴミすてば 몡쓰레기장　直接 ちょくせつ 몡직접
協力 きょうりょく 몡협력　準備 じゅんび 몡준비
求める もとめる 图요구하다

05

청소기 문의

1개월 전, 귀사의 청소기를 구입했습니다만, 일주일도 지나지 않아 망가져, 수리를 보냈습니다. 하지만, 수리를 받고 3일도 지나지 않았습니다만, 또 고장 났습니다. 고장이 계속되는 이유는, 제품 자체에 문제가 있기 때문이 아닌가 생각합니다. **새 제품으로 교환할 수 있는지 확인 부탁드립니다.**

이 글을 쓴 가장 큰 목적은 무엇인가?
① 고장 난 제품의 재수리를 할 수 있는지를 묻기 위해
② 고장 난 제품을 새 제품으로 교환할 수 있는지를 묻기 위해

어휘　掃除機 そうじき 몡청소기　問い合わせ といあわせ 몡문의
貴社 きしゃ 몡귀사　購入 こうにゅう 몡구입
経つ たつ 图(시간이) 지나다, 경과하다　~うちに ~하는 사이에
壊れる こわれる 图망가지다　修理 しゅうり 몡수리
受ける うける 图받다　故障 こしょう 몡고장
相次ぐ あいつぐ 图계속되다, 잇따르다　理由 りゆう 몡이유
製品 せいひん 몡제품　自体 じたい 몡자체　交換 こうかん 몡교환　確認 かくにん 몡확인

06

신제품의 선행 예약에 대한 안내

4월에 신제품 미네랄쿠션이 발매될 예정입니다. 오늘부터 **3월 15일까지 선행 예약을 하신 분께는 15% 할인과, 특전으로 수납이 편리한 파우치를 드립니다.** 3월 16일부터 발매 전까지 예약하신 분께는, 15% 할인을 제공해 드립니다.

신제품 선행 예약에 대해 올바른 것은 어느 것인가?
① 오늘부터 3월 15일까지 예약하면 15% 할인과 덤인 파우치를 받을 수 있다.
② 오늘부터 3월 15일까지 예약하면 15% 할인만 받을 수 있다.

어휘　新製品 しんせいひん 몡신제품
先行予約 せんこうよやく 몡선행 예약, 사전 예약
案内 あんない 몡안내　発売 はつばい 몡발매　予定 よてい 몡예정　割引 わりびき 몡할인　特典 とくてん 몡특전
収納 しゅうのう 몡수납　楽々 らくらく 團편하게　ポーチ 몡파우치
差し上げる さしあげる 图드리다 (あげる의 겸양어)
提供 ていきょう 몡제공　おまけ 몡덤

실전 대비하기 1

p.276

1 4　**2** 2　**3** 3　**4** 4　**5** 1

문제10 다음 (1)에서 (5)의 글을 읽고, 뒤의 물음에 대한 답으로 가장 알맞은 것을, 1·2·3·4에서 하나 고르세요.

1

　독서에 대한 오해 중 하나는 가능한 한 많은 책을 읽어야 한다는 생각입니다. 확실히 많은 책을 접함으로써 지식이 늘고 시야가 넓어지는 것은 사실이지만, 양을 추구하는 나머지, 한 권 한 권을 깊이 음미할 수 없게 된다면 그것은 아까운 일입니다. 독서의 속도나 권수보다 책과 마주하는 방식이 중요합니다. 독서를 통해 얻을 수 있는 진정한 가치는 책의 내용을 암기하는 것이 아니라, 저자의 다른 세계관과 자신의 생각이나 경험을 결합시켜 새로운 깨달음을 얻는 것입니다.

필자는 독서에 대해 어떻게 생각하고 있는가?
1 양이 많을수록 시야가 넓어지기 때문에, 가능한 한 많은 독서를 해야 한다.
2 책의 내용을 그대로 암기할 바에야, 독서를 하지 않는 것이 좋다.
3 독서를 함으로써, 자신의 생각하는 방식이 저자의 세계관과 비슷해진다.
4 독서의 가치는, 책의 내용을 자신의 생각과 결합시키는 데에 있다.

해설　선택지에서 반복되는 読書(독서), 考え(생각)를 지문에서 찾아 필자의 생각을 파악한다. 지문의 후반부에서 読書を通して得られる本当の価値は本の内容を暗記することではなく、著者の異なる世界観と自分の考えや経験と結びつけて新たな気づきを得ることなのです(독서를 통해 얻을 수 있는 진정한 가치는 책의 내용을 암기하는 것이 아니라, 저자의 다른 세계관과 자신의 생각이나 경험을 결합시켜 새로운 깨달음을 얻는 것입니다)라고 언급하고 있으므로 4 読書の価値は、本の内容を自分の考えと結びつけることにある (독서의 가치는, 책의 내용을 자신의 생각과 결합시키는 데에 있다)가 정답이다.

어휘　誤解 ごかい 몡오해　できるだけ 團가능한
考え方 かんがえかた 몡생각　確かに たしかに 團확실히
触れる ふれる 图접하다, 만지다　知識 ちしき 몡지식
増える ふえる 图늘다　視野 しや 몡시야
広がる ひろがる 图넓어지다　事実 じじつ 몡사실　量 りょう 몡양
追求 ついきゅう 몡추구　~あまり ~하는 나머지
味わう あじわう 图음미하다　もったいない い형아깝다
冊数 さっすう 몡권수　向き合い方 むきあいかた 몡마주하는 방식
得る える 图얻다　価値 かち 몡가치　内容 ないよう 몡내용
暗記 あんき 몡암기　著者 ちょしゃ 몡저자
異なる ことなる 图다르다　世界観 せかいかん 몡세계관
経験 けいけん 몡경험
結びつける むすびつける 图결합시키다, 결부하다

新ただ あらただ 〈な형〉새롭다　気づき きづき 〈명〉깨달음
~くらいなら ~할 바에야　似る にる 〈동〉닮다

知らせる しらせる 〈동〉알리다, 통지하다　用意 ようい 〈명〉준비, 대비
~てほしい ~해줬으면 한다, ~했으면 좋겠다
故障中 こしょうちゅう 〈명〉고장 중

2

이하는, 어떤 회사가 보낸 메일의 내용이다.

사원 여러분
　현재, 일층 로비에 설치되어 있는 **커피 머신은 이번 주 금요일에 철거되게** 되었습니다.
　지금까지 사원 여러분께 무료로 커피를 제공해왔습니다만, 커피 머신의 이용자가 감소 추세에 있어, 적은 이용자를 위해 총무부원이 매일 기계를 세정하고, 발주·관리하는 것이 어려워졌습니다.
　앞으로는 각자 음료를 구입하러 가거나, 또는 지참하는 등 해주시도록, 부탁드립니다.

총무부
admin-jp@abc.co.jp

(주1) 철거하다: 그 장소에서 없애다
(주2) 세정하다: 씻다

이 문서를 쓴 가장 큰 목적은 무엇인가?
1　총무부원이 줄어, **커피 머신**의 관리가 어려워진 것을 알리는 것
2　커피 머신이 없어지기 때문에, 다음 주부터는 **음료**를 각자 준비할 것을 알리는 것
3　**커피 머신**의 이용자가 줄고 있기 때문에, 더 사용해 주었으면 한다는 부탁
4　**커피 머신**이 고장 났기 때문에, 각자 **음료**를 준비해 주었으면 한다는 부탁

해설 선택지에서 반복되는 コーヒーマシン(커피 머신), 飲み物(음료)를 지문에서 찾는다. 초반부에서 コーヒーマシンは今週金曜日に撤去される(커피 머신은 이번 주 금요일에 철거되게)라고 언급하고, 후반부에서 今後は各自で飲み物を購入しに行く、または持参するなどしていただけますよう、お願いいたします(앞으로는 각자 음료를 구입하러 가거나, 또는 지참하는 등 해주시도록, 부탁드립니다)라고 언급하고 있으므로, 2 コーヒーマシンがなくなるので、来週からは飲み物を各自で用意することを知らせること(커피 머신이 없어지기 때문에, 다음 주부터는 음료를 각자 준비할 것을 알리는 것)가 정답이다.

어휘 社員 しゃいん 〈명〉사원　各位 かくい 〈명〉여러분, 각위
現在 げんざい 〈명〉현재　ロビー 〈명〉로비　設置 せっち 〈명〉설치
コーヒーマシン 〈명〉커피 머신　撤去 てっきょ 〈명〉철거
~ことになる ~하게 되다　皆様 みなさま 〈명〉여러분
無料 むりょう 〈명〉무료　提供 ていきょう 〈명〉제공
利用者 りようしゃ 〈명〉이용자　減少 げんしょう 〈명〉감소
傾向 けいこう 〈명〉추세, 경향　~ために ~위해
総務部員 そうむぶいん 〈명〉총무부원　洗浄 せんじょう 〈명〉세정, 세척
発注 はっちゅう 〈명〉발주　管理 かんり 〈명〉관리
今後 こんご 〈명〉앞으로, 이후　各自 かくじ 〈명〉각자
購入 こうにゅう 〈명〉구입　または 〈접〉또는, 혹은　持参 じさん 〈명〉지참

3

개가 '성견'이 되는 것은 개가 태어나서 1년 반 정도라고 합니다. 소형, 중형, 대형의 견종에 따라 다소 다르지만, 그 후, 개는 1년에 인간의 4살 만큼씩, 나이를 먹습니다. 개의 성장은 인간과는 달리, 눈 깜짝할 새에 어른이 되어버리는 것입니다. 개가 아이인 시기는 짧습니다만, **그 사이에 확실히 '예의범절 교육'을 하는 것이 중요합니다.** 그렇게 하지 않으면, 개는 사람에게 달려들어 물거나, 인간과의 주종 관계를 잘 쌓을 수 없게 되어버리거나 하는 것입니다.
(주) 예의범절 교육: 예의나 규칙, 룰 등을 가르치는 것

필자의 생각과 맞는 것은 어느 것인가?
1　어떤 **개**라도 성장의 속도는 다르지 않다.
2　**개**의 성장은 인간보다 **1년 반** 정도 늦다.
3　개와의 관계는 태어나서부터 1년 반이 중요하다.
4　**개가 태어나서 1년 반** 정도가 되면, 예의범절 교육을 시작해야 한다.

해설 선택지에서 반복되는 犬(개), 一年半(1년 반), 生まれて(태어나서)를 지문에서 찾아 필자의 생각을 파악한다. 초반부에서 犬가「成犬」이 되는 것은 犬가 생겨나서 一年半くらい(개가 '성견'이 되는 것은 개가 태어나서 1년 반 정도)라고 서술하고, 후반부에서 その間にしっかり「しつけ」をすることが大切です(그 사이에 확실히 '예의범절 교육'을 하는 것이 중요합니다)라고 서술하고 있으므로, 3 犬との関わりは生まれてから一年半が重要である(개와의 관계는 태어나서부터 1년 반이 중요하다)가 정답이다.

어휘 成犬 せいけん 〈명〉성견
~と言われる ~といわれる ~라고 한다, ~라고 말해진다
小型 こがた 〈명〉소형　中型 ちゅうがた 〈명〉중형
大型 おおがた 〈명〉대형　犬種 けんしゅ 〈명〉견종, 개의 종류
~によって ~에 따라, ~에 의해　多少 たしょう 〈부〉다소
変わる かわる 〈동〉다르다, 바뀌다　その後 そのあと 〈명〉그 후, 그 뒤
人間 にんげん 〈명〉인간　歳を重ねる としをかさねる 나이를 먹다
成長 せいちょう 〈명〉성장　あっという間 あっというま 눈 깜짝할 새
~てしまう ~해 버리다, ~하고 말다　時期 じき 〈명〉시기
その間 そのあいだ 그 사이, 그 동안　しっかり 〈부〉확실히, 단단히
しつけ 〈명〉예의범절 교육
かみ付く かみつく 〈동〉달려들어 물다, 물고 늘어지다
主従関係 しゅじゅうかんけい 〈명〉주종 관계　うまく 〈부〉잘, 목적대로
築く きずく 〈동〉쌓다, 구축하다　速さ はやさ 〈명〉속도, 빠르기
遅い おそい 〈い형〉늦다, 느리다　関わり かかわり 〈명〉관계, 상관
重要だ じゅうようだ 〈な형〉중요하다　始める はじめる 〈동〉시작하다
~べきだ ~해야 한다

4

이하는, 어느 마을의 게시판에 있던 공지이다.

> 5월 1일
>
> 지역주민자치회
>
> 히가시 지역주민자치회 회장
>
> 쓰레기 버리기에 대해
>
> 현재, 쓰레기 회수일은 월, 목, 금, 토로 되어 있습니다. 월요일과 금요일은 음식물 쓰레기, 목요일은 캔과 병, 토요일은 플라스틱 쓰레기 회수일입니다. 하지만, 요즘은, 쓰레기 회수일의 전날에 쓰레기를 버리는 분이 있는 것 같고, 다음날까지 고양이나 까마귀에 의해, 쓰레기가 지저분하게 먹혀 버리는 경우가 있습니다.
>
> 그런고로, 재차 쓰레기 회수일을 확인한 후, 쓰레기는 전날에 버리지 말고, 매너를 지켜주시도록, 부탁드립니다.

이 글을 쓴, 가장 큰 목적은 무엇인가?

1 쓰레기 회수 장소를 정리할 것을 요구한다.
2 쓰레기 회수 장소를 확인할 것을 요구한다.
3 쓰레기 회수일의 전날에 쓰레기를 버릴 것을 요구한다.
4 쓰레기 회수일의 전날에 쓰레기를 버리지 말 것을 요구한다.

해설 공지 형식의 실용문으로, 이 글을 쓴 목적을 묻고 있다. 선택지에서 반복되는 ごみ(쓰레기), 回収場所(회수 장소), 回収日(회수일), 捨てる(버리다)를 지문에서 찾는다. 후반부에서 再度ごみの回収日を確認のうえ、ごみは前日には捨てず、マナーを守っていただけますよう、お願いいたします(재차 쓰레기 회수일을 확인한 후, 쓰레기는 전날에 버리지 말고, 매너를 지켜주시도록, 부탁드립니다)라고 언급하고 있으므로, 4 ごみ回収日の前日にごみを捨てないことを求める(쓰레기 회수일의 전날에 쓰레기를 버리지 말 것을 요구한다)가 정답이다.

어휘 以下 いか 몡 이하　掲示板 けいじばん 몡 게시판
お知らせ おしらせ 몡 공지, 알림
町内会 ちょうないかい 몡 지역주민자치회　皆様 みなさま 몡 여러분
会長 かいちょう 몡 회장(님)　ごみ捨て ごみすて 몡 쓰레기 버리기
~について ~에 대해　現在 げんざい 몡 현재
回収日 かいしゅうび 몡 회수일　生ごみ なまごみ 몡 음식물 쓰레기
缶 かん 몡 캔, 깡통　ビン 몡 병　プラスチック 몡 플라스틱
近ごろ ちかごろ 몡 요즘, 근래　前日 ぜんじつ 몡 전날
捨てる すてる 동 버리다　翌日 よくじつ 몡 다음날　カラス 몡 까마귀
食い散らかす くいちらかす 동 지저분하게 먹다
場合 ばあい 몡 경우, 상황　つきましては 접 그런고로
再度 さいど 몡 재차, 두 번　確認 かくにん 몡 확인
~のうえ ~한 후, ~한 뒤　マナー 몡 매너　守る まもる 동 지키다
~ていただく (상대가) ~해 주시다 (~てもらう의 겸양 표현)
場所 ばしょ 몡 장소　片付ける かたづける 동 정리하다
求める もとめる 동 요구하다, 요청하다

5

신입 연수에서 반드시 지도받는 것이 보고, 연락, 상담을 가리키는 '호렌소'이다. 부하가 상사에게 일방적으로 실천하는 것이라고 오해받기 쉽지만, 실제로는 쌍방향으로 중요한 사고 방식이다.

상사가 간부 회의의 내용을 부하에게 보고함으로써, 경영 방침이나 전략이 공유되어 업무에 신속하게 반영될 수 있다. 또, 업무의 최전선에 있는 부하에게 신규 기획에 대해 상담하면, 현장의 시점에서 현실적인 아이디어를 얻을 수 있을지도 모른다. 서로 의식함으로써, 업무가 원활하게 진행되고, 일하기 좋은 직장이 되어 가는 것이다.

(주) 간부: 회사의 중심이 되는 사람

필자의 생각과 맞는 것은 어느 것인가?

1 '호렌소'는, 부하로부터뿐만 아니라 상사로부터도 적극적으로 해야 한다.
2 상사가 '호렌소'를 함으로써, 부하의 업무 속도가 빨라진다.
3 부하가 '호렌소'를 함으로써, 좋은 아이디어가 나오기 쉬워진다.
4 '호렌소'는, 업무를 원활하게 하기 위해 철저히 지도해야 한다.

해설 선택지에서 반복되는 ほうれんそう(호렌소), 部下(부하), 上司(상사), 業務(업무)를 지문에서 찾아 필자의 생각을 파악한다. 전반부에서 新人研修において決まって指導されるのが報告、連絡、相談を指す「ほうれんそう」だ。部下から上司へ一方的に実践するものだと誤解されがちだが、実際には双方向で重要な考え方である(신입 연수에서 반드시 지도받는 것이 보고, 연락, 상담을 가리키는 '호렌소'이다. 부하가 상사에게 일방적으로 실천하는 것이라고 오해받기 쉽지만, 실제로는 쌍방향으로 중요한 사고 방식이다)라고 서술하고 있으므로, 1 「ほうれんそう」は、部下からだけでなく上司からも積極的に行うべきだ('호렌소'는, 부하로부터뿐만 아니라 상사로부터도 적극적으로 해야 한다)가 정답이다.

어휘 新人 しんじん 몡 신입, 신인　研修 けんしゅう 몡 연수
決まって きまって 부 반드시　指導 しどう 몡 지도
報告 ほうこく 몡 보고　連絡 れんらく 몡 연락　相談 そうだん 몡 상담
指す さす 동 가리키다　ほうれんそう 몡 호렌소 (ほう(こく)(보고)・れん(らく)(연락)・そう(だん)(상담)의 줄임말)　部下 ぶか 몡 부하
上司 じょうし 몡 상사　一方的だ いっぽうてきだ な형 일방적이다
実践 じっせん 몡 실천　誤解 ごかい 몡 오해　実際 じっさい 몡 실제
双方向 そうほうこう 몡 쌍방향　重要だ じゅうようだ な형 중요하다
考え方 かんがえかた 몡 사고방식　幹部 かんぶ 몡 간부
会議 かいぎ 몡 회의　内容 ないよう 몡 내용　経営 けいえい 몡 경영
方針 ほうしん 몡 방침　戦略 せんりゃく 몡 전략
共有 きょうゆう 몡 공유　業務 ぎょうむ 몡 업무
迅速だ じんそくだ な형 신속하다　反映 はんえい 몡 반영
最前線 さいぜんせん 몡 최전선　新規 しんき 몡 신규
企画 きかく 몡 기획　現場 げんば 몡 현장　視点 してん 몡 시점
現実的だ げんじつてきだ な형 현실적이다　アイデア 몡 아이디어
得る える 동 얻다　互い たがい 몡 서로　意識 いしき 몡 의식
円滑だ えんかつだ な형 원활하다　進む すすむ 동 진행되다
職場 しょくば 몡 직장　中心 ちゅうしん 몡 중심
積極的だ せっきょくてきだ な형 적극적이다　スピード 몡 스피드
速い はやい い형 빠르다　しっかり 부 철저히

실전 대비하기 2

p.281

1 3　　**2** 2　　**3** 1　　**4** 2　　**5** 4

문제 10 다음 (1)에서 (5)의 글을 읽고, 뒤의 물음에 대한 답으로 가장 알맞은 것을, 1·2·3·4에서 하나 고르세요.

1

아이는 어른이 생각지도 못한 발상으로 사물을 보는 경우가 있다. 그들의 창조성과 상상력은, 아직 사회의 규칙이나 상식에 얽매이지 않았기 때문에야말로 자유로운 것이다. 우리들 어른은 그것을 "그건 틀려" "그런 건 할 수 없어"라고 간단히 부정해 버리기 쉽다. 하지만, 아이의 기발한 아이디어를 무조건 부정하지 않고 일단 받아들임으로써, 그들의 성장을 촉진할 뿐만 아니라 우리 자신도 새로운 시각을 가질 수 있다. 아이의 창조성을 존중하는 것은 우리 어른의 세계도 풍요롭게 해 주는 것이다.

필자의 생각과 맞는 것은 어느 것인가?
1 아이의 창조성은, 어른이 됨에 따라 상실되어 가는 법이다.
2 아이의 창조성은, 자유로운 사회이기 때문에야말로 성장해 간다.
3 아이의 창조성을 존중함으로써, 어른도 새로운 시각을 얻을 수 있다.
4 아이의 창조성을 늘리기 위해서는, 어른이 풍부한 창조성을 가져야 한다.

해설 선택지에서 반복되는 子ども(아이), 大人(어른)를 지문에서 찾아 필자의 생각을 파악한다. 지문의 후반부에서 子どもの奇抜なアイデアを頭ごなしに否定せず一度受け入れることで、彼らの成長を促すだけでなく私たち自身も新たな視点を持つことができる(아이의 기발한 아이디어를 무조건 부정하지 않고 일단 받아들임으로써, 그들의 성장을 촉진할 뿐만 아니라 우리 자신도 새로운 시각을 가질 수 있다)라고 언급하고 있으므로 3 子どもの創造性を尊重することで、大人も新しい視点を得られる(아이의 창조성을 존중함으로써, 어른도 새로운 시각을 얻을 수 있다)가 정답이다.

어휘 思いもよらない おもいもよらない 생각지도 못하다
発想 はっそう 뗑 발상　物事 ものごと 뗑 사물
創造性 そうぞうせい 뗑 창조성　想像力 そうぞうりょく 뗑 상상력
ルール 뗑 규칙　常識 じょうしき 뗑 상식
縛る しばる 통 얽매다, 묶다　~からこそ ~때문에야말로
自由だ じゆうだ な형 자유롭다　違う ちがう 통 틀리다
簡単だ かんたんだ な형 간단하다　否定 ひてい 뗑 부정
~がちだ ~하기 쉽다　奇抜だ きばつだ な형 기발하다
アイデア 뗑 아이디어　頭ごなしに あたまごなしに 무조건
一度 いちど 뛰 일단, 한 번　受け入れる うけいれる 통 받아들이다
成長 せいちょう 뗑 성장　促す うながす 통 촉진하다
自身 じしん 뗑 자신　新た あらた な형 새롭다
視点 してん 뗑 시각, 시점　尊重 そんちょう 뗑 존중
~をも 조 ~도, ~까지도　豊かだ ゆたかだ な형 풍요롭다

~につれて ~에 따라　失う うしなう 통 상실되다, 잃다
伸ばす のばす 통 늘리다

2

이하는 상품을 주문한 회사가 제조업체에 보낸 이메일이다.

수　신　인 : nakadafurniture@jap.com
건　　　명 : 주문 상품에 대해

주식회사 나카다 가구 영업부 다나카 마코토 님

신세 지고 있습니다. 미야코 백화점의 야마모토입니다.
오늘 이메일을 보았습니다.
납품이 예정보다 늦는다는 것입니다만, 주문할 때 전해드린 대로, 이번에 주문한 가구 세트는 이달 25일부터인 리뉴얼 오픈 페어에서 전시 판매할 예정인 것입니다.
그러므로, 페어 전날까지 적어도 다이닝 세트 5세트는 납품 받는 것은 가능할까요?
맞출 수 없는 경우는, 주문 전체의 취소도 검토할 수밖에 없습니다. 조속히 회신받을 수 있도록 부탁 말씀드립니다.

미야코 백화점
인테리어과 야마모토 나오코

이 이메일의 용건은 무엇인가?
1 주문한 가구의 수를 5세트로 변경할 수 있는지 어떤지 알고 싶다.
2 주문한 가구의 일부를 페어 전날까지 납품할 수 있는지 어떤지 알고 싶다.
3 주문한 가구 전체를 페어 전날까지 납품할 수 있는지 어떤지 알고 싶다.
4 주문한 가구 전체를 취소할 수 있는지 어떤지 알고 싶다.

해설 선택지에서 반복되는 前日(전날), 納品(납품)을 지문에서 찾아 필자의 생각을 파악한다. 지문의 중반부에서 つきましては、フェアの前日までに少なくともダイニングセット 5 セットは納品していただくことは可能でしょうか(그러므로, 페어 전날까지 적어도 다이닝 세트 5세트는 납품받는 것은 가능할까요?)라고 언급하고 있으므로 2 注文した家具の一部をフェアの前日までに納品できるかどうか知りたい(주문한 가구의 일부를 페어 전날까지 납품할 수 있는지 어떤지 알고 싶다)가 정답이다.

어휘 メーカー 뗑 제조업체　注文 ちゅうもん 뗑 주문
株式会社 かぶしきがいしゃ 뗑 주식회사　家具 かぐ 뗑 가구
営業部 えいぎょうぶ 뗑 영업부　本日 ほんじつ 뗑 오늘
拝見する はいけんする (삼가) 보다(見る의 겸양 표현)
納品 のうひん 뗑 납품　~とのことだ ~라는 것이다
伝える つたえる 통 전하다　リニューアルオープン 뗑 리뉴얼 오픈
フェア 뗑 페어　展示 てんじ 뗑 전시　販売 はんばい 뗑 판매
つきましては 그러므로, 이와 관련하여　前日 ぜんじつ 뗑 전날
少なくとも すくなくとも 뛰 적어도　ダイニング 뗑 다이닝
~ていただく ~(해) 받다　可能だ かのうだ な형 가능하다
間に合う まにあう 통 (시간에) 맞추다　場合 ばあい 뗑 경우

全体 ぜんたい 명 전체　キャンセル 명 취소　検討 けんとう 명 검토
~ざるを得ない ~ざるをえない ~할 수밖에 없다
早急だ そうきゅうだ な형 조속하다, 빠르다　回答 かいとう 명 회신
申し上げる もうしあげる 동 말씀드리다(言う의 겸양어)
インテリア課 インテリアか 명 인테리어과
用件 ようけん 명 용건　変更 へんこう 명 변경
~かどうか ~지 어떤지　一部 いちぶ 명 일부

脚 あし 명 다리　ピンと 곧게　伸ばす のばす 동 늘리다
地面 じめん 명 지면　落下 らっか 명 낙하　静止 せいし 명 정지
しばしば 부 자주　一見 いっけん 부 언뜻 보기에
無防備だ むぼうびだ な형 무방비하다　体勢 たいせい 명 자세
目に留まる めにとまる 눈에 띄다　かえって 부 오히려
自己防衛 じこぼうえい 명 자기 방위
役立つ やくだつ 동 도움이 되다　敵 てき 명 적　姿 すがた 명 모습
似せる にせる 동 모방하다　優れる すぐれる 동 우수하다
備え そなえ 명 준비　周囲 しゅうい 명 주위
植物 しょくぶつ 명 식물　同化 どうか 명 동화
見つかる みつかる 동 발견되다　運動 うんどう 명 운동
命 いのち 명 목숨　危険だ きけんだ な형 위험하다
状態 じょうたい 명 상태

3

　몸의 색이나 형상을 배경에 녹아들게 하여 **천적의 눈을 피하는 곤충**은 많이 존재하지만, 중에서도 달인으로 이름 높은 것이 대벌레입니다. 대벌레는, 가지나 줄기, 잎에 의태하여 그림자를 감춥니다. 강력한 공격력이나 뛰어난 신체 능력을 갖추지 않은 대신에 의태라는 교묘한 기술을 발달시켰습니다. 또한, 죽은 척도 잘합니다. 다리를 곧게 늘린 채 지면에 낙하하여 정지해 있는 경우도 자주 있습니다. 이렇게 언뜻 보기에 무방비한 자세가 천적의 눈에 띄기 어렵고, 오히려 자기 방위에 도움이 되고 있는 것입니다.
(주1) 천적: 적
(주2) 의태하다: 다른 것의 모습을 모방하다
(주3) 뛰어난: 우수한
(주4) 무방비한: 준비가 없는

대벌레라는 곤충에 대해, 필자는 어떻게 말하고 있는가?
1 주위의 식물에 동화하여, **천적**에게 **발견**되지 않도록 한다.
2 운동 능력이 없어서, **천적**에게 **발견**되면 목숨이 위험해진다.
3 의태하고 있을 때 **천적**에게 **발견**되면, 죽은 척을 한다.
4 **천적**에게 **발견**되어도, 무방비한 상태 그대로 있다.

해설 선택지에서 반복되는 天敵(천적), 発見(발견)을 지문에서 찾아 대벌레에 대해 필자가 어떻게 말하고 있는지 파악한다. 초반부에서 天敵の目を逃れる昆虫は数多く存在しますが、中でも達人と名高いのがナナフシです。ナナフシは、枝や茎、葉っぱに擬態して影を潜めます(천적의 눈을 피하는 곤충은 많이 존재하지만, 중에서도 달인으로 이름 높은 것이 대벌레입니다. 대벌레는, 가지나 줄기, 잎에 의태하여 그림자를 감춥니다)라고 언급하고 있으므로 1 周囲の植物に同化して、天敵から見つからないようにする(주위의 식물에 동화하여, 천적에게 발견되지 않도록 한다)가 정답이다.

어휘 形状 けいじょう 명 형상　背景 はいけい 명 배경
溶け込む とけこむ 동 녹아들다　天敵 てんてき 명 천적
目を逃れる めをのがれる 눈을 피하다　昆虫 こんちゅう 명 곤충
数多い かずおおい い형 많다, 수많다　存在 そんざい 명 존재
達人 たつじん 명 달인　名高い なだかい い형 이름 높다
ナナフシ 명 대벌레　枝 えだ 명 가지　茎 くき 명 줄기
葉っぱ はっぱ 명 잎　擬態 ぎたい 명 의태　影 かげ 명 그림자
潜む ひそむ 동 숨기다　強力だ きょうりょくだ な형 강력하다
攻撃力 こうげきりょく 명 공격력　秀でる ひいでる 동 뛰어나다
身体 しんたい 명 신체　能力 のうりょく 명 능력
備える そなえる 동 갖추다　代わり かわり 명 대신
巧妙だ こうみょうだ な형 교묘하다　技 わざ 명 기술, 솜씨, 방법
発達 はったつ 명 발달　得意だ とくいだ な형 잘하다

4

　나는 어떠한 요인으로 인해 보호자와 동거할 수 없는 아동을 육성하기 위한 시설에서 근무하고 있다. 시설에서는 안전이 보장되지만, 일반 가정과 같은 양육을 베푸는 것은 쉽지 않다고 깨닫게 되었다. **요청한 메뉴가 식탁에 차려지거나, 저녁을 먹은 뒤 거실에서 단란하게 보내거나, 혼자서 느긋하게 욕조에 담그는 것과 같은 평범한 일상을 접하지 못하고 독립하는 경우**가 그렇다. 그렇게 하면 미래의 가정상이 형성되기 어렵다는 경우가 있다. 일반 가정에서 아동을 맞아들이는 제도가 추진되고 있는 배경에는 그러한 사정이 있는 것이다.
(주) 단란하다: 모여서 즐거운 시간을 보내다

필자가 이 시설에서 일하고, 알게 된 것은 어떤 것인가?
1 이 **시설**에서 자란 **아동**도 **일반 가정**에서 자란 **아동**처럼 자라는 것
2 **일반 가정**에서의 당연함을 모른 채 자라는 **아동**이 있는 것
3 **시설**에서는 **일반 가정**과 같은 생활을 보내는 것을 목표로 하고 있는 것
4 제도가 재검토되어, **일반 가정**에서 키워지는 **아동**이 늘은 것

해설 선택지에서 반복되는 施設(시설), 一般家庭(일반 가정), 児童(아동)를 지문에서 찾아 필자가 알게 된 것을 파악한다. 중반부에서 リクエストしたメニューが食卓に並んだり、夕食後リビングで団らんしたり、一人でゆったり湯舟に浸かるといった何気ない日常に触れることなく独り立ちすること(요청한 메뉴가 식탁에 차려지거나, 저녁을 먹은 뒤 거실에서 단란하게 보내거나, 혼자서 느긋하게 욕조에 담그는 것과 같은 평범한 일상을 접하지 못하고 독립하는 경우)라고 서술하고 있으므로, 2 一般家庭での当たり前を知らずに大きくなる児童がいること(일반 가정에서의 당연함을 모른 채 자라는 아동이 있는 것)가 정답이다.

어휘 何らか なんらか 어떠한　要因 よういん 명 요인
保護者 ほごしゃ 명 보호자　同居 どうきょ 명 동거
児童 じどう 명 아동　育成 いくせい 명 육성　施設 しせつ 명 시설
勤務 きんむ 명 근무　安全 あんぜん 명 안전　保障 ほしょう 명 보장
一般 いっぱん 명 일반　家庭 かてい 명 가정　同様 どうよう 명 같음
養育 よういく 명 양육　施す ほどこす 동 베풀다　たやすい い형 쉽다
気付く きづく 동 깨닫다　リクエスト 명 요청, 리퀘스트

メニュー 圏 메뉴　食卓 しょくたく 圏 식탁
並ぶ ならぶ 图 (음식이) 차려지다, 늘어서다　リビング 圏 거실, 리빙
団らんする だんらんする 단란하다　ゆったり 囲 느긋하게
湯舟 ゆぶね 圏 욕조　浸かる つかる 图 담그다
何気ない なにげない い형 평범하다　日常 にちじょう 圏 일상
触れる ふれる 图 접하다　独り立ちする ひとりだちする 독립하다
未来 みらい 圏 미래　～像 ～ぞう ～상　形成 けいせい 圏 형성
迎え入れる むかえいれる 맞아들이다　制度 せいど 圏 제도
推し進める おしすすめる 추진하다　背景 はいけい 圏 배경
事情 じじょう 圏 사정　過ごす すごす 보내다
働く はたらく 图 일하다　育つ そだつ 图 자라다
当たり前だ あたりまえだ な형 당연하다　生活 せいかつ 圏 생활
送る おくる 图 보내다　目指す めざす 图 목표로 하다
見直す みなおす 图 재검토하다　増える ふえる 图 늘다

記録 きろく 圏 기록　道具 どうぐ 圏 도구
欠かす かかす 图 빠뜨리다　～わけではない ~인 것은 아니다
チャンス 圏 기회　逃す のがす 图 놓치다　人間 にんげん 圏 인간
考え方 かんがえかた 圏 사고 방식　すばらしい い형 훌륭하다
～かもしれない ~일지도 모른다　持ち歩く もちあるく 图 가지고 다니다
記録能力 きろくのうりょく 圏 기록 능력

실전 대비하기 3　　　　　　　　　　　p.286

1 2　　**2** 2　　**3** 2　　**4** 3　　**5** 2

문제 10 다음 (1)에서 (5)의 글을 읽고, 뒤의 물음에 대한 답으로 가장 알맞은 것을, 1·2·3·4에서 하나 고르세요.

5

　　특별한 순간을 사진에 담으려고 했지만, 시간에 맞추지 못했다는 경험을 한 사람도 많을 것이다. 추억을 기록하는 도구로서 카메라를 빠뜨릴 수 없지만, 언제라도 카메라를 가지고 있는 것은 아니기 때문에, 기회를 놓쳐 버리는 경우가 있다. 하지만, **인간은 '기억해 두는' 것이 가능하기 때문에, 언제라도 어디에서도 느낀 것을 놓치지 않고 기록할 수 있다.** 생각하는 방법에 따라서는, **사람은 모두, 어떤 카메라보다도 훌륭한 '마음의 카메라'를 가지고 있는 것일지도 모른다.**

필자의 생각과 맞는 것은 어느 것인가?
1　사진을 찍을 기회를 놓치는 경우가 있기 때문에, **카메라는 언제라도 가지고 다니고 있다.**
2　**카메라를 가지고 있으면, 언제라도 추억을 기록**할 수 있기 때문에 편리하다.
3　**사람은 기억해 두는 것이** 가능하지만, **카메라의 기록 능력** 쪽이 훌륭하다.
4　**사람은 기억해 두는 것**이 가능하여, 어떤 **카메라보다도 훌륭한 기록 능력을 가지고 있다.**

해설 선택지에서 반복되는 カメラ(카메라), 記録(기록), 人(사람), 覚えておくこと(기억해 두는 것)를 지문에서 찾아 필자의 생각을 파악한다. 중반부에서 人間は「覚えておく」ことができるので、いつでもどこでも感じたことを逃さずに記録できる(인간은 '기억해 두는' 것이 가능하기 때문에, 언제라도 어디에서도 느낀 것을 놓치지 않고 기록할 수 있다)라고 서술하고, 후반부에서 人は皆、どんなカメラよりもすばらしい「心のカメラ」を持っているのかもしれない(사람은 모두, 어떤 카메라보다도 훌륭한 '마음의 카메라'를 가지고 있는 것일지도 모른다)라고 서술하고 있으므로, 4 人は覚えておくことができ、どんなカメラよりもすばらしい記録能力を持っている(사람은 기억해 두는 것이 가능하여, 어떤 카메라보다도 훌륭한 기록 능력을 가지고 있다)가 정답이다.

어휘 特別だ とくべつだ な형 특별하다　瞬間 しゅんかん 圏 순간
　　 収める おさめる 图 담다, 거두다　～なんて 图 ~라는, ~와 같은
　　 間に合う まにあう 图 (시간에) 맞추다　思い出 おもいで 圏 추억

1

　　대학에서는 다양한 학문을, 넓고 얕게 공부하는 것에 비해, 대학원에서는 자신의 연구분야를 보다 깊게 연구합니다. 그러므로, 대학원에 진학하면, 자신의 전문성을 높일 수 있습니다. 그리고, 연구를 통해서 자신을 더욱 갈고 닦고 싶다, 성과를 내고 싶다고 생각하는 사람에게 둘러싸인 환경에 몸을 두게 되기 때문에, **자신도 어떻게든 노력하지 않으면 안 된다는 기분이 들어, 연구활동에 몰두하게 됩니다.** 그러한 장소를 제공해 주는 대학원은, 사람으로서의 성장으로 이어지는 장소라고 생각합니다.

필자의 생각과 맞는 것은 어느 것인가?
1　**대학원**은 전문성을 높이기 위한 장소로, 그것 이외의 목적은 없다.
2　**대학원**에서 배우는 것에 의해, **연구**뿐만 아니라 **자신을 성장**시키는 것도 가능하다.
3　노력하고 있는 사람들 안에서 생활하고 있으면, **자신의 노력이** 부족하다고 생각한다.
4　같은 **연구**를 하고 있는 사람들과 함께 활동하는 것은, **대학원**의 좋은 점이다.

해설 선택지에서 반복되는 大学院(대학원), 研究(연구), 自分(자신)을 지문에서 찾아 필자의 생각을 파악한다. 후반부에서 自分も何とかがんばらなければという気持ちが働き、研究活動に打ち込むようになります。そのような場を提供してくれる大学院は、人としての成長につながる場所だと思います(자신도 어떻게든 노력하지 않으면 안 된다는 기분이 들어, 연구활동에 몰두하게 됩니다. 그러한 장소를 제공해 주는 대학원은, 사람으로서의 성장으로 이어지는 장소라고 생각합니다)라고 서술하고 있으므로, 2 大学院で学ぶことによって、研究だけでなく自分を成長させることもできる(대학원에서 배우는 것에 의해, 연구뿐만 아니라 자신을 성장시키는 것도 가능하다)가 정답이다.

어휘 様々だ さまざまだ な형 다양하다　学問 がくもん 圏 학문
　　 浅い あさい い형 얕다　～に対し ～にたいし ~에 비해
　　 大学院 だいがくいん 圏 대학원

| 研究分野 けんきゅうぶんや 명 연구분야　深い ふかい い형 깊다
| 研究 けんきゅう 명 연구　ですから 접 그러므로
| 大学院に進む だいがくいんにすすむ 대학원에 진학하다
| 自ら みずから 자신　専門性 せんもんせい 명 전문성
| ~を通して ~をとおして ~을 통해　さらに 부 더욱
| 成果 せいか 명 성과　囲む かこむ 동 둘러싸다
| 環境 かんきょう 명 환경　気持ちが働く きもちがはたらく 기분이 들다
| 研究活動 けんきゅうかつどう 명 연구활동
| 打ち込む うちこむ 동 몰두하다　場 ば 명 장소
| 提供 ていきょう 명 제공　成長 せいちょう 명 성장
| つながる 동 이어지다　目的 もくてき 명 목적
| 学ぶ まなぶ 동 배우다　努力 どりょく 명 노력
| 足りない たりない 부족하다　活動 かつどう 명 활동

2

같은 악기라고 해도, 그 울림은 다루는 자의 실력에 맡겨진다. 연주자가 하루하루 쌓아온 것이 듣는 사람의 마음을 흔드는 음색을 만들어 내는 것이다.

　나는 중년에 접어들어, 일찍이 좌절했던 피아노를 재개했다. 첫 과제곡은 쓰라린 기억이 남은 것이었는데, 설욕하겠다는 결의를 가슴에 품고 특훈에 힘썼다. 그 보람이 있어서인지 아마추어 콩쿠르에서 입상을 이루기까지 능숙해진 것이다. 수면에 우아하게 떠 있는 물새가 바닷 속에서 첨벙첨벙하고 헤엄치고 있는 것처럼, 사람을 매료시키는 연주는 평소의 단련의 덕택이라는 것을 통감하게 되었다.

(주1) 좌절하다 : 실패해서 의욕을 잃다
(주2) 우아하게 : 차분하게
(주3) 덕택 : 성과

피아노에 대해, 필자의 생각과 맞는 것은 어느 것인가?
1　**노력**을 하면 누구라도 예쁜 **음색**을 낼 수 있게 된다.
2　**아름다운 음색**으로 연주하기 위해서는, **노력**을 계속하는 것이 필요하다.
3　포기하지 않고 도전을 계속하면, 어떤 곡이라도 칠 수 있게 된다.
4　다른 사람에게 보이지 않는 곳에서 **노력**을 거듭함으로써, 보다 빠르게 실력이 향상된다.

해설 선택지에서 반복되는 努力(노력), 音色(음색)를 지문에서 찾아 음악에 대한 필자의 생각을 파악한다. 초반부에서 同じ楽器といえども、その響きは操る者の腕前に委ねられる。奏者の日々の積み重ねが聴く人の心を揺さぶる音色を生み出すのだ(같은 악기라고 해도, 그 울림은 다루는 자의 실력에 맡겨진다. 연주자가 하루하루 쌓아온 것이 듣는 사람의 마음을 흔드는 음색을 만들어 내는 것이다)라고 서술하고 있으므로, 2 美しい音色で演奏するためには、努力を継続することが必要である(아름다운 음색으로 연주하기 위해서는, 노력을 계속하는 것이 필요하다)가 정답이다.

어휘 楽器 がっき 명 악기　響き ひびき 명 울림　操る あやつる 동 다루다
腕前 うでまえ 명 실력　委ねる ゆだねる 동 맡기다
奏者 そうしゃ 명 연주자　積み重ね つみかさね 명 쌓아온 것
聴く きく 동 듣다　揺さぶる ゆさぶる 동 흔들다　音色 ねいろ 명 음색
生み出す うみだす 동 만들어 내다　中高年 ちゅうこうねん 명 중년

| 差し掛かる さしかかる 동 접어들다　かつて 부 일찍이
| 挫折 ざせつ 명 좌절　ピアノ 피아노　再開 さいかい 명 재개
| 最初 さいしょ 명 처음　課題曲 かだいきょく 명 과제곡
| 苦い にがい い형 쓰라리다　思い出 おもいで 명 기억
| 残る のこる 동 남다　リベンジ 설욕　決意 けつい 명 결의
| 胸 むね 명 가슴　特訓 とっくん 명 특훈　励む はげむ 동 힘쓰다
| 甲斐 かい 명 보람　アマチュア 아마추어　コンクール 콩쿠르
| 入賞 にゅうしょう 명 입상　果たす はたす 동 이루다
| 上達 じょうたつ 명 능숙　水面 すいめん 명 수면
| 悠然と ゆうぜんと 우아하게　浮かぶ うかぶ 동 떠 있다
| 水鳥 みずとり 명 물새　海中 かいちゅう 명 바닷 속
| バタバタ 부 첨벙첨벙　水かきする みずかきする 헤엄치다
| 魅了 みりょう 명 매료　演奏 えんそう 명 연주　日頃 ひごろ 명 평소
| 鍛錬 たんれん 명 단련　賜物 たまもの 명 덕택
| 痛感 つうかん 명 통감　失敗 しっぱい 명 실패
| やる気 やるき 명 의욕　なくす 잃다
| 落ち着く おちつく 동 차분하다　成果 せいか 명 성과
| 努力 どりょく 명 노력　継続 けいぞく 명 계속　必要 ひつよう 명 필요
| 諦める あきらめる 동 포기하다　挑戦 ちょうせん 명 도전
| 続ける つづける 동 계속하다　弾く ひく 동 치다
| 重ねる かさねる 동 거듭하다

3

이하는, 어느 회사의 사내 문서이다.

8월 1일
사원 여러분
　　　　　　　　　　　　　　　　　　총무부 과장

방재훈련에 대한 부탁

　9월 1일은 방재의 날입니다. 태풍, 지진에 대비해서 준비를 합시다.
　일전에, 알려드린 대로, 방재 훈련을 실시하겠습니다. 훈련 개시 때에 사내에 있는 분은, 전원 참가해 주시도록 부탁드리겠습니다.
　그런고로, **피난용 배낭 안의 물품을 확인한 후에, 부족한 물건이 있으면, 8월 10일까지 각 부에서 정리하여, 총무부로 연락주십시오.**
　또한, 훈련 내용에 관련해서는, 7월 25일의 메일을 확인해 주십시오.
　　　　　　　　　　　　　　　　　　　　　　이상

이 문서에서, 가장 전하고 싶은 것은 무엇인가?
1　**방재훈련**에 대비해서 준비를 해야 하는 것
2　**피난용 물품**의 부족분 보고를 하는 것
3　총무부에서 **피난용 물품**을 수령하는 것
4　**방재훈련**에 전원 참가를 부탁하는 것

해설 선택지에서 반복되는 防災訓練(방재훈련), 避難用の品物(피난용 물품)를 지문에서 찾는다. 후반부에서 避難用リュックサックの中の品物をご確認の上、不足品がありましたら、8月10日までに各部でとりまとめ、総務部までご連絡ください(피난용 배낭 안의

물품을 확인한 후에, 부족한 물건이 있으면, 8월 10일까지 각 부에서 정리하여, 총무부로 연락 주십시오)라고 언급하고 있으므로, 2 避難用の品物の不足分の報告をすること(피난용 물품의 부족분 보고를 하는 것)가 정답이다.

어휘 社内 しゃない 명 사내　文書 ぶんしょ 명 문서
社員 しゃいん 명 사원　各位 かくい 명 여러분
総務部 そうむぶ 명 총무부　課長 かちょう 명 과장(님)
防災訓練 ぼうさいくんれん 명 방재훈련　台風 たいふう 명 태풍
地震 じしん 명 지진　~に備えて ~にそなえて ~에 대비해서
準備 じゅんび 명 준비　先日 せんじつ 명 일전, 요전
お知らせ おしらせ 명 알림　~た通り ~たとおり ~한 대로
実施 じっし 명 실시　訓練 くんれん 명 훈련　開始 かいし 명 개시
全員 ぜんいん 명 전원　参加 さんか 명 참가
つきましては 그런고로, 그러므로　避難用 ひなんよう 명 피난용
リュックサック 명 배낭　品物 しなもの 명 물건
確認 かくにん 명 확인　~の上 ~のうえ ~한 후에
不足品 ふそくひん 명 부족한 물건　とりまとめる 동 정리하다
連絡 れんらく 명 연락　内容 ないよう 명 내용　メール 명 메일
不足分 ふそくぶん 명 부족분　報告 ほうこく 명 보고
受け取る うけとる 동 수령하다

4

노약자석에 앉아 있던 어느 날의 일이다. 눈 앞에 나이든 사람이 서 있었기 때문에 자리를 양보하려고 했더니, '아직 그런 노인이 아니에요'라고 감사를 받기는커녕, 화를 내보렸다. 노인을 알아차리지 못하고 앉아있으면, '젊으니까 일어서세요'라고 주변으로부터 들을 때도 있다. 어려운 점이다. 자리를 양보받으면 기쁘게 생각하는 사람, 양보받아서 불쾌한 기분이 되는 사람으로 다양하다. 가장 좋은 것은 자신이 건강하다면 노약자석에 앉지 않는 것일지도 모른다.

필자의 생각과 맞는 것은 어느 것인가?
1 자리를 양보할 때는, 주변으로부터 들을 때까지 기다린다.
2 자리를 양보받아도, 감사하는 사람은 적기 때문에 양보하지 않는다.
3 자리를 양보받아도, 기쁘게 생각하지 않는 사람도 있다.
4 자리를 양보하는 것은 어렵기 때문에, 앉지 않도록 하고 있다.

해설 선택지에서 반복되는 席(자리), 譲る(양보하다)를 지문에서 찾아 필자의 생각을 파악한다. 후반부에서 席を譲られたらうれしいと思う人、譲られて不快な気持ちになる人と様々だ(자리를 양보받으면 기쁘게 생각하는 사람, 양보받아서 불쾌한 기분이 되는 사람으로 다양하다)라고 서술하고 있으므로, 3 席を譲られても、うれしいと思わない人もいる(자리를 양보받아도, 기쁘게 생각하지 않는 사람도 있다)가 정답이다.

어휘 優先席 ゆうせんせき 명 노약자석, 우선석
年配の人 ねんぱいのひと 나이든 사람
席を譲る せきをゆずる 자리를 양보하다　年寄り としより 명 노인
感謝 かんしゃ 명 감사　~どころか ~는 커녕　怒る おこる 동 화내다
気がつく きがつく 알아차리다　若い わかい い형 젊다
周り まわり 명 주변, 주위　不快だ ふかいだ な형 불쾌하다

様々だ さまざまだ な형 다양하다　~かもしれない ~일지도 모른다

5

이하는, 홍차 판매점으로부터 도착한 메일이다.

회원 여러분
언제나 티 하우스를 이용해 주셔서, 감사합니다.
4월 1일부터, 봄의 홍차 페어를 개최합니다. 회원 여러분은 평소의 구매와 마찬가지로 정가의 10% 할인으로 상품을 구입하실 수 있습니다만, 페어 기간 중에 봄 신상품을 구입하신 회원님께는, 다음 구매에 사용하실 수 있는 20% 할인권을 드립니다.
여러분의 내점을 기다리고 있겠습니다.

https://tea-house.co.jp/fair
페어의 상세 사항은, 홈페이지에서 확인해 주십시오.

이 메일에서 소개되고 있는 회원 서비스에 대해, 옳은 것은 어느 것인가?
1 홍차 페어 기간에 가면, 할인권을 받을 수 있다.
2 홍차 페어 기간도, 10% 할인으로 상품을 살 수 있다.
3 홍차 페어 기간은, 20% 할인으로 구매 할 수 있다.
4 홍차 페어 기간은, 신상품을 30% 할인으로 살 수 있다.

해설 선택지에서 반복되는 紅茶フェアの期間(홍차 페어 기간), 割引(할인)를 지문에서 찾는다. 중반부에서 紅茶フェアを開催します。会員の皆様は普段のお買い物と同様に定価の10%引きで商品をご購入いただけます(홍차 페어를 개최합니다. 회원 여러분은 평소의 구매와 마찬가지로 정가의 10% 할인으로 상품을 구입하실 수 있습니다)라고 언급하고 있으므로, 2 紅茶フェアの期間も、1割引きで商品が買える(홍차 페어 기간도, 10% 할인으로 상품을 살 수 있다)가 정답이다.

어휘 販売店 はんばいてん 명 판매점　届く とどく 동 도착하다
メール 명 메일　会員 かいいん 명 회원　各位 かくい 명 여러분
利用 りよう 명 이용　フェア 명 페어, 전시회　開催 かいさい 명 개최
普段 ふだん 명 평소, 평상시
同様だ どうようだ な형 마찬가지다, 같다　定価 ていか 명 정가
商品 しょうひん 명 상품　購入 こうにゅう 명 구입
期間中 きかんちゅう 명 기간 중　新商品 しんしょうひん 명 신상품
求める もとめる 동 구입하다, 구하다　次回 じかい 명 다음, 다음 번
使用 しよう 명 사용　割引券 わりびきけん 명 할인권
差し上げる さしあげる 동 드리다　来店 らいてん 명 내점, 가게에 옴
詳細 しょうさい 명 상세 사항, 상세　ホームページ 명 홈페이지
会員サービス かいいんサービス 명 회원 서비스

내용이해(중문)

실력 다지기 p.296

01 ① 02 ② 03 ① 04 ① 05 ②
06 ①

01

결벽증은, 불결한 것을 병적으로 두려워해, 청결함을 추구하는 증상을 말한다. 완벽을 추구하여, 융통성이 없는 증상도 있지만, 모두가 그런 것은 아니다. 결벽증은 스트레스성 공포증의 하나로, 현대 사회를 살아가는 사람에게는 발병하기 쉽고, 우울증과도 관련이 있다.

필자에 따르면, '결벽증'의 주요한 특징은 무엇인가?
① 불결함을 병적으로 두려워하여 청결함을 추구한다.
② 완벽함을 추구해서 융통성이 없다.

어휘 潔癖症 けっぺきしょう 몡 결벽증 不潔だ ふけつだ 나형 불결하다
病的だ びょうてきだ 나형 병적이다 恐れる おそれる 동 두려워하다
清潔さ せいけつさ 몡 청결함 追求 ついきゅう 몡 추구
症状 しょうじょう 몡 증상 完璧 かんぺき 몡 완벽
求める もとめる 동 추구하다, 원하다
融通が利く ゆうずうがきく 융통성이 있다 ストレス 몡 스트레스
恐怖症 きょうふしょう 몡 공포증 現代 げんだい 몡 현대
社会 しゃかい 몡 사회 生きる いきる 동 살아가다, 살다
発症 はっしょう 몡 발병, 발증 うつ病 うつびょう 몡 우울증, 우울병
関連 かんれん 몡 관련

02

회사에서 돌아가는 길에 운동을 하는 회사원이 많다. 운동을 하는 것은 건강에 좋지만, 주의할 점이 있다. 그것은, 반드시 운동 전에 가볍게라도 좋으니, 스트레칭을 하는 것이다. 격렬한 운동은 근육을 놀라게 할 가능성이 있기 때문이다. 특히 회사원은 하루 종일 앉아있기 때문에, 긴장한 상태에서 갑자기 움직이면 몸에 부담이 갈지도 모른다.

회사원이 운동을 할 때, 왜 특히 조심해야 하는가?
① 격한 운동은 근육을 놀라게 하기 때문에
② 갑자기 움직이면 몸에 무리를 주기 때문에

어휘 運動 うんどう 몡 운동 会社員 かいしゃいん 몡 회사원
健康 けんこう 몡 건강 注意 ちゅうい 몡 주의 点 てん 몡 점
必ず かならず 부 반드시 ストレッチ 몡 스트레칭
激しい はげしい い형 격렬하다 筋肉 きんにく 몡 근육
驚く おどろく 동 놀라다 可能性 かのうせい 몡 가능성
特に とくに 부 특히 一日中 いちにちじゅう 몡 하루 종일

緊張 きんちょう 몡 긴장 状態 じょうたい 몡 상태
突然 とつぜん 부 갑자기, 돌연 動く うごく 동 움직이다
負担 ふたん 몡 부담 〜かもしれない 〜할지도 모른다
急に きゅうに 부 갑자기 無理 むり 몡 무리

03

시험의 난이도를 조정하는 것은 어렵다. 특히 절대평가 시험의 경우는, 전 시험과 비교해, 난이도에 큰 차이가 없도록 하는 것이 중요하다. 시험이 쉬우면 합격하기 쉽고, 어려우면 합격하기 어렵다. 만일, 이전 시험과 이번 시험의 난이도가 다르면, 어려웠던 시험의 합격자와 쉬웠던 시험의 합격자의 수준이 다름에도 불구하고, 합격이라는 같은 결과를 받는 문제가 발생한다.

문제가 발생한다라고 하는데, 어떤 문제인가?
① 합격자 수준이 다른데도 같은 합격 결과를 받는다.
② 시험에 불합격하는 사람이 많아진다.

어휘 試験 しけん 몡 시험 難易度 なんいど 몡 난이도
調整 ちょうせい 몡 조정 特に とくに 부 특히
絶対評価 ぜったいひょうか 몡 절대평가 場合 ばあい 몡 경우
比べる くらべる 동 비교하다 差 さ 몡 차이, 차 合格 ごうかく 몡 합격
もし 부 만일 以前 いぜん 몡 이전 今回 こんかい 몡 이번
合格者 ごうかくしゃ 몡 합격자 水準 すいじゅん 몡 수준
異なる ことなる 동 다르다 結果 けっか 몡 결과
受け取る うけとる 동 받다 発生 はっせい 몡 발생

04

세월이 지남에 따라 서점에 가는 것이 좋아졌다. 책을 읽는 것도 즐겁고, 적당한 북적임 속에 있는 것도 좋아한다. 최근에는 서점 안에 카페가 들어와, 매우 좋아하는 커피도 마실 수 있게 되었다. 그 중에서도 특히 나는 서점의 냄새를 좋아한다. 서점의 냄새란 서점에 있는 사람의 냄새도 아니고, 커피의 냄새도 아닌, 새로운 책의 냄새이다.

서점의 냄새라고 하는데, 무엇인가?
① 새로운 책 냄새
② 서점에 있는 사람들의 냄새

어휘 月日 つきひ 몡 세월, 월일 経つ たつ 동 (시간이) 지나다, 경과하다
本屋 ほんや 몡 서점 適度だ てきどだ 나형 적당하다
人ごみ ひとごみ 몡 북적임 最近 さいきん 몡 최근 カフェ 몡 카페
特に とくに 부 특히 匂い におい 몡 냄새 人々 ひとびと 몡 사람들

05

비 오는 날에는 우산을 준비하지 않으면 안 되고, 외부 활동에 방해가 되는 등 해서, 싫어하는 사람이 있다. 하지만, 나는 비 오는 날을 좋아한다. 빗소리를 들으면 심신이 편안해지고, 창문으로 비 오는 날의 경치를 보고 있으면, 왠지 기분이 좋아

진다. 하지만, 외출할 예정이 있는 날에는, 비는 별로 좋아하지 않는다. 옷이 젖어 빨래하는 것도 귀찮은 데다가, 집 안의 습기를 제거하는 일에 손이 가기 때문이다.

비 오는 날에 대해 필자의 생각과 맞는 것은 어느 것인가?

① 비가 내리는 풍경을 좋아해서, 비 오는 날은 외출하고 싶어진다.
② 빗소리를 듣는 것은 좋아하지만, 옷이 젖거나 하면 불편하다.

어휘 雨の日 あめのひ 圏비 오는 날　準備 じゅんび 圏준비
外部活動 がいぶかつどう 圏외부활동　妨げ さまたげ 圏방해
嫌がる いやがる 圏싫어하다　音 おと 圏소리
心身 しんしん 圏심신　安らぐ やすらぐ 圏편안해지다
景色 けしき 圏경치　なぜか 왠지　気分 きぶん 圏기분
外出 がいしゅつ 圏외출　予定 よてい 圏예정
濡れる ぬれる 圏젖다　面倒だ めんどうだ 圏귀찮다
湿気 しっけ 圏습기　取り除く とりのぞく 圏제거하다
手間がかかる てまがかかる 손이 가다
不便だ ふべんだ 圏불편하다

06

외국에 살고 있었을 때, 주민등록을 위해 공공기관을 방문한 적이 있다. 입구를 지난 뒤, 어디로 가면 좋을지 몰라, 직원으로 보이는 사람에게 영어로 물어보았다. 하지만, 그 사람은 영어를 못해서, 제대로 대응 받지 못했다. 겨우 창구에 도착했다고 생각했더니, 창구 직원도 영어로 대화가 통하지 않았다. 귀국 후, 우연히 공공기관을 방문했을 때, 외국인이 곤란한 모습이었다. 손을 내미는 사람이 아무도 없어, 내가 말을 걸었다. **공공기관에서는 외국어를 할 수 있는 직원이 있어, 도와주면 좋을 텐데**, 라고 생각했다.

이 글에서 필자가 말하고 싶은 것은 무엇인가?

① 공공기관에 외국어를 말할 수 있는 사람이 있어서, 외국인을 돕길 바란다.
② 공공기관에서는 외국인을 친절하게 돕길 바란다.

어휘 住民登録 じゅうみんとうろく 圏주민등록
公共機関 こうきょうきかん 圏공공기관
訪ねる たずねる 圏방문하다　入口 いりぐち 圏입구
通る とおる 圏지나다　職員 しょくいん 圏직원
見える みえる 圏보이다　尋ねる たずねる 圏묻다
まともだ 제대로다　対応 たいおう 圏대응, 응대　やっと 겨우
窓口 まどぐち 圏창구　たどり着く たどりつく 圏도착하다
会話 かいわ 圏대화, 회화　通じる つうじる 圏통하다
帰国 きこく 圏귀국　偶然 ぐうぜん 囝우연히
様子 ようす 圏모습, 모양
手を差し伸べる てをさしのべる 손을 내밀다, 돕다
声をかける こえをかける 말을 걸다　外国語 がいこくご 圏외국어
手伝う てつだう 圏돕다　助ける たすける 圏돕다
親切だ しんせつだ 圏친절하다

실전 대비하기 1
p.298

| **1** 2 | **2** 4 | **3** 3 | **4** 4 | **5** 4 |
| **6** 1 | **7** 1 | **8** 4 | | |

문제11 다음 (1)에서 (4)의 글을 읽고, 뒤의 물음에 대한 답으로 가장 알맞은 것을, 1·2·3·4에서 하나 고르세요.

1-2

이하는, 스포츠 팀 운영에 대한 글이다.

스포츠 팀을 운영하는 데 있어, 가장 어려운 과제는 팀의 재정 기반을 안정시키는 것입니다. 많은 스포츠 팀은 입장료 수입만으로는 경영이 성립하지 않아, 스폰서로부터의 지원이 불가결합니다. 그러나, 스폰서 기업도 단순한 사회 공헌이 아니라, 자사 이미지 향상이나 홍보 효과를 기대하고 있기 때문에, [1]팀 성적이 좋지 않으면 스폰서 이탈이 일어나기 쉬워집니다. 이래서는 현재 성적을 유지하는 것조차 어렵겠지요.

이러한 악순환을 탈피하고자, 최근 주목받고 있는 것이 팬과의 관계성 강화입니다. 특히 SNS의 보급에 의해, 선수나 운영측이 직접 팬과 커뮤니케이션을 취하는 것이 가능해졌습니다. 매일의 연습 풍경이나 선수의 쉬는 날의 일면을 공개함으로써, 팬은 단순히 시합 결과뿐 아니라 팀 전체에 애착을 갖게 됩니다. 이러한 방법은 팀 성적에만 의존하지 않는 안정적인 지지 기반을 구축하는 데 큰 힘을 가져다주고 있습니다. 결과로서, 성적이 일시적으로 부진해도 떠나지 않는 팬이 늘어, 스폰서 기업에 있어서도 지속적인 가치를 제공할 수 있게 되는 것입니다.

스포츠 팀 운영에 있어서 가장 중요한 것은, 장기적인 시각을 갖는 것입니다. [2]단기적인 성적에 일희일비하는 것이 아니라, 지역과의 연계나 젊은이 육성이나 팬 커뮤니티 구축 등, 장기적인 활동이 필요합니다. 승리지상주의에 빠지면, 선수의 소모적인 사용이나 무리한 투자로 이어져, 최종적으로는 팀 자체의 존속을 위태롭게 합니다. 한편, 지역에 뿌리내린 활동을 통해 아이들에게 스포츠의 즐거움을 전하는 것은 미래의 팬이나 선수 육성에도 연결됩니다. 즉, 스포츠 팀의 운영은 이기는 것만을 목표로 하고 있어서는 안 됩니다.

(주1) 일희일비하다: 하나하나의 일에 기뻐하거나 슬퍼하는 것
(주2) 승리지상주의: 이기는 것만을 중시하는 사고방식

어휘 運営 うんえい 圏운영　～うえで ~하는 데 있어
最も もっとも 囝가장　課題 かだい 圏과제　財政 ざいせい 圏재정
基盤 きばん 圏기반　安定 あんてい 圏안정
入場料 にゅうじょうりょう 圏입장료　収入 しゅうにゅう 圏수입
経営 けいえい 圏경영　成り立つ なりたつ 圏성립하다
スポンサー 圏스폰서　支援 しえん 圏지원
不可欠だ ふかけつだ 圏불가결하다　企業 きぎょう 圏기업
単なる たんなる 단순한　貢献 こうけん 圏공헌　自社 じしゃ 圏자사
イメージ 圏이미지　向上 こうじょう 圏향상　宣伝 せんでん 圏홍보

効果 こうか 圖효과　期待 きたい 圖기대　成績 せいせき 圖성적
振るう ふるう 圄좋다, (기세가) 오르다　~離れ ~ばなれ ~이탈
現在 げんざい 圖현재　保つ たもつ 圄유지하다　~すら 国~조차
悪循環 あくじゅんかん 圖악순환　脱却 だっきゃく 圖탈피
近年 きんねん 圖최근, 근년　注目 ちゅうもく 圖주목
関係性 かんけいせい 圖관계성　強化 きょうか 圖강화
特に とくに 国특히　普及 ふきゅう 圖보급
運営側 うんえいがわ 圖운영측　直接 ちょくせつ 圖직접
コミュニケーション 圖커뮤니케이션　可能だ かのうだ 토형가능하다
日々 ひび 圖매일　風景 ふうけい 圖풍경
オフの一面 オフのいちめん 쉬는 날의 일면
公開 こうかい 圖공개　単に たんに 国단순히
全体 ぜんたい 圖전체　愛着 あいちゃく 圖애착
手法 しゅほう 圖방법　依存 いぞん 圖의존　支持 しじ 圖지지
作り上げる つくりあげる 圄구축하다　もたらす 圄가져다주다
一時的だ いちじてきだ 토형일시적이다　低迷 ていめい 圖부진
増える ふえる 圄늘다　継続 けいぞく 圖지속, 계속
価値 かち 圖가치　提供 ていきょう 圖제공
重要だ じゅうようだ 토형중요하다
長期的だ ちょうきてきだ 토형장기적이다　視点 してん 圖시각, 시점
短期的だ たんきてきだ 토형단기적이다
一喜一憂 いっきいちゆう 일희일비　地域 ちいき 圖지역
連携 れんけい 圖연계　若手 わかて 圖젊은이
育成 いくせい 圖육성　コミュニティ 圖커뮤니티
構築 こうちく 圖구축　息の長い いきのながい 장기적인
活動 かつどう 圖활동
勝利至上主義 しょうりしじょうしゅぎ 圖승리지상주의
使い捨て つかいすて 圖소모적인 사용, 일회용　投資 とうし 圖투자
つながる 圄이어지다　最終的だ さいしゅうてきだ 토형최종적이다
自体 じたい 圖자체　存続 そんぞく 圖존속
危うい あやうい い형위태롭다　一方で いっぽうで 国한편
根ざす ねざす 圄뿌리내리다　~を通じて ~をつうじて ~을 통해
将来 しょうらい 圖미래, 장래　目標 もくひょう 圖목표
出来事 できごと 圖일, 사건

1

이러한 악순환이라고 하는데, 어떤 것인가?

1 팀 성적이 나쁘면 팬이 감소하여, 더욱 재정이 나빠지는 것
2 팀 성적이 나쁘면 스폰서 기업이 떠나, 더욱 성적이 떨어지는 것
3 팀 성적이 나쁘면 스폰서 기업의 이미지까지 떨어지는 것
4 팀 성적이 나쁘면 팬과의 관계성까지 나빠지는 것

해설 지문의 こうした悪循環(이러한 악순환) 주변을 주의 깊게 읽고 어떤 것인지 찾는다. 첫 번째 단락에서 チームの成績が振るわなければスポンサー離れが起こりやすくなります。これでは現在の成績を保つことすら難しいでしょう(팀 성적이 좋지 않으면 스폰서 이탈이 일어나기 쉬워집니다. 이래서는 현재 성적을 유지하는 것조차 어렵겠지요)라고 언급하고 있으므로 2 チームの成績が悪いとスポンサー企業が離れ、さらに成績が下がること(팀 성적이 나쁘면 스폰서 기업이 떠나, 더욱 성적이 떨어지는 것)이 정답이다.

2

스포츠 팀 운영에 대해, 필자의 생각과 맞는 것은 어느 것인가?

1 승리지상주의에 빠진 팀은 일시적으로 성적이 오르지만, 재정 기반은 안정되지 않는다.
2 안정된 재정 기반을 가진 팀은 강한 팬 커뮤니티가 구축되어 있다.
3 성적이 부진해도 떠나지 않는 지역에 뿌리내린 스폰서 기업의 공헌이 중요하다.
4 승리뿐만 아니라 지역 연계나 젊은이 육성 등으로 이어지는 장기적인 시각이 필요하다.

해설 필자의 생각을 묻고 있으므로 スポーツチーム運営(스포츠 팀 운영)를 지문의 후반부나 지문 전체에서 찾아 스포츠 팀 운영에 대한 필자의 생각을 파악한다. 마지막 단락에서 短期的な成績に一喜一憂するのではなく、地域との連携や若手育成やファンコミュニティの構築など、息の長い活動が必要です(단기적인 성적에 일희일비하는 것이 아니라, 지역과의 연계나 젊은이 육성이나 팬 커뮤니티 구축 등, 장기적인 활동이 필요합니다)라고 언급하고 있으므로 4 勝利だけでなく地域連携や若手育成などにつながる長期的な視点が必要である(승리뿐만 아니라 지역 연계나 젊은이 육성 등으로 이어지는 장기적인 시각이 필요하다)가 정답이다.

3-4

동료가 신입에게 일의 설명을 하고 있는 것을 듣고, 대단히 감탄한 적이 있다. 일대일로 가르치고 있었는데, 신입은 들으면서 열심히 메모를 하고 있었다. 설명을 끝낸 후, [3]그는 '메모를 봐도 모르겠으면 언제라도 물어봐 주세요'라고 말했다. 그 말로, 긴장하고 있었던 신입이 정말로 안심해서, '감사합니다'라고 말하는 것을 알 수 있었다.

'모르는 것이 있으면 또 언제라도 물어봐'라고는, 누구든 말할 수 있을지도 모른다. 나도 자주 말하고, 기분상으로도 그 말에 거짓은 없다. 하지만 '메모를 봐도 모르겠으면'이라는 구체적인 한마디는, 결정적으로 전해지는 방법이 다르다. 메모는 했지만 이해했는지 어떤지, 들은 대로 할 수 있을지 어떨지 불안하게 생각하는 사람은 많을 것이다. 실제로, 일을 시작하면, 메모를 봐도 모르는 경우는 있다. 그럴 때, 정말로 질문하기 쉬워지는 한마디이다. 또, 성실하게 메모를 하고 있었던 것을 평가하고, 그에 더해 몰라도 괜찮다, 라고 안심시키는 말이라고 생각했다.

구체적인 말은, 사람에게 전해진다. 구체적으로 칭찬받으면 기쁜 것이 좋은 예이다. 노력했네, 뿐 아니라, 무엇을, 어떻게 노력한 것인지, 무엇이 기쁜 것인지, [4]간단하지만 구체적인 한마디를 더하면, 그 말은 상대에게 전해지고, 일도 인간관계도 원활하게 된다. 그리고 그것은, 자기 자신에게로의 평가를 높이는 일도 될 것이다.

어휘 同僚 どうりょう 圖동료　新人 しんじん 圖신입, 신입사원
　　　説明 せつめい 圖설명　非常に ひじょうに 国대단히
　　　感心 かんしん 圖감탄　一対一 いちたいいち 일대일
　　　熱心だ ねっしんだ 토형열심이다　メモを取る メモをとる 메모를 하다
　　　終える おえる 圄끝내다　緊張 きんちょう 圖긴장
　　　ホッとする 안심하다　~かもしれない ~일지도 모른다
　　　気持ちの上 きもちのうえ 기분상　ウソ 거짓말

具体的だ ぐたいてきだ [な형]구체적이다　一言 ひとこと [명]한마디
決定的だ けっていてきだ [な형]결정적이다
響き方 ひびきかた 전해지는 방법　理解 りかい [명]이해
~かどうか ~일지 어떨지　~た通り ~たとおり ~한 대로
不安だ ふあんだ [な형]불안하다　実際 じっさい [부]실제로
始める はじめる [동]시작하다　まじめだ [な형]성실하다
評価 ひょうか [명]평가　安心 あんしん [명]안심
響く ひびく [동]전해지다, 울리다
例 れい [명]예　がんばる 노력하다　うれしい [い형]기쁘다
簡単だ かんたんだ [な형]간단하다　加える くわえる [동]더하다
人間関係 にんげんかんけい [명]인간관계　スムーズだ [な형]원활하다
自分自身 じぶんじしん [명]자기 자신　高める たかめる [동]높이다
~はずだ ~일 것이다

3

신입이 정말로 안심해서라고 하는데, 어떤 것에 안심한 것인가?
1 설명을 이해할 수 없을 때는, 언제라도 질문할 수 있는 것
2 메모를 잘 하지 못했더라도, 좋게 평가해 주는 것
3 메모를 했더라도, 모를 때는 질문할 수 있는 것
4 성실하게 메모를 했다면, 틀려도 괜찮은 것

해설 지문의 新人が本当にホッとして(신입이 정말로 안심해서) 주변을 주의 깊게 읽고 신입이 어떤 것에 안심한 것인지 찾는다. 앞부분에서 彼は「メモを見ても分からなかったらいつでも聞いて下さい」と言った(그는 '메모를 봐도 모르겠으면 언제라도 물어봐 주세요'라고 말했다)라고 서술하고, 밑줄을 포함한 문장에서 その言葉で、緊張していた新人が本当にホッとして(그 말로, 긴장하고 있었던 신입이 정말로 안심해서)라고 서술하고 있으므로, 3 メモを取っていても、わからないときは質問できること(메모를 했더라도, 모를 때는 질문할 수 있는 것)가 정답이다.

어휘 うまく [부]잘, 목적대로　間違う まちがう [동]틀리다

4

필자에 의하면, 구체적인 말에는 어떤 효과가 있는가?
1 상대에게로의 전달 방법이 다르기 때문에, 말하지 않을 때보다 상대는 기쁘게 된다.
2 상대를 평가하기 때문에, 상대의 긴장을 없애고, 안심시킬 수 있다.
3 말이 전해지기 때문에, 일도 인간관계도 원활하게 평가할 수 있다.
4 일도 인간관계도 원활하게 되고, 말한 사람의 평가도 높아진다.

해설 질문의 具体的な言葉(구체적인 말)의 효과와 관련된 내용을 지문에서 찾는다. 세 번째 단락에서 簡単でも具体的な一言を加えれば、その言葉は相手に響き、仕事も人間関係もスムーズになる。そしてそれは、自分自身への評価を高めることにもなるはずだ(간단하지만 구체적인 한마디를 더하면, 그 말은 상대에게 전해지고, 일도 인간관계도 원활하게 된다. 그리고 그것은, 자기 자신에게로의 평가를 높이는 일도 될 것이다)라고 서술하고 있으므로, 4 仕事も人間関係もスムーズになり、言った人の評価も高くなる(일도 인간관계도 원활하게 되고, 말한 사람의 평가도 높아진다)가 정답이다.

어휘 効果 こうか [명]효과　伝わり方 つたわりかた 전달 방법

5-6

규슈 등의 지방 도시를 여행할 때 흔히 있는 광경이다. 많은 여행자는, 동료나 가족을 위한 기념품을 사려고 현지 가게에 들르지만, 그곳에서 당황하는 경우가 있다. 가게에 진열된 과자나 특산품은 모두 어딘가에서 본 듯한, 전국 어디에라도 있을 듯한 것뿐이어서, 그 지역만의 특색을 느낄 수 없는 것이다. 결국, 많은 사람은 점원에게 추천받은 '가장 인기'인 상품을 골라서 구입하게 된다.

[5]최근, 어디의 마을을 여행해도, 같은 레스토랑, 같은 편의점에서, 같은 것을 먹고 있는 것 같은 느낌이 든다. 그 고장에밖에 없는 것을 골라서 먹고 있고, 그 장소에밖에 없는 경치를 보고 있을 텐데도, 어디에 가도 같은 마을인 것처럼 느끼는 것이다. 어째서, 이렇게 균일화되어 버린 것일까.

이전의 일본은 이렇지 않았다. 지방마다, 그 지역에 맞는 것을, 그 지역에밖에 없는 가게에서 팔고 있었다. 그러나, 전일본에 체인점이 가게를 내고, 같은 간판으로 같은 물건, 같은 메뉴가 늘어서게 되었기 때문에, 다른 지역과의 차이가 눈에 띄지 않게 된 것일 것이다.

일본은 작은 나라이다. 하지만, 지방 문화가 다양한 나라이기도 하다. 음식도 풍경도, 사람들의 모습도, 북쪽과 남쪽에서는 상당히 다르다. [6]지방 도시는, 대도시와 같은 풍경을 추구하는 것이 아니라, 그 고장이 가지고 있는 좋은 점을, 좀 더 어필해야만 하는 것은 아닐까.

(주1) 균일화: 어느 것이든 같게 하는 것
(주2) 다양한: 여러 가지 종류가 있음

어휘 九州 きゅうしゅう [명]규슈(지명)　地方 ちほう [명]지방
都市 とし [명]도시　際 さい [명]때　光景 こうけい [명]광경
旅行者 りょこうしゃ [명]여행자　同僚 どうりょう [명]동료
地元 じもと [명]현지, 그 고장　立ち寄る たちよる [동]들르다
困惑 こんわく [명]당황, 곤혹　特産品 とくさんひん [명]특산품
全国 ぜんこく [명]전국　地域 ちいき [명]지역　~ならでは ~만의
特色 とくしょく [명]특색　結局 けっきょく [부]결국
店員 てんいん [명]점원　勧める すすめる [동]추천하다
商品 しょうひん [명]상품　購入 こうにゅう [명]구입
最近 さいきん [명]최근　コンビニ [명]편의점
気になる きになる 느낌이 들다　土地 とち [명]고장, 토지
景色 けしき [명]경치, 풍경　感じる かんじる [동]느끼다
均一化 きんいつか [명]균일화　以前 いぜん [명]이전
~てしまう ~해 버리다　日本 にほん [명]일본　~ごとに ~마다
合う あう [동]맞다　チェーン店 チェーンてん [명]체인점
看板 かんばん [명]간판　メニュー [명]메뉴
違い ちがい [명]차이, 다름　目立つ めだつ [동]눈에 띄다
文化 ぶんか [명]문화　多様だ たようだ [な형]다양하다
食 しょく [명]음식　風景 ふうけい [명]풍경, 경치
人々 ひとびと [명]사람들　様子 ようす [명]모습　かなり [부]상당히, 꽤
大都市 だいとし [명]대도시　求める もとめる [동]추구하다
アピール [명]어필　~べきだ ~해야만 한다　種類 しゅるい [명]종류

5

필자가 여행에서 느끼고 있는 것은 무엇인가?

1 어디에 가도 그 고장에밖에 없는 것을 고를 수 있다.
2 그 고장에밖에 없는 물건밖에 살 수 없어서 불편하다.
3 지방 도시에서는 체인점이 많은데, 눈에 띄지 않는다.
4 어느 마을에 가도, 같은 풍경이 되어 버렸다.

해설 질문의 旅行で感じていること(여행에서 느끼고 있는 것)와 관련된 내용을 지문에서 찾는다. 두 번째 단락에서 最近、どこの町を旅行しても、同じレストラン、同じコンビニで、同じものを食べているような気になる(최근, 어디의 마을을 여행해도, 같은 레스토랑, 같은 편의점에서, 같은 것을 먹고 있는 것 같은 느낌이 든다)라고 서술하고 있으므로, 4 どの町に行っても、同じような風景になってしまった(어느 마을에 가도, 같은 풍경이 되어 버렸다)가 정답이다.

어휘 不便だ ふべんだ [な형] 불편하다

6

지방 도시에 대해서, 필자의 생각과 맞는 것은 어느 것인가?

1 지방 문화는 여러 가지로 다르기 때문에, 그 고장의 좋은 점을 어필해야만 한다.
2 일본의 북쪽과 남쪽에서는 문화가 다르기 때문에, 같은 것을 추구해서는 안 된다.
3 대도시와 같은 것을 추구하는 마음은 이해하지만, 같은 가게를 만들어서는 안 된다.
4 일본은 작은 나라이기 때문에, 어느 마을이라도 비슷한 마을로 할 필요가 없다.

해설 필자의 생각을 묻고 있으므로 地方都市(지방 도시)를 지문의 후반부나 지문 전체에서 찾아 지방 도시에 대한 필자의 생각을 파악한다. 네 번째 단락에서 地方都市は、大都市と同じ風景を求めるのではなく、その土地の持っている良さを、もっとアピールすべきではないだろうか(지방 도시는, 대도시와 같은 풍경을 추구하는 것이 아니라, 그 고장이 가지고 있는 좋은 점을, 좀 더 어필해야만 하는 것은 아닐까)라고 서술하고 있으므로, 1 地方文化はいろいろ違うので、その土地の良さをアピールすべきだ(지방 문화는 여러 가지로 다르기 때문에, 그 고장의 좋은 점을 어필해야만 한다)가 정답이다.

어휘 〜てはいけない ~해서는 안 된다   必要 ひつよう [명] 필요

7-8

[7]선택의 자유는 생명체로서의 근본적인 욕구이며, 선택지가 풍부할수록 개인의 자유가 확대되어, 행복이 증폭한다고 오랫동안 믿어져 왔습니다. 신앙이나 직업 선택의 자유는 나라의 법률에서도 보장되고 있을 정도입니다. 현대에서는, 다양성이 존중되어, 이전과 같이 사회나 부모로부터 가치관을 강요받는 것과 같은 경우도 현격히 줄었습니다.

그러나, 이 자유가 오히려 사람들의 행복도를 저감시키고 있다는 지적이 있습니다. 선택지가 너무 많으면 최선의 결단을 판별하는 것이 쉽지 않아지고, 결단에 대한 후회가 생기기 쉬워지기 때문입니다. 선택지가 하나라면 후회의 여지가 없지만, 여러 개 존재하면, 과연 자신의 선택이 최선이었을지 몇 번이고 자문자답하게 되어, 정신적인 부담으로 바뀌어 버리는 것입니다.

이것을 막으려면, [8]일부러 선택지를 좁히는 것이 효과가 있습니다. 예를 들면, 아르바이트할 곳을 고를 때도 수많은 선택지에 마음이 흔들리기 쉬운데, 미리 기준을 마련해 후보를 좁힙니다. 아르바이트의 목적이 수입이라면, 시급을 유일한 조건으로 하여, 적합하지 않은 선택지를 배제해 버리는 것입니다. 그렇게 하면 나중에 후회하는 일도 줄어, [8]쓸데없는 고민에서 스스로를 해방할 수 있습니다.

(주1) 근본적인: 기본적인
(주2) 증폭하다: 커지다
(주3) ~의 여지가 없다: 여기서는, ~하고 싶어도 할 수 없다
(주4) 효과가 있다: 효과를 나타내다

어휘 選択 せんたく [명] 선택   自由だ じゆうだ [な형] 자유롭다
生き物 いきもの [명] 생명체   根本的だ こんぽんてきだ [な형] 근본적이다
欲求 よっきゅう [명] 욕구   選択肢 せんたくし [명] 선택지
豊富だ ほうふだ [な형] 풍부하다   個人 こじん [명] 개인
拡大 かくだい [명] 확대   幸福 こうふく [명] 행복   増幅 ぞうふく [명] 증폭
長らく ながらく [부] 오랫동안   信じる しんじる [동] 믿다
信仰 しんこう [명] 신앙   職業 しょくぎょう [명] 직업
法律 ほうりつ [명] 법률   保障 ほしょう [명] 보장
現代 げんだい [명] 현대   多様性 たようせい [명] 다양성
尊重 そんちょう [명] 존중   かつて [부] 이전에   社会 しゃかい [명] 사회
価値観 かちかん [명] 가치관   押しつける おしつける [동] 강요하다
格段に かくだんに [부] 현격히   減る へる [동] 줄다   かえって [부] 오히려
幸福度 こうふくど [명] 행복도   低減 ていげん [명] 저감
指摘 してき [명] 지적   最良 さいりょう [명] 최선   決断 けつだん [명] 결단
見極める みきわめる [동] 판별하다
容易だ よういだ [な형] 쉽다, 용이하다   後悔 こうかい [명] 후회
生じる しょうじる [동] 생기다   余地 よち [명] 여지
複数 ふくすう [명] 여러 개   存在 そんざい [명] 존재
果たして はたして [부] 과연   最善 さいぜん [명] 최선
自問自答 じもんじとう [명] 자문자답
精神的だ せいしんてきだ [な형] 정신적이다   負担 ふたん [명] 부담
転じる てんじる [동] 바뀌다   防ぐ ふせぐ [동] 막다   あえて [부] 일부러
狭める せばめる [동] 좁히다   功を奏する こうをそうする 효과가 있다
選ぶ えらぶ [동] 고르다   〜際 〜さい ~때
数多い かずおおい [い형] 수많다   気持ち きもち [명] 마음
揺れる ゆれる [동] 흔들리다   あらかじめ [부] 미리
基準 きじゅん [명] 기준   設ける もうける [동] 마련하다
候補 こうほ [명] 후보   絞り込む しぼりこむ [동] 좁히다
目的 もくてき [명] 목적   収入 しゅうにゅう [명] 수입
時給 じきゅう [명] 시급   唯一 ゆいいつ [명] 유일
条件 じょうけん [명] 조건   適合 てきごう [명] 적합
排除 はいじょ [명] 배제   後々 のちのち [명] 나중에
余計だ よけいだ [な형] 쓸데없다   悩み なやみ [명] 고민
自身 じしん [명] 스스로   解き放つ ときはなつ [동] 해방하다
基本的だ きほんてきだ [な형] 기본적이다   効果 こうか [명] 효과
現す あらわす [동] 나타내다

7

이 자유는 어떤 것인가?

1 많은 선택지 중에서 스스로 고를 수 있게 된 것
2 개인의 자유가 존중받게 된 것
3 사회나 부모로부터 자신의 선택을 강요받지 않게 된 것
4 최선의 선택지를 찾을 때까지 자유롭게 고민할 수 있게 된 것

해설 지문의 この自由(이 자유) 주변을 주의 깊게 읽고 어떤 자유인지 찾는다. 밑줄 앞 문장에서 選択の自由は生き物としての根本的な欲求であり、選択肢が豊富であるほど個人の自由が拡大し、幸福が増幅すると長らく信じられてきました(선택의 자유는 생명체로서의 근본적인 욕구이며, 선택지가 풍부할수록 개인의 자유가 확대되어, 행복이 증폭한다고 오랫동안 믿어져 왔습니다)라고 서술하고 있으므로, 1 多くの選択肢の中から自分で選べるようになったこと(많은 선택지 중에서 스스로 고를 수 있게 된 것)가 정답이다.

어휘 強制 きょうせい 명 강요, 강제

8

이 글에서 필자가 말하고 싶은 것은 무엇인가?

1 자신의 선택은 스스로 함으로써, 정신적인 자유가 커진다.
2 자신에게 있어 최선의 선택을 할 수 있으면, 정신적으로 자유로워진다.
3 목적만을 우선하여 선택하고 있으면, 정신적인 자유가 없어져 버린다.
4 선택에서의 자유를 줄임으로써, 정신적인 자유를 손에 넣을 수 있다.

해설 지문의 주제를 묻고 있으므로 지문의 후반부나 지문 전체를 읽으며 정답의 단서를 찾는다. 마지막 단락에서 あえて選択肢を狭めることが功を奏します(일부러 선택지를 좁히는 것이 효과가 있습니다), 余計な悩みから自身を解き放つことができます(쓸데없는 고민에서 스스로를 해방할 수 있습니다)라고 서술하고, 지문 전체적으로 선택지를 줄이는 것과 정신적인 자유의 관계를 서술하고 있으므로, 4 選択における自由を減らすことで、精神的な自由が手にいれられる(선택에서의 자유를 줄임으로써, 정신적인 자유를 손에 넣을 수 있다)가 정답이다.

어휘 従う したがう 동 따르다 優先 ゆうせん 명 우선

실전 대비하기 2

p.306

| 1 1 | 2 4 | 3 2 | 4 3 | 5 2 |
| 6 1 | 7 4 | 8 3 | | |

문제11 다음 (1)에서 (4)의 글을 읽고, 뒤의 물음에 대한 답으로 가장 알맞은 것을, 1·2·3·4에서 하나 고르세요.

1-2

지금의 자신을 바꾸고 싶다고 생각하고 있는 사람이 적지 않은 현대, 그런 책이 팔리고 있기도 하고, 또 그것을 위한 세미나가 실시되고 있기도 하다.

[1]책이나 세미나에서 소개되고 있는 것은 대개, 노력이 필요하다는 내용인데, 과연 노력이 지속되는 사람은 대체 어느 정도 있는 것일까? 나에게는 무리다. 나와 같은 의견인 사람도 많을 것이다. 노력을 오래 지속시키는 것은 어렵고, 실패로 끝나는 경우가 많은 것은 아닐까? 왜냐하면, 노력이라는 것은 대개 괴로운 것이기 때문이다. 변화의 과정은 괴로운 법이라는 것이 전제인 것이다.

그럼, 어떻게 하면 자신을 바꿀 수 있는 것일까? [2]자신을 바꾸고 싶다고 생각하고 있는 사람은 우선, 어떻게 하면 자신을 바꿀 수 있을지 생각하지 않아야 한다. '생각하지 않고 어떻게 행동해?'라고 생각하는 사람이 있을지도 모른다. 하지만, 생각하는 것은 변화를 뒤로 미루고 있는 것뿐이고 의미가 없는 것이다. 또 이것저것 생각해 버리는 것은, 변화를 두려워하고 있기 때문일지도 모른다. 그러한 준비 시간 따위 필요 없다. 행동하기 위해서 준비를 하는 것이 아니라, [2]행동하면서 준비를 하면 된다. 행동을 하면 변화를 느낄 수 있다. 그 변화의 과정을 즐길 수 있으면, 자신을 바꿀 수 있는 것이다.

(주) 전제: 어떤 사건이 성립하기 위한 기본이 되는 조건

어휘 変える かえる 동 바꾸다 現代 げんだい 명 현대 セミナー 명 세미나
実施 じっし 명 실시 紹介 しょうかい 명 소개
だいたい 부 대개, 대체로 努力 どりょく 명 노력
必要だ ひつようだ な형 필요하다 内容 ないよう 명 내용
果たして はたして 부 과연 持続 じぞく 명 지속
無理だ むりだ な형 무리다 意見 いけん 명 의견
長続き ながつづき 명 오래 지속함 失敗 しっぱい 명 실패
たいてい 부 대개 つらい い형 괴롭다, 힘들다 変化 へんか 명 변화
過程 かてい 명 과정 前提 ぜんてい 명 전제 行動 こうどう 명 행동
~かもしれない ~일지도 모른다 先延ばし さきのばし 명 뒤로 미룸
あれこれ 부 이것저것 恐れる おそれる 동 두려워하다
準備時間 じゅんびじかん 명 준비 시간 出来事 できごと 명 사건
成立 せいりつ 명 성립 基本 きほん 명 기본 条件 じょうけん 명 조건

1

필자에 의하면, 책이나 세미나에서 소개되는 내용은 어떤 것인가?

1 자신을 바꾸기 위해서는 노력이 필요하다고 하는 것
2 노력을 하는 것이 오래 계속되는 사람은 그다지 없다고 하는 것
3 노력이라고 하는 것은 본래, 괴로운 것이라는 것
4 자신을 바꾼다는 것은 괴로운 과정이 필요하다고 하는 것

해설 질문의 本やセミナーで紹介される内容(책이나 세미나에서 소개되는 내용)와 관련된 내용을 지문에서 찾는다. 두 번째 단락에서 本やセミナーで紹介されているのはだいたい、努力が必要だという内容(책이나 세미나에서 소개되고 있는 것은 대개, 노력이 필요하다는 내용)라고 서술하고 있으므로, 1 自分を変えるためには努力が必要であるということ(자신을 바꾸기 위해서는 노력이 필요하

다고 하는 것)가 정답이다.

어휘 本来 ほんらい 명 본래   続く つづく 동 계속되다

2

자신을 바꾸는 방법에 대해서, 필자의 의견과 맞는 것은 어느 것인가?
1 자신을 바꾸기 위해서는 노력을 계속하는 것이 중요하다.
2 자신을 바꾸기 위한 노력은 괴롭지만, 과정을 즐기면 된다.
3 어떻게 자신을 바꿀지 생각하고, 준비하는 것이 중요하다.
4 자신을 바꾸고 싶은 사람은 생각하지 않고 바로 행동하면 된다.

해설 필자의 의견을 묻고 있으므로 自分を変える方法(자신을 바꾸는 방법)를 지문의 후반부나 지문 전체에서 찾아 자신을 바꾸는 방법에 대한 필자의 의견을 파악한다. 세 번째 단락에서 自分を変えたいと思っている人はまず、どうやったら自分を変えられるか考えないことだ(자신을 바꾸고 싶다고 생각하고 있는 사람은 우선, 어떻게 하면 자신을 바꿀 수 있을지 생각하지 않아야 한다), 그리고 行動しながら準備をするといい(행동하면서 준비를 하면 된다)라고 서술하고 있으므로, 4 自分を変えたい人は考えないですぐに行動するといい(자신을 바꾸고 싶은 사람은 생각하지 않고 바로 행동하면 된다)가 정답이다.

어휘 楽しむ たのしむ 동 즐기다

3-4

아프리카에서 탄생한 인류는, 3만 8천~3만년 전에 어떻게 대륙에서 일본 열도까지 온 것일까? 당시는 지금보다도 기온이 낮고, 바다의 표면은 지금보다 80미터 정도 낮았다고 하지만, 그래도 바다는 건너지 않으면 안 됐다. 바다를 건널 방법을 찾으려고 국립과학박물관 팀이, 나무를 도려내어 구멍을 뚫었을 뿐인 배로, [3]대만에서 오키나와까지 건너는 실험을 하여, 무사히 성공했다. 지도와 시계를 지니지 않고, 태양과 별의 위치에 의지하여 방향을 정하고, 200킬로미터를 꼬박 이틀 가까이 계속 노를 저었다고 한다. [3]인류는 이렇게 이동하여, 세로로 퍼졌다고 증명할 수 있었다.

그러나, 사람은 왜, 죽음의 위험이 있는데도 이동한 것일까? 환경이 나빠져서 이동한 경우도 있었겠지만, [4]사람이 본래 가지는 호기심이 큰 이유는 아닐까? 바다 저편에 무엇이 있는 것일까? 알고 싶다, 가고 싶다는 강한 마음이 모험으로 향하게 한 것은 아닐까? 그리고, 그것을 실현할 수 있었던 것은, 사람이 힘을 합쳐서 협력하는 사회성이 있는 동물이었기 때문일 것이다. 멤버가 다같이 힘과 지혜를 내어, 곤란을 극복하고, 목적을 달성한다. 근원인 부분에 그 DNA가 있기 때문에야말로, 인류는 많은 장소에서 마을을 만들고, 그것을 크게 해온 것이다. 먼 옛날부터 전해져 온 이 정신은, 이후에도 변하는 일은 없을 것이다.

(주1) 도려내어 구멍을 뚫다: 안에 있는 것을 빼내어, 구멍을 뚫는 것
(주2) 달성하다: 목표나 큰 일을 해서 성공하는 것

어휘 アフリカ 명 아프리카   誕生 たんじょう 명 탄생
人類 じんるい 명 인류   大陸 たいりく 명 대륙
日本列島 にほんれっとう 명 일본 열도   当時 とうじ 명 당시
気温 きおん 명 기온   表面 ひょうめん 명 표면

越える こえる 동 건너다, 극복하다   方法 ほうほう 명 방법
探る さぐる 동 찾다
国立科学博物館 こくりつかがくはくぶつかん 명 국립과학박물관
チーム 명 팀   くりぬく 동 도려내어 구멍을 뚫다   船 ふね 명 배
台湾 たいわん 명 대만   沖縄 おきなわ 명 오키나와
実験 じっけん 명 실험   無事だ ぶじだ な형 무사하다
成功 せいこう 명 성공   太陽 たいよう 명 태양   星 ほし 명 별
位置 いち 명 위치   頼り たより 명 의지   方角 ほうがく 명 방향
決める きめる 동 정하다   こぐ 동 젓다   移動 いどう 명 이동
世界 せかい 명 세계   広がる ひろがる 동 퍼지다
証明 しょうめい 명 증명   死 し 명 죽음   危険 きけん 명 위험
環境 かんきょう 명 환경   もともと 부 본래, 원래
好奇心 こうきしん 명 호기심   理由 りゆう 명 이유
気持ち きもち 명 마음   冒険 ぼうけん 명 모험
向かう むかう 동 향하다   実現 じつげん 명 실현
合わせる あわせる 동 합치다   協力 きょうりょく 명 협력
社会性 しゃかいせい 명 사회성   メンバー 명 멤버
知恵 ちえ 명 지혜   困難 こんなん 명 곤란   目的 もくてき 명 목적
達成 たっせい 명 달성   元 もと 명 근원, 기원   部分 ぶぶん 명 부분
大昔 おおむかし 명 먼 옛날   精神 せいしん 명 정신
今後 こんご 명 이후   変わる かわる 동 변하다   抜く ぬく 동 빼다
穴 あな 명 구멍   目標 もくひょう 명 목표

3

바다를 건너는 실험에서는, 어떤 것을 알았는가?
1 인류가 나무를 도려내어 구멍을 뚫었을 뿐인 배로 이동했던 것
2 인류가 어떻게 이동하고, 세계에 퍼졌는가 하는 것
3 인류가 지도와 시계에 의지하여 방향을 정했던 것
4 인류가 오키나와에서 대만까지 꼬박 이틀 가까이 노를 계속해서 저었던 것

해설 질문의 海を渡る実験(바다를 건너는 실험)에서 어떤 것을 알았는지와 관련된 내용을 지문에서 찾는다. 첫 번째 단락에서 台湾から沖縄まで渡る実験をし(대만에서 오키나와까지 건너는 실험을 하여), 그리고 人類はこのように移動し、世界に広がったと証明できた(인류는 이렇게 이동하여, 세계로 퍼졌다고 증명할 수 있었다)라고 서술하고 있으므로, 2 人類がどのように移動し、世界に広がったかということ(인류가 어떻게 이동하고, 세계에 퍼졌는가 하는 것)가 정답이다.

4

필자에 의하면, 인류가 이동한 가장 큰 이유는 무엇인가?
1 죽을지도 모를 것 같은 모험을 하고 싶다고 생각했기 때문에
2 살고 있는 곳의 환경이 나빠졌기 때문에
3 가 본 적이 없는 장소나 모르는 것에 흥미를 가졌기 때문에
4 자신들에게 사회성이 있는지 알고 싶었기 때문에

해설 질문의 人類が移動した(인류가 이동한) 이유와 관련된 내용을 지문에서 찾는다. 두 번째 단락에서 人がもともと持つ好奇心が大きな理由ではないか。海の向こうに何があるのか。知りたい、行き

たいという強い気持ちが冒険へ向かわせたのではないだろうか(사람이 본래 가지는 호기심이 큰 이유는 아닐까? 바다 저편에 무엇이 있는 것일까? 알고 싶다, 가고 싶다는 강한 마음이 모험으로 향하게 한 것은 아닐까?)라고 서술하고 있으므로, 3 行ったことがない場所や知らないことに興味を持ったから(가 본 적이 없는 장소나 모르는 것에 흥미를 가졌기 때문에)가 정답이다.

5-6

[5]외동아이는 형제자매가 없기 때문에, 가정 내에서 어른과 보내는 시간이 비교적 길어진다. 그 결과, 자연스럽게 어른의 대화나 가치관에 친숙해져, 나이에 비해 침착한 반응이나 사고를 보이는 경우가 많다고 한다. 또, 자신의 페이스대로 놀이나 배움을 깊이 있게 할 시간이 풍부하게 있기 때문에, 상상력이나 주체성이 발달하기 쉽다고도 말해지고 있다. 더불어, 부모의 관심과 애정이 한몸에 쏟아짐으로써 자신의 감정이나 의견을 존중하는 자세가 길러지기 쉬운 경향도 보인다.

한편, [6]형제자매가 있는 아이는 일상적으로 타인과의 관계를 통해, 자기 억제나 협조성을 자연스럽게 배워 익힐 기회가 많다. 예를 들어, 갖고 싶은 것을 양보하거나, 역할을 분담하여 매사에 임하거나 하는 과정에서, 대인 관계에서의 유연성이나 공감 능력을 길러 간다. 특히 연하의 형제자매가 있는 경우에는, 돌보는 과정에서 배려나 책임감이 길러지는 경우도 적지 않다.

가정 환경에 따라 길러지는 힘은 다르지만, 어느 쪽의 아이에게도 그 아이만의 장점이나 성장 가능성이 있다. 부모나 주위의 어른이 그 개성을 이해하고, 적절히 지원함으로써 어떤 환경에서도 아이는 풍요롭게 성장해 갈 수 있는 것이다.

(주1) 자기 억제: 자신의 감정이나 욕구를 억누르는 것
(주2) 기르다: 몸에 익히다

어휘 ひとりっ子 ひとりっこ 명 외동아이　きょうだい 명 형제자매
家庭 かてい 명 가정　過ごす すごす 동 보내다, 지내다
比較的だ ひかくてきだ な형 비교적이다　自然と しぜんと 자연스럽게
会話 かいわ 명 대화　価値観 かちかん 명 가치관
親しむ したしむ 동 친숙해지다　年齢 ねんれい 명 나이, 연령
比する ひする 동 비(교)하다　落ち着く おちつく 동 침착하다
応答 おうとう 명 반응, 응답　思考 しこう 명 사고
示す しめす 동 보이다, 나타내다　ペース 명 페이스, 속도
深める ふかめる 동 깊이 있게 하다　豊富だ ほうふだ な형 풍부하다
想像力 そうぞうりょく 명 상상력　主体性 しゅたいせい 명 주체성
育つ そだつ 동 발달하다, 자라다　さらに 부 더불어
関心 かんしん 명 관심　愛情 あいじょう 명 애정
一身に いっしんに 부 한몸에　注ぐ そそぐ 동 쏟다, 붓다
自身 じしん 명 자신　感情 かんじょう 명 감정　意見 いけん 명 의견
尊重 そんちょう 명 존중　姿勢 しせい 명 자세
養う やしなう 동 기르다, 양성하다　傾向 けいこう 명 경향
一方 いっぽう 부 한편　日常的だ にちじょうてきだ な형 일상적이다
他者 たしゃ 명 타인　関わり かかわり 명 관계
〜を通じて 〜をつうじて ~을 통해
自己抑制 じこよくせい 명 자기 억제
協調性 きょうちょうせい 명 협조성

学び取る まなびとる 동 배워 익히다　機会 きかい 명 기회
〜に恵まれる 〜にめぐまれる ~가 많다
例えば たとえば 부 예를 들어　譲る ゆずる 동 양보하다
役割 やくわり 명 역할　分担 ぶんたん 명 분담
物事 ものごと 명 매사, 일　取り組む とりくむ 동 임하다
対人関係 たいじんかんけい 명 대인 관계
柔軟性 じゅうなんせい 명 유연성
共感力 きょうかんりょく 명 공감 능력
培う つちかう 동 기르다, 배양하다　年下 としした 명 연하
場合 ばあい 명 경우　世話をする せわをする 돌보다
過程 かてい 명 과정　思いやり おもいやり 명 배려
責任感 せきにんかん 명 책임감　育む はぐくむ 동 기르다, 육성하다
家庭 かてい 명 가정　環境 かんきょう 명 환경
異なる ことなる 동 다르다　〜ものの ~지만　いずれ 명 어느 쪽
長所 ちょうしょ 명 장점　成長 せいちょう 명 성장
可能性 かのうせい 명 가능성　周囲 しゅうい 명 주위
個性 こせい 명 개성　理解 りかい 명 이해
適切だ てきせつだ な형 적절하다　支援 しえん 명 지원
環境 かんきょう 명 환경　豊かだ ゆたかだ な형 풍요롭다
欲求 よっきゅう 명 욕구　抑える おさえる 동 억누르다
身につける みにつける 몸에 익히다, 습득하다

5

필자는 **외동아이**에 대해, 어떻게 서술하고 있는가?
1 타인과의 관계성을 소중히 생각하고, 존중하며 행동하는 경향이 있다.
2 어른과의 관계가 많기 때문에, 침착한 언동이 몸에 배기 쉽다.
3 형제자매가 없기 때문에, 자연스럽게 사회성을 기르는 것이 어렵다.
4 부모의 관심과 애정을 한 몸에 받기 때문에, 주체성이 발달하기 어려워진다.

해설 지문의 ひとりっ子(외동아이) 주변을 주의 깊게 읽고 어떻게 서술하고 있는지 찾는다. 첫 번째 단락에서 ひとりっ子는 きょうだい가 없기 때문에, 가정 내에서 어른과 과ごす 시간이 비교적 길어진다. 그 결과, 자연스럽게 어른의 会話나 価値観에 친숙해져, 年齢에 비해 落ち着いた 応答나 思考를 示す 경우가 많다(외동아이는 형제자매가 없기 때문에, 가정 내에서 어른과 보내는 시간이 비교적 길어진다. 그 결과, 자연스럽게 어른의 대화나 가치관에 친숙해져, 나이에 비해 침착한 반응이나 사고를 보이는 경우가 많다)라고 언급하고 있으므로 2 大人との関わりが多いため、落ち着いた言動が身につきやすい(어른과의 관계가 많기 때문에, 침착한 언동이 몸에 배기 쉽다)가 정답이다.

어휘 関係性 かんけいせい 명 관계성　ふるまう 동 행동하다, 처신하다
社会性 しゃかいせい 명 사회성

6

필자는 **형제자매가 있는 아이의 장점**은 어떤 점이라고 생각하고 있는가?

1 일상적인 관계 속에서, 자기 억제나 협조성을 몸에 익힐 수 있는 것
2 역할이 주어짐으로써, 자연스럽게 자신의 의견을 주장할 수 있게 되는 것
3 어른과 접할 기회가 제한되어 있는 만큼, 형제자매를 향한 애정이 강한 것
4 형제자매 간의 교류를 통해, 대인 관계의 어려움을 배울 수 있는 것

해설 질문의 きょうだいがいる子の長所(형제자매가 있는 아이의 장점)과 관련된 내용을 지문에서 찾는다. 두 번째 단락에서 きょうだいがいる子どもは日常的に他者との関わりを通じて、自己抑制や協調性を自然に学び取る機会に恵まれている(형제자매가 있는 아이는 일상적으로 타인과의 관계를 통해, 자기 억제나 협조성을 자연스럽게 배워 익힐 기회가 많다)라고 언급하고 있으므로 1 日常的な関わりの中で、自己抑制や協調性を身につけられること(일상적인 관계 속에서, 자기 억제나 협조성을 몸에 익힐 수 있는 것)가 정답이다.

어휘 与える あたえる 图주다, 부여하다　主張 しゅちょう 圏주장
接する せっする 접하다, 대하다　限る かぎる 图제한하다

7-8

　기업이 채용 선고 때에 가장 우선하는 스킬로써 대인 커뮤니케이션 능력을 드는 한편으로, 취준생의 절반이 그 능력에 자신이 없다고 한다. 사회에서 필수로 여겨지고 있음에도 불구하고, 구직자에게 있어서는 습득 곤란한 능력으로써 가로막고 있는 것이다.
　커뮤니케이션의 본질은 '이야기하는' 것과 '듣는' 것이다. [7]이야기하는 법의 요령을 전수하는 자기계발서나 강연회는 항간에 넘치고 있지만, 듣는 행위에 착목하는 사람은 극히 적다. 그러나, 효과적인 의사소통에는, 상대의 발언에서 희망을 헤아려, 그것에 대응해 이야기를 전개시키는 것이 요구되기 때문에, 듣는 힘이야말로 근간이라고 말해도 과장이 아니다.
　이것의 향상에는 상대에게 흥미를 가지는 것이 무엇보다도 지름길이다. 이렇게 말하면 타인에게 흥미를 가질 수 없는 성격이라고 주장하는 사람이 있지만, 애초에 사람은 일면식 없는 사람보다도 친한 사람에 대해 관심을 가지기 마련이다. 평상시 인사밖에 하지 않는 사람에게 '이번에 이사해요.'라고 들어도 대답하기 곤란할지도 모른다. 친밀한 친구로부터 같은 화제가 던져지면 잇따라 질문이 떠오르기 시작할 것이다.
　[8]만일 현시점에서는 무관심한 상대라도 앞으로 계속 관계되는 것이라면, 자발적으로 움직여서, 상대를 알려고 하는 자세로 있는 것이 중요하다. 그에 따라 차츰 흥미가 생겨나, 듣는 법을 잘하게 되어 간다. 이야기하는 법의 습득은 다음 스텝이다.

(주) 항간: 세상

어휘 企業 きぎょう 圏기업　採用 さいよう 圏채용
選考 せんこう 圏선고, 가려 뽑음　〜際 〜さい ~때
最も もっとも 囝가장　優先 ゆうせん 圏우선　スキル 圏스킬, 능력
対人 たいじん 圏대인　コミュニケーション 圏커뮤니케이션
能力 のうりょく 圏능력　挙げる あげる 图들다
一方で いっぽうで 한편으로　就活生 しゅうかつせい 圏취준생

半数 はんすう 圏절반
自信を持てない じしんをもてない 자신이 없다
社会 しゃかい 圏사회　必須 ひっす 圏필수
求職者 きゅうしょくしゃ 圏구직자　習得 しゅうとく 圏습득
困難だ こんなんだ 圉困곤란하다
立ちはだかる たちはだかる 图가로막다　本質 ほんしつ 圏본질
コツ 圏요령　伝授 でんじゅ 圏전수
自己啓発書 じこけいはつしょ 圏자기계발서
講演会 こうえんかい 圏강연회　巷 ちまた 圏항간
溢れる あふれる 图넘치다　行為 こうい 圏행위
着目 ちゃくもく 圏착목, 착안　ごく 囝극히
効果的だ こうかてきだ 圉困효과적이다　意思 いし 圏의사
疎通 そつう 圏소통　相手 あいて 圏상대　発言 はつげん 圏발언
要望 ようぼう 圏희망, 요망　くみ取る くみとる 图헤아리다
応じる おうじる 图대응하다　展開 てんかい 圏전개
求める もとめる 图요구되다　根幹 こんかん 圏근간
大げさだ おおげさだ 圉困과장되다　向上 こうじょう 圏향상
興味 きょうみ 圏흥미　近道 ちかみち 圏지름길　他者 たしゃ 圏타인
性格 せいかく 圏성격　主張 しゅちょう 圏주장　そもそも 囝애초에
見ず知らず みずしらず 圏일면식 없음　関心 かんしん 圏관심
日頃 ひごろ 圏평소　挨拶 あいさつ 圏인사　今度 こんど 圏이번
引っ越す ひっこす 图이사하다　返答 へんとう 圏대답
困る こまる 图곤란하다　親密だ しんみつだ 圉困친밀하다
友人 ゆうじん 圏친구　同様 どうよう 圏같음　話題 わだい 圏화제
振る ふる 图던지다　次々に つぎつぎに 囝잇따라
質問 しつもん 圏질문　湧く わく 图떠오르다　仮に かりに 囝만일
現時点 げんじてん 圏현시점
無関心だ むかんしんだ 圉困무관심하다　今後 こんご 圏앞으로
関わる かかわる 图관계되다　自発的だ じはつてきだ 圉困자발적이다
働きかける はたらきかける 图움직이다　姿勢 しせい 圏자세
肝心だ かんじんだ 圉困중요하다　次第に しだいに 囝차츰
生まれる うまれる 图생겨나다　上達 じょうたつ 圏잘함
次 つぎ 圏다음　ステップ 圏스텝　世の中 よのなか 圏세상

7

커뮤니케이션 능력에 대해서, 필자는 어떻게 말하고 있는가?

1 많은 기업이 대학생의 커뮤니케이션 능력에 불안을 느끼고 있다고 말하고 있다.
2 회사에서 요구되는 레벨의 커뮤니케이션 능력을 가진 학생은 적다고 말하고 있다.
3 커뮤니케이션 능력을 주제로 한 책이나 강좌가 늘기 시작했다고 말하고 있다.
4 커뮤니케이션 능력을 생각할 때에 이야기하는 방법에 주목하는 사람이 많다고 말하고 있다.

해설 질문의 コミュニケーション能力(커뮤니케이션 능력)와 관련된 내용을 지문에서 찾는다. 두 번째 단락에서 話し方のコツを伝授する自己啓発書や講演会は巷に溢れているものの、聞く行為に着目する人はごく少ない(이야기하는 법의 요령을 전수하는 자기계발서나 강연회는 항간에 넘치고 있지만, 듣는 행위에 착목하는 사람은

극히 적다)라고 서술하고 있으므로, 4 コミュニケーション能力を考える際に話し方に注目する人が多いと述べている(커뮤니케이션 능력을 생각할 때에 이야기하는 방법에 주목하는 사람이 많다고 말하고 있다)가 정답이다.

어휘 講座 こうざ 	⃞명	 강좌

8

필자는, 커뮤니케이션 능력을 높이기 위해서 할 수 있는 것은 무엇이라고 생각하고 있는가?

1 대화에서 상대의 요구를 헤아려, 그것에 맞는 이야기를 하는 것
2 상대의 이야기를 듣고 자연스럽게 떠오른 질문을 던지는 것
3 대화를 통해서 상대를 알고, 흥미를 가질 수 있도록 하는 것
4 흥미가 있는 상대에게는 스스로 과감히 이야기를 거는 것

해설 질문의 コミュニケーション能力を高めるためにできること(커뮤니케이션 능력을 높이기 위해서 할 수 있는 것)는 무엇이라고 생각하는지와 관련된 내용을 지문에서 찾는다. 네 번째 단락에서 仮に現時点では無関心な相手でも今後関わり続けるのなら、自発的に働きかけ、相手を知ろうとする姿勢でいることが肝心だ。それによって次第に興味が生まれ、聞き方が上達していく(만일 현 시점에서는 무관심한 상대라도 앞으로 계속 관계되는 것이라면, 자발적으로 움직여서, 상대를 알려고 하는 자세로 있는 것이 중요하다. 그에 따라 차츰 흥미가 생기나, 듣는 법을 잘하게 되어 간다)라고 서술하고 있으므로, 3 会話を通して相手のことを知り、興味を持てるようにすること(대화를 통해서 상대를 알고, 흥미를 가질 수 있도록 하는 것)가 정답이다.

어휘 会話 かいわ 	⃞명	 대화 要求 ようきゅう 	⃞명	 요구
浮かぶ うかぶ 	⃞동	 떠오르다 投げ掛ける なげかける 	⃞동	 던지다
思い切って おもいきって 과감히

실전 대비하기 3   p.314

| 1 1 | 2 4 | 3 2 | 4 2 | 5 3 |
| 6 3 | 7 1 | 8 3 | 9 2 | |

문제 11 다음 (1)에서 (3)의 글을 읽고, 뒤의 물음에 대한 답으로 가장 알맞은 것을, 1·2·3·4에서 하나 고르세요.

1-3

여름이 되면 저녁에 갑자기, 많은 비가 내리는 경우가 있습니다. 여름의 저녁 비는 소나기라고 불리며, 여름의 풍물시 중 하나였습니다. 하지만 최근, 시간에 관계없이, 폭우가 내리게 되었습니다. 이것은, [1]매우 좁은 범위에서, 단시간에, 수십 밀리미터 이상 내리는 것으로, [2]국지적 폭우, 또는 게릴라 호우라고 불리고 있고, 근래, 여름이 되면 반드시 발생하고 있습니다.

이 비가 문제인 것은, 뭐니 뭐니 해도 언제 내리는가라는 예측이

어려운 것입니다. 아침, 텔레비전을 켜서 [2]일기예보를 봤을 때, 맑음 마크가 표시되어 있으면, 대부분의 사람들은 외출할 때 우산을 지니지 않고 집을 나갈 것입니다. 그런데, 갑자기 기온이 내려가, 돌연, 대량의 비가 내리는 것입니다. 깜빡, 우산을 지니지 않고 나간 사람들이, 지붕이 있는 장소로 달려가 피난하는 모습도 드물지 않게 되었고, '오늘, 일기예보에서는 맑음이었지?' 등의 대화도 자주 듣게 되었습니다.

일본의 여름의 이미지는 조금 변화했다고 생각합니다. 지금까지는 일본의 더운 여름의 이미지라고 하면, 몸을 식히기 위한 빙수나 부채, 여름의 밤하늘에 올라가는 아름다운 불꽃놀이 등을 들 수 있었습니다만, [3]지금은, '여름이라고 하면 비'라고 말할 수 있을 정도로 비의 양이 증가했습니다. 그러므로, 여름에는 언제나 우산을 지니고 다니도록 하면 안심할 수 있겠지요.

(주) 풍물시: 그 계절에만 볼 수 있는 물건이나 일

어휘 突然 とつぜん 	⃞명	 갑자기, 돌연 夕立 ゆうだち 	⃞명	 소나기
風物詩 ふうぶつし 	⃞명	 풍물시 最近 さいきん 	⃞명	 최근
関係 かんけい 	⃞명	 관계 大雨 おおあめ 	⃞명	 폭우
非常に ひじょうに 	⃞부	 매우, 몹시 範囲 はんい 	⃞명	 범위
短時間 たんじかん 	⃞명	 단시간 ミリ 밀리미터
以上 いじょう 	⃞명	 이상 局地的 きょくちてき 	⃞명	 국지적
または 	⃞접	 또는 ゲリラ豪雨 ゲリラごうう 게릴라 호우
近年 きんねん 	⃞명	 근래, 근년 必ず かならず 	⃞부	 반드시
発生 はっせい 	⃞명	 발생 なんといっても 뭐니 뭐니 해도
予測 よそく 	⃞명	 예측 天気予報 てんきよほう 일기예보
マーク 마크 ほとんど 	⃞부	 대부분 出掛ける でかける 	⃞동	 외출하다
それなのに 	⃞접	 그런데, 그럼에도 불구하고 急に きゅうに 	⃞부	 갑자기
気温 きおん 	⃞명	 기온 下がる さがる 	⃞동	 내려가다
大量 たいりょう 	⃞명	 대량 うっかり 	⃞부	 깜빡 屋根 やね 	⃞명	 지붕
場所 ばしょ 	⃞명	 장소 避難 ひなん 	⃞명	 피난 姿 すがた 	⃞명	 모습
めずらしい 	⃞い형	 드물다 会話 かいわ 	⃞명	 대화, 회화
耳にする みみにする 듣다 日本 にほん 	⃞명	 일본
イメージ 	⃞명	 이미지 変化 へんか 	⃞명	 변화 ~といえば ~라고 하면
冷やす ひやす 	⃞동	 식히다, 차갑게 하다 かき氷 かきごおり 	⃞명	 빙수
うちわ 	⃞명	 부채 夜空 よぞら 	⃞명	 밤하늘 あがる 	⃞동	 올라가다
花火 はなび 	⃞명	 불꽃놀이 増加 ぞうか 	⃞명	 증가
ですから 	⃞접	 그러므로 安心 あんしん 	⃞명	 안심

1

여름의 비에는 어떤 특징이 있는가?

1 짧은 시간에, 좁은 지역에서 많은 비가 갑자기 내린다.
2 좁은 지역에 많이 내리지만, 갑자기 내리는 경우는 없다.
3 비의 양은 많지만, 내리는 것은 저녁뿐이다.
4 일기예보가 맑음이어도, 반드시 비가 내리는 시간이 있다.

해설 질문의 夏の雨(여름의 비)의 특징과 관련된 내용을 지문에서 찾는다. 첫 번째 단락에서 非常に狭い範囲で、短時間に、数十ミリ以上降るもの(매우 좁은 범위에서, 단시간에, 수십 밀리미터 이상 내리는 것)라고 서술하고 있으므로, 1 短い時間に、狭い地域でたくさんの雨が突然降る(짧은 시간에, 좁은 지역에서 많은 비가 갑자기

내린다)가 정답이다.

어휘 特徴 とくちょう 圏특징

2

국지적 폭우라고 불리고 있는 비에 대해서, 필자는 어떻게 서술하고 있는가?

1 짧은 시간에 그치기 때문에 피해가 적다.
2 여름 오후부터 저녁에 걸쳐 발생한다.
3 일기예보에서 맑음인 날에 발생한다.
4 일기예보만으로는 알 수 없다.

해설 질문의 局地的大雨(국지적 폭우)와 관련된 내용을 지문에서 찾는다. 첫 번째 단락에서 局地的大雨、またはゲリラ豪雨と呼ばれており(국지적 폭우, 또는 게릴라 호우라고 불리고 있고)라고 서술하고, 두 번째 단락에서 天気予報を見たとき、晴れのマークがついていれば、ほとんどの人は出掛けるときに傘を持たずに家を出るでしょう。それなのに、急に気温が下がって、突然、大量の雨が降るのです(일기예보를 봤을 때, 맑음 마크가 표시되어 있으면, 대부분의 사람들은 외출할 때 우산을 지니지 않고 집을 나갈 것입니다. 그런데, 갑자기 기온이 내려가, 돌연, 대량의 비가 내리는 것입니다)라고 서술하고 있으므로, 4 天気予報だけではわからない(일기예보만으로는 알 수 없다)가 정답이다.

어휘 被害 ひがい 圏피해 ~にかけて ~에 걸쳐

3

일본의 여름의 이미지는 조금 변화했다라고 하는데, 그것은 왜인가?

1 기온이 매년 높아져 왔기 때문에
2 갑자기 내리는 비가 많아졌기 때문에
3 일기예보가 맞지 않게 됐기 때문에
4 비가 내리는 시간이 길어졌기 때문에

해설 지문의 日本の夏のイメージは少し変化した(일본의 여름의 이미지는 조금 변화했다) 주변을 주의 깊게 읽고 이유를 찾는다. 뒷부분에서 今では、「夏といえば雨！」と言えるほど雨の量が増加しました(지금은, '여름이라고 하면 비!'라고 말할 수 있을 정도로 비의 양이 증가했습니다)라고 서술하고 있으므로, 2 突然降る雨が多くなったから(갑자기 내리는 비가 많아졌기 때문에)가 정답이다.

어휘 年々 ねんねん 圏매년, 해마다 あたる 图맞다

4-6

현대 사회에서는 스마트폰과 태블릿의 보급에 의해, 언제든 어디에서든 방대한 양의 정보에 용이하게 접근할 수 있는 환경이 갖추어져 있다. SNS와 인터넷 사이트에서는 끊임없이 방대한 정보가 발신되고, 많은 사람이 그것들의 소비에 상당한 시간을 소비하고 있다. [4]정보의 바다에 빠진다는 표현이 딱 들어맞는 상황으로, 많은 사람이 정보 과다에 의한 심리적 피로와 불안감을 안고 있다.

대량 정보 사회에서는 개인의 검색 이력과 취향에 기반한 정밀한 알고리즘에 의해 정보가 선별되어, 개인에게 맞춰 제공되는 구조가 확립되어 있다. [5]이것은 얼핏 보면 편리한 기능처럼 생각되지만, 실은 우리의 시야를 좁히는 위험성을 내포하고 있다. 자신의 흥미나 의견에 맞는 정보에만 접함으로써 '필터 버블'이라 불리는 현상이 발생하여, 다양한 시각이나 다른 의견에 접할 기회가 감소해 버린다. 그런 정보가 배제되고 자신의 관심에 맞춘 정보만을 받게 된 우리의 사상에서는 다양성이 상실되어 간다는 문제가 발생하고 있다.

이 대량 정보 사회를 살아나가려면 우선, [6]정보의 질을 가려내는 능력을 갖추어야 한다. 모든 정보를 무비판적으로 받아들이는 것이 아니라, 정보원의 신뢰성이나 정보의 정확성을 확인하는 습관이 필요하다. 또, 의식적으로 자신과 다른 의견이나 시각에 접하도록 노력하고, 정보의 다양성을 확보하려는 노력도 중요하다. 대량의 정보가 넘치는 현대이기 때문에야말로, 정보 리터러시를 향상시켜 비판적 사고를 갈고닦는 것이, 정보에 휘둘리지 않고 정보를 유효하게 활용하기 위한 열쇠가 되는 것이다.

(주1) 정보 과다: 여기서는, 인간이 처리할 수 있는 양을 초과하여, 정보가 넘치고 있는 상태
(주2) 내포하다: 포함하다
(주3) 무비판적으로 받아들이다: 잘 생각하지 않고 받아들이다

어휘 現代社会 げんだいしゃかい 圏현대 사회
スマートフォン 圏스마트폰 タブレット 圏태블릿
普及 ふきゅう 圏보급 膨大だ ぼうだいだ 恼방대하다
量 りょう 圏양 情報 じょうほう 圏정보
容易だ よういだ 恼용이하다 アクセス 圏접근
環境 かんきょう 圏환경 整う ととのう 图갖추어지다
どんどん 囝끊임없이 発信 はっしん 圏발신
消費 しょうひ 圏소비 相当だ そうとうだ 恼상당하다
費やす ついやす 图소비하다, 들이다
溺れる おぼれる 图빠지다, 익사하다 表現 ひょうげん 圏표현
ぴったり 囝딱 들어맞음 状況 じょうきょう 圏상황
過多 かた 圏과다 心理的だ しんりてきだ 恼심리적이다
疲労 ひろう 圏피로 不安感 ふあんかん 圏불안감
抱える かかえる 图안다, 떠맡다
大量情報社会 たいりょうじょうほうしゃかい 圏대량 정보 사회
個人 こじん 圏개인 検索 けんさく 圏검색 履歴 りれき 圏이력
好み このみ 圏취향 基づく もとづく 图기반하다
精密だ せいみつだ 恼정밀하다 アルゴリズム 圏알고리즘
選別 せんべつ 圏선별 提供 ていきょう 圏제공
仕組み しくみ 圏구조, 시스템 確立 かくりつ 圏확립
一見 いっけん 囝얼핏 보면 機能 きのう 圏기능
思える おもえる 图생각되다 実は じつは 囝사실은
我々 われわれ 圏우리 視野 しや 圏시야
危険性 きけんせい 圏위험성 はらむ 图내포하다, 품다
興味 きょうみ 圏흥미 意見 いけん 圏의견
接する せっする 图접하다 フィルターバブル 圏필터 버블
現象 げんしょう 圏현상 生じる しょうじる 图발생하다
多様だ たようだ 恼다양하다 視点 してん 圏시각, 시점
異なる ことなる 图다르다 触れる ふれる 图접하다
機会 きかい 圏기회 減少 げんしょう 圏감소
排除 はいじょ 圏배제 関心 かんしん 圏관심

受け取る うけとる 图받다　思想 しそう 图사상
多様性 たようせい 图다양성　失う うしなう 图상실하다, 잃다
生き抜く いきぬく 图살아나가다　質 しつ 图질
見極める みきわめる 图가려내다
身につける みにつける 갖추다, 익히다
~ことだ ~해야 한다, ~하는 것이 중요하다
鵜呑みにする うのみにする 무비판적으로 받아들이다
信頼性 しんらいせい 图신뢰성　正確性 せいかくせい 图정확성
確認 かくにん 图확인　習慣 しゅうかん 图습관
必要だ ひつようだ な형필요하다
意識的だ いしきてきだ な형의식적이다
心掛ける こころがける 图노력하다, 마음에 두다
確保 かくほ 图확보　努力 どりょく 图노력
重要だ じゅうようだ な형중요하다　あふれる 图넘치다
リテラシー 图리터러시, 읽고 쓰는 능력　向上 こうじょう 图향상
批判的だ ひはんてきだ な형비판적이다　思考 しこう 图사고
磨く みがく 갈고닦다　振り回す ふりまわす 휘두르다
有効だ ゆうこうだ な형유효하다　活用 かつよう 图활용
鍵 かぎ 图열쇠　処理 しょり 图처리　超える こえる 图초과하다
状態 じょうたい 图상태　含む ふくむ 图포함하다
受け入れる うけいれる 图받아들이다

4

정보의 바다에 빠진다고 하는데, 그것은 어떤 상황인가?

1 방대한 정보가 끊임없이 발신되어, 필요한 정보를 선택할 수 없는 상황
2 **방대한 정보를 소비하는 데에, 심리적 피로와 불안감을 느끼고 있는 상황**
3 스마트폰이나 태블릿 사용에 상당한 시간을 소비하고, 생활에 문제가 생기고 있는 상황
4 스마트폰이나 태블릿이 보급되어, 정확한 정보에 접근이 어려워지고 있는 상황

해설 지문의 情報の海に溺れる(정보의 바다에 빠진다) 주변을 주의 깊게 읽고 어떤 상황인지 찾는다. 첫 번째 단락에서 情報の海に溺れるという表現がぴったりの状況で、多くの人が情報過多による心理的疲労や不安感を抱えている(정보의 바다에 빠진다는 표현이 딱 들어맞는 상황으로, 많은 사람이 정보 과다에 의한 심리적 피로와 불안감을 안고 있다)라고 언급하고 있으므로 2 膨大な情報を消費することに、心理的疲労や不安感を感じている状況(방대한 정보를 소비하는 데에, 심리적 피로와 불안감을 느끼고 있는 상황)이 정답이다.

어휘 使用 しよう 图사용　正確だ せいかくだ な형정확하다

5

대량 정보 사회에서 개인에게 맞춘 정보 제공의 문제점은 무엇인가?

1 검색 이력에 기반한 정보 제공이 확립되어, 개인 정보가 유출될 위험성이 있는 것

2 알고리즘의 구조로 인해 발신이 증가하여, 새로운 정보를 따라잡을 수 없는 것
3 **자신이 관심을 가지는 정보밖에 접하지 않게 되어, 시야가 점점 좁아지는 것**
4 사상의 다양성이 상실되어, 자신과는 다른 의견을 배제하게 되는 것

해설 질문의 個人に合わせた情報提供の問題点(개인에게 맞춘 정보 제공의 문제점)과 관련된 내용을 지문에서 찾는다. 두 번째 단락에서 これは一見便利な機能のように思えるが、実は我々の視野を狭める危険性をはらんでいる。自分の興味や意見に合う情報だけに接することで「フィルターバブル」と呼ばれる現象が生じ(이것은 얼핏 보면 편리한 기능처럼 생각되지만, 실은 우리의 시야를 좁히는 위험성을 내포하고 있다. 자신의 흥미나 의견에 맞는 정보에만 접함으로써 '필터 버블'이라 불리는 현상이 발생하여)라고 언급하고 있으므로 3 自分が関心を持つ情報にしか触れなくなって、視野がどんどん狭まること(자신이 관심을 가지는 정보밖에 접하지 않게 되어, 시야가 점점 좁아지는 것)가 정답이다.

어휘 流出 りゅうしゅつ 图유출　追いつく おいつく 图따라잡다
狭まる せばまる 图좁아지다

6

대량 정보 사회에 있어서의 정보 처리에 대해, 필자의 주장과 가장 맞는 것은 어느 것인가?

1 정보는 질도 양도 중요하므로, 가능한 한 많은 정보에 접하고 비판적 사고를 갈고닦아야 한다.
2 알고리즘을 이용하지 않도록 해서, 모든 정보에 평등하게 접해야 한다.
3 **신뢰할 수 있는 정보인지 어떤지를 가려내면서, 다양한 정보에 접하는 노력을 해야 한다.**
4 정보 과다로 인한 심리적 피로를 방지하기 위해, 받는 정보량을 의식적으로 제한해야 한다.

해설 필자의 의견을 묻고 있으므로 大量情報社会における情報の扱い(대량 정보 사회에 있어서의 정보 처리)를 지문의 후반부나 지문 전체에서 찾아 정보 처리에 대한 필자의 의견을 파악한다. 세 번째 단락에서 情報の質を見極める力を身につけることだ。すべての情報を鵜呑みにするのではなく、情報源の信頼性や情報の正確性を確認する習慣が必要だ。また、意識的に自分と異なる意見や視点に触れるよう心掛け、情報の多様性を確保しようとする努力も重要である(정보의 질을 가려내는 능력을 갖추어야 한다. 모든 정보를 무비판적으로 받아들이는 것이 아니라, 정보원의 신뢰성이나 정보의 정확성을 확인하는 습관이 필요하다. 또, 의식적으로 자신과 다른 의견이나 시각에 접하도록 노력하고, 정보의 다양성을 확보하려는 노력도 중요하다)라고 언급하고 있으므로 3 信頼できる情報かどうかを見極めながら、多様な情報に接する努力をするべきだ(신뢰할 수 있는 정보인지 어떤지를 가려내면서, 다양한 정보에 접하는 노력을 해야 한다)가 정답이다.

어휘 利用 りよう 图이용　平等だ びょうどうだ な형평등하다
防ぐ ふせぐ 图막다, 방지하다　制限 せいげん 图제한

7-9

　최근 화제가 되고 있는 책이 있다. 근트레, 즉 몸을 강하게 하는 근육 트레이닝에 관한 책인데, 트레이닝 방법이 아니라, 왜 근트레이닝이 필요한지가 쓰여 있다. 그 책에 의하면, 근트레를 하는 것에 의해, 인생을 바꾸는 것도 가능하다고 한다. 실제로, [7]나도 근트레를 시작하고 나서, 생활이 제법 바뀌었다. 아니, 생활뿐만 아니라, 사고방식도 바뀌었다고 생각한다. 몸을 움직이고 있는 것으로, 마음이 매우 밝아진 것이다. 자신의 몸을 자기 자신이 만들어 내가는 즐거움은, 자신이 할 수 있는 것이 늘어나는 즐거움이기도 하다.

　생활 속에서 변한 것 중의 하나는, 수면시간이다. 근트레 덕분에 잘 잘 수 있게 되었다. 그 일을 호주인 친구와 이야기했는데, 그 친구는 하루에 7시간은 자도록 하고 있다고 말했다. 매일, 일로 매우 바쁜 사람이라서, '자는 것이 아깝지 않아?'라고 질문했더니, 웃음을 샀다. '수면시간이 부족하면, 결단력이 둔해지지?'라고. [8]그 사람은 좋은 일을 하고, 좋은 인생을 살기 위해서는, 머릿속을 상쾌하게 하는 데 충분한 수면시간이야말로 필요하다고 말했다.

　[9]몸을 움직이는 즐거움과, 적당한 수면. 언뜻 보기에, 쓸모없어 보이는 이 두 가지는, 바쁜 현대인에게야말로 필요한 것일지도 모른다.

(주) 결단력이 둔해지다 : 무언가를 결정할 때에 시간이 걸리게 되다

어휘 最近 さいきん 圏최근　話題 わだい 圏화제
　　筋トレ きんトレ 圏근트레 (근육 트레이닝의 줄임말)　つまり 圉즉
　　筋肉 きんにく 圏근육　トレーニング 圏트레이닝
　　〜に関する 〜にかんする 〜에 관한　仕方 しかた 圏방법
　　必要だ ひつようだ な圏필요하다　人生 じんせい 圏인생
　　変える かえる 圐바꾸다　可能 かのう 圏가능
　　実際 じっさい 圉실제로　始める はじめる 圐시작하다
　　〜てから ~하고 나서, ~하고부터　生活 せいかつ 圏생활
　　かなり 圉제법, 꽤　考え方 かんがえかた 圏사고방식, 사고
　　動かす うごかす 圐움직이다, 움직이게 하다
　　気持ち きもち 圏마음, 기분　自分自身 じぶんじしん 圏자기 자신
　　作り上げる つくりあげる 圐만들어 내다　楽しさ たのしさ 圏즐거움
　　増える ふえる 圐늘어나다　睡眠時間 すいみんじかん 圏수면시간
　　おかげ 圏덕분, 덕택　眠る ねむる 圐자다
　　オーストラリア 圏호주, 오스트레일리아　友人 ゆうじん 圏친구
　　もったいない い圏아깝다　笑う わらう 圐웃다
　　足りない たりない 부족하다　決断力 けつだんりょく 圏결단력
　　鈍る にぶる 圐둔해지다　すっきり 圉상쾌한 모양, 산뜻한 모양
　　十分だ じゅうぶんだ な圏충분하다　〜こそ ~야말로
　　適度だ てきどだ な圏적당하다, 적절하다
　　一見 いっけん 圉언뜻 보기에　無駄だ むだだ な圏쓸모없다
　　見える みえる 圐보이다　現代人 げんだいじん 圏현대인
　　〜かもしれない ~일지도 모른다

7

트레이닝을 시작하고, 필자는 어떻게 변했다고 서술하고 있는가?

1　운동하는 것을 통해, 마음이 밝아졌다.
2　자신의 건강에 주의하게 되어, 생활이 변했다.
3　1일의 생활 방식이 변했기 때문에, 자는 시간이 늘었다.
4　할 수 있는 것이 늘어서, 일을 잘 할 수 있게 되었다.

해설 질문의 トレーニングを始めて(트레이닝을 시작하고) 필자는 어떻게 변했는지와 관련된 내용을 지문에서 찾는다. 첫 번째 단락에서 私も筋トレを始めてから、生活がかなり変わった。いや、生活だけでなく、考え方も変わったと思う。体を動かしていることで、気持ちがとても明るくなったのだ(나도 근트레를 시작하고 나서, 생활이 제법 바뀌었다. 아니, 생활뿐만 아니라, 사고방식도 바뀌었다고 생각한다. 몸을 움직이고 있는 것으로, 마음이 매우 밝아진 것이다)라고 서술하고 있으므로, 1 運動することを通して、気持ちが明るくなった(운동하는 것을 통해, 마음이 밝아졌다)가 정답이다.

어휘 注意 ちゅうい 圏주의

8

자는 시간을 충분히 취하는 것은 왜 필요한 것인가?

1　바쁜 일을 하고 있으면, 자는 시간이 부족하기 때문에
2　자는 시간이 부족하면, 인생을 바꿀 수 없기 때문에
3　여러 가지 일을, 잘 돌아가는 머리로 결정할 수 있게 되기 때문에
4　트레이닝 후에는, 몸을 잘 쉬게 하는 시간이 필요하기 때문에

해설 질문의 眠る時間を十分に取ること(자는 시간을 충분히 취하는 것)가 왜 필요한지와 관련된 내용을 지문에서 찾는다. 두 번째 단락에서 その人はいい仕事をし、いい人生にするためには、頭の中をすっきりとさせるのに十分な睡眠時間こそが必要なのだと言っていた(그 사람은 좋은 일을 하고, 좋은 인생을 살기 위해서는, 머릿속을 상쾌하게 하는 데 충분한 수면시간이야말로 필요하다고 말했다)라고 서술하고 있으므로, 3 いろいろなことを、よく回る頭で決められるようになるから(여러 가지 일을, 잘 돌아가는 머리로 결정할 수 있게 되기 때문에)가 정답이다.

어휘 回る まわる 圐돌다　休める やすめる 圐쉬게 하다

9

이 글에서 필자가 말하고 싶은 것은 무엇인가?

1　트레이닝과 충분한 수면은 바쁘기 때문에 필요하지만, 시간의 낭비다.
2　몸을 움직이는 것과 충분히 자는 것은, 대단히 중요한 일이다.
3　인생에서는 쓸모없어 보이는 것을 소중히 하는 시간이 필요하다.
4　인생에서는 즐겁다고 생각하는 것을 하는 것이 수면과 같은 정도로 필요하다.

해설 지문의 주제를 묻고 있으므로 지문의 후반부나 지문 전체를 읽으며 정답의 단서를 찾는다. 세 번째 단락에서 体を動かす楽しさと、適度な睡眠。一見、無駄に見えるこの二つは、忙しい現代人にこそ必要なものなのかもしれない(몸을 움직이는 즐거움과, 적당한 수면. 언뜻 보기에, 쓸모없어 보이는 이 두 가지는, 바쁜 현대인에게야말로 필요한 것일지도 모른다)라고 서술하고, 지문 전체적으로 몸을 움직이는 것과 충분히 자는 것의 중요성을 서술하고 있으므로, 2 体を動かすことと十分に眠ることは、非常に大切なことだ(몸을

움직이는 것과 충분히 자는 것은, 대단히 중요한 일이다)가 정답이다.

어휘 非常に ひじょうに 團 대단히

 통합이해

실력 다지기
p.324

01 ①   02 ①   03 ②   04 ②

01

A
　　YouTube에 동영상을 올리고, 활동하는 사람을 '유튜버'라고 합니다. '브이튜버'란, 사람이 아닌 3D 또는 2D인 캐릭터가 사람을 대신해서 활동하는 것을 말합니다. 자기 자신이 아닌, 캐릭터를 사용하여 YouTube에서 활동하는 것이 가능하게 되었기 때문에, 성별이나 신체의 핸디캡을 극복할 수 있어, 앞으로도 '브이튜버'의 수는 눈에 보일 정도로 늘어갈 것이라고 예상됩니다.

B
　　'브이튜버'가 되는 것은, 여러 가지 장애물이 있습니다. 대다수의 사람은 YouTube로서 활동을 하면 수익을 얻을 수 있기 때문에, YouTube를 시작하는 사람이 많습니다. 하지만, '브이튜버'는 수익이 없는 활동 초기에 3D 또는 2D인 캐릭터를 만드는 것에 대량의 비용이 듭니다. 인기를 얻는다는 보장이 없는 상황에서, 이러한 도전을 하는 사람은 그 정도로 많지 않을 것입니다.

'브이튜버'에 대해 A와 B는 어떻게 서술하고 있는가?
① A는 앞으로 브이튜버가 늘어날 것으로 예상하고, B는 브이튜버가 되고 싶은 사람이 그다지 많지 않을 것으로 예상하고 있다.
② A는 브이튜버가 되기 위해서는 비용이 많이 든다고 말하고, B는 브이튜버가 캐릭터로서 활동하는 등의 장점이 많다고 말하고 있다.

어휘 動画 どうが 圏동영상　載せる のせる 图올리다, 게시하다
活動 かつどう 圏활동　または 쩝또는　キャラクター 圏캐릭터
代わり かわり 圏대신　自分自身 じぶんじしん 圏자기 자신
可能 かのう 圏가능　性別 せいべつ 圏성별　身体 しんたい 圏신체
ハンディキャップ 圏핸디캡　克服 こくふく 圏극복　数 かず 圏수
増える ふえる 图늘다　予想 よそう 圏예상
様々だ さまざまだ な형여러 가지다　障害 しょうがい 圏장애물, 장애
大体 だいたい 圏대다수, 대체　収益 しゅうえき 圏수익
得る える 图얻다　始める はじめる 图시작하다　初期 しょき 圏초기
大量 たいりょう 圏대량　費用 ひよう 圏비용　人気 にんき 圏인기
保証 ほしょう 圏보장　状況 じょうきょう 圏상황
挑戦 ちょうせん 圏도전　長所 ちょうしょ 圏장점

02

A
　　기억력을 향상시키는 가장 효과적인 방법은 반복 학습입니다. 정보를 장기 기억으로 변환하기 위해서는, 일정한 간격을 두고 복습하는 것이 효과적입니다. 학습한 내용을 24시간 이내에 다시 한 번, 그 후 일주일 이내에 다시 한 번, 한달 이내에 마지막으로 다시 복습하면 기억에 오래 남습니다. 또한, 정보와 정보를 연결하여, 관련성을 만드는 것도 중요합니다. 마인드 맵이나 개념도를 활용하면 정보 사이에 연결이 생겨, 기억 효율이 높아집니다. 충분한 수면도 필수입니다. 수면 중에 뇌가 학습한 정보를 정리하고 저장하는 과정을 수행하기 때문입니다.

B
　　기억력 향상을 위해서는, 생활 습관의 개선이 불가결합니다. 규칙적인 운동은 뇌의 혈류량을 늘리고, 인지 기능을 향상시킵니다. 특히 유산소 운동은 기억력 강화에 도움이 된다고 말해지고 있습니다. 영양 풍부한 식사를 하는 것도 중요한데, 오메가3 지방산 등이 함유된 식품은 뇌에 좋은 영향을 줍니다. 학습 방법으로는, 배운 내용을 복습하는 것이 기억력 향상에 효과적입니다. 새로운 정보를 계획적으로 복습하면, 장기 기억으로 변환되는 비율이 크게 높아집니다. 또 스트레스 관리도 기억력 유지에 중요한 요소입니다.

A와 B의 어느 쪽의 글에서도 서술되고 있는 것은 무엇인가?
① 복습은 장기 기억을 위해 중요하다.
② 기억력을 좋게 하기 위해서는 생활 개선이 필요하다.

어휘 記憶力 きおくりょく 圏기억력　向上 こうじょう 圏향상
最も もっとも 團가장　効果的だ こうかてきだ な형효과적이다
繰り返し くりかえし 圏반복　学習 がくしゅう 圏학습
情報 じょうほう 圏정보　長期 ちょうき 圏기억　記憶 きおく 圏기억
変換 へんかん 圏변환　一定 いってい 圏일정
間隔 かんかく 圏간격　置く おく 图두다　復習 ふくしゅう 圏복습
再び ふたたび 團다시　残る のこる 图남다
関連性 かんれんせい 圏관련성
結びつく むすびつく 图연결하다, 결부짓다
概念図 がいねんず 圏개념도　活用 かつよう 圏활용
効率 こうりつ 圏효율　高まる たかまる 图높아지다
睡眠 すいみん 圏수면　必須 ひっす 圏필수　脳 のう 圏뇌
整理 せいり 圏정리　保存 ほぞん 圏저장, 보존
生活習慣 せいかつしゅうかん 圏생활 습관　改善 かいぜん 圏개선
不可欠だ ふかけつだ な형불가결하다
規則的だ きそくてきだ な형규칙적이다
血流量 けつりゅうりょう 圏혈류량
認知機能 にんちきのう 圏인지 기능
有酸素運動 ゆうさんそうんどう 圏유산소 운동
強化 きょうか 圏강화　役立つ やくだつ 图도움이 되다
栄養 えいよう 圏영양　豊富だ ほうふだ な형풍부하다
食事をとる しょくじをとる 식사를 하다

オメガ3脂肪酸 オメガスリーしぼうさん 명 오메가3 지방산
食品 しょくひん 명 식품   影響 えいきょう 명 영향
与える あたえる 동 주다   計画的だ けいかくてきだ な형 계획적이다
割合 わりあい 명 비율   管理 かんり 명 관리   維持 いじ 명 유지
要素 ようそ 명 요소

03

A

　중국에서는, 경찰견 클론이 만들어져, 훈련을 시작해 화제가 되고 있습니다. 우수하다고 일컬어지는 유명한 경찰견의 클론을 만들어, 훈련시킨 뒤, 경찰견으로서 활약한다는 것입니다. 이렇게 하면, 다수의 개 중에서 소질이 있는 개를 고르는 수고를 더는 것이 가능하기 때문에, **효과적으로 우수한 경찰견을 육성하는 것이 가능한 것입니다.**

B

　최근, 중국에서는 '클론 애완동물'이 만들어지고 있다고 합니다. 나이를 먹거나, 병으로 곧 숨을 거둘 것 같은 애완동물의 대신이 되는 클론을 만들거나 합니다만, 약 6백만 엔의 비용이 든다고 합니다. 이 애완동물을 구입하면, **함께 지내온 가족의 일원같은 애완동물이 죽어도, 그 슬픔을 조금은 줄일 수 있을 것이라고 생각합니다.**

A와 B 어느 쪽의 글에서도 다루어지고 있는 것은 무엇인가?
① 클론 산업이 나아가는 중에 지켜야 할 것
② 동물의 클론을 만드는 일의 유효성

어휘 中国 ちゅうごく 명 중국   警察犬 けいさつけん 명 경찰견
クローン 명 클론, 복제   訓練 くんれん 명 훈련
始める はじめる 동 시작하다   話題 わだい 명 화제
優秀だ ゆうしゅうだ な형 우수하다
言われる いわれる 동 일컬어지다, 불리다
有名だ ゆうめいだ な형 유명하다   活躍 かつやく 명 활약
多数 たすう 명 다수   素質 そしつ 명 소질   選ぶ えらぶ 동 고르다
手間を省く てまをはぶく 수고를 덜다
効果的だ こうかてきだ な형 효과적이다   育成 いくせい 명 육성
最近 さいきん 명 최근   歳をとる としをとる 나이를 먹다
病 やまい 명 병   もうすぐ 부 곧
息を引き取る いきをひきとる 숨을 거두다   代わり かわり 명 대신
費用 ひよう 명 비용   購入 こうにゅう 명 구입
共に ともに 부 함께, 같이   過ごす すごす 동 지내다, (시간을) 보내다
一員 いちいん 명 일원   悲しみ かなしみ 명 슬픔
減らす へらす 동 줄이다   産業 さんぎょう 명 산업
進む すすむ 동 나아가다   守る まもる 동 지키다
有効性 ゆうこうせい 명 유효성

04

A

　e스포츠를 진짜 스포츠라고 말할 수 있을 것인가, 위화감을 느낍니다. 스포츠라고 하면, 달리거나, 공을 던지거나 해서 몸을 움직이는 것이 떠오릅니다. 의자에 앉아서, 컴퓨터로 게임을 하는 모습은, 신체의 운동으로서는 볼 수 없는 듯한 모습입니다.

B

　e스포츠는 판단력, 전략 등이 필요한 스포츠입니다. 전투 상황에 대응해, 순간적인 동시에 정확하게 조작하지 않으면 안 되고, 팀의 멤버와 의논해서, 마치 혼자 움직이고 있는 듯한 팀워크도 필요합니다. 물론 승리를 위해 다양한 측면에서 전략을 세우지 않으면 안 됩니다. **정신적인 스포츠도 스포츠의 하나로서 인정해야 한다고 생각합니다.**

A와 B는 'e스포츠'에 대해 어떻게 서술하고 있는가?
① A는 정신적인 스포츠도 스포츠라고 말하고, B는 육체적인 스포츠만을 스포츠로서 인정하고 있다.
② A는 e스포츠를 스포츠라고 부르는 것에 위화감을 느끼고, B는 e스포츠도 스포츠로서 인정해야 한다고 생각하고 있다.

어휘 eスポーツ 명 e스포츠   真 しん 명 진짜, 진실
違和感 いわかん 명 위화감   感じる かんじる 동 느끼다
ボール 명 공, 볼   投げる なげる 동 던지다
動かす うごかす 동 움직이다   思い浮かぶ おもいうかぶ 동 떠오르다
コンピューター 명 컴퓨터   ゲーム 명 게임   姿 すがた 명 모습
身体 しんたい 명 신체   運動 うんどう 명 운동
見受ける みうける 동 보다, 보고 판단하다
判断力 はんだんりょく 명 판단력   戦略 せんりゃく 명 전략
必要だ ひつようだ な형 필요하다   戦闘 せんとう 명 전투
状況 じょうきょう 명 상황   対応 たいおう 명 대응
瞬間的だ しゅんかんてきだ な형 순간적이다   かつ 부 동시에
正確だ せいかくだ な형 정확하다   操作 そうさ 명 조작   チーム 명 팀
メンバー 명 멤버   話し合う はなしあう 동 의논하다   まるで 부 마치
チームワーク 명 팀워크   もちろん 부 물론   勝利 しょうり 명 승리
多様だ たようだ な형 다양하다   側面 そくめん 명 측면
立てる たてる 동 세우다   精神的だ せいしんてきだ な형 정신적이다
認める みとめる 동 인정하다
肉体的だ にくたいてきだ な형 육체적이다

실전 대비하기 1

p.328

| 1 3 | 2 3 |

문제 12 다음 A와 B의 글을 읽고, 뒤의 물음에 대한 답으로 가장 알맞은 것을, 1·2·3·4에서 하나 고르세요.

1-2

A
　물건을 소중히 하는 것은, 매우 훌륭한 일이라고 생각한다. 하지만, 그다지 쇼핑을 좋아하지 않아도, 평범하게 살아가고 있으면, 물건은 아무래도 늘어간다. 입지 않게 된 옷, 별로 사용하지 않는 식기 등, 버리는 것은 아깝다고 모아두고 있는 사람은 많다. 미련이나, 소중한 것에 대한 애착. 이유는 다양하지만, '버린다'에는 약간 용기가 필요하다. 아무리 작은 물건이라도, 과장해서 말하면, 그 물건에 자신의 지금까지의 인생을 보기 때문일 것이다.
　하지만, 결심하고, [2]불필요한 것을 정리해버리자, 그리고 인생을 바꾸자, 라고 권하는 책이 인기다. [1]정리하는 것은, 지금의 생활에 정말 필요한 것을 고르는 일이다. 자연히, 물건뿐만 아니라, 자신의 마음에 있어 소중한 것이 보일지도 모른다.

B
　방을 정리하면 행복해진다, 머리가 좋은 아이가 자란다 등, 정리에 관한 책이 대유행하고 있다. 잇달아 출판되어, 많은 저자가 다양한 효과를 말하고 있다. 확실히, 지금은 사용하지 않는 것이라도, 버릴 기회는 좀처럼 없다. 정리하는 것만으로, 그만큼 굉장한 변화가 있는 것일까.
　나는, 작년에 이사했을 때, 짐을 반 이상 처분했다. 그 책들이 말하는 것처럼, [1]현재 필요한 것만을 남겨뒀다. 때로는 망설이면서, 버릴 물건을 정하는 작업은, 집 정리와 같은 것이다. 물론, 필요에 쫓기는 이사와, 결단의 크기가 다른 것은 알지만, 물건에의 마음의 움직임은 비슷하다고 생각한다. [2]하지만, 그것만으로 인생이 좋은 방향으로 바뀐다고는 생각하지 않는다. 상쾌하고, 일 하나를 끝낸 뒤의 만족감만으로 충분하다.

(주) 미련: 완전히 포기할 수 없는 것

어휘
大事にする だいじにする 소중히 하다
立派だ りっぱだ [な형] 훌륭하다　特別 とくべつ [부] 그다지, 별로
普通だ ふつうだ [な형] 평범하다, 보통이다
暮らす くらす [동] 살아가다, 생활하다
どうしても [부] 아무래도, 어떻게 해서도　増える ふえる [동] 늘다, 증가하다
食器 しょっき [명] 식기　捨てる すてる [동] 버리다
もったいない [い형] 아깝다　ためこむ [동] 모아두다　未練 みれん [명] 미련
愛着 あいちゃく [명] 애착　理由 りゆう [명] 이유
様々だ さまざまだ [な형] 다양하다, 여러 가지
少々 しょうしょう [부] 약간, 조금　勇気 ゆうき [명] 용기
どんなに [부] 아무리　大げさだ おおげさだ [な형] 과장하다, 과장되다
人生 じんせい [명] 인생　決心 けっしん [명] 결심
不要だ ふようだ [な형] 불필요하다　片付ける かたづける [동] 정리하다
~てしまう ~해 버리다, ~하고 말다　変える かえる [동] 바꾸다
すすめる [동] 권하다　人気 にんき [명] 인기　生活 せいかつ [명] 생활
必要だ ひつようだ [な형] 필요하다　選ぶ えらぶ [동] 고르다, 선택하다
自然と しぜんと [부] 자연히, 저절로　見えてくる みえてくる 보이다
~かもしれない ~일지도 모른다　幸福だ こうふくだ [な형] 행복하다
育つ そだつ [동] 자라다, 성장하다　大流行 だいりゅうこう [명] 대유행
次々 つぎつぎ [부] 잇달아, 차례로　出版 しゅっぱん [명] 출판
著者 ちょしゃ [명] 저자　効果 こうか [명] 효과

語る かたる [동] 말하다, 이야기하다
確かだ たしかだ [な형] 확실하다, 분명하다　機会 きかい [명] 기회
なかなか [부] 좀처럼　それほど [부] 그만큼
すばらしい [い형] 굉장하다, 훌륭하다　変化 へんか [명] 변화
引っ越す ひっこす [동] 이사하다　荷物 にもつ [명] 짐
以上 いじょう [명] 이상　処分 しょぶん [명] 처분　現在 げんざい [명] 현재
残す のこす [동] 남겨두다　迷う まよう [동] 망설이다, 헤매다
決める きめる [동] 정하다, 결정하다　作業 さぎょう [명] 작업
必要にせまられる ひつようにせまられる 필요에 쫓기다
決断 けつだん [명] 결단　動き うごき [명] 움직임
似る にる [동] 비슷하다, 닮다　好転 こうてん [명] 좋은 방향으로 바뀜, 호전
スッキリ [부] 상쾌함, 후련함　終える おえる [동] 끝내다
満足感 まんぞくかん [명] 만족감　十分だ じゅうぶんだ [な형] 충분하다

1

A와 B의 **어느 쪽의 글에서도** 서술되고 있는 것은 무엇인가?

1　정리에 대한 책은 신용할 수 있다.
2　정리하는 것은 만족하는 작업이다.
3　정리하는 것은 필요한 것을 고르는 일이다.
4　정리하는 것에 의해 인생에서 소중한 것을 알 수 있다.

해설 A와 B 양쪽 모두에서 공통적으로 서술되고 있는 내용을 묻고 있다. 선택지에서 반복되는 片付け(정리)를 각 지문에서 찾아 관련된 내용을 파악한다. A는 지문의 후반부에서 片付けることは、今の生活に本当に必要なものを選ぶことである(정리하는 것은, 지금의 생활에 정말 필요한 것을 고르는 일이다)라고 서술하고 있고, B는 지문의 중반부에서 現在必要なものだけを残した。時には迷いつつ、捨てる物を決める作業は、家の片付けと同じである(현재 필요한 것만을 남겨뒀다. 때로는 망설이면서, 버릴 물건을 정하는 작업은, 집 정리와 같은 것이다)라고 서술하고 있다. 두 지문 모두 정리는 필요한 것을 고르는 것, 필요한 것만 남기는 것이라고 했으므로, 3 片付けることは必要な物を選ぶことである(정리하는 것은 필요한 것을 고르는 일이다)가 정답이다. 1은 어느 글에도 없고, 2는 B, 4는 A에만 있다.

어휘 述べる のべる [동] 서술하다, 말하다　信用 しんよう [명] 신용
満足 まんぞく [명] 만족

2

정리하는 것과 인생과의 관계에 대해, A와 B는 어떻게 서술하고 있는가?

1　A도 B도, 불필요한 것을 정리하는 것으로 인생이 크게 바뀐다고 생각하고 있다.
2　A도 B도, 불필요한 것을 정리하는 것만으로는 인생이 크게 바뀌지 않는다고 생각하고 있다.
3　A는 정리하는 것이 인생에 영향을 미친다고 생각하고, B는 그렇게 큰 영향을 미치거나 하지 않는다고 생각하고 있다.
4　A는 정리하는 것이 과거를 돌아보는 기회가 된다고 생각하고, B는 결단의 크고 작음에 관계없이, 큰 영향을 미친다고 생각하고 있다.

해설 질문의 片付けることと人生との関係(정리하는 것과 인생과의 관계)에 대한 A와 B의 견해를 각 지문에서 찾는다. A는 지문의 후반부에서 不要なものを片付けてしまおう、そして人生を変えよう(불필요한 것을 정리해버리자, 그리고 인생을 바꾸자)라고 서술하고 있고, B는 지문의 후반부에서 しかし、それだけで人生が好転するとは思わない(하지만, 그것만으로 인생이 좋은 방향으로 바뀐다고는 생각하지 않는다)라고 서술하고 있다. 따라서, 3 Aは片付けることが人生に影響を与えると考え、Bはそんなに大きな影響を与えたりしないと考えている(A는 정리하는 것이 인생에 영향을 미친다고 생각하고, B는 그렇게 큰 영향을 미치거나 하지 않는다고 생각하고 있다)가 정답이다.

어휘 影響を与える えいきょうをあたえる 영향을 미치다　そんなに 囲 그렇게　過去 かこ 囲 과거　振り返る ふりかえる 围 돌아보다, 회고하다　大小 だいしょう 囲 크고 작음, 대소

실전 대비하기 2

p.330

1 1　　**2** 3

문제 12 다음 A와 B의 글을 읽고, 뒤의 물음에 대한 답으로 가장 알맞은 것을, 1·2·3·4에서 하나 고르세요.

1-2

A
　런치 시간은 저의 즐거움 중 하나입니다. 근무시간 중, 1시간만 혼자가 될 수 있기 때문입니다. 직장의 인간관계는 결코 나쁘지 않습니다만, [1]혼자가 되어 잠깐 쉬는 것이, 저에게 있어서, 일의 능률을 올리기 위해서도 중요합니다. 잠시 동안, 일에서 떨어져서, 멍하니 있거나, 이런저런 생각을 하거나, 가족과 연락을 취하거나, 단시간이라도 개인적인 일을 자유롭게 할 수 있으면, 기분이 리프레시되어, 정신도 안정된다고 생각합니다. 결과, 효율적으로 일에 몰두할 수 있는 것입니다. 또, 정신의 안정은 주위 사람과의 양호한 관계로도 이어집니다. 동료와 함께 수다를 떠는 휴식도 즐거울지도 모릅니다만, [2]노동을 보다 좋은 상태로 계속하기 위해서는, 저에게는 혼자인 시간이 필요합니다.

B
　나는 파트타임으로 일하고 있다. 시급으로 일하고 있기 때문에, 하루 중 점심 휴게 1시간은, 물론 급여가 없다. 기본적으로는, 그 시간은 무엇을 하든, 개인의 자유라고 생각한다. 동료 중에, 언제나 어딘가로 나가서, 함께 식사를 하지 않는 사람이 있다. 업무상으로는, 그녀는 누구에 대해서도 인상이 좋고, 모두가 좋아하고 있다고 생각한다. 뭔가 이유가 있는 것인가 하고 생각해서, 선배에게 물어 봤지만, 혼자가 되고 싶은 것뿐이겠지, 라고 들었다. 알 것 같은 기분도 들지만, [2]휴게시간은 직장 사람과 커뮤니케이션을 취할 좋은 기회이기도 하다. 여러 가지 이야기를 듣고, 회사의 일이나, 동료의 일을 보다 잘 알고 있는 편이 안심하고 일을 할 수 있다. 급여가 없더라도, [1]점심 휴게는, 일을 위해서도 중요한 시간이다.

어휘 ランチ 囲 런치　楽しみ たのしみ 囲 즐거움
　　 勤務時間 きんむじかん 囲 근무시간　～ことができる ~할 수 있다
　　 職場 しょくば 囲 직장　人間関係 にんげんかんけい 囲 인간관계
　　 決して けっして 围 결코　ひと休み ひとやすみ 囲 잠깐 쉼
　　 能率 のうりつ 囲 능률　重要だ じゅうようだ な형 중요하다
　　 離れる はなれる 图 떨어지다　ぼんやり 围 멍하니
　　 考え事 かんがえごと 囲 이런저런 생각　連絡 れんらく 囲 연락
　　 短時間 たんじかん 囲 단시간　プライベートだ な형 개인적이다
　　 自由だ じゆうだ な형 자유롭다　気持ち きもち 囲 기분
　　 リフレッシュ 囲 리프레시　精神 せいしん 囲 정신
　　 安定 あんてい 囲 안정　結果 けっか 囲 결과
　　 効率的だ こうりつてきだ な형 효율적이다　とりくむ 图 몰두하다
　　 周囲 しゅうい 囲 주위　良好だ りょうこうだ な형 양호하다
　　 つながる 图 이어지다　仲間 なかま 囲 동료　おしゃべり 囲 수다
　　 休憩 きゅうけい 囲 휴식, 휴게　～かもしれない ~일지도 모른다
　　 労働 ろうどう 囲 노동　より良い よりよい 보다 나은
　　 状態 じょうたい 囲 상태　継続 けいぞく 囲 계속
　　 パートタイム 囲 파트타임　時給 じきゅう 囲 시급
　　 お昼休憩 おひるきゅうけい 囲 점심 휴게
　　 もちろん 围 물론　給与 きゅうよ 囲 급여
　　 基本的だ きほんてきだ な형 기본적이다　個人 こじん 囲 개인
　　 同僚 どうりょう 囲 동료　～に対して ~にたいして ~에 대해
　　 感じ かんじ 囲 인상, 느낌　好く すく 图 좋아하다　理由 りゆう 囲 이유
　　 コミュニケーション 囲 커뮤니케이션　機会 きかい 囲 기회
　　 安心 あんしん 囲 안심

1

A와 B의 어느 쪽의 글에서도 다루어지고 있는 점은 무엇인가?
1 **휴게시간을 보내는 방법은, 일을 하는 데 있어서 중요하다.**
2 급여가 발생하지 않는 휴게시간은, 직장에 있을 필요는 없다.
3 휴게시간은, 개인적인 일을 하기 위한 시간이다.
4 휴게시간을 보내는 방법에 따라서, 일의 능률이 바뀐다.

해설 A와 B 양쪽 모두에서 공통적으로 다루어지고 있는 내용을 묻고 있다. 선택지에서 반복되는 休憩時間(휴게시간)을 각 지문에서 찾아 관련된 내용을 파악한다. A는 지문의 초반부에서 一人になってひと休みすることが、私にとって、仕事の能率を上げるためにも重要です(혼자가 되어 잠깐 쉬는 것이, 저에게 있어서, 일의 능률을 올리기 위해서도 중요합니다)라고 서술하고 있고, B는 지문의 후반부에서 お昼休憩は、仕事のためにも大事な時間である(점심 휴게는, 일을 위해서도 중요한 시간이다)라고 서술하고 있다. 두 지문 모두 휴게시간을 보내는 방법이 일을 위해서도 중요하다고 했으므로, 1 休憩時間の過ごし方は、仕事をする上で重要である(휴게시간을 보내는 방법은, 일을 하는 데 있어서 중요하다)가 정답이다. 2는 어느 글에도 없고, 3과 4는 A에만 있다.

어휘 過ごし方 すごしかた 囲 보내는 방법　発生 はっせい 囲 발생

2

A와 B의 필자가 생각하는, 좋은 휴게시간을 보내는 방법에 대해서, 옳은 것은 어느 것인가?

1 A도 B도, 점심 휴게시간은 혼자서 보내는 편이 좋다고 생각하고 있다.
2 A도 B도, 직장 동료와 커뮤니케이션을 취하고 싶다고 생각하고 있다.
3 A는 혼자서 보내고 싶다고 생각하고 있고, B는 동료와 이야기하는 편이 좋다고 생각하고 있다.
4 A는 동료와 이야기하는 편이 즐겁다고 생각하고 있고, B는 혼자서 보내도 좋다고 생각하고 있다.

해설 질문의 いい休憩時間の過ごし方(좋은 휴게시간을 보내는 방법)에 대한 A와 B의 견해를 각 지문에서 찾는다. A는 지문의 후반부에서 労働をより良い状態で継続するためには、私には一人の時間が必要です(노동을 보다 좋은 상태로 계속하기 위해서는, 저에게는 혼자인 시간이 필요합니다)라고 서술하고 있고, B는 지문의 후반부에서 休憩時間は職場の人とコミュニケーションを取る良い機会でもある(휴게시간은 직장 사람과 커뮤니케이션을 취할 좋은 기회이기도 하다)라고 서술하고 있다. 따라서, 3 Aは一人で過ごしたいと考えており、Bは同僚と話したほうがいいと考えている(A는 혼자서 보내고 싶다고 생각하고 있고, B는 동료와 이야기하는 편이 좋다고 생각하고 있다)가 정답이다.

어휘 過ごす すごす 图 (시간을) 보내다, 지내다
仕事仲間 しごとなかま 圀 직장 동료

실전 대비하기 3
p.332

1 2   **2** 1

문제12 다음 A와 B의 글을 읽고, 뒤의 물음에 대한 답으로 가장 알맞은 것을, 1·2·3·4에서 하나 고르세요.

1-2

A
스포츠를 잘하게 되고 싶다고 생각했을 때, [1]많은 사람은 몇 번이고 연습함으로써 기술이 습득된다고 생각한다. 물론, 반복 연습은 필요하지만, 그저 반복하면 된다는 것은 아니다. 올바른 폼이나 움직임을 의식하지 않은 채 연습을 반복해도, 잘못된 방법이 몸에 배어 버릴 뿐이다. [2]반복 연습의 목적은 올바른 움직임을 몸에 확고하게 익히게 하는 것에 있다. 잘못된 폼은 근육이나 관절 부상으로 이어진다.
나는 스포츠를 가르치는 입장으로서, 선수에게 '무엇을 의식하며 연습하는가'를 항상 질문하고 있다. 의미가 있는 반복이 쌓여야 비로소, 시합 중에 무의식적으로 올바른 움직임을 할 수 있게 된다. 노력의 양이 아니라, 연습의 질이 향상을 좌우하는 것이다.

B
스포츠 실력을 효율 좋게 늘리려면 어떻게 하면 좋을까? 나는 스포츠 연습에 있어서 [2]'쉬는 것'도 기술 향상을 위해 빼놓을 수 없다

고 생각하고 있다. 몸을 혹사하는 것만으로는, 피로가 쌓이고 집중력도 떨어져 버린다. 특히, 근육이나 관절의 사용법을 바꾸는 것과 같은 연습을 했을 때는, 몸에 새로운 동작이 익숙해지기까지 시간이 걸린다. 그 때문에, 일부러 단시간에 끝을 맺거나, 연습을 하루 쉬거나 하는 경우도 있다.
휴식 동안, 몸은 그날 배운 동작을 정리하고, 자연스러운 형태로 정착시켜 간다. 이것은, 뇌와 몸이 정보를 천천히 연결해 가는 시간이기도 하다. 쉼으로써 기술이 빠져나가 버리는 일은 없으며, 오히려 효율 좋게 습득하는 경우도 많다. [1]연습량에만 의존하지 않고, 몸과 머리 양쪽을 잘 사용하는 것이 향상의 지름길이라고 생각한다.

어휘 何度 なんど 图 몇 번   技術 ぎじゅつ 圀 기술
身につく みにつく 습득되다   もちろん 图 물론
反復 はんぷく 圀 반복   練習 れんしゅう 圀 연습
必要だ ひつようだ [な형] 필요하다   ただ 图 그저, 다만
繰り返す くりかえす 图 반복하다   ~わけではない ~인 것은 아니다
正しい ただしい [い형] 올바르다   フォーム 圀 폼, 자세
動き うごき 圀 움직임   意識 いしき 圀 의식   ~まま ~인 채
誤る あやまる 图 잘못되다   やり方 やりかた 圀 방법
しみつく 图 배다   目的 もくてき 圀 목적
覚え込む おぼえこむ 图 확고하게 익히다   筋肉 きんにく 圀 근육
関節 かんせつ 圀 관절   けが 圀 부상   つながる 图 이어지다
立場 たちば 圀 입장   ~として ~로서   選手 せんしゅ 圀 선수
常に つねに 图 항상   問いかける といかける 圀 질문하다
積み重なる つみかさなる 图 쌓이다
無意識だ むいしきだ [な형] 무의식적이다   努力 どりょく 圀 노력
量 りょう 圀 양   質 しつ 圀 질   上達 じょうたつ 圀 향상, 숙달
左右 さゆう 圀 좌우   実力 じつりょく 圀 실력
効率 こうりつ 圀 효율   伸ばす のばす 图 늘리다
~に欠かせない ~にかかせない ~에 빼놓을 수 없다
酷使 こくし 圀 혹사   疲労 ひろう 圀 피로   たまる 图 쌓이다
集中力 しゅうちゅうりょく 圀 집중력   落ちる おちる 图 떨어지다
とくに 图 특히   使い方 つかいかた 圀 사용법
なじむ 图 익숙해지다   あえて 图 일부러
短時間 たんじかん 圀 단시간   切り上げる きりあげる 图 끝을 맺다
休息 きゅうそく 圀 휴식   整理 せいり 圀 정리
自然だ しぜんだ [な형] 자연스럽다   定着 ていちゃく 圀 정착
脳 のう 圀 뇌   情報 じょうほう 圀 정보   つなげる 图 연결하다
抜ける ぬける 图 빠져나가다   頼る たよる 图 의존하다
両方 りょうほう 圀 양쪽   近道 ちかみち 圀 지름길

1
스포츠 연습에 대해, A와 B가 공통적으로 말하고 있는 것은 무엇인가?
1 새로운 동작을 정착시키고 나서, 다음 연습으로 나아가야 한다.
2 그저 반복할 뿐인 연습을 해도, 기술은 잘 습득되지 않는다.
3 연습은 매일의 노력을 쌓아 올리는 것이 가장 중요하다.
4 피로가 쌓이지 않도록, 휴식을 취하면서 연습하는 편이 좋다.

해설 A와 B 양쪽 모두에서 공통적으로 서술되고 있는 내용을 묻고 있다.

선택지에서 반복되는 練習(연습)를 각 지문에서 찾아 관련된 내용을 파악한다. A는 지문의 초반부에서 多くの人は何度も練習することで技術が身につくと考える。もちろん、反復練習は必要だが、ただ繰り返せばよいというわけではない(많은 사람은 몇 번이고 연습함으로써 기술이 습득된다고 생각한다. 물론, 반복 연습은 필요하지만, 그저 반복하면 된다는 것은 아니다)라고 서술하고 있고, B는 지문의 練習の量だけに頼らず、体と頭の両方をうまく使うことが上達への近道だと思う(연습량에만 의존하지 않고, 몸과 머리 양쪽을 잘 사용하는 것이 향상의 지름길이라고 생각한다)라고 서술하고 있다. 두 지문 모두 연습의 반복이나 연습량이 중요한 것이 아니라고 했으므로, 2 ただ繰り返すだけの練習をしても、技術はうまく身につかない(그저 반복할 뿐인 연습을 해도, 기술은 잘 습득되지 않는다)가 정답이다. 1은 어느 글에도 없고, 3은 A, 4는 B에만 있다.

어휘 進む すすむ 图 나아가다, 진행하다   とる 图 취하다, 잡다

2

연습 방법에 대해, A와 B는 어떤 조언을 하고 있는가?

1 A는 올바른 움직임을 몸에 확실히 익히게 하는 것이 중요하다고 말하고, B는 휴식을 취함으로써 연습 효과가 높아진다고 말하고 있다.
2 A는 잘못된 움직임이 정착되면 고치기 어렵다고 말하고, B는 집중력이 있을 때 많은 연습을 행해야 한다고 말하고 있다.
3 A는 시합을 상정하며 연습을 해야 한다고 말하고, B는 올바른 동작을 익히는 데 집중해야 한다고 말하고 있다.
4 A는 올바른 움직임을 익힘으로써 부상을 막을 수 있다고 말하고, B는 근육이나 관절이 아플 때는 쉬는 것이 좋다고 말하고 있다.

해설 질문의 練習方法(연습 방법)에 대한 A와 B의 견해를 각 지문에서 찾는다. A는 지문의 중반부에서 反復練習の目的は正しい動きを体に覚え込ませることにある(반복 연습의 목적은 올바른 움직임을 몸에 확고하게 익히게 하는 것에 있다)라고 서술하고 있고, B는 지문의 초반부에서 「休むこと」も技術向上のために欠かせない('쉬는 것'도 기술 향상을 위해 빼놓을 수 없다)라고 서술하고 있다. 1 Aは正しい動きを体に覚え込ませることが大切だと述べ、Bは休息をとることで練習の効果が高まると述べている(A는 올바른 움직임을 몸에 확실히 익히게 하는 것이 중요하다고 말하고, B는 휴식을 취함으로써 연습 효과가 높아진다고 말하고 있다)가 정답이다.

어휘 効果 こうか 图 효과   高まる たかまる 图 높아지다, 고조되다
　　　行う おこなう 图 행하다, 실시하다   想定 そうてい 图 상정, 가정
　　　防ぐ ふせぐ 图 예방하다, 막다

문제 13 주장이해(장문)

실력 다지기
p.338

01 ②　02 ①　03 ①　04 ②　05 ②
06 ①

01

　때때로, 좋아하는 연예인, 싫어하는 연예인 등의 랭킹이 발표되는 경우가 있다. 그때, **다수의 연예인이 양쪽 모두에 랭크인 된다**. 이 현상에서, 그만큼 개성적이라는 것을 엿볼 수 있다. **이 개성이 '좋음' 혹은 '싫음'으로 이어지는 것이다**. 개성적인 사람이기 때문에야말로, 연예인으로서 계속할 수 있다라고도 말할 수 있을 것이다.

개성적인 사람이기 때문에야말로, 연예인으로서 계속할 수 있다는 것은, 어떤 것인가?

① 개성이 있으면, '좋음'이나 '싫음' 등 사람들의 관심을 끌 수 없다.
② 사람들의 호불호에 관계없이, 계속할 수 있을지 어떨지는 '개성'의 유무에 의해 결정된다.

어휘 タレント 图 연예인, 탤런트   ランキング 图 랭킹
　　　発表 はっぴょう 图 발표   多数 たすう 图 다수
　　　芸能人 げいのうじん 图 연예인, 예능인   両方 りょうほう 图 양쪽
　　　共に ともに 图 모두, 함께   ランクイン 图 랭크인
　　　現象 げんしょう 图 현상   個性的だ こせいてきだ [な형] 개성적이다
　　　うかがう 图 엿보다   個性 こせい 图 개성   つながる 图 이어지다
　　　続ける つづける 图 계속하다   関心 かんしん 图 관심
　　　好き嫌い すききらい 图 호불호, 좋아함과 싫어함
　　　~に関わらず ~にかかわらず ~에 관계없이   有無 うむ 图 유무
　　　決まる きまる 图 결정되다

02

　소설의 세계에서는, 등장인물의 얼굴이 떠오를 만큼 캐릭터가 명확하게 그려져 있다. 소설가는 주변 사람을 참고로 등장인물을 만드는 경우가 많은데, 어느 소설가는 이웃의 할머니로부터 이런 이야기를 들었다고 한다. '선생님과 친해지는 것은 무섭네요. 소설에 뭐라고 쓸지 모르니까요.' 소설의 등장인물은 독특할수록 재미있는 데다가, 독자도 그런 등장인물을 바라지만 **모델이 된 본인에게 있어서는, 그렇지 않은 것 같다**.

모델이 된 본인에게 있어서는, 그렇지 않은 것 같다는 것은, 어떤 것인가?

① 소설 속에서 어떻게 쓰일지 걱정되어서, 별로 선호되지 않는다.
② 소설에서 등장인물의 캐릭터는 매우 중요하니까, 보다 자세하게 적었으면 한다.

어휘 小説 しょうせつ 图 소설   世界 せかい 图 세계
　　　登場人物 とうじょうじんぶつ 图 등장인물
　　　浮かぶ うかぶ 图 떠오르다   ほど 图 만큼, 정도
　　　キャラクター 图 캐릭터   明確だ めいかくだ [な형] 명확하다
　　　描く えがく 图 그리다   小説家 しょうせつか 图 소설가
　　　周り まわり 图 주변   参考 さんこう 图 참고
　　　近所 きんじょ 图 이웃, 근처   親しい したしい [い형] 친하다
　　　怖い こわい [い형] 무섭다   独特だ どくとくだ [な형] 독특하다
　　　読者 どくしゃ 图 독자   望む のぞむ 图 바라다   モデル 图 모델
　　　本人 ほんにん 图 본인   心配 しんぱい 图 걱정

好む このむ 图 선호하다, 좋아하다
重要だ じゅうようだ な형 중요하다　詳しい くわしい い형 자세하다

予備知識 よびちしき 몡 예비지식　たまたま 튀 우연히

03

　　런던을 처음으로 방문했을 때, 지하철 티켓을 사는 방법을 몰라, 안내 데스크에 가이드를 부탁했다. 도우러 와준 것은 일본인 여성으로, 다양한 이야기를 했다. 어느 유명한 뮤지컬 이야기가 되었을 때, 그녀는 거기에 출연하고 있다고 말했다. '무슨 역할이에요?' 젊은 여성 엑스트라가 몇 명인가 등장했던 것을 기억해 내고, 그렇게 질문했다. 그러자, 그녀는 '김입니다'라고 대답했다. 나는 숨을 삼키고 '우와'하고 목소리를 높였다. '**주인공인 김인가요?**'라고 질문하자, 그녀는 가볍게 끄덕였다.

필자는 어째서 목소리를 높였는가?

① 엑스트라일 것이라고 생각한 여성이 주연이었기 때문에
② 아주 좋아하는 뮤지컬의 배우를 만날 수 있었기 때문에

05

　　무언가를 하면서, 이것이 끝나면 저것을 정리하자고 생각하는 경우가 많다. 한 개나 두 개 정도라면 기억해 두는 것이 가능하다. 하지만 전화나 메일로 작업이 중단됐다고 한다면 하면 어떨까. 전화나 메일은 그 자체로, 뭔가를 조사하거나, 설명하거나 해서, 처리해야 할 일이 늘어나는 것이다. 모든 것을 기억에 의존하는 것은 위험하다. 이상적인 것은, 태스크 관리 소프트웨어에 입력하는 것이지만, **그런 여유가 없다. 가장 신속하고, 확실하게 기록을 남기는 것은, 포스트잇에 메모하고, 눈앞의 모니터 화면 아래에 붙이는 방법이다.** 끝낸 것은 쓰레기통에 버리고, 다음을 위한 공간을 만들면 좋다.

포스트잇에 대해, 필자는 어떻게 생각하고 있는가?

① 버려야 하는 쓰레기가 되어 버리므로 별로 선호하지 않는다.
② 여유가 없을 때 사용하기 쉬운 기억 방법이다.

어휘　ロンドン 몡 런던　訪れる おとずれる 图 방문하다　チケット 몡 티켓
方法 ほうほう 몡 방법　案内 あんない 몡 안내　ガイド 몡 가이드
手助け てだすけ 몡 도움　女性 じょせい 몡 여성
有名だ ゆうめいだ な형 유명하다　ミュージカル 몡 뮤지컬
出演 しゅつえん 몡 출연　役 やく 몡 역할　若い わかい い형 젊다
エキストラ 몡 엑스트라　登場 とうじょう 몡 등장
思い出す おもいだす 图 기억해 내다　すると 젭 그러자
息を飲む いきをのむ 숨을 삼키다
声を上げる こえをあげる 목소리를 높이다
主人公 しゅじんこう 몡 주인공　うなずく 图 끄덕이다

04

　　고등학교 2학년 즈음, 부장이었던 선배와 사이가 나빠져, 농구부를 그만두었다. 원래 훌쩍 여행을 떠나는 것을 좋아했던 탓이었을까. 영어 이외의 수업은 재미있지 않다고 느껴, 아무 일도 없었다는 듯이 수업을 빠지거나 했다. 아무것도 생각하지 않고 영화관에 들어가서 본 것이 '한밤중의 카우보이'였다. **아무 예비지식도 없었는데, 영화관에서 하고 있는 영화가 적어서, 우연히 보게 된 것이었다.**

필자는 어째서 '한밤중의 카우보이'를 본 것인가?

① 영어가 좋아서, 영어로 볼 수 있는 영화가 보고 싶었기 때문에
② 우연히 영화관에 갔기 때문에

어휘　整理 せいり 몡 정리　考える かんがえる 图 생각하다
程度 ていど 몡 정도　記憶 きおく 몡 기억　メール 몡 메일
作業 さぎょう 몡 작업　中断 ちゅうだん 몡 중단　自体 じたい 몡 자체
調査 ちょうさ 몡 조사　説明 せつめい 몡 설명　処理 しょり 몡 처리
増える ふえる 图 늘어나다　依存 いぞん 몡 의존
危険だ きけんだ な형 위험하다
理想的だ りそうてきだ な형 이상적이다
タスク管理 タスクかんり 몡 태스크 관리　ソフトウェア 몡 소프트웨어
入力 にゅうりょく 몡 입력　余裕 よゆう 몡 여유
速やかだ すみやかだ な형 신속하다
確実だ かくじつだ な형 확실하다　記録 きろく 몡 기록
残す のこす 图 남기다　ポストイット 몡 포스트잇　メモ 몡 메모
モニター 몡 모니터　画面 がめん 몡 화면　方法 ほうほう 몡 방법
終える おえる 图 끝내다　ゴミ箱 ゴミばこ 몡 쓰레기통
捨てる すてる 图 버리다　空間 くうかん 몡 공간

06

　　딸은 유명한 댄서이다. 어렸을 때부터 클래식 발레를 배워 왔다. 약 30년 전, 나는 로스앤젤레스에 갈 기회가 있었다. 그곳에서 타워 레코드를 방문했다. 그때, 세계적으로 유명한 발레 무용수의 비디오가 있었다. 일본에서는 손에 넣는 것이 어렵다고 생각해서, 딸을 위해 20개 정도의 비디오를 샀다. 나중에 아내로부터 들은 이야기인데, 딸은 발레 무용수의 비디오를 보고, 눈을 빛내고 있었다고 한다. 그때, 춤에 대한 감성이 길러진 것은 아닌가 하고 생각한다.

비디오에 대해 필자는 어떻게 생각하고 있는가?

① 발레 비디오를 사와서, 딸이 유명한 댄서가 될 수 있었다고 생각한다.
② 댄스와 클래식 발레는 관계가 없기 때문에, 딸에게 아무 영향도 없었다고 생각한다.

어휘　高校 こうこう 몡 고등학교　部長 ぶちょう 몡 부장, 부장님
先輩 せんぱい 몡 선배　仲 なか 몡 사이
バスケット部 バスケットぶ 몡 농구부　やめる 图 그만두다
元々 もともと 튀 원래　ふらっと 튀 훌쩍
旅立つ たびだつ 图 여행을 떠나다　以外 いがい 몡 이외
感じる かんじる 图 느끼다　何事もない なにごともない 아무 일도 없다
さぼる 图 (수업을) 빠지다　考える かんがえる 图 생각하다
真夜中 まよなか 몡 한밤중　カウボーイ 몡 카우보이

어휘
娘 むすめ 명 딸　有名だ ゆうめいだ な형 유명하다　ダンサー 명 댄서
クラシックバレエ 클래식 발레　ロサンゼルス 명 로스앤젤레스
機会 きかい 명 기회　タワーレコード 명 타워 레코드
訪れる おとずれる 동 방문하다
世界的だ せかいてきだ な형 세계적이다　バレエ 명 발레
踊り手 おどりて 명 무용수　ビデオ 명 비디오
手に入れる てにいれる 손에 넣다, 입수하다　輝く かがやく 동 빛나다
感性 かんせい 명 감성　育てる そだてる 동 기르다, 키우다
関係 かんけい 명 관계　影響 えいきょう 명 영향

실전 대비하기 1   p.340

1 2　　**2** 2　　**3** 4

문제13 다음 글을 읽고, 뒤의 물음에 대한 답으로 가장 알맞은 것을, 1·2·3·4에서 하나 고르세요.

1-3

　어떤 60대 여성이 해외에서 진행하는 결혼식에 초대되었다며 기쁜 듯이 이야기하고 있었다. 초대한 신부는, 10년 이상 전에 일본의 공장에서 일했던 동료였다. 두 사람은 교대 근무 시간이 달랐기 때문에 로커에서 스쳐 지나갈 뿐인 관계였지만, 당시 유학생인 그녀가 언제나 편의점 빵 등을 먹고 있는 것을 보다 못해, 언젠가, 도시락을 2개 만들어, 가지고 갔다. 폐가 되는 것은 아닐까 하고 걱정했지만, 의외로 기뻐해 줬다고 한다. 그 이후, 도시락을 1개 만드나 2개 만드나 큰 차이는 없어서, 자신이 출근할 때는 그녀의 몫도 만들어, 로커에 넣었다. 그녀는 무사히 졸업하고, 조국의 기업에 취직. 이후, 만나는 일은 없었지만, 이번에 꼭 결혼식에 와주었으면 한다는 소식을 받았다, 라는 이야기이다. 그 이야기를 듣고, '이 사람은 어쩜 이렇게 친절한 사람일까'라고 생각했다. 아마도, [1]정말로 그 여성에게 있어서는, 도시락을 2개 만드는 것은 힘든 일이 아니었을 것이다. 그래서 갑작스러운 초대에 감격했을 것이다. [1]하지만 객관적으로 보면, 대단한 친절이다.
　[2]미국의 저명한 SF 작가는, '가장 귀중한 것은 친절', '사랑은 져도 친절은 이긴다'라고 말한다. 또, 다른 SF 작가는 '인간을 다른 것과 구별하고 있는 특성은 친절'이라고 말한다. 신기하게도 두 사람 모두 SF 작가라는 것이 흥미롭다. SF에는 자주, 인간과 로봇을 나누는 것은 무엇인가, 라는 테마가 있는데, 두 사람 모두 '친절'이 최상의 인간다움이라고 생각했을 것이다. 친절은 누구에게라도 할 수 있다. 위의 이야기같이 계속하는, 말하자면 장대한 친절이 아니어도, 자리를 양보하는 등 작은 친절에는 날마다 조우한다.
　나는, 사랑하는 것도 귀중하다고 생각하지만, 친절 쪽이 간편한 느낌이 든다. 일면식도 없는 사람을 사랑하는 것은 할 수 없지만, 마침 그 곳을 지나가는 그 순간만으로도 사람에게 친절하게 하는 것은 가능하다. 무언가를 보고 못 본 척을 하는 것도, 일종의 친절이 될 수 있다. 사랑은 다소 파워가 필요하고, 선의가 되면 조금 과장되게 느껴지지만, 친절은 손쉽게 할 수 있다. 그리고 [3]중요한 것은, 대상이 있고 나서야 비로소 성립된다는 것이다. 다른 사람의 존재가 필요한 것이다. 그것도 두 명의 SF 작가가 인간다움을 생각했을 때, 인간의 나약함이나 고독도 포함하여 '친절'이라고 생각이 다다른 요인이 아닐까. [3]친절하게 하는 것은, 용이하면서도 최선의 인간다움인 것이다.

(주1) 귀중하다: 뛰어난 가치가 있다
(주2) 신기하게도: 우연히, 희한하게도
(주3) 말하자면: 예를 들어 말하면, 말해보면
(주4) 장대한: 규모가 크고 훌륭한 것
(주5) 조우: 뜻밖에 마주치는 것
(주6) 마침 그곳을 지나감: 우연히 옆을 지나가는 것, 지나치는 것

어휘
女性 じょせい 명 여성　海外 かいがい 명 해외
行う おこなう 동 진행하다, 실시하다　結婚式 けっこんしき 명 결혼식
招待 しょうたい 명 초대　うれしい い형 기쁘다, 즐겁다
新婦 しんぷ 명 신부　以上 いじょう 명 이상　日本 にほん 명 일본
工場 こうじょう 명 공장　同僚 どうりょう 명 동료
シフト 교대 근무 시간, 스케줄　ロッカー 명 로커, 사물함
すれ違う すれちがう 동 스쳐 지나가다　関係 かんけい 명 관계
当時 とうじ 명 당시　コンビニ 편의점
見かねる みかねる 동 보다 못하다, 보기 어렵다
弁当 べんとう 명 도시락　迷惑 めいわく 명 폐, 방해
心配 しんぱい 명 걱정　思いのほか おもいのほか 의외로
喜ぶ よろこぶ 동 기뻐하다, 좋아하다　以来 いらい 명 이후, 이래
大した たいした 큰, 대단한　違い ちがい 명 차이, 다름
出勤 しゅっきん 명 출근　無事 ぶじ 명 무사
卒業 そつぎょう 명 졸업　祖国 そこく 명 조국　企業 きぎょう 명 기업
就職 しゅうしょく 명 취직　この度 このたび 명 이번　ぜひ 부 꼭
知らせ しらせ 명 소식, 알림　受ける うける 동 받다
親切だ しんせつだ な형 친절하다　おそらく 부 아마도, 어쩌면
突然の とつぜんの 갑작스러운　感激 かんげき 명 감격
客観的だ きゃっかんてきだ な형 객관적이다　アメリカ 명 미국
著名だ ちょめいだ な형 저명하다　作家 さっか 명 작가
最も もっとも 부 가장, 무엇보다도
尊い とうとい い형 귀중하다, 소중하다　愛 あい 명 사랑
負ける まける 동 지다, 패배하다　勝つ かつ 동 이기다
人間 にんげん 명 인간　区別 くべつ 명 구별
特質 とくしつ 명 특성, 특질　奇しくも くしくも 부 신기하게도, 기이하게도
興味深い きょうみぶかい い형 흥미롭다　ロボット 명 로봇
分ける わける 동 나누다　テーマ 명 테마　最上 さいじょう 명 최상
考える かんがえる 동 생각하다　誰にでも だれにでも 누구에게라도
継続 けいぞく 명 계속　いわば 부 말하자면, 이를테면
壮大だ そうだいだ な형 장대하다, 방대하다　ゆずる 동 양보하다
日々 ひび 명 날마다, 하루하루　遭遇 そうぐう 명 조우
手軽だ てがるだ な형 간편하다, 간단하다
気がする きがする 느낌이 들다, 기분이 들다
見ず知らず みずしらず 명 일면식도 없음
通りすがり とおりすがり 명 마침 그곳을 지나감, 지나가는 길
一瞬 いっしゅん 명 순간, 일순　可能だ かのうだ な형 가능하다
~振り ~ふり ~척, ~체　一種 いっしゅ 명 일종, 한 종류

多少 たしょう 부 다소　パワー 명 파워
必要だ ひつようだ な형 필요하다　善意 ぜんい 명 선의
少々 しょうしょう 부 조금, 약간
大げさだ おおげさだ な형 과장되다, 과장하다
感じる かんじる 동 느끼다　容易だ よういだ な형 손쉽다, 용이하다
重要だ じゅうようだ な형 중요하다　対象 たいしょう 명 대상
成り立つ なりたつ 동 성립되다　他者 たしゃ 명 다른 사람
存在 そんざい 명 존재　弱さ よわさ 명 나약함, 약함
孤独 こどく 명 고독　含める ふくめる 동 포함하다
思い至る おもいいたる 동 생각이 다다르다, 생각이 미치다
要因 よういん 명 요인　最良 さいりょう 명 최선, 가장 좋음
価値 かち 명 가치　規模 きぼ 명 규모
思いがけない おもいがけない い형 뜻밖이다, 의외이다
通る とおる 동 지나다

1

객관적으로 보면, 대단한 친절이다란, 어떤 의미인가?
1 유학생이었던 동료가 무사히 조국에서 취직할 수 있었던 것
2 도시락을 2개 만들었던 것
3 동료였던 60대 여성을 결혼식에 초대한 것
4 결혼한다는 소식을 알린 것

해설　지문의 客観的にみると、大変な親切である(객관적으로 보면, 대단한 친절이다) 주변을 주의 깊게 읽고 어떤 의미인지 찾는다. 앞부분에서 本当にその女性にとっては、弁当を2つ作ることは大変なことではなかったのだろう(정말로 그 여성에게 있어서는, 도시락을 2개 만드는 것은 힘든 일이 아니었을 것이다), 그리고 밑줄을 포함한 문장에서 だが客観的にみると、大変な親切である(하지만 객관적으로 보면, 대단한 친절이다)라고 서술하고 있으므로, 2 弁当を2つ作っていたこと(도시락을 2개 만들었던 것)가 정답이다.

어휘　知らせをする しらせをする 소식을 알리다

2

SF 작가에 대해, 필자의 생각과 가장 맞는 것은 어느 것인가?
1 SF 작가가 사랑이나 친절에 대해 쓰는 것은 부자연스러운 일이다.
2 SF 작가가 인간의 친절에 대해 이야기하고 있는 것은 흥미로운 일이다.
3 SF 작가는 소설을 쓰면서, 인간다움에 대해 매일 생각하고 있다.
4 SF 작가의 특성은, 인간과 로봇을 나누어 생각하는 것이다.

해설　필자의 생각을 묻고 있으므로 SF作家(SF 작가)를 지문의 중반부나 지문 전체에서 찾아 SF작가에 대한 필자의 생각을 파악한다. 두 번째 단락에서 アメリカの著名なSF作家は、「最も尊いのは親切」「愛は負けても親切は勝つ」と言っている。また、別のSF作家は「人間を他のものと区別している特質は親切」という。奇しくも二人ともSF作家というのが興味深い(미국의 저명한 SF 작가는, '가장 귀중한 것은 친절', '사랑은 져도 친절은 이긴다'라고 말한다. 또, 다른 SF 작가는 '인간을 다른 것과 구별하고 있는 특성은 친절'이라고 말한다. 신기하게도 두 사람 모두 SF 작가라는 것이 흥미롭다)라고 서술하고 있으므로, 2 SF作家が人間の親切について語っているのは興味深いことだ(SF 작가가 인간의 친절에 대해 이야기하고 있는 것은 흥미로운 일이다)가 정답이다.

어휘　語る かたる 동 이야기하다, 말하다
不自然だ ふしぜんだ な형 부자연스럽다

3

친절에 대해, 필자는 어떻게 생각하고 있는가?
1 간단하게 되지 않지만, 친절하게 할 때는 무언가를 보고 못 본척하지 않으면 안 된다.
2 친절은 인간과 로봇을 구별하는 것으로, 누구에게라도 할 수 있는 것이다.
3 인간의 약함이나 외로움이 요인이 되어, 한 순간에도 행할 수 있다.
4 상대방이 있어야 비로소 성립하는, 가장 인간다운 행위이다.

해설　필자의 생각을 묻고 있으므로 親切(친절)를 지문의 후반부나 지문 전체에서 찾아 친절에 대한 필자의 생각을 파악한다. 세 번째 단락에서 重要なことは、対象がいてはじめて成り立つということである。他者の存在が必要なのである(중요한 것은, 대상이 있고 나서야 비로소 성립된다는 것이다. 다른 사람의 존재가 필요한 것이다), 그리고 親切にすることは、容易でありながら最良の人間らしさなのだ(친절하게 하는 것은, 용이하면서도 최선의 인간다움인 것이다)라고 서술하고 있으므로, 4 相手がいてはじめて成り立つ、最も人間らしい行為である(상대방이 있어야 비로소 성립하는, 가장 인간다운 행위이다)가 정답이다.

어휘　さびしさ 명 외로움　相手 あいて 명 상대방, 상대

실전 대비하기 2

p.342

| 1 4 | 2 1 | 3 3 |

문제13 다음 글을 읽고, 뒤의 물음에 대한 답으로 가장 알맞은 것을, 1·2·3·4에서 하나 고르세요.

1-3

　　할머니는 언제나 웃는 얼굴로 밝고, 누구에게나 친절하여, 나는 어린 시절부터 할머니의 집에 가는 것을 매우 좋아했다. 성장함에 따라, 단순히 자상한 할머니라기보다, 한 개인으로서 훌륭한 자질의 소유자라고 생각하게 되어, 더욱더 존경하고 있다.
　　할머니는, 작은 어촌에서 태어났다. 아버지는 태어나기 2개월 전에 병사, 어머니는 아기인 할머니를 지인에게 맡기고 도시로 가버렸다고 한다. 어머니 대신에 키워 준 사람이 매우 귀여워해 주었다고, 할머니는 몇 번이나 이야기해 준다. '불쌍하게 생각했던 거겠지'라고, 눈을 가늘게 뜨고 그리운 듯이 기쁜 듯이 이야기하는 것이다. 한편, 자신을 두고 간 어머니의 일도, 나중에 만나러 와 주었어, 라며 그 때의 일을 기쁜 듯이 말한다. 듣고 있는 이쪽도 행복한 기분이 되는 화법이다. 그 후의 인생도, [1]가난한 생활을 한 일이나, 결혼한

상대(즉 나의 할아버지)가, 병으로 쓰러져 움직일 수 없게 된 일 등, 나에게는 엄청난 고생으로 생각되는 것인데, 할머니가 이야기하면, 전부가 좋은 에피소드로 생각된다.

할머니는 자주 '지금이 가장 행복해'라고 말한다. 옛날에 고생했기 때문에 지금이 행복해, 라는 의미가 아니라, 언제나, 어떤 상황에서도, 행복을 찾아낼 수 있는 사람인 것이라고 생각한다. [2]언제라도 매사의 좋은 점을 느끼고, 기억하고 있는 것이다. 어머니에게 버려진 것보다도, 키워준 사람의 깊은 애정을 기억하고 있다. 남편이 움직일 수 없게 되어 고생한 것보다도, 다른 다양한 사건을 행운이었다고 생각하고 있다. 누군가에게 배운 것이 아닌, 무리해서 좋은 면을 찾으려고 하는 것도 아닌, 태어나면서부터 자연스럽게 그러한 성질이라고밖에 생각되지 않는다. [2]노력해서 그렇게 생각하자, 살자, 고 하는 사람도 많은 가운데, **귀중한 재능이다.**

[3]사람은 자신의 인생을 생각할 때, 자연스럽게 기억을 고르고 있다고 생각한다. 무엇을 어떻게 기억하고 있는지는, 전적으로 개인의 자유이다. 같은 일이라도 사람에 따라 다른 에피소드가 되는 것은 필연일 것이다. 나는 할머니처럼, 가능한 한 기쁨이나 즐거움을 기억하고 싶다. 불쾌함보다도 사람의 호의를, 맛없는 식사보다도 맛있는 식사를 기억하고 싶다. 보통, 사람은 나쁜 일을 잘 기억하고 있는 법이고, 그것이 틀렸다고는 생각하지 않는다. 하지만, 언제든 어디서든 행복을 발견할 수 있는 마음은, 본인뿐만 아니라 주위 사람도 행복하게 하는 힘을 가지고 있다.

(주) 필연: 반드시 그렇게 된다고 정해져 있는 것

1

필자는 할머니를 어떤 사람이라고 생각하고 있는가?

1 필자의 성장과 함께, 훌륭한 자질을 가지게 된 사람
2 어머니가 아닌 사람에게 키워진 일을, 불쌍하다고 생각하고 있는 사람
3 고생한 일을 기쁜 일로 하려고 노력하고 있는 사람
4 힘들었던 일이라도, 좋은 이야기로서 말할 수 있는 사람

해설 필자의 생각을 묻고 있으므로 祖母(할머니)를 지문의 초반부나 지문 전체에서 찾아 할머니에 대한 필자의 생각을 파악한다. 두 번째 단락에서 貧乏な生活をしたことや、結婚した相手(つまり私の祖父)が、病気で倒れて動けなくなったことなど、私には大変な苦労に思えるのだが、祖母が語ると、全てが良いエピソードに思える(가난한 생활을 한 일이나, 결혼한 상대(즉 나의 할아버지)가, 병으로 쓰러져 움직일 수 없게 된 일 등, 나에게는 엄청난 고생으로 생각되는 것인데, 할머니가 이야기하면, 전부가 좋은 에피소드로 생각된다)라고 서술하고 있으므로, 4 大変だったことでも、いい話として話すことができる人(힘들었던 일이라도, 좋은 이야기로서 말할 수 있는 사람)가 정답이다.

어휘 努力 どりょく 명 노력

2

귀중한 재능이란, 어떤 것인가?

1 매사의 좋은 점을 찾아내고, 기억하는 힘
2 듣고 있는 사람을 행복한 기분으로 만드는 화법
3 언제나 웃는 얼굴로 밝고, 누구에게나 친절한 성격
4 나쁜 일도 좋은 일로 바꿔 버리는 상상력

해설 지문의 貴重な才能(귀중한 재능) 주변을 주의 깊게 읽고 어떤 것인지 찾는다. 앞 부분에서 いつでも物事の良いところを感じ、記憶しているのだ(언제라도 매사의 좋은 점을 느끼고, 기억하고 있는 것이다), 그리고 밑줄을 포함한 문장에서 がんばってそのように考えよう、生きよう、とする人も多い中、貴重な才能だ(노력해서 그렇게 생각하자, 살자, 고 하는 사람도 많은 가운데, 귀중한 재능이다)라고 서술하고 있으므로, 1 物事のいいところを見つけ出し、記憶する力(매사의 좋은 점을 찾아 내고, 기억하는 힘)가 정답이다.

어휘 見つけ出す みつけだす 동 찾아내다
話し方 はなしかた 명 화법, 말투   性格 せいかく 명 성격
変える かえる 동 바꾸다   想像力 そうぞうりょく 명 상상력

3

기억하는 것에 대해서, 필자는 어떻게 생각하고 있는가?
1 괴로운 일보다 기쁜 일이나 즐거운 일을 기억해 두려면, 재능이 필요하다.
2 기쁨과 즐거움을 기억해 두는 것은, 행복해지기 위해서 가장 중요한 것이다.
3 사람은 선택해서 기억하고 있기 때문에, 같은 일이라도 다르게 기억하고 있다.
4 주변 사람을 행복하게 하기 위해서, 나쁜 일은 기억해 두지 않는 편이 좋다.

해설 필자의 생각을 묻고 있으므로 記憶すること(기억하는 것)를 지문의 후반부나 지문 전체에서 찾아 기억하는 것에 대한 필자의 생각을 파악한다. 네 번째 단락에서 人は自分の人生を思う時、自然に記憶を選んでいると思う。何をどのように記憶しているかは、全く個人の自由である。同じ出来事でも人によって異なるエピソードになるのは必然であろう(사람은 자신의 인생을 생각할 때, 자연스럽게 기억을 고르고 있다고 생각한다. 무엇을 어떻게 기억하고 있는지는, 전적으로 개인의 자유이다. 같은 일이라도 사람에 따라 다른 에피소드가 되는 것은 필연일 것이다)라고 서술하고 있으므로, 3 人は選んで記憶しているので、同じ出来事でも違うように覚えている(사람은 선택해서 기억하고 있기 때문에, 같은 일이라도 다르게 기억하고 있다)가 정답이다.

어휘 辛い つらい [い형] 괴롭다　必要だ ひつようだ [な형] 필요하다
周り まわり [명] 주변

실전 대비하기 3
p.344

1 2　　**2** 1　　**3** 4

문제13 다음 글을 읽고, 뒤의 물음에 대한 답으로 가장 알맞은 것을, 1·2·3·4에서 하나 고르세요.

1-3

애니메이션의 시나리오를 쓰는 일을 시작하고 안 것은, 최근의 사람은 어쨌든 기다릴 수 없고, 기다리지 않는다는 것이다. 한 화 30분의 애니메이션 방송에서, 사이에 CM이 들어가는 경우, 전반의 약 12분과 후반의 약 12분의 이야기 구성을 생각한다. 예를 들면 '친구인 두 사람이 싸움을 했다'라는 이야기라고 하면, 전체의 25분 정도에서, 싸움을 하고, CM이 들어가고, 마지막에는 화해라고 하는 이야기를 생각하지만, 전반 부분에서 화해까지 써주길 바란다고 요구받는다. 후반은, 평범하게 사이가 좋은 이야기로 괜찮다고 한다. [1]보는 사람은 후반까지 화해를 기다리게 하는 것을 참을 수 없다, 라는 제작 회사의 판단이다. 지금의 사람은 트러블을 싫어한다고도 자주 듣는데, 어쨌든 해결까지 30분 기다릴 수 없다고 하는 것에 놀랐다. 재작년에 대히트한 애니메이션 영화는, 확실히 약 10분마다 장면도 이야기도 바뀌는 전개였다.

이것은 애니메이션에 한한 이야기가 아니다. 현대의 생활 전부, '기다릴 수 없다', '기다리지 않는다' 상태에 있다. 인터넷을 비롯하여, [2]기술의 진보가 가능하게 한 이 상황에, 우리들은 너무 익숙해져 있다. 1분 1초라도 빠른 쪽이 선호되고, 물건도 정보도 기다리지 않고도 손에 들어오게 되었지만, 반대로 상대로부터도 빠른 대응이 요구된다. 인터넷상에서의 교류 등이 좋은 예인데, 사람의 마음은 그렇게 빠르게 반응할 수 있는 것일까. 물론, 시간을 들이는 편이 좋다고 하는 단순한 이야기는 아니지만, 지금은 '기다리는' 것을 너무나도 경시하고 있다고 생각한다. 기다린다는 것은, 생각한다는 것이다.

예를 들면, 식사에 가자고 초대받아, 기쁘다, 가고 싶다고 생각하는 그 마음의 움직임을, 마음으로 느끼는 시간은 소중하다. 또, 메일의 답장이 늦을 때에, 왜 바로 답장을 주지 않는 것일까 하고 초조해 하는 것이 아니라, 상대의 상황을 상상해 보는 것은 어떨까. 다양한 것에 바로 반응하기 보다도, 간단한 일이라도 자신의 머리와 마음을 사용해, 상황을 넓고 깊게 받아 들이는 것으로부터, 풍요로운 마음이 형성된다고 생각한다. 풍요로운 마음은, 풍요로운 인간관계로도 이어진다. 자신의 마음이 형성되지 않은 채로, 타인의 마음과 이어지는 것은 불가능할 것이다. 지금의 시대, [3]기다린다고 하는 것은, 의식해서 그렇게 하지 않으면 안 되는 훈련과 같은 것이지만, 마음에 있어서는 필요 불가결한 것이라고 생각한다. 기다리는 일도, 기다리게 하는 일도, 용기와 이해가 필요할지도 모른다.

어휘 アニメ [명] 애니메이션　シナリオ [명] 시나리오
始める はじめる [동] 시작하다　最近 さいきん [명] 최근
とにかく [부] 어쨌든　一話 いちわ [명] 한 화
番組 ばんぐみ [명] 방송, 프로그램　CM [명] 광고
前半 ぜんはん [명] 전반　後半 こうはん [명] 후반
構成 こうせい [명] 구성　考える かんがえる [동] 생각하다
例えば たとえば [부] 예를 들면　ケンカ [명] 싸움　～とすると ~라고 하면
全体 ぜんたい [명] 전체　最後 さいご [명] 마지막, 최후
仲直り なかなおり [명] 화해　部分 ぶぶん [명] 부분
要求 ようきゅう [명] 요구　普通に ふつうに 평범하게
仲の良い なかのよい 사이가 좋은　がまん [명] 참음
制作会社 せいさくがいしゃ [명] 제작회사　判断 はんだん [명] 판단
トラブル [명] 트러블　きらう [동] 싫어하다　解決 かいけつ [명] 해결
驚く おどろく [동] 놀라다　大ヒット だいヒット [명] 대히트
アニメ映画 アニメえいが [명] 애니메이션 영화
確かに たしかに [부] 확실히　場面 ばめん [명] 장면　～ごとに ~마다
変わる かわる [동] 바뀌다　展開 てんかい [명] 전개
～に限る ～にかぎる ~에 한하다　現代 げんだい [명] 현대
生活 せいかつ [명] 생활　すべて [부] 전부, 모두
状態 じょうたい [명] 상태　インターネット [명] 인터넷
～をはじめ ~을 비롯하여　技術 ぎじゅつ [명] 기술
進歩 しんぽ [명] 진보　可能だ かのうだ [な형] 가능하다
状況 じょうきょう [명] 상황　私達 わたしたち [명] 우리들
慣れる なれる [동] 익숙해지다　速い はやい [い형] 빠르다
好む このむ [동] 선호하다　情報 じょうほう [명] 정보
手に入る てにはいる 손에 들어오다　反対に はんたいに 반대로
相手 あいて [명] 상대　対応 たいおう [명] 대응
交流 こうりゅう [명] 교류　反応 はんのう [명] 반응　もちろん [부] 물론

時間をかける じかんをかける 시간을 들이다
~ほうがいい ~하는 편이 좋다 単純だ たんじゅんだ な형 단순하다
あまりにも 너무나도 軽視 けいし 명 경시
誘う さそう 동 초대하다, 권유하다 うれしい い형 기쁘다
動き うごき 명 움직임 感じる かんじる 동 느끼다 メール 명 메일
返事 へんじ 명 답장, 답변 いらいらする 초조해하다
想像 そうぞう 명 상상 様々だ さまざまだ な형 다양하다
簡単だ かんたんだ な형 간단하다 深い ふかい い형 깊다
取りこむ とりこむ 동 받아들이다 豊かだ ゆたかだ な형 풍요롭다
人間関係 にんげんかんけい 명 인간관계 つながる 동 이어지다
形成 けいせい 명 형성 他人 たにん 명 타인
不可能だ ふかのうだ な형 불가능하다 意識 いしき 명 의식
~なければならない ~하지 않으면 안 된다 訓練 くんれん 명 훈련
~にとって ~에 있어서
必要不可欠だ ひつようふかけつだ 필요 불가결하다
勇気 ゆうき 명 용기 理解 りかい 명 이해
~かもしれない ~일지도 모른다

1

전반 부분에서 화해까지 써주길 바란다는 것은, 왜인가?
1 사이가 좋은 친구의 이야기로 하고 싶기 때문에
2 싸움이 끝난 것을 빨리 보고 싶기 때문에
3 트러블이 계속되는 것이 싫기 때문에
4 10분마다 이야기가 바뀌는 편이 좋기 때문에

해설 지문의 前半部分で仲直りまで書いてほしい(전반 부분에서 화해까지 써주길 바란다) 주변을 주의 깊게 읽고 이유를 찾는다. 뒷부분에서 見る人は後半まで仲直りを待たされることががまんできない(보는 사람은 후반까지 화해를 기다리게 하는 것을 참을 수 없다)라고 서술하고 있으므로, 2 ケンカが終わったのを早く見たいから(싸움이 끝난 것을 빨리 보고 싶기 때문에)가 정답이다.

어휘 続く つづく 동 계속되다, 계속하다 嫌だ いやだ な형 싫다

2

기술의 진보에 대해서, 필자의 생각과 맞는 것은 어느 것인가?
1 갖고 싶은 것이나 정보가, 바로 자신에게 도달하게 되었다.
2 인터넷을 사용한 주고받음에 시간을 들이지 않게 되었다.
3 빠른 것에는 익숙해졌지만, 마음이 반응할 수 없게 되었다.
4 기다리지 않아도 되는 생활에 의해서, 사람들은 생각하지 않게 되었다.

해설 필자의 생각을 묻고 있으므로 技術の進歩(기술의 진보)를 지문의 중반부나 지문 전체에서 찾아 기술의 진보에 대한 필자의 생각을 파악한다. 두 번째 단락에서 技術の進歩が可能にしたこの状況に、私達は慣れすぎている。1分1秒でも速い方が好まれ、モノも情報も待たずとも手に入るようになったが(기술의 진보가 가능하게 한 이 상황에, 우리들은 너무 익숙해져 있다. 1분 1초라도 빠른 쪽이 선호되고, 물건도 정보도 기다리지 않고도 손에 들어오게 되었지만)라고 서술하고 있으므로, 1 ほしいモノや情報が、すぐに自分に届くようになった(갖고 싶은 것이나 정보가, 바로 자신에게 도달하

게 되었다)가 정답이다.

어휘 届く とどく 동 도달하다 やり取り やりとり 명 주고받음

3

기다리는 것에 대해서, 필자는 어떻게 생각하고 있는가?
1 상대를 기다리면서 초조해하면, 풍요로운 마음은 만들어지지 않는다.
2 상대가 기다려주는 시간을 만들면, 인간관계가 풍부해진다.
3 의식해서 행동하는 것으로, 기다리는 일이 몸에 밴다.
4 기다리는 것은, 마음에 있어서 없어서는 안 되는 것이다.

해설 필자의 생각을 묻고 있으므로 待つこと(기다리는 것)를 지문의 후반부나 지문 전체에서 찾아 기다리는 것에 대한 필자의 생각을 파악한다. 세 번째 단락에서 待つということは、意識してそうしなければならない訓練のようなものであるが、心にとっては必要不可欠なことだと思う(기다린다고 하는 것은, 의식해서 그렇게 하지 않으면 안 되는 훈련과 같은 것이지만, 마음에 있어서는 필요 불가결한 것이라고 생각한다)라고 서술하고 있으므로, 4 待つことは、心にとってなくてはならないことだ(기다리는 것은, 마음에 있어서 없어서는 안 되는 것이다)가 정답이다.

어휘 行動 こうどう 명 행동 身に付く みにつく 몸에 배다
~てはならない ~해서는 안 된다

문제 14 정보검색

실력 다지기
p.350

01 ②　　02 ①　　03 ②　　04 ①

01

마리아 씨는 일본어 학원에 다니려고 한다. 주말 밤만 시간이 있고, 하루에 2시간 이상 수업을 받고 싶다. 수업료는 1만 5천엔 이하로, 선생님은 일본인이 좋다. 마리아 씨의 희망에 맞는 클래스는 어느 것인가?

① A클래스
② B클래스

곤니치와! 일본어교실		
	A클래스	B클래스
수업 시간	토요일 18:00~19:00 일요일 18:00~19:00	토요일 18:00~20:00
선생님	△△씨 (일본인)	□□씨 (일본인)
수업료	한 달 1만 5천엔	한 달 1만 3천엔

- 주말 수업에 참가할 수 없는 경우, 평일 수업에 참가할 수 있습니다.

어휘 日本語 にほんご 圏일본어　塾 じゅく 圏학원
通う かよう 图다니다　週末 しゅうまつ 圏주말
以上 いじょう 圏이상　受ける うける 图받다
授業料 じゅぎょうりょう 圏수업료　以下 いか 圏이하
日本人 にほんじん 圏일본인　希望 きぼう 圏희망
合う あう 图맞다　授業時間 じゅぎょうじかん 圏수업 시간
参加 さんか 圏참가　場合 ばあい 圏경우　平日 へいじつ 圏평일
~ことができる ~할 수 있다

02

켄 씨는 운동하기 위해 체육관 이용 등록을 하려고 한다. 매일 19시부터 22시까지 이용하고, 시설은 수영장과 테니스 코트를 사용할 생각이다. 테니스는 옥외에서 하고 싶다고 생각한다. 켄 씨가 등록할 체육관은 어느 것인가?

① A동
② B동

체육관 이용 안내		
	A동	B동
시설	• 수영장 • 탁구대 • 테니스 코트 • 축구장	• 수영장 • 테니스 코트 • 배드민턴 코트 • 트레이닝 룸
이용 시간	08:00~22:00	09:00~23:00
요금	한 달 8천엔	한 달 8천엔

- A동은 옥내·옥외 둘 다 사용할 수 있고, B동은 옥내만 사용할 수 있습니다.

어휘 運動 うんどう 圏운동　体育館 たいいくかん 圏체육관
利用登録 りようとうろく 圏이용 등록　施設 しせつ 圏시설
テニスコート 圏테니스 코트　つもり 圏생각, 작정
屋外 おくがい 圏옥외, 실외　~と思う ~とおもう ~라고 생각하다
利用案内 りようあんない 圏이용 안내　棟 とう 圏동
卓球台 たっきゅうだい 圏탁구대
サッカー場 サッカーじょう 圏축구장
バドミントンコート 圏배드민턴 코트
トレーニングルーム 圏트레이닝 룸
利用時間 りようじかん 圏이용 시간　料金 りょうきん 圏요금
屋内 おくない 圏옥내, 실내　両方 りょうほう 圏둘 다, 양쪽
使用 しよう 圏사용

03

윤 씨는 신제품 기획 발표를 위해서 회의실을 예약하려고 한다. 25명 참가할 예정이다. 오늘은 1월 9일이고, 회의는 1월 15일에 실시된다. 윤 씨는 회의실을 예약하기 위해 무엇을 하면 되는가?

① 당일까지, 인터넷으로 예약하고 나서 관리부에 간다.
② 1월 14일까지, 참가자 명부를 준비해서 관리부에 간다.

회의실 예약 안내

A회의실 : 15명까지 들어갈 수 있습니다.
　　　　　(1회 최대 2시간 이용 가능)
B회의실 : 30명까지 들어갈 수 있습니다.
　　　　　(1회 최대 3시간 이용 가능)

- 이용일 1주일 전까지는 인터넷으로 예약할 수 있습니다. **6일 전부터는 직접 관리부의 창구에서 예약해 주십시오.**
- 당일 예약은 되지 않습니다.
- **B회의실을 예약할 경우는, 참가자 명부를 지참해 주십시오.**
- 마이크가 필요한 분은 사전에 관리부에 와서, 대출 명부에 이름을 적고 나서 빌려 주십시오.

어휘 新製品 しんせいひん 圏신제품　企画 きかく 圏기획
発表 はっぴょう 圏발표　会議室 かいぎしつ 圏회의실
予約 よやく 圏예약　参加 さんか 圏참가　予定 よてい 圏예정
会議 かいぎ 圏회의　行う おこなう 图실시하다
案内 あんない 圏안내　一回 いっかい 圏1회, 한 번
最大 さいだい 圏최대　利用 りよう 圏이용　可能 かのう 圏가능
一週間 いっしゅうかん 圏1주일　ネット 圏인터넷
直接 ちょくせつ 圏직접　管理部 かんりぶ 圏관리부
窓口 まどぐち 圏창구　当日 とうじつ 圏당일　場合 ばあい 圏경우
参加者 さんかしゃ 圏참가자　名簿 めいぼ 圏명부
持参 じさん 圏지참　マイク 圏마이크
必要だ ひつようだ [な형]필요하다　事前 じぜん 圏사전
貸し出し かしだし 圏대출　~てから ~하고 나서
借りる かりる 图빌리다　準備 じゅんび 圏준비

04

장 씨는 미도리 대학의 학생으로, 지금, 도서관에서 약학 책을 빌리려고 한다. 학생증을 가지고 있지 않은 장 씨는, 앞으로 어떻게 하면 되는가?

① 3층에 가서, 신분증을 제시하고 나서 대출 신청서를 작성한 후, 책을 2권 빌린다.
② 2층에 가서, 신분증을 제시하고 나서 대출 신청서를 작성한 후, 책을 4권 빌린다.

미도리 대학 도서관 이용안내

이용 시간 : 09:00~21:00
대출 권수 : 재학생 분 5권, 일반 분 3권
대출 기간 : 2주간
연장 횟수 : 2회

- 재학생 분이 빌리시는 경우는, 학생증이 필요합니다.
- 일반 분이 빌리시는 경우는, **신분증을 제시하고, 대출 신청서를 작성해 주십시오.**
  ※재학생이라도, 학생증을 가지고 있지 않은 분은 동일합니다.
- 의학이나 **약학과 관련된 도서는 3층을 이용해 주십시오.**

어휘	薬学 やくがく 명약학　借りる かりる 동빌리다

学生証 がくせいしょう 명학생증
利用時間 りようじかん 명이용 시간　貸出 かしだし 명대출
冊数 さっすう 명권수　在学生 ざいがくせい 명재학생
一般 いっぱん 명일반　期間 きかん 명기간
延長 えんちょう 명연장　回数 かいすう 명횟수
必要だ ひつようだ な필요하다　身分証 みぶんしょう 명신분증
提示 ていじ 명제시　申込書 もうしこみしょ 명신청서
作成 さくせい 명작성　同様だ どうようだ な동일하다
医学 いがく 명의학　関連 かんれん 명관련　図書 としょ 명도서

실전 대비하기 1

p.352

1 3　　**2** 2

문제 14 오른쪽 페이지는, 어느 배송 회사의 요금 안내이다. 아래의 물음에 대한 답으로 가장 알맞은 것을, 1·2·3·4에서 하나 고르세요.

1

다음 네 사람은 짐을 보내고 싶다고 생각하고 있다. **추가 요금 없이 이용할 수 있는 것은 누구인가?**

이름	세 변의 합계	중량	맡기는 장소	배송 방법
다망 씨	50cm	3kg	자택	쿨 배송
시라 씨	80cm	5kg	직장	일반 배송
가와사키 씨	60cm	4.5kg	편의점	일반 배송
이마이 씨	90cm	5.5kg	지점	빠른 배송

1 다망 씨
2 시라 씨
3 가와사키 씨
4 이마이 씨

해설 추가 요금 없이 이용할 수 있는 것이 누구인지를 파악한다. 질문에서 제시된 조건 (1) 三辺の合計(세 변의 합계)가 50~90cm, (2) 重量(중량) 3~5.5kg, (3) 預かり場所(맡기는 장소) 4곳, (4) 配送方法(배송 방법) 4가지에 따라,

(1) 세 변의 합계: 제시문의 追加料金一覧表(추가 요금 일람표)를 보면, 60cm 이하의 모든 배송 혹은 80cm 이하의 일반 배송은 추가 요금이 없으므로 다망, 시라, 가와사키 씨 가능
(2) 중량: 제시문의 追加料金一覧表(추가 요금 일람표)를 보면, 2kg 이하의 모든 배송 혹은 5kg 이하의 일반 배송은 추가 요금이 없으므로 시라, 가와사키 씨 가능
(3) 맡기는 장소: 제시문의 配送手続き(배송 절차)를 보면, 배송 직원이 방문할 경우에는 200엔의 추가 요금이 발생하는데 시라 씨는 직장으로 직원이 방문해야 하므로 가와사키 씨 가능

(4) 배송 방법: 제시문의 追加料金一覧表(추가 요금 일람표)를 보면, 일반 배송의 경우 80cm 이하, 5kg 이하는 추가 요금이 없으므로 시라, 가와사키 씨 가능

따라서 모든 조건을 충족하는 3 川崎さん(가와사키 씨)이 정답이다.

어휘 荷物 にもつ 명짐　送る おくる 동보내다　追加 ついか 명추가
料金 りょうきん 명요금　利用 りよう 명이용　名前 なまえ 명이름
三辺 さんぺん 명세 변　合計 ごうけい 명합계
重量 じゅうりょう 명중량　預かる あずかる 동맡기다
場所 ばしょ 명장소　配送 はいそう 명배송　方法 ほうほう 명방법
自宅 じたく 명자택　クール 명쿨　職場 しょくば 명직장
一般 いっぱん 명일반　コンビニエンスストア 명편의점
支店 してん 명지점　お急ぎ配送 おいそぎはいそう 명빠른 배송

2

사나 씨는 규슈에 살고 있다. 간토에 사는 친구의 집에 내일 짐이 도착하도록 빠른 배송으로 보내고 싶다. 어떻게 하면 되는가?

1 오늘 정오까지 배송 직원이 자택에 오도록 하여, 배송 절차를 진행한다.
2 오늘 정오까지 지점에 짐을 가지고 가서, 배송 절차를 진행한다.
3 오늘 저녁 5시까지 배송 직원이 자택에 오도록 하여, 배송 절차를 진행한다.
4 오늘 저녁 5시까지 지점에 짐을 가지고 가서, 배송 절차를 진행한다.

해설 제시된 상황 九州に住んでいる。関東に住む友人の家に明日荷物が届くようお急ぎ配送(규슈에 살고 있다. 간토에 사는 친구의 집에 내일 짐이 도착하도록 빠른 배송)에 따라, 사나 씨가 어떻게 하면 되는지를 파악한다. 지문의 追加料金一覧表(추가 요금 일람표) 아래에서 お急ぎ配送は夕方17時までのお預かりで、翌日の午前中までにお届け先へ配送(빠른 배송은 저녁 17시까지 맡기면, 다음 날 오전 중까지 도착지에 배송), 営業所に直接お持ち込みいただいた場合に限り受付可能(영업소에 직접 가지고 오신 경우에 한해서 접수 가능), 九州発着の場合は午前中に手続きをお済ませください(규슈 발착의 경우에는 오전 중에 절차를 끝내 주세요)라고 언급하고 있으므로, 2 今日の正午までに支店に荷物を持ち込み、配送手続きを行う(오늘 정오까지 지점에 짐을 가지고 가서, 배송 절차를 진행한다)가 정답이다.

어휘 九州 きゅうしゅう 명규슈(지명)　関東 かんとう 명간토(지명)
友人 ゆうじん 명친구　届く とどく 동도착하다
正午 しょうご 명정오　スタッフ 명직원　手続き てつづき 명절차
行う おこなう 동진행하다
持ち込む もちこむ 동가지고 가다, 가지고 오다
夕方 ゆうがた 명저녁

1-2

택배 요금

아래의 표는 80사이즈까지를 기준으로 한 배송 요금의 전국 일람표입니다. 80사이즈를 웃도는 경우에는, 추가 요금 일람표의 기재된 요금이 부가됩니다.

【기본 요금 전국 일람표】   단위 : 엔

	보내는 지역					
	홋카이도	도호쿠	간토	츄부·긴키	츄고쿠·시코쿠	규슈
도착지역 홋카이도	900	1,200	1,400	1,600	2,000	2,300
도호쿠	1,200	900	900	1,000	1,300	1,700
간토	1,400	900	900	900	1,100	1,400
츄부·긴키	1,600	1,000	900	900	1,000	1,200
츄고쿠·시코쿠	2,000	1,300	1,100	1,000	900	1,000
규슈	2,300	1,700	1,400	1,200	1,000	900

【배송 절차】

자택이나 직장 등, 고객이 지정한 장소까지 배송 직원이 방문하여 짐을 인수하는 방법과, 고객이 직영점이나 편의점에 가지고 가는 방법이 있습니다. [1]전자의 경우에는 200엔이 추가됩니다.

【추가 요금 일람표】

사이즈 구분			일반 배송	쿨 배송 (냉장·냉동)	빠른 배송
사이즈	세 변의 합계	중량			
60 사이즈	[1]60cm 이하	2 kg 이하	[1]없음	없음	없음
80 사이즈	80cm 이하	[1]5 kg 이하	없음	400엔	600엔
100 사이즈	100cm 이하	10 kg 이하	400엔	600엔	900엔
120 사이즈	120cm 이하	15 kg 이하	600엔	800엔	1,200엔

- 세 변의 합계와 중량이 다른 사이즈 구분에 해당하는 경우는, 큰 쪽을 기준으로 합니다.
- 쿨 배송은 냉장이 0에서 10℃, 냉동이 마이너스 15℃ 이하의 온도를 유지하며, 보냉하면서 운송하는 서비스입니다. 이쪽은 편의점에서는 발송을 받을 수 없습니다.
- [2]빠른 배송은 저녁 17시까지 맡기면, 다음 날 오전 중까지 도착지에 배송합니다. 이쪽은 [2]영업소에 직접 가지고 오신 경우에 한해서 접수 가능합니다. 또, 홋카이도, 및 [2]규슈 발착의 경우에는 오전 중에 절차를 끝내 주세요.

어휘 宅配便 たくはいびん 몡택배   下記 かき 몡아래, 하기
サイズ 몡사이즈   基準 きじゅん 몡기준   全国 ぜんこく 몡전국
一覧 いちらん 몡일람   上回る うわまわる 동웃돌다
記載 きさい 몡기재   付加 ふか 몡부가
送り先 おくりさき 몡보내는 지역
北海道 ほっかいどう 몡홋카이도(지명)

東北 とうほく 몡도호쿠(지명)   中部 ちゅうぶ 몡츄부(지명)
近畿 きんき 몡긴키(지명)   中国 ちゅうごく 몡츄고쿠(지명)
四国 しこく 몡시코쿠(지명)   届け先 とどけさき 몡도착 지역
勤め先 つとめさき 몡직장   指定 してい 몡지정
伺う うかがう 동방문하다(訪問する의 겸양어)
引き取る ひきとる 동인수하다   直営店 ちょくえいてん 몡직영점
持ち込む もちこむ 동가지고 가다   前者 ぜんしゃ 몡전자
上乗せ うわのせ 몡추가, 올려짐   区分 くぶん 몡구분
冷蔵 れいぞう 몡냉장   冷凍 れいとう 몡냉동   以下 いか 몡이하
なし 몡없음   異なる ことなる 동다르다   該当 がいとう 몡해당
温度 おんど 몡온도   保つ たもつ 동유지하다
保冷 ほれい 몡보냉   輸送 ゆそう 몡운송   発送 はっそう 몡발송
承る うけたまわる 동받다   翌日 よくじつ 몡다음 날
営業所 えいぎょうしょ 몡영업소   直接 ちょくせつ 몡직접
受付 うけつけ 몡접수   可能だ かのうだ な형가능하다
及び および 몡및   発着 はっちゃく 몡발착(출발과 도착)
済ませる すませる 동끝내다

실전 대비하기 2   p.354

1 3   **2** 4

문제14 오른쪽 페이지는 외국인을 위해 안내되어 있는 오사카 시내의 아르바이트 구인정보입니다. 아래의 물음에 대한 답으로 가장 알맞은 것을, 1·2·3·4에서 하나 고르세요.

1

웨이 씨는, 오사카 중앙대학의 유학생이다. 대학이 있는 **우메다 역 근처**에서 할 수 있는 아르바이트를 찾고 있다. 12월은 시험이 있어 바쁘기 때문에, 대학이 봄 방학이 되는 **1월 이후**에 시작할 예정이다. 오른쪽 표에서, 웨이 씨가 할 수 있는 아르바이트는 어느 것인가?

1 ①과②   2 ③과④
3 ①과⑥   4 ②와⑥

해설 웨이씨가 할 수 있는 아르바이트를 파악한다. 질문에서 제시된 조건 (1) 梅田駅の近く(우메다 역 근처), (2) 1月以降に開始(1월 이후에 시작)에 따라,
(1) 우메다 역 근처: ①, ③은 우메다 역에서 도보 10분이고 ④, ⑥은 도보 2분이므로 가능
(2)1월 이후: ①은 기간이 시작일 상담 가능이고 ②는 1月中旬~(1월 중순~), ⑥은 1月下旬~3か月(1월 하순~3개월)이므로 가능
따라서 3 ①と⑥(①과⑥)가 정답이다.

어휘 大阪 おおさか 몡오사카   アルバイト 몡아르바이트
春休み はるやすみ 몡봄 방학   以降 いこう 몡이후
開始 かいし 몡시작, 개시   表 ひょう 몡표

2

강 씨는 한국인 유학생이다. 현재, 토요일과 일요일만 오전 6시부터 정오까지, 편의점에서 아르바이트를 하고 있다. 지금 아르바이트에 익숙해졌기 때문에, 조금 더 아르바이트를 늘리고 싶다고 생각해서, 다른 일을 찾기로 했다. 오른쪽 표에서, 강 씨가 할 수 없는 아르바이트는 어느 것인가?

1 ②와⑤
2 ③과④
3 ⑤와⑥
4 ③과⑤

해설 강 씨가 할 수 없는 아르바이트를 파악한다. 질문에서 제시된 조건
(1) カンさんは韓国人の留学生(강 씨는 한국인 유학생), (2) 土曜日と日曜日のみ午前6時から正午まで、コンビニでアルバイト (토요일과 일요일만 오전 6시부터 정오까지 편의점에서 아르바이트) 에 따라,
(1) 강 씨는 유학생: ⑤는 학생 불가이므로 불가능하고 나머지는 모두 가능
(2) 토요일과 일요일만 오전 6시부터 정오까지는 다른 아르바이트: ③은 기간과 근무 시간이 편의점 아르바이트와 겹치므로 불가능
따라서 4 ③と⑤(③과⑤)가 정답이다.

어휘 正午 しょうご 명 정오   コンビニ 명 편의점
慣れてくる なれてくる 익숙해지다   増やす ふやす 동 늘리다

1-2

오사카시 아르바이트 구인
11월 25일 현재

주 2~4일인 업무		
	① 도서관에서의 대출업무	② 관광안내
시급	1,000엔	1,200엔
근무지	[1]우메다 역에서 도보 10분 오사카시 도서관	사쿠라가와 역에서 도보 5분 관광안내소
근무 시간	(1) 10:00 - 16:00 (2) 14:00 - 20:00	(1) 8:00 - 15:00 (2) 14:00 - 20:00
기간	당일~장기 [1]시작일 상담 가능	[1]1월 중순~
특징	시간 교대제· 토, 일, 국경일 근무 있음	시간 교대제· 토, 일, 국경일 근무 있음
조건	간단한 컴퓨터 작업	한국어 또는 중국어를 말할 수 있을 것

단기 업무		
	③ 시험감독	④ 우체국에서의 가벼운 작업
시급	1,100엔	1,350엔~1,700엔
근무지	[1]우메다 역에서 도보 10분 오사카 중앙대학 내	[1]우메다 역에서 도보 2분 우메다 우체국
근무 시간	[2]9 : 00 - 16:00	21:00 - 6:00
기간	[2]12월 7일 (토)·8일 (일) 2일간	12월 15일~1월 15일 중 주2~4일
특징	급여 당일 지급	시간 고정제·고시급
조건	—	심야에 근무 가능할 것

장기 업무		
	⑤ 대기업에서의 사무	⑥ 데이터관리·테스트
시급	1,200엔	1,000엔
근무지	혼마치 역에서 도보 2분 오사카 주식회사	[1]우메다 역에서 도보 2분 정보 시스템 회사
근무 시간	10:00 - 18:00	9:00 - 17:00 중 4시간 정도
기간	당일~장기	[1]1월 하순~3개월
특징	시간 고정제·월~금만	시간 교대제·월~금만
조건	[2]학생 불가	간단한 컴퓨터 작업

어휘 求人 きゅうじん 명 구인   現在 げんざい 명 현재
貸出業務 かしだしぎょうむ 명 대출업무
観光案内 かんこうあんない 명 관광안내   時給 じきゅう 명 시급
勤務地 きんむち 명 근무지   徒歩 とほ 명 도보
勤務時間 きんむじかん 명 근무 시간   期間 きかん 명 기간
即日 そくじつ 명 당일   長期 ちょうき 명 장기
開始日 かいしび 명 시작일, 개시일
応相談 おうそうだん 명 상담 가능, 상담에 응함
中旬 ちゅうじゅん 명 중순   特徴 とくちょう 명 특징
時間交替制 じかんこうたいせい 명 시간 교대제, 시간 교체제
土日祝 どにちしゅく 명 토, 일, 국경일   勤務 きんむ 명 근무
条件 じょうけん 명 조건   作業 さぎょう 명 작업
韓国語 かんこくご 명 한국어   中国語 ちゅうごくご 명 중국어
短期 たんき 명 단기   試験監督 しけんかんとく 명 시험감독
軽作業 けいさぎょう 명 가벼운 작업   給与 きゅうよ 명 급여
即日払い そくじつばらい 명 당일 지급
時間固定制 じかんこていせい 명 시간 고정제   深夜 しんや 명 심야
大手企業 おおてきぎょう 명 대기업
データ管理 データかんり 명 데이터 관리
株式会社 かぶしきがいしゃ 명 주식회사
情報システム じょうほうシステム 명 정보 시스템
程度 ていど 명 정도   下旬 げじゅん 명 하순   不可 ふか 명 불가

실전 대비하기 3

p.356

1 1 **2** 4

문제14 오른쪽 페이지는, 어느 수영 클럽 홈페이지에 실려 있는 안내입니다. 아래의 물음에 대한 답으로 가장 알맞은 것을, 1·2·3·4에서 하나 고르세요.

1

고등학생인 리 씨는, 수영을 못하기 때문에 수영 클래스에 다녀서 수영할 수 있게 되고 싶다고 생각하고 있다. 그러나, 계속할 수 있을지 어떨지 모르기 때문에, **몇 번인가 시험 삼아 해보고 싶다. 가능한 한 싸게** 체험할 수 있는 것은 어느 것인가?

1 평일 오전 단기 클래스 2 평일 오후 단기 클래스
3 평일 체험 클래스 4 주말 체험 클래스

해설 리 씨가 체험할 수 있는 클래스를 파악한다. 질문에서 제시된 조건 (1) 高校生のリーさん(고등학생인 리 씨), (2) 何回か試してみたい(몇 번인가 시험 삼아 해보고 싶다), (3) できるだけ安く(가능한 한 싸게)에 따라,
(1) 리 씨는 고등학생: 성인(고등학생 이상) 요금
(2) 몇 번인가 시험 삼아 해봄: 봄 단기 클래스가 전체 4회 코스
(3) 가능한 한 싸게: 평일 오전이 5,500엔으로 가장 쌈
따라서 1 平日午前の短期クラス(평일 오전 단기 클래스)가 정답이다.

어휘 〜ことができない ~할 수 없다
水泳クラス すいえいクラス 圏수영 클래스 通う かよう 图다니다
〜ようになる ~하게 되다 考える かんがえる 图생각하다
続ける つづける 图계속하다 〜かどうか ~일지 어떨지
試す ためす 图시험 삼아 하다 体験 たいけん 圏체험
平日 へいじつ 圏평일 短期 たんき 圏단기
週末 しゅうまつ 圏주말

2

이번 주말, 최 씨는 아이와 둘이서 **체험 클래스**에 가서, **샤워실도 이용**하고 싶다. **아이는 고등학생**이다. 최 씨 일행의 요금은 얼마가 되는가?

1 3,000엔 2 3,600엔
3 4,100엔 4 4,600엔

해설 최씨 일행의 요금을 파악한다. 질문에서 제시된 조건 (1) 週末(주말), (2) 体験クラス(체험 클래스), (3) シャワー室も利用(샤워실도 이용), (4) 子どもは高校生(아이는 고등학생)에 따라,
(1) (2) 주말 체험 클래스: 어린이 1,300엔, 중학생 1,600엔, 성인 1,800엔
(3) 샤워실도 이용: 1인당 별도 500엔 필요
(4) 아이는 고등학생: 성인 요금 1,800엔을 내야 함

따라서 체험 요금 3,600엔(1,800엔x2)에 샤워실 이용요금 1,000엔(500엔x2)을 더한 4 **4,600円**(4,600엔)이 정답이다.

어휘 今度 こんど 圏이번 シャワー室 シャワーしつ 圏샤워실
利用 りよう 圏이용 料金 りょうきん 圏요금

1-2

루트 수영 클럽

단기 교실 공지

루트 수영 클럽에서는 봄 단기교실을 준비했습니다.
초보자부터 상급자까지, 자신에게 맞는 레벨의 레슨을 받을 수 있습니다. 흥미는 있지만, 불안…하다는 분께는, 체험 클래스도 있습니다.
각각의 클래스 종료 후, 일주일간 이내로 본과 코스로의 입회 수속을 완료하신 분은, 1개월 분의 수강료가 반액이 됩니다. 이 기회에 꼭 시도해 보십시오.

●봄 단기 클래스● [1]주 1회 60분, 전체 4회 코스

레벨에 맞는 클래스로, 안심하고 시작할 수 있습니다. 코스 종료 후에는, 그대로 본과 코스에 들어가는 것도 가능합니다.

	평일 (월~금)		토요일·일요일	
	10시~11시	15시~16시	10시~11시	15시~16시
어린이 (초등학생 이하)	4,000엔	4,500엔	5,000엔	4,500엔
중학생	4,500엔	5,000엔	5,500엔	5,000엔
성인 [1](고등학생 이상)	[1]5,500엔	6,000엔	6,500엔	6,000엔

●[2]체험 클래스● 60분, 한 분당 1회 한정

실제 클래스에 들어와서, 체험을 1회 할 수 있습니다. 코스 종료 후에 코치로부터 간단한 어드바이스를 합니다. 클래스 시간은 요일에 따라 다르므로, 문의해 주십시오.

	평일 (월~금)	토요일·일요일
어린이 (초등학생 이하)	0엔	1,300엔
중학생	0엔	1,600엔
성인 (고등학생 이상)	1,000엔	[2]1,800엔

* 종료 후에 [2]샤워실 이용을 희망하시는 경우, 1인 당 별도 500엔이 필요합니다.

【문의·예약 접수】
루트 수영 클럽
양쪽 코스 공통 03-1234-8301

어휘 短期教室 たんききょうしつ 圏단기교실
お知らせ おしらせ 圏공지, 알림 初心者 しょしんしゃ 圏초보자

上級者 じょうきゅうしゃ 몡상급자　自身 じしん 몡자신
レベル 몡레벨　レッスン 몡레슨　不安 ふあん 몡불안
終了 しゅうりょう 몡종료　本科コース ほんかコース 몡본과 코스
入会 にゅうかい 몡입회　手続き てつづき 몡수속
完了 かんりょう 몡완료　受講料 じゅこうりょう 몡수강료
半額 はんがく 몡반액　機会 きかい 몡기회
安心 あんしん 몡안심　始める はじめる 동시작하다
可能だ かのうだ 너형가능하다　実際 じっさい 몡실제
コーチ 몡코치　簡単だ かんたんだ 너형간단하다
アドバイス 몡어드바이스, 충고
問い合わせる といあわせる 동문의하다　〜につき ~당
別途 べっと 몡별도　必要だ ひつようだ 너형필요하다
予約 よやく 몡예약　受付 うけつけ 몡접수
共通 きょうつう 몡공통

청해

 문제 1 과제이해

MP3 바로듣기

실력 다지기

p.364

| 01 ① | 02 ② | 03 ② | 04 ② | 05 ② |
| 06 ② | 07 ② | 08 ① | 09 ① | 10 ② |

01

[음성]
会社で男の人と女の人が話しています。女の人はこれから何をしますか。

男: 3時の会議の準備はどう？資料は準備できた？
女: あとはコピーだけすればできます。
男: 部長に会議について連絡はとった？
女: まだです。すぐ連絡します。
男: いや、それは私がするから、**資料の方をお願い**。
女: はい、わかりました。

女の人はこれから何をしますか。

[문제지]
① 会議の資料をコピーする
② 部長に連絡する

해석 회사에서 남자와 여자가 이야기하고 있습니다. 여자는 이제부터 무엇을 합니까?

남: 3시의 회의 준비는 어때? 자료는 준비됐어?
여: 이제 복사만 하면 됩니다.
남: 부장님께 회의에 대해 연락은 했어?
여: 아직입니다. 바로 연락하겠습니다.
남: 아니, 그건 내가 할 테니까, **자료 쪽을 부탁해**.
여: 네, 알겠습니다.

여자는 이제부터 무엇을 합니까?

① 회의 자료를 복사한다
② 부장님께 연락한다

어휘 会議 かいぎ 圐 회의　準備 じゅんび 圐 준비　資料 しりょう 圐 자료
部長 ぶちょう 圐 부장님, 부장
連絡をとる れんらくをとる 연락을 하다

02

[음성]
女の先生と留学生が話しています。留学生は何をしなければなりませんか。

女: ワンさん、交流会のスピーチ、頼んでもいいかな。日本語サークルに入って練習すればいいと思うけど。
男: あ、はい。そのサークルならもう入りました。
女: そう、よかった。交流会まであと一週間だけど応援するよ。
男: はい。時間がないので急いでしますね。

留学生は何をしなければなりませんか。

[문제지]
① サークルに参加する
② 交流会のスピーチを準備する

해석 여자 선생님과 유학생이 이야기하고 있습니다. 유학생은 무엇을 해야 합니까?

여: 왕 씨, 교류회 스피치, 부탁해도 될까? 일본어 동아리에 들어가서 연습하면 좋을 거라고 생각하는데.
남: 아, 네. 그 동아리라면 이미 들어갔어요.
여: 그래, 다행이다. 교류회까지 앞으로 1주일이지만 응원할게.
남: 네. 시간이 없으니까 서둘러서 할게요.

유학생은 무엇을 해야 합니까?

① 동아리에 참가한다
② 교류회 스피치를 준비한다

어휘 交流会 こうりゅうかい 圐 교류회　スピーチ 圐 스피치
日本語 にほんご 圐 일본어　サークル 圐 동아리, 서클
応援 おうえん 圐 응원　急ぐ いそぐ 圐 서두르다
参加 さんか 圐 참가　準備 じゅんび 圐 준비

03

[음성]
美術館の窓口で女の人が料金について聞いています。女の人は全部でいくら支払いますか。

男: いらっしゃいませ。何名様ですか。
女: 私と子ども一人です。
男: 二名様ですね。入場料は大人2,000円、小学生以下の子どもは30%割引です。

女: あの、この子は14歳なんですが。
男: あ、すみません。では、**大人料金になります**。

女の人は全部でいくら支払いますか。

[문제지]
① 3,400円
② 4,000円

해석 미술관의 창구에서 여자가 요금에 대해 묻고 있습니다. 여자는 전부 얼마를 지불합니까?

남: 어서 오세요. 몇 분이세요?
여: 저와 아이 한 명이에요.
남: 두 분이시군요. 입장료는 어른 2,000엔, 초등학생 이하의 어린이는 30% 할인입니다.
여: 저기, 이 아이는 14살인데요.
남: 아, 죄송합니다. 그럼, 어른 요금이 됩니다.

여자는 전부 얼마를 지불합니까?

① 3,400엔
② 4,000엔

어휘 入場料 にゅうじょうりょう 명 입장료
小学生 しょうがくせい 명 초등학생　以下 いか 명 이하
割引 わりびき 명 할인　料金 りょうきん 명 요금

04

[음성]
大学で女の学生と男の学生が話しています。女の学生はこのあとまず何をしますか。

男: ボランティアの参加者募集してる?
女: はい、ホームページにお知らせを書きました。でもなかなか集まらないんですね。
男: そう…、ちょっと見せて。
女: はい、やっぱり新しく募集したほうがいいでしょうか。
男: あっ!**締め切り日が先週の月曜日になっているじゃん!**
女: えっ?!来週の月曜日までなのに…、**すぐ直します**。

女の学生はこのあとまず何をしますか。

[문제지]
① ホームページのお知らせを見せる
② ホームページのお知らせを修正する

해석 대학에서 여학생과 남학생이 이야기하고 있습니다. 여학생은 이 다음에 우선 무엇을 합니까?

남: 자원봉사 참가자 모집하고 있어?
여: 네, 홈페이지에 공지를 적었어요. 하지만 좀처럼 모이질 않네요.
남: 그렇구나…, 좀 보여줘.
여: 네, 역시 새로 모집하는 편이 좋을까요?

남: 앗! 마감일이 지난주 월요일로 되어있잖아!
여: 네?! 다음 주 월요일까지인데…, 바로 고칠게요.

여학생은 이 다음에 우선 무엇을 합니까?

① 홈페이지의 공지를 보여준다
② 홈페이지의 공지를 수정한다

어휘 ボランティア 명 자원봉사　参加者 さんかしゃ 명 참가자
募集 ぼしゅう 명 모집　ホームページ 명 홈페이지
お知らせ おしらせ 명 공지, 안내　なかなか 부 좀처럼
集まる あつまる 동 모이다　やっぱり 부 역시
締め切り日 しめきりび 명 마감일　直す なおす 동 고치다
修正 しゅうせい 명 수정

05

[음성]
男の人と女の人が話しています。男の人はこのあとまず何をしなければなりませんか。

女: 就職説明会ってさ、いつするか決めた?
男: まだです。そろそろ決めましょうか。
女: いつがいいかな。そうだ!前にいつがいいかアンケートしたんじゃなかった?
男: はい。10校の大学でアンケートして結果も出ました。
女: **それ提出してくれる?**ちょっと見てから日時を決めたいと思って。

男の人はこのあとまず何をしなければなりませんか。

[문제지]
① 就職説明会の日時を決める
② アンケートの結果を提出する

해석 남자와 여자가 이야기하고 있습니다. 남자는 이 다음에 우선 무엇을 해야 합니까?

여: 취직 설명회 말이야, 언제 할지 정했어?
남: 아직이에요. 슬슬 정할까요?
여: 언제가 좋을까. 그래! 전에 언제가 좋을지 앙케트 하지 않았어?
남: 네. 10곳의 대학에서 앙케트하고 결과도 나왔어요.
여: 그거 제출해줄래? 좀 보고 나서 일시를 정하고 싶어서.

남자는 이 다음에 우선 무엇을 해야 합니까?

① 취직 설명회의 일시를 정한다
② 앙케트의 결과를 제출한다

어휘 就職説明会 しゅうしょくせつめいかい 명 취직 설명회
決める きめる 동 정하다　そろそろ 부 슬슬　アンケート 명 앙케트
結果 けっか 명 결과　提出 ていしゅつ 명 제출
日時 にちじ 명 일시

06

[음성]
会社で女の人と男の人が話しています。男の人はこのあと何をしますか。
男: 課長、明日のセミナー、日程を変えることができますか。
女: どうしたの?
男: 急にクライアントが来ることになりました。
女: そうなんだ。どうしよう…。じゃ、セミナーは参加しなくていいよ。
男: ありがとうございます。準備した資料はどうしましょうか。
女: それは私のメールに送っておいて。

男の人はこのあと何をしますか。

[문제지]
① 上司とセミナーに行く
② 資料をメールで送る

해석 회사에서 여자와 남자가 이야기하고 있습니다. 남자는 이 다음에 무엇을 합니까?
남: 과장님, 내일 세미나, 일정을 바꿀 수 있을까요?
여: 무슨 일이야?
남: 갑자기 클라이언트가 오게 되었습니다.
여: 그렇구나. 어떡하지…. 그럼, 세미나는 참가하지 않아도 괜찮아.
남: 감사합니다. 준비한 자료는 어떻게 할까요?
여: 그건 내 메일로 보내줘.

남자는 이 다음에 무엇을 합니까?

① 상사와 세미나에 간다
② 자료를 메일로 보낸다

어휘 課長 かちょう 명 과장님, 과장　セミナー 명 세미나
日程 にってい 명 일정　変える かえる 동 바꾸다
急に きゅうに 부 갑자기　クライアント 명 클라이언트, 고객
参加 さんか 명 참가　準備 じゅんび 명 준비　資料 しりょう 명 자료
メール 명 메일　送る おくる 동 보내다　上司 じょうし 명 상사

07

[음성]
授業で教授と女の学生が話しています。女の学生はこのあと何をしなければなりませんか。
男: 世界の民族はどんな特徴があるかを研究してレポートを出してください。
女: 先生、私は前にそれを研究したことがあるんですが。
男: そうですか。では、もうちょっと内容を追加して書いてください。
女: 分かりました。あの、先生。田中さんは今日欠席なんですが、伝えておきましょうか。
男: あ、いいですよ。私がメールで教えるから。

女の学生はこのあと何をしなければなりませんか。

[문제지]
① レポートについて友達に伝える
② 世界の民族をもっと研究する

해석 수업에서 교수와 여학생이 이야기하고 있습니다. 여학생은 이 다음에 무엇을 해야 합니까?
남: 세계의 민족은 어떤 특징이 있는가를 연구해서 리포트를 내 주세요.
여: 선생님, 저는 전에 그것을 연구한 적이 있는데요.
남: 그래요? 그럼, 좀 더 내용을 추가해서 써주세요.
여: 알겠습니다. 저기, 선생님. 다나카 씨는 오늘 결석인데, 전해둘까요?
남: 아, 괜찮아요. 내가 메일로 알려줄 테니.

여학생은 이 다음에 무엇을 해야 합니까?

① 리포트에 대해 친구에게 전한다
② 세계의 민족을 좀 더 연구한다

어휘 世界 せかい 명 세계　民族 みんぞく 명 민족
特徴 とくちょう 명 특징　研究 けんきゅう 명 연구
レポート 명 리포트, 보고서　内容 ないよう 명 내용
追加 ついか 명 추가　欠席 けっせき 명 결석
伝える つたえる 동 전하다　メール 명 메일

08

[음성]
バスのチケット売り場で店員と男の人が話しています。男の人は今ここでいくら払いますか。
女: いらっしゃいませ。
男: 23時発の東京行き一人お願いします。
女: はい。一般席は2,000円、特別席は2,700円でございます。
男: 一時間半しかかからないから一般席でいいかも。一般席でお願いします。
女: はい。あ、23時なら夜行バスですね。今週から夜行バスは10％割引になります。
男: そうですか。ありがとうございます。

男の人は今ここでいくら払いますか。

[문제지]
① 1,800円
② 2,000円

해석 버스 티켓 매표소에서 점원과 남자가 이야기하고 있습니다. 남자는 지금 여기서 얼마를 지불합니까?

여: 어서 오세요.
남: 23시 출발의 도쿄행 한 명 부탁합니다.
여: 네. 일반석은 2,000엔, 특별석은 2,700엔입니다.
남: 한 시간 반밖에 안 걸리니까 일반석으로 괜찮을지도. 일반석으로 부탁합니다.
여: 네. 아, 23시면 야간버스네요. 이번 주부터 **야간버스는 10% 할인됩니다**.
남: 그래요? 감사합니다.

남자는 지금 여기서 얼마를 지불합니까?

① 1,800엔
② 2,000엔

어휘 東京行き とうきょうゆき 圏도쿄행　一般席 いっぱんせき 圏일반석
特別席 とくべつせき 圏특별석　かかる 图(시간 등이)걸리다
夜行バス やこうバス 圏야간버스　割引 わりびき 圏할인

09

[음성]
学校で男の先輩と女の学生が話しています。女の学生はこのあとまず何をしますか。
男: 吉田さん。サークル大会のクイズ、作り終わった?
女: まだです。商品を何にするかは決めたんですが。今日買いに行きましょうか。
男: うん、ありがとう。クイズはいつまでできそう?
女: 明日までにはできると思います。
男: じゃ、**クイズを今日中にやってほしい**。商品は後で一緒に買いに行こう。

女の学生はこのあとまず何をしますか。

[문제지]
① **クイズを作る**
② 商品を買いに行く

해석 학교에서 남자 선배와 여학생이 이야기하고 있습니다. 여학생은 이 다음에 우선 무엇을 합니까?
남: 요시다 씨. 동아리 대회의 퀴즈, 다 만들었어?
여: 아직이에요. 상품을 무엇으로 할지는 정했는데요. 오늘 사러 갈까요?
남: 응, 고마워. 퀴즈는 언제까지 될 거 같아?
여: 내일까지는 될 거라고 생각해요.
남: 그럼, **퀴즈를 오늘 중으로 해 줬으면 해**. 상품은 나중에 같이 사러 가자.

여학생은 이 다음에 우선 무엇을 합니까?

① **퀴즈를 만든다**
② 상품을 사러 간다

어휘 サークル大会 サークルたいかい 圏동아리 대회　クイズ 圏퀴즈
作り終わる つくりおわる 图다 만들다　商品 しょうひん 圏상품
決める きめる 图정하다

10

[음성]
部長と女の人が話しています。女の人はこのあとまず何をしなければなりませんか。
男: 山田さん、新製品の企画は順調に進んでいる?
女: はい。もうちょっとで完成しそうです。
男: よかった。あ、顧客の名簿、私に送ってくれた?もらってないと思うんだけど。
女: あ、すみません。企画に集中して忘れていました。
男: いいよ。明日までに送ってほしい。**できるだけ早めに企画書を出してくれる?**
女: はい。分かりました。

女の人はこのあとまず何をしなければなりませんか。

[문제지]
① 名簿のデータを発送する
② **新製品の企画を仕上げる**

해석 부장님과 여자가 이야기하고 있습니다. 여자는 이 다음에 우선 무엇을 해야 합니까?
남: 야마다 씨, 신제품 기획은 순조롭게 진행되고 있어?
여: 네. 조금만 더 하면 완성할 것 같아요.
남: 다행이다. 아, 고객 명부, 나한테 보내줬어? 안 받은 것 같은데.
여: 아, 죄송합니다. 기획에 집중해서 잊고 있었어요.
남: 괜찮아. 내일까지 보내줬으면 해. **가능한 한 빨리 기획서를 내줄래?**
여: 네. 알겠습니다.

여자는 이 다음에 우선 무엇을 해야 합니까?

① 명부의 데이터를 발송한다
② **신제품 기획을 마무리한다**

어휘 新製品 しんせいひん 圏신제품　企画 きかく 圏기획
順調だ じゅんちょうだ 优형순조롭다
進む すすむ 图진행하다, 나아가다　完成 かんせい 圏완성
顧客 こきゃく 圏고객　名簿 めいぼ 圏명부　送る おくる 图보내다
集中 しゅうちゅう 圏집중　できるだけ 图가능한 한
早めに はやめに 圏빨리　企画書 きかくしょ 圏기획서
データ 圏데이터　発送 はっそう 圏발송
仕上げる しあげる 图마무리하다, 완성하다

실전 대비하기

p.366

| 1 1 | 2 1 | 3 2 | 4 3 | 5 2 |

문제1에서는, 우선 질문을 들어주세요. 그리고 나서 이야기를 듣고, 문제 용지의 1에서 4 중에, 가장 알맞은 것을 하나 골라주세요.

1

[음성]

店で店員と男の人が話しています。男の人はどのケーキを選びますか。

男：すみません。人気の商品はどれですか。
女：当店の一押しは下の段にある定番のいちごチョコケーキです。うちは卵や小麦粉などの食物アレルギーに対応したスイーツを販売していて、こちらは卵と小麦の代わりにお米の粉を使用して焼き上げたものでございます。
男：牛乳は入っていますか。妻がアレルギー持ちなんですが、一緒に口にできるものを探しているんです。卵は入っていても構いません。
女：でしたら、上段にあるショートケーキがおすすめです。こちらは牛乳の代用品として豆乳でクリームを作っています。スポンジは小麦粉ではなく米粉を使用しています。
男：いいですね。これと右のケーキとの違いはいちごがのっているか花がのっているかだけですか。
女：はい、そうです。こちらのバラも同様の材料を用いていますから、安心して召し上がっていただけますよ。
男：そうですか。まあでも、今はいちごが旬ですし、こっちでお願いします。
女：かしこまりました。箱にお入れしますので、少々お待ちください。

男の人はどのケーキを選びますか。

[문제지]

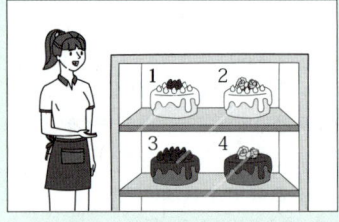

해석 가게에서 점원과 남자가 이야기하고 있습니다. 남자는 어느 케이크를 고릅니까?

남: 저기요. 인기 상품은 어느 거예요?
여: 저희 가게의 강력 추천은 아래 단에 있는 대표 메뉴인 딸기 초콜릿 케이크입니다. 저희는 계란이나 밀가루 등의 식품 알레르기에 대응한 디저트를 판매하고 있으며, 이쪽은 계란과 밀 대신에 쌀가루를 사용해서 구워 낸 것입니다.
남: 우유는 들어 있나요? 아내가 알레르기가 있는데, 같이 먹을 수 있는 걸 찾고 있거든요. 계란은 들어 있어도 상관없습니다.
여: 그렇다면, 상단에 있는 쇼트케이크가 추천입니다. 이쪽은 우유의 대용품으로써 두유로 크림을 만들었습니다. 스펀지는 밀가루가 아니라 쌀가루를 사용하고 있습니다.
남: 좋네요. 이것과 오른쪽 케이크와의 차이는 딸기가 올려져 있는지 꽃이 올려져 있는지 뿐인가요?
여: 네, 그렇습니다. 이쪽의 장미도 동일한 재료를 사용하고 있으므로, 안심하고 드실 수 있습니다.
남: 그래요? 그래도, 지금은 딸기가 제철이니, 이쪽으로 부탁할게요.
여: 알겠습니다. 상자에 넣어 드릴 테니, 잠시 기다려 주세요.

남자는 어느 케이크를 고릅니까?

해설 남자가 고른 케이크를 묻는 문제이다. 남자가 牛乳は入っていますか。妻がアレルギー持ちなんですが、一緒に口にできるものを探しているんです(우유는 들어 있나요? 아내가 알레르기가 있는데, 같이 먹을 수 있는 걸 찾고 있거든요)라고 하자, 점원이 でしたら、上段にあるショートケーキがおすすめです。こちらは牛乳の代用品として豆乳でクリームを作っています(그렇다면, 상단에 있는 쇼트케이크가 추천입니다. 이쪽은 우유의 대용품으로써 두유로 크림을 만들었습니다)라고 했고, 쇼트 케이크의 종류에 대한 설명을 들은 뒤 남자가 今はいちごが旬ですし、こっちでお願いします(지금은 딸기가 제철이니, 이쪽으로 부탁할게요)라고 했으므로 딸기가 올려져 있는 쇼트케이크임을 알 수 있다. 따라서, 딸기 쇼트케이크인 1이 정답이다.

어휘 店員 てんいん 명 점원　ケーキ 명 케이크　人気 にんき 명 인기
商品 しょうひん 명 상품　当店 とうてん 명 저희 가게
一押し いちおし 명 강력 추천　段 だん 명 단
定番 ていばん 명 대표, 정석, 기본 메뉴　いちご 명 딸기
チョコ 명 초콜릿　卵 たまご 명 계란　小麦粉 こむぎこ 명 밀가루
食物アレルギー しょくもつアレルギー 명 식품 알레르기
対応 たいおう 명 대응　スイーツ 명 디저트　販売 はんばい 명 판매
小麦 こむぎ 명 밀　代わり かわり 명 대신　お米 おこめ 명 쌀
粉 こな 명 가루　使用 しよう 명 사용
焼き上げる やきあげる 동 구워 내다　牛乳 ぎゅうにゅう 명 우유
妻 つま 명 아내　アレルギー 명 알레르기　持ち もち 명 있음, 지님
口にする くちにする 먹다, 입에 대다　上段 じょうだん 명 상단
ショートケーキ 명 쇼트케이크　おすすめ 명 추천
代用品 だいようひん 명 대용품　豆乳 とうにゅう 명 두유
クリーム 명 크림　スポンジ 명 스펀지　米粉 こめこ 명 쌀가루
使用 しよう 명 사용　のる 동 올려지다　バラ 명 장미
同様 どうよう 명 동일　材料 ざいりょう 명 재료
用いる もちいる 동 사용하다　安心 あんしん 명 안심
召し上がる めしあがる 동 드시다 (食べる의 존경어)
旬 しゅん 명 제철　箱 はこ 명 상자　少々 しょうしょう 부 잠시

2

[음성]

大学の研究室で女の学生と男の学生が話しています。女の学生はこれからまずどんな作業をしますか。

女：今日からスチューデントアシスタントとして働くことになった橋本です。よろしくお願いします。

男：斎藤です。よろしくお願いします。仕事内容は教授の研究や講義のサポートです。今は教授が論文の執筆中なので、データ収集や整理を頼まれることが多いですね。

女：はい。

男：じゃあ、早速ですが、インタビューの音源を文字に起こす作業を手伝ってくれますか。先週5人にインタビューを行いました。それを録音したデータをメールで送るので、最初から最後まで聞いてファイルに文字を打ち込んでください。

女：分かりました。結構時間がかかりそうですね。

男：時間がかかります。でも、勤務時間内にできるところまでで大丈夫です。

女：あ、そうですか。量が多いので、ミスが出ないか心配です。

男：作成してもらったデータは後日また確認してもらうので、今日は多少誤字があっても問題ないです。それよりスピードを意識してもらえると助かります。

女：はい。

女の学生はこれからまずどんな作業をしますか。

[문제지]
1 インタビューの内容を文字にする
2 インタビューを録音する
3 データをメールで送る
4 データにミスがないか確認する

해석 대학 연구실에서 여학생과 남학생이 이야기하고 있습니다. 여학생은 앞으로 먼저 어떤 작업을 합니까?

여: 오늘부터 학생 조교로서 일하게 된 하시모토입니다. 잘 부탁드립니다.

남: 사이토입니다. 잘 부탁드립니다. 업무 내용은 교수님의 연구나 강의 서포트입니다. 지금은 교수님이 논문을 집필 중이시라, 데이터 수집이나 정리를 부탁받는 경우가 많습니다.

여: 네.

남: 그럼, 바로 시작입니다만, 인터뷰 음원을 텍스트로 옮기는 작업을 도와주시겠습니까? 지난주에 5명에게 인터뷰를 했습니다. 그걸 녹음한 데이터를 이메일로 보낼 테니, 처음부터 끝까지 듣고 파일에 텍스트를 쳐 주세요.

여: 알겠습니다. 꽤 시간이 걸릴 것 같네요.

남: 시간이 걸립니다. 하지만, 근무 시간 내에 할 수 있는 곳까지 하면 괜찮습니다.

여: 아, 그렇습니까? 양이 많아서, 실수가 나오지 않을까 걱정입니다.

남: 작성해 주신 데이터는 나중에 다시 확인해 주실 테니, 오늘은 다소 오타가 있어도 문제없습니다. 그것보다 속도를 의식해 주시면 도움이 되겠습니다.

여: 네.

여학생은 앞으로 먼저 어떤 작업을 합니까?

1 인터뷰 내용을 텍스트로 한다
2 인터뷰를 녹음한다
3 데이터를 이메일로 보낸다
4 데이터에 실수가 없는지 확인한다

해설 여학생이 먼저 해야 할 작업을 묻는 문제이다. 남학생이 早速ですが、インタビューの音源を文字に起こす作業を手伝ってくれますか(바로 시작입니다만, 인터뷰 음원을 텍스트로 옮기는 작업을 도와주시겠습니까?)라고 하자, 여학생이 分かりました(알겠습니다)라고 했으므로, 1 インタビューの内容を文字にする(인터뷰 내용을 텍스트로 한다)가 정답이다. 2는 이미 했고, 3은 남학생이 할 일이며, 4는 인터뷰 내용을 텍스트로 한 후에 할 일이므로 오답이다.

어휘 研究室 けんきゅうしつ 図연구실　作業 さぎょう 図작업
スチューデントアシスタント 図학생 조교　仕事 しごと 図업무, 일
内容 ないよう 図내용　教授 きょうじゅ 図교수(님)
研究 けんきゅう 図연구　講義 こうぎ 図강의
サポート 図서포트, 지원　論文 ろんぶん 図논문
執筆 しっぴつ 図집필　データ 図데이터　収集 しゅうしゅう 図수집
整理 せいり 図정리　頼む たのむ 图부탁하다
早速 さっそく 图바로 (시작함)　インタビュー 図인터뷰
音源 おんげん 図음원　文字 もじ 図텍스트, 문자
起こす おこす 图(문자로) 옮기다, 작성하다　手伝う てつだう 图돕다
録音 ろくおん 図녹음　最初 さいしょ 図처음　最後 さいご 図끝
ファイル 図파일　打ち込む うちこむ 图치다, 입력하다
結構 けっこう 图꽤　勤務 きんむ 図근무　量 りょう 図양
ミス 図실수　作成 さくせい 図작성　後日 ごじつ 图나중에, 후일
確認 かくにん 図확인　多少 たしょう 图다소
誤字 ごじ 図오타, 오자　スピード 図속도　意識 いしき 図의식
助かる たすかる 图도움이 되다

3

[음성]
日本語学校で先生が話しています。月曜日の朝　学生は何をしなければなりませんか。

男：みなさんも天気予報で見たでしょうが、大型の台風が接近しています。日曜日の深夜、この辺りを通過する見込みだそうです。雨や風が強いときは、外出を避けて家の中で過ごしてくださいね。月曜日も状況によっては休校になるかもしれません。その場合は当日の朝7時までに本校公式サイトの掲示板にお知らせを掲載しますので、必ず確認するようにしてください。2月の大雪の際はメールを送りましたが、メールが届かない学生がいて混乱を招いてしまったため、以降送らないことにしました。電話は混雑すると繋がりにくくなってしまうおそれがありますから、控えるようにしてください。

月曜日の朝、学生は何をしなければなりませんか。

[문제지]
1 天気予報をチェックする
2 学校のホームページを見る
3 学校からのメールを確認する
4 学校に電話をする

해석 일본어 학교에서 선생님이 이야기하고 있습니다. 월요일 아침, 학생은 무엇을 해야 합니까?

남: 여러분도 뉴스에서 보셨겠지만, 대형 태풍이 접근하고 있습니다. 일요일 심야, 이 주변을 통과할 예정이라고 합니다. 비와 바람이 강할 때는, 외출을 피하고 집 안에서 지내세요. 월요일도 상황에 따라서는 휴교가 될지도 모릅니다. 그런 경우에는 당일 아침 7시까지 본교 공식 사이트의 게시판에 공지를 게재할 것이니, 반드시 확인하도록 해 주세요. 2월의 대설 때는 이메일을 보냈지만, 이메일이 오지 않은 학생이 있어 혼란을 초래해 버렸기 때문에, 이후 보내지 않기로 했습니다. 전화는 혼잡하면 연결이 어려워질 우려가 있으니, 삼가해 주세요.

월요일 아침, 학생은 무엇을 해야 합니까?

1 일기 예보를 체크한다
2 학교 홈페이지를 본다
3 학교로부터의 이메일을 확인한다
4 학교에 전화를 한다

해설 학생이 월요일 아침에 해야 할 일을 묻는 문제이다. 선생님이 月曜日も状況によっては休校になるかもしれません。その場合は当日の朝7時までに本校公式サイトの掲示板にお知らせを掲載しますので、必ず確認するようにしてください(월요일도 상황에 따라서는 휴교가 될지도 모릅니다. 그런 경우에는 당일 아침 7시까지 본교 공식 사이트의 게시판에 공지를 게재할 것이니, 반드시 확인하도록 해 주세요)라고 했으므로, 2 学校のホームページを見る(학교 홈페이지를 본다)가 정답이다. 1은 이미 봤을 거라고 선생님이 예상한 것이고, 3은 학교에서 이메일을 보내지 않기로 했으며, 4는 전화를 삼가해 달라고 했으므로 오답이다.

어휘 日本語 にほんご 圏일본어　天気予報 てんきよほう 圏일기예보
大型 おおがた 圏대형　台風 たいふう 圏태풍
接近 せっきん 圏접근　深夜 しんや 圏심야　辺り あたり 圏주변
通過 つうか 圏통과　見込み みこみ 圏예정, 전망
外出 がいしゅつ 圏외출　避ける さける 圏피하다
過ごす すごす 圏지내다　状況 じょうきょう 圏상황
休校 きゅうこう 圏휴교　場合 ばあい 圏경우　当日 とうじつ 圏당일
本校 ほんこう 圏본교　公式 こうしき 圏공식　サイト 圏사이트
掲示板 けいじばん 圏게시판　お知らせ おしらせ 圏공지
掲載 けいさい 圏게재　確認 かくにん 圏확인
大雪 おおゆき 圏대설, 폭설　際 さい 圏때
届く とどく 圏오다, 도착하다　混乱 こんらん 圏혼란
招く まねく 圏초래하다, 부르다　以降 いこう 圏이후
混雑 こんざつ 圏혼잡　繋がる つながる 圏연결되다
おそれ 圏우려　控える ひかえる 圏삼가다　チェック 圏체크, 확인

4

[음성]
大学で女の学生と男の学生が話しています。女の学生はこのあと資料をどのように直しますか。

女: 先輩、去年中学生との文化交流会で運営係を担当してましたよね?今、その資料を作っているんですが、少しアドバイスをもらえませんか。

男: いいよ。うーん、交流が2回に分かれていて、1回目は留学生と一緒にマレーシアの学校紹介か。

女: はい。2回目はビデオ通話などを活用してマレーシアの中学生たちと交流を深めてもらいます。お互いに気になることを質問し合うんです。説明をもう少し簡潔にしたほうがいいですかね?

男: ううん、もう少し詳しく説明してもいいくらい。でも、話すときに付け加えるよね。

女: はい、そのつもりです。

男: ここ、写真や図を足したらどうかな。学校の様子とかイメージが湧きやすいと思う。

女: そうですね。

男: それから、失礼にならないように気を付けたほうがいいことも入れたほうがいいんじゃない?

女: あ、それは資料にはありませんが、話そうと思っていました。

男: そう、じゃ、大丈夫じゃないかな。準備頑張って。

女の学生はこのあと資料をどのように直しますか。

[문제지]
1 内容を簡単にする
2 説明をくわしくする
3 画像やイラストを増やす
4 質問で気をつけることを書く

해석 대학에서 여학생과 남학생이 이야기하고 있습니다. 여학생은 이 다음에 자료를 어떻게 수정합니까?

여: 선배, 작년에 중학생과의 문화 교류회에서 운영 담당자를 맡으셨죠? 지금, 그 자료를 만들고 있는데요, 조금 조언을 받을 수 없을까요?

남: 좋아. 음, 교류가 두 번으로 나뉘어 있고, 첫 번째는 유학생과 함께 말레이시아의 학교 소개인가.

여: 네. 두 번째는 화상 통화 등을 활용해서 말레이시아의 중학생들과 교류를 깊게 할 거예요. 서로 궁금한 것을 질문하는 겁니다. 설명을 조금 더 간결하게 하는 편이 좋을까요?

남: 아니, 조금 더 자세히 설명해도 좋을 정도야. 하지만, 말할 때 덧붙이겠지?

여: 네, 그럴 생각이에요.

남: 여기, 사진이나 그림을 더하면 어때? 학교 모습이라든가 이미지

가 떠오르기 쉽다고 생각해.

여: 그렇네요.

남: 그리고, 실례가 되지 않도록 주의하는 편이 좋은 것도 넣는 편이 좋지 않을까?

여: 아, 그건 자료에는 없지만, 이야기하려고 생각하고 있었어요.

남: 그래, 그럼, 괜찮지 않을까? 준비 힘내.

여학생은 이 다음에 자료를 어떻게 수정합니까?

1 내용을 간단하게 한다
2 설명을 자세히 한다
3 이미지나 일러스트를 늘린다
4 질문에서 주의할 것을 적는다

해설 여학생이 해야 할 작업을 묻는 문제이다. 남학생이 ここ、写真や図を足したらどうかな。学校の様子とかイメージが湧きやすいと思う(여기, 사진이나 그림을 더하면 어때? 학교 모습이라든가 이미지가 떠오르기 쉽다고 생각해)라고 하자, 여학생이 そうですね(그렇네요)라고 했으므로, 3 画像やイラストを増やす(사진이나 일러스트를 늘린다)가 정답이다. 1은 내용은 이대로 괜찮다고 했고, 2는 말할 때 설명을 덧붙인다고 했으며, 4는 각각의 그룹이 할 일이므로 오답이다.

어휘
資料 しりょう 명 자료　先輩 せんぱい 명 선배
去年 きょねん 명 작년　中学生 ちゅうがくせい 명 중학생
文化 ぶんか 명 문화　交流会 こうりゅうかい 명 교류회
運営係 うんえいがかり 명 운영 담당자　担当 たんとう 명 맡음, 담당
アドバイス 명 조언　交流 こうりゅう 명 교류
分かれる わかれる 동 나뉘다　留学生 りゅうがくせい 명 유학생
マレーシア 명 말레이시아　ビデオ通話 ビデオつうわ 명 화상 통화
活用 かつよう 명 활용　深める ふかめる 동 깊게 하다
お互い おたがい 명 서로　気になる きになる 신경 쓰이다
質問 しつもん 명 질문　説明 せつめい 명 설명
簡潔だ かんけつだ な형 간결하다　詳しい くわしい い형 자세하다
付け加える つけくわえる 동 덧붙이다　写真 しゃしん 명 사진
図 ず 명 그림　足す たす 동 더하다　様子 ようす 명 모습, 상태
イメージ 명 이미지　湧く わく 동 떠오르다
失礼だ しつれいだ な형 실례다　準備 じゅんび 명 준비
頑張る がんばる 동 힘내다　内容 ないよう 명 내용
簡単だ かんたんだ な형 간단하다　画像 がぞう 명 이미지, 화상
イラスト 명 일러스트, 삽화　増やす ふやす 동 늘리다

5

[음성]
会社で女の人と男の人が話しています。男の人はこのあと何をしますか。

男:来週から始まるこの仕事ですけど、どんな準備が必要でしょうか。

女:そうね、まず、スケジュールを立てなきゃいけないんだけど。

男:あ、それは木村さんがするって言ってましたが。

女:え?木村さんには、他の仕事のスケジュールを頼んでるんだけど、そっちのことじゃない?

男:いえ、大丈夫です。確かめました。

女:そう。じゃ、いいか。誰が何を担当するかも、木村さんが決めるって?

男:あー、それは言ってませんでした。私がしましょうか。

女:そうしてくれる?それから、新商品の広告を考えなきゃね。これは、他の会社にいつも頼んでいるんだけど。

男:はい、じゃ、いつもの広告会社に相談してみます。

女:でも、その前に、広告にいくらお金が使えるか、確認しないとね。

男:えーと、誰に確認すればいいでしょうか。

女:中井さんだけど、今日は休みだったっけ。明日、私が聞いとくわ。じゃ、先に、他のことをしといてくれる?

男:わかりました。

男の人はこのあと何をしますか。

[문제지]
1 スケジュールを作る
2 だれが何をするか決める
3 広告の相談をする
4 お金がいくら使えるか聞く

해석 회사에서 여자와 남자가 이야기하고 있습니다. 남자는 이 다음에 무엇을 합니까?

남: 다음 주부터 시작되는 이 일 말인데요, 어떤 준비가 필요할까요?

여: 그렇네, 우선, 스케줄을 세워야 하는데.

남: 아, 그것은 기무라 씨가 한다고 말했습니다만.

여: 응? 기무라 씨에게는, 다른 일의 스케줄을 부탁했는데, 그쪽 일 아니야?

남: 아니요, 괜찮습니다. 확인했습니다.

여: 그래? 그럼, 됐나. 누가 무엇을 담당하는지도, 기무라 씨가 정한다고 했어?

남: 아, 그건 말하지 않았습니다. 제가 할까요?

여: 그렇게 해줄래? 그리고, 신상품의 광고를 생각해야만 해. 이것은, 다른 회사에 항상 부탁하고 있긴 한데.

남: 네, 그럼, 평소의 광고 회사에 상담해 보겠습니다.

여: 하지만, 그 전에, 광고에 얼마나 돈을 쓸 수 있는지, 확인해야 해.

남: 음, 누구에게 확인하면 될까요?

여: 나카이 씨인데, 오늘은 휴일이었던가. 내일, 내가 물어봐 둘게. 그럼, 먼저, 다른 것을 해줘줄래?

남: 알겠습니다.

남자는 이 다음에 무엇을 합니까?

1 스케줄을 세운다
2 누가 무엇을 할지 정한다
3 광고의 상담을 한다
4 돈을 얼마나 쓸 수 있는지 묻는다

해설 남자가 앞으로 해야 할 일을 묻는 문제이다. 여자가 誰が何を担当するかも、木村さんが決めるって？(누가 무엇을 담당하는지도, 기무라 씨가 정한다고 했어?)라고 하자, 남자가 私がしましょうか(제가 할까요?)라고 했고, 여자가 そうしてくれる？(그렇게 해줄래?)라고 했으므로, 2 だれが何をするか決める(누가 무엇을 할지 정한다)가 정답이다. 1은 기무라 씨가 해야 할 일이고, 3은 돈을 얼마나 쓸 수 있는지 확인한 다음에 해야 할 일이며, 4는 여자가 해야 할 일이므로 오답이다.

어휘 準備 じゅんび 圏준비　必要 ひつよう 圏필요
スケジュール 圏스케줄　確かめる たしかめる 圏확인하다
担当 たんとう 圏담당　決める きめる 圏정하다
新商品 しんしょうひん 圏신상품　広告 こうこく 圏광고
相談 そうだん 圏상담　確認 かくにん 圏확인

문제 2 포인트이해

MP3 바로듣기

실력 다지기

p.372

01 ②　02 ②　03 ①　04 ①　05 ①
06 ②　07 ②　08 ①　09 ②　10 ①

01

[음성]
会社で男の人と女の人が話しています。女の人はどうして早く帰らなければなりませんか。
男：えっ？もう帰りですか。
女：はい。帰ります。
男：今日、打ち上げかなんかしないんですか。プロジェクトも終わったのに。
女：それもいいですけど、また今度で。今日は病院の予約があるので、先に失礼しますね。
男：はい、お疲れ様でした。
女の人はどうして早く帰らなければなりませんか。

[문제지]
① 打ち上げに参加したくないから
② 病院の予約があるから

해석 회사에서 남자와 여자가 이야기하고 있습니다. 여자는 왜 일찍 돌아가야 합니까?
남: 어라? 벌써 돌아가나요?
여: 네. 돌아갑니다.
남: 오늘, 뒤풀이 같은 거 안 하나요? 프로젝트도 끝났는데.
여: 그것도 좋지만, 다음에요. 오늘은 병원 예약이 있어서, 먼저 실례할게요.
남: 네, 수고하셨습니다.
여자는 왜 일찍 돌아가야 합니까?
① 뒤풀이에 참가하고 싶지 않기 때문에
② 병원 예약이 있기 때문에

어휘 早く はやく 圏일찍, 빨리　打ち上げ うちあげ 圏뒤풀이
プロジェクト 圏프로젝트　今度 こんど 圏다음, 이번
予約 よやく 圏예약　先に さきに 圏먼저　失礼 しつれい 圏실례
参加 さんか 圏참가

02

[음성]
学校で女の学生と男の学生が話しています。男の学生が美術部を選んだ理由は何ですか。
女：どこに入るつもり？やっぱりバスケ部にするの？
男：バスケは見るのは好きだけど、実際にやるのは嫌で。
女：そうなの。じゃ、どこにするの？
男：美術部にしようかな。昔から絵に興味があってずっと入りたいなあと思ってたんだ。
女：なるほど。それもいいよね。
男の学生が美術部を選んだ理由は何ですか。

[문제지]
① 絵を見るのが好きだから
② 絵に興味があるから

해석 학교에서 여학생과 남학생이 이야기하고 있습니다. 남학생이 미술부를 고른 이유는 무엇입니까?
여: 어디에 들어갈 생각이야? 역시 농구부로 할 거니?
남: 농구는 보는 것은 좋아하는데, 실제로 하는 것은 싫어서.
여: 그래? 그럼, 어디로 할거야?
남: 미술부로 할까. 옛날부터 그림에 흥미가 있어서 계속 들어가고 싶다고 생각했어.
여: 과연. 그것도 괜찮네.
남학생이 미술부를 고른 이유는 무엇입니까?
① 그림을 보는 것이 좋기 때문에
② 그림에 흥미가 있기 때문에

어휘 美術部 びじゅつぶ 圏미술부　選ぶ えらぶ 圏고르다
やっぱり 囝역시　バスケ部 バスケぶ 圏농구부
実際に じっさいに 囝실제로　興味 きょうみ 圏흥미

03

[음성]
ロビーで男の人と女の人が話しています。二人はどうして展示会から帰ろうとしていますか。
男：どうしよう。ここ、エレベーターがないみたい。

女: 大丈夫だよ。急に足を怪我した私のせいだから。一人で見てきて。私は先に帰るから。
男: そんなこと言わないでよ。手伝うから階段で上がろう。
女: いやいや、そこまでして見る必要はないよ。疲れてるし。
男: じゃ、私も帰る。一緒に見たかったのに、それじゃあ意味がないよ。

二人はどうして展示会から帰ろうとしていますか。

[問題지]
① エレベーターがないから
② 見る必要がなくなったから

해석 로비에서 남자와 여자가 이야기하고 있습니다. 두 사람은 왜 전시회에서 돌아가려고 하고 있습니까?
남: 어쩌지. 여기, 엘리베이터가 없는 것 같아.
여: 괜찮아. 갑자기 발을 다친 내 탓이니까. 혼자서 보고 와. 나는 먼저 돌아갈 테니까.
남: 그런 말 하지 마. 도와줄 테니 계단으로 올라가자.
여: 아니야, 그렇게까지 해서 볼 필요는 없어. 피곤하고.
남: 그럼, 나도 돌아갈래. 함께 보고 싶었는데, 그러면 의미가 없어.

두 사람은 왜 전시회에서 돌아가려고 하고 있습니까?

① 엘리베이터가 없기 때문에
② 볼 필요가 없어졌기 때문에

어휘 ロビー 명 로비　展示会 てんじかい 명 전시회
急に きゅうに 부 갑자기　怪我する けがする 다치다, 부상 입다
先に さきに 부 먼저　手伝う てつだう 동 도와주다
上がる あがる 동 올라가다　必要 ひつよう 명 필요
疲れる つかれる 동 피곤하다

04

[음성]
お母さんと息子が話しています。息子はどうしてお父さんを待っていますか。
女: 何してるの、外で。スイカでも食べる?
男: いや、今お父さんを待ってるの。今日、約束したんだ。
女: うん?何の約束?いつもの庭いじり?
男: いや。お父さんを手伝ったら、今日は花火をしてくれるって。
女: そう。でも、お父さんが帰ってくるのは6時過ぎだから、入って待ってて。

息子はどうしてお父さんを待っていますか。

[問題지]
① 花火をする約束をしたから
② 庭の木や花に水をやる予定だから

해석 엄마와 아들이 이야기하고 있습니다. 아들은 왜 아빠를 기다리고 있습니까?
여: 뭐 하고 있니, 밖에서. 수박이라도 먹을래?
남: 아니, 지금 아빠를 기다리고 있어. 오늘, 약속했거든.
여: 응? 무슨 약속? 언제나 하는 정원 손질?
남: 아니. 아빠를 도와주면, 오늘은 불꽃놀이를 해 준대.
여: 그렇구나. 하지만, 아빠가 돌아오는 것은 6시가 지나서니까, 들어가서 기다리렴.

아들은 왜 아빠를 기다리고 있습니까?

① 불꽃놀이를 할 약속을 했기 때문에
② 정원의 나무나 꽃에 물을 줄 예정이기 때문에

어휘 スイカ 명 수박　約束 やくそく 명 약속
庭いじり にわいじり 명 정원 손질　手伝う てつだう 동 도와주다
花火 はなび 명 불꽃놀이

05

[음성]
部室で男の学生と女の学生が話しています。女の学生が桃を嫌う理由は何ですか。
男: これ、もらったんだけど、食べる?
女: ごめん、私は桃が苦手で。大丈夫。
男: えっ?なんで?アレルギーでもあるの?
女: いや、アレルギーじゃなくて、ちょっと思い出したくない記憶があるんだ。
男: ふうん。気になるね。今度聞かせて。

女の学生が桃を嫌う理由は何ですか。

[問題지]
① 思い出したくない記憶があるから
② アレルギーがあるから

해석 부실에서 남학생과 여학생이 이야기하고 있습니다. 여학생이 복숭아를 싫어하는 이유는 무엇입니까?
남: 이거, 받았는데, 먹을래?
여: 미안, 나는 복숭아는 거북해서. 괜찮아.
남: 응? 어째서? 알레르기라도 있어?
여: 아니, 알레르기가 아니라, 좀 떠올리고 싶지 않은 기억이 있어.
남: 호오. 궁금하네. 다음에 들려줘.

여학생이 복숭아를 싫어하는 이유는 무엇입니까?

① 떠올리고 싶지 않은 기억이 있기 때문에
② 알레르기가 있기 때문에

어휘 部室 ぶしつ 명 부실　桃 もも 명 복숭아　嫌う きらう 동 싫어하다
苦手だ にがてだ な형 거북하다　アレルギー 명 알레르기
思い出す おもいだす 동 떠올리다　記憶 きおく 명 기억
気になる きになる 궁금하다, 신경 쓰이다　今度 こんど 명 다음, 이번

06

[음성]
学校で男の学生と女の学生が話しています。男の学生はコミュニティーセンターの何がいいと言っていますか。
男: ここのコミュニティーセンターって本当にすごいんだよ。
女: うん?いろいろな講座があるとは聞いたけど、それのこと?
男: ううん。それもそうだけど、いろいろなイベントがあって、参加もできる。
女: へえ、どのようなイベントなの?
男: 今回はミュージカルやるみたいで、今参加者を募集してるんだ。興味があって申し込もうと思ってる。

男の学生はコミュニティーセンターの何がいいと言っていますか。

[문제지]
① いろんな講座があること
② イベントに参加できること

해석 학교에서 남학생과 여학생이 이야기하고 있습니다. 남학생은 커뮤니티 센터의 무엇이 좋다고 말하고 있습니까?
남: 여기 커뮤니티 센터는 정말로 대단해.
여: 응? 여러 가지 강좌가 있다고는 들었는데, 그거 말이야?
남: 아니. 그것도 그렇지만, 여러 가지 이벤트가 있어서, 참가도 가능해.
여: 와, 어떤 이벤트야?
남: 이번에는 뮤지컬을 하는 것 같고, 지금 참가자를 모집하고 있어. 흥미가 있어서 신청해보려고 생각하고 있어.

남학생은 커뮤니티 센터의 무엇이 좋다고 말하고 있습니까?

① 여러 가지 강좌가 있는 것
② 이벤트에 참가할 수 있는 것

어휘 コミュニティーセンター 몡 커뮤니티 센터, 문화 센터
すごい い혱 대단하다　講座 こうざ 몡 강좌　イベント 몡 이벤트
参加 さんか 몡 참가　今回 こんかい 몡 이번
ミュージカル 몡 뮤지컬　参加者 さんかしゃ 몡 참가자
募集 ぼしゅう 몡 모집　興味 きょうみ 몡 흥미
申し込む もうしこむ 동 신청하다

07

[음성]
大学で女の学生と男の学生が話しています。女の学生が悩んでいるのは、どんなことですか。
女: どうしよう。
男: 何か問題でもあるの?
女: うん、今度アルバイト先を変えようかなと思ってるんだけど、ちょっと遠くてね。
男: へえ。そこか。今度引っ越しするって言ってたからそのことかと思った。
女: それはもう解決したよ。いいところ決まったし。でも、バイト先がね、遠くなるけど時給がすごく上がるから、本当にどうしたらいいか。

女の学生が悩んでいるのは、どんなことですか。

[문제지]
① 引っ越しをするかどうか
② アルバイト先を変えるかどうか

해석 대학교에서 여학생과 남학생이 이야기하고 있습니다. 여학생이 고민하고 있는 것은, 어떤 것입니까?
여: 어떡하지.
남: 뭔가 문제라도 있어?
여: 응, 이번에 아르바이트하는 곳을 바꿀까 하는데, 좀 멀어서.
남: 호오. 그거구나. 이번에 이사한다고 말했었으니까 그 일인가하고 생각했어.
여: 그건 이미 해결했어. 좋은 곳 정해졌고. 하지만, 아르바이트할 곳이 말이야, 멀어지지만 시급이 굉장히 오르니까, 정말로 어떻게 하면 좋을지.

여학생이 고민하고 있는 것은, 어떤 것입니까?

① 이사를 할지 말지
② 아르바이트하는 곳을 바꿀지 말지

어휘 悩む なやむ 동 고민하다　今度 こんど 몡 이번
アルバイト先 アルバイトさき 몡 아르바이트하는 곳
変える かえる 동 바꾸다　引っ越し ひっこし 몡 이사
解決 かいけつ 몡 해결　決まる きまる 동 정해지다
時給 じきゅう 몡 시급　すごく 부 굉장히　上がる あがる 동 오르다

08

[음성]
家で夫と妻が話しています。妻は鍋の味がどうだと言っていますか。
男: これ、とてもおいしいね〜!
女: ありがとう。レシピは簡単だったよ。
男: ネギの甘みがとても良い。さえはあまり気に入らないの?
女: 手軽なレシピの割には素晴らしいと思うんだけど、やっぱり深みが足りないなあと思って。
男: 私は完璧だと思うけどね。ご飯おかわりしたいぐらい。

妻は鍋の味がどうだと言っていますか。

[문제지]
① 手軽なレシピの割にはすばらしい
② ねぎの甘みが良くておいしい

해석 집에서 남편과 아내가 이야기하고 있습니다. 아내는 전골의 맛이 어떻다고 말하고 있습니까?
남: 이거, 굉장히 맛있네~!
여: 고마워. 레시피는 간단했어.
남: 파의 단맛이 굉장히 좋아. 사에는 그다지 마음에 들지 않아?
여: **간단한 레시피 치고는 훌륭하다고 생각하지만, 역시 깊이가 부족하다고 생각해서.**
남: 나는 완벽하다고 생각하는데. 밥 한 그릇 더 먹고 싶을 정도로.
아내는 전골의 맛이 어떻다고 말하고 있습니까?

① 간단한 레시피 치고는 훌륭하다
② 파의 단맛이 좋아서 맛있다

어휘 鍋 なべ 몡전골　味 あじ 몡맛　レシピ 몡레시피
簡単だ かんたんだ な형간단하다　ネギ 몡파　甘み あまみ 몡단맛
気に入る きにいる 마음에 들다
手軽だ てがるだ な형간단하다, 손쉽다
素晴らしい すばらしい い형훌륭하다　やっぱり 부역시
深み ふかみ 몡깊이, 깊은 맛　足りない たりない 부족하다
完璧だ かんぺきだ な형완벽하다　おかわり 몡한 그릇 더 먹음

09

[음성]
会社で男の人と女の人が話しています。男の人は仕事の何がストレスだと言っていますか。
女: 顔色が良くないですね。疲れたんですか。
男: そうですね、ちょっとストレスもたまっちゃったみたいです。
女: 確かに、家が遠いと。通勤がやっぱり大変なんですか。
男: それは慣れているのでもう大丈夫です。ただ、**週末にも接待やら何やらで働いているのがやっぱり。**
女: 営業はそういう仕事も重視されますからね。本当に大変ですね。
男の人は仕事の何がストレスだと言っていますか。

[문제지]
① 通勤が大変なこと
② **週末にも接待などで働くこと**

해석 회사에서 남자와 여자가 이야기하고 있습니다. 남자는 일의 무엇이 스트레스라고 말하고 있습니까?
여: 얼굴색이 좋지 않네요. 피곤한 건가요?
남: 그렇네요, 좀 스트레스도 쌓여버린 것 같아요.
여: 확실히, 집이 멀면. 통근이 역시 힘든 건가요?
남: 그것은 익숙해서 이제 괜찮아요. 다만, **주말에도 접대며 뭐며 일하는 것이 역시.**
여: 영업은 그런 일도 중시되니까요. 정말 힘들지요.
남자는 일의 무엇이 스트레스라고 말하고 있습니까?

① 통근이 힘든 것
② 주말에도 접대 등으로 일하는 것

어휘 ストレス 몡스트레스　顔色 かおいろ 몡얼굴색
疲れる つかれる 동피곤하다, 지치다　たまる 동쌓이다
確かだ たしかだ な형확실하다　通勤 つうきん 몡통근
やっぱり 부역시　慣れる なれる 동익숙하다　ただ 부다만
週末 しゅうまつ 몡주말　接待 せったい 몡접대
営業 えいぎょう 몡영업　重視 じゅうし 몡중시

10

[음성]
病院で医者と女の人が話しています。女の人はいつ手術を受けますか。
男: 簡単な手術だし、早くしちゃった方がいいです。いつにしますか。
女: でも、入院が必要じゃないですか。
男: 必要ないです。日帰りでできますよ。
女: じゃ、今週は金曜日に仕事があるので、来週にします。
男: 来週なら月曜日に時間空いているのですが。
女: はい、大丈夫です。

女の人はいつ手術を受けますか。

[문제지]
① 来週の月曜日
② 今週の金曜日

해석 병원에서 의사와 여자가 이야기하고 있습니다. 여자는 언제 수술을 받습니까?
남: 간단한 수술이고, 빨리 해버리는 편이 좋습니다. 언제로 하시겠습니까?
여: 하지만, 입원이 필요하지 않나요?
남: 필요 없습니다. 당일 귀가할 수 있어요.
여: 그럼, 이번 주는 금요일에 일이 있어서, 다음 주로 할게요.
남: 다음 주라면 월요일에 시간이 비어있습니다만.
여: 네, 괜찮아요.
여자는 언제 수술을 받습니까?

① 다음 주 월요일
② 이번 주 금요일

어휘 手術 しゅじゅつ 몡수술　受ける うける 동받다
簡単だ かんたんだ な형간단하다　入院 にゅういん 몡입원
必要だ ひつようだ な형필요하다　日帰り ひがえり 몡당일 귀가
空く あく 동비다

실전 대비하기   p.374

1 2   **2** 1   **3** 4   **4** 3   **5** 3
6 1

문제2에서는, 우선 질문을 들어주세요. 그 뒤, 문제 용지의 선택지를 읽어 주세요. 읽는 시간이 있습니다. 그리고 나서 이야기를 듣고, 문제 용지의 1에서 4 중에, 가장 알맞은 것을 하나 골라주세요.

1

[음성]
大学で男の人と女の人が話しています。女の人がスキーサークルに関心を持ったきっかけは何ですか。

男: 佐藤さんって、大学に入ってからスキーを始めたんだよね?それなのに、うまいって山田さんが言ってたよ。
女: 本当?スケートをずっとやってたからかなあ。
男: スケートやってたんだ。
女: うん。でも、もうやめたの。大学に入ったころにうちの近所のスケート場がつぶれちゃって。通う人が少なくなって、経営が悪化したみたい。とても残念なんだけどね。
男: そうなんだ。それで、スキー、始めたんだ。
女: うーん、それよりは、新入生へのサークル紹介のイベント、あったよね?あの時に先輩の話を聞いて、いいなって思ったの。
男: そうなんだ。
女: 友達も増えたし、先輩もやさしいし、本当に入ってよかったよ。
男: でも、お金がかかりそうだね。交通費も必要だし、道具も要るよね。
女: それが、スキーをしているいとこが、もう使わなくなったのをくれたの。
男: そうなんだ。それはよかったね。

女の人がスキーサークルに関心を持ったきっかけは何ですか。

[문제지]
1 スケート場に通えなくなったこと
2 先輩の話を聞いたこと
3 友達を増やしたいと思ったこと
4 スキーの道具をもらったこと

해설 대학교에서 남자와 여자가 이야기하고 있습니다. 여자가 스키 동아리에 관심을 가진 계기는 무엇입니까?

남: 사토 씨는, 대학교에 들어오고 나서 스키를 시작한 거지? 그런데도, 잘한다고 야마다 씨가 말했었어.
여: 정말? 스케이트를 쭉 했어서 그런가.
남: 스케이트 했었구나.
여: 응. 하지만, 이제 그만뒀어. 대학교에 들어왔을 즈음에 집 근처의 스케이트장이 망해버려서. 다니는 사람이 적어져서, 경영이 악화된 것 같아. 엄청 아쉽게도 말이야.
남: 그렇구나. 그래서, 스키, 시작한 거구나.
여: 음, 그것보다는, 신입생에게 하는 동아리 소개 이벤트, 있었지? 그때 선배의 이야기를 듣고, 좋구나 하고 생각했어.
남: 그렇구나.
여: 친구도 늘었고, 선배도 상냥하고, 정말 들어가서 다행이었어.
남: 하지만, 돈이 들 것 같아. 교통비도 필요하고, 도구도 필요하지?
여: 그게, 스키를 타고 있는 사촌이, 이제 사용하지 않게 된 것을 줬어.
남: 그렇구나. 그건 잘됐네.

여자가 스키 동아리에 관심을 가진 계기는 무엇입니까?

1 스케이트장에 다닐 수 없게 된 것
2 선배의 이야기를 들은 것
3 친구를 늘리고 싶다고 생각한 것
4 스키 도구를 받은 것

해설 여자가 스키 동아리에 관심을 가진 계기를 묻는 문제이다. 여자가 新入生へのサークル紹介のイベント、あったよね？あの時に先輩の話を聞いて、いいなって思ったの(신입생에게 하는 동아리 소개 이벤트, 있었지? 그때 선배의 이야기를 듣고, 좋구나 하고 생각했어)라고 했으므로, 2 先輩の話を聞いたこと(선배의 이야기를 들은 것)가 정답이다. 오답 선택지 1은 스케이트를 그만 둔 계기이고, 3은 언급되지 않았으며, 4는 스키 동아리에 들어간 다음의 일이므로 오답이다.

어휘 スキー 명 스키   サークル 명 동아리   関心 かんしん 명 관심
きっかけ 명 계기   それなのに 접 그런데도
うまい い형 잘하다, 능숙하다   スケート 명 스케이트
ずっと 부 쭉, 계속   やめる 동 그만두다   近所 きんじょ 명 근처
スケート場 スケートじょう 명 스케이트장   つぶれる 동 망하다
通う かよう 동 다니다   経営 けいえい 명 경영   悪化 あっか 명 악화
残念だ ざんねんだ な형 아쉽다, 유감이다
新入生 しんにゅうせい 명 신입생   紹介 しょうかい 명 소개
イベント 명 이벤트   先輩 せんぱい 명 선배   増える ふえる 동 늘다
やさしい い형 상냥하다   お金がかかる おかねがかかる 돈이 들다
交通費 こうつうひ 명 교통비   必要だ ひつようだ な형 필요하다
道具 どうぐ 명 도구   要る いる 동 필요하다   いとこ 명 사촌
増やす ふやす 동 늘리다

2

[음성]
テレビでアナウンサーと会社の社長が話しています。社長はどうして早く起きるようになったと言っていますか。

男: ところで最近、朝早く起きられていると伺いましたが、本当ですか。

女: ええ、私はもともと朝に弱くて、早く起きられなかったんです。それが数年前に娘が犬を飼い始めまして。
男: そうなんですか。
女: 飼い始めたころは娘が毎朝散歩に連れて行っていたんですが、娘がクラブで忙しくなって、時間がなくなっちゃって。私が行かざるを得なくなっちゃったんです。
男: それは大変ですね。
女: 最初は私もそう思っていたんですが、思いのほか楽しくて。
男: 散歩が楽しいんですか。
女: ええ、それに、ちょっと動いてからの朝ごはんがおいしくて、おかげで朝食もちゃんととるようになって体調もよくなったんです。
男: いいことばかりですね。
女: それだけではないんです。朝は頭がすっきりするので、朝食の前に仕事のメールに返事もしているんですよ。

社長はどうして早く起きるようになったと言っていますか。

[問題지]
1 娘が忙しいから
2 朝食をとるから
3 健康にいいから
4 仕事のメールをするから

해석 텔레비전에서 아나운서와 회사의 사장이 이야기하고 있습니다. 사장은 왜 일찍 일어나게 되었다고 말하고 있습니까?
남: 그런데 최근, 아침 일찍 일어나고 계신다고 들었습니다만, 정말입니까?
여: 네, 저는 원래 아침에 약해서, 빨리 일어날 수 없었습니다. 그것이 수년 전에 딸이 강아지를 키우기 시작해서.
남: 그렇습니까?
여: 키우기 시작한 즈음은 딸이 매일 아침 산책에 데리고 갔는데, 딸이 동아리로 바빠져서, 시간이 부족해져 버려서. 제가 갈 수밖에 없게 되었습니다.
남: 그건 힘드시겠네요.
여: 처음엔 저도 그렇게 생각하고 있었는데, 생각 외로 즐거워서.
남: 산책이 즐거우신가요?
여: 네, 게다가, 조금 움직이고 나서의 아침밥이 맛있어서, 덕분에 아침 식사도 제대로 하게 되어서 몸 상태도 좋아졌습니다.
남: 좋은 것뿐이네요.
여: 그뿐만이 아닙니다. 아침은 머리가 맑아서, 아침 식사 전에 업무 메일에 답장도 하고 있습니다.

사장은 왜 일찍 일어나게 되었다고 말하고 있습니까?
1 딸이 바쁘기 때문에
2 아침을 먹기 때문에
3 건강에 좋기 때문에
4 업무 메일을 하기 때문에

해설 사장이 일찍 일어나게 된 이유를 묻는 문제이다. 사장이 飼い始めたころは娘が毎朝散歩に連れて行っていたんですが、娘がクラブで忙しくなって、時間がなくなっちゃって。私が行かざるを得なくなっちゃったんです(키우기 시작한 즈음은 딸이 매일 아침 산책에 데리고 갔는데, 딸이 동아리로 바빠져서, 시간이 부족해져 버려서. 제가 갈 수밖에 없게 되었습니다)라고 했으므로, 1 娘が忙しいから(딸이 바쁘기 때문에)가 정답이다. 오답 선택지 2는 딸이 바빠졌기 때문이고, 3과 4는 일찍 일어나게 된 후의 일이므로 오답이다.

어휘 アナウンサー 몡 아나운서　社長 しゃちょう 몡 사장, 사장님
起きる おきる 图 일어나다　ところで 閂 그런데
最近 さいきん 몡 최근　伺う うかがう 듣다 (聞く의 겸양어)
もともと 閂 원래　数年前 すうねんまえ 몡 수년 전
飼い始める かいはじめる 图 키우기 시작하다
連れて行く つれていく 图 데리고 가다　クラブ 몡 동아리, 클럽
最初 さいしょ 몡 처음　おかげ 덕분, 덕택
朝食 ちょうしょく 몡 아침 식사　ちゃんと 閂 제대로
体調 たいちょう 몡 몸 상태
頭がすっきりする あたまがすっきりする 머리가 맑다
メール 몡 메일　返事 へんじ 몡 답장, 답변　健康 けんこう 몡 건강

3

[음성]
会社で女の人と男の人が新商品のエアコンについて話しています。男の人は、他社の製品と比べてどんな点が問題だと言っていますか。
女: 新しく発売したエアコン、反応がいいですね。
男: はい。他社の製品に比べて、省エネ性能が高く電気代が節約できるという評価をもらっています。
女: そうですね。シンプルなデザインも好評のようです。
男: デザインはこだわった甲斐がありましたね。
女: ええ。スマートフォンで外出先から操作できるといったスマート機能については意見がありましたか。
男: 調査した中では特になかったです。他社の最新モデルも取り入れているため、目立ったセールスポイントにはなっていないようですね。
女: そうですか。
男: 一方で、アフターサービスが大手メーカーより劣っているという意見がありました。
女: 保証期間はどこもうちと同じ1年じゃないですか。
男: 本体はそうですが、中の配管など一部の部品は5年間のものもあって、うちより長いんです。
女: なるほど。そのせいですか。

男の人は、他社の製品と比べてどんな点が問題だと言っていますか。

[문제지]
1 エネルギーの消費量が多い点
2 デザインがシンプルすぎる点
3 便利な機能が少ない点
4 アフターサービスが不足している点

해석 회사에서 여자와 남자가 신상품 에어컨에 대해 이야기하고 있습니다. 남자는, 타사 제품과 비교하여 어떤 점이 문제라고 말하고 있습니까?
여: 새로 출시된 에어컨, 반응이 좋네요.
남: 네. 타사 제품에 비해, 에너지 절약 성능이 뛰어나 전기 요금을 절약할 수 있다는 평가를 받고 있습니다.
여: 그렇죠. 심플한 디자인도 호평인 것 같아요.
남: 디자인에 공들인 보람이 있었네요.
여: 네. 스마트폰으로 외부에서 조작할 수 있다고 하는 스마트 기능에 대해서는 의견이 있었나요?
남: 조사한 중에서는 특별히 없었습니다. 타사 최신 모델도 도입하고 있어서, 눈에 띄는 세일즈 포인트는 되지 않은 것 같습니다.
여: 그렇습니까.
남: 한편으로, 애프터서비스가 대형 제조사보다 부족하다는 의견이 있었습니다.
여: 보증 기간은 어디든 우리와 똑같은 1년이잖아요.
남: 본체는 그렇지만, 내부의 배관 등 일부 부품은 5년간인 것도 있어서, 우리보다 깁니다.
여: 과연 그렇군요. 그 탓입니까.
남자는, 타사 제품과 비교하여 어떤 점이 문제라고 말하고 있습니까?
1 에너지 소비량이 많은 점
2 디자인이 너무 심플한 점
3 편리한 기능이 적은 점
4 애프터서비스가 부족한 점

해설 타사 제품과 비교하여 어떤 점이 문제인지 묻는 문제이다. 남자가 一方で、アフターサービスが大手メーカーより劣っているという意見がありました(한편으로, 애프터서비스가 대형 제조사보다 부족하다는 의견이 있었습니다)라고 했으므로, 4 アフターサービスが不足している点(애프터서비스가 부족한 점)이 정답이다. 오답 선택지 1은 에너지 절약 성능이 뛰어나다고 했고, 2는 호평이라고 했으며, 3은 기능에 대한 의견은 특별히 없었으므로 오답이다.

어휘 新商品 しんしょうひん 圕 신상품　エアコン 圕 에어컨
他社 たしゃ 圕 타사　製品 せいひん 圕 제품
比べる くらべる 图 비교하다　問題 もんだい 圕 문제
発売 はつばい 圕 출시, 발매　反応 はんのう 圕 반응
省エネ しょうエネ 圕 에너지 절약　性能 せいのう 圕 성능
電気代 でんきだい 圕 전기 요금　節約 せつやく 圕 절약
評価 ひょうか 圕 평가　シンプルだ 변형 심플하다
デザイン 圕 디자인　好評 こうひょう 圕 호평
こだわる 图 공들이다, 신경 쓰다　甲斐 かい 圕 보람
スマートフォン 圕 스마트폰
外出先 がいしゅつさき 圕 외부, 외출한 곳　操作 そうさ 圕 조작
スマート 圕 스마트　機能 きのう 圕 기능　意見 いけん 圕 의견

調査 ちょうさ 圕 조사　特に とくに 團 특별히
最新 さいしん 圕 최신　モデル 圕 모델
取り入れる とりいれる 图 도입하다　目立つ めだつ 图 눈에 띄다
セールスポイント 圕 세일즈 포인트, 판매 포인트
一方で いっぽうで 쮑 한편으로　アフターサービス 圕 애프터서비스
大手 おおて 圕 대형　メーカー 圕 제조사
劣る おとる 图 부족하다, 뒤지다　保証 ほしょう 圕 보증
期間 きかん 圕 기간　本体 ほんたい 圕 본체
配管 はいかん 圕 배관　一部 いちぶ 圕 일부　部品 ぶひん 圕 부품
エネルギー 圕 에너지　消費量 しょうひりょう 圕 소비량
不足 ふそく 圕 부족

4

[음성]
テレビでアナウンサーと女の人が話しています。サービスの一番の目的は何ですか。
男: 市では今月から傘のシェアリングサービスを導入しました。担当者の鈴木さんから当サービスについて詳しい説明を頂きます。
女: 傘のシェアリングサービスは、駅近くの店やオフィスビルの空きスペースに傘が用意されていて、雨が降ったら借りられて止んだら近くの傘立てに返すことができるサービスです。
男: とても便利ですね。梅雨の時期などは毎日傘を持ち歩くことになりますし、持ち物が減るのは嬉しいです。
女: ええ。突然雨が降るとビニール傘を購入する人が増えますが、止むと忘れ物として放置されることがしばしばあります。こうした使い捨ての傘をなくすことで、プラスチックの削減に貢献し、環境に配慮した活動を推進することが主な狙いです。
男: 雨が上がるとつい傘を忘れてしまいますよね。
女: そうなんです。すでにサービスを実施している他の市町村では、売り上げが落ちている店に設置スペースを作ることで集客効果に繋がったという事例も報告されています。
男: 多方面でいい影響が期待できそうですね。

サービスの一番の目的は何ですか。

[문제지]
1 持ち物を少しでも減らすこと
2 傘の忘れ物を少なくすること
3 ごみを減らしてエコに取り組むこと
4 客が少ない店の客を増やすこと

해석 텔레비전에서 아나운서와 여자가 이야기하고 있습니다. 서비스의 가장 큰 목적은 무엇입니까?

남: 시에서는 이번 달부터 우산 공유 서비스를 도입했습니다. 담당자인 스즈키 씨에게 해당 서비스에 대해 자세한 설명을 듣겠습니다.
여: 우산 공유 서비스는, 역 근처의 가게나 오피스 빌딩의 빈 공간에 우산이 준비되어 있어, 비가 오면 빌릴 수 있고 그치면 근처의 우산 꽂이에 반납할 수 있는 서비스입니다.
남: 아주 편리하네요. 장마 시기 등에는 매일 우산을 들고 다니게 되어서, 짐이 줄어드는 것은 기쁩니다.
여: 네. 갑자기 비가 오면 비닐 우산을 구입하는 사람이 늘어납니다만, 그치면 분실물로 방치되는 일이 종종 있습니다. 이러한 일회용 우산을 없앰으로써, 플라스틱 삭감에 공헌하고, 환경을 배려한 활동을 추진하는 것이 주요한 목표입니다.
남: 비가 개면 무심코 우산을 잊어버리지요.
여: 그렇죠. 이미 서비스를 실시하고 있는 다른 시·읍·면에서는, 매출이 떨어지고 있는 가게에 설치 공간을 만듦으로써 고객 유치 효과로 이어졌다는 사례도 보고되고 있습니다.
남: 다방면에서 좋은 영향을 기대할 수 있을 것 같네요.

서비스의 가장 큰 목적은 무엇입니까?

1 소지품을 조금이라도 줄이는 것
2 우산 분실물을 적게 하는 것
3 쓰레기를 줄여서 친환경에 힘쓰는 것
4 고객이 적은 가게의 손님을 늘리는 것

해설 서비스의 가장 큰 목적이 무엇인지 묻는 문제이다. 여자가 使い捨ての傘をなくすことで、プラスチックの削減に貢献し、環境に配慮した活動を推進することが主な狙いです(일회용 우산을 없앰으로써, 플라스틱 삭감에 공헌하고, 환경을 배려한 활동을 추진하는 것이 주요한 목표입니다)라고 했으므로, 3 ごみを減らしてエコに取り組むこと(쓰레기를 줄여서 친환경에 힘쓰는 것)가 정답이다. 오답 선택지 1은 아나운서가 느끼는 이 서비스에 대한 기쁜 점이고, 2는 분실물이 아니라 일회용 우산을 없앤다고 했으며, 4는 이 서비스로 인한 효과 중 하나이므로 오답이다.

어휘 サービス 圏서비스　目的 もくてき 圏목적　市 し 圏시
傘 かさ 圏우산　シェアリング 圏공유　導入 どうにゅう 圏도입
担当者 たんとうしゃ 圏담당자　詳しい くわしい い형 자세하다
説明 せつめい 圏설명　オフィス 圏오피스, 사무실　ビル 圏빌딩
空きスペース あきスペース 圏빈 공간　用意 ようい 圏준비
借りる かりる 图빌리다　止む やむ 图(비가) 그치다
傘立て かさたて 圏우산 꽂이　返す かえす 图반납하다, 돌려주다
梅雨 つゆ 圏장마　時期 じき 圏시기　毎日 まいにち 圏매일
持ち歩く もちあるく 图들고 다니다　持ち物 もちもの 圏짐, 소지품
減る へる 图줄어들다　突然 とつぜん 囯갑자기
ビニール傘 ビニールがさ 圏비닐 우산　購入 こうにゅう 圏구입
増える ふえる 图늘어나다　忘れ物 わすれもの 圏분실물
放置 ほうち 圏방치　しばしば 囯종종
使い捨て つかいすて 圏일회용　なくす 图없애다
プラスチック 圏플라스틱　削減 さくげん 圏삭감
貢献 こうけん 圏공헌　環境 かんきょう 圏환경
配慮 はいりょ 圏배려　活動 かつどう 圏활동
推進 すいしん 圏추진　主だ おもだ な형 주요하다
狙い ねらい 圏목표　上がる あがる 图(비가) 개다　つい 囯무심코

実施 じっし 圏실시　市町村 しちょうそん 圏시·읍·면
売り上げ うりあげ 圏매출　落ちる おちる 图떨어지다
設置 せっち 圏설치　スペース 圏공간
集客 しゅうきゃく 圏고객 유치　効果 こうか 圏효과
繋がる つながる 图이어지다　事例 じれい 圏사례
報告 ほうこく 圏보고　多方面 たほうめん 圏다방면
影響 えいきょう 圏영향　期待 きたい 圏기대
減らす へらす 图줄이다　ごみ 圏쓰레기　エコ 圏친환경
取り組む とりくむ 图힘쓰다　増やす ふやす 图늘리다

5

[음성]
テレビでサッカー選手が話しています。サッカー選手は特にどんな力を伸ばしたいと言っていますか。

男: プロの世界では、どの選手も豊富な運動量と高いレベルのボールコントロール技術を持っています。私も体力には自信があり、ドリブルやパスの精度も日々の練習で少しずつ磨いてきました。特に意識して伸ばしているわけではありませんが、試合を積み重ねていくうちに課題だったゴールの決定力も上がってきたと思います。しかし、まだ判断に迷ってしまうことがあります。サッカーは常に状況が変わるスポーツなので、味方や相手の動きに合わせて瞬時に適切なプレーを選択できるようにならなければ、チームを勝利に導くことは難しいと思います。そのため、練習のときからチーム全体の動きを見渡し、次に何が起こるかを予測しながらプレーすることを意識しています。これができるようになれば、ピンチの場面でも冷静に対応でき、またチャンスを効果的に作り出せると考えています。

サッカー選手は特にどんな力を伸ばしたいと言っていますか。

[문제지]
1 試合を通して動き続けられる運動量
2 ドリブルやパスの正確さ
3 状況に合わせて素早く判断する力
4 チャンスをゴールにつなげる力

해석 TV에서 축구 선수가 이야기하고 있습니다. 축구 선수는 특히 어떤 힘을 키우고 싶다고 말하고 있습니까?

남: 프로의 세계에서는, 어느 선수나 풍부한 운동량과 높은 수준의 볼 컨트롤 기술을 가지고 있습니다. 저도 체력에는 자신이 있고, 드리블이나 패스의 정확도도 매일 연습으로 조금씩 갈고닦아 왔습니다. 특별히 의식해서 키우고 있는 것은 아니지만, 시합을 거듭해 가는 사이에 과제였던 골 결정력도 높아져 왔다고 생각합니다. 하지만, 아직 판단을 헤매 버리는 경우가 있습니다. 축구는 항상 상황이 변하는 스포츠이기 때문에, 우리 편과 상대의 움직임에 맞추어 순간적으로 적절한 플레이를 선택할 수 있게 되지 않

으면, 팀을 승리로 이끄는 것은 어렵다고 생각합니다. 그 때문에, 연습 때부터 팀 전체의 움직임을 둘러보고, 다음에 무엇이 일어날지를 예측하면서 플레이하는 것을 의식하고 있습니다. 이것이 가능해지면, 위기 상황에서도 냉정하게 대응할 수 있고, 또 기회를 효과적으로 만들어 낼 수 있다고 생각하고 있습니다.

축구 선수는 특히 어떤 힘을 키우고 싶다고 말하고 있습니까?

1 시합 내내 계속 움직일 수 있는 운동량
2 드리블과 패스의 정확성
3 상황에 맞추어 재빠르게 판단하는 힘
4 기회를 골로 연결하는 힘

해설 축구 선수가 특히 키우고 싶은 힘을 묻는 문제이다. 축구 선수가 サッカーは常に状況が変わるスポーツなので、味方や相手の動きに合わせて瞬時に適切なプレーを選択できるようにならなければ、チームを勝利に導くことは難しいと思います(축구는 항상 상황이 변하는 스포츠이기 때문에, 우리 편과 상대의 움직임에 맞추어 순간적으로 적절한 플레이를 선택할 수 있게 되지 않으면, 팀을 승리로 이끄는 것은 어렵다고 생각합니다)라고 했으므로, 3 상황에 합わせて素早く判断する力(상황에 맞추어 재빠르게 판단하는 힘)가 정답이다. 1은 이미 체력에 자신이 있다고 했고, 2는 드리블이나 패스의 정확도를 이미 갈고닦아 왔다고 했으며, 4는 골 결정력이 이미 시합을 통해 향상되어 왔다고 했으므로 오답이다.

어휘 選手 せんしゅ 명 선수　特に とくに 튀 특히
伸ばす のばす 동 키우다, 늘리다　豊富だ ほうふだ な형 풍부하다
運動量 うんどうりょう 명 운동량　レベル 명 수준
ボールコントロール 명 볼 컨트롤　技術 ぎじゅつ 명 기술
体力 たいりょく 명 체력　自信 じしん 명 자신　ドリブル 명 드리블
精度 せいど 명 정확도　日々 ひび 명 매일　磨く みがく 동 갈고닦다
意識 いしき 명 의식　~わけではない ~하는 것은 아니다
試合 しあい 명 시합　積み重ねる つみかさねる 동 거듭하다
~うちに ~하는 사이에　課題 かだい 명 과제　ゴール 명 골
決定力 けっていりょく 명 결정력　判断 はんだん 명 판단
迷う まよう 동 헤매다　常に つねに 튀 항상
状況 じょうきょう 명 상황　味方 みかた 명 우리 편, 아군
動き うごき 명 움직임　合わせる あわせる 동 맞추다
瞬時 しゅんじ 명 순간적, 순식간　適切だ てきせつだ な형 적절하다
選択 せんたく 명 선택　勝利 しょうり 명 승리
導く みちびく 동 이끌다　そのため 접 그 때문에
全体 ぜんたい 명 전체　見渡す みわたす 동 둘러보다
起こる おこる 동 일어나다　予測 よそく 명 예측　ピンチ 명 위기
場面 ばめん 명 상황, 장면　冷静だ れいせいだ な형 냉정하다
対応 たいおう 명 대응　チャンス 명 기회, 찬스
効果的 こうかてきだ な형 효과적이다
作り出す つくりだす 동 만들어 내다
~を通して ~をとおして ~내내, ~을 통해
動き続ける うごきつづける 동 계속 움직이다
正確さ せいかくさ 명 정확성　素早い すばやい い형 재빠르다
つなげる 동 연결하다

6

[음성]
女の人と男の人が話しています。女の人は忘年会に参加せずにどうすると言っていますか。

女: 山下君。突然で申し訳ないけど、今夜の忘年会欠席させてもらいます。
男: え、どうしたんですか。
女: 実は長女が発熱して保育園から呼び出しがあってね。夫は重要な商談の最中で抜けられないらしくて。
男: それは忘年会どころじゃないですね。
女: まあ、病院で受診するほどではないみたいなんだけど、早退して至急駆けつけなきゃならないの。
男: 分かりました。ところで、パソコンも持って帰るんですか。
女: どうしても今日中に仕上げないといけない仕事があるから、持ち帰って自宅で済ませようかなって。
男: えー、看病で娘さんにつきっきりなんじゃないですか。僕が代理でできることならやりますよ。今日の業務は片付きましたから。
女: それは助かるよ。じゃあ、お願いしてもいいかな。これ、モニター調査で回収したアンケート用紙なんだけど、試食の感想を一覧にしてもらえる?書式は私が以前作ったものをそのまま活用してくれたらいいから。
男: 分かりました。任せてください。
女: ありがとう。今度、お礼にコーヒーでもおごらせてね。

女の人は忘年会に参加せずにどうすると言っていますか。

[문제지]
1 子供を迎えに行く
2 子供を病院に連れて行く
3 残って仕事をする
4 家に帰って資料をまとめる

해석 여자가 남자와 이야기하고 있습니다. 여자는 송년회에 참가하지 않고 어떻게 한다고 말하고 있습니까?

여: 야마시타 군. 갑작스러워서 미안한데, 오늘 밤 송년회 결석할게.
남: 어, 무슨 일 있으세요?
여: 실은 큰딸이 열이 나서 보육원에서 호출이 있어서. 남편은 중요한 상담 중이라 빠져나올 수 없다고 해서.
남: 그건 송년회를 할 상황이 아니네요.
여: 뭐, 병원에서 진찰받을 정도는 아닌 것 같은데, 조퇴하고 급히 가야 해.
남: 알겠습니다. 그런데, 컴퓨터도 가지고 돌아가세요?
여: 무슨 일이 있어도 오늘 중에 마쳐야 하는 일이 있어서, 가지고 돌아가서 집에서 끝낼까 해서.

남: 아니, 간병으로 따님 곁에 쭉 붙어 있는 거 아니에요? 제가 대리로 할 수 있는 일이라면 할게요. 오늘 업무는 정리되었으니까요.
여: 그건 정말 고마워. 그럼, 부탁해도 될까? 이건, 모니터 조사에서 회수한 앙케트 용지인데, 시식 감상을 일람으로 해 줄 수 있을까? 서식은 내가 이전에 만든 걸 그대로 활용해 주면 되니까.
남: 알겠습니다. 맡겨 주세요.
여: 고마워. 다음에, 답례로 커피라도 사게 해 줘.

여자는 송년회에 참가하지 않고 어떻게 한다고 말하고 있습니까?

1 아이를 마중하러 간다
2 아이를 병원에 데리고 간다
3 남아서 일을 한다
4 집에 돌아가서 자료를 정리한다

해설 여자가 송년회에 참가하지 않고 어떻게 하는지 묻는 문제이다. 여자가 実は長女が発熱して保育園から呼び出しがあってね(실은 큰딸이 열이 나서 보육원에서 호출이 있어서)라고 하고, 송년회를 신경 쓸 상황이 아니라는 남자의 말에 早退して至急駆けつけなきゃならないの(조퇴하고 급히 가야 해)라고 했으므로, 1 子供を迎えに行く(아이를 마중하러 간다)가 정답이다. 오답 선택지 2는 병원에 갈 정도는 아니라고 했고, 3, 4는 남자가 대신 일을 해 주기로 했으므로 오답이다.

어휘 忘年会 ぼうねんかい 명 송년회　参加 さんか 명 참가
突然だ とつぜんだ な형 갑작스럽다　今夜 こんや 명 오늘 밤
欠席 けっせき 명 결석　実は じつは 부 실은　長女 ちょうじょ 명 장녀
発熱 はつねつ 명 열이 남, 발열　保育園 ほいくえん 명 보육원
呼び出し よびだし 명 호출　重要だ じゅうようだ な형 중요하다
商談 しょうだん 명 상담　最中 さいちゅう 중, 한창 때
抜ける ぬける 동 빠져나오다　~どころじゃない ~할 상황이 아니다
病院 びょういん 명 병원　受診 じゅしん 명 진찰
早退 そうたい 명 조퇴　至急 しきゅう 부 급히
駆けつける かけつける 동 (급히) 가다　ところで 접 그런데
パソコン 명 컴퓨터　どうしても 부 무슨 일이 있어도
仕上げる しあげる 동 마치다
持ち帰る もちかえる 동 가지고 돌아가다　自宅 じたく 명 집, 자택
済ませる すませる 동 끝내다　看病 かんびょう 명 간병
つきっきり 곁에 쭉 붙어 있음　代理 だいり 명 대리
業務 ぎょうむ 명 업무　片付く かたづく 동 정리되다
モニター 명 모니터　調査 ちょうさ 명 조사　回収 かいしゅう 명 회수
アンケート 명 앙케트　用紙 ようし 명 용지　試食 ししょく 명 시식
感想 かんそう 명 감상　一覧 いちらん 명 일람, 목록
書式 しょしき 명 서식　以前 いぜん 명 이전　活用 かつよう 명 활용
任せる まかせる 동 맡기다　今度 こんど 명 다음
お礼 おれい 명 답례　コーヒー 명 커피　おごる 동 사 주다
迎える むかえる 동 마중하다　残る のこる 동 남다
資料 しりょう 명 자료　まとめる 동 정리하다

문제 3 개요이해

MP3 바로듣기

실력 다지기

p.380

| 01 ① | 02 ① | 03 ① | 04 ① | 05 ② |
| 06 ① | 07 ② | 08 ② | 09 ② | 10 ① |

01

[음성]
インタビューで男の人が話しています。
男: ドイツから来ました。電車で東京のいろいろなところに行きましたね。駅の入り口に、エレベーターの場所や行き方を書いた看板などがもっと必要ではないかと思いました。エレベーターがたくさんあるわけではないので、車椅子を使っている人のために、エレベーターがすぐ見つけられるよう、整備した方がいいと思います。

男の人は何について話していますか。
① 駅に案内の看板が少ないこと
② 駅にエレベーターが少ないこと

해석 인터뷰에서 남자가 이야기하고 있습니다.
남: 독일에서 왔습니다. 전철로 도쿄의 여러 곳에 갔죠. 역 입구에, 엘리베이터 장소나 가는 법을 적은 간판 등이 좀 더 필요하지 않나 하고 생각했습니다. 엘리베이터가 많이 있는 것이 아니기 때문에, 휠체어를 사용하고 있는 사람을 위해, 엘리베이터를 금방 발견할 수 있도록, 정비하는 편이 좋다고 생각합니다.

남자는 무엇에 대해 이야기하고 있습니까?

① 역에 안내 간판이 적은 것
② 역에 엘리베이터가 적은 것

어휘 ドイツ 명 독일　東京 とうきょう 명 도쿄　場所 ばしょ 명 장소
行き方 いきかた 명 가는 법　看板 かんばん 명 간판
必要だ ひつようだ な형 필요하다　車椅子 くるまいす 명 휠체어
見つける みつける 동 발견하다　整備 せいび 명 정비
案内 あんない 명 안내

02

[음성]
ラジオで女の人が話しています。
女: 今タピオカは結構人気がありますね。紅茶などに入れて飲むととてもおいしいです。元々タピオカが好きだったので、そういう飲み物を売っている店が増えてきていることが嬉しいです。台湾で初めてタピオカを食べ

てみたんですが、その時は日本でこんなにもたくさんの人がタピオカを楽しむようになるとは思ってもなかったたです。

女の人は何について話していますか。
① タピオカが流行していること
② タピオカをおいしく食べる方法

해석 라디오에서 여자가 이야기하고 있습니다.

여: 지금 타피오카는 꽤 인기가 있지요. 홍차 등에 넣어서 마시면 매우 맛있습니다. 원래 타피오카를 좋아했기 때문에, 그러한 음료를 팔고 있는 가게가 늘고 있는 것이 기쁩니다. 대만에서 처음으로 타피오카를 먹어 보았는데, 그때는 일본에서 이렇게나 많은 사람이 타피오카를 즐기게 될 거라고는 생각지도 못했습니다.

여자는 무엇에 대해 이야기하고 있습니까?
① 타피오카가 유행하고 있는 것
② 타피오카를 맛있게 먹는 방법

어휘 タピオカ 圀타피오카　人気 にんき 圀인기　元々 もともと 囝원래
　　増える ふえる 图늘다　嬉しい うれしい い형기쁘다
　　台湾 たいわん 圀대만　楽しむ たのしむ 图즐기다
　　流行 りゅうこう 圀유행　方法 ほうほう 圀방법

03

[음성]
商店街で男の人が話しています。

男: 皆さん、1ヵ月後にラグビーのワールドカップが開催されることはご存知ですよね。ここはスタジアムと一番近い商店街です。今回の試合のために、観客はもちろん、外国から関係者もたくさん訪れて来るそうなので、一緒にお客さんを迎える準備をするのはどうでしょうか。たとえば、大会のマークが描いてある旗を用意して飾っておくとかですね。

男の人は何について話していますか。
① ラグビーのワールドカップの準備
② ラグビーの人気が高い理由

해석 상점가에서 남자가 이야기하고 있습니다.

남: 여러분, 1개월 후에 럭비 월드컵이 개최되는 것은 알고 계시지요. 여기는 스타디움과 가장 가까운 상점가입니다. 이번 시합을 위해, 관객은 물론, 외국에서 관계자도 많이 방문해 온다고 하니, 함께 손님을 맞이할 준비를 하는 것은 어떨까요? 예를 들면, 대회의 마크가 그려진 깃발을 마련해서 장식해 두거나 말입니다.

남자는 무엇에 대해 이야기하고 있습니까?
① 럭비 월드컵의 준비
② 럭비의 인기가 높은 이유

어휘 ラグビー 圀럭비　ワールドカップ 圀월드컵　開催 かいさい 圀개최
　　ご存知だ ごぞんじだ 알고 계시다 (知る의 존경어)
　　スタジアム 圀스타디움　商店街 しょうてんがい 圀상점가
　　今回 こんかい 圀이번　試合 しあい 圀시합
　　観客 かんきゃく 圀관객　もちろん 囝물론
　　関係者 かんけいしゃ 圀관계자　訪れる おとずれる 图방문하다
　　迎える むかえる 图맞이하다　準備 じゅんび 圀준비
　　たとえば 囝예를 들면　大会 たいかい 圀대회　マーク 圀마크
　　描く かく 图그리다　旗 はた 圀깃발　用意 ようい 圀마련
　　飾る かざる 图장식하다　人気 にんき 圀인기　理由 りゅう 圀이유

04

[음성]
空港で女の人が話しています。

女: これは、韓国語で「北海道へようこそ」と書いてある幕です。この幕を持ち、メロンゼリーなどを渡して韓国から飛行機で着いた人を迎えるというイベントです。このイベントを実施するのは、今韓国から北海道に入ってくる飛行機が少なくなったためです。その分、観光客も減ってきました。このイベントで、一人でも多くの観光客が安心して北海道に来てほしいです。

女の人は今の北海道はどうだと言っていますか。
① 観光客が減って困っている
② 観光客が多くて安心だ

해석 공항에서 여자가 이야기하고 있습니다.

여: 이것은, 한국어로 '홋카이도에 어서 오세요'라고 적힌 현수막입니다. 이 현수막을 들고, 멜론 젤리 등을 건네며 한국으로부터 비행기로 도착한 사람을 맞이하는 이벤트입니다. 이 이벤트를 실시하는 것은, 지금 한국에서 홋카이도로 들어오는 비행기가 적어졌기 때문입니다. 그만큼, 관광객도 줄어들었습니다. 이 이벤트로, 한 명이라도 많은 관광객이 안심하고 홋카이도에 와 주셨으면 합니다.

여자는 지금의 홋카이도가 어떻다고 말하고 있습니까?
① 관광객이 줄어 곤란하다
② 관광객이 많아 안심이다

어휘 韓国語 かんこくご 圀한국어　北海道 ほっかいどう 圀홋카이도
　　幕 まく 圀현수막, 막　メロンゼリー 圀멜론 젤리
　　韓国 かんこく 圀한국　迎える むかえる 图맞이하다
　　イベント 圀이벤트　実施 じっし 圀실시
　　観光客 かんこうきゃく 圀관광객　減る へる 图줄다
　　安心 あんしん 圀안심

05

[음성]
研究所で男の人が話しています。

男：これから3週間、海の深い所がどのくらい汚れているかについて調べていきます。海がプラスチックのゴミで汚れている問題はよく知られていますが、まだ海の深いところがどうなのかについては、よく分かっていませんでした。そこで、今回は特に深さ1,200mから9,200mまでの海の底を調べることになりました。

男の人は海の深いところがどうだと言っていますか。
① プラスチックのゴミでとても汚れている
② 研究が進んでいなくてまだよく分かっていない

해석 연구소에서 남자가 이야기하고 있습니다.

남: 이제부터 3주간, **바다 깊은 곳이 얼마나 더러워져있는지에 대해 조사해 가겠습니다.** 바다가 플라스틱 쓰레기로 더러워져있는 문제는 잘 알려져 있습니다만, **아직 바다 깊은 곳이 어떤지에 대해서는, 잘 모르고 있었습니다.** 그래서, 이번에는 특히 깊이 1,200m에서 9,200m까지의 바다 바닥을 조사하게 되었습니다.

남자는 바다 깊은 곳이 어떻다고 말하고 있습니까?

① 플라스틱 쓰레기로 매우 더럽혀져 있다
② **연구가 진행되지 않아서 아직 잘 모른다**

어휘 深い ふかい [い형] 깊다　汚れる よごれる [동] 더러워지다
調べる しらべる [동] 조사하다　プラスチック [명] 플라스틱
ゴミ [명] 쓰레기　知られる しられる [동] 알려지다　そこで [접] 그래서
今回 こんかい [명] 이번　特に とくに [부] 특히, 특별히
底 そこ [명] 바닥　研究 けんきゅう [명] 연구　進む すすむ [동] 진행되다

06

[음성]
食堂で男の人と女の人が話しています。

女：6時10分までとは本当にぎりぎりだね。
男：そうだよね。6時に会社を出たら、走らなきゃいけないし。
女：せめて6時20分までにしてほしいな。
男：ビールが半額っていうハッピーアワー自体はすごくいいんだけど、どうしてこんなに早く終わるんだよ。
女：そうね。この近所にこういう値段のビールってないから。本当にハッピーアワーだね。

女の人はハッピーアワーについてどう思っていますか。
① 終わる時間を延長してほしい
② ビールの値段を半額にしてほしい

해석 식당에서 남자와 여자가 이야기하고 있습니다.

여: 6시 10분까지라니 정말 아슬아슬하네.
남: 맞아. 6시에 회사를 나오면, 뛰어야 하고.
여: 적어도 6시 20분까지 했으면 좋겠다.
남: 맥주가 반값이라는 해피 아워 자체는 엄청 좋은데, 어째서 이렇게 빨리 끝나는 거야.
여: 맞아. 이 근처에 이런 가격의 맥주는 없으니까. 정말로 해피 아워야.

여자는 해피 아워에 대해 어떻게 생각하고 있습니까?

① 끝나는 시간을 연장해 주었으면 한다
② 맥주의 가격을 반값으로 해 주었으면 한다

어휘 ぎりぎり [부] 아슬아슬　せめて [부] 적어도　ビール [명] 맥주
半額 はんがく [명] 반값, 반액　ハッピーアワー [명] 해피 아워
自体 じたい [명] 자체　すごく [부] 엄청, 매우　近所 きんじょ [명] 근처
値段 ねだん [명] 가격　延長 えんちょう [명] 연장

07

[음성]
会社で女の人と男の人が話しています。

男：あの先輩をオリエンテーションで見かけるとは。
女：誰のこと？もしかして田中先輩？
男：そうだよ。噂はたくさん聞いたけど、実際に見るのは初めてだよ。
女：すごく厳しくて怖い先輩らしいよ。
男：でも、私は仕事が完璧な面は見習いたいよ。
女：性格は別としてね。

男の人は先輩についてどう思っていますか。
① 厳しくて怖いと思う
② 仕事は完璧な人だと思う

해석 회사에서 여자와 남자가 이야기하고 있습니다.

남: 저 선배를 오리엔테이션에서 보다니.
여: 누구 말이야? 혹시 다나카 선배?
남: 맞아. 소문은 많이 들었는데, 실제로 보는 것은 처음이야.
여: 엄청 엄하고 무서운 선배라고 하던데.
남: 하지만, 나는 일이 완벽한 면은 본받고 싶어.
여: 성격은 별개로 하고 말이지.

남자는 선배에 대해 어떻게 생각하고 있습니까?

① 엄하고 무섭다고 생각한다
② **일은 완벽한 사람이라고 생각한다**

어휘 先輩 せんぱい [명] 선배　オリエンテーション [명] 오리엔테이션
見かける みかける [동] 보다, 발견하다　もしかして 혹시
噂 うわさ [명] 소문　実際に じっさいに [부] 실제로
すごく [부] 엄청, 매우　厳しい きびしい [い형] 엄하다
怖い こわい [い형] 무섭다　完璧だ かんぺきだ [な형] 완벽하다
見習う みならう [동] 본받다, 보고 배우다　性格 せいかく [명] 성격
別 べつ [명] 별개

문제 3 개요이해 153

08

[음성]
同窓会で男の人と女の人が話しています。
女: 私は今、普通の会社員。事務の。
男: そうなんだ。高校のとき、よく絵を描いてたから、そういう仕事につくだろうと思ってた。
女: 確かに絵を描くのは好きだったね。
男: 今は好きじゃないの?全然描いてない?
女: 好きじゃないとは言えないね。ただ、自信がなくなってる。今も描けるかどうか。

女の人は絵を描くことについてどう思っていますか。
① 絵を描くのが好きだったが今は好きではない
② 絵を描くことに自信がなくなっている

해석 동창회에서 남자와 여자가 이야기하고 있습니다.
여: 나는 지금, 보통의 회사원. 사무 일의.
남: 그렇구나. 고등학교 때, 자주 그림을 그렸으니까, 그런 일을 할 거라고 생각했어.
여: 확실히 그림을 그리는 것은 좋아했지.
남: 지금은 좋아하지 않는 거야? 전혀 그리지 않아?
여: 좋아하지 않는다고는 말할 수 없네. 다만, **자신이 없어졌어**. 지금도 그릴 수 있을지 어떨지.

여자는 그림을 그리는 것에 대해 어떻게 생각하고 있습니까?
① 그림을 그리는 것을 좋아했지만 지금은 좋아하지 않는다
② 그림을 그리는 것에 자신이 없어졌다

어휘 普通 ふつう 圄보통　会社員 かいしゃいん 圄회사원
事務 じむ 圄사무　高校 こうこう 圄고등학교　描く かく 통그리다
仕事につく しごとにつく 일을 하다, 종사하다
確かだ たしかだ な圄확실하다　全然 ぜんぜん 囘전혀
ただ 囘다만　自信 じしん 圄자신, 자신감

09

[음성]
街で女の人と男の人が話しています。
男: あの、すみません。3時のイルカツアーに参加される方ですよね?
女: はい、そうですけど。
男: 本当に申し訳ありませんが、天気が急に悪くなってしまいまして中止になりました。
女: えっ、そうですか。少し暗くなったなとは思ってましたが。
男: こっちはまだ大丈夫なんですが、海の方は風が強くなりまして危ないんです。では、あちらでキャンセル手続きをしておりますので、ご案内いたします。

男の人は何をしに来ましたか。

① ツアーの参加者を募集するため
② ツアーが中止されたことを知らせるため

해석 길에서 여자와 남자가 이야기하고 있습니다.
남: 저, 실례합니다. 3시 돌고래 투어에 참가하시는 분이시죠?
여: 네, 그렇습니다만.
남: 정말로 죄송합니다만, 날씨가 갑자기 나빠져버려서 중지되었습니다.
여: 앗, 그런가요. 조금 어두워졌다고는 생각했는데.
남: 이쪽은 아직 괜찮습니다만, 바다 쪽은 바람이 강해져서 위험합니다. 그럼, 저쪽에서 취소 수속을 하고 있으니, 안내해 드리겠습니다.

남자는 무엇을 하러 왔습니까?

① 투어 참가자를 모집하기 위해
② 투어가 중지된 것을 알리기 위해

어휘 イルカツアー 圄돌고래 투어　参加 さんか 圄참가
急に きゅうに 囘갑자기　中止 ちゅうし 圄중지　キャンセル 圄취소
手続き てつづき 圄수속, 절차　案内 あんない 圄안내
参加者 さんかしゃ 圄참가자　募集 ぼしゅう 圄모집
知らせる しらせる 통알리다

10

[음성]
体育館で男の人と女の人が話しています。
女: お久しぶり。本当に会いたかった。最近どう?練習は。
男: 試合があるから、皆頑張ってるよ。はるかはどう?就活はうまくいってる?
女: うん。東京の出版社に就職したの。それで、皆に挨拶でもしようと思って。
男: それはよかったね。あっちでちょっとだけ待ってて。皆呼んでくるから。

女の人は何をしに来ましたか。
① サークルの皆に挨拶するため
② 就活をするため

해석 체육관에서 남자와 여자가 이야기하고 있습니다.
여: 오랜만이야. 정말 보고 싶었어. 요즘 어때? 연습은.
남: 시합이 있으니까, 모두 힘내고 있어. 하루카는 어때? 취직 활동은 잘 되고 있어?
여: 응. 도쿄의 출판사에 취직했어. 그래서, 모두에게 인사라도 하려고 생각해서.
남: 그건 잘 됐다. 저쪽에서 잠깐만 기다려. 모두를 불러올 테니까.

여자는 무엇을 하러 왔습니까?
① 동아리의 모두에게 인사하기 위해
② 취직 활동을 하기 위해

어휘 最近 さいきん 圄최근　試合 しあい 圄시합
頑張る がんばる 통힘내다

就活 しゅうかつ 명 취직 활동 (就職活動의 줄임말)
うまくいく 잘 되다　東京 とうきょう 명 도쿄
出版社 しゅっぱんしゃ 명 출판사　就職 しゅうしょく 명 취직
挨拶 あいさつ 명 인사　サークル 명 동아리, 서클

실전 대비하기　　　　　　　　　　　　　p.381

1 2　**2** 3　**3** 4　**4** 3　**5** 1
6 1　**7** 1　**8** 2　**9** 1　**10** 2

문제 3에서는, 문제 용지에 아무것도 인쇄되어 있지 않습니다. 이 문제는, 전체적으로 어떤 내용인지를 묻는 문제입니다. 이야기 전에 질문은 없습니다. 우선 이야기를 들어주세요. 그리고 나서, 질문과 선택지를 듣고, 1에서 4 중에, 가장 알맞은 것을 하나 골라주세요.

1

[음성]
講演会で女の人が話しています。
女: 私はウェブサイトのデザインを仕事にしているのですが、最近、自分のデザインについてブログで説明することが多くなりました。デザインのことや仕事の情報などを文章にしています。そして、私と同じように自分の気持ちや考えを文章にして、インターネットを通じて発信するデザイナーが増えています。これはとてもいいことで、言葉にすることで「なんとなくこちらのほうがいい」というようなあいまいな部分が少なくなり、資料を書く時だけでなく、お客様に言葉で説明する時にも、わかりやすい話し方に変化していくのです。考えを文章化することは、仕事の面でもとてもいいトレーニングなのです。

女の人は何について話していますか。
1 ブログで書いている内容
2 文章を書くことのいい点
3 文章のトレーニング方法
4 あいまいな話し方にしない方法

해석　강연회에서 여자가 이야기하고 있습니다.
여: 저는 웹 사이트 디자인을 업무로 하고 있는데요, 최근, 자신의 디자인에 대해 블로그에서 설명하는 일이 많아졌습니다. 디자인에 관한 것이나 업무 정보 등을 글로 쓰고 있습니다. 그리고, 저와 같이 자신의 기분이나 생각을 글로 써서, 인터넷을 통해 발신하는 디자이너가 늘고 있습니다. 이것은 아주 좋은 일로, 말로 함으로써 '왠지 모르게 이쪽이 좋아'와 같은 애매한 부분이 적어지고, 자료를 쓸 때뿐만 아니라, 손님에게 말로 설명할 때에도, 이해하기 쉬운 화법으로 변화해 가는 것입니다. 생각을 문장화하는 것은, 업무 면에서도 아주 좋은 트레이닝입니다.

여자는 무엇에 대해 이야기하고 있습니까?
1 블로그에서 쓰고 있는 내용
2 글을 쓰는 것의 좋은 점
3 문장의 트레이닝 방법
4 애매한 화법으로 하지 않는 방법

해설　여자가 강연회에서 어떤 이야기를 하는지 전체적인 흐름을 파악하며 주의 깊게 듣는다. 여자가 デザインのことや仕事の情報などを文章にしています(디자인에 관한 것이나 업무 정보 등을 글로 쓰고 있습니다), あいまいな部分が少なくなり(애매한 부분이 적어지고), お客様に言葉で説明する時にも、わかりやすい話し方に変化(손님에게 말로 설명할 때에도, 이해하기 쉬운 화법으로 변화), 考えを文章化することは、仕事の面でもとてもいいトレーニング(생각을 문장화하는 것은, 업무 면에서도 아주 좋은 트레이닝)라고 했다. 질문에서 여자가 무엇에 대해 이야기하고 있는지 묻고 있으므로, 2 文章を書くことのいい点(글을 쓰는 것의 좋은 점)이 정답이다.

어휘　ウェブサイト 명 웹 사이트　デザイン 명 디자인
最近 さいきん 분 최근　ブログ 명 블로그　説明 せつめい 명 설명
情報 じょうほう 명 정보　文章 ぶんしょう 명 글, 문장
気持ち きもち 명 기분, 마음　考え かんがえ 명 생각
インターネット 명 인터넷　発信 はっしん 명 발신
デザイナー 명 디자이너　増える ふえる 동 늘다, 증가하다
なんとなく 분 왠지 모르게　あいまいだ な형 애매하다
部分 ぶぶん 명 부분　資料 しりょう 명 자료
お客様 おきゃくさま 명 손님, 고객　話し方 はなしかた 명 화법, 말투
変化 へんか 명 변화　文章化 ぶんしょうか 명 문장화
トレーニング 명 트레이닝, 연습　内容 ないよう 명 내용
方法 ほうほう 명 방법

2

[음성]
テレビで男の人が話しています。
男: 子供というのは、本来虫に興味があるものです。小さくて動くもの、きれいな羽を持っているもの。男の子でも女の子でも、虫に興味を持つのは自然なことです。虫の写真が表紙のノートを、気持ち悪いから売らないでほしいという人がいますが、これはとんでもないことです。子供たちが好きなものを、気持ち悪いなんて言わないでください。これは虫だけの話ではありません。子供が興味を持ったものをよくないと否定すると子供の成長を止めてしまいます。科学や社会についての好奇心をつぶしてしまいます。どうか子供の周りにいる大人達は、子供の気持ちを見守ってあげてください。

男の人が伝えたいことは何ですか。

1 子供は虫が好きだということ
2 虫の写真がついたノートを売ってほしいということ
3 **子供の好きなものを否定しないでほしいということ**
4 大人は子供を見守る義務があるということ

해석 텔레비전에서 남자가 이야기하고 있습니다.
남: 아이란, 본래 벌레에 흥미가 있습니다. 작고 움직이는 것, 예쁜 날개를 가지고 있는 것. 남자아이라도 여자아이라도, 벌레에 흥미를 가지는 것은 자연스러운 일입니다. 벌레 사진이 표지인 노트를, 기분 나쁘니까 팔지 말았으면 좋겠다는 사람이 있지만, 이것은 당치도 않은 일입니다. 아이들이 좋아하는 것을, 기분 나쁘다고 말하지 말아 주십시오. 이것은 벌레만의 이야기가 아닙니다. 아이가 흥미를 가진 것을 좋지 않다고 부정하면 아이의 성장을 멈춰 버립니다. 과학이나 사회에 대한 호기심을 뭉개버립니다. 부디 아이의 주변에 있는 어른들은, 아이의 마음을 지켜봐 주십시오.

남자가 전하고 싶은 것은 무엇입니까?

1 아이는 벌레를 좋아한다는 것
2 벌레 사진이 있는 노트를 팔면 좋겠다는 것
3 **아이가 좋아하는 것을 부정하지 않으면 좋겠다는 것**
4 어른은 아이를 지켜볼 의무가 있다는 것

해설 남자가 텔레비전에서 어떤 이야기를 하는지 전체적인 흐름을 파악하며 주의 깊게 듣는다. 남자가 子供というのは、本来虫に興味があるものです(아이란, 본래 벌레에 흥미가 있습니다), 子供たちが好きなものを、気持ち悪いなんて言わないでください(아이들이 좋아하는 것을, 기분 나쁘다고 말하지 말아 주십시오), 否定すると子供の成長を止めてしまいます(부정하면 아이의 성장을 멈춰 버립니다)라고 했다. 질문에서 남자가 전하고 싶은 것을 묻고 있으므로, 3 子供の好きなものを否定しないでほしいということ(아이가 좋아하는 것을 부정하지 않으면 좋겠다는 것)가 정답이다.

어휘 本来 ほんらい 몡 본래 虫 むし 몡 벌레 興味 きょうみ 몡 흥미
動く うごく 图 움직이다 羽 はね 몡 날개
自然だ しぜんだ な형 자연스럽다 表紙 ひょうし 몡 표지
気持ち きもち 몡 기분, 마음 とんでもない 당치도 않다, 터무니없다
否定 ひてい 몡 부정 成長 せいちょう 몡 성장
止める とめる 图 멈추다 科学 かがく 몡 과학
社会 しゃかい 몡 사회 好奇心 こうきしん 몡 호기심
つぶす 图 뭉개다, 찌부러뜨리다 どうか 图 부디, 제발
周り まわり 몡 주변, 주위 見守る みまもる 图 지켜보다
義務 ぎむ 몡 의무

3

[음성]
女の学生が授業で調査の結果を発表しています。
女: 私は今回まず、インターネットの使用について興味を持ちました。これは、政府が調べたデータですが、現在13歳から59歳までの年齢では、90%以上の人々がインターネットを使っています。しかし、注目すべきはここです。インターネットを使うときに、何を使っているかです。日本ではほとんどの人がスマートフォンを使っていて、パソコンを使っている人は約7割。13歳から19歳ですと半分程度です。これは、他の先進国と大きく違う点です。そこで私は、学生達を対象に、いつからパソコンを使うようになったのか、アンケートを行いました。予想通り、大学に入ってからと答えた人が6割を超えていました。レポートを書く必要があるため、大学で使用するという人が多く、自分のパソコンを持っている人もおよそ6割です。また、スマートフォンがあれば困らないと考えている人が多いこともわかりました。

女の学生は何の調査を行ったと言っていますか。
1 インターネットを使うときに使う物
2 スマートフォンを使う人の割合
3 パソコンを持っている人の数
4 **パソコンを使い始めた時期**

해석 여학생이 수업에서 조사 결과를 발표하고 있습니다.
여: 저는 이번에 우선, 인터넷 사용에 대해 흥미를 가졌습니다. 이것은, 정부가 조사한 데이터입니다만, 현재 13세에서 59세까지의 연령에서는, 90% 이상의 사람들이 인터넷을 사용하고 있습니다. 하지만, 주목해야 할 것은 여기입니다. 인터넷을 사용할 때에, 무엇을 사용하고 있는가입니다. 일본에서는 대부분의 사람이 스마트폰을 사용하고 있고, 컴퓨터를 사용하고 있는 사람은 약 70%. 13세에서 19세라면 절반 정도입니다. 이것은, 다른 선진국과 크게 다른 점입니다. 그래서 저는, 학생들을 대상으로, 언제부터 컴퓨터를 사용하게 되었는지, 앙케트를 실시했습니다. 예상대로, 대학에 들어가고 나서부터라고 대답한 사람이 60%를 넘었습니다. 리포트를 쓸 필요가 있기 때문에, 대학에서 사용한다는 사람이 많고, 자신의 컴퓨터를 가지고 있는 사람도 대략 60%입니다. 또, 스마트폰이 있으면 곤란하지 않다고 생각하고 있는 사람이 많다는 것도 알았습니다.

여학생은 어떤 조사를 실시했다고 말하고 있습니까?

1 인터넷을 사용할 때에 사용하는 것
2 스마트폰을 사용하는 사람의 비율
3 컴퓨터를 가지고 있는 사람 수
4 **컴퓨터를 사용하기 시작한 시기**

해설 여학생이 발표에서 어떤 이야기를 하는지 전체적인 흐름을 파악하며 주의 깊게 듣는다. 여학생이 いつからパソコンを使うようになったのか、アンケートを行いました(언제부터 컴퓨터를 사용하게 되었는지, 앙케트를 실시했습니다)라고 했다. 질문에서 여학생이 어떤 조사를 실시했는지 묻고 있으므로, 4 パソコンを使い始めた時期(컴퓨터를 사용하기 시작한 시기)가 정답이다.

어휘 今回 こんかい 몡 이번 まず 图 우선 インターネット 몡 인터넷

使用 しよう 명사용　　興味 きょうみ 명흥미　　政府 せいふ 명정부
調べる しらべる 동조사하다, 찾아보다　　データ 명데이터
現在 げんざい 명현재　　年齢 ねんれい 명연령
以上 いじょう 명이상　　注目 ちゅうもく 명주목　　日本 にほん 명일본
ほとんど 부대부분, 거의　　スマートフォン 명스마트폰
パソコン 명컴퓨터　　割り わり 명%, 할　　程度 ていど 명정도
先進国 せんしんこく 명선진국　　対象 たいしょう 명대상
アンケート 명앙케트, 설문조사　　行う おこなう 동실시하다, 행하다
予想通り よそうどおり 예상대로　　超える こえる 동넘다, 초과하다
レポート 명리포트, 보고서　　必要 ひつよう 명필요
およそ 대략, 약　　考える かんがえる 동생각하다
割合 わりあい 명비율　　時期 じき 명시기
使い始める つかいはじめる 동사용하기 시작하다

4

[음성]
会社で女の人と男の人が話しています。
男: 小林さん、お客さんからチョコレートもらったんだけど、食べませんか。
女: ありがとう。いただきます。お客さんって、午前中に来ていた方?
男: そう。今度新しい工場を作るらしくて。
女: へー、それで挨拶に来たの?
男: うん、それもあるけど、工場で使う機械のことで相談されたんだ。悪いけど、小林さん、資料を作るの、手伝ってくれない?
女: その会社に説明しに行くの?
男: うん、あさって。機械のことは小林さんが一番よく知っているから、教えてほしいんだ。
女: 仕方ないなあ。チョコレート食べちゃったし。手伝うわ。

男の人は何をしに来ましたか。
1 チョコレートを食べるため
2 挨拶をするため
3 **手伝いを頼むため**
4 機械の相談をするため

해석 회사에서 여자와 남자가 이야기하고 있습니다.
남: 고바야시 씨, 손님에게 초콜릿을 받았는데, 먹지 않을래요?
여: 고마워. 잘 먹겠습니다. 손님이라면, 오전 중에 왔던 분?
남: 맞아. 이번에 새로운 공장을 만든다고 해서.
여: 와, 그래서 인사하러 온 거야?
남: 응, 그것도 있지만, 공장에서 사용하는 기계 일로 상담받았어. 미안하지만, 고바야시 씨, 자료 만드는 거, 도와주지 않을래?
여: 그 회사에 설명하러 가는 거야?
남: 응, 모레. 기계 일은 고바야시 씨가 제일 잘 알고 있으니까, 가르쳐주면 좋겠어.
여: 어쩔 수 없네. 초콜릿도 먹어버렸고. 도울게.

남자는 무엇을 하러 왔습니까?
1 초콜릿을 먹기 위해
2 인사를 하기 위해
3 **도움을 부탁하기 위해**
4 기계의 상담을 하기 위해

해설 여자와 남자가 회사에서 어떤 이야기를 하는지 전체적인 흐름을 파악하며 주의 깊게 듣는다. 대화에서, 남자가 資料を作るの、手伝ってくれない?(자료 만드는 거, 도와주지 않을래?) 라고 했다. 질문에서 남자가 무엇을 하러 왔는지 묻고 있으므로, 3 手伝いを頼むため (도움을 부탁하기 위해)가 정답이다.

어휘 お客さん おきゃくさん 명손님, 고객　　チョコレート 명초콜릿
午前中 ごぜんちゅう 명오전 중　　今度 こんど 명이번, 다음
工場 こうじょう 명공장　　挨拶 あいさつ 명인사
機械 きかい 명기계　　相談 そうだん 명상담　　資料 しりょう 명자료
手伝う てつだう 동도와주다, 거들다　　説明 せつめい 명설명
仕方ない しかたない い형어쩔 수 없다, 할 수 없다
手伝い てつだい 명도움

5

[음성]
ラジオで女の人がインタビューを受けています。
男: 今年は多くのテレビドラマや映画にご出演なさっていましたが、この1年で、印象に残っている作品は何でしょうか。
女: どの作品も楽しくお仕事をさせていただきましたが、中でも『青空』というテレビドラマが印象深いですね。初めてテレビドラマで主役をいただいて、半年間、全力で取り組みました。ドラマの中では歌を歌うシーンもあったので、歌の練習もたくさんしましたし、充実した半年間でした。このドラマに出たことをきっかけに、その後映画のお仕事をたくさんもらうようになって、とても忙しい1年だったと思います。少し忙しすぎて、自分の時間が取れなかったので、来年はもう少し仕事を減らして、ダンスのトレーニングをしたいと思っています。

この女の人は、今年はどうだったと言っていますか。
1 **テレビドラマに出て、仕事が増えた**
2 テレビドラマに出つつ、映画の仕事をした
3 テレビドラマに1年出て、充実していた
4 テレビドラマや映画に出てから、歌を歌った

해석 라디오에서 여자가 인터뷰를 받고 있습니다.
남: 올해는 많은 텔레비전 드라마나 영화에 출연하셨는데, 이 1년에서, 인상에 남아있는 작품은 무엇입니까?
여: 어느 작품도 즐겁게 일을 했지만, 그중에서도 '아오조라'라는 텔레비전 드라마가 인상 깊네요. 처음으로 텔레비전 드라마에서 주

연을 맡아서, 반년 동안, 전력으로 몰두했습니다. 드라마 안에서는 노래를 부르는 장면도 있었기 때문에, 노래 연습도 많이 했고, 충실한 반년간이었습니다. 이 드라마에 나온 것을 계기로, 그 후 영화 일을 많이 받게 되어, 매우 바쁜 1년이었다고 생각합니다. 좀 너무 바빠서, 자신의 시간을 가질 수 없었기 때문에, 내년은 조금 일을 줄이고, 댄스 트레이닝을 하고 싶다고 생각하고 있습니다.

이 여자는, 올해는 어땠다고 말하고 있습니까?

1 텔레비전 드라마에 나와서, 일이 늘었다
2 텔레비전 드라마에 나오면서, 영화 일을 했다
3 텔레비전 드라마에 1년 나와서, 충실했다
4 텔레비전 드라마나 영화에 나오고 나서, 노래를 불렀다

해설 여자가 라디오에서 어떤 이야기를 하는지 전체적인 흐름을 파악하며 주의 깊게 듣는다. 여자가 이 드라마에 나온 것을 계기로, 그 후 영화의 일을 많이 받게 되어, 매우 바쁜 1년이었다고 생각합니다(이 드라마에 나온 것을 계기로, 그 후 영화 일을 많이 받게 되어, 매우 바쁜 1년이었다고 생각합니다)라고 했다. 질문에서 여자가 올해는 어땠다고 말하고 있는지 묻고 있으므로, 1 텔레비드라마에 나와서, 일이 늘었다(텔레비전 드라마에 나와서, 일이 늘었다)가 정답이다.

어휘 テレビドラマ 텔레비전 드라마 出演 しゅつえん 명 출연
なさる 통 하시다 (する의 존경어) 印象 いんしょう 명 인상
残る のこる 통 남다 作品 さくひん 명 작품
させていただく 하다 (する의 겸양표현)
印象深い いんしょうぶかい 인상 깊다
主役 しゅやく 명 주연, 주역 半年間 はんとしかん 명 반년 동안
全力 ぜんりょく 명 전력 取り組む とりくむ 통 몰두하다, 싸우다
シーン 명 장면, 신 充実 じゅうじつ 명 충실 きっかけ 명 계기, 동기
その後 そのご 부 그 후 時間を取る じかんをとる 시간을 내다
減らす へらす 통 줄이다, 감소시키다 ダンス 명 댄스, 춤
トレーニング 명 트레이닝, 연습 増える ふえる 통 늘다

6

[음성]
テレビでアナウンサーが話しています。
女: 今は昔よりも人や文化の行き来が増えたことで、いろんな国のものが国内に入ってきやすくなりました。そのため、最近ではほかの国で流行しているものが日本でも一気に流行するという現象が起こっています。少し前だと、アサイーというフルーツが美容に良いと評判になりました。特に今年は台湾のタピオカや、韓国のチーズドックなど、持ち歩いて食べるのに適したものが人気となりました。

アナウンサーは何について話していますか。
1 外国の食べ物が流行する理由
2 今後流行しそうな食べ物
3 美容にいい食べ物が人気になった理由
4 女性たちが持ち歩く食べ物

해석 텔레비전에서 아나운서가 이야기하고 있습니다.
여: 지금은 옛날보다 사람이나 문화의 왕래가 늘어나서, 여러 나라의 것이 국내로 들어오기 쉬워졌습니다. 그래서, 최근에는 다른 나라에서 유행하고 있는 것이 일본에서도 단숨에 유행하는 현상이 일어나고 있습니다. 얼마 전에는, 아사이라는 과일이 미용에 좋다고 화제가 되었습니다. 특히 올해는 타이완의 타피오카나, 한국의 치즈 핫도그 등, 들고 다니면서 먹기 좋은 것이 인기입니다.

아나운서는 무엇에 대해 이야기하고 있습니까?

1 외국의 음식이 유행하는 이유
2 앞으로 유행할 것 같은 음식
3 미용에 좋은 음식이 인기 있게 된 이유
4 여성들이 들고 다니는 음식

해설 아나운서가 텔레비전에서 어떤 이야기를 하는지 전체적인 흐름을 파악하며 주의 깊게 듣는다. 아나운서가 여러 나라의 것이 국내에 들어오기 쉬워졌습니다(여러 나라의 것이 국내로 들어오기 쉬워졌습니다), 그 때문에, 최근에는 다른 나라에서 유행하고 있는 것이 일본에서도 단숨에 유행하는 현상이 일어나고 있습니다(그래서, 최근에는 다른 나라에서 유행하고 있는 것이 일본에서도 단숨에 유행하는 현상이 일어나고 있습니다)라고 했다. 질문에서 아나운서가 무엇에 대해 이야기하고 있는지 묻고 있으므로, 1 외국의 음식이 유행하는 이유(외국의 음식이 유행하는 이유)가 정답이다.

어휘 昔 むかし 명 옛날 文化 ぶんか 명 문화 行き来 いきき 명 왕래
増える ふえる 통 늘다 国内 こくない 명 국내 そのため 접 그래서
最近 さいきん 명 최근 流行 りゅうこう 명 유행
日本 にほん 명 일본 一気に いっきに 부 단숨에
現象 げんしょう 명 현상 起こる おこる 통 일어나다
アサイー 명 아사이 フルーツ 명 과일 美容 びよう 명 미용
評判になる ひょうばんになる 화제가 되다 特に とくに 부 특히
台湾 たいわん 명 대만 タピオカ 명 타피오카
韓国 かんこく 명 한국 チーズドック 명 치즈 핫도그
持ち歩く もちあるく 통 들고 다니다
適する てきする 통 적당하다, 알맞다 人気 にんき 명 인기
理由 りゆう 명 이유 今後 こんご 명 앞으로

7

[음성]
講演会で男の人が話しています。
男: 現在、仕事や家事、友人との付き合いなど、皆さん、忙しい毎日を送っているでしょう。自由な時間がないと思っているのではないでしょうか。そこで大切なのが時間管理です。時間管理というとスケジュールを作ってその通りに生活することだと考える人もいて、そんな面倒なことはしたくない、仕事じゃないんだからという

声もありますが、人生の中でやりたいことを本当に実現するためには、これこそが鍵なのです。時間管理を身に付けると、必ず自由な時間が作れるようになります。すべきことがはっきりとわかるので、無駄な行動が少なくなるからです。様々な時間管理の方法がありますが、必ずご自分に合った方法があるはずです。

男の人は何について話していますか。
1 時間管理を勧める理由
2 やりたいことをする人生
3 無駄な行動が多い原因
4 自分に合った方法の探し方

해석 강연회에서 남자가 이야기하고 있습니다.
남: 현재, 일과 가사, 친구와의 교제 등, 여러분, 바쁜 매일을 보내고 계시죠. 자유로운 시간이 없다고 생각하고 있는 것은 아닌가요? 그래서 중요한 것이 시간 관리입니다. 시간 관리라고 하면 스케줄을 만들어 그대로 생활하는 것이라고 생각하는 사람도 있어서, 그런 귀찮은 것은 하고 싶지 않다, 일이 아니니까라는 소리도 있지만, 인생에서 하고 싶은 것을 정말로 실현하기 위해서는, 이것이야말로 열쇠인 것입니다. 시간 관리를 몸에 익히면, 반드시 자유로운 시간을 만들 수 있게 됩니다. 해야 할 일을 확실히 알게 되므로, 쓸데없는 행동이 적어지기 때문입니다. 여러 가지 시간 관리 방법이 있습니다만, 반드시 자신에게 맞는 방법이 있을 것입니다.

남자는 무엇에 대해 이야기하고 있습니까?
1 시간 관리를 추천하는 이유
2 하고 싶은 것을 하는 인생
3 쓸데없는 행동이 많은 원인
4 자신에게 맞는 방법을 찾는 법

해설 남자가 강연회에서 어떤 이야기를 하는지 전체적인 흐름을 파악하며 주의 깊게 듣는다. 남자가 大切なのが時間管理(중요한 것이 시간 관리), 時間管理を身に付けると、必ず自由な時間が作れるようになります。すべきことがはっきりとわかるので、無駄な行動が少なくなるからです(시간 관리를 몸에 익히면, 반드시 자유로운 시간을 만들 수 있게 됩니다. 해야 할 일을 확실히 알게 되므로, 쓸데없는 행동이 적어지기 때문입니다)라고 했다. 질문에서 남자가 무엇에 대해서 이야기하고 있는지 묻고 있으므로, 1 時間管理を進める理由(시간 관리를 추천하는 이유)가 정답이다.

어휘 現在 げんざい 명 현재 家事 かじ 명 가사 友人 ゆうじん 명 친구
付き合い つきあい 명 교제, 사귐 送る おくる 동 보내다
自由だ じゆうだ な형 자유롭다 そこで 접 그래서
時間管理 じかんかんり 명 시간 관리 スケジュール 명 스케줄
生活 せいかつ 명 생활 考える かんがえる 동 생각하다
面倒だ めんどうだ な형 귀찮다 人生 じんせい 명 인생
実現 じつげん 명 실현 鍵 かぎ 명 열쇠
身に付ける みにつける 몸에 익히다 必ず かならず 부 반드시
はっきり 부 확실히 無駄だ むだだ な형 쓸데없다

行動 こうどう 명 행동 様々だ さまざまだ な형 여러 가지다
方法 ほうほう 명 방법 合う あう 동 맞다
勧める すすめる 동 추천하다 原因 げんいん 명 원인
探す さがす 동 찾다

8

[음성]
テレビで女の人が話しています。
女: 近年、町中に野生の動物が現れるという事件がたくさん起きています。特に問題となっているのがクマです。クマは例年、山に食べ物が少なくなる夏に山を下りてくることが多いのですが、ここ数年は食べ物があるはずの秋になっても、現れることがあります。これはクマの食べ物である木の実がたくさんできる年とあまりできない年があることが原因です。また、山の近くに住んでいた人々が村を離れることで過疎化が起こったことも原因の一つです。以前は、人が住む場所と、クマが住む場所は離れていました。その間には、人によって管理されていた場所があったのですが、現在、若い人がいなくなり、管理する人が減ったことで、クマがそこに入ってきました。つまり、クマの住む場所が人の町に近くなったのです。町に現れたクマは人や農業に被害を与えるため、有害な動物として扱われますが、クマの行動は社会や経済の問題と深く関わっているのです。

女の人は何について話していますか。
1 クマの山での食事の変化
2 クマが人の場所に現れる理由
3 クマが社会に与える影響
4 クマと経済の関係

해석 텔레비전에서 여자가 이야기하고 있습니다.
여: 근래, 시내에 야생 동물이 나타난다는 사건이 많이 일어나고 있습니다. 특히 문제가 되고 있는 것이 곰입니다. 곰은 예년, 산에 먹을 것이 적어지는 여름에 산을 내려오는 일이 많습니다만, 요 몇 년은 먹을 것이 당연히 있을 가을이 되어도, 나타나는 경우가 있습니다. 이것은 곰의 음식인 나무 열매가 많이 생기는 해와 그다지 생기지 않는 해가 있는 것이 원인입니다. 또, 산 근처에 살고 있던 사람들이 마을을 떠나는 일로 과소화가 일어난 것도 원인의 하나입니다. 이전에는, 사람이 사는 장소와, 곰이 사는 장소는 떨어져 있었습니다. 그동안에는, 사람에 의해 관리되고 있던 장소가 있었습니다만, 현재, 젊은 사람이 없어지고, 관리하는 사람이 줄어든 일로, 곰이 그곳에 들어왔습니다. 즉, 곰이 사는 장소가 사람의 마을에 가까워진 것입니다. 마을에 나타난 곰은 사람이나 농업에 피해를 주기 때문에, 유해한 동물로 취급됩니다만, 곰의 행동은 사회나 경제 문제와 깊게 관련되어 있는 것입니다.

여자는 무엇에 대해 이야기하고 있습니까?
1 곰의 산에서의 식사 변화
2 곰이 사람의 장소에 나타나는 이유
3 곰이 사회에 미치는 영향
4 곰과 경제의 관계

해설 여자가 텔레비전에서 어떤 이야기를 하는지 전체적인 흐름을 파악하며 주의 깊게 듣는다. 여자가 野生の動物が現れるという事件(야생 동물이 나타난다는 사건), 木の実がたくさんできる年とあまりできない年があることが原因(나무 열매가 많이 생기는 해와 그다지 생기지 않는 해가 있는 것이 원인), 過疎化が起こったことも原因(과소화가 일어난 것도 원인)이라고 했다. 질문에서 여자가 무엇에 대해 이야기하고 있는지 묻고 있으므로, 2 クマが人の場所に現れる理由(곰이 사람의 장소에 나타나는 이유)가 정답이다.

어휘 近年 きんねん 圏 근래, 근년　町中 まちなか 圏 시내, 거리
野生 やせい 圏 야생　現れる あらわれる 图 나타나다
事件 じけん 圏 사건　起きる おきる 图 일어나다, 발생하다
特に とくに 閉 특히　クマ 圏 곰　例年 れいねん 圏 예년
下りる おりる 图 내려오다, 내리다　数年 すうねん 圏 몇 년, 수년
木の実 きのみ 圏 나무 열매　原因 げんいん 圏 원인
離れる はなれる 图 떨어지다, 멀어지다　過疎化 かそか 圏 과소화
以前 いぜん 圏 이전　場所 ばしょ 圏 장소
その間 そのあいだ 그동안　管理 かんり 圏 관리
現在 げんざい 圏 현재　若い人 わかいひと 圏 젊은 사람
減る へる 图 줄다, 감소하다　つまり 閉 결국, 즉
農業 のうぎょう 圏 농업　被害 ひがい 圏 피해
与える あたえる 图 주다, 미치다　有害 ゆうがい 圏 유해
扱う あつかう 图 취급하다　行動 こうどう 圏 행동
社会 しゃかい 圏 사회　経済 けいざい 圏 경제
深い ふかい い형 깊다　関わる かかわる 图 관계되다, 상관하다
食事 しょくじ 圏 식사　変化 へんか 圏 변화
影響 えいきょう 圏 영향　関係 かんけい 圏 관계

9

[음성]
ラジオで医者が話しています。
女: 風邪の予防といえば、手洗いとうがいを思い浮かべる人が多いと思いますが、実は、しっかりと睡眠をとることも、風邪を防ぐのに効果的なんですよ。睡眠不足が続くと、体が元々持っている力が弱くなってしまうんです。加えて、食事を三食しっかりと取ることも重要です。細かい栄養バランスを気にするよりも、毎日決まった時間に食べるようにしてください。つまり、基本的な生活習慣を身に付けることが大切なんですね。

医者は何について話していますか。
1 風邪の予防方法
2 手洗いとうがいの効果
3 睡眠不足の原因
4 食事の重要性

해석 라디오에서 의사가 이야기하고 있습니다.
여: 감기 예방이라고 하면, 손 씻기와 양치질을 떠올리는 사람이 많다고 생각합니다만, 실은, 제대로 수면을 취하는 것도, 감기를 예방하는데 효과적입니다. 수면 부족이 계속되면, 몸이 원래 가지고 있는 힘이 약해져 버립니다. 덧붙여, 식사를 세끼 제대로 하는 것도 중요합니다. 섬세한 영양 밸런스를 신경 쓰기보다도, 매일 정해진 시간에 먹도록 해주세요. 즉, 기본적인 생활습관을 몸에 익히는 것이 중요합니다.

의사는 무엇에 대해 이야기하고 있습니까?
1 감기 예방 방법
2 손 씻기와 양치질의 효과
3 수면 부족의 원인
4 식사의 중요성

해설 의사가 라디오에서 어떤 이야기를 하는지 전체적인 흐름을 파악하며 주의 깊게 듣는다. 의사가 風邪の予防といえば(감기 예방이라고 하면), 実は、しっかりと睡眠をとることも、風邪を防ぐのに効果的(실은, 제대로 수면을 취하는 것도, 감기를 예방하는데 효과적), 食事を三食しっかりと取ることも重要(식사를 세끼 제대로 하는 것도 중요)라고 했다. 질문에서 의사가 무엇에 대해 이야기하는지 묻고 있으므로, 1 風邪の予防方法(감기 예방 방법)가 정답이다.

어휘 予防 よぼう 圏 예방　手洗い てあらい 圏 손 씻기　うがい 圏 양치질
思い浮かべる おもいうかべる 图 떠올리다　実は じつは 閉 실은
しっかり 閉 제대로　睡眠をとる すいみんをとる 수면을 취하다
防ぐ ふせぐ 图 예방하다, 막다
効果的だ こうかてきだ な형 효과적이다
睡眠不足 すいみんぶそく 圏 수면 부족　続く つづく 图 계속되다
元々 もともと 閉 원래　加える くわえる 图 덧붙이다
三食 さんしょく 圏 세끼　重要だ じゅうようだ な형 중요하다
細かい こまかい い형 섬세하다
栄養バランス えいようバランス 圏 영양 밸런스
気にする きにする 신경 쓰다　決まる きまる 图 정하다
つまり 閉 즉　基本的だ きほんてきだ な형 기본적이다
生活習慣 せいかつしゅうかん 圏 생활습관
身に付ける みにつける 몸에 익히다　方法 ほうほう 圏 방법
効果 こうか 圏 효과　原因 げんいん 圏 원인
重要性 じゅうようせい 圏 중요성

10

[음성]
ラジオで女の人が話しています。
女: 私達の企業では、お客様の声を商品に反映させることを大切にしています。数か月前のことですが、素材はいいが、もう少しおしゃれなデザインの服を作ってくれないかという意見が届いたんです。私達の売っている

服は、シンプルなデザインと素材の良さを大切にした商品で、長く使ってほしいものが多いのですが、そうなるとどうしても、流行に合わせたデザインの服は作れないと考えていました。しかし、私達はシンプルで美しい服にこだわり過ぎていたのではないかと、反省したんです。そこで今回、新しいデザイナーを迎えて、挑戦したのが、来週オープンする店の服です。意見をくださった方にも、満足していただけるのではと思っております。

女の人は何について話していますか。
1 企業が大切にしている素材の良さ
2 流行に合う服を売ることにした理由
3 新しいデザインの特徴
4 店をオープンすることの大変さ

해석 라디오에서 여자가 이야기하고 있습니다.
여: 우리의 기업에서는, 손님의 목소리를 상품에 반영시키는 것을 중요하게 생각하고 있습니다. 수개월 전의 일입니다만, 소재는 좋은데, 조금 더 세련된 디자인의 옷을 만들어 주지 않겠냐는 의견이 왔습니다. 우리가 팔고 있는 옷은, 심플한 디자인과 소재의 우수함을 중요시한 상품으로, 오랫동안 사용하시기를 바라는 것이 많은데, 그렇게 되면 아무래도, 유행에 맞춘 디자인의 옷은 만들 수 없다고 생각하고 있었습니다. 하지만, 우리는 심플하고 아름다운 옷을 지나치게 고집하고 있던 것은 아닌가라고, 반성했습니다. 그래서 이번에, 새로운 디자이너를 맞이해, 도전한 것이, 다음 주 오픈하는 가게의 옷입니다. 의견을 주신 분도, 만족해 주시지 않을까라고 생각하고 있습니다.

여자는 무엇에 대해서 이야기하고 있습니까?
1 기업이 중요하게 생각하는 소재의 우수함
2 유행에 맞는 옷을 팔기로 한 이유
3 새로운 디자인의 특징
4 가게를 오픈하는 일의 어려움

해설 여자가 라디오에서 어떤 이야기를 하는지 전체적인 흐름을 파악하며 주의 깊게 듣는다. 여자가 もう少しおしゃれなデザインの服を作ってくれないかという意見(조금 더 세련된 디자인의 옷을 만들어 주지 않겠냐는 의견), 私達はシンプルで美しい服にこだわり過ぎていたのではないかと、反省したんです(우리는 심플하고 아름다운 옷을 지나치게 고집하고 있던 것은 아닌가라고, 반성했습니다)라고 했다. 질문에서 여자가 무엇에 대해 이야기하고 있는지 묻고 있으므로, 2 流行に合う服を売ることにした理由(유행에 맞는 옷을 팔기로 한 이유)가 정답이다.

어휘 企業 きぎょう 몡기업　お客様 おきゃくさま 몡손님
商品 しょうひん 몡상품　反映 はんえい 몡반영
数か月 すうかげつ 몡수개월　素材 そざい 몡소재
おしゃれだ 나형세련되다　デザイン 몡디자인　意見 いけん 몡의견
届く とどく 통오다, 이르다　シンプルだ 나형심플하다
流行 りゅうこう 몡유행　合わせる あわせる 통맞추다

考える かんがえる 통생각하다　美しい うつくしい い형아름답다
こだわる 통고집하다　反省 はんせい 몡반성　そこで 접그래서
今回 こんかい 몡이번　デザイナー 몡디자이너
迎える むかえる 통맞이하다　挑戦 ちょうせん 몡도전
オープン 몡오픈　満足 まんぞく 몡만족　理由 りゆう 몡이유
特徴 とくちょう 몡특징

문제 4 즉시응답

MP3 바로듣기

실력 다지기
p.384

01 ②	02 ①	03 ①	04 ②	05 ①
06 ②	07 ②	08 ②	09 ①	10 ②
11 ①	12 ①	13 ②	14 ①	15 ①
16 ①	17 ①	18 ②	19 ②	20 ①

01
女: ねえ、久しぶりの休みだし、散歩でも行こうか？
① そう、散歩して疲れたよね。
② うん、いいよ。どこに行く？

해석 여: 있잖아, 오랜만의 휴일인데, 산책이라도 갈까?
　① 맞아, 산책해서 피곤하지.
　② 응, 좋아. 어디로 갈까?

어휘 久しぶり ひさしぶり 몡오랜만　疲れる つかれる 통피곤하다

02
女: 田中君、明日の当番、代わってもらえるかな？
① 別に、かまいませんけど。
② えっ、代わってませんけど。

해석 여: 다나카 군, 내일 당번, 대신해 줄 수 있을까?
　① 특별히, 상관없는데요.
　② 앗, 대신하지 않았는데요.

어휘 当番 とうばん 몡당번　代わる かわる 통대신하다
別に べつに 튀특별히　かまわない 상관없다

03
女: 社長、今月の売り上げ目標を達成しました。
① そっか、みんな頑張ったな。
② ふうん、来月には必ず目標を超えましょう。

해석 여: 사장님, 이번 달 매상 목표를 달성했습니다.
　① 그렇군, 모두 노력했구나.

② 흐음, 다음 달에는 반드시 목표를 넘읍시다.

어휘 社長 しゃちょう 명 사장님, 사장   売り上げ うりあげ 명 매상
目標 もくひょう 명 목표   達成 たっせい 명 달성
頑張る がんばる 동 노력하다   必ず かならず 부 반드시
超える こえる 동 넘다

04

男: 佐藤さんはまじめだよね。
① そう、あなた性格悪いんだよ。
② ええ、これを見たら確かにそうだね。

해석 남: 사토 씨는 성실하네.
① 맞아, 당신 성격 나쁘다고.
② 응, 이걸 보면 확실히 그렇네.

어휘 まじめだ な형 성실하다   性格 せいかく 명 성격
確かに たしかに 부 확실히

05

女: これ、誕生日プレゼントにもらったんだ。きれいでしょ。
① ほんと。キラキラしてるね。
② わあ、プレゼントありがとう。

해석 여: 이거, 생일 선물로 받았어. 예쁘지?
① 정말. 반짝반짝하네.
② 와, 선물 고마워.

어휘 プレゼント 명 선물   ほんと 명 정말 (ほんとう의 축약형)
キラキラ 부 반짝반짝

06

男: あっ、ここ間違っちゃった。どうしよう。
① 助かったね。
② えっ、どこ間違えた？

해석 남: 앗, 여기 틀려버렸어. 어떡하지.
① 살았네.
② 앗, 어디 틀렸어?

어휘 間違う まちがう 동 틀리다   助かる たすかる 동 살다, 도움이 되다

07

女: 大丈夫だよ、時間内に全部解けたから。
① へえ、じゃ問題を解いてくれる？
② じゃあ、結果を待つだけだね。

해석 여: 괜찮아, 시간 내에 전부 풀 수 있었으니까.
① 호오, 그럼 문제를 풀어 줄래?
② 그럼, 결과를 기다리는 것뿐이네.

어휘 時間内 じかんない 명 시간 내   解く とく 동 풀다
結果 けっか 명 결과

08

男: 山田君、長い時間、準備したようだね。
① ええ、なかなかかかりました。
② あまり練習してませんからね。

해석 남: 야마다 군, 긴 시간, 준비한 것 같네.
① 네, 꽤 걸렸어요.
② 그다지 연습하고 있지 않으니까요.

어휘 準備 じゅんび 명 준비   なかなか 부 꽤, 상당히
かかる 동 (시간, 비용이) 걸리다, 들다

09

男: あと一歩のところだったのに。
① 大丈夫。もう一度やってみよう。
② もう一歩だけ進もう。

해석 남: 앞으로 한 걸음인 참이었는데.
① 괜찮아. 한 번 더 해보자.
② 한 걸음만 더 나아가자.

어휘 あと 부 앞으로   一歩 いっぽ 명 한 걸음   進む すすむ 동 나아가다

10

男: 先生は研究室にいらっしゃるかどうか分かりますか。
① 明日は来ないつもりです。
② お休みだと伺ってます。

해석 남: 선생님은 연구실에 계신지 어떤지 아세요?
① 내일은 오지 않을 생각입니다.
② 휴일이라고 들었습니다.

어휘 研究室 けんきゅうしつ 명 연구실
いらっしゃる 동 계시다 (いる의 존경어)   つもり 명 생각, 작정
伺う うかがう 동 듣다 (聞く의 겸양어)

11

女: まあ、おいしい。料理、お上手ですね。
① ありがとうございます。自信作ですよ。
② はい、おいしいはずです。

해석 여: 어머나, 맛있다. 요리, 잘하시네요.
① 감사합니다. 야심작이에요.
② 네, 맛있을 겁니다.

어휘 自信作 じしんさく 명 야심작

12

女: 一度負けたことで落ち込まないで。まだほかにも試合があるでしょ？
① うん、残りの試合でも頑張らなくちゃ。
② えっ、一度しか落ちなかった？

해석 여: 한 번 진 걸로 의기소침하지 마. 아직 다른 시합이 있잖아?
① 응, 남은 시합이라도 노력해야지.
② 어? 한 번밖에 안 떨어졌어?

어휘 負ける まける 동지다　落ち込む おちこむ 동의기소침하다
試合 しあい 명시합　残り のこり 명남음
頑張る がんばる 동노력하다　落ちる おちる 동떨어지다

13

女: ここ、緩いからもう少し引っ張ってくれる？
① 私、引っ張ってませんけど。
② はい、これくらいですか。

해석 여: 여기, 느슨하니까 좀 더 당겨 줄래?
① 저, 당기고 있지 않는데요.
② 네, 이 정도인가요?

어휘 緩い ゆるい い형 느슨하다　引っ張る ひっぱる 동당기다

14

女: 先生、あした事務室に伺ってもよろしいでしょうか。
① えっと、2時以降なら。
② うん。聞いてもいいよ。

해석 여: 선생님, 내일 사무실에 찾아봬도 괜찮을까요?
① 음, 2시 이후라면.
② 응. 물어봐도 돼.

어휘 事務室 じむしつ 명사무실
伺う うかがう 동찾아뵙다 (おとずれる의 겸양어)
よろしい い형 괜찮다　以降 いこう 명이후

15

男: 部長、インクがもう一個しか残ってませんけど。
① うん、まだあってよかったね。
② じゃ、注文しといて。

해석 남: 부장님, 잉크가 이제 1개밖에 남지 않았는데요.
① 응, 아직 있어서 다행이네.
② 그럼, 주문해 둬.

어휘 部長 ぶちょう 명부장님, 부장　インク 명잉크　残る のこる 동남다
注文 ちゅうもん 명주문

16

男: 昨日の報告書、ここだけ直したら送ってもいいよ。
① はい、書き直して送ります。
② はい、ここだけ送りますね。

해석 남: 어제 보고서, 여기만 고치면 보내도 좋아.
① 네, 고쳐 써서 보내겠습니다.
② 네, 여기만 보낼게요.

어휘 報告書 ほうこくしょ 명보고서　直す なおす 동고치다
送る おくる 동보내다　書き直す かきなおす 동고쳐 쓰다

17

女: 志望してた大学、不合格だって。ぜったい行きたかったのに。
① 落ち込まないで、一生懸命したんでしょ。
② ああ、行きたくなかったのに。

해석 여: 지망하던 대학, 불합격이래. 꼭 가고 싶었는데.
① 의기소침하지 마, 열심히 했잖아.
② 아, 가고 싶지 않았는데.

어휘 志望 しぼう 명지망　不合格 ふごうかく 명불합격
ぜったい 부꼭, 절대　落ち込む おちこむ 동의기소침하다
一生懸命 いっしょうけんめい 부열심히

18

女: 山田さん、髪切ったせいか、雰囲気が変わった気がしない？
① 切ったせいでさっぱり見えませんか。
② ほんと。切ってさっぱりですね。

해석 여: 야마다 씨, 머리를 자른 탓인지, 분위기가 바뀐 느낌이 들지 않아?
① 자른 탓에 산뜻하게 보이지 않나요?
② 정말. 잘라서 산뜻하네.

어휘 髪 かみ 명머리, 머리카락　雰囲気 ふんいき 명분위기
変わる かわる 동바뀌다　気がする きがする 느낌이 들다
さっぱり 부산뜻하게

19

男: もう、こんな時間。今日中にできないかも。
① 今日、できなければよかったのに。
② いや、私が手伝うからやってみよう。

해석 남: 벌써, 이런 시간. 오늘 중으로 못 할지도.
① 오늘, 못하면 좋았을 텐데.
② 아니, 내가 도울테니 해 보자.

어휘 今日中 きょうじゅう 명오늘 중　手伝う てつだう 동돕다, 거들다

20

男: ちょっと目につかないね、ここをもっと大きくしなきゃ。
① はい、もっと目を大きくしてみます。
② はい、文字を直してみます。

해석 남: 좀 눈에 띄지 않네, 여길 더 크게 해야겠어.
① 네, 더 눈을 크게 해 보겠습니다.
② 네, 글자를 고쳐 보겠습니다.

어휘 目につく めにつく 눈에 띄다　文字 もじ 圕 글자
直す なおす 圄 고치다

실전 대비하기

p.385

1 1	2 2	3 3	4 1	5 3
6 2	7 3	8 1	9 2	10 3
11 3	12 1	13 1	14 3	15 3
16 2	17 1	18 3	19 2	20 2
21 1	22 2	23 2	24 3	25 3
26 1	27 2	28 1	29 1	30 3

문제 4에서는, 문제 용지에 아무것도 인쇄되어 있지 않습니다. 우선 문장을 들어주세요. 그리고 나서, 그것에 대한 대답을 듣고, 1에서 3 중에, 가장 알맞은 것을 하나 골라주세요.

1

[음성]
男: すみません、今日は慌ただしくて、資料をまとめるどころじゃありませんでした。
女: 1 じゃあ、明日できそう?
　　 2 それなら、会議室があいていたのに。
　　 3 まとめた資料、送ってくれた?

해석 남: 실례합니다, 오늘은 어수선해서, 자료를 정리할만한 상황이 아니었습니다.
여: 1 그럼, 내일 완성할 수 있겠어?
　　 2 그렇다면, 회의실이 비어 있었는데.
　　 3 정리한 자료, 보내줬어?

해설 남자가 오늘은 바빠서 자료 정리를 하지 못했음을 보고하는 상황이다.
1 (O) 오늘 못한 자료 정리를 내일까지 할 수 있는지 묻는 적절한 응답이다.
2 (X) 너무 바빠 정리를 못했다는 상황과 맞지 않다.
3 (X) 아직 자료 정리를 다 하지 못한 상황과 맞지 않다.

어휘 慌ただしい あわただしい い 어수선하다, 분주하다
資料 しりょう 圕 자료　まとめる 등 정리하다, 모으다

それなら 쥅 그렇다면, 그러면　会議室 かいぎしつ 圕 회의실
送る おくる 등 보내다

2

[음성]
男: 駅前のあのラーメン屋さん、味はよかったよ。値段はともかく。
女: 1 安くて、おいしい店でよかったね。
　　 2 じゃあ、お金があるときに行こうかな。
　　 3 佐藤さんはおいしいって言ってたよ。

해석 남: 역 앞의 저 라면가게, 맛은 좋았어. 가격은 어쨌든간에.
여: 1 싸고, 맛있는 가게라서 다행이네.
　　 2 그럼, 돈이 있을 때 갈까.
　　 3 사토 씨는 맛있다고 말했어.

해설 남자가 역 앞 라면가게는 맛있었지만 비쌌다는 경험을 이야기하는 상황이다.
1 (X) 라면가게가 비싸다는 상황과 맞지 않다.
2 (O) 가격이 비싸다고 하니 돈이 있을 때 가보자는 적절한 응답이다.
3 (X) 남자도 라면가게가 맛있었다고 말한 상황과 맞지 않다.

어휘 駅前 えきまえ 圕 역 앞
ラーメン屋さん ラーメンやさん 圕 라면가게, 라면집
値段 ねだん 圕 가격　ともかく 튀 어쨌든, 하여간

3

[음성]
女: 佐藤さん、一体いつになったら返事をくれるのかしら。
男: 1 いつでもいいって言ってたよ。
　　 2 今回はいつもよりはやかったですよね。
　　 3 あの人、いつも遅れるよね。

해석 여: 사토 씨, 도대체 언제가 되면 답장을 줄까?
남: 1 언제라도 좋다고 말했어.
　　 2 이번에는 평소보다 빨랐네요.
　　 3 그 사람, 언제나 늦어.

해설 여자가 사토 씨에게 답장이 오지 않는다고 불평하는 상황이다.
1 (X) 언제를 반복 사용하여 혼동을 준 오답이다.
2 (X) 아직 답장을 받지 못한 상황과 맞지 않다.
3 (O) 사토 씨는 늘 답장이 느리다고 맞장구치는 적절한 응답이다.

어휘 返事 へんじ 圕 답장, 답변　いつでも 튀 언제라도
今回 こんかい 圕 이번　遅れる おくれる 등 늦다

4

[음성]
男: 出張で人がいないから、私が行くしかないな。
女: 1 そうですね。よろしくお願いします。
　　 2 でしたら、誰も行けませんよね。

3 では、出張に行かなくてもいいということですね。

해석 남: 출장으로 사람이 없으니까, 내가 갈 수밖에 없네.
여: 1 그렇네요. 잘 부탁드립니다.
2 그렇다면, 아무도 갈 수 없네요.
3 그럼, 출장을 가지 않아도 된다는 거네요.

해설 남자가 갈 사람이 자신밖에 없다고 말하는 상황이다.
1 (O) 본인이 생각하기에도 그럴 수밖에 없어 잘 다녀오라고 하는 적절한 응답이다.
2 (X) 남자는 갈 수 있는 상황과 맞지 않다.
3 (X) 남자가 갈 수밖에 없다는 상황과 맞지 않다.

어휘 出張 しゅっちょう 명 출장   でしたら 접 그렇다면, 그럼

5

[음성]
男: 新製品が売れるかどうかはこの広告次第だからなあ。
女: 1 わかりました。そのようにいたします。
2 はい、よく売れてよかったです。
3 そうですね。では、少しここを修正しましょうか。

해석 남: 신제품이 팔릴지 어떨지는 이 광고에 달렸으니까.
여: 1 알겠습니다. 그렇게 하겠습니다.
2 네, 잘 팔려서 다행입니다.
3 그렇군요. 그럼, 조금 여기를 수정할까요?

해설 남자가 신제품이 팔릴지는 이 광고에 달렸다고 말하는 상황이다.
1 (X) 남자가 어떻게 하라고 말하지는 않았으므로 상황과 맞지 않다.
2 (X) 신제품이 팔리기 전이므로 시점이 맞지 않다.
3 (O) 중요한 광고라는 것에 부족한 부분을 수정하고자 묻는 적절한 응답이다.

어휘 新製品 しんせいひん 명 신제품
売れる うれる 동 팔리다, 인기가 있다   広告 こうこく 명 광고
いたす 동 하다 (する의 겸양어)   修正 しゅうせい 명 수정

6

[음성]
女: 山田さん、さすが留学してただけのことはありますね。
男: 1 はい、一度行ってみたいと思っています。
2 いいえ、まだまだですよ。
3 大学のとき、したことがありますよ。

해석 여: 야마다 씨, 과연 유학한 보람이 있네요.
남: 1 네, 한 번 가보고 싶다고 생각하고 있어요.
2 아니요, 아직입니다.
3 대학 때, 한 적이 있어요.

해설 여자가 야마다 씨, 즉 남자에게 유학을 다녀온 보람이 있다고 칭찬하는 상황이다.
1 (X) 남자는 이미 유학을 다녀왔으므로 시점이 맞지 않다.
2 (O) 칭찬에 아직 그 정도의 실력은 아니라고 겸손하게 대답하는 적절한 응답이다.
3 (X) 칭찬하고 있는 상황과 맞지 않다.

어휘 さすが 부 과연, 역시   留学 りゅうがく 명 유학
まだまだ 부 아직, 아직도

7

[음성]
女: 部長を探しているの?会議の最中よ。
男: 1 もう終わったんですか。早いですね。
2 よかったです。会議の前に話してきます。
3 そうなんですか。では、あとにします。

해석 여: 부장님을 찾고 있어? 한창 회의 중이야.
남: 1 벌써 끝났어요? 빠르네요.
2 잘 됐네요. 회의 전에 말하고 올게요.
3 그래요? 그럼, 나중으로 할게요.

해설 여자가 부장님은 회의 중이라고 알려주는 상황이다.
1 (X) 부장님의 회의가 아직 끝나지 않은 상황과 맞지 않다.
2 (X) 현재 한창 회의 중이므로 시점이 맞지 않다.
3 (O) 회의 중이라는 부장님께 나중에 다시 찾아뵌다는 적절한 응답이다.

어휘 部長 ぶちょう 명 부장님, 부장   探す さがす 동 찾다
会議 かいぎ 명 회의   最中 さいちゅう 명 한창 ~하는 중, 한 중간
あとにする 나중으로 하다, 뒤로하다

8

[음성]
女: 社員を2、3人、雇わないわけにはいかないですね。
男: 1 そうかなあ、雇わなくても大丈夫だよ。
2 いや、理由はなかったみたい。
3 うん、そこには行かないつもり。

해석 여: 사원을 2, 3명, 고용하지 않으면 안 되겠네요.
남: 1 그런가, 고용하지 않아도 괜찮아.
2 아니, 이유는 없었던 것 같아.
3 응, 거기에는 가지 않을 생각이야.

해설 여자가 사원을 고용해야 한다고 의견을 말하는 상황이다.
1 (O) 사원을 더 고용해야 한다는 의견에 동의하지 않는 적절한 응답이다.
2 (X) わけ(까닭)와 관련된 理由(이유)를 사용하여 혼동을 준 오답이다.
3 (X) いかない를 반복 사용하여 혼동을 준 오답이다.

어휘 社員 しゃいん 명 사원   雇う やとう 동 고용하다

9

[음성]
女: 私が家を空けている間、庭の花に水を忘れないでね。
男: 1 忘れるに越したことはないって。
　　2 それくらい任せておいて。
　　3 水ならもうあげたよ。

해석 여: 내가 집을 비우고 있는 동안, 정원 꽃에 물을 잊지마.
　　　남: 1 잊는 것보다 더 좋은 것은 없다고.
　　　　 2 그 정도는 맡겨 둬.
　　　　 3 물이라면 이미 줬어.

해설 여자가 남자에게 집을 비우는 동안 정원의 꽃에 물 주는 것을 잊지 말라고 당부하는 상황이다.
1 (X) 잊지 말라는 여자의 당부와 반대되는 내용이므로 오답이다.
2 (O) 여자의 부탁을 수용하는 적절한 응답이다.
3 (X) 여자는 자신이 집을 비우는 동안 물을 주라고 부탁했으므로 시점이 맞지 않다.

어휘 空ける あける 图비우다　~間 ~あいだ ~동안
~に越したことはない ~にこしたことはない ~하는 것보다 더 좋은 것은 없다　任せる まかせる 图맡기다

10

[음성]
男: 山田さんのお子さんに会ったら、いきなり泣き出しちゃって…。
女: 1 本当によく話す子だよね。
　　2 うん、よく出しているよね。
　　3 私のときもそうだったよ。

해석 남: 야마다 씨의 자녀분을 만났더니, 갑자기 울기 시작해버려서….
　　　여: 1 정말로 잘 말하는 아이지.
　　　　 2 응, 자주 내고 있지.
　　　　 3 나 때도 그랬어.

해설 남자가 야마다 씨의 자녀를 만났는데 갑자기 울었다는 경험을 이야기하는 상황이다.
1 (X) お子さん(자녀분)과 관련된 子(아이)를 사용하여 혼동을 준 오답이다.
2 (X) 出す(내다)라는 표현을 반복 사용한 오답이다.
3 (O) 같은 일을 겪었다며 공감하는 적절한 응답이다.

어휘 お子さん おこさん 圀자녀분　いきなり 图갑자기, 느닷없이
泣き出す なきだす 图울기 시작하다

11

[음성]
女: はあ、彼の国内初公演だし、チケットの抽選に当選するわけがないよ。
男: 1 チケットそんなに高かったの？

2 落選して本当に残念だったね。
3 当たらないにせよ、応募はしようよ。

해석 여: 하아, 그의 국내 첫 공연이라, 티켓 추첨에 당첨될 리가 없어.
　　　남: 1 티켓 그렇게 비쌌어?
　　　　 2 떨어져서 정말 아쉬웠겠다.
　　　　 3 당첨되지 않더라도, 응모는 하자.

해설 여자가 공연 티켓 추첨에 당첨될 가능성이 매우 낮아 체념하는 상황이다.
1 (X) チケット를 반복 사용하여 혼동을 준 오답이다.
2 (X) 아직 추첨을 하지 않은 상황과 맞지 않다.
3 (O) 체념하는 여자를 격려하며 긍정적으로 조언하는 적절한 응답이다.

어휘 国内 こくない 圀국내　初公演 はつこうえん 첫 공연
チケット 圀티켓　抽選 ちゅうせん 圀추첨
当選 とうせん 圀당첨, 당선　~わけがない ~일 리가 없다
落選 らくせん 圀(추첨 등에) 떨어짐
残念だ ざんねんだ な刻아쉽다, 유감이다
当たる あたる 图당첨되다, 맞다　~にせよ ~더라도
応募 おうぼ 圀응모

12

[음성]
男: 山田さん、今日は虫の居所が悪そうだね。ちょっといらしてるよ。
女: 1 昨日、部長に怒られたらしいよ。
　　2 どこにいるかよく探したの？
　　3 ここが悪いと思うよ。

해석 남: 야마다 씨, 오늘은 기분이 언짢아 보이네. 좀 짜증 내고 있어.
　　　여: 1 어제, 부장님께 혼났다고 해.
　　　　 2 어디에 있는지 잘 찾았어?
　　　　 3 여기가 나쁘다고 생각해.

해설 남자가 야마다 씨의 기분이 언짢아 보인다고 추측하는 상황이다.
1 (O) 야마다 씨가 짜증내는 이유를 알려주는 적절한 응답이다.
2 (X) 所(どころ)와 발음이 비슷한 どこ를 사용하여 혼동을 준 오답이다.
3 (X) 悪い를 반복 사용하여 혼동을 준 오답이다.

어휘 虫の居所が悪い むしのいどころがわるい 기분이 언짢다
いらいらする 图짜증 내다, 초조해하다　部長 ぶちょう 圀부장님, 부장
怒られる おこられる 图혼나다, 야단맞다　探す さがす 图찾다

13

[음성]
男: 今回の仕事はお客さんがなかなか満足してくれなかったから、手間がかかったよ。
女: 1 それは大変でしたね。

2 いくらかかったんですか。
3 それで暇だったんですね。

해석 남: 이번 일은 손님이 좀처럼 만족해주지 않아서, 수고가 많이 들어갔어.
여: 1 그거 힘들었겠네요.
2 얼마 들은 거예요?
3 그래서 한가했던 거군요.

해설 남자가 이번 일에 수고가 많이 들어갔다고 말하는 상황이다.
1 (O) 남자가 고생했다는 말에 공감하는 적절한 응답이다.
2 (X) かかった를 반복 사용하여 혼동을 준 오답이다.
3 (X) 수고를 많이 하느라 바빴을 상황과 맞지 않다.

어휘 今回 こんかい 圐이번 お客さん おきゃくさん 圐손님, 고객
なかなか 圄좀처럼 満足 まんぞく 圐만족
手間がかかる てまがかかる 수고가 많이 들어가다, 품이 들어가다
かかる 图(시간, 비용이) 들다, 걸리다 暇だ ひまだ [な형]한가하다

14

[음성]
男: すみません。あの、鈴木教授いらっしゃいますか。
女: 1 はい、おじゃまします。
2 いえ、おっしゃいませんでした。
3 ああ、先ほど帰られたところなんです。

해석 남: 실례합니다. 저기, 스즈키 교수님 계세요?
여: 1 네, 실례하겠습니다.
2 아뇨, 말씀하시지 않았습니다.
3 아, 방금 돌아오신 참입니다.

해설 남자가 스즈키 교수님이 계신지 묻는 상황이다.
1 (X) '네, 실례하겠습니다'는 여자가 아닌 남자가 해야 하는 말이므로 주체가 맞지 않다.
2 (X) 교수님이 계신지 물어보는 상황과 맞지 않다.
3 (O) 스즈키 교수님이 막 돌아오셔서 계신다고 답하는 적절한 응답이다.

어휘 教授 きょうじゅ 圐교수님, 교수 いらっしゃる 图계시다 (いる의 존경어)
おっしゃる 图말씀하시다 (言う의 존경어) 先ほど さきほど 圄방금, 아까

15

[음성]
女: 取引先へ送付する契約書を投函しに行くついでに、切手を買って来てくれる？
男: 1 契約書はまだ発送していません。
2 ついでに何を購入したんですか。
3 切手なら先週買ったばかりですが。

해석 여: 거래처에 송부할 계약서를 우체통에 넣으러 가는 김에, 우표를 사와 줄래?
남: 1 계약서는 아직 발송하지 않았습니다.

2 가는 김에 무엇을 구입한 건가요?
3 우표라면 지난주에 막 산 참인데요.

해설 여자가 우체국에 가는 김에 우표를 사다 달라고 부탁하는 상황이다.
1 (X) 契約書(けいやくしょ)를 반복 사용하여 혼동을 준 오답이다.
2 (X) 지금부터 우표를 사 와 달라고 부탁받은 상황과 시제가 맞지 않다.
3 (O) 지난주에 막 샀는데요, 즉 이미 우표가 충분히 있다는 의미이므로 적절한 응답이다.

어휘 取引先 とりひきさき 圐거래처 送付 そうふ 圐송부, 발송
契約書 けいやくしょ 圐계약서
投函 とうかん 圐우체통에 넣음, 투함 ～ついでに ~하는 김에
切手 きって 圐우표 発送 はっそう 圐발송
購入 こうにゅう 圐구입 先週 せんしゅう 圐지난주
～たばかり 막 ~한 참

16

[음성]
男: 新しい机を買いたいんだけど、安ければいいというものではないよね。
女: 1 そうだね。安いほうがいいね。
2 うん。使いやすさのほうが大事だよ。
3 え、そんなに安いの？

해석 남: 새로운 책상을 사고 싶은데, 싸다고 좋은 것은 아니겠지?
여: 1 그렇네. 싼 편이 좋네.
2 응. 사용하기 편리한지가 중요해.
3 와, 그렇게 싸?

해설 남자가 책상이 싸다고 좋은 건 아니라고 의견을 말하는 상황이다.
1 (X) 싸다고 좋은 것이 아니라고 말한 상황과 맞지 않다.
2 (O) 싼 것보다도 중요한 부분에 대해서 의견을 이야기하는 적절한 응답이다.
3 (X) 安ければ(やすければ)를 安い(やすい)로 반복 사용하여 혼동을 준 오답이다.

어휘 大事だ だいじだ [な형]중요하다, 소중하다

17

[음성]
男: まだ10月なのに、今年そちらではもう雪が降ったそうですね。
女: 1 ええ。めったにないことなんですが。
2 はい。万が一降ったら、大変ですよ。
3 今さらですけどね。

해석 남: 아직 10월인데, 올해 그쪽에서는 눈이 벌써 내렸다면서요.
여: 1 네. 거의 없는 일이지만요.
2 네. 만약에 내리면, 큰일이에요.
3 이제 와서지만요.

해설 남자가 여자에게 그 쪽에 벌써 눈이 내렸는지 사실을 확인하는 상황

이다.
1 (O) 이번에 눈이 내린 것도 이례적인 일이라고 답하는 적절한 응답이다.
2 (X) 이미 눈이 내렸다고 한 시점과 맞지 않다.
3 (X) 10월인데 눈이 벌써 내린 상황과 맞지 않다.

어휘 めったに 閅 거의, 좀처럼　万が一 まんがいち 閅 만약에, 만일
今さら いまさら 閅 이제 와서

18

[음성]
女: 英語での面接はつたないながらも精一杯答えたよ。
男: 1 面接、頑張ってね。
　　2 すらすら答えられてよかったね。
　　3 受かるといいね。

해석 여: 영어로 한 면접은 서툴지만 최선을 다해 대답했어.
남: 1 면접, 힘내.
　　2 술술 대답할 수 있어서 다행이네.
　　3 합격하면 좋겠네.

해설 여자가 영어 면접에서 서툴렀지만 최선을 다했다는 점을 전달하는 상황이다.
1 (X) 이미 면접을 끝낸 상황과 맞지 않다.
2 (X) 서툴렀다고 한 여자의 말과 맞지 않다.
3 (O) 면접 결과가 긍정적이기를 바라고 있으므로 적절한 응답이다.

어휘 英語 えいご 閅 영어　面接 めんせつ 閅 면접
つたない い형 서투르다　~ながらも ~이지만, ~하면서도
精一杯 せいいっぱい 閅 최선을 다해　答える こたえる 동 대답하다
頑張る がんばる 동 힘내다　すらすら 閅 술술
受かる うかる 동 합격하다

19

[음성]
男: 細かいことはさておき、とりあえず作業を始めましょうか。
女: 1 私の荷物はどこに置いたらいいですか。
　　2 それでは、田中さんを呼んできますね。
　　3 細かいことは、私もわからないです。

해석 남: 세세한 것은 제쳐두고, 일단 작업을 시작할까요?
여: 1 저의 짐은 어디에 두면 될까요?
　　2 그럼, 다나카 씨를 불러올게요.
　　3 자세한 것은, 저도 몰라요.

해설 남자가 일단 작업을 시작하자고 권유하는 상황이다.
1 (X) おき와 발음이 비슷한 置いたら(おいたら)를 사용하여 혼동을 준 오답이다.
2 (O) 작업을 시작하려고 동료를 부르는 적절한 응답이다.
3 (X) 細かい(세세하다, 자세하다)를 반복 사용하여 혼동을 준 오답이다.

어휘 細かい こまかい い형 세세하다, 자세하다　とりあえず 閅 일단, 우선

作業 さぎょう 閅 작업　始める はじめる 동 시작하다
荷物 にもつ 閅 짐, 수화물

20

[음성]
男: 校内でもインフルエンザがはやりつつあるようです。三日連続で新たな感染者が出ています。
女: 1 体調は回復しましたか。
　　2 もう増えないようにしたいですね。
　　3 ずいぶん長いことはやりましたね。

해석 남: 교내에서도 인플루엔자가 유행하고 있는 것 같습니다. 3일 연속으로 새로운 감염자가 나오고 있습니다.
여: 1 몸 상태는 회복되었나요?
　　2 더 이상 늘지 않게 하고 싶네요.
　　3 꽤 오랫동안 유행했네요.

해설 남자가 교내에서 인플루엔자가 확산하고 있다는 점을 알리는 상황이다.
1 (X) インフルエンザ(인플루엔자)와 관련된 体調(몸 상태)를 사용하여 혼동을 준 오답이다.
2 (O) 인플루엔자의 확산을 우려하며 이를 막고 싶어 하고 있으므로 적절한 응답이다.
3 (X) 유행하고 있는, 즉 유행이 아직 끝나지 않은 상황과 맞지 않다.

어휘 校内 こうない 閅 교내　インフルエンザ 閅 인플루엔자
はやる 동 유행하다　~つつある ~하고 있다　連続 れんぞく 閅 연속
新ただ あらただ な형 새롭다　感染者 かんせんしゃ 閅 감염자
体調 たいちょう 閅 몸 상태　回復 かいふく 閅 회복
増える ふえる 동 늘다　ずいぶん 閅 꽤

21

[음성]
女: 忘年会にいいなって思っていたあの店、もっと早く予約するべきでした。
男: 1 別に他の店でもいいんじゃない?
　　2 やった。ずっと行きたかったんだ。
　　3 じゃあ、私が予約しなくてもいいんですね。

해석 여: 망년회로 좋겠다고 생각했던 그 가게, 좀 더 빨리 예약해야 했어요.
남: 1 딱히 다른 가게여도 괜찮지 않아?
　　2 됐다. 계속 가고 싶었어.
　　3 그럼, 제가 예약하지 않아도 되는군요.

해설 여자가 가게 예약을 빨리 하지 않아서 아쉬워하는 상황이다.
1 (O) 예약 못했어도 다른 데로 하면 된다고 아쉬움을 달래주는 적절한 응답이다.
2 (X) 예약을 하지 못한 상황과 맞지 않다.
3 (X) 가게 예약을 하지 못해 아쉬워하는 상황과 맞지 않다.

어휘 忘年会 ぼうねんかい 閅 망년회　予約 よやく 閅 예약
別に べつに 閅 딱히

22

[음성]
女: 誤字がないか確認してからメールを送信したんですが、焦っていたあまり見逃したようです。
男: 1 ありがとう。君に任せて正解だったよ。
　　2 今度からもっと念入りに見直さないと。
　　3 確認していないって、どういうこと？

해석 여: 오타가 없는지 확인하고 나서 이메일을 송신했습니다만, 서두른 나머지 놓친 것 같습니다.
　　남: 1 고마워. 너에게 맡긴 게 정답이었어.
　　　　2 다음번부터 좀 더 꼼꼼하게 다시 봐야겠네.
　　　　3 확인하지 않았다니, 무슨 말이야?

해설 여자가 너무 서두른 나머지 오타를 놓치는 실수를 했다는 점을 인정하는 상황이다.
　1 (X) 실수가 있었던 상황과 맞지 않다.
　2 (O) 여자가 앞으로 좀 더 주의를 기울여 주기를 바라며 나무라는 적절한 응답이다.
　3 (X) 확인했다고 한 여자의 말과 맞지 않다.

어휘 誤字 ごじ 명 오타, 오자 　確認 かくにん 명 확인　メール 명 이메일
　送信 そうしん 명 송신　焦る あせる 동 서두르다
　~たあまり ~한 나머지　見逃す みのがす 동 놓치다
　任せる まかせる 동 맡기다　正解 せいかい 명 정답
　今度 こんど 명 다음번　念入りだ ねんいりだ な형 꼼꼼하다
　見直す みなおす 동 다시 보다

23

[음성]
男: 今は無理でも、トレーニングを重ねるにつれて上達するから、そんなに心配することはないよ。
女: 1 心配をおかけしてすみません。
　　2 諦めずに稽古を続けます。
　　3 そんなに上手じゃないですよ。

해석 남: 지금은 무리더라도, 트레이닝을 거듭함에 따라 숙달될 테니, 그렇게 걱정할 필요는 없어.
　　여: 1 걱정을 끼쳐 드려 죄송해요.
　　　　2 포기하지 않고 연습을 계속하겠습니다.
　　　　3 그렇게 잘하지 않아요.

해설 남자가 트레이닝을 계속하면 실력이 향상될 테니 걱정하지 말라며 여자를 격려하는 상황이다.
　1 (X) 心配(しんぱい)를 반복 사용하여 혼동을 준 오답이다.
　2 (O) 남자의 격려를 받아들여 의지를 다지는 적절한 응답이다.
　3 (X) 지금은 무리, 즉 잘하거나 능숙하지는 않은 상황과 맞지 않다.

어휘 無理だ むりだ な형 무리다　トレーニング 명 트레이닝, 훈련
　重ねる かさねる 동 거듭하다　~につれて ~에 따라
　上達 じょうたつ 명 숙달, 향상　心配 しんぱい 명 걱정
　~ことはない ~할 필요는 없다　諦める あきらめる 동 포기하다
　稽古 けいこ 명 연습, 훈련　続ける つづける 동 계속하다
　上手だ じょうずだ な형 잘하다

24

[음성]
女: 鈴木さん、今日の試合は鈴木さんを抜きにしては勝てなかったよ。
男: 1 鈴木さんがいたら、勝てたかな。
　　2 本当は負けたくなかったんだけどね。
　　3 そんなことないよ。みんな頑張ったからだよ。

해석 여: 스즈키 씨, 오늘 시합은 스즈키 씨를 빼고는 이길 수 없었어요.
　　남: 1 스즈키 씨가 있었다면, 이길 수 있었을까.
　　　　2 사실은 지고 싶지 않았는데.
　　　　3 그렇지 않아. 모두 노력했기 때문이야.

해설 여자가 스즈키 씨, 즉 남자 덕분에 시합에서 이겼다고 칭찬하는 상황이다.
　1 (X) 스즈키 씨가 있어서 이긴 상황과 맞지 않다.
　2 (X) 시합에서 이긴 상황과 맞지 않다.
　3 (O) 모두가 힘냈기 때문에 이긴 것이라며 칭찬에 화답하는 적절한 응답이다.

어휘 試合 しあい 명 시합　勝つ かつ 동 이기다　負ける まける 동 지다
　頑張る がんばる 동 노력하다

25

[음성]
男: 社内研修会を開催するにあたって、これから打ち合わせをしたいんだけど。
女: 1 研修会で学んだ内容をまとめておきます。
　　2 その日は参加しませんでした。
　　3 会議室の空き状況を調べてみます。

해석 남: 사내 연수회를 개최하는 데 있어서, 이제부터 미팅을 하고 싶은데.
　　여: 1 연수회에서 배운 내용을 정리해 두겠습니다.
　　　　2 그날은 참석하지 않았습니다.
　　　　3 회의실이 비어 있는 상황을 조사해 보겠습니다.

해설 남자가 여자에게 사내 연수회를 위한 미팅을 요청하는 상황이다.
　1 (X) 연수회가 아직 개최되지 않은 상황과 맞지 않다.
　2 (X) 打ち合わせ(미팅)와 관련된 参加(참석)를 사용하여 혼동을 준 오답이다.
　3 (O) 남자의 요청을 받아들이고 미팅을 준비하는 적절한 응답이다.

어휘 社内 しゃない 명 사내　研修会 けんしゅうかい 명 연수회, 교육회
　開催 かいさい 명 개최　~にあたって ~데 있어서
　打ち合わせ うちあわせ 명 미팅, 사전 협의　学ぶ まなぶ 동 배우다
　内容 ないよう 명 내용　まとめる 동 정리하다
　参加 さんか 명 참석, 참가　会議室 かいぎしつ 명 회의실
　空き あき 명 빔, 빈 공간　状況 じょうきょう 명 상황
　調べる しらべる 동 조사하다

26

[음성]
女: 昨日、変な服を着させられてる犬がいて思わず笑っちゃった。
男: 1 へえ。どんな服だったの?
　　 2 そんな犬は見てないよ。
　　 3 犬が笑うわけないよ。

해석 여: 어제, 이상한 옷을 입고 있는 개가 있어서 무의식중에 웃어버렸어.
　　 남: 1 호오. 어떤 옷이었어?
　　　　 2 그런 개는 못 봤어.
　　　　 3 개가 웃을 리가 없어.

해설 여자가 이상한 옷을 입은 개를 보고 웃었다고 경험을 이야기하는 상황이다.
　　 1 (O) '어떤 옷이었어?'는 이상한 옷을 입은 개를 봤다는 여자의 말에 대한 적절한 응답이다.
　　 2 (X) 개를 본 것은 남자가 아닌 여자이므로 주체가 맞지 않다.
　　 3 (X) 웃은 것은 개가 아닌 여자이므로 주체가 맞지 않다.

어휘 思わず おもわず 児 무의식중에　笑う わらう 悹 웃다

27

[음성]
男: 今回の博覧会は5日間にわたって開催されることになりました。
女: 1 無事に終えることができてよかったです。
　　 2 絶対に成功させましょう。
　　 3 行えなくなって残念ですね。

해석 남: 이번 박람회는 5일간에 걸쳐 개최되게 되었습니다.
　　 여: 1 무사히 끝낼 수 있어서 다행입니다.
　　　　 2 꼭 성공시킵시다.
　　　　 3 진행하지 못하게 되어 아쉽네요.

해설 남자가 이번 박람회가 5일간에 걸쳐 개최될 예정임을 보고하는 상황이다.
　　 1 (X) 아직 개최하지 않았으므로 시점이 맞지 않다.
　　 2 (O) 박람회가 성공적으로 이루어지도록 최선을 다하자는 의미이므로 적절한 응답이다.
　　 3 (X) 5일간 개최된다고 한 상황과 맞지 않다.

어휘 今回 こんかい 児 이번　博覧会 はくらんかい 児 박람회
　　 ~にわたって ~에 걸쳐　開催 かいさい 児 개최
　　 無事だ ぶじだ 노형 무사하다　終える おえる 悹 끝내다
　　 絶対に ぜったいに 児 절대로　成功 せいこう 児 성공
　　 行う おこなう 悹 진행하다, 행하다
　　 残念だ ざんねんだ 노형 아쉽다, 유감이다

28

[음성]
女: 健康のためにウォーキングを始めたら、よく眠れるようになったよ。
男: 1 ふうん、毎日歩いてるの?
　　 2 いや、ウォーキングはしてないよ。
　　 3 でも、結構好きだけど。

해석 여: 건강을 위해서 걷기를 시작했더니, 잘 잘 수 있게 됐어.
　　 남: 1 호오, 매일 걷고 있어?
　　　　 2 아니, 걷기는 하고 있지 않아.
　　　　 3 하지만, 꽤 좋아하는데.

해설 여자가 걷기를 시작했더니 잘 자게 되었다고 경험을 이야기하는 상황이다.
　　 1 (O) '호오, 매일 걷고 있어?'는 걷기를 시작해서 잘 자게 되었다는 여자의 말에 대한 적절한 응답이다.
　　 2 (X) 걷기를 하고 있는 것은 남자가 아닌 여자이므로 주체가 맞지 않다.
　　 3 (X) 걷기를 시작했더니 잘 자게 되었다는 상황과 맞지 않다.

어휘 健康 けんこう 児 건강　ウォーキング 걷기, 워킹
　　 眠る ねむる 悹 자다　結構 けっこう 児 꽤

29

[음성]
女: スピーチの練習はたくさんしたものの、大勢の前で話すとなるとやっぱり緊張しちゃう。
男: 1 あんなに練習したんだから大丈夫だよ。
　　 2 そうなんだよ。どきどきしちゃった。
　　 3 スピーチ、うまくいってよかったね。

해석 여: 스피치 연습은 많이 했지만, 많은 사람 앞에서 말하려니 역시 긴장하게 돼.
　　 남: 1 그렇게 많이 연습했으니까 괜찮아.
　　　　 2 맞아. 두근두근해 버렸어.
　　　　 3 스피치, 잘 돼서 다행이네.

해설 여자가 스피치 연습을 충분히 했음에도 많은 사람 앞에서는 긴장된다고 토로하는 상황이다.
　　 1 (O) 여자의 긴장감에 대해 괜찮다며 격려하고 있으므로 적절한 응답이다.
　　 2 (X) 여자가 긴장하고 있는 상황에 남자가 본인이 두근두근했다고 말하는 것은 상황에 맞지 않다.
　　 3 (X) 아직 스피치를 하기 전의 긴장감에 대해 이야기하고 있으므로 시점이 맞지 않다.

어휘 スピーチ 児 스피치　~ものの ~하지만　大勢 おおぜい 児 많은 사람
　　 ~となると ~하려니　うまくいく 잘 되다

30

[음성]
女: 部長、3時にお約束のお客様がいらっしゃいました。
男: 1 たぶん3時ごろに来ると思うよ。
　　 2 そうだね。昨日来ると言っていたよ。
　　 3 それじゃあ、会議室にご案内して。

해석 여: 부장님, 3시에 약속하신 손님이 오셨습니다.
　　　남: 1 아마 3시쯤에 올 거라고 생각해.
　　　　　 2 맞아. 어제 온다고 말했어.
　　　　　 3 그러면, 회의실로 안내해드려.

해설 여자가 부장님, 즉 남자에게 약속한 손님이 왔다고 보고하는 상황이다.
　　1 (X) 이미 손님이 온 상황이므로 시점이 맞지 않다.
　　2 (X) 지금 손님이 왔다고 보고하는 상황과 맞지 않다.
　　3 (O) '회의실로 안내해드려'는 약속한 손님이 오셨다는 여자의 말에 대한 적절한 응답이다.

어휘 部長 ぶちょう 몡 부장님, 부장　約束 やくそく 몡 약속
　　 いらっしゃる 동 오시다 (来る의 존경어)
　　 会議室 かいぎしつ 몡 회의실　案内 あんない 몡 안내

문제 5 통합이해

실력 다지기
p.394

01 ③　　02 ①　　03 ①　　04 ③
05 질문1 ②, 질문2 ③　06 질문1 ③, 질문2 ②

01

[음성]
おもちゃ屋で女の人と店員が話しています。
女: 子どもの誕生日のプレゼントを探しているんですけど。
男: 女の子でしたら、このパズルはどうですか。人気キャラクターのイラストが使われていて人気です。男の子でしたら、このブロックがおすすめです。新製品で今男の子たちに一番人気です。
女: あ、うちの子は男の子です。でも、ブロックはもう家に十分あるしどうしよう…。
男: でしたら、ミニカーはどうですか。お子様が車に興味があったら喜ばれるおもちゃだと思います。
女: そうですか。でも前からずっと新しいブロックが欲しいって言ってたし…、家にたくさんあるけどこれにします。
女の人はどのおもちゃを買いますか。

① パズル
② ミニカー
③ ブロック

해석 장난감 가게에서 여자와 점원이 이야기하고 있습니다.
　　 여: 아이 생일 선물을 찾고 있는데요.
　　 남: 여자아이라면, 이 퍼즐은 어떠세요? 인기 캐릭터의 일러스트가 사용되어 있어서 인기입니다. 남자아이라면, 이 블록을 추천합니다. 신제품으로 지금 남자아이들에게 가장 인기입니다.
　　 여: 아, 우리 애는 남자아이에요. 하지만, 블록은 벌써 집에 충분히 있는데 어떡하지….
　　 남: 그렇다면, 미니카는 어떠세요? 자녀분이 차에 흥미가 있다면 좋아할 장난감이라고 생각합니다.
　　 여: 그래요? 하지만 전부터 계속 새 블록이 갖고 싶다고 말했으니까…, 집에 많이 있지만 이걸로 할게요.
　　 여자는 어느 장난감을 삽니까?

① 퍼즐
② 미니카
③ 블록

어휘 おもちゃ屋 おもちゃや 몡 장난감 가게　店員 てんいん 몡 점원
　　 プレゼント 몡 선물　探す さがす 동 찾다　パズル 몡 퍼즐
　　 人気 にんき 몡 인기　キャラクター 몡 캐릭터　イラスト 몡 일러스트
　　 ブロック 몡 블록　おすすめ 몡 추천
　　 新製品 しんせいひん 몡 신제품　十分 じゅうぶん 부 충분히
　　 ミニカー 몡 미니카　お子様 おこさま 몡 자녀분
　　 興味 きょうみ 몡 흥미　喜ぶ よろこぶ 동 좋아하다, 기뻐하다
　　 ずっと 부 계속, 쭉

02

[음성]
学校で男の学生と女の学生が話しています。
男: 夏休みのボランティア僕も参加したい。どんなのがあるか教えてもらえる?
女: まずは保育活動。保育園に行って子供と一緒に遊んだり子供の世話をしたりする。可愛い子供に会えるいい機会だと思うんだ。次は環境保存。他の学校の生徒たちと近くの川辺に行ってゴミを拾うよ。一緒に話しながら拾っているといつの間にか友達にもなれるし。
男: いいな。僕は人を手伝うボランティアにも興味があるけど、そういうのはないの?
女: 機能指導っていう活動があるよ。体が不自由な人に箸の使い方とか、字の書き方などいろんなことを教える活動だよ。でも今、週末にこれと似ている活動に参加しているでしょ?
男: それもそうだね。新しい経験もしてみたいし、僕はやっぱり人の世話をするのが好きだからこれにする!

男の学生はどのボランティアを選びましたか。
① 保育活動
② 環境保存
③ 機能指導

해석 학교에서 남학생과 여학생이 이야기하고 있습니다.
남: 여름방학의 자원봉사 나도 참가하고 싶어. 어떤 게 있는지 가르쳐 줄래?
여: 우선은 보육 활동. 보육원에 가서 아이와 함께 놀거나 아이를 돌보거나 해. 귀여운 아이를 만날 수 있는 좋은 기회라고 생각해. 다음은 환경 보존. 다른 학교 학생들과 근처 강변에 가서 쓰레기를 주워. 함께 이야기하면서 줍고 있으면 어느 순간 친구도 될 수 있고.
남: 좋네. 나는 사람을 돕는 자원봉사에도 흥미가 있는데, 그런 건 없어?
여: 기능 지도라는 활동이 있어. 몸이 부자유스러운 사람에게 젓가락 사용법이라던가, 글자를 쓰는 법 등 다양한 것을 가르치는 활동이야. 하지만 지금, 주말에 이것과 비슷한 활동에 참가하고 있지?
남: 그것도 그렇네. 새로운 경험도 해보고 싶고, 나는 역시 사람을 돌보는 것을 좋아하니까 이걸로 할래!

남학생은 어느 자원봉사를 선택했습니까?

① 보육 활동
② 환경 보존
③ 기능 지도

어휘 ボランティア 圀 자원봉사　参加 さんか 圀 참가
保育活動 ほいくかつどう 圀 보육 활동　保育園 ほいくえん 圀 보육원
遊ぶ あそぶ 圄 놀다　世話をする せわをする 돌보다, 보살피다
機会 きかい 圀 기회　環境保存 かんきょうほぞん 圀 환경 보존
川辺 かわべ 圀 강변　ゴミ 圀 쓰레기　拾う ひろう 圄 줍다
いつの間にか いつのまにか 囲 어느 순간, 어느새
手伝う てつだう 圄 돕다, 거들다　興味 きょうみ 圀 흥미
機能指導 きのうしどう 圀 기능 지도
不自由だ ふじゆうだ 냉형 부자유스럽다
使い方 つかいかた 圀 사용법　字 じ 圀 글자
書き方 かきかた 圀 쓰는 법　週末 しゅうまつ 圀 주말
似る にる 圄 비슷하다, 닮다　経験 けいけん 圀 경험
やっぱり 囲 역시

03

[음성]
会社の会議で三人が、社員食堂の問題について話しています。
男1: お昼時間に社員食堂が大変混雑していてご飯を食べられない社員もけっこういるらしい。長い時間待たされて食べる時間が足りなくなって急いで食べたせいで消化不良になったという社員もいるって。
女: 食事時間を変更したらどうでしょうか。部署別に違う時間帯に食べたら混雑しないと思います。例えば管理部が12時に食堂に入って、営業部は12時15分に入る方式です。
男2: お昼時間を30分延長するのはどうですか。食事時間を1時間30分にすれば時間は余裕があると思います。
女: そうすれば退勤時間も30分遅くなるから賛成しない社員が多いかもしれません。臨時食堂を作る方法もあります。食堂が2箇所あると待つ時間も短くなりますし。
男1: 食堂を作る場所がないんじゃない？費用もたくさんかかるし。まあ、やっぱり食事時間を変えた方が費用もかからないし、反対する社員が少ないと思うからそうしよう。

社員食堂の問題を解決するためにどうすることにしましたか。
① 食事時間を変更する
② お昼時間を30分延長する
③ 臨時食堂を作る

해석 회사의 회의에서 3명이, 사원식당의 문제에 대해 이야기하고 있습니다.
남1: 점심시간에 사원식당이 너무 혼잡해서 밥을 먹지 못하는 사원도 꽤 있는 것 같아. 긴 시간 기다리게 하니 먹을 시간이 부족해져서 서둘러 먹은 탓에 소화불량이 됐다는 사원도 있대.
여: 식사 시간을 변경하면 어떨까요? 부서별로 다른 시간대에 먹으면 혼잡하지 않을 거라고 생각합니다. 예를 들면 관리부가 12시에 식당에 들어가고, 영업부는 12시 15분에 들어가는 방식입니다.
남2: 점심시간을 30분 연장하는 것은 어떨까요? 식사 시간을 1시간 30분으로 하면 시간은 여유가 있다고 생각합니다.
여: 그렇게 하면 퇴근 시간도 30분 늦어지니까 찬성하지 않는 사원이 많을지도 모릅니다. 임시 식당을 만드는 방법도 있습니다. 식당이 2군데 있으면 기다리는 시간도 짧아지고요.
남1: 식당을 만들 장소가 없지 않아? 비용도 많이 들고. 뭐, 역시 식사 시간을 바꾸는 쪽이 비용도 들지 않고, 반대할 사원이 적을 거라 생각하니까 그렇게 하자.

사원식당 문제를 해결하기 위해 어떻게 하기로 했습니까?

① 식사 시간을 변경한다
② 점심시간을 30분 연장한다
③ 임시 식당을 만든다

어휘 会議 かいぎ 圀 회의　社員食堂 しゃいんしょくどう 圀 사원식당
昼時間 ひるじかん 圀 점심시간　大変 たいへん 囲 너무, 매우
混雑 こんざつ 圀 혼잡　けっこう 囲 꽤, 제법
足りない たりない 부족하다　急ぐ いそぐ 圄 서두르다
消化不良 しょうかふりょう 圀 소화불량
食事時間 しょくじじかん 圀 식사 시간　変更 へんこう 圀 변경
部署別 ぶしょべつ 圀 부서별　時間帯 じかんたい 圀 시간대
例えば たとえば 囲 예를 들면　管理部 かんりぶ 圀 관리부
営業部 えいぎょうぶ 圀 영업부　方式 ほうしき 圀 방식
延長 えんちょう 圀 연장　余裕 よゆう 圀 여유
退勤時間 たいきんじかん 圀 퇴근 시간　遅い おそい い형 늦다
賛成 さんせい 圀 찬성　臨時食堂 りんじしょくどう 圀 임시 식당

方法 ほうほう 명방법　費用 ひよう 명비용
かかる 동(시간, 비용이) 들다　やっぱり 부역시
変える かえる 동바꾸다　反対 はんたい 명반대
解決 かいけつ 명해결

04

[음성]

店で社長と店員二人が、店の問題について話しています。

女1：広告の効果で店がますます人気になってきてうれしいけど、店が小さくて外で並ぶお客さんが多くなるから困るよ。
男：予約制にしたほうがいいと思います。そうすれば外で待つ人もいなくなるでしょう。
女2：でも、お年寄りは予約することが難しくてできないかもしれません。メニューの種類を少なくするのはどうですか。社長が料理を作る時間が短くなって、待つ時間も短くなりますし。
男：しかし、今のメニューは全部人気で何をなくせばいいか難しいです。あ、今店のとなりに何もないんじゃないですか。店をもっと広くすればどうですか。**費用はたくさんかかってもお客さんを外に待たせる問題は解決できます。**
女1：しょうがないわね。これからお客さんがもっと増えそうだから**お金がかかってもそうしたほうがいいね。**

社長はどうすることに決めましたか。

① 予約制にする
② メニューの種類を少なくする
③ **店を拡張する**

해석 가게에서 사장과 점원 2명이, 가게의 문제에 대해 이야기하고 있습니다.

여1: 광고 효과로 가게가 점점 인기가 많아져 기쁘지만, 가게가 작아서 밖에서 줄 서는 손님이 많아지니까 곤란해.
남: 예약제로 하는 편이 좋다고 생각해요. 그렇게 하면 밖에서 기다리는 사람도 없어지겠죠.
여2: 하지만, 어르신은 예약하는 것이 어려워서 할 수 없을지도 몰라요. 메뉴 종류를 적게 하는 것은 어때요? 사장님이 요리를 만드는 시간이 짧아져서, 기다리는 시간도 짧아지고요.
남: 하지만, 지금 메뉴는 전부 인기라서 무엇을 없애면 좋을지 어려워요. 아, 지금 가게 옆에 아무것도 없지 않나요? 가게를 더 넓게 하면 어때요? 비용은 많이 들어도 손님을 밖에서 기다리게 하는 문제는 해결돼요.
여1: 어쩔 수 없네. 앞으로 손님이 더 늘 것 같으니까 **돈이 들어도 그렇게 하는 편이 좋겠네.**

사장은 어떻게 하기로 정했습니까?

① 예약제로 한다

② 메뉴 종류를 적게 한다
③ 가게를 확장한다

어휘 社長 しゃちょう 명사장님, 사장　店員 てんいん 명점원
広告 こうこく 명광고　効果 こうか 명효과　ますます 부점점, 더욱더
人気になる にんきになる 인기가 많아지다　うれしい い형기쁘다
お客さん おきゃくさん 명손님　予約制 よやくせい 명예약제
お年寄り おとしより 명어르신, 노인　メニュー 명메뉴
種類 しゅるい 명종류　費用 ひよう 명비용
かかる 동(시간, 비용이) 들다　解決 かいけつ 명해결
しょうがない 어쩔 수 없다　増える ふえる 동늘다, 증가하다
決める きめる 동정하다　拡張 かくちょう 명확장

05

[음성]

会社で部長が海外研修について話しています。

男1：えー、では海外研修の紹介を始めます。今年は三つの国への研修を準備しました。一番目は中国です。二週間北京の貿易会社で研修を受けます。研修以外の時間は博物館を見学したり、中国の文化遺産を観光することができます。二番目はアメリカです。三週間教育会社で毎日8時間ぐらい研修を受けます。研修時間が長くて観光する時間は少ないですが、英語クラスに参加して英語を学べる機会があります。三番目はフランスです。研修期間は一週間だけで短いですが、フランスの高級ホテルで泊まれますし、伝統があるワイン工場でワインを作ったりする体験もできます。
女：へえー、今年はどっちも楽しそうだから迷っちゃう。どこに行くか決めた？
男2：僕はやっぱり**長い時間海外で過ごしたい**からここにする。
女：じゃ、私は**短くてもいいところで泊まりたいし、楽しい体験もしたい**からここにする。

質問1　男の人はどの国へ行くことにしましたか。

質問2　女の人はどの国へ行くことにしましたか。

質問1
① 中国
② **アメリカ**
③ フランス

質問2
① 中国
② アメリカ
③ **フランス**

해석 회사에서 부장이 해외 연수에 대해 이야기하고 있습니다.

남1: 음, 그럼 해외 연수 소개를 시작하겠습니다. 올해는 세 개 나라로의 연수를 준비했습니다. 첫 번째는 중국입니다. 2주 동안 베이징의 무역 회사에서 연수를 받습니다. 연수 이외의 시간은 박물관을 견학하거나, 중국의 문화유산을 관광할 수 있습니다. 두 번째는 미국입니다. 3주 동안 교육 회사에서 매일 8시간 정도 연수를 받습니다. 연수 시간이 길어서 관광할 시간은 적습니다만, 영어 수업에 참가해서 영어를 배울 기회가 있습니다. 세 번째는 프랑스입니다. 연수 기간은 일주일 뿐으로 짧지만, 프랑스의 고급 호텔에서 묵을 수 있고, 전통이 있는 와인 공장에서 와인을 만들거나 하는 체험도 할 수 있습니다.
여: 와, 올해는 어디든 즐거워 보이니까 망설여져. 어디에 갈지 정했어?
남2: 나는 역시 **긴 시간 해외에서 보내고 싶으니까** 여기로 할래.
여: 그럼, 나는 **짧아도 좋은 곳에서 묵고 싶고, 즐거운 체험도 하고 싶으니까** 여기로 할래.

질문1 남자는 어느 나라에 가기로 했습니까?

질문2 여자는 어느 나라에 가기로 했습니까?

질문1

① 중국
② 미국
③ 프랑스

질문2

① 중국
② 미국
③ 프랑스

어휘 海外研修 かいがいけんしゅう 圓 해외 연수
紹介 しょうかい 圓 소개 始める はじめる 圄 시작하다
準備 じゅんび 圓 준비 中国 ちゅうごく 圓 중국
北京 ぺきん 圓 베이징 貿易会社 ぼうえきがいしゃ 圓 무역 회사
研修 けんしゅう 圓 연수 受ける うける 圄 받다
以外 いがい 圓 이외 博物館 はくぶつかん 圓 박물관
見学 けんがく 圓 견학 文化遺産 ぶんかいさん 圓 문화유산
観光 かんこう 圓 관광 アメリカ 圓 미국
教育会社 きょういくがいしゃ 圓 교육 회사 参加 さんか 圓 참가
学ぶ まなぶ 圄 배우다 機会 きかい 圓 기회 フランス 圓 프랑스
期間 きかん 圓 기간 高級 こうきゅう 圓 고급
泊まる とまる 圄 묵다, 머무르다 伝統 でんとう 圓 전통
ワイン 圓 와인 工場 こうじょう 圓 공장 体験 たいけん 圓 체험
迷う まよう 圄 망설이다, 헤매다 決める きめる 圄 정하다
やっぱり 團 역시 過ごす すごす 圄 보내다

06

[음성]

大学で教授が企業訪問プログラムの紹介をしています。
女1: みなさんの就職活動の役に立つため、企業訪問プログラムを準備しました。一番目はA企業です。知らない人がいないほど有名な大企業ですね。こんな大きい企業を運営しているシステムが学べます。二番目はB企業です。5年前に作られた企業ですが、すでに中堅企業になったところです。この5年間どうやって成長してきたのかを教えてもらえる機会があります。三番目はC企業です。みなさん、聞いたことがあるでしょう。社員30人の小さい中小企業ですが、どうしてこんなに有名で人気があるのか気になりませんか。訪問してその秘訣を勉強しましょう。
男: 企業について詳しく知らなかったけどこんな機会があっていいね。どこの企業に行ってみようかな。
女2: 一緒にこの企業に申し込まない?前から興味を持っていた企業だよ。**小さい規模の会社でも有名になった理由は何か知りたくてたまらない。**
男: そっちも面白そうだけど、僕はやっぱりこっちにする。**速く成長した方法とこれからも成長の可能性があるかをみたいから。**

質問1 女の人はどの企業を訪問しますか。

質問2 男の人はどの企業を訪問しますか。

質問1

① A 企業
② B 企業
③ C 企業

質問2

① A 企業
② B 企業
③ C 企業

해석 대학에서 교수가 기업 방문 프로그램 소개를 하고 있습니다.

여1: 여러분의 취직활동에 도움이 되기 위해, 기업 방문 프로그램을 준비했습니다. 첫 번째는 A기업입니다. 모르는 사람이 없을 정도로 유명한 대기업이네요. 이런 큰 기업을 운영하고 있는 시스템을 배울 수 있습니다. 두 번째는 B기업입니다. 5년 전에 만들어진 기업이지만, 벌써 중견기업이 된 곳입니다. 이 5년 동안 어떻게 성장해왔는지를 배울 수 있는 기회가 있습니다. 세 번째는 C기업입니다. 여러분, 들어본 적이 있죠? 사원이 30명인 작은 중소기업이지만, 어째서 이렇게 유명하고 인기가 있는지 궁금하지 않으세요? 방문해서 그 비결을 공부합시다.
남: 기업에 대해 자세하게 몰랐는데 이런 기회가 있어서 좋네. 어느 기업에 가볼까.
여: 함께 이 기업에 신청하지 않을래? 전부터 흥미를 가지고 있던 기업이야. 작은 규모의 회사지만 유명해진 이유는 뭔지 알고 싶어서 견딜 수 없어.
남: 그쪽도 재미있어 보이지만, 나는 역시 이쪽으로 할래. 빠르게 성장한 방법과 앞으로도 성장 가능성이 있는지를 보고 싶으니까.

질문1 여자는 어느 기업을 방문합니까?

질문2 남자는 어느 기업을 방문합니까?

질문1

① A기업
② B기업
③ C기업

질문2

① A기업
② B기업
③ C기업

어휘 教授 きょうじゅ 図교수　企業訪問 きぎょうほうもん 図기업 방문
プログラム 図프로그램　紹介 しょうかい 図소개
就職活動 しゅうしょくかつどう 図취직활동
役に立つ やくにたつ 도움이 되다　準備 じゅんび 図준비
有名だ ゆうめいだ な형유명하다　大企業 だいきぎょう 図대기업
運営 うんえい 図운영　システム 図시스템　学ぶ まなぶ 동배우다
中堅企業 ちゅうけんきぎょう 図중견기업　すでに 튀벌써
成長 せいちょう 図성장　機会 きかい 図기회
中小企業 ちゅうしょうきぎょう 図중소기업
人気がある にんきがある 인기가 있다
気になる きになる 궁금하다, 신경 쓰이다　訪問 ほうもん 図방문
秘訣 ひけつ 図비결　詳しい くわしい い형자세하다
申し込む もうしこむ 동신청하다
興味を持つ きょうみをもつ 흥미를 가지다　規模 きぼ 図규모
理由 りゆう 図이유　たまらない 견딜 수 없다, 참을 수 없다
やっぱり 튀역시　方法 ほうほう 図방법
可能性 かのうせい 図가능성

실전 대비하기　p.396

1 4　　**2** 2　　**3** 질문1 3, 질문2 2

문제 5에서는, 긴 이야기를 듣습니다. 이 문제에는 연습은 없습니다. 문제 용지에 메모를 해도 상관없습니다.

1번, 2번

문제 용지에 아무것도 인쇄되어 있지 않습니다. 우선 이야기를 들어주세요. 그리고 나서, 질문과 선택지를 듣고, 1에서 4 중에, 가장 알맞은 것을 하나 골라주세요.

1

[음성]

旅行会社のカウンターで、女の人と係の男の人が話しています。

女：すみません。夏休みに日本からあまり遠くないところに旅行したいと思っているんですが、どこにするか迷っていて。夫と二人で行くんですが。

男：夏休みですか。何日ぐらいのご予定ですか。

女：4日くらいです。

男：わかりました。いくつかご案内しますね。まず、シンガポール。こちらは4日間でお一人様7万4千8百円です。ホテルと飛行機のセットで、1回市内観光とランチが付いています。それ以外のお食事は、ご自分でのご用意になります。それから、こちらのグアムは4日間で4万円ちょうどです。海の近くのホテルで、ショッピングモールもあります。

女：どちらも海の近くでいいですね。でも、1人4万を超えると予算オーバーなんです。

男：では、こちらはいかがでしょうか。サイパン3日間のプランで2万9千8百円と大変お得なプランです。これは、食事はついておりませんが、朝食付きのホテルでしたら、3日間で3万4千8百円のこれをお勧めします。

女：朝食付きのホテルのほうが楽ですよね。これ、いいかも。あ、昨日、夫と台湾もいいかなって話していたんですが、お勧めのツアーがありますか。

男：台湾ですと、4日間3万6千円のプランがあります。このホテルは食事が付いていないのですが、朝食付きのホテルですと、こちらの4万2千円のプランはいかがでしょうか。

女：食事を付けると高くなるんですね。でも、ちょっと予算を超えちゃうけど、せっかくだから4日間行けるこちらにしようかな。

女の人は夏休みにどこへ行きますか。

1　シンガポール
2　グアム
3　サイパン
4　台湾

해석　여행 회사의 카운터에서, 여자와 담당자인 남자가 이야기하고 있습니다.

여: 실례합니다. 여름휴가에 일본에서 그다지 멀지 않은 곳으로 여행하고 싶다고 생각하고 있는데요, 어디로 할지 망설이고 있어서. 남편과 둘이서 가는데요.

남: 여름휴가인가요? 며칠 정도 예정이십니까?

여: 4일 정도입니다.

남: 알겠습니다. 몇 가지 안내해 드리겠습니다. 우선, 싱가포르. 이쪽은 4일간으로 한 명당 7만 4천 8백 엔입니다. 호텔과 비행기가 세트이고, 1회 시내 관광과 런치가 포함되어 있습니다. 그 이외의 식사는, 스스로 준비하시게 됩니다. 그리고, 이쪽의 괌은 4일간으로 정확히 4만 엔입니다. 바다 근처의 호텔이고, 쇼핑몰도 있습니다.

여: 어느 쪽도 바다 근처여서 좋네요. 하지만, 1인 4만을 넘으면 예산 오버입니다.
남: 그럼, 이쪽은 어떠신가요? 사이판 3일간 플랜으로 2만 9천 8백 엔이라는 대단히 이득인 플랜입니다. 이것은, 식사는 포함되어 있지 않습니다만, 조식이 포함된 호텔이라면, 3일간으로 3만 4천 8백 엔인 이것을 추천 드립니다.
여: 조식이 포함된 호텔 쪽이 편하죠. 이거, 괜찮을지도. 아, 어제, 남편과 대만도 괜찮겠다고 얘기했었는데, 추천 투어가 있나요?
남: 대만이라면, 4일간 3만 6천 엔 플랜이 있습니다. 이 호텔은 식사가 포함되어 있지 않습니다만, 조식이 포함되는 호텔이라면, 이쪽의 4만 2천 엔 플랜은 어떠신가요?
여: 식사를 포함하면 비싸지네요. 하지만, 조금 예산을 넘어 버리지만, 모처럼이니까 4일간 갈 수 있는 이쪽으로 할까.

여자는 여름휴가에 어디로 갑니까?

1 싱가포르
2 괌
3 사이판
4 대만

해설 대화에서 언급되는 여러 선택사항과 여자의 최종 선택 내용을 재빨리 메모하며 주의 깊게 듣는다.

〈메모〉 여자 → 여름 휴가, 남편과 둘, 4일 정도, 1인 4만엔
① 싱가포르: 4일간, 7만 4천 8백엔, 호텔 비행기 세트, 1회 시내 관광과 런치, 그 외 식사 스스로 → 예산 오버
② 괌: 4일간, 정확히 4만엔, 바다 근처 호텔, 쇼핑몰 → 조식 없음
③ 사이판: 3일간, 2만 9천 8백엔, 식사X, 조식 포함 호텔은 3일간 3만 4천 8백엔 → 조식 포함이 편함
④ 대만: 4일간 3만 6천엔, 식사 X/ 조식 포함 호텔은 4만 2천엔
여자 → 예산을 조금 넘지만 4일간 갈 수 있는 이쪽으로

질문이 여자가 여름휴가에 어디로 가는지 묻고 있으므로, 예산을 조금 넘지만 4일간 갈 수 있는 4 台湾(대만)이 정답이다.

어휘 旅行会社 りょこうがいしゃ 圏 여행 회사   カウンター 圏 카운터
係 かかり 圏 담당자   日本 にほん 圏 일본   迷う まよう 圏 망설이다
夫 おっと 圏 남편   予定 よてい 圏 예정   案内 あんない 圏 안내
まず 囲 우선   シンガポール 圏 싱가포르   セット 圏 세트
市内 しない 圏 시내   観光 かんこう 圏 관광   ランチ 圏 런치, 점심
付く つく 圏 포함되다, 붙다   以外 いがい 圏 이외
食事 しょくじ 圏 식사   用意 ようい 圏 준비   グアム 圏 괌
ショッピングモール 圏 쇼핑몰   超える こえる 圏 넘다, 초과하다
予算 よさん 圏 예산   オーバー 圏 오버, 초과   サイパン 圏 사이판
プラン 圏 플랜   得だ とくだ な형 이득이다   朝食 ちょうしょく 圏 조식
お勧め おすすめ 圏 추천   楽だ らくだ な형 편하다
台湾 たいわん 圏 대만   ツアー 圏 투어   せっかく 囲 모처럼

2

[음성]
大学の図書館で職員3人がイベントについて話しています。

女: 来月の読書フェスティバル、著名な作家を5人招待する予定だったんですけど、そのうち二人が急に参加できなくなったんです。
男1: えっ、それは大変ですね。もう宣伝もしちゃったし、参加申し込みも始まってるでしょう?
女: そうなんです。200人の定員で募集してるんですが、すでに170人の申し込みが来てるんですよ。
男2: 作家が減ったら、内容も変更しなければならないですよね。参加者にもお知らせしないと。
男1: 新しい作家を探すのはどうですか?僕、出版社に知り合いがいるので、聞いてみましょうか?
女: ありがとうございます。でも、時間的に厳しいかもしれませんね。
男2: それでしたら、今回は作家3人でのイベントにして、その分、参加者との交流時間を長くするのはどうでしょうか?
男1: いいアイデアですね。質疑応答の時間も増やせますし。
女: そうですね。あと、会場なんですが、200人用の大講堂を予約してるんですけど、中講堂でも十分ですよね。
男2: 広ければ広いほどいいでしょう。170人だと定員と大差ないですし。
男1: 僕もそう思います。
女: わかりました。あと、作家が減った分、参加費を少し引き下げた方がいいでしょうか?
男2: そこはいいと思います。代わりに、記念品を豪華にするとか。
男1: それがいいですね。では、早く取り掛かりましょう。

問題に対応するために、どうすることにしましたか。
1 新しい作家を探す
2 交流時間を延ばす
3 会場を変更する
4 参加費を下げる

해석 대학 도서관에서 직원 3명이 이벤트에 대해 이야기하고 있습니다.
여: 다음 달 독서 페스티벌, 저명한 작가를 5명 초대할 예정이었는데, 그 중 2명이 갑자기 참가할 수 없게 되었어요.
남1: 어, 그것은 큰일이네요. 이미 선전도 해 버렸고, 참가 신청도 시작됐지요?
여: 맞아요. 200명 정원으로 모집하고 있는데, 이미 170명의 신청이 와 있어요.
남2: 작가가 줄어들면, 내용도 변경해야 하겠네요. 참가자에게도 알려야 하고.
남1: 새로운 작가를 찾는 것은 어떨까요? 저, 출판사에 지인이 있으

니까, 물어볼까요?
여: 감사합니다. 하지만, 시간적으로 힘들지도 모르겠네요.
남2: 그렇다면, 이번에는 작가 3명으로 이벤트를 하고, 그만큼 **참가자와의 교류 시간을 길게 하는 것은 어떨까요?**
남1: 좋은 아이디어네요. 질의응답 시간도 늘릴 수 있고요.
여: 그렇네요. 그리고, 회장인데, 200명용 대강당을 예약했는데, 중강당으로도 충분하겠죠.
남2: 넓으면 넓을수록 좋겠지요. 170명이라면 정원과 큰 차이 없고요.
남1: 저도 그렇게 생각해요.
여: 알겠습니다. 그리고, 작가가 줄어든 만큼 참가비를 조금 인하하는 편이 좋을까요?
남2: 그쪽은 괜찮다고 생각해요. 대신, 기념품을 호화롭게 한다든가.
남1: 그것이 좋겠네요. 그러면, 어서 착수합시다.

문제에 대응하기 위해서, 어떻게 하기로 했습니까?

1 새로운 작가를 찾는다
2 교류 시간을 늘린다
3 회장을 변경한다
4 참가비를 내린다

해설 세 사람이 논의한 내용과 최종적으로 합의한 내용을 메모하며 주의 깊게 듣는다.

〈메모〉 독서 페스티벌, 작가 5명 중 2명 불참
- 새로운 작가 찾기: 시간적으로 어려울 듯
- 교류 시간 길게 하기: 질의응답 시간 늘릴 수도 있음
- 회장 변경: 넓을수록 좋음. 170명이 정원과 큰 차이 없음
- 참가비 인하: 이대로 괜찮음. 기념품을 호화롭게

질문이 문제에 대응하기 위해 어떻게 하기로 했는지 묻고 있으므로, 2 交流時間を延ばす(교류 시간을 늘린다)가 정답이다.

어휘 来月 らいげつ 명 다음 달　読書 どくしょ 명 독서
フェスティバル 명 페스티벌　著名だ ちょめいだ な형 저명하다
作家 さっか 명 작가　招待 しょうたい 명 초대　予定 よてい 명 예정
急に きゅうに 부 갑자기　参加 さんか 명 참가
大変だ たいへんだ な형 큰일이다　宣伝 せんでん 명 선전
申し込み もうしこみ 명 신청　始まる はじまる 동 시작되다
定員 ていいん 명 정원　募集 ぼしゅう 명 모집　すでに 부 이미
内容 ないよう 명 내용　変更 へんこう 명 변경
知らせる しらせる 동 알리다　新しい あたらしい い형 새롭다
探す さがす 동 찾다　出版社 しゅっぱんしゃ 명 출판사
知り合い しりあい 명 지인　厳しい きびしい い형 힘들다, 엄하다
交流 こうりゅう 명 교류　増やす ふやす 동 늘리다
質疑応答 しつぎおうとう 명 질의응답　アイデア 명 아이디어
会場 かいじょう 명 회장, 행사장　大講堂 だいこうどう 명 대강당
予約 よやく 명 예약　中講堂 ちゅうこうどう 명 중강당
十分だ じゅうぶんだ な형 충분하다　大差 たいさ 명 큰 차이
参加費 さんかひ 명 참가비　引き下げる ひきさげる 동 인하하다
記念品 きねんひん 명 기념품　豪華だ ごうかだ な형 호화롭다
取り掛かる とりかかる 동 착수하다　延ばす のばす 동 늘리다
変更 へんこう 명 변경　下げる さげる 동 내리다

3번

우선 이야기를 들어주세요. 그리고 나서, 두 질문을 듣고, 각각 문제 용지의 1에서 4 중에, 가장 알맞은 것을 하나 골라주세요.

3

[음성]
ラジオを聞いて、男の人と女の人が話しています。
女1: 今日は凪羽間市の有名な滝をご紹介します。1つ目は白糸の滝です。標高1500メートルにあり、細い糸のように流れ落ちる様子から名付けられました。2つ目は龍神滝です。山の深い森の奥にあり、60メートルの高さから力強く落ちる水が、まるで龍が昇っているように見えます。3つ目の七光滝では、午後になると日光が水しぶきに当たって、美しい虹が見えることがあります。水量も多く、周りの温泉施設も人気です。最後は月見滝。静かな夜に訪れると、滝に映る月の光が幻想的です。ただし、ここは車で40分ほど山道を登る必要があります。
男: 来週、凪羽間市に行くから、ちょうどいいね。ツアーの合間に滝も見てみようよ。
女2: 天気予報だと晴れだし、2泊するから2か所は見られるよね。滝にかかる虹は興味あるな。
男: どこ？温泉がある所？
女2: そうそう。初日の午後は温泉に入りたいし、滝も見られるからいいと思うよ。ホテルからもそんなに遠くないし。
男: いいね、行ってみよう。2日目は午前中に森林散策をするよね。山の中の滝っていうのは？
女2: あ、いいね。あそこなら森林散策のコースにも含まれているし、迫力ある滝が見られるね。
男: 決まりだね。夜に見る滝も気になるけど、あそこは山道が険しそうだから今回はパスしよう。

質問1 二人は1日目、どの滝を見に行きますか。

質問2 二人は2日目、どの滝を見に行きますか。

[문제지]
質問1
1 白糸の滝
2 龍神滝
3 七光滝
4 月見滝

質問2

1 白糸の滝
2 龍神滝
3 七光滝
4 月見滝

해석 라디오를 듣고, 남자와 여자가 대화하고 있습니다.

여1: 오늘은 나기하마시의 유명한 폭포를 소개해 드리겠습니다. 첫 번째는 시라이토노 폭포입니다. 해발 1500미터에 있으며, 가는 실처럼 흘러내리는 모습에서 이름 붙여졌습니다. 두 번째는 류진 폭포입니다. 산의 깊은 숲속에 있으며, 60미터 높이에서 힘차게 떨어지는 물이, 마치 용이 승천하는 것처럼 보입니다. 세 번째인 나나비카리 폭포에서는, 오후가 되면 햇빛이 물보라에 닿아, 아름다운 무지개가 보이는 경우도 있습니다. 물의 양도 많고, 주변 온천 시설도 인기입니다. 마지막은 츠키미 폭포. 조용한 밤에 방문하면, 폭포에 비치는 달빛이 환상적입니다. 다만, 이곳은 차로 40분 정도 산길을 오를 필요가 있습니다.

남: 다음 주에, 나기하마시에 가니까, 딱 좋네. 투어하는 틈에 폭포도 봐 보자.

여2: 일기 예보라면 맑음이고, 2박 하니까 2군데는 볼 수 있겠네. 폭포에 걸린 무지개는 관심 있는데.

남: 어디? 온천이 있는 곳?

여2: 맞아 맞아. 첫날 오후는 온천에 들어가고 싶고, 폭포도 볼 수 있으니까 좋다고 생각해. 호텔에서도 그렇게 멀지 않고.

남: 좋네, 가 보자. 2일째는 오전 중에 삼림 산책을 하지? 산 속의 폭포라는 건?

여2: 아, 좋네. 그곳이라면 삼림 산책 코스에도 포함되어 있고, 박력 있는 폭포를 볼 수 있겠네.

남: 결정됐네. 밤에 보는 폭포도 궁금하지만, 그곳은 산길이 험할 것 같으니까 이번엔 패스하자.

질문1 두 사람은 1일째에, 어느 폭포를 보러 갑니까?

질문 2 두 사람은 2일째에, 어느 폭포를 보러 갑니까?

질문 1

1 시라이토노 폭포
2 류진 폭포
3 나나비카리 폭포
4 츠키미 폭포

질문 2

1 시라이토노 폭포
2 류진 폭포
3 나나비카리 폭포
4 츠키미 폭포

해설 각 선택지와 관련하여 언급되는 내용을 메모하며 주의 깊게 듣고, 두 명의 대화자가 어떻게 하기로 하는지에 유의하며 대화를 듣는다.

〈메모〉 나기하마시의 유명한 폭포 4개

① 시라이토노 폭포: 해발 1500미터, 가는 실처럼 흐름
② 류진 폭포: 산 깊은 숲속, 60미터 높이, 힘찬 물줄기, 용 같음
③ 나나비카리 폭포: 무지개 보이기도, 물 양 많음, 근처 온천 인기
④ 츠키미 폭포: 밤에 달빛 환상적, 자동차로 40분 산길

남자 → 둘째 날 삼림 산책함, 산길 험할 것 같아서 패스
여자2 → 무지개에 관심, 첫날 온천 가고 싶음, 삼림 산책 코스에 폭포 있음

질문1은 두 사람이 1일째에 볼 폭포를 묻고 있다. 여자가 폭포에 걸리는 무지개에 관심이 있다고 하고, 첫날 온천에 갈 겸 폭포도 볼 수 있다고 했으므로, 3 나나비카리 폭포가 정답이다.

질문2는 두 사람이 2일째에 볼 폭포를 묻고 있다. 남자가 2일째에 산림 산책을 한다고 하고, 여자가 산림 산책 코스에 폭포가 포함되어 있다고 했으므로, 2 류진 폭포가 정답이다.

어휘 有名だ ゆうめいだ な형 유명하다 滝 たき 명 폭포
紹介 しょうかい 명 소개 標高 ひょうこう 명 해발 メートル 명 미터
細い ほそい い형 가늘다 糸 いと 명 실 流れる ながれる 동 흐르다
落ちる おちる 동 떨어지다 様子 ようす 명 모습
名付ける なづける 동 이름 붙이다 深い ふかい い형 깊다
森 もり 명 숲 奥 おく 명 속, 안쪽 高さ たかさ 명 높이
力強い ちからづよい い형 힘차다 水 みず 명 물 まるで 부 마치
龍 りゅう 명 용 昇る のぼる 동 승천하다, (하늘로) 오르다
見える みえる 동 보이다 午後 ごご 명 오후 日光 にっこう 명 일광
当たる あたる 동 닿다 虹 にじ 명 무지개
水量 すいりょう 명 물의 양, 수량 周り まわり 명 주변
温泉 おんせん 명 온천 施設 しせつ 명 시설 人気 にんき 명 인기
最後 さいご 명 마지막 静かだ しずかだ な형 조용하다
訪れる おとずれる 동 찾아가다 映る うつる 동 비치다
幻想的だ げんそうてきだ な형 환상적이다 ただし 접 다만
山道 やまみち 명 산길 登る のぼる 동 오르다
必要だ ひつようだ な형 필요하다 来週 らいしゅう 명 다음 주
ちょうど 부 딱, 마침 ツアー 명 투어 合間 あいま 명 틈, 사이
天気予報 てんきよほう 명 일기 예보 晴れ はれ 명 맑음
かかる 동 걸리다 興味 きょうみ 명 관심, 흥미
初日 しょにち 명 첫날 入る はいる 동 들어가다
午前 ごぜん 명 오전 森林 しんりん 명 삼림 散策 さんさく 명 산책
含む ふくむ 동 포함하다 迫力 はくりょく 명 박력
決まる きまる 동 정해지다 険しい けわしい い형 험하다
パス 명 패스

무료 온라인 실전모의고사 · 학습자료 제공
해커스일본어 japan.Hackers.com

실전모의고사 1

언어지식 문자·어휘

문제 1	1	1	2	3	3	3	4	4	5	3		
문제 2	6	3	7	2	8	4	9	1	10	4		
문제 3	11	1	12	4	13	3						
문제 4	14	4	15	4	16	1	17	3	18	1	19	2	20	4
문제 5	21	3	22	4	23	2	24	1	25	3		
문제 6	26	2	27	3	28	1	29	1	30	2		

언어지식 문법

문제 7	31	1	32	2	33	2	34	1	35	2	36	2
	37	4	38	2	39	3	40	2	41	1	42	3
문제 8	43	1	44	3	45	4	46	1	47	1		
문제 9	48	4	49	1	50	3	51	3				

독해

문제 10	52	3	53	2	54	2	55	2	56	3
문제 11	57	3	58	1	59	1	60	1	61	3	62	3
	63	3	64	3								
문제 12	65	1	66	3								
문제 13	67	2	68	4	69	3						
문제 14	70	2	71	4								

청해

문제 1	1	3	2	1	3	2	4	4	5	2		
문제 2	1	3	2	4	3	2	4	4	5	3	6	4
문제 3	1	2	2	2	3	4	4	2	5	3		
문제 4	1	2	2	3	3	1	4	2	5	1	6	3
	7	3	8	1	9	1	10	2	11	1		
문제 5	1	3	2	질문1 2	질문2 3							

언어지식 문자·어휘

p.405

1

이어폰의 음질이 훌륭해서 감격<u>感激</u>했다.

해설 感激는 1 かんげき로 발음한다. かん이 탁음이 아닌 것에 주의한다.
어휘 感激 かんげき 명감격   イヤホン 이어폰   音質 おんしつ 명음질
素晴らしい すばらしい い형 훌륭하다

2

목걸이가 케이스 안에서 얽혀<u>絡まって</u> 버렸다.

해설 絡まって는 3 からまって로 발음한다.
어휘 絡まる からまる 동얽히다   ネックレス 명목걸이   ケース 명케이스

3

이번 선거는 여당의 압승<u>圧勝</u>으로 끝났다.

해설 圧勝는 3 あっしょう로 발음한다. あっ은 촉음, しょう는 장음인 것에 주의한다.
어휘 圧勝 あっしょう 명압승   今回 こんかい 명이번
選挙 せんきょ 명선거   与党 よとう 명여당

4

소설을 읽고, 그 정경을 마음에 그린다<u>描く</u>.

해설 描く는 4 えがく로 발음한다.
어휘 描く えがく 동그리다   小説 しょうせつ 명소설
情景 じょうけい 명정경   心 こころ 명마음

5

비행기 모형<u>模型</u>을 모으는 것을 좋아합니다.

해설 模型는 3 もけい로 발음한다. 模가 장음이 아닌 것과 型는 훈독이 아닌 음독인 것에 주의한다.
어휘 模型 もけい 명모형   集める あつめる 동모으다

6

저 단체는 조직<u>そしき</u>이 둘로 나누어져 있다.

해설 そしき는 3 組織로 표기한다. 組(そ, 짜다)를 선택지 1과 4의 助(じょ, 돕다)와 구별해서 알아두고, 織(しき, 짜다)를 선택지 2와 4의 識(しき, 알다)와 구별해서 알아둔다.
어휘 組織 そしき 명조직   団体 だんたい 명단체
分かれる わかれる 동나뉘다, 갈라지다

7

10년 동안 신어왔던 신발이 찢어져서<u>やぶれて</u>, 새로운 것을 샀다.

해설 やぶれては 2 破れて로 표기한다.
어휘 破れる やぶれる 동찢어지다, 망가지다   壊れる こわれる 동파손되다
乱れる みだれる 동흐트러지다   荒れる あれる 동거칠어지다

8

우리 가게는 정가<u>ていか</u>대로 팔고 있습니다.

해설 ていか는 4 定価로 표기한다. 定(てい, 정하다)를 선택지 1과 2의 正(せい, 바르다)와 구별해서 알아두고, 価(か, 가격)를 선택지 1과 3의 貨(か, 재물)와 구별해서 알아둔다.
어휘 定価 ていか 명정가   うち 명우리

9

장마가 계속되어서, 집 안이 눅눅하다<u>しめっぽい</u>.

해설 しめっぽい는 1 湿っぽい로 표기한다. 2, 3, 4는 없는 단어이다.
어휘 湿っぽい しめっぽい い형 눅눅하다, 축축하다   汗 あせ 명땀
汚れる よごれる 동더러워지다   泡 あわ 명거품   梅雨 つゆ 명장마   続く つづく 동계속되다   家の中 いえのなか 명집 안

10

매일 보험회사에서 가입을 권유<u>かんゆう</u>하는 전화가 온다.

해설 かんゆう는 4 勧誘로 표기한다. 勧(かん, 권하다)을 선택지 2와 3의 観(かん, 보다)과 구별해서 알아두고, 誘(ゆう, 권하다)를 선택지 1과 2의 秀(しゅう, 빼어나다)와 구별해서 알아둔다.
어휘 勧誘 かんゆう 명권유   保険会社 ほけんがいしゃ 명보험회사
加入 かにゅう 명가입

11

손재주가 (   ) 었는데, 연습에 연습을 거듭해서, 드디어 외과의가 되었다.

해설 괄호 뒤의 어휘 器用だ(재주가 있다)와 함께 쓰여 不器用だ(재주가 없다)를 만드는 접두어 1 不가 정답이다.
어휘 不器用だ ぶきようだ な형 (재주가) 없다, 서툴다
手先 てさき 명손재주, 손끝   重ねる かさねる 동거듭하다, 쌓다
ついに 부드디어, 마침내   外科医 げかい 명외과의

12

그 배우의 (   ) 연기에, 많은 관객은 감동을 받았다.

해설 괄호 뒤의 어휘 演技(연기)와 함께 쓰여 名演技(명연기)를 만드는 접두어 4 名가 정답이다.
어휘 名演技 めいえんぎ 명명연기   俳優 はいゆう 명배우
観客 かんきゃく 명관객   心を動かす こころをうごかす 감동을 주다

13

이제 성인이니까 아이 (   ) 하는 것은 그만두었으면 좋겠다.

해설 괄호 앞의 어휘 子ども(아이)와 함께 쓰여 子どもあつかい(아이 취급)라는 복합어를 만드는 3 あつかい가 정답이다.

어휘 大人 おとな 명 성인, 어른
子どもあつかい こどもあつかい 명 아이 취급
やめる 동 그만두다, 멈추다

14

전화로 불만을 말하는 고객에 대해, 다카하시 씨는 냉정한 ( )로 대응했다.

1 음파　　　　　　　2 감성
3 표현　　　　　　　**4 말투**

해설 전화로 불평하는 고객에게 대응했다고 했으므로 冷静な口調で対応した(냉정한 말투로 대응했다)가 자연스럽다. 따라서 4 口調(말투)가 정답이다.

어휘 電話 でんわ 명 전화　苦情 くじょう 명 불만　客 きゃく 명 고객
～に対して ～にたいして ~에 대해
冷静だ れいせいだ な형 냉정하다　対応 たいおう 명 대응
音波 おんぱ 명 음파　感性 かんせい 명 감성
表現 ひょうげん 명 표현　口調 くちょう 명 말투

15

내성적인 성격 탓에, 다른 사람으로부터 차가운 사람이라고 ( )받는 경우가 있다.

1 정답　　　　　　　2 분해
3 이해　　　　　　　**4 오해**

해설 다른 사람들이 차가운 사람이라고 생각하는 경우가 있다고 말하고 있으므로 冷たい人だと誤解されることがある(차가운 사람이라고 오해받는 경우가 있다)가 자연스럽다. 따라서 4 誤解(오해)가 정답이다.

어휘 内気だ うちきだ な형 내성적이다　性格 せいかく 명 성격
正解 せいかい 명 정답　分解 ぶんかい 명 분해
了解 りょうかい 명 이해, 양해　誤解 ごかい 명 오해

16

기무라 셰프는 요리의 외관에도 신경 쓰고 있어서, 강한 ( )를 주는 플레이팅으로 유명하다.

1 임팩트　　　　　　2 악센트
3 볼륨　　　　　　　4 퀄리티

해설 요리의 외관과 플레이팅에 대해 강한 무언가를 준다고 했으므로 強いインパクトを与える盛り付け(강한 임팩트를 주는 플레이팅)가 자연스럽다. 따라서 1 インパクト(임팩트)가 정답이다.

어휘 シェフ 명 셰프　料理 りょうり 명 요리　見た目 みため 명 외관, 겉모습
こだわる 동 신경쓰다, 고집하다　強い つよい い형 강하다
与える あたえる 동 주다　盛り付け もりつけ 명 플레이팅, 담기
有名だ ゆうめいだ な형 유명하다　インパクト 명 임팩트
アクセント 명 악센트　ボリューム 명 볼륨　クオリティ 명 퀄리티

17

남동생은 그다지 공부를 잘하지 않았는데, ( ) 노력을 계속한 결과, 대학원에 진학할 수 있었다.

1 생생하게　　　　　　2 불안하게
3 꾸준하게　　　　　　4 시원시원하게

해설 공부를 잘하지 못했지만 노력한 결과 대학원에 진학했다고 말하고 있으므로 こつこつと努力を続けた結果(꾸준하게 노력을 계속한 결과)가 자연스럽다. 따라서 3 こつこつと(꾸준하게)가 정답이다.

어휘 得意だ とくいだ な형 잘 하다　努力 どりょく 명 노력
続ける つづける 동 계속하다　結果 けっか 명 결과
大学院 だいがくいん 명 대학원　進学 しんがく 명 진학
いきいき 부 생생하게　そわそわ 부 불안하게　こつこつ 부 꾸준하게
はきはき 부 시원시원하게

18

다음주 수요일 회의 시간이 1시간 ( ) 으니까, 메일로 모두에게 전달해 둬.

1 빨라졌　　　　　　2 서둘렀
3 올라갔　　　　　　4 늘렸

해설 회의 시간이 변경되었다고 했으므로 会議の時間が1時間早まったから(회의 시간이 1시간 빨라졌으니까)가 자연스럽다. 따라서 1 早まった(빨라졌)가 정답이다.

어휘 会議 かいぎ 명 회의　メール 명 메일
伝える つたえる 동 전달하다, 전하다　早まる はやまる 동 빨라지다
急ぐ いそぐ 동 서두르다　上がる あがる 동 올라가다
延ばす のばす 동 늘리다

19

모 경영자의 명언을 ( )한 부장의 스피치는 감동적이었다.

1 묘사　　　　　　　**2 인용**
3 유사　　　　　　　4 편집

해설 어떤 경영자의 명언이 부장의 스피치에 사용되었으므로 某経営者の名言を引用した部長のスピーチ(모 경영자의 명언을 인용한 부장의 연설)가 자연스럽다. 따라서 2 引用(인용)가 정답이다.

어휘 某～ ぼう～ 모　経営者 けいえいしゃ 명 경영자
名言 めいげん 명 명언　スピーチ 명 스피치
感動的だ かんどうてきだ な형 감동적이다　描写 びょうしゃ 명 묘사
引用 いんよう 명 인용　類似 るいじ 명 유사
編集 へんしゅう 명 편집

20

독서가인 친구를 ( ), 나도 매일 가능한 한 책을 읽기로 했다.

1 거두어서　　　　　　2 가지고 들어와서
3 맡아서　　　　　　　**4 본받아서**

해설 매일 가능한 한 책을 읽기로 다짐했으므로 読書家の友人を見習っ

て(독서가인 친구를 본받아)가 자연스럽다. 따라서 4 見習って(본받아서)가 정답이다.

어휘 読書家 どくしょか 명 독서가　友人 ゆうじん 명 친구
できるだけ 부 가능한 한, 되도록
取り入れる とりいれる 동 거두다, 받아 들이다
持ち込む もちこむ 동 가지고 들어오(가)다
引き受ける ひきうける 동 맡다　見習う みならう 동 본받다

21

그 소문은 <u>금세</u> 회사 내에 퍼졌다.

1 다시　　　　　　2 점점
3 곧　　　　　　　4 천천히

해설 たちまち가 '금세'라는 의미이므로, 의미가 가장 비슷한 3 すぐに(곧)가 정답이다.

어휘 うわさ 명 소문　たちまち 부 금세, 곧
会社内 かいしゃない 명 회사 내　広まる ひろまる 동 퍼지다
ふたたび 부 다시, 재차　だんだん 부 점점　すぐに 부 곧, 즉시
ゆっくり 부 천천히

22

한국에서는 고기를 야채에 <u>감싸서</u> 먹습니다.

1 섞어서　　　　　　2 얹어서
3 끼워서　　　　　　**4 감싸서**

해설 くるんで가 '감싸서'라는 의미이므로, 의미가 같은 4 つつんで(감싸서)가 정답이다.

어휘 韓国 かんこく 명 한국　くるむ 동 감싸다, 말다　まぜる 동 섞다
のせる 동 얹다, 싣다　はさむ 동 끼우다, 사이에 두다
つつむ 동 감싸다, 포장하다

23

남동생은 이직하고 나서, <u>힘을 내서</u> 일하고 있다.

1 즐거운 듯이　　　　**2 의욕을 내서**
3 매우 바쁘게　　　　4 모두와 사이좋게

해설 はりきって가 '힘을 내서'라는 의미이므로, 이와 교체하여도 문장의 의미가 바뀌지 않는 2 やる気を出して(의욕을 내서)가 정답이다.

어휘 転職 てんしょく 명 이직, 전직　はりきる 동 힘을 내다
楽しい たのしい い형 즐겁다　やる気を出す やるきをだす 의욕을 내다
とても 부 매우, 아주　みんな 명 모두　仲良く なかよく 사이 좋게

24

부모님은 <u>연중</u>, 바쁘기 때문에 걱정이다.

1 언제나　　　　　　2 때때로
3 잠깐　　　　　　　　4 최근

해설 年中가 '연중'이라는 의미이므로, 의미가 가장 비슷한 1 いつも(언제나)가 정답이다.

어휘 年中 ねんじゅう 명 연중, 항상　心配 しんぱい 명 걱정
いつも 부 언제나, 항상　ときどき 부 때때로, 가끔　しばらく 부 잠깐
最近 さいきん 명 최근

25

저기요, <u>계산</u> 부탁드립니다.

1 포장　　　　　　　2 예약
3 계산　　　　　　　4 준비

해설 お勘定가 '계산'이라는 의미이므로, 의미가 같은 3 会計(계산)가 정답이다.

어휘 お勘定 おかんじょう 명 계산　包装 ほうそう 명 포장
予約 よやく 명 예약　会計 かいけい 명 계산, 회계
準備 じゅんび 명 준비

26

장황하다

1 폭풍 같은 <u>장황한</u> 비와 바람으로, 창문이 달칵달칵 울리고 있다.
2 저 사람의 이야기는, 같은 말의 반복이 많아서 <u>장황하게</u> 느껴진다.
3 집 밖에서, 큰 소리로 떠들고 있는 사람이 있어서, 매우 <u>장황하다</u>.
4 그는 성실해서, 어려운 일이라도 <u>장황하게</u> 힘내고 있다.

해설 くどい(장황하다)는 말이나 글이 번거롭게 길 때 사용한다. 2의 同じ ことの繰り返しが多くてくどく感じられる(같은 말의 반복이 많아 서 장황하게 느껴진다)에서 문맥상 올바르게 사용되었으므로 2가 정답이다. 참고로, 1은 はげしい(격렬하다), 3은 うるさい(시끄럽다), 4는 熱心だ(ねっしんだ, 열심이다)를 사용하는 것이 올바른 문장이다.

어휘 くどい い형 장황하다　嵐 あらし 명 폭풍　ガタガタ 부 달칵달칵
鳴る なる 동 울리다　繰り返し くりかえし 명 반복
感じる かんじる 동 느끼다　騒ぐ さわぐ 동 떠들다
まじめだ な형 성실하다　がんばる 동 힘내다

27

(추위로) 얼다

1 야채를 며칠이나 냉장고에 넣어 두어서, <u>얼어버렸다</u>.
2 에어컨을 켠 채로 자버려서, 배가 <u>얼었다</u>.
3 기온이 내려가서 눈이 내렸기 때문에, 오늘은 얼 것 같은 추위 가 되었다.
4 주스를 <u>얼게 해서</u>, 소풍에 가지고 갔다.

해설 凍える(얼다)는 추워서 몸의 감각이 둔해지거나 없어질 때 사용한다. 3의 気温が下がって凍えるような(기온이 내려가서 얼 것 같은)에 서 문맥상 올바르게 사용되었으므로 3이 정답이다. 참고로, 1은 凍る (こおる, 얼다), 2는 冷える(ひえる, 차가워지다), 4는 凍らせる(こ おらせる, 얼리다)를 사용하는 것이 올바른 문장이다.

어휘 凍える こごえる 동 (추위로) 얼다　クーラー 명 에어컨, 쿨러
つける 동 켜다　気温 きおん 명 기온　下がる さがる 동 내려가다

寒さ さむさ 图추위   ジュース 图주스   遠足 えんそく 图소풍

28

토대

1 **집의 토대가** 지진에 의한 큰 흔들림으로, 약해져 버렸다.
2 쇼의 토대에서는 선명한 드레스를 입은 댄서가 춤을 추고 있다.
3 트러블의 토대를 제대로 파악하지 않으면, 문제는 해결되지 않는다.
4 일본이 토대라고 하는 이모티콘은 세계에서도 통하는 일본어이다.

해설 土台(토대)는 건축물이나 어떤 것의 기반이 되는 것을 가리킬 때 사용한다. 1의 家の土台가(집의 토대)에서 문맥상 올바르게 사용되었으므로 1이 정답이다. 참고로, 2는 舞台(ぶたい, 무대), 3은 根本(こんぽん, 근본), 4는 発祥(はっしょう, 발상)를 사용하는 것이 올바른 문장이다.

어휘 土台 どだい 图토대   揺れ ゆれ 图흔들림   ショー 图쇼
鮮やかだ あざやかだ な형선명하다   ドレス 图드레스
ダンサー 图댄서   踊る おどる 图춤을 추다   トラブル 图트러블
きちんと 图제대로   把握 はあく 图파악   解決 かいけつ 图해결
日本 にほん 图일본   絵文字 えもじ 图이모티콘
通じる つうじる 图통하다   日本語 にほんご 图일본어

29

비평

1 **일본영화를 비평한 기사를 읽고, 일본에 흥미를 가졌다.**
2 저 가게의 맛은, 해외에서도 높이 비평되고 있다고 한다.
3 기자는, 정부의 방침을 격렬하게 비평했다.
4 비평이 좋은 레스토랑에 가봤는데, 그 정도는 아니었다.

해설 批評(비평)는 어떤 것의 장단점을 고루 평가하고 논할 때 사용한다. 1의 日本映画を批評した(일본영화를 비평한)에서 문맥상 올바르게 사용되었으므로 1이 정답이다. 참고로, 2는 評価(ひょうか, 평가), 3은 批判(ひはん, 비판), 4는 評判(ひょうばん, 평판)을 사용하는 것이 올바른 문장이다.

어휘 批評 ひひょう 图비평   日本映画 にほんえいが 图일본 영화
記事 きじ 图기사   興味 きょうみ 图흥미   味 あじ 图맛
海外 かいがい 图해외   記者 きしゃ 图기자   政府 せいふ 图정부
方針 ほうしん 图방침   激しい はげしい い형격렬하다

30

묽게 하다

1 회사의 경비를 묽게 하기 위해, 전기 사용을 재검토했습니다.
2 **주문한 커피가 너무 써서, 뜨거운 물을 넣어 묽게 해서 마셨다.**
3 체중을 묽게 하려면 러닝 등의 유산소 운동이 효과적이다.
4 이웃 민폐가 되지 않도록 텔레비전 음량을 묽게 하는 편이 좋다.

해설 薄める(묽게 하다)는 액체에 물 등을 넣어 농도를 낮추거나 색깔을 옅게 만드는 경우에 사용한다. 2의 お湯を入れて薄めて飲んだ(뜨거운 물을 넣어 묽게 해서 마셨다)에서 올바르게 사용되었으므로 2가 정답이다. 참고로, 1은 抑える(억제하다), 3은 減らす(줄이다), 4는 下げる(낮추다)를 사용하는 것이 올바른 문장이다.

어휘 薄める うすめる 图묽게 하다   経費 けいひ 图경비
電気 でんき 图전기   使用 しよう 图사용
見直す みなおす 图재검토하다   注文 ちゅうもん 图주문
苦い にがい い형쓰다   お湯 おゆ 图뜨거운 물
入れる いれる 图넣다   飲む のむ 图마시다
体重 たいじゅう 图체중   ランニング 图러닝
有酸素 ゆうさんそ 图유산소   運動 うんどう 图운동
効果的だ こうかてきだ な형효과적이다   近所 きんじょ 图이웃, 근처
迷惑 めいわく 图민폐   音量 おんりょう 图음량

언어지식 문법

p.412

31

아는 사람에게 사과를 산더미만큼 받았으니까, 들고 갈 수 있는 (   ) 들고 가도 좋아.

1 **만큼**   2 등
3 밖에   4 까지

해설 빈칸 앞에서 '들고 갈 수 있는'이라고 하고, 빈칸 뒤에서 '들고 가도 좋아'라고 했으므로, 한도나 범위의 제한을 나타내는 'だけ(만큼)'를 사용하는 것이 자연스럽다. 따라서 1 だけ(만큼)가 정답이다.

어휘 知り合い しりあい 图아는 사람   リンゴ 图사과
山ほど やまほど 산더미만큼   ~だけ 图~만큼, ~뿐   ~など 图~등
~しか 图~밖에   ~まで 图~까지

32

서투른 것을 '할 수 없다'는 한마디로 정리해서는 안 된다. 서투른 것을 극복하기 위해 (   ) 노력할 필요가 있다.

1 못하는 주제에   2 **못하는 나름대로**
3 못하는 탓에   4 못하는 한

해설 빈칸 앞에서 '서투른 것을 극복하기 위해'라고 하고, 빈칸 뒤에서 '노력할 필요가 있다'라고 했으므로, 자신의 한계 내에서도 최선을 다한다는 의미의 '~なりに(~나름대로)'를 사용하는 것이 자연스럽다. 따라서 2 できないなりに(못하는 나름대로)가 정답이다.

어휘 苦手だ にがてだ な형서투르다   一言 ひとこと 图한마디
片付ける かたづける 图정리하다   克服 こくふく 图극복
努力 どりょく 图노력   必要 ひつよう 图필요   ~くせに ~주제에
~ばかりに ~탓에   ~かぎり ~하는 한

33

새로운 컴퓨터를 살까 가게에서 3시간 망설(   ), 결국 사지 않고, 다음 달의 보너스까지 참기로 했다.

1 인 이상   2 **인 끝에**
3 인 한편   4 이자마자

해설 빈칸 앞에서 '새로운 컴퓨터를 살까 가게에서 3시간 망설'이라고 하고, 빈칸 뒤에서 '결국 사지 않고, 다음 달의 보너스까지 참기로 했다'

라고 했으므로, 오랜 과정 끝에 결과에 도달했다는 의미의 '~たあげく(~한 끝에)'를 사용하는 것이 자연스럽다. 따라서 2 あげく(인 끝에)가 정답이다.

어휘 パソコン 명 컴퓨터　迷う まよう 동 망설이다, 헤매다
結局 けっきょく 부 결국　ボーナス 명 보너스　がまん 명 참음
~ことにする ~하기로 하다　~た以上 ~たいじょう ~한 이상
~たあげく ~한 끝에　一方 ~いっぽう ~하는 한편
~たとたん ~하자마자

34

우리 팀에서는, 발의 빠르기 (　　) 다나카 씨가 일등일 것이다.

1 에 있어서는　　　　2 를 둘러싸고
3 에 대해서　　　　　4 에 관해

해설 빈칸 앞에서 '발의 빠르기'라고 하고, 빈칸 뒤에서 '다나카 씨가 일등일 것이다'라고 했으므로, 특정 분야나 측면에서의 우열을 나타내는 '~にかけては(~에 있어서는)'를 사용하는 것이 자연스럽다. 따라서 1 にかけては(에 있어서는)가 정답이다.

어휘 チーム 명 팀　速さ はやさ 명 빠르기　~にかけては ~에 있어서는
~をめぐって ~를 둘러싸고　~に対して ~にたいして ~에 대해서
~に関して ~にかんして ~에 관해

35

야마모토 "고바야시 씨가 아직 오지 않았네요. 쉬는 날인가요?"
스즈키 "자주 지각하는 코바야시 씨 (　　), 오늘도 늦는 거 아닐까요?"

1 일 거니까　　　　　2 니까
3 덕분이니까　　　　4 탓이니까

해설 빈칸 앞에서 '자주 지각하는 코바야시 씨'라고 하고, 빈칸 뒤에서 '오늘도 늦는 거 아닐까요?'라고 했으므로, 특정인의 성격이나 특성에 기초한 예상을 나타내는 '~ことだから(~니까)'를 사용하는 것이 자연스럽다. 따라서 2 ことだから(니까)가 정답이다.

어휘 遅刻 ちこく 명 지각　遅れる おくれる 동 늦다　~はずだ ~일 것이다
~のことだから ~니까, ~라면　~おかげだ ~덕분이다
~せいだ ~탓이다

36

(파티에서)
다무라 "처음 뵙겠습니다. 다무라라고 합니다."
요시다 "아, 당신이 다무라 씨인가요? 직접 (　　), 기쁩니다."

1 오셔서　　　　　　2 뵐 수 있어서
3 방문할 수 있어서　 4 오셔서

해설 빈칸 앞에서 '직접'이라고 하고, 빈칸 뒤에서 '기쁩니다'라고 했으므로, 직접 만나서 기쁘다는 의미를 나타내는 겸양 표현인 'お目にかかる(뵙다)'를 사용하는 것이 자연스럽다. 따라서 2 お目にかかれて(뵐 수 있어서)가 정답이다. 여기서 お目にかかれる(뵐 수 있다)는 会う(만나다)의 겸양어 お目にかかる(뵙다)의 가능형이다. 1의 お

いでになる(오시다)는 来る(오다)의 존경어, 3의 お邪魔する(방문하다)는 訪れる(방문하다)의 겸양어, 4의 お越しになる(오시다)는 来る(오다)의 존경어이다.

어휘 申す もうす 동 (말)하다 (いう의 겸양어)　直接 ちょくせつ 명 직접
うれしい い형 기쁘다　おいでになる 오시다 (来る의 존경어)
お目にかかる おめにかかる 뵙다 (会う의 겸양어)
お邪魔する おじゃまする 방문하다 (訪れる의 겸양어)
お越しになる おこしになる 오시다 (来る의 존경어)

37

비가 오는 날에 축구를 한 때의 옷의 얼룩이, 아무리 빨아도 (　　) 지워지지 않는다.

1 간신히　　　　　　2 오히려
3 드디어　　　　　　4 조금도

해설 빈칸 앞에서 '아무리 빨아도'라고 하고, 빈칸 뒤에서 '지워지지 않는다'라고 했으므로, 부정문과 함께 사용되어 강한 부정을 나타내는 강조 표현 'ちっとも(조금도)'를 사용하는 것이 자연스럽다. 따라서 4 ちっとも(조금도)가 정답이다.

어휘 雨の日 あめのひ 명 비가 오는 날　サッカー 명 축구
汚れ よごれ 명 얼룩　落ちる おちる 동 지워지다, 떨어지다
ようやく 부 간신히, 겨우　かえって 부 오히려, 도리어
とうとう 부 드디어, 결국　ちっとも 부 조금도, 전혀

38

이 리포트에 따르면, 마을 인구의 (　　), 상점의 수도 줄기 시작했다는 것입니다.

1 감소에 맞춰　　　　2 감소와 더불어
3 감소에 기반하여　　4 감소에 관계없이

해설 빈칸 앞에서 '마을 인구의'라고 하고, 빈칸 뒤에서 '상점의 수도 줄기 시작했다'라고 했으므로, 인구 감소와 상점 수 감소가 함께 발생한 관계를 나타내는 '~にともなって(~와 더불어)'를 사용하는 것이 자연스럽다. 따라서 2 減少にともなって(감소와 더불어)가 정답이다.

어휘 レポート 명 리포트, 보고서　人口 じんこう 명 인구
商店 しょうてん 명 상점　数 かず 명 수　減る へる 동 줄다, 감소하다
減少 げんしょう 명 감소　~に沿って ~にそって ~에 맞춰, ~에 따라
~にともなって ~와 더불어, ~에 따라
~に基づいて ~にもとづいて ~에 기반하여
~にかかわらず ~에 관계없이

39

나의 남동생은, 음악가가 되고 싶다고 말해서 음악 대학에 들어갔나 했더니, 자전거로 아시아 각국을 여행하고 싶다고 말하고, 갑자기 해외로 가 버렸다. 정말로 남동생에게는 (　　).

1 깜짝 놀래켰다　　　 2 깜짝 놀래키고 있었다
3 깜짝 놀란다　　　　 4 깜짝 놀래켜지고 있다

해설 빈칸 앞에서 남동생이 음악가가 되려다 갑자기 해외로 떠났다고 하

고, 빈칸 뒤에서는 문장이 끝나므로, 화자가 남동생의 행동에 의해 놀라는 상황을 표현할 수 있는 'させられる(하다)'를 사용하는 것이 자연스럽다. 따라서 3 びっくりさせられる(깜짝 놀란다)가 정답이다. 1 びっくりさせた(깜짝 놀래켰다)와 2 びっくりさせていた(깜짝 놀래키고 있었다)는 상대방을 놀라게 하는 사역 표현, 4 びっくりされている(깜짝 놀래켜지고 있다)는 상대방이 놀라는 것에 대한 영향을 받는 수동 표현임을 알아 둔다.

어휘 音楽家 おんがくか 뗑 음악가
音楽大学 おんがくだいがく 뗑 음악 대학   アジア 뗑 아시아
各国 かっこく 뗑 각국   突然 とつぜん 囘 갑자기
海外 かいがい 뗑 해외   ~てしまう ~해 버리다, ~하고 말다
びっくりする 图 깜짝 놀라다

40

A "합격할 수 있었던 것은 당신의 노력의 (   ) 것이니까 자신감을 가지세요."
B "감사합니다."
1 결과이지 않으면 안 되는   2 결과임에 틀림없는
3 결과일 리가 없는   4 결과보다 더 좋은 것은 없는

해설 빈칸 앞에서 '합격할 수 있었던 것은 당신의 노력의'라고 하고, 빈칸 뒤에서 '것이니까 자신감을 가지세요'라고 했으므로, 합격이 노력의 결과임을 확실하게 단언하는 '~にほかならない(~임에 틀림없다)'를 사용하는 것이 자연스럽다. 따라서 2 結果にほかならない(결과임에 틀림없는)가 정답이다.

어휘 合格 ごうかく 뗑 합격   努力 どりょく 뗑 노력   自信 じしん 뗑 자신감
結果 けっか 뗑 결과   ~でなければならない ~이지 않으면 안 된다
~にほかならない ~임에 틀림없다   ~はずがない ~일 리가 없다
~に越したことはない ~にこしたことはない ~보다 더 좋은 것은 없다

41

남편은 멀미가 심하다. 특히 배에 (   ), 반드시 상태가 나빠져 버린다. 그래서, 우리집에서는 여행을 간다고 해도 배를 타고 하는 여행을 고르는 일은 거의 없다.
1 타기라도 하면   2 타려고 하게 되면
3 탄 이상에는   4 탄다고 하면

해설 빈칸 앞에서 '특히 배에'라고 하고, 빈칸 뒤에서 '반드시 상태가 나빠져 버린다'라고 했으므로, 특정 행동이 이루어질 경우 부정적인 결과가 따른다는 가정 조건을 강조하는 '~ようものなら(~하기라도 하면)'를 사용하는 것이 자연스럽다. 따라서 1 乗ろうものなら(타기라도 하면)가 정답이다.

어휘 夫 おっと 뗑 남편   乗り物酔い のりものよい 뗑 멀미
特に とくに 囘 특히   船 ふね 뗑 배   必ず かならず 囘 반드시, 꼭
具合 ぐあい 뗑 상태   船旅 ふなたび 뗑 배를 타고 하는 여행
~まずない ~거의 없다   ~ようものなら ~하기라도 하면
~となったら ~하게 되면, ~와 같은 상황이 일어난 경우에는
~からには ~한 이상에는   ~とすれば ~한다고 하면

42

사장님으로부터 전화가 있었습니다만, 길이 붐벼서 30분 정도 늦(   ).
1 을 거 같다는 것입니다   2 어 버린 셈입니다
3 을 것 같다고 합니다   4 을 거라고 할 수 있습니다

해설 빈칸 앞에서 '사장님으로부터 전화가 있었습니다만, 길이 붐벼서 30분 정도 늦'이라고 하고, 빈칸 뒤에서 문장이 끝나므로, 사장님의 말을 전달해 주는 표현 '~とのことだ(~라고 한다)'를 사용하는 것이 자연스럽다. 따라서 3 そうだとのことです(을 것 같다고 합니다)가 정답이다.

어휘 社長 しゃちょう 뗑 사장님, 사장   混む こむ 图 붐비다, 막히다
遅れる おくれる 图 늦다, 늦어지다
~というものだ (바로) ~라는 것이다   ~てしまう ~해 버리다
~というわけだ (결과적으로) ~라는 셈이다, ~라는 얘기다
~とのことだ ~라고 한다   ~はずだ ~일 것이다
~といえる ~라고 할 수 있다

43

이 초밥집은 전부터 맛있다고 들었습니다만, 서비스 부터가 다른 ★가게와는 다르다고 생각하지 않습니까?
1 가게와는   2 부터가
3 다르다   4 다른

해설 2 からしては 명사 뒤에 접속하므로 먼저 빈칸 앞의 명사에 サービス 2 からして(서비스부터가)로 연결할 수 있다. 이것을 나머지 선택지와 함께 의미가 통하게 연결하면 2 からして 4 他の 1 店とは 3 ちがう(부터가 다른 가게와는 다르다)가 되면서 전체 문맥과도 어울린다. 따라서 1 店とは(가게와는)가 정답이다.

어휘 すし屋 すしや 뗑 초밥집   サービス 뗑 서비스
~と思う ~とおもう ~라고 생각하다   ~からして ~부터가
他の ほかの 다른

44

사고 바로 망가진 시계를 수리 카운터에 가지고 가서 ★물어 봤더니 오늘 중에는 수리할 수 없다고 했다.
1 수리 카운터에   2 더니
3 물어 봤   4 가지고 가서

해설 2 ところ는 동사 た형 뒤에 접속하므로 먼저 3 聞いてみた 2 ところ(물어 봤더니)로 연결할 수 있다. 이것을 나머지 선택지와 함께 의미가 통하게 연결하면 1 修理カウンターに 4 持って行って 3 聞いてみた 2 ところ(수리 카운터에 가지고 가서 물어 봤더니)가 되면서 전체 문맥과도 어울린다. 따라서 3 聞いてみた(물어 봤)가 정답이다.

어휘 こわれる 图 망가지다   今日中 きょうじゅう 뗑 오늘 중
修理 しゅうり 뗑 수리   ~ということだ ~라고 한다
カウンター 뗑 카운터   ~たところ ~했더니   ~てみる ~해 보다

45

A "요전의 휴가는 즐길 수 있으셨나요?"
B "여러 가지 예정이 있었지만, 전날에 몸이 안 좋아져서 어딘가로 놀러 나갈 ★상황이 아니게 되어 버렸어요."

1 어딘가로 놀러 나갈   2 아니게 되어
3 전날에 몸이 안 좋아져서   4 상황이

해설 4 どころでは는 ない와 함께 쓰여 문형 どころではない(~할 상황이 아니다)가 되므로 먼저 빈칸 뒤와 4 どころでは 2 なくなって(상황이 아니게 되어)로 연결할 수 있다. 또한 どころではない는 동사 사전형 뒤에 접속하므로 1 どこかに遊びに出かける 4 どころでは(놀러 나갈 상황이) 로 연결할 수 있고 이것을 나머지 선택지와 함께 의미가 통하게 연결하면 3 前日に体調が悪くなって 1 どこかに遊びに出かける 4 どころでは 2 なくなって(전날에 몸이 안 좋아져서 어딘가로 놀러 나갈 상황이 아니게 되어)가 되면서 전체 문맥과도 어울린다. 따라서 4 どころでは(상황이)가 정답이다.

어휘 この間 このあいだ 요전   休暇 きゅうか 몡 휴가
楽しむ たのしむ 동 즐기다   色々 いろいろ 🗣 여러 가지
どこか 어딘가   遊ぶ あそぶ 동 놀다   出かける でかける 동 나가다
前日 ぜんじつ 몡 전날
調子が悪い ちょうしがわるい 몸 상태가 안 좋다
~どころではない ~할 상황이 아니다, ~할 때가 아니다

46

잘 생각해서 여행 계획을 ★세웠 지만, 어딘가 무리한 곳이 있었는지, 예정대로 보낼 수 있었던 날은 하루도 없었다.

1 세웠   2 여행 계획을
3 생각해서   4 지만

해설 4 ものの는 동사 た형 뒤에 접속하므로 먼저 1 立てた 4 ものの(세웠지만)로 연결할 수 있다. 이것을 나머지 선택지와 함께 의미가 통하게 연결하면 3 考えて 2 旅行の計画を 1 立てた 4 ものの(생각해서 여행의 계획을 세웠지만)가 되면서 전체 문맥과도 어울린다. 따라서 1 立てた(세웠)가 정답이다.

어휘 どこか 어딘가   無理だ むりだ 🗣 무리다   予定 よてい 몡 예정
~通り ~どおり ~대로   過ごす すごす 동 보내다
立てる たてる 동 세우다   計画 けいかく 몡 계획
考える かんがえる 동 생각하다   ~ものの ~지만

47

이번에, 작 지만 자신의 ★가게를 가진다 라고 하는 꿈이 이루어진 것은, 모두의 지지 덕분입니다.

1 가게를 가진다   2 자신의
3 라고 하는   4 지만

해설 という는 동사의 보통형 뒤에 접속하므로 먼저 1 店を持つ 3 という(가게를 가진다 라고 하는)로 연결할 수 있다. 이것을 나머지 선택지와 함께 의미가 통하게 연결하면 4 ながら 2 自分の 1 店を持つ 3 という(지만 자신의 가게를 가진다 라고 하는)가 되면서 전체 문맥과도 어울린다. 따라서 1 店を持つ(가게를 가진다)가 정답이다.

어휘 今回 こんかい 몡 이번, 금번   夢 ゆめ 몡 꿈
かなえる 동 이루다, 이루어지다   支え ささえ 몡 지지, 받침
おかげ 몡 덕분, 덕택   ~ながら 조 ~지만, ~면서

48-51

반려동물 데려오는 법

얼마 전, 방일한 지 6년이 되는 영국인을 만날 기회가 있었다. 서로 좋아하는 개의 화제로 고조되어, 내가 개를 데려오는 것을 검토하고 있다는 이야기를 하자, 그는 '개는 어디에서 분양받나요?'라고 물어 왔다. '받는 것이 아니라, 반려동물 가게에서 구입하는 거예요.' 그렇게 나는 대답했다. [48]그는 아까까지 [48], [48]갑자기 진지한 얼굴이 되어 이렇게 말했다. '[49]반려동물 가게는 좋지 않아요. 가능한 한 브리더에게 거두어 주세요. [49] 사는 것을 삼가지 않는 한 개나 고양이에 대한 피해는 해결되지 않아요.' 그리고 그는 아래의 내용을 가르쳐 주었다.

19세기, 영국에서는 세계 최초라고 일컬어지는 동물 보호법이 시행되었다. 그 이후, 영국에서는, 동물과의 접촉 방법이나 판매, 사육에 관한 법 규제가 정비되어 왔다. 최근에는, 동물을 함부로 다루어, 싼 가격에 거래하는 악질의 판매자를 없애기 위한 대처가 진행되고 있다. [50]태어난 지 얼마 안 된 강아지나 고양이새끼를 눈앞에 두면, 누구라도 바로 기르고 싶어져 버릴 것이다. 그들은, [50] [50]심리를 능숙하게 이용해서 장사를 한다. 슬프게도, 팔리지 않고 남은 개나 고양이는 죽음을 당한다고 한다. 그리고, 악질 판매자뿐만 아니라, 이것에 유사한 행위를 하고 있는 반려동물 가게도 있다는 것이다. 정보가 널리 알려짐에 따라, 유럽과 미국에서는, 반려동물 가게가 아니라 브리더로부터 직접 구입하자는 의식이 강해졌다고 한다.

[51]그는 마지막으로 다시 한번, 강한 어조로 나에게 말했다. '반려동물 가게에서 구입한다는 생각을 [51].'

(주1) 얼굴: 표정
(주2) 브리더: 동물에게 출산을 시켜, 반려동물로 파는 것을 직업으로 하는 사람

어휘 ペット 몡 반려동물   迎える むかえる 동 데려오다, 맞이하다
先日 せんじつ 얼마 전   来日 らいにち 방일, 일본에 옴
イギリス人 いぎりすじん 몡 영국인   機会 きかい 몡 기회
互い たがい 몡 서로   話題 わだい 몡 화제
盛り上がる もりあがる 동 고조되다   検討 けんとう 몡 검토
譲り受け ゆずりうける 동 분양받다   尋ねる たずねる 동 묻다
ペットショップ 몡 반려동물 가게   購入 こうにゅう 몡 구입
答える こたえる 동 대답하다   先程 さきほど 아까
突如 とつじょ 🗣 갑자기   真剣だ しんけんだ 🗣 진지하다
面持ち おももち 몡 얼굴   できるだけ 🗣 가능한 한
ブリーダー 몡 브리더   引き取る ひきとる 동 거두다
控える ひかえる 동 삼가다   被害 ひがい 몡 피해
収まる おさまる 동 해결되다   ~世紀 ~せいき ~세기
イギリス 몡 영국   世界初 せかいはつ 세계 최초
動物 どうぶつ 몡 동물   保護 ほご 몡 보호   施行 しこう 몡 시행
以降 いこう 몡 이후   接する せっする 동 접하다

販売 はんばい 명판매　飼育 しいく 명사육
~に関する ~にかんする ~에 관한　規制 きせい 명규제
整備 せいび 명정비　近年 きんねん 명최근
粗末 そまつ 명함부로 함　扱う あつかう 동다루다
安価 あんか 명싼 값　取引 とりひき 명거래
悪質だ あくしつだ な형악질이다　販売者 はんばいしゃ 명판매자
取り組み とりくみ 명대처　進む すすむ 동진행하다
生まれる うまれる 동태어나다　間もない まもない 얼마 되지 않은
子犬 こいぬ 명강아지　子猫 こねこ 명고양이새끼
目にする めにする 눈앞에 두다　飼う かう 동기르다
彼ら かれら 명그들　心理 しんり 명심리　利用 りよう 명이용
商売 しょうばい 명장사　残る のこる 동남다　殺す ころす 동죽이다
~だけでなく ~뿐만 아니라　類似 るいじ 명유사
行為 こうい 명행위　情報 じょうほう 명정보
周知 しゅうち 명널리 알려짐　~につれて ~에 따라
欧米 おうべい 명유럽과 미국　直接 ちょくせつ 명직접
意識 いしき 명의식　強まる つよまる 동강해지다
最後 さいご 명마지막　口調 くちょう 명어조
表情 ひょうじょう 명표정　出産 しゅっさん 명출산
職業 しょくぎょう 명직업

48
1 웃고 있던 데다가　　2 웃고 있을 뿐만 아니라
3 웃던 끝에　　　　　**4 웃고 있는가 싶더니**

해설 빈칸 앞에서 '그는 아까까지'라고 하고, 빈칸 뒤에서 '갑자기 진지한 얼굴이 되어 이렇게 말했다'라고 했으므로, 어떤 상황이 있다가 갑자기 다른 상황으로 바뀌는 급격한 상황 전환을 나타내는 '〜かと思うと(~하는가 싶더니)'를 사용하는 것이 자연스럽다. 따라서 4 笑っていたかと思うと(웃고 있는가 싶더니)가 정답이다.

어휘 笑う わらう 동웃다　〜上に 〜うえに ~한 데다가
　　〜ばかりか ~뿐만 아니라　〜あげく ~한 끝에
　　〜かと思うと 〜かとおもうと ~하는가 싶더니

49
1 반려동물 가게에서　2 브리더에게서
3 일본에서　　　　　　4 영국에서

해설 빈칸 앞에서 '반려동물 가게는 좋지 않아요. 가능한 한 브리더에게 거두어 주세요'라고 하고, 빈칸 뒤에서 '사는 것을 삼가지 않는 한 개나 고양이에 대한 피해는 해결되지 않아요'라고 했으므로, 영국인이 반대하는 곳인 'ペットショップ(반려동물 가게)'를 사용하는 것이 자연스럽다. 따라서 1 ペットショップで(반려동물 가게에서)가 정답이다.

어휘 イギリス 명영국

50
1 그것의　　　　　　2 어느 것의
3 이러한　　　　　　4 저러한

해설 빈칸 앞에서 '태어난 지 얼마 안 된 강아지나 고양이새끼를 눈앞에 두면, 누구라도 바로 기르고 싶어져 버릴 것이다'라고 하고, 빈칸 뒤에서 '심리를 능숙하게 이용해서 장사를 한다'라고 했으므로, 바로 앞에서 설명한 심리를 가리키기 위해 화자나 필자와 가까운 곳에서 언급된 것을 가리키는 지시표현 'こうした(이러한)'를 사용하는 것이 자연스럽다. 따라서 3 こうした(이러한)가 정답이다.

51
1 개선할 것임에 틀림없다　　2 개선할 수밖에 없습니다
3 개선해야 합니다　　　　　4 개선하는 것일 것이다

해설 빈칸 앞에서 '그는 마지막으로 다시 한번, 강한 어조로 나에게 말했다. '반려동물 가게에서 구입한다는 생각을'이라고 하고, 빈칸 뒤에서 문장이 끝나므로, 동물 복지에 관심이 있는 영국인이 화자에게 강한 권고나 충고를 하는 '〜べきだ(~해야 한다)'를 사용하는 것이 자연스럽다. 따라서 3 改めるべきです(개선해야 합니다)가 정답이다.

어휘 改める あらためる 동개선하다
　　〜に違いない 〜にちがいない ~임에 틀림없다
　　〜しかない ~밖에 없다　〜べきだ ~해야 한다

독해
p.418

52
　수목 간의 적절한 간격을 유지하기 위해, 일부러 일부의 수목을 벌채하는 '간벌'은 삼림을 보전하는 데 있어서 빠질 수 없는 작업이다. 수목이 과밀하게 자란 삼림에서는, 지표에 충분한 햇빛이 도달하지 않아 수목끼리 성장을 서로 방해한다. 또, 풀과 나무의 뿌리가 완전히 뻗지 않아 토양이 척박해진다. 이러한 상황에서는, 큰비가 내릴 때 뿌리가 빗물을 다 흡수하지 못해 산사태가 발생하기 쉬워져 버린다.
　간벌은 삼림 전체의 균형을 맞추는 것과 동시에, 우리들 인간의 생활에서도 중요한 역할을 하고 있는 것이다.

(주1) 벌채하다: 자르다
(주2) 지표: 땅의 표면
(주3) 토양: 흙

본문의 내용과 맞는 것은 어느 것인가?

1 간벌을 하는 것은, 삼림에서 건강하게 자라는 수목의 수가 정해져 있기 때문이다.
2 간벌을 하지 않으면, 삼림에 햇빛이 너무 도달해서 토양이 척박해져 버린다.
3 간벌을 함으로써, 삼림이 건강해지는 데다가 재해 대비로도 이어진다.
4 간벌을 해도, 삼림의 균형이 깨지면 산사태가 발생한다.

해설 간벌에 대한 설명문으로, 본문의 내용과 맞는 것을 묻고 있다. 선택지에서 반복되는 間伐(간벌), 森林(삼림)을 지문에서 찾는다. 초반부에서 樹木を伐採する「間伐」は森林を保全するうえで欠かせない作業だ。樹木が過密に生えた森林では、地表に十分な日光

が届かず樹木同士が成長を妨げ合う(수목을 벌채하는 '간벌'은 삼림을 보전하는 데 있어서 빠질 수 없는 작업이다. 수목이 과밀하게 자란 삼림에서는, 지표에 충분한 햇빛이 도달하지 않아 수목끼리 성장을 서로 방해한다)라고 하고, 중반부에서 大雨の際に根が雨水を吸収しきれないため土砂崩れが発生しやすくなってしまう(큰비가 내릴 때 뿌리가 빗물을 다 흡수하지 못해 산사태가 발생하기 쉬워져 버린다)라고 언급하고 있으므로 3 間伐を行うことで、森林が健康になるうえ災害の備えにもつながる(간벌을 함으로써, 삼림이 건강해지는 데다가 재해 대비로도 이어진다)가 정답이다.

어휘 樹木 じゅもく 図 수목, 나무 　適切だ てきせつだ なが 적절하다
間隔 かんかく 図 간격 　保つ たもつ 图 유지하다
あえて 国 일부러, 굳이 　一部 いちぶ 図 일부 　伐採 ばっさい 図 벌채
間伐 かんばつ 図 간벌 　森林 しんりん 図 삼림, 숲
保全 ほぜん 図 보전 　欠かせない かかせない 빠질 수 없다
作業 さぎょう 図 작업 　過密だ かみつだ なが 과밀하다
生える はえる 图 자라다 　地表 ちひょう 図 지표
日光 にっこう 図 햇빛 　届く とどく 图 도달하다
~同士 ~どうし ~끼리 　成長 せいちょう 図 성장
妨げ合う さまたげあう 图 서로 방해하다 　草木 くさき 図 풀과 나무
根 ね 図 뿌리 　満足だ まんぞくだ なが 완전하다, 만족스럽다
張る はる 图 뻗다 　土壌 どじょう 図 토양
痩せる やせる 图 척박해지다 　状況 じょうきょう 図 상황
大雨 おおあめ 図 큰비 　雨水 あまみず 図 빗물
吸収 きゅうしゅう 図 흡수 　土砂崩れ どしゃくずれ 図 산사태
発生 はっせい 図 발생 　全体 ぜんたい 図 전체 　バランス 図 균형
整える ととのえる 图 맞추다 　人間 にんげん 図 인간
役割を果たす やくわりをはたす 역할을 하다 　土地 とち 図 토지
表面 ひょうめん 図 표면 　健康だ けんこうだ なが 건강하다
育つ そだつ 图 자라다 　数 かず 図 수 　決まる きまる 图 정해지다
枯れる かれる 图 마르다 　災害 さいがい 図 재해
備え そなえ 図 대비 　つながる 图 이어지다
崩れる くずれる 图 깨지다

53

〒108-0074
도쿄도 미나토구 타카나와 1-2-3-2040
루이즈·무라카미 님

――― 우대 세일 안내 ―――

언제나 Mono 쇼퍼즈를 이용해 주셔서, 감사합니다.
　1년에 한 번인 단골손님 한정 우대 세일입니다만, 올해는 7월 13일 (토)로 결정되었습니다.
　인기 패션, 액세서리 잡화 외, 수영복이나 유카타 등이 최대 70% 오프로, 어느 것이든 5점 이상 구입하시면, 표시된 가격에서 추가로 10% 오프 됩니다.
　꼭 이 기회를 놓치시지 않기를.
　또한, 단골손님 한정 특별 세일에 있어서, 세일 회장이 되는 가게 안으로의 입장에는 이 엽서가 필요하오니, 주의해 주십시오.

이 엽서에 소개되어 있는 세일 내용에 대해, 올바른 것은 어느 것인가?
1 세일은, 회원증을 지참하면 회장에 들어갈 수 있고, 전부 70% 할인된 가격에 살 수 있다.
2 세일은, 엽서를 지참하면 회장에 들어갈 수 있고, 5점 이상 사면 더욱 싸진다.
3 세일 회장에는 누구든 들어갈 수 있고, 5점 이상 사면 전부 70% 할인된다.
4 세일 회장에서는, 계산대에서 엽서를 보여주면 이에 더해 전품목 10% 할인된다.

해설 선택지에서 반복되는 会場へ入れて(회장에 들어갈 수 있고), 7割引(70% 할인), 5点以上(5점 이상), はがき(엽서)를 지문에서 찾는다. 중반부에서 どれでも5点以上購入されますと、表示されている値段から更に10%オフ(어느 것이든 5점 이상 구입하시면, 표시된 가격에서 추가로 10% 오프)라고 언급하고, 후반부에서 セール会場となる店内への入場にはこちらのはがきが必要(세일 회장이 되는 가게 안으로의 입장에는 이 엽서가 필요)라고 언급하고 있으므로, 2 セールは、はがきを持参すれば会場へ入れて、5点以上買うとさらに安くなる(세일은, 엽서를 지참하면 회장에 들어갈 수 있고, 5점 이상 사면 더욱 싸진다)가 정답이다.

어휘 優待 ゆうたい 図 우대 　セール 図 세일 　案内 あんない 図 안내
ショッパーズ 図 쇼퍼즈 　お得意様 おとくいさま 図 단골손님
限定 げんてい 図 한정 　本年 ほんねん 図 올해
決定 けってい 図 결정 　人気 にんき 図 인기 　ファッション 図 패션
アクセサリー 図 액세서리 　雑貨 ざっか 図 잡화
水着 みずぎ 図 수영복 　浴衣 ゆかた 図 유카타
最大 さいだい 図 최대 　オフ 図 오프, 할인 　点 てん 図 점
以上 いじょう 図 이상 　購入 こうにゅう 図 구입
表示 ひょうじ 図 표시 　値段 ねだん 図 가격
更に さらに 国 추가로, 더욱 　ぜひ 国 꼭 　機会 きかい 図 기회
見逃す みのがす 图 놓치다 　会場 かいじょう 図 회장
店内 てんない 図 가게 안, 점내 　入場 にゅうじょう 図 입장
はがき 図 엽서 　必要 ひつよう 図 필요 　注意 ちゅうい 図 주의
紹介 しょうかい 図 소개 　会員証 かいいんしょう 図 회원증
持参 じさん 図 지참 　割引 わりびき 図 할인 　レジ 図 계산대
全品 ぜんぴん 図 전품목, 전상품

54

말 고르는 법은 상대가 품은 이미지에 대해 막대한 영향을 준다. 잘못된 일본어나 부정적인 표현을 많이 쓰는 것은, 스스로에게 좋지 않은 인상을 심을 뿐만 아니라 결과적으로 불이익을 뒤집어쓰게 될 수도 있다. 물론, 그 반대도 그렇다.
　특히, 경력이 모자라고, 상대에게 있어서 판단 재료가 부족한 신입 사원이나 젊은 비즈니스맨은, 스스로의 말 고르는 것에 더욱 더 주의를 기울이길 바라는 부분이다. 말을 의식함으로써, 비즈니스에서의 커뮤니케이션도 원활해질 것이다.

(주) 그렇다: 그러하다

필자의 생각과 맞는 것은 어느 것인가?

1 나쁜 인상을 줘도, 말을 올바르게 사용하면 인상을 바꿀 수 있다.
2 말을 잘 사용함으로써, 상대가 좋은 인상을 갖게 할 수 있다.
3 말을 능숙하게 구사하는 사람은, 업무에서도 실적을 남기는 경우가 많다.
4 신입 사원이나 젊은 비즈니스맨은, 상대가 사용하는 말로 인상을 판단하기 쉽다.

해설 에세이로 필자의 생각을 묻고 있다. 선택지에서 반복되는 言葉(말), 印象(인상)를 지문에서 찾아 필자의 생각을 파악한다. 초반부에서 言葉の選び方は相手が抱くイメージに対して多大な影響を与える。誤った日本語や否定的な表現を多用することは、自らに良くない印象を植え付けるだけでなく結果的に不利益を被ることになりかねない。もちろん、その逆もまた然りである(말 고르는 법은 상대가 품은 이미지에 대해 막대한 영향을 준다. 잘못된 일본어나 부정적인 표현을 많이 쓰는 것은, 스스로에게 좋지 않은 인상을 심을 뿐만 아니라 결과적으로 불이익을 뒤집어쓰게 될 수도 있다. 물론, 그 반대도 그렇다)라고 서술하고 있으므로, 2 言葉を上手く使うことで、相手に好印象を持ってもらえる(말을 잘 사용함으로써, 상대가 좋은 인상을 갖게 할 수 있다)가 정답이다.

어휘 言葉 ことば 명 말　選ぶ えらぶ 동 고르다　相手 あいて 명 상대
抱く いだく 동 품다　イメージ 명 이미지
多大だ ただいだ な형 막대하다　影響 えいきょう 명 영향
与える あたえる 동 주다　誤る あやまる 동 잘못되다
日本語 にほんご 명 일본어　否定的だ ひていてきだ な형 부정적이다
表現 ひょうげん 명 표현　多用 たよう 명 많이 씀, 다용
印象 いんしょう 명 인상　植え付ける うえつける 동 심다
結果的だ けっかてきだ な형 결과적이다　不利益 ふりえき 명 불이익
被る こうむる 동 뒤집어쓰다　もちろん 부 물론　逆 ぎゃく 명 반대
然り しかり 동 그렇다　特に とくに 부 특히　キャリア 명 경력
浅い あさい い형 모자라다　判断 はんだん 명 판단
材料 ざいりょう 명 재료　乏しい とぼしい い형 부족하다
新入社員 しんにゅうしゃいん 명 신입사원　若手 わかて 명 젊음
ビジネスマン 명 비즈니스맨　一層 いっそう 부 더욱 더
注意を払う ちゅういをはらう 주의를 기울이다　意識 いしき 명 의식
ビジネス 명 비즈니스　コミュニケーション 명 커뮤니케이션
円滑だ えんかつだ な형 원활하다
悪印象 あくいんしょう 명 나쁜 인상　正しい ただしい い형 올바르다
上手い うまい い형 잘하다　好印象 こういんしょう 명 좋은 인상
使いこなす つかいこなす 능숙하게 구사하다　実績 じっせき 명 실적
残す のこす 동 남기다　場合 ばあい 명 경우

55

일본인의 업무를 한 시간당의 금액으로 생각하면, 800엔 대에서 8만 엔까지 100배의 차이가 있습니다. 그중에서도, 앞으로 AI에 의해 대체되는 것은, 대략 3,000~5,000엔의 구역으로, 이것은 즉 회사원이나 공무원의 사무 업무라고 말해지고 있습니다. 또, 복잡한 정보를 처리하는 업무도 사람의 손에서 기계의 손으로 넘어갈 것입니다. 그런 세계에서는, AI와 경쟁하게 되는 업무는 불리해집니다. 앞으로는, 자신에게 오리지널 가치를 더해 '귀중한 존재'를 지향할 필요가 있습니다.

(주) AI: 인공지능, 영어로 artificial intelligence

필자의 생각과 맞는 것은 어느 것인가?
1 AI와 경쟁하는 업무는 불리해지므로 선택해서는 안 된다.
2 AI가 사용되는 세계에서는, 자신에게 가치를 더할 필요가 있다.
3 AI로 대체하는 귀중한 존재를 지향할 필요가 있다.
4 AI의 이용이 진행되고, 회사원이나 공무원의 업무는 앞으로 전부 없어진다.

해설 에세이로 필자의 생각을 묻고 있다. 선택지에서 반복되는 AI, 必要(필요)를 지문에서 찾아 필자의 생각을 파악한다. 후반부에서 AIと争うことになる仕事は不利になります。これからは、自分にオリジナルの価値をつけて「貴重な存在」を目指す必要があります(AI와 경쟁하게 되는 업무는 불리해집니다. 앞으로는, 자신에게 오리지널 가치를 더해 '귀중한 존재'를 지향할 필요가 있습니다)라고 서술하고 있으므로, 2 AIが使われる世界では、自分に価値を付ける必要がある(AI가 사용되는 세계에서는, 자신에게 가치를 더할 필요가 있다)가 정답이다.

어휘 日本人 にほんじん 명 일본인
一時間あたり いちじかんあたり 한 시간 당　金額 きんがく 명 금액
考える かんがえる 동 생각하다　倍 ばい 명 배　差 さ 명 차이, 차
そのなか 그 중　今後 こんご 명 앞으로, 이후
代わる かわる 동 대체하다, 대신하다　およそ 부 대략, 대강
ゾーン 명 구역, 범위　すなわち 접 즉, 바꿔 말하면
会社員 かいしゃいん 명 회사원　公務員 こうむいん 명 공무원
事務 じむ 명 사무　複雑だ ふくざつだ な형 복잡하다
情報 じょうほう 명 정보　処理 しょり 명 처리　機械 きかい 명 기계
渡る わたる 동 (다른 사람에게) 넘어가다　世界 せかい 명 세계
争う あらそう 동 경쟁하다, 다투다　不利だ ふりだ な형 불리하다
これから 앞으로는　オリジナル 명 오리지널, 원형
価値をつける かちをつける 가치를 더하다
貴重だ きちょうだ な형 귀중하다　存在 そんざい 명 존재
目指す めざす 동 지향하다, 노리다　必要 ひつよう 명 필요
人工知能 じんこうちのう 명 인공지능　選ぶ えらぶ 동 선택하다, 고르다
~べきではない ~해서는 안 된다　進む すすむ 동 진행되다, 나아가다

56

이하는, 어느 회사의 사내 메일이다.

수신인: 영업 담당 여러분
건　명: 추가 연수 건

수고 많으십니다.
이번 프로젝트에서는, 유감스럽게도 당기의 매상 목표를 달성하지 못했습니다.

그 때문에, 영업 담당 여러분을 대상으로 추가 연수를 실시하게 되었습니다.

6월 28일 (금) 10:00~12:00 제 1회의실
연수에서는, 코디네이터에게 이번 프로젝트에서의 영업성적을 보고 합니다.

팀 리더는, 각 팀이 떠맡고 있는 과제에 대해, 발표하게 되므로, 준비해주십시오.

잘 부탁드립니다.

라지상사 주식회사
영업부 코디네이터 야마다

이 메일의 내용에 대해 알맞은 것은 어느 것인가?
1 연수를 받는 것은, 매상 목표를 달성하지 못한 영업 담당자만이다.
2 연수를 받는 것은, 과제를 발표하지 않으면 안 되는 팀 리더이다.
3 연수를 실시하는 것은, 당기의 매상 목표를 달성하지 못했기 때문이다.
4 연수를 실시하는 것은, 팀의 과제에 대해 보고해주기를 바라기 때문이다.

해설 이메일 형식의 실용문으로, 이 메일의 내용으로 알맞은 것을 묻고 있다. 선택지에서 반복되는 研修(연수), 売り上げ目標(매상 목표), 達成(달성), 課題(과제)를 지문에서 찾는다. 초반부에서 今期の売り上げ目標を達成することができませんでした(당기의 매상 목표를 달성하지 못했습니다)라고 언급하고, 중반부에서 追加研修を行うことになりました(추가 연수를 실시하게 되었습니다)라고 언급하고 있으므로, 3 研修を行うのは、今期の売り上げ目標を達成できなかったからである(연수를 실시하는 것은, 당기의 매상 목표를 달성하지 못했기 때문이다)가 정답이다.

어휘 社内 しゃない 명사내　メール 명메일　あて先 あてさき 명수신인
営業 えいぎょう 명영업　担当 たんとう 명담당
皆様 みなさま 명여러분　件名 けんめい 명건명, 제목
追加 ついか 명추가　研修 けんしゅう 명연수
今回 こんかい 명이번　プロジェクト 명프로젝트
残念だ ざんねんだ な형유감스럽다　今期 こんき 명당기, 이번 기
売上 うりあげ 명매상　目標 もくひょう 명목표
達成 たっせい 명달성　~ことができる ~할 수 있다
そのため 그 때문에　対象 たいしょう 명대상
行う おこなう 동실시하다, 행하다　会議室 かいぎしつ 명회의실
コーディネーター 명코디네이터　~における ~에서의, ~의
成績 せいせき 명성적　報告 ほうこく 명보고
いたす 동하다 (する의 겸양어)　チームリーダー 명팀 리더
抱える かかえる 동떠맡다, 안다　課題 かだい 명과제
~について ~에 대해　発表 はっぴょう 명발표
~ていただく (상대가) ~해 주시다 (~てもらう의 겸양어)
準備 じゅんび 명준비　商事 しょうじ 명상사
株式会社 かぶしきがいしゃ 명주식회사
営業部 えいぎょうぶ 명영업부

57-58

스웨덴에서는, 버려진 쓰레기 중, 매립 처리되는 것은 단 1%. 남은 것의 절반은 재활용, 절반은 쓰레기 처리장에서 태울 때에, 전력으로 바꾸어 재이용하고 있다. 현재에는, [57]이 전력으로 25만 세대분이나 되는 전력이 만들어지고 있다. 게다가, 국내에서 나오는 쓰레기의 양만으로는 부족하게 되어, 외국에서 쓰레기를 수입하고 있다는 것이다.

스웨덴뿐만 아니라, 재활용을 계속하기 위한 궁리나, 쓰레기를 늘리지 않기 위한 노력을 하고 있는 나라는 그 외에도 있다.

예를 들면, [58]독일에서는, 슈퍼에 놓여 있는 재활용용 회수 박스에 페트병과 병을 넣으면, 30엔 정도의 돈이 돌아온다. 이 '캐시백 제도'에 의해 재활용이 철저하게 되었다.

또, 아일랜드에서는, 주택에 원래 가구와 가전이 갖춰져 있기 때문에, 이사할 때에 큰 쓰레기가 나오지 않고 끝난다. 따라서, '어쩔 수 없이 버린다'라는 상황을 자연스럽게 줄일 수 있다.

이것들을 들으면, 일본은 아직도, 재활용에 대한 의식이 낮다고 말할 수 있다. 중고품의 매매 서비스나, 중고품 판매점은 존재하지만, 필요 없는 것은 쓰레기로써 버려지고 있는 경우 쪽이 많다. 나라나 기업을 통틀어, 일본에 맞는 재활용 방법의 고안과, 환경 교육 등에 힘을 쏟아야만 한다.

(주1) 매립: 쓰레기 등을 강이나 바다 등에 쌓아서 묻는 것
(주2) 캐시백: 돈을 되돌려 주는 것
(주3) 갖추다: 원래 설비로써 그곳에 준비하다

어휘 スウェーデン 명스웨덴　捨てる すてる 동버리다　ゴミ 명쓰레기
埋め立て うめたて 명매립　処理 しょり 명처리　たった 부단
残り のこり 명나머지　処理場 しょりじょう 명처리장
燃やす もやす 동태우다　際 さい 명때　電力 でんりょく 명전력
変える かえる 동바꾸다　再利用 さいりよう 명재이용
現在 げんざい 명현재　世帯分 せたいぶん 명세대 분
さらには 게다가　国内 こくない 명국내　量 りょう 명양
足りない たりない 부족하다　輸入 ゆにゅう 명수입
~だけでなく ~뿐만 아니라　続ける つづける 동계속하다
工夫 くふう 명궁리　増やす ふやす 동늘리다　努力 どりょく 명노력
他に ほかに 그 외에　例えば たとえば 부예를 들면　ドイツ 명독일
スーパー 명슈퍼　回収 かいしゅう 명회수　ボックス 명박스, 상자
ペットボトル 명페트병　瓶 びん 명병　~ほど 조~정도
返る かえる 동돌아가다　制度 せいど 명제도　~によって ~에 의해
徹底 てってい 명철저　アイルランド 명아일랜드
住宅 じゅうたく 명주택　もともと 부원래　家具 かぐ 명가구
家電 かでん 명가전　備え付ける そなえつける 동갖추다
引っ越し ひっこし 명이사　済む すむ 동끝나다, 해결되다
よって 접따라서　仕方ない しかたない い형어쩔 수 없다
状況 じょうきょう 명상황　自然だ しぜんだ な형자연스럽다
減らす へらす 동줄이다　~ことができる ~할 수 있다
まだまだ 부아직도　意識 いしき 명의식
中古品 ちゅうこひん 명중고품　売買 ばいばい 명매매
サービス 명서비스
中古品販売店 ちゅうこひんはんばいてん 명중고품 판매점
存在 そんざい 명존재　ものの ~지만　必要 ひつよう 명필요
企業 きぎょう 명기업　合う あう 동맞다　方法 ほうほう 명방법
考案 こうあん 명고안　環境教育 かんきょうきょういく 명환경 교육
力 ちから 명힘　~べきだ ~해야 한다
積み上げる つみあげる 동쌓아 올리다
払い戻す はらいもどす 동되돌려주다

57

스웨덴이 쓰레기를 수입하고 있는 것은, 왜인가?

1 외국에서 버려진 쓰레기를 사용해, 재활용과 전력으로 전환하는 것을 잘하기 때문에
2 보다 많은 쓰레기를 손에 넣는 것으로, 국외에서도 쓸 수 있는 전력을 늘리고 싶기 때문에
3 국내의 쓰레기만으로는, 25만 세대 분의 전력을 만들 수 없게 되었기 때문에
4 보다 많은 쓰레기를 손에 넣는 것으로, 보다 재활용을 잘 하게 되기 때문에

해설 질문의 スウェーデンがゴミを輸入しているの(스웨덴이 쓰레기를 수입하고 있는 것)의 이유와 관련된 내용을 지문에서 찾는다. 첫 번째 단락에서 この電力で25万世帯分もの電力が作られている。さらには、国内から出るゴミの量だけでは足りなくなり、外国からゴミを輸入しているというのだ(이 전력으로 25만 세대 분이나 되는 전력이 만들어지고 있다. 게다가, 국내에서 나오는 쓰레기의 양만으로는 부족하게 되어, 외국에서 쓰레기를 수입하고 있다는 것이다)라고 서술하고 있으므로, 3 国内のゴミだけでは、25万世帯分の電力が作れなくなったため(국내의 쓰레기만으로는, 25만 세대 분의 전력을 만들 수 없게 되었기 때문에)가 정답이다.

어휘 転換 てんかん 명 전환   得意だ とくいだ な형 잘하다
国外 こくがい 명 국외

58

재활용을 계속하기 위한 궁리나, 쓰레기를 늘리지 않기 위한 노력에 대해, 옳은 것은 어느 것인가?

1 독일에서는, 재활용한 사람에게의 '캐시백 제도'를 도입하고 있다.
2 독일에서는, 슈퍼의 회수 박스에서, 재활용을 체험할 수 있다.
3 아일랜드에서는, 가구와 같은 큰 쓰레기를 버리는 것을 금지하고 있다.
4 아일랜드에서는, 중고품 판매점의 수를 점점 줄이고 있다.

해설 지문의 リサイクルを続けるための工夫や、ゴミを増やさないための努力(재활용을 계속하기 위한 궁리나, 쓰레기를 늘리지 않기 위한 노력) 주변을 주의 깊게 읽는다. 뒷부분에서 ドイツでは、スーパーに置いてあるリサイクル用の回収ボックスにペットボトルや瓶を入れると、30円ほどのお金が返ってくる(독일에서는, 슈퍼에 놓여 있는 재활용 회수 박스에 페트병과 병을 넣으면, 30엔 정도의 돈이 돌아온다)라고 서술하고 있으므로, 1 ドイツでは、リサイクルした人への「キャッシュバック制度」を導入している(독일에서는, 재활용한 사람에게의 '캐시백 제도'를 도입하고 있다)가 정답이다.

어휘 導入 どうにゅう 명 도입   体験 たいけん 명 체험
禁止 きんし 명 금지

59-60

일본 국토의 면적은 전 세계의 단 0.28%밖에 안 됩니다. 그러나, 전 세계에서 일어난 매그니튜드 6 이상의 지진 20.5%가 일본에서 일어나고, 전 세계 활화산의 7.0%가 일본에 있습니다. 게다가 [59]일본은, 지진뿐만 아니라, 태풍, 호우, 대설, 홍수, 토사에 의한 재해, 해일, 화산 분화 등의 자연재해가 일 년 내내 일어나기 쉬운 국토입니다. 일본에 사는 이상은, 항상 무언가의 재해가 일어날 것을 의식해 둘 필요가 있습니다.

그리고 힘들게도, 홍수라면 강에서 떨어진 장소로, 지진이라면 주위에 높은 건물이 없는 장소로, 태풍이라면 튼튼한 건물 안으로, 라는 방법으로, 재해의 종류와 자신이 있는 장소에 따라서 피난할 곳을 바꾸지 않으면 안 됩니다. 또, 지진에 의해서 해일이 일어나는 경우도 있는가 하면, 토사 재해가 일어나는 경우도 있습니다. 재해가 일어나면, 우선, 자신이 어떤 장소에 있는가를 생각해서 행동할 필요가 있습니다.

그러나, [60]일본인은 항상 재해를 두려워하면서, 매일을 보내고 있는 것은 아닙니다. 예를 들면, 일반 주택을 지을 때에는, 그 지역의 지형에 따라, 지진과 수해를 견딜 수 있도록 설계됩니다. 공공 시설은 재해 등이 있으면, 피난 장소로써 쓸 수 있도록 되어 있습니다. [60]항상 재해에 대해 생각하고, 가능한 한 대책을 세우고 있는 것입니다.

(주1) 국토: 나라의 토지
(주2) 수해: 홍수에 의한 재해
(주3) 견디다: 여기서는, 부서지지 않는다
(주4) 시설: 어느 목적을 위해 만든 건물 등

어휘 日本 にほん 명 일본   面積 めんせき 명 면적
全世界 ぜんせかい 명 전 세계   たった 부 단
起こる おこる 동 일어나다   マグニチュード 명 매그니튜드, 진도
以上 いじょう 명 이상   地震 じしん 명 지진
活火山 かっかざん 명 활화산   さらに 부 게다가
台風 たいふう 명 태풍   大雨 おおあめ 명 호우
大雪 おおゆき 명 대설   洪水 こうずい 명 홍수   土砂 どしゃ 명 토사
災害 さいがい 명 재해   津波 つなみ 명 해일   火山 かざん 명 화산
噴火 ふんか 명 분화   自然 しぜん 명 자연   常に つねに 부 항상
何らか なんらか 명 무언가   意識 いしき 명 의식
必要 ひつよう 명 필요   離れる はなれる 동 떨어지다
場所 ばしょ 명 장소   周り まわり 명 주변   具合 ぐあい 명 방법
種類 しゅるい 명 종류   ~に応じて ~におうじて ~에 따라, ~에 맞춰
避難 ひなん 명 피난   変える かえる 동 바꾸다   まず 부 우선
考える かんがえる 동 생각하다   行動 こうどう 명 행동
恐れる おそれる 동 두려워하다   過ごす すごす 동 보내다
~わけではない ~인 것은 아니다   例えば たとえば 부 예를 들면
一般 いっぱん 명 일반   住宅 じゅうたく 명 주택
建てる たてる 동 세우다   際 さい 명 때   地域 ちいき 명 지역
地形 ちけい 명 지형   水害 すいがい 명 수해
耐える たえる 동 견디다   設計 せっけい 명 설계
公共施設 こうきょうしせつ 명 공공시설   対策 たいさく 명 대책

59

일본에서, 재해를 의식해 두지 않으면 안 되는 이유는 무엇인가?

1 일본은 일 년 내내, 자연재해가 발생하기 쉬운 나라이기 때문에
2 일본은 일 년 내내, 끊임없이 지진이 발생하고 있는 나라이기 때문에
3 전 세계 지진의 약 20%가 일본에서 일어나고 있기 때문에
4 전 세계 활화산의 7%가 일본에 있기 때문에

해설 질문의 日本で、災害を意識しておかなければいけない理由(일본에서, 재해를 의식해 두지 않으면 안 되는 이유)와 관련된 내용을 지문에서 찾는다. 첫 번째 단락에서 日本は、地震だけでなく、台風、大雨、大雪、洪水、土砂による災害、津波、火山噴火などの自然災害が一年中起こりやすい国土です(일본은, 지진뿐만 아니라, 태풍, 호우, 대설, 홍수, 토사에 의한 재해, 해일, 화산 분화 등의 자연재해가 일 년 내내 일어나기 쉬운 국토입니다)라고 서술하고 있으므로, 1 日本は一年中、自然災害が発生しやすい国だから(일본은 일 년 내내, 자연재해가 발생하기 쉬운 나라이기 때문에)가 정답이다.

어휘 発生 はっせい 圀발생 絶える たえる 圄끊어지다 約 やく 恩약
割 わり 圀%, 할

60

일본의 재해에 대해, 필자의 생각과 맞는 것은 어느 것인가?

1 일본에서는, 무언가의 자연재해의 피해를 입는 경우는 많지만, 항상 재해에 대해 생각하고, 대책을 세우고 있다.
2 일본에서는, 일 년 내내 무언가의 자연재해가 발생하기 때문에, 재해마다 피난 장소를 만들지 않으면 안 된다.
3 자연재해가 발생해도, 자신이 어떤 장소에 있는지를 생각할 수 있으면, 안심하고 살 수 있다.
4 어느 정도 지진과 수해에 강한 집이 지어져 있기 때문에, 언제 자연재해가 일어나도 괜찮다.

해설 필자의 생각을 묻고 있으므로 日本の災害(일본의 재해)를 지문의 후반부나 지문 전체에서 찾아 일본의 재해에 대한 필자의 생각을 파악한다. 세 번째 단락에서 日本人は常に災害を恐れながら、毎日を過ごしているわけではありません(일본인은 항상 재해를 두려워하면서, 매일을 보내고 있는 것은 아닙니다), 그리고 常に災害について考え、できるだけの対策をしているのです(항상 재해에 대해 생각하고, 가능한 한 대책을 세우고 있는 것입니다)라고 서술하고 있으므로, 1 日本では、何らかの自然災害の被害を受けることは多いが、常に災害について考え、対策をしている(일본에서는, 무언가의 자연재해의 피해를 입는 경우는 많지만, 항상 재해에 대해 생각하고, 대책을 세우고 있다)가 정답이다.

어휘 被害を受ける ひがいをうける 피해를 입다 ~ごと ~마다
安心 あんしん 圀안심 暮らす くらす 圄살다 ある 어느
程度 ていど 圀정도

61-62

'많은 경험을 쌓다'라는 말이 있다. 어떤 것에 대해서, 경험을 쌓고 익숙해진다는 의미이다. 내가 처음으로 경험을 쌓는 것의 의의를 안 것은, 20세 때이다. 성인이 된 나를, 아버지가 식사에 초대해 주었던 것이다. 그곳은 가족끼리 언제나 갔었던 것 같은 장소가 아니라, 정해진 메뉴가 없는 일식 가게였다. 무엇이 나올지 두근두근하고, 나온 요리는 처음인 맛이고, 이름이나 먹는 법의 매너 등을 아버지로부터 하나하나 배웠다. 책이나 텔레비전 등으로 알고는 있었지만, 실제로 체험하니 상상과 다른 것도 많고, 아버지가 데려가 주지 않으면 모를 세계였다.

그 후에도 아버지로부터, 취직 후에는 상사와 선배들로부터, [61]비슷한 '어른의 가게'에서 식사하는 방법과 매너, 가게 스태프와의 교류 등, 많은 것을 배웠다. 지금은 처음인 장소라도, 거의 트러블 없이 행동할 수 있다. 모두 그때의 경험 덕분이다.

그러나 그 때, 아무것도 생각하지 않고 요리만을 즐기고 있었다면, 아무것도 몸에 익지 않았을 것이다. '그 때 스태프에게는 이렇게 말했지'라든가 '지불할 때는 저렇게 하면 멋지구나'등, 후에 돌이켜 생각하는 것으로, 다음 기회로 연결된다. [62]일이나 사람과의 교제법 등도 같아서, 능숙해지고 싶다면, 몇 번이고 경험하는 것이 최고다. 많은 경험을 쌓는 일은, 가능한 것을 늘릴 찬스인 것이다.

어휘 場数を踏む ばかずをふむ 많은 경험을 쌓다 経験 けいけん 圀경험
積む つむ 圄쌓다 慣れる なれる 圄익숙해지다 意義 いぎ 圀의의
成人 せいじん 圀성인 食事 しょくじ 圀식사
誘う さそう 圄초대하다, 권유하다 場所 ばしょ 圀장소
決まる きまる 圄정해지다 メニュー 圀메뉴 和食 わしょく 圀일식
お店 おみせ 圀가게 ワクワク 恩두근두근 味 あじ 圀맛
食べ方 たべかた 圀먹는 방법 マナー 圀매너
教わる おそわる 圄배우다 実際 じっさい 圀실제
体験 たいけん 圀체험 想像 そうぞう 圀상상
連れて行く つれていく 데리고 가다 世界 せかい 圀세계
就職後 しゅうしょくご 圀취직 후 上司 じょうし 圀상사
先輩達 せんぱいたち 圀선배들 スタッフ 圀스태프
やり取り やりとり 圀교류, 교환 多く おおく 圀많음
ほとんど 恩거의, 대부분 トラブル 圀트러블
振舞う ふるまう 圄행동하다 全て すべて 恩전부 おかげ 圀덕분
楽しむ たのしむ 圄즐기다 身に付く みにつく 몸에 익히다
支払う しはらう 圄지불하다 スマートだ 憂멋지다, 세련되다
思い返す おもいかえす 圄돌이켜 생각하다 機会 きかい 圀기회
つながる 圄연결되다, 이어지다 付き合い つきあい 圀교제
~ことだ ~하는 것이 최고다, ~해야 한다 増やす ふやす 圄늘리다
チャンス 圀찬스, 기회

61

필자는, 다양한 사람과 식사를 한 것으로 무엇이 가능하게 된 것인가?

1 간 적이 없는 레스토랑에서의 식사
2 처음인 장소에서 곤란할 때의 대처
3 어른이 갈 것 같은 식사 장소에서의 행동
4 요리를 즐기면서 스태프와의 대화

해설 질문의 다양한 사람과 식사를 한 것으로 何ができるようになった (무엇이 가능하게 된)와 관련된 내용을 지문에서 찾는다. 두 번째 단락에서 同じような「大人の店」で食事のしかたやマナー、お店のスタッフとのやり取りなど、多くのことを教わった。今では初めての場所でも、ほとんどトラブルなく振舞うことができる(비슷한 '어른의 가게'에서 식사하는 방법과 매너, 가게 스태프와의 교류 등, 많은 것을 배웠다. 지금은 처음인 장소라도, 거의 트러블 없이 행동할 수 있다)라고 서술하고 있으므로, 3 大人が行くような食事の場所での振舞い(어른이 갈 것 같은 식사 장소에서의 행동)가 정답이다.

어휘 対処 たいしょ 몡대처 会話 かいわ 몡대화, 회화

62

일이나 사람과의 교제법 등도 같아서라고 하는데, 무엇이 같은 것인가?
1 후에 돌이켜 생각하는 것으로, 다음 기회를 찾는 것
2 즐기는 것뿐만 아니라, 말하는 방법 등도 배우는 것
3 경험하는 것으로, 다음 기회에 보다 잘하게 되는 것
4 할 수 있는 것을 늘리면서, 일을 즐기는 것

해설 지문의 仕事や人との付き合い方なども同じで(일이나 사람과의 교제법 등도 같아서) 주변을 주의 깊게 읽고 무엇이 같은 것인지 찾는다. 밑줄을 포함한 문장에서 仕事や人との付き合い方なども同じで、上手になりたかったら、何度も経験することだ(일이나 사람과의 교제법 등도 같아서, 능숙해지고 싶다면, 몇 번이고 경험하는 것이 최고다)라고 서술하고 있으므로, 3 経験することで、次の機会により上手になること(경험하는 것으로, 다음 기회에 보다 잘하게 되는 것)가 정답이다.

어휘 探す さがす 동찾다 学ぶ まなぶ 동배우다

63-64

많은 아르바이트 종업원을 고용하고 있는 대형 체인점에서는, 접객 업무인 신입 교육에 매뉴얼을 활용하는 것이 일반적입니다. 매뉴얼이 있으면, 신입이라도 기본적인 접객을 소화할 수 있습니다. 또, 선배에 의한 구두 지도에 비교하여, 잘못된 정보를 전달하거나, 중요한 내용을 전달하지 않을 위험이 적고, [63]교육의 질도 일정하게 유지할 수 있습니다.

이로 인해 개인에 따른 차이가 없는 접객 서비스를 제공할 수 있는 것이 매뉴얼의 강점입니다. 그러나, 동시에, 표준을 넘는 서비스를 제공하는 것이 곤란해진다는 딜레마도 동반합니다. [64]매뉴얼에 따라 업무를 하면, 헤매는 일은 줄지만, 그 결과, 스스로 문제 해결을 꾀하려는 자세가 사라지기 때문입니다. 이러한 상황이 지속되면, 행동이 자동화되어, 사고를 정지한 듯한 상태가 될 수 있습니다. 이래서는 마치 로봇입니다.

또, 능동적으로 일하고 싶은 사람에게 있어서는 매뉴얼에 얽매인 업무가 답답하게 느껴져, 궁리해서 업무를 할 수 없다는 것이 동기 부여의 저하로 이어지는 경우도 있습니다.

매뉴얼은 일의 전부가 아니라, 어디까지나 기초이며, 그것을 응용하려는 자세가 중요하다고 생각합니다.

(주1) 차이: 전부가 같지 않은 것
(주2) 능동적으로: 스스로 나서서

어휘 アルバイト 몡아르바이트 従業員 じゅうぎょういん 몡종업원
雇用 こよう 몡고용 大手 おおて 몡대형
チェーン店 チェーンてん 몡체인점 接客 せっきゃく 몡접객
業務 ぎょうむ 몡업무 新人 しんじん 몡신입, 신인
教育 きょういく 몡교육 マニュアル 몡매뉴얼
活用 かつよう 몡활용 一般的だ いっぱんてきだ な형일반적이다
基本的だ きほんてきだ な형기본적이다
こなす 동소화하다, 구사하다 先輩 せんぱい 몡선배
口頭 こうとう 몡구두 指導 しどう 몡지도
比べる くらべる 동비교하다 誤る あやまる 동잘못되다
情報 じょうほう 몡정보 伝達 でんたつ 몡전달
重要だ じゅうようだ な형중요하다 内容 ないよう 몡내용
伝え漏れる つたえもれる 동전달하지 않다 リスク 몡위험
少ない すくない い형적다 質 しつ 몡질
一定だ いっていだ な형일정하다 保つ たもつ 동유지하다
個人 こじん 몡개인 バラつき 몡차이 サービス 몡서비스
提供 ていきょう 몡제공 強み つよみ 몡강점 同時 どうじ 몡동시
標準 ひょうじゅん 몡표준 超える こえる 동넘다
困難だ こんなんだ な형곤란하다 ジレンマ 몡딜레마
伴う ともなう 동동반하다 〜に沿って 〜にそって 〜에 따라
業務 ぎょうむ 몡업무 行う おこなう 동하다 迷う まよう 동헤매다
減る へる 동줄다 結果 けっか 몡결과 解決 かいけつ 몡해결
図る はかる 동꾀하다 姿勢 しせい 몡자세
失う うしなう 동사라지다 状況 じょうきょう 몡상황
持続 じぞく 몡지속 行動 こうどう 몡행동
自動化 じどうか 몡자동화 思考 しこう 몡사고 停止 ていし 몡정지
状態 じょうたい 몡상태 まるで 부마치 ロボット 몡로봇
能動的だ のうどうてきだ な형능동적이다 働く はたらく 동일하다
〜にとって 〜에게 있어서 縛る しばる 동얽매다
窮屈だ きゅうくつだ な형답답하다 感じる かんじる 동느끼다
工夫 くふう 몡궁리 モチベーション 몡동기 부여
低下 ていか 몡저하 つながる 동이어지다 あくまで 부어디까지나
基礎 きそ 몡기초 応用 おうよう 몡응용 全部 ぜんぶ 몡전부
進む すすむ 동나서다

63

필자에 따르면, 신입 교육 시에 매뉴얼이 활용되는 것은 어째서인가?
1 신입이라도 손님이 만족하는 서비스를 제공할 수 있게 되기 때문에
2 선배가 구두로 지도하는 것보다, 업무에서의 실수가 적어지기 때문에
3 전원이 동일한 수준의 서비스나 지도를 할 수 있게 되기 때문에
4 신입도 선배도 표준 이상의 서비스를 제공할 수 있게 되기 때문에

해설 질문의 新人教育の際にマニュアルが活用されるの(신입 교육 시에 매뉴얼이 활용되는 것)와 관련된 내용을 지문에서 찾는다. 첫 번째 단락과 두 번째 단락에서 教育の質も一定に保つことができます。これにより個人によるバラつきがない接客サービスを提供でき

るがマニュアルの強みです(교육의 질도 일정하게 유지할 수 있습니다. 이로 인해 개인에 따른 차이가 없는 접객 서비스를 제공할 수 있는 것이 매뉴얼의 강점입니다)라고 서술하고 있으므로, 3 全員が同じレベルのサービスや指導を行えるようになるから(전원이 동일한 수준의 서비스나 지도를 할 수 있게 되기 때문에)가 정답이다.

어휘 満足 まんぞく 圏 만족　ミス 圏 실수　レベル 圏 수준, 레벨

64

필자는 매뉴얼을 사용함으로써, 일하는 사람이 어떻게 된다고 말하고 있는가?
1 매뉴얼에 없는 상황을 마주했을 때, 문제 해결을 할 수 없게 된다.
2 일에서 실패하는 일이 없어지기 때문에, 사고 능력이 저하된다.
3 매뉴얼만을 의지하여 일하고, 스스로의 머리로 생각하지 않게 된다.
4 일을 궁리하여도 인정받지 못하기 때문에, 동기 부여가 떨어진다.

해설 질문의 マニュアルを使うことで、働く人がどうなると(매뉴얼을 사용함으로써, 일하는 사람이 어떻게 된다고)와 관련된 내용을 지문에서 찾는다. 두 번째 단락에서 マニュアルに沿って業務を行えば、迷うことは減りますが、その結果、自分で問題解決を図ろうという姿勢が失われるからです。このような状況が持続すると、行動が自動化し、思考を停止したような状態になりかねません(매뉴얼에 따라 업무를 하면, 헤매는 일은 줄지만, 그 결과, 스스로 문제 해결을 꾀하려는 자세가 사라지기 때문입니다. 이러한 상황이 지속되면, 행동이 자동화되어, 사고를 정지한 듯한 상태가 될 수 있습니다)라고 서술하고 있으므로, 3 マニュアルだけを頼りに働いて、自分の頭で考えなくなる(매뉴얼만을 의지하여 일하고, 스스로의 머리로 생각하지 않게 된다)가 정답이다.

어휘 出会う であう 图 마주하다　頼り たより 圏 의지
認める みとめる 图 인정하다

65-66

A
요전, 미술관에 갔더니, 입구에 긴 행렬이 생겨 있었다. 엄청난 인기라고 듣기는 했지만, 2시간 기다려야 한다고 듣고, 포기했다. 무려 3시간 기다리는 일도 있다고 한다. 평일 낮이기 때문인지 젊은 사람보다 중장년층의 모습이 많고, 여름의 더운 오후에 장시간 서 있는 사람을 보자, 타인의 일이지만 몸 상태는 괜찮을까라고 걱정되었다. 지금은, [65]예약제인 미술관도 있다고 들었다. 요금은 다소 비싸져도, [66]일시를 지정해서 원활하게 견학할 수 있는 편이, 장시간 기다리기보다도 좋다고 생각한다. [65]특히, 노인이나, 여행으로 시간이 한정되어있는 사람에게는, 그쪽이 고마울 것이다. 대략 3시간이나 기다리게 된다면, 어떤 사람이라도 지쳐버린다. 목적인 그림을 겨우 볼 수 있어도, 감동보다 피로 쪽이 기억에 남을 것 같다.

B
꼭 가고 싶은 그림 전시회가 있는데, 대혼잡이 예상되기 때문에, 예약제로 되어있다. 미술관이라는 것은, 원하는 때에 원하는 만큼 머물 수 있는 장소라고 생각하고 있었기 때문에, 약간 이상한 느낌이 든다. 그림을 보기 위해 예약하고, 일시를 정해야 한다는 것이, 왠지 납득할 수 없다. 그림은 언제라도 그곳에 있고, 우리들을 기다리고 있다고 생각하기 때문이다. 언제 보러 가도 좋다는 오픈된 점이, 미술관의 좋은 점이 아닐까? [65]고령자나 여행자 등, 예약제 쪽이 좋은 사람도 있다는 것은 이해한다. 하지만 나는, 장시간 기다리게 되어도, [66]자유롭게 보여주는 편이 그림과의 만남에는 어울리는 느낌이 든다.

어휘 先日 せんじつ 圏 요전　美術館 びじゅつかん 圏 미술관
入口 いりぐち 圏 입구　行列 ぎょうれつ 圏 행렬　人気 にんき 圏 인기
待ち まち 圏 기다림　あきらめる 图 포기하다
なんと 图 무려　平日 へいじつ 圏 평일　昼間 ひるま 圏 낮
せい 圏 때문, 탓　若者 わかもの 圏 젊은 사람
中高年 ちゅうこうねん 圏 중장년층　姿 すがた 圏 모습, 모양
長時間 ちょうじかん 圏 장시간　他人 たにん 圏 타인
~ながら 图 ~이지만, ~면서도　体調 たいちょう 圏 몸 상태
心配 しんぱい 圏 걱정　予約制 よやくせい 圏 예약제
料金 りょうきん 圏 요금　多少 たしょう 图 다소
日時 にちじ 圏 일시, 날짜와 시간　指定 してい 圏 지정
スムーズだ な형 원활하다　見学 けんがく 圏 견학
特に とくに 图 특히　お年寄り おとしより 圏 노인
限る かぎる 图 한정하다, 제한하다　ありがたい い형 고맙다
だいたい 图 대략, 대개　疲れる つかれる 图 지치다, 피곤하다
お目当て おめあて 圏 목적, 목표　やっと 图 겨우, 드디어
~ことができる ~할 수 있다　感動 かんどう 圏 감동
疲労 ひろう 圏 피로　記憶に残る きおくにのこる 기억에 남다
ぜひ 图 꼭, 반드시　絵画展 かいがてん 圏 그림 전시회
大混雑 だいこんざつ 圏 대혼잡　予想 よそう 圏 예상　ため 圏 때문
滞在 たいざい 圏 머무름, 체재　場所 ばしょ 圏 장소
変だ へんだ な형 이상하다　感じがする かんじがする 느낌이 들다
決める きめる 图 정하다, 결정하다
~なければならない ~해야 한다, ~하지 않으면 안된다
今ひとつ いまひとつ 图 왠지, 뭔가　納得 なっとく 圏 납득
オープン 圏 오픈　良さ よさ 圏 좋은 점
高齢者 こうれいしゃ 圏 고령자　自由だ じゆうだ な형 자유롭다
出会い であい 圏 만남　ふさわしい い형 어울리다, 알맞다
気がする きがする 느낌이 들다, 생각이 들다

65

A와 B 어느 쪽의 글에서도 다루어지고 있는 점은 무엇인가?
1 미술관의 예약제는, 고령자나 여행자에게는 좋은 제도이다.
2 장시간 기다리는 것은, 그림을 보기 위해 알맞지 않다.
3 예약제는, 요금이 약간 비싸지는 것을 납득할 수 없다.
4 그림은 언제라도 자유롭게 볼 수 있는 것이었으면 좋겠다.

해설 A와 B 양쪽 모두에서 공통적으로 서술되고 있는 내용을 묻고 있다. 선택지에서 반복되는 予約制(예약제), 絵(그림)를 각 지문에서 찾아 관련된 내용을 파악한다. A는 지문의 중반부에서 予約制の美術館もあると聞いた(예약제인 미술관도 있다고 들었다)라고 하며, 후반부에서 特に、お年寄りや、旅行で時間が限られている人には、そちらの方がありがたいだろう(특히, 노인이나, 여행으로 시간이

한정되어있는 사람에게는, 그쪽이 고마울 것이다)라고 서술하고 있고, B는 지문 후반부에서 高齢者や旅行者など、予約制の方がいい人もいるということは分かる(고령자나 여행자 등, 예약제 쪽이 좋은 사람도 있다는 것은 이해한다)라고 서술하고 있다. 두 지문 모두 미술관 예약제가 고령자와 여행자에게 좋은 제도라고 했으므로, 1 美術館の予約制は、高齢者や旅行者にはいい制度だ(미술관의 예약제는, 고령자나 여행자에게는 좋은 제도이다)가 정답이다. 2는 A에만 있고, 3은 어느 글에도 없으며, 4는 B에만 있다.

어휘 制度 せいど 圏 제도

66

A와 B의 필자는, 미술관의 예약제도에 대해 어떻게 서술하고 있는가?

1 A는 중장년층만이 장시간 기다리게 된다고 하고, B는 미술관은 원하는 만큼 있을 수 있는 편이 좋다고 하고 있다.
2 A는 노인이나 여행자는 단시간이라도 기다리고 싶지 않다고 하고, B는 미술관은 언제나 오픈되어 있어야 한다고 하고 있다.
3 A는 장시간 기다릴 필요가 없어서 좋다고 하고, B는 예약 없이 자유롭게 볼 수 있는 편이 좋다고 하고 있다.
4 A는 요금이 비싸지기 때문에 보는 것을 포기하는 사람이 있다고 하고, B는 기다리는 시간이 짧아지기 때문에 좋다고 하고 있다.

해설 질문의 美術館の予約制度(미술관의 예약제도)에 대한 A와 B의 견해를 각 지문에서 찾는다. A는 지문의 중반부에서 日時を指定してスムーズに見学できる方が、長時間待つよりもいいと思う(일시를 지정해서 원활하게 견학할 수 있는 편이, 장시간 기다리기보다도 좋다고 생각한다)라고 서술하고 있고, B는 지문 후반부에서 自由に見せてくれる方が絵との出会いにはふさわしい気がする(자유롭게 보여주는 편이 그림과의 만남에는 어울리는 느낌이 든다)라고 서술하고 있다. 따라서, 3 Aは長時間待つ必要がなくていいと述べ、Bは予約なしで自由に見られるほうがいいと述べている(A는 장시간 기다릴 필요가 없어서 좋다고 하고, B는 예약 없이 자유롭게 볼 수 있는 편이 좋다고 하고 있다)가 정답이다.

어휘 短時間 たんじかん 圏 단시간　必要 ひつよう 圏 필요

67-69

　능력, 신체, 경험, 인종, 신분 등, 인간에게는 온갖 다름과 차이가 있다. 다양한 입장이나 격차를 넘어 우정이 생긴다는 이야기는, 지금도 옛날도 널리 온 세계에서 사랑받아, 동경하는 사람도 많을 것이다. 나도 그중 한 사람인데, 도대체 사람과 사람 사이에 생겨나는 우정이란 무엇일까?
　'위에서 내려다보는 시선'이라는 말이 있다. 타인을 자신보다 아래로 보는 태도로, 별로 좋은 의미로는 사용되지 않는다. 인간은 본래, 자신 쪽이 위, 우세한 상태에 안심하는 존재이겠지만, 특별히 의식하지 않고 무언가를 말하거나 가르치거나 한 것이, 최근에는 바로 '위에서 내려다보는 시선'이라고 일컬어지는 경우도 있고, 약간 신경질로도 생각된다. 하지만 실제로, [67]상하관계로 밖에 매사를 보지 않는 사람은 있다. 수입, 학력, 사회적 지위, 얼굴이나 신체, 경험이나 지식의 풍부함, 무언가를 잘한다 등, 모든 것이 그 대상이 되는 것 같다.

지인 중에, 마침 그런 사람이 있다. 그 사람은 잘 돌봐주는 면도 있어서, 이것저것 동료를 보살펴주고 있지만, 본인이 기대하는 만큼 호감을 사고 있지도 신뢰를 받고 있지도 않다는 듯이 생각한다. 나쁜 사람은 아니지만, 솔직히 말해서 나도 거리를 느끼고 있다. 어느 정도 신세를 졌어도 우정을 품을 수 없는 것은, '위에서 내려다 보는 시선'을 느끼기 때문일 것이다.
　어느 항구도시를 무대로 한 영화에, 잊을 수 없는 장면이 있다. 가난한 노인이, 불법 입국해 온 소년을 돕는 이야기이다. 노인은, 가난한 생활 중에서 소년을 위해 돈을 마련하고, 자신에게도 위험이 미치는 계획을 망설이지 않고 진행해 간다. 드디어 소년을 배웅할 때, 소년이 '당신을 잊을 수 없을 겁니다'라고 말한 것에 대해, 노인은 '나도야'라고 대답한 것이다. '나도 잊지 않을게'라고. 그때 바로, 두 사람은 같은 지평에 서 있었다. 소년은 친절하게 해 준 노인을 잊지 않을 것이다. 그리고, 노인도 소년을 잊지 않을 것이다. 그뿐이다.
　[68]연령도 인종도 지위도 넘은, 인간끼리의 호의와 신뢰가 거기에 있었다. 같은 시선에 서는 것, 그것이 우정이라고 생각한다. 보살펴 준 사람도, 보살핌을 받은 사람도 서로 잊지 않는다는 심플한 회화는 두 사람 사이에 흐르는 따뜻함을 전하는 것이었다.
　[69]가까운 지위라도, 다양한 차이가 있어도, 누구라도 친구가 되는 첫걸음은, 같은 지평에 서는 것이다. 쉬운 것 같으면서 어려울지도 모르지만, 가능한 한 수평적인 눈을 계속 가지고 있고 싶다.

(주) 지평 : 여기서는, 입장

어휘 能力 のうりょく 圏 능력　身体 しんたい 圏 신체
経験 けいけん 圏 경험　人種 じんしゅ 圏 인종　身分 みぶん 圏 신분
人間 にんげん 圏 인간　あらゆる 온갖, 모든
違い ちがい 圏 다름, 틀림　差 さ 圏 차이, 차
様々だ さまざまだ な형 다양하다　立場 たちば 圏 입장, 지위
格差 かくさ 圏 격차　超える こえる 圏 넘다, 초월하다
友情 ゆうじょう 圏 우정　物語 ものがたり 圏 이야기
昔 むかし 圏 옛날　世界中 せかいじゅう 圏 온 세계　愛 あい 圏 사랑
あこがれる 图 동경하다
上から目線 うえからめせん 위에서 내려다보는 시선
他人 たにん 圏 타인　態度 たいど 圏 태도　本来 ほんらい 圏 본래
優れる すぐれる 图 우세하다, 뛰어나다　状態 じょうたい 圏 상태
安心 あんしん 圏 안심　特に とくに 国 특별히　意識 いしき 圏 의식
最近 さいきん 圏 최근　少々 しょうしょう 国 약간, 조금
神経質 しんけいしつ 圏 신경질　実際 じっさい 圏 실제로
上下関係 じょうげかんけい 圏 상하관계　物事 ものごと 圏 매사, 사물
収入 しゅうにゅう 圏 수입　学歴 がくれき 圏 학력
社会的だ しゃかいてきだ な형 사회적이다　知識 ちしき 圏 지식
豊富さ ほうふさ 圏 풍부함　思う おもう 图 생각하다
得意だ とくいだ な형 잘 하다, 자신 있다　全て すべて 圏 모두, 전부
対象 たいしょう 圏 대상　知り合い しりあい 圏 지인, 아는 사람
まさに 国 마침, 바로
面倒見が良い めんどうみがよい 잘 돌봐주다, 잘 보살펴주다
あれこれ 이것저것　仲間 なかま 圏 동료, 친구
世話をやく せわをやく 보살펴주다　本人 ほんにん 圏 본인
期待 きたい 圏 기대　〜ほど 国〜만큼, 〜정도
好かれる すかれる 图 호감을 사다　信頼 しんらい 圏 신뢰

正直言って しょうじきいって 솔직히 말해서　距離 きょり 圕 거리
感じる かんじる 圐 느끼다　世話になる せわになる 신세를 지다
抱く だく 圐 품다, 안다　港町 みなとまち 圕 항구도시
舞台 ぶたい 圕 무대　場面 ばめん 圕 장면
貧しい まずしい 이형 가난하다　老人 ろうじん 圕 노인
不法入国 ふほうにゅうこく 圕 불법 입국　少年 しょうねん 圕 소년
助ける たすける 圐 돕다　生活 せいかつ 圕 생활
用意 ようい 圕 마련, 준비　～にとっても ~에게도
危険 きけん 圕 위험　および 圐 미치다, 달하다
計画 けいかく 圕 계획　迷う まよう 圐 망설이다, 헤매다
進める すすめる 圐 진행하다　いよいよ 囝 드디어, 결국
送り出す おくりだす 圐 배웅하다, 보내다
～に対し ～にたいし ~에 대해　地平 ちへい 圕 지평, 지평선
親切だ しんせつだ 나형 친절하다　年齢 ねんれい 圕 연령
同士 どうし 圕 끼리　好意 こうい 圕 호의　目線 めせん 圕 시선
世話をする せわをする 보살펴 주다, 돌보아 주다
受ける うける 圐 받다　お互いに おたがいに 서로
シンプルだ 나형 심플하다　会話 かいわ 圕 회화
流れる ながれる 圐 흐르다　温かさ あたたかさ 圕 따뜻함
伝える つたえる 圐 전하다　友人 ゆうじん 圕 친구
第一歩 だいいっぽ 圕 첫걸음　～かもしれない ~일지도 모른다
できるだけ 囝 가능한 한, 될 수 있는 한
水平だ すいへいだ 나형 수평이다
持ち続ける もちつづける 圐 계속 가지고 있다

67

그런 사람은, 어떤 사람인가?
1 다른 사람보다 훌륭한 경험이나 지식이 많은 사람
2 다른 사람과 자신을 비교하는 것으로 인간관계를 만드는 사람
3 다른 사람에게 뭔가를 가르치거나 돌봐주거나 하는 사람
4 다른 사람의 세세한 부분이 마음에 걸리는 신경질적인 사람

해설 지문의 そういう人(그런 사람) 주변을 주의 깊게 읽고 그런 사람이 어떤 사람인지 찾는다. 앞부분에서 上下関係でしか物事を見ない人はいる。収入、学歴、社会的立場、顔や身体、経験や知識の豊富さ、何かが得意であるなど、全てがその対象となるらしい(상하관계로 밖에 매사를 보지 않는 사람은 있다. 수입, 학력, 사회적 지위, 얼굴이나 신체, 경험이나 지식의 풍부함, 무언가를 잘한다 등, 모든 것이 그 대상이 되는 것 같다)라고 서술하고 있으므로, 2 他の人と自分を比べることで人間関係を作る人(다른 사람과 자신을 비교하는 것으로 인간관계를 만드는 사람)가 정답이다.

어휘 すばらしい 이형 훌륭하다, 대단하다　比べる くらべる 圐 비교하다
人間関係 にんげんかんけい 圕 인간관계
細かい こまかい 이형 세세하다, 자세하다
気になる きになる 마음에 걸리다, 신경쓰이다

68

우정에 대해, 필자의 생각과 맞는 것은 어느 것인가?
1 서로를 비교해서 다름을 인정하는 것이 우정이다.
2 서로의 사이에 일어난 일을 잊지 않는 것이 우정이다.
3 다름이나 차이를 넘어, 같은 장소에 있는 것이 우정이다.
4 같은 시선에 서서, 서로 신뢰하는 것이 우정이다.

해설 필자의 생각을 묻고 있으므로 友情(우정)를 지문의 중반부나 지문 전체에서 찾아 필자의 생각을 파악한다. 세 번째 단락에서 年齢も人種も立場も越えた、人間同士の好意と信頼がそこにあった。同じ目線に立つ、それが友情だと思う(연령도 인종도 지위도 넘은, 인간끼리의 호의와 신뢰가 거기에 있었다. 같은 시선에 서는 것, 그것이 우정이라고 생각한다)라고 서술하고 있으므로, 4 同じ目線に立ち、信頼し合うのが友情である(같은 시선에 서서, 서로 신뢰하는 것이 우정이다)가 정답이다.

어휘 認める みとめる 圐 인정하다　起きる おきる 圐 일어나다, 발생하다

69

이 글에서 필자가 가장 말하고 싶은 것은 무엇인가?
1 친구를 만들고 싶다면, 상대의 호의에 기대해서는 안 된다.
2 친구를 만드는 것은 간단하게 생각할 수 있지만, 실은 매우 어려운 것이다.
3 우정은 연령이나 사회적 지위 등의 차이에 구애되지 않는 것에서 생긴다.
4 서로 한 일을 잊지 않는 것이 우정을 키우는 가장 간단한 방법이다.

해설 지문의 주제를 묻고 있으므로 지문의 후반부나 지문 전체를 읽으며 정답의 단서를 찾는다. 네 번째 단락에서 近い立場でも、様々な違いがあっても、誰であれ友人となる第一歩は、同じ地平に立つことだ(가까운 지위라도, 다양한 차이가 있어도, 누구라도 친구가 되는 첫걸음은, 같은 지평에 서는 것이다)라고 서술하고 있으므로, 3 友情は年齢や社会的立場などの差にこだわらないことから生まれる(우정은 연령이나 사회적 지위 등의 차이에 구애되지 않는 것에서 생긴다)가 정답이다.

어휘 相手 あいて 圕 상대　～てはいけない ~해서는 안 된다
こだわる 圐 구애되다　育てる そだてる 圐 키우다
方法 ほうほう 圕 방법

70

최 씨는, 이번 금요일에 남동생과 수영장에 가려고 생각하고 있다. 최 씨는 16세의 고등학생이고 남동생은 10세의 초등학생이다. 두 사람이 함께 이용할 수 있는 것은 몇 시까지인가?

1 오후 6시
2 오후 8시
3 오후 10시
4 오후 10시 반

해설 최 씨와 남동생이 함께 몇 시까지 이용할 수 있는지를 파악한다. 질문에서 제시된 조건 (1) 金曜日(금요일), (2) チェさんは16歳の高校生(최 씨는 16세의 고등학생), (3) 弟は10歳の小学生(남동생은 10세의 초등학생)에 따라,

(1) 금요일: 22:30까지 이용 가능
(2) 최 씨는 16세의 고등학생: 최 씨는 남동생의 보호자로 함께 입장해야 함

(3) 남동생은 10세의 초등학생: 20:00까지 이용 가능
따라서 2 午後8時(오후 8시)가 정답이다.

어휘 今度 こんど 명이번　考える かんがえる 동생각하다
高校生 こうこうせい 명고등학생
小学生 しょうがくせい 명초등학생　利用 りよう 명이용

71

진 씨는 일요일에 가족과 수영장을 이용했다. **진 씨 부부와 8세의 딸, 65세의 진 씨의 엄마** 4명이서 가서, **2시간 반 이용**했다. 진 씨가 수영장에서 지불한 금액은 가족 전부에 얼마인가?

1　300엔
2　600엔
3　1,200엔
4　1,800엔

해설 진 씨가 지불한 금액을 파악한다. 질문에서 제시된 조건 (1) ジーンさん夫婦(진 씨 부부), (2) 8歳の娘(8세의 딸), (3) 65歳のジーンさんの母(65세의 진 씨 엄마), (4) 2時間半利用(2시간 반 이용)에 따라,
(1) 진 씨 부부: 성인 이용 요금은 2시간까지 400엔
(2) 딸은 8세: 어린이 이용요금은 2시간까지 200엔
(3) 진 씨의 엄마는 65세: 고령자 이용요금은 2시간까지 200엔
(4) 2시간 반 이용: 추가금액은 성인 200엔, 어린이 100엔, 고령자 100엔
따라서 이용요금 1,200엔(400엔x2+200엔+200엔)에 600엔(200엔x2+100엔+100엔)을 더한 **4 1,800円(1,800엔)**이 정답이다.

어휘 夫婦 ふうふ 명부부　娘 むすめ 명딸
払う はらう 동지불하다, 내다　金額 きんがく 명금액

70-71

츄오 시민 수영장 이용안내	
이용 시간	9:00~21:30 (입장은 21:00까지) ※ 금요일은 25m수영장만 9:00~22:30까지 (입장은 22:00까지)
휴관일	둘째 주, 넷째 주 월요일 (국경일은 개관합니다.) 연말연시 ※ 7월20일~8월31일 까지는 무휴로 개관합니다.

이용요금에 대해

[71]이용요금 (2시간까지)			[71]초과요금 (1시간 마다)		
어른	어린이	고령자	어른	어린이	고령자
400엔	200엔	200엔	200엔	100엔	100엔

※ [71]어린이 요금은 4세 이상 중학생 이하가 대상이 됩니다.
※ [71]고령자 요금은 65세 이상인 분이 대상이 됩니다.
※ 이용시간에는 옷 갈아입기 등의 시간을 포함합니다.
※ 초과 요금은 이용 시간 2시간을 넘은 시점부터 발생합니다.

※ 2시간 이상 이용한 경우는, 돌아가실 때 입퇴장 게이트의 옆에 있는 정산기에서 초과요금을 지불해 주십시오.
[이용방법]
• 입장할 때는 입구의 판매기에서 이용권을 구입하고, 입퇴장 게이트의 카드 투입구에 넣어 통과해 주십시오. 그때, 퇴장 예정시각이 표시되오니, 반드시 확인해 주십시오.
• 4세 미만의 어린이는 이용할 수 없습니다.
• 초등학교 입학 전의 유아는 16세 이상의 보호자와 함께 이용해 주십시오.
• [70]18:00 이후의 초등학생만의 이용은 할 수 없습니다. 16세 이상의 보호자와 함께 입장해 주실 필요가 있습니다. 단, 초등학생의 이용은 20:00까지입니다.
• 소지품은 로커에 넣고 반드시 열쇠를 잠가주십시오. 로커를 사용할 때는, 100엔 동전이 하나 필요합니다. 사용 후는 동전이 되돌아 나오니 잊지 말고 가지고 돌아가 주십시오.
• 장내는 종일 금연입니다. 흡연은 수영장의 입구에 설치된 흡연 장소에서 부탁드립니다.
• 수영장 내 및 수영장 사이드, 탈의실에서의 음식물 섭취는 금지입니다. 음식물 섭취는 휴게 코너에서 부탁드립니다.
• 수영장에 들어갈 때는, 수영복, 수영모를 반드시 착용해 주십시오. 또 피어싱, 팔찌, 목걸이 등의 액세서리류는 반드시 빼 주십시오.

어휘 市民 しみん 명시민　利用 りよう 명이용　案内 あんない 명안내
入場 にゅうじょう 명입장　休館日 きゅうかんび 명휴관일
祝日 しゅくじつ 명국경일, 축일　開館 かいかん 명개관
年末年始 ねんまつねんし 명연말연시　無休 むきゅう 명무휴
料金 りょうきん 명요금　〜について ~에 대해
超過 ちょうか 명초과　〜ごと ~마다　高齢者 こうれいしゃ 명고령자
以上 いじょう 명이상　中学生 ちゅうがくせい 명중학생
以下 いか 명이하　対象 たいしょう 명대상
着替え きがえ 명옷 갈아입기　含む ふくむ 동포함하다
超える こえる 동넘다　時点 じてん 명시점　場合 ばあい 명경우
〜際に 〜さいに ~할 때
入退場ゲート にゅうたいじょうゲート 명입퇴장 게이트
横 よこ 명옆　清算機 せいさんき 명정산기, 요금 징수기
支払う しはらう 동지불하다　販売機 はんばいき 명판매기
利用券 りようけん 명이용권　購入 こうにゅう 명구입
カード 명카드　入れ口 いれぐち 명투입구　通過 つうか 명통과
退場 たいじょう 명퇴장　予定 よてい 명예정　時刻 じこく 명시각
表示 ひょうじ 명표시　必ず かならず 반드시, 꼭
確認 かくにん 명확인　未満 みまん 명미만
小学校 しょうがっこう 명초등학교　入学 にゅうがく 명입학
幼児 ようじ 명유아　保護者 ほごしゃ 명보호자
以降 いこう 명이후　〜かねる ~할 수 없다, ~하기 어렵다
いただく 동(상대가) 주시다 (もらう의 겸양어)　必要 ひつよう 명필요
ただし 다만, 단　持ち物 もちもの 명소지품
ロッカー 명로커　鍵をかける かぎをかける 열쇠를 잠그다
使用 しよう 명사용　硬貨 こうか 명동전, 금속화폐
戻る もどる 동되돌아(가)다
持ち帰る もちかえる 동가지고 돌아가다

場内 じょうない 囝장내　終日 しゅうじつ 囝종일
禁煙 きんえん 囝금연　喫煙 きつえん 囝흡연　設置 せっち 囝설치
喫煙場所 きつえんばしょ 囝흡연장소　及び および 쩁및
サイド 囝사이드　更衣室 こういつ 囝탈의실
飲食 いんしょく 囝음식물 섭취, 음식　禁止 きんし 囝금지
休憩コーナー きゅうけいコーナー 囝휴게 코너
水着 みずぎ 囝수영복　水泳帽子 すいえいぼうし 囝수영모자
着用 ちゃくよう 囝착용　ピアス 囝피어싱　ブレスレット 囝팔찌
ネックレス 囝목걸이　アクセサリー類 アクセサリーるい 囝액세서리류
はずす 쩌빼다, 벗다

청해　p.439

MP3 바로듣기

☞ 문제1의 디렉션과 예제를 들려줄 때 1번부터 5번까지의 선택지를 미리 읽고 내용을 재빨리 파악해둡니다. 음성에서 では、始めます(그러면, 시작합니다)가 들리면, 곧바로 문제 풀 준비를 합니다.

음성 디렉션과 예제

問題1では、まず質問を聞いてください。それから話を聞いて、問題用紙の1から4の中から、最もよいものを一つ選んでください。

大学で女の人と男の人が就職活動について話しています。女の人はこの後まず、何をしますか。

女：そろそろ就職活動しないといけないけど、何からすればいいのかわかんなくて。もう何かしてる？
男：もちろん。就活サイトに登録はした？ほら、大学生向けの就職の情報がたくさん載っているウェブサイト。
女：ああ、うん。それはもうした。でも、情報が多すぎて。どこから見ればいいかわかんなくてさ。
男：登録したなら、希望の仕事も登録したよね。
女：それが、まだなんだよね。そこで止まってしまって。
男：ああ、じゃ、まずそこからだよ。どんな仕事をしたいか登録しないと、情報が絞れないでしょ。
女：うん、でも、どんな仕事がいいかもよくわかんなくて。だいたい働いたことないから、仕事の内容なんてわかるわけがないじゃない？企業研究もしなきゃいけないんだよね。
男：うん。でも、自分が何に向いているか理解することが先じゃない？ほら、サイトにあるテストとかで、どういうことが得意なのかわかるからやってみたら？
女：そうだね。それからやってみる。企業研究はそのあとでいいかなあ。

女の人はこの後まず、何をしますか。

最もよいものは1番です。解答用紙の問題1の例のところを見てください。最もよいものは1番ですから、答えはこのように書きます。では、始めます。

[문제지]

1 しゅうかつサイトでテストを受ける
2 どういう仕事がしたいか決める
3 希望の仕事をサイトに登録する
4 やりたい仕事の企業について調べる

해석 문제1에서는, 우선 질문을 들어 주세요. 그리고 나서 이야기를 듣고, 문제 용지의 1에서 4 중에, 가장 알맞은 것을 하나 골라 주세요.

대학에서 여자와 남자가 취직 활동에 대해서 이야기하고 있습니다. 여자는 이 다음에 우선, 무엇을 합니까?

여: 슬슬 취직 활동을 해야 하는데, 뭐부터 하면 좋을지 몰라서. 벌써 뭔가 하고 있어?
남: 물론. 취직 활동 사이트에 등록은 했어? 이것 봐, 대학생 대상의 취직 정보가 많이 실려있는 웹사이트.
여: 아, 응. 그건 벌써 했어. 하지만, 정보가 너무 많아서. 어디부터 보면 좋을지 모르겠어서 말이야.
남: 등록했으면, 희망 업무도 등록했지?
여: 그게, 아직이야. 거기서 멈춰 버려서.
남: 아, 그럼, 우선 거기부터야. 어떤 일을 하고 싶은지 등록하지 않으면, 정보를 좁힐 수 없잖아.
여: 응, 하지만, 어떤 일이 좋을지도 잘 모르겠어서. 도대체 일해본 적이 없으니, 업무 내용 따위 알 리가 없지 않아? 기업 연구도 해야 하지?
남: 응. 하지만, 본인이 무엇에 적합한지 이해하는 것이 먼저이지 않아? 이것 봐, 사이트에 있는 테스트 같은 것으로, 어떤 것을 잘 하는지 알 수 있으니까 해 보면?
여: 그렇네. 그것부터 해 볼게. 기업 연구는 그 후에 해도 괜찮으려나.

여자는 이 다음에 우선, 무엇을 합니까?

가장 알맞은 것은 1번입니다. 답안 용지의 문제1의 예시 부분을 봐 주세요. 가장 알맞은 것은 1번이므로, 정답은 이렇게 표시합니다. 그러면, 시작합니다.

1 취직 활동 사이트에서 테스트를 본다
2 어떤 일을 하고 싶은지 정한다
3 희망 업무를 사이트에 등록한다
4 하고 싶은 일의 기업에 관해 조사한다

1

[음성]

大学で茶道クラブの男の人と女の人が話しています。男の人はこれから何をしますか。

男：今度の体験イベントの参加者、何人ぐらいになった？

女: 山田さんが2人って言ってたよ。
男: まだ2人なんだ。ホームページだけじゃなかなか集まらないんだなあ。大学内で案内の紙を配ろうか。
女: それは昨日から佐藤さんがやってくれてるよ。かわいい絵を入れたのを作ってくれたのよ。あれで来る人が増えると思うんだけどね。
男: 早く人数が集まらないかなあ。そろそろ会場の予約をしないといけないんだよな。困ったなあ。
女: え?まだやってないの?
男: だってまだ人数が足りないんだよね。5人以上でないとしないんだろ?
女: それはそうなんだけど、市民センターの和室は人気があるから、早く予約しないと。
男: 週末ならともかく、平日だから大丈夫だよ。人数が集まってからにしない?
女: でもね、1週間前までならキャンセル料がかからないから、もしもの場合はそうしたらいいのよ。
男: そうなんだ。じゃあ、早速やってみるよ。

男の人はこれから何をしますか。

[問題紙]
1 ホームページに案内をのせる
2 大学で案内の紙を配る
3 和室を予約する
4 予約をキャンセルする

해석 대학교에서 다도 동아리의 남자와 여자가 이야기하고 있습니다. 남자는 이제부터 무엇을 합니까?

남: 이번 체험 이벤트의 참가자, 몇 명 정도 되었어?
여: 야마다 씨가 2명이라고 말했어.
남: 아직 2명이구나. 홈페이지만으로는 좀처럼 모이지 않네. 대학교 내에서 안내 용지를 나누어 줄까?
여: 그건 어제부터 사토 씨가 해주고 있어. 귀여운 그림을 넣은 걸 만들어 줬어. 그걸로 오는 사람이 늘어날 거라고 생각하는데.
남: 빨리 인원수가 모이지 않으려나. 슬슬 모임 장소 예약을 해야 하는데. 곤란하네.
여: 어? 아직 안 한 거야?
남: 그것이 아직 인원수가 부족해. 5명 이상이 아니면 하지 않는 거잖아?
여: 그건 그렇지만, 시민센터의 다다미방은 인기가 있으니까, 빨리 예약해야 해.
남: 주말이라면 몰라도, 평일이니까 괜찮아. 인원수가 모이고 나서 하지 않을래?
여: 하지만, 1주일 전까지라면 취소 수수료가 들지 않으니까, 만약의 경우는 그렇게 하면 돼.
남: 그렇구나. 그럼, 즉시 해볼게.

남자는 이제부터 무엇을 합니까?

1 홈페이지에 안내를 올린다
2 대학교에서 안내 용지를 나누어 준다
3 **다다미방을 예약한다**
4 예약을 취소한다

해설 1 '홈페이지에 안내 올리기', 2 '안내 용지 나누어 주기', 3 '다다미 방 예약하기', 4 '예약 취소하기' 중 남자가 앞으로 해야 할 일을 묻는 문제이다. 여자가 和室は人気があるから、早く予約しないと(다다미 방은 인기가 있으니까, 빨리 예약해야 해)라고 하자, 남자가 早速やってみるよ(즉시 해볼게)라고 했으므로, 3 和室を予約する(다다미방을 예약한다)가 정답이다. 1은 이미 한 일이고, 2는 사토 씨가 하고 있으며, 4는 참가자가 5명 이상 모이지 않았을 때 해야 할 일이므로 오답이다.

어휘 今度 こんど 圏 이번 体験 たいけん 圏 체험 イベント 圏 이벤트
参加者 さんかしゃ 圏 참가자 ホームページ 圏 홈페이지
なかなか 囝 좀처럼 集まる あつまる 图 모이다
案内 あんない 圏 안내 配る くばる 图 나누어 주다
増える ふえる 늘어나다 早く はやく 囝 빨리
人数 にんずう 圏 인원수 そろそろ 囝 슬슬
会場 かいじょう 圏 모임 장소, 회장 予約 よやく 圏 예약
だって 쥅 그것이, 하지만 足りない たりない 부족하다
以上 いじょう 圏 이상 市民 しみん 圏 시민 センター 圏 센터
和室 わしつ 圏 다다미방, 일본식 방
人気がある にんきがある 인기가 있다 週末 しゅうまつ 圏 주말
平日 へいじつ 圏 평일
キャンセル料 キャンセルりょう 圏 취소 수수료
かかる 图 (시간, 비용이) 들다 もしも 囝 만약 場合 ばあい 圏 경우
早速 さっそく 囝 즉시 のせる 图 올리다, 게재하다

2

[음성]

会社で課長と女の人が話しています。女の人はこのあとまず何をしますか。

女: 課長、プレゼンテーションの資料を読んでいただけましたか。おととい、お渡ししたものです。
男: ああ、あれね。読んだよ。
女: ちょっと自信がないところがありまして。何かアドバイスをいただけませんか。論文の引用をもっと詳しくしたほうがいいのかなと思ったのですが。
男: いや、あれでも文字が多くて読むのが大変だったよ。内容はいいと思ったんだけどね。
女: そうですか。減らしてみます。
男: それから、新しいデータのグラフは見やすくてよかったよ。お客様に新製品の改善点がよく伝わると思ったよ。
女: あのグラフなんですが、少し拡大したほうがいいでしょうか。
男: あれでいいよ。

女: では、直したものをもう一度確認していただけますか。
男: もちろんだよ。メールに添付で送って。
女: ありがとうございます。
男: それから、お客様の前でプレゼンをやるのは初めてだろ？資料が完成したら練習しておくんだよ。
女: はい、分かりました。

女の人はこのあとまず何をしますか。

[문제지]
1 資料の文字数を減らす
2 グラフを大きくする
3 課長にメールを送る
4 プレゼンテーションの練習をする

해석 회사에서 과장과 여자가 이야기하고 있습니다. 여자는 이 다음에 우선 무엇을 합니까?

여: 과장님, 프레젠테이션 자료를 읽어 주셨나요? 그저께, 건네드린 거에요.
남: 아, 그것 말이지. 읽었어.
여: 조금 자신이 없는 곳이 있어서요. 뭔가 조언을 받을 수 없을까요? 논문 인용을 좀 더 자세하게 하는 편이 좋을까 하고 생각했는데요.
남: 아니, 그걸로도 글자가 많아서 읽는 것이 힘들었어. 내용은 좋다고 생각했는데.
여: 그래요? 줄여 볼게요.
남: 그리고, 새로운 데이터의 그래프는 보기 쉬워서 좋았어. 고객에게 신제품의 개선점이 잘 전달되겠다고 생각했어.
여: 그 그래프 말인데요, 조금 확대하는 편이 좋을까요?
남: 그걸로 괜찮아.
여: 그럼, 고친 것을 한 번 더 확인해 주시겠어요?
남: 물론이야. 메일로 첨부해서 보내.
여: 감사합니다.
남: 그리고, 고객 앞에서 프레젠테이션을 하는 것은 처음이지? 자료가 완성되면 연습해 둬.
여: 네, 알겠습니다.

여자는 이 다음에 우선 무엇을 합니까?

1 자료의 글자 수를 줄인다
2 그래프를 크게 한다
3 과장에게 메일을 보낸다
4 프레젠테이션의 연습을 한다

해설 1 '글자 수 줄이기', 2 '그래프 크게 하기', 3 '메일 보내기', 4 '프레젠테이션 연습하기' 중 여자가 가장 먼저 해야 할 일을 묻는 문제이다. 과장이 여자의 자료에 대해 文字が多くて読むのが大変だったよ(글자가 많아서 읽는 것이 힘들었어)라고 하자, 여자가 減らしてみます(줄여 볼게요)라고 했으므로, 1 資料の文字数を減らす(자료의 글자 수를 줄인다)가 정답이다. 2는 보기 쉽다고 했으므로 할 필요가 없고, 3과 4는 자료가 완성된 다음에 해야 할 일이므로 오답이다.

어휘 課長 かちょう 圏 과장님, 과장　プレゼンテーション 圏 프레젠테이션
資料 しりょう 圏 자료　自信 じしん 圏 자신　アドバイス 圏 조언
いただく 图 받다 (もらう의 겸양어)　論文 ろんぶん 圏 논문
引用 いんよう 圏 인용　詳しい くわしい い형 자세하다
文字 もじ 圏 글자　内容 ないよう 圏 내용　減らす へらす 图 줄이다
データ 圏 데이터　グラフ 圏 그래프　新製品 しんせいひん 圏 신제품
改善点 かいぜんてん 圏 개선점　伝わる つたわる 图 전달되다
拡大 かくだい 圏 확대　直す なおす 图 고치다
もう一度 もういちど 한 번 더　確認 かくにん 圏 확인
もちろん 囘 물론　メール 圏 메일　添付 てんぷ 圏 첨부
送る おくる 图 보내다　お客様 おきゃくさま 圏 고객, 손님
プレゼン 圏 프레젠테이션 (プレゼンテーション의 줄임말)
完成 かんせい 圏 완성

3

[음성]
大学で男の学生と女の学生が話しています。男の学生は発表までに何をしますか。

男: 鈴木さん、ゼミの明日のグループ発表、田中さんが来られないって聞いた？
女: え、どうして？じゃあ、田中さんが発表するところ、どうするの？
男: インフルエンザにかかったみたいでさ。どうしても無理なんだって。悪いけど、田中さんの代わりに発表できない？
女: えー？私、発表担当が嫌だからアンケートを作ったり、結果をまとめたりしたのよ。データを分析するのが結構大変だったんだから。
男: うん、分かるよ。でもね、僕も自分の発表担当があって、全部やるわけにはいかないんだ。
女: そうねえ。じゃあ、だめだって言われるかもしれないけど、先生に来週に延期してもらえないか相談してみない？
男: うーん、延期は難しいんじゃないかな。クラスの予定もあるし。
女: じゃあ仕方ないね。私がやるよ。資料はもう準備できているんだよね？
男: もちろん。田中さんに連絡して、すぐに送ってもらうようにするから心配しないで。
女: はあ、発表の準備が心配だなあ。家に帰って何度も練習しないと。それに、資料も印刷しないといけないね。
男: それは僕が今日のうちに済ませておくよ。
女: 分かった。ありがとう。

男の学生は発表までに何をしますか。

[문제지]

1 アイ
2 イウ
3 アウ
4 イ

해석 대학에서 남학생과 여학생이 이야기하고 있습니다. 남학생은 발표까지 무엇을 합니까?

남: 스즈키 씨, 세미나의 내일 그룹 발표, 다나카 씨가 못 온다는 거 들었어?
여: 엇, 왜? 그럼, 다나카 씨가 발표할 부분, 어떻게 해?
남: 인플루엔자에 걸린 것 같아. 도저히 무리래. 미안한데, 다나카 씨 대신에 발표할 수 없을까?
여: 뭐? 나, 발표 담당이 싫어서 설문 조사를 만들거나, 결과를 정리하거나 한 거야. 데이터를 분석하는 게 꽤 힘들었다고.
남: 응, 이해해. 그런데, 나도 내 발표 담당이 있어서, 전부 할 수는 없어.
여: 그렇네. 그럼, 안 된다고 들을 것 같지만, 선생님께 다음 주로 연기해 주실 수 없는지 상담해 보지 않을래?
남: 음, 연기는 어렵지 않을까. 수업 예정도 있고.
여: 그럼 어쩔 수 없네. 내가 할게. 자료는 이미 준비되어 있는 거지?
남: 물론. 다나카 씨에게 연락해서, 바로 보내 주도록 할 테니 걱정하지 마.
여: 후, 발표 준비가 걱정이네. 집에 돌아가서 몇 번이고 연습하지 않으면, 게다가, 자료도 인쇄하지 않으면 안 되네.
남: 그건 내가 오늘 중에 끝내 둘게.
여: 알겠어. 고마워.

남학생은 발표까지 무엇을 합니까?

해설 ア '선생님에게 상담하기', イ '전화하기', ウ '인쇄하기' 중 남학생이 발표까지 해야 할 일을 묻는 문제이다. 여학생이 자료가 준비되어 있는지 묻자, 남학생이 田中さんに連絡して、すぐに送ってもらうようにするから心配しないで(다나카 씨에게 연락해서, 바로 보내 주도록 할 테니 걱정하지 마)라고 했으므로, 우선 다나카 씨에게 연락을 해야 함을 알 수 있다. 또, 여학생이 자료를 인쇄해야 한다고 하자, 남학생이 それは僕が今日のうちに済ませておくよ(그건 내가 오늘 중에 끝내 둘게)라고 했으므로, 자료를 인쇄해야 함을 알 수 있다. 따라서, 연락을 하고 있고, 자료를 인쇄하고 있는 2 イウ가 정답이다.

어휘 ゼミ 圏 세미나　グループ 圏 그룹　発表 はっぴょう 圏 발표
インフルエンザ 圏 인플루엔자　どうしても 匣 도저히, 아무리 해도
無理 むり 圏 무리　代わり かわり 圏 대신　担当 たんとう 圏 담당
嫌だ いやだ な형 싫다　アンケート 圏 설문 조사
結果 けっか 圏 결과　まとめる 圏 정리하다
データ 圏 데이터　分析 ぶんせき 圏 분석　結構 けっこう 匣 꽤
大変だ たいへんだ な형 힘들다　全部 ぜんぶ 圏 전부

だめだ な형 안 된다　延期 えんき 圏 연기　相談 そうだん 圏 상담
クラス 圏 수업, 클래스　予定 よてい 圏 예정　資料 しりょう 圏 자료
準備 じゅんび 圏 준비　連絡 れんらく 圏 연락
練習 れんしゅう 圏 연습　印刷 いんさつ 圏 인쇄
済ます すます 圏 끝내다

4

[음성]
電話で男の人と女の人が話しています。男の人はこのあとまず何をしますか。

男: もしもし、青井さん、ちょっと聞きたいんだけど。
女: どうしたの?
男: 小さい鳥がベランダに飛んできたんで、保護したんだ。人に慣れているからペットだと思うんだけど、どうしたらいい?
女: え?その鳥、元気なの?
男: うん、とても元気だよ。人が好きみたいで手に乗ってくるんだよ。
女: それはよかった。でもね、今元気でも、もしかしたら外にいるときに病気にかかったり、けがをしたりしているかもしれないから、できれば病院に連れて行ってあげてね。
男: うん、土日は休みだろうから、来週連れて行くよ。それから、探している人がいるかもしれないから、インターネットに情報を載せようと思うんだ。
女: それはいいね。けど、生き物でも落とし物と同じだから、警察に届けるのが先だよ。
男: えっ、そうなんだ。そういう場合って、連れて行くの?
女: 連れて行くのは大変でしょう? まず写真を撮って、それを見せて説明するといいよ。
男: わかった。本当にありがとう。

男の人はこのあとまず何をしますか。

[문제지]
1 病院に鳥を連れて行く
2 インターネットに情報をのせる
3 けいさつに届けを出しに行く
4 鳥の写真をとる

해석 전화로 남자와 여자가 이야기하고 있습니다. 남자는 이 다음에 우선 무엇을 합니까?

남: 여보세요. 아오이 씨, 좀 묻고 싶은데.
여: 무슨 일이야?
남: 작은 새가 베란다에 날아와서, 보호했어. 사람에게 길들여져 있으니까 애완동물인 것 같은데, 어떻게 하면 좋아?
여: 어? 그 새, 건강해?
남: 응, 매우 건강해. 사람을 좋아하는 것 같고 손에 올라타.

여: 그건 잘 됐다. 하지만, 지금 건강해도, 어쩌면 밖에 있을 때 병에 걸렸거나, 다쳤거나 했을지도 모르니까, 가능하면 병원에 데려가 줘.

남: 응, 토요일, 일요일은 휴일일 테니까, 다음 주에 데리고 갈게. 그리고, 찾고 있는 사람이 있을지도 모르니까, 인터넷에 정보를 올리려고 생각해.

여: 그거 좋네. 하지만, 생물이라도 분실물과 같으니까, 경찰에 신고하는 것이 우선이야.

남: 앗, 그렇구나. 그런 경우는, 데려가?

여: 데려가는 것은 힘들잖아? <u>우선 사진을 찍어서, 그것을 보여주고 설명하면 돼.</u>

남: 알겠어. 정말 고마워.

남자는 이 다음에 우선 무엇을 합니까?

1 병원에 새를 데려간다
2 인터넷에 정보를 올린다
3 경찰에게 신고를 하러 간다
4 새의 사진을 찍는다

해설 1 '병원에 새 데려가기', 2 '정보 올리기', 3 '신고하러 가기', 4 '새의 사진 찍기' 중 남자가 가장 먼저 해야 할 일을 묻는 문제이다. 남자가 새를 경찰서에 데려가려고 하자, 여자가 まず写真を撮って、それを見せて説明するといいよ(우선 사진을 찍어서, 그것을 보여주고 설명하면 돼)라고 했으므로, 4 鳥の写真をとる(새의 사진을 찍는다)가 정답이다. 1은 다음 주에 해야 할 일이고, 2는 경찰서에 다녀온 다음에 해야 할 일이며, 3은 사진을 찍은 다음에 해야 할 일이므로 오답이다.

어휘 ベランダ 베란다　保護 ほご 보호
慣れる なれる 동 길들이다, 익숙해지다　元気だ げんきだ な형 건강하다
もしかしたら 부 어쩌면　病気にかかる びょうきにかかる 병에 걸리다
けがをする 다치다　連れて行く つれていく 데리고 가다
土日 どにち 명 토요일과 일요일　探す さがす 동 찾다
インターネット 인터넷　情報 じょうほう 명 정보
載せる のせる 동 올리다　生き物 いきもの 명 생물
落し物 おとしもの 명 분실물　警察 けいさつ 명 경찰
届ける とどける 동 신고하다　場合 ばあい 명 경우
説明 せつめい 명 설명　届けを出す とどけをだす 신고를 하다

5

[음성]

会社で男の人と女の人が話しています。<u>女の人</u>はこのあとまず何をしますか。

男: ちょっと、田中さん。学生のころ、ホームページの制作会社でバイトをしてたって言ってたよね?

女: ええ、してましたよ。

男: 会社のホームページを新しくしようと思っているんだけど、その会社、紹介してくれない?

女: ええ、いいですよ。

男: 再来月の新しい社長の就任のタイミングで新しくしたいんだよ。

女: 再来月ですか?でしたら、ちょっと難しいと思いますよ。先週、その会社の人に会ったんですが、忙しそうで年内は新しい仕事が受けられないって言ってましたよ。

男: そうなんだ。

女: あ、知り合いにフリーで働いている人がいるんですが、その人はどうですか。大手メーカーのホームページも作成しているらしいですよ。デザインが新しくて、結構いいんです。鈴木さんっていう方なんですが。

男: じゃあ、悪いけど連絡先教えてくれない?

女: 友達の知り合いですので、<u>友達に連絡先、聞いておきますね。</u>

男: 頼むよ。連絡先わかったら教えて。私から連絡してみるから。

女: わかりました。すぐ、お伝えします。

女の人はこのあとまず何をしますか。

[문제지]

1 男の人に会社を紹介する
2 鈴木さんの連絡先を聞く
3 鈴木さんに連絡する
4 男の人に連絡先を伝える

해석 회사에서 남자와 여자가 이야기하고 있습니다. <u>여자는 이 다음에 우선 무엇을 합니까?</u>

남: 잠깐만, 다나카 씨. 학생 때, 홈페이지 제작 회사에서 아르바이트를 했다고 말했지?

여: 네, 했었어요.

남: 회사 홈페이지를 새롭게 하려고 생각하고 있는데, 그 회사, 소개해주지 않을래?

여: 네, 좋아요.

남: 다다음 달 새로운 사장님의 취임 타이밍에 새롭게 하고 싶어.

여: 다다음 달이요? 그럼, 좀 어렵다고 생각해요. 지난주, 그 회사 사람이랑 만났는데요, 바쁘다면서 연내에는 새 일을 받을 수 없다고 말했어요.

남: 그렇구나.

여: 아, 지인 중에 프리랜서로 일하고 있는 사람이 있는데요, 그 사람은 어때요? 대기업 홈페이지도 작성하고 있는 것 같아요. 디자인이 새로워서, 제법 괜찮아요. 스즈키 씨라는 분인데요.

남: 그럼, 미안하지만 연락처 가르쳐주지 않을래?

여: 친구의 지인이라서, <u>친구에게 연락처, 물어봐 둘게요.</u>

남: 부탁할게. 연락처 알게 되면 가르쳐줘. 내가 연락해볼 테니까.

여: 알겠습니다. 바로, 전할게요.

여자는 이 다음에 우선 무엇을 합니까?

1 남자에게 회사를 소개한다
2 스즈키 씨의 연락처를 묻는다
3 스즈키 씨에게 연락한다

4 남자에게 연락처를 전한다

해설 1 '회사 소개', 2 '스즈키 씨의 연락처 묻기', 3 '스즈키 씨에게 연락', 4 '연락처 전달' 중 여자가 가장 먼저 해야 할 일을 묻는 문제이다. 남자가 스즈키 씨의 연락처를 알려달라고 하자, 여자가 友達に連絡先、聞いておきますね(친구에게 연락처, 물어봐 둘게요)라고 했으므로, 2 鈴木さんの連絡先を聞く(스즈키 씨의 연락처를 묻는다)가 정답이다. 1은 시간 관계상 어렵다고 했고, 3은 남자가 해야 할 일이며, 4는 연락처를 알게 된 다음에 해야 할 일이므로 오답이다.

어휘 ホームページ 몡 홈페이지　制作会社 せいさくがいしゃ 몡 제작회사
バイト 몡 아르바이트　紹介 しょうかい 몡 소개
再来月 さらいげつ 몡 다다음 달　社長 しゃちょう 몡 사장님, 사장
就任 しゅうにん 몡 취임　タイミング 몡 타이밍
年内 ねんない 몡 연내　受ける うける 동 받다
知り合い しりあい 몡 지인, 아는 사람　フリー 몡 프리랜서, 자유로움
大手メーカー おおてメーカー 몡 대기업　作成 さくせい 몡 작성
デザイン 몡 디자인　連絡先 れんらくさき 몡 연락처
伝える つたえる 동 전하다, 전달하다

☞ 문제 2의 디렉션과 예제를 들려줄 때 1번부터 6번까지의 선택지를 미리 읽고 내용을 재빨리 파악해둡니다. 음성에서 では、始めます(그러면, 시작합니다)가 들리면, 곧바로 문제 풀 준비를 합니다.

음성 디렉션과 예제

問題2では、まず質問を聞いてください。そのあと、問題用紙のせんたくしを読んでください。読む時間があります。それから話を聞いて、問題用紙の1から4の中から、最もよいものを一つ選んでください。

喫茶店で店員と男の人が話しています。男の人がこの店に通う一番の目的は何ですか。

女: いつもお越しくださってありがとうございます。
男: こちらこそいつも長い時間すみません。ここにいるとつい時間を忘れてしまいますね。気づいたらこんな時間になっちゃってて、びっくりしました。すみません。
女: いえいえ。ここはお客様に普段の生活から離れて、のんびりしていただくことが目的ですのでごゆっくりどうぞ。ちょっと不便なところで申し訳ないんですが。
男: いやいや。集中して読書がしたいときは、こんな環境がぴったりなんですよ。今日は風の音を楽しみながら読書ができて、やっぱり私は自然が好きなんだなって思いました。自然がいっぱいの田舎で育ちましたので。
女: それはよかったです。ありがとうございます。
男: それに加えて、こちらのケーキはどれもおいしいですから。いつもどれにするか迷っちゃうんですよね。

女: ありがとうございます。来週からケーキの種類も増やす予定ですので、またぜひお越しください。
男: そうなんですか。それは楽しみです。

男の人がこの店に通う一番の目的は何ですか。

最もよいものは2番です。解答用紙の問題2の例のところを見てください。最もよいものは2番ですから、答えはこのように書きます。では、始めます。

[문제지]
1 長い時間、ゆっくりしたいから
2 集中して本を読みたいから
3 田舎の自然を思い出したいから
4 おいしいケーキが食べたいから

해석 문제 2에서는 우선 질문을 들어주세요. 그 뒤, 문제 용지의 선택지를 읽어주세요. 읽는 시간이 있습니다. 그리고 나서 이야기를 듣고, 문제 용지의 1에서 4 중에, 가장 알맞은 것을 하나 골라주세요.

찻집에서 점원과 남자가 이야기하고 있습니다. 남자가 이 가게에 다니는 가장 큰 목적은 무엇입니까?

여: 언제나 와 주셔서 감사합니다.
남: 저야말로 언제나 오랜 시간 죄송합니다. 여기에 있으면 그만 시간을 잊어버리네요. 알아차리면 이런 시간이 되어버려서, 깜짝 놀랐어요. 죄송합니다.
여: 아뇨 아뇨. 여기는 손님이 평소의 생활로부터 떨어져서, 느긋하게 있어 주시는 것이 목적이니까 편안히 계세요. 조금 불편한 곳이라 죄송합니다만.
남: 아뇨 아뇨. 집중해서 독서를 하고 싶을 때는, 이런 환경이 딱이에요. 오늘은 바람 소리를 즐기면서 독서할 수 있어서, 역시 나는 자연을 좋아하는구나라고 생각했어요. 자연이 가득한 시골에서 자랐어요.
여: 그건 다행이네요. 감사합니다.
남: 거기에다가, 여기 케이크는 어느 것이나 다 맛있으니까요. 항상 어느 것으로 할지 망설여버려요.
여: 감사합니다. 다음 주부터 케이크 종류도 늘릴 예정이니까, 다시 꼭 와주세요.
남: 그래요? 그거 기대되네요.

남자가 이 가게에 다니는 가장 큰 목적은 무엇입니까?

가장 알맞은 것은 2번입니다. 답안 용지의 문제 2의 예시 부분을 봐주세요. 가장 알맞은 것은 2번이기 때문에, 정답은 이렇게 표시합니다. 그러면, 시작합니다.

1 오랜 시간, 편안히 있고 싶기 때문에
2 집중해서 책을 읽고 싶기 때문에
3 시골의 자연을 회상하고 싶기 때문에
4 맛있는 케이크가 먹고 싶기 때문에

1

[음성]

カフェで店長が話しています。店長は売り上げを上げるためにどうすると言っていますか。

女: 店はここ最近売り上げが低迷しています。昨年好評だった季節限定メニューを今年も引き続き販売しましたが、残念ながら目に見える変化はありませんでした。SNSでの宣伝にも相変わらず力を入れていますが、売り上げには繋がっていないようです。そこで、今月からテイクアウト用コーヒーの割引を始めようと思います。当店はお客様に居心地の良い時間を提供するべくインテリアにこだわっていることもあり、価格が安いほうではありません。テイクアウトは低価格のほうが有利な傾向にあるため、お客様が増えるのではないかと考えます。

店長は売り上げを上げるためにどうすると言っていますか。

[문제지]
1 春の限定メニューを発売する
2 インターネットで宣伝する
3 持ち帰りメニューの値段を下げる
4 店内のインテリアを変える

해석 카페에서 점장이 이야기하고 있습니다. **점장은 매출을 올리기 위해 어떻게 한다고 말하고 있습니까?**

여: 가게는 최근 매출이 침체되고 있습니다. 작년에 호평이었던 계절 한정 메뉴를 올해도 이어서 판매했지만, 유감스럽게도 눈에 보이는 변화는 없었습니다. SNS에서의 홍보에도 변함없이 힘을 쏟고 있지만, **매출로는 이어지지 않은 것 같습니다. 그래서, 이번 달부터 테이크 아웃용 커피의 할인을 시작하려고 합니다.** 우리 가게는 손님들에게 편안한 시간을 제공하기 위해 인테리어에 공들이고 있는 점도 있어, 가격이 저렴한 편이 아닙니다. 테이크 아웃은 저렴한 가격인 편이 유리한 경향이 있기 때문에, 손님이 늘어나지 않을까 생각합니다.

점장은 매출을 올리기 위해 어떻게 한다고 말하고 있습니까?

1 봄 한정 메뉴를 출시한다
2 인터넷에서 홍보한다
3 포장 메뉴의 가격을 낮춘다
4 가게 내부의 인테리어를 바꾼다

해설 점장이 매출을 올리기 위해 할 일을 묻는 문제이다. 각 선택지의 핵심 내용은 1 '한정 메뉴 출시', 2 '인터넷에서 홍보', 3 '메뉴 가격 낮추기', 4 '인테리어 바꾸기'이다. 점장이 売り上げには繋がっていないようです。そこで、今月からテイクアウト用コーヒーの割引を始めようと思います(매출로는 이어지지 않은 것 같습니다. 그래서, 이번 달부터 테이크 아웃용 커피의 할인을 시작하려고 합니다)라고 했으므로, **3 持ち帰りメニューの値段を下げる**(테이크 아웃 메뉴의 가격을 낮춘다)가 정답이다. 오답 선택지 1, 2는 이미 한 일이고, 4는 바꾸는 것이 아니라 인테리어에 공들였다는 것이므로 오답이다.

어휘 カフェ 명 카페　店長 てんちょう 명 점장
売り上げ うりあげ 명 매출, 매상　ここ最近 ここさいきん 최근, 요즘
低迷 ていめい 명 침체, 저조　昨年 さくねん 명 작년
好評 こうひょう 명 호평　季節 きせつ 명 계절
限定 げんてい 명 한정　メニュー 명 메뉴　今年 ことし 명 올해
引き続き ひきつづき 부 이어서, 계속　販売 はんばい 명 판매
残念だ ざんねんだ な형 유감스럽다　変化 へんか 명 변화
宣伝 せんでん 명 홍보, 선전　相変わらず あいかわらず 부 변함없이
力を入れる ちからをいれる 힘을 쏟다　繋がる つながる 동 이어지다
そこで 접 그래서　今月 こんげつ 명 이번 달
テイクアウト 명 테이크 아웃　割引 わりびき 명 할인
始める はじめる 동 시작하다　当店 とうてん 명 우리 가게
居心地の良い いごこちのよい 편안하다, 아늑하다
提供 ていきょう 명 제공　インテリア 명 인테리어
こだわる 동 공들이다, 신경 쓰다　価格 かかく 명 가격
低価格 ていかかく 저렴한 가격　有利だ ゆうりだ な형 유리하다
傾向 けいこう 명 경향　増える ふえる 동 늘어나다
インターネット 명 인터넷　持ち帰り もちかえり 명 포장, 테이크 아웃
値段 ねだん 명 가격　店内 てんない 명 가게 내부

2

[음성]

会社で男の人と女の人が話しています。来週のミーティングの目的は何ですか。

男: 週明けのミーティングの資料がまとまったので、見ていただけますか。

女: ええ。5月に実施した市場調査の結果、先月の売り上げ、新商品のサンプル写真ね…。

男: どうでしょうか。

女: 売り上げのデータは大丈夫そうね。悪いけど、調査結果のところを、もう少し分かりやすくまとめてもらえる? グラフも入れるといいと思う。調査の結果を報告するのがメインだからね。

男: 分かりました。

女: あと、この写真だけど、新商品の包装の色は、たしか変更になったんじゃなかった?

男: はい。そうなんですが、変更後の写真がまだ届いていないんです。

女: そうなの。まあ、新商品の資料は参考として添付するだけだから、この写真のままでも問題ないでしょう。

男: はい。

来週のミーティングの目的は何ですか。

[문제지]
1 新商品の写真をさつえいする
2 ほうそうの色をへんこうする

3 今月の売り上げを知らせる
4 調査結果について知らせる

해석 회사에서 남자와 여자가 이야기하고 있습니다. 다음 주 미팅의 목적은 무엇입니까?
남: 다음 주 초의 미팅 자료가 정리되어서, 봐주실 수 있나요?
여: 그래. 5월에 실시한 시장조사 결과, 저번 달 매상, 신상품의 샘플 사진 말이지….
남: 어떤가요?
여: 매상 데이터는 괜찮은 것 같네. 미안한데, 조사 결과 부분을, 조금 더 알기 쉽게 정리해 줄 수 있어? 그래프도 넣으면 좋을 거라고 생각해. 조사 결과를 보고하는 것이 메인이니까.
남: 알겠습니다.
여: 그리고, 이 사진 말인데, 신상품의 포장색은, 분명 변경되지 않았나?
남: 네. 그렇지만, 변경 후의 사진이 아직 도착하지 않았어요.
여: 그래? 뭐, 신상품의 자료는 참고로서 첨부하는 것뿐이니까, 이 사진 그대로도 문제없겠지.
남: 네.

다음 주 미팅의 목적은 무엇입니까?
1 신상품의 사진을 촬영한다
2 포장 색을 변경한다
3 이번 달 매상을 알린다
4 조사 결과에 대해서 알린다

해설 다음 주 미팅의 목적을 묻는 문제이다. 각 선택지의 핵심 내용은 1 '사진 촬영', 2 '포장색 변경', 3 '매상 보고', 4 '조사 결과 보고'이다. 여자가 調査の結果を報告するのがメインだからね(조사 결과를 보고하는 것이 메인이니까)라고 했으므로, 4 調査結果について知らせる(조사 결과에 대해서 알린다)가 정답이다. 오답 선택지 1은 언급되지 않았고, 2는 미팅 전의 일이며, 3은 이번 달이 아닌 저번 달 매상의 조사 결과를 알리는 것이므로 오답이다.

어휘 週明け しゅうあけ 몡 다음 주 초 ミーティング 몡 미팅
資料 しりょう 몡 자료 まとまる 图 정리되다, 완성되다
実施 じっし 몡 실시 市場 しじょう 몡 시장 調査 ちょうさ 몡 조사
結果 けっか 몡 결과 売り上げ うりあげ 몡 매상
新商品 しんしょうひん 몡 신상품 サンプル 몡 샘플
データ 몡 데이터 グラフ 몡 그래프 報告 ほうこく 몡 보고
メイン 몡 메인 包装 ほうそう 몡 포장 たしか 튀 분명
変更 へんこう 몡 변경 届く とどく 图 도착하다
参考 さんこう 몡 참고 添付 てんぷ 몡 첨부 さつえい 몡 촬영
知らせる しらせる 图 알리다

3

[음성]
テレビでホテルの人が話しています。ホテルの人はホテルのロボットがどんなことをしていると言っていますか。
男: 当ホテルでは人間のスタッフと共にロボットのスタッフが活躍しています。ロボットというと掃除をしたり荷物を運んだりするような業務を想像するかもしれませんが、当ホテルのロボットはロビーでお客様に客室を案内することが主な役割です。お客様がロボットの前で予約者の名前と電話番号を言うと、部屋番号をお知らせし、カードキーをお渡しします。英語や中国語にも対応しているため、海外からのお客様にもスムーズに応対することが可能です。今後は、決まったやり取りだけでなく、あらゆる質問に答えられるような機能を持ったロボットを導入する計画です。

ホテルの人はホテルのロボットがどんなことをしていると言っていますか。

[문제지]
1 ロビーを掃除すること
2 部屋がどこか伝えること
3 予約を管理すること
4 客の質問に答えること

해석 TV에서 호텔 사람이 이야기하고 있습니다. 호텔 사람은 호텔의 로봇이 어떤 일을 하고 있다고 말하고 있습니까?
남: 저희 호텔에서는 인간 스태프와 함께 로봇 스태프가 활약하고 있습니다. 로봇이라고 하면 청소를 하거나 짐을 운반하거나 하는 업무를 상상할지도 모르겠지만, 저희 호텔의 로봇은 로비에서 손님에게 객실을 안내하는 것이 주된 역할입니다. 손님이 로봇 앞에서 예약자 이름과 전화번호를 말하면, 방 번호를 안내하고, 카드 키를 건네드립니다. 영어와 중국어에도 대응하기 때문에, 해외에서의 손님에게도 원활하게 응대하는 것이 가능합니다. 앞으로는, 정해진 상호작용뿐만 아니라, 온갖 질문에 답변할 수 있는 기능을 가진 로봇을 도입할 계획입니다.

호텔 사람은 호텔의 로봇이 어떤 일을 하고 있다고 말하고 있습니까?
1 로비를 청소하는 것
2 방이 어디인지 전달하는 것
3 예약을 관리하는 것
4 손님의 질문에 답변하는 것

해설 호텔의 로봇이 어떤 일을 하고 있는지 묻는 문제이다. 각 선택지의 핵심 내용은 1 '로비 청소', 2 '방이 어디인지 전달', 3 '예약 관리', 4 '질문에 답변'이다. 호텔 사람이 当ホテルのロボットはロビーでお客様に客室を案内することが主な役割です(저희 호텔의 로봇은 로비에서 손님에게 객실을 안내하는 것이 주된 역할입니다)라고 했으므로, 2 部屋がどこか伝えること(방이 어디인지 전달하는 것)가 정답이다. 오답 선택지 1은 로봇이 할 거라고 상상하는 일이고, 3은 언급되지 않았으며, 4는 앞으로 도입할 로봇의 기능이므로 오답이다.

어휘 ホテル 몡 호텔 ロボット 몡 로봇 当ホテル とうホテル 저희 호텔
人間 にんげん 몡 인간 スタッフ 몡 스태프, 직원
~と共に ~とともに ~와 함께 活躍 かつやく 몡 활약
掃除 そうじ 몡 청소 荷物 にもつ 몡 짐
運ぶ はこぶ 图 운반하다, 나르다 業務 ぎょうむ 몡 업무

일본어	읽기	품사	뜻
想像	そうぞう	명	상상
ロビー		명	로비
客室	きゃくしつ	명	객실
案内	あんない	명	안내
主だ	おもだ	な형	주되다
役割	やくわり	명	역할
予約者	よやくしゃ	명	예약자
電話番号	でんわばんごう	명	전화번호
部屋	へや	명	방
番号	ばんごう	명	번호
知らせる	しらせる	동	안내하다, 알리다
カードキー		명	카드 키
渡す	わたす	동	건네다
英語	えいご	명	영어
中国語	ちゅうごくご	명	중국어
対応	たいおう	명	대응
海外	かいがい	명	해외
スムーズだ		な형	원활하다
応対	おうたい	명	응대
可能だ	かのうだ	な형	가능하다
今後	こんご	명	앞으로, 향후
決まる	きまる	동	결정되다
やり取り	やりとり	명	상호작용, 주고받음
あらゆる			온갖
質問	しつもん	명	질문
答える	こたえる	동	답변하다
機能	きのう	명	기능
導入	どうにゅう	명	도입
計画	けいかく	명	계획
伝える	つたえる	동	전달하다
管理	かんり	명	관리

4

[음성]

会社で男の人と女の人が話しています。女の人はこの小説家のどんなところが一番魅力的だと言っていますか。

男: 何読んでるの?

女: あ、これ。「記憶のかけら」。この作家の作品が好きで、新作が出たら必ず読んでるんだ。

男: そうだったんだ。僕もその作家の大ファンだよ。この間のサイン会も行ってきたくらい。

女: えーうらやましい。私は特にこの作家の推理小説が好きなんだけど、トリックが巧みすぎて、その発想力には毎回びっくりしちゃう。天才ってこういう人のことを言うんだろうね。

男: 分かる分かる。あと、登場人物の感情描写も上手だよね。読んでると、いつの間にか感情移入してるんだ。個人的には語彙選択って言うの?この作家の表現の仕方もとても魅力的で好きなんだよね。

女: うんうん。私が特に魅力を感じるのは作品の中で社会問題を鋭く指摘してるところかな。読んだ後に色々考えさせられることが多くて。ただの物語で終わらないっていうか。

男: ああ、確かに。どの作品でも取り上げられてるよね。

女の人はこの小説家のどんなところが一番魅力的だと言っていますか。

[문제지]
1 巧みなトリックを用いるところ
2 登場人物の描写が上手なところ
3 文章の表現力が豊かなところ
4 社会問題を取り上げているところ

해석 회사에서 남자와 여자가 이야기하고 있습니다. 여자는 이 소설가의 어떤 점이 가장 매력적이라고 말하고 있습니까?

남: 뭐 읽고 있어?

여: 아, 이거. '기억의 조각'. 이 작가의 작품을 좋아해서, 신작이 나오면 꼭 읽고 있어.

남: 그랬구나. 나도 그 작가 광팬이야. 요전의 사인회도 다녀왔을 정도로.

여: 와 부럽다. 나는 특히 이 작가의 추리 소설을 좋아하는데, 트릭이 너무 교묘해서, 그 발상력에는 매번 놀라 버려. 천재란 이런 사람을 말하는 거겠지.

남: 알아 알아. 그리고, 등장 인물의 감정 묘사도 잘하지. 읽다 보면, 어느새 감정 이입하고 있어. 개인적으로는 어휘 선택이라고 하나? 이 작가의 표현 방식도 매우 매력적이어서 좋아해.

여: 응응. 내가 특히 매력을 느끼는 것은 작품 속에서 사회 문제를 날카롭게 지적하고 있는 점이려나. 읽은 후에 여러 가지 생각을 하게 되는 게 많아서. 그냥 이야기로 끝나지 않는다고 할까.

남: 아, 확실히. 어느 작품에서도 거론되고 있지.

여자는 이 소설가의 어떤 점이 가장 매력적이라고 말하고 있습니까?

1 교묘한 트릭을 쓰는 점
2 등장 인물 묘사가 능숙한 점
3 문장의 표현력이 풍부한 점
4 사회 문제를 거론하고 있는 점

해설 여자가 소설가의 어떤 점이 가장 매력적이라고 했는지 묻는 문제이다. 각 선택지의 핵심 내용은 1 '교묘한 트릭', 2 '등장 인물 묘사가 능숙함', 3 '문장의 표현력', 4 '사회 문제를 거론하는 점'이다. 여자가 私が特に魅力を感じるのは作品の中で社会問題を鋭く指摘してるところかな(내가 특히 매력을 느끼는 것은 작품 속에서 사회 문제를 날카롭게 지적하고 있는 점이려나)라고 했으므로, 4 社会問題を取り上げているところ(사회 문제를 거론하고 있는 점)가 정답이다. 오답 선택지 1은 여자가 놀라는 점이고, 2, 3은 남자가 매력적이라고 느끼는 점이므로 오답이다.

어휘 小説家 しょうせつか 명 소설가
魅力的だ みりょくてきだ な형 매력적이다   記憶 きおく 명 기억
かけら 명 조각   作家 さっか 명 작가   新作 しんさく 명 신작
大ファン だいファン 명 광팬   この間 このあいだ 명 저번
サイン会 サインかい 명 사인회   うらやましい い형 부럽다
推理 すいり 명 추리   トリック 명 트릭
巧みだ たくみだ な형 교묘하다   発想力 はっそうりょく 명 발상력
毎回 まいかい 매번   天才 てんさい 명 천재
登場人物 とうじょうじんぶつ 명 등장인물   感情 かんじょう 명 감정
描写 びょうしゃ 명 묘사   いつの間にか いつのまにか 어느새
移入 いにゅう 명 이입   個人的だ こじんてきだ な형 개인적이다
語彙 ごい 명 어휘   選択 せんたく 명 선택   表現 ひょうげん 명 표현
魅力 みりょく 명 매력   感じる かんじる 동 느끼다
鋭い するどい い형 날카롭다   指摘 してき 명 지적
色々 いろいろ 명 여러 가지   ただ 명 그냥
物語 ものがたり 명 이야기   取り上げる とりあげる 동 거론하다
用いる もちいる 동 쓰다   豊かだ ゆたかだ な형 풍부하다

5

[음성]

電話で女の学生と男の学生が話しています。男の学生はどうして学校に行けないと言っていますか。

女：もしもし、石田君？おはよう。
男：ああ、おはよう。どうしたの？
女：どうしたって、今日、9時からの授業に出るって言ってたのに、いなかったから。風邪、ひどくなったの？
男：ああ、ごめん。風邪はもう大丈夫。熱もないし、実は、昨日の夜、近所で事故があってさ。これから警察に行くところなんだ。
女：え？警察？どうして？石田君が事故に遭ったんじゃないよね。
男：そうなんだけど、他に見ていた人がいなくて。車同士がぶつかったんだけど、運転手の言っていることがそれぞれ違っているとかで、それで、僕が警察に呼ばれたってわけ。今日はもう行けないかも。
女：へえ。ところで伊藤先生のレポート、まだだよね？
男：あっ！忘れてた。明日持って行ったら、怒られるよなあ。行きたくないなあ。
女：だめだめ。明日は学校に来てね。

男の学生はどうして学校に行けないと言っていますか。

[문제지]

1 かぜを引いたから
2 事故にあったから
3 けいさつに行くから
4 レポートがまだだから

해석 전화로 여학생과 남학생이 이야기하고 있습니다. 남학생은 왜 학교에 갈 수 없다고 말하고 있습니까?

여: 여보세요, 이시다 군? 안녕.
남: 아, 안녕. 무슨 일이야?
여: 무슨 일이냐니, 오늘, 9시부터인 수업에 나온다고 말했는데, 없어서. 감기, 심해진 거야?
남: 아, 미안. 감기는 이제 괜찮아. 열도 없고. 실은, 어젯밤, 근처에서 사고가 있어서. 이제부터 경찰서에 가는 참이야.
여: 뭐? 경찰서? 어째서? 이시다 군이 사고를 당한 건 아니지?
남: 그렇긴 한데, 달리 본 사람이 없어서. 차끼리 부딪혔는데, 운전자가 말하고 있는 것이 각기 다르다며, 그래서, 내가 경찰서에 불린 거야. 오늘은 이제 갈 수 없을지도.
여: 흠. 그런데 이토 선생님의 리포트, 아직이지?
남: 앗! 잊고 있었어. 내일 가지고 가면, 혼나겠지. 가고 싶지 않네.
여: 안돼, 안돼. 내일은 학교에 와.

남학생은 왜 학교에 갈 수 없다고 말하고 있습니까?

1 감기에 걸렸기 때문에
2 사고를 당했기 때문에
3 경찰서에 가기 때문에
4 리포트가 아직이기 때문에

해설 남학생이 학교에 갈 수 없는 이유를 묻는 문제이다. 각 선택지의 핵심 내용은 1 '감기에 걸려서', 2 '사고를 당해서', 3 '경찰서에 가서', 4 '리포트가 아직이어서'이다. 남학생이 これから警察に行くところなんだ(이제부터 경찰서에 가는 참이야)라고 했으므로, 3 けいさつに行くから(경찰서에 가기 때문에)가 정답이다. 오답 선택지 1은 이제 괜찮다고 했고, 2는 남학생이 당한 것이 아니며, 4는 오늘 학교에 갈 수 없는 이유가 아니므로 오답이다.

어휘 ひどい [い형] 심하다 熱 ねつ [명] 열 実は じつは [부] 실은
事故 じこ [명] 사고 警察 けいさつ [명] 경찰서, 경찰
遭う あう [동] 당하다, 겪다 他に ほかに [부] 달리 同士 どうし [명] 끼리
ぶつかる [동] 부딪치다 運転手 うんてんしゅ [명] 운전자, 운전수
それぞれ [부] 각기 ところで [접] 그런데 レポート [명] 리포트
怒る おこる [동] 혼내다, 꾸짖다 だめだ [な형] 안되다
かぜを引く かぜをひく 감기에 걸리다

6

[음성]

テレビでアナウンサーと女の人が話しています。女の人は何が問題だと言っていますか。

男：今日は子ども宇宙科学館の館長の森田先生にお話を伺います。子ども宇宙科学館では今、どのようなことに取り組んでいらっしゃいますか。
女：はい、子ども宇宙科学館では、毎月第一土曜日に星の観察会を行っています。
男：星の観察会ですか。
女：はい。毎回、多くのお子さんたちがお父さんやお母さんと一緒に参加してくれています。それから、こちらは日曜ですが、大学などで月や星の研究をしている先生方に来ていただいて、現在の科学でわかっていること、まだわかっていないことについて勉強する会を開いています。
男：おもしろそうですね。そちらも参加者は多いですか。
女：それが、残念ながら、勉強会の参加者は年々、少なくなっています。月や星が好きなお子さんがいても、お父さんやお母さんのほうに興味がなかったり、時間がなかったりして、お子さんを連れて来ないようです。
男：科学に対する興味がないことが問題だということですね。
女：いえ、科学だけじゃないんです。とにかく親が忙しくて、子供の興味を伸ばすことに時間を使えないんですね。

女の人は何が問題だと言っていますか。

[문제지]

1 科学にはまだわからないことが多いこと
2 勉強会への参加者が減っていること
3 科学にきょうみがない子供が増えたこと
4 親が子供のために時間を使えないこと

해석 텔레비전에서 아나운서와 여자가 이야기하고 있습니다. 여자는 무엇이 문제라고 말하고 있습니까?

남: 오늘은 어린이 우주과학관의 관장인 모리타 선생님에게 이야기를 듣겠습니다. 어린이 우주과학관에서는 지금, 어떤 일에 임하고 계시나요?

여: 네, 어린이 우주과학관에서는, 매월 첫 번째 토요일에 별 관찰회를 실시하고 있습니다.

남: 별 관찰회요?

여: 네. 매회, 많은 어린이가 아버지나 어머니와 함께 참가해주고 있습니다. 그리고, 이쪽은 일요일입니다만, 대학 등에서 달이나 별 연구를 하고 있는 선생님들이 와 주셔서, 현재의 과학에서 알고 있는 것, 아직 모르는 것에 대해서 공부하는 모임을 열고 있습니다.

남: 재미있을 것 같군요. 그쪽도 참가자는 많나요?

여: 그것이, 유감스럽게도, 공부 모임의 참가자는 해마다, 적어지고 있습니다. 달과 별을 좋아하는 어린이가 있어도, 아버지나 어머니 쪽이 흥미가 없거나, 시간이 없거나 해서, 어린이를 데리고 오지 않는 것 같습니다.

남: 과학에 대한 흥미가 없는 것이 문제라는 거군요.

여: 아뇨, 과학만이 아닙니다. 어쨌든 부모가 바빠서, 아이의 흥미를 늘리는 것에 시간을 쓸 수 없는 것이지요.

여자는 무엇이 문제라고 말하고 있습니까?

1 과학에는 아직 모르는 것이 많은 것
2 공부 모임으로의 참가자가 줄고 있는 것
3 과학에 흥미가 없는 아이가 늘어난 것
4 부모가 아이를 위해 시간을 쓸 수 없는 것

해설 여자가 말하는 문제가 무엇인지 묻는 문제이다. 각 선택지의 핵심 내용은 1 '과학에는 모르는 것이 많은 것', 2 '공부 모임의 참가자가 줄고 있는 것', 3 '과학에 흥미 없는 아이가 늘어난 것', 4 '부모가 아이를 위해 시간을 쓸 수 없는 것'이다. 여자가 とにかく親が忙しくて、子供の興味を伸ばすことに時間を使えないんですね(어쨌든 부모가 바빠서, 아이의 흥미를 늘리는 것에 시간을 쓸 수 없는 것이지요)라고 했으므로, 4 親が子供のために時間を使えないこと(부모가 아이를 위해 시간을 쓸 수 없는 것)가 정답이다. 오답 선택지 1은 걱정이라고 언급되지 않았고, 2는 근본적인 문제가 아니며, 3은 언급되지 않았으므로 오답이다.

어휘 宇宙科学館 うちゅうかがくかん 몡 우주과학관
館長 かんちょう 몡 관장 取り組む とりくむ 동 임하다, 몰두하다
第一 だいいち 몡 첫 번째 星 ほし 몡 별
観察会 かんさつかい 몡 관찰회 行う おこなう 동 실시하다, 행하다
毎回 まいかい 몡 매회 多く おおく 몡 많음 参加 さんか 몡 참가
月 つき 몡 달 研究 けんきゅう 몡 연구 現在 げんざい 몡 현재
科学 かがく 몡 과학 開く ひらく 동 열다
残念だ ざんねんだ 형 유감스럽다 参加者 さんかしゃ 몡 참가자
年々 ねんねん 뷔 해마다, 매해 興味 きょうみ 몡 흥미

連れて来る つれてくる 데리고 오다 とにかく 뷔 어쨌든
伸ばす のばす 동 늘리다 減る へる 동 줄다 増える ふえる 동 늘다

☞ 문제 3은 문제지에 아무것도 인쇄되어 있지 않습니다. 따라서, 예제를 들려줄 때, 그 내용을 들으면서 개요이해의 문제 풀이 전략을 떠올려 봅니다. 음성에서 では、始めます(그러면, 시작합니다)가 들리면, 곧바로 문제 풀 준비를 합니다.

음성 디렉션과 예제

問題3では、問題用紙に何もいんさつされていません。この問題は、全体としてどんな内容かを聞く問題です。話の前に質問はありません。まず話を聞いてください。それから、質問とせんたくしを聞いて、1から4の中から、最もよいものを一つ選んでください。

会社のパーティーで女性の社長が話しています。

女: 皆さん、今年もこのように多くの若者が私達の会社のメンバーとして働いてくれることになりました。今年、入社した皆さんには、ぜひ積極的に仕事をしてほしいと思います。これから仕事を始める皆さんは、日本だけでなく世界中の人々がビジネスの相手となります。まず1年、ご自分の英語の力を伸ばし、仕事で使えるレベルにしてください。1年目は任される仕事もあまり多くないですが、2年、3年と仕事を続けていくと、どんどん忙しくなるでしょう。時間が使える今がチャンスなのです。どうかそれを忘れずに、**時間を有効に活用してください**。これからの皆さんに期待しています。

社長は何について話していますか。
1 積極的に働く社員の紹介
2 新入社員にしてほしいこと
3 社員の仕事の忙しさ
4 時間を上手に使う方法

最もよいものは2番です。解答用紙の問題3の例のところを見てください。最もよいものは2番ですから、答えはこのように書きます。では、始めます。

해석 문제 3에서는 문제 용지에 아무것도 인쇄되어 있지 않습니다. 이 문제는, 전체적으로 어떤 내용인지를 묻는 문제입니다. 이야기 전에 질문은 없습니다. 우선 이야기를 들어주세요. 그리고 나서, 질문과 선택지를 듣고, 1에서 4 중에, 가장 알맞은 것을 하나 골라주세요.

회사의 파티에서 여성 사장이 이야기하고 있습니다.

여: 여러분, 올해도 이렇게 많은 젊은이가 우리 회사의 멤버로서 일해주게 되었습니다. 올해, 입사한 여러분에게는, 꼭 적극적으로 일을 해 주시기 바란다고 생각합니다. 앞으로 일을 시작하는 여러분은, 일본뿐만 아니라 전 세계 사람들이 비즈니스 상대가 됩니다. 우선 1년, 자신의 영어 능력을 키우고, 일에서 사용할 수 있

는 레벨로 해 주세요. 1년째는 맡을 일도 그다지 많지 않습니다만, 2년, 3년 일을 계속해 가면, 점점 바빠질 것입니다. 시간을 쓸 수 있는 지금이 기회인 것입니다. 부디 그것을 잊지 말고, **시간을 유효하게 활용해 주세요.** 앞으로의 여러분에게 기대하고 있습니다.

사장은 무엇에 대해 이야기하고 있습니까?

1 적극적으로 일하는 사원 소개
2 신입사원에게 해 주길 바라는 점
3 사원의 일의 바쁨
4 시간을 잘 쓰는 방법

가장 알맞은 것은 2번입니다. 답안 용지의 문제 3의 예시 부분을 봐 주세요. 가장 알맞은 것은 2번이기 때문에, 정답은 이렇게 표시합니다. 그러면, 시작합니다.

1

[음성]
ラジオで女の人が話しています。

女: ラジオをお聞きの皆さん、一人旅をされたことがありますか。この番組では先日、一人旅の経験がある20代から50代の方にアンケート調査を行いました。多くの方が一人で旅行されているんですね。なぜ一人旅をするかという質問に対しては、「人に気を遣わなくていい」「その日の気分で予定を変更できる」「旅先で自分の趣味に時間を使える」などいろいろなご意見が集まりました。なるほど、自由に旅行したい人には、一人旅がおすすめなのかもしれません。

女の人は何について話していますか。
1 アンケート調査の仕方
2 一人旅をする理由
3 意見を集めることのよさ
4 自由な旅行の楽しみ方

해석 라디오에서 여자가 이야기하고 있습니다.

여: 라디오를 들으시는 여러분, 혼자서 여행을 하신 적이 있으신가요? 이 프로그램에서는 일전에, 혼자서 여행을 한 경험이 있는 20대에서 50대 분에게 앙케트 조사를 실시하였습니다. 많은 분이 혼자서 여행을 하시고 있네요. 왜 혼자서 여행을 하는가라는 질문에 대해서는, '다른 사람을 신경 쓰지 않아도 된다', '그날의 기분으로 예정을 변경할 수 있다', '여행지에서 자신의 취미에 시간을 쓸 수 있다'등 여러 가지 의견이 모였습니다. 과연, 자유롭게 여행하고 싶은 사람에게는, 혼자서 여행하는 것이 추천일지도 모르겠습니다.

여자는 무엇에 대해 이야기하고 있습니까?
1 앙케트 조사 방법
2 혼자서 여행을 하는 이유
3 의견을 모으는 것의 좋은 점
4 자유로운 여행을 즐기는 방법

해설 상황 설명에서 언급된 화자가 여자 한 명이므로, 주제나 핵심 내용을 묻는 문제가 나올 것임을 예상한다. 여자가 왜 一人旅をするかという質問에 대해서는, 「人に気を遣わなくていい」「その日の気分で予定を変更できる」「旅先で自分の趣味に時間を使える」などいろいろなご意見が集まりました(왜 혼자서 여행을 하는가라는 질문에 대해서는, '다른 사람을 신경 쓰지 않아도 된다', '그날의 기분으로 예정을 변경할 수 있다', '여행지에서 자신의 취미에 시간을 쓸 수 있다'등 여러 가지 의견이 모였습니다)라고 했다. 질문에서 여자가 무엇에 대해 이야기하고 있는지 묻고 있으므로, 2 一人旅をする理由(혼자서 여행을 하는 이유)가 정답이다.

어휘 一人旅 ひとりたび 명 혼자서 하는 여행　経験 けいけん 명 경험
アンケート 명 앙케트　調査 ちょうさ 명 조사
行う おこなう 동 실시하다　多く おおく 명 많음
気を遣う きをつかう 신경을 쓰다　気分 きぶん 명 기분
予定 よてい 명 예정　変更 へんこう 명 변경
旅先 たびさき 명 여행지　趣味 しゅみ 명 취미　意見 いけん 명 의견
集まる あつまる 동 모이다　なるほど 부 과연
自由だ じゆうだ な형 자유롭다　おすすめ 명 추천
方法 ほうほう 명 방법　理由 りゆう 명 이유
集める あつめる 동 모으다　楽しみ方 たのしみかた 명 즐기는 방법

2

[음성]
大学で先生が話しています。

男: えー、これからの日本は、少子高齢化が進み、ますます労働人口が減っていきます。人手不足に悩んでいる会社も、もっと多くなっていくでしょう。そこで、これから増える高齢者に、もう一度働いてもらうという方法が考えられています。それは、単なる退職年齢の延長ではなく、経験豊かな高齢者が若い社員を育てたり、お客様に安心感を与えるなどのメリットも期待されるアイディアです。つまり、健康で働きたい高齢者の活用は、人手不足に対する有効な方法になると思います。

この先生は何について話していますか。
1 働く人の数の減り方
2 人手不足の解決方法
3 若い社員を育てるアイディア
4 社員が健康に働ける環境

해석 대학교에서 선생님이 이야기하고 있습니다.

남: 음, 앞으로의 일본은, 저출산 고령화가 진행되고, 점점 노동인구가 감소해 갑니다. 일손 부족으로 고민하는 회사도, 더욱 많아지겠지요. 그래서, 이제부터 늘어날 고령자에게, 한 번 더 일하도록 하는 방법이 생각되고 있습니다. 그것은, 단순한 퇴직 연령의 연장이 아니라, 경험이 풍부한 고령자가 젊은 사원을 키우거나, 고객에게 안심감을 주는 등의 메리트도 기대되는 아이디어입니다. 즉, 건강하고 일하고 싶은 고령자의 활용은, 일손 부족에 대한 유효한 방법이 될 거라고 생각합니다.

이 선생님은 무엇에 대해 이야기하고 있습니까?

1 일하는 사람 수가 줄어드는 방법
2 일손 부족의 해결 방법
3 젊은 사원을 키우는 아이디어
4 사원이 건강하게 일할 수 있는 환경

해설 상황 설명에서 언급된 화자가 선생님 한 명이므로, 주제나 핵심 내용을 묻는 문제가 나올 것임을 예상한다. 선생님이 人手不足に悩んでいる会社(일손 부족으로 고민하는 회사), 健康で働きたい高齢者の活用は、人手不足に対する有効な方法になると思います(건강하고 일하고 싶은 고령자의 활용은, 일손 부족에 대한 유효한 방법이 될 거라고 생각합니다)라고 했다. 질문에서 선생님이 무엇에 대해 이야기하고 있는지 묻고 있으므로, 2 人手不足の解決方法(일손 부족의 해결 방법)가 정답이다.

어휘 日本 にほん 圀일본　少子高齢化 しょうしこうれいか 圀저출산 고령화
進む すすむ 图진행되다　ますます 凰점점
労働人口 ろうどうじんこう 圀노동인구　減る へる 图감소하다
人手不足 ひとでぶそく 圀일손 부족　悩む なやむ 图고민하다
増える ふえる 图늘다　高齢者 こうれいしゃ 圀고령자
もう一度 もういちど 한 번 더　方法 ほうほう 圀방법
考える かんがえる 图생각하다　単なる たんなる 단순한
退職年齢 たいしょくねんれい 圀퇴직 연령
延長 えんちょう 圀연장　経験 けいけん 圀경험
豊かだ ゆたかだ 压형풍부하다　若い わかい い형젊다
社員 しゃいん 圀사원　育てる そだてる 图키우다
お客様 おきゃくさま 圀고객, 손님　安心感 あんしんかん 圀안심감
与える あたえる 图주다　メリット 圀메리트　期待 きたい 圀기대
アイディア 圀아이디어　つまり 凰즉
健康だ けんこうだ 压형건강하다　活用 かつよう 圀활용
有効だ ゆうこうだ 压형유효하다　数 かず 圀수
解決 かいけつ 圀해결　環境 かんきょう 圀환경

3

[음성]
テレビで男の人が話しています。
男: 本屋さんは本のことをよく知っています。その本屋さん達が投票をして、一番おもしろい本を決めるイベントがあります。このイベントで選ばれた本の売り上げが伸びています。ほかの文学賞も話題にはなりますが、作家や評論家が選ぶ本より、日本全国の本屋の店員が投票し、一般の読者の気持ちで選んでいるので、読者に親しみを感じさせるのでしょう。本が売れないと言われている今、このイベントがきっかけとなり、本が売れるようになりました。

男の人は何について話していますか。
1 本屋が行う投票のおもしろさ
2 最近の本の売り上げの変化
3 一般の人の本に対する気持ち
4 本が売れるようになったきっかけ

해석 텔레비전에서 남자가 이야기하고 있습니다.
남: 서점 직원은 책을 잘 알고 있습니다. 그 서점 직원들이 투표를 해서, 가장 재미있는 책을 정하는 이벤트가 있습니다. 이 이벤트에서 뽑힌 책의 매상이 늘고 있습니다. 다른 문학상도 화제는 되지만, 작가와 평론가가 고르는 책보다, 일본 전국의 서점 직원이 투표하고, 일반 독자의 마음으로 고르고 있기 때문에, 독자에게 친근감을 느끼게 하는 것이겠죠. 책이 팔리지 않는다고 말해지는 지금, 이 이벤트가 계기가 되어, 책이 팔리게 되었습니다.

남자는 무엇에 대해 이야기하고 있습니까?
1 서점이 실시하는 투표의 재미
2 최근 책의 매상 변화
3 일반 사람의 책에 대한 마음
4 책이 팔리게 된 계기

해설 상황 설명에서 언급된 화자가 남자 한 명이므로, 주제나 핵심 내용을 묻는 문제가 나올 것임을 예상한다. 남자가 本屋さん達が投票をして、一番おもしろい本を決めるイベントがあります(서점 직원들이 투표를 해서, 가장 재미있는 책을 정하는 이벤트가 있습니다), 本が売れないと言われている今、このイベントがきっかけとなり、本が売れるようになりました(책이 팔리지 않는다고 말해지는 지금, 이 이벤트가 계기가 되어, 책이 팔리게 되었습니다)라고 했다. 질문에서 남자가 무엇에 대해 이야기하고 있는지 묻고 있으므로, 4 本が売れるようになったきっかけ(책이 팔리게 된 계기)가 정답이다.

어휘 本屋さん ほんやさん 圀서점 직원, 서점　投票 とうひょう 圀투표
決める きめる 图정하다　イベント 圀이벤트
選ぶ えらぶ 图뽑다, 고르다　売り上げ うりあげ 圀매상
伸びる のびる 图늘다　文学賞 ぶんがくしょう 圀문학상
話題 わだい 圀화제　作家 さっか 圀작가
評論家 ひょうろんか 圀평론가　日本 にほん 圀일본
全国 ぜんこく 圀전국　本屋 ほんや 圀서점　店員 てんいん 圀점원
一般 いっぱん 圀일반　読者 どくしゃ 圀독자
気持ち きもち 圀마음　親しみ したしみ 圀친근감
感じる かんじる 图느끼다　売れる うれる 图팔리다
きっかけ 圀계기　行う おこなう 图실시하다　変化 へんか 圀변화

4

[음성]
レポーターが女の人に、休みの過ごし方について聞いています。
男: こんにちは。先週の連休ですが、どちらかに行かれましたか。
女: ええ。子供達と一緒に海に行きました。あまり暑くなくて、ちょうどいい天気だったので。でも、こんな日に焼けてしまったんですけどね。家から車で1時間半くらいのところだったんですが、人も多くなくて、いいとこ

ろでした。子供達がさわぐので、ちょっと大変でしたけど。
男: そうですか。ご家族皆さんで?
女: いいえ、実は私と子供達だけで。夫は仕事だったんです。ホテルに勤めているので、なかなか休みが合わなくて。
男: 一緒に休めるといいですね。
女: ええ、本当に。でも、1年に何回かは、休みを合わせて、出かけているので。それで満足です。

女の人は休みの過ごし方についてどう思っていますか。
1 いつも家族全員で一緒に休めないのは嫌だ
2 たまに家族全員で出かけられるので満足だ
3 家族で出かけるのは、にぎやかで楽しい
4 夫と休みが合わないので、いつも一人だ

해석 리포터가 여자에게, 휴일을 보내는 방법에 대해 묻고 있습니다.
남: 안녕하세요. 지난주 연휴입니다만, 어딘가에 가셨나요?
여: 네. 아이들과 함께 바다에 갔습니다. 그다지 덥지 않고, 딱 좋은 날씨여서. 하지만, 이렇게 햇볕에 타 버렸지만요. 집에서 자동차로 1시간 반 정도인 곳이었는데, 사람도 많지 않아서, 좋은 곳이었어요. 아이들이 시끄럽게 해서, 좀 힘들었지만.
남: 그렇습니까. 가족 모두와 함께요?
여: 아니요, 실은 저와 아이들만으로. 남편은 일이었어요. 호텔에 근무하고 있어서, 좀처럼 쉬는 날이 맞지 않아서.
남: 함께 쉴 수 있으면 좋겠네요.
여: 네, 정말로. 하지만, 1년에 몇 번인가는, 쉬는 날을 맞춰서, 외출하고 있으니까. 그걸로 만족입니다.

여자는 휴일을 보내는 방법에 대해 어떻게 생각하고 있습니까?
1 언제나 가족 전원이서 함께 쉴 수 없는 것은 싫다
2 가끔 가족 전원이서 외출할 수 있기 때문에 만족이다
3 가족이서 외출하는 것은, 왁자지껄해서 즐겁다
4 남편과 쉬는 날이 맞지 않기 때문에, 언제나 혼자다

해설 상황 설명에서 언급된 화자가 리포터와 여자 두 명이므로, 뒤에 언급된 화자, 즉 여자의 생각이나 행위의 목적을 묻는 문제가 나올 것임을 예상한다. 대화에서, 여자가 でも、1年に何回かは、休みを合わせて、出かけているので。それで満足です(하지만, 1년에 몇 번인가는, 쉬는 날을 맞춰서, 외출하고 있으니까. 그걸로 만족입니다)라고 했다. 질문에서 여자가 휴일을 보내는 방법에 대해 어떻게 생각하는지 묻고 있으므로, 2 たまに家族全員で出かけられるので満足だ(가끔 가족 전원이서 외출할 수 있기 때문에 만족이다)가 정답이다.

어휘 過ごし方 すごしかた 圏보내는 방법　連休 れんきゅう 圏연휴
日に焼ける ひにやける 햇볕에 타다　さわぐ 圏시끄럽게 하다
実は じつは 囝실은　夫 おっと 圏남편
勤める つとめる 圏근무하다　なかなか 囝좀처럼
合う あう 圏맞다　合わせる あわせる 圏맞추다
満足 まんぞく 圏만족　全員 ぜんいん 圏전원
嫌だ いやだ な형싫다　たまに 囝가끔

5

[음성]
テレビで男の人が話しています。
男: えー、最近のペットブームで、小型のイヌはとても人気があります。室内で飼う人が多いんですね。また、体が小さいと、例えば病院に連れて行くときなども、女性一人で大丈夫です。大型のイヌでしたら、そうはいきませんから。えー、小さいイヌでも毎日、外に散歩に連れて行く必要がありますが、気になっているのは、散歩の時間帯です。今は夏ですから、昼間の気温はかなり高くなります。都市部では夕方になっても、暑いところも多いです。そんな中、散歩させられたら、イヌだって大変です。特に、昼間の気温で熱くなった道を散歩しているイヌを時々見かけますが、足をやけどすることもあります。この季節に、イヌを散歩させるときは、気温だけじゃなく、道の熱さにも気を付けてください。

男の人は、何の話をしていますか。
1 小さいイヌと病気の関係
2 夏の散歩の重要性
3 イヌを散歩させるときの注意
4 イヌがやけどをしたときの対応

해석 텔레비전에서 남자가 이야기하고 있습니다.
남: 음, 최근의 애완동물 붐으로, 소형견은 매우 인기가 있습니다. 실내에서 키우는 사람이 많지요. 또, 몸이 작으면, 예를 들어 병원에 데리고 갈 때 등에도, 여성 혼자서 괜찮습니다. 대형견이면, 그렇게는 되지 않으니까요. 음, 작은 개라도 매일, 밖으로 산책에 데려갈 필요가 있는데요, 신경이 쓰이는 것은, 산책 시간대입니다. 지금은 여름이기 때문에, 낮 동안의 기온은 꽤 높아집니다. 도시부에서는 저녁이 되어도, 더운 곳도 많습니다. 그런 와중에, 산책을 억지로 하게 되면, 개 또한 힘듭니다. 특히, 낮의 기온으로 뜨거워진 길을 산책하고 있는 개도 때때로 눈에 들어옵니다만, 발에 화상을 입는 경우도 있습니다. 이 계절에, 개를 산책시킬 때는, 기온뿐만 아니라, 길의 뜨거움에도 주의해 주세요.

남자는, 무슨 이야기를 하고 있습니까?
1 작은 개와 병의 관계
2 여름 산책의 중요성
3 개를 산책시킬 때의 주의
4 개가 화상을 입었을 때의 대응

해설 상황 설명에서 언급된 화자가 남자 한 명이므로, 주제나 핵심 내용을 묻는 문제가 나올 것임을 예상한다. 남자가 気になっているのは、散歩の時間帯です(신경이 쓰이는 것은, 산책 시간대입니다), この季節に、イヌを散歩させるときは、気温だけじゃなく、道の熱さにも気を付けてください(이 계절에, 개를 산책시킬 때는, 기온뿐만 아니라, 길의 뜨거움에도 주의해 주세요)라고 했다. 질문에서 남자가

가 무슨 이야기를 하고 있는지 묻고 있으므로, 3 イヌを散歩させる ときの注意(개를 산책시킬 때의 주의)가 정답이다.

어휘 最近 さいきん 명 최근　ブーム 명 붐, 유행　小型 こがた 명 소형
イヌ 명 견, 개　人気 にんき 명 인기　室内 しつない 명 실내
飼う かう 동 기르다　例えば たとえば 부 예를 들어
連れて行く つれていく 데리고 가다　女性 じょせい 명 여성
大型 おおがた 명 대형　必要 ひつよう 명 필요
気になる きになる 신경이 쓰이다　時間帯 じかんたい 명 시간대
昼間 ひるま 명 낮　気温 きおん 명 기온　かなり 부 꽤
都市部 としぶ 명 도시부　だって ~도 또한　特に とくに 부 특히
見かける みかける 동 눈에 들어오다　やけどする 화상을 입다
季節 きせつ 명 계절　気を付ける きをつける 주의하다, 조심하다
関係 かんけい 명 관계　重要性 じゅうようせい 명 중요성
注意 ちゅうい 명 주의　対応 たいおう 명 대응

☞ 문제 4는 문제지에 아무것도 인쇄되어 있지 않습니다. 따라서, 예제를 들려줄 때, 그 내용을 들으면서 즉시응답의 문제 풀이 전략을 떠올려 봅니다. 음성에서 では、始めます(그러면, 시작합니다)가 들리면, 곧바로 문제 풀 준비를 합니다.

음성 디렉션과 예제

問題4では、問題用紙に何もいんさつされていません。まず文を聞いてください。それから、それに対する返事を聞いて、1から3の中から、最もよいものを一つ選んでください。

男：その日は子どもの運動会を見に行かなきゃいけないから、無理だよ。
女：1 え、昨日、運動会だったんですか。
　　2 じゃあ、日程を変えないといけないですね。
　　3 本当に見に行ってあげないんですか。

最もよいものは2番です。解答用紙の問題4の例のところを見てください。最もよいものは2番ですから、答えはこのように書きます。では、始めます。

해석 문제 4에서는, 문제 용지에 아무것도 인쇄되어 있지 않습니다. 우선 문장을 들어주세요. 그리고 나서, 그것에 대한 대답을 듣고, 1에서 3 중에, 가장 알맞은 것을 하나 골라주세요.

남： 그날은 아이의 운동회를 보러 가야 하니까, 무리야.
여： 1 네? 어제, 운동회였나요?
　　2 그럼, 일정을 바꿔야겠네요.
　　3 정말 보러 가주지 않는 건가요?

가장 알맞은 것은 2번입니다. 답안 용지의 문제 4의 예시 부분을 봐주세요. 가장 알맞은 것은 2번이기 때문에, 정답은 이렇게 표시합니다. 그러면, 시작합니다.

1

[음성]
男：あのレベルじゃ、入賞なんて到底無理でしょうね。
女：1 入賞するなんて夢にも思っていませんでした。
　　2 私は受賞するに違いないと思いましたけど。
　　3 先生に褒めていただけて嬉しいです。

해석 남: 저 레벨로는, 입상 같은 건 도저히 무리겠지요.
여: 1 입상할 거라고는 꿈에도 생각하지 않았어요.
　　2 저는 수상할 것임에 틀림없다고 생각했는데요.
　　3 선생님께 칭찬받을 수 있어서 기뻐요.

해설 남자가 저 레벨로 입상은 무리라며 회의적인 의견을 이야기하는 상황이다.
1 (X) 入賞(にゅうしょう)를 반복 사용하여 혼동을 준 오답이다.
2 (O) 수상할 것임에 틀림없다며 반대 의견을 제시하는 적절한 응답이다.
3 (X) 입상은 무리라며 회의적인 의견을 표현한 상황과 맞지 않다.

어휘 レベル 명 레벨, 수준　入賞 にゅうしょう 명 입상
~なんて 조 ~같은 건　到底 とうてい 부 도저히　無理 むり 명 무리
夢 ゆめ 명 꿈　受賞 じゅしょう 명 수상
~に違いない ~にちがいない ~임에 틀림없다
褒める ほめる 동 칭찬하다

2

[음성]
男：近頃ばたばたしてて、趣味の演劇鑑賞だって半年前に行ったきり行けてないんだ。
女：1 私、演劇はあんまり見ないんです。
　　2 舞台はおもしろかったですか。
　　3 そんなに多忙なんですか。

해석 남: 요즘 정신없이 바빠서, 취미인 연극 감상도 반년 전에 간 이후로 못 갔어.
여: 1 저, 연극은 그다지 보지 않아요.
　　2 무대는 재미있었어요?
　　3 그렇게 바쁜가요?

해설 남자가 요즘 너무 바빠서 취미 생활조차 즐기지 못하고 있다는 아쉬움을 말하는 상황이다.
1 (X) 演劇(えんげき)를 반복 사용하여 혼동을 준 오답이다.
2 (X) 演劇(연극)와 관련된 舞台(무대)를 사용하여 혼동을 준 오답이다.
3 (O) 남자의 상황에 놀라며 관심을 나타내는 적절한 응답이다.

어휘 近頃 ちかごろ 명 요즘　ばたばた 부 정신없이 바쁨
趣味 しゅみ 명 취미　演劇 えんげき 명 연극
鑑賞 かんしょう 명 감상　半年 はんとし 명 반년
~たきり ~한 이후로, ~한 채로　舞台 ぶたい 명 무대
多忙だ たぼうだ な형 바쁘다

3

[음성]

女: どうして急いでいる時に限って、電車が遅れたりするんだろう。

男: 1 そういうことってあるよね。
　　2 電車に乗り遅れたの?
　　3 急いだら間に合うよね。

해석 여: 왜 서두르고 있을 때만, 전철이 늦거나 하는 걸까.
　　남: 1 그런 경우 있지.
　　　　2 전철을 놓쳤어?
　　　　3 서두르면 시간에 맞을 거야.

해설 여자가 서두를 때만 전철이 늦는다며 불평하는 상황이다.
　1 (O) 서두를 때 전철이 늦는 경우가 있다며 공감하는 적절한 응답이다.
　2 (X) 전철이 늦은 상황과 맞지 않다.
　3 (X) 急いで(いそいで)를 急いだら(いそいだら)로 반복 사용하여 혼동을 준 오답이다.

어휘 急ぐ いそぐ 圖서두르다　遅れる おくれる 圖늦다
　　　乗り遅れる のりおくれる 圖놓치다
　　　間に合う まにあう 시간에 맞다, 시간에 대다

4

[음성]

男: あの新しくできたレストラン、おいしいって聞いたよ。今度、一緒に行ってみない?

女: 1 まだ見てないの?
　　2 じゃあ、中野さんも誘ってみようよ。
　　3 おいしいかどうか、聞いたことがないなぁ。

해석 남: 저 새로 생긴 레스토랑, 맛있다고 들었어. 다음에, 함께 가보지 않을래?
　　여: 1 아직 보지 못했어?
　　　　2 그럼, 나카노 씨도 권해 보자.
　　　　3 맛있는지 어떤지, 들은 적이 없는데.

해설 남자가 레스토랑에 함께 가보자고 권유하는 상황이다.
　1 (X) みない와 발음이 비슷한 見てない(みてない)를 사용하여 혼동을 준 오답이다.
　2 (O) 권유에 나카노 씨도 같이 가자고 하며 수락하는 적절한 응답이다.
　3 (X) 남자가 레스토랑이 맛있다고 들은 상황과 맞지 않다.

어휘 今度 こんど 圖다음, 이번　誘う さそう 圖권하다, 불러내다

5

[음성]

男: 課長、来週の出張ですが、お客様の都合で来月に延期になりました。

女: 1 そう。じゃあ、予定表を修正しておいてね。
　　2 じゃあ、お客様にも連絡しておいてね。
　　3 いや、まだ連絡は来ていないよ。

해석 남: 과장님, 다음 주 출장입니다만, 고객 사정으로 다음 달로 연기되었습니다.
　　여: 1 그래. 그럼, 예정표를 수정해 둬.
　　　　2 그럼, 고객에게도 연락해 둬.
　　　　3 아니, 아직 연락은 안 왔어.

해설 남자가 출장이 연기되었다고 보고하는 상황이다.
　1 (O) 변경된 사항을 반영하라고 지시하는 적절한 응답이다.
　2 (X) 고객 사정으로 연기되었다는 상황과 맞지 않다.
　3 (X) 고객에게 연락을 받은 상황과 맞지 않다.

어휘 課長 かちょう 圖과장님, 과장　出張 しゅっちょう 圖출장
　　　お客様 おきゃくさま 圖고객　都合 つごう 圖사정, 형편
　　　延期 えんき 圖연기　予定表 よていひょう 圖예정표
　　　修正 しゅうせい 圖수정　連絡 れんらく 圖연락

6

[음성]

男: 僕、就職してから海外旅行に行ったことがないんだけど、山崎さんはある?

女: 1 うん、内定が取れてよかったね。
　　2 ううん、イタリアには行ったことがないよ。
　　3 ううん、なかなか連休が取得できなくてね。

해석 남: 나, 취직하고 나서 해외여행을 간 적이 없는데, 야마자키 씨는 있어?
　　여: 1 응, 취업이 확정돼서 다행이네.
　　　　2 아니, 이탈리아에는 간 적이 없어.
　　　　3 아니, 좀처럼 연휴를 받을 수 없어서.

해설 남자가 여자에게 취직하고 나서 해외여행을 간 적이 있는지 묻는 상황이다.
　1 (X) 就職(취직)와 관련된 内定が取れる(취업이 확정되다)를 사용하여 혼동을 준 오답이다.
　2 (X) 海外旅行(해외여행)와 관련된 イタリア(이탈리아)를 사용하여 혼동을 준 오답이다.
　3 (O) 긴 연휴를 얻기가 어려워 갈 수 없었다고 대답하는 적절한 응답이다.

어휘 就職 しゅうしょく 圖취직　海外 かいがい 圖해외
　　　旅行 りょこう 圖여행
　　　内定が取れる ないていがとれる 취업이 확정되다, 내정을 받다
　　　大学生 だいがくせい 圖대학생　なかなか 圖좀처럼
　　　連休 れんきゅう 圖연휴　取得 しゅとく 圖받음, 취득

7

[음성]
女: 悪いんだけど、あとでこのサンプルをお客様に届けてほしいんだ。
男: 1 分かりました。すぐにもらっておきます。
　　 2 お客様は何時にいらっしゃるんですか?
　　 3 午後になってしまっても大丈夫ですか?

해석 여: 미안하지만, 나중에 이 샘플을 고객에게 배달해 줬으면 해.
　　　 남: 1 알겠습니다. 바로 받아 두겠습니다.
　　　　　 2 고객은 몇 시에 오십니까?
　　　　　 3 오후가 되어버려도 괜찮습니까?

해설 여자가 샘플을 고객에게 배달해달라고 부탁하는 상황이다.
　　 1 (X) 배달을 해야 하는 상황과 맞지 않다.
　　 2 (X) 고객에게 배달하러 가야 하는 상황과 맞지 않다.
　　 3 (O) 부탁을 수락하지만 늦는다고 상황을 전달하는 적절한 응답이다.

어휘 サンプル 몡샘플　お客様 おきゃくさま 몡고객
　　 届ける とどける 통배달하다　いらっしゃる 통오시다 (くる의 존경어)

8

[음성]
男: 遅刻したあげく忘れ物までするなんて、気が緩んでる証拠ですよ。
女: **1 すみません、寝坊して慌てて出発したんです。**
　　 2 少しリラックスしたほうがいいですよ。
　　 3 危うく遅れるところでした。

해석 남: 지각한 끝에 물건까지 잊어버리다니, 마음이 느슨해졌다는 증거예요.
　　　 여: **1 죄송합니다, 늦잠을 자서 허둥지둥 출발했어요.**
　　　　　 2 조금 긴장을 푸는 편이 좋겠어요.
　　　　　 3 하마터면 늦을 뻔했어요.

해설 남자가 여자의 마음가짐이 느슨해졌다며 주의를 주는 상황이다.
　　 1 (O) 남자의 지적에 상황을 설명하며 사과하는 적절한 응답이다.
　　 2 (X) 気が緩む(마음이 느슨해지다)와 관련된 リラックス(긴장을 품)를 사용하여 혼동을 준 오답이다.
　　 3 (X) 지각한 상황에 遅れる(늦다)를 사용하여 혼동을 준 오답이다.

어휘 遅刻 ちこく 몡지각　～たあげく ~한 끝에
　　 忘れ物をする わすれものをする 물건을 잊어버리다
　　 気が緩む きがゆるむ 마음이 느슨해지다　証拠 しょうこ 몡증거
　　 寝坊 ねぼう 몡늦잠　慌てる あわてる 통허둥지둥하다
　　 出発 しゅっぱつ 몡출발　リラックス 몡긴장을 품, 릴랙스
　　 危うく あやうく 児하마터면　～ところだった ~할 뻔했다

9

[음성]
女: 課長の説明は、いつも本当にわかりやすいよね。
男: **1 うん、あんな風に話せるようになりたいよね。**
　　 2 ええ、わからないところは聞いたほうがいいよ。
　　 3 そう、説明をよく聞いていればわかるよね。

해석 여: 과장님의 설명은, 언제나 정말로 알기 쉬워.
　　　 남: **1 응, 저런 식으로 말할 수 있게 되고 싶어.**
　　　　　 2 응, 모르는 부분은 물어보는 편이 좋아.
　　　　　 3 그래, 설명을 잘 듣고 있으면 알 수 있어.

해설 여자가 과장님의 설명이 알기 쉽다고 의견을 말하는 상황이다.
　　 1 (O) 과장님에 대한 평가에 동의하는 적절한 응답이다.
　　 2 (X) わかり를 わからない로 반복 사용하여 혼동을 준 오답이다.
　　 3 (X) 과장님의 설명이 언제나 알기 쉽다고 한 상황과 맞지 않다.

어휘 課長 かちょう 몡과장님, 과장　説明 せつめい 몡설명

10

[음성]
女: 今年の夏休みは、どこにも行かないで家でのんびりしようかなあ。
男: 1 行くなら温泉がいいんじゃない?
　　 2 せっかく長い休みなのにもったいないよ。
　　 3 どこにも行けないのは残念だね。

해석 여: 올해 여름휴가는, 어디에도 가지 않고 집에서 느긋하게 있을까.
　　　 남: 1 간다면 온천이 좋지 않아?
　　　　　 2 모처럼 긴 휴가인데 아까워.
　　　　　 3 어디에도 갈 수 없는 것은 유감스럽네.

해설 여자가 올해 여름 휴가는 집에 있자고 제안하는 상황이다.
　　 1 (X) 휴가에 어디에도 가지 말자고 한 상황과 맞지 않다.
　　 2 (O) 집에 느긋하게 있자는 여자의 의견에 반대하는 적절한 응답이다.
　　 3 (X) 갈 수 없는 게 아니라 가지 않는 상황과 맞지 않다.

어휘 のんびり 児느긋하게　温泉 おんせん 몡온천　せっかく 児모처럼
　　 もったいない い형 아깝다　残念だ ざんねんだ な형 유감스럽다

11

[음성]
男: 部長はABC株式会社の小山さんをご存じですか?
女: **1 ああ、何度かお会いしたことがあるよ。**
　　 2 さあ、いつ会ったか覚えてないなあ。
　　 3 ええ、小山さんはそんな人だよね。

해석 남: 부장님은 ABC 주식회사의 고야마 씨를 알고 계십니까?
　　　 여: **1 아, 몇 번인가 만나 뵌 적이 있어.**
　　　　　 2 글쎄, 언제 만났는지 기억나지 않아.
　　　　　 3 응, 고야마 씨는 그런 사람이지.

해설 남자가 여자에게 고야마 씨를 알고 있는지 묻는 상황이다.
1 (O) 고야마 씨를 알고 있다고 답하는 적절한 응답이다.
2 (X) 고야마 씨를 알고 있는지를 묻는 상황과 맞지 않다.
3 (X) 小山さん(こやまさん)을 반복 사용하여 혼동을 준 오답이다.

어휘 部長 ぶちょう 명 부장님, 부장
株式会社 かぶしきがいしゃ 명 주식회사
ご存知 ごぞんじ 알고 계심 (存じ의 존경어)

☞ 문제 5는 긴 이야기를 듣습니다. 예제가 없으므로 바로 문제를 풀 준비를 합니다. 문제지에 들리는 내용을 적극적으로 메모하며 문제를 풀어봅시다.

음성 디렉션

問題5では、長めの話を聞きます。この問題には練習はありません。問題用紙にメモをとってもかまいません。
1番 問題用紙に何もいんさつされていません。まず話を聞いてください。それから、質問と選択肢を聞いて、1から4の中から、最もよいものを一つ選んでください。では、始めます。

해석 문제 5에서는, 긴 이야기를 듣습니다. 이 문제에는 연습은 없습니다. 문제 용지에 메모를 해도 상관없습니다.
1번 문제 용지에 아무것도 인쇄되어 있지 않습니다. 우선 이야기를 들어주세요. 그리고 나서, 질문과 선택지를 듣고, 1에서 4중에, 가장 알맞은 것을 하나 골라주세요. 그럼 시작합니다.

1

[음성]
会社で課長と社員二人が話しています。
女: 課長、すみません。今度の新卒採用の企業説明会の件でちょっとお話が。参加者は最大でも50名ぐらいだと見積もって駅前の貸し会場を押さえていたのですが、想定以上の応募が寄せられまして。それで、キャンセル待ちの学生さんが10数名いるんです。締め切りもあさってなので、まだ増えるかと思いますが、いかがいたしましょうか。
男1: え、去年はそんなに多くなかったよね。
女: はい。先日、大学生向けの情報誌にわが社の記事が掲載されて、関心を持ってくれる学生さんが増えたようなんです。期日を待たずに打ち切りましょうか。
男2: でも、締め切りまでまだ余裕があると思って、申し込んでいない人もいると思いますよ。
女: そうですね。
男1: 会場の定員は何人なの?

男2: 収容人数は特に記載されてなかったですね。ただ、パイプ椅子のレンタルはこちら側を含めて60しかしていなくて。
男1: 座席は増やせる?
男2: ええ。ただ、椅子を並べたら60脚でもぎりぎりなんですよね。
男1: そうなんだ。開始時刻は2時だよね?レンタル時間は何時間だっけ?
女: 午後1時から5時までです。
男2: じゃあ2部制にできそうですね。あ、それか、別日に開催するのはどうですか。
女: でも、私が就活生の時、講義でなかなか就活イベントに参加する時間が確保できなかった記憶があります。ですので、日にちよりは時間を変更するほうがまだ調整しやすいと思うのですが。
男1: 確かにそうだね。じゃあ、先着順で50名は予定どおりにして、そのあとに申し込んだ人には事情を説明して、それでも来てくれるかメールで聞いてみて。

三人は企業説明会をどうすることにしましたか。
1 締め切りを早くする
2 椅子の数を増やす
3 **別の時間にもう一度説明会をする**
4 別の日にもう一度説明会をする

해석 회사에서 과장과 직원 두 명이 이야기하고 있습니다.
여: 과장님, 실례합니다. 이번 신입 졸업생 채용 기업 설명회 건으로 잠시 말씀을. 참가자는 최대여도 50명 정도일 것이라고 예상하고 역 앞의 대여 회장을 확보했는데, 예상 이상의 응모가 들어와서요. 그래서, 취소 대기 중인 학생분이 10여 명 있습니다. 마감도 모레라, 아직 늘어날 것 같습니다만, 어떻게 할까요?
남1: 어, 작년에는 그렇게 많지 않았지?
여: 네. 얼마 전에, 대학생 대상 정보지에 우리 회사의 기사가 게재되어, 관심을 가져 주는 학생분이 늘어난 것 같습니다. 기일을 기다리지 않고 마감할까요?
남2: 하지만, 마감일까지 아직 여유가 있다고 생각해서, 신청하지 않은 사람도 있다고 생각해요.
여: 그렇네요.
남1: 회장의 정원은 몇 명이야?
남2: 수용 인원 수는 특별히 기재되어 있지 않았습니다. 다만, 접이식 의자 대여는 우리 쪽을 포함해서 60개밖에 하지 않아서요.
남1: 좌석은 늘릴 수 있어?
남2: 네. 다만, 의자를 배치하면 60개여도 아슬아슬합니다.
남1: 그렇군. 개시 시각은 2시지? 대여 시간은 몇 시간이더라?
여: 오후 1시부터 5시까지입니다.
남2: 그럼 2부제로 할 수 있을 것 같습니다. 아, 아니면, 다른 날에 개최하는 건 어떨까요?

여: 하지만, 제가 취업 준비생일 때, 강의 때문에 좀처럼 취업 활동 이벤트에 참가할 시간을 확보할 수 없었던 기억이 있습니다. 그렇기에, 날짜보다는 시간을 변경하는 편이 더 조정하기 쉬울 것 같습니다만.

남1: 확실히 그렇네. 그럼, 선착순으로 50명은 예정대로 하고, 그 이후에 신청한 사람에게는 사정을 설명하고, 그래도 와 주실지 이메일로 물어봐.

세 사람은 기업 설명회를 어떻게 하기로 했습니까?

1 마감을 빠르게 한다
2 의자 수를 늘린다
3 다른 시간에 한 번 더 설명회를 한다
4 다른 날에 한 번 더 설명회를 한다

해설 대화의 중후반에서 세 사람의 최종 합의 내용을 재빨리 메모하며 주의 깊게 듣는다.

〈메모〉 기업 설명회, 참가자 많은데 어떻게 할지?
- 마감하기: 아직 신청하지 않은 사람 있을 수 있음
- 좌석 늘리기: 60개도 아슬아슬
- 2부제: 시간 변경이 조정하기 쉬울 것
- 다른 날: 강의 때문에 시간이 없을 것

질문이 기업 설명회를 어떻게 하기로 했는지 묻고 있으므로, 3 별의 時間에 もう一度説明会をする(다른 시간에 한 번 더 설명회를 한다)가 정답이다.

어휘 課長 かちょう 명 과장(님)　社員 しゃいん 명 직원
今度 こんど 이번　新卒 しんそつ 명 신입 졸업생
採用 さいよう 명 채용　企業 きぎょう 명 기업
説明会 せつめいかい 명 설명회　件 けん 명 건
参加者 さんかしゃ 명 참가자　最大 さいだい 명 최대
見積もる みつもる 동 예상을 하다, 견적을 내다
駅前 えきまえ 명 역 앞　貸し会場 かしかいじょう 명 대여 회장
押さえる おさえる 동 확보하다, 예약하다
想定 そうてい 명 예상, 상정　以上 いじょう 명 이상
応募 おうぼ 명 응모　寄せられる よせられる 동 들어오다, 몰리다
キャンセル待ち キャンセルまち 명 취소 대기(다른 사람이 취소하면 그 자리에 들어가기 위해 기다림)　締め切り しめきり 명 마감
増える ふえる 동 늘어나다　去年 きょねん 명 작년
先日 せんじつ 얼마 전　大学生 だいがくせい 명 대학생
~向け ~むけ ~대상　情報誌 じょうほうし 명 정보지
わが社 わがしゃ 명 우리 회사　記事 きじ 명 기사
掲載 けいさい 명 게재　関心 かんしん 명 관심
期日 きじつ 명 기일　打ち切る うちきる 동 마감하다, 중단하다
余裕 よゆう 명 여유　申し込む もうしこむ 동 신청하다
会場 かいじょう 명 회장　定員 ていいん 명 정원
収容 しゅうよう 명 수용　人数 にんずう 명 인원 수
特に とくに 부 특별히　記載 きさい 명 기재
パイプ椅子 パイプいす 명 접이식 의자, 파이프 의자
レンタル 명 대여　含める ふくめる 동 포함하다
座席 ざせき 명 좌석　増やす ふやす 동 늘리다
並べる ならべる 동 배치하다　~脚 ~きゃく ~개(가구를 세는 단위)

ぎりぎりだ な형 아슬아슬하다　開始 かいし 명 개시
時刻 じこく 명 시각　～部制 ～ぶせい ~부제
別日 べつび 명 다른 날　開催 かいさい 명 개최
就活生 しゅうかつせい 명 취업 준비생　講義 こうぎ 명 강의
なかなか 부 좀처럼　就活 しゅうかつ 명 취업 활동
イベント 명 이벤트　参加 さんか 명 참가　確保 かくほ 명 확보
記憶 きおく 명 기억　日にち ひにち 명 날짜　変更 へんこう 명 변경
調整 ちょうせい 명 조정　先着順 せんちゃくじゅん 명 선착순
予定 よてい 명 예정　事情 じじょう 명 사정　説明 せつめい 명 설명

음성 디렉션

2番　まず話を聞いてください。それから、二つの質問を聞いて、それぞれ問題用紙の1から4の中から、最もよいものを一つ選んでください。では、始めます。

해석 2번　우선 이야기를 들어주세요. 그리고 나서, 두 질문을 듣고, 각각 문제 용지의 1에서 4중에, 가장 알맞은 것을 하나 골라주세요. 그럼 시작합니다.

2

[음성]
旅行代理店で、ツアーの説明を聞いて、男の人と女の人が話しています。

男1: 今年の夏休みに向けて、おすすめのツアー4つをご紹介いたします。プランAは、国内温泉ツアーです。二泊三日で、料金は4つの中で最も安く、ゆっくりと温泉に入って疲れを癒せます。プランBは、韓国グルメツアーです。三泊四日で、料金はプランAの次に安く、本場の韓国料理が楽しめます。プランCは、ヨーロッパ周遊ツアーです。期間は一週間で、かなり高いですが、複数の国を回りながら様々な歴史的建造物を見学できます。プランDは、ハワイリゾートツアーです。四泊五日で、料金はヨーロッパより少し安めで、美しいビーチでシュノーケリングなども楽しめます。

女: うん…。どれにしようかな。井上君はどれがいい?

男2: どうしようかな。まだ決めてない。とりあえず海外の方にしようとは思ってるけど…。

女: でも、休みを五日以上も取るのは、ちょっと難しそう。

男2: それは別にいいけどな。今年はいろいろあって節約したいし、一番費用が抑えられるものにしたいよ。

女: そう?私はもっと遠くに行きたいな。それに、建物とか興味あるから費用は高いけど、ぜひ行ってみたい。

質問1 男の人はどのプランがいいと言っていますか。
質問2 女の人はどのプランがいいと言っていますか。

[문제지]
質問1
1 プランA
2 プランB
3 プランC
4 プランD

質問2
1 プランA
2 プランB
3 プランC
4 プランD

해석 여행 대리점에서, 투어의 설명을 듣고, 남자와 여자가 이야기하고 있습니다.

남1: 올해 여름휴가를 앞두고, 추천 투어 4개를 소개해 드리겠습니다. 플랜A는, 국내 온천 투어입니다. 2박 3일로, 요금은 4개 중에서 가장 저렴하고, 느긋이 온천에 들어가 피로를 치유할 수 있습니다. 플랜B는, 한국 구르메 투어입니다. 3박 4일로, 요금은 플랜A 다음으로 저렴하고, 본고장의 한국 요리를 즐길 수 있습니다. 플랜C는, 유럽 유람 투어입니다. 기간은 일주일로, 꽤 비싸지만, 여러 나라를 돌면서 다양한 역사적 건조물을 견학할 수 있습니다. 플랜D는, 하와이 리조트 투어입니다. 4박5일로, 요금은 유럽보다 조금 저렴하고, 아름다운 해변에서 스노클링 등도 즐길 수 있습니다.

여: 음.... 어느 걸로 할까. 이노우에 군은 어느 게 좋아?
남2: 어떻게 할까. 아직 정하지 않았어. 일단 해외 쪽으로 하려고는 생각하고 있는데....
여: 하지만, 휴가를 5일 이상이나 내는 건, 조금 어려울 것 같아.
남2: 그건 딱히 괜찮지만. 올해는 여러 가지 있어서 절약하고 싶고, 가장 비용을 억제할 수 있는 것으로 하고 싶어.
여: 그래? 나는 더 멀리 가고 싶어. 그리고, 건물 같은 것에 관심 있으니까 비용은 비싸지만, 꼭 가보고 싶어.

질문 1 남자는 어느 플랜이 좋다고 말하고 있습니까?
질문 2 여자는 어느 플랜이 좋다고 말하고 있습니까?

질문1
1 플랜A
2 플랜B
3 플랜C
4 플랜D

질문2
1 플랜A
2 플랜B
3 플랜C
4 플랜D

해설 각 선택지와 관련하여 언급되는 내용을 메모하며 주의 깊게 듣고, 두 명의 대화자가 어떻게 하기로 하는지에 유의하며 대화를 듣는다.

〈메모〉 여름휴가 추천 투어 4개
① 플랜A: 국내 온천 투어, 2박 3일, 가장 저렴, 피로 회복
② 플랜B: 한국 구르메 투어, 3박 4일, 두 번째로 저렴, 본고장 한국요리
③ 플랜C: 유럽 유람 투어, 일주일, 꽤 비쌈, 여러 나라, 역사적 건조물
④ 플랜D: 하와이 리조트 투어, 4박 5일, 유럽보다 저렴, 해변에서 스노클링

남자 → 해외로 가려고 함, 절약하고 싶음, 가장 비용을 줄일 수 있는 것이 좋음
여자 → 더 멀리 가고 싶음, 건물에 관심, 비싸도 가보고 싶음

질문1은 남자가 좋다고 한 플랜을 묻고 있다. 남자가 해외로 가면서도 가장 비용이 적게 드는 것이 좋다고 했으므로, 2 플랜B가 정답이다.

질문2는 여자가 좋다고 한 플랜을 묻고 있다. 남자가 고른 플랜보다 몸을 움직이는 것이 좋고, 건물에 관심이 있어서 비싸도 가보고 싶다고 했으므로, 3 플랜C가 정답이다.

어휘 旅行 りょこう 명 여행　代理店 だいりてん 명 대리점　ツアー 명 투어
説明 せつめい 명 설명　夏休み なつやすみ 명 여름휴가
〜に向けて 〜にむけて 〜을 앞두고　おすすめ 명 추천
紹介 しょうかい 명 소개　プラン 명 플랜　国内 こくない 명 국내
温泉 おんせん 명 온천　料金 りょうきん 명 요금
最も もっとも 부 가장　安い やすい い형 저렴하다
ゆっくり 부 느긋이　入る はいる 동 들어가다　疲れ つかれ 명 피로
癒す いやす 동 치유하다　韓国 かんこく 명 한국
グルメ 명 구르메, 미식가　次 つぎ 명 다음　本場 ほんば 명 본고장
料理 りょうり 명 요리　楽しむ たのしむ 동 즐기다
ヨーロッパ 명 유럽　周遊 しゅうゆう 명 유람, 주유
期間 きかん 명 기간　かなり 부 꽤　複数 ふくすう 명 여러, 복수
国 くに 명 나라　回る まわる 동 돌다
様々だ さまざまだ な형 다양하다
歴史的だ れきしてきだ な형 역사적이다
建造物 けんぞうぶつ 명 건조물　見学 けんがく 명 견학
リゾート 명 리조트　ビーチ 명 해변, 비치
シュノーケリング 명 스노클링　決める きめる 동 정하다
山々だ やまやまだ な형 간절하다　素敵だ すてきだ な형 멋지다
休みを取る やすみをとる 휴가를 내다
難しい むずかしい い형 어렵다　別に べつに 부 딱히, 별로
節約 せつやく 명 절약　費用 ひよう 명 비용
抑える おさえる 동 억제하다　建物 たてもの 명 건물
興味 きょうみ 명 흥미　ぜひ 부 꼭

무료 온라인 실전모의고사·학습자료 제공
해커스일본어 japan.Hackers.com

실전모의고사 2

언어지식 문자·어휘

문제 1	**1** 1	**2** 4	**3** 3	**4** 4	**5** 1
문제 2	**6** 1	**7** 4	**8** 3	**9** 1	**10** 2
문제 3	**11** 3	**12** 4	**13** 2		
문제 4	**14** 4	**15** 1	**16** 1	**17** 1	**18** 4	**19** 2	**20** 1
문제 5	**21** 4	**22** 2	**23** 3	**24** 2	**25** 3
문제 6	**26** 1	**27** 3	**28** 4	**29** 3	**30** 2

언어지식 문법

문제 7	**31** 2	**32** 1	**33** 1	**34** 3	**35** 4	**36** 4
	37 1	**38** 3	**39** 2	**40** 4	**41** 3	**42** 2
문제 8	**43** 1	**44** 1	**45** 3	**46** 3	**47** 2
문제 9	**48** 2	**49** 1	**50** 3	**51** 1	

독해

문제 10	**52** 1	**53** 2	**54** 2	**55** 1	**56** 1
문제 11	**57** 3	**58** 4	**59** 2	**60** 3	**61** 2	**62** 1
	63 3	**64** 2			
문제 12	**65** 1	**66** 3			
문제 13	**67** 2	**68** 3	**69** 1		
문제 14	**70** 1	**71** 3			

청해

문제 1	**1** 3	**2** 4	**3** 2	**4** 1	**5** 2	
문제 2	**1** 4	**2** 4	**3** 3	**4** 3	**5** 2	**6** 2
문제 3	**1** 3	**2** 3	**3** 2	**4** 4	**5** 1	
문제 4	**1** 2	**2** 1	**3** 1	**4** 2	**5** 3	**6** 1
	7 1	**8** 3	**9** 1	**10** 1	**11** 2	
문제 5	**1** 1	**2** 질문1 2	질문2 1			

언어지식 문자·어휘   p.455

1
못을 수직<u>垂直</u>으로 박는 것은 예상외로 어려웠다.

해설 垂直은 1 すいちょく로 발음한다.
어휘 垂直だ すいちょくだ [な형] 수직이다 釘 くぎ [명] 못
　　 打ち込む うちこむ [동] 박다 案外 あんがい [부] 예상외로

2
이것으로 지폐와 동전의 앞<u>表</u>과 뒤를 구별합니다.

해설 表는 4 おもて로 발음한다.
어휘 表 おもて [명] 앞, 겉 紙幣 しへい [명] 지폐 硬貨 こうか [명] 동전
　　 裏 うら [명] 뒤, 안 区別 くべつ [명] 구별

3
병원을 방문해, 의사에게 어떤 증상<u>症状</u>이 있는지 설명했다.

해설 症状는 3 しょうじょう로 발음한다.
어휘 症状 しょうじょう [명] 증상 病院 びょういん [명] 병원
　　 訪れる おとずれる [동] 방문하다 医師 いし [명] 의사
　　 説明 せつめい [명] 설명

4
언니는 사고 방식이 어린<u>幼い</u> 부분이 있어서, 자주 싸우게 된다.

해설 幼い는 4 おさない로 발음한다.
어휘 幼い おさない [い형] 어리다 考え方 かんがえかた [명] 사고 방식
　　 けんか [명] 싸움 ずるい [い형] 간사하다 あまい [い형] 무르다
　　 みにくい [い형] 추하다

5
부모님이 경영하는 회사에서 경리<u>経理</u>를 하고 있다.

해설 経理는 1 けいり로 발음한다. けい가 장음인 것에 주의한다.
어휘 経理 けいり [명] 경리 経営 けいえい [명] 경영

6
최근 매상이 감소하는 경향<u>けいこう</u>이 있어서, 전 사원이 걱정하고 있다.

해설 けいこう는 1 傾向로 표기한다. 傾(けい, 되어 가다)를 선택지 2와 4의 頃(ころ, 무렵)와 구별해서 알아두고, 向(こう, 향하다)를 선택지 3과 4의 尚(しょう, 오히려)와 구별해서 알아둔다.
어휘 傾向 けいこう [명] 경향 最近 さいきん [명] 최근
　　 売上 うりあげ [명] 매상 減少 げんしょう [명] 감소
　　 全社員 ぜんしゃいん [명] 전 사원 心配 しんぱい [명] 걱정

7
아침의 상쾌한<u>こころよい</u> 공기가 좋아서, 조깅을 하게 되었다.

해설 こころよい는 4 快い로 표기한다. 3은 없는 단어이다.
어휘 快い こころよい [い형] 상쾌하다 嬉しい うれしい [い형] 기쁘다
　　 楽しい たのしい [い형] 즐겁다 爽やかだ さわやかだ [な형] 상쾌하다
　　 空気 くうき [명] 공기 ジョギング [명] 조깅

8
무슨 일이 있어도 원칙<u>げんそく</u>을 지키는 것이 중요합니다.

해설 げんそく는 3 原則로 표기한다. 原(げん, 일의 시작)을 선택지 2와 4의 源(げん, 근원)과 구별해서 알아두고, 則(そく, 규칙)를 선택지 1과 2의 側(そく, 옆)와 구별해서 알아둔다.
어휘 原則 げんそく [명] 원칙 守る まもる [동] 지키다
　　 重要だ じゅうようだ [な형] 중요하다

9
평화로운 세계를 기원하고<u>いのって</u> 있습니다.

해설 いのって는 1 祈って로 표기한다.
어휘 祈る いのる [동] 기원하다, 빌다 平和だ へいわだ [な형] 평화롭다
　　 世界 せかい [명] 세계 願う ねがう [동] 바라다, 소원하다
　　 語る かたる [동] 말하다, 이야기하다 誇る ほこる [동] 자랑하다

10
바로크 음악의 특징<u>とくちょう</u>을 배웠습니다.

해설 とくちょう는 2 特徴로 표기한다. 特(とく, 특별하다)를 선택지 1과 3의 持(じ, 가지다)와 구별해서 알아두고, 徴(ちょう, 표시)를 선택지 3과 4의 微(び, 미세하다)와 구별해서 알아둔다.
어휘 特徴 とくちょう [명] 특징
　　 バロック音楽 バロックおんがく [명] 바로크 음악
　　 学ぶ まなぶ [동] 배우다

11
이 레스토랑에서는, 많은 젊은 (　　　) 이 활약하고 있다.

해설 괄호 앞의 어휘 働く(일하다)와 함께 쓰여 働き手(일꾼)라는 복합어를 만드는 3 手가 정답이다.
어휘 働き手 はたらきて [명] 일꾼, 일하는 사람 活躍 かつやく [명] 활약

12
다나카 선수는, 실력이 있어서 (　　　) 년도부터 포지션을 확보하고 있었다.

해설 괄호 뒤의 어휘 年度(년도)와 함께 쓰여 初年度(초년도)를 만드는 접두어 4 初가 정답이다.
어휘 初年度 しょねんど [명] 초년도 選手 せんしゅ [명] 선수
　　 実力 じつりょく [명] 실력 ポジション [명] 포지션 確保 かくほ [명] 확보

13

> 연 (　　) 에, 이사를 할지 말지 생각하고 있다.

해설 괄호 앞의 어휘 年(연)와 함께 쓰여 年明け(연초)라는 복합어를 만드는 2 明け가 정답이다.

어휘 年明け としあけ 몡 연초, 새해　引っ越し ひっこし 몡 이사
考える かんがえる 동 생각하다

14

> 조금 더 가르치는 방법이 (　　) 되면, 지도자가 되고 싶다고 생각한다.
>
> 1 교환　　　　　　　　2 발달
> 3 진보　　　　　　　　**4 숙달**

해설 가르치는 방법이 어떻게 되면 지도자가 되고 싶다고 했으므로 教え方が上達したら、指導者になりたい(가르치는 방법이 숙달되면 지도자가 되고 싶다)가 자연스럽다. 따라서 4 上達(숙달)가 정답이다.

어휘 もう少し もうすこし 분 조금 더　教え方 おしえかた 몡 가르치는 방법
指導者 しどうしゃ 몡 지도자　思う おもう 동 생각하다
交換 こうかん 몡 교환　発達 はったつ 몡 발달
進歩 しんぽ 몡 진보　上達 じょうたつ 몡 숙달, 향상

15

> 처음에는 (　　) 소설이라고 생각하며 그냥 읽기 시작했는데, 어느새 몰입하고 있었다.
>
> **1 시시한**　　　　　　2 견딜 수 없는
> 3 틀림없는　　　　　　4 상관없는

해설 그냥 읽기 시작한 소설에 몰입했다고 하고 있으므로 くだらない小説だと思いつつ何となく読み始めたが、いつの間にか夢中になっていた(시시한 소설이라고 생각하며 그냥 읽기 시작했는데, 어느새 몰입하고 있었다)가 자연스럽다. 따라서 1 くだらない(시시한)가 정답이다.

어휘 小説 しょうせつ 몡 소설　何となく なんとなく 분 그냥, 어쩐지
読み始める よみはじめる 동 읽기 시작하다
いつの間にか いつのまにか 어느새　夢中 むちゅう 몡 몰입, 열중
くだらない い형 시시하다, 하찮다　たまらない 견딜 수 없다
ちがいない 틀림없다　かまわない 상관없다

16

> 출장에는 아이를 데려갈 수 없어서, 부모님께 (　　) 생각이다.
>
> **1 맡길**　　　　　　　2 빌려줄
> 3 빌릴　　　　　　　　4 돌려줄

해설 아이를 출장에 데려갈 수 없다고 했으므로 子供を連れて行くことができないので、両親に預けるつもりだ(아이를 데려갈 수 없어서, 부모님께 맡길 생각이다)가 자연스럽다. 따라서 1 預ける(맡길)가 정답이다.

어휘 出張 しゅっちょう 몡 출장　連れて行く つれていく 데리고 가다
つもり 몡 생각, 예정　預ける あずける 동 맡기다
貸す かす 동 빌려주다　借りる かりる 동 빌리다
返す かえす 동 돌려주다

17

> 아티스트는 새로운 전시회를 위해 창작 (　　) 을 높이고 있다.
>
> **1 의욕**　　　　　　　2 본능
> 3 감정　　　　　　　　4 이성

해설 아티스트가 새로운 전시회를 준비하고 있는 상황이므로 創作の意欲を高めている(창작 의욕을 높이고 있다)가 자연스럽다. 따라서 1 意欲(의욕)가 정답이다.

어휘 アーティスト 몡 아티스트　新しい あたらしい い형 새로운
展覧会 てんらんかい 몡 전시회　向ける むける 동 향하다
創作 そうさく 몡 창작　高める たかめる 동 높이다
意欲 いよく 몡 의욕　本能 ほんのう 몡 본능
感情 かんじょう 몡 감정　理性 りせい 몡 이성

18

> 잠시 도시에서 멀어져서, 시골에서 느긋한 시간을 (　　) 생각이다.
>
> 1 때울　　　　　　　　2 걸릴
> 3 지날　　　　　　　　**4 보낼**

해설 도시를 떠나 시골에 있을 생각이라고 했으므로 田舎でゆっくりとした時間を過ごすつもりだ(시골에서 느긋한 시간을 보낼 생각이다)가 자연스럽다. 따라서 4 過ごす(보낼)가 정답이다.

어휘 しばらく 분 잠시, 당분간　都会 とかい 몡 도시, 도회지
離れる はなれる 동 멀어지다, 떨어지다　田舎 いなか 몡 시골, 지방
つもり 몡 생각, 예정　つぶす 동 (시간을) 때우다, 찌부러뜨리다
かける 동 걸다　経つ たつ 동 지나다, 경과하다
過ごす すごす 동 보내다, 경과하다

19

> 직원에게 보이지 않게 촬영 금지 작품을 (　　) 촬영하는 관광객이 끊이지 않는다.
>
> 1 소근소근　　　　　　**2 몰래**
> 3 빤히　　　　　　　　4 줄줄

해설 직원이 보지 못하게 작품을 촬영한다고 했으므로 撮影禁止の作品をこそこそ撮影(촬영 금지 작품을 몰래 촬영)가 자연스럽다. 따라서 2 こそこそ(몰래)가 정답이다.

어휘 係員 かかりいん 몡 직원, 담당자　撮影 さつえい 몡 촬영
禁止 きんし 몡 금지　作品 さくひん 몡 작품
観光客 かんこうきゃく 몡 관광객
後を絶たない あとをたたない 끊이지 않다　ひそひそ 분 소근소근
こそこそ 분 몰래　じろじろ 분 빤히, 뚫어지게
ぞろぞろ 분 줄줄, 졸졸

20

이 회사는, 고객의 (　　) 를 조사한 뒤에, 제품을 만들고 있다.
1 니즈　　　　　　　2 타깃
3 타이밍　　　　　　4 찬스

해설 제품을 만들기 전에 고객의 어떤 것을 조사한다고 말하고 있으므로 客のニーズを調査した上で、製品を作っている(고객의 니즈를 조사한 뒤에, 제품을 만들고 있다)가 자연스럽다. 따라서 1 ニーズ(니즈)가 정답이다.

어휘 客 きゃく 圏고객, 손님　調査 ちょうさ 圏조사
製品 せいひん 圏제품　ニーズ 圏니즈, 요구　ターゲット 圏타깃
タイミング 圏타이밍　チャンス 圏찬스, 기회

21

드디어 딸을 위한 목제 모형을 끝낼 수 있었다.
1 발매할　　　　　　2 제출시킬
3 송부할　　　　　　4 완성시킬

해설 仕上げる가 '끝낼'이라는 의미이므로, 의미가 가장 비슷한 4 完成させる(완성시킬)가 정답이다.

어휘 やっと 囝드디어　木製 もくせい 圏목제, 나무로 만든 것
模型 もけい 圏모형　仕上げる しあげる 圄완성하다, 마무리하다
発売 はつばい 圏발매　提出 ていしゅつ 圏제출
送付 そうふ 圏송부, 보냄　完成 かんせい 圏완성

22

아이에게 빈번하게 지시하는 것은 성장의 방해가 된다.
1 무시　　　　　　　2 명령
3 제안　　　　　　　4 희망

해설 指図가 '지시'라는 의미이므로, 의미가 가장 비슷한 2 命令(명령)가 정답이다.

어휘 頻繁だ ひんぱんだ 曜빈번하다　指図 しず 圏지시
成長 せいちょう 圏성장　妨げ さまたげ 圏방해
無視 むし 圏무시　命令 めいれい 圏명령　提案 ていあん 圏제안
希望 きぼう 圏희망

23

썩 좋지 않은 날씨가 당분간 계속된다고 한다.
1 더욱이　　　　　　2 꽤
3 한동안　　　　　　4 아마

해설 当分이 '당분간'이라는 의미이므로, 의미가 가장 비슷한 3 しばらく(한동안)가 정답이다.

어휘 ぱっとしない 썩 좋지 않다　当分 とうぶん 囝당분간
続く つづく 圄계속되다　さらに 囝더욱이　かなり 囝꽤
しばらく 囝한동안　おそらく 囝아마

24

사사키 씨는 동료이고, 여행을 갈 정도로 사이가 좋다.
1 같은 학교 사람　　　2 같은 회사 사람
3 같은 고향 사람　　　4 같은 연령의 사람

해설 同僚가 '동료'라는 의미이므로, 이와 교체하여도 문장의 의미가 바뀌지 않는 2 同じ会社の人(같은 회사 사람)가 정답이다.

어휘 同僚 どうりょう 圏동료　旅行 りょこう 圏여행
仲がいい なかがいい 사이가 좋다　故郷 こきょう 圏고향
年齢 ねんれい 圏연령

25

저기는 자원이 모자란 섬나라이다.
1 만들어지고 있는　　2 매우 많은
3 부족한　　　　　　4 전혀 없는

해설 とぼしい가 '모자란'이라는 의미이므로, 의미가 가장 비슷한 3 不足している(부족한)가 정답이다.

어휘 資源 しげん 圏자원　とぼしい 回모자라다, 부족하다
島国 しまぐに 圏섬나라　作る つくる 圄만들다
とても 囝매우, 아주　多い おおい 回많다　不足 ふそく 圏부족
まったく 囝전혀, 완전히

26

유지

1 고급 자동차는 사는 것 자체보다 그것을 유지하는 비용을 생각하지 않으면 안 된다.
2 길 잃은 개를 유지하고 싶지만, 남편이 매우 싫어해서 고민하고 있다.
3 야생 동물이 많이 있기 때문에, 작물의 유지에는 주의가 필요하다.
4 식품 유지 시에 자주 사용되는 건조제를 이용하고 있습니다.

해설 維持(유지)는 어떠한 상태를 변함없이 그대로 지니어 갈 때 사용한다. 1의 買うこと自体よりそれを維持する(사는 것 자체보다 그것을 유지하는)에서 문맥상 올바르게 사용되었으므로 1이 정답이다. 참고로, 2는 飼育(しいく, 사육), 3은 栽培(さいばい, 재배), 4는 保存(ほぞん, 보존)을 사용하는 것이 올바른 문장이다.

어휘 維持 いじ 圏유지　高級だ こうきゅうだ 曜고급이다
自体 じたい 圏자체　費用 ひよう 圏비용
考える かんがえる 圄생각하다　迷い犬 まよいいぬ 圏길 잃은 개
旦那 だんな 圏남편　嫌がる いやがる 圄싫어하다
悩む なやむ 圄고민하다　野生 やせい 圏야생
作物 さくもつ 圏작물　注意 ちゅうい 圏주의
必要だ ひつようだ 曜필요하다　食品 しょくひん 圏식품
使用 しよう 圏사용　乾燥剤 かんそうざい 圏건조제
利用 りよう 圏이용

27

원만

1 어릴 때부터 <u>원만</u>한 친구인 스즈키 씨는, 나의 좋은 이해자다.
2 그는 자신이 주최한 이벤트가 성공해서, <u>원만</u>한 상태였다.
3 고객과의 사이에 트러블이 발생했지만, 어떻게 <u>원만</u>하게 해결할 수 있었다.
4 이번 주는 비교적으로 <u>원만</u>한 날씨가 계속돼, 지내기 좋은 1주일이었다.

해설 円満(원만)은 일의 진행 상태가 평온할 때 사용한다. 3의 なんとか円満に解決できた(어떻게 원만하게 해결할 수 있었다)에서 문맥상 올바르게 사용되었으므로 3이 정답이다. 참고로, 1은 親しい(したしい, 친하다), 2는 満足だ(まんぞくだ, 만족하다), 4는 穏やかだ(おだやかだ, 평온하다)를 사용하는 것이 올바른 문장이다.

어휘 円満だ えんまんだ な형 원만하다　幼い おさない い형 어리다
よき 좋은　理解者 りかいしゃ 명 이해해 주는 사람
主催 しゅさい 명 주최　イベント 명 이벤트　成功 せいこう 명 성공
様子 ようす 명 상태　顧客 こきゃく 명 고객　トラブル 명 트러블
なんとか 부 어떻게　解決 かいけつ 명 해결
比較的だ ひかくてきだ な형 비교적이다　過ごす すごす 동 지내다

28

혼란

1 아침에는 길이 매우 <u>혼란</u>해서 출근하기가 힘들다.
2 그 도시에는, 오래된 건물과 새로운 건물이 아름답게 <u>혼란</u>해 있다.
3 지진 후, 방 안은 가구나 책이 <u>혼란</u>해 있었다.
4 나라가 독립한 일로, 지역 경제가 <u>혼란</u>했다.

해설 混乱(혼란)은 어떤 것이 질서를 잃어 어지러울 때 사용한다. 4의 地域の経済が混乱した(지역 경제가 혼란했다)에서 문맥상 올바르게 사용되었으므로 4가 정답이다. 참고로, 1은 渋滞する(じゅうたいする, 정체되다), 2는 混在する(こんざいする, 혼재하다), 3은 散乱する(さんらんする, 산란하다)를 사용하는 것이 올바른 문장이다.

어휘 混乱 こんらん 명 혼란　非常に ひじょうに 부 매우, 대단히
出勤 しゅっきん 명 출근　都市 とし 명 도시
美しい うつくしい い형 아름답다　地震 じしん 명 지진
家具 かぐ 명 가구　独立 どくりつ 명 독립　地域 ちいき 명 지역
経済 けいざい 명 경제

29

쌓이다

1 전철이 갑자기 <u>쌓여서</u>, 타고 있던 사람들이 놀라고 있었다.
2 동아리 활동을 위해, 학생들이 교실에 <u>쌓여</u> 왔다.
3 10일이나 연속해서 일이 계속되면, 매우 피로가 <u>쌓인다</u>.
4 내일은 매우 추워지고, 눈이 <u>쌓이는</u> 예보다.

해설 たまる(쌓이다)는 일이나 감정, 느낌 등이 겹쳐지거나 몰릴 때 사용한다. 3의 疲れがたまる(피로가 쌓인다)에서 문맥상 올바르게 사용되었으므로 3이 정답이다. 참고로, 1은 止まる(とまる, 서다), 2는 集まる(あつまる, 모이다), 4는 積もる(つもる, 쌓이다)를 사용하는 것이 올바른 문장이다.

어휘 たまる 동 쌓이다, 모이다　クラブ活動 クラブかつどう 명 동아리 활동
生徒 せいと 명 학생　教室 きょうしつ 명 교실
集まる あつまる 동 모이다　連続 れんぞく 명 연속
続く つづく 동 계속되다, 이어지다　疲れ つかれ 명 피로
予報 よほう 명 예보

30

크게

1 그 점원의 설명은 조금 <u>크게</u> 들렸다.
2 주민은, 그 고속도로가 개통된 것을, <u>크게</u> 기뻐하고 있다.
3 나의 엄마는, 운동 부족인데 <u>크게</u> 운동을 하려고 하지 않는다.
4 그 수업은 인기가 있기 때문에, <u>크게</u> 많은 학생이 출석한다.

해설 大いに(크게)는 보통보다 정도가 심하거나 더할 때 사용한다. 2의 高速道路が開通したことを、大いに喜んでいる(고속도로가 개통된 것을, 크게 기뻐하고 있다)에서 문맥상 올바르게 사용되었으므로 2가 정답이다. 참고로, 1은 大げさだ(おおげさだ, 과장되다), 3은 少しも(すこしも, 조금도), 4는 すごく(엄청나게)를 사용하는 것이 올바른 문장이다.

어휘 大いに おおいに 부 크게, 대단히　店員 てんいん 명 점원
説明 せつめい 명 설명　聞こえる きこえる 동 들리다
住民 じゅうみん 명 주민　高速道路 こうそくどうろ 명 고속도로
開通 かいつう 명 개통　喜ぶ よろこぶ 동 기뻐하다
運動不足 うんどうぶそく 명 운동 부족　人気 にんき 명 인기
出席 しゅっせき 명 출석

언어지식 문법
p.462

31

신상품의 이름은, (　　) 금요일 회의에서 결정하겠죠.

1 산뜻하게　　　　　**2 아마도**
3 설마　　　　　　　4 어쩐지

해설 빈칸 앞에서 '신상품의 이름은'이라고 하고, 빈칸 뒤에서 '금요일 회의에서 결정하겠죠'라고 했으므로, 추측이나 가능성을 나타내는 'おそらく(아마도)'를 사용하는 것이 자연스럽다. 따라서 2 おそらく(아마도)가 정답이다.

어휘 新商品 しんしょうひん 명 신상품　会議 かいぎ 명 회의
決定 けってい 명 결정　さっぱり 부 산뜻하게　おそらく 부 아마도
まさか 부 설마　どうも 부 어쩐지, 아무래도

32

(새로운 선생님으로부터의 인사)
'저는 20년 전에 이 고등학교를 졸업했습니다. 20년 만에, 교사 (　　) 여기에 돌아올 수 있어서 매우 기쁩니다.'

1 로서
2 에게 있어서
3 에 대해서
4 이면서

해설 빈칸 앞에서 '20년 만에, 교사'라고 하고, 빈칸 뒤에서 '여기에 돌아올 수 있어서 매우 기쁩니다'라고 했으므로, 자신의 자격이나 입장을 나타내는 '～として(~로서)'를 사용하는 것이 자연스럽다. 따라서 1 として(로서)가 정답이다.

어휘 あいさつ 인사　高校 こうこう 고등학교, 고교
卒業 そつぎょう 졸업　～ぶり ~만에　教師 きょうし 교사
戻って来る もどってくる 돌아오다　うれしい 기쁘다
～として ~로서　～にとって ~에게 있어서
～に対して ~にたいして ~에 대해서, ~에 관해서
～にして ~면서, ~이자

33

해외에서 (　　), 내가 내 나라의 문화와 역사에 대해 깊이 알지 못한다는 것을 깨달았다.

1 생활하고 나서야 비로소
2 생활한 후가 아니면
3 마치 생활하는 것처럼
4 생활한 대로

해설 빈칸 앞에서 '해외에서'라고 하고, 빈칸 뒤에서 '내가 내 나라의 문화와 역사에 대해 깊이 알지 못한다는 것을 깨달았다'라고 했으므로, 어떤 경험이 있은 후에야 비로소 깨달았다는 의미를 나타내는 '～てはじめて(~하고 나서야 비로소)'를 사용하는 것이 자연스럽다. 따라서 1 生活してはじめて(생활하고 나서야 비로소)가 정답이다.

어휘 海外 かいがい 해외　文化 ぶんか 문화　歴史 れきし 역사
気付く きづく 깨닫다　生活 せいかつ 생활
～てはじめて ~하고 나서야 비로소
～てからでないと ~한 후가 아니면　～かのように 마치 ~처럼
～とおりに ~대로

34

이 동물원의 입장 요금은, 연령 (　　) 500엔입니다.

1 에 의하면
2 에 관련하여
3 에 관계없이
4 에 따라

해설 빈칸 앞에서 '동물원의 입장 요금은, 연령'이라고 하고, 빈칸 뒤에서 '500엔입니다'라고 했으므로, 조건에 상관없이 모두 동일한 결과라는 의미를 나타내는 '～にかかわらず(~에 관계없이)'를 사용하는 것이 자연스럽다. 따라서 3 にかかわらず(에 관계없이)가 정답이다.

어휘 動物園 どうぶつえん 동물원
入場料金 にゅうじょうりょうきん 입장 요금
年齢 ねんれい 연령　～によれば ~에 의하면
～につけて ~에 관련하여　～にかかわらず ~에 관계없이

～にしたがって ~에 따라

35

(회사에서)
상사 "다음 주 목요일 세미나는 몇 시부터예요?
부하 "죄송합니다. 아직 정해지지 않아서, (　　), 연락 드리겠습니다.

1 정해졌더니
2 정해진 순간
3 정해진 끝에
4 정해지는 대로

해설 빈칸 앞에서 '아직 정해지지 않아서'라고 하고, 빈칸 뒤에서 '연락 드리겠습니다'라고 했으므로, 일이 정해지는 즉시 곧바로 행동을 하겠다는 의미를 나타내는 '～次第(~하는 대로)'를 사용하는 것이 자연스럽다. 따라서 4 決まり次第(정해지는 대로)가 정답이다.

어휘 上司 じょうし 상사　セミナー 세미나　部下 ぶか 부하
決まる きまる 정해지다, 결정되다　連絡 れんらく 연락
～たところ ~했더니　～たとたん ~한 순간　～たすえに ~한 끝에
～次第 ～しだい ~(하는) 대로

36

가족은 지금, 해외여행 중입니다. 저도 갈 예정이었습니다만, 여권을 (　　), 비행기에 타지 못했습니다.

1 잊어버리고 있었던 만큼
2 잊어버렸을 뿐인데도 불구하고
3 잊어버리고 온 지 얼마 안 돼
4 잊어버리고만 탓에

해설 빈칸 앞에서 '여권을'이라고 하고, 빈칸 뒤에서 '비행기에 타지 못했습니다'라고 했으므로, 여권을 잊어버린 것이 비행기를 타지 못한 원인이라는 인과 관계를 나타내는 '～ばかりに(~탓에)'를 사용하는 것이 자연스럽다. 따라서 4 忘れてしまったばかりに(잊어버리고만 탓에)가 정답이다.

어휘 海外 かいがい 해외　旅行中 りょこうちゅう 여행 중
予定 よてい 예정　パスポート 여권　～だけあって ~인 만큼
～にもかかわらず ~에도 불구하고
～たばかりで ~한 지 얼마 안 돼, 막 ~해서
～てしまう ~하고 말다, ~해 버리다　～ばかりに ~탓에, ~때문에

37

시간을 착각해서 회의에 지각한 것은, 부주의했다고 (　　).

1 말하지 않을 수 없다
2 말할 수도 있다
3 말하는 중이다
4 말하기 어렵다

해설 빈칸 앞에서 '시간을 착각해서 회의에 지각한 것은, 부주의했다고'라고 하고, 빈칸 뒤에서 문장이 끝나므로, 불가피하게 인정할 수밖에 없는 상황을 나타내는 '～ざるを得ない(~하지 않을 수 없다)'를 사용하는 것이 자연스럽다. 따라서 1 言わざるを得ない(말하지 않을 수 없다)가 정답이다.

어휘 間違える まちがえる 착각하다, 잘못하다　会議 かいぎ 회의
遅刻 ちこく 지각　不注意だ ふちゅういだ 부주의하다
～ざるを得ない ～ざるをえない ~하지 않을 수 없다

~かねない ~할 수도 있다, ~할지도 모른다
~最中だ さいちゅうだ (한창) ~하는 중이다
~がたい ~하기 어렵다

38

(호텔에서)
손님 "내일 10시에, 택시를 불러놔줄래요?"
호텔 직원 "네, 10시 말씀이시죠? 확실히 (   )."

1 들었습니다   2 왔습니다
3 수락했습니다   4 오셨습니다

해설 빈칸 앞에서 '10시 말씀이시죠? 확실히'라고 하고, 빈칸 뒤에서 문장이 끝나므로, 요청이나 의뢰를 받았을 때 사용하는 겸양 표현인 '承る(수락하다, 받들다)'를 사용하는 것이 자연스럽다. 따라서 3 承りました(알아들었습니다)가 정답이다. 여기서 承る(수락하다)는 引き受ける(받아들이다)의 겸양어이다. 1 お聞きしました(들었습니다)는 聞く(듣다)의 겸양표현, 2 参りました(왔습니다)는 来る(오다)의 겸양어, 4 おいでになりました(오셨습니다)는 来る(오다)의 존경어를 활용한 것이다.

어휘 スタッフ 圀 직원, 스태프   確かに たしかに 囲 확실히, 분명히
参る まいる 图 오다 (来る의 겸양어)
承る うけたまわる 图 수락하다, 받들다 (引き受ける의 겸양어)
おいでになる 오시다 (来る의 존경어)

39

우리 아이는 매일 아침, (   ) 스스로 일어나서, 학교에 갈 수 있어요.

1 깨우지 않으면   **2 깨우지 않아도**
3 깨워도   4 깨우게 하지 않으면

해설 빈칸 앞에서 '우리 아이는 매일 아침'이라고 하고, 빈칸 뒤에서 '스스로 일어나서, 학교에 갈 수 있어요'라고 했으므로, 아이의 입장에서 누군가가 자신을 깨우지 않아도 스스로 일어날 수 있다는 의미를 나타내는 '〜されなくても(~하지 않아도)'를 사용하는 것이 자연스럽다. 따라서 2 起こされなくても(깨우지 않아도)가 정답이다. 여기서 起こされる(깨워지다)는 起こす(깨우다)의 수동형이다. 4 起こさせないと(깨우게 하지 않으면)는 起こす(깨우다)의 사역형을 활용한 것이다.

어휘 うちの子 うちのこ 圀 우리 아이   自分で じぶんで 스스로
起きる おきる 图 일어나다   ~ことができる ~할 수 있다
起こす おこす 图 깨우다, 일으키다

40

그의 발 상태는 (   ), 앞으로 1주일 뒤면 달릴 수 있게 된다고 말할 수 있다.

1 낫기 시작한다기 보다   2 낫고 있다기 보다
3 낫기 시작한 것으로 봐서   **4 낫고 있는 것으로 봐서**

해설 빈칸 앞에서 '그의 발 상태는'이라고 하고, 빈칸 뒤에서 '앞으로 1주일 뒤면 달릴 수 있게 된다고 말할 수 있다'라고 했으므로, 앞의 내용을 근거로 뒤의 판단이나 결론을 이끌어내는 '〜ことから(~것으로 봐서)'를 사용하는 것이 자연스럽다. 따라서 4 治りつつあることから(낫고 있는 것으로 봐서)가 정답이다.

어휘 調子 ちょうし 圀 상태   あと 囲 앞으로, 아직
~ようになる ~하게 되다   ~というより ~라기 보다
~つつある ~하고 있다, ~하는 중이다   ~ことから ~것으로 봐서

41

지금 살고 있는 좁은 원룸은 내 짐만으로도 가득 차서, 룸 셰어 (   ) 할 수 있을 리가 없다.

1 라면   2 조차
3 같은 거   4 정도

해설 빈칸 앞에서 '좁은 원룸은 내 짐만으로도 가득 차서, 룸 셰어'라고 하고, 빈칸 뒤에서 '할 수 있을 리가 없다'라고 했으므로, 부정문에서 강조의 의미를 나타내는 'なんか(같은 거)'를 사용하는 것이 자연스럽다. 따라서 3 なんか(같은 거)가 정답이다.

어휘 狭い せまい い형 좁다   ワンルーム 圀 원룸   荷物 にもつ 圀 짐
いっぱいだ 가득 차다   ルームシェア 圀 룸 셰어
~わけがない ~할 리가 없다   ~なら 조 ~라면   ~さえ 조 ~조차
~なんか 조 ~같은 거, 따위   ~くらい 조 ~정도

42

성공을 거둔 경영자들은 자신의 노력이나 우수함을 자랑하거나 하지는 않는다. 그들은 입을 모아, 그저 운이 (   )고 말한다.

1 좋아도 소용이 없다   **2 좋았던 것에 불과하다**
3 좋지 않았던 것 같다   4 좋지 않은 것이 당연하다

해설 빈칸 앞에서 '성공을 거둔 경영자들은 자신의 노력이나 우수함을 자랑하거나 하지는 않는다. 그들은 입을 모아, 그저 운이'라고 하고, 빈칸 뒤에서 '고 말한다'라고 했으므로, 자신의 성공을 단지 운에 지나지 않는다고 겸손하게 표현하는 '〜にすぎない(~에 불과하다)'를 사용하는 것이 자연스럽다. 따라서 2 良かったにすぎない(좋았던 것에 불과하다)가 정답이다.

어휘 成功 せいこう 圀 성공   収める おさめる 图 거두다
経営者 けいえいしゃ 圀 경영자   努力 どりょく 圀 노력
優秀さ ゆうしゅうさ 圀 우수함   自慢 じまん 圀 자랑
口をそろえる くちをそろえる 입을 모으다   ただ 囲 그저
運 うん 圀 운   ~ても ~해도
仕方がない しかたがない 소용이 없다   ~にすぎない ~에 불과하다
~らしい ~것 같다
~に決まっている ~にきまっている ~이 당연하다

43

그는 의사에게 다이어트 하라고 들었는데, 저렇게 매일 아이스크림을 먹고 있으면 ★살이 빠질 수 있을 리가 없잖아.

1 살이 빠질 수 있을   2 아이스크림을
3 리가 없   4 먹고 있으면

해설 3 わけがない는 동사 보통형 뒤에 접속하므로 먼저 1 やせられる 3 わけがない(살이 빠질 수 있을 리가 없다)로 연결할 수 있다. 이것을 나머지 선택지와 함께 의미가 통하게 연결하면 2 アイスクリームを 4 食べていたら 1 やせられる 3 わけがない(아이스크림을 먹고 있으면 살이 빠질 수 있을 리가 없다)가 되면서 전체 문맥과도 어울린다. 따라서 1 やせられる(살이 빠질 수 있을)가 정답이다.

어휘 ダイエット 뎽 다이어트　やせる 튕 살이 빠지다, 여위다
アイスクリーム 뎽 아이스크림　～わけがない ~일리가 없다

44

수영장에서 하는 수중 워킹은 성별이나 연령을 ★불문하고 누구에게나 시작하기 쉬운 운동으로, 하반신 근육을 단련하는 데 효과가 있다.

1 불문하고　　　　　2 누구에게나 시작하기 쉬운
3 수중 워킹은　　　　4 성별이나 연령을

해설 1 問わず는 4의 を와 함께 쓰여 문형 を問わず(~을 불문하고)가 되므로 먼저 4 性別や年齢を 1 問わず(성별이나 연령을 불문하고)로 연결할 수 있다. 이것을 나머지 선택지와 함께 의미가 통하게 연결하면 3 水中ウォーキングは 4 性別や年齢を 1 問わず 2 誰にでも始めやすい(수중 워킹은 성별이나 연령을 불문하고 누구에게나 시작하기 쉬운)가 되면서 전체 문맥과도 어울린다. 따라서 1 問わず(불문하고)가 정답이다.

어휘 プール 뎽 수영장　行う おこなう 튕 하다　エクササイズ 뎽 운동
下半身 かはんしん 뎽 하반신　筋肉 きんにく 뎽 근육
鍛える きたえる 튕 단련하다　効果 こうか 뎽 효과
～を問わず ～をとわず ~를 불문하고, ~에 관계없이
始める はじめる 튕 시작하다
水中ウォーキング すいちゅうウォーキング 뎽 수중 워킹
性別 せいべつ 뎽 성별　年齢 ねんれい 뎽 연령

45

이 일본어 교재는, 일본어를 사용해서 일할 수 있게 되고 싶은 사람을 위해서 실제 비즈니스 회화에 기반하여 ★만든 예문을 싣고 있습니다.

1 싣고　　　　　　　2 비즈니스 회화에
3 만든 예문을　　　　4 기반하여

해설 4 基づいて는 2의 に와 함께 쓰여 문형 に基づいて(~에 기반하여)가 되므로 먼저 2 ビジネス会話に 4 基づいて(비즈니스 회화에 기반하여)로 연결할 수 있다. 이것을 나머지 선택지와 함께 의미가 통하게 연결하면 2 ビジネス会話に 4 基づいて 3 作った例文を 1 載せて(비즈니스 회화에 기반하여 만든 예문을 싣고)가 되면서 전체 문맥과도 어울린다. 따라서 3 作った例文を(만든 예문을)가 정답이다.

어휘 日本語 にほんご 뎽 일본어　テキスト 뎽 교재, 텍스트
実際 じっさい 뎽 실제　載せる のせる 튕 싣다
ビジネス 뎽 비즈니스　会話 かいわ 뎽 회화　例文 れいぶん 뎽 예문
～に基づいて ～にもとづいて ~에 기반하여

46

이 배우는 아직 젊은데, 연기가 훌륭할 뿐만 아니라 ★노래도 능숙해서 매우 인기가 있다.

1 능숙해서　　　　　2 훌륭한
3 노래도　　　　　　4 뿐만 아니라

해설 4 のみならず는 い형용사 기본형 뒤에 접속하므로 먼저 2 すばらしい 4 のみならず(훌륭할 뿐만 아니라)로 연결할 수 있다. 이것을 나머지 선택지와 함께 의미가 통하게 연결하면 2 すばらしい 4 のみならず 3 歌も 1 上手で(훌륭할 뿐만 아니라 노래도 능숙해서)가 되면서 전체 문맥과도 어울린다. 따라서 3 歌も(노래도)가 정답이다.

어휘 俳優 はいゆう 뎽 배우　若い わかい い형 젊다
演技 えんぎ 뎽 연기　人気 にんき 뎽 인기
すばらしい い형 훌륭하다, 굉장하다　～ばかりか ~뿐만 아니라

47

최근 편의점 디저트는 매우 맛있기 때문에, 신상품을 발견하면 ★사지 않을 수 없습니다.

1 을 수 없　　　　　2 사지 않
3 발견하면　　　　　4 신상품을

해설 1 いられない는 2의 ずには와 함께 쓰여 문형 ずにはいられない(~하지 않을 수 없다)가 되므로 먼저 2 買わずには 1 いられない(사지 않을 수 없다)로 연결할 수 있다. 이것을 나머지 선택지와 함께 의미가 통하게 연결하면 4 新商品を 3 見つけると 2 買わずには 1 いられない(신상품을 발견하면 사지 않을 수 없)가 되면서 전체 문맥과도 어울린다. 따라서 2 買わずには(사지 않)가 정답이다.

어휘 最近 さいきん 뎽 최근　コンビニエンスストア 뎽 편의점
スイーツ 뎽 디저트, 단것　～ずにはいられない ~하지 않을 수 없다
見つける みつける 튕 발견하다　新商品 しんしょうひん 뎽 신상품

48-51

이하는, 유학생이 스피치를 위해서 쓴 글이다.

'교겐'의 재미

새턴 챗머니

문화 수업에서 일본의 전통적인 연극인 교겐을 관람하게 되었습니다. 저는 자국의 전통 예술조차 감상한 적이 없고, 애초에 관심이 적었기 때문에, 어차피 나는 재미를 이해할 수 없을 것이라며 기대하지 않고 있었습니다.

그런데, 무대 공연 중, 저는 몇 번이나 웃었습니다. 역사 이야기나 어려운 이야기가 주제일 것이라고 멋대로 고정관념을 가지고 있었지만, 우리의 일상에 비교적 가까운 내용이어서 이해하기 쉬웠습니다. [48]상연 목록은 다음과 같은 내용이었습니다. 48 [48]에 주인과 두 명의 하인이 있습니다. 주인은

외출할 예정이 있었지만, 집에는 비장의 술이 있어, [49]집을 지키는 중인 하인 둘이 몰래 손을 대 버리는게 아닐까 걱정되었습니다. 49 , [49]하인의 두 손을 끈으로 막대에 동여매고, 외출하기로 합니다. 주인이 부재 중에 무슨 일이 있어도 술을 마시고 싶어진 하인들이, 막대에 묶인 채 겨우 움직일 수 있는 손끝을 구사해서 어떻게든 마시려고 꾀한다는 이야기입니다.

군데군데 알아들을 수 없는 단어가 나왔지만, 배우의 우스꽝스러운 몸짓에 웃음을 자아냈습니다.

[50]이처럼 교겐은, 사람들의 일상 속에서 50 웃음이나 실수를 재밌고 이상하게 묘사한 극입니다. 제가 본 이야기는 오래 전부터 계승된 것인데, 수백 년 전의 사람도 비슷한 일로 웃었던 것인가 생각하니, 왠지 그들이 친근하게 느껴졌습니다. 그리고, [51]지금까지 전통 예술을 피해 왔던 것이 아까웠다고 51 . [51]앞으로 기회가 있으면, 고향의 전통 예술에도 접해 보고 싶습니다.

(주1) 하인: 주인을 섬기는 사람
(주2) 비장의: 소중하게 넣어 둔
(주3) 우스꽝스럽다: 재미있다

어휘 スピーチ 圏 스피치　狂言 きょうげん 圏 교겐(일본의 전통 연극)
面白さ おもしろさ 圏 재미　文化 ぶんか 圏 문화
授業 じゅぎょう 圏 수업　伝統的だ でんとうてきだ ☆형 전통적이다
演劇 えんげき 圏 연극　観覧 かんらん 圏 관람
~ことになる ~하게 되다　自国 じこく 圏 자국
伝統 でんとう 圏 전통　芸能 げいのう 圏 예술, 예능
鑑賞 かんしょう 圏 감상　そもそも 凰 애초에
関心 かんしん 圏 관심　薄い うすい い형 적다, 얕다
どうせ 凰 어차피　理解 りかい 圏 이해　期待 きたい 圏 기대
~ずに ~하지 않고　舞台 ぶたい 圏 무대　公演 こうえん 圏 공연
歴史 れきし 圏 역사　主題 しゅだい 圏 주제
勝手だ かってだ ☆형 멋대로이다
固定観念 こていかんねん 圏 고정관념　日常 にちじょう 圏 일상
割と わりと 凰 비교적　~やすい ~하기 쉽다
演目 えんもく 圏 상연 목록　主人 しゅじん 圏 주인
家来 けらい 圏 하인　外出 がいしゅつ 圏 외출
予定 よてい 圏 예정　秘蔵 ひぞう 圏 비장　酒 さけ 圏 술
留守番 るすばん 圏 집을 지킴　こっそり 凰 몰래
手をつける てをつける 손을 대다　心配 しんぱい 圏 걱정
両手 りょうて 圏 양손　紐 ひも 圏 끈　棒 ぼう 圏 막대
縛り付ける しばりつける 동여 매다　不在 ふざい 圏 부재
~まま ~한 채　辛うじて かろうじて 凰 겨우　手先 てさき 圏 손끝
駆使 くし 圏 구사　試みる こころみる 동 꾀하다
ストーリー 圏 이야기　所々 ところどころ 圏 군데군데
聞き取る ききとる 동 알아듣다　単語 たんご 圏 단어
役者 やくしゃ 圏 배우　滑稽だ こっけいだ ☆형 우스꽝스럽다
笑いを誘う わらいをさそう 웃음을 자아내다　失敗 しっぱい 圏 실패
おもしろおかしい い형 재미있고 이상하다　描写 びょうしゃ 圏 묘사
劇 げき 圏 극　物語 ものがたり 圏 이야기
古くから ふるくから 오래 전부터

受け継がれる うけつがれる 동 계승되다　似る にる 동 비슷하다
身近だ みぢかだ ☆형 친근하다　避ける さける 동 피하다
もったいない い형 아깝다　今後 こんご 圏 앞으로
故郷 こきょう 圏 고향　触れる ふれる 동 접하다
仕える つかえる 동 섬기다　しまう 동 넣다

48

1 이 집　　　　　　**2 어느 집**
3 그 집　　　　　　4 저쪽 집

해설 빈칸 앞에서 '상연 목록은 다음과 같은 내용이었습니다'라고 하고, 빈칸 뒤에서 '에 주인과 두 명의 하인이 있습니다'라고 했으므로, 이야기를 처음 시작할 때 특별히 지정되지 않은 불특정한 대상을 나타내는 표현 'ある(어느)'를 사용하는 것이 자연스럽다. 따라서 2 ある家(어느 집)가 정답이다.

49

1 그래서　　　　2 게다가
3 그래도　　　　　4 그렇지만

해설 빈칸 앞에서 '집을 지키는 중인 하인 둘이 몰래 손을 대 버리는 게 아닐까 걱정되었습니다'라고 하고, 빈칸 뒤에서 '하인의 두 손을 끈으로 막대에 동여매고, 외출하기로 합니다'라고 했으므로, 주인이 걱정했다는 상황과 그에 대한 대책을 연결하는 표현 'そこで(그래서)'를 사용하는 것이 자연스럽다. 따라서 1 そこで(그래서)가 정답이다.

어휘 そこで 웹 그래서　しかも 웹 게다가　それでも 웹 그래도
けれども 웹 그렇지만

50

1 일어나기를 바라는 것 같은　　2 일어날 턱이 없을 것 같은
3 일어날 수 있을 것 같은　　4 일어날 방법이 없을 것 같은

해설 빈칸 앞에서 '이처럼 교겐은, 사람들의 일상 속에서'라고 하고, 빈칸 뒤에서 '웃음이나 실수를 재밌고 이상하게 묘사한 극입니다'라고 했으므로, 일상생활에서 실제로 발생할 가능성이 있는 상황을 나타내는 표현 '~得る(~할 수 있다)'를 사용하는 것이 자연스럽다. 따라서 3 起こり得そうな(일어날 수 있을 것 같은)가 정답이다. 1의 てほしい는 '~하기를 바라다', 2의 っこない는 '~할 턱이 없다', 4의 ようがない는 '~할 방법이 없다'라는 의미의 문형임을 알아 둔다.

어휘 ~っこない ~할 턱이 없다　~得る ~える ~할 수 있다
~ようがない ~할 방법이 없다

51

1 생각되기 시작했습니다　　2 생각하는 경우도 있었습니다
3 생각되고 있었습니다　　　4 생각하려고 했습니다

해설 빈칸 앞에서 '지금까지 전통 예술을 피해 왔던 것이 아까웠다고'라고 하고, 빈칸 뒤에서 '앞으로 기회가 있으면, 고향의 전통 예술에도 접해 보고 싶습니다'라고 했으므로, 깨달음이 생기기 시작하는 변화를 나타내는 표현 '~てくる(~하기 시작하다)'를 사용하는 것이 자연

스럽다. 따라서 1 思えてきました(생각되기 시작했습니다)가 정답이다.

어휘 思える おもえる 동 생각되다　~てくる ~하기 시작하다
~こともある ~경우도 있다　~つつある ~하고 있다
~ようとする ~하려고 하다

독해

p.468

52

　마을에 있는 서점에서는, 점포 독자적인 매출 랭킹 코너가 마련되어 있거나, 손님이 점주에게 추천 서적을 묻거나 하는 등, 책을 통한 직접적 및 정서적인 교류가 널리 퍼져있었다. 그것은, 합리성을 추구하는 인터넷 공간과는 상반하는 장소라고 말할 수 있을 것이다. 그런 서점의 폐점이 잇따르고 있다.
　인터넷의 진화에 따라, 온라인 상에서 무한의 서적에 접근할 수 있는 편리한 시대가 되었다. 희귀한 전문 서적조차 손쉽게 입수할 수 있다. 그러나, 서점에서 구축되었던 것과 같은 사람의 고리는 그곳에는 존재하지 않는다.

(주) 우두커니 있다: 있다

이 글에서 필자가 가장 말하고 싶은 것은 무엇인가?
1 서점에는, 인터넷 공간에는 없는 사람과 사람과의 따뜻한 교류가 있다.
2 인터넷 공간은, 합리성을 추구하는 나머지 정서가 없다.
3 책을 통해서만 쌓을 수 있는 인간관계가 존재한다.
4 서점이 줄고 있는 것은 인터넷에서 구입하는 쪽이 편리하기 때문이다.

해설 에세이로 필자가 가장 말하고 싶은 것이 무엇인지 묻고 있다. 선택지에서 반복되는 書店(서점), インターネット(인터넷)를 지문에서 찾아 필자가 말하고 싶은 것을 파악한다. 초반부에서 町に佇む本屋には、店舗独自の売上ランキングコーナーが設けられていたり、客が店主におすすめの書籍を尋ねたりするなど、本を介した直接的かつ情緒的なふれあいが広がっていた。それは、合理性を追求するネット空間とは相反する場と言えよう(마을에 우두커니 있는 서점에서는, 점포 독자적인 매출 랭킹 코너가 마련되어 있거나, 손님이 점주에게 추천 서적을 묻거나 하는 등, 책을 통한 직접적 및 정서적인 교류가 널리 퍼져있었다. 그것은, 합리성을 추구하는 인터넷 공간과는 상반하는 장소라고 말할 수 있을 것이다)라고 서술하고 있으므로, 1 本屋には、ネット空間にはない人と人との温かい交流がある(서점에는, 인터넷 공간에는 없는 사람과 사람과의 따뜻한 교류가 있다)가 정답이다.

어휘 町 まち 명 마을　佇む たたずむ 동 (우두커니) 있다
本屋 ほんや 명 서점　店舗 てんぽ 명 점포　独自 どくじ 명 독자
売上 うりあげ 명 매출　ランキング 명 랭킹　コーナー 명 코너
設ける もうける 동 마련하다　店主 てんしゅ 명 점주
おすすめ 명 추천　書籍 しょせき 명 서적　尋ねる たずねる 동 묻다
介する かいする 동 통하다

直接的だ ちょくせつてきだ な형 직접적이다　かつ 부 및
情緒的だ じょうちょてきだ な형 정서적이다　ふれあい 명 교류
広がる ひろがる 동 널리 퍼지다　合理性 ごうりせい 명 합리성
追求 ついきゅう 명 추구　ネット 명 인터넷　空間 くうかん 명 공간
相反 そうはん 명 상반　場 ば 명 장소　閉店 へいてん 명 폐점
相次ぐ あいつぐ 동 잇따르다　進化 しんか 명 진화
オンライン 명 온라인　~上 ~じょう ~상　無限 むげん 명 무한
アクセス 명 접근　便利だ べんりだ な형 편리하다
時代 じだい 명 시대　希少だ きしょうだ な형 희귀하다
専門書 せんもんしょ 명 전문 서적　手軽だ てがるだ な형 손쉽다
入手 にゅうしゅ 명 입수　書店 しょてん 명 서점
構築 こうちく 명 구축　輪 わ 명 고리　存在 そんざい 명 존재
温かい あたたかい い형 따뜻하다　交流 こうりゅう 명 교류
築く きずく 동 쌓다　人間関係 にんげんかんけい 명 인간관계
減る へる 동 줄다　購入 こうにゅう 명 구입

53

이하는 어느 회사의 알림이다.

> 손님 여러분
>
> 　　　　　　알림
> 　작금의 날씨 불순이나, 심각한 재해 등에 의한 원재료비·광열비 가격 상승에 따라, 4월 1일부터 도시락 상품의 가격을 50엔씩 가격 인상을 하게 되었습니다. (된장국은 제외합니다.)
> 　비용 삭감 노력을 해 왔습니다만, 경영이 매우 어려워, 적자가 될 수 있기 때문에, 가격 인상을 하지 않을 수 없게 되었습니다.
> 　폐를 끼치지만, 이해를 부탁드립니다.
>
> 　　　　　　　　　　　오이시이 도시락 가게

이 알림에서 가장 전하고 싶은 것은 어느 것인가?
1 원재료가 값이 오르고 있는 것
2 상품의 가격을 올리는 것
3 가격 인상을 하지 않는 상품도 있다는 것
4 비용을 줄이려고 했던 것

해설 알림 형식의 실용문으로, 이 알림에서 가장 전하고 싶은 것을 묻고 있다. 선택지에서 반복되는 商品(상품), 値上げ(가격 인상)를 지문에서 찾는다. 초반부에서 お弁当商品の価格を50円ずつ値上げさせていただくことになりました(도시락 상품의 가격을 50엔씩 가격 인상을 하게 되었습니다)라고 언급하고 있으므로, 2 商品の値段を上げること(상품의 가격을 올리는 것)가 정답이다.

어휘 お知らせ おしらせ 명 알림, 통지　お客様 おきゃくさま 명 손님
各位 かくい 명 여러분　昨今 さっこん 명 작금, 요즘
天候不順 てんこうふじゅん 명 날씨 불순
深刻だ しんこくだ な형 심각하다　災害 さいがい 명 재해
原材料費 げんざいりょうひ 명 원재료비
光熱費 こうねつひ 명 광열비　価格 かかく 명 가격

上昇 じょうしょう 명상승   ~に伴い ~にともない ~에 따라
~より 조~부터   商品 しょうひん 명상품
値上げ ねあげ 명가격 인상, 값을 올림
おみそ汁 おみそしる 명된장국, 미소시루
除く のぞく 동제외하다, 빼다   コスト 명비용
削減 さくげん 명삭감   努力 どりょく 명노력
経営 けいえい 명경영   極めて きわめて 부매우, 극히
厳しい きびしい い형어렵다, 엄하다   赤字 あかじ 명적자
~かねない ~할 수 있다, ~하기 쉽다
~ざるを得ない ~ざるをえない ~하지 않을 수 없다, ~해야 한다
迷惑を掛ける めいわくをかける 폐를 끼치다   理解 りかい 명이해
値上がり ねあがり 명값이 오름   値段 ねだん 명값, 가격
減らす へらす 동줄이다

増やす ふやす 동늘리다

55

이하는, 어느 항공사가 보낸 메일의 내용이다.

수신인: adams@mail.co.jp
건   명: 예약해주셔서 감사합니다.
이번에 JJ항공 6월 1일 (목) 하네다발 557편을 예약해주셔서 감사합니다.
항공권 지불이 확인되는 대로, 예약을 확정하겠습니다.
아래에서 예약 상세를 확인하신 후, 5월 25일 (목) 까지 지불을 마쳐주십시오.
만일, 기한일까지 지불을 확인할 수 없는 경우는, 자동적으로 취소가 됩니다.
미리 양해 부탁드립니다.

예약 확인·지불은 여기
→ https://jjsky.com

(주1) 확정: 확실히 정해지는 것, 정하는 것
(주2) 상세: 자세한 내용

이 항공사로부터의 메일에 적혀있는 내용에 대해, 옳은 것은 어느 것인가?

1 5월 25일 (목)까지 항공권 지불이 되지 않는 경우, 예약이 취소된다.
2 5월 25일 (목)까지 항공권 예약을 확인해야 한다.
3 6월 1일 (목)까지 항공권 지불이 확인되면, 예약이 확정된다.
4 6월 1일 (목)까지 항공권 지불이 확인되지 않으면, 예약이 취소된다.

54

SNS 등에서 의견을 발신하는 사람이 많다. 그 중에는, 이런 훌륭한 글을 쓸 수 있다면 이라고 생각하는 것도, 어린이가 쓴 건가라고 생각할 것 같은 글도 있다. 어떻게 하면 좋은 글을 쓸 수 있는 것일까? 최근, 글을 잘 쓰는 사람은 독서가라는 것을 깨달았다. 책을 읽는 것으로 교양이 몸에 배는 것은 물론, 어휘력, 사고력도 몸에 배기 때문은 아닐까? 아무것도 없는 곳에서는 아무것도 생겨나지 않는다. 자기 안에 한 번 넣지 않으면 표현하는 것도 할 수 없는 것이다.

(주) SNS: 소셜 네트워크 서비스 = Social Network Service

필자의 생각과 맞는 것은 어느 것인가?

1 어린이가 쓴 글이라도 좋은 글이라고 말할 수 있는 것이 있다.
2 좋은 글을 쓰기 위해, 책을 읽는 것이 중요하다.
3 사용할 수 있는 어휘를 늘리면, 능숙한 글을 쓸 수 있게 된다.
4 자신을 잘 안 뒤에, 의견을 말하면 좋다.

해설 에세이로 필자의 생각을 묻고 있다. 선택지에서 반복되는 書く(쓰다), いい文章(좋은 글), 文章(글)를 지문에서 찾아 필자의 생각을 파악한다. 후반부에서 文章がうまい人は読書家であることに気が付いた。本を読むことで教養が身に付くのはもちろん、語彙力、思考力も身に付くからではないだろうか(글을 잘 쓰는 사람은 독서가라는 것을 깨달았다. 책을 읽는 것으로 교양이 몸에 배는 것은 물론, 어휘력, 사고력도 몸에 배기 때문은 아닐까?)라고 서술하고 있으므로, 2 いい文章を書くために、本を読むことが大切だ(좋은 글을 쓰기 위해, 책을 읽는 것이 중요하다)가 정답이다.

어휘 意見 いけん 명의견   発信 はっしん 명발신
すばらしい い형훌륭하다, 대단하다   文章 ぶんしょう 명글, 문장
~と思う ~とおもう ~라고 생각하다   どうすれば 어떻게 하면
~だろうか ~일까   最近 さいきん 명최근
うまい い형잘하다, 능숙하다   読書家 どくしょか 명독서가
気が付く きがつく 깨닫다, 생각이 나다   教養 きょうよう 명교양
身に付く みにつく 몸에 배다, 익숙해지다   もちろん 부물론
語彙力 ごいりょく 명어휘력   思考力 しこうりょく 명사고력
一度 いちど 명한 번   表現 ひょうげん 명표현   文 ぶん 명글, 문장
大切だ たいせつだ な형중요하다, 소중하다   語彙 ごい 명어휘

해설 이메일 형식의 실용문으로, 이 메일의 내용에 대해 옳은 것을 묻고 있다. 선택지에서 반복되는 航空券(항공권), お支払い(지불), 予約(예약)를 지문에서 찾는다. 후반부에서 5月25日(木)までにお支払いをお済ませください。万一、期限日までにお支払いが確認できない場合は、自動的にキャンセルとなります(5월 25일 (목)까지 지불을 마쳐주십시오. 만일, 기한일까지 지불을 확인할 수 없는 경우는, 자동적으로 취소가 됩니다)라고 언급하고 있으므로, 1 5月25日(木)までに航空券のお支払いができない場合、予約が取り消される(5월 25일(목)까지 항공권 지불이 되지 않는 경우, 예약이 취소된다)가 정답이다.

어휘 航空会社 こうくうがいしゃ 명항공사   メール 명메일
内容 ないよう 명내용   このたび 명이번   羽田 はねだ 명하네다
便 びん 명편   予約 よやく 명예약   航空券 こうくうけん 명항공권
支払い しはらい 명지불   確認 かくにん 명확인
~次第 ~しだい ~하는 대로   確定 かくてい 명확정
~より 조~에서   詳細 しょうさい 명상세
済ませる すませる 동마치다, 끝내다   万一 まんいち 명만일
期限日 きげんび 명기한일   場合 ばあい 명경우
自動的だ じどうてきだ な형자동적이다   キャンセル 명취소
あらかじめ 부미리, 사전에   了承 りょうしょう 명양해, 승낙

しっかり 〔부〕확실히, 분명히　決まる きまる 〔동〕정해지다
くわしい 〔い형〕자세하다, 상세하다　取り消す とりけす 〔동〕취소하다
~なければならない ~해야 한다, ~하지 않으면 안 된다

56

'쓰레기를 버리지 마. 돌고 돌아서 입 안'이라고 적힌 간판을 등산 중에 발견했다. 자신이 버린 쓰레기가 동물이나 식물에게 해를 주어, 주변 환경을 나쁘게 하고, 최종적으로 자신의 식탁에 돌아온다는 의미일 것이다. 인간관계에서도, 상대방의 기분을 좋지 않게 하거나, 대충하거나 하면, 결국 자신도 싫은 일을 당하는 경우가 있다. **나쁜 행동은 시간을 들여서, 형태를 바꿔, 다시 자신에게 돌아오는 것이다.** '자신의 행동에 책임을 가진다'는 것은, 이것을 의식하는 것이기도 하다고 생각한다.

필자의 생각과 맞는 것은 어느 것인가?

1 자신이 말한 것으로, 최종적으로 상대방을 **싫은 일**을 당하게 만드는 경우는 때때로 있다.
2 자신의 **나쁜 행동**이, 주변 환경을 나쁘게 하고, 최종적으로 자신이 **싫은 일**을 당한다.
3 상대방의 **기분**에 책임을 가지지 않으면, 자신의 **기분**도 나빠진다.
4 상대방을 **기분** 나쁘게 하지 않을까 생각하고 있으면, 자신의 **기분**이 좋아진다.

해설 에세이로 필자의 생각을 묻고 있다. 선택지에서 반복되는 気分(기분), 悪い行い(나쁜 행동), 嫌な目(싫은 일)를 지문에서 찾아 필자의 생각을 파악한다. 후반부에서 悪い行いは時間をかけ、形を変え、また自分に戻ってくるのだ(나쁜 행동은 시간을 들여서, 형태를 바꿔, 다시 자신에게 돌아오는 것이다)라고 서술하고 있으므로, 2 自分の悪い行いが、周りの環境を悪くし、最終的に自分が嫌な目にあう(자신의 나쁜 행동이, 주변 환경을 나쁘게 하고, 최종적으로 자신이 싫은 일을 당한다)가 정답이다.

어휘 ゴミ 〔명〕쓰레기　捨てる すてる 〔동〕버리다　まわる 〔동〕돌다
看板 かんばん 〔명〕간판　登山 とざん 〔명〕등산
見つける みつける 〔동〕발견하다, 찾아내다　植物 しょくぶつ 〔명〕식물
害 がい 〔명〕해　与える あたえる 〔동〕주다　周り まわり 〔명〕주변, 주위
環境 かんきょう 〔명〕환경
最終的だ さいしゅうてきだ 〔な형〕최종적이다　食卓 しょくたく 〔명〕식탁
戻ってくる もどってくる 돌아오다　~だろう ~일 것이다, ~겠지
人間関係 にんげんかんけい 〔명〕인간관계　相手 あいて 〔명〕상대방
嫌だ いやだ 〔な형〕좋지 않다, 싫다
気分 きぶん 〔명〕기분　手を抜く てをぬく 대충하다
~たり~たりする ~하거나 ~하거나 하다　結局 けっきょく 〔부〕결국
嫌な目にあう いやなめにあう 싫은 일을 당하다
行い おこない 〔명〕행동, 행실
時間をかける じかんをかける 시간을 들이다　形 かたち 〔명〕형태
変える かえる 〔동〕바꾸다, 변화시키다　行動 こうどう 〔명〕행동
責任 せきにん 〔명〕책임　意識 いしき 〔명〕의식
~と思う ~とおもう ~라고 생각하다　考える かんがえる 〔동〕생각하다
時に ときに 〔부〕때때로

57-58

딸기나 피망 등의 채소를 재배할 때, 일정 기간 비료를 절제하고, 그 후에 적절한 양의 비료를 주는 재배 방법이 있다. 비료를 제한하기 때문에, 그 시기와 기간을 틀리게 하면, 식물의 성장이 멈춰 버린다. 하지만, 이것은 ①**식물의 구조**를 고려하면, 과학적으로 이치에 맞다고 말할 수 있다.

풍요로운 환경에서 길러진 식물은, 충분한 영양소가 항상 주어지고 있는 상태이기 때문에 방어 물질을 만들지 않는다. 그 필요성이 없기 때문이다. [57]**반대로, 영양이 부족하면 식물은 스트레스를 느끼고, 스스로를 지키기 위해 방어 물질을 만들어낸다.** 그리고, 일정 기간 영양이 제한되면, 식물은 살아남기 위해 다양한 물질을 체내에 축적하는 것이다.

이러한 방어 물질이 풍부하게 포함된 식물은, 인간의 건강에도 좋은 영향을 주는 것이 알려져 있다.

(중략)

'영양소가 적게 자란 식물은 성장이 늦고, 수확량도 적어지는 게 아닐까'라고 생각하는 사람도 있을 것이다.

하지만, 그것에 관해서는 ②**문제없다**. [58]**적절한 타이밍에 영양 제한을 하면, 식물은 일시적인 스트레스를 받지만, 그 후 적절한 영양 공급으로 인해 광합성의 효율이 올라간다.** 더욱이, 스트레스에 대한 저항력도 높아져, 병이나 해충에 강한 식물로 자라는 것이 명백해졌다. 결과적으로, 수확량을 유지하면서, 영양가가 높은 작물이 수확되는 것이다.

(주1) 이치에 맞다: 합리적이다
(주2) 방어 물질: 식물이 몸을 보호하기 위해 만드는 화학 물질
(주3) 광합성: 식물이 빛 에너지를 사용해 이산화탄소와 물로부터 유기물을 합성하는 과정

어휘 イチゴ 〔명〕딸기　ピーマン 〔명〕피망　野菜 やさい 〔명〕채소
栽培 さいばい 〔명〕재배　一定 いってい 〔명〕일정
期間 きかん 〔명〕기간　肥料 ひりょう 〔명〕비료
控えめにする ひかえめにする 절제하다
適切だ てきせつだ 〔な형〕적절하다　量 りょう 〔명〕양
与える あたえる 〔동〕주다　栽培 さいばい 〔명〕재배
方法 ほうほう 〔명〕방법　制限 せいげん 〔명〕제한　時期 じき 〔명〕시기
間違える まちがえる 〔동〕틀리게 하다, 잘못하다
植物 しょくぶつ 〔명〕식물　成長 せいちょう 〔명〕성장
仕組み しくみ 〔명〕구조　科学的だ かがくてきだ 〔な형〕과학적이다
理にかなう りにかなう 이치에 맞다　豊かだ ゆたかだ 〔な형〕풍요롭다
環境 かんきょう 〔명〕환경　育てる そだてる 〔동〕기르다, 양육하다
十分だ じゅうぶんだ 〔な형〕충분하다　栄養素 えいようそ 〔명〕영양소
常に つねに 〔부〕항상　状態 じょうたい 〔명〕상태
防御 ぼうぎょ 〔명〕방어　物質 ぶっしつ 〔명〕물질
必要性 ひつようせい 〔명〕필요성　反対 はんたい 〔명〕반대
不足 ふそく 〔명〕부족　ストレス 〔명〕스트레스　自ら みずから 〔명〕스스로
守る まもる 〔동〕지키다　作り出す つくりだす 〔동〕만들어내다
生き残る いきのこる 〔동〕살아남다　様々だ さまざまだ 〔な형〕다양하다
体内 たいない 〔명〕체내　蓄積 ちくせき 〔명〕축적
豊富だ ほうふだ 〔な형〕풍부하다　含む ふくむ 〔동〕포함하다
健康 けんこう 〔명〕건강　影響 えいきょう 〔명〕영향

育つ そだつ 图 자라다, 성장하다　収穫量 しゅうかくりょう 图 수확량
タイミング 图 타이밍　一時的だ いちじてきだ な형 일시적이다
受ける うける 图 받다　供給 きょうきゅう 图 공급
光合成 こうごうせい 图 광합성　効率 こうりつ 图 효율
抵抗力 ていこうりょく 图 저항력　高まる たかまる 图 높아지다
病気 びょうき 图 병　害虫 がいちゅう 图 해충
明らかだ あきらかだ な형 명백하다　維持 いじ 图 유지
栄養価 えいようか 图 영양가　作物 さくもつ 图 작물
とれる 图 수확되다

57

①식물의 구조에 대해, 필자의 설명과 맞는 것은 어느 것인가?

1 영양이 풍부한 환경에서 자란 식물은 방어 물질이 나오면 성장이 멈춘다.
2 영양이 부족하면, 식물은 방어 물질을 만들어내는 것을 멈추고 성장에 집중한다.
3 영양이 부족해진 식물은 살아남기 위해 방어 물질을 만들어낸다.
4 방어 물질은 식물의 성장을 멈추기 때문에, 건강한 식물일수록 포함되는 양이 적다.

해설 지문의 植物の仕組み(식물의 구조) 주변을 주의 깊게 읽고 필자의 설명과 맞는 것을 찾는다. 두 번째 단락에서 反対に、栄養が不足すると植物はストレスを感じ、自らを守るために防御物質を作り出す(반대로, 영양이 부족하면 식물은 스트레스를 느끼고, 스스로를 지키기 위해 방어 물질을 만들어낸다)라고 언급하고 있으므로 3 栄養が足りなくなった植物は生き残るために防御物質を作り出す(영양이 부족해진 식물은 살아남기 위해 방어 물질을 만들어낸다)가 정답이다.

어휘 集中 しゅうちゅう 图 집중　足りない たりない 부족하다

58

②문제없다고 하는데, 왜인가?

1 영양 제한 후에 주는 비료에 병에 강한 특별한 영양소가 포함되어 있기 때문에
2 식물은 영양 제한을 받아도, 스트레스를 받는 것은 아니기 때문에
3 영양 제한을 한 식물은, 영양이 적어서 해충이 접근하지 않기 때문에
4 일시적인 영양 제한은 광합성 효율을 올리고, 식물을 강하게 하기 때문에

해설 지문의 問題ない(문제없다) 주변을 주의 깊게 읽고 그 이유를 찾는다. 마지막 단락에서 適切なタイミングで栄養制限を行うと、植物は一時的なストレスを受けるものの、その後の適切な栄養供給によって光合成の効率が上がる(적절한 타이밍에 영양 제한을 하면, 식물은 일시적인 스트레스를 받지만, 그 후 적절한 영양 공급으로 인해 광합성의 효율이 올라간다)라고 언급하고 있으므로 4 一時的な栄養制限は光合成の効率を上げて、植物を強くするから(일시적인 영양 제한은 광합성 효율을 올리고, 식물을 강하게 하기 때문에)가 정답이다.

어휘 特別だ とくべつだ な형 특별하다

59-60

목소리에는 본심, 즉 진짜 마음이 드러나는 것이라고 생각한다. 어느 록 가수의 라이브를 듣고, 새삼 그렇게 느꼈다. 1960년대부터 70년대에 걸쳐, 세계적인 대히트 곡을 만든 그는, 천재적인 음악 재능을 가지면서도, 창작의 고통과 인간관계에 의해 정신병에 걸려, 오래 정식 무대에서 모습을 감추고 있었다. 하지만, 근래 조금씩 회복해서 투어를 개시, 생으로 들은 그의 노랫소리에 눈물이 나올 것 같았다. 음의 높낮이는 불안정하여, 조금 걱정이 되는듯한 창법이었지만, 마음에 울려 퍼지는 것이다. 음악의 대단함이 정면으로 전해져온다. 음악이 좋다, 음악은 즐겁다고 그가 진심으로 그렇게 생각하고, 전하고 싶은 마음이 있기 때문이라고 생각한다. 물론 곡이 좋은 것도 있지만, 같은 곡을 다른 가수가 능숙하게 불러도, 그 떨리는 듯한 감동은 없다. 그의 목소리에는 그의 진실이 있었다.

노래가 아니어도, [59]그 사람이 정말로 진심으로 믿고 있는 것을 이야기하는 말에는 설득력이 있다. 마음을 울리는 스피치 등이 좋은 예이다. 이것은 나쁜 쪽에서도 같다고 생각한다. 즉, 설령 나쁜 생각이라도, 그것을 진심으로 믿고 있는 사람의 목소리에는 전해지는 힘이 있다.

그렇기 때문에, 나쁜 방향으로 영향받는 경우도 있다고 하는 것을 잊지 않고 싶다. 그리고, 예술가 같은 표현력이 없어도, [60]본인의 목소리에도 본심이 나오는 법이라고 주의하는 편이 좋다.

(주1) 진실: 정말인 것
(주2) 설득력: 다른 사람에게 그렇다고 생각하게 하는 힘

어휘 本心 ほんしん 图 본심　つまり 閉 즉, 결국
気持ち きもち 图 마음, 기분
表れる あらわれる 图 드러나다, 나타나다
~と思う ~とおもう ~라고 생각하다
ロック歌手 ロックかしゅ 图 록 가수　ライブ 图 라이브
聴く きく 图 듣다　あらためて 閉 새삼, 새롭게
感じる かんじる 图 느끼다　年代 ねんだい 图 년대
~にかけて ~에 걸쳐　世界的だ せかいてきだ な형 세계적이다
大ヒット曲 だいヒットきょく 图 대히트곡
天才的だ てんさいてきだ な형 천재적이다　才能 さいのう 图 재능
~ながら ~면서도　創作 そうさく 图 창작
苦しさ くるしさ 图 고통, 괴로움
人間関係 にんげんかんけい 图 인간관계　~によって ~에 의해
精神 せいしん 图 정신　表舞台 おもてぶたい 图 정식 무대
姿 すがた 图 모습　消す けす 图 감추다, 지우다
近年 きんねん 图 근래, 근년　少しずつ すこしずつ 조금씩
回復 かいふく 图 회복　ツアー 图 투어　開始 かいし 图 개시
生 なま 图 생, 가공되지 않음　歌声 うたごえ 图 노랫소리
涙 なみだ 图 눈물　音 おと 图 음　高低 こうてい 图 높낮이, 고저
不安定 ふあんてい 图 불안정　少々 しょうしょう 閉 조금, 약간
心配になる しんぱいになる 걱정이 되다
歌い方 うたいかた 图 창법　心 こころ 图 마음
響く ひびく 图 울려 퍼지다, 울리다　すばらしさ 图 대단함, 훌륭함
ストレート 图 정면, 스트레이트　伝わる つたわる 图 전해지다
思う おもう 图 생각하다　伝える つたえる 图 전하다

心から こころから 진심으로　もちろん 图 물론
良さ よさ 图 좋은 것, 좋은 점　上手い うまい い형 능숙하다, 잘하다
震える ふるえる 동 떨리다, 흔들리다　感動 かんどう 图 감동
真実 しんじつ 图 진실　信じる しんじる 동 믿다
語る かたる 동 이야기하다　説得力 せっとくりょく 图 설득력
心を打つ こころをうつ 마음을 울리다, 감동시키다
スピーチ 图 스피치　例 れい 图 예　たとえ 图 설령, 설사
考え かんがえ 图 생각　だからこそ 접 그렇기 때문에
方向 ほうこう 图 방향　影響 えいきょう 图 영향
～こともある ~하는 경우도 있다　～ておく ~해 두다
芸術家 げいじゅつか 图 예술가　表現力 ひょうげんりょく 图 표현력
気を付ける きをつける 주의하다, 조심하다
～たほうがいい ~하는 편이 좋다

59

필자에 의하면, 말에 설득력이 있는 것은 어떠한 경우인가?

1　정말인 것만을 말하고 있을 때
2　진심으로 믿고 있는 것을 말하고 있을 때
3　능숙한 스피치를 듣고 있을 때
4　나쁜 생각을 믿고 있을 때

해설 질문의 言葉に説得力がある(말에 설득력이 있는)와 관련된 내용을 지문에서 찾는다. 두 번째 단락에서 その人が本当に心から信じていることを語る言葉には説得力がある(그 사람이 정말로 진심으로 믿고 있는 것을 이야기하는 말에는 설득력이 있다)라고 서술하고 있으므로, 2 心から信じていることを話しているとき(진심으로 믿고 있는 것을 말하고 있을 때)가 정답이다.

60

필자에 의하면, 목소리를 낼 때 주의해야 하는 것은 어떤 것인가?

1　표현력이 없으면, 자신의 기분이 목소리에 드러나 버리는 것
2　좋지 않은 생각에 마음이 움직여서, 말하는 것을 잊는 것
3　이야기하는 목소리에는, 자신의 진짜 마음이 드러난다는 것
4　진심으로 믿고 있지 않는 것은 전해지지 않는다는 것

해설 질문의 声を出すときに気を付けなければいけないこと(목소리를 낼 때 주의해야 하는 것)와 관련된 내용을 지문에서 찾는다. 세 번째 단락에서 自分の声にも本心が出るものだと気を付けたほうがいい(본인의 목소리에도 본심이 나오는 법이라고 주의하는 편이 좋다)라고 서술하고 있으므로, 3 話す声には、自分の本当の気持ちが表れるということ(이야기하는 목소리에는, 자신의 진짜 마음이 드러난다는 것)가 정답이다.

61-62

일반적으로, 일본인은 옛날부터 의논이 서툴다고 여겨져왔다. [61]섬나라이고, 작은 공동체로 협조성이 요구된다. 문제가 발생하지 않도록 모두와 같은 의견을 가지는 것이 좋은 것으로 여겨지기 때문에, 자신의 의견은 별로 말하지 않는다. 그것들이 주된 이유이다. 하지만, 글로벌 사회인 현재, 습관도 가치관도 다른 다양한 상대와 마주하기 위해서는, 말하는 힘이 필요하다. 지금, 필요한 의논이란, 결코 상대를 이기기 위한 것이 아니라, 보다 좋은 가능성을 찾아내기 위한 '대화'이다.

대화란, 자신의 생각을 말하면서, 상대의 말을 듣고, 보편성을 찾는 것이다. 주의해야 할 점은, 처음부터 결론을 설정하지 않는 것. 서로, 자신의 결론을 향해 의견을 밀고 나가는 것만으로는 의논이 되지 않는다. 상대의 생각을 어느 정도 이해할 수 있는지가 중요하다.

대화 덕분에 생각이 바뀌는 경우도 있을 것이다. 대화란 자신의 생각을 바꾸기 위해 하는 것이라고 하는 사람도 있다. 필요한 것은 유연한 자세이고, 남의 의견에 휩쓸리는 것이 아니라, 생각을 바꿀 수 있는 것이다.

그리고 [62]진짜 협조란, A와 B의 의견이 있어서, A일색, B일색이 되는 것이 아니라, 새로운 색을 찾는 일일 것이다. 그렇게 생각하면, 의논에 서툴다는 의식도, 조금은 경감되는 것이 아닐까?

(주1) 보편성: 넓게 골고루 미치는 것, 예외 없이 모든 것에 들어맞는 것

(주2) 유연: 사고방식이나 태도 등을, 그 상황에 맞도록 바꿀 수 있는 것

어휘　一般的だ いっぱんてきだ な형 일반적이다
日本人 にほんじん 图 일본인　昔 むかし 图 옛날
議論 ぎろん 图 의논　苦手だ にがてだ な형 서투르다, 거북하다
島国 しまぐに 图 섬나라　共同体 きょうどうたい 图 공동체
協調性 きょうちょうせい 图 협조성
求める もとめる 동 요구하다, 바라다
起こる おこる 동 발생하다, 일어나다　～ないように ~하지 않도록
意見 いけん 图 의견　主な おもな 주된　理由 りゆう 图 이유
グローバル社会 グローバルしゃかい 图 글로벌 사회
現在 げんざい 图 현재　習慣 しゅうかん 图 습관
価値観 かちかん 图 가치관　様々だ さまざまだ な형 다양하다
相手 あいて 图 상대　向き合う むきあう 동 마주하다, 마주 보다
～ため ~하기 위해　話す力 はなすちから 图 말하는 힘
必要だ ひつようだ な형 필요하다　決して けっして 부 결코
負かす まかす 동 이기다　可能性 かのうせい 图 가능성
見つける みつける 동 찾아내다, 발견하다　対話 たいわ 图 대화
考え かんがえ 图 생각　述べる のべる 동 말하다　～つつ ~하면서
普遍性 ふへんせい 图 보편성　探し求める さがしもとめる 동 찾다
注意 ちゅうい 图 주의　～べき ~해야 함　始め はじめ 图 처음, 시작
結論 けつろん 图 결론　設定 せってい 图 설정
お互いに おたがいに 부 서로　向かう むかう 동 향하다
押し通す おしとおす 동 밀고 나가다, 관철하다
どれだけ 부 어느 정도, 얼만큼　理解 りかい 图 이해
重要だ じゅうようだ な형 중요하다　～おかげで ~덕분에

変わる　かわる 图바뀌다, 변하다　～だろう ~일 것이다, ~겠지
変える　かえる 图바꾸다, 변화시키다
柔軟だ　じゅうなんだ 左형유연하다　姿勢　しせい 图자세
流される　ながされる 图휩쓸리다, 흐르다
～ことができる ~할 수 있다　真　しん 图진짜, 정말
協調　きょうちょう 图협조　一色　いっしょく 图일색, 한 가지 경향
探す　さがす 图찾다　思う　おもう 图생각하다　意識　いしき 图의식
軽減　けいげん 图경감
行きわたる　ゆきわたる 图골고루 미치다, 널리 퍼지다
例外　れいがい 图예외　すべて 图모두, 전부
あてはまる 图들어맞다, 적용되다　考え方　かんがえかた 图사고방식
態度　たいど 图태도　場　ば 图상황, 장소　合う　あう 图맞다
～ように ~하도록

61

필자에 의하면, **일본인이 의논이 서툰** 이유는 무엇인가?

1 일본은 섬나라이기 때문에, 문제가 발생하는 경우가 별로 없기 때문에
2 작은 사회 안에서, 남과 다른 의견을 말하면 문제가 된다고 생각하기 때문에
3 문제가 발생하면, 모두와 같은 의견을 말해야 하기 때문에
4 습관이나 가치관이 다른 상대에게도, 같은 의견을 가지도록 말하기 때문에

해설 질문의 日本人が議論が苦手な(일본인이 의논이 서툰) 이유와 관련된 내용을 지문에서 찾는다. 첫 번째 단락에서 島国であり、小さな共同体で協調性が求められる。問題が起こらないようにみんなと同じ意見を持つのがいいこととされるので、自分の意見はあまり言わない(섬나라이고, 작은 공동체로 협조성이 요구된다. 문제가 발생하지 않도록 모두와 같은 의견을 가지는 것이 좋은 것으로 여겨지기 때문에, 자신의 의견은 별로 말하지 않는다)라고 서술하고 있으므로, 2 小さい社会の中で、人と違う意見を言うと問題になると思うから(작은 사회 안에서, 남과 다른 의견을 말하면 문제가 된다고 생각하기 때문에)가 정답이다.

어휘 ～と思う　～とおもう ~라고 생각하다
～なければならない ~해야 한다, ~하지 않으면 안 된다

62

새로운 색을 찾는 것이라는 건 어떤 것인가?

1 서로의 의견을 듣고 나서, 각각의 의견과는 다른 새로운 결론을 내는 것
2 서로의 의견을 듣고 나서, 각각의 의견의 서툰 부분을 찾는 것
3 의견을 낸 후, 문제가 발생하지 않도록 다른 의견을 생각하는 것
4 의견을 낸 후, 좋은 가능성을 찾아낼 수 있었는지 다시 한번 생각하는 것

해설 질문의 新しい色を探すこと(새로운 색을 찾는 것)와 관련된 내용을 지문에서 찾는다. 네 번째 단락에서 真の協調とは、AとBの意見があって、A一色、B一色になるのではなく、新しい色を探すことであろう(진짜 협조란, A와 B의 의견이 있어서, A일색, B일색이 되는 것이 아니라, 새로운 색을 찾는 것일 것이다)라고 서술하고 있으므로, 1 お互いの意見を聞いてから、それぞれの意見とは違う新しい結論を出すこと(서로의 의견을 듣고 나서, 각각의 의견과는 다른 새로운 결론을 내는 것)가 정답이다.

어휘 ～てから ~하고 나서　それぞれ 图각각　部分　ぶぶん 图부분
もう一度　もういちど 다시 한번

63-64

근래, 도시 지역의 공원에서는 민간 기업의 진출이 활성화되고 있다. 이에 따라, 테니스 코트나 카페, 온천 시설과 같은 시설이 병설되어, 편의성과 쾌적성이 향상되고 있다. 어른도 즐길 수 있는 공원은, 지역의 활성화로도 공헌한다며 지지를 모으고 있는 한편으로, **기존의 공원**이 가지고 있던 가치가 간과되고 있는 것이 아닌가 하는 염려도 생기고 있다.

[63]일찍이, 공원은 아이들이 자유롭게 놀 수 있는 공간이었다. 미끄럼틀이나 그네 같은 한정된 놀이 기구밖에 없는 장소에서, 아이들은 스스로 놀이를 만들어내고 있었다. 그 과정에서 '이 규칙으로는 승패가 빨리 결정되어 버리네' '이 놀이는 다칠 위험이 있어' 등 문제점을 깨닫고, 친구와 논의하면서 해결책을 모색하고, 실천한다. 그것을 반복하며 자신들에게 있어서 보다 좋은 형태를 만들어낸다. 일련의 과정을 통해, 문제 해결 능력과 의사소통 능력과 같은 사회를 살아가는데 있어서 필수인 능력을 자연스럽게 획득하고 있었던 것이다.

[64]앞으로의 공원 조성에 있어서, 민간 기업 진출에 따른 이점을 받아들이면서도, 독창적인 놀이가 허용되는 공간을 남겨야 하지 않을까. 공원은 단순한 레저 시설이 아니라, 아이들의 성장을 촉진하는 장소이며, 사회 전체에 있어서도 중요한 역할을 하고 있다는 점을 잊지 않았으면 좋겠다.

(주1) 진출: 새롭게 참여하는 것
(주2) 병설하다: 함께 설치하다
(주3) 염려: 걱정
(주4) 허용하다: 인정하다

어휘 近年　きんねん 图근래　都市部　としぶ 图도시 지역
公園　こうえん 图공원　民間　みんかん 图민간
企業　きぎょう 图기업　参入　さんにゅう 图진출, 참가
活発化　かっぱつか 图활성화　テニスコート 图테니스 코트
カフェ 图카페　温泉　おんせん 图온천　施設　しせつ 图시설
併設　へいせつ 图병설　利便性　りべんせい 图편의성
快適性　かいてきせい 图쾌적성　向上　こうじょう 图향상
地域　ちいき 图지역　活性化　かっせいか 图활성화
貢献　こうけん 图공헌　支持　しじ 图지지　得る　える 图얻다
～一方で　～いっぽうで ~한편으로　従来　じゅうらい 图기존, 종래
価値　かち 图가치　見逃す　みのがす 图간과하다
懸念　けねん 图염려　生じる　しょうじる 图생기다　かつて 图일찍이
自由だ　じゆうだ 左형자유롭다　スペース 图공간
滑り台　すべりだい 图미끄럼틀　ブランコ 图그네
～といった ~같은　限る　かぎる 图한정하다
遊具　ゆうぐ 图놀이 기구　自ら　みずから 图스스로
生み出す　うみだす 图만들어 내다　過程　かてい 图과정

ルール 圏 규칙　勝ち負け かちまけ 圏 승패
決まる きまる 图 결정되다　怪我 けが 圏 다침　リスク 圏 위험
問題点 もんだいてん 圏 문제점　気付く きづく 图 깨닫다
仲間 なかま 圏 친구, 동료　話し合う はなしあう 图 논의하다
解決策 かいけつさく 圏 해결책　模索 もさく 圏 모색
実践 じっせん 圏 실천　繰り返す くりかえす 图 반복하다
形 かたち 圏 형태　作り上げる つくりあげる 图 만들어 내다
一連 いちれん 圏 일련　プロセス 圏 과정
~を通して ~をとおして ~을 통해　問題 もんだい 圏 문제
解決 かいけつ 圏 해결　能力 のうりょく 圏 능력
コミュニケーション 圏 의사소통　能力 のうりょく 圏 능력
生き抜く いきぬく 图 살아가다　必須 ひっすう 圏 필수
おのずと 囝 자연스럽게　獲得 かくとく 圏 획득
公園づくり こうえんづくり 공원 조성　~において ~에 있어서
利点 りてん 圏 이점　取り込む とりこむ 图 받아들이다
~つつ ~하면서　独創的だ どくそうてきだ 形 독창적이다
許容 きょよう 圏 허용　空間 くうかん 圏 공간
残す のこす 图 남기다　~べきだ ~해야 한다
単なる たんなる 단순한　レジャー 圏 레저
成長 せいちょう 圏 성장　促す うながす 图 촉진하다
社会 しゃかい 圏 사회　全体 ぜんたい 圏 전체
~にとって ~에 있어서　重要だ じゅうようだ 形 중요하다
役割を果たす やくわりをはたす 역할을 하다
新ただ あらただ 形 새롭다　加わる くわわる 图 참여하다, 더해지다
設置 せっち 圏 설치　心配 しんぱい 圏 걱정
認める みとめる 图 인정하다

63

필자에 따르면, **기존의 공원**은 어땠다고 말하고 있는가?
1 넓은 공간에서 아이들이 자유롭게 놀 수 있었다.
2 간단한 놀이 기구가 설치되어 있어, 아이들끼리만 놀 수 있었다.
3 아이들이 스스로 궁리하면서 노는 것으로, 배움을 얻고 있었다.
4 아이들의 능력을 키울 수 있도록 궁리가 되어 있었다.

해설 지문의 従来の公園(기존의 공원) 주변을 주의 깊게 읽고 기존의 공원이 어땠는지 찾는다. 밑줄 다음 문장에서 かつて、公園は子供が自由に遊べるスペースだった。滑り台やブランコといった限られた遊具しかない場所で、自ら遊びを生み出していた(일찍이, 공원은 아이들이 자유롭게 놀 수 있는 공간이었다. 미끄럼틀이나 그네 같은 한정된 놀이 기구밖에 없는 장소에서, 아이들은 스스로 놀이를 만들어내고 있었다)라고 서술하고 있으므로, 3 子供たちが工夫しながら遊ぶことで、学びを得ていた(아이들이 스스로 궁리하면서 노는 것으로, 배움을 얻고 있었다)가 정답이다.

어휘 シンプルだ 形 간단하다, 심플하다　工夫 くふう 圏 궁리
育てる そだてる 图 키우다

64

민간 기업이 공원 사업에 진출하는 것에 대해, 필자의 생각과 맞는 것은 어느 것인가?
1 지금까지의 공원처럼 아이들이 자유롭게 놀 수 없게 되기 때문에, 진출하지 않았으면 좋겠다.
2 진출하는 것은 좋지만, 아이들의 자유로운 놀이를 방해하지 않는 방법을 생각했으면 좋겠다.
3 진출하는 것은 좋지만, 아이들의 성장을 돕는 다양한 시설을 만들었으면 좋겠다.
4 공원은 아이들이나 사회에 있어서 중요한 역할을 짊어지고 있기 때문에, 진출하지 않았으면 좋겠다.

해설 필자의 생각을 묻고 있으므로 民間企業が公園事業に参入すること(민간 기업이 공원 사업에 진출하는 것)를 지문의 중반부나 지문 전체에서 찾아 민간 기업이 공원 사업에 진출하는 것에 대한 필자의 생각을 파악한다. 두 번째 단락에서 これからの公園づくりにおいて、民間企業参入による利点を取り込みつつも、独創的な遊びが許容される空間を残すべきではないだろうか(앞으로의 공원 조성에 있어서, 민간 기업 진출에 따른 이점을 받아들이면서도, 독창적인 놀이가 허용되는 공간을 남겨야 하지 않을까)라고 서술하고 있으므로, 2 参入するのはいいが、子供たちの自由な遊びを邪魔しない方法を考えてほしい(진출하는 것은 좋지만, 아이들의 자유로운 놀이를 방해하지 않는 방법을 생각했으면 좋겠다)가 정답이다.

어휘 邪魔 じゃま 圏 방해　色々だ いろいろだ 形 다양하다
担う になう 图 짊어지다

65-66

A
　고등학교 동창회가 있어, 대단히 흥이 올랐다. 대부분의 사람이 졸업 이래, 첫 재회이다. 현재 48세인 우리들이지만, 만나면 금세 고등학생 때의 모습을 떠올린다. 눈앞에 있는 것은, 중년의 아저씨, 아줌마이지만, 눈 깜짝할 새에 30년의 세월은 사라지고, [66]교실과 선생님과 축제, 체육대회, 동급생에 관한 것 등 추억 이야기가 차례대로 나와서, 매우 즐거웠다. [65]40대 쯤 되면 모두, 일, 결혼, 아이 등 다양한 문제를 안고 있을 것이다. 동창회에 참가하고 있는 거니까, 어느 정도 생활이 안정되어 있을 것이라고 생각하는 사람도 있지만, 그건 알 수 없다. 동급생의 현재 상황을 특별히 알고 싶다고도 생각하지 않는다. 잠시 동안 10대의 젊은 마음으로 돌아가서, 활력을 되찾은 것 같은 기분이 들었다.

B
　'졸업하고 30년이 지났습니다'라는 안내에 마음이 움직여, 처음 동창회에 참가했다. 조금 긴장하면서도, 매우 기대하고 있었다. 정말 오랜만에 만나는 얼굴뿐이라 반갑고, 흥이 올랐지만, 고교 시절 추억 이야기뿐이라, 조금 기대 밖이었다는 게 솔직한 심정이다. 확실히, 학교생활의 여러 에피소드는, 알고 있는 것도 모르는 것도 함께 웃을 수 있다. [66]하지만, 모처럼 동급생을 만난 거니까, 옛날 이야기뿐만 아니라, 모두의 현재 이야기를 더 듣고 싶었다.

[65] 40대 후반, 바야흐로 인생의 중간점이다. 각자 일, 결혼, 아이 등 여러 가지가 있을 것이다. 10대 때와는 다른 지금의 생활, 고민이나 자랑이라도 좋고, 같은 연령이기 때문에 할 수 있는 새로운 이야기를 기대하고 있었다.

어휘 高校 こうこう 圏고등학교　同窓会 どうそうかい 圏동창회
大いに おおいに 囝대단히, 매우
盛り上がる もりあがる 图흥이 오르다, 무르익다
ほとんど 囝대부분, 거의　卒業 そつぎょう 圏졸업
以来 いらい 圏이래　再会 さいかい 圏재회　現在 げんざい 圏현재
私達 わたしたち 우리들　たちまち 囝금세, 곧
高校生 こうこうせい 圏고등학생　姿 すがた 圏모습, 자세
思い出す おもいだす 图떠올리다, 회상하다
目の前 めのまえ 圏눈앞　中年 ちゅうねん 圏중년
あっという間 あっというま 눈 깜짝할 새
年月 ねんげつ 圏세월, 연월　文化祭 ぶんかさい 圏축제
体育祭 たいいくさい 圏체육대회　クラスメイト 圏동급생, 반 친구
思い出 おもいで 圏추억　次々に つぎつぎに 차례대로
楽しい たのしい い圏즐겁다　〜ともなれば 〜쯤 되면, 〜이 되면
様々だ さまざまだ な圏다양하다　抱える かかえる 图안다, 떠맡다
〜はずだ 〜일 것이다　参加 さんか 圏참가
ある程度 あるていど 圏어느 정도　生活 せいかつ 圏생활
安定 あんてい 圏안정　〜だろう 〜일 것이다, 〜겠지
考える かんがえる 图생각하다　同級生 どうきゅうせい 圏동급생
状況 じょうきょう 圏상황　特別 とくべつ 囝특별히, 별로
〜と思う 〜とおもう 〜라고 생각하다
少しの間 すこしのあいだ 잠시 동안　若い わかい い圏젊다
気持ち きもち 圏마음, 기분　戻る もどる 图돌아가(오)다
活力 かつりょく 圏활력　取り戻す とりもどす 图되찾다, 회복하다
気がする きがする 기분이 들다, 느낌이 들다
経つ たつ 图지나다, 경과하다　案内 あんない 圏안내
心 こころ 圏마음　動く うごく 图움직이다　緊張 きんちょう 圏긴장
〜つつも 〜하면서도　楽しみにする たのしみにする 기대하다
久しぶり ひさしぶり 圏오랜만　〜ばかり 〜뿐, 〜만
なつかしい い圏반갑다, 그립다
高校時代 こうこうじだい 圏고교 시절
少々 しょうしょう 囝조금, 약간
期待外れ きたいはずれ 圏기대 밖, 기대에 어긋남
正直だ しょうじきだ な圏솔직하다, 정직하다
確かに たしかに 囝확실히, 분명히
学校生活 がっこうせいかつ 圏학교생활　エピソード 圏에피소드
笑い合う わらいあう 图함께 웃다　せっかく 囝모처럼
昔 むかし 圏옛날　後半 こうはん 圏후반
まさに 囝바야흐로, 이제 막　人生 じんせい 圏인생
中間点 ちゅうかんてん 圏중간점　それぞれ 圏각자, 각각
悩み なやみ 圏고민　自慢 じまん 圏자랑
同じだ おなじだ な圏같다　年齢 ねんれい 圏연령, 나이
だからこそ 때문에

65

A와 B 어느 쪽의 글에서도 다루어지고 있는 점은 무엇인가?
1 40대 쯤 되면, 일이나 가정에 관한 것 등 다양한 생활이 있다.
2 학창 시절 친구를 만나면, 바로 10대 때의 마음이 돌아온다.
3 동창회에 참가한 사람은 모두, 안정된 생활을 보내고 있는지 어떤지는 알 수 없다.
4 동창회에서는, 일이나 가정에 관한 것 등 많이 이야기할 수 있어서 매우 만족했다.

해설 A와 B 양쪽 모두에서 공통적으로 서술되고 있는 내용을 묻고 있다. 선택지에서 반복되는 仕事や家庭(일이나 가정), 生活(생활)를 각 지문에서 찾아 관련된 내용을 파악한다. A는 지문의 중반부에서 40代ともなれば皆、仕事、結婚、子供のことなど様々な問題を抱えているはずである(40대 쯤 되면 모두, 일, 결혼, 아이 등 다양한 문제를 안고 있을 것이다)라고 서술하고 있고, B는 지문의 후반부에서 40代後半、まさに人生の中間点である。それぞれ仕事、結婚、子供などいろいろあるだろう(40대 후반, 바야흐로 인생의 중간점이다. 각자 일, 결혼, 아이 등 여러 가지가 있을 것이다)라고 서술하고 있다. 두 지문 모두 40대 쯤 되면 일, 결혼, 아이 등에 관한 여러 가지 일이 있을 것이라고 했으므로, 1 40代ともなると、仕事や家庭のことなど様々な生活がある(40대 쯤 되면, 일이나 가정에 관한 것 등 다양한 생활이 있다)가 정답이다. 2와 3은 A에만 있고, 4는 어느 글에도 없다.

어휘 友人 ゆうじん 圏친구　十代 じゅうだい 圏10대
戻ってくる もどってくる 돌아오다　〜かどうか 〜인지 어떤지
満足 まんぞく 圏만족

66

A와 B의 필자는, 동창회에서의 이야기에 대해 어떻게 생각하고 있는가?
1 A도 B도 지금의 여러 문제에 대해 이야기하고 싶었다고 생각하고 있다.
2 A도 B도 고교 추억 이야기를 할 수 있어, 흥이 올라서 좋았다고 생각하고 있다.
3 A는 옛날 추억 이야기를 즐거웠다고 생각하고, B는 각자의 지금 상황에 대해 이야기하고 싶었다고 생각하고 있다.
4 A는 친구들의 안정된 생활에 관한 것을 알고 싶었다고 생각하고, B는 고민이나 자랑하는 이야기를 듣고 싶었다고 생각하고 있다.

해설 질문의 同窓会での話(동창회에서의 이야기)에 대한 A와 B의 견해를 각 지문에서 찾는다. A는 지문의 중반부에서 教室や先生や文化祭、体育祭、クラスメイトのことなど思い出話が次々に出てきて、とても楽しかった(교실과 선생님과 축제, 체육대회, 동급생에 관한 것 등 추억 이야기가 차례대로 나와서, 매우 즐거웠다)라고 서술하고 있고, B는 지문의 중반부에서 しかし、せっかく同級生に会ったのだから、昔の話ばかりでなく、皆の現在の話をもっと聞きたかった(하지만, 모처럼 동급생을 만난 거니까, 옛날 이야기뿐만 아니라, 모두의 현재 이야기를 더 듣고 싶었다)라고 서술하고 있다. 따라서, 3 Aは昔の思い出話を楽しかったと考え、Bはそれぞれの

今の 状況について 話したかったと 考えている(A는 옛날 추억 이야기를 즐거웠다고 생각하고, B는 각자의 지금 상황에 대해 이야기하고 싶었다고 생각하고 있다)가 정답이다.

어휘 ~について ~에 대해　自慢話 じまんばなし 명 자랑하는 이야기

67-69

　지금, 세상은 '소유'에서 '이용'으로 이행하고 있는 때라고 한다. 고급차나 브랜드 상품, 그림 등 다양한 분야에서 새로운 렌털 서비스, 즉, 물건을 빌려주는 서비스가 차례차례로 등장하고 있다. 매월 정액으로 좋아하는 물건을 고를 수 있고, 대체도 가능한 비즈니스 모델도 있다고 한다. 점점 편리하게, 합리적으로 되고 있다.

　그런 뉴스 중에서, [67]사람을 렌털한다고 하는 화제가 나와 있었다. 어떤 사람이 자신을 '아무것도 하지 않지만, 단지 그곳에 있는 사람'으로 빌려주고 있다고 한다. 그 사람은 '혼자서 들어가기 어려운 가게에 들어가고 싶을 때, 게임에서 사람이 부족할 때 등, 단지 한 사람분의 인간의 존재를 원할 때 이용해 주십시오'라고 말하고 있다. 매우 흥미로운 생각과 활동이다. 실제, 젊은 사람을 중심으로 1천 건 이상의 의뢰가 있어, 그 활동의 기록은 책이 되어 출판되고 있다. 비즈니스로써도 성공한 셈이지만, 그것은 제쳐두고, 정말 다양한 의뢰가 있어, 재미있다. 콘서트 자리를 채워줬으면 한다, 공부를 게을리하지 않도록 보고 있어줬으면 한다, 좋아하는 아이돌의 이야기를 들어줬으면 한다 등, 다양한 장면에서 '한 사람분의 인간의 존재'가 필요 되어, 이용되고 있다. 그중에서도 이사할 때 배웅해 줬으면 한다는 의뢰는 인상적이었다. 누군가에게 배웅해줬으면 한다는 기분은 알겠지만, 그것이 완전한 타인이어도 좋다는 것은 어떤 것일까? 헤어짐이라고 하는, 감정적인 장면에서의 렌털 이용이다. 그 사람에게 역사도 인격도 필요 없다면 인간형 로봇이라도 괜찮은 것은 아닐까라고 생각했지만, [68]사람이든 물건이든 대상에 가치나 의미를 찾아내는 것은 자신의 마음인 걸지도 모른다고 깨달았다.

　물리적인 '한 사람분의 존재'는, 거의 물건과 같을 것이다. 그리고, 설령 자신이 소유하고 있는 물건이라도, 소중히 생각하는 마음이 없으면, '안녕'에 의미는 없다. 배웅을 의뢰한 사람은, 자신에게 '안녕'을 말해주는 존재를 렌털한 것으로, 소중히 여겨지고 있는 자신을 만들어 낸 것이다. 그리고, 빌려진 사람에게는, 일시적으로 '나에게 있어 소중한 누군가'가 되어주었을 지도 모른다. 일시적인 이용이라도, 거기에 만족감과 위로를 느낄 수 있는 것이다.

　[69]보다 편리하고 합리적으로, 사람도 물건도 무엇이라도 이용할 수 있는 세상에서, 만족감과 위로를 얻을 수 있을지 어떨지는 자신의 마음 먹기에 달렸을 것이다.

(주) 위로: 슬픔, 괴로움, 외로움 등에서 기분을 달래고, 마음을 즐겁게 하는 것

어휘 世の中 よのなか 명 세상　所有 しょゆう 명 소유
利用 りよう 명 이용　移行 いこう 명 이행, 바뀜
高級車 こうきゅうしゃ 명 고급차
ブランド品 ブランドひん 명 브랜드 상품　絵画 かいが 명 그림, 회화
様々だ さまざまだ な형 다양하다　分野 ぶんや 명 분야
レンタルサービス 명 렌털 서비스　つまり 부 즉, 결국　モノ 명 물건
貸す かす 동 빌려주다　次々に つぎつぎに 차례차례로
登場 とうじょう 명 등장　定額 ていがく 명 정액　品 しな 명 물건

選ぶ えらぶ 동 고르다, 선택하다　~ことができる ~할 수 있다
取り換え とりかえ 명 대체, 교체　可能 かのう 명 가능
ビジネスモデル 명 비즈니스 모델　ますます 부 점점, 더욱 더
便利だ べんりだ な형 편리하다
合理的だ ごうりてきだ な형 합리적이다　話題 わだい 명 화제
ただ 부 단지, 다만　貸し出す かしだす 동 빌려주다, 대출하다
~にくい ~하기 어렵다　ゲーム 명 게임
足りない たりない 부족하다　一人分 ひとりぶん 명 한 사람분
人間 にんげん 명 인간　存在 そんざい 명 존재
興味深い きょうみぶかい い형 흥미롭다
思いつき おもいつき 명 생각, 아이디어　活動 かつどう 명 활동
実際 じっさい 명 실제　若い わかい い형 젊다
中心 ちゅうしん 명 중심　件 けん 명 건　以上 いじょう 명 이상
依頼 いらい 명 의뢰　記録 きろく 명 기록　出版 しゅっぱん 명 출판
成功 せいこう 명 성공　~わけだ ~한 셈이다
~はさておき ~은 제쳐두고, ~은 그렇다 치고　コンサート 명 콘서트
席を埋める せきをうめる 자리를 채우다
~てほしい ~해줬으면 한다, ~하면 좋겠다
さぼる 동 게을리하다, 땡땡이치다　アイドル 명 아이돌
場面 ばめん 명 장면　必要だ ひつようだ な형 필요하다
引っ越し ひっこし 명 이사　見送る みおくる 동 배웅하다, 보내주다
印象的だ いんしょうてきだ な형 인상적이다
気持ち きもち 명 기분, 마음　全く まったく 부 완전히, 전혀
他人 たにん 명 타인, 다른 사람　別れ わかれ 명 헤어짐, 이별
感情的だ かんじょうてきだ な형 감정적이다　歴史 れきし 명 역사
人格 じんかく 명 인격　人型 ひとがた 명 인간형　ロボット 명 로봇
考える かんがえる 동 생각하다　対象 たいしょう 명 대상
価値 かち 명 가치　見出す みいだす 동 찾아내다
心 こころ 명 마음　~かもしれない ~일지도 모른다
気が付く きがつく 동 깨닫다, 알아차리다
物理的だ ぶつりてきだ な형 물리적이다　ほぼ 부 거의, 대부분
たとえ 부 설령, 설사　大切だ たいせつだ な형 소중하다, 중요하다
思う おもう 동 생각하다　作り出す つくりだす 동 만들어내다
一時的だ いちじてきだ な형 일시적이다　~にとって ~에 있어, ~로서
満足感 まんぞくかん 명 만족감　慰め なぐさめ 명 위로
感じる かんじる 동 느끼다　より 부 보다　得る える 동 얻다
心次第 こころしだい 명 마음먹기에 달림, 마음대로
~だろう ~일 것이다, ~겠지　悲しみ かなしみ 명 슬픔
苦しみ くるしみ 명 괴로움　さびしさ 명 외로움
気をまぎらせる きをまぎらせる 기분을 달래다
楽しませる たのしませる 동 즐겁게 하다

67

필자에 의하면, **렌털된 사람은 어떤 일**을 하는 것인가?

1 의뢰한 사람에게, 부탁 받은 여러 가지 일을 가르친다.
2 한 명의 사람으로서 있을 뿐이며, 아무것도 하지 않는다.
3 혼자 있는 것이 필요한 사람과 함께 부탁 받은 일을 한다.
4 자신이라는 존재를 소중히 생각해주는 사람과 재미있는 활동을 한다.

해설 질문의 렌탈된 사람은 어떠한 사(렌탈된 사람은 어떤 일)와 관련된 내용을 지문에서 찾는다. 두 번째 단락에서 人をレンタルするという話題が出ていた。ある人が自分を「何もしないけれど、ただそこにいる人」として貸し出しているそうだ(사람을 렌탈한다고 하는 화제가 나와 있었다. 어떤 사람이 자신을 '아무것도 하지 않지만, 단지 그곳에 있는 사람'으로 빌려주고 있다고 한다)라고 서술하고 있으므로, 2 一人の人としているだけで、何もしない(한 명의 사람으로서 있을 뿐이며, 아무것도 하지 않는다)가 정답이다.

68

이사 배웅에 사람을 빌리는 것에 대해, 필자의 생각과 맞는 것은 어느 것인가?

1 완전한 타인이기 때문에, 사람이 아니라 로봇이라도 상관없다.
2 감정적이게 되는 장면이기 때문에, 가치나 의미가 있다.
3 빌리는 것에 가치나 의미를 부여하는 것은, 빌린 사람 자신이다.
4 완전한 타인이고 물건과 같기 때문에, 배웅하는 것에 의미는 없다.

해설 필자의 생각을 묻고 있으므로 引っ越しの見送りに人を借りること(이사 배웅에 사람을 빌리는 것)를 지문의 중반부나 지문 전체에서 찾아 이사 배웅에 사람을 빌리는 것에 대한 필자의 생각을 파악한다. 두 번째 단락에서 人でもモノでも対象に価値や意味を見出すのは自分の心なのかもしれないと気が付いた(사람이든 물건이든 대상에 가치나 의미를 찾아내는 것은 자신의 마음인 걸지도 모른다고 깨달았다)라고 서술하고 있으므로, 3 借りることに価値や意味をつけるのは、借りた人自身である(빌리는 것에 가치나 의미를 부여하는 것은, 빌린 사람 자신이다)가 정답이다.

어휘 かまわない 상관없다, 개의치 않다　感情 かんじょう 명 감정
つける 동 부여하다, 달다　借りる かりる 동 빌리다
自身 じしん 명 자신

69

사람을 렌탈하는 것에 대해, 필자는 어떻게 생각하고 있는가?

1 렌탈하는 것으로 만족할 수 있을지 어떨지는, 이용하는 사람의 기분으로 바뀐다.
2 렌탈하는 것으로 만족할 수 있다면, 인간형 로봇이라도 똑같이 만족할 수 있다.
3 렌탈한 사람을 소중하게 생각하는 마음이 없으면, 렌탈하는 것에 의미는 없다.
4 렌탈하는 것은 편리하고 합리적이기 때문에, 점점 이용하는 사람이 늘어간다.

해설 필자의 생각을 묻고 있으므로 人をレンタルすること(사람을 렌탈하는 것)를 지문의 후반부나 지문 전체에서 찾아 사람을 렌탈하는 것에 대한 필자의 생각을 파악한다. 네 번째 단락에서 より便利に合理的に、人もモノも何でも利用できる世の中で、満足感や慰めを得られるかどうかは自分の心次第なのだろう(보다 편리하고 합리적으로, 사람도 물건도 무엇이라도 이용할 수 있는 세상에서, 만족감과 위로를 얻을 수 있을지 어떨지는 자신의 마음 먹기에 달렸을 것이다)라고 서술하고 있으므로, 1 レンタルすることで満足できるかど

うかは、利用する人の気持ちで変わる(렌탈하는 것으로 만족할 수 있을지 어떨지는, 이용하는 사람의 기분으로 바뀐다)가 정답이다.

어휘 〜かどうか 〜일지 어떨지　変わる かわる 동 바뀌다, 변화하다
意味 いみ 명 의미　増える ふえる 동 늘다, 증가하다

70

마리아 씨는, 다음 **주말**에 **동료 2명과 배에서 식사**를 하려고 하고 있다. 3명이고 **전체 예산은 8천엔**이다. **개인실로 하지 않아도 된다**. 마리아 씨의 희망에 맞는 크루즈 코스는 어느 것인가?

1 주유 코스의 런치 타임
2 주유 코스의 티타임
3 주유 코스의 디너타임
4 편도코스

해설 마리아 씨의 희망에 맞는 크루즈 코스를 파악한다. 질문에서 제시된 조건 (1) 週末(주말), (2) 同僚2人と(동료 2명과), (3) 船で食事(배에서 식사), (4) 全体の予算は8千円(전체 예산은 8천엔), (5) 個室にしなくてもいい(개인실로 하지 않아도 된다)에 따라,
(1) 주말: 런치 타임이 어른 2,500엔, 티타임이 2,000엔, 디너타임이 3,500엔
(2) 배에서 식사: 티타임은 식사가 될 수 없으므로 런치타임과 디너타임만 가능
(3) 동료 2명과: 마리아 씨를 포함하여 모두 3명
(4) 전체 예산 8,000엔: 3명의 예산은 8,000엔, 런치타임 2,500엔×3은 7,500엔이므로 가능
(5) 개인실로 안 해도 됨: 추가 비용 들지 않음
따라서 1 周遊コースのランチタイム(주유 코스의 런치 타임)가 정답이다.

어휘 来週末 らいしゅうまつ 명 다음 주말　同僚 どうりょう 명 동료
船 ふね 명 배　全体 ぜんたい 명 전체　予算 よさん 명 예산
希望 きぼう 명 희망　合う あう 동 맞다

71

최 씨는, 다음 **주말에 손자와 함께 주유 코스의 런치 타임**을 이용하고 싶다. **최 씨는 67세, 손자는 6살**로, **특별 개인실**을 예약하려고 하고 있다. 최 씨 일행의 요금은 어떻게 되는가?

1 최 씨 2,500엔, 손자는 무료, 개인실 추가 요금 1,000엔
2 최 씨 2,000엔, 손자 1,000엔, 개인실 추가 요금 1,000엔
3 최 씨 2,200엔, 손자 1,250엔, 개인실 추가 요금 1,000엔
4 최 씨 2,500엔, 손자 1,250엔 만

해설 최 씨 일행의 요금을 파악한다. 질문에서 제시된 조건 (1) 週末に孫と一緒に周遊コースのランチタイムを利用(주말에 손자와 주유코스의 런치 타임 이용), (2) チェさんは67歳(최 씨는 67세), (3) 孫は6歳(손자는 6살), (4) 特別個室を予約(특별 개인실을 예약)에 따라,
(1) 주말에 손자와 주유코스의 런치타임 이용: 어른 2,500엔, 어린이 1,250엔, 연장자 2,200엔
(2) 최 씨는 67세: 65세 이상 연장자 요금 2,200엔
(3) 손자는 6살: 4세~초등학생 이하 어린이 요금 1,250엔
(4) 특별 개인실 예약: 한 방당 1,000엔 추가

따라서 3 チェさん 2,200円, 孫1,250円, 個室追加料金1,000円 (최 씨 2,200엔, 손자 1,250엔, 개인실 추가 요금 1,000엔)이 정답이다.

어휘 孫 まご ⓝ 손자　無料 むりょう ⓝ 무료

70-71

크루즈 안내

요코하마 크루즈사

요코하마 크루즈사에서는, 편도 코스 외, 선내에서의 식사와 음료가 세트로 된 크루즈 코스를 마련하고 있습니다. 관광의 추억에 꼭 이용해 주십시오.

【주유 코스】
◎ [71]런치 타임　11:00~13:00 (소요시간 2시간)

	어른	어린이	연장자
평일	2,000엔	1,000엔	1,700엔
[70][71]토일·국경일	[70]2,500엔	[71]1,250엔	[71]2,200엔

◎ 티타임　15:00~16:00 (소요시간 1시간) 케이크 세트만

	어른	어린이	연장자
평일	1,500엔	750엔	1,200엔
토일·국경일	2,000엔	1,000엔	1,700엔

◎ 디너타임　18:00~20:30 (소요시간 2.5시간)

	어른	어린이	연장자
평일	3,000엔	1,500엔	2,700엔
토일·국경일	3,500엔	1,750엔	3,200엔

★특별 개인실 예약 가능★
요코하마 크루즈사의 크루즈 코스에서는, 특별 개인실을 마련하고 있습니다. 사이 좋은 친구나 가족과 개인실에서 느긋하게 바다를 바라보며 식사를 해 보는 건 어떠세요? 또, 어린 자녀분이 있는 경우도 개인실이면 주위를 신경 쓰지 않고 느긋하게 보낼 수 있으므로 추천합니다. [71]**특별 개인실은 한 방당 (최대 5명 이용 가능) 1,000엔의 추가 요금을 받습니다.**

【편도 코스】 요코하마역 동쪽 출구~미나토미라이 21~야마시타 공원
운행시간　10:00~18:00
출발시각　매시 00분 및 30분발. 식사, 음료가 없는 편도 20분 코스입니다.
요금 (평일, 토일 국경일 공통) 어른 800엔, 연장자 600엔, 어린이 400엔

※두 코스 공통:
[70]어른 : 중학생 이상, [71]연장자 : 65세 이상, [71]어린이 : 4세~초등학생 이하 (3세 이하는 무료)

예약·문의처
요코하마 크루즈사 (대표) 045- 123- 4455

어휘 クルーズ ⓝ 크루즈　案内 あんない ⓝ 안내
片道コース かたみちコース ⓝ 편도 코스　船内 せんない ⓝ 선내
食事 しょくじ ⓝ 식사　セット ⓝ 세트　用意 ようい ⓝ 마련, 준비
観光 かんこう ⓝ 관광　思い出 おもいで ⓝ 추억　ぜひ 꼭, 반드시
利用 りよう ⓝ 이용　周遊コース しゅうゆうコース ⓝ 주유 코스
ランチタイム ⓝ 런치 타임　所要 しょよう ⓝ 소요
シニア ⓝ 연장자, 노인　平日 へいじつ ⓝ 평일
土日 どにち ⓝ 토요일과 일요일　祝日 しゅくじつ ⓝ 국경일, 축일
ティータイム ⓝ 티타임　ケーキセット ⓝ 케이크 세트
~のみ ⓙ ~만, ~뿐　ディナータイム ⓝ 디너타임
特別 とくべつ ⓝ 특별　個室 こしつ ⓝ 개인실, 독방
予約 よやく ⓝ 예약　可能 かのう ⓝ 가능
仲がよい なかがよい 사이가 좋다　友人 ゆうじん ⓝ 친구
眺める ながめる ⓥ 바라보다, 조망하다　~てみる ~해 보다
お子様 おこさま ⓝ 자녀분, 어린이　場合 ばあい ⓝ 경우, 상황
周り まわり ⓝ 주위, 주변　気にする きにする 신경쓰다, 마음에 두다
過ごす すごす ⓥ 보내다　~ことができる ~할 수 있다
おすすめ ⓝ 추천　最大 さいだい ⓝ 최대　追加 ついか ⓝ 추가
料金 りょうきん ⓝ 요금　いただく ⓥ 받다 (もらう의 겸양어)
横浜駅 よこはまえき ⓝ 요코하마역　東口 ひがしぐち ⓝ 동쪽 출구
運行 うんこう ⓝ 운행　出発 しゅっぱつ ⓝ 출발
時刻 じこく ⓝ 시각　毎時 まいじ ⓝ 매시　および ⓒ 및
ドリンク ⓝ 음료, 드링크　無し なし ⓝ 없음　共通 きょうつう ⓝ 공통
中学生 ちゅうがくせい ⓝ 중학생　以上 いじょう ⓝ 이상
小学生 しょうがくせい ⓝ 초등학생　以下 いか ⓝ 이하
問い合わせ先 といあわせさき ⓝ 문의처　代表 だいひょう ⓝ 대표

청해　p.489

☞ 문제 1의 디렉션과 예제를 들려줄 때 1번부터 5번까지의 선택지를 미리 읽고 내용을 재빨리 파악해둡니다. 음성에서 では、始めます(그러면, 시작합니다)가 들리면, 곧바로 문제 풀 준비를 합니다. 음성 디렉션과 예제는 실전모의고사 1의 해설(p.199)에서 확인할 수 있습니다.

1

[음성]
事務所で、男の人と女の人が話しています。急にアルバイトに行けなくなったとき、何をしなければなりませんか。

男: えー、勤務の希望は前の月の20日までに、希望表にまるばつをつけて、提出してください。みなさんの希望を調整した上で、勤務スケジュールを作成します。
女: はい、わかりました。
男: もし、急な病気などで休む場合は、至急、私の携帯まで電話をください。
女: 代わりに出勤できる人を探した方がいいんでしょうか。
男: いいえ、こちらで何とかしますので、心配いりません。それよりも、すぐに連絡をください。
女: わかりました。希望表なんですが、直接お渡ししたほうがいいですか。
男: メールで構いませんよ。
女: 分かりました。

急にアルバイトに行けなくなったとき、何をしなければなりませんか。

[問題지]
1 希望表を提出する
2 代わりの人を探す
3 電話をする
4 メールをする

해석 사무실에서, 남자와 여자가 이야기하고 있습니다. 갑자기 아르바이트에 갈 수 없게 되었을 때, 무엇을 해야 합니까?

남: 음, 근무 희망은 전월 20일까지, 희망표에 동그라미 가위표를 쳐서, 제출해 주세요. 모두의 희망을 조정한 후에, 근무 스케줄을 작성합니다.
여: 네, 알겠습니다.
남: 혹시, 갑작스러운 병 등으로 쉴 경우에는, 급히, 제 휴대폰으로 전화를 주세요.
여: 대신에 출근할 수 있는 사람을 찾는 편이 좋을까요?
남: 아니요. 이쪽에서 어떻게든 할 테니, 걱정할 필요 없습니다. 그것보다도, 바로 연락을 주세요.
여: 알겠습니다. 희망표 말인데요, 직접 전달하는 편이 좋나요?
남: 메일로도 상관없습니다.
여: 알겠습니다.

갑자기 아르바이트에 갈 수 없게 되었을 때, 무엇을 해야 합니까?

1 희망표를 제출한다
2 대신할 사람을 찾는다
3 전화를 한다
4 메일을 한다

해설 1 '희망표 제출', 2 '대신할 사람 찾기', 3 '전화', 4 '메일' 중 갑자기 아르바이트에 갈 수 없게 되었을 때 무엇을 해야 하는지 묻는 문제이다. 남자가 急な病気などで休む場合は、至急、私の携帯まで電話をください(갑작스러운 병 등으로 쉴 경우에는, 급히, 제 휴대폰으로 전화를 주세요)라고 했으므로, 3 電話をする(전화를 한다)가 정답이다. 1은 근무 스케줄 작성을 위한 것이고, 2는 남자가 해야 할 일이며, 4는 희망표를 전달하는 방법이므로 오답이다.

어휘 勤務 きんむ 圏 근무   前の月 まえのつき 圏 전월, 지난 달
希望票 きぼうひょう 희망표
まるばつをつける 동그라미 가위 표를 치다   提出 ていしゅつ 圏 제출
みなさん 圏 모두, 여러분   調整 ちょうせい 圏 조정
スケジュール 圏 스케줄   作成 さくせい 圏 작성
急だ きゅうだ な형 갑작스럽다   場合 ばあい 圏 경우, 상황
至急 しきゅう 圏 급함, 지급   携帯 けいたい 圏 휴대폰
代わりに かわりに 대신에   出勤 しゅっきん 圏 출근
探す さがす 图 찾다   何とかする なんとかする 어떻게든 하다
心配 しんぱい 圏 걱정   連絡 れんらく 圏 연락
直接 ちょくせつ 圏 직접   メール 圏 메일
構わない かまわない 상관없다, 관계없다

2

[음성]
会社で、女の人と男の人が話しています。女の人はこのあとまずどうしますか。
女: 事務所の中に虫がいますね。最近暑くなりだしたせいか、自宅にも虫が出て困ってるんです。虫を寄せ付けないようにするグッズも置いているんですが、あんまり効果がなくて。
男: うーん、生ごみはちゃんと片づけてますか。気温が高いとすぐ臭いがして虫が集まってきますからね。
女: 生ごみは出るたびにちゃんと処分してます。
男: じゃあ、段ボールはどうですか。段ボールって捨てられる日が少ないから溜まってしまいがちなんですが、放置していると虫が湧きやすいそうですよ。
女: え、初めて聞きました。でも、うちに段ボールはないです。あ、網戸が破れてたら、そこから入ってきたりするんですかね。網戸が結構古くて何個か穴が開いてるんです。
男: あー、そのせいじゃないですか。網戸の目がちょっと大きくても入ってくるって言いますから。
女: そうなんですね。でも、賃貸なので張り替えるのはちょっと…。
男: 大家さんに言えば費用を負担してくれるはずです。それか、応急措置ですが穴を塞ぐためのシールが売ってるからそれを貼ってもいいかもしれません。
女: それなら簡単ですね。あまり効果が見られなかったら交渉してみます。

女の人はこのあとまずどうしますか。

[문제지]
1 虫を寄せ付けない用品を買う
2 生ごみや段ボールを捨てる
3 家の持ち主に相談する
4 あみどの穴にシールをはる

해석 회사에서, 여자가 남자와 이야기하고 있습니다. **여자는 이 다음에 우선 어떻게 합니까?**

여: 사무실 안에 벌레가 있네요. 요즘 더워진 탓인지, 집에도 벌레가 나와서 곤란해요. 벌레가 다가오지 않게 하는 용품도 두고 있는데, 별로 효과가 없어서.
남: 음, 음식물 쓰레기는 잘 치우고 있어요? 기온이 높으면 금방 냄새가 나서 벌레가 모이거든요.
여: 음식물 쓰레기는 나올 때마다 잘 처분하고 있어요.
남: 그럼, 박스는 어때요? 박스는 버릴 수 있는 날이 적어서 쌓여 버리기 쉬운데, 방치하고 있으면 벌레가 생기기 쉽다고 하더라고요.
여: 어, 처음 들었어요. 근데, 우리 집에 박스는 없어요. 아, 방충망이 찢어져 있으면, 거기서 들어오거나 할까요? 방충망이 꽤 오래돼서 몇 갠가 구멍이 나 있거든요.
남: 아, 그 탓이 아닐까요? 방충망의 구멍이 좀 커도 들어온다고 하니까요.
여: 그렇군요. 그런데, 임대라서 새로 교체하는 건 좀….
남: 집주인에게 말하면 비용을 부담해 줄 거예요. 아니면, 응급조치인데 **구멍을 막기 위한 씰을 팔고 있으니 그걸 붙여도 좋을지도 몰라요.**
여: **그거라면 간단하겠네요. 그다지 효과를 보지 못하면 교섭해 볼게요.**

여자는 이 다음에 우선 어떻게 합니까?

1 벌레를 다가오지 않게 하는 용품을 산다
2 음식물 쓰레기나 박스를 버린다
3 집 소유주에게 상담한다
4 방충망 구멍에 씰을 붙인다

해설 1 '벌레 용품 사기', 2 '음식물 쓰레기, 박스 버리기', 3 '집 소유주에게 상담하기', 4 '방충망 구멍에 씰 붙이기' 중 여자가 먼저 어떻게 하는지 묻는 문제이다. 남자가 穴を塞ぐためのシールが売ってるからそれを貼ってもいいかもしれません(구멍을 막기 위한 씰을 팔고 있으니 그걸 붙여도 좋을지도 몰라요)라고 하자, 여자가 それなら簡単ですね。あまり効果が見られなかったら交渉してみます(그거라면 간단하겠네요. 그다지 효과를 보지 못하면 교섭해 볼게요)라고 했으므로, 4 あみどの穴にシールをはる(방충망 구멍에 씰을 붙인다)가 정답이다. 1은 이미 샀지만 효과가 없고, 2는 잘 처분하고 있다고 했으며, 3은 방충망에 씰을 붙이고 효과가 없으면 하겠다고 했으므로 오답이다.

어휘 事務所 じむしょ 圏사무실   虫 むし 圏벌레   最近 さいきん 圏요즘
自宅 じたく 圏집, 자택   寄せ付ける よせつける 圏다가오게 하다
グッズ 圏용품   効果 こうか 圏효과
生ごみ なまごみ 圏음식물 쓰레기   ちゃんと 囝잘, 제대로

片づける かたづける 圏치우다   気温 きおん 圏기온
臭い におい 圏냄새   集まる あつまる 圏모이다
処分 しょぶん 圏처분   段ボール だんボール 圏박스, 종이 상자
捨てる すてる 圏버리다   溜まる たまる 圏쌓이다
放置 ほうち 圏방치   湧く わく 圏생기다, 끓다
初めて はじめて 囝처음   網戸 あみど 圏방충망
破れる やぶれる 圏찢어지다   結構 けっこう 囝꽤
穴 あな 圏구멍   開く あく 圏(구멍이) 나다   賃貸 ちんたい 圏임대
張り替える はりかえる 圏새로 교체하다, 새로 붙이다
大家 おおや 圏집주인   費用 ひよう 圏비용   負担 ふたん 圏부담
応急 おうきゅう 圏응급   措置 そち 圏조치   塞ぐ ふさぐ 圏막다
シール 圏씰, 스티커   貼る はる 圏붙이다
簡単だ かんたんだ [な형]간단하다   交渉 こうしょう 圏교섭
用品 ようひん 圏용품   持ち主 もちぬし 圏소유주
相談 そうだん 圏상담

3

[음성]
大学でサークルの部長と女の学生が話しています。女の学生は、ポスターのどこを直しますか。
男:新入生に配るサークルの紹介ポスター出来上がった？
女:作ったよ。はい、どうかな？
男:おー、やっぱり上手だね。
女:ありがとう。活動日のことなんだけど、一応金曜日は自由参加じゃない？だからそれは書かなくてもいいかなと思ったんだけど、どう？
男:あったほうがいいと思うよ。自由参加って言ってもできるだけ来てもらいたいし。場所に岩本キャンパスのグラウンドも追加してくれる？
女:第二グラウンドが使えないときに使うところだよね？あそこはあまり使わないからいらないと思ったけど、足しておくね。写真がちょっと大きすぎるかな？
男:サークルの雰囲気が伝わるいい写真だから、これくらい目立ってもいいんじゃない？
女:それもそうね。あ、本田君の電話番号入れるの忘れてた。これも修正しておくね。
男:あ、これはそのままでいいよ。去年の部長に聞いたら、電話がたくさんかかってきて大変だったって。
女:そっか。じゃあ、さっきのところだけ直して、週末のうちにデータを送っておくよ。
男:本当にありがとう。

女の学生は、ポスターのどこを直しますか。

[문제지]

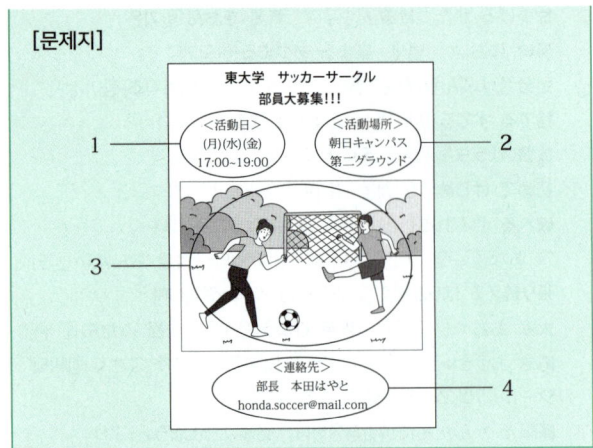

해석 대학에서 동아리 부장과 여학생이 이야기하고 있습니다. **여학생은, 포스터의 어디를 고칩니까?**

남: 신입생에게 나눠 줄 동아리 소개 포스터 완성됐어?
여: 만들었어. 자, 어때?
남: 오, 역시 잘하네.
여: 고마워. 활동일에 관한 건데, 일단 금요일은 자유 참가잖아? 그래서 그건 적지 않아도 괜찮을까 싶었는데, 어때?
남: 있는 편이 좋다고 생각해. 자유 참가라고 해도 가능한 한 와 주었으면 하고. 장소에 이와모토 캠퍼스 운동장도 추가해 줄래?
여: 제2운동장을 못 쓸 때 쓰는 곳이지? 거긴 그다지 사용하지 않으니까 필요 없다고 생각했는데, 추가해 둘게. 사진이 좀 너무 큰가?
남: 동아리의 분위기가 전해지는 좋은 사진이니까, 이 정도로 눈에 띄어도 괜찮지 않을까?
여: 그것도 그렇네. 아, 혼다 군 전화번호 넣는 걸 깜빡했어. 이것도 수정해 둘게.
남: 아, 그건 그대로 둬도 돼. 작년 부장한테 들으니까, 전화가 많이 걸려 와서 힘들었대.
여: 그렇구나. 그럼, 아까 부분만 고치고, 주말 안에 자료를 보내 둘게.
남: 정말 고마워.

여학생은, 포스터의 어디를 고칩니까?

해설 1 '활동일', 2 '활동 장소', 3 '사진', 4 '연락처' 중 여학생이 포스터의 어디를 고치는지 묻는 문제이다. 남학생이 場所に岩本キャンパスのグラウンドも追加してくれる?(장소에 이와모토 캠퍼스 운동장도 추가해 줄래?)라고 하자, 여학생이 第二グラウンドが使えないときに使うところだよね?あそこはあまり使わないからいらないと思ったけど、足しておくね(제2운동장을 못 쓸 때 쓰는 곳이지? 거긴 그다지 사용하지 않으니까 필요 없다고 생각했는데, 추가해 둘게)라고 했으므로, 활동 장소를 수정해야 함을 알 수 있다. 따라서, 활동 장소인 2가 정답이다.

어휘 サークル 圕동아리　部長 ぶちょう 圕부장　ポスター 圕포스터
直す なおす 图고치다, 수정하다　新入生 しんにゅうせい 圕신입생
配る くばる 图나눠 주다　紹介 しょうかい 圕소개
出来上がる できあがる 图완성되다　活動日 かつどうび 圕활동일
一応 いちおう 凨일단　自由 じゆう 圕자유　参加 さんか 圕참가

場所 ばしょ 圕장소　キャンパス 圕캠퍼스　グラウンド 圕운동장
追加 ついか 圕추가　足す たす 图추가하다, 더하다
写真 しゃしん 圕사진　雰囲気 ふんいき 圕분위기
伝わる つたわる 图전달되다　目立つ めだつ 图눈에 띄다
電話番号 でんわばんごう 圕전화번호　修正 しゅうせい 圕수정
去年 きょねん 圕작년　大変だ たいへんだ 恁힘들다
さっき 圕아까　データ 圕데이터

4

[음성]

美術館で先生が話しています。学生はプリントに何を書き込まなければなりませんか。

男: えー、今日は美術館で絵画を鑑賞します。ここには世界中から集められた作品が展示されています。今から配るプリントには特に注目してほしい作品が載っているので、それを見てどのような印象を持ったか枠の中に自由に書いてください。展示作品を見ると、横に作者の名前や作品が描かれた背景、その時代についての説明が書かれています。それを読むことで絵がまた違って見えるかもしれません。プリントにない作品もどれも魅力的なものばかりです。時間はたっぷりありますから、楽しみながら自分のお気に入りを探してみてください。明日の授業では今日見た絵画がどのようなテクニックを使って描かれたのか、技術的な面について学びます。

学生はプリントに何を書き込まなければなりませんか。

[문제지]
1 作品を見た感想
2 作品に関する情報
3 自分が好きな作品の名前
4 作品に使われている手法

해석 미술관에서 선생님이 이야기하고 있습니다. **학생은 프린트에 무엇을 기입해야 합니까?**

남: 자, 오늘은 미술관에서 그림을 감상합니다. 여기에는 전 세계에서 모아진 작품이 전시되어 있습니다. 지금부터 나눠 줄 프린트에는 특히 주목해 주었으면 하는 작품이 실려 있으니, 그것을 보고 어떤 인상을 받았는지 칸 안에 자유롭게 적어 주세요. 전시 작품을 보면, 옆에 작가의 이름이나 작품이 그려진 배경, 그 시대에 대한 설명이 적혀 있습니다. 그것을 읽음으로써 그림이 또 다르게 보일지도 모릅니다. 프린트에 없는 작품도 모두 매력적인 것 뿐입니다. 시간은 충분히 있으니, 즐기면서 자신이 마음에 드는 것을 찾아보세요. 내일 수업에서는 오늘 본 그림이 어떤 테크닉을 사용해서 그려진 것인지, 기술적인 면에 대해 배우겠습니다.

학생은 프린트에 무엇을 기입해야 합니까?

1 **작품을 본 감상**
2 작품에 관한 정보
3 자신이 좋아하는 작품의 이름
4 작품에 사용되어 있는 기법

해설 1 '작품의 감상', 2 '작품 정보', 3 '작품 이름', 4 '작품의 기법' 중 학생이 기입해야 할 것을 묻는 문제이다. 선생님이 지금부터 나눠 줄 프린트에는 특히 주목해 주었으면 하는 작품이 실려 있으니, 그것을 보고 어떤 인상을 받았는지 칸 안에 자유롭게 적어 주세요)라고 했으므로, 1 作品を見た感想(작품을 본 감상)가 정답이다. 2는 전시 작품 옆에 적혀 있는 것이고, 3은 마음에 드는 작품을 찾아보라고 했으며, 4는 내일 수업에서 배울 것이므로 오답이다.

어휘 美術館 びじゅつかん 몡 미술관　プリント 몡 프린트
書き込む かきこむ 图 기입하다, 써 넣다　絵画 かいが 몡 그림, 회화
鑑賞 かんしょう 몡 감상, 작품을 즐김
世界中 せかいじゅう 몡 전 세계　集める あつめる 图 모으다
作品 さくひん 몡 작품　展示 てんじ 몡 전시
配る くばる 图 나누어 주다　特に とくに 囯 특히
注目 ちゅうもく 몡 주목　載る のる 图 실리다, 게재되다
印象 いんしょう 몡 인상　持つ もつ 图 받다, 가지다
枠 わく 몡 칸, 틀　自由だ じゆうだ 힌형 자유롭다　横 よこ 몡 옆
作者 さくしゃ 몡 작가　描く えがく 图 그리다
背景 はいけい 몡 배경　時代 じだい 몡 시대
説明 せつめい 몡 설명　違う ちがう 图 다르다
魅力的だ みりょくてきだ 힌형 매력적이다　たっぷり 囯 충분히, 듬뿍
お気に入り おきにいり 몡 마음에 드는 것　テクニック 몡 테크닉, 기술
技術的だ ぎじゅつてきだ 힌형 기술적이다
感想 かんそう 몡 감상, 느낌이나 생각　情報 じょうほう 몡 정보
手法 しゅほう 몡 기법

5

[음성]
大学で男の学生と女の学生が話しています。男の学生はこのあとまず何をしますか。
男: 中山先輩って、今インターンシップしてるんですよね?
女: そうだよ。鈴木くんはインターンしないの? 4年生になると色々忙しいし、3年生のうちにしたほうがいいよ。
男: 実は、先週興味がある会社を見つけて応募したんです。初めてなので面接が心配で。何か準備しておいたほうがいいことありますか。
女: うーん、業界研究をすることかな。インターンっていっても業界の現状や今後についてどれくらい知っているのか質問されることがあるからね。
男: なるほど。最新トレンドなんかは日頃からチェックしているんですが、将来のことは詳しくないので勉強しておきます。
女: うん。ニュースを見たりするのがおすすめ。あと、服装や髪型なんかも結構見られるらしいから気を付けて。服に指定がなければスーツが無難かな。髪もすっきり整えていったほうがいいよ。
男: はい。スーツは入学式のときに買ったのがあるからいいとして、面接の日までに美容院に行かないといけないですね。とりあえず、今日から業界の展望について情報収集します。

男の学生はこのあとまず何をしますか。

[문제지]
1 業界のトレンドについて調べる
2 業界の今後の動きについて調べる
3 髪をカットしに行く
4 新しいスーツを買いに行く

해석 대학에서 남학생과 여학생이 이야기하고 있습니다. 남학생은 이 다음에 우선 무엇을 합니까?
남: 나카야마 선배는, 지금 인턴쉽 하고 있는거죠?
여: 맞아. 스즈키 군은 인턴 안 해? 4학년이 되면 여러모로 바쁘고, 3학년인 동안에 하는 편이 좋아.
남: 실은, 지난 주에 관심이 있는 회사를 찾아서 응모했어요. 처음이라 면접이 걱정되네요. 뭔가 준비해 두는 편이 좋은 게 있을까요?
여: 음-, 업계 연구를 하는 것이려나. 인턴이라고 해도 업계 현 상황이나 앞으로에 대해서 얼마나 알고 있는지 질문받을 수 있으니까.
남: 그렇군요. 최신 트렌드 같은 건 평소부터 체크하고 있는데, 장래에 대해서는 환히 알지 않기 때문에 공부해 둘게요.
여: 응. 뉴스를 보거나 하는 것을 추천해. 그리고, 복장이나 머리 모양 같은 것도 꽤 볼 수 있다고 하니까 조심해. 옷에 지정이 없으면 정장이 무난하려나. 머리도 깔끔하게 다듬고 가는 편이 좋을거야.
남: 네. 정장은 입학식 때 산 게 있어서 괜찮다고 쳐도, 면접 날까지 미용실에 가야겠네요. 일단, 오늘부터 업계의 전망에 대해 정보를 수집할게요.

남학생은 이 다음에 우선 무엇을 합니까?

1 업계 트렌드에 대해 조사한다
2 업계의 추후 움직임에 대해 조사한다
3 머리를 자르러 간다
4 새로운 정장을 사러 간다

해설 1 '업계 트렌드 조사', 2 '업계의 추후 움직임 조사', 3 '머리 자르기', 4 '정장 사기' 중 남학생이 가장 먼저 해야 할 일을 묻는 문제이다. 면접 보기 전에 준비해 둘 것이 있냐는 말에 여학생이 業界研究をすることかな。インターンっていっても業界の現状や今後についてどれくらい知っているのか質問されることがあるからね(업계 연구를 하는 것이려나. 인턴이라고 해도 업계 현 상황이나 앞으로에 대해서 얼마나 알고 있는지 질문받을 수 있으니까)라고 하자, 남학생이 트렌드는 알지만 장래는 알아봐야 겠다고 한 후, 여학생이 복장 갖추

는 것에 대해서도 이야기했지만 이에 남학생이 とりあえず、今日から業界の展望について情報収集します(일단, 오늘부터 업계의 전망에 대해 정보를 수집할게요)라고 했으므로, 2 業界の今後の動きについて調べる(업계의 추후 움직임에 대해 조사한다)가 정답이다. 1은 이미 알고 있고, 3은 당장 할 필요는 없으며, 4는 이미 있다고 했으므로 오답이다.

어휘 インターンシップ 圏 인턴쉽　インターン 圏 인턴
　　 ～年生 ～ねんせい ～학년　実は じつは 囲 실은
　　 応募 おうぼ 圏 응모　面接 めんせつ 圏 면접　何か なにか 뭔가
　　 業界 ぎょうかい 圏 업계　現状 げんじょう 圏 현상
　　 今後 こんご 圏 이후　どれくらい 얼마나　最新 さいしん 圏 최신
　　 トレンド 圏 트렌드　日頃 ひごろ 圏 평소
　　 詳しい くわしい い형 환하다　おすすめ 추천　あと 그리고
　　 服装 ふくそう 圏 복장　髪型 かみがた 圏 머리 모양
　　 気を付ける きをつける 동 조심하다　指定 してい 圏 지정
　　 無難だ ぶなんだ な형 무난하다　すっきり 囲 깔끔하게
　　 整える ととのえる 동 다듬다　入学式 にゅうがくしき 圏 입학식
　　 とき 圏 때　美容院 びよういん 圏 미용실　とりあえず 囲 일단
　　 展望 てんぼう 圏 전망　情報 じょうほう 圏 정보
　　 収集 しゅうしゅう 圏 수집　動き うごき 圏 움직임　カット 圏 컷

> ☞ 문제 2의 디렉션과 예제를 들려줄 때 1번부터 6번까지의 선택지를 미리 읽고 내용을 재빨리 파악해둡니다. 음성에서 では、始めます(그러면, 시작합니다)가 들리면, 곧바로 문제 풀 준비를 합니다. 음성 디렉션과 예제는 실전모의고사 1의 해설(p.204)에서 확인할 수 있습니다.

1

[음성]
ラジオでアナウンサーが男の人にインタビューしています。
男の人は何が心配だと言っていますか。
女：地震などの災害が起きた時のために、何か準備されていますか。
男：なかなか完璧な準備はできませんが、お水とか簡単な災害用バッグは準備していますよ。
女：そうですか。では、実際に災害が起きた時は、慌てずに行動できそうですか。
男：いやあ。たぶん慌ててしまうんじゃないかと思いますよ。一応、準備はしてるけど、今までちゃんと考えたことはなかったなあ。そう考えると、いろいろと不安になっちゃいますね。もっといろいろなものを準備しておくべきかもしれません。
女：なるほど。ところで、ハザードマップで避難経路などは確認されていますか。

男：あ、それは確認していないです。そういえば、うちの近くには大きな川があるので、洪水になることも考えられますね。最近引っ越したばかりなので、どこが危ないところかまだ確認していませんでした。どの道を使ってどこに避難すればいいか全然わかりませんね。なんだか急に心配になってきました。
女：そうですか。すぐに確認が必要ですね。
男：そう思います。うちに帰ったらチェックします。

男の人は何が心配だと言っていますか。

[문제지]
1 さいがいへの準備が足りないこと
2 さいがいの時にあわててしまうこと
3 こうずいが起きること
4 逃げる道順と場所を知らないこと

해석 라디오에서 아나운서가 남자를 인터뷰하고 있습니다. **남자는 무엇이 걱정**이라고 말합니까?
여: 지진 등의 재해가 발생했을 때를 위해서, 무언가 준비하고 계신가요?
남: 좀처럼 완벽한 준비는 할 수 없지만, 물이라던가 간단한 재해용 가방은 준비하고 있습니다.
여: 그렇군요. 그럼, 실제로 재해가 발생했을 때는, 당황하지 않고 행동하실 수 있을 것 같나요?
남: 아니요. 아마 당황해 버리지 않을까라고 생각합니다. 일단, 준비는 하고 있지만, 지금까지 제대로 생각한 적은 없었어요. 그렇게 생각하면, 여러 가지로 불안해지네요. 좀 더 여러 가지를 준비해 둬야만 할지도 모릅니다.
여: 그렇군요. 그런데, 긴급 대피 경로 지도에서 피난 경로 등은 확인하셨나요?
남: 아, 그것은 확인하지 않았습니다. 그러고 보니, 집 근처에는 큰 강이 있어서, 홍수가 나는 것도 생각할 수 있겠네요. 최근 막 이사 와서, 어디가 위험한 곳인지 아직 확인하지 않았습니다. 어느 길을 이용해서 어디로 피난하면 좋은지 전혀 모르네요. 어쩐지 갑자기 걱정이 됩니다.
여: 그렇습니까. 바로 확인이 필요하네요.
남: 그렇게 생각합니다. 집에 돌아가면 체크하겠습니다.

남자는 무엇이 걱정이라고 말합니까?

1 재해에 대한 준비가 부족한 것
2 재해가 발생했을 때 당황해 버리는 것
3 홍수가 나는 것
4 도망칠 길의 순서와 장소를 모르는 것

해설 남자가 걱정하는 것이 무엇인지 묻는 문제이다. 각 선택지의 핵심 내용은 1 '재해에 대한 준비 부족', 2 '재해가 발생했을 때 당황하는 것', 3 '홍수 발생', 4 '도망칠 경로와 장소를 모르는 것'이다. 대화에서, 남자는 どの道を使ってどこに避難すればいいか全然わかりませんね。なんだか急に心配になってきました(어느 길을 이용해서 어

디로 피난하면 좋은지 전혀 모르네요. 어쩐지 갑자기 걱정이 됩니다)라고 했으므로, 4 逃げる道順と場所を知らないこと(도망칠 길의 순서와 장소를 모르는 것)가 정답이다. 오답 선택지 1은 남자가 재해용 가방 등 기본적인 준비는 하고 있다고 말했으므로 오답이고, 2는 남자가 당황할 것 같다고 말했지만 주요 걱정거리로 강조하지 않았으며, 3은 홍수 가능성은 언급했지만 주된 걱정은 대피 경로를 모르는 것이므로 오답이다.

어휘
アナウンサー 圀 아나운서　インタビュー 圀 인터뷰
心配 しんぱい 圀 걱정　地震 じしん 圀 지진
災害 さいがい 圀 재해　起きる おきる 图 발생하다, 일어나다
準備 じゅんび 圀 준비　なかなか 图 좀처럼
完璧だ かんぺきだ な형 완벽하다　簡単だ かんたんだ な형 간단하다
災害用バッグ さいがいようバッグ 圀 재해용 가방
実際 じっさい 图 실제로　慌てる あわてる 图 당황하다
行動 こうどう 圀 행동　たぶん 图 아마　一応 いちおう 图 일단
ちゃんと 图 제대로　考える かんがえる 图 생각하다
不安だ ふあんだ な형 불안하다　ところで 图 그런데
ハザードマップ 圀 긴급 대피 경로 지도, 해저드 맵
避難経路 ひなんけいろ 圀 피난 경로　確認 かくにん 圀 확인
洪水 こうずい 圀 홍수　最近 さいきん 圀 최근
引っ越す ひっこす 图 이사하다　全然 ぜんぜん 图 전혀
なんだか 图 어쩐지　急に きゅうに 图 갑자기　チェック 圀 체크, 확인
足りない たりない 부족하다　逃げる にげる 图 도망가다
道順 みちじゅん 圀 길의 순서　場所 ばしょ 圀 장소

2

[음성]
ラジオでアナウンサーの女の人がボランティア団体の代表にインタビューしています。**代表は何に最も苦労したと言っていますか。**

女：中高生に無償で勉強を教えるボランティア団体の代表でいらっしゃる赤坂さんです。定年まで中学の教師をされていたそうですね。

男：はい。教師をする中で、塾に通っている子とそうでない子とではどうしても学力に差がついてしまうというのを感じていました。そこで、様々な事情で塾に通えない学生に学びの場を提供したいと思ったのが団体設立に至った契機です。

女：なるほど。活動を始めてみて、いかがですか。

男：子供や親御さんから好評で、生徒数も徐々に増加しています。最初は無料という言葉だけが先走りして、講師のスキルを疑問視する声に悩まされましたね。

女：そうですか。

男：ええ、確かにうちのボランティア講師は資格や経験がなくても務めることができますが、その分講師の研修には決して手を抜かないよう心掛けています。

女：それは安心ですね。

男：ボランティアは学生が履歴書に書くために参加するような場合も多く、中には熱意に欠ける参加者もいました。その人たちに活動の意義を理解してもらうのが何より難しかったかもしれません。

女：そうですか。

男：はい。でも今はみんなが真剣に取り組んでくれ、質の高い学習支援が行えています。

代表は何に最も苦労したと言っていますか。

[문제지]
1 全員の学力を伸ばすこと
2 経験のある講師を集めること
3 保護者に活動の意義を分かってもらうこと
4 講師にまじめに取り組んでもらうこと

해석 라디오에서 아나운서인 여자가 자원봉사 단체의 대표에게 인터뷰하고 있습니다. **대표는 무엇에 가장 고생했다고 말하고 있습니까?**

여 : 중, 고등학생에게 무상으로 공부를 가르치는 자원봉사 단체의 대표로 계시는 아카사카 씨입니다. 정년까지 중학교 교원을 하셨었다고 들었습니다.

남 : 네. 교사를 하는 중에, 학원에 다니는 아이와 그렇지 않은 아이 사이에는 어쩔 수 없이 학력에 차이가 생겨 버린다는 것을 느끼고 있었습니다. 그래서, 다양한 사정으로 인해 학원에 다닐 수 없는 학생에게 배움의 장을 제공하고 싶다는 생각이 떠오른 것이, 단체 설립에 이른 계기입니다.

여 : 그렇군요. 활동을 시작하고 보니, 어떠십니까?

남 : 아이들과 부모님들로부터 호평이고, 학생 수도 점차 증가하고 있습니다. 처음에는 무료라는 말만 앞서 나가서, 강사의 스킬을 의심하는 목소리에 고민되었었죠.

여 : 그렇습니까.

남 : 네, 확실히 저희 자원봉사 강사는 자격이나 경험이 없어도 근무할 수 있는데, 그만큼 강사 연수에는 결코 소홀하지 않도록 유의하고 있습니다.

여 : 그건 안심이군요.

남 : 자원봉사는 학생이 이력서에 적기 위해 참가하는 경우도 많아, 그 중에는 열의가 부족한 참가자도 있었습니다. 그 사람들에게 활동의 의의를 이해시키는 것이 무엇보다 어려웠을지도 모릅니다.

여 : 그렇습니까.

남 : 네. 하지만 지금은 모두가 진지하게 임해 주어서, 질이 높은 학습 지원을 할 수 있습니다.

대표는 무엇에 가장 고생했다고 말하고 있습니까?

1 전원의 학력을 향상시키는 것
2 경험이 있는 강사를 모으는 것
3 보호자에게 활동의 의의를 이해시키는 것
4 강사에게 진지하게 임하게 하는 것

해설 대표가 무엇에 가장 고생했는지 묻는 문제이다. 각 선택지의 핵심 내용은 1 '학력 향상시키기', 2 '강사 모으기', 3 '보호자 이해시키기', 4 '강사가 진지하게 임하게 하기'이다. 대표가 ボランティアは学生が履歴書に書くために参加するような場合も多く、中には熱意に欠ける参加者もいました。その人たちに活動の意義を理解してもらうのが何より難しかったかもしれません(자원봉사는 학생이 이력서에 적기 위해 참가하는 경우도 많아, 그중에는 열의가 부족한 참가자도 있었습니다. 그 사람들에게 활동의 의의를 이해시키는 것이 무엇보다 어려웠을지도 모릅니다)이라고 했으므로, 4 講師にまじめに取り組んでもらうこと(강사에게 진지하게 임하게 하는 것)가 정답이다. 오답 선택지 1은 언급되지 않았고, 2는 경험이 없는 강사도 근무할 수 있다고 했으며, 3은 보호자가 아니라 강사에게 이해시키기 어려웠다고 했으므로 오답이다.

어휘 ボランティア 圓 자원봉사 団体 だんたい 圓 단체
代表 だいひょう 圓 대표 インタビュー 圓 인터뷰
最も もっとも 凰 가장 苦労 くろう 圓 고생
中高生 ちゅうこうせい 圓 중, 고등학생 無償 むしょう 圓 무상
教える おしえる 園 가르치다 定年 ていねん 圓 정년
中学 ちゅうがく 圓 중학교 教員 きょういん 圓 교원
教師 きょうし 圓 교사 塾 じゅく 圓 학원 通う かよう 園 다니다
どうしても 어쩔 수 없이 学力 がくりょく 圓 학력 差 さ 圓 차이
生まれる うまれる 園 생기다 そこで 쩝 그래서
様々だ さまざまだ 圭宮 다양하다 事情 じじょう 圓 사정
学びの場 まなびのば 배움의 장 提供 ていきょう 圓 제공
思い立つ おもいたつ 園 생각이 떠오르다, 문득 결심하다
設立 せつりつ 圓 설립 至る いたる 園 이르다
契機 けいき 圓 계기 活動 かつどう 圓 활동
始める はじめる 園 시작하다 親御さん おやごさん 圓 학부모님
好評 こうひょう 圓 호평 生徒 せいと 圓 학생
徐々に じょじょに 凰 점차 増加 ぞうか 圓 증가
最初 さいしょ 圓 처음 無料 むりょう 圓 무료 言葉 ことば 圓 말
先走る さきばしる 園 앞서 나가다 講師 こうし 圓 강사
スキル 圓 스킬, 기술 疑問視 ぎもんし 圓 의심, 의문시
悩ます なやます 園 고민하게 하다 資格 しかく 圓 자격
経験 けいけん 圓 경험 務める つとめる 園 근무하다, 맡다
研修 けんしゅう 圓 연수 決して けっして 凰 결코
手を抜く てをぬく 소홀하다 心掛ける こころがける 園 유의하다
安心 あんしん 圓 안심 履歴書 りれきしょ 圓 이력서
参加 さんか 圓 참가 熱意 ねつい 圓 열의
欠ける かける 園 부족하다 参加者 さんかしゃ 圓 참가자
意義 いぎ 圓 의의 理解 りかい 圓 이해
真剣だ しんけんだ 圭宮 진지하다 取り組む とりくむ 園 임하다
質 しつ 圓 질 学習 がくしゅう 圓 학습 支援 しえん 圓 지원
全員 ぜんいん 圓 전원 学力 がくりょく 圓 학력
伸ばす のばす 園 향상시키다 集める あつめる 園 모으다
保護者 ほごしゃ 圓 보호자 まじめだ 圭宮 성실하다

3

[음성]
スーパーで店員がサービスについてアナウンスしています。今日だけあるサービスは何ですか。

男: 今月は開店10周年のため、全ての商品の5％割引を行っております。さらに、本日以降カードをお作りになった方には特別割引券もお配りしております。こちらのカードは、本日からご利用いただけますので、この機会に是非ご検討ください。カードは、今週は特別に無料でお作りいただけます。また、今月は5％割引と同時に、毎日商品1種類ずつ20％割引サービスを行っております。本日に限り、野菜が20％割引となっておりますので、この機会にお忘れなくお買い求めください。明日以降は魚全品10％割引、肉全品10％割引と対象商品が毎日変わります。ご来店をお待ちしております。

今日だけあるサービスは何ですか。

[문제지]
1 全品割引になること
2 割引券がもらえること
3 野菜が割引になること
4 魚が割引になること

해설 슈퍼에서 점원이 서비스에 대해 방송하고 있습니다. 오늘만 있는 서비스는 무엇입니까?
남: 이번 달은 개점 10주년으로, 모든 상품의 5% 할인을 실시하고 있습니다. 게다가, 오늘 이후 카드를 만드시는 분에게는 특별 할인권도 배부해 드리고 있습니다. 이 카드는, 오늘부터 사용할 수 있으므로, 이 기회에 꼭 검토해 주세요. 카드는, 이번 주는 특별히 무료로 만들어드립니다. 또, 이번 달은 5% 할인과 동시에, 매일 상품 1종류씩 20% 할인 서비스를 실시하고 있습니다. 오늘에 한해, 야채가 20% 할인되어 있으므로, 이 기회에 잊지 마시고 구매해 주세요. 내일 이후는 생선 전 품목 10% 할인, 고기 전 품목 10% 할인으로 대상 상품이 매일 바뀝니다. 내점을 기다리고 있겠습니다.

오늘만 있는 서비스는 무엇입니까?

1 전 품목 할인되는 것
2 할인권을 받을 수 있는 것
3 야채가 할인되는 것
4 생선이 할인되는 것

해설 슈퍼에서 오늘만 있는 서비스가 무엇인지 묻는 문제이다. 각 선택지의 핵심 내용은 1 '전 품목 할인', 2 '할인권', 3 '야채 할인', 4 '생선 할인'이다. 점원이 本日に限り、野菜が20％割引となっておりますので(오늘에 한해, 야채가 20% 할인되어 있으므로)라고 했으므로, 3 野菜が割引になること(야채가 할인되는 것)가 정답이다. 오답 선택지 1은 이번 달 내내 진행하는 서비스이고, 2는 오늘 이후 언제든 카드를 만들면 받을 수 있으며, 4는 내일 이후이므로 오답이다.

어휘 スーパー 명 슈퍼　店員 てんいん 명 점원　サービス 명 서비스
アナウンス 명 방송, 아나운스　開店 かいてん 명 개점
周年 しゅうねん 명 주년　全て すべて 부 모든, 전부
商品 しょうひん 명 상품　割引 わりびき 명 할인
行う おこなう 동 실시하다, 시행하다　さらに 부 게다가, 더욱이
本日 ほんじつ 명 오늘, 금일　以降 いこう 명 이후　カード 명 카드
特別 とくべつ 명 특별　割引券 わりびきけん 명 할인권
配る くばる 동 배부하다, 나누어 주다　利用 りよう 명 이용
機会 きかい 명 기회　是非 ぜひ 부 꼭, 반드시
検討 けんとう 명 검토　無料 むりょう 명 무료　同時 どうじ 명 동시
種類 しゅるい 명 종류
買い求める かいもとめる 동 구매하다, 손에 넣다
全品 ぜんぴん 명 전 품목, 모든 상품　対象 たいしょう 명 대상
変わる かわる 동 바뀌다, 변하다　来店 らいてん 명 내점, 가게에 옴

4

[음성]

会社で女の人と男の人が話しています。女の人は開業費用を抑えるためにどうすることにしましたか。

女: 今、いい？実は退職後に美容院を開くことになったんだけど、西山くんのご家族、美容院を経営しているでしょう？ちょっと聞きたいことがあって。

男: え、美容師の資格を持ってたの？

女: 私じゃなくて娘がね。娘が美容院に勤めていたんだけど、独立したいって言い出して手伝うことにしたのよ。資金が十分じゃないからできるだけ節約したいんだけど。

男: なるほどね。兄の場合は、物件探しや内装工事の業者探しに時間を割いていたかな。金額が大きいから、いいところに出会えればかなり節約できるはずだよ。

女: あ、店舗は自宅の一階を改装して使うことにしたのよ。子供たちも独立して、家も手広になってたからね。

男: そっか。あと、店舗で使うシャンプー台とか鏡は中古で揃えてたな。美容院の備品を専門に扱う中古販売店があって、そこなら新品同様のものも安く手に入るから、結構使えるって言ってた。

女: へえ、私もそこで揃えよう。

男: うん。あとは宣伝費も考えどころだよね。広告代理店に委託すると高くつくから、最初は自分たちでSNSを活用しながら地道に集客するのも悪くないって聞いたよ。

女: なるほどね。でも娘は固定のお客さんがいるからしばらくは宣伝しなくても大丈夫って言ってたわ。

女の人は開業費用を抑えるためにどうすることにしましたか。

[문제지]
1 安い物件を探す
2 安い内装業者に頼む
3 リサイクル製品を買う
4 自分たちで宣伝する

해석 회사에서 여자가 남자와 이야기하고 있습니다. 여자는 개업 비용을 절감하기 위해 어떻게 하기로 했습니까?

여: 지금, 괜찮아? 실은 퇴직 후에 미용실을 열게 되었는데, 니시야마 군 가족, 미용실을 운영하고 있지? 좀 물어보고 싶은 게 있어서.

남: 아, 미용사 자격을 가지고 있었어?

여: 내가 아니라 딸이야. 딸이 미용실에 근무하고 있었는데, 독립하고 싶다고 말을 꺼내서 도와주기로 했어. 자금이 충분하지 않아서 최대한 절약하고 싶은데.

남: 그렇구나. 형의 경우에는, 매물 찾기나 인테리어 공사 업체 찾기에 시간을 들이고 있었어. 금액이 크니까, 좋은 곳을 만나면 상당히 절약할 수 있을 거야.

여: 아, 점포는 우리 집 1층을 개조해서 사용하기로 했어. 아이들도 독립해서, 집이 넓어졌거든.

남: 그렇구나. 또, 점포에서 쓸 샴푸대나 거울은 중고로 갖췄어. 미용실 비품을 전문으로 취급하는 중고 판매점이 있어서, 거기라면 새것이나 마찬가지인 것도 싸게 손에 들어오니까, 꽤 쓸 수 있다고 말했었어.

여: 와, 나도 거기서 갖춰야지.

남: 응. 그리고 홍보도 생각해 볼 부분이야. 광고 대리점에 위탁하면 비싸게 붙으니까, 처음에는 직접 SNS를 활용하면서 꾸준하게 고객을 모으는 것도 나쁘지 않다고 들었어.

여: 그렇구나. 그런데 딸은 고정 고객이 있어서 당분간은 홍보하지 않아도 괜찮다고 말했었어.

여자는 개업 비용을 절감하기 위해 어떻게 하기로 했습니까?

1 싼 매물을 찾는다
2 싼 인테리어 업체에 맡긴다
3 재활용 제품을 산다
4 직접 홍보한다

해설 여자가 개업 비용을 절감하기 위해 어떻게 하기로 했는지 묻는 문제이다. 각 선택지의 핵심 내용은 1 '싼 매물 찾기', 2 '싼 인테리어 업체에 맡기기', 3 '재활용 제품 사기', 4 '직접 홍보하기'이다. 남자가 美容院の備品を専門に扱う中古販売店があって、そこなら新品同様のものも安く手に入るから、結構使えるって言ってた(미용실 비품을 전문으로 취급하는 중고 판매점이 있어서, 거기라면 새것이나 마찬가지인 것도 싸게 손에 들어오니까, 꽤 쓸 수 있다고 말했었어)라고 하자, 여자가 へえ、私もそこで揃えよう(와, 나도 거기서 갖춰야지)라고 했으므로, 3 リサイクル製品を買う(재활용 제품을 산다)가 정답이다. 오답 선택지 1은 집의 1층을 개조해서 사용하기로 했고, 2는 너무 싸면 불안하다고 했으며, 4는 당분간 홍보하지 않아도 괜찮다고 했으므로 오답이다.

어휘 開業 かいぎょう 명 개업　費用 ひよう 명 비용
抑える おさえる 동 절감하다, 억제하다　実は じつは 부 실은

退職 たいしょく 図 퇴직　美容院 びよういん 図 미용실
開く ひらく 图 열다　家族 かぞく 図 가족
経営 けいえい 図 운영, 경영　美容師 びようし 図 미용사
資格 しかく 図 자격　勤める つとめる 图 근무하다
独立 どくりつ 図 독립　言い出す いいだす 图 말을 꺼내다
手伝う てつだう 图 도와주다　資金 しきん 図 자금
節約 せつやく 図 절약　物件 ぶっけん 図 매물, 부동산
探し さがし 図 찾기　内装 ないそう 図 인테리어, 내부 장식
工事 こうじ 図 공사　業者 ぎょうしゃ 図 업체, 업자
割く さく 图 들이다, 할애하다　金額 きんがく 図 금액
出会う であう 图 만나다　かなり 图 상당히　店舗 てんぽ 図 점포
自宅 じたく 図 우리 집, 자택　一階 いっかい 図 1층
改装 かいそう 図 개조　独立 どくりつ 図 독립
手広だ てびろだ な형 넓다　シャンプー台 シャンプーだい 図 샴푸대
鏡 かがみ 図 거울　中古 ちゅうこ 図 중고
揃える そろえる 图 갖추다　備品 びひん 図 비품
専門 せんもん 図 전문　扱う あつかう 图 취급하다
中古 ちゅうこ 図 중고　販売店 はんばいてん 図 판매점
新品 しんぴん 図 새것, 신품　同様 どうよう 図 마찬가지임, 동일
結構 けっこう 图 꽤　宣伝費 せんでんひ 図 홍보비
考えどころ かんがえどころ 図 생각해 볼 부분　広告 こうこく 図 광고
代理店 だいりてん 図 대리점　委託 いたく 図 위탁
最初 さいしょ 図 처음　活用 かつよう 図 활용
地道だ じみちだ な형 꾸준하다　集客 しゅうきゃく 図 고객 모으기
固定 こてい 図 고정　頼む たのむ 图 맡기다, 부탁하다
リサイクル 図 재활용　製品 せいひん 図 제품

5

[음성]
会社で男の人と女の人が話しています。女の人は企画書の何が問題だと言っていますか。

女: 木下君。この企画書、初めて書いたわりにはなかなかよくできていたわよ。
男: ありがとうございます。
女: だけど、ちょっと気になるところもあるのよね。
男: 何か問題がありましたか？
女: うん。商品説明のところなんだけど。
男: 説明が足りませんでしたか？
女: ううん。逆に、このタイミングではちょっと細かすぎるんじゃないかな。
男: え？そうですか？
女: うん。まだ最初の企画の段階だから、商品の詳しい説明より、開発の目的について詳しく書いたほうがイメージしやすいと思うの。
男: なるほど。わかりました。もう一度書き直してみます。
女: なかなか面白い企画だと思うから、がんばってね。

女の人は企画書の何が問題だと言っていますか。

[문제지]
1 商品の説明が足りないこと
2 商品の説明が細かすぎること
3 目的が書かれていないこと
4 目的がくわしく書いてあること

해석 회사에서 남자와 여자가 이야기하고 있습니다. 여자는 기획서의 무엇이 문제라고 말하고 있습니까?
여: 기노시타 군. 이 기획서, 처음으로 쓴 것치고는 꽤 잘 되었어.
남: 감사합니다.
여: 그렇지만, 조금 신경 쓰이는 부분도 있어.
남: 뭔가 문제가 있었나요?
여: 응. 상품 설명 부분 말인데.
남: 설명이 충분하지 않았나요?
여: 아니. 반대로, 이 타이밍에서는 조금 지나치게 자세한 게 아닐까?
남: 앗, 그런가요?
여: 응. 아직 맨 처음 기획 단계니까, 상품의 자세한 설명보다, 개발 목적에 대해 자세하게 적는 편이 상상하기 쉽다고 생각해.
남: 과연. 알겠습니다. 다시 한번 고쳐 써 보겠습니다.
여: 꽤 재미있는 기획이라고 생각하니까, 힘내.

여자는 기획서의 무엇이 문제라고 말하고 있습니까?

1 상품의 설명이 부족한 것
2 상품의 설명이 지나치게 자세한 것
3 목적이 적혀 있지 않은 것
4 목적이 자세하게 적혀 있는 것

해설 여자가 생각하는 기획서의 문제가 무엇인지 묻는 문제이다. 각 선택지의 핵심 내용은 1 '상품의 설명 부족', 2 '상품의 설명이 자세한 것', 3 '목적이 적혀 있지 않은 것', 4 '목적이 자세한 것'이다. 대화에서, 남자가 설명이 부족했냐고 묻자, 여자가 このタイミングではちょっと細かすぎるんじゃないかな(이 타이밍에서는 조금 지나치게 자세한 게 아닐까?)라고 했으므로, 2 商品の説明が細かすぎること(상품의 설명이 지나치게 자세한 것)가 정답이다. 오답 선택지 1은 지나치게 자세한 것이 문제이고, 3과 4는 언급되지 않았으므로 오답이다.

어휘 企画書 きかくしょ 図 기획서　なかなか 图 꽤, 제법
　　 だけど 접 그렇지만　気になる きになる 신경 쓰이다
　　 商品説明 しょうひんせつめい 図 상품 설명
　　 足りる たりる 图 충분하다　逆だ ぎゃくだ な형 반대다
　　 タイミング 図 타이밍　細かい こまかい い형 자세하다
　　 最初 さいしょ 図 맨 처음, 최초　企画 きかく 図 기획
　　 段階 だんかい 図 단계　詳しい くわしい い형 자세하다
　　 開発 かいはつ 図 개발　目的 もくてき 図 목적
　　 イメージする 상상하다　書き直す かきなおす 图 고쳐 쓰다
　　 がんばる 图 힘내다, 노력하다

6

[音声]
テレビで医者とアナウンサーが話しています。医者は食欲がないとき、どうしたらいいと言っていますか。

女: この暑さで夏バテぎみという人が多いと思います。夏バテのときに特に気をつけることはありますか？

男: はい、水分補給が重要だということはみなさんご存じだとは思いますが、一度に大量に飲むのではなく、こまめに少しずつ飲むことをおすすめします。

女: こまめに少しずつですね。では、食欲がないときはどうしたらいいのでしょうか？

男: そうですね。夏の暑さで体が疲れているときは、無理にたくさん食べようとせず、少しずつ消化にいいおかゆやスープなどを食べることが大切です。

女: 暑いとどうしても冷たい飲み物や食べ物を食べたくなるものですが…。

男: その気持ちもわかりますが、胃腸を冷やすと消化が悪くなることがあります。

女: そうなんですね。

男: それから汗をかくのでビタミンやミネラルも失われやすいです。さっぱりした果物や野菜などからも取り入れられますが、食べ過ぎるとこれまた胃腸を冷やす原因になるので注意が必要です。

女: なるほど。食欲が戻らない場合はどうすればいいですか？

男: 数日続くようであれば、無理をせずに医療機関で受診してください。早めの対応が大切です。

女: ありがとうございました。夏の食欲不振対策についてよくわかりました。

医者は食欲がないとき、どうしたらいいと言っていますか。

[問題지]
1 水をこまめに飲んだほうがいい
2 胃腸にやさしいものを食べたほうがいい
3 冷たいものを食べたほうがいい
4 何も食べないほうがいい

해석 TV에서 의사와 아나운서가 이야기하고 있습니다. 의사는 식욕이 없을 때, 어떻게 하면 좋다고 말하고 있습니까?

여: 이 더위에 여름철 피로감을 느낀다는 사람이 많다고 생각합니다. 여름철 피로감을 느낄 때 특히 주의할 점이 있나요?

남: 네, 수분 보충이 중요하다는 것은 여러분 알고 계시다고 생각하지만, 한 번에 대량으로 마시는 게 아니라, 자주 조금씩 마시는 것을 추천합니다.

여: 자주 조금씩이군요. 그러면, 식욕이 없을 때는 어떻게 하면 좋을까요?

남: 그렇네요. 여름 더위로 몸이 지쳐 있을 때는, 무리하게 많이 먹으려고 하지 말고, 조금씩 소화에 좋은 죽이나 수프 등을 먹는 것이 중요합니다.

여: 더우면 아무래도 차가운 음료나 음식을 먹고 싶어지는 법인데요…

남: 그 마음은 이해하지만, 위장을 차게 하면 소화가 나빠지는 경우가 있습니다.

여: 그렇군요.

남: 그리고 땀을 흘리기 때문에 비타민이나 미네랄도 소실되기 쉽습니다. 상큼한 과일이나 채소 등에서도 섭취할 수 있지만, 너무 먹으면 이 또한 위장을 차게 하는 원인이 되니 주의가 필요합니다.

여: 과연 그렇군요. 식욕이 돌아오지 않는 경우에는 어떻게 하면 좋나요?

남: 며칠 지속되는 것 같다면, 무리를 하지 말고 의료 기관에서 진찰을 받으세요. 빠른 대응이 중요합니다.

여: 감사했습니다. 여름의 식욕 부진 대책에 대해 잘 알게 되었습니다.

의사는 식욕이 없을 때, 어떻게 하면 좋다고 말하고 있습니까?

1 물을 자주 마시는 편이 좋다
2 위장에 부담이 적은 것을 먹는 편이 좋다
3 차가운 것을 먹는 편이 좋다
4 아무것도 먹지 않는 편이 좋다

해설 의사가 식욕이 없을 때 어떻게 하면 좋다고 말하는지 묻는 문제이다. 각 선택지의 핵심 내용은 1 '물 자주 마시기', 2 '위장에 부담 적은 것 먹기', 3 '차가운 것 먹지 않기', 4 '아무것도 먹지 않기'이다. 의사가 夏の暑さで体が疲れているときは、無理にたくさん食べようとせず、少しずつ消化にいいおかゆやスープなどを食べることが大切です(여름 더위로 몸이 지쳐 있을 때는, 무리하게 많이 먹으려고 하지 말고, 조금씩 소화에 좋은 죽이나 수프 등을 먹는 것이 중요합니다)라고 했으므로 2 胃腸にやさしいものを食べたほうがいい(위장에 부담이 적은 것을 먹는 편이 좋다)가 정답이다. 1은 식욕이 없을 때가 아니라 여름철 피로감을 느낄 때의 수분 보충에 관한 내용이고, 3은 오히려 위장을 차게 해서 소화가 나빠질 수 있다고 했으며, 4는 식욕이 없더라도 조금씩 먹어야 한다고 설명했으므로 오답이다.

어휘 医者 いしゃ 圏의사 アナウンサー 圏아나운서
食欲 しょくよく 圏식욕 暑さ あつさ 圏더위
夏バテぎみ なつバテぎみ 여름철 피로감을 느낌 ~という ~라는
特に とくに 閉특히 気をつける きをつける 주의하다, 조심하다
水分補給 すいぶんほきゅう 圏수분 보충
重要だ じゅうようだ [な형] 중요하다
ご存じだ ごぞんじだ 알고 계시다 一度 いちど 圏한 번
大量 たいりょう 圏대량 こまめに 자주 おすすめ 圏추천
疲れる つかれる 圏지치다 無理だ むりだ [な형] 무리하다
消化 しょうか 圏소화 おかゆ 圏죽 どうしても 閉아무래도
胃腸 いちょう 圏위장 冷やす ひやす 圏차게 하다
それから 圏그리고 汗をかく あせをかく 땀을 흘리다
ミネラル 圏미네랄 失う うしなう 圏소실되다, 잃다
さっぱり 閉상큼하게, 상쾌하게
取り入れる とりいれる 圏섭취하다, 도입하다

原因 げんいん 圏원인　注意 ちゅうい 圏주의
必要だ ひつようだ 慄필요하다　場合 ばあい 圏경우
数日 すうじつ 圏며칠　続く つづく 동지속되다
~ようであれば ~것 같다면　医療機関 いりょうきかん 圏의료 기관
受診 じゅしん 圏진찰을 받음　早め はやめ 圏빠름, 조기
対応 たいおう 圏대응　食欲不振 しょくよくふしん 圏식욕 부진
対策 たいさく 圏대책　やさしい い형부담이 적다, 상냥하다

> ☞ 문제 3은 문제지에 아무것도 인쇄되어 있지 않습니다. 따라서, 예제를 들려줄 때, 그 내용을 들으면서 개요이해의 문제 풀이 전략을 떠올려 봅니다. 음성에서 では、始めます(그러면, 시작합니다)가 들리면, 곧바로 문제 풀 준비를 합니다.
> 음성 디렉션과 예제는 실전모의고사 1의 해설(p.209)에서 확인할 수 있습니다.

1

[음성]
大学の入学式で、先生が話しています。
男：グローバル化と情報化が進む現代は、社会に大きな改革が起きていると言えるでしょう。このような時代に必要な力は何でしょうか。大学では、専門教育の学習はもちろんのこと、興味のあるサークルに参加し、友人を作ることも大事です。しかしそれ以上に、皆さんには、難しい課題に取り組む時に、自分自身で方法を考え、結論を出せる力を身につけてほしいと思います。これからの社会では、自分で解決していく能力が何よりも求められているのです。この大学でぜひ、その力をつけてください。

この先生は何について話していますか。
1 専門分野の学習の重要性
2 友人との交流の方法
3 これからの社会で必要な能力
4 グローバル化の問題点

해석 대학교 입학식에서, 선생님이 이야기하고 있습니다.
남 : 글로벌화와 정보화가 진행되는 현대는, 사회에 큰 개혁이 일어나고 있다고 말할 수 있겠지요. 이러한 시대에 필요한 힘은 무엇일까요? 대학에서는, 전문교육의 학습은 물론이고, 흥미 있는 동아리에 참가하여, 친구를 만드는 것도 중요합니다. 하지만 그것 이상으로, 여러분에게는, 어려운 과제와 싸울 때, 자기 스스로 방법을 생각하고, 결론을 낼 수 있는 힘을 몸에 익혔으면 좋겠다고 생각합니다. 앞으로의 사회에서는, 스스로 해결해 가는 능력이 무엇보다도 요구되고 있습니다. 이 대학에서 꼭, 그 힘을 길러주십시오.

이 선생님은 무엇에 대해 이야기하고 있습니까?
1 전문분야 학습의 중요성
2 친구와의 교류 방법

3 앞으로의 사회에서 필요한 능력
4 글로벌화의 문제점

해설 상황 설명에서 언급된 화자가 선생님 한 명이므로, 주제나 핵심 내용을 묻는 문제가 나올 것임을 예상한다. 선생님이 このような時代に必要な力は何でしょうか(이러한 시대에 필요한 힘은 무엇일까요?), これからの社会では、自分で解決していく能力が何よりも求められているのです(앞으로의 사회에서는, 스스로 해결해 가는 능력이 무엇보다도 요구되고 있습니다)라고 했다. 질문에서 선생님이 무엇에 대해 이야기하고 있는지 묻고 있으므로, 3 これからの社会で必要な能力(앞으로의 사회에서 필요한 능력)가 정답이다.

어휘 グローバル化 グローバルか 圏글로벌화
情報化 じょうほうか 圏정보화　進む すすむ 동진행되다, 나아가다
現代 げんだい 圏현대　社会 しゃかい 圏사회
改革 かいかく 圏개혁　起きる おきる 동일어나다, 발생하다
時代 じだい 圏시대　必要だ ひつようだ 慄필요하다
力 ちから 圏힘　専門教育 せんもんきょういく 圏전문교육
学習 がくしゅう 圏학습　もちろん 물론　興味 きょうみ 圏흥미
サークル 圏동아리, 서클　参加 さんか 圏참가
友人 ゆうじん 圏친구　大事だ だいじだ 慄중요하다, 소중하다
以上 いじょう 圏이상　課題 かだい 圏과제
取り組む とりくむ 동싸우다, 씨름하다
自分自身 じぶんじしん 圏자기 스스로, 자기 자신
方法 ほうほう 圏방법　考える かんがえる 동생각하다
結論 けつろん 圏결론　身につける みにつける 익히다, 몸에 배다
これから 圏앞으로, 이제부터　解決 かいけつ 圏해결
能力 のうりょく 圏능력　求める もとめる 동요구하다
力をつける ちからをつける 힘을 기르다
専門分野 せんもんぶんや 圏전문분야
重要性 じゅうようせい 圏중요성　交流 こうりゅう 圏교류
問題点 もんだいてん 圏문제점

2

[음성]
テレビで女の人が話しています。
女：皆さんは、困っている人を助けたことがありますか。空港でお財布を失くして困っていた高校生に、名前も言わずに飛行機代を貸してくれた人がいたという心温まる実話がありました。その後、その貸してくれた人と高校生は再会して、お礼を伝えることができたそうです。困っている人を見かけたら、小さな事でもいいので勇気を出して手助けしたいものです。人に親切にすると、自分の気持ちが明るくなり、みんなが笑顔になりますから。都会ではなかなか難しいですが、みんなが小さい親切をするようになると、より明るい社会になるように思います。

女の人は何の話をしていますか。
1 お礼を伝える重要性
2 勇気を出すことの難しさ
3 **親切から生まれること**
4 都会で人を助けることの少なさ

해석 텔레비전에서 여자가 이야기하고 있습니다.
여: 여러분은, 난처해하고 있는 사람을 도와준 적이 있나요? 공항에서 지갑을 잃어버려 난처해하던 고등학생에게, 이름도 말하지 않고 비행기 값을 빌려준 사람이 있다는 마음이 따뜻해지는 실화가 있습니다. 그 후, 그 빌려준 사람과 고등학생은 재회해서, 감사를 전할 수 있었다고 합니다. 난처해하고 있는 사람을 보게 되면, 작은 것이라도 좋으니, 용기를 내서 도와주고 싶은 것입니다. 남에게 친절하게 하면, 자신의 기분이 밝아지고, 모두가 웃는 얼굴이 되니까요. 도시에서는 좀처럼 어렵습니다만, 모두가 작은 친절을 베풀게 되면, 보다 밝은 사회가 될 거라고 생각합니다.

여자는 무슨 이야기를 하고 있습니까?

1 감사를 전하는 중요성
2 용기를 내는 것의 어려움
3 **친절에서 생겨나는 것**
4 도시에서 남을 돕는 일의 적음

해설 상황 설명에서 언급된 화자가 여자 한 명이므로, 주제나 핵심 내용을 묻는 문제가 나올 것임을 예상한다. 여자가 人に親切にすると、自分の気持ちが明るくなり、みんなが笑顔になりますから(남에게 친절하게 하면, 자신의 기분이 밝아지고, 모두가 웃는 얼굴이 되니까요), みんなが小さい親切をするようになると、より明るい社会になるように思います(모두가 작은 친절을 베풀게 되면, 보다 밝은 사회가 될 거라고 생각합니다)라고 했다. 질문에서 여자가 무슨 이야기를 하고 있는지 묻고 있으므로, 3 親切から生まれること(친절에서 생겨나는 것)가 정답이다.

어휘 助ける たすける 图 돕다 空港 くうこう 図 공항
失くす なくす 图 잃어버리다 高校生 こうこうせい 図 고등학생
飛行機代 ひこうきだい 図 비행기 값 貸す かす 图 빌려주다
心温まる こころあたたまる 图 마음이 따뜻해지다
実話 じつわ 図 실화 その後 そのご 그 후, 그 뒤
再会 さいかい 図 재회
お礼を伝える おれいをつたえる 감사를 전하다
見かける みかける 图 보게 되다, 눈에 띄다
勇気を出す ゆうきをだす 용기를 내다
手助け てだすけ 図 도움, 조력 親切だ しんせつだ な 친절하다
気持ち きもち 図 기분, 마음 笑顔 えがお 図 웃는 얼굴
都会 とかい 図 도시 なかなか 图 좀처럼 より 图 보다
重要性 じゅうようせい 図 중요성 少なさ すくなさ 図 적음

3

[음성]
ラジオで男の人が話しています。
男: 東京のエスカレーターでは、歩かない人は左側、歩く人は右側というのが習慣になっていますが、昨年一年間で転んでけがをした事故が180回も起こっています。そのため、安全にエスカレーターを使っていただくために、「みんなでてすりにつかまろう」という呼びかけを、鉄道会社が行っています。急いでいるとつい、歩いてしまいますが、歩く場合は階段を使うべきですね。片側を開けるのが習慣になっているので、変えることは容易ではありませんが、改善していきたいことの一つです。

男の人は何について話していますか。
1 交通ルールを守ること
2 **エスカレーターのルールを改善すること**
3 健康のために階段を使うこと
4 安全のためにエレベーターを使うこと

해석 라디오에서 남자가 이야기하고 있습니다.
남: 도쿄의 에스컬레이터에서는, 걷지 않는 사람은 왼쪽, 걷는 사람은 오른쪽이라는 것이 습관이 되어 있습니다만, 작년 1년 동안에 넘어져서 부상을 당한 사고가 180번이나 일어났습니다. 그 때문에, 안전하게 에스컬레이터를 이용해 주시기 위해, '모두 손잡이를 잡자'라는 구호를, 철도회사가 실시하고 있습니다. 서두르고 있으면 무심코, 걸어가 버립니다만, 걷는 경우는 계단을 사용해야 하죠. 한쪽을 비우는 것이 습관이 되어있으므로, 바꾸는 것은 쉽지 않지만, 개선해 나가고 싶은 것 중 하나입니다.

남자는 무엇에 대해 이야기하고 있습니까?

1 교통 규칙을 지키는 것
2 **에스컬레이터의 규칙을 개선하는 것**
3 건강을 위해 계단을 사용하는 것
4 안전을 위해 엘리베이터를 사용하는 것

해설 상황 설명에서 언급된 화자가 남자 한 명이므로, 주제나 핵심 내용을 묻는 문제가 나올 것임을 예상한다. 남자가 エスカレーターでは、歩かない人は左側、歩く人は右側というのが習慣(에스컬레이터에서는 걷지 않는 사람은 왼쪽, 걷는 사람은 오른쪽이라는 것이 습관), 片側を開けるのが習慣になっているので、変えることは容易ではありませんが、改善していきたいことの一つ(한쪽을 비우는 것이 습관이 되어있으므로, 바꾸는 것은 쉽지 않지만, 개선해 나가고 싶은 것 중 하나)라고 했다. 질문에서 남자가 무엇에 대해 이야기하고 있는지 묻고 있으므로, 2 エスカレーターのルールを改善すること(에스컬레이터의 규칙을 개선하는 것)가 정답이다.

어휘 東京 とうきょう 図 도쿄 エスカレーター 図 에스컬레이터
左側 ひだりがわ 図 왼쪽 右側 みぎがわ 図 오른쪽
習慣 しゅうかん 図 습관 昨年 さくねん 図 작년

一年間 いちねんかん 명 1년 동안			転ぶ ころぶ 동 넘어지다, 구르다	
けがをする 부상을 당하다			事故 じこ 명 사고	
起こる おこる 동 일어나다, 발생하다			そのため 그 때문에	
安全だ あんぜんだ な형 안전하다			てすりにつかまる 손잡이를 잡다	
呼びかけ よびかけ 명 구호, 부름				
鉄道会社 てつどうがいしゃ 명 철도회사				
行う おこなう 동 실시하다, 시행하다			急ぐ いそぐ 동 서두르다	
つい 부 무심코, 그만			場合 ばあい 명 경우	
片側 かたがわ 명 한 쪽, 한 편			変える かえる 동 바꾸다	
容易だ よういだ な형 쉽다, 용이하다			改善 かいぜん 명 개선	
交通ルール こうつうルール 명 교통 규칙			守る まもる 동 지키다	
健康 けんこう 명 건강				

4

[음성]

ラジオでレポーターと女の人が話しています。

男: 本日は、地域の子供たちから「おもちゃのドクター」として慕われているこちらの方をご紹介します。西村洋子さんです。

女: こんにちは。私は破損したり劣化して遊べなくなったおもちゃを原則無料で修理するボランティア活動に従事しています。20年前に単独で始めた活動ですが、現在では同志も増えて規模が大きくなりました。

男: どのような思いで活動に取り組んでこられたのでしょうか。

女: 現代社会においては物質的に豊かになり、欲しいものを容易に手に入れることができます。その結果、壊れたものは買い替えればいいやと考える人も多いです。こんな時代だからこそ、物を粗末にせず大切に扱う心を育ててほしいという思いから修理し続けてきました。

男: その思いは子供たちにも伝わっていることでしょうね。

女: そうだといいですね。この活動を通して、子供たちと触れ合うことで私自身も活力を得ていますし、喜んでくれる姿を見ると励みになります。これも長年継続してこられた要因の一つです。これからも健康である限り、活動する所存です。

女の人は何について話していますか。

1 おもちゃの修理方法
2 ボランティアを行う苦労
3 20年前と今の社会の変化
4 ボランティアを続ける理由

해석 라디오에서 리포터와 여자가 이야기하고 있습니다.

남: 오늘은, 지역 아이들에게 '장난감 의사'로 사랑받고 있는 이 분을 소개합니다. 니시무라 요코 씨입니다.

여: 안녕하세요. 저는 파손되거나 노후되어 놀 수 없게 된 장난감을 원칙적으로 무료로 수리하는 자원봉사 활동에 종사하고 있습니다. 20년 전에 단독으로 시작한 활동이지만, 현재는 동료도 늘어서 규모가 커졌습니다.

남: 어떤 마음으로 활동에 임해 오실 수 있었나요?

여: 현대 사회에서는 물질적으로 풍요로워져서, 원하는 것을 쉽게 손에 넣을 수 있습니다. 그 결과, 망가진 것은 새로 사면 된다고 생각하는 사람도 많습니다. 이런 시대이기 때문에야말로, 물건을 함부로 하지 않고 소중히 여기는 마음을 키웠으면 하는 마음에서 계속해서 수리해 왔습니다.

남: 그 마음은 아이들에게도 전해지고 있겠네요.

여: 그러면 좋겠습니다. 이 활동을 통해, 아이들과 접함으로써 저 자신도 활력을 얻고 있고, 기뻐해 주는 모습을 보면 격려가 됩니다. 이것도 오랜 세월 계속해 올 수 있었던 이유 중 하나입니다. 앞으로도 건강한 한은, 활동할 생각입니다.

여자는 무엇에 대해 이야기하고 있습니까?

1 장난감 수리 방법
2 봉사 활동을 하는 수고로움
3 20년 전과 지금의 사회 변화
4 봉사 활동을 계속하는 이유

해설 상황 설명에서 언급된 화자가 리포터와 여자 두 명이므로, 두 번째로 언급된 화자, 즉 여자의 생각이나 행위의 목적을 묻는 문제가 나올 것임을 예상한다. 여자가 物を粗末にせず大切に扱う心を育ててほしいという思いから修理し続けてきました(물건을 함부로 하지 않고 소중히 여기는 마음을 키웠으면 하는 마음에서 계속해서 수리해 왔습니다), 子供たちと触れ合うことで私自身も活力を得ていますし、喜んでくれる姿を見ると励みになります。これも長年継続してこられた要因の一つです(아이들과 접함으로써 저 자신도 활력을 얻고 있고, 기뻐해 주는 모습을 보면 격려가 됩니다. 이것도 오랜 기간 계속해 올 수 있었던 이유 중 하나입니다)라고 했다. 질문에서 여자가 무엇에 대해 이야기하고 있는지 묻고 있으므로, 4 ボランティアを続ける理由(봉사 활동을 계속하는 이유)가 정답이다.

어휘 本日 ほんじつ 명 오늘   地域 ちいき 명 지역   おもちゃ 명 장난감
ドクター 명 의사   慕う したう 동 사랑하다, 따르다, 흠모하다
破損 はそん 명 파손   劣化 れっか 명 노후, 열화
原則 げんそく 명 원칙   無料 むりょう 명 무료
修理 しゅうり 명 수리   ボランティア 명 자원봉사
活動 かつどう 명 활동   従事 じゅうじ 명 종사
単独 たんどく 명 단독   現在 げんざい 명 현재   同志 どうし 명 동료
増える ふえる 동 늘다   規模 きぼ 명 규모
取り組む とりくむ 동 임하다, 착수하다   現代 げんだい 명 현대
社会 しゃかい 명 사회   物質的だ ぶっしつてきだ な형 물질적이다
容易だ よういだ な형 쉽다, 용이하다
手に入れる てにいれる 손에 넣다, 얻다   結果 けっか 명 결과
壊れる こわれる 동 망가지다
買い替える かいかえる 동 새로 사다, 교체하다   時代 じだい 명 시대
粗末だ そまつだ な형 함부로 하다
育てる そだてる 동 키우다, 기르다   伝わる つたわる 동 전해지다
触れ合う ふれあう 동 접하다, 교감하다
自身 じしん 명 자신   活力 かつりょく 명 활력   得る える 동 얻다

姿 すがた 명 모습　　励み はげみ 명 격려, 힘이 됨
長年 ながねん 명 오랜 세월　　継続 けいぞく 명 계속
要因 よういん 명 이유, 요인　　健康だ けんこうだ な형 건강하다
所存 しょぞん 명 생각, 의도　　行う おこなう 동 하다
苦労 くろう 명 수고로움, 고생　　変化 へんか 명 변화

5

[음성]
テレビで鳥の専門家が話しています。
男: 最近、暖かくなってきましたね。ちょうどこの時期に鳥が子育てを始めるので、親鳥は巣を作ることや、食糧を運ぶことに大忙しです。みなさんも一生懸命、子育てをしている姿を見て、応援したくなることと思います。ところで今の時期、道に小鳥が落ちているのを発見した人もいるのではないでしょうか。落ちている小鳥がカラスのような大きい鳥に襲われそうになっていることもあります。そんな場面を見て、助けて自宅で育てたり、動物病院に連れて行ったりする人もいます。しかし、よく考えてみてください。大きい鳥にとっては大切な食糧かもしれません。悲しい話かもしれませんが、そのままにしておくのがいいのです。それが自然というものなのです。

専門家は何について話していますか。
1 小鳥を助けてはいけない理由
2 小鳥を病院に連れて行く方法
3 鳥が子育てを始める時期
4 鳥と自然の関係

해석 텔레비전에서 새의 전문가가 이야기하고 있습니다.
남: 최근, 따뜻해졌죠. 딱 이 시기에 새가 육아를 시작하므로, 어미 새는 둥지를 만드는 일이나, 식량을 옮기는 일로 매우 바쁩니다. 여러분도 열심히, 육아를 하고 있는 모습을 보고, 응원하고 싶어질 거라고 생각합니다. 그런데 지금 시기, 길에 작은 새가 떨어져 있는 것을 발견한 사람도 있는 것은 아닐까요? 떨어져 있는 작은 새가 까마귀 같은 큰 새에게 습격당할 것처럼 되어있는 경우도 있습니다. 그런 장면을 보고, 구해서 자택에서 키우거나, 동물병원에 데려가거나 하는 사람도 있습니다. 하지만, 잘 생각해 봐주십시오. 큰 새에게 있어서는 소중한 식량일지도 모릅니다. 슬픈 이야기일지도 모르겠지만, 그대로 두는 게 좋은 겁니다. 그것이 자연이라는 것입니다.

전문가는 무엇에 대해 이야기하고 있습니까?
1 작은 새를 도와주면 안 되는 이유
2 작은 새를 병원에 데리고 가는 방법
3 새가 육아를 시작하는 시기
4 새와 자연의 관계

해설 상황 설명에서 언급된 화자가 전문가 한 명이므로, 주제나 핵심 내용을 묻는 문제가 나올 것임을 예상한다. 전문가는 道に小鳥が落ちているのを発見(길에 작은 새가 떨어져 있는 것을 발견), 大きい鳥にとっては大切な食糧かもしれません(큰 새에게 있어서는 소중한 식량일지도 모릅니다), そのままにしておくのがいいのです(그대로 두는 게 좋은 겁니다)라고 했다. 질문에서 전문가가 무엇에 대해 이야기하고 있는지 묻고 있으므로, 1 小鳥を助けてはいけない理由 (작은 새를 도와주면 안 되는 이유)가 정답이다.

어휘 最近 さいきん 명 최근　　時期 じき 명 시기　　子育て こそだて 명 육아　　始める はじめる 동 시작하다　　親鳥 おやどり 명 어미 새
巣 す 명 둥지　　食糧 しょくりょう 명 식량
運ぶ はこぶ 동 옮기다, 운반하다　　大忙し おおいそがし 명 매우 바쁨
一生懸命だ いっしょうけんめいだ な형 열심이다
姿 すがた 명 모습, 모양　　応援 おうえん 명 응원
ところで 접 그런데　　小鳥 ことり 명 작은 새
落ちる おちる 동 떨어지다　　発見 はっけん 명 발견
カラス 명 까마귀　　襲う おそう 동 습격하다, 덮치다
場面 ばめん 명 장면　　助ける たすける 동 구하다, 도와주다
自宅 じたく 명 자택　　育てる そだてる 동 키우다, 기르다
動物病院 どうぶつびょういん 명 동물병원
連れて行く つれていく 데리고 가다　　考える かんがえる 동 생각하다
大切だ たいせつだ な형 소중하다, 중요하다
悲しい かなしい い형 슬프다　　そのまま 그대로　　自然 しぜん 명 자연
理由 りゆう 명 이유　　方法 ほうほう 명 방법
関係 かんけい 명 관계

☞ 문제 4는 문제지에 아무것도 인쇄되어 있지 않습니다. 따라서, 예제를 들려줄 때, 그 내용을 들으면서 즉시응답의 문제 풀이 전략을 떠올려 봅니다. 음성에서 では、始めます(그러면, 시작합니다)가 들리면, 곧바로 문제 풀 준비를 합니다.
음성 디렉션과 예제는 실전모의고사 1의 해설(p.213)에서 확인할 수 있습니다.

1

[음성]
女: 今夜は私にごちそうさせてくれない?
男: 1 しょうがないなあ。今度はおごってくれる?
　　2 いいの?じゃあ、次回は僕が。
　　3 うん、少しだけならもらえるって。

해석 여: 오늘 밤은 내가 한턱낼 수 있게 해 주지 않을래?
남: 1 할 수 없네. 다음번엔 한턱내 줄래?
　　2 그래? 그럼, 다음번엔 내가.
　　3 응, 조금만이라면 받을 수 있대.

해설 여자가 남자에게 식사를 대접하고 싶어 허락을 구하는 상황이다.
　1 (X) 여자가 한턱내겠다고 한 상황과 맞지 않다.
　2 (O) 여자의 제안을 받아들이고 있으므로 적절한 응답이다.
　3 (X) もらえる를 반복 사용하여 혼동을 준 오답이다.

어휘 今夜 こんや 명 오늘 밤　　ごちそうする 동 한턱내다
しょうがない い형 할 수 없다, 어쩔 수 없다

今度 こんど 명 다음번, 이번　おごる 동 한턱 쏘다, 사 주다
次回 じかい 명 다음번

かける 동 걸다

2

[음성]
男: 悪いけど、この作業終わりそうにないから、後で手を貸してもらえる？
女: 1 データ入力を終えてからでもいいですか。
　　 2 その作業が完了したら声を掛けてください。
　　 3 そうですね、ここがちょっと悪いですね。

해석 남: 미안한데, 이 작업이 끝날 것 같지 않아서, 나중에 도와 줄 수 있을까?
　여: 1 데이터 입력을 끝내고 나서라도 괜찮을까요?
　　　2 그 작업이 완료되면 말을 걸어 주세요.
　　　3 그렇네요, 여기가 좀 나쁘네요.

해설 남자가 여자에게 작업이 많아서 도움을 요청하는 상황이다.
1 (O) 데이터 입력 후에 도와주겠다는 말이므로 적절한 응답이다.
2 (X) 작업이 끝날 것 같지 않다고 한 상황과 맞지 않다.
3 (X) 悪い(わるい)를 반복 사용하여 혼동을 준 오답이다.

어휘 作業 さぎょう 명 작업　終わる おわる 동 끝나다
手を貸す てをかす 돕다　データ 명 데이터
入力 にゅうりょく 명 입력　終える おえる 동 끝내다
完了 かんりょう 명 완료　声を掛ける こえをかける 말을 걸다

3

[음성]
女: 鈴木さんの携帯がここにあるんだったら、連絡しようがないんじゃない？
男: 1 すぐ気づいて戻って来るよ。
　　 2 わかった。一度連絡してみよう。
　　 3 じゃあ、かけてみたらどう？

해석 여: 스즈키 씨의 휴대폰이 여기 있다면, 연락할 방도가 없지 않아?
　남: 1 바로 알아차리고 되돌아 올거야.
　　　2 알았어. 한번 연락해 보자.
　　　3 그럼, 걸어보면 어떨까?

해설 여자가 스즈키 씨가 휴대폰을 두고 가서 연락할 수 없지 않냐고 묻는 상황이다.
1 (O) 스즈키 씨가 휴대폰을 두고 간 사실을 알아챌 것이라 짐작하는 적절한 응답이다.
2 (X) 스즈키 씨가 휴대폰을 두고 가서 연락할 수 없는 상황과 맞지 않다.
3 (X) 携帯(휴대폰), 連絡(연락)와 관련된 かける(걸다)를 사용하여 혼동을 준 오답이다.

어휘 携帯 けいたい 명 휴대폰　連絡 れんらく 명 연락
気づく きづく 동 알아차리다, 깨닫다
戻って来る もどってくる 되돌아오다　一度 いちど 명 한 번

4

[음성]
男: 高校の友達と卒業して以来初めて集まったんですけど、久しぶりに会った感じがしなくて。
女: 1 懐かしくて仕方なかったです。
　　 2 そういうものですよ。
　　 3 それは残念でしたね。

해석 남: 고등학교 친구들과 졸업한 이래 처음으로 모였는데요, 오랜만에 만난 느낌이 들지 않아서요.
　여: 1 그리워서 어쩔 수 없었어요.
　　　2 그런 법이죠.
　　　3 그것은 유감이었네요.

해설 남자가 여자에게 고등학교 친구들과 졸업 후 처음 모였는데 오랜만에 만난 느낌이 들지 않았다는 소감을 나누는 상황이다.
1 (X) 고등학교 친구들을 오랜만에 만난 상황에 '懐かしい(그립다)'를 사용하여 혼동을 준 오답이다.
2 (O) 남자의 말에 공감하는 적절한 응답이다.
3 (X) 남자는 오랜만에 만난 느낌이 들지 않았다는 사실을 중립적으로 말했는데, 유감이라며 부정적으로 평가하는 것은 상황에 맞지 않다.

어휘 卒業 そつぎょう 명 졸업　～て以来 ～ていらい ~한 이래
集まる あつまる 동 모이다　感じがする かんじがする 느낌이 들다
懐かしい なつかしい い형 그립다
～て仕方ない ～てしかたない ~해서 어쩔 수 없다
残念だ ざんねんだ な형 유감이다

5

[음성]
女: 来週と再来週は予定がびっしりなの。
男: 1 よかった。じゃあ、遊びに行けるね。
　　 2 いいなあ。私はこの頃忙しくて。
　　 3 大変だね、体調、崩さないようにね。

해석 여: 다음 주와 다다음 주는 예정이 빽빽해.
　남: 1 잘됐다. 그럼, 놀러 갈 수 있네.
　　　2 좋네. 나는 요즘 바빠서.
　　　3 힘들겠네. 컨디션, 해치지 않도록 해.

해설 여자가 다음 주와 다다음 주 예정이 빽빽하다고 말하는 상황이다.
1 (X) 예정이 빽빽히 차 있는 상황과 맞지 않다.
2 (X) 바쁜 것은 여자이므로 주체가 맞지 않다.
3 (O) 빽빽한 일정을 소화해야 하는 여자를 걱정하는 적절한 응답이다.

어휘 再来週 さらいしゅう 명 다다음 주　予定 よてい 명 예정
びっしり 뷔 빽빽이, 가득　遊ぶ あそぶ 동 놀다
この頃 このごろ 명 요즘, 최근
体調を崩す たいちょうをくずす 컨디션을 해치다

6

[음성]
男: 部長、先日オープンした駅前店ですが、絶えずお客さんが来ているとのことです。
女: 1 あ、さっき報告を受けたよ。出だしは順調だね。
　　2 何が耐えられなかったの？
　　3 何が悪かったのかな。あれだけやったのに。

해석　남: 부장님, 요전날 오픈한 역 앞 가게 말인데요, 끊임없이 손님이 오고 있다고 합니다.
　　여: 1 아, 방금 보고를 받았어. 출발은 순조롭네.
　　　　2 뭘 참을 수 없었어?
　　　　3 뭐가 나빴던 걸까. 그만큼 했는데.

해설　남자가 오픈한 가게에 손님이 많다고 보고하는 상황이다.
　　1 (O) 새로 오픈한 가게가 잘 된다는 소식에 안심하는 적절한 응답이다.
　　2 (X) 絶えず(たえず)와 발음이 비슷한 耐えられない(たえられない)를 사용하여 혼동을 준 오답이다.
　　3 (X) 손님이 많아서 좋은 상황과 맞지 않다.

어휘　部長 ぶちょう 명 부장님, 부장　先日 せんじつ 명 요전날
　　オープン 명 오픈　駅前店 えきまえてん 명 역 앞 가게
　　絶える たえる 동 끊기다, 끝나다　お客さん おきゃくさん 명 손님
　　さっき 명 방금, 아까　報告 ほうこく 명 보고　受ける うける 동 받다
　　出だし でだし 명 출발　順調だ じゅんちょうだ な형 순조롭다
　　耐える たえる 동 참다

7

[음성]
男: 次のミーティングは、新プロジェクトに関してもう少し方針が固まってからにしましょう。
女: 1 はい、もう少し先になりそうですね。
　　2 はい、けっこう待っていましたか。
　　3 はい、早速会議の準備を進めます。

해석　남: 다음 미팅은, 새로운 프로젝트에 관해 조금 더 방침이 정해진 후에 합시다.
　　여: 1 네, 조금 더 나중이 될 것 같네요.
　　　　2 네, 꽤 기다리고 있었나요?
　　　　3 네, 곧바로 회의 준비를 진행하겠습니다.

해설　남자가 방침이 조금 더 정해진 후 미팅을 진행하자고 제안하는 상황이다.
　　1 (O) 남자의 말에 동의하면서, 방침이 정해지기까지 시간이 걸릴 거라고 예상하는 적절한 응답이다.
　　2 (X) 固まって(かたまって)와 발음이 비슷한 待って(まって)를 사용하여 혼동을 준 오답이다.
　　3 (X) 방침이 조금 더 정해진 후 미팅을 진행하자고 제안한 상황과 맞지 않다.

어휘　ミーティング 명 미팅

新プロジェクト しんプロジェクト 명 새로운 프로젝트
～に関して ～にかんして ～에 관해　方針 ほうしん 명 방침
固まる かたまる 동 정해지다, 굳어지다　けっこう 부 꽤
早速 さっそく 부 곧바로　会議 かいぎ 명 회의
準備 じゅんび 명 준비　進める すすめる 동 진행하다

8

[음성]
女: 部長、山中さんの報告書、間違いだらけで困ってるんです。
男: 1 山中さんも困っているだろうね。
　　2 それじゃあ、すぐに直すね。
　　3 じゃあ、僕から注意しておくよ。

해석　여: 부장님, 야마나카 씨의 보고서, 오류투성이라 난처해요.
　　남: 1 야마나카 씨도 난처할 거야.
　　　　2 그럼, 바로 고칠게.
　　　　3 그럼, 내가 주의시켜 둘게.

해설　여자가 야마나카 씨의 보고서가 오류투성이라고 불평하는 상황이다.
　　1 (X) 야마나카 씨의 보고서 때문에 여자가 난처한 상황과 맞지 않다.
　　2 (X) 보고서를 쓴 사람은 야마나카 씨이므로 주체가 맞지 않다.
　　3 (O) 야마나카 씨의 보고서에 오류가 많다는 말에 주의시킨다는 적절한 응답이다.

어휘　部長 ぶちょう 명 부장님, 부장　報告書 ほうこくしょ 명 보고서
　　間違いだらけ まちがいだらけ 오류투성이　直す なおす 동 고치다
　　注意 ちゅうい 명 주의

9

[음성]
男: 昨日の音楽番組、見た？カホっていう新人歌手、すごくよかったよね。
女: 1 うん、デビューしたばかりとは思えなかった。
　　2 うん、聞きたくてたまらないんだね。
　　3 そう？新人だから仕方がないでしょ。

해석　남: 어제 음악 프로그램, 봤어? 카호라는 신인 가수, 정말 좋았지?
　　여: 1 응, 막 데뷔했다고는 생각되지 않았어.
　　　　2 응, 듣고 싶어서 견딜 수 없구나.
　　　　3 그래? 신인이니까 어쩔 수 없잖아.

해설　남자가 여자에게 어제 음악 프로그램에서 본 카호라는 신인 가수가 정말 좋았다고 말하며 동의를 구하는 상황이다.
　　1 (O) 남자의 평가에 동의하며 가수를 칭찬하고 있으므로 적절한 응답이다.
　　2 (X) 音楽(음악)와 관련된 聞く(듣다)를 사용하여 혼동을 준 오답이다.
　　3 (X) 남자가 부정적인 평가를 했을 때 답할 수 있는 내용이므로 오답이다.

어휘　番組 ばんぐみ 명 프로그램　新人 しんじん 명 신인

デビュー 뎅 데뷔　～たばかりだ 막 ~하다
～てたまらない ~해서 견딜 수 없다
仕方ない しかたない い형 어쩔 수 없다

10

[음성]
女: 新しくできたカフェ、雨の日は学生に限り2割引なんだって。
男: 1 へえ、それはうれしいサービスだね。
　　 2 じゃあ、雨の日はみんな行きたくないね。
　　 3 いつ行っても得ってことだね。

해석 여: 새로 생긴 카페, 비 오는 날은 학생에 한해서 20% 할인이래.
남: 1 와, 그건 기쁜 서비스네.
　　 2 그럼, 비 오는 날은 모두 가고 싶지 않네.
　　 3 언제 가도 이득이란 거네.

해설 여자가 카페가 비 오는 날 학생에 한해서 20% 할인한다고 알려주는 상황이다.
1 (O) 비오는 날 특별 할인이라는 것에 기쁜 서비스라고 평가하는 적절한 응답이다.
2 (X) 비 오는 날에 20%를 할인해주기 때문에 좋은 상황과 맞지 않다.
3 (X) 비 오는 날에만 20%를 할인해준다는 상황과 맞지 않다.

어휘 カフェ 뎅 카페　雨の日 あめのひ 뎅 비 오는 날
割引 わりびき 뎅 할인　うれしい い형 기쁘다　サービス 뎅 서비스
得 とく 뎅 이득

11

[음성]
男: 木村様にぜひ一度お目にかかりたいのですが、来週のご都合はいかがでしょうか?
女: 1 お目にかかるのは来週になります。
　　 2 **火曜日以外ならいつでも構いませんよ。**
　　 3 都合のいい日に限りますね。

해석 남: 기무라 씨를 꼭 한번 뵙고 싶은데, 다음 주 시간 어떠십니까?
여: 1 뵙는 것은 다음 주입니다.
　　 2 **화요일 이외라면 언제라도 상관없어요.**
　　 3 시간이 되는 날에 한하네요.

해설 남자가 기무라 씨에게 만나고 싶은데 다음 주에 시간이 되는지 묻는 상황이다.
1 (X) 다음주에 뵐 수 있는지 묻고 있는 상황과 맞지 않다.
2 (O) 시간 일정을 묻는 질문에 빈 시간을 답하는 적절한 응답이다.
3 (X) 都合(つごう)를 반복 사용하여 혼동을 준 오답이다.

어휘 ぜひ 뒤 꼭, 반드시　一度 いちど 뎅 한 번
お目にかかる おめにかかる 뒤 뵙다 (会う의 겸양어)
都合 つごう 뎅 시간, 사정　以外 いがい 뎅 이외
構わない かまわない 상관없다, 관계없다　日 ひ 뎅 날
限る かぎる 뒤 한하다, 제한하다

☞ 문제 5는 긴 이야기를 듣습니다. 예제가 없으므로 바로 문제를 풀 준비를 합니다. 문제지에 들리는 내용을 적극적으로 메모하며 문제를 풀어봅시다.
음성 디렉션은 실전모의고사 1의 해설(p.216)에서 확인할 수 있습니다.

1

[음성]
家族三人が話しています。
男1: お父さん、お母さん、今度のおじさんの結婚式、何で行くの?
女: まだ決めてないけど、新幹線でいいでしょう?
男1: 僕、飛行機がいい!
女: 飛行機は高いから、だめ。
男1: えー。
男2: そんなに乗りたいの?ホテルとのパックで申し込めば費用は抑えられるけど、移動時間が短縮できるっていう点もメリットだしね。
女: フライト時間は短いけど、空港までの移動や待ち時間を含めたら、新幹線とそんなに大差ないって。それに空港から式場まで相当距離あるよ。東京駅からなら一回の乗り換えで行けるんだから、その方が絶対に楽でしょ。
男2: たしかにね。あっ、それとも車で行く?それが一番お金はかからないよ。
男1: えー。
女: 車?いいけど、長時間の運転は大変じゃない?
男2: 交代で運転すれば大丈夫だよ。
女: え?私も運転するってこと?それはちょっと…。だったら、夜行バスにする?最近のバスはきれいで快適だっていうし。
男1: やだ、酔うもん。到着した時にはぐったりだよ。
女: そうね。式場にアクセスしやすくて、体にも負担がない方法にしよう。14日前までに予約すればだいぶお得にゲットできるみたいよ。
男2: じゃあそうしようか。チケットを見ておいてくれる?
女: うん、調べとく。

家族は、どうすることにしましたか。
1 **新幹線で行く**
2 飛行機で行く
3 車で行く
4 夜行バスで行く

해석 가족 세 명이 이야기하고 있습니다.

남1: 아빠, 엄마, 이번에 삼촌 결혼식, 뭘로 갈 거야?
여: 아직 정하지 않았지만, 신칸센으로 괜찮겠지?
남1: 나, 비행기가 좋아!
여: 비행기는 비싸서, 안 돼.
남1: 에이.
남2: 그렇게 타고 싶어? 호텔이랑 패키지로 신청하면 비용은 줄일 수 있는데. 이동 시간을 단축할 수 있다는 점도 장점이지.
여: 비행 시간은 짧지만, 공항까지의 이동이나 대기 시간을 포함하면, 신칸센과 큰 차이 없어. 게다가 공항에서 식장까지 상당히 거리가 있어. 도쿄역에서라면 한 번의 환승으로 갈 수 있으니까, 그 편이 분명 편하겠지.
남2: 확실히. 아, 아니면 차로 갈까? 그게 제일 돈은 안 들어.
남1: 에이.
여: 차? 괜찮은데, 장시간 운전은 힘들지 않아?
남2: 교대로 운전하면 괜찮아.
여: 뭐? 나도 운전한다는 거야? 그건 좀…. 그러면, 야간 버스로 할까? 요즘 버스는 깨끗하고 쾌적하다고 하고.
남1: 싫어, 멀미해. 도착했을 때는 녹초가 될 거야.
여: 그렇네. 식장까지 접근하기 쉽고, 몸에도 부담이 없는 방법으로 하자. 14일까지 예약하면 꽤 저렴하게 살 수 있는 것 같아.
남2: 그럼 그렇게 할까. 티켓을 봐 둬 줄래?
여: 응, 알아봐 둘게.

가족은, 어떻게 하기로 했습니까?

1 신칸센으로 간다
2 비행기로 간다
3 차로 간다
4 야간 버스로 간다

해설 대화의 중후반에서 세 사람의 최종 합의 내용을 재빨리 메모하며 주의 깊게 듣는다.

〈메모〉 삼촌 결혼식, 뭘 타고 갈지?
- 신칸센: 1번 환승으로 갈 수 있음, 편함
- 비행기: 비쌈, 시간 신칸센과 큰 차이 없음
- 차: 장시간 운전. 엄마는 운전 싫음
- 야간 버스: 멀미

질문이 가족이 어떻게 하기로 했는지 묻고 있으므로, 1 新幹線으로 가(신칸센으로 간다)가 정답이다.

어휘
家族 かぞく 몡가족　今度 こんど 몡이번　おじさん 삼촌, 아저씨
結婚式 けっこんしき 몡결혼식　決める きめる 동정하다
新幹線 しんかんせん 몡신칸센　飛行機 ひこうき 몡비행기
ホテル 몡호텔　パック 몡패키지　申し込む もうしこむ 동신청하다
費用 ひよう 몡비용　抑える おさえる 동줄이다, 억제하다
移動 いどう 몡이동　短縮 たんしゅく 몡단축
メリット 몡장점, 이점　フライト 몡비행　空港 くうこう 몡공항
待ち時間 まちじかん 몡대기 시간　含める ふくめる 동포함하다
大差 たいさ 몡큰 차이　式場 しきじょう 몡식장
相当 そうとう 튀상당히　距離 きょり 몡거리
東京駅 とうきょうえき 몡도쿄역　乗り換え のりかえ 몡환승

絶対に ぜったいに 튀절대로　楽だ らくだ 댱편하다
長時間 ちょうじかん 몡장시간　運転 うんてん 몡운전
大変だ たいへんだ 댱힘들다　交代 こうたい 몡교대
夜行バス やこうバス 몡야간 버스　快適だ かいてきだ 댱쾌적하다
酔う よう 동멀미하다　到着 とうちゃく 몡도착
ぐったりだ 댱녹초가 되다　アクセス 몡접근　負担 ふたん 몡부담
方法 ほうほう 몡방법　予約 よやく 몡예약　だいぶ 튀꽤
お得だ おとくだ 댱저렴하다, 이득이다　ゲット 몡갖, 획득, 얻음
チケット 몡티켓　調べる しらべる 동알아보다

2

[음성]
ある市の建設業に関する説明会で、役所の人の説明を聞いたあと、女の人と男の人が話しています。

女1: 建設業のデジタル化に向けて活用できる4つの技術をご紹介します。説明のあとで個別の相談をお受けします。まずは、現場の測量を楽にしてくれるドローンです。上空を飛行して行う計測は実際に歩いて測るより短時間で済むうえ、足場が悪い場所でも安全に行えます。次は、現場を可視化できる360度カメラです。リモートで巡回をしたり作業指示を出すことができます。こちらは操作が簡単だという点が特徴です。次は作業員の安全を管理するリストバンド型センサーです。このセンサーで常時作業員の体温と心拍数を測定し、危険が感知された場合は警告音が鳴ります。最後に重機を遠隔地から操作するウェブコントローラーです。これは既存の重機に取り付けるだけで活用することができます。実際の操作方法とは少し異なる点もあるため、ある程度の訓練が必要です。

男: いろいろあるんですね。
女2: ええ、面白いですね。私は遠隔で業務が行えるっていうのがいいなと思いました。海外の現場もいくつか持っていますし。
男: そうですね。
女2: すぐに取り入れたいので、訓練がいらないほうの説明を聞きませんか。
男: はい。使いやすいものはみんな興味があると思うので、先に行きましょう。それから、作業時の安全を確保してくれるものも気になりますね。安全第一ですから。
女2: 作業員の体調を管理してくれるものですか。
男: そっちではなく、人間の代わりに動いてくれる機械のほうです。本当に正確なデータが 計測できるのでしょうか。
女2: じゃあ、それもあとで聞きに行きましょう。

質問1 二人は最初にどの説明を聞きますか。

質問2 二人は二番目にどの説明を聞きますか。

[문제지]

質問1

1 ドローン
2 360度カメラ
3 リストバンド型センサー
4 ウェブコントローラー

質問2

1 ドローン
2 360度カメラ
3 リストバンド型センサー
4 ウェブコントローラー

해석 어느 시의 건설업에 관한 설명회에서, 시청 사람의 설명을 들은 후, 여자와 남자와 이야기하고 있습니다.

여1: 건설업의 디지털화를 목표로 활용할 수 있는 네 가지 기술을 소개드립니다. 설명 후에 개별 상담을 받겠습니다. 우선은, 현장의 측량을 편하게 해 주는 드론입니다. 상공을 비행하며 행하는 계측은 실제로 걸어서 측정하는 것보다 단시간에 끝나는 데다가, 발판이 좋지 않은 장소에서도 안전하게 진행할 수 있습니다. 다음은, 현장을 가시화할 수 있는 360도 카메라입니다. 원격으로 순찰을 하거나 작업 지시를 내릴 수 있습니다. 이쪽은 조작이 간단하다는 점이 특징입니다. 다음은 작업자의 안전을 관리하는 손목 밴드형 센서입니다. 이 센서로 상시 작업자의 체온과 심박수를 측정하며, 위험이 감지된 경우에는 경고음이 울립니다. 마지막으로 중장비를 원거리에서 조작할 수 있는 웹 컨트롤러입니다. 이것은 기존의 중장비에 부착하기만 하면 활용할 수 있습니다. 실제 조작 방법과는 약간 다른 점이 있기 때문에, 어느 정도 훈련이 필요합니다.

남: 여러 가지가 있네요.

여2: 네, 재미있네요. 저는 원격으로 업무를 진행할 수 있다는 점이 좋다고 생각했어요. 해외 현장도 몇 군데 가지고 있고요.

남: 그렇군요.

여2: 바로 도입하고 싶으니까, 훈련이 필요 없는 쪽의 설명을 듣지 않을래요?

남: 네. 사용하기 쉬운 것은 모두 흥미가 있을 테니, 먼저 가죠. 그리고, 작업 시 안전을 확보해 주는 것도 신경 쓰이네요. 안전이 제일이니까요.

여2: 작업자의 몸 상태를 관리해 주는 거요?

남: 그쪽이 아니라, 사람 대신에 움직여 주는 기계 쪽이요. 정말 정확한 데이터를 계측할 수 있을까요?

여2: 그럼, 그것도 나중에 들으러 가죠.

질문 1 두 사람은 처음에 어느 설명을 듣습니까?

질문 2 두 사람은 두 번째로 어느 설명을 듣습니까?

질문1

1 드론
2 360도 카메라
3 손목 밴드형 센서
4 웹 컨트롤러

질문2

1 드론
2 360도 카메라
3 손목 밴드형 센서
4 웹 컨트롤러

해설 각 선택지와 관련하여 언급되는 내용을 재빨리 메모하며 주의 깊게 듣고, 두 명의 대화자가 선택하는 것에 유의하며 대화를 듣는다.

〈메모〉 기술 4개

① 드론: 측량, 실제 걷는 것보다 단시간, 안전하게 진행
② 360도 카메라: 현장 가시화, 원격 순찰, 작업 지시, 조작 간단
③ 손목 밴드형 센서: 작업자 체온, 심박수 측정
④ 웹 컨트롤러: 중장비 원거리 조작, 훈련 필요

여자 → 원격, 훈련 필요 없는 쪽
남자 → 먼저 가자, 작업 시 안전 확보, 사람 대신에 움직여 주는 기계, 데이터 계측

질문 1은 두 사람이 처음에 들을 설명을 묻고 있다. 원격이면서 훈련이 필요 없는 쪽의 설명을 듣고 싶다는 여자의 말에 남자가 먼저 가자고 했으므로, 원격 순찰이면서 조작이 간단한 2 360度カメラ(360도 카메라)가 정답이다.

질문 2는 두 사람이 두 번째로 들을 설명을 묻고 있다. 작업 시 안전을 확보해 주는 것, 사람 대신에 움직여 주는 기계에 대해 듣고 싶다는 남자의 말에 여자가 나중에 들으러 가자고 했으므로, 실제 걷는 것보다 단시간이며 안전하게 진행하는 1 ドローン(드론)이 정답이다.

어휘 市 し 図 시　建設業 けんせつぎょう 図 건설업
説明会 せつめいかい 図 설명회　役所 やくしょ 図 시청
説明 せつめい 図 설명　デジタル化 デジタルか 図 디지털화
活用 かつよう 図 활용　技術 ぎじゅつ 図 기술
紹介 しょうかい 図 소개　個別 こべつ 図 개별
相談 そうだん 図 상담　受ける うける 图 받다
現場 げんば 図 현장　測量 そくりょう 図 측량
楽だ らくだ 図 편하다　ドローン 図 드론　上空 じょうくう 図 상공
飛行 ひこう 図 비행　行う おこなう 图 행하다, 진행하다, 수행하다
計測 けいそく 図 계측　実際 じっさい 図 실제
測る はかる 图 측정하다　短時間 たんじかん 図 단시간
済む すむ 图 끝나다　足場 あしば 図 발판, 작업대
場所 ばしょ 図 장소　安全だ あんぜんだ 图 안전하다
可視化 かしか 図 가시화, 시각화　リモート 図 원격
巡回 じゅんかい 図 순찰, 순회　作業 さぎょう 図 작업
指示 しじ 図 지시　操作 そうさ 図 조작
簡単だ かんたんだ 图 간단하다　特徴 とくちょう 図 특징
作業員 さぎょういん 図 작업자, 작업원　安全 あんぜん 図 안전
管理 かんり 図 관리　リストバンド型 リストバンドがた 손목 밴드형

センサー 몡센서　常時 じょうじ 몡상시, 항상
体温 たいおん 몡체온　心拍数 しんぱくすう 몡심박수
測定 そくてい 몡측정　危険 きけん 몡위험　感知 かんち 몡감지
警告音 けいこくおん 몡경고음　鳴る なる 됭울리다
重機 じゅうき 몡중장비　遠隔地 えんかくち 몡원거리, 거리가 먼 곳
ウェブコントローラー 몡웹 컨트롤러　既存 きそん 몡기존
取り付ける とりつける 됭부착하다　方法 ほうほう 몡방법
異なる ことなる 됭다르다　程度 ていど 몡정도
訓練 くんれん 몡훈련　必要だ ひつようだ な형필요하다
遠隔 えんかく 몡원격　業務 ぎょうむ 몡업무
海外 かいがい 몡해외　取り入れる とりいれる 됭도입하다
興味 きょうみ 몡흥미　確保 かくほ 몡확보
気になる きになる 됭신경 쓰이다
第一 だいいち 몡제일, 가장 중요함　体調 たいちょう 몡몸 상태
代わり かわり 몡대신　機械 きかい 몡기계
正確だ せいかくだ な형정확하다　データ 몡데이터

실전모의고사 3

언어지식 문자·어휘

문제 1	**1** 3	**2** 1	**3** 2	**4** 3	**5** 4		
문제 2	**6** 4	**7** 1	**8** 3	**9** 4	**10** 1		
문제 3	**11** 2	**12** 2	**13** 3	**14** 2	**15** 4		
문제 4	**16** 2	**17** 3	**18** 4	**19** 1	**20** 3	**21** 4	**22** 4
문제 5	**23** 4	**24** 3	**25** 1	**26** 4	**27** 2		
문제 6	**28** 2	**29** 4	**30** 2	**31** 3	**32** 4		

언어지식 문법

문제 7	**33** 2	**34** 1	**35** 2	**36** 4	**37** 2	**38** 3
	39 4	**40** 1	**41** 3	**42** 4	**43** 2	**44** 1
문제 8	**45** 3	**46** 4	**47** 4	**48** 1	**49** 4	
문제 9	**50** 4	**51** 1	**52** 1	**53** 4	**54** 3	

독해

문제 10	**55** 3	**56** 4	**57** 1	**58** 2	**59** 4	
문제 11	**60** 2	**61** 3	**62** 4	**63** 2	**64** 1	**65** 2
	66 2	**67** 1	**68** 4			
문제 12	**69** 1	**70** 3				
문제 13	**71** 2	**72** 4	**73** 1			
문제 14	**74** 3	**75** 3				

청해

문제 1	**1** 2	**2** 3	**3** 3	**4** 2	**5** 3	
문제 2	**1** 4	**2** 4	**3** 1	**4** 2	**5** 1	**6** 2
문제 3	**1** 2	**2** 3	**3** 2	**4** 4	**5** 2	
문제 4	**1** 3	**2** 3	**3** 1	**4** 2	**5** 3	**6** 1
	7 2	**8** 1	**9** 3	**10** 2	**11** 2	**12** 2
문제 5	**1** 2	**2** 3	**3** 질문1 4 질문2 1			

언어지식 문자·어휘   p.505

1
수명寿命이 길고 튼튼한 우산을 찾고 있습니다.

해설 寿命는 3 じゅみょう로 발음한다. じゅ가 탁음인 것에 주의한다.
어휘 寿命 じゅみょう 명 수명   探す さがす 동 찾다

2
체인이 빠진外れた 자전거를 수리 맡겼다.

해설 外れた는 1 はずれた로 발음한다.
어휘 外れる はずれる 동 빠지다   チェーン 명 체인
自転車 じてんしゃ 명 자전거
修理に出す しゅうりにだす 수리 맡기다

3
다이어트 효과의 증거証拠로, 바지가 헐렁하다.

해설 証拠는 2 しょうこ로 발음한다.
어휘 証拠 しょうこ 증거   ダイエット 명 다이어트   効果 こうか 명 효과
ズボン 명 바지   ゆるい い형 헐렁하다, 느슨하다

4
최근 차를 더럽히는汚す 고양이로 계속 고민하고 있다.

해설 汚す는 3 よごす로 발음한다.
어휘 汚す よごす 동 더럽히다   最近 さいきん 명 최근   ずっと 부 계속
悩む なやむ 동 고민하다

5
구인求人사이트에 실려 있던 회사의 면접을 봤다.

해설 求人은 4 きゅうじん으로 발음한다. 求人는 人의 두 가지 음독 じん과 にん 중 じん으로 발음하는 것에 주의한다.
어휘 求人 きゅうじん 명 구인   サイト 명 사이트
載る のる 동 실리다, 놓이다
面接を受ける めんせつをうける 면접을 보다

6
스포츠 센터에서 요가 클래스를 수강じゅこう하고 있다.

해설 じゅこう는 4 受講로 표기한다. 受(じゅ, 받다)를 선택지 1과 3의 授(じゅ, 수여하다)와 구별해서 알아 두고, 講(こう, 강의)를 선택지 1과 2의 構(こう, 구성하다)와 구별해서 알아 둔다.
어휘 受講 じゅこう 명 수강   スポーツセンター 명 스포츠 센터
ヨガ 명 요가   クラス 명 클래스, 수업

7
이번 특별 강의에 전문가를 부를まねく 생각입니다.

해설 まねく는 1 招く로 표기한다.
어휘 招く まねく 동 부르다   呼ぶ よぶ 동 부르다   送る おくる 동 보내다
迎える むかえる 동 맞이하다   今回 こんかい 명 이번
特別 とくべつ 명 특별   講義 こうぎ 명 강의
専門家 せんもんか 명 전문가

8
저 사건에는 많은 사람이 얽혀からんで 있다.

해설 からんで는 3 絡んで로 표기한다.
어휘 絡む からむ 동 얽히다, 관련되다   事件 じけん 명 사건
縛る しばる 동 묶다   連なる つらなる 동 나란히 줄지어 있다
繋がる つながる 동 연결되다

9
진한こい 색의 스웨터가 올해 유행하고 있습니다.

해설 こい는 4 濃い로 표기한다.
어휘 濃い こい い형 진하다   深い ふかい い형 깊다
薄い うすい い형 얇다   厚い あつい い형 두껍다
セーター 명 스웨터   今年 ことし 명 올해
流行る はやる 동 유행하다

10
이 케이크는 냉장고에 보존ほぞん 해 주세요.

해설 ほぞん은 1 保存으로 표기한다. 保(ほ, 지속하다)를 선택지 2와 4의 補(ほ, 보충하다)와 구별해서 알아두고, 存(ぞん, 간직하다)을 선택지 3과 4의 在(ざい, 있다)와 구별해서 알아둔다.
어휘 保存 ほぞん 명 보존   ケーキ 명 케이크

11
정월은, 호텔이나 여관의 숙박 (   ) 가 비싸진다.

해설 괄호 앞의 어휘 宿泊(숙박)와 함께 쓰여 宿泊料(숙박료)를 만드는 접미어 2 料가 정답이다.
어휘 宿泊料 しゅくはくりょう 명 숙박료   正月 しょうがつ 명 정월, 설
旅館 りょかん 명 여관

12
이 도서관은, 유명한 건축 (   ) 가 설계한 건물이다.

해설 괄호 앞의 어휘 建築(건축)와 함께 쓰여 建築家(건축가)를 만드는 접미어 2 家가 정답이다.
어휘 建築家 けんちくか 명 건축가   設計 せっけい 명 설계

13
수학이 특기이고 얌전한 여동생은, 체육이 특기이고 활발한 언니와는 (　　) 대조이다.

해설 괄호 뒤의 어휘 対照(대조)와 함께 쓰여 好対照(좋은 대조)를 만드는 접두어 3 好가 정답이다.

어휘 好対照 こうたいしょう 圏좋은 대조　数学 すうがく 圏수학
得意だ とくいだ な형특기이다, 잘하다　おとなしい い형얌전하다
体育 たいいく 圏체육　活発だ かっぱつだ な형활발하다

14
월말이라 일이 바빠서 피곤한 (　　) 이다.

해설 괄호 앞의 어휘 疲れ(피곤함)와 함께 쓰여 疲れ気味(피곤한 기색)를 만드는 접미어 2 気味가 정답이다.

어휘 疲れ気味 つかれぎみ 피곤한 기색　月末 げつまつ 圏월말

15
그 제품은 (　　) 가격에도 불구하고, 다양한 기능을 갖추고 있어 인기가 높다.

해설 괄호 뒤의 어휘 価格(가격)와 함께 쓰여 低価格(낮은 가격)를 만드는 접두어 4 低가 정답이다.

어휘 低価格 ていかかく 圏낮은 가격　製品 せいひん 圏제품
多様だ たようだ な형다양하다　機能 きのう 圏기능
備える そなえる 图갖추다　人気 にんき 圏인기

16
세계에는 다양한 자원이 있지만, 그 중에서도 (　　) 자원 중 하나는 물이다.

1 엄중한　　　　　　2 귀중한
3 다대한　　　　　　4 중대한

해설 물이 다양한 자원 중 가장 어떠한 자원이라고 말하고 있으므로 貴重な資源の一つは水である(귀중한 자원 중 하나는 물이다)가 자연스럽다. 따라서 2 貴重な(귀중한)가 정답이다.

어휘 世界 せかい 圏세계　様々だ さまざまだ な형다양하다
資源 しげん 圏자원　厳重だ げんじゅうだ な형엄중하다
貴重だ きちょうだ な형귀중하다
多大だ ただいだ な형다대하다, 많다
重大だ じゅうだいだ な형중대하다

17
우리 학교의 댄스부가 예선을 통과하여, 간토 대표로서 전국 대회에 (　　) 하게 되었다.

1 출세　　　　　　　2 지원
3 진출　　　　　　　4 속출

해설 예선을 통과했다고 했으므로 全国大会に進出することになった

(전국 대회에 진출하게 되었다)가 자연스럽다. 따라서 3 進出(진출)가 정답이다.

어휘 我が校 わがこう 圏우리 학교　ダンス部 ダンスぶ 圏댄스부
予選 よせん 圏예선　勝ち抜く かちぬく 图통과하다, 내리 이기다
関東 かんとう 圏간토, 일본의 중부 지방　代表 だいひょう 圏대표
全国 ぜんこく 圏전국　大会 たいかい 圏대회
出世 しゅっせ 圏출세　出願 しゅつがん 圏지원, 출원, 신청
進出 しんしゅつ 圏진출　続出 ぞくしゅつ 圏속출

18
이 관광버스 투어는 정원에 도달했기 때문에, 예약을 (　　)했습니다.

1 꺼내　　　　　　　2 보류
3 갈아타　　　　　　4 마감

해설 투어가 정원에 도달했다고 했으므로 予約を締め切りました(예약을 마감했습니다)가 자연스럽다. 따라서 4 締め切り(마감)가 정답이다.

어휘 観光 かんこう 圏관광　定員 ていいん 圏정원
達する たっする 图도달하다　予約 よやく 圏예약
締め切る しめきる 图마감하다　取り出す とりだす 图꺼내다
見送る みおくる 图보류하다, 배웅하다
乗り換える のりかえる 图갈아타다

19
지금까지 거의 사용한 적이 없기 때문에, 카메라 (　　) 은 그다지 잘하지 못합니다.

1 조작　　　　　　　2 운전
3 운용　　　　　　　4 동작

해설 카메라를 거의 사용한 적이 없다고 했으므로 カメラの操作はあまり得意ではありません(카메라 조작은 그다지 잘하지 못합니다)이 자연스럽다. 따라서 1 操作(조작)가 정답이다.

어휘 得意だ とくいだ な형잘하다　操作 そうさ 圏조작
運転 うんてん 圏운전　運用 うんよう 圏운용　動作 どうさ 圏동작

20
작년부터의 사업 확대에 따라, 더욱 사원을 (　　) 기로 했다.

1 일하　　　　　　　2 근무하
3 고용하　　　　　　4 벌

해설 사업을 확대했다고 했으므로 さらに社員を雇うことにした(더욱 사원을 고용하기로 했다)가 자연스럽다. 따라서 3 雇う(고용하)가 정답이다.

어휘 事業 じぎょう 圏사업　拡大 かくだい 圏확대　さらに 튀더욱
社員 しゃいん 圏사원　働く はたらく 图일하다
勤める つとめる 图근무하다　雇う やとう 图고용하다
稼ぐ かせぐ 图벌다

21

장래의 꿈은 (　　　) 가 되는 것이기 때문에, 지금, 학교에 다니고 있습니다.

1 번역　　　　　　　　2 직역
3 영역　　　　　　　　**4 통역가**

해설 장래의 꿈을 위해 학교에 다니고 있다고 말하고 있으므로 将来の夢は通訳になること(장래의 꿈은 통역가가 되는 것)가 자연스럽다. 따라서 4 通訳(통역가)가 정답이다. 通訳(통역)에는 통역가라는 뜻도 있지만, 翻訳(번역)에는 번역가라는 뜻이 없음을 함께 알아둔다.

어휘 将来 しょうらい 명 장래, 미래　　夢 ゆめ 명 꿈　　通う かよう 동 다니다
　　翻訳 ほんやく 명 번역　　直訳 ちょくやく 명 직역
　　英訳 えいやく 명 영역　　通訳 つうやく 명 통역가, 통역

22

운동회에서 (　　　) 움직이는 아이들을 보고, 즐거운 기분이 되었다.

1 순조롭게　　　　　　2 쉽게
3 속편하게　　　　　　**4 활발하게**

해설 아이들이 운동회에서 움직이고 있다고 했으므로 活発に動く子供達(활발하게 움직이는 아이들)가 자연스럽다. 따라서 4 活発に(활발하게)가 정답이다.

어휘 運動会 うんどうかい 명 운동회　　動く うごく 동 움직이다
　　子供達 こどもたち 명 아이들, 어린이들　　気分 きぶん 명 기분
　　順調だ じゅんちょうだ な형 순조롭다
　　容易だ よういだ な형 쉽다, 용이하다
　　気楽だ きらくだ な형 속편하다　　活発だ かっぱつだ な형 활발하다

23

이 표현에는, 상대를 <u>존경하는</u> 마음이 포함된다.

1 함부로 대하는　　　　2 구별해서 대하는
3 평등하게 대하는　　　**4 소중하게 대하는**

해설 うやまう가 '존경하는'이라는 의미이므로, 이와 교체하여도 문장의 의미가 바뀌지 않는 4 大切にあつかう(소중하게 대하는)가 정답이다.

어휘 表現 ひょうげん 명 표현　　相手 あいて 명 상대
　　うやまう 동 존경하다, 공경하다　　気持ち きもち 명 마음, 기분
　　含まれる ふくまれる 동 포함되다, 그 속에 있다
　　粗末だ そまつだ な형 함부로 하다　　区別 くべつ 명 구별
　　平等だ びょうどうだ な형 평등하다　　あつかう 동 대하다, 취급하다
　　大切だ たいせつだ な형 소중하다, 중요하다

24

이 카메라는 자동으로 <u>포커스</u>를 조절해 준다.

1 밝기　　　　　　　　2 선명함
3 초점　　　　　　　　4 화각

해설 フォーカス가 '포커스'라는 의미이므로, 의미가 가장 비슷한 3 焦点(초점)이 정답이다.

어휘 カメラ 명 카메라　　自動 じどう 명 자동　　フォーカス 명 포커스
　　調整 ちょうせい 명 조정　　明るさ あかるさ 명 밝기
　　鮮やかさ あざやかさ 명 선명함　　焦点 しょうてん 명 초점
　　画角 がかく 명 화각, 촬영 각도

25

지적 재산권을 <u>소유하고</u> 있는 기업이다.

1 가지고　　　　　　　2 사고
3 만들어　　　　　　　4 빌려주고

해설 所有して가 '소유하고'라는 의미이므로, 의미가 가장 비슷한 1 持って(가지고)가 정답이다.

어휘 知的財産権 ちてきざいさんけん 명 지적 재산권
　　所有 しょゆう 명 소유　　企業 きぎょう 명 기업
　　持つ もつ 동 가지다, 소유하다　　買う かう 동 사다
　　作る つくる 동 만들다　　貸す かす 동 빌려주다

26

<u>곧</u>, 역 근처로 이사합니다.

1 잠깐　　　　　　　　2 갑자기
3 최근　　　　　　　　**4 이제 곧**

해설 近々가 '곧'이라는 의미이므로, 의미가 가장 비슷한 4 もうすぐ(이제 곧)가 정답이다.

어휘 近々 ちかぢか 부 곧, 머지않아　　引っ越す ひっこす 동 이사하다
　　しばらく 부 잠깐, 당분간　　急に きゅうに 부 갑자기
　　最近 さいきん 명 최근　　もうすぐ 부 이제 곧, 머지않아

27

그의 판단은 <u>타당했다</u>고 생각한다.

1 틀렸다　　　　　　　**2 상황에 맞았다**
3 결정하는 것이 너무 빨랐다　4 어쩔 수 없었다

해설 妥当だった가 '타당했다'라는 의미이므로, 이와 교체하여도 문장의 의미가 바뀌지 않는 2 状況に合っていた(상황에 맞았다)가 정답이다.

어휘 判断 はんだん 명 판단　　妥当だ だとうだ な형 타당하다
　　間違う まちがう 동 틀리다, 잘못되다　　状況 じょうきょう 명 상황
　　早い はやい い형 빠르다　　合う あう 동 맞다, 일치하다
　　決める きめる 동 결정하다　　しかたがない 어쩔 수 없다, 할 수 없다

28

실망

1 남편은 열이 난 나의 컨디션을 <u>실망</u>하여, 집안일을 모두 해 주었다.
2 자신의 실수를 다른 사람의 실수라고 부장님께 보고하다니, 그에게는 <u>실망</u>했다.
3 한때, 복귀가 <u>실망</u>이라 여겨졌던 이시하라 선수가 오늘 경기에서 멋지게 부활을 이뤘다.
4 관광 중에 발이 아파져서, 굽이 높은 신발을 신고 온 것을 <u>실망</u>했다.

해설 失望(실망)는 기대에 어긋나서 마음이 상할 때 사용한다. 2의 彼には失望した(그에게는 실망했다)에서 문맥상 올바르게 사용되었으므로 2가 정답이다. 참고로, 1은 心配(しんぱい, 걱정), 3은 絶望(ぜつぼう, 절망), 4는 後悔(こうかい, 후회)를 사용하는 것이 올바른 문장이다.

어휘 失望 しつぼう 명실망　発熱 はつねつ 명발열
体調 たいちょう 명컨디션, 몸 상태　家事 かじ 명집안일, 가사
ミス 명실수　部長 ぶちょう 명부장님, 부장　報告 ほうこく 명보고
一時 いちじ 명한때　復帰 ふっき 명복귀　試合 しあい 명시합
見事 みごと 부멋지게　復活 ふっかつ 명부활
果たす はたす 동이루다　観光 かんこう 명관광　ヒール 명굽, 힐
履く はく 동신다

29

거역하다
1 열쇠를 잃어버린 것 같으니, 길을 거역해서 찾아보자.
2 이번 계획에 대해, 누군가 거역해서 의견이 있습니까?
3 손님에게 받은 메일에는 즉시 거역해 주세요.
4 중학생 시절은, 자주 부모에게 거역하곤 했다.

해설 さからう(거역하다)는 윗사람의 뜻이나 지시 등을 따르지 않고 거스를 때 사용한다. 4의 親にさからっていたものだ(부모에게 거역하곤 했다)에서 문맥상 올바르게 사용되었으므로 4가 정답이다. 참고로, 1은 引き返す(ひきかえす, 되돌아가다), 2는 反対する(はんたいする, 반대하다), 3은 返信する(へんしんする, 회신하다)를 사용하는 것이 올바른 문장이다.

어휘 さからう 동거역하다, 거스르다
落とす おとす 동잃어버리다, 떨어뜨리다　探す さがす 동찾다
今回 こんかい 명이번, 금번　計画 けいかく 명계획
意見 いけん 명의견　お客様 おきゃくさま 명손님
いただく 동받다 (もらう의 겸양어)　メール 명메일
中学生 ちゅうがくせい 명중학생　親 おや 명부모

30

정년
1 농구는 체력이 필요하기 때문에, 선수의 정년이 빠릅니다.
2 다음 달에 정년을 맞이하는 어머니를 위해, 퇴직 축하 선물을 사러 갔다.
3 나의 나라에서는 선거에 투표할 수 있는 정년이 18세로 낮춰졌다.
4 이 기계의 정년은 약 10년이니까, 슬슬 교체할 때일 것이다.

해설 定年(정년)은 회사나 조직에서 일정 연령에 도달하면 퇴직하는 행위나 그 연령을 의미한다. 2의 定年を迎える母のために、退職祝いを買いに行った(정년을 맞이하는 어머니를 위해, 퇴직 축하 선물을 사러 갔다)에서 올바르게 사용되었으므로 2가 정답이다. 참고로, 1은 引退(은퇴), 3은 年齢(연령), 4는 寿命(수명)를 사용하는 것이 올바른 문장이다.

어휘 定年 ていねん 명정년　バスケットボール 명농구
体力 たいりょく 명체력　必要だ ひつようだ な형필요하다

選手 せんしゅ 명선수　迎える むかえる 동맞이하다
退職 たいしょく 명퇴직　祝い いわい 명축하 선물
選挙 せんきょ 명선거　投票 とうひょう 명투표
引き下げる ひきさげる 동낮추다　機械 きかい 명기계
買い替え かいかえ 명교체, 사서 바꿈

31

열중
1 자동 번역 시스템이 발표되어, 언어 교육 현장에서도 열중되기 시작하고 있다.
2 입원이 필요하다고 들어서, 일을 쉬고 치료에 열중하기로 했다.
3 무언가에 열중하면, 시간이 지나는 것도 잊어버린다.
4 매우 좋아하는 가수의 콘서트 티켓에 당첨되어, 열중했다.

해설 熱中(열중)는 좋아하거나 흥미가 있어 한 가지 일에 정신을 쏟을 때 사용한다. 3의 何かに熱中すると、時間が経つのも忘れてしまう(무언가에 열중하면, 시간이 지나는 것도 잊어버린다)에서 문맥상 올바르게 사용되었으므로 3이 정답이다. 참고로, 1은 注目(ちゅうもく, 주목), 2는 専念(せんねん, 전념), 4는 歓喜(かんき, 환희)를 사용하는 것이 올바른 문장이다.

어휘 熱中 ねっちゅう 명열중　自動 じどう 명자동
翻訳 ほんやく 명번역　システム 명시스템
発表 はっぴょう 명발표　言語 げんご 명언어
教育 きょういく 명교육　現場 げんば 명현장
入院 にゅういん 명입원　必要だ ひつようだ な형필요하다
治療 ちりょう 명치료　経つ たつ 동지나다, 경과하다
歌手 かしゅ 명가수　コンサート 명콘서트　チケット 명티켓
当たる あたる 동당첨되다, 맞다

32

세대
1 이 서비스는 일본의 세대에서 이용할 수 있습니다.
2 세대의 목소리를 듣고, 마을 도서관이 개선되었습니다.
3 응모에는 세대 제한이 있어, 18세 이상이 대상입니다.
4 새로운 정책은 젊은 세대를 지원하기 위해 만들어졌습니다.

해설 世代(세대)는 같은 시대를 살아가는 연령층이나 같은 시기에 태어난 사람들의 집단을 의미한다. 4의 若い世代を支援する(젊은 세대를 지원하)에서 올바르게 사용되었으므로 4가 정답이다. 참고로, 1은 全域(ぜんいき, 전역), 2는 住民(じゅうみん, 주민), 3은 年齢(ねんれい, 연령)를 사용하는 것이 올바른 문장이다.

어휘 世代 せだい 명세대　利用 りよう 명이용　声 こえ 명목소리
図書館 としょかん 명도서관　改善 かいぜん 명개선
応募 おうぼ 명응모　制限 せいげん 명제한
以上 いじょう 명이상　対象 たいしょう 명대상
政策 せいさく 명정책　若い わかい い형젊은　支援 しえん 명지원

언어지식 문법

p.512

33

내가 아르바이트를 하고 있는 레스토랑에서는, 손님의 의견이나 감상 ( ) 새로운 메뉴를 생각하고 있다.

1 에 대해　　　　　　**2 을 토대로**
3 에 있어　　　　　　4 에 있어서

해설 빈칸 앞에서 '손님의 의견이나 감상'이라고 하고, 빈칸 뒤에서 '새로운 메뉴를 생각하고 있다'라고 했으므로, 앞의 내용을 근거나 기준으로 삼는 표현 '〜に基づいて(〜을 토대로)'를 사용하는 것이 자연스럽다. 따라서 2 に基づいて(을 토대로)가 정답이다.

어휘 アルバイト 몡 아르바이트　お客様 おきゃくさま 몡 손님
意見 いけん 몡 의견　感想 かんそう 몡 감상　メニュー 몡 메뉴
考える かんがえる 동 생각하다　〜に対して 〜にたいして ~에 대해
〜に基づいて 〜にもとづいて ~을 토대로
〜にとって ~에 있어, ~에게　〜において ~에 있어서

34

급료가 적은데, 빚 ( ) 내서 고급 브랜드의 양복을 사다니, 믿을 수 없다.

1 까지　　　　　　2 정도
3 조차　　　　　　　4 만큼

해설 빈칸 앞에서 '빚'이라고 하고, 빈칸 뒤에서 '내서 고급 브랜드의 양복을 사다니, 믿을 수 없다'라고 했으므로, 예상을 넘어서는 극단적인 상황의 범위를 나타내는 'まで(까지)'를 사용하는 것이 자연스럽다. 따라서 1 まで(까지)가 정답이다.

어휘 給料が安い きゅうりょうがやすい 급료가 적다
借金 しゃっきん 몡 빚　高級 こうきゅう 몡 고급　ブランド 몡 브랜드
信じる しんじる 동 믿다　〜まで 조 ~까지　〜ぐらい 조 ~정도
〜さえ 조 ~조차　〜だけ 조 ~만큼, ~뿐

35

내일부터인 스키 여행은, 아내가 1개월 전에 열차 표를 예약해 준 ( ), 통상 요금의 반액으로 갈 수 있다.

1 탓에　　　　　　　**2 덕분에**
3 데 비해　　　　　　4 탓에

해설 빈칸 앞에서 '아내가 1개월 전에 열차 표를 예약해 준'이라고 하고, 빈칸 뒤에서 '통상 요금의 반액으로 갈 수 있다'라고 했으므로, 앞의 긍정적인 행동으로 인한 좋은 결과를 나타내는 '〜おかげで(~덕분에)'를 사용하는 것이 자연스럽다. 따라서 2 おかげで(덕분에)가 정답이다.

어휘 スキー 몡 스키　妻 つま 몡 아내　予約 よやく 몡 예약
通常料金 つうじょうりょうきん 몡 통상 요금　半額 はんがく 몡 반액
〜ことができる ~할 수 있다　〜たばかりに ~한 탓에, ~했다가
〜たおかげで ~한 덕분에, ~덕택에　〜わりに ~에 비해, ~치고는
〜せいで ~탓에

36

회사를 그만두고 빵집을 시작하는 것은, 가족과 잘 의논 ( ), 결정했다.

1 한 바로는　　　　　2 한 이상에는
3 하곤 하여　　　　　**4 한 뒤에**

해설 빈칸 앞에서 '가족과 잘 의논'이라고 하고, 빈칸 뒤에서 '결정했다'라고 했으므로, 앞의 행동이 완료된 후에 뒤의 행동이 이루어짐을 나타내는 '〜上で(~한 뒤에)'를 사용하는 것이 자연스럽다. 따라서 4 上で(한 뒤에)가 정답이다.

어휘 辞める やめる 동 그만두다, 사직하다　パン屋 パンや 몡 빵집
始める はじめる 동 시작하다
話し合う はなしあう 동 의논하다, 논의하다
決める きめる 동 결정하다, 정하다
〜た限りでは 〜たかぎりでは ~한 바로는
〜からには ~한 이상에는　〜たものだ ~하곤 했다
〜た上で 〜たうえで ~한 뒤에

37

좋은 선수가, ( ) 좋은 코치가 될 수 있는 것은 아닌 것처럼, 사람을 육성하는 것은 어려운 법이다.

1 아마　　　　　　　**2 반드시**
3 도대체　　　　　　4 좀처럼

해설 빈칸 앞에서 '좋은 선수가'라고 하고, 빈칸 뒤에서 '좋은 코치가 될 수 있는 것은 아닌 것처럼'이라고 했으므로, 일반적인 인식이나 기대와 다른 경우를 나타내는 표현 '必ずしも〜ない(반드시 ~인 것은 아니다)'를 사용하는 것이 자연스럽다. 따라서 2 必ずしも(반드시)가 정답이다.

어휘 選手 せんしゅ 몡 선수　コーチ 몡 코치
〜わけではない ~인 것은 아니다
育てる そだてる 동 육성하다, 기르다　おそらく 부 아마, 어쩌면
必ずしも かならずしも 부 반드시, 꼭　いったい 부 도대체
なかなか 부 좀처럼

38

(거래처에서)
담당자 "오늘은 날씨가 좋지 않은 가운데, 저희 회사에 ( ), 감사합니다."
하라다 "아닙니다. 상품의 샘플을 볼 수 있기를 기대하고 있었습니다."

1 오셔서　　　　　　2 오셔서
3 와 주셔서　　　　4 만나 주셔서

해설 빈칸 앞에서 '저희 회사에'라고 하고, 빈칸 뒤에서 '감사합니다'라고 했으므로, 거래처에 방문해준 것에 대한 감사를 표현하는 존경 표현인 'おいでくださる(와 주시다)'를 사용하는 것이 자연스럽다. 따라서 3 おいでくださり(와 주셔서)가 정답이다. 여기서 おいでくださる(와 주시다)는 来てくれる(와 주다)의 존경어이다. 1 いらっしゃ

り(오셔서)와 2 お越しになり(오셔서)는 来る(오다)의 존경어를 활용한 것이다.

어휘 取引先 とりひきさき 圐 거래처　担当者 たんとうしゃ 圐 담당자
本日 ほんじつ 圐 오늘
お足元の悪い中 おあしもとのわるいなか 날씨가 좋지 않은 가운데
弊社 へいしゃ 圐 저희 회사　商品 しょうひん 圐 상품
サンプル 圐 샘플　いらっしゃる 圐 오시다 (来る의 존경어)
お越しになる おこしになる 圐 오시다 (来る의 존경어)
おいでくださる 圐 와 주시다 (来てくれる의 존경어)
会う あう 圐 만나다

39

수영 수업에서 선생님에게 '준비 운동을 (　　), 수영장에서 수영하면 안 돼요'라고 주의 받았다.

1 한 이상에는　　　　2 한다고 하면
3 하고 나서야 비로소　**4 하고 나서가 아니면**

해설 빈칸 앞에서 '준비 운동을'이라고 하고, 빈칸 뒤에서 '수영장에서 수영하면 안 돼요'라고 했으므로, 선행 행동이 반드시 완료된 후에만 후행 행동이 허용됨을 강조하는 표현 '〜てからでなければ(〜하고 나서가 아니면)'를 사용하는 것이 자연스럽다. 따라서 4 してからでなければ(하고 나서가 아니면)가 정답이다.

어휘 水泳 すいえい 圐 수영　準備運動 じゅんびうんどう 圐 준비 운동
〜てはいけない 〜해서는 안 된다　注意 ちゅうい 圐 주의
〜からには 〜한 이상에는　とすれば 〜라고 하면
〜てはじめて 〜하고 나서야 비로소
〜てからでなければ 〜하고 나서가 아니면

40

혼자 있는 것을 좋아하지만, 외로움을 (　　) 그런 것은 아니다.

1 느끼지 않는가 하면　2 느끼지 않는 만큼
3 느끼지 않는다는 것은　4 느끼지 않는 것치고는

해설 빈칸 앞에서 '혼자 있는 것을 좋아하지만, 외로움을'이라고 하고, 빈칸 뒤에서 '그런 것은 아니다'라고 했으므로, 잘못된 가정에 대한 부정을 나타내는 '〜かといえば(〜하는가 하면)'을 사용하는 것이 자연스럽다. 따라서 1 感じないかといえば(느끼지 않는가 하면)가 정답이다.

어휘 寂しさ さびしさ 圐 외로움　そういう 그런
〜わけではない 〜것은 아니다　〜かといえば 〜하는가 하면
〜だけに 〜하는 만큼　〜というのは 〜한다는 것은
〜にしては 〜하는 것 치고는

41

가와사키 "선배, 지금 명세서 작성 방법은 이게 맞나요?
선배　　　"명세서에 관해서는 경리 담당인 노모토 씨에게 (　　) 주세요.

1 가르쳐 주게 해　　　2 가르쳐 준 후로 해
3 가르쳐 받도록 해　4 가르쳐 받은 후로 해

해설 빈칸 앞에서 '명세서에 관해서는 경리 담당인 노모토 씨에게'라고 하고, 빈칸 뒤에서 '주세요'라고 했으므로, 노모토 씨에게 가르침을 받으라는 의미를 전달하는 '〜てもらう(〜해 받다)'를 사용하는 것이 자연스럽다. 따라서 3 教えてもらうようにして(가르쳐 받도록 해)가 정답이다. 여기서 てもらう(〜해 받다)는 2인칭이 3인칭에게 받는 수수 표현이다. 1, 2의 あげる는 '〜해 주다'라는 1인칭이 3인칭에게 주는 수수표현임을 알아 둔다.

어휘 先輩 せんぱい 圐 선배　支払 しはらい 圐 지급, 지불
明細書 めいさいしょ 圐 명세서　書き方 かきかた 圐 작성 방법
〜に関して 〜にかんして 〜에 관해서　経理 けいり 圐 경리
担当 たんとう 圐 담당　〜てあげる (상대에게) 〜해 주다
〜ようにする 〜하도록 하다　〜てからにする 〜한 후로 하다
〜てもらう (상대로부터) 〜해 받다, (상대가) 〜해 주다

42

점심을 먹으려고 사무실을 나왔더니, 천둥소리가 (　　).

1 들으려고도 하지 않았다　2 들릴 것 같았다
3 들으려고 해 왔다　　　　**4 들려오기 시작했다**

해설 빈칸 앞에서 '점심을 먹으려고 사무실을 나왔더니, 천둥소리가'라고 하고, 빈칸 뒤에서 문장이 끝나므로, '사무실을 나왔더니'라는 상황 변화 후에 새롭게 발생한 현상과 갑자기 들리기 시작했다는 즉각적인 변화를 표현하는 '〜はじめてくる(들려오기 시작하다)'를 사용하는 것이 자연스럽다. 따라서 4 聞こえはじめてきた(들려오기 시작했다)가 정답이다.

어휘 昼ご飯 ひるごはん 圐 점심　オフィス 圐 사무실, 오피스
〜たところ 〜했더니　雷 かみなり 圐 천둥　音 おと 圐 소리
聞こえる きこえる 圐 들리다　〜(よ)うとする 〜하려고 하다
〜そうだ 〜할 것 같다　〜てくる 〜해 오다
〜はじめる 〜하기 시작하다

43

인플루엔자에 걸려 버려서, 내일은 중요한 회의가 있지만, 회사를 (　　).

1 쉬는 데 불과하다　　**2 쉴 수밖에 없다**
3 쉴 우려가 있다　　　4 쉬어서는 안 된다

해설 빈칸 앞에서 '인플루엔자에 걸려 버려서, 내일은 중요한 회의가 있지만, 회사를'이라고 하고, 빈칸 뒤에서 문장이 끝나므로, 어쩔 수 없이 어떤 행동을 해야만 하는 상황을 표현하는 '〜よりほかない(〜하는 수밖에 없다)'를 사용하는 것이 자연스럽다. 따라서 2 休むよりほかない(쉴 수밖에 없다)가 정답이다.

어휘 インフルエンザ 圐 인플루엔자, 감기
大事だ だいじだ ⓪ 중요하다, 소중하다　会議 かいぎ 圐 회의
〜にすぎない 〜에 불과하다, 〜에 지나지 않다
〜よりほかない 〜하는 수밖에 없다　〜おそれがある 〜할 우려가 있다
〜ものではない 〜해서는 안 된다

44

오후부터 내리기 시작한 눈으로, 전철도 버스도 멈춰 버려서, 학교에서 집까지 걸어서 (   ).

1 돌아올 수밖에 없었다   2 돌아올 것이다
3 돌아와서는 안 됐다   4 돌아오는 경우도 있었다

해설 빈칸 앞에서 '오후부터 내리기 시작한 눈으로, 전철도 버스도 멈춰 버려서, 학교에서 집까지 걸어서'라고 하고, 상황상 다른 교통수단이 없는 불가피한 상황임을 나타내므로, 어쩔 수 없는 선택을 나타내는 표현 '～しかない(～할 수밖에 없다)'를 사용하는 것이 자연스럽다. 따라서 1 帰るしかなかった(돌아올 수밖에 없었다)가 정답이다.

어휘 降り出す ふりだす 동 내리기 시작하다   ～しかない ~할 수밖에 없다
～わけだ ~일 것이다   ～べきではない ~해서는 안 된다
～こともある ~하는 경우도 있다

45

그는 가부키에 애니메이션을 조합해 ★전통을 남기 면서도 젊은 세대도 친숙하게 여기기 쉬운 새로운 장르를 만들어냈다.

1 남기   2 조합해
3 伝統を   4 애니메이션을

해설 빈칸 뒤의 ながらは 동사 ます형과 ～ながらも(~하면서도)라는 문형이 되므로 먼저 1 残し ながら(남기면서도) 혹은 2 組み合わせ ながら(조합하면서도)로 연결할 수 있다. 빈칸 뒤의 '젊은 세대도 친숙하에 여기기 쉬운 새로운 장르를 만들어 냈다'와 문맥상 어울리는 말은 4 アニメを 2 組み合わせ 3 伝統を 1 残し(애니메이션을 조합해 전통을 남기)이므로, 3 伝統を(전통을)가 정답이다.

어휘 歌舞伎 かぶき 명 가부키   ～ながらも ~하면서도
世代 せだい 명 세대   親しむ したしむ 동 즐기다
～やすい ~하기 좋다   ジャンル 명 장르
生み出す うみだす 동 만들어내다   残す のこす 동 남다
組み合わせる くみあわせる 동 조합하다   伝統 でんとう 명 전통
アニメ 명 애니메이션

46

이 부서에서는 국내뿐만 아니라 외국의 기업과도 소통을 하고 있어서 어느 정도 영어 능력을 가지고 있지 않 ★으면 업무에 종사하는 것이 어려울 것입니다.

1 어느 정도 영어 능력을   2 가지고 있지 않
3 업무에 종사하는   4 으면

해설 4의 ことには는 2의 ない와 함께 쓰여 문형 ないことには(~하지 않으면)가 되므로 먼저 2 持ち合わせていない 4 ことには(가지고 있지 않으면)로 연결할 수 있다. 이것을 나머지 선택지와 함께 의미가 통하게 연결하면 1 ある程度の英語能力を 2 持ち合わせていない 4 ことには 3 業務に従事する(어느 정도 영어 능력을 가지고 있지 않으면 업무에 종사하는)가 되면서 전체 문맥과도 어울린다. 따라서 4 ことには(으면)가 정답이다.

어휘 部署 ぶしょ 명 부서   ～だけでなく ~뿐 아니라

企業 きぎょう 명 기업   やり取り やりとり 명 소통
行う おこなう 동 하다   程度 ていど 명 정도
持ち合わせる もちあわせる 동 가지고 있다   業務 ぎょう 명 업무
従事 じゅうじ 명 종사   ～ないことには ~하지 않으면

47

이번 프로젝트에서는 엔진 부품의 조립 등, 통상적으로는, 경험 할 수 없는 ★귀중한 체험을 했다.

1 할 수 없는   2 체험을
3 경험   4 귀중한

해설 전체 선택지를 의미가 통하게 연결하면 3 経験 1 し得ない 4 貴重な 2 体験を(경험할 수 없는 귀중한 체험을)가 되면서 전체 문맥과도 어울린다. 따라서 4 貴重な(귀중한)가 정답이다.

어휘 今回 こんかい 명 이번   プロジェクト 명 프로젝트   エンジン 명 엔진
部品 ぶひん 명 부품   組み立て くみたて 명 조립, 구조
通常 つうじょう 명 통상, 보통   ～得ない ～えない ~할 수 없다
体験 たいけん 명 체험   経験 けいけん 명 경험
貴重だ きちょうだ な형 귀중하다

48

야마시타 씨의 기분은 알지만, 프레젠테이션이 잘 되지 않았 다고 해서 ★언제까지나 침울해 있어서는 다른 일에 영향을 줄 수 있다.

1 언제까지나   2 잘 되지 않았
3 침울해 있어서는   4 다고 해서

해설 4 からといって는 동사 보통형 뒤에 접속하므로 먼저 2 うまくいかなかった 4 からといって(잘 되지 않았다고 해서)로 연결할 수 있다. 이것을 나머지 선택지와 함께 의미가 통하게 연결하면 2 うまくいかなかった 4 からといって 1 いつまでも 3 落ち込んでいては(잘 되지 않았다고 해서 언제까지나 침울해 있어서는)가 되면서 전체 문맥과도 어울린다. 따라서 1 いつまでも(언제까지나)가 정답이다.

어휘 気持ち きもち 명 기분, 마음
プレゼン 명 프레젠테이션 (プレゼンテーション의 줄임말)
影響が出る えいきょうがでる 영향을 주다
～かねない ~할 수 있다, ~하기 쉽다   いつまでも 부 언제까지나
うまくいく 잘 되다   落ち込む おちこむ 동 침울해지다, 풀죽다
～からといって ~라고 해서, ~라고 해도

49

엔화 강세가 되는 것은 일본 국내 수입업자에게 있어서는 기쁜 일이지만, 수출업자 입장에서는 매상의 감소 ★로 이어지는 큰 문제라고 할 수 있다.

1 매상의 감소   2 입장에서는
3 큰 문제   4 로 이어지는

해설 전체 선택지를 의미가 통하게 연결하면 2 にしてみれば 1 売り上げの減少 4 につながる 3 大問題だ(입장에서는 매상의 감소로 이어지는 큰 문제)가 되면서 전체 문맥과도 어울린다. 따라서 4 につながる(로 이어지는)가 정답이다.

어휘 円高 えんだか 엔화 강세　日本 にほん 図일본　国内 こくない
図국내　輸入 ゆにゅう 図수입　業者 ぎょうしゃ 図업자
～にとっては ～에 있어서는　うれしい い형기쁘다, 즐겁다
輸出 ゆしゅつ 図수출　売り上げ うりあげ 図매상, 매출
減少 げんしょう 図감소　～にしてみれば ~입장에서는, ~에게는
大問題 だいもんだい 図큰 문제　つながる 동이어지다, 연결되다

50-54

이하는, 잡지의 칼럼이다.

> 화도
>
> 화도는 계절의 풀과 꽃이나 나뭇가지 등을 아름답게 꽂꽂이 용기에 꽂아, 감상하는 우리나라의 전통적인 예술이다. 화도는 약 550년 전에 성립된 것으로 여겨지며, 당시에는 남성의 취미였다. 1900년대에는 여성의 교양으로 꼽히게 되었고, 결혼 전의 여성이 요리와 함께 배우는 것이 되었다. 현대에는,
> [50]연령과 성별 [50] 즐기는 사람이 늘고 있다.
> [51]꽃을 꽂는다고 하면 얼핏 단순한 행위로 생각할 수 있다. 그러나, [51] 배치나 스타일에는 옛날부터 계승되어 온 이론이 있다. 유파에 따라 약간의 차이는 있지만 기본적으로는 '정면'의 존재가 중요한 포인트이다. 화도 작품은, 도코노마에 장식한다는 전제가 있기 때문에, 360도 어디에서나 볼 수 있는 서양의 꽃 장식과는 달리, 특정 방향에서 보는 것을 의식하고 있다. 또, 식물의 본래 모습을 살리는 것을 중요하게 삼고 있고, 비대칭의 아름다움이 평가받는 점도 특징이다.
> 길어졌지만, [52] [52]나도 화도를 시작한 지 얼마 되지 않은 초보자이다. 변화 없는 일상이 싫어서 시작했던 것이었다. [53]취미로 교실에 [53], 마음에 좋은 변화가 생긴 것 같다. 바쁜 나날 속에서 계절을 기온으로만 느꼈던 나였지만, 꽃을 접함으로써 계절을 보다 깊게 느낄 수 있게 되었다. 전문가에 따르면, 손끝을 세밀하게 사용하는 것에 의한 안티에이징 효과나, 완성형을 상상하면서 만들어 내는 것에 의한 뇌의 활성화, 하나의 작업에 집중하는 것에 따른 스트레스를 경감을 기대할 수 있다고 한다.
> [54]당신도 화도를 실천하면, 심신에 변화가 [54].

(주1) 화기: 꽃을 꽂는 그릇
(주2) 유파: 계통
(주3) 안티에이징: 노화를 예방하다

어휘 華道 かどう 図화도　季節 きせつ 図계절
草花 くさばな 図풀과 꽃　枝 えだ 図나뭇가지
花器 かき 図꽃꽂이 용기　生ける いける 동(꽃을) 꽂다
鑑賞 かんしょう 図감상　わが国 わがくに 図우리나라
伝統的だ でんとうてきだ な형전통적이다　芸術 げいじゅつ 図예술
成立 せいりつ 図성립　当時 とうじ 図당시
男性 だんせい 図남성　趣味 しゅみ 図취미
女性 じょせい 図여성　教養 きょうよう 図교양
結婚 けっこん 図결혼　料理 りょうり 図요리　～とともに ~와 함께
学ぶ まなぶ 동배우다　現代 げんだい 図현대
年齢 ねんれい 図연령　性別 せいべつ 図성별

楽しむ たのしむ 동즐기다　増える ふえる 동늘다
一見 いっけん 図얼핏　シンプルだ な형단순하다
行為 こうい 図행위　配置 はいち 図배치　スタイル 図스타일
古来 こらい 図옛날　受け継ぐ うけつぐ 동계승하다
理論 りろん 図이론　流派 りゅうは 図유파
若干 じゃっかん 図약간　違い ちがい い형차이　～ものの ~지만
基本的だ きほんてきだ な형기본적이다　正面 しょうめん 図정면
存在 そんざい 図존재　重要だ じゅうようだ な형중요하다
ポイント 図포인트　作品 さくひん 図작품
床の間 とこのま 図도코노마, 일본식 방의 장식품을 놓는 곳
飾る かざる 동장식하다　前提 ぜんてい 図전제
西洋 せいよう 図서양　フラワーアレンジメント 図꽃 장식
異なる ことなる 동다르다　特定 とくてい 図특정
方向 ほうこう 図방향　意識 いしき 図의식
植物 しょくぶつ 図식물　本来 ほんらい 図본래
生かす いかす 동살리다　非対称 ひたいしょう 図비대칭
評価 ひょうか 図평가　特徴 とくちょう 図특징
初心者 しょしんしゃ 図초보자, 초심자
代わり映えのない かわりばえのない 변화 없다, 단조롭다
取り組む とりくむ 동임하다　変化 へんか 図변화
日々 ひび 図나날　気温 きおん 図기온　触れる ふれる 동접하다
専門家 せんもんか 図전문가　手先 てさき 図손끝
細かい こまかい い형세밀하다　アンチエイジング 図안티에이징
効果 こうか 図효과　完成形 かんせいけい 図완성형
想像 そうぞう 図상상　作り上げる つくりあげる 동만들어 내다
脳 のう 図뇌　活性化 かっせいか 図활성화
作業 さぎょう 図작업　集中 しゅうちゅう 図집중
ストレス 図스트레스　軽減 けいげん 図경감　期待 きたい 図기대
実践 じっせん 図실천　心身 しんしん 図심신　器 うつわ 図그릇
系統 けいとう 図계통　老化 ろうか 図노화　予防 よぼう 図예방

50

| 1 과 달리 | 2 에 의해 |
| 3 을 통해 | 4 을 불문하고 |

해설 빈칸 앞에서 '연령과 성별'이라고 하고, 빈칸 뒤에서 '즐기는 사람이 늘고 있다'라고 했으므로, 연령과 성별에 제한 없이 모든 사람이 즐긴다는 의미의 표현 '〜を問わず(~을 불문하고)'를 사용하는 것이 자연스럽다. 따라서 4 を問わず(을 불문하고)가 정답이다.

어휘 ～に反して ～にはんして ~와 달리　～によって ~에 의해
～を通して ～をとおして ~을 통해
～を問わず ～をとわず ~을 불문하고

51

| 1 그 | 2 저 |
| 3 그런 | 4 저런 |

해설 빈칸 앞에서 '꽃을 꽂는다고 하면 얼핏 단순한 행위로 생각할 수 있다'라고 하고, 빈칸 뒤에서 '배치나 스타일에는 옛날부터 계승되어 온 이론이 있다'라고 했으므로, 앞서 언급된 꽃꽂이를 가리키는 표현

52

1 실은	2 결국
3 즉	4 확실히

해설 빈칸 앞에서 화도에 대한 여러 전문적인 내용을 언급하고 빈칸 뒤에서 '나도 화도를 시작한 지 얼마 되지 않은 초보자이다'라며 의외의 내용을 언급하였으므로, 예상 밖의 사실을 제시할 때 사용하는 부사 1 実は(실은)가 정답이다.

어휘 実は じつは 囝실은　結局 けっきょく 囝결국　つまり 囝즉
確かに たしかに 囝확실히

53

1 다니기 시작해도	2 다니기 시작한 뒤에
3 다니기 시작한 나머지	4 다니기 시작한 이래

해설 빈칸 앞에서 '취미로 교실에'라고 하고, 빈칸 뒤에서 '마음에 좋은 변화가 생긴 것 같다'라고 했으므로, 교실에 다니기 시작한 시점부터 계속해서 좋은 변화가 있었다는 의미의 표현 '~て以来(~한 이래)'를 사용하는 것이 자연스럽다. 따라서 4 通い始めて以来(다니기 시작한 이래)가 정답이다.

어휘 通う かよう 国다니다　~始める ~はじめる ~하기 시작하다
~たうえで ~한 뒤에　~たあまり ~한 나머지
~て以来 ~ていらい ~한 이래

54

1 찾아올 생각일지도 모른다
2 찾아와 볼지도 모른다
3 찾아오는 경우가 있을지도 모른다
4 찾아왔기 때문일지도 모른다

해설 빈칸 앞에서 '당신도 화도를 실천하면, 심신에 변화가'라고 하고, 빈칸 뒤에서 문장이 끝나므로, 화도를 실천한 결과로 미래에 변화가 일어날 가능성이 있음을 나타내는 표현 '~ことがある(~경우가 있다)'와 '~かもしれない(~일지도 모른다)'를 사용하는 것이 자연스럽다. 따라서 3 訪れることがあるかもしれない(찾아오는 경우가 있을지도 모른다)가 정답이다. 1의 つもりだ는 '~할 생각이다', 2의 てみる는 '~해 보다'라는 의미의 문형임을 알아 둔다.

어휘 訪れる おとずれる 国찾아오다, 방문하다　~つもりだ ~할 생각이다
~かもしれない ~일지도 모른다　~ことがある ~경우가 있다

독해

p.518

55

　미술관이라고 하면, 주로 성인이 예술 작품을 감상하는 정숙한 곳이라는 인식이 있는 한편으로, 유럽과 미국에서는 수업 장소로도 적극적으로 활용되고 있다. 단순히 미술품의 전시 공간이라는 틀을 넘어서, 어린이가 친숙히 여길 수 있는 학습 공간으로써 자리매김하고 있는 것이다.
　국내에서도 아동용 도서실이나 체험형 전시 구역을 신설하는 시설이 서서히 증가하고 있다고 한다. 유소년기부터 친근하게 느낄 수 있다면 성인이 되어서도 가볍게 방문하는 습관이 생길 것이다. 그 결과, 입장객 수의 부진이라는 많은 미술관이 직면한 과제에도 개선을 기대할 수 있을지도 모른다.

(주1) 정숙한: 조용한
(주2) 신설하다: 새로 만들다

필자의 생각과 맞는 것은 어느 것인가?
1 모든 미술관은, 도서관 등의 어린이용 시설을 신설하는 편이 좋다.
2 일본의 미술관도 유럽과 미국의 미술관처럼, 새롭게 하면 좋겠다.
3 미술관을 어린이가 즐길 수 있는 장소로 함으로써, 방문하는 사람이 늘 것이다.
4 어린이 입장객 수를 늘리기 위해, 가족이 즐길 수 있는 전시를 늘리는 편이 좋다.

해설 에세이로 필자의 생각을 묻고 있다. 선택지에서 반복되는 美術館(미술관), 子供(어린이)를 지문에서 찾아 필자의 생각을 파악한다. 후반부에서 幼少期から身近に感じることができれば成人してからも気軽に訪れる習慣ができるだろう。その結果、入館者数の伸び悩みという多くの美術館が直面する課題にも改善が見込めるかもしれない(유소년기부터 친근하게 느낄 수 있다면 성인이 되어서도 가볍게 방문하는 습관이 생길 것이다. 그 결과, 입장객 수의 부진이라는 많은 미술관이 직면한 과제에도 개선을 기대할 수 있을지도 모른다)라고 서술하고 있으므로, 3 美術館を子供が楽しめる場にすることで、訪れる人が増えるだろう(미술관을 어린이가 즐길 수 있는 장소로 함으로써, 방문하는 사람이 늘 것이다)가 정답이다.

어휘 美術館 びじゅつかん 囝미술관　主だ おもだ 極형주되다
成人 せいじん 囝성인　芸術 げいじゅつ 囝예술
作品 さくひん 囝작품　鑑賞 かんしょう 囝감상
静寂だ せいじゃくだ 極형정숙하다　所 ところ 囝곳
認識 にんしき 囝인식　一方で いっぽうで 한편으로
欧米 おうべい 囝유럽과 미국　授業 じゅぎょう 囝수업
場 ば 囝장소　積極的だ せっきょくてきだ 極형적극적이다
活用 かつよう 囝활용　単なる たんなる 단순한
美術品 びじゅつひん 囝미술품　展示 てんじ 囝전시
空間 くうかん 囝공간　枠 わく 囝틀　超える こえる 튀넘다
親しめる したしめる 튀친숙히 여기다　学習 がくしゅう 囝학습
位置づける いちづける 튀자리매김하다　国内 こくない 囝국내
児童 じどう 囝아동　~向け ~むけ ~용

図書室 としょしつ 图도서실   体験型 たいけんがた 图체험판
エリア 图구역   新設 しんせつ 图신설   施設 しせつ 图시설
徐々に じょじょに 图서서히   増加 ぞうか 图증가
幼少期 ようしょうき 图유소년기   身近だ みぢかだ な형친근하다
感じる かんじる 图느끼다   気軽だ きがるだ な형가볍다, 부담 없다
訪れる おとずれる 图방문하다   習慣 しゅうかん 图습관
結果 けっか 图결과   入館者 にゅうかんしゃ 图입관자
伸び悩み のびなやみ 图부진   多く おおく 图많음
直面 ちょくめん 图직면   課題 かだい 图과제
改善 かいぜん 图개선   見込む みこむ 图기대하다
静かだ しずかだ な형조용하다   全て すべて 图모든
図書館 としょかん 图도서관   増える ふえる 图늘다
増やす ふやす 图늘리다   家族 かぞく 图가족
楽しめる たのしめる 图즐기다

56

플라스틱 쓰레기의 해양오염에 의해, 많은 생물이 나쁜 영향을 받고 있다. 바다의 쓰레기를 줄이기 위해, 커피숍 등에서, 플라스틱제 빨대 사용을 중지하는 움직임이 확산되고 있다고 한다.
하지만, 빨대를 중지하는 것만으로 정말 해양오염의 해결이 되는 것일까? 무엇보다 중요한 것은, 환경을 지키기 위해, 우리들 한 명 한 명이 무엇을 할 수 있는지 생각하고, 실행하는 것이다. 빨대의 사용 중지는, 아름다운 바다를 되찾는 계기에 불과한 것이다.

필자의 생각과 맞는 것은 어느 것인가?

1 플라스틱제 빨대의 사용을 중지하면, 바다는 깨끗해진다.
2 플라스틱제 빨대의 사용을 중지하는 것은, 바다 환경을 위해 매우 좋은 것이다.
3 바다의 쓰레기를 줄이는 계기는, 플라스틱제 빨대의 사용을 중지한 것이었다.
4 바다의 쓰레기를 줄이기 위해, 모두가 각자 할 수 있는 것을 생각하고, 실제로 행동하는 것이 필요하다.

해설 에세이로 필자의 생각을 묻고 있다. 선택지에서 반복되는 プラスチック製のストロー(플라스틱제 빨대), 海(바다), ごみ(쓰레기)를 지문에서 찾아 필자의 생각을 파악한다. 초반부에서 海のごみを減らすために(바다의 쓰레기를 줄이기 위해), プラスチック製のストローの使用をやめる(플라스틱제 빨대 사용을 중지)라고 서술하고, 후반부에서 何より大切なのは、環境を守るために、私達一人一人が何ができるかを考え、実行することだ(무엇보다 중요한 것은, 환경을 지키기 위해, 우리들 한 명 한 명이 무엇을 할 수 있는지 생각하고, 실행하는 것이다)라고 서술하고 있으므로, 4 海のごみを減らすために、みんなが各自できることを考え、実際に行動することが必要だ(바다의 쓰레기를 줄이기 위해, 모두가 각자 할 수 있는 것을 생각하고, 실제로 행동하는 것이 필요하다)가 정답이다.

어휘 プラスチックごみ 图플라스틱 쓰레기
海洋汚染 かいようおせん 图해양오염   ~によって ~에 의해
生物 せいぶつ 图생물   影響 えいきょう 图영향
受ける うける 图받다   減らす へらす 图줄이다
~ために ~하기 위해   コーヒーショップ 图커피숍
プラスチック製 プラスチックせい 图플라스틱제

ストロー 图빨대, 스트로우   使用 しよう 图사용
やめる 图중지하다, 그만두다   動き うごき 图움직임
広がる ひろがる 图확산되다, 퍼지다   解決 かいけつ 图해결
~だろうか ~일까   大切だ たいせつだ な형중요하다, 소중하다
環境 かんきょう 图환경   守る まもる 图지키다
私達 わたしたち 图우리들   考える かんがえる 图생각하다
実行 じっこう 图실행   中止 ちゅうし 图중지
美しい うつくしい い형아름답다
取り戻す とりもどす 图되찾다, 회복하다   きっかけ 图계기
~に過ぎない ~にすぎない ~에 불과하다, ~에 지나지 않는다
各自 かくじ 图각자   実際 じっさい 图실제   行動 こうどう 图행동
必要だ ひつようだ な형필요하다

57

이하는, 어느 상품 설명의 일부이다.

> △ 주의 △
>
> 욕조 필터에 붙은 물때, 쓰레기, 실밥 등은 바지런히 칫솔 등으로 씻어내어 주세요. 이 쓰레기들이 있으면, 막힘이 원인으로 욕조의 온도가 설정한 대로 되지 않는 경우가 있기 때문에, 청소는 적절하게 해 주세요. 또한, 필터의 뚜껑은 왼쪽으로 돌리면 빠지기 때문에, 다시 닫을 때는, 뚜껑의 표시를 맞춰서 끼워 넣고, 오른쪽으로 돌려서 고정해 주세요. 그 외, 고장 시 등에는 하기 콜센터로 연락해 주세요.
>
> 욕조 마스터 콜센터
> 영업시간 10:00-18:00(평일),
> 10:00-17:00(토·일·국경일)

(주) 필터: 쓰레기를 제거하기 위한 부품, 영어로 filter

이 글에서 가장 전달하고 싶은 것은 무엇인가?

1 욕조 온도를 설정대로 하기 위해서, 깔끔히 청소할 것
2 욕조 청소 시에는 반드시 칫솔을 사용할 것
3 필터 뚜껑을 뺄 때는 오른쪽으로 돌리고, 닫을 때는 왼쪽으로 돌릴 것
4 필터에 쓰레기가 꽉 차면 바로 연락할 것

해설 설명문 형식의 실용문으로 이 글이 전달하고 싶은 것을 묻고 있다. 선택지에서 반복되는 お風呂(욕조), 掃除(청소), フィルター(필터)를 지문에서 찾는다. 중반부에서 これらのゴミがあると、詰まりが原因でお風呂の温度が設定したとおりにならないことがあるので、掃除は適切に行ってください(이 쓰레기들이 있으면, 막힘이 원인으로 욕조의 온도가 설정한 대로 되지 않는 경우가 있기 때문에, 청소는 적절하게 해 주세요)라고 언급하고 있으므로, 1 お風呂の温度を設定通りにするため、きちんと掃除すること(욕조 온도를 설정대로 하기 위해서, 깔끔히 청소할 것)가 정답이다.

어휘 フィルター 图필터   つく 图붙다, 끼다   湯あか ゆあか 图물때
ゴミ 图쓰레기   糸くず いとくず 图실밥   こまめだ な형바지런하다
歯ブラシ はブラシ 图칫솔   洗い落とす あらいおとす 图씻어 내다
詰まる つまる 图막히다, 꽉 차다   原因 げんいん 图원인
温度 おんど 图온도   設定 せってい 图설정

適切だ てきせつだ な形 적절하다	行う おこなう 동 하다, 시행하다

適切だ てきせつだ な形	적절하다
行う おこなう 動	하다, 시행하다
なお 副	또한
ふた 名	뚜껑
回す まわす 動	돌리다
はずれる 動	빠지다
再度 さいど 副	다시
際 さい 名	때
印 しるし 名	표시
合わせる あわせる 動	맞추다
はめ込む はめこむ 動	끼워 넣다
固定 こてい 名	고정
故障時 こしょうじ	고장 시
下記 かき 名	하기
コールセンター 名	콜센터
連絡 れんらく 名	연락
営業 えいぎょう 名	영업
平日 へいじつ 名	평일
土日祝 どにちしゅく	토・일・국경일
伝える つたえる 動	전달하다
きちんと 副	깔끔히, 정확히
必ず かならず 副	반드시, 꼭
使用 しよう 名	사용
はずす 動	빼다
蜂の巣 はちのす 名	벌집
目指す めざす 動	향하다, 향해서 가다
付近 ふきん 名	부근
地中 ちちゅう 名	땅속
産卵 さんらん 名	산란
幼虫 ようちゅう 名	유충
周辺 しゅうへん 名	주변
植物 しょくぶつ 名	식물
よじ登る よじのぼる 動	기어올라가다
潜む ひそむ 動	몰래 숨어 있다
訪れる おとずれる 動	찾아오다
飛び乗る とびのる 動	뛰어서 올라타다
いずれ 副	머지않아
とにかく 副	어쨌든
飛びつく とびつく 動	달려들다
偶然 ぐうぜん 副	우연히
出会う であう 動	만나다
強運 きょううん	강한 운
持ち主 もちぬし 名	가진 자
生き延びる いきのびる 動	살아남다
生物 せいぶつ 名	생물
くっつく 動	붙다
生まれる うまれる 動	태어나다
隠れる かくれる 動	숨다
見つかる みつかる 動	발견되다
運ぶ はこぶ 動	옮기다
育つ そだつ 動	자라다

58

　땅가뢰라는 곤충은 한 번에 약 4000개의 알을 낳지만, 그 생존율은 극히 낮다. 이 곤충은 벌의 알에 기생하여 성장하기 때문에, 부화해서 바로 벌집을 목표로 하지 않으면 안 된다. **부모는 벌집 부근의 땅속에 산란해, 부화한 유충은 주변의 식물에 기어올라가서, 꽃에 몰래 숨어 있다가, 어떤 곤충이 찾아오면 뛰어서 올라타는데**, 그것이 벌이 아니면 머지않아 죽고 만다. 어쨌든 찾아오는 곤충에게 달려들기 때문에, 우연히 벌을 만난 강한 운을 가진 자만이 살아남을 수 있다는 것이다.

(주1) 기생하다: 다른 생물에 붙어서 살다
(주2) 부화하다: 알에서 태어나다
(주3) 몰래 숨어 있다: 숨다

땅가뢰라는 곤충에 대해, 필자는 어떻게 말하고 있는가?

1　태어난 **유충**이 벌에게 발견되도록, **벌집 근처**의 꽃에 알을 낳는다.
2　**벌집 근처**의 땅속에서 태어나, 자신의 힘으로 벌에게 뛰어서 올라타 둥지를 향한다.
3　태어난 **유충**이 벌에게 뛰어서 올라탈 수 있도록, 낳은 알을 **벌집 근처**의 꽃으로 옮긴다.
4　**벌집 근처**의 땅속에서 자라, 자신의 힘으로 벌을 찾아, 뛰어 올라타서 둥지를 향한다.

해설 땅가뢰에 대한 설명문으로, 땅가뢰에 대해 필자가 어떻게 말하고 있는지 묻고 있다. 선택지에서 반복되는 幼虫(유충), 蜂の巣近く(벌집 근처)를 지문에서 찾는다. 중반부에서 親は蜂の巣付近の地中で産卵し、孵化した幼虫は周辺の植物によじ登って、花に潜み、何らかの昆虫が訪れると飛び乗るのだが(부모는 벌집 부근의 땅속에 산란해, 부화한 유충은 주변의 식물에 기어올라가서, 꽃에 몰래 숨어 있다가, 어떤 곤충이 찾아오면 뛰어서 올라타는데)라고 언급하고 있으므로 2 蜂の巣近くの土の中で生まれ、自分の力で蜂に飛び乗って巣を目指す(벌집 근처의 땅속에서 태어나, 자신의 힘으로 벌에게 뛰어서 올라타 둥지를 향한다)가 정답이다.

어휘 ツチハンミョウ 名 땅가뢰　昆虫 こんちゅう 名 곤충
一度 いちど 名 한 번　卵 たまご 名 알　産む うむ 動 (알을) 낳다
生存率 せいぞんりつ 名 생존율　極めて きわめて 副 극히
低い ひくい い形 낮다　蜂 はち 名 벌　寄生 きせい 名 기생
成育 せいいく 名 성장　孵化 ふか 名 부화

59

이하는, 어느 회사의 사내 문서이다.

20XX년 2월 28일

사원 여러분

총무부장

관내 일제 청소에 관한 부탁

　이번, **3월 넷째 주의 주말에 빌딩 전체 청소와 방충 작업을 실시하게 되었습니다.** 작업에 따라, 사전에 데스크 주변과 복도 등에 놓여 있는 짐의 정리를 부탁드리겠습니다.
　분실하거나 부서지거나 하면 곤란한 물건은 밖에 두지 말고, 각자 확실히 관리하도록 해주세요. 또, **중요한 서류 등은 열쇠가 달린 로커에 넣도록 철저히 부탁드리겠습니다.**

이 문서의 내용에 대해, 올바른 것은 어느 것인가?

1　3월 말에 **청소와 방충 작업을 실시하면서**, 데스크 주변이나 복도에 있는 짐을 정리해야 한다.
2　3월 말에 **청소와 방충 작업을 실시하니**, 데스크 주변과 복도의 짐을 버릴 필요가 있다.
3　3월 말에 **청소와 방충 작업을 실시하는데**, 중요한 서류 등은, 자신의 책상에 열쇠를 잠가 넣어 둘 필요가 있다.
4　3월 말에 **청소와 방충 작업을 실시하는데**, 중요한 서류 등은, 열쇠가 잠기는 로커에 넣어둬야 한다.

해설 문서 형식의 실용문으로, 이 문서의 내용에 대해 올바른 것을 묻고 있다. 선택지에서 반복되는 掃除と防虫作業(청소와 방충 작업), 行う(실시하다)를 지문에서 찾는다. 초반부에서 3月第四週目の週末にビル全体の清掃と防虫作業を行うことになりました(3월 넷째 주의 주말에 빌딩 전체 청소와 방충 작업을 실시하게 되었습니다)라고 언급하고, 후반부에서 重要な書類等は鍵のついたロッカーにしまうよう徹底をお願いいたします(중요한 서류 등은 열쇠가 달린 로커에 넣도록 철저히 부탁 드리겠습니다)라고 언급하고 있으므로, 4 3月の末に掃除と防虫作業を行うが、大切な書類などは、鍵がかかるロッカーに入れておかなければならない(3월 말에 청소와 방충 작업을 실시하는데, 중요한 서류 등은, 열쇠가 잠기는 로커에

넣어둬야 한다)가 정답이다.

어휘 社内文書 しゃないぶんしょ 몡사내 문서
社員各位 しゃいんかくい 몡사원 여러분
総務部長 そうむぶちょう 몡총무부장, 총무부장님
館内 かんない 몡관내　一斉掃除 いっせいそうじ 몡일제 청소
~に関する ~にかんする ~에 관한　週末 しゅうまつ 몡주말
ビル 몡빌딩　全体 ぜんたい 몡전체
防虫作業 ぼうちゅうさぎょう 몡방충 작업
行う おこなう 동실시하다　~に伴い ~にともない ~에 따라
デスク 몡데스크　周り まわり 몡주변　荷物 にもつ 몡짐
整理 せいり 몡정리　失くす なくす 동분실하다
壊れる こわれる 동부서지다　各自 かくじ 몡각자
しっかり 囯확실히　管理 かんり 몡관리
重要だ じゅうようだ な형중요하다　書類 しょるい 몡서류
ロッカー 몡로커　しまう 동넣다　徹底 てってい 몡철저
捨てる すてる 동버리다　鍵をかける かぎをかける 열쇠를 잠그다

60-62

[60]'젊은 비즈니스 퍼슨을 위한 근무 방식'이라는 책을 폈더니, 시간을 지킨다, 인사는 생략하지 않는다, 공사혼동은 하지 않는다 등의 기본적인 것부터, 자기소개 비결, 상사에의 매너, 전화 매너, 거절하는 법, 사과하는 법 등, 매우 자세하게 여러 가지가 적혀 있었다. [60]그렇다고 생각하지만, 그것은 일하는 장소뿐만 아니라, 모든 인간관계나 사회생활에서 필요한 매너일 것이다. 그 매너를 회사에서만, 필사적으로 지키려고 하면, 오히려 이상한 것이 될 수 있다. [61]친구나 가족, 완전한 타인에 대해서도, 마찬가지로 경의를 가지고 마주해야 한다. 일도 인생도 행동에는 책임이 따르는 것을 잊어서는 안 된다. 일하는 자세라기보다, 살아가는 자세라고 생각하는 편이 좋다.

또, 커리어 형성을 위해서는 'will 무엇을 하고 싶은가', 'can 무엇을 할 수 있는가', 'must 지금, 무엇을 해야 하는가'를 명확히 하는 것이, 자기 본래의 가치 발견으로 이어진다고 하는 가르침도, 그대로 인생에 옮겨 놓을 수 있다. 좋은 비즈니스 퍼슨을 지향하는 것이 아니라, [62]좋은 인간이 되자, 좋은 인생을 보내자고 생각하는 것이 중요하다. 제대로 된 어른이 되면, 자연히 훌륭한 비즈니스 퍼슨도 될 것이다. 일은 인생의 일부이고, 그 반대는 없다.

(주1) 비즈니스 퍼슨: 여기에서는 회사원
(주2) 공사혼동: 일하고 있을 때와 그 이외의 때를 구별하지 않는 것

어휘 若い わかい い형젊다　ビジネスパーソン 몡비즈니스 퍼슨
働き方 はたらきかた 몡근무 방식　開く ひらく 동펴다, 열다
守る まもる 동지키다　挨拶 あいさつ 몡인사
省略 しょうりゃく 몡생략　公私混同 こうしこんどう 몡공사혼동
基本的だ きほんてきだ な형기본적이다
自己紹介 じこしょうかい 몡자기소개　コツ 몡비결
上司 じょうし 몡상사　マナー 몡매너　断る ことわる 동거절하다
謝る あやまる 동사과하다　大変 たいへん 囯매우
細かい こまかい い형자세하다, 세세하다
その通りだ そのとおりだ 그렇다, 그러하다　場所 ばしょ 몡장소

全て すべて 囯모두, 전부　人間関係 にんげんかんけい 몡인간관계
社会生活 しゃかいせいかつ 몡사회생활　~において ~에서
必要だ ひつようだ な형필요하다　~のみ ~만
必死だ ひっしだ な형필사적이다　むしろ 囯오히려
おかしい い형이상하다　~かねない ~할 수 있다, ~하기 쉽다
友人 ゆうじん 몡친구　全く まったく 囯완전히, 전혀
他人 たにん 몡타인　~に対して ~にたいして ~에 대해
同じように おなじように 마찬가지로　敬意 けいい 몡경의
向き合う むきあう 마주하다, 마주보다　~べきだ ~해야 한다
人生 じんせい 몡인생　行動 こうどう 몡행동
責任 せきにん 몡책임　伴う ともなう 동따르다, 동반하다
~てはならない ~해서는 안 된다　生きる いきる 동살아가다
姿勢 しせい 몡자세　考える かんがえる 동생각하다
~方がいい ~ほうがいい ~하는 편이 좋다　キャリア 몡커리어, 경력
形成 けいせい 몡형성　明確だ めいかくだ な형명확하다
自己 じこ 몡자기　本来 ほんらい 몡본래
価値発見 かちはっけん 몡가치 발견
つながる 동이어지다, 연결되다　教え おしえ 몡가르침
そのまま 그대로　置き換える おきかえる 동옮겨 놓다, 바꿔 놓다
目指す めざす 동지향하다, 노리다　人間 にんげん 몡인간
送る おくる 동보내다　大切だ たいせつだ な형중요하다, 소중하다
きちんと 囯제대로, 정확히　自然だ しぜんだ な형자연스럽다
立派だ りっぱだ な형훌륭하다　一部 いちぶ 몡일부
逆 ぎゃく 몡반대　以外 いがい 몡이외　区別 くべつ 몡구별

60

책의 내용에 대해, 필자는 어떻게 말하고 있는가?

1 책에 적혀 있는 내용은 옳기 때문에, 직장에서는 필사적으로 지켜야 한다.
2 책에 적혀 있는 내용은 옳지만, 직장 이외에서도 필요한 것이다.
3 책에 적혀 있는 내용은 이상하기 때문에, 직장 이외에서만 필요한 것이다.
4 책에 적혀 있는 내용은, 직장에서 지키려고 하면 놀림 당해 버린다.

해설 질문의 本の内容(책의 내용)와 관련된 내용을 지문에서 찾는다. 첫 번째 단락에서 『若いビジネスパーソンのための働き方』という本('젊은 비즈니스 퍼슨을 위한 근무 방식'이라는 책), 그리고 その通りだとは思うが、それは働く場所だけでなく、全ての人間関係や社会生活において必要なマナーであろう(그렇다고 생각하지만, 그것은 일하는 장소뿐만 아니라, 모든 인간관계나 사회생활에서 필요한 매너일 것이다)라고 서술하고 있으므로, 2 本に書かれている内容は正しいが、職場以外でも必要なことだ(책에 적혀 있는 내용은 옳지만, 직장 이외에서도 필요한 것이다)가 정답이다.

어휘 内容 ないよう 몡내용　正しい ただしい い형옳다, 바르다
笑われる わらわれる 동놀림 당하다
~てしまう ~해 버리다, ~하고 말다

61

필자에 의하면, 살아가는 자세란 어떠한 것인가?

1 일할 때만, 일의 매너를 지키려고 하는 것
2 회사의 매너에는 책임이 따르는 것을 잊지 않는 것
3 **주변에 있는 사람들에게 경의를 표하는 것**
4 경의를 가지고 일에 마주하는 것

해설 지문의 生きる姿勢(살아가는 자세) 주변을 주의 깊게 읽고 살아가는 자세가 어떠한 것인지 찾는다. 앞부분에서 友人や家族、全くの他人に対しても、同じように敬意をもって向き合うべきである(친구나 가족, 완전한 타인에 대해서도, 마찬가지로 경의를 가지고 마주해야 한다)라고 서술하고 있으므로, 3 周りにいる人々に敬意を払うこと(주변에 있는 사람들에게 경의를 표하는 것)가 정답이다.

어휘 周り まわり 圏주변　敬意を払う けいいをはらう 경의를 표하다

62

일과 인생에 대해, 필자의 생각과 맞는 것은 어느 것인가?

1 일은 좋은 어른이 되기 위해 필요한 것의 일부이다.
2 좋은 비즈니스 퍼슨을 지향하는 것은, 인생의 일부이다.
3 좋은 인생을 보내기 위해서는, 좋은 비즈니스 퍼슨이 되는 것이 필요하다.
4 **좋은 인간이 되자고 생각하는 것으로, 훌륭한 비즈니스 퍼슨도 될 수 있다.**

해설 필자의 생각을 묻고 있으므로 仕事と人生(일과 인생)를 지문의 후반부나 지문 전체에서 찾아 일과 인생에 대한 필자의 생각을 파악한다. 두 번째 단락에서 良い人間になろう、良い人生を送ろうと思うことが大切だ。きちんとした大人になれば、自然に立派なビジネスパーソンにもなるだろう(좋은 인간이 되자, 좋은 인생을 보내자고 생각하는 것이 중요하다. 제대로 된 어른이 되면, 자연히 훌륭한 비즈니스 퍼슨도 될 것이다)라고 서술하고 있으므로, 4 좋은 인간이 되자고 생각하는 것으로, 훌륭한 비즈니스 퍼슨도 될 수 있다(좋은 인간이 되자고 생각하는 것으로, 훌륭한 비즈니스 퍼슨도 될 수 있다)가 정답이다.

63-65

일본에서 살고 있으면, 타인에게 혈액형을 묻거나, 자기 소개로 자신의 혈액형을 언급하거나 하는 장면에 빈번하게 맞닥뜨린다. [63]일반적으로 혈액형이 개인의 성격과 결부된다고 믿고 있어서, 대인 관계를 구축하는데 있어서 유익한 정보로 여겨지고 있는 것이다.

하지만, 근래, 어느 학자가 일본과 미국에서 대규모의 연구를 실시하여, [64]과학적으로 유의미한 관련성을 지지하는 데이터를 얻을 수 없었다고 발표되어 있다. 그렇다면, 전혀 무관계한 것일까. 심리학의 시점으로 고찰하면, 일본에 침투한 'A형은 꼼꼼하다' 'B형은 마이페이스이다'와 같은 스테레오 타입의 이미지를 단순한 미신으로써 정리하는 것은 어렵다.

예를 들면, 유소년기부터 주위의 사람에게 'OO군은 A형이니까 꼼꼼하네' 등이라고 반복해서 들으면, [65]그 말이 일종의 자기 암시로 작용해, 자신이 정말로 꼼꼼하다고 굳게 믿게 된다. 그 결과, 무의식적으로 그 이미지에 따른 행동을 고르게 되어, 혈액형에 관계없이 꼼꼼한 성격의 사람으로서 인지당하게 되는 것이다.

이처럼, 사람의 성격은 간단한 굳게 마음먹은 것에 따라서도 변화하기 쉽다. 설령 혈액형에 따른 성격 판단이 엉터리에 불과하다고 해도, 사회에 유포되어 있는 이상, 간접적으로 영향을 미친다는 것이다. 그리고, 만일 고치고 싶은 성격이 있으면, 자기 이미지에 따라 얼마든지 바뀔 수 있다는 것을 알아두면, 마음이 편할지도 모른다.

(주1) 스테레오 타입 : 많은 사람에게 퍼져 있는 선입관
(주2) 유포되어 있다 : 널리 퍼져 있다

어휘 暮らす くらす 图살다　他者 たしゃ 圏타인
血液型 けつえきがた 圏혈액형　尋ねる たずねる 图묻다
自己紹介 じこしょうかい 圏자기 소개　自身 じしん 圏자신
言及 げんきゅう 圏언급　シーン 圏장면, 씬
頻繁だ ひんぱんだ な형빈번하다　出くわす でくわす 图맞닥뜨리다
一般的だ いっぱんてきだ な형일반적이다　個人 こじん 圏개인
性格 せいかく 圏성격　結びつく むすびつく 图결부되다
信じる しんじる 图믿다　対人関係 たいじんかんけい 圏대인 관계
築く きずく 图구축하다　有益だ ゆうえきだ な형유익하다
情報 じょうほう 圏정보　近年 きんねん 圏근래
学者 がくしゃ 圏학자　日米 にちべい 圏일본과 미국
大規模だ だいきぼだ な형대규모이다　研究 けんきゅう 圏연구
実施 じっし 圏실시　科学的だ かがくてきだ な형과학적이다
有意だ ゆういだ な형유의미하다　関連性 かんれんせい 圏관련성
支持 しじ 圏지지　データ 圏데이터　得る える 图얻다
発表 はっぴょう 圏발표　全く まったく 囝전혀
無関係 むかんけい 圏무관계　心理学 しんりがく 圏심리학
視点 してん 圏시점　考察 こうさつ 圏고찰　浸透 しんとう 圏침투
几帳面だ きちょうめんだ な형꼼꼼하다　マイペース 圏마이 페이스
ステレオタイプ 圏스테레오 타입, 판에 박힘　イメージ 圏이미지
単なる たんなる 단순한　迷信 めいしん 圏미신
片づける かたづける 图정리하다　難しい むずかしい い형어렵다
幼少期 ようしょうき 圏유소년기　周囲 しゅうい 圏주위
繰り返す くりかえす 图반복하다　言葉 ことば 圏말
一種 いっしゅ 圏일종　自己暗示 じこあんじ 圏자기 암시
作用 さよう 圏작용　信じ込む しんじこむ 图굳게 믿다
結果 けっか 圏결과　無意識だ むいしきだ な형무의식적이다
~に沿った ~にそった ~에 따른　振る舞い ふるまい 圏행동
選ぶ えらぶ 图고르다　~に関わらず ~にかかわらず ~에 관계없이
認知 にんち 圏인지　簡単だ かんたんだ な형간단하다
思い込み おもいこみ 圏굳게 마음먹음　変化 へんか 圏변화
たとえ 囝설령　判断 はんだん 圏판단　でたらめだ な형엉터리이다
~に過ぎない ~にすぎない ~에 불과하다　社会 しゃかい 圏사회
流布 るふ 圏유포　以上 いじょう 圏이상
間接的だ かんせつてきだ な형간접적이다　影響 えいきょう 圏영향
及ぼす およぼす 图미치다　直す なおす 图고치다

~次第で ~しだいで ~에 따라　変える かえる 图바꾸다
気が楽だ きがらくだ 마음이 편하다　広がる ひろがる 图퍼지다
先入観 せんにゅうかん 图선입관　広まる ひろまる 图널리 퍼지다

63

일본에서는, **혈액형이 어떻게 받아들여지고 있는가**?

1　자신을 아는데 도움이 되는 것
2　친해지는데에 있어서 알아둬야만 하는 것
3　사람의 개성에 깊게 관련되어 있는 것
4　성격과는 거의 관계가 없는 것

해설 질문의 血液型(혈액형)이 일본에서 받아들여지는 상황과 관련된 내용을 지문에서 찾는다. 첫 번째 단락에서 一般的に血液型が個人の性格と結びつくと信じられていて、対人関係を築く上で有益な情報とされているのだろう(일반적으로 혈액형이 개인의 성격과 결부된다고 믿고 있어서, 대인 관계를 구축하는데 있어서 유익한 정보로 여겨지고 있는 것이다)라고 서술하고 있으므로, 2 親しくなるうえで知っておくべきもの(친해지는데에 있어서 알아둬야만 하는 것)가 정답이다.

어휘 とらえる 图받아들이다　役立つ やくだつ 图도움이 되다
個性 こせい 图개성　親しい したしい い형친하다
ほとんど 图거의　関係 かんけい 图관계

64

혈액형과 성격의 관계에 대해서, 본문의 내용에 맞는 것은 어느 것인가?

1　심리학의 견해로 보면 관련이 있지만, 과학적으로는 증명되지 않았다.
2　과학의 견해로 보면 관련이 약하지만, 일반적으로는 스테레오 타입이라고 인식되고 있다.
3　심리학의 견해로 보면 관련이 깊지만, 일반적으로는 미신이라고 여겨지고 있다.
4　과학의 견해로 보면 관련이 없지만, 심리학의 견해에서는 서로 영향받고 있다고 되어 있다.

해설 질문의 血液型と性格の関係(혈액형과 성격의 관계)와 관련하여 맞는 내용을 지문에서 찾는다. 두 번째 단락에서 科学的に有意な関連性を支持するデータが得られなかったと発表している。では、全く無関係なのか。心理学の視点から考察すると、日本に浸透する「A型は几帳面だ」「B型はマイペースだ」といったステレオタイプのイメージを単なる迷信として片付けるのは難しい(과학적으로 유의미한 관련성을 지지하는 데이터를 얻을 수 없었다고 발표되어 있다. 그렇다면, 전혀 무관계한 것일까. 심리학의 시점으로 고찰하면, 일본에 침투한 'A형은 꼼꼼하다' 'B형은 마이페이스이다'와 같은 스테레오 타입의 이미지를 단순한 미신으로써 정리하는 것은 어렵다)라고 서술하고 있으므로, 1 心理学の見解からすると関連があるが、科学的には証明されていない(심리학의 견해로 보면 관련이 있지만, 과학적으로는 증명되지 않았다)가 정답이다.

어휘 見解 けんかい 图견해　関連 かんれん 图관련
証明 しょうめい 图증명　科学 かがく 图과학

薄い うすい い형약하다　深い ふかい い형깊다
影響し合う えいきょうしあう 서로 영향받다

65

필자에 따르면, **타인이 가진 이미지에 따라 자신의 행동이 바뀌는 것은 왜인가**?

1　타인이 가진 이미지대로의 자신을 기대받고 있다고 느껴, 그것을 의식해서 행동하게 되기 때문에
2　타인이 가진 이미지가 진정한 자신의 성격이라고 착각해, 그것에 맞는 행동을 취하게 되기 때문에
3　타인이 가진 이미지에 따른 행동을 무의식 중에 고르게 되어, 성격이 바뀌어가기 때문에
4　타인이 가진 이미지를 인지하면, 그것을 바꾸고 싶다고 생각하는 마음이 생겨나기 때문에

해설 필자의 생각을 묻고 있으므로 他人が持つイメージによって自分の行動が変わる(타인이 가진 이미지에 의해 자신의 행동이 바뀌는 것)를 지문의 후반부나 지문 전체에서 찾아 필자의 생각을 파악한다. 세 번째 단락에서 その言葉が一種の自己暗示として作用し、自分が本当に几帳面であると信じ込むようになる。その結果、無意識にそのイメージに沿った振る舞いを選ぶようになり、血液型に関わらず几帳面な性格の人として認知されるようになるのだ(그 말이 일종의 자기 암시로 작용해, 자신이 정말로 꼼꼼하다고 믿어버리게 된다. 그 결과, 무의식적으로 그 이미지에 따른 행동을 고르게 되어, 혈액형에 관계없이 꼼꼼한 성격의 사람으로서 인지당하게 되는 것이다)라고 서술하고 있으므로, 2 他人が持つイメージが本当の自分の性格だと錯覚し、それに合った行動を取るようになるから(타인이 가진 이미지가 진정한 자신의 성격이라고 착각해, 그것에 맞는 행동을 취하게 되기 때문에)가 정답이다.

어휘 行動 こうどう 图행동　期待 きたい 图기대　意識 いしき 图의식
錯覚 さっかく 图착각　取る とる 图취하다
変わる かわる 图바뀌다　気持ち きもち 图마음
生まれる うまれる 图생기다

66-68

　산업화가 진행됨에 따라, 생활은 조금씩 형태를 바꾸었다. 옷이나 음식의 제조과정은 세세하게 나뉘어, 대량으로 생산되게 되었다. [66]**선진국에서는 남을 정도로 많은 음식이 손에 들어오게 되고, 또, 싸고 튼튼하고 멋진 상품이 당연한 듯이 손에 들어오게 되었다.** 근래에는 더욱더 발전이 진행되어, 제조장은 외국에도 퍼져, 세계 레벨로 상품의 생산이 이루어지게 되었다. 그 때문에, 우리들의 손에 도착하는 상품에서는, 만드는 사람의 '얼굴'이 상실되어 갔다. 자신들의 의식주에 관계된 것이, [67]**어디서, 누구의 손에서, 어떻게 만들어지고 있는지가 알 수 없게 된 것이다.**
　[67]**매일, 다 소비할 수 없을 정도의 상품이 만들어지는 한편으로, 많은 물건이 버려져 간다.** 하지만, 우리들은, 어디서 어느 정도의 물건이, 어떻게 버려지고 있는지에 대해, 거의 실제로 본 적 없이 살고 있다. 계속 변화하는 유행에 맞춰, 옷을 간단하게 바꿀 수 있는 생활은 우리를 풍족하게 한 것일까?

게다가, 대량으로 버려지는 것을 어떻게 처리하고, 비용을 어떻게 부담하는가 하는 큰 문제도 있다. 이러한 것에 시선을 향하지 않고 있으면, 그대로, [68]환경문제나 건강 문제로서 우리들에게 되돌아올 가능성이 있을 것이다.

어휘 産業化 さんぎょうか 명 산업화　進む すすむ 동 진행되다, 나아가다
~につれて ~에 따라　生活 せいかつ 명 생활
少しずつ すこしずつ 조금씩　形 かたち 명 형태
変える かえる 동 바꾸다, 변화시키다　製造 せいぞう 명 제조
過程 かてい 명 과정　細かい こまかい い형 세세하다, 자세하다
分ける わける 동 나누다　大量 たいりょう 명 대량
生産 せいさん 명 생산　先進国 せんしんこく 명 선진국
余る あまる 동 남다　手に入る てにはいる 손에 들어오다
おしゃれだ な형 멋지다, 세련되다　商品 しょうひん 명 상품
当たり前だ あたりまえだ な형 당연하다　近年 きんねん 명 근래, 근년　さらに 부 더욱, 게다가　発展 はってん 명 발전
製造の場 せいぞうのば 명 제조장
広がる ひろがる 동 퍼지다, 넓어지다　世界 せかい 명 세계
レベル 명 레벨　行う おこなう 동 이루다, 실시하다
そのため 그 때문에　届く とどく 동 도착하다, 닿다
作り手 つくりて 명 만드는 사람, 제작자
失う うしなう 동 상실하다, 잃다　衣食住 いしょくじゅう 명 의식주
関係 かんけい 명 관계　消費 しょうひ 명 소비
~きれない 다 ~할 수 없다　一方 いっぽう 접 한편
捨てる すてる 동 버리다　~について ~에 대해
ほとんど 거의, 대부분　目にする めにする 실제로 보다
暮らす くらす 동 살다, 생활하다
変わり続ける かわりつづける 동 계속 변화하다
流行 りゅうこう 명 유행　合わせる あわせる 동 맞추다
簡単だ かんたんだ な형 간단하다　取りかえる とりかえる 동 바꾸다
豊かだ ゆたかだ な형 풍족하다, 유복하다　処理 しょり 명 처리
コスト 명 비용　負担 ふたん 명 부담
目を向ける めをむける 시선을 향하다, 관심을 돌리다
そのまま 그대로　環境問題 かんきょうもんだい 명 환경문제
健康問題 けんこうもんだい 명 건강 문제
返る かえる 동 되돌아오다, 되돌아가다
可能性 かのうせい 명 가능성

66

산업화가 진행되는 것으로, **선진국에서는 어떻게 생활이 변했는가?**

1 물건을 만드는 과정이 세분화되어, 어디서 생산되는지 알 수 없게 되었다.
2 많은 음식과, 질 좋은 의복이 간단히 손에 들어오게 되었다.
3 어떻게 버리는가를 신경 쓰지 않고, 점점 물건을 버릴 수 있게 되었다.
4 남을 정도의 상품을 만들 수 있을 정도로 풍족해지고, 외국에도 수출하게 되었다.

해설 질문의 산업화가 진행되는 것으로 先進国ではどのように生活が変わったか(선진국에서는 어떻게 생활이 변했는가)와 관련된 내용을 지문에서 찾는다. 첫 번째 단락에서 先進国では余るほどたくさんの食べ物が手に入るようになり、また、安くて丈夫でおしゃれな商品が当たり前のように手に入るようになった(선진국에서는 남을 정도로 많은 음식이 손에 들어오게 되고, 또, 싸고 튼튼하고 멋진 상품이 당연한 듯이 손에 들어오게 되었다)라고 서술하고 있으므로, 2 たくさんの食べ物と、質の良い衣服が簡単に手に入るようになった(많은 음식과, 질 좋은 의복이 간단히 손에 들어오게 되었다)가 정답이다.

어휘 細分化 さいぶんか 명 세분화　衣服 いふく 명 의복
どうやって 어떻게　気にする きにする 신경 쓰다
どんどん 부 점점, 척척　輸出 ゆしゅつ 명 수출

67

산업화가 진행된 것으로 **어떤 문제가 생겼는가?**

1 보이지 않는 곳에서 많은 물건이 만들어지고, 버려지게 되었다.
2 만든 사람의 '얼굴'이 상실되었기 때문에, 제조장이 외국으로 옮겨졌다.
3 세계 레벨의 공장이 많이 만들어져, 불편해졌다.
4 풍족해졌지만, 많은 물건을 버리지 않으면 안 되게 되었다.

해설 질문의 산업화가 진행된 것으로 어떠한 문제가 생겨났는가(어떤 문제가 생겼는가)와 관련된 내용을 지문에서 찾는다. 첫 번째 단락에서 どこで、誰の手で、どのように作られているのかがわからなくなってきたのである(어디서, 누구의 손에서, 어떻게 만들어지고 있는지가 알 수 없게 된 것이다)라고 서술하고, 두 번째 단락에서 毎日、消費しきれないほどの商品が作られる一方で、多くの物が捨てられていく(매일, 다 소비할 수 없을 정도의 상품이 만들어지는 한편으로, 많은 물건이 버려져 간다)라고 서술하고 있으므로, 1 見えないところで多くの物が作られ、捨てられるようになった(보이지 않는 곳에서 많은 물건이 만들어지고, 버려지게 되었다)가 정답이다.

어휘 移る うつる 동 옮겨지다, 이동하다　不便だ ふべんだ な형 불편하다
~なければならない ~하지 않으면 안 된다, ~해야 한다

68

필자가 가장 **걱정하고 있는 것은, 어떤 것인가?**

1 간단하게 옷을 버릴 수 있어서 풍족해지지 않는 것
2 누가 어디서, 어떻게 만든 것인지 알 수 없게 되어버리는 것
3 버릴 때의 비용이 점점 늘어가는 것
4 자신들의 건강이나 환경에 영향을 줄지도 모르는 것

해설 필자의 걱정을 묻고 있으므로 지문의 후반부나 지문 전체에서 필자가 걱정하고 있는 것을 파악한다. 세 번째 단락에서 環境問題や健康問題として私たちに返ってくる可能性があるだろう(환경문제나 건강 문제로서 우리들에게 되돌아올 가능성이 있을 것이다)라고 서술하고 있으므로, 4 自分たちの健康や環境に影響が出るかもしれないこと(자신들의 건강이나 환경에 영향을 줄지도 모르는 것)가 정답이다.

어휘 費用 ひよう 명 비용　ますます 부 점점, 더욱더
影響が出る えいきょうがでる 영향을 주다

69-70

A

　이를 닦는 것에 대한 연구는 요 몇 년간 진보되었다. 그것에 따라 사람들의 의식도 변화해 오고 있다. 일찍이 일본인의 대부분이 이를 닦는 것은, 아침과 저녁의 합계 2회 정도였다. 그러나, 최근에는 텔레비전 프로그램의 특집이나 광고에서도 양치질에 대해서 배울 기회가 늘어, 그 소중함을 알게 되었다. 그리고, [69]낮에도 이를 닦는 사람이 늘어, 식후에는 이를 닦는다는 습관이 되어 왔다고 말할 수 있다. 그렇다고는 하나, 식후의 양치질에는 주의도 필요하다. 왜냐면, 식후 바로 이를 닦으면, 이가 녹아버리는 경우도 있다는 것이다. 그 때문에, 식후 바로 양치질을 하는 것이 아니라, 30분 정도 지나고 나서의 양치질을 권하는 치과의도 있다. 충치뿐만 아니라, [70]좋은 치아로 있기 위해서는, 양치질 방법에 주의해야만 한다.

B

　일본인에게의 앙케트에 의하면, 치과에 가는 타이밍은 치아의 트러블을 자각했을 때라고 한다. 그러나, 스웨덴에서는 치과에 가는 것은 습관으로 되어 있다. 치아 트러블을 일으키지 않기 위해서 사전에 치과에 가는 것이다. 또, 치아에 부착된 더러움은 시간에 따라 떨어지기 어려워지기 때문에, 충치 예방을 위해서 식후에는 가능한 빨리 확실하게 이를 닦는 것이 중요하다. [69]최근에는 일본인의 양치질 습관에도 변화가 보이고 있어, 칫솔뿐만이 아니라, 치실이나 치간 칫솔, 액체 치약 등을 사용하는 사람이나, 정기적으로 치과에 가는 사람도 늘었다. 역시, [70]이러한 치아에 대한 의식을 높이는 것으로써, 좋은 치아로 있을 수 있을 것이다.

어휘 歯 は 圏이, 치아　~について ~에 대해서　研究 けんきゅう 圏연구
進む すすむ 图진보되다, 진척되다　~にともなって ~에 따라
意識 いしき 圏의식　変化 へんか 圏변화　かつて 图일찍이
日本人 にほんじん 圏일본인　多く おおく 圏대부분, 많음
合計 ごうけい 圏합계　程度 ていど 圏정도
最近 さいきん 圏최근　番組 ばんぐみ 圏프로그램
特集 とくしゅう 圏특집　コマーシャル 圏광고
歯磨き はみがき 圏양치질　学ぶ まなぶ 图배우다
機会 きかい 圏기회　増える ふえる 图늘다　食後 しょくご 圏식후
習慣 しゅうかん 圏습관　とはいえ 그렇다고는 하나
注意 ちゅうい 圏주의　必要だ ひつようだ な형필요하다
溶ける とける 图녹다　ほど 圏정도　経つ たつ 图(시간이) 지나다
すすめる 图권하다　歯科医 しかい 圏치과　虫歯 むしば 圏충치
仕方 しかた 圏방법　気をつける きをつける 주의하다
~べきだ ~해야 한다　アンケート 圏앙케트　~によると ~에 의하면
歯医者 はいしゃ 圏치과, 치과의사　タイミング 圏타이밍
トラブル 圏트러블　自覚 じかく 圏자각　スウェーデン 圏스웨덴
起こす おこす 图일으키다　事前 じぜん 圏사전
付着 ふちゃく 圏부착　汚れ よごれ 圏더러움　~とともに ~와 함께
とれる 图떨어지다　~にくい ~하기 어렵다　予防 よぼう 圏예방
早く はやく 图빨리　きちんと 图확실하게　ブラシ 圏솔, 브러시
~だけでなく ~뿐만 아니라　フロス 圏치실(덴탈 플로스)
歯間 しかん 圏치간, 치아 사이　液体 えきたい 圏액체
使用 しよう 圏사용　定期的だ ていきてきだ な형정기적이다

やはり 图역시　高める たかめる 图높이다

69

일본인의 양치질에 대해, A와 B는 어떻게 서술하고 있는가?

1　A도 B도, 일본인의 양치질 습관은 좋아지고 있다고 하고 있다.
2　A도 B도, 일본인의 양치질은 옛날부터 변하지 않는다고 하고 있다.
3　A는 점심 식후의 양치질을 하는 습관이 없다고 하고, B는 치아에 대한 의식이 높다고 하고 있다.
4　A는 점심 식후의 양치질을 하는 사람이 늘었다고 하고, B는 양치질을 해도 더러움을 제거하기 어렵다고 하고 있다.

해설　질문의 日本人の歯磨き(일본인의 양치질)에 대한 A와 B의 견해를 각 지문에서 찾는다. A는 지문의 중반부에서 昼にも歯を磨く人が増え、食後には歯を磨くという習慣になってきたといえる(낮에도 이를 닦는 사람이 늘어, 식후에는 이를 닦는다는 습관이 되어 왔다고 말할 수 있다)라고 서술하고 있고, B는 지문의 후반부에서 最近では日本人の歯磨き習慣にも変化が見えていて、歯ブラシだけでなく、フロスや歯間ブラシ、液体歯磨きなども使用する人や、定期的に歯医者へ行く人も増えた(최근에는 일본인의 양치질 습관에도 변화가 보이고 있어, 칫솔뿐만이 아니라, 치실이나 치간 칫솔, 액체 치약 등을 사용하는 사람이나, 정기적으로 치과에 가는 사람도 늘었다)라고 서술하고 있다. 따라서, 1 AもBも、日本人の歯磨きの習慣はよくなってきていると述べている(A도 B도, 일본인의 양치질 습관은 좋아지고 있다고 하고 있다)가 정답이다.

어휘 述べる のべる 图말하다　昔 むかし 圏옛날
変わる かわる 图바뀌다　昼食 ちゅうしょく 圏점심

70

좋은 치아로 있기 위해서 중요한 것에 대해, A와 B는 어떻게 서술하고 있는가?

1　A도 B도, 정기적으로 치과에 가는 것이라고 하고 있다.
2　A도 B도, 치아에 대한 의식을 바꾸는 것이라고 하고 있다.
3　A는 양치질 방법이라고 하고, B는 치아에 대한 의식을 높이는 것이라고 하고 있다.
4　A는 식후 바로 이를 닦는 것이라고 하고, B는 치아에 대한 의식을 높이는 것이라고 하고 있다.

해설　질문의 よい歯でいるために大切なこと(좋은 치아로 있기 위해서 중요한 것)에 대한 A와 B의 견해를 각 지문에서 찾는다. A는 지문의 후반부에서 良い歯でいるためには、歯磨きの仕方に気をつけるべきである(좋은 치아로 있기 위해서는, 양치질 방법에 주의해야만 한다)라고 서술하고 있고, B는 지문의 후반부에서 こうした歯への意識を高めることで、良い歯でいることができるのだろう(이러한 치아에 대한 의식을 높이는 것으로써, 좋은 치아로 있을 수 있을 것이다)라고 서술하고 있다. 따라서, 3 Aは歯磨きの仕方だと述べ、Bは歯への意識を高めることだと述べている(A는 양치질 방법이라고 하고, B는 치아에 대한 의식을 높이는 것이라고 하고 있다)가 정답이다.

71-73

　하나코라는 이름의 코끼리가, 도쿄에 살고 있었다. 태국에서 태어나서, 일본에 온 것은 1949년. 전쟁으로 상처 입은 일본의 아이들을 웃는 얼굴로 만들자는 태국 실업가의 호소가 계기로, 일본에 보내졌다고 한다. 그 후, 69살이 될 때까지 산 하나코는, 도쿄에 있는 동안의 대부분을 작은 동물원에서 사람에게 둘러싸여 생활하고 있었다.

　그런 하나코의 일이 인터넷에서 전 세계로 퍼진 것은, 2015년의 일이다. 코끼리는 원래 혼자서 사는 동물이 아니다. [71]좁은 장소에 넣어져, 몇 십 년이나 혼자서 있는 것은 너무나 불쌍하지 않은가. 그런 목소리가 전 세계에서 모여, 하나코의 환경을 바꾸길 바란다는 많은 의견이 동물원에 닿았다고 들었다. 그러나 마지막까지, 환경이 바뀌는 일은 없었다.

　최근, 동물원 세계에서는 '행동 전시'라는 것이 유행하고 있다는듯 하다. 동물들을 단지 보여주는 것이 아니라, [72]가능한 한 자연에 가까운 환경을 만들어, 동물이 가진 능력이나 그 행동을 보여주는 방법이라고 한다. 일본에서는, 홋카이도에 있는 동물원을 시작으로, 많은 동물원이 행동 전시를 하게 되었다. 각각의 동물이 달리거나, 헤엄치거나, 날거나 한다. 그러한 움직이는 순간의 굉장함이나 아름다움을 보여주려고 하는 것이다. 많은 사람들이 동물들에게 흥미를 가져 주고, 내원해 주면, 동물원의 수입도 늘 것이다. 수입이 늘면, 동물들에게 더 좋은 환경을 만드는 것도 가능하게 될지도 모른다. 그리고 무엇보다, 동물원의 목적인 '동물의 조사연구'나 '동물의 다양성을 지키는 것'에 시간과 돈을 쓸 수 있게 된다.

　동물원이라는 곳은 신기한 곳이다. 많은 동물이 우리 안에 있고, 사람들이 그것을 본다. 물론 동물은, 우리들을 즐겁게 하기 위해서 존재하고 있는 것은 아니지만, 동물원이 사람들의 교육과 레저의 장소인 것도 분명하다. [73]그곳에 있는 동물들을 위해서, 적어도 쭉쭉 달릴 수 있는, 헤엄칠 수 있는, 날 수 있는 장소를 만들어 주고 싶다.

　하나코는 아마도 일본에 오고 나서 달린 적이 없었던 것은 아닐까. 동물원에는, 많은 동물들이 하나코와는 다른 생활이 가능한 장소 만들기가 지금, 요구되고 있다.

(주1) 너무나: 매우
(주2) 다양성: 다양한 종류가 있는 것
(주3) 우리: 동물을 넣어서, 나오지 않도록 해 두기 위한 울타리나 방

어휘 ゾウ 명 코끼리　東京 とうきょう 명 도쿄　タイ 명 태국
日本 にほん 명 일본　戦争 せんそう 명 전쟁
傷つく きずつく 동 상처 입다　子ども達 こどもたち 명 아이들
笑顔 えがお 명 웃는 얼굴　実業家 じつぎょうか 명 실업가
呼びかけ よびかけ 명 호소　きっかけ 명 계기
贈る おくる 동 보내다　生きる いきる 동 살다　間 あいだ 명 동안
ほとんど 부 거의　動物園 どうぶつえん 명 동물원
囲む かこむ 동 둘러싸다　生活 せいかつ 명 생활
インターネット 명 인터넷　世界 せかい 명 세계
広まる ひろまる 동 퍼지다　もともと 부 원래　暮らす くらす 동 살다
場所 ばしょ 명 장소　あまりに 부 너무나
かわいそうだ な형 불쌍하다　集まる あつまる 동 모이다
環境 かんきょう 명 환경　変える かえる 동 바꾸다
多く おおく 명 많음　意見 いけん 명 의견　届く とどく 동 닿다

最後 さいご 명 마지막, 최후　最近 さいきん 명 최근
行動展示 こうどうてんじ 명 행동 전시　はやる 동 유행하다
ただ 부 단지　自然 しぜん 명 자연　能力 のうりょく 명 능력
方法 ほうほう 명 방법　北海道 ほっかいどう 명 홋카이도
それぞれ 부 각각, 각기　動く うごく 동 움직이다
瞬間 しゅんかん 명 순간　すごい い형 굉장하다
美しい うつくしい い형 아름답다　人々 ひとびと 명 사람들
興味 きょうみ 명 흥미　来園 らいえん 명 동물원에 옴, 내원
収入 しゅうにゅう 명 수입　増える ふえる 동 늘다
可能 かのう 명 가능　〜かもしれない ~일지도 모른다
目的 もくてき 명 목적　調査 ちょうさ 명 조사
研究 けんきゅう 명 연구　多様性 たようせい 명 다양성
守る まもる 동 지키다　不思議だ ふしぎだ な형 신기하다
檻 おり 명 우리　もちろん 부 물론　楽しむ たのしむ 동 즐기다
存在 そんざい 명 존재　〜わけではない ~인 것은 아니다
教育 きょういく 명 교육　レジャー 명 여가, 레저
確かだ たしかだ な형 확실하다　せめて 부 적어도　のびのび 부 쭉쭉
おそらく 부 아마도　求める もとめる 동 요구하다

71

필자에 의하면, 2015년에 코끼리 하나코가 전 세계에서 유명해진 것은 왜인가?

1　하나코가 매우 오래 살아 있는 코끼리이기 때문에
2　하나코가 좋지 않은 환경에서 생활하고 있기 때문에
3　하나코의 사진이 인터넷에 나왔기 때문에
4　하나코의 환경이 최후까지 바뀌지 않았기 때문에

해설 질문의 2015年にゾウのはな子が世界中で有名になったの(2015년에 코끼리 하나코가 전 세계에서 유명해진 것)의 이유와 관련된 내용을 지문에서 찾는다. 두 번째 단락에서 狭い場所に入れられて、何十年も1頭でいるのはあまりにかわいそうではないか。そんな声が世界中から集まり、はな子の環境を変えてほしいという多くの意見が動物園に届いたと聞いている(좁은 장소에 넣어져, 몇 십 년이나 혼자서 있는 것은 너무나 불쌍하지 않은가. 그런 목소리가 전 세계에서 모여, 하나코의 환경을 바꾸길 바란다는 많은 의견이 동물원에 닿았다고 들었다)라고 서술하고 있으므로, 2 はな子がよくない環境で生活しているから(하나코가 좋지 않은 환경에서 생활하고 있기 때문에)가 정답이다.

72

필자에 의하면, 동물원이 '행동 전시'를 하는 목적은 무엇인가?

1　동물원의 수입을 늘려서, 많은 동물을 동물원에서 키우기 위해
2　많은 사람이 동물에게 흥미를 가지고, 동물원에 오게 하기 위해
3　동물들의 환경을 바꾸어, 고객들이 굉장하다고 생각하게 하기 위해
4　자연에 가까운 환경에서, 동물의 능력이나 행동하고 있는 모습을 보여주기 위해

해설 질문의 行動展示(행동 전시)를 하는 목적과 관련된 내용을 지문에서 찾는다. 세 번째 단락에서 できるだけ自然に近い環境を作り、動物の持つ能力やその行動を見せる方法だそうだ(가능한 한

자연에 가까운 환경을 만들어, 동물이 가진 능력이나 그 행동을 보여주는 방법이라고 한다)라고 서술하고 있으므로, 4 自然に近い環境で、動物の能力や行動している様子を見せるため(자연에 가까운 환경에서, 동물의 능력이나 행동하고 있는 모습을 보여주기 위해)가 정답이다.

어휘 増やす ふやす ⑧늘리다　育てる そだてる ⑧키우다
お客さん おきゃくさん ⑨손님　様子 ようす ⑨모습

73

필자는, **앞으로의 동물원**이 어떻게 되길 바란다고 생각하고 있는가?

1 **동물들을 위해, 자연에 가까운 환경을 만들길 바란다.**
2 사람들의 교육을 위해 좀 더 힘을 쏟길 바란다.
3 사람들과 동물들이 함께 즐길 수 있는 장소를 만들길 바란다.
4 조사 연구 등에 보다 많은 돈을 쓰길 바란다.

해설 필자의 생각을 묻고 있으므로 これからの動物園(앞으로의 동물원)을 지문의 후반부나 지문 전체에서 찾아 어떻게 되길 바라는지에 대한 필자의 생각을 파악한다. 네 번째 단락에서 そこにいる動物達のために、せめてのびのびと走れる、泳げる、飛べる場所を作ってあげたい(그곳에 있는 동물들을 위해서, 적어도 쭉쭉 달릴 수 있는, 헤엄칠 수 있는, 날 수 있는 장소를 만들어 주고 싶다)라고 서술하고 있으므로, 1 動物達のため、自然に近い環境を作ってほしい(동물들을 위해, 자연에 가까운 환경을 만들길 바란다)가 정답이다.

74

우에다 씨는 가족과 함께 가는 **3박 4일 오사카 여행**에서, 캐리어를 빌리기로 했다. 우에다 씨는 가족 모두의 희망을 메모에 적었다. 전원의 희망에 가장 맞는 플랜은 어느 것인가?

우에다 씨의 메모
우에다 씨… **보험은 필요 없고, 여행에서 돌아온 날의 다음 날에 반납**하고 싶다.
아내 … **5박분 이상의 짐을 수납할 수 있는 것**이 좋다.
아들 … 짐 꾸리는 것이 불안해서, **여행 3일 전부터 빌리고 싶다.**

1 단기 A플랜
2 단기 B플랜
3 **장기 A플랜**
4 장기 B플랜

해설 우에다 씨네 가족이 희망하는 내용을 파악한다. 질문에서 제시된 조건 (1) 3泊4日の大阪旅行(3박 4일 오사카 여행), (2) 保険は必要なく(보험은 필요 없고), (3) 5泊分以上の荷物が収納できるもの(5박분 이상의 짐을 수납할 수 있는 것), (4) 旅行の3日前から借りたい(여행 3일 전부터 빌리고 싶다), (5) 旅行から帰った日の次の日に返却(여행에서 돌아온 날 다음 날에 반납)에 따라,
(1) 3박 4일 오사카 여행: 모든 플랜 4일간 빌릴 수 있음
(2) 보험은 필요 없고: 破損時の補償について(파손 시 보상에 대해서)의 1번을 보면, 보험이 있는 단기/장기 B플랜 제외

(3) 5박분 이상의 짐을 수납할 수 있음: レンタルプラン(렌털 플랜)의 표를 보면, 단기/장기 A플랜 모두 가능
(4), (5) 여행 3일 전부터 빌리고 싶음, 여행에서 돌아온 날 다음 날에 반납: レンタルプラン(렌털 플랜) 표 아래 ※를 보면, 여행 4일 + 3일 전에 빌림 + 여행하고 난 다음날 반납 총 8일 빌려야하므로 따라서 3 長期Aプラン(장기 A플랜)가 정답이다.

어휘 スーツケース ⑨캐리어　希望 きぼう ⑨희망　メモ ⑨메모
全員 ぜんいん ⑨전원　プラン ⑨플랜　保険 ほけん ⑨보험
必要 ひつよう ⑨필요　返却 へんきゃく ⑨반납　妻 つま ⑨아내
収納 しゅうのう ⑨수납　息子 むすこ ⑨아들
荷造り にづくり ⑨짐 꾸리기　不安だ ふあんだ ⑩불안하다
短気 たんき ⑨단기　長期 ちょうき ⑨장기

75

캐서린 씨는 **5박 7일 싱가포르 여행**을 계획하고 있어서, **장기 B플랜**을 신청하려고 생각하고 있다. **집에 도착한 당일에 반납할 생각이고, 가능한 싸게 끝내고 싶다.** 캐서린 씨는 어떻게 해야만 하는가?

1 연장 요금을 지불하지 않고, 7일간 빌린다.
2 연장 요금을 지불하지 않고, 8일간 빌린다.
3 **연장 요금을 1일분 추가로 지불하고, 9일간 빌린다.**
4 연장 요금을 2일분 추가로 지불하고, 10일간 빌린다.

해설 제시된 상황 5泊7日のシンガポール旅行、長期Bプランを申し込もうと思っている、家に着いた当日に返却するつもりで、できるだけ安く済ませたい(5박 7일 싱가포르 여행, 장기 B플랜을 신청하려고 생각하고 있다, 집에 도착한 당일에 반납할 생각이고, 가능한 싸게 끝내고 싶다)에 따라, 캐서린 씨가 어떻게 해야 하는지를 파악한다. 지문의 レンタルプラン(렌털 플랜)표 아래 ※에서 보면 レンタル日数は、商品のお届け日、及び返却日を含むものとします(렌털 일수는, 상품의 도착일, 및 반납일을 포함한 것으로 합니다), レンタル開始日は旅行出発の2日前以前、終了日は帰着日から2日後以内に設定してください(렌털 개시일은 여행 출발 2일 전 이전, 종료일은 귀착일로부터 2일 후 이내로 설정해 주세요)라고 언급하고 있으므로 여행 7일과 가장 적게 빌릴 수 있도록 여행 출발 2일 전에 빌리고, 돌아온 당일 반납함으로 총 9일을 빌린다. レンタルプラン(렌털 플랜)의 長期Bプラン(장기 B플랜)은 8일간의 요금 이후 9일째부터는 연장 요금을 받으므로, 3 延長料金を1日分追加で支払って、9日間借りる(연장 요금을 1일분 추가로 지불하고, 9일간 빌린다)가 정답이다.

어휘 シンガポール ⑨싱가포르(지명)　計画 けいかく ⑨계획
申し込む もうしこむ ⑧신청하다　着く つく ⑧도착하다
当日 とうじつ ⑨당일　延長 えんちょう ⑨연장
料金 りょうきん ⑨요금　支払う しはらう ⑧지불하다
追加 ついか ⑨추가

74-75

캐리어 렌털 스카이

스카이에서는, 여행을 스마트하게 하는 캐리어 렌털을 취급하고 있습니다. 국내 최대 규모로, 상시 5000대 이상의 재고를 소유하고 있습니다. 캐리어 서비스나 렌털 일수에 대응하는 다양한 플랜을 준비하고 있습니다.

렌털 플랜

플랜명	사이즈	렌털 가능 일수	요금
기내 반입 플랜	S사이즈 (1~3박정도)	4~14일간	4일간 3,500엔 5일째 이후 250엔/일
단기 A플랜	M사이즈 (3~5박정도)	4~7일간	4일간 4,000엔 5일째 이후 250엔/일
단기 B플랜	M사이즈 (3~5박정도)	4~7일간	4일간 5,000엔 5일째 이후 450엔/일
장기 A플랜	L사이즈 [74](7박이상)	[74]8~14일간	8일간 7,000엔 9일째 이후 350엔/일
장기 B플랜	L사이즈 (7박이상)	8~14일간	8일간 8,000엔 [75]9일째 이후 500엔/일

※ [74][75]렌털 일수는, 상품의 도착일, 및 반납일을 포함한 것으로 합니다. [75]렌털 개시일은 여행 출발 2일 전 이전, 종료일은 귀착일로부터 2일 후 이내로 설정해 주세요. 짐 꾸리기나 짐 푸는 것에 필요한 시간을 고려해, 여유를 가진 일수로 예약을 부탁드립니다.

상품 접수부터 반납의 흐름

① 상품 도착
지정한 렌털 개시일에 배달해 드립니다. 시간 지정은 받고 있지 않기 때문에 미리 양해 부탁드립니다. 받으신 후, 상품에 틀린 것이 없는지, 상태가 이상한 부분이나 파손이 없는지 확인해 주세요.

② 상품 반납
렌털품을 배송 시의 상자에 꾸려서, 동봉한 착불 전표를 상부에 첨부합니다. 발송은 스스로 배송 업자에게 의뢰해 주세요.

파손 시의 보상에 대해서

1. [74]각종 B플랜에는 기본 보험이 덧붙여 있어, 약간의 파손이나 흠집에 대해서는 보상됩니다.
2. 해외에서의 트러블에도 대응하는 프리미엄 보험에 임의로 가입할 수도 있습니다. 희망하시는 경우에는, 별도로 1000엔 비용이 발생합니다.
3. 프리미엄 보험에 미가입이고, 렌털품이 수리 불가능할 정도로 크게 파손되거나, 분실이나 도난에 의해 반납이 불가능하게 된 경우는 상품 대금을 청구하도록 하겠습니다.

어휘 レンタル 圀렌털　スマート 圀스마트
取り扱う とりあつかう 圄취급하다　国内 こくない 圀국내
最大 さいだい 圀최대　規模 きぼ 圀규모　常時 じょうじ 圀상시
在庫 ざいこ 圀재고　所有 しょゆう 圀소유　サイズ 圀사이즈
日数 にっすう 圀일수　応じる おうじる 圄대응하다
多様だ たようだ 圈다양하다　用意 ようい 圀준비
可能 かのう 圀가능　料金 りょうきん 圀요금
機内持ち込み きないもちこみ 圀기내 반입　程度 ていど 圀정도
以降 いこう 圀이후　以上 いじょう 圀이상
商品 しょうひん 圀상품　お届け日 おとどけび 圀도착일
及び および 圀및　返却日 へんきゃくび 圀반납일
含む ふくむ 圄포함하다　開始日 かいしび 圀개시일
出発 しゅっぱつ 圀출발　以前 いぜん 圀이전
終了日 しゅうりょうび 圀종료일　帰着日 きちゃくび 圀귀착일
以内 いない 圀이내　設定 せってい 圀설정
荷解き にほどき 圀짐 풀기　要する ようする 圄필요하다
考慮 こうりょ 圀고려　余裕 よゆう 圀여유　予約 よやく 圀예약
受取 うけとり 圀접수　流れ ながれ 圀흐름
到着 とうちゃく 圀도착　配達 はいたつ 圀배달
承る うけたまわる 圄받다　予め あらかじめ 圉미리
了承 りょうしょう 圀양해　間違え まちがえ 圀틀림
不具合 ふぐあい 圀이상함　破損 はそん 圀파손
配送 はいそう 圀배송　段ボール だんボール 圀상자
梱包 こんぽう 圀(짐을) 꾸림　同封 どうふう 圀동봉
着払い ちゃくばらい 圀착불　伝票 でんぴょう 圀전표
上部 じょうぶ 圀상부　貼付 てんぷ 圀첨부　発送 はっそう 圀발송
業者 ぎょうしゃ 圀업자　依頼 いらい 圀의뢰
補償 ほしょう 圀보상　各種 かくしゅ 圀각종　基本 きほん 圀기본
付帯 ふたい 圀덧붙임　若干 じゃっかん 圀약간　傷 きず 圀흠집
海外 かいがい 圀해외　トラブル 圀트러블　対応 たいおう 圀대응
プレミアム 圀프리미엄　任意 にんい 圀임의
加入 かにゅう 圀가입　場合 ばあい 圀경우　別途 べっと 圀별도
費用 ひよう 圀비용　発生 はっせい 圀발생
未加入 みかにゅう 圀미가입　修理 しゅうり 圀수리
不能だ ふのうだ 圈불가능하다　紛失 ふんしつ 圀분실
盗難 とうなん 圀도난　不可能だ ふかのうだ 圈불가능하다
代金 だいきん 圀대금　請求 せいきゅう 圀청구

청해 p.537

MP3 바로듣기

☞ 문제 1의 디렉션과 예제를 들려줄 때 1번부터 5번까지의 선택지를 미리 읽고 내용을 재빨리 파악해둡니다. 음성에서 では、始めます(그러면, 시작합니다)가 들리면, 곧바로 문제 풀 준비를 합니다. 음성 디렉션과 예제는 실전모의고사 1의 해설(p.199)에서 확인할 수 있습니다.

1

[음성]
会社で男の人と女の人が話しています。男の人はこのあと何をしますか。

男: 佐藤さん、聞いてください。今日、出勤途中で地下鉄の定期券を落としてしまったんです。駅の係員に伝えたんですが、下車直後だったので確認できないとのことで終着駅で探してもらえるそうです。
女: それは大変ね。あとで、鉄道会社の遺失物センターに連絡してみたらどう?私も少し前に同じようなことがあって、問い合わせたら見つかったの。そこに各駅の忘れ物情報が一元管理されているシステムがあるらしくて、物の特徴を伝えたらすぐに検索してくれるのよ。
男: そうなんですね。今すぐ問い合わせてみます。
女: あ、でも、システムに反映されるまで少し時間がかかるみたいで、半日後くらいに電話したほうがいいかも。私は焦って何度も連絡したんだけど、結局それくらい経ってからやっと情報が確認できたから。
男: なるほど。
女: それでも見つからなかったら交番に届出を出すしかないね。でも、電車内での忘れ物は普通鉄道会社に届けるだろうし、そこまでしなくても見つかると思うけど。
男: そうですね。警察署には行かなくてよさそうです。

男の人はこのあと何をしますか。

[문제지]
1 駅員に忘れ物をしたことを伝える
2 鉄道会社の忘れ物センターに電話する
3 システムで忘れ物情報を検索する
4 警察署で忘れ物の届出を出す

해석 회사에서 남자와 여자가 이야기하고 있습니다. 남자는 이 다음에 무엇을 합니까?

남: 사토 씨, 들어 보세요. 오늘, 출근 도중에 지하철 정기권을 잃어버렸어요. 역 담당자에게 알렸지만, 하차 직후라서 확인할 수 없다고 해서 종착역에서 찾아줄 수 있다고 했어요.

여: 그거 큰일이네. 나중에, 철도 회사의 분실물 센터에 연락해 보면 어때? 나도 얼마 전에 비슷한 일이 있어서, 문의했더니 발견됐어. 거기에 각 역의 분실물 정보가 통합 관리되고 있는 시스템이 있는 것 같아서, 물건의 특징을 전달하면 바로 검색해 주는 거야.

남: 그렇군요. 지금 바로 문의해 볼게요.

여: 아, 그런데, 시스템에 반영되기까지 조금 시간이 걸리는 것 같아서, 반나절쯤 후에 전화하는 편이 좋을지도. 나는 조급해서 몇 번이나 연락했는데, 결국 그 정도 지나고 나서 겨우 정보를 확인할 수 있었으니까.

남: 과연 그렇군요.

여: 그래도 발견되지 않으면 파출소에 신고를 하는 수밖에 없겠네. 하지만, 전철 내에서의 분실물은 보통 철도 회사에 보낼 거니까, 그 정도까지는 안 해도 발견될 거라고 생각하는데.

남: 그렇네요. 경찰서에는 가지 않아도 될 것 같아요.

남자는 이 다음에 무엇을 합니까?
1 역무원에게 분실한 사실을 알린다
2 철도 회사의 분실물 센터에 전화한다
3 시스템으로 분실물 정보를 검색한다
4 경찰서에서 분실 신고를 한다

해설 1 '역무원에게 분실한 사실 알리기', 2 '분실물 센터에 전화하기', 3 '분실물 정보 검색하기', 4 '경찰서에서 분실 신고하기' 중 남자가 해야 할 일을 묻는 문제이다. 여자가 あとで、鉄道会社の遺失物センターに連絡してみたらどう(나중에, 철도 회사의 분실물 센터에 연락해 보면 어때)라고 하자, 남자가 そうなんですね。今すぐ問い合わせてみます(그렇군요. 지금 바로 문의해 볼게요)라고 했으므로, 2 鉄道会社の忘れ物センターに電話する(철도 회사의 분실물 센터에 전화한다)가 정답이다. 1은 이미 했고, 3은 분실물 센터의 직원이 할 일이며, 4는 할 필요가 없을 것 같다고 했으므로 오답이다.

어휘 出勤 しゅっきん 圏출근　途中 とちゅう 圏도중
地下鉄 ちかてつ 圏지하철　定期券 ていきけん 圏정기권
落とす おとす 圏잃어버리다, 떨어뜨리다　係員 かかりいん 圏담당자
伝える つたえる 圏알리다, 전달하다　下車 げしゃ 圏하차
直後 ちょくご 圏직후　確認 かくにん 圏확인
終着駅 しゅうちゃくえき 圏종착역　鉄道 てつどう 圏철도
遺失物 いしつぶつ 圏분실물　センター 圏센터
連絡 れんらく 圏연락　問い合わせる といあわせる 圏문의하다
見つかる みつかる 圏발견되다　各駅 かくえき 圏각 역
忘れ物 わすれもの 圏분실물, 잃어버린 물건
情報 じょうほう 圏정보　一元 いちげん 圏통합, 일원화
管理 かんり 圏관리　システム 圏시스템　特徴 とくちょう 圏특징
検索 けんさく 圏검색　反映 はんえい 圏반영
半日 はんにち 圏반나절　電話 でんわ 圏전화
焦る あせる 圏조급해하다　結局 けっきょく 囝결국
経つ たつ 圏(시간이) 지나다　交番 こうばん 圏파출소
届出 とどけで 圏신고　電車 でんしゃ 圏전철　普通 ふつう 圏보통
届ける とどける 圏보내다　警察署 けいさつしょ 圏경찰서

2

[음성]
音楽イベント会場で、男の人がスタッフに話しています。スタッフは今日このあと何をしますか。

男: いよいよ明日が音楽イベント当日です。朝早くから動いていただいたおかげでオーディオ機器や照明機器の運搬、設置は無事整いました。当日のリハーサル中に位置を若干調整することもあるので、今の位置で決定というわけではありません。動かすことがあればまた指示を出しますから、手が空いている人は手伝ってください。今日の作業はそれぞれの機器に不具合がないかチェックして解散です。イベント終了後は、会場内の機械をすべて撤収して、業者の方が素早く運搬できるようにします。

スタッフは今日このあと何をしますか。

[問題지]
1 機器を運び入れて設置する
2 機器の位置を動かす
3 機器が正しく動くか確認する
4 機器を会場の外に運び出す

해석 음악 이벤트 회장에서, 남자가 스태프에게 이야기하고 있습니다. 스태프는 오늘 이 다음에 무엇을 합니까?

남: 드디어 내일이 음악 이벤트 당일입니다. 아침 일찍부터 움직여 주신 덕분에 오디오 기기나 조명 기기의 운반, 설치는 무사히 정리되었습니다. 당일 리허설 중에 위치를 약간 조정하는 경우도 있으니, 지금 위치로 결정이라는 것은 아닙니다. 옮길 일이 있으면 다시 지시를 내릴 테니, 손이 비어 있는 사람은 도와주세요. 오늘의 작업은 각각의 기기에 이상이 없는지 체크하고 해산입니다. 이벤트 종료 후에는, 회장 안의 기계를 전부 철수해서, 업체 분이 빠르게 운반할 수 있도록 하겠습니다.

스태프는 오늘 이 다음에 무엇을 합니까?

1 기기를 운반하여 들여놓고 설치한다
2 기기의 위치를 옮긴다
3 기기가 제대로 작동하는지 확인한다
4 기기를 회장 밖으로 운반하여 꺼낸다

해설 1 '기기 설치하기', 2 '기기 위치 옮기기', 3 '기기 확인하기', 4 '기기 밖으로 꺼내기' 중 스태프가 오늘 해야 할 일을 묻는 문제이다. 남자가 今日の作業はそれぞれの機器に不具合がないかチェックして解散です(오늘의 작업은 각각의 기기에 이상이 없는지 체크하고 해산입니다)라고 했으므로, 3 機器が正しく動くか確認する(기기가 제대로 작동하는지 확인한다)가 정답이다. 1은 이미 했고, 2는 내일 리허설 중에 할 일이며, 4는 내일 이벤트 종료 후 할 일이므로 오답이다.

어휘 音楽 おんがく 몡음악　イベント 몡이벤트
会場 かいじょう 몡회장, 행사장　スタッフ 몡스태프, 직원
いよいよ 튀드디어, 마침내　当日 とうじつ 몡당일
動く うごく 통움직이다, 작동하다　オーディオ 몡오디오
機器 きき 몡기기　照明 しょうめい 몡조명　運搬 うんぱん 몡운반
設置 せっち 몡설치　無事 ぶじ 몡무사히
整う ととのう 통정리되다, 갖추어지다　リハーサル 몡리허설
位置 いち 몡위치　若干 じゃっかん 튀약간
調整 ちょうせい 몡조정　決定 けってい 몡결정
動かす うごかす 통옮기다　指示 しじ 몡지시
手が空く てがあく 손이 비다, 일이 비다　手伝う てつだう 통돕다
作業 さぎょう 몡작업　それぞれ 튀각각
不具合 ふぐあい 몡이상, 결함　チェック 몡체크, 점검
解散 かいさん 몡해산　終了 しゅうりょう 몡종료
機械 きかい 몡기계　撤収 てっしゅう 몡철수
業者 ぎょうしゃ 몡업체, 업자
素早い すばやい い형빠르다, 재빠르다
運び入れる はこびいれる 통운반하여 들여놓다
運び出す はこびだす 통운반하여 꺼내다

3

[음성]
女の人と男の人が話しています。女の人はこのあとまず何をしますか。

女: 前田さん、私、新しい自転車を買ったんだけど、駅前の自転車置き場って、どうしたら使えるんだっけ。
男: 自転車?あそこ今、置くところ、あるかなあ。係の人に聞かないと使えるかどうか、わからないけど。でも、申し込むなら、あそこは毎月お金を払えば使えるよ。
女: ああ、毎月払うのね。1か月2,000円だよね。もう10日だけど、それでも1か月分なの?
男: 確か、そうだったはず。安くならないんだよね。あ、申し込むときは保険証とか、免許証とか、何か名前と住所がわかるものが必要だよ。
女: え?そうなの?じゃあ、一度家に帰って、保険証を持って来なきゃ。あそこの事務所って、何時までだっけ。
男: 事務所は夕方6時までだから、それまでに行って、申込書を出せば大丈夫だよ。
女: わかった、そうする。6時までね。

女の人はこのあとまず何をしますか。

[問題지]
1 係の人に使えるかどうか聞く
2 自転車置き場の利用料を払う
3 保険証を取りに家に帰る
4 申込書を事務所に出す

해석 여자와 남자가 이야기하고 있습니다. 여자는 이 다음에 우선 무엇을 합니까?

여: 마에다 씨, 나, 새로운 자전거를 샀는데, 역 앞의 자전거 보관소, 어떻게 하면 쓸 수 있는 거였지?
남: 자전거? 거기 지금, 둘 곳, 있으려나. 관리인에게 물어보지 않으면 사용할 수 있는지 없는지, 모르는데. 하지만, 신청한다면, 거기는 매월 돈을 지불하면 사용할 수 있어.
여: 아, 매월 지불하는 거네. 1개월 2,000엔이지? 벌써 10일인데, 그래도 1개월 분이야?
남: 분명, 그랬을 거야. 싸지지 않아. 아, 신청할 때는 보험증이나, 면허증이나, 무언가 이름과 주소를 알 수 있는 것이 필요해.
여: 뭐? 그래? 그럼, 한 번 집에 돌아가서, 보험증을 가지고 와야겠네. 거기 사무소는, 몇 시까지지?
남: 사무소는 저녁 6시까지니까, 그 때까지 가서, 신청서를 내면 괜찮아.
여: 알겠어, 그렇게 할게. 6시까지 말이지.

여자는 이 다음에 우선 무엇을 합니까?

1 관리인에게 사용할 수 있는지 어떤지 묻는다
2 자전거 보관소의 이용료를 지불한다

3 保険証を가지러 집에 돌아간다
　　4 신청서를 사무소에 낸다

해설 1 '관리인에게 묻기', 2 '이용료 지불하기', 3 '집에 돌아가기', 4 '신청서 내기' 중 여자가 가장 먼저 해야 할 일을 묻는 문제이다. 남자가 신청할 때는 보험증이나 면허증이나 무언가 이름과 주소를 알 수 있는 것이 필요하다고 하자, 여자가 一度家に帰って、保険証を持って来なきゃ(한 번 집에 돌아가서, 보험증을 가지고 와야겠네)라고 했으므로, 3 保険証を取りに家に帰る(보험증을 가지러 집으로 돌아간다)가 정답이다. 1은 언급되지 않았고, 2는 신청한 다음에 해야 할 일이며, 4는 집에서 보험증을 가지고 온 다음에 해야 할 일이므로 오답이다.

어휘 駅前 えきまえ 圕 역 앞, 역전
　　 自転車置き場 じてんしゃおきば 圕 자전거 보관소, 자전거 두는 곳
　　 係りの人 かかりのひと 圕 관리인, 관계자
　　 申し込む もうしこむ 통 신청하다　払う はらう 통 지불하다, 내다
　　 それでも 접 그래도, 그런데도　分 ぶん 圕 분, 몫
　　 確かだ たしかだ な형 확실하다　保険証 ほけんしょう 圕 보험증
　　 免許証 めんきょしょう 圕 면허증　住所 じゅうしょ 圕 주소
　　 必要だ ひつようだ な형 필요하다　事務所 じむしょ 圕 사무소
　　 申込書 もうしこみしょ 圕 신청서　利用料 りようりょう 圕 이용료

4

[음성]
電話で男の人と女の人が話しています。女の人は最初の授業の日までに何をしますか。

男：はい、カルチャーセンターです。
女：すみません、着物の着方の初心者コースに申し込みたいんですが。
男：ありがとうございます。昨日が最後の見学日だったので授業の初日に見学をしていただいて、そのときに受講するかお決めになってください。
女：実は、友人がそちらで習っていて、勧められたんです。見学しないとだめですか。
男：見学が必ずというわけではございませんので、大丈夫ですよ。このお電話でお申し込みもできますが、**インターネットからのお申し込みですと、授業料から1,000円引かせていただいています。**
女：じゃあ、あとでやっておきます。
男：**授業開始日までにお願いいたします。**それから、お着物などはお持ちですか。
女：いえ、それが何も。
男：でしたら、無料で貸し出しをしていますので、そちらのお申し込みもご一緒にお願いします。着物などを買いたい場合はお店を紹介することもできますので、授業のときに講師にお尋ねください。
女：わかりました。

女の人は最初の授業の日までに何をしますか。

[문제지]
1 カルチャーセンターで授業を見学する
2 インターネットでコースを申し込む
3 電話で着物の貸し出しを申し込む
4 着物の店を紹介してもらう

해석 전화로 남자와 여자가 이야기하고 있습니다. 여자는 첫 수업일까지 무엇을 합니까?
남: 네, 문화센터입니다.
여: 실례합니다, 기모노 입는 법 초심자 코스를 신청하고 싶은데요.
남: 감사합니다. 어제가 마지막 견학날이었기 때문에 수업 첫날에 견학을 하시고, 그 때 수강할지 결정해 주세요.
여: 실은, 친구가 그쪽에서 배우고 있어서, 추천받은 거예요. 견학하지 않으면 안 되나요?
남: 견학이 필수인 것은 아니기 때문에, 괜찮습니다. 이 전화로 신청할 수도 있습니다만, 인터넷으로 신청하시면, 수업료에서 1,000엔 할인해 드리고 있습니다.
여: 그럼 나중에 해 두겠습니다.
남: 수업 개시일까지 부탁 드립니다. 그리고, 기모노는 가지고 계신 가요?
여: 아니요, 그게 아무것도.
남: 그러시면, 무료로 빌려드리고 있으니, 그쪽 신청도 함께 부탁 드립니다. 기모노 등을 사고 싶은 경우는 가게를 소개할 수도 있으니, 수업 때 강사에게 물어보세요.
여: 알겠습니다.

여자는 첫 수업일까지 무엇을 합니까?

1 문화센터에서 수업을 견학한다
2 인터넷으로 코스를 신청한다
3 전화로 기모노 대여를 신청한다
4 기모노 가게를 소개받는다

해설 1 '수업 견학', 2 '인터넷으로 신청', 3 '전화로 기모노 대여 신청', 4 '가게 소개 받기' 중 여자가 첫 수업일까지 해야 할 일을 묻는 문제이다. 남자가 インターネットからのお申し込みですと、授業料から1,000円引かせていただいています(인터넷으로 신청하시면, 수업료에서 1,000엔 할인해 드리고 있습니다), 授業開始日までにお願いいたします(수업 개시일까지 부탁 드립니다)라고 했으므로, 2 インターネットでコースを申し込む(인터넷으로 코스를 신청한다)가 정답이다. 1은 필수가 아니고, 3은 접수할 때 인터넷으로 해야 할 일이며, 4는 수업이 시작된 다음에 해야 할 일이므로 오답이다.

어휘 カルチャーセンター 圕 문화센터
　　 着物 きもの 圕 기모노 (일본 전통 의복)　着方 きかた 圕 입는 법
　　 初心者 しょしんしゃ 圕 초심자　コース 圕 코스
　　 申し込む もうしこむ 통 신청하다　最後 さいご 圕 마지막, 최후
　　 見学日 けんがくび 圕 견학일　都合 つごう 圕 사정, 형편
　　 用事 ようじ 圕 용무, 볼일　初日 しょにち 圕 첫날
　　 見学 けんがく 圕 견학　いただく 통 받다 (もらう의 겸양어)
　　 受講 じゅこう 圕 수강　決める きめる 통 정하다, 결정하다

実は じつは 부 실은   勧める すすめる 동 추천하다, 권하다
だめ 형 안됨   必ず かならず 부 반드시, 꼭   インターネット 명 인터넷
授業料 じゅぎょうりょう 명 수업료
授業開始日 じゅぎょうかいしび 명 수업 개시일
無料 むりょう 명 무료   貸し出す かしだす 동 빌려주다, 대출하다
場合 ばあい 명 경우   紹介 しょうかい 명 소개   講師 こうし 명 강사
尋ねる たずねる 동 묻다

5

[음성]
電話で男の学生と女の学生が話しています。女の学生はこのあとまず何をしますか。

男: もしもし。
女: ああ、どうしたの。
男: 来週の発表用のデータ、メンバーのみんなに送ってくれたよね。あれ、直す前のデータだったよ。
女: え、ほんとに？ごめん。うっかりしてた。すぐ送るね。今、大学のパソコンルームにいるから、すぐ送れるよ。
男: まだ直せてないんだったら、僕がやるよ。どこを直すかメモがあるから。
女: ううん、間違えて直す前のを送ってしまっただけで、もう直してあるの。だから、大丈夫。
男: じゃあさ、発表のときに見せる写真のファイルも一緒に送ってくれる？
女: あ、それは今、ちょうど選んでいるところだから。
男: そうなんだ。じゃあ、送るの、一緒でいいよ。
女: わかった。そんなに時間かからないはずだから、お昼までには。
男: ありがとう。それからさ、みんなで集まって発表の準備、しないといけないよね。だれがどこを発表するかも、まだ決めてなかったよね。
女: そう言えば、そうね。
男: いつ時間があるかみんなに聞いておくよ。
女: わかった。

女の学生はこのあとまず何をしますか。

[문제지]
1 直した発表用のデータを送る
2 発表用のデータを直す
3 発表のときに見せる写真を選ぶ
4 発表のたんとうしゃを決める

해석 전화로 남학생과 여학생이 이야기하고 있습니다. 여학생은 이 다음에 우선 무엇을 합니까?

남: 여보세요.
여: 아, 무슨 일이야?

남: 다음 주 발표용 데이터, 멤버 모두에게 보내줬지? 그거, 고치기 전의 데이터였어.
여: 뭐? 정말? 미안. 깜빡했어. 바로 보낼게. 지금, 대학 컴퓨터실에 있으니까, 바로 보낼 수 있어.
남: 아직 고치지 않았으면, 내가 할게. 어디를 고쳐야 할지 메모가 있으니까.
여: 아니야, 착각해서 고치기 전의 것을 보내버린 것 뿐이라, 이미 고쳐져 있어. 그러니까, 괜찮아.
남: 그럼, 발표 때 보여줄 사진 파일도 함께 보내줄래?
여: 아, 그건 지금, 마침 고르고 있는 중이니까.
남: 그렇구나. 그럼, 보내는 거, 같이 해도 돼.
여: 알았어. 그렇게 시간이 걸리지 않을 테니까, 점심까지는.
남: 고마워. 그리고 말이야, 모두가 모여서 발표 준비, 해야 하는데. 누가 어디를 발표할지도, 아직 정하지 않았지?
여: 그러고 보니, 그렇네.
남: 언제 시간이 있는지 모두에게 물어봐 둘게.
여: 알겠어.

여학생은 이 다음에 우선 무엇을 합니까?

1 고친 발표용 데이터를 보낸다
2 발표용 데이터를 고친다
3 발표 때 보여줄 사진을 고른다
4 발표 담당자를 정한다

해설 1 '데이터 보내기', 2 '데이터 고치기', 3 '사진 고르기', 4 '담당자 정하기' 중 여학생이 가장 먼저 해야 할 일을 묻는 문제이다. 남자가 発表のときに見せる写真のファイルも一緒に送ってくれる(발표 때 보여줄 사진 파일도 함께 보내줄래?)라고 하자, 여자가 ちょうど選んでいるところだから(마침 고르고 있는 중이니까)라고 했으므로, 3 発表のときに見せる写真を選ぶ(발표 때 보여줄 사진을 고른다)가 정답이다. 1은 사진을 고른 다음에 해야 할 일이고, 2는 이미 고쳐져 있어 할 필요가 없으며, 4는 언제 시간이 있는지 모두에게 물어본 다음에 해야 할 일이므로 오답이다.

어휘 発表用 はっぴょうよう 명 발표용   データ 명 데이터   メンバー 명 멤버
送る おくる 동 보내다   直す なおす 동 고치다, 정정하다
うっかり 부 깜빡, 멍청히   パソコンルーム 명 컴퓨터실   メモ 명 메모
間違う まちがう 동 착각하다, 잘못하다   発表 はっぴょう 명 발표
ファイル 명 파일   選ぶ えらぶ 동 고르다, 선별하다
そんなに 부 그렇게(까지)
時間がかかる じかんがかかる 시간이 걸리다
集まる あつまる 동 모이다   準備 じゅんび 명 준비
決める きめる 동 정하다, 결정하다   担当者 たんとうしゃ 명 담당자

☞ 문제 2의 디렉션과 예제를 들려줄 때 1번부터 6번까지의 선택지를 미리 읽고 내용을 재빨리 파악해둡니다. 음성에서 では、始めます(그러면, 시작합니다)가 들리면, 곧바로 문제 풀 준비를 합니다.
음성 디렉션과 예제는 실전모의고사 1의 해설(p.204)에서 확인할 수 있습니다.

1

[음성]
男の学生と女の学生が話しています。発表会の日にちが変更になった理由は何ですか。

男: 今度の研究発表会、来週の17日だったっけ?
女: ああ、そうだったんだけど、あれ、27日に変更になったんだよね。
男: え、そうなんだ。でも、教室も予約してあったんじゃなかった?
女: うん、先生も私達も予定を合わせて準備を進めていたんだけどね。
男: 準備が間に合わなかったの?
女: ううん、そういう人もいたかもしれないけど、そうじゃなくて、学校側の都合みたい。何でもその日に急に工事をすることになったらしくて。
男: 工事って、教室を直すわけじゃないんでしょう?
女: うん、ちょうど予約していた教室の外でするみたいで、音がうるさいからって。
男: そうなんだ。
女: ほかの教室じゃ狭いでしょう?だから工事の後の27日になったの。

発表会の日にちが変更になった理由は何ですか。

[문제지]
1 教室の予約ができなかったから
2 先生の都合が合わなかったから
3 準備が間に合わなかったから
4 学校で工事をするから

해석 남학생과 여학생이 이야기하고 있습니다. 발표회 날짜가 변경된 이유는 무엇입니까?

남: 이번 연구 발표회, 다음 주 17일이었나?
여: 아, 그랬었는데, 그거, 27일로 변경되었어.
남: 어, 그렇구나. 하지만, 교실도 예약되어 있지 않았어?
여: 응, 선생님도 우리들도 예정을 맞추어서 준비를 진행하고 있었는데.
남: 준비가 시간에 맞지 않았어?
여: 아니, 그런 사람도 있었을지도 모르지만, 그게 아니라, 학교 측 사정같아. 듣자 하니 그 날에 갑자기 공사를 하게 된 것 같아서.
남: 공사라니, 교실을 고치는 건 아니잖아?
여: 응, 딱 예약한 교실 밖에서 하는 것 같아서, 소리가 시끄럽다고.
남: 그렇구나.
여: 다른 교실이면 좁잖아? 그래서 공사 뒤인 27일이 된거야.

발표회 날짜가 변경된 이유는 무엇입니까?

1 교실 예약을 할 수 없었기 때문에
2 선생님의 사정이 맞지 않았기 때문에
3 준비가 시간에 맞지 않았기 때문에
4 학교에서 공사를 하기 때문에

해설 발표회 날짜가 변경된 이유를 묻는 문제이다. 각 선택지의 핵심 내용은 1 '교실 예약을 할 수 없어서', 2 '선생님의 사정이 맞지 않아서', 3 '준비가 시간에 맞지 않아서', 4 '학교에서 공사를 해서'이다. 여학생이 그 날에 급히 공사를 하게 되었다고 하셨으므로(그 날에 갑자기 공사를 하게 된 것 같아서)라고 했으므로, 4 学校で工事をするから(학교에서 공사를 하기 때문에)가 정답이다. 오답 선택지 1은 이미 예약을 해놓았다고 했고, 2는 선생님도 예정을 맞추어 준비를 하고 있다고 했으며, 3은 아니라고 했으므로 오답이다.

어휘 発表会 はっぴょうかい 圏 발표회　変更 へんこう 圏 변경
今度 こんど 圏 이번, 금번
研究発表会 けんきゅうはっぴょうかい 圏 연구 발표회
予約 よやく 圏 예약　私達 わたしたち 圏 우리들
予定 よてい 圏 예정　合わせる あわせる 圏 맞추다
準備 じゅんび 圏 준비　進める すすめる 圏 진행하다, 나아가다
間に合う まにあう 圏 시간에 맞추다　そういう 그런
側 かわ 圏 측, 쪽　都合 つごう 圏 사정, 형편　日 ひ 圏 날
急に きゅうに 圏 갑자기　工事 こうじ 圏 공사
直す なおす 圏 고치다　音 おと 圏 소리

2

[음성]
会議でプロジェクトリーダーが話しています。プロジェクトリーダーが心配しているのはどんなことですか。

女: 新プロジェクトが始動し、各々が業務に追われていることと思います。今回のチームは少人数ですので、いかに効率化を図れるかが成功の鍵となります。このようなプロジェクトが初めてのメンバーもいて、業務の流れが把握できていないため時間がかかっているところもありますが、徐々に慣れてくるでしょうから、そこは全員で協力しながら進めていきましょう。気掛かりなのは予算です。最初の想定より支出が増えていて、今後超過する可能性もあります。もし、そうなれば課長に相談して、調整してもらうことも考慮に入れています。

プロジェクトリーダーが心配しているのはどんなことですか。

[문제지]
1 人の数が足りないこと
2 仕事に慣れていない人が多いこと
3 仕事に時間がかかること
4 費用が足りなくなること

해설 회의에서 프로젝트 리더가 이야기하고 있습니다. 프로젝트 리더가 걱정하고 있는 것은 어떤 것입니까?

여: 새로운 프로젝트가 시작되어, 각자 업무에 쫓기고 있을 거라고 생각합니다. 이번 팀은 소수 인원이기에, 얼마나 효율화를 꾀할 수 있는지가 성공의 열쇠가 될 것입니다. 이번과 같은 프로젝트가 처음인 멤버도 있어, 업무의 흐름을 파악하지 못해 시간이 걸리고

있는 부분도 있지만, 서서히 익숙해질 테니, 그 부분은 전원이 협력하면서 진행해 나갑시다. 걱정인 것은 예산입니다. 처음 예상보다 지출이 늘고 있어, 앞으로 초과할 가능성도 있습니다. 만약, 그렇게 되면 과장님에게 상담해서, 조정받는 것도 고려하고 있습니다.

프로젝트 리더가 걱정하고 있는 것은 어떤 것입니까?

1 사람 수가 부족한 것
2 일에 익숙하지 않은 사람이 많은 것
3 일에 시간이 걸리는 것
4 비용이 부족해지는 것

해설 프로젝트 리더가 걱정하고 있는 것을 묻는 문제이다. 각 선택지의 핵심 내용은 1 '사람 수 부족', 2 '일에 익숙하지 않은 사람이 많음', 3 '일에 시간이 걸림', 4 '비용 부족'이다. 프로젝트 리더가 気掛かりなのは予算です。最初の想定より支出が増えていて、今後超過する可能性もあります(걱정인 것은 예산입니다. 처음 예상보다 지출이 늘고 있어, 앞으로 초과할 가능성도 있습니다)라고 했으므로, 4 費用が足りなくなること(비용이 부족해지는 것)가 정답이다. 오답 선택지 1, 2, 3은 걱정하고 있는 부분이 아니므로 오답이다.

어휘 会議 かいぎ 圏 회의 プロジェクト 圏 프로젝트 リーダー 圏 리더
心配 しんぱい 圏 걱정 始動 しどう 圏 시작, 시동
各々 おのおの 圏 각자 業務 ぎょうむ 圏 업무 追う おう 圏 쫓다
今回 こんかい 圏 이번 チーム 圏 팀
少人数 しょうにんずう 圏 소수 인원 いかに 囝 얼마나
効率化 こうりつか 圏 효율화 図る はかる 圏 꾀하다, 도모하다
成功 せいこう 圏 성공 鍵 かぎ 圏 열쇠 初めて はじめて 囝 처음
メンバー 圏 멤버 流れ ながれ 圏 흐름 把握 はあく 圏 파악
徐々に じょじょに 囝 서서히 慣れる なれる 圏 익숙해지다
全員 ぜんいん 圏 전원 協力 きょうりょく 圏 협력
進める すすめる 圏 진행하다 気掛かり きがかり 圏 걱정
予算 よさん 圏 예산 最初 さいしょ 圏 처음
想定 そうてい 圏 예상, 상정 支出 ししゅつ 圏 지출
増える ふえる 圏 늘다 今後 こんご 圏 앞으로, 향후
超過 ちょうか 圏 초과 可能性 かのうせい 圏 가능성 もし 囝 만약
課長 かちょう 圏 과장(님) 相談 そうだん 圏 상담
調整 ちょうせい 圏 조정 考慮 こうりょ 圏 고려
足りない たりない 부족하다 費用 ひよう 圏 비용

3

[음성]
会社で男の人と女の人が話しています。男の人はどうして旅行を見送ることにしましたか。

男: ねえ、聞いてよ。来月末京都旅行の予定だったんだけど、キャンセルすることになったんだ。
女: え、奥さんと行くって言ってたよね?どうして?有給が取れなかったの?
男: いや。せっかくだし室内露天風呂付きの豪華な宿を押さえてたんだけど、そのことを親に自慢したら自分達も連れて行ってくれって言いだして。

女: 一緒に行けばいいじゃない。
男: それもいいかなと思ったんだけど、同じタイプの部屋がもう満室で。だから、今回は妻と二人で行くって言ったら、父が腹を立てちゃってさ。それで、次の機会にしようってことになったんだ。
女: えー、お父さんもそんなに怒らなくていいのにね。
男: うーん、少し前から還暦祝いでどこかに行こうって話が出てたんだけど、それは後回しにして、僕らだけ遊びに行くのが気に食わなかったみたい。
女: なるほどね。気持ちが分からなくもないけど。
男: はあ、内緒にしておくべきだったよ。今回の旅費はためといて今度ぱあっと使おうっと。

男の人はどうして旅行を見送ることにしましたか。

[문제지]
1 旅館を4人分予約できなかったから
2 妻が行きたくないと言ったから
3 両親が旅行に行けなくなったから
4 旅行のお金が足りなくなったから

해석 회사에서 남자와 여자가 이야기하고 있습니다. 남자는 왜 여행을 미루기로 했습니까?

남: 저기, 들어봐. 다음 달 말에 교토 여행 예정이었는데, 취소하게 됐어.
여: 어, 부인이랑 간다고 말했었지? 왜? 연차를 취득 못 했어?
남: 아니. 모처럼이니 실내 노천탕이 딸린 호화로운 숙소를 예약했었는데, 그걸 부모님께 자랑했더니 우리도 데려가 달라고 하시는 거야.
여: 효도 여행도 괜찮잖아.
남: 그렇게 생각했는데, 같은 타입의 객실이 이미 만실이어서. 그래서, 이번에는 우리 둘이서 간다고 말했더니, 아버지가 화를 내 버리시더라고. 그래서, 다음 기회에 가기로 한 거야.
여: 에이, 아버님도 그렇게 화내지 않으셔도 되는데.
남: 음, 조금 전부터 환갑 기념으로 어딘가에 가자는 이야기가 나왔었는데, 그건 미뤄 두고, 우리만 놀러 가는 게 마음에 안 드셨나 봐.
여: 그렇구나. 마음이 이해는 가지만.
남: 하아, 비밀로 해 뒀어야 했어. 이번 여행 경비 모아 뒀다가 다음에 확 써야겠다.

남자는 왜 여행을 미루기로 했습니까?

1 여관을 4명분 예약할 수 없었기 때문에
2 아내가 가고 싶지 않다고 말했기 때문에
3 부모님이 여행에 가지 못하게 되었기 때문에
4 여행 자금이 부족해졌기 때문에

해설 남자가 여행을 미룬 이유를 묻는 문제이다. 각 선택지의 핵심 내용은 1 '여관을 예약할 수 없어서', 2 '아내가 가고 싶지 않아 해서', 3 '부모님이 반대해서', 4 '자금이 부족해서'이다. 남자가 同じタイプの客室がもう満室で。だから、今回は二人で行くって言ったら、父

が腹を立てちゃってさ。それで、次の機会にしようってことになったんだ(같은 타입의 객실이 이미 만실이어서. 그래서, 이번에는 우리 둘이서 간다고 말했더니, 아버지가 화를 내 버리시더라고. 그래서, 다음 기회에 가기로 한 거야)라고 했으므로, 1 旅館を4人分予約できなかったから(여관을 4명분 예약할 수 없기 때문에)가 정답이다. 오답 선택지 2, 3, 4는 걱정하고 있는 부분이 아니므로 오답이다.

어휘 旅行 りょこう 圏 여행　見送る みおくる 圏 미루다
京都 きょうと 圏 교토　予定 よてい 圏 예정　キャンセル 취소
奥さん おくさん 圏 사모님　有給 ゆうきゅう 圏 연차, 유급 휴가
取得 しゅとく 圏 취득　せっかく 閏 모처럼　室内 しつない 圏 실내
露天風呂 ろてんぶろ 圏 노천탕　付き つき 딸림, 포함
豪華だ ごうかだ ⧅ 호화롭다　宿 やど 圏 숙소
押さえる おさえる 圏 예약하다, 확보하다　自慢 じまん 圏 자랑
親孝行 おやこうこう 圏 효도　タイプ 圏 타입, 유형
客室 きゃくしつ 圏 객실　満室 まんしつ 圏 만실
今回 こんかい 圏 이번　腹を立てる はらをたてる 화를 내다
機会 きかい 圏 기회　還暦 かんれき 圏 환갑
祝い いわい 圏 기념, 축하　後回し あとまわし 圏 미룸
気に食わない きにくわない 마음에 들지 않다
内緒 ないしょ 圏 비밀　旅費 りょひ 圏 여행 경비　ためる 圏 모으다
ぱあっと 閏 확, 시원하게　旅館 りょかん 圏 여관
両親 りょうしん 圏 부모(님)

4

[음성]
テレビでアナウンサーの男の人が女の人にインタビューしています。女の人はこの店の何が一番いいと言っていますか。
男:本日は、オープン以来地元民に愛されているラーメン屋「麺」にお邪魔しています。人気の秘訣を探るためお客さんに話を伺ってみましょう。この店は初めてですか。
女:常連です。今日は運よく10分くらいで入店できましたが、平日でも大抵長蛇の列ができていますね。
男:並んで食べるほど絶品ということですか。
女:そうですね。全メニューが辛いラーメンで、辛さの度合いが選べます。これは激辛ですが、中辛も程よい辛さで最高です。
男:そうですか。こちら、今期放送中のドラマで主役を演じている石橋さとしさんが経営している店舗だということですが、ご存知でしたか。
女:最初は知りませんでした。まさか、本人がラーメン作ってくれるなんてびっくりしましたよ。彼目当てに訪れるお客さんも多いと思います。
男:役者さんとしても大人気ですもんね。
女:はい。個人的にはそれを抜きにしても、やみつきになる味なので通っているんです。
男:なるほど。人気の秘密が分かりました。

女の人はこの店の何が一番いいと言っていますか。

[문제지]
1 あまり待たなくていいこと
2 味がおいしいこと
3 好きな辛さが選べること
4 有名な人のお店だということ

해석 TV에서 아나운서인 남자가 여자에게 인터뷰하고 있습니다. 여자는 이 가게의 무엇이 가장 좋다고 말하고 있습니까?
남: 오늘은, 오픈 이래 지역 주민들에게 사랑받고 있는 라면 가게 '면'을 방문했습니다. 인기의 비결을 알아보기 위해 손님에게 이야기를 들어 보죠. 이 가게는 첫 방문이신가요?
여: 단골이에요. 오늘은 운 좋게 10분 정도로 가게에 들어올 수 있었지만, 평일에도 대체로 긴 줄이 생겨 있어요.
남: 줄 서서 먹을 만큼 훌륭한 맛이라는 건가요?
여: 그렇죠. 모든 메뉴가 매운 라면이고, 맵기 정도를 고를 수 있어요. 이건 아주 매운맛인데, 중간 매운맛도 딱 좋은 맵기여서 최고예요.
남: 그렇습니까? 이곳, 이번 분기 방송 중인 드라마에서 주연을 연기하고 있는 이시바시 사토시 씨가 경영하고 있는 점포라고 하던데, 알고 계셨나요?
여: 처음에는 몰랐어요. 설마, 본인이 라면을 만들어 주다니 깜짝 놀랐어요. 그를 목적으로 방문하는 손님도 많을 거라 생각해요.
남: 배우로서도 큰 인기니까요.
여: 네. 개인적으로는 그것을 빼고도, 중독되는 맛이라서 다니고 있는 거예요.
남: 그렇군요. 인기의 비밀을 알겠습니다.

여자는 이 가게의 무엇이 가장 좋다고 말하고 있습니까?

1 그다지 기다리지 않아도 되는 점
2 맛이 맛있는 점
3 원하는 맵기를 고를 수 있는 점
4 유명한 사람의 가게라는 점

해설 여자가 이 가게의 무엇이 가장 좋다고 했는지 묻는 문제이다. 각 선택지의 핵심 내용은 1 '기다리지 않는 점', 2 '맛있는 점', 3 '맵기를 고를 수 있는 점', 4 '유명인의 가게인 점'이다. 여자가 個人的にはそれを抜きにしても、やみつきになる味なので通っているんです(개인적으로는 그것을 빼고도, 중독되는 맛이라서 다니고 있는 거예요)라고 했으므로, 2 味がおいしいこと(맛이 맛있는 점)가 정답이다. 오답 선택지 1은 대체로 긴 줄이 있다고 했고, 3, 4는 가장 좋다고 한 점이 아니므로 오답이다.

어휘 本日 ほんじつ 圏 오늘　オープン 圏 오픈　以来 いらい 圏 이래
地元民 じもとみん 圏 지역 주민　愛する あいする 圏 사랑하다
ラーメン屋 ラーメンや 라면 가게　麺 めん 圏 면
お邪魔する おじゃまする 방문하다, 실례하다　人気 にんき 圏 인기
秘訣 ひけつ 圏 비결　探る さぐる 圏 알아보다, 탐구하다
伺う うかがう 圏 듣다(聞く의 겸양어)
初来店 はつらいてん 圏 첫 방문　常連 じょうれん 圏 단골
運 うん 圏 운　入店 にゅうてん 圏 가게에 들어옴, 입점

平日 へいじつ 명 평일　大抵 たいてい 부 대개
長蛇の列 ちょうだのれつ 긴 줄　並ぶ ならぶ 동 줄 서다
絶品 ぜっぴん 명 훌륭한 맛　全メニュー ぜんメニュー 명 모든 메뉴
辛い からい い형 맵다　辛さ からさ 맵기, 매운맛
度合い どあい 명 정도　激辛 げきから 명 아주 매운맛
中辛 ちゅうから 명 중간 매운맛　程よい ほどよい い형 딱 좋다
最高 さいこう 명 최고　今期 こんき 명 이번 분기
放送 ほうそう 명 방송　ドラマ 명 드라마　主役 しゅやく 명 주연
演じる えんじる 동 연기하다　経営 けいえい 명 경영
店舗 てんぽ 명 점포　ご存知 ごぞんじ 명 알고 계심
最初 さいしょ 명 처음　まさか 부 설마　本人 ほんにん 명 본인
びっくり 부 깜짝　目当て めあて 명 목적
訪れる おとずれる 동 방문하다　役者 やくしゃ 명 배우
大人気 だいにんき 명 큰 인기
個人的だ こじんてきだ な형 개인적이다
~を抜きにして ~をぬきにして ~을 빼　やみつき 명 중독됨
通う かよう 동 다니다　秘密 ひみつ 명 비밀
有名だ ゆうめいだ な형 유명하다

5

[음성]
男の人と女の人が話しています。男の人は肩凝りを解消するためにどうすることにしましたか。
男: 最近、肩凝りがひどくて病院に行こうか迷っているんだ。
女: ええ、大丈夫？
男: うん、長時間のデスクワークのせいかなあ。薬局で勧められた鎮痛作用のある塗り薬を塗っても、気持ちいいだけで効果は感じられなくて。
女: そっか。何かスポーツはしてる？
男: 前はバスケットボールをしてたんだけど、骨折しちゃってからは全くしてないな。運動をしたら、肩もほぐれるの？
女: うん、動かさないことがよくないんだって。仕事中でも1時間に1回、軽く体を動かしてみたら？
男: 仕事に夢中になってると、時間を忘れちゃうんだよね。
女: そうだね。根本的に解決するなら、医者に診てもらうのが一番じゃないかな。
男: やっぱりそうするしかないか。勝手な自己判断でこれ以上悪化させるのも嫌だしね。

男の人は肩凝りを解消するためにどうすることにしましたか。

[문제지]
1 病院で診察を受ける
2 薬を買って塗る
3 バスケットボールをする
4 こまめに体を動かす

해석 남자와 여자가 이야기하고 있습니다. 남자는 어깨 결림을 해소하기 위해 어떻게 하기로 했습니까?
남: 요즘, 어깨 결림이 심해서 병원에 갈지 고민하고 있어.
여: 어머, 괜찮아?
남: 응, 장시간 책상에 앉아서 일한 탓인가. 약국에서 추천받은 진통 작용이 있는 바르는 약을 발라도, 기분이 좋을 뿐이고 효과는 못 느끼겠어서.
여: 그렇구나. 뭔가 스포츠는 하고 있어?
남: 전에는 농구를 했었는데, 골절해 버린 후로는 전혀 안 하고 있어. 운동을 하면, 어깨도 풀려?
여: 응, 움직이지 않는 게 좋지 않대. 일하는 중에도 1시간에 한 번, 가볍게 몸을 움직여 보면?
남: 일에 몰두해 있으면, 시간을 잊어버린단 말이지.
여: 그렇지. 근본적으로 해결하려면, 의사에게 진찰받는 게 제일이지 않을까.
남: 역시 그렇게 하는 수밖에 없나. 독단적인 자기 판단으로 이 이상 악화시키는 것도 싫으니까.

남자는 어깨 결림을 해소하기 위해 어떻게 하기로 했습니까?

1 병원에서 진찰을 받는다
2 약을 사서 바른다
3 농구를 한다
4 부지런히 몸을 움직인다

해설 남자가 어깨 결림을 해소하기 위해 어떻게 하기로 했는지 묻는 문제이다. 각 선택지의 핵심 내용은 1 '진찰 받기', 2 '약 바르기', 3 '농구 하기', 4 '몸 움직이기'이다. 여자가 根本的に解決するなら、医者に診てもらうのが一番じゃないかな(근본적으로 해결하려면, 의사에게 진찰받는 게 제일이지 않을까)라고 하자, 남자가 やっぱりそうするしかないか。勝手な自己判断でこれ以上悪化させるのも嫌だしね(역시 그렇게 하는 수밖에 없나. 독단적인 자기 판단으로 이 이상 악화시키는 것도 싫으니까)라고 했으므로, 1 病院で診察を受ける(병원에서 진찰을 받는다)가 정답이다. 오답 선택지 2는 이미 했지만 효과가 없었고, 3은 골절 후에는 안 한다고 했으며, 4는 일에 몰두해 있으면 시간을 잊어버린다고 했으므로 오답이다.

어휘 肩凝り かたこり 명 어깨 결림　解消 かいしょう 명 해소
ひどい い형 심하다　迷う まよう 동 고민하다, 망설이다
長時間 ちょうじかん 명 장시간
デスクワーク 명 책상에 앉아서 일함, 사무 작업
薬局 やっきょく 명 약국　勧める すすめる 동 추천하다
鎮痛 ちんつう 명 진통　作用 さよう 명 작용
塗り薬 ぬりぐすり 명 바르는 약　塗る ぬる 동 바르다
気持ち きもち 명 기분　効果 こうか 명 효과　スポーツ 명 스포츠
バスケットボール 명 농구　骨折 こっせつ 명 골절
全く まったく 부 전혀　運動 うんどう 명 운동　ほぐれる 동 풀리다
動かす うごかす 동 움직이다　軽い かるい い형 가볍다
夢中だ むちゅうだ な형 몰두하다　忘れる わすれる 동 잊다
根本的だ こんぽんてきだ な형 근본적이다　解決 かいけつ 명 해결

医者 いしゃ 명 의사　診る みる 동 진찰하다
勝手だ かってだ な형 독단적이다, 제멋대로다
自己判断 じこはんだん 명 자기 판단　以上 いじょう 명 이상
悪化 あっか 명 악화　嫌だ いやだ な형 싫다
病院 びょういん 명 병원　診察 しんさつ 명 진찰
こまめだ な형 부지런하다

6

[음성]
テレビで女の人が新しいサービスについて話しています。このサービスはどのように使いますか。

女: 最近、インターネットを使ったネットショッピングの利用が急激に増えていますが、今日、ご紹介するコンビニ受け取りサービスは、ご自宅での荷物の受け取りが難しい人向けに作られました。まず、注文のときに近くのコンビニを登録してもらい、配達の人はコンビニにあるロッカーに荷物を入れておきます。受け取る人は配達の人が指定したパスワードを入れて、ロッカーから荷物を取り出します。普通、荷物の配達は朝8時から夜9時までですが、その時間帯に家にいない方も多いです。人がいない家に配達に行って、その荷物を持ち帰ることでコストもかかります。受け取る人にとって便利なだけではなく、配達する人にとってもいいサービスですね。

このサービスはどのように使いますか。

[문제지]
1 ロッカーでパスワードを設定する
2 注文の時にコンビニを登録する
3 持ち帰った荷物について連絡する
4 受け取りの前に配達の時間を指定する

해석 텔레비전에서 여자가 새로운 서비스에 대해 이야기하고 있습니다. 이 서비스는 어떻게 사용합니까?
여: 최근, 인터넷을 사용한 인터넷 쇼핑 이용이 급격히 늘고 있습니다만, 오늘, 소개 드리는 편의점 수취 서비스는, 자택에서의 물건 수취가 어려운 사람을 위해 만들어 졌습니다. 우선, 주문할 때 근처 편의점을 등록받고, 배달원은 편의점에 있는 로커에 물건을 넣어둡니다. 수취인은 배달원이 지정한 비밀번호를 넣어, 로커에서 물건을 꺼냅니다. 보통, 물건의 배달은 아침 8시에서 밤 9시까지입니다만, 그 시간대에 집에 없는 분도 많습니다. 사람이 없는 집에 배달을 가서, 그 물건을 가지고 돌아오는 것으로 비용도 듭니다. 수취인에게 있어서 편리할 뿐만 아니라, 배달하는 사람에게 있어서도 좋은 서비스네요.

이 서비스는 어떻게 사용합니까?

1 로커에서 비밀번호를 설정한다
2 주문할 때 편의점을 등록한다
3 가지고 돌아온 물건에 대해 연락한다
4 수취 전에 배달 시간을 지정한다

해설 서비스 사용 방법을 묻는 문제이다. 각 선택지의 핵심 내용은 1 '사물함 비밀번호 설정', 2 '편의점 등록', 3 '가지고 돌아온 물건에 대해 연락', 4 '배달 시간 지정'이다. 여자가 먼저, 注文のときに近くのコンビニを登録してもらい(우선, 주문할 때 근처 편의점을 등록받고)라고 했으므로, 2 注文の時にコンビニを登録する(주문할 때 편의점을 등록한다)가 정답이다. 오답 선택지 1은 배달원이 하는 일이고, 3과 4는 언급되지 않았으므로 오답이다.

어휘 サービス 명 서비스　最近 さいきん 명 최근
インターネット 명 인터넷　ネットショッピング 명 인터넷 쇼핑
利用 りよう 명 이용　急激だ きゅうげきだ な형 급격하다
増える ふえる 동 늘다, 증가하다　紹介 しょうかい 명 소개
コンビニ 명 편의점　受け取る うけとる 동 수취하다, 받다
自宅 じたく 명 자택　荷物 にもつ 명 물건, 짐　まず 부 우선, 먼저
注文 ちゅうもん 명 주문　登録 とうろく 명 등록
配達の人 はいたつのひと 명 배달원　ロッカー 명 로커, 사물함
指定 してい 명 지정　パスワード 명 비밀번호
取り出す とりだす 동 꺼내다　普通 ふつう 부 보통, 대게
時間帯 じかんたい 명 시간대
持ち帰る もちかえる 동 가지고 돌아가다　コスト 명 비용, 코스트
かかる 동 (비용이) 들다　設定 せってい 명 설정
連絡 れんらく 명 연락

☞ 문제 3은 문제지에 아무것도 인쇄되어 있지 않습니다. 따라서, 예제를 들려줄 때, 그 내용을 들으면서 개요이해의 문제 풀이 전략을 떠올려 봅니다. 음성에서 では、始めます(그러면, 시작합니다)가 들리면, 곧바로 문제 풀 준비를 합니다.
음성 디렉션과 예제는 실전모의고사 1의 해설(p.209)에서 확인할 수 있습니다.

1

[음성]
ラジオで男の人が話しています。

男: えー、野菜を作っている農家として話をしていますが、聞いてくださっている皆さんにひとつ、お願いがあります。最近、インターネット上でご自分の撮った写真を共有することが非常にはやっています。私の畑にも時々写真を撮りに来ている人がいるみたいで、車や人が通った跡が残っていることがあるんですが、勝手に畑に入るのはやめてください。外部から来た人の靴の裏や車のタイヤについた土から、野菜によくない病気が広がることがあります。そうするとその土地での野菜作りはその後何年もできなくなるのです。その地域全体が借金をして失業することもありえます。どうか、このことを覚えておいてください。

男の人は何について話していますか。
1 写真の共有のよくない点
2 畑に入ってはいけない理由
3 野菜の病気の広がり方
4 野菜の病気と失業の関係

해석 라디오에서 남자가 이야기하고 있습니다.

남: 음, 야채를 재배하고 있는 농가로서 이야기를 하고 있습니다만, 들어 주시고 있는 여러분에게 하나, 부탁이 있습니다. 최근, 인터넷상에서 자신이 찍은 사진을 공유하는 일이 대단히 유행하고 있습니다. 저의 밭에도 때때로 사진을 찍으러 오고 있는 사람이 있는 것 같아서, 차나 사람이 다닌 흔적이 남아 있는 경우가 있습니다만, 마음대로 밭에 들어오는 것은 멈춰 주세요. 외부에서 온 사람의 구두 바닥이나 자동차의 바퀴에 붙은 흙에서, 야채에 좋지 않은 병이 퍼지는 경우가 있습니다. 그러면 그 토지에서의 야채 키우기는 그 후 몇 년이나 할 수 없게 되는 것입니다. 그 지역 전체가 빚을 지고 실업하는 경우도 있을 수 있습니다. 부디, 이것을 기억해 주세요.

남자는 무엇에 대해 이야기하고 있습니까?

1 사진 공유의 좋지 않은 점
2 밭에 들어가서는 안 되는 이유
3 야채의 병이 퍼지는 법
4 야채의 병과 실업의 관계

해설 상황 설명에서 언급된 화자가 남자 한 명이므로, 주제나 핵심 내용을 묻는 문제가 나올 것임을 예상한다. 남자가 人の靴の裏や車のタイヤについた土から、野菜によくない病気が広がること(사람의 구두 바닥이나 자동차의 바퀴에 붙은 흙에서, 야채에 좋지 않은 병이 퍼지는 경우), 野菜作りはその後何年もできなくなるの(야채 키우기는 그 후 몇 년이나 할 수 없게 되는 것), その地域全体が借金をして失業(그 지역 전체가 빚을 지고 실업)라고 했다. 질문에서 남자가 무엇에 대해 이야기하고 있는지 묻고 있으므로, 2 畑に入ってはいけない理由(밭에 들어가서는 안 되는 이유)가 정답이다.

어휘 野菜を作る やさいをつくる 야채를 재배하다　農家 のうか 圐 농가
最近 さいきん 圐 최근　インターネット 圐 인터넷
共有 きょうゆう 圐 공유　非常に ひじょうに 凰 대단히
はやる 圄 유행하다　畑 はたけ 圐 밭　通る とおる 圄 다니다
跡 あと 圐 흔적　残る のこる 圄 남다
勝手だ かってだ 圀 마음대로이다　やめる 圄 멈추다
外部 がいぶ 圐 외부　靴の裏 くつのうら 圐 구두 바닥
タイヤ 圐 바퀴, 타이어　つく 圄 붙다　土 つち 圐 흙
広がる ひろがる 圄 퍼지다　土地 とち 圐 토지
野菜作り やさいづくり 圐 야채 키우기
地域全体 ちいきぜんたい 圐 지역 전체　借金 しゃっきん 圐 빚
失業 しつぎょう 圐 실업　どうか 凰 부디　理由 りゆう 圐 이유
関係 かんけい 圐 관계

2

[음성]
テレビで、女の人と専門家が話しています。

女: 今日は大気汚染について考えます。
男: はい。大気汚染は車や工場から排出されるガスが主な原因で、植物の成長を妨げたり、目や喉のかゆみ、呼吸器官の疾患などを引き起こしたりすることが報告されています。
女: なるほど。我が国でも改善に向けた様々な試みが行われているそうですね。
男: ええ、汚染物質を削減するための施策が国を挙げて実施されています。まずは自動車排気ガスの規制です。これは憲法や条例などでエンジンから出る有害物質の上限を定めるものです。
女: 他にもありますか。
男: 次に電気自動車の普及促進です。走行時に排気ガスを出さない電気自動車は大きな期待が寄せられているものの、車両価格の高さや充電スタンドの不足など本格化するには未だ課題が山積みなのが現状です。
女: はい。懸念点もありますが、皆で協力して次世代に住みやすい地球を残したいですね。

専門家は主に何について話していますか。
1 大気汚染の原因となる物質
2 大気汚染による健康被害
3 大気汚染に対する国内での取り組み
4 大気汚染解決にあたっての課題

해석 텔레비전에서, 여자와 전문가가 이야기하고 있습니다.

여: 오늘은 대기 오염에 대해 생각해 보겠습니다.
남: 네. 대기 오염은 자동차나 공장에서 배출되는 가스가 주된 원인으로, 식물의 성장을 방해하거나, 눈과 목의 가려움, 호흡 기관의 질환 등을 유발하거나 하는 것으로 보고되고 있습니다.
여: 그렇군요. 우리나라에서도 개선을 향한 다양한 시도가 이루어지고 있다고 하죠?
남: 네, 오염 물질을 삭감하기 위한 정책이 국가적으로 실시되고 있습니다. 우선은 자동차 배기가스 규제입니다. 이것은 헌법이나 조례 등으로 엔진에서 나오는 유해 물질의 상한을 정하는 것입니다.
여: 다른 것도 있나요?
남: 다음으로 전기 자동차의 보급 촉진입니다. 주행 시에 배기가스를 내보내지 않는 전기 자동차는 큰 기대가 모아지고 있지만, 차량 가격의 비싼 것이나 충전소의 부족 등 본격화하기에는 아직 과제가 산더미인 것이 현재 상황입니다.
여: 네. 우려되는 점도 있지만, 모두가 협력해서 다음 세대에 살기 좋은 지구를 남기고 싶네요.

전문가는 주로 무엇에 대해 이야기하고 있습니까?

1 대기 오염의 원인이 되는 물질

2 대기 오염에 의한 건강 피해
3 대기 오염에 대한 국내에서의 대처
4 대기 오염 해결에 있어서의 과제

해설 상황 설명에서 언급된 화자가 여자와 전문가 두 명이므로, 두 번째로 언급된 화자, 즉 전문가의 생각이나 행위의 목적을 묻는 문제가 나올 것임을 예상한다. 전문가가 汚染物質を削減するための施策が国を挙げて実施されています(오염 물질을 삭감하기 위한 정책이 국가적으로 실시되고 있습니다), 自動車排気ガスの規制です(자동차 배기가스 규제입니다), 次に電気自動車の普及促進です(다음으로 전기 자동차의 보급 촉진입니다)라고 했다. 질문에서 전문가가 주로 무엇에 대해 이야기하고 있는지 묻고 있으므로, 3 大気汚染に対する国内での取り組み(대기 오염에 대한 국내에서의 대처)가 정답이다.

어휘 専門家 せんもんか 몡 전문가 大気 たいき 몡 대기
汚染 おせん 몡 오염 工場 こうじょう 몡 공장
排出 はいしゅつ 몡 배출 ガス 몡 가스 主だ おもだ な형 주되다
原因 げんいん 몡 원인 植物 しょくぶつ 몡 식물
成長 せいちょう 몡 성장 妨げる さまたげる 동 방해하다
喉 のど 몡 목 かゆみ 몡 가려움 呼吸 こきゅう 몡 호흡
器官 きかん 몡 기관 疾患 しっかん 몡 질환
引き起こす ひきおこす 동 유발하다 報告 ほうこく 몡 보고
改善 かいぜん 몡 개선 向ける むける 동 향하다
様々だ さまざまだ な형 다양하다 試み こころみ 몡 시도
物質 ぶっしつ 몡 물질 削減 さくげん 몡 삭감
施策 しさく 몡 정책, 시책 国を挙げて くにをあげて 국가적으로
実施 じっし 몡 실시 自動車 じどうしゃ 몡 자동차
排気 はいき 몡 배기 規制 きせい 몡 규제 憲法 けんぽう 몡 헌법
条例 じょうれい 몡 조례 エンジン 몡 엔진 有害 ゆうがい 몡 유해
上限 じょうげん 몡 상한(선) 定める さだめる 동 정하다
電気 でんき 몡 전기 普及 ふきゅう 몡 보급 促進 そくしん 몡 촉진
走行 そうこう 몡 주행 期待 きたい 몡 기대
寄せられる よせられる 동 모아지다 車両 しゃりょう 몡 차량
価格 かかく 몡 가격 充電 じゅうでん 몡 충전 スタンド (충전)소
不足 ふそく 몡 부족 本格化 ほんかくか 몡 본격화
未だ いまだ 부 아직 課題 かだい 몡 과제
山積み やまづみ 몡 산더미 現状 げんじょう 몡 현재 상황
懸念点 けねんてん 우려되는 점 協力 きょうりょく 몡 협력
次世代 じせだい 몡 다음 세대 地球 ちきゅう 몡 지구
残す のこす 동 남기다 健康 けんこう 몡 건강
被害 ひがい 몡 피해 国内 こくない 몡 국내
取り組み とりくみ 몡 대처 解決 かいけつ 몡 해결

3

[음성]
レポーターが男の人にインタビューをしています。
女: 最近、仕事を休むときや遅刻する時に、会社にケータイのメッセージアプリで連絡する人がいるようですが、どう思いますか。

男: えー、悪くないと思いますよ。電車の中にいる時なんか、電話できないですから、便利ですよね。でも、私は使えないですね。やっぱり、電話で話したほうが確実に伝わりますから、そのほうがいいですよ。それに、うちの会社では、会社の中で個人のケータイの使用は禁止されているんです。会社の情報を守るためなんですけどね。

男の人はケータイの使用についてどう思っていますか。
1 便利だから使いたい
2 電話を使ったほうがいい
3 禁止したほうがいい
4 情報を守るために使わない

해석 리포터가 남자에게 인터뷰를 하고 있습니다.
여: 최근, 일을 쉴 때나 지각할 때, 회사에 휴대폰 메시지 어플로 연락하는 사람이 있는 것 같은데요, 어떻게 생각하시나요?
남: 음, 나쁘지 않다고 생각해요. 전철 안에 있을 때 라든지, 전화할 수 없으니까, 편리하지요. 하지만, 저는 사용할 수 없어요. 역시, 전화로 이야기하는 편이 확실하게 전달되니까, 그쪽이 좋아요. 게다가, 저희 회사에서는, 회사 안에서 개인 휴대폰의 사용이 금지되어 있어요. 회사 정보를 지키기 위해서이지만요.

남자는 휴대폰 사용에 대해 어떻게 생각하고 있습니까?
1 편리하니까 사용하고 싶다
2 전화를 사용하는 편이 좋다
3 금지하는 편이 좋다
4 정보를 지키기 위해서 사용하지 않는다

해설 상황 설명에서 언급된 화자가 리포터와 남자 두 명이므로, 뒤에 언급된 화자, 즉 남자의 생각이나 행위의 목적을 묻는 문제가 나올 것임을 예상한다. 대화에서, 리포터가 쉴 때나 지각할 때 메시지 어플로 연락을 하는 것에 대해 어떻게 생각하냐고 하자, 남자는 やっぱり、電話で話したほうが確実に伝わりますから、そのほうがいいですよ(역시, 전화로 이야기하는 편이 확실하게 전달되니까, 그쪽이 좋아요)라고 했다. 질문에서 남자가 휴대폰 메시지 어플의 사용에 대해 어떻게 생각하고 있는지 묻고 있으므로, 2 電話を使ったほうがいい(전화를 사용하는 편이 좋다)가 정답이다.

어휘 最近 さいきん 몡 최근 遅刻 ちこく 몡 지각 ケータイ 몡 휴대폰
メッセージ 몡 메시지 アプリ 몡 어플 連絡 れんらく 몡 연락
思う おもう 동 생각하다 ~なんか 조 ~라든지
便利だ べんりだ な형 편리하다 やっぱり 부 역시
確実だ かくじつだ な형 확실하다 伝わる つたわる 동 전달되다
それに 접 게다가 個人 こじん 몡 개인 使用 しよう 몡 사용
禁止 きんし 몡 금지 情報 じょうほう 몡 정보
守る まもる 동 지키다

4

[음성]

ラジオで女の人が話しています。

女：外国から日本に来た観光客に、抹茶が大人気だそうです。空港のお土産品売り場では、抹茶の入ったクッキーやチョコレートなど、いろいろな種類のお菓子をよく見かけます。外国の皆さんに抹茶が受け入れられている反面、私達日本人がお茶のお店でお茶の葉を買うことは少なくなっているそうです。行ったことがない人もいるんじゃないでしょうか。お茶屋さんはお茶の葉だけでなく、お茶を飲むための道具なども置いてあります。お勧めしたいのは、お茶の葉を保管しておく缶、茶葉缶というんですが、湿気が入らない缶ですので、いろいろなものを入れるのに便利です。ぜひ一度、町のお茶屋さんに行って、商品を見てみてください。

女の人は何の話をしていますか。

1　人気がある抹茶の種類
2　お茶の葉を買う回数の減少
3　お茶の葉と湿気の関係
4　お茶の店で売っているもの

해석 라디오에서 여자가 이야기하고 있습니다.

여: 외국에서 일본에 온 관광객에게, 말차가 대인기라고 합니다. 공항의 토산품 매장에서는, 말차가 들어간 쿠키나 초콜릿 등, 여러 가지 종류의 과자를 자주 봅니다. 외국의 여러분에게 말차가 받아들여지고 있는 반면, 우리 일본인들이 찻집에서 찻잎을 사는 일은 적어지고 있다고 합니다. 간 적이 없는 사람도 있는 것은 아닐까요? 찻집은 찻잎뿐만 아니라, 차를 마시기 위한 도구 등도 두고 있습니다. 추천하고 싶은 것은, 찻잎을 보관해 두는 통, 찻잎통이라고 합니다만, 습기가 들어가지 않는 통이기 때문에, 다양한 것을 넣는 데에 편리합니다. 꼭 한 번, 마을의 찻집에 가서, 상품을 봐 주십시오.

여자는 무슨 이야기를 하고 있습니까?

1　인기가 있는 말차의 종류
2　찻잎을 사는 횟수의 감소
3　찻잎과 습기의 관계
4　찻집에서 팔고 있는 것

해설 상황 설명에서 언급된 화자가 여자 한 명이므로, 주제나 핵심 내용을 묻는 문제가 나올 것임을 예상한다. 여자가 お茶屋さんはお茶の葉だけでなく、お茶を飲むための道具なども置いてあります(찻집은 찻잎뿐만 아니라, 차를 마시기 위한 도구 등도 두고 있습니다)라고 했다. 질문에서 여자가 무슨 이야기를 하고 있는지 묻고 있으므로, 4 お茶の店で売っているもの(찻집에서 팔고 있는 것)가 정답이다.

어휘 日本 にほん 명 일본　観光客 かんこうきゃく 명 관광객
抹茶 まっちゃ 명 말차　大人気 だいにんき 명 대인기

空港 くうこう 명 공항
お土産品売り場 おみやげひんうりば 명 토산품 매장
クッキー 명 쿠키　チョコレート 명 초콜릿　種類 しゅるい 명 종류
見かける みかける 동 보다, 눈에 들어오다
受け入れる うけいれる 동 받아들이다　反面 はんめん 명 반면
私達 わたしたち 명 우리들　日本人 にほんじん 명 일본인
お茶の葉 おちゃのは 명 찻잎　お茶屋さん おちゃやさん 명 찻집
道具 どうぐ 명 도구　お勧め おすすめ 명 추천
保管 ほかん 명 보관　缶 かん 명 통
茶葉缶 ちゃばかん 명 찻잎통　湿気 しっけ 명 습기
便利だ べんりだ な형 편리하다　ぜひ 부 꼭
商品 しょうひん 명 상품　人気 にんき 명 인기
回数 かいすう 명 횟수　減少 げんしょう 명 감소
関係 かんけい 명 관계

5

[음성]

町の市民講座で、男の人が話しています。

男：えー、自分の価値観を見つけるというのは、それほど難しいことではありません。まず、あなたの人生で死ぬまでにしたいことを考えてください。今、したいことではなく、死ぬまでにしたいことです。欲しいものや、仕事、家族のこと、勉強したいこと、行きたいところ、なんでも構いません。次に、なぜ、それがしたいのか、どうしたら実現できるのかを考えてみましょう。たくさんある人は、やりたい順番をつけてください。このような作業から、あなたの大切にしたいものが見えてくるはずです。自分探しをすると言いながら、旅行したり、仕事を離れたりする人がいますが、あなたの大切なものは、日常の中から見つかるはずです。

男の人は何の話をしていますか。

1　価値観を見つけることの難しさ
2　自分の大切なものを見つける方法
3　死ぬまでにしたいことの選び方
4　したいことに順番をつける意味

해석 마을의 시민 강좌에서, 남자가 이야기하고 있습니다.

남: 음, 자신의 가치관을 발견한다는 것은, 그렇게 어려운 일이 아닙니다. 우선, 당신의 인생에서 죽을 때까지 하고 싶은 것을 생각해 주세요. 지금, 하고 싶은 것이 아니라, 죽을 때까지 하고 싶은 일입니다. 갖고 싶은 것이나, 일, 가족, 공부하고 싶은 것, 가고 싶은 곳, 뭐라도 상관없습니다. 다음으로, 왜, 그것이 하고 싶은 것인지, 어떻게 하면 실현 가능한지를 생각해 봅시다. 많이 있는 사람은, 하고 싶은 순서를 부여해 주세요. 이러한 작업에서, 당신이 소중하게 하고 싶은 것이 보여 올 것입니다. 자아 찾기를 한다고 말하면서, 여행하거나, 일을 떠나거나 하는 사람이 있습니다만, 당신의 소중한 것은, 일상 안에서 발견되는 것입니다.

남자는 무슨 이야기를 하고 있습니까?
1 가치관을 발견하는 것의 어려움
2 자신의 소중한 것을 발견하는 방법
3 죽을 때까지 하고 싶은 일을 고르는 법
4 하고 싶은 일에 순서를 부여하는 의미

해설 상황 설명에서 언급된 화자가 남자 한 명이므로, 주제나 핵심 내용을 묻는 문제가 나올 것임을 예상한다. 남자가 あなたの人生で死ぬまでにしたいことを考えてください(당신의 인생에서 죽을 때까지 하고 싶은 것을 생각해 주세요), このような作業から、あなたの大切にしたいものが見えてくるはずです(이러한 작업에서, 당신이 소중하게 하고 싶은 것이 보여 올 것입니다)라고 했다. 질문에서 남자가 무슨 이야기를 하고 있는지 묻고 있으므로, 2 自分の大切なものを見つける方法(자신의 소중한 것을 발견하는 방법)가 정답이다.

어휘 価値観 かちかん 圀가치관　見つける みつける 圄발견하다
それほど 匣그렇게　まず 囝우선　人生 じんせい 圀인생
考える かんがえる 圄생각하다　構う かまう 圄상관하다
実現 じつげん 圀실현
順番をつける じゅんばんをつける 순서를 부여하다
作業 さぎょう 圀작업　見える みえる 圄보이다
自分探し じぶんさがし 圀자아 찾기　離れる はなれる 圄떨어지다
日常 にちじょう 圀일상　見つかる みつかる 圄발견되다
方法 ほうほう 圀방법　選ぶ えらぶ 圄고르다

☞ 문제 4는 문제지에 아무것도 인쇄되어 있지 않습니다. 따라서, 예제를 들려줄 때, 그 내용을 들으면서 즉시응답의 문제 풀이 전략을 떠올려 봅니다. 음성에서 では、始めます(그러면, 시작합니다)가 들리면, 곧바로 문제 풀 준비를 합니다.
음성 디렉션과 예제는 실전모의고사 1의 해설(p.213)에서 확인할 수 있습니다.

1

[음성]
女：田中さん、これを部署の人数分刷って、午前のうちに全員に配ってくれないかな。
男：1 あ、まだ印刷していません。
　　2 はい、午後の会議の際に渡します。
　　3 はい、後ほど配布しておきます。

해석 여: 다나카 씨, 이걸 부서 인원 수만큼 인쇄해서, 오전 중에 전원에게 나눠 주지 않을래?
남: 1 아, 아직 인쇄하지 않았습니다.
　　2 네, 오후 회의 때 건네드리겠습니다.
　　3 네, 나중에 배포해 두겠습니다.

해설 여자가 남자에게 자료를 인쇄해서 전원에게 나눠 달라고 요청하는 상황이다.
1 (X) 막 인쇄를 부탁한 상황과 맞지 않다.
2 (X) 오전 중에 나눠 달라고 한 상황과 맞지 않다.
3 (O) 여자의 요청에 응하는 적절한 응답이다.

어휘 部署 ぶしょ 圀부서　人数 にんずう 圀인원 수
刷る する 圄인쇄하다　午前 ごぜん 圀오전
～うちに ~중에, ~동안에　全員 ぜんいん 圀전원
配る くばる 圄나눠 주다　印刷 いんさつ 圀인쇄
午後 ごご 圀오후　会議 かいぎ 圀회의　際 さい 圀때
渡す わたす 圄건네다　後ほど のちほど 나중에
配布 はいふ 圀배포

2

[음성]
女：いらっしゃいませ。本日はどのようなご用でしょうか。
男：1 ちょっと私にもわかりませんねえ。
　　2 天気が良くて、気持ちいい日ですね。
　　3 営業の吉田様にお会いしたいのですが。

해석 여: 어서오세요. 오늘은 어떤 용무이신가요?
남: 1 좀 저로서도 모르겠네요.
　　2 날씨가 좋아서, 기분 좋은 날이네요.
　　3 영업의 요시다 님을 만나 뵙고 싶습니다만.

해설 여자가 접수처에서 손님을 맞이하는 상황이다.
1 (X) 용무가 있어서 찾아 온 상황과 맞지 않다.
2 (X) 어떤 용무인지를 묻는 상황과 맞지 않다.
3 (O) 어떤 용무로 왔는지 답하는 적절한 응답이다.

어휘 本日 ほんじつ 圀오늘　ご用 ごよう 圀용무　気持ち きもち 圀기분
日 ひ 圀날　営業 えいぎょう 圀영업

3

[음성]
男：この漢字ってどう読むんだったっけ？
女：**1 私も分からないなあ。**
　　2 ここを読んでくれる？
　　3 漢字、得意だったんだね。

해석 남: 이 한자는 어떻게 읽는 거지?
여: **1 나도 모르겠네.**
　　2 여기를 읽어 줄래?
　　3 한자, 잘했었구나.

해설 남자가 여자에게 한자를 어떻게 읽는지 묻는 상황이다.
1 (O) 남자의 물음에 자신도 모른다고 응답하고 있으므로 적절한 응답이다.
2 (X) 남자가 한자 읽는 법을 물었는데, 여자가 오히려 남자에게 읽어 달라고 요청하는 내용이므로 상황에 맞지 않다.
3 (X) 漢字(한자)를 반복 사용하여 혼동을 준 오답이다.

어휘 得意だ とくいだ [な형]잘하다, 능하다

4

[음성]
女：昨日見た最新作はシリーズ史上最高におもしろかったよ。高橋さんにもぜひ見てほしいな。
男：1 絶対に欲しいよね。
　　2 それは、見ないわけにはいかないな。
　　3 昨日は最高だったね。

해석 여: 어제 본 최신작은 시리즈 사상 최고로 재미있었어. 다카하시 씨도 꼭 봤으면 좋겠어.
　　　남: 1 반드시 가지고 싶지.
　　　　　2 그건, 안 볼 수가 없겠네.
　　　　　3 어제는 최고였지.

해설 여자가 남자에게 어제 본 영화를 강력히 추천하는 상황이다.
　　1 (X) 질문에서 '~했으면 좋겠다'라는 뜻으로 쓰인 ほしい를 '가지고 싶다'라는 뜻으로 사용하여 혼동을 준 오답이다.
　　2 (O) 여자의 추천에 흥미를 느끼는 적절한 응답이다.
　　3 (X) 남자는 영화를 보지 않은 상황과 맞지 않다.

어휘 最新作 さいしんさく 명 최신작　シリーズ 명 시리즈
　　史上 しじょう 명 사상　最高 さいこう 명 최고　ぜひ 부 꼭
　　絶対に ぜったいに 부 절대로　欲しい ほしい い형 갖고 싶다
　　~ないわけにはいかない ~하지 않을 수 없다

5

[음성]
男：来週、予選でしょ？練習頑張ってただけに今年こそ決勝進出できるといいね。
女：1 練習不足のせいかな。
　　2 いつも勝ってるからね。
　　3 そうだね、見に来てくれる？

해석 남: 다음 주, 예선이지? 연습 열심히 한 만큼 올해야말로 결승 진출할 수 있으면 좋겠네.
　　　여: 1 연습 부족 탓일까?
　　　　　2 항상 이기니까 말이야.
　　　　　3 그러게, 보러 와 줄래?

해설 남자가 여자가 결승에 진출하길 응원하는 상황이다.
　　1 (X) 練習(れんしゅう)를 반복 사용하여 혼동을 준 오답이다.
　　2 (X) 올해야말로, 즉 지금까지 결승에 진출하지 못했던 상황과 맞지 않다.
　　3 (O) 남자의 응원을 받아들이며 직접 경기를 보러 와 줄 것을 제안하는 적절한 응답이다.

어휘 予選 よせん 명 예선　練習 れんしゅう 명 연습
　　頑張る がんばる 동 열심히 하다　~だけに ~인 만큼
　　今年 ことし 명 올해　決勝 けっしょう 명 결승
　　進出 しんしゅつ 명 진출　不足 ふそく 명 부족　勝つ かつ 동 이기다

6

[음성]
女：締め切りぎりぎりになっちゃったけど、なんとか科学のレポートを提出できたよ。
男：**1 それはよかったね。**
　　2 遅れることなく出してね。
　　3 何の締め切りだったの？

해석 여: 마감이 빠듯해져 버렸지만, 어떻게든 과학 리포트를 제출할 수 있었어.
　　　남: **1 그건 다행이네.**
　　　　　2 늦지 않게 제출해.
　　　　　3 무슨 마감이었어?

해설 여자가 남자에게 마감이 빠듯했지만 과학 리포트를 제출할 수 있었다며 안도감을 전하는 상황이다.
　　1 (O) 여자가 리포트를 제출했다는 것에 대해 다행이라며 공감하고 있으므로 적절한 응답이다.
　　2 (X) 여자는 이미 제출했는데, 남자는 늦지 않게 제출하라고 하고 있으므로 시점이 맞지 않다.
　　3 (X) 여자가 과학 리포트라고 명확하게 말한 상황과 맞지 않다.

어휘 締め切り しめきり 명 마감, 기한　ぎりぎりだ な형 빠듯하다
　　なんとか 부 어떻게든　科学 かがく 명 과학
　　提出 ていしゅつ 명 제출　遅れる おくれる 동 늦다
　　~ことなく ~하지 않고, ~없이

7

[음성]
男：悪いけど、この書類、あっちに置いといてほしいんだけど。
女：1 あれを全部、持ってきますね。
　　2 ここにあるの、全部ですか。
　　3 これから、謝りに行きます。

해석 남: 미안한데, 이 서류, 저쪽에 두었으면 하는데.
　　　여: 1 저것을 전부, 가지고 올게요.
　　　　　2 여기에 있는 것, 전부인가요?
　　　　　3 이제부터, 사과하러 갑니다.

해설 남자가 서류를 저쪽에 둬 달라고 부탁하는 상황이다.
　　1 (X) 서류를 저쪽으로 옮겨달라는 상황과 맞지 않다.
　　2 (O) 남자가 부탁하는 내용에 대해 확인하는 적절한 응답이다.
　　3 (X) 悪い(미안하다)와 관련된 謝る(사과하다)를 사용하여 혼동을 준 오답이다.

어휘 悪い わるい い형 미안하다　書類 しょるい 명 서류
　　謝る あやまる 동 사과하다

8

[음성]
女: もともとアニメには疎いんですが、あまりに大人気なものだから見てみました。
男: 1 どうでしたか。はまったんじゃないですか。
　　2 まだそこまでブームになってないみたいですね。
　　3 こんなに引き込まれるとは予想外でした。

해석 여: 원래 애니메이션은 잘 모르는데, 너무 큰 인기라서 봐 봤어요.
　　남: 1 어땠어요? 빠져든 거 아니에요?
　　　　2 아직 그 정도로 붐이 되지는 않은 것 같네요.
　　　　3 이렇게 몰입될 줄은 예상 밖이었어요.

해설 여자가 호기심에 큰 인기인 애니메이션을 봤다는 사실을 전하는 상황이다.
　　1 (O) 인기인 애니메이션에 여자도 빠져들었는지 묻는 적절한 응답이다.
　　2 (X) 큰 인기라고 한 여자의 말과 맞지 않다.
　　3 (X) 여자가 애니메이션을 본 상황에 여자가 해야 할 말이므로 오답이다.

어휘 もともと 🖫 원래　アニメ 🖫 애니메이션
　　疎い うとい 🖫 잘 모르다, 물정에 어둡다　あまりに 🖫 너무
　　大人気 だいにんき 🖫 큰 인기　はまる 🖫 빠져들다, 푹 빠지다
　　ブーム 🖫 붐, 유행　引き込む ひきこむ 🖫 몰입하다
　　予想外 よそうがい 🖫 예상 외

9

[음성]
男: 休日にしては、駅前が閑散としていますね。
女: 1 人が一気に増えましたね。
　　2 休日だから仕方ないですよ。
　　3 普段はもっと賑わっていますよね。

해석 남: 휴일치고는 역 앞이 한산하네요.
　　여: 1 사람이 단숨에 늘었네요.
　　　　2 휴일이니까 어쩔 수 없죠.
　　　　3 평소에는 더 북적이죠.

해설 남자가 휴일인데도 한산한 역 앞의 분위기에 의아함을 표현하는 상황이다.
　　1 (X) 閑散(한산)한 상황에 人が増える(사람이 늘다)라고 함으로써 혼동을 준 오답이다.
　　2 (X) 휴일치고는, 즉 휴일에는 역 앞이 북적이는 상황과 맞지 않다.
　　3 (O) 평소에는 북적인다며 맞장구치고 있으므로 적절한 응답이다.

어휘 休日 きゅうじつ 🖫 휴일　~にしては ~치고는
　　駅前 えきまえ 🖫 역 앞　閑散だ かんさんだ 🖫 한산하다
　　一気 いっき 🖫 단숨　仕方ない しかたない 🖫 어쩔 수 없다
　　普段 ふだん 🖫 평소　賑わう にぎわう 🖫 북적이다

10

[음성]
女: このノートパソコン、動作の鈍さを除いては文句ないんだけどねえ。
男: 1 じゃあ、何が不満なの?
　　2 修理に出してみたら?
　　3 それはなによりだね。

해석 여: 이 노트북, 동작이 느린 것을 빼고는 불만 없는데 말이야.
　　남: 1 그럼, 뭐가 불만인데?
　　　　2 수리를 맡겨보면 어때?
　　　　3 그건 더할 나위 없네.

해설 여자가 노트북의 동작이 느린 것에 대해 아쉽다고 말하는 상황이다.
　　1 (X) 느린 것이 불만이라고 했으므로 상황과 맞지 않다.
　　2 (O) 여자가 언급한 문제점에 대해 해결책을 제안하는 적절한 응답이다.
　　3 (X) 불만, 즉 부족한 점이 있는 상황과 맞지 않다.

어휘 ノートパソコン 🖫 노트북　動作 どうさ 🖫 동작
　　鈍さ にぶさ 🖫 느린 것, 둔함　~を除いて ~をのぞいて ~을 빼고
　　文句 もんく 🖫 불만, 불평　不満 ふまん 🖫 불만
　　修理に出す しゅうりにだす 수리를 맡기다　なにより 더할 나위 없음

11

[음성]
男: 佐藤さん、今いないけど、何か言っとこうか?
女: 1 佐藤さん、何だって?
　　2 じゃあ、伝言お願いできる?
　　3 どこにも行かないらしいけどね。

해석 남: 사토 씨, 지금 없는데, 뭔가 말해 둘까?
　　여: 1 사토 씨, 뭐래?
　　　　2 그럼, 전언 부탁할 수 있을까?
　　　　3 어디에도 가지 않는다는 것 같은데.

해설 남자가 사토 씨는 지금 없는데 뭔가 말해둘 게 있는지 묻는 상황이다.
　　1 (X) 사토 씨에게 전할 말을 묻는 상황과 맞지 않다.
　　2 (O) 남자의 제안에 응해 전언을 부탁하는 적절한 응답이다.
　　3 (X) 사토 씨가 이미 어딘가 가서 자리를 비운 상황과 맞지 않다.

어휘 伝言 でんごん 🖫 전언

12

[음성]
女: よろしかったら、ボランティアに参加なさいませんか。
男: 1 それはよくないかもしれません。
　　2 ちょっと考えてみます。
　　3 ええ、なると思います。

해석 여: 괜찮으시다면, 봉사활동에 참가하시지 않겠습니까?
　　남: 1 그건 좋지 않을지도 모릅니다.

2 좀 생각해 보겠습니다.
3 네, 된다고 생각합니다.

해설 여자가 같이 봉사활동에 참가하자고 권유하는 상황이다.
1 (X) よろしい(괜찮다, 좋다)와 동의어인 よい(좋다)를 사용하여 혼동을 준 오답이다.
2 (O) 봉사활동 권유에 대해 고민해보겠다는 적절한 응답이다.
3 (X) なさる와 발음이 비슷한 なる를 사용하여 혼동을 준 오답이다.

어휘 よろしい [い형] 괜찮다　ボランティア [명] 봉사활동
参加 さんか [명] 참가　考える かんがえる [동] 생각하다

☞ 문제 5는 긴 이야기를 듣습니다. 예제가 없으므로 바로 문제를 풀 준비를 합니다. 문제지에 들리는 내용을 적극적으로 메모하며 문제를 풀어봅시다.
음성 디렉션은 실전모의고사 1의 해설(p.216)에서 확인할 수 있습니다.

1

[음성]
不動産屋で、店員と男の学生が話しています。
女: どんなお部屋をお探しですか。
男: えーと、駅から歩ける距離で、家賃6万円ぐらいまでの部屋を探しています。今住んでいる寮は周りに買い物するところがなくて不便なので、近くにコンビニがあるところが希望です。
女: はい、少々お待ちください。えー、条件に近いお部屋が4つございます。一つ目は、こちらです。駅から徒歩3分。駅の近くですから、お店はたくさんありますよ。家賃は7万円で少し高めですが、この環境の割には大変お得だと思います。二つ目はこちら。家賃は6万2千円です。通りを挟んだところにコンビニがあります。駅からは歩いて10分ですね。
男: どちらも、6万円は超えてしまうんですね。
女: 三つ目のお部屋は、5万7千円です。駅からは徒歩15分で…、あー、残念ながら近くのコンビニは、去年クリーニング店になってしまっていますね。
男: コンビニの条件は捨てがたいんですよね。
女: では、この四つ目のお部屋はいかがでしょう。建物の裏がコンビニで、家賃は5万円です。
男: へえ、安いですね。
女: ただ駅から歩いて25分の距離なので、自転車がないと厳しいかもしれません。
男: うーん。やっぱりできるだけ駅から歩けるところにしたいので、この部屋について詳しく聞かせてください。2千円くらいなら、アルバイトを少し増やせば大丈夫だと思うんで。

男の学生は、どの部屋について詳しく話を聞くことにしましたか。
1 一つ目の部屋
2 二つ目の部屋
3 三つ目の部屋
4 四つ目の部屋

해석 부동산에서, 점원과 남학생이 이야기하고 있습니다.
여: 어떤 방을 찾으십니까?
남: 음, 역에서 걸을 수 있는 거리이고, 집세 6만 엔대 정도까지의 방을 찾고 있어요. 지금 살고 있는 기숙사는 주위에 장을 볼 곳이 없어서 불편하기 때문에, 근처에 편의점이 있는 곳이 희망이에요.
여: 네, 잠시 기다려 주세요. 음, 조건에 가까운 방이 4개 있습니다. 첫 번째는, 이쪽입니다. 역에서 도보 3분. 역 근처이기 때문에, 가게는 많이 있어요. 집세는 7만 엔으로 조금 비싸지만, 이 환경에 비해서는 매우 이득이라고 생각합니다. 두 번째는 이쪽. 집세는 6만 2천 엔입니다. 길을 낀 곳에 편의점이 있습니다. 역에서는 걸어서 10분이네요.
남: 어느 쪽도, 6만 엔은 넘어 버리네요.
여: 세 번째 방은, 5만 7천 엔입니다. 역에서는 도보 15분으로…, 아, 유감스럽지만 근처 편의점은, 작년에 세탁소가 되어 버렸네요.
남: 편의점 조건은 버리기 어려워요.
여: 그럼, 이 네 번째 방은 어떨까요. 건물 뒤가 편의점이고, 집세는 5만 엔입니다.
남: 오, 싸네요.
여: 다만 역에서 걸어서 25분 거리이기 때문에, 자전거가 없으면 힘들지도 모릅니다.
남: 음. 역시 가능한 한 역에서 걸을 수 있는 곳으로 하고 싶기 때문에, 이 방에 대해서 자세히 들려주세요. 2천엔 정도라면, 아르바이트를 조금 늘리면 괜찮다고 생각하니까.

남학생은, 어느 방에 대해 자세히 이야기를 들어보기로 했습니까?

1 첫 번째 방
2 두 번째 방
3 세 번째 방
4 네 번째 방

해설 대화에서 언급되는 여러 선택사항과 남학생의 최종 선택 내용을 재빨리 메모하며 주의 깊게 듣는다.

〈메모〉 남학생 → 역에서 걸을 수 있고, 집세 6만 엔까지, 근처 편의점
① 첫 번째: 역에서 3분, 가게 많음, 7만 엔 → 비쌈
② 두 번째: 6만 2천엔, 편의점, 역에서 10분 → 비쌈
③ 세 번째: 5만 7천엔, 역에서 15분, 편의점 없음 → 편의점 포기 X
④ 네 번째: 편의점, 5만엔, 역에서 25분 → 멂

남학생→ 가능한 역에서 걸을 수 있는 곳, 2,000엔 넘는 건 OK

질문이 남학생이 어느 방을 선택하는지 묻고 있으므로, 역에서 걸을 수 있고 집세가 6만 2천 엔인 2 二つ目の部屋(두 번째 방)가 정답이다.

어휘 不動産屋 ふどうさんや 📧 부동산　探す さがす 📧 찾다
距離 きょり 📧 거리　家賃 やちん 📧 집세　寮 りょう 📧 기숙사
周り まわり 📧 주변　不便だ ふべんだ 📧 불편하다
コンビニ 📧 편의점　希望 きぼう 📧 희망　少々 しょうしょう 📧 잠시
条件 じょうけん 📧 조건　徒歩 とほ 📧 도보
高め たかめ 📧 조금 비쌈　環境 かんきょう 📧 환경
大変 たいへん 📧 매우　得 とく 📧 이득　通り とおり 📧 길
挟む はさむ 📧 끼다　超える こえる 📧 넘다
残念だ ざんねんだ 📧 유감스럽다
クリーニング店 クリーニングてん 📧 세탁소
捨てる すてる 📧 버리다　裏 うら 📧 뒤
厳しい きびしい 📧 힘들다　やっぱり 📧 역시
詳しい くわしい 📧 자세하다　聞かせる きかせる 📧 들려주다
アルバイト 📧 아르바이트　増やす ふやす 📧 늘리다

2

[음성]
学生3人が、新入生の歓迎会について話しています。
女1: ごめん、今度の歓迎会の場所なんだけどさ、みんながいいって言ってた駅前のレストラン、予約ができなかったの。
男: えっ、あそこ、だめだったの?
女1: うん、次の週にするのはどう?
男: 次の週は、新入生はなんか予定があるんじゃなかったっけ。
女2: ああ、そうだ。バスで1年生だけ旅行だった。日にちは変えられないね。
女1: 他のレストランを探そうか。
女2: 駅のそばで大勢入るレストランって、ないんじゃないかな。レストランじゃなくて、学校の集会室を借りるというのは? 料理はどこかに注文して、届けてもらえば。
男: えっ? 料理を配達してもらうことができるの?
女1: うん、今、いろんなレストランが料理を配達してくれるから、おいしそうなところを探せばいいよ。
男: うーん、でも、やっぱりレストランのほうがいいんじゃない? 場所の準備もいらないし。金曜じゃなくて土曜の夜なら予約できるでしょう?
女2: 土曜日だと、授業がないから学校の近くに集まるのは大変じゃないかな。
男: そうかあ。じゃあ、おいしい料理を配達してくれるレストランを探しておいてね。駅前のレストランはしてる?
女1: あー、あそこはしてないかも。

3人は歓迎会をどうすることにしましたか。
1 土曜日に駅前のレストランでする
2 同じ日に他のレストランでする
3 同じ日に学校の集会室でする
4 次の週に学校の集会室でする

해석 학생 3명이, 신입생 환영회에 대해 이야기하고 있습니다.
여1: 미안, 이번 환영회 장소 말인데, 모두가 좋다고 말한 역 앞의 레스토랑, 예약을 할 수 없었어.
남: 뭐, 거기, 안 됐어?
여1: 응, 다음 주에 하는 건 어때?
남: 다음 주는, 신입생은 뭔가 예정이 있지 않았어?
여2: 아, 맞아. 버스로 1학년만 여행이었어. 날짜는 바꿀 수 없네.
여1: 다른 레스토랑을 찾을까?
여2: 역 옆에 많은 사람이 들어가는 레스토랑은, 없지 않을까? 레스토랑이 아니라, 학교의 집회실을 빌리는 건? 요리는 어딘가에 주문해서, 배달받으면.
남: 응? 요리를 배달받을 수 있어?
여1: 응, 지금 다양한 레스토랑이 요리를 배달해 주니까, 맛있을 것 같은 곳을 찾으면 돼.
남: 음, 근데, 역시 레스토랑 쪽이 좋지 않아? 장소 준비도 필요 없고. 금요일이 아니라 토요일 밤이면 예약할 수 있지?
여2: 토요일이면, 수업이 없으니까 학교 근처에서 모이는 건 힘들지 않을까?
남: 그런가? 그럼, 맛있는 요리를 배달해 주는 레스토랑을 찾아둬. 역 앞의 레스토랑은 하고 있어?
여1: 아. 거기는 안 하고 있을지도.

3명은 환영회를 어떻게 하기로 했습니까?

1 토요일에 역 앞의 레스토랑에서 한다
2 같은 날에 다른 레스토랑에서 한다
3 같은 날에 학교 집회실에서 한다
4 다음 주에 학교 집회실에서 한다

해설 대화의 중후반에서 세 사람의 최종 합의 내용을 재빨리 메모하며 주의 깊게 듣는다.
〈메모〉 환영회 장소, 역 앞 레스토랑 예약 X
　- 다음 주에 하는 건?: 신입생 안 됨
　- 다른 레스토랑은?: 없을 듯
　- 학교 집회실 빌리는 건?: 요리는 배달하면 됨
　- 토요일 레스토랑: 모이기 힘들 듯
　- 맛있는 요리 배달해주는 레스토랑 찾자

질문이 환영회를 어떻게 하기로 했는지 묻고 있으므로, 3 同じ日に学校の集会室でする(같은 날에 학교 집회실에서 한다)가 정답이다.

어휘 新入生 しんにゅうせい 📧 신입생　歓迎会 かんげいかい 📧 환영회
今度 こんど 이번, 다음　場所 ばしょ 📧 장소
駅前 えきまえ 📧 역 앞　予約 よやく 📧 예약　だめだ 📧 안 된다
次の週 つぎのしゅう 다음 주　予定 よてい 📧 예정
日にち ひにち 📧 날짜　変える かえる 📧 바꾸다, 변경하다
他の ほかの 다른　探す さがす 📧 찾다
集会室 しゅうかいしつ 📧 집회실　借りる かりる 📧 빌리다
注文 ちゅうもん 📧 주문　届ける とどける 📧 배달하다, 보내 주다
配達 はいたつ 📧 배달　やっぱり 📧 역시　準備 じゅんび 📧 준비

集まる あつまる 图 모이다

3

[음성]
海外進学セミナーで、係りの人の説明を聞いて、女の学生と男の学生が話しています。

男1: 海外進学セミナーにお越しいただき、ありがとうございます。このセミナーでは4つのブースをご用意しています。どのブースも進学に役立つ情報が満載です。まず、第1ブースでは、海外大学の特徴をご紹介します。留学希望者が多い国を中心に、教育システムやカリキュラムの違いについてお話しします。第2ブースでは、留学経験者の体験談を聞くことができます。現役学生が留学生活の日常や現地での学びについて、リアルな視点でお話ししてくれます。第3ブースでは、海外大学進学に必要な条件や手続きについてご説明します。学力の基準からビザの取得まで、進学に必要な準備を具体的にお伝えします。第4ブースでは、英語試験対策講座を実施します。海外進学に欠かせない英語試験で高得点を取るための勉強法を詳しく解説します。

女: どれも気になるけど、まずは実際に留学した人の話を聞いてみようかな。

男2: うん、いいんじゃない?まだどこの国に行くか決まっていないなら、国ごとの教育システムの特徴を聞いて参考にするのもいいかもしれないね。

女: 確かに。そういう予備知識があれば、体験談を聞いたとき、もっと具体的にイメージできそう。まずそっちに行ってみるね。

男2: うん。僕は行きたい大学が決まっているから、そのためにどんな準備をしたらいいか詳しく聞こうかな。

女: 試験のコツは聞かなくていいの?

男2: あ、そうだね。それは人気がありそうだから、先に行ってくるよ。

質問1 男の人はまずどのブースに行くと言っていますか。

質問2 女の人はまずどのブースに行くと言っていますか。

[문제지]

質問1
1 第1ブース
2 第2ブース
3 第3ブース
4 第4ブース

質問2
1 第1ブース
2 第2ブース
3 第3ブース
4 第4ブース

해석 해외 진학 세미나에서, 담당자의 설명을 듣고, 여학생과 남학생이 이야기하고 있습니다.

남1: 해외 진학 세미나에 와 주셔서, 감사합니다. 이 세미나에서는 4개의 부스를 준비하고 있습니다. 어느 부스도 진학에 도움이 되는 정보가 가득합니다. 먼저, 제1부스에서는, 해외 대학의 특징을 소개합니다. 유학 희망자가 많은 나라를 중심으로, 교육 시스템과 커리큘럼의 차이에 대해 이야기합니다. 제2부스에서는, 유학 경험자의 체험담을 들을 수 있습니다. 현역 학생이 유학 생활의 일상과 현지에서의 학습에 대해, 현실적인 시점에서 이야기해 줍니다. 제3부스에서는, 해외 대학 진학에 필요한 조건과 절차에 대해 설명합니다. 학력 기준부터 비자 취득까지, 진학에 필요한 준비를 구체적으로 전달합니다. 제4부스에서는, 영어 시험 대책 강좌를 실시합니다. 해외 진학에 빠질 수 없는 영어 시험에서 고득점을 얻기 위한 공부법을 자세히 해설합니다.

여: 어느 것도 관심이 가지만, 우선은 실제로 유학한 사람의 이야기를 들어볼까 해.

남2: 응, 괜찮지 않아? 아직 어느 나라에 갈지 정하지 않았다면, 나라별 교육 시스템의 특징을 듣고 참고하는 것도 좋을지도 모르겠네.

여: 확실히. 그런 예비 지식이 있으면, 체험담을 들었을 때, 더 구체적으로 떠올릴 수 있을 것 같아. 먼저 그쪽에 가 볼게.

남2: 응. 나는 가고 싶은 대학이 정해져 있어서, 그것을 위해 어떤 준비를 하면 좋을지 자세히 들어볼까 해.

여: 시험 요령은 듣지 않아도 돼?

남2: 아, 그렇네. 그건 인기가 있을 것 같으니까, 먼저 갔다 올게.

질문1 남자는 먼저 어느 부스에 간다고 말하고 있습니까?

질문2 여자는 먼저 어느 부스에 간다고 말하고 있습니까?

질문1
1 제1부스
2 제2부스
3 제3부스
4 제4부스

질문2
1 제1부스
2 제2부스
3 제3부스
4 제4부스

해설 각 선택지와 관련하여 언급되는 내용을 재빨리 메모하며 주의 깊게 듣고, 두 명의 대화자가 선택하는 것에 유의하며 대화를 듣는다.

〈메모〉 해외 진학 세미나 부스 4개
① 특징: 유학 희망자 많은 나라, 교육 시스템, 커리큘럼
② 체험담: 유학 생활 일상, 현지 학습

③ 조건, 절차: 학력 기준, 비자 취득, 진학에 필요한 준비
④ 영어 시험: 고득점 공부법

남자 → 나라별 교육 시스템 특징 듣고 참고, 좋을지도?, 인기가 있을 것 같아 먼저 감

여자 → 먼저 그쪽에 가 봄, 시험 요령은 듣지 않아도?

질문 1은 남자가 먼저 갈 부스를 묻고 있다. 여자가 시험 요령은 듣지 않아도 되냐고 하자, 남자가 인기가 있을 것 같아 먼저 간다고 했으므로, 4 第4ブース(제4부스)가 정답이다.

질문 2는 여자가 먼저 갈 부스를 묻고 있다. 남자가 교육 시스템의 특징을 듣고 참고하면 좋을지도 모르겠다고 하자, 여자가 먼저 그쪽에 가 보겠다고 했으므로, 1 第1ブース(제1부스)가 정답이다.

어휘 海外 かいがい 몡해외　進学 しんがく 몡진학　セミナー 몡세미나
係り かかり 몡담당　説明 せつめい 몡설명　ブース 몡부스
用意 ようい 몡준비　役立つ やくだつ 통도움이 되다
情報 じょうほう 몡정보　満載 まんさい 몡가득함
特徴 とくちょう 몡특징　紹介 しょうかい 몡소개
留学 りゅうがく 몡유학　希望者 きぼうしゃ 몡희망자
中心 ちゅうしん 몡중심　教育 きょういく 몡교육
システム 몡시스템　カリキュラム 몡커리큘럼
経験者 けいけんしゃ 몡경험자　体験談 たいけんだん 몡체험담
現役 げんえき 몡현역　日常 にちじょう 몡일상
現地 げんち 몡현지　リアルだ 나형 현실적이다, 리얼하다
視点 してん 몡시점　条件 じょうけん 몡조건
手続き てつづき 몡수속　学力 がくりょく 몡학력
基準 きじゅん 몡기준　ビザ 몡비자　取得 しゅとく 몡취득
具体的だ ぐたいてきだ 나형 구체적이다　対策 たいさく 몡대책
講座 こうざ 몡강좌　実施 じっし 몡실시
欠かす かかす 통빠뜨리다　高得点 こうとくてん 몡고득점
勉強法 べんきょうほう 몡공부법　解説 かいせつ 몡해설
実際 じっさい 몡실제　参考 さんこう 몡참고　予備 よび 몡예비
知識 ちしき 몡지식　イメージする 떠올리다, 이미지하다
コツ 몡요령

무료 온라인 실전모의고사 · 학습자료 제공
해커스일본어 japan.Hackers.com

한권합격 N2
기본서+모의고사+단어장

시험 D-20!
빈출 단어·문형 암기장

목차

N2 빈출단어
- 한자읽기 단어   2
- 표기 단어   9
- 단어형성 단어   16
- 문맥규정 단어   21
- 유의표현 단어   28
- 용법 단어   37

N2 빈출문형
- 언어지식(문법) 문형   44

PDF 다운로드 ▶
바로 가기

해커스

저작권자 2025, 해커스 어학연구소 이 책의 모든 내용, 이미지, 디자인, 편집 형태는 저작권법에 의해 보호받고 있습니다.
서면에 의한 저자와 출판사의 허락 없이 내용의 일부 혹은 전부를 인용, 발췌하거나 복제, 배포할 수 없습니다.

1日 | 한자읽기 단어 ①

MP3 바로듣기

발음과 뜻을 가리고 아는 단어인지 확인한 후 박스에 체크하고 학습하세요.

2025~2021 최빈출단어

- ☐ 腕　うで　팔
- ☐ 運賃　うんちん　운임
- ☐ 介護　かいご　개호, 간호
- ☐ 拡充　かくじゅう　확충
- ☐ 肩　かた　어깨
- ☐ 警備　けいび　경비
- ☐ 削除　さくじょ　삭제
- ☐ 実践　じっせん　실천
- ☐ 世間　せけん　세간, 세상
- ☐ 素材　そざい　소재
- ☐ 破片　はへん　파편
- ☐ 分析　ぶんせき　분석
- ☐ 模範　もはん　모범
- ☐ 迷う　まよう　헤매다
- ☐ 傾く　かたむく　기울다
- ☐ 詰まる　つまる　막히다
- ☐ 定める　さだめる　정하다
- ☐ 焦る　あせる　안달하다
- ☐ 荒れる　あれる　거칠어지다
- ☐ 敗れる　やぶれる　지다, 패배하다
- ☐ 賢い　かしこい　현명하다
- ☐ 辛い　からい　맵다
- ☐ 鋭い　するどい　날카롭다, 예리하다
- ☐ 厚かましい　あつかましい　뻔뻔스럽다
- ☐ 乏しい　とぼしい　모자라다, 부족하다
- ☐ 激しい　はげしい　격하다, 심하다
- ☐ 勇ましい　いさましい　용맹하다, 씩씩하다
- ☐ 恐ろしい　おそろしい　두렵다
- ☐ 鮮やかだ　あざやかだ　선명하다, 산뜻하다
- ☐ 穏やかだ　おだやかだ　온화하다, 평온하다

2025~2021 빈출단어

- ☐ 握手　あくしゅ　악수
- ☐ 衣装　いしょう　의상
- ☐ 幹事　かんじ　간사
- ☐ 起床　きしょう　기상
- ☐ 刑事　けいじ　형사
- ☐ 検事　けんじ　검사
- ☐ 腰　こし　허리
- ☐ 才能　さいのう　재능
- ☐ 賛否　さんぴ　찬부, 찬반
- ☐ 情景　じょうけい　정경
- ☐ 声援　せいえん　성원
- ☐ 背骨　せぼね　등골, 척추
- ☐ 善良　ぜんりょう　선량
- ☐ 途端　とたん　찰나, 그 순간
- ☐ 農薬　のうやく　농약
- ☐ 膝　ひざ　무릎
- ☐ 分解　ぶんかい　분해
- ☐ 疑う　うたがう　의심하다
- ☐ 収まる　おさまる　진정되다

☐	絡まる	からまる	얽히다
☐	定まる	さだまる	정해지다
☐	静まる	しずまる	가라앉다
☐	貯まる	たまる	(돈이) 모이다
☐	挟まる	はさまる	끼이다
☐	休まる	やすまる	편안해지다
☐	務める	つとめる	(역할을) 맡다
☐	辞める	やめる	그만두다
☐	暴れる	あばれる	날뛰다
☐	崩れる	くずれる	무너지다
☐	潰れる	つぶれる	찌부러지다
☐	外れる	はずれる	빠지다, 안 맞다
☐	偉い	えらい	훌륭하다
☐	渋い	しぶい	떫다
☐	著しい	いちじるしい	뚜렷하다, 현저하다
☐	眩しい	まぶしい	눈부시다
☐	詳細だ	しょうさいだ	상세하다
☐	優秀だ	ゆうしゅうだ	우수하다
☐	爽やかだ	さわやかだ	상쾌하다

2020~2016 최빈출단어

☐	記憶	きおく	기억
☐	求人	きゅうじん	구인
☐	偶然	ぐうぜん	우연
☐	刺激	しげき	자극
☐	垂直	すいちょく	수직
☐	治療	ちりょう	치료
☐	容姿	ようし	용모
☐	競う	きそう	겨루다, 경쟁하다
☐	抱える	かかえる	(떠)안다
☐	劣る	おとる	뒤떨어지다
☐	絞る	しぼる	(쥐어)짜다
☐	湿る	しめる	습기 차다
☐	握る	にぎる	쥐다
☐	離れる	はなれる	떨어지다
☐	乱れる	みだれる	흐트러지다
☐	幼い	おさない	어리다
☐	険しい	けわしい	험하다
☐	等しい	ひとしい	같다, 동등하다
☐	柔軟だ	じゅうなんだ	유연하다
☐	和やかだ	なごやかだ	온화하다, 화목하다

2020~2016 빈출단어

☐	確認	かくにん	확인
☐	下降	かこう	하강
☐	願望	がんぼう	바람, 소원
☐	企画	きかく	기획
☐	期日	きじつ	기일
☐	掲載	けいさい	게재
☐	軽傷	けいしょう	경상
☐	下旬	げじゅん	하순
☐	再度	さいど	재차

1日 | 한자읽기 단어 ①

☑ 발음과 뜻을 가리고 아는 단어인지 확인한 후 박스에 체크하고 학습하세요.

□ 実験	じっけん	실험	□ 接する	せっする	접하다
□ 失敗	しっぱい	실패	□ 当たる	あたる	맞다
□ 処理	しょり	처리	□ 落ちる	おちる	떨어지다
□ 資料	しりょう	자료	□ 恨む	うらむ	원망하다
□ 心配	しんぱい	걱정	□ 悔む	くやむ	후회하다
□ 製品	せいひん	제품	□ 悩む	なやむ	고민하다
□ 総額	そうがく	총액	□ 憎む	にくむ	미워하다, 증오하다
□ 抽選	ちゅうせん	추첨	□ 納める	おさめる	넣다, 납입하다
□ 強火	つよび	센 불	□ 貯める	ためる	저축하다
□ 戸棚	とだな	선반	□ 慰める	なぐさめる	위로하다
□ 恥	はじ	창피	□ 映る	うつる	비치다
□ 被害	ひがい	피해	□ 探る	さぐる	더듬어 찾다, 탐지하다
□ 一言	ひとこと	한마디	□ 怖い	こわい	무섭다
□ 批評	ひひょう	비평	□ 怪しい	あやしい	수상하다
□ 費用	ひよう	비용	□ 圧倒的だ	あっとうてきだ	압도적이다
□ 負担	ふたん	부담	□ 貴重だ	きちょうだ	귀중하다
□ 本物	ほんもの	진짜			
□ 湖	みずうみ	호수	**2015~2010 최빈출단어**		
□ 密閉	みっぺい	밀폐	□ 勧誘	かんゆう	권유
□ 虫歯	むしば	충치	□ 撮影	さつえい	촬영
□ 冷蔵庫	れいぞうこ	냉장고	□ 地元	じもと	고향
□ 扱う	あつかう	다루다	□ 省略	しょうりゃく	생략
□ 奪う	うばう	빼앗다	□ 尊重	そんちょう	존중
□ 伴う	ともなう	동반하다, 따르다	□ 油断	ゆだん	방심
□ 倒す	たおす	쓰러트리다	□ 備える	そなえる	대비하다, 비치하다

2015~2010 빈출단어

☐ 圧勝	あっしょう	압승
☐ 大幅	おおはば	대폭
☐ 規模	きぼ	규모
☐ 行事	ぎょうじ	행사
☐ 恐怖	きょうふ	공포
☐ 極端	きょくたん	극단
☐ 拒否	きょひ	거부
☐ 計算	けいさん	계산
☐ 継続	けいぞく	계속
☐ 景色	けしき	경치
☐ 現象	げんしょう	현상
☐ 山頂	さんちょう	산꼭대기
☐ 至急	しきゅう	시급, 급히
☐ 姿勢	しせい	자세
☐ 持続	じぞく	지속
☐ 焦点	しょうてん	초점
☐ 相互	そうご	상호, 서로
☐ 装置	そうち	장치
☐ 損害	そんがい	손해
☐ 知識	ちしき	지식
☐ 調整	ちょうせい	조정
☐ 調節	ちょうせつ	조절
☐ 逃亡	とうぼう	도망
☐ 隣	となり	옆
☐ 針	はり	바늘

☐ 返却	へんきゃく	반환, 반납
☐ 貿易	ぼうえき	무역
☐ 防災	ぼうさい	방재
☐ 要求	ようきゅう	요구
☐ 幼稚	ようち	유치
☐ 世の中	よのなか	세상
☐ 理論	りろん	이론
☐ 祝う	いわう	축하하다
☐ 占う	うらなう	점치다
☐ 補う	おぎなう	보충하다
☐ 蓄える	たくわえる	저축하다
☐ 除く	のぞく	제거하다
☐ 隠す	かくす	감추다, 숨기다
☐ 戻す	もどす	되돌리다
☐ 略する	りゃくする	생략하다
☐ 傷む	いたむ	상하다
☐ 囲む	かこむ	둘러싸다
☐ 済む	すむ	끝나다
☐ 積む	つむ	쌓다
☐ 挟む	はさむ	끼다
☐ 改める	あらためる	고치다, 개선하다
☐ 占める	しめる	차지하다
☐ 深める	ふかめる	깊게 하다
☐ 含める	ふくめる	포함하다
☐ 腐る	くさる	썩다
☐ 減る	へる	줄다

2日 | 한자읽기 단어 ②

MP3 바로듣기

✓ 발음과 뜻을 가리고 아는 단어인지 확인한 후 박스에 체크하고 학습하세요.

□ 慣れる	なれる	익숙해지다
□ 触れる	ふれる	접하다
□ 憎い	にくい	밉다
□ 悔しい	くやしい	분하다
□ 清潔だ	せいけつだ	청결하다
□ 率直だ	そっちょくだ	솔직하다
□ 抽象的だ	ちゅうしょうてきだ	추상적이다
□ 豊富だ	ほうふだ	풍부하다
□ 密接だ	みっせつだ	밀접하다
□ 盛んだ	さかんだ	왕성하다, 활발하다

출제 예상 명사

□ 運搬	うんぱん	운반
□ 解散	かいさん	해산
□ 快癒	かいゆ	쾌유
□ 拡散	かくさん	확산
□ 活躍	かつやく	활약
□ 休養	きゅうよう	휴양
□ 恐縮	きょうしゅく	송구함, 황송함
□ 競争	きょうそう	경쟁
□ 経費	けいひ	경비, 비용
□ 検証	けんしょう	검증
□ 減少	げんしょう	감소
□ 抗議	こうぎ	항의
□ 交渉	こうしょう	교섭
□ 香水	こうすい	향수
□ 洪水	こうずい	홍수
□ 構想	こうそう	구상
□ 項目	こうもく	항목
□ 個体	こたい	개체
□ 示唆	しさ	시사
□ 執筆	しっぴつ	집필
□ 収集	しゅうしゅう	수집
□ 執着	しゅうちゃく	집착
□ 寿命	じゅみょう	수명
□ 除外	じょがい	제외
□ 相違	そうい	상이
□ 臓器	ぞうき	장기
□ 操作	そうさ	조작
□ 中継	ちゅうけい	중계
□ 著者	ちょしゃ	저자
□ 通訳	つうやく	통역(가)
□ 特徴	とくちょう	특징
□ 土台	どだい	토대, 기초
□ 反復	はんぷく	반복
□ 病棟	びょうとう	병동
□ 奉仕	ほうし	봉사
□ 補充	ほじゅう	보충
□ 役人	やくにん	공무원, 관리
□ 遺言	ゆいごん	유언
□ 連合	れんごう	연합

☐ 合間	あいま	틈, 사이	
☐ 脚	あし	다리	
☐ 頭	あたま	머리	
☐ 穴	あな	구멍	
☐ 息	いき	숨	
☐ 岩	いわ	바위	
☐ 裏	うら	뒤	
☐ 表	おもて	겉	
☐ 顔	かお	얼굴	
☐ 香り	かおり	향기	
☐ 煙	けむり	연기	
☐ 小型	こがた	소형	
☐ 坂	さか	비탈길, 언덕	
☐ 境	さかい	경계	
☐ 砂	すな	모래	
☐ 隅	すみ	구석	
☐ 咳	せき	기침	
☐ 種	たね	씨, 종자	
☐ 田畑	たはた	논밭	
☐ 旅	たび	여행	
☐ 泥	どろ	진흙	
☐ 蓮	はす	연꽃	
☐ 旗	はた	깃발	
☐ 肌	はだ	피부	
☐ 羽	はね	날개	
☐ 幅	はば	폭	

☐ 肘	ひじ	팔꿈치	
☐ 骨	ほね	뼈	
☐ 迷子	まいご	미아	
☐ 都	みやこ	수도, 고을	
☐ 昔	むかし	옛날	

출제 예상 동사

☐ 覆う	おおう	덮다, 감싸다	
☐ 慕う	したう	그리워하다	
☐ 養う	やしなう	기르다, 양육하다	
☐ 整える	ととのえる	정돈하다, 갖추다	
☐ 吠える	ほえる	짖다	
☐ 抱く	いだく	안다, 품다	
☐ 輝く	かがやく	빛나다	
☐ 乾く	かわく	마르다	
☐ 効く	きく	효과가 있다	
☐ 叩く	たたく	두드리다	
☐ 嘆く	なげく	탄식하다, 한탄하다	
☐ 開く	ひらく	열리다	
☐ 下げる	さげる	내리다	
☐ 妨げる	さまたげる	방해하다	
☐ 越す	こす	넘다	
☐ 耕す	たがやす	갈다, 경작하다	
☐ 催す	もよおす	개최하다	
☐ 許す	ゆるす	허락하다, 용서하다	
☐ 叫ぶ	さけぶ	소리치다, 외치다	

2日 | 한자읽기 단어 ②

- ☐ 沈む　しずむ　가라앉다, 침몰하다
- ☐ 固める　かためる　굳히다, 단단히 하다
- ☐ 憧れる　あこがれる　동경하다
- ☐ 溢れる　あふれる　(흘러)넘치다
- ☐ 恐れる　おそれる　두려워하다

출제 예상 い형용사

- ☐ 粗い　あらい　조잡하다
- ☐ 淡い　あわい　옅다
- ☐ 清い　きよい　맑다, 깨끗하다
- ☐ 狡い　ずるい　교활하다, 능글맞다
- ☐ 酷い　ひどい　심하다
- ☐ 羨ましい　うらやましい　부럽다
- ☐ 大人しい　おとなしい　얌전하다
- ☐ 重々しい　おもおもしい　무게 있다
- ☐ 悲しい　かなしい　슬프다
- ☐ 厳しい　きびしい　엄격하다
- ☐ 詳しい　くわしい　자세하다
- ☐ 寂しい　さびしい　외롭다, 쓸쓸하다
- ☐ 図々しい　ずうずうしい　뻔뻔하다
- ☐ 望ましい　のぞましい　바람직하다
- ☐ 馬鹿馬鹿しい　ばかばかしい　어처구니 없다
- ☐ 貧しい　まずしい　가난하다, 빈곤하다
- ☐ 空しい　むなしい　허무하다, 공허하다
- ☐ 目覚しい　めざましい　눈부시다
- ☐ 珍しい　めずらしい　희귀하다, 드물다

- ☐ 喧しい　やかましい　떠들썩하다, 까다롭다
- ☐ 優しい　やさしい　다정하다
- ☐ 若々しい　わかわかしい　젊디젊다

출제 예상 な형용사

- ☐ 過激だ　かげきだ　과격하다
- ☐ 勝手だ　かってだ　제멋대로이다
- ☐ 簡潔だ　かんけつだ　간결하다
- ☐ 危険だ　きけんだ　위험하다
- ☐ 軽率だ　けいそつだ　경솔하다
- ☐ 結構だ　けっこうだ　훌륭하다
- ☐ 厳重だ　げんじゅうだ　엄중하다
- ☐ 賢明だ　けんめいだ　현명하다
- ☐ 強引だ　ごういんだ　강압적이다
- ☐ 順調だ　じゅんちょうだ　순조롭다
- ☐ 清潔だ　せいけつだ　청결하다
- ☐ 短気だ　たんきだ　성미가 급하다
- ☐ 微妙だ　びみょうだ　미묘하다
- ☐ 平等だ　びょうどうだ　평등하다
- ☐ 面倒だ　めんどうだ　귀찮다
- ☐ 有効だ　ゆうこうだ　유효하다
- ☐ 陽気だ　ようきだ　쾌활하다
- ☐ 利口だ　りこうだ　영리하다
- ☐ 細やかだ　こまやかだ　세세하다
- ☐ 賑やかだ　にぎやかだ　번화하다

3日 | 표기 단어 ①

발음과 뜻을 가리고 아는 단어인지 확인한 후 박스에 체크하고 학습하세요.

2025~2021 최빈출단어

☐ 永久	えいきゅう	영구
☐ 勧誘	かんゆう	권유
☐ 管理	かんり	관리
☐ 傾向	けいこう	경향
☐ 視察	しさつ	시찰
☐ 垂直	すいちょく	수직
☐ 競う	きそう	겨루다, 경쟁하다
☐ 抱える	かかえる	(떠)안다
☐ 備える	そなえる	대비하다, 비치하다
☐ 捨てる	すてる	버리다
☐ 至る	いたる	이르다
☐ 削る	けずる	깎다, 삭감하다
☐ 去る	さる	떠나다, 지나가다
☐ 絞る	しぼる	(쥐어)짜다
☐ 湿る	しめる	습기 차다
☐ 握る	にぎる	쥐다
☐ 離れる	はなれる	떨어지다
☐ 厚かましい	あつかましい	뻔뻔스럽다
☐ 等しい	ひとしい	같다, 동등하다
☐ 順調だ	じゅんちょうだ	순조롭다

2025~2021 빈출단어

☐ 演習	えんしゅう	연습, 실습
☐ 大勢	おおぜい	많은 사람
☐ 帯	おび	띠
☐ 機嫌	きげん	기분, 기색
☐ 希望	きぼう	희망
☐ 警護	けいご	경호
☐ 毛糸	けいと	털실
☐ 研修	けんしゅう	연수
☐ 故郷	こきょう	고향
☐ 衣	ころも	옷, 의복
☐ 施設	しせつ	시설
☐ 志望	しぼう	지망
☐ 弱点	じゃくてん	약점
☐ 住居	じゅうきょ	주거
☐ 住宅	じゅうたく	주택
☐ 受講	じゅこう	수강
☐ 情	じょう	정
☐ 消失	しょうしつ	소실
☐ 診察	しんさつ	진찰
☐ 診断	しんだん	진단
☐ 選挙	せんきょ	선거
☐ 損失	そんしつ	손실
☐ 短編	たんぺん	단편
☐ 投票	とうひょう	투표
☐ 布	ぬの	천
☐ 俳優	はいゆう	배우
☐ 避難	ひなん	피난
☐ 疲労	ひろう	피로
☐ 袋	ふくろ	봉투

3日 | 표기 단어 ①

☑ 발음과 뜻을 가리고 아는 단어인지 확인한 후 박스에 체크하고 학습하세요.

□ 返品	へんぴん	반품
□ 欲	よく	욕심
□ 失う	うしなう	잃다
□ 敬う	うやまう	공경하다
□ 押える	おさえる	억누르다, 누르다
□ 準える	なぞらえる	견주다, 비교하다
□ 就く	つく	취임하다
□ 任せる	まかせる	맡기다
□ 捕まえる	つかまえる	붙잡다
□ 積もる	つもる	쌓이다
□ 散る	ちる	(꽃이) 지다
□ 照る	てる	비추다, 빛나다
□ 昇る	のぼる	(해, 달이) 뜨다, 오르다
□ 掘る	ほる	파다
□ 逃れる	のがれる	피하다, 도망치다
□ 別れる	わかれる	헤어지다, 이별하다
□ 柔らかい	やわらかい	부드럽다
□ 典型的だ	てんけいてきだ	전형적이다
□ 乱暴だ	らんぼうだ	난폭하다
□ 豊かだ	ゆたかだ	풍부하다, 유복하다
□ 絶えず	たえず	끊임없이

2020~2016 최빈출단어

□ 違反	いはん	위반
□ 介護	かいご	개호, 간호
□ 帰省	きせい	귀성

□ 警備	けいび	경비
□ 実践	じっせん	실천
□ 破片	はへん	파편
□ 救う	すくう	구하다, 구제하다
□ 快い	こころよい	상쾌하다, 유쾌하다
□ 勇ましい	いさましい	용맹하다, 씩씩하다
□ 簡潔だ	かんけつだ	간결하다
□ 好調だ	こうちょうだ	순조롭다, 호조이다

2020~2016 빈출단어

□ 異色	いしょく	이색
□ 売れ行き	うれゆき	팔림새
□ 演技	えんぎ	연기
□ お札	おさつ	지폐
□ 害	がい	해
□ 快調	かいちょう	쾌조
□ 係員	かかりいん	담당자
□ 拡張	かくちょう	확장
□ 看護	かんご	간호
□ 系統	けいとう	계통
□ 硬貨	こうか	금속 화폐, 동전
□ 在籍	ざいせき	재적
□ 参考	さんこう	참고
□ 参照	さんしょう	참조
□ 指示	しじ	지시
□ 実施	じっし	실시

☐ 出張	しゅっちょう	출장		☐ 応じる	おうじる	응하다
☐ 趣味	しゅみ	취미		☐ 混じる	まじる	섞다
☐ 症状	しょうじょう	증상		☐ 推す	おす	밀다, 추천하다
☐ 精算	せいさん	정산		☐ 見逃す	みのがす	놓치다
☐ 製造	せいぞう	제조		☐ 束ねる	たばねる	묶다
☐ 損	そん	손해		☐ 踏む	ふむ	밟다
☐ 団体	だんたい	단체		☐ 縮める	ちぢめる	줄어들다
☐ 罪	つみ	죄		☐ 配る	くばる	나눠주다
☐ 討議	とうぎ	토의		☐ 凍る	こおる	얼다
☐ 毒	どく	독		☐ 荒い	あらい	거칠다
☐ 発行	はっこう	발행		☐ 濃い	こい	진하다, 짙다
☐ 保証	ほしょう	보증		☐ 真っ白い	まっしろい	새하얗다
☐ 本日	ほんじつ	금일, 오늘		☐ 永遠だ	えいえんだ	영원하다
☐ 目標	もくひょう	목표		☐ 急だ	きゅうだ	급하다
☐ 催し	もよおし	모임, 행사		☐ 具体的だ	ぐたいてきだ	구체적이다
☐ 陽気	ようき	양기, 명랑함				

2015~2010 최빈출단어

☐ 領収書	りょうしゅうしょ	영수증		☐ 腕	うで	팔
☐ 従う	したがう	따르다		☐ 運賃	うんちん	운임
☐ 沿う	そう	따르다, 따라가다		☐ 肩	かた	어깨
☐ 養う	やしなう	기르다		☐ 撮影	さつえい	촬영
☐ 伝える	つたえる	전하다		☐ 収穫	しゅうかく	수확
☐ 迎える	むかえる	맞이하다		☐ 接続	せつぞく	접속
☐ 抜く	ぬく	뽑다, 빼내다		☐ 討論	とうろん	토론
☐ 省く	はぶく	줄이다, 생략하다		☐ 福祉	ふくし	복지
☐ 招く	まねく	초대하다, 부르다		☐ 争う	あらそう	다투다
☐ 焦げる	こげる	타다				

4日 | 표기 단어 ②

MP3 바로듣기

☑ 발음과 뜻을 가리고 아는 단어인지 확인한 후 박스에 체크하고 학습하세요.

☐ 傾く	かたむく	기울다		☐ 伝授	でんじゅ	전수
☐ 焦る	あせる	안달하다		☐ 伝承	でんしょう	전승
☐ 劣る	おとる	뒤떨어지다		☐ 伝達	でんたつ	전달
☐ 乱れる	みだれる	흐트러지다		☐ 伝統	でんとう	전통
☐ 激しい	はげしい	격하다, 심하다		☐ 登録	とうろく	등록
☐ 鮮やかだ	あざやかだ	선명하다, 산뜻하다		☐ 批判	ひはん	비판
☐ 真剣だ	しんけんだ	진지하다		☐ 変更	へんこう	변경
☐ 面倒だ	めんどうだ	귀찮다		☐ 補助	ほじょ	보조

2015~2010 빈출단어

				☐ 礼儀	れいぎ	예의
☐ 勢い	いきおい	기세		☐ 扱う	あつかう	다루다, 취급하다
☐ 援助	えんじょ	원조		☐ 抗う	あらがう	저항하다
☐ 開催	かいさい	개최		☐ 負う	おう	지다, 짊어지다
☐ 寄付	きふ	기부		☐ 誘う	さそう	권하다
☐ 距離	きょり	거리		☐ 拾う	ひろう	줍다
☐ 講義	こうぎ	강의		☐ 与える	あたえる	주다
☐ 講師	こうし	강사		☐ 驚く	おどろく	놀라다
☐ 混乱	こんらん	혼란		☐ 導く	みちびく	인도하다
☐ 指摘	してき	지적		☐ 属する	ぞくする	속하다
☐ 塾	じゅく	학원		☐ 果たす	はたす	(역할을) 완수하다
☐ 出世	しゅっせ	출세		☐ 重ねる	かさねる	포개다, 겹치다
☐ 招待	しょうたい	초대		☐ 尋ねる	たずねる	찾다, 묻다
☐ 象徴	しょうちょう	상징		☐ 恵まれる	めぐまれる	혜택받다, 풍족함을 누리다
☐ 組織	そしき	조직		☐ 責める	せめる	탓하다, 책망하다
☐ 抵抗	ていこう	저항		☐ 努める	つとめる	노력하다, 힘쓰다
☐ 手帳	てちょう	수첩		☐ 逆らう	さからう	거스르다, 반항하다

☐ 暮らす	くらす	살다, 생활하다		☐ 空腹	くうふく	공복
☐ 頼る	たよる	의지하다		☐ 経営	けいえい	경영
☐ 守る	まもる	지키다		☐ 決意	けつい	결의
☐ 訪れる	おとずれる	찾아오다		☐ 現状	げんじょう	현 상태
☐ 破れる	やぶれる	찢어지다		☐ 幻想	げんそう	환상
☐ 詳しい	くわしい	자세하다		☐ 検討	けんとう	검토
☐ 湿っぽい	しめっぽい	축축하다		☐ 減量	げんりょう	감량
☐ 積極的だ	せっきょくてきだ	적극적이다		☐ 功績	こうせき	공적
☐ 晴やかだ	はれやかだ	쾌청하다		☐ 講堂	こうどう	강당
☐ 即座に	そくざに	즉시, 즉각		☐ 公募	こうぼ	공모

출제 예상 명사

☐ 沿岸	えんがん	연안		☐ 効率	こうりつ	효율
☐ 演劇	えんげき	연극		☐ 故障	こしょう	고장
☐ 演出	えんしゅつ	연출		☐ 誇張	こちょう	과장
☐ 応募	おうぼ	응모		☐ 混雑	こんざつ	혼잡
☐ 開場	かいじょう	개장		☐ 裁判	さいばん	재판
☐ 拡大	かくだい	확대		☐ 拾得	しゅうとく	습득
☐ 家訓	かくん	가훈		☐ 趣旨	しゅし	취지
☐ 間隔	かんかく	간격		☐ 瞬間	しゅんかん	순간
☐ 観測	かんそく	관측		☐ 障害	しょうがい	장애, 장해
☐ 企画	きかく	기획		☐ 詳細	しょうさい	상세
☐ 奇数	きすう	홀수		☐ 招来	しょうらい	초래
☐ 救済	きゅうさい	구제		☐ 助言	じょげん	조언
☐ 協力	きょうりょく	협력		☐ 徐行	じょこう	서행
☐ 空想	くうそう	공상		☐ 制限	せいげん	제한
				☐ 設計	せっけい	설계
				☐ 先祖	せんぞ	선조

4日 | 표기 단어 ②

발음과 뜻을 가리고 아는 단어인지 확인한 후 박스에 체크하고 학습하세요.

□	倉庫	そうこ	창고	□ 跡継ぎ	あとつぎ	후계자
□	題材	だいざい	소재, 주제	□ 傾き	かたむき	기울기, 경사
□	対等	たいとう	대등	□ 暮れ	くれ	연말, 해 질 녘
□	題名	だいめい	제목	□ 滴	しずく	물방울
□	脱落	だつらく	탈락			
□	知性	ちせい	지성	**출제 예상 동사**		
□	秩序	ちつじょ	질서	□ 請う	こう	청하다, 부탁하다
□	挑戦	ちょうせん	도전	□ 替える	かえる	바꾸다
□	田園	でんえん	전원	□ 換える	かえる	교환하다
□	同情	どうじょう	동정	□ 枯れる	かれる	시들다, 마르다
□	特権	とっけん	특권	□ 着替える	きがえる	갈아입다
□	鈍感	どんかん	둔감	□ 預かる	あずかる	맡다
□	濃度	のうど	농도	□ 召し上がる	めしあがる	드시다
□	繁栄	はんえい	번영	□ 相次ぐ	あいつぐ	잇따르다
□	判断	はんだん	판단	□ 揚げる	あげる	높이 올리다
□	比較	ひかく	비교	□ 通じる	つうじる	통하다, 이해되다
□	比率	ひりつ	비율	□ 壊す	こわす	부수다
□	復興	ふっこう	부흥	□ 減らす	へらす	줄이다
□	付録	ふろく	부록	□ 召す	めす	드시다, 입다
□	冒険	ぼうけん	모험	□ 害する	がいする	해치다
□	防止	ぼうし	방지	□ 損する	そんする	손해 보다
□	包装	ほうそう	포장	□ 罪する	つみする	처벌하다
□	補給	ほきゅう	보급	□ 毒する	どくする	해치다
□	免許	めんきょ	면허	□ 慌てる	あわてる	당황하다
□	領土	りょうど	영토	□ 結ぶ	むすぶ	맺다, 묶다
□	録音	ろくおん	녹음	□ 摘む	つむ	따다, 꺾다

☐ 微笑む	ほほえむ	미소짓다		☐ 険しい	けわしい	험하다, 가파르다
☐ 勧める	すすめる	권하다, 추천하다		☐ 紛らわしい	まぎらわしい	헷갈리기 쉽다
☐ 縛る	しばる	묶다				
☐ 光る	ひかる	빛나다		**출제 예상 な형용사**		
☐ 暴れる	あばれる	날뛰다		☐ 新ただ	あらただ	새롭다
☐ 隠れる	かくれる	숨다		☐ いい加減だ	いいかげんだ	대충이다
☐ 壊れる	こわれる	부서지다		☐ 円滑だ	えんかつだ	원활하다
				☐ 大雑把だ	おおざっぱだ	엉성하다
출제 예상 い형용사				☐ 快適だ	かいてきだ	쾌적하다, 편안하다
☐ 潔い	いさぎよい	(미련 없이) 깨끗하다		☐ 格別だ	かくべつだ	각별하다
☐ 薄い	うすい	얇다, 희박하다		☐ 画期的だ	かっきてきだ	획기적이다
☐ 硬い	かたい	딱딱하다, 단단하다		☐ 奇妙だ	きみょうだ	기묘하다
☐ 可愛い	かわいい	귀엽다		☐ 強硬だ	きょうこうだ	강경하다
☐ 尊い	とうとい	귀중하다		☐ 極端だ	きょくたんだ	극단적이다
☐ 名高い	なだかい	유명하다		☐ 広大だ	こうだいだ	광대하다
☐ 分厚い	ぶあつい	두툼하다		☐ 小柄だ	こがらだ	몸집이 작다
☐ 深い	ふかい	깊다		☐ 質素だ	しっそだ	검소하다
☐ 古い	ふるい	오래다		☐ 地味だ	じみだ	수수하다
☐ 醜い	みにくい	보기 흉하다		☐ 慎重だ	しんちょうだ	신중하다
☐ 弱い	よわい	약하다		☐ 素敵だ	すてきだ	멋지다, 근사하다
☐ 若い	わかい	젊다		☐ 手頃だ	てごろだ	알맞다, 적당하다
☐ 暖かい	あたたかい	따뜻하다, 포근하다		☐ 薄弱だ	はくじゃくだ	박약하다
☐ 細かい	こまかい	잘다, 세세하다		☐ 平凡だ	へいぼんだ	평범하다
☐ 軟らかい	やわらかい	부드럽다		☐ 無口だ	むくちだ	과묵하다
☐ 息苦しい	いきぐるしい	답답하다		☐ 明確だ	めいかくだ	명확하다
☐ 可笑しい	おかしい	이상하다		☐ 朗らかだ	ほがらかだ	명랑하다

5日 | 단어형성 단어 ①

MP3 바로듣기

☑ 발음과 뜻을 가리고 아는 단어인지 확인한 후 박스에 체크하고 학습하세요.

2025~2016 최빈출단어

- ☐ 壁際 　 かべぎわ 　 벽가, 벽 옆
- ☐ 食べづらい 　 たべづらい 　 먹기 힘들다
- ☐ 家族連れ 　 かぞくづれ 　 가족 동반
- ☐ 会社員風 　 かいしゃいんふう 　 회사원풍
- ☐ 悪影響 　 あくえいきょう 　 악영향
- ☐ 悪条件 　 あくじょうけん 　 악조건
- ☐ 異文化 　 いぶんか 　 이문화
- ☐ 現制度 　 げんせいど 　 현재의 제도
- ☐ 最接近 　 さいせっきん 　 최접근
- ☐ 主成分 　 しゅせいぶん 　 주성분
- ☐ 前社長 　 ぜんしゃちょう 　 전 사장
- ☐ 低価格 　 ていかかく 　 낮은 가격, 저가
- ☐ 無計画 　 むけいかく 　 무계획

2025~2016 빈출단어

- ☐ 私宛て 　 わたしあて 　 내 앞
- ☐ 管理下 　 かんりか 　 관리하
- ☐ 住宅街 　 じゅうたくがい 　 주택가
- ☐ 北側 　 きたがわ 　 북쪽
- ☐ 結婚観 　 けっこんかん 　 결혼관
- ☐ 別れ際 　 わかれぎわ 　 헤어질 때
- ☐ 決定権 　 けっていけん 　 결정권
- ☐ 食べ頃 　 たべごろ 　 먹기 적당한 때
- ☐ 日本式 　 にほんしき 　 일본식
- ☐ 年代順 　 ねんだいじゅん 　 연대순
- ☐ スキー場 　 スキーじょう 　 스키장
- ☐ ボール状 　 ボールじょう 　 공 형상
- ☐ 政治色 　 せいじしょく 　 정치색
- ☐ 対抗心 　 たいこうしん 　 대항심
- ☐ 会員制 　 かいいんせい 　 회원제
- ☐ 受験生 　 じゅけんせい 　 수험생
- ☐ 都会育ち 　 とかいそだち 　 도시에서 자람
- ☐ 顔写真付き 　 かおじゃしんつき 　 얼굴 사진 부착
- ☐ 勉強漬け 　 べんきょうづけ 　 공부에 열중임
- ☐ 頼みづらい 　 たのみづらい 　 부탁하기 어렵다
- ☐ 二人連れ 　 ふたりづれ 　 일행 두 명
- ☐ 働き手 　 はたらきて 　 일꾼
- ☐ 絵画展 　 かいがてん 　 회화전
- ☐ 読書離れ 　 どくしょばなれ 　 독서에 소원해짐
- ☐ 日本風 　 にほんふう 　 일본풍
- ☐ 用心深い 　 ようじんぶかい 　 조심성이 많다
- ☐ 学年別 　 がくねんべつ 　 학년별
- ☐ 送信元 　 そうしんもと 　 송신원
- ☐ 進学率 　 しんがくりつ 　 진학률
- ☐ アメリカ流 　 アメリカりゅう 　 아메리카류
- ☐ 教育論 　 きょういくろん 　 교육론
- ☐ 異分野 　 いぶんや 　 다른 분야, 이분야
- ☐ 仮登録 　 かりとうろく 　 가등록
- ☐ 貴団体 　 きだんたい 　 귀하의 단체
- ☐ 現社長 　 げんしゃちょう 　 현 사장

☐ 高水準	こうすいじゅん	고수준		☐ 再提出	さいていしゅつ	재제출
☐ 再開発	さいかいはつ	재개발		☐ 高収入	こうしゅうにゅう	고수입
☐ 主原料	しゅげんりょう	주원료		☐ 準決勝	じゅんけっしょう	준결승
☐ 諸手続き	しょてつづき	여러 수속		☐ 諸外国	しょがいこく	여러 외국
☐ 初年度	しょねんど	초년도		☐ 諸問題	しょもんだい	여러 문제
☐ 前町長	ぜんちょうちょう	전 동장		☐ 副社長	ふくしゃちょう	부사장
☐ 低カロリー	ていカロリー	저칼로리		☐ 真夜中	まよなか	한밤중
☐ 同意見	どういけん	같은 의견				
☐ 一仕事	ひとしごと	한 가지 일				

2015~2010 빈출단어

☐ 医学界	いがくかい	의학계
☐ 小説家	しょうせつか	소설가
☐ 商店街	しょうてんがい	상점가
☐ 図書館	としょかん	도서관
☐ 風邪気味	かぜぎみ	감기 기운
☐ 期限切れ	きげんぎれ	기한이 끝남
☐ 作品集	さくひんしゅう	작품집
☐ アルファベット順	アルファベットじゅん	알파벳순
☐ 文学賞	ぶんがくしょう	문학상
☐ 招待状	しょうたいじょう	초대장
☐ 国際色	こくさいしょく	국제색
☐ 危険性	きけんせい	위험성
☐ 予約制	よやくせい	예약제
☐ 決勝戦	けっしょうせん	결승전
☐ 線路沿い	せんろぞい	철로변
☐ 応援団	おうえんだん	응원단

☐ 不正確だ	ふせいかくだ	부정확하다	
☐ 副大臣	ふくだいじん	부대신, 부장관	
☐ 別会場	べつかいじょう	별도의 회장	
☐ 本登録	ほんとうろく	본등록	
☐ 真後ろ	まうしろ	바로 뒤	
☐ 未使用	みしよう	미사용	
☐ 無回答	むかいとう	무응답	
☐ 名選手	めいせんしゅ	명선수	
☐ 来学期	らいがっき	다음 학기	

2015~2010 최빈출단어

☐ 一日おきに	いちにちおきに	하루걸러
☐ クリーム状	クリームじょう	크림 상태
☐ 親子連れ	おやこづれ	부모자식 동행
☐ 一般的だ	いっぱんてきだ	일반적이다
☐ 和風	わふう	일본풍
☐ 就職率	しゅうしょくりつ	취업률

6日 | 단어형성 단어 ②

MP3 바로듣기

✓ 발음과 뜻을 가리고 아는 단어인지 확인한 후 박스에 체크하고 학습하세요.

☐ 電車賃	でんしゃちん	전철비		☐ 本採用	ほんさいよう	본채용
☐ 子供連れ	こどもづれ	자녀 동반		☐ 真新しい	まあたらしい	완전히 새롭다
☐ 定期的だ	ていきてきだ	정기적이다		☐ 未経験	みけいけん	미경험
☐ 東京駅発	とうきょうえきはつ	도쿄역발		☐ 無責任	むせきにん	무책임
☐ 現実離れ	げんじつばなれ	현실을 벗어남		☐ 来シーズン	らいシーズン	다음 시즌
☐ ビジネスマン風	ビジネスマンふう	비즈니스맨풍		☐ 音楽全般	おんがくぜんぱん	음악 전반
☐ 1年前	いちねんまえ	1년 전		☐ 夏休み明け	なつやすみあけ	여름방학이 끝난 직후
☐ 成功率	せいこうりつ	성공률		☐ 2対1	にたいいち	2대 1
☐ 投票率	とうひょうりつ	투표율		☐ ムード一色	ムードいっしょく	무드 일색
☐ 日本流	にほんりゅう	일본류, 일본식				
☐ 集中力	しゅうちゅうりょく	집중력		**출제 예상 접미어와 파생어**		
☐ 食器類	しょっきるい	식기류		☐ 建築家	けんちくか	건축가
☐ 薄暗い	うすぐらい	좀 어둡다, 침침하다		☐ 福祉家	ふくしか	복지가
☐ 各チーム	かくチーム	각 팀		☐ 自由化	じゆうか	자유화
☐ 仮採用	かりさいよう	임시 채용		☐ 制度下	せいどか	제도하
☐ 旧制度	きゅうせいど	구 제도		☐ 自然界	しぜんかい	자연계
☐ 現段階	げんだんかい	현 단계		☐ 遅刻がち	ちこくがち	지각이 잦음
☐ 高性能	こうせいのう	고성능		☐ 病気がち	びょうきがち	병이 잦음
☐ 再放送	さいほうそう	재방송		☐ 緊張感	きんちょうかん	긴장감
☐ 最有力	さいゆうりょく	가장 유력		☐ 責任感	せきにんかん	책임감
☐ 準優勝	じゅんゆうしょう	준우승		☐ 人生観	じんせいかん	인생관
☐ 総売上	そううりあげ	매상 총액		☐ 疲れ気味	つかれぎみ	피곤한 기미
☐ 半透明	はんとうめい	반투명		☐ 在庫切れ	ざいこぎれ	재고 없음
☐ 非公式	ひこうしき	비공식		☐ 窓際	まどぎわ	창가
				☐ 奨学金	しょうがくきん	장학금

☐ 保証金	ほしょうきん	보증금	
☐ 皮ごと	かわごと	껍질째	
☐ 丸ごと	まるごと	통째로	
☐ 気温差	きおんさ	기온차	
☐ 国内産	こくないさん	국내산	
☐ 組み立て式	くみたてしき	조립식	
☐ 写真集	しゃしんしゅう	사진집	
☐ 警察署	けいさつしょ	경찰서	
☐ 税務署	ぜいむしょ	세무서	
☐ 領収証	りょうしゅうしょう	영수증	
☐ 液体状	えきたいじょう	액체 상태	
☐ 野球場	やきゅうじょう	야구장	
☐ 柔軟性	じゅうなんせい	유연성	
☐ 川沿い	かわぞい	강가, 냇가	
☐ 修理代	しゅうりだい	수리비	
☐ 電気代	でんきだい	전기세	
☐ 出来立て	できたて	갓 완성함	
☐ 焼き立て	やきたて	갓 구움	
☐ 一戸建て	いっこだて	독채	
☐ 三階建て	さんがいだて	3층 건물	
☐ バレエ団	バレエだん	발레단	
☐ 出身地	しゅっしんち	출신지	
☐ 生産地	せいさんち	생산지	
☐ 色違い	いろちがい	색이 다름	
☐ 手間賃	てまちん	수고비	
☐ 条件付き	じょうけんつき	조건 포함	

☐ 朝食付き	ちょうしょくつき	조식 포함	
☐ 醤油漬け	しょうゆづけ	간장에 절임	
☐ 話しづらい	はなしづらい	말하기 어렵다	
☐ 具体的だ	ぐたいてきだ	구체적이다	
☐ 優先度	ゆうせんど	우선도	
☐ 演技派	えんぎは	연기파	
☐ 慎重派	しんちょうは	신중파	
☐ 成田発	なりたはつ	나리타발	
☐ 限定版	げんていばん	한정판	
☐ 日本語版	にほんごばん	일본어판	
☐ 交通費	こうつうひ	교통비	
☐ 久しぶり	ひさしぶり	오랜만	
☐ 専門別	せんもんべつ	전문별	
☐ 子供向け	こどもむけ	어린이용	
☐ 女性向け	じょせいむけ	여성용	
☐ 発行元	はっこうもと	발행원	
☐ 原稿料	げんこうりょう	원고료	
☐ 収穫量	しゅうかくりょう	수확량	
☐ 記憶力	きおくりょく	기억력	
☐ 雑誌類	ざっしるい	잡지류	

출제 예상 접두어와 파생어

☐ 異世界	いせかい	이세계	
☐ 薄味	うすあじ	담백한 맛	
☐ 薄色	うすいろ	옅은 색	
☐ 旧正月	きゅうしょうがつ	구정	

6日 | 단어형성 단어 ②

- 激辛　　げきから　　아주 매움
- 激安　　げきやす　　아주 쌈
- 現時点　げんじてん　현시점
- 高学歴　こうがくれき　고학력
- 好成績　こうせいせき　좋은 성적
- 好対照　こうたいしょう　좋은 대조, 대비
- 好都合　こうつごう　안성맞춤
- 最下位　さいかい　최하위
- 最先端　さいせんたん　최첨단
- 再評価　さいひょうか　재평가
- 再利用　さいりよう　재이용, 재활용
- 主原因　しゅげんいん　주원인
- 諸条件　しょじょうけん　여러 조건
- 初対面　しょたいめん　첫 대면
- 新記録　しんきろく　신기록
- 総動員　そうどういん　총동원
- 多機能　たきのう　다기능
- 低レベル　ていレベル　낮은 레벨
- 同世代　どうせだい　같은 세대
- 同年齢　どうねんれい　같은 연령
- 初体験　はつたいけん　첫 체험
- 半世紀　はんせいき　반세기
- 反社会的だ　はんしゃかいてきだ　반사회적이다
- 非常識　ひじょうしき　비상식
- 非暴力　ひぼうりょく　비폭력
- 一握り　ひとにぎり　한 줌
- 不器用　ぶきよう　재주가 없음
- 別世界　べっせかい　별세계
- 真冬　まふゆ　한겨울
- 未提供　みていきょう　미제공
- 未発表　みはっぴょう　미발표
- 無許可　むきょか　무허가
- 無慈悲　むじひ　무자비
- 名演技　めいえんぎ　명연기
- 和服　わふく　일본식 옷

출제 예상 복합어

- 買い忘れる　かいわすれる　사는 것을 잊다
- 学校便り　がっこうだより　학교 소식
- 教育全般　きょういくぜんぱん　교육 전반
- 原因不明　げんいんふめい　원인 불명
- 子ども扱い　こどもあつかい　어린아이 취급
- 心強い　こころづよい　든든하다, 믿음직하다
- 心弱い　こころよわい　심약하다
- 婚姻届け　こんいんとどけ　혼인 신고서
- 支払い済み　しはらいずみ　지불 완료
- 使用済み　しようずみ　사용 완료
- 解き始める　ときはじめる　풀기 시작하다
- 年明け　としあけ　새해, 연초
- 泣き出す　なきだす　울기 시작하다
- 粘り強い　ねばりづよい　끈기 있다, 끈질기다

7日 | 문맥규정 단어 ①

MP3 바로듣기

발음과 뜻을 가리고 아는 단어인지 확인한 후 박스에 체크하고 학습하세요.

2025~2021 최빈출단어

☐	違反	いはん	위반
☐	解約	かいやく	해약
☐	求人	きゅうじん	구인
☐	限定	げんてい	한정
☐	省略	しょうりゃく	생략
☐	性格	せいかく	성격
☐	接続	せつぞく	접속
☐	節約	せつやく	절약
☐	チャージ		충전
☐	役目	やくめ	역할
☐	容姿	ようし	용모
☐	荒れる	あれる	거칠어지다
☐	劣る	おとる	뒤떨어지다
☐	救う	すくう	구하다, 구제하다
☐	迫る	せまる	다가오다
☐	備える	そなえる	대비하다, 비치하다
☐	保つ	たもつ	유지하다, 보존하다
☐	縮む	ちぢむ	줄어들다
☐	取り払う	とりはらう	철거하다
☐	握る	にぎる	쥐다
☐	触れ合う	ふれあう	접촉하다, 닿다
☐	厚かましい	あつかましい	뻔뻔스럽다
☐	騒がしい	さわがしい	떠들썩하다
☐	偉大だ	いだいだ	위대하다
☐	大げさだ	おおげさだ	과장되다
☐	簡潔だ	かんけつだ	간결하다
☐	好調だ	こうちょうだ	순조롭다, 호조이다
☐	手軽だ	てがるだ	간편하다
☐	稀だ	まれだ	드물다, 희귀하다
☐	ぎっしり		가득
☐	じめじめ		축축

2025~2021 빈출단어

☐	アポイントメント		약속
☐	インパクト		임팩트
☐	開設	かいせつ	개설
☐	関与	かんよ	관여
☐	口調	くちょう	어조
☐	クリア		클리어
☐	後悔	こうかい	후회
☐	交渉	こうしょう	교섭
☐	誤解	ごかい	오해
☐	進出	しんしゅつ	진출
☐	スタイル		스타일
☐	設備	せつび	설비
☐	タイミング		타이밍
☐	通過	つうか	통과
☐	添付	てんぷ	첨부
☐	特定	とくてい	특정
☐	ニーズ		니즈, 요구

7日 | 문맥규정 단어 ①

✓ 발음과 뜻을 가리고 아는 단어인지 확인한 후 박스에 체크하고 학습하세요.

☐ 反則	はんそく	반칙		☐ 地元	じもと	고향
☐ 報道	ほうどう	보도		☐ 収穫	しゅうかく	수확
☐ リハーサル		리허설		☐ ショック		충격
☐ 話題	わだい	화제		☐ 続出	ぞくしゅつ	속출
☐ 抱く	いだく	안다, 품다		☐ 尊重	そんちょう	존중
☐ 追い払う	おいはらう	쫓아버리다		☐ 転勤	てんきん	전근
☐ 思い切る	おもいきる	결심하다		☐ 発揮	はっき	발휘
☐ 思い込む	おもいこむ	믿어 버리다		☐ バランス		밸런스, 균형
☐ 締め切る	しめきる	마감하다		☐ 普及	ふきゅう	보급
☐ 誓う	ちかう	맹세하다		☐ プレッシャー		압박
☐ 溶け込む	とけこむ	녹아들다		☐ 油断	ゆだん	방심
☐ 飛びつく	とびつく	덤벼들다, 달려들다		☐ 争う	あらそう	다투다
☐ まねる		흉내내다		☐ 打ち消す	うちけす	부정하다
☐ もてなす		접대하다, 대접하다		☐ 衰える	おとろえる	쇠약해지다
☐ 盛り上がる	もりあがる	(흥취가) 높아지다		☐ そそっかしい		덤벙대다, 덜렁대다
☐ 雇う	やとう	고용하다		☐ 頼もしい	たのもしい	믿음직하다
☐ 図々しい	ずうずうしい	뻔뻔스럽다		☐ 相応しい	ふさわしい	적합하다, 어울리다
☐ 一時的だ	いちじてきだ	일시적이다		☐ 曖昧だ	あいまいだ	애매하다
☐ 劇的だ	げきてきだ	극적이다		☐ 穏やかだ	おだやかだ	온화하다, 평온하다
☐ 多大だ	ただいだ	다대하다		☐ 独特だ	どくとくだ	독특하다
☐ こそこそ		소곤소곤		☐ なだらかだ		완만하다, 부드럽다
☐ ぞろぞろ		줄줄, 졸졸		☐ 面倒だ	めんどうだ	귀찮다
				☐ ぎりぎり		빠듯이
				☐ 着々と	ちゃくちゃくと	착착

2020~2016 최빈출단어

☐ 苦情	くじょう	불평		☐ のんびり		느긋하게, 태평하게
☐ 栽培	さいばい	재배				

2020~2016 빈출단어

- [ ] アレンジ　　　　　　　　　어레인지
- [ ] 確保　かくほ　확보
- [ ] 契機　けいき　계기
- [ ] 気配　けはい　기미, 기색
- [ ] 邪魔　じゃま　방해, 장애
- [ ] ターゲット　　　　　　　　타깃
- [ ] 提供　ていきょう　제공
- [ ] 点検　てんけん　점검
- [ ] 評価　ひょうか　평가
- [ ] 分担　ぶんたん　분담
- [ ] リーダー　　　　　　　　　리더, 지도자
- [ ] 憧れる　あこがれる　동경하다
- [ ] 当てはまる　あてはまる　꼭 들어맞다
- [ ] 行き着く　いきつく　다다르다
- [ ] 入れ替える　いれかえる　교체하다
- [ ] 頷く　うなずく　끄덕이다
- [ ] 追い返す　おいかえす　물리치다
- [ ] 聞き取る　ききとる　청취하다, 알아듣다
- [ ] 悔やむ　くやむ　분하게 여기다, 후회하다
- [ ] 差し引く　さしひく　빼다, 공제하다
- [ ] 達する　たっする　이르다, 도달하다
- [ ] 付け加える　つけくわえる　덧붙이다, 추가하다
- [ ] 飛び上がる　とびあがる　날아오르다
- [ ] 飛び降りる　とびおりる　뛰어내리다
- [ ] 飛び立つ　とびたつ　날아오르다
- [ ] 飛び散る　とびちる　흩어지다
- [ ] 取り付ける　とりつける　달다
- [ ] 引き止める　ひきとめる　말리다
- [ ] 引っかかる　ひっかかる　걸리다
- [ ] 見分ける　みわける　분간하다
- [ ] 割り込む　わりこむ　끼어들다, 새치기하다
- [ ] 欠かさない　かかさない　빠뜨리지 않다
- [ ] 安易だ　あんいだ　안이하다
- [ ] いいかげんだ　　　　　　　소홀하다, 무책임하다
- [ ] 活発だ　かっぱつだ　활발하다
- [ ] 敏感だ　びんかんだ　민감하다
- [ ] 不安定だ　ふあんていだ　불안정하다
- [ ] 豊富だ　ほうふだ　풍부하다
- [ ] 有利だ　ゆうりだ　유리하다
- [ ] ぐったり　　　　　　　　　축 늘어짐
- [ ] ごちゃごちゃ　　　　　　　엉망진창
- [ ] にっこり　　　　　　　　　생긋
- [ ] ひそひそ　　　　　　　　　소곤소곤

2015~2010 최빈출단어

- [ ] 完了　かんりょう　완료
- [ ] 上昇　じょうしょう　상승
- [ ] 分析　ぶんせき　분석
- [ ] 抱える　かかえる　(떠)안다
- [ ] 散らかす　ちらかす　어지르다

8日 | 문맥규정 단어 ②

MP3 바로듣기

✓ 발음과 뜻을 가리고 아는 단어인지 확인한 후 박스에 체크하고 학습하세요.

☐	詰まる	つまる	막히다	☐ 強み	つよみ	강점
☐	濁る	にごる	탁해지다	☐ 訂正	ていせい	정정
☐	輝かしい	かがやかしい	빛나다, 눈부시다	☐ デザイン		디자인
☐	鋭い	するどい	날카롭다, 예리하다	☐ 導入	どうにゅう	도입
☐	辛い	つらい	괴롭다	☐ 特色	とくしょく	특색
☐	温厚だ	おんこうだ	온후하다, 온화하다	☐ 場面	ばめん	장면
☐	柔軟だ	じゅうなんだ	유연하다	☐ 反映	はんえい	반영
☐	徐々に	じょじょに	서서히	☐ パンク		펑크, 터짐
				☐ 評判	ひょうばん	평판

2015~2010 빈출단어

☐ 意欲	いよく	의욕		☐ 比例	ひれい	비례
☐ 解散	かいさん	해산		☐ 夢中	むちゅう	열중, 몰두
☐ 解消	かいしょう	해소		☐ 予測	よそく	예측
☐ 改正	かいせい	개정		☐ リラックス		릴랙스, 편안함
☐ 改善	かいぜん	개선		☐ 相次ぐ	あいつぐ	잇따르다, 연달다
☐ 活気	かっき	활기		☐ 得る	える	얻다
☐ 機能	きのう	기능		☐ 偏る	かたよる	치우치다
☐ 愚痴	ぐち	푸념		☐ 差し支える	さしつかえる	방해되다
☐ 見当	けんとう	예측, 짐작		☐ 蓄える	たくわえる	저장하다, 비축하다
☐ 辞退	じたい	사퇴		☐ 通じる	つうじる	통하다
☐ 視野	しや	시야		☐ つまずく		걸려 넘어지다, 좌절하다
☐ 贅沢	ぜいたく	사치		☐ 腹を立てる	はらをたてる	화를 내다
☐ 成長	せいちょう	성장		☐ 含む	ふくむ	포함하다
☐ 専念	せんねん	전념		☐ 目指す	めざす	목표로 하다
☐ 体格	たいかく	체격		☐ 面する	めんする	면하다, 인접하다
				☐ 呼び止める	よびとめる	불러 세우다
☐ 中継	ちゅうけい	중계		☐ スムーズだ		원활하다

☐ 適度だ	てきどだ	적당하다, 알맞다		☐ サンプル		견본, 샘플
☐ 有効だ	ゆうこうだ	유효하다, 효과적이다		☐ 失望	しつぼう	실망
☐ あいにく		공교롭게도		☐ ステージ		무대
☐ 予め	あらかじめ	미리, 사전에		☐ 対象	たいしょう	대상
☐ 一気に	いっきに	단숨에		☐ 撤去	てっきょ	철거, 제거
☐ いらいら		안달복달, 초조해 함				
☐ 思い切って	おもいきって	과감하게				
☐ ごろごろ		뒹굴뒹굴, 데굴데굴				

출제 예상 동사

☐ 預ける	あずける	맡기다, 예치하다
☐ 言い張る	いいはる	주장하다, 고집하다
☐ 行き過ぎる	いきすぎる	지나치다
☐ 祈る	いのる	기도하다, 빌다
☐ 受け継ぐ	うけつぐ	이어받다, 계승하다
☐ 打ち明ける	うちあける	털어놓다, 고백하다
☐ 打ち上げる	うちあげる	발사하다, 쏘아 올리다
☐ 打ち切る	うちきる	중단하다, 끊다
☐ 映す	うつす	비추다
☐ 裏切る	うらぎる	배신하다, 저버리다
☐ 描く	えがく	그리다
☐ おだてる		아첨하다, 칭찬하다
☐ 思い過ぎる	おもいすぎる	생각을 너무 많이 하다
☐ 書き上がる	かきあがる	다 쓰다, 완성되다
☐ 書き込む	かきこむ	써넣다, 기입하다
☐ 駆け込む	かけこむ	뛰어들다
☐ 駆け抜ける	かけぬける	달려 지나가다, 질주하다
☐ 叶える	かなえる	이루다

(continued from left column)

☐ さっぱり		산뜻이, 후련히
☐ すっきり		산뜻이, 말끔히
☐ たっぷり		듬뿍, 많이
☐ びっしょり		흠뻑
☐ 割りと	わりと	비교적
☐ 時間をつぶす	じかんをつぶす	시간을 때우다
☐ 話が尽きない	はなしがつきない	이야기가 끊이지 않다

출제 예상 명사

☐ 一致	いっち	일치
☐ エラー		오류
☐ 買い上げ	かいあげ	매입, 구입
☐ 覚悟	かくご	각오
☐ 感激	かんげき	감격, 감동
☐ 区分	くぶん	구분
☐ 経理	けいり	경리, 회계
☐ 原則	げんそく	원칙
☐ 参観	さんかん	참관

8日 | 문맥규정 단어 ②

발음과 뜻을 가리고 아는 단어인지 확인한 후 박스에 체크하고 학습하세요.

☐	凍える	こごえる	얼다, 동상에 걸리다	☐ 見習う	みならう	본받다
☐	こぼれる		흘리다, 넘치다	☐ 見慣れる	みなれる	눈에 익다
☐	探し回る	さがしまわる	찾아 돌아다니다	☐ 結びつく	むすびつく	결부되다, 연결되다
☐	冷める	さめる	식다, 차가워지다	☐ 命じる	めいじる	명하다
☐	締め出す	しめだす	문을 열어 주지 않다	☐ 持ち込む	もちこむ	반입하다
☐	過ごす	すごす	지내다, 보내다	☐ 汚す	よごす	더럽히다
☐	使いこなす	つかいこなす	능숙하게 사용하다	☐ 呼びかける	よびかける	호소하다
☐	使い込む	つかいこむ	손에 익게 오래 쓰다	☐ 寄り掛かる	よりかかる	기대다, 의지하다
☐	詰める	つめる	채우다, 압축하다	☐ 論じる	ろんじる	논하다
☐	連れ出す	つれだす	데리고 나가다			
☐	飛び出す	とびだす	뛰쳐나가다	**출제 예상 い형용사**		
☐	取り上げる	とりあげる	집어 들다	☐ 暑い	あつい	덥다
☐	取り扱う	とりあつかう	다루다, 취급하다	☐ うっとうしい		귀찮다, 음울하다
☐	取り掛かる	とりかかる	착수하다	☐ 重苦しい	おもくるしい	답답하다
☐	取り組む	とりくむ	몰두하다	☐ 心細い	こころぼそい	불안하다
☐	取り消す	とりけす	삭제하다	☐ すっぱい		시다
☐	取り出す	とりだす	꺼내다, 추출하다	☐ 狡賢い	ずるがしこい	교활하다, 간사하다
☐	早まる	はやまる	빨라지다, 앞당겨지다	☐ たくましい		늠름하다
☐	腹立つ	はらだつ	화나다, 분노하다	☐ 甚だしい	はなはだしい	심하다, 극심하다
☐	引き受ける	ひきうける	받아들이다	☐ みっともない		보기 흉하다, 창피하다
☐	引き離す	ひきはなす	떼어놓다, 분리하다			
☐	塞がる	ふさがる	막히다, 차단되다	**출제 예상 な형용사**		
☐	振り込む	ふりこむ	송금하다, 입금하다	☐ 意地悪だ	いじわるだ	심술궂다, 짓궂다
☐	まとめる		정리하다	☐ 円満だ	えんまんだ	원만하다
☐	見直す	みなおす	다시 보다, 재검토하다	☐ 大まかだ	おおまかだ	대략적이다
				☐ 微かだ	かすかだ	희미하다, 미약하다

☐ 気軽だ	きがるだ	부담 없다	☐ うとうと		꾸벅꾸벅
☐ 強大だ	きょうだいだ	강대하다	☐ うろうろ		어슬렁어슬렁, 허둥지둥
☐ ささやかだ		소박하다, 작다	☐ かさかさ		꺼칠꺼칠, 버석버석
☐ 静かだ	しずかだ	조용하다	☐ がらがら		텅텅
☐ 真剣だ	しんけんだ	진지하다	☐ ぎしぎし		삐걱삐걱
☐ 人工的だ	じんこうてきだ	인공적이다	☐ くよくよ		끙끙
☐ 垂直だ	すいちょくだ	수직이다	☐ ごくごく		꿀꺽꿀꺽
☐ 盛大だ	せいだいだ	성대하다	☐ しっとり		촉촉히
☐ ダイレクトだ		직접적이다	☐ しょっちゅう		언제나, 늘
☐ 単純だ	たんじゅんだ	단순하다	☐ じろじろ		빤히, 유심히
☐ 忠実だ	ちゅうじつだ	충실하다	☐ ちくちく		따끔따끔
☐ 適切だ	てきせつだ	적절하다	☐ どしどし		팍팍, 마구, 거침없이
☐ 特殊だ	とくしゅだ	특수하다	☐ どっしり		묵직하게, 안정되게
☐ 遥かだ	はるかだ	아득하다	☐ どっと		한꺼번에
☐ フォーマルだ		격식적이다, 공식적이다	☐ どろどろ		질척질척, 진창
☐ 不完全だ	ふかんぜんだ	불완전하다	☐ のびのび		자유롭게, 편하게
☐ ベーシックだ		기본적이다, 기초적이다	☐ ふさふさ		복슬복슬, 풍성한
☐ 膨大だ	ぼうだいだ	방대하다	☐ ぶらぶら		어슬렁어슬렁

출제 예상 부사

☐ あらゆる		온갖, 모든	☐ ぶるぶる		부들부들, 떨림
☐ いろいろ		여러 가지	☐ ふんわり		폭신폭신
☐ うじゃうじゃ		우글우글	☐ べたべた		끈적끈적
☐ うっかり		깜빡	☐ ぺらぺら		술술
☐ うっすら		희미하게, 엷게	☐ ほかほか		따끈따끈
			☐ ぼろぼろ		너덜너덜, 주르륵
			☐ ぼんやり		멍하니, 흐릿하게

9日 | 유의표현 단어 ①

MP3 바로듣기

✓ 발음과 뜻을 가리고 아는 단어인지 확인한 후 박스에 체크하고 학습하세요.

2025~2021 최빈출단어

□ 案の定 (あんじょう)	아니나 다를까	≒	やっぱり	역시
□ 依然 (いぜん)	여전히	≒	まだ	아직
□ うつむく	고개를 숙이다	≒	下を向く (したをむく)	아래를 보다
□ 帰省 (きせい)	귀성	≒	ふるさとに戻る (もどる)	고향에 돌아오다
□ 再三 (さいさん)	재삼, 여러 번	≒	何度も (なんども)	몇 번이나
□ 仕上げる (しあげる)	마무리하다	≒	完成させる (かんせい)	완성시키다
□ 失望する (しつぼう)	실망하다	≒	がっかりする	실망하다
□ 修正する (しゅうせい)	수정하다	≒	直す (なおす)	고치다
□ 収納する (しゅうのう)	수납하다	≒	仕舞う (しまう)	안에 넣다
□ 徐々に (じょじょに)	서서히	≒	次第に (しだいに)	차차
□ 深刻だ (しんこくだ)	심각하다	≒	重大だ (じゅうだいだ)	중대하다
□ 相当 (そうとう)	상당히	≒	かなり	꽤
□ たちまち	금세	≒	すぐに	곧
□ テンポ	템포	≒	速さ (はやさ)	빠르기
□ 人柄 (ひとがら)	인품	≒	性格 (せいかく)	성격
□ 不平 (ふへい)	불평	≒	文句 (もんく)	불만
□ 喧しい (やかましい)	떠들썩하다	≒	うるさい	시끄럽다
□ 騒がしい (さわがしい)	소란스럽다	≒		
□ 油断 (ゆだん)	방심	≒	気をつけていない (き)	조심하지 않다
□ レンタルする	렌탈하다	≒	借りる (かりる)	빌리다

2025~2021 빈출단어

☐ 威張る	으스대다	≒	偉そうにする	잘난 체하다
☐ おおよそ	대략	≒	大体	거의
☐ 惜しい	아쉽다	≒	もったいない	아깝다
☐ 概要	개요	≒	大体の内容	대강의 내용
☐ 各自	각자	≒	一人一人	한 사람 한 사람
☐ 行儀	예의	≒	マナー	매너
☐ くるむ	휘감아 싸다	≒	包む	싸다, 둘러싸다
☐ 仕草	몸짓	≒	動作	동작
☐ 書籍	서적	≒	本	책
☐ 同僚	동료	≒	同じ会社の人	같은 회사 사람
☐ 尖る	뾰족해지다	≒	細くなる	가늘게 되다
☐ はげる	벗겨지다	≒	取れる	떨어지다
☐ 妙だ	묘하다	≒	不思議だ	이상하다

2020~2016 최빈출단어

☐ 一日中	하루종일	≒	終日	종일
☐ 一層	한층	≒	もっと	더
☐ 臆病だ	겁이 많다	≒	何でも怖がる	무엇이든 무서워하다
☐ 落ち込む	침울해지다	≒	がっかりする	실망하다
☐ かかりつけの	단골인	≒	いつも行く	자주 가는
☐ 過剰である	과잉이다	≒	多すぎる	너무 많다

9日 | 유의표현 단어 ①

☐ 定める	정하다	≒	決める	정하다
☐ 触る	닿다, 손을 대다	≒	いじる	주무르다, 만지다
☐ 真剣だ	진지하다	≒	真面目だ	진지하다, 성실하다
☐ 精一杯	힘껏	≒	一生懸命	목숨걸고
☐ 同情する	동정하다	≒	かわいそうだと思う	불쌍하다고 생각하다
☐ 動揺する	동요하다	≒	不安になる	불안해지다
☐ とっくに	훨씬 전에, 벌써	≒	ずっと前に	훨씬 전에
☐ ハードだ	힘들다	≒	大変だ	힘들다
☐ 引き返す	되돌아가다	≒	戻る	돌아가다
☐ 卑怯だ	비겁하다	≒	ずるい	치사하다
☐ 物騒になる	위험해지다	≒	安全ではなくなる	안전하지 않게 되다
☐ 稀だ	드물다	≒	あまりいない	별로 없다
		≒	ほとんどない	드물다, 거의 없다
☐ 愉快だ	유쾌하다, 즐겁다	≒	面白い	재미있다

2020~2016 빈출단어

☐ 誤り	잘못, 실수	≒	間違っているところ	잘못된 부분
☐ 哀れだ	불쌍하다, 가엽다	≒	かわいそうだ	불쌍하다
☐ 怒る	화나다	≒	むかつく	화가 치밀다, 울컥하다
☐ 腹が立つ	화가 나다	≒		
☐ 関心を持つ	관심을 갖다	≒	注目する	주목하다

10日 | 유의표현 단어 ②

MP3 바로듣기

☑ 발음과 뜻을 가리고 아는 단어인지 확인한 후 박스에 체크하고 학습하세요.

☐	気を付ける	조심하다	≒	用心する	조심하다
☐	くどい	끈덕지다	≒	しつこい	끈질기다
☐	じたばたする	버둥버둥대다, 발버둥치다	≒	あわてる	허둥대다
☐	しばらく	잠시	≒	当分	당분간
☐	すっかり変わる	완전히 바뀌다	≒	一転する	완전히 바뀌다
☐	テクニック	테크닉	≒	技術	기술
☐	ぶつける	맞부딪치다	≒	衝突する	충돌하다
☐	譲る	양보하다	≒	あげる	주다
☐	利口だ	영리하다	≒	頭がいい	머리가 좋다

2015~2010 최빈출단어

☐	あまり話さない	그다지 말하지 않는다	≒	無口だ	말이 없다
☐	曖昧だ	애매하다	≒	はっきりしない	분명하지 않다
☐	明らかだ	명백하다	≒	はっきりした	분명한
☐	以前	이전에	≒	かつて	일찍이
☐	お勘定を済ませる	계산을 마치다	≒	お金を払う	돈을 지불하다
☐	おそらく	아마도	≒	多分	아마도
			≒	ほぼ	거의, 대체로
☐	同じにする	같게 하다	≒	揃える	같게 하다, 맞추다
☐	体が小さい	체격이 작다	≒	小柄だ	몸집이 작다
☐	偶然	우연히	≒	たまたま	우연히
☐	小声で話す	작은 소리로 이야기하다	≒	ささやく	속삭이다

10日 | 유의표현 단어 ②

✓ 발음과 뜻을 가리고 아는 단어인지 확인한 후 박스에 체크하고 학습하세요.

☐ 所有する しょゆう	소유하다	≒	持つ も	가지다
☐ 騒々しい そうぞう	시끄럽다	≒	うるさい	시끄럽다, 떠들썩하다
☐ 縮む ちぢ	줄어들다	≒	小さくなる ちい	작아지다
☐ 違う ちが	다르다	≒	異なる こと	다르다
☐ 注意 ちゅうい	주의	≒	用心 ようじん	조심
☐ 直前 ちょくぜん	직전	≒	間際 まぎわ	직전
☐ 突然 とつぜん	돌연, 갑자기	≒	いきなり	갑자기
☐ 変だ へん	이상하다	≒	奇妙だ きみょう	기묘하다
		≒	妙だ みょう	묘하다
☐ やや	약간	≒	少し すこ	조금
		≒	わずかに	약간
☐ 優秀だ ゆうしゅう	우수하다	≒	頭がいい あたま	머리가 좋다
		≒	賢い かしこ	현명하다, 영리하다
☐ 譲る ゆず	양도하다, 물려주다	≒	売る う	팔다

2015~2010 빈출단어

☐ 過ちの あやま	잘못된	≒	正しくない ただ	옳지 않은
☐ 依然として いぜん	여전히	≒	相変わらず あいか	변함없이
☐ 思い掛けない おもが	의외의, 뜻밖의	≒	意外だ いがい	의외의
☐ 乾燥している かんそう	건조하다	≒	かさかさしている	버석버석하다
☐ 十分注意する じゅうぶんちゅうい	충분히 주의하다	≒	慎重だ しんちょう	신중하다
☐ 必死だ ひっし	필사적이다	≒	一生懸命だ いっしょうけんめい	열심이다

☐ 自ら(みずか)	스스로	≒	自分で(じぶん)	스스로
☐ 山のふもと(やま)	산기슭	≒	山の下のほう(やま した)	산의 아래쪽

출제 예상 명사

☐ 言いつけ(い)	지시, 명령	≒	命令(めいれい)	명령
☐ 指図(さしず)	지시	≒		
☐ 会釈(えしゃく)	목례, 인사	≒	挨拶(あいさつ)	인사
☐ ガイド	가이드	≒	案内(あんない)	안내
☐ 勘定(かんじょう)	(대금) 계산	≒	会計(かいけい)	계산, 회계
☐ 訓練(くんれん)	훈련	≒	トレーニング	트레이닝
☐ 見解(けんかい)	견해	≒	考え方(かんが かた)	사고방식
☐ 雑談(ざつだん)	잡담	≒	おしゃべり	수다
☐ 仕組み(しく)	짜임새, 구조	≒	構造(こうぞう)	구조
☐ 制度(せいど)	제도	≒	システム	시스템
☐ テーマ	주제, 테마	≒	主題(しゅだい)	주제
☐ でたらめ	엉터리	≒	うそ	거짓말
☐ 昼間(ひるま)	주간, 낮	≒	日中(にっちゅう)	주간, 낮
☐ フォーカス	포커스	≒	焦点(しょうてん)	초점
☐ 復旧(ふっきゅう)	복구	≒	戻る(もど)	되돌아오다
☐ 最寄り(もよ)	가장 가까움, 근처	≒	一番近い(いちばんちか)	제일 가깝다
☐ ユニフォーム	유니폼	≒	制服(せいふく)	제복
☐ 流行(りゅうこう)	유행	≒	ブーム	유행

11日 | 유의표현 단어 ③

MP3 바로듣기

발음과 뜻을 가리고 아는 단어인지 확인한 후 박스에 체크하고 학습하세요.

□ レギュラー	레귤러	≒	一軍(いちぐん)	1군, 정규
□ レベルアップ	레벨업	≒	上達(じょうたつ)	숙달, 향상

출제 예상 동사

□ 集(あつ)まる	모이다	≒	揃(そろ)う	(모두 한 곳에) 모이다
□ 生(い)かす	살리다	≒	活用(かつよう)する	활용하다
□ 敬(うやま)う	공경하다	≒	大切(たいせつ)に扱(あつか)う	소중히 여기다
□ 終(お)える	끝내다	≒	済(す)ます	끝내다, 마치다
□ 抑(おさ)える	억누르다	≒	我慢(がまん)する	참다
□ 買(か)い占(し)める	매점하다	≒	全部買(ぜんぶか)う	전부 사다
□ 回復(かいふく)する	회복하다	≒	よくなる	좋아지다
□ 削(けず)る	깎다, 삭감하다	≒	減(へ)らす	줄이다
□ そわそわする	안절부절못하다, 초조하다	≒	落(お)ち着(つ)かない	진정하지 못하다
□ 足(た)す	더하다	≒	追加(ついか)する	추가하다
□ 照(て)らし合(あ)わせる	대조하다	≒	比較(ひかく)する	비교하다
□ 張(は)り切(き)る	힘을 내다	≒	やる気(き)を出(だ)す	의욕을 내다
□ 休(やす)む	쉬다	≒	息抜(いきぬ)きする	한숨 돌리다, 쉬다

출제 예상 い・な형용사

□ くだらない	쓸모없다	≒	価値(かち)がない	가치가 없다
□ 相応(ふさわ)しい	적합하다, 어울리다	≒	適切(てきせつ)だ	적절하다
□ 大(おお)げさだ	과장되다	≒	オーバーだ	오버다, 과장되다

☐ くたくただ	녹초가 되었다	≒	ひどく疲れた	몹시 지쳤다
☐ でたらめだ	엉터리이다, 되는대로이다	≒	本当ではない	사실이 아니다
☐ 独特だ	독특하다	≒	ユニークだ	유니크하다
☐ ぶかぶかだ	헐렁헐렁하다	≒	とても大きい	무척 크다
☐ わがままだ	제멋대로이다	≒	自分勝手だ	제멋대로이다

출제 예상 부사

☐ あたかも	흡사	≒	まるで	마치, 꼭
☐ いきなり	갑자기	≒	突然	돌연
☐ いずれ	언젠가, 조만간	≒	そのうち	머지않아
☐ 一応	일단, 우선	≒	とりあえず	일단, 우선
☐ 極めて	극히	≒	非常に	매우
☐ 強いて	억지로	≒	無理やりに	무리하게
☐ じかに	직접적으로	≒	直接	직접
☐ 続々と	계속해서	≒	相次いで	잇따라
☐ 直ちに	즉시	≒	すぐに	바로
☐ たびたび	여러 번, 자주	≒	何度も	몇 번이나
☐ 常に	늘, 항상	≒	いつも	언제나
☐ やたらに	함부로, 마구	≒	何も考えず	아무것도 생각하지 않고
☐ わずかに	약간	≒	少し	조금

11日 | 유의표현 단어 ③

출제 예상 구

□ 欠かせない	빠뜨릴 수 없다	≒ ないと困る	없으면 곤란하다
□ 考えられる限りの	생각할 수 있는 모든	≒ あらゆる	온갖
□ 仕事に取り掛かる	일에 착수하다	≒ 仕事を始める	일을 시작하다
□ じっとする	가만히 있다	≒ 動かない	움직이지 않는다
□ 品揃えがよい	상품이 잘 갖추어져 있다	≒ 物の種類がたくさんある	물건의 종류가 많이 있다
□ ついている	행운이 따르다	≒ 運がいい	운이 좋다
□ まだ乾いていない	아직 마르지 않았다	≒ 湿っている	젖어 있다
□ 目を通す	훑어보다	≒ ざっと見る	대충 보다
□ 役目を果たす	역할을 다하다	≒ 仕事を終える	일을 끝내다
□ やむを得ない	어쩔 수 없다	≒ 仕方がない	어쩔 수 없다

12日 | 용법 단어 ①

MP3 바로듣기

발음과 뜻을 가리고 아는 단어인지 확인한 후 박스에 체크하고 학습하세요.

2025~2021 최빈출단어

- ☐ 傾向　けいこう　경향
- ☐ 栽培　さいばい　재배
- ☐ 続出　ぞくしゅつ　속출
- ☐ 中断　ちゅうだん　중단
- ☐ 廃止　はいし　폐지
- ☐ 普及　ふきゅう　보급
- ☐ 荒れる　あれる　거칠어지다
- ☐ 生じる　しょうじる　발생하다, 생기다
- ☐ 濁る　にごる　탁해지다
- ☐ 鋭い　するどい　날카롭다, 예리하다
- ☐ 偉大だ　いだいだ　위대하다
- ☐ 温厚だ　おんこうだ　온후하다, 온화하다
- ☐ 妥当だ　だとうだ　타당하다
- ☐ 和やかだ　なごやかだ　온화하다, 화목하다
- ☐ さっさと　　빨리빨리

2025~2021 빈출단어

- ☐ 愛着　あいちゃく　애착
- ☐ 辺り　あたり　주변
- ☐ 引用　いんよう　인용
- ☐ 打ち合わせ　うちあわせ　협의, 상의
- ☐ うわさ　　소문
- ☐ 海岸　かいがん　해안
- ☐ 火事　かじ　화재
- ☐ 鑑賞　かんしょう　감상
- ☐ 関連　かんれん　관련
- ☐ 気候　きこう　기후
- ☐ 共有　きょうゆう　공유
- ☐ 金額　きんがく　금액
- ☐ 禁止　きんし　금지
- ☐ 暮れ　くれ　연말, 해 질 녘
- ☐ 国旗　こっき　국기
- ☐ 残高　ざんだか　잔고
- ☐ 充実　じゅうじつ　충실
- ☐ 修理　しゅうり　수리
- ☐ 上達　じょうたつ　숙달, 향상
- ☐ 印　しるし　표시
- ☐ 進歩　しんぽ　진보
- ☐ 清掃　せいそう　청소
- ☐ 世代　せだい　세대
- ☐ 早期　そうき　조기
- ☐ 段階　だんかい　단계
- ☐ 定年　ていねん　정년
- ☐ 展開　てんかい　전개
- ☐ 熱中　ねっちゅう　열중, 몰두
- ☐ 瓶　びん　병
- ☐ 蓋　ふた　뚜껑
- ☐ ふもと　　산기슭
- ☐ ベテラン　　베테랑
- ☐ 法律　ほうりつ　법률
- ☐ 予報　よほう　예보

12日 | 용법 단어 ①

✓ 발음과 뜻을 가리고 아는 단어인지 확인한 후 박스에 체크하고 학습하세요.

☐	連続	れんぞく	연속	☐	限定	げんてい	한정
☐	慌てる	あわてる	허둥지둥하다	☐	節約	せつやく	절약
☐	憐れむ	あわれむ	가엾이 여기다	☐	素材	そざい	소재
☐	薄める	うすめる	옅게하다	☐	分析	ぶんせき	분석
☐	かばう		감싸다	☐	役目	やくめ	역할
☐	加える	くわえる	더하다, 가입시키다	☐	散らかす	ちらかす	어지르다
☐	妨げる	さまたげる	방해하다	☐	破る	やぶる	찢다, 파기하다
☐	優れる	すぐれる	뛰어나다	☐	大げさだ	おおげさだ	과장되다
☐	潰す	つぶす	찌부러뜨리다	☐	順調だ	じゅんちょうだ	순조롭다
☐	腫れる	はれる	붓다	☐	ぎっしり		가득
☐	晴れる	はれる	(하늘이) 개다				
☐	漏れる	もれる	새다				

2020~2016 빈출단어

☐	居眠り	いねむり	앉아 졺
☐	演説	えんぜつ	연설
☐	演奏	えんそう	연주
☐	延長	えんちょう	연장
☐	かび		곰팡이
☐	期限	きげん	기한
☐	記録	きろく	기록
☐	経済	けいざい	경제
☐	欠陥	けっかん	결함
☐	講演	こうえん	강연
☐	国会	こっかい	국회
☐	実行	じっこう	실행
☐	渋滞	じゅうたい	정체, 길 막힘
☐	充満	じゅうまん	충만

☐	しょっぱい		짜다
☐	頑固だ	がんこだ	완고하다
☐	急激だ	きゅうげきだ	급격하다
☐	厳重だ	げんじゅうだ	엄중하다
☐	鮮明だ	せんめいだ	선명하다, 뚜렷하다
☐	粗末だ	そまつだ	변변찮다
☐	着々	ちゃくちゃく	착착
☐	はきはき		또박또박, 분명하게
☐	ほっと		한숨 돌림, 후유

2020~2016 최빈출단어

☐	引退	いんたい	은퇴
☐	解約	かいやく	해약
☐	きっかけ		계기

☐ 出社	しゅっしゃ	출근		☐ 覆う	おおう	덮다, 씌우다
☐ 出場	しゅつじょう	출전		☐ 繰り返す	くりかえす	반복하다
☐ 乗車	じょうしゃ	승차		☐ さびる		녹슬다
☐ 初期	しょき	초기		☐ しみる		스며들다
☐ 初歩	しょほ	초보		☐ 尽きる	つきる	다하다
☐ 対策	たいさく	대책		☐ 述べる	のべる	말하다, 서술하다
☐ 体操	たいそう	체조		☐ 乗り継ぐ	のりつぐ	갈아타다
☐ 頂上	ちょうじょう	정상		☐ めくる		넘기다
☐ 都合	つごう	형편, 사정		☐ 略す	りゃくす	줄이다, 생략하다
☐ 定期券	ていきけん	정기권		☐ 可愛らしい	かわいらしい	사랑스럽다, 귀엽다
☐ 停留所	ていりゅうじょ	정류소		☐ だらしない		칠칠치 못하다
☐ 特殊	とくしゅ	특수		☐ 鈍い	にぶい	둔하다, 무디다
☐ 並木	なみき	가로수		☐ 豪華だ	ごうかだ	호화스럽다, 호화롭다
☐ 日課	にっか	일과		☐ 多彩だ	たさいだ	다채롭다
☐ 端	はし	끝, 가장자리		☐ 一斉に	いっせいに	일제히
☐ 発車	はっしゃ	발차		☐ きっぱり		딱 잘라, 단호히
☐ 発達	はったつ	발달		☐ ほんの		그저, 매우 적은
☐ 反省	はんせい	반성				
☐ 秘密	ひみつ	비밀		**2015~2010 최빈출단어**		
☐ 封筒	ふうとう	봉투		☐ 違反	いはん	위반
☐ 舞台	ぶたい	무대		☐ 外見	がいけん	외견
☐ 保存	ほぞん	보존		☐ 催促	さいそく	재촉
☐ 目上	めうえ	윗사람, 연장자		☐ 世間	せけん	세간, 세상
☐ 郵送	ゆうそう	우송, 우편으로 보냄		☐ 保つ	たもつ	유지하다
☐ 論争	ろんそう	논쟁		☐ 縮む	ちぢむ	줄어들다
☐ 打ち明ける	うちあける	털어놓다, 고백하다		☐ 快い	こころよい	상쾌하다, 유쾌하다

13日 | 용법 단어 ②

MP3 바로듣기

✓ 발음과 뜻을 가리고 아는 단어인지 확인한 후 박스에 체크하고 학습하세요.

☐ たくましい		늠름하다	☐ 地域	ちいき	지역
☐ 乏しい	とぼしい	부족하다	☐ 注目	ちゅうもく	주목
☐ 相応しい	ふさわしい	어울리다	☐ 転職	てんしょく	이직
☐ 深刻だ	しんこくだ	심각하다	☐ 天然	てんねん	천연
☐ 手軽だ	てがるだ	손쉽다, 간단하다	☐ 範囲	はんい	범위
☐ とっくに		진작에, 훨씬 전에	☐ 服装	ふくそう	복장
			☐ 分野	ぶんや	분야

2015~2010 빈출단어

☐ 合図	あいず	신호	☐ 方針	ほうしん	방침
☐ 言い訳	いいわけ	변명	☐ 補足	ほそく	보충
☐ 遠慮	えんりょ	사양	☐ 矛盾	むじゅん	모순
☐ 会見	かいけん	회견	☐ 名刺	めいし	명함
☐ 雷	かみなり	천둥, 번개	☐ 行方	ゆくえ	행방
☐ 共同	きょうどう	공동	☐ 用途	ようと	용도
☐ 掲示	けいじ	게시	☐ 乱暴	らんぼう	난폭
☐ 高層	こうそう	고층	☐ 利益	りえき	이익
☐ 交代	こうたい	교대	☐ 甘やかす	あまやかす	응석을 받아주다
☐ 合同	ごうどう	합동	☐ 受け入れる	うけいれる	받아들이다
☐ 作成	さくせい	작성	☐ 思いつく	おもいつく	생각이 떠오르다
☐ 資源	しげん	자원	☐ 叶う	かなう	이루어지다
☐ 支持	しじ	지지	☐ 畳む	たたむ	개다
☐ 指導	しどう	지도	☐ 積み重なる	つみかさなる	쌓이다, 겹쳐지다
☐ 主観	しゅかん	주관	☐ 問い合わせる	といあわせる	문의하다
☐ 取材	しゅざい	취재	☐ 外す	はずす	풀다, 벗다
☐ 需要	じゅよう	수요	☐ 冷え込む	ひえこむ	몹시 추워지다, 몸이 차가워지다
☐ 信頼	しんらい	신뢰	☐ 塞ぐ	ふさぐ	틀어 막다, 가리다

☐ 振り向く	ふりむく	돌아보다		☐ 経由	けいゆ	경유
☐ 隔てる	へだてる	사이를 떼다, 멀리하다		☐ 傑作	けっさく	걸작
☐ 慌ただしい	あわただしい	분주하다, 어수선하다		☐ 固定	こてい	고정
☐ 心強い	こころづよい	마음든든하다		☐ 参列	さんれつ	참석
☐ 物足りない	ものたりない	무언가 아쉽다, 미흡하다		☐ 指定	してい	지정
☐ 温暖だ	おんだんだ	온난하다		☐ 授受	じゅじゅ	수수, 주고받음
☐ 微かだ	かすかだ	희미하다, 어렴풋하다		☐ 出願	しゅつがん	출원
☐ 頑丈だ	がんじょうだ	튼튼하다, 옹골차다		☐ 証拠	しょうこ	증거
☐ 冷静だ	れいせいだ	냉정하다		☐ 承認	しょうにん	승인
☐ 生き生き	いきいき	생생, 싱싱		☐ 先端	せんたん	첨단
☐ 一旦	いったん	일단		☐ 戦略	せんりゃく	전략
☐ こつこつ		꾸준히		☐ 対決	たいけつ	대결
☐ せめて		적어도, 하다못해		☐ 対抗	たいこう	대항
				☐ 達成	たっせい	달성
				☐ 短縮	たんしゅく	단축
				☐ 直進	ちょくしん	직진

출제 예상 명사

☐ 維持	いじ	유지		☐ 直行	ちょっこう	직행
☐ 違法	いほう	위법		☐ 通信	つうしん	통신
☐ 横断	おうだん	횡단		☐ 通話	つうわ	통화
☐ 音声	おんせい	음성		☐ 定価	ていか	정가
☐ 顔色	かおいろ	안색		☐ 提示	ていじ	제시
☐ 課題	かだい	과제		☐ 手間	てま	노력, 수고
☐ 格好	かっこう	모양, 차림새, 형태		☐ 転勤	てんきん	전근
☐ 加入	かにゅう	가입		☐ 伝言	でんごん	전언
☐ 我慢	がまん	참음, 인내		☐ 登場	とうじょう	등장
				☐ 到達	とうたつ	도달

13日 | 용법 단어 ②

✓ 발음과 뜻을 가리고 아는 단어인지 확인한 후 박스에 체크하고 학습하세요.

□ 入社	にゅうしゃ	입사
□ 反論	はんろん	반론
□ 皮肉	ひにく	비꼼, 야유
□ 付属	ふぞく	부속
□ 不都合	ふつごう	형편이 좋지 않음
□ 物体	ぶったい	물체
□ 放映	ほうえい	방영
□ 味方	みかた	편, 아군
□ 密着	みっちゃく	밀착
□ 申し込み	もうしこみ	신청
□ 容器	ようき	용기
□ 用具	ようぐ	도구, 용품

출제 예상 동사

□ 飽きる	あきる	싫증나다
□ 占う	うらなう	점치다
□ 惜しむ	おしむ	아끼다
□ 限る	かぎる	한정하다
□ 築く	きずく	구축하다, 쌓다
□ 崩す	くずす	무너뜨리다
□ くみ取る	くみとる	헤아리다
□ 試みる	こころみる	시도하다, 시험해 보다
□ 支える	ささえる	지탱하다
□ 戦う	たたかう	싸우다
□ 積もる	つもる	쌓이다
□ どける		치우다, 물리치다

□ 整う	ととのう	정돈되다
□ 眺める	ながめる	바라보다
□ 担う	になう	짊어지다
□ 震える	ふるえる	떨리다
□ 認める	みとめる	인정하다
□ 見渡す	みわたす	둘러보다, 전망하다
□ 止す	よす	그만두다

출제 예상 い형용사

□ 危うい	あやうい	위태롭다
□ 嫌らしい	いやらしい	역겹다
□ 疑わしい	うたがわしい	의심스럽다
□ 重たい	おもたい	무겁다
□ 痒い	かゆい	가렵다
□ 気安い	きやすい	허물없다, 거리낌 없다
□ 臭い	くさい	냄새가 나다
□ 煙い	けむい	눈이 따갑다, 맵다
□ 恋しい	こいしい	그립다
□ 好ましい	このましい	마음에 들다, 바람직하다
□ 清々しい	すがすがしい	개운하다, 시원하다
□ 切ない	せつない	애달프다, 안타깝다
□ 力強い	ちからづよい	마음이 든든하다
□ とんでもない		당치도 않다
□ 情けない	なさけない	한심하다, 매정하다
□ 馴れ馴れしい	なれなれしい	(친하지 않은데) 친한 듯 굴다

☐ のろい		느리다, 둔하다		☐ 華やかだ	はなやかだ	화려하다, 호화롭다
☐ 蒸し暑い	むしあつい	무덥다		☐ 不安定だ	ふあんていだ	불안정하다
☐ めでたい		경사스럽다		☐ 不潔だ	ふけつだ	불결하다
☐ 緩い	ゆるい	느슨하다		☐ 厄介だ	やっかいだ	성가시다
☐ 煩わしい	わずらわしい	번거롭다, 성가시다		☐ 幼稚だ	ようちだ	유치하다
				☐ 余計だ	よけいだ	쓸데없다, 부질없다

출제 예상 な형용사

출제 예상 부사

☐ 内気だ	うちきだ	내성적이다, 소심하다		☐ 相次いで	あいついで	잇따라
☐ 大柄だ	おおがらだ	몸집이 크다		☐ 案外	あんがい	의외로
☐ 大らかだ	おおらかだ	대범하다		☐ いっせいに		일제히
☐ おしゃれだ		세련되다		☐ 大いに	おおいに	크게, 많이
☐ 疎かだ	おろそかだ	소홀하다, 등한시하다		☐ 各々	おのおの	제각각, 각기
☐ 確実だ	かくじつだ	확실하다		☐ 極めて	きわめて	극히
☐ 強力だ	きょうりょくだ	강력하다		☐ 決して	けっして	결코
☐ 健康だ	けんこうだ	건강하다		☐ しばしば		자주, 종종
☐ 困難だ	こんなんだ	곤란하다		☐ しみじみ		절실히
☐ 幸いだ	さいわいだ	다행스럽다		☐ ずらっと		죽, 주르륵
☐ 新鮮だ	しんせんだ	신선하다		☐ せいぜい		가능한 한, 힘껏
☐ 健やかだ	すこやかだ	튼튼하다, 건강하다		☐ せっかく		모처럼
☐ そっくりだ		꼭 닮다		☐ 即座に	そくざに	즉시, 즉각
☐ 率直だ	そっちょくだ	솔직하다		☐ 当然	とうぜん	당연히
☐ 平らだ	たいらだ	평평하다		☐ とうとう		마침내, 결국
☐ 的確だ	てきかくだ	정확하다		☐ まるで		마치, 꼭
☐ 適当だ	てきとうだ	대충이다, 적당하다		☐ やっと		겨우, 가까스로
☐ 生意気だ	なまいきだ	건방지다, 주제 넘다		☐ ようやく		겨우
☐ にこやかだ		생글거리다, 상냥하다				

14日 | 언어지식(문법) 문형 ①

MP3 바로듣기

✅ 발음과 뜻을 가리고 아는 단어인지 확인한 후 박스에 체크하고 학습하세요.

명사 뒤에 접속하는 빈출문형

☐ **〜からして**
~부터

この映画はタイトル**からして**面白そうなので公開が楽しみだ。
이 영화는 제목부터 재미있을 것 같아서 개봉이 기대된다.

☐ **〜からすると/〜からすれば**
~으로 보아, ~의 입장에서 본다면

部長の性格**からすると**、許可してくれるはずがない。
부장님의 성격으로 보아, 허가해줄 리가 없다.

☐ **〜さえ…ば**
~만 …하면

あなた**さえ**よけれ**ば**日程を変更してもかまいません。
당신만 괜찮다면 일정을 변경해도 상관없어요.

☐ **〜次第で**
~에 따라

私の努力**次第で**、人生が決まると思ってるよ。
나의 노력에 따라, 인생이 결정된다고 생각해.

☐ **〜だって**
~라도, ~도

そんな難しいことは教授**だって**知らないだろう。
그런 어려운 것은 교수라도 모를 것이다.

☐ **〜だらけ**
~투성이

戦争から帰ってきた彼の体は傷**だらけ**だった。
전쟁에서 돌아온 그의 몸은 상처투성이였다.

☐ **〜でしかない**
~에 불과하다

彼女は有名な俳優だが、引退したら一人の人間**でしかない**。
그녀는 유명한 배우지만, 은퇴하면 한 명의 인간에 불과하다.

☐ **〜でよければ**
~로 괜찮다면

私**でよければ**、いつでもお手伝いします。
저로 괜찮다면, 언제든지 도와드리겠습니다.

☐ **〜といえば**
~라고 하면

青森**といえば**、リンゴが思い浮かびます。
아오모리라고 하면, 사과가 떠오릅니다.

☐ **～といった** ~와 같은	この大学はアメリカ、中国、ロシア**といった**外国の学校と交流している。 이 대학은 미국, 중국, 러시아와 같은 외국 학교와 교류하고 있다.
☐ **～といっても** ~라고 해도	昔のゲーム**といっても**、今でも人気のゲームがたくさんある。 옛날 게임이라고 해도, 지금도 인기 있는 게임이 많이 있다.
☐ **～として/ ～としては/ ～としても** ~로서/~로서는/~라고 해도	彼はリーダー**として**何か物足りないと思います。 그는 리더로서 뭔가 부족하다고 생각합니다.
☐ **～に至っては** ~에 이르러서는	運動はできるが、ダンス**に至っては**リズム感がなくて下手だ。 운동은 할 수 있지만, 춤에 이르러서는 리듬감이 없어서 못한다.
☐ **～において** ~에 있어서	生物学**において**彼女より詳しい人はいません。 생물학에 있어서 그녀보다 정통한 사람은 없습니다.
☐ **～に限って/ ～に限らず** ~에 한해서/~뿐 아니라	いつも忙しい時**に限って**電話がかかってくる。 항상 바쁠 때에 한해서 전화가 걸려온다.
☐ **～にかけては/ ～にかけても** ~에 관해서는/~에 관해서도	足の速さ**にかけては**誰にも負けない自信があります。 발 빠르기에 관해서는 누구에게도 지지 않을 자신이 있습니다.
☐ **～に関して/ ～に関する** ~에 관해서/~에 관한	授業内容**に関して**質問がある人は研究室に来てください。 수업내용에 관해서 질문이 있는 사람은 연구실로 와 주세요.
☐ **～に比べて** ~에 비해	日本**に比べて**、物価が安い国が多くある。 일본에 비해 물가가 싼 나라가 많이 있다.

14日 | 언어지식(문법) 문형 ①

✓ 발음과 뜻을 가리고 아는 단어인지 확인한 후 박스에 체크하고 학습하세요.

☐	**〜に加(くわ)えて** 〜에다, 〜에 더하여	連日(れんじつ)にわたる大雨(おおあめ)**に加(くわ)えて**台風(たいふう)まで近(ちか)づいてきた。 연일에 걸친 큰비에다 태풍까지 다가왔다.
☐	**〜にこたえて** 〜에 부응하여	妹(いもうと)は家族(かぞく)の期待(きたい)**にこたえて**、大企業(だいきぎょう)に就職(しゅうしょく)した。 여동생은 가족의 기대에 부응하여, 대기업에 취직했다.
☐	**〜にしたら** 〜의 입장에서 보면	彼(かれ)**にしたら**その提案(ていあん)はかえって迷惑(めいわく)だったかもしれません。 그의 입장에서 보면 그 제안은 오히려 민폐였을지도 모릅니다.
☐	**〜に備(そな)えて** 〜에 대비하여	地震(じしん)**に備(そな)えて**避難訓練(ひなんくんれん)を実施(じっし)する必要(ひつよう)がある。 지진에 대비하여 피난훈련을 실시할 필요가 있다.
☐	**〜にそって/ 〜にそい** 〜에 따라, 〜을 따라	説明書(せつめいしょ)に書(か)いてある順番(じゅんばん)**にそって**設置(せっち)してください。 설명서에 적혀있는 순서에 따라 설치해 주세요.
☐	**〜に対(たい)する** 〜에 대한	物価上昇(ぶっかじょうしょう)**に対(たい)する**国民(こくみん)の不満(ふまん)が高(たか)まっている。 물가 상승에 대한 국민의 불만이 높아지고 있다.
☐	**〜にとって** 〜에게 있어, 〜에게는	政治家(せいじか)**にとって**この機会(きかい)は成功(せいこう)への近道(ちかみち)である。 정치인에게 있어 이 기회는 성공으로의 지름길이다.
☐	**〜に反(はん)して** 〜와 반대로, 〜와 달리	専門家(せんもんか)の予想(よそう)**に反(はん)して**、今年(ことし)の輸出(ゆしゅつ)はさらに減少(げんしょう)した。 전문가의 예상과 반대로, 올해 수출은 더욱 감소했다.
☐	**〜にほかならない** 〜임에 틀림없다, 바로 〜때문이다	夫婦(ふうふ)にとって最(もっと)も大事(だいじ)なのは、信頼(しんらい)と尊敬(そんけい)**にほかならない**。 부부에게 있어 가장 중요한 것은, 신뢰와 존경임에 틀림없다.
☐	**〜に基(もと)づいて** 〜에 기반하여, 〜를 토대로	交通(こうつう)カードの利用情報(りようじょうほう)**に基(もと)づいて**、バス路線(ろせん)を調整(ちょうせい)した。 교통카드의 이용정보에 기반하여, 버스 노선을 조정했다.

~によって ~때문에(원인), ~에 의해(수동), ~로(수단), ~마다(경우)	最近気温の変化によって風邪を引く人が増えている。 최근 기온 변화 때문에 감기에 걸리는 사람이 늘고 있다.
~にわたって ~에 걸쳐	花火大会が9月22日、23日の二日間にわたって開催される。 불꽃축제가 9월 22일, 23일의 이틀간에 걸쳐 개최된다.
~のことだから ~니까, ~라면	いつも遅刻する彼女のことだから、きっと遅れてくるだろう。 항상 지각하는 그녀니까, 반드시 늦게 올 거야.
~のもとで/ ~のもとに ~하에, ~아래서	この動物は国の管理のもとで保護されています。 이 동물은 국가의 관리하에 보호받고 있습니다.
~に欠かせない ~에 빠트릴 수 없다	おいしい料理やお酒は、パーティーに欠かせない。 맛있는 요리와 술은, 파티에 빠트릴 수 없다.
~はともかく ~는 어쨌든	その人の性格はともかく、この仕事に合うかが重要だ。 그 사람의 성격은 어쨌든, 이 일에 맞는지가 중요하다.
~を通して ~을 통해	二人はサークル活動を通して知り合ったそうです。 두 사람은 서클 활동을 통해 서로 알게 되었다고 합니다.
~をとわず ~을 불문하고	我が社は学歴をとわず、人柄と能力をもとに採用します。 우리 회사는 학력을 불문하고, 인품과 능력을 토대로 채용합니다.
~を抜きにして(は) ~을 빼고(는), ~을 제외하고(는)	この優勝は彼を抜きにしては語れません。 이 우승은 그를 빼고는 말할 수 없습니다.

15日 | 언어지식(문법) 문형 ②

MP3 바로듣기

☑ 발음과 뜻을 가리고 아는 단어인지 확인한 후 박스에 체크하고 학습하세요.

동사 뒤에 접속하는 빈출문형

☐ **〜たあげく**
~한 끝에

一週間も悩んだあげく、しばらく引越さないことにした。
일주일이나 고민한 끝에, 당분간 이사하지 않기로 했다.

☐ **〜た以上**
~한 이상

進学すると決めた以上、きちんと準備しなければならない。
진학하겠다고 결정한 이상, 제대로 준비해야 한다.

☐ **〜たかと思うと/
〜たかと思ったら**
~했나 했더니

落ち込んで泣いていたかと思ったら、今度は笑い始めた。
풀이 죽어서 울고있나 했더니, 이번에는 웃기 시작했다.

☐ **〜たすえに**
~한 끝에

色々考えたすえに私たちは離婚することにした。
여러 가지 생각한 끝에 우리는 이혼하기로 했다.

☐ **〜たつもりだ**
~라고 생각했다

詳しく説明したつもりだけど、正確に伝わらなかったようだ。
자세히 설명했다고 생각했는데, 정확히 전달되지 않은 것 같다.

☐ **〜たところ**
~했더니

配送が可能か問い合わせたところ、できないと言われた。
배송이 가능한지 물어봤더니, 안 된다고 했다.

☐ **〜たところだ**
막 ~한 참이다

さっき夕食を食べたところで、お腹がいっぱいです。
방금 막 저녁을 먹은 참이라, 배가 불러요.

☐ **〜たとたん**
~한 순간

泥棒は警察を見たとたん、びっくりして逃げ出した。
도둑은 경찰을 본 순간, 깜짝 놀라 도망쳤다.

☐ **〜たばかりだ**
~한 지 얼마 되지 않다, 막 ~하다

昼ご飯を食べたばかりだから、お腹がいっぱいだ。
점심을 먹은 지 얼마 되지 않기 때문에, 배가 부르다.

~ている ~하고 있다(계속), ~해 있다(결과), ~하고 있다(반복), ~했다(경험), ~해 있다(완료), ~해 있다(상태)	政府は今、少子高齢化の対策を考え**ている**。 정부는 지금, 저출산 고령화 대책을 생각하고 있다.
~ておく ~해 두다	会議の資料は予め準備し**ておいて**ください。 회의 자료는 미리 준비해 두어 주세요.
~てから ~하고 나서	集合時間を決め**てから**自由行動をしましょう。 집합 시간을 정하고 나서 자유행동을 합시다.
~てからでないと ~한 후가 아니면, ~하지 않으면	身分を確認し**てからでないと**入場できません。 신분을 확인한 후가 아니면 입장할 수 없습니다.
~てからにする ~하고 나서 하다	出発は全員揃っ**てからにします**ので、もうしばらく待機しましょう。 출발은 전원 모이고 나서 하겠으니, 잠시 대기합시다.
~てしまう ~해 버리다, ~하고 말다	最近急に暑くなったからか、熱中症で倒れ**てしまった**。 요즘 갑자기 더워져서인지 열사병으로 쓰러져 버렸다.
~てほしい ~했으면 한다, ~하면 좋겠다	これは重要事項なので何回もチェックし**てほしい**です。 이건 중요사항이니까 몇 번이고 체크했으면 합니다.
~てみる ~해 보다	たとえ失敗するとしても一度挑戦し**てみた**方がいい。 설령 실패한다고 해도 한번 도전해보는 편이 좋아.
~てもかまわない ~해도 괜찮다, ~해도 상관없다	忙しければ、報告書は明日までに提出し**てもかまいません**。 바쁘다면, 보고서는 내일까지 제출해도 괜찮습니다.
~ても~なくても ~해도 ~하지 않아도	今更準備し**ても**し**なくても**たぶん結果は同じだと思う。 이제 와서 준비해도 하지 않아도 아마 결과는 같다고 생각한다.

15日 | 언어지식(문법) 문형 ②

☑ 발음과 뜻을 가리고 아는 단어인지 확인한 후 박스에 체크하고 학습하세요.

☐	**〜てもいい/ 〜てもよろしい** 〜해도 괜찮다, 〜해도 좋다, 〜해도 된다	すみません、この本をちょっと借り**てもいい**でしょうか。 실례합니다, 이 책을 잠깐 빌려도 괜찮을까요?
☐	**〜てはじめて** 〜하고 나서야 비로소	実家を離れ**てはじめて**親のありがたさが分かった。 집을 떠나고 나서야 비로소 부모님의 고마움을 알았다.
☐	**〜あまり** 〜한 나머지	時間がなくて急い**だあまり**、財布を忘れてしまった。 시간이 없어서 서두른 나머지, 지갑을 잊고 말았다.
☐	**〜一方だ** 〜하기만 하다, 〜할 뿐이다	アプリ業界の技術競争が激しくなる**一方だ**。 어플리케이션 업계의 기술 경쟁이 격해지기만 한다.
☐	**〜上は** 〜하는 이상에는, 〜한 바에는	会社を立ち上げる**上は**、相当な準備が必要だ。 회사를 세우는 이상에는, 상당한 준비가 필요하다.
☐	**〜ことはない/ 〜こともない** 〜할 필요는 없다	それほど怖い人ではないから緊張する**ことはない**よ。 그렇게 무서운 사람이 아니니까 긴장할 필요는 없어.
☐	**〜ことなく** 〜하지 않고	お父さんは家族のために、週末も休む**ことなく**働いている。 아빠는 가족을 위해서, 주말도 쉬지 않고 일하고 있다.
☐	**〜しかない/ 〜しかあるまい** 〜하는 수밖에 없다	電車が延着したので、家まで歩いて帰る**しかない**。 전철이 연착되었기 때문에, 집까지 걸어서 돌아갈 수밖에 없다.
☐	**〜つもりだ** 〜할 계획이다, 〜할 생각이다	彼女は来月から本格的に就職活動を始める**つもりだ**と言っていた。 그녀는 다음 달부터 본격적으로 취직 활동을 시작할 계획이라고 말했다.

☐	**〜といい** ~하면 좋다	ゆっくり休やすんで、早はや く病気びょうきが治なおる**といい**ですね。 푹 쉬고, 빨리 병이 나으면 좋겠네요.
☐	**〜ところだ** ~하려던 참이다	仕事しごとが終おわって、これから帰かえる**ところです**。 일이 끝나서, 이제부터 돌아가려던 참이에요.
☐	**〜ところだった** ~할 뻔했다	寝坊ねぼうしてしまい、バスに乗のり遅おくれる**ところだった**。 늦잠을 자 버려서, 버스를 놓칠 뻔했다.
☐	**〜よりほかない** ~할 수밖에 없다	正ただしくない規則きそくでも従したがう**よりほかない**です。 옳지 않은 규칙이라도 따를 수밖에 없습니다.
☐	**〜までもない** ~할 것도 없다	彼女かのじょが世界一せかいいちの選手せんしゅであることは言い う**までもない**。 그녀가 세계 제일의 선수인 건 말할 것도 없다.
☐	**〜まま(に)** ~하는 대로	旅行中りょこうちゅうは足あしの向むく**まま**気きの向むく**まま**歩あるき回まわった。 여행 동안은 발길 닿는 대로 마음 가는 대로 걸어 다녔다.
☐	**〜わけにはいかない** ~할 수 없다	決勝進出けっしょうしんしゅつのため、この試合しあいは負まける**わけにはいかない**。 결승 진출을 위해, 이 시합은 질 수 없다.
☐	**〜か〜ないかのうちに** ~하자마자	演劇えんげきが終おわる**か**終おわら**ないかのうちに**立たち上あがって拍手はくしゅをした。 연극이 끝나자마자 일어서서 박수를 쳤다.
☐	**〜かのようだ** ~인 것 같다	彼かれは靴くつの紐ひもを結むすぶ**かのように**その場ばにしゃがみこんだ。 그는 신발 끈을 묶는 것 같이 그 자리에 웅크리고 앉았다.
☐	**〜からには/ 〜からは** ~하는 이상에는, ~한 바에는	留学りゅうがくする**からには**、その国くにの文化ぶんかを体験たいけんしたほうがいい。 유학한 이상에는, 그 나라의 문화를 체험하는 편이 좋다.

16日 | 언어지식(문법) 문형 ③

MP3 바로듣기

☑ 발음과 뜻을 가리고 아는 단어인지 확인한 후 박스에 체크하고 학습하세요.

☐	**〜ことがある** 1. ~하는 경우가 있다 2. ~한 적이 있다	1 たまに顔も洗わないで寝る**ことがあります**。 가끔 얼굴도 씻지 않고 자는 경우가 있습니다. 2 海外赴任でフランスに住んだ**ことがある**。 해외 부임으로 프랑스에서 산 적이 있다.
☐	**〜ことにする** ~하기로 하다	外国人の友達を作るため、交流会に参加する**ことにした**。 외국인 친구를 만들기 위해, 교류회에 참가하기로 했다.
☐	**〜とおりに** ~하는 대로	今は親の言う**とおりに**することにした。 지금은 부모님이 말하는 대로 하기로 했다.
☐	**〜べきだ** ~해야 한다	親に物を拾ったら持ち主に返す**べきだ**と言われた。 부모님은 물건을 주우면 주인에게 돌려줘야 한다고 했다.
☐	**〜ほうがよかった** ~하는 편이 좋았다	彼女にとっては今の仕事を続けるよりも転職する**ほうがよかった**。 그녀에게 있어서는 지금의 일을 계속하는 것보다도 이직하는 편이 좋았다.
☐	**〜までになる** ~정도가 되다	日本語で書かれた論文が読める**までになった**。 일본어로 쓰인 논문을 읽을 수 있는 정도가 되었다.
☐	**〜ものではない** ~해서는 안 된다	目上の人にそんな失礼なことを言う**ものではない**。 손윗사람에게 그런 실례되는 것을 말해서는 안 된다.
☐	**〜ようにする** ~하도록 하다	課題を明日までには提出する**ようにして**ください。 과제를 내일까지는 제출하도록 해주세요.
☐	**〜ようになる** ~하게 되다	毎朝、朝食をとる前に必ずジョギングをする**ようになった**。 매일 아침, 조식을 먹기 전에 반드시 조깅을 하게 되었다.
☐	**〜得る/得る** ~할 수 있다	どんなに気を付けていたとしても事故は起こり**得る**。 아무리 조심하고 있었다고 해도 사고는 일어날 수 있다.

☐ **~終わる** 다 ~하다, ~하는 것이 끝나다	読み**終わった**本はカウンターや返却ポストに返却してください。 다 읽은 책은 카운터나 반납함에 반납해 주세요.
☐ **~かけの** ~하다 만	食べ**かけの**パンを置いたまま出かけて、母に怒られた。 먹다 만 빵을 둔 채로 외출해서, 엄마에게 혼났다.
☐ **~がたい** ~하기 어렵다	彼はいつも怒ったような顔をしていて、近寄り**がたい**。 그는 언제나 화난 것 같은 얼굴을 하고 있어서, 다가가기 어려워.
☐ **~かねる** ~하기 어렵다	課長の意見ですが、私としては賛成し**かねます**。 과장님의 의견 말인데요, 저로서는 찬성하기 어렵습니다.
☐ **~かねない** ~할 수도 있다, ~할지도 모른다	彼女のあいまいな言い方は誤解を招き**かねない**。 그녀의 애매한 말투는 오해를 부를 수도 있다.
☐ **~そうもない/ ~そうにない** ~할 것 같지 않다	こんな給料では、20年働いても自分の家を買え**そうもない**。 이런 급료로는, 20년 일해도 내 집을 살 수 있을 것 같지 않다.
☐ **~つつ** ~하면서	彼女はダイエットするといい**つつ**、運動は絶対しない。 그녀는 다이어트 하겠다고 말하면서, 운동은 절대 하지 않는다.
☐ **~つつある** ~하는 중이다	手術が成功した後、おじいさんの病気は回復し**つつある**。 수술이 성공한 후, 할아버지의 병은 회복되는 중이다.
☐ **~っこない** ~할 리 없다	一人で10人前を食べるなんて、でき**っこない**よ。 혼자서 10인분을 먹다니, 가능할 리 없어.
☐ **~次第** ~대로	連絡が入り**次第**、すぐにお伝えします。 연락이 들어오는 대로, 바로 전달하겠습니다.

16日 | 언어지식(문법) 문형 ③

✅ 발음과 뜻을 가리고 아는 단어인지 확인한 후 박스에 체크하고 학습하세요.

☐	**~にくい** ~하기 어렵다	言いにくいことを言うにはどうしても勇気が要る。 말하기 어려운 것을 말하려면 어떻게든 용기가 필요하다.
☐	**~ようがない/ ~ようもない** ~할 방도가 없다	いくら考えてみても顧客を納得させようがない。 아무리 생각해봐도 고객을 납득시킬 방도가 없다.
☐	**~ざるを得ない** ~하지 않을 수 없다	論理的な彼の話を聞いて、私が間違っていたと認めざるを得なかった。 논리적인 그의 말을 듣고, 내가 틀렸다고 인정하지 않을 수 없었다.
☐	**~ないかぎり** ~하지 않는 한	努力しないかぎり、志望大学には合格できない。 노력하지 않는 한, 지망 대학에는 합격할 수 없다.
☐	**~ないかな** ~하지 않으려나, ~하지 않을까?	今年の誕生日にはお兄さんがカバンを買ってくれないかな。 올해 생일에는 형이 가방을 사주지 않으려나.
☐	**~ないことには** ~하지 않고서는	自分で体験してみないことには何も身につかない。 스스로 체험해보지 않고서는 아무것도 몸에 익지 않는다.
☐	**~ないではいられない/ ~ずにはいられない** ~하지 않을 수 없다	すごく寒くて、暖房をつけないではいられなかった。 매우 추워서, 난방을 켜지 않을 수 없었다.
☐	**~ないでもない** ~않는 것도 아니다	気持ちは理解できないでもないが、さっきは君が悪かったと思う。 마음은 이해할 수 없는 것도 아니지만, 아까는 네가 나빴다고 생각해.
☐	**~ないように** ~하지 않도록	公共の場では人に迷惑をかけないように注意しなさい。 공공장소에서는 다른 사람에게 민폐를 끼치지 않도록 주의하세요.
☐	**~ずに** ~하지 않고	医者は何も食べずに薬を飲んではいけないと言った。 의사는 아무것도 먹지 않고 약을 먹으면 안 된다고 했다.

☐	**〜も…ば** ~만…이면	この本の厚さなら1日**も**あれ**ば**余裕で読み終える。 이 책의 두께라면 하루만 있으면 여유롭게 다 읽는다.
☐	**〜(よ)うとする** (곧) ~하려고 하다	寝**ようとしたら**友達が遊びに来て全然眠れなかった。 자려고 했는데 친구가 놀러 와서 전혀 잘 수 없었다.
☐	**〜(よ)うものなら** ~했다가는	また失敗を**しようものなら**、首になってしまうよ。 또 실수를 했다가는, 해고당해 버릴 거야.
☐	**〜ものなら** ~할 수만 있다면	なれる**ものなら**私だって人気の小説家になりたい。 될 수만 있다면 나도 인기 소설가가 되고 싶다.

명사와 동사 모두에 접속하는 빈출문형

☐	**〜以来** ~이래로	1 事故**以来**、車に乗ることが怖くなってしまった。 사고 이래로, 차에 타는 것이 무서워져버렸다. 2 東京に来**て以来**、地元には一度も帰っていません。 도쿄에 온 이래로, 고향에는 한 번도 돌아가지 않고 있습니다.
☐	**〜うえで** 1. ~로 2. ~하는 데 있어서 3. ~한 뒤에	1 夫婦は同じ姓を使用することが法律の**うえで**決められている。 부부는 같은 성을 사용하는 것이 법률로 정해져 있다. 2 学校生活を送る**うえで**友達と喧嘩しないことは重要である。 학교생활을 보내는 데 있어서 친구와 싸우지 않는 것은 중요하다. 3 安全だと判断し**たうえで**許可を出しています。 안전하다고 판단한 뒤에 허가를 내어주고 있습니다.
☐	**〜おそれがある** ~할 우려가 있다	1 そのビルは崩壊の**おそれがある**ので、ただいま立ち入り禁止です。 그 빌딩은 붕괴의 우려가 있으므로, 현재 출입 금지입니다. 2 売上の減少が続くと、倒産する**おそれがある**。 매상의 감소가 계속되면, 도산할 우려가 있다.

16日 | 언어지식(문법) 문형 ③

☑ 발음과 뜻을 가리고 아는 단어인지 확인한 후 박스에 체크하고 학습하세요.

☐ **〜がちだ**
〜하기 일쑤이다, 자주 〜하다

1 幼い頃から野菜嫌いで偏食ばかりしているので便秘**がちだ**。
어릴 적부터 야채가 싫어서 편식만 하고 있으니 변비에 걸리기 일쑤이다.

2 ストレスを受けたときは辛いものを食べ**がちに**なる。
스트레스를 받았을 때는 매운 것을 자주 먹게 된다.

☐ **〜きり**
1. 〜밖에, 〜뿐
2. 계속
3. 〜한 채

1 一度**きり**しかない人生、後悔はしたくありません。
한 번밖에 없는 인생, 후회는 하고 싶지 않습니다.

2 発表の準備を友達に任せ**きり**になって申し訳なく思う。
발표 준비를 친구에게 계속 맡기게 되어서 미안하게 생각한다.

3 友達は、「着いたら連絡する」と言っ**たきり**、まだ連絡がない。
친구는, '도착하면 연락할게'라고 말한 채, 아직 연락이 없다.

☐ **〜に先立って**
〜에 앞서

1 引っ越し**に先立って**、荷物の整理や電気の手続きなどやることは多い。
이사에 앞서, 짐 정리나 전기 수속 등 할 것이 많다.

2 作品の審査を始める**に先立って**、審査の基準を決めましょう。
작품 심사를 시작하기에 앞서, 심사 기준을 정합시다.

☐ **〜最中**
한창 〜중

1 試験の**最中**に地震が起こって、急いで机の下に避難した。
한창 시험 중에 지진이 일어나서, 서둘러 책상 밑으로 피난했다.

2 社長が話している**最中**に携帯を見て怒られた。
사장님이 한창 말하고 있는 중에 휴대폰을 봐서 혼났다.

☐ **〜たびに**
〜할 때마다

1 出張の**たびに**、家族のためにお土産を買ってくる。
출장 때마다, 가족을 위해 기념품을 사 온다.

2 会う**たびに**、彼は興味深い話をしてくれる。
만날 때마다, 그는 흥미로운 이야기를 해 준다.

☐ **〜ついでに**
〜하는 김에

1 アルバイトの**ついでに**ショッピングをして帰ってきた。
아르바이트를 하는 김에 쇼핑을 하고 돌아왔다.

2 図書館に本を借りに行く**ついでに**、読み終わった本を返した。
도서관에 책을 빌리러 가는 김에, 다 읽은 책을 반납했다.

3 旅行先を決め**たついでに**ホテルの予約もその場で終わらせた。
여행지를 정한 김에 호텔 예약도 그 자리에서 끝났다.

해커스 JLPT N2 한권합격

~て済む ~으로 끝나다, ~해서 끝나다	1 軽い怪我で済んで、本当によかったと思う。 가벼운 부상으로 끝나서, 정말 다행이라고 생각한다. 2 謝って済むこととそうでないことがある。 사과해서 끝날 일과 그렇지 않은 일이 있다.
~に際して ~에 즈음하여, ~할 때, ~함에 있어	1 結婚式に際して、親戚や友人から祝福を受けた。 결혼식에 즈음하여, 친척과 친구로부터 축복을 받았다. 2 契約を結ぶに際して、すべての条件を確認した。 계약을 맺을 때, 모든 조건을 확인했다.
~にあたって/ ~にあたり ~때에, ~함에 있어서	1 海外移住にあたって、ビザの取得などすべきことが山積みです。 해외이주를 할 때에, 비자 취득 등 해야 할 것이 산더미입니다. 2 事業を始めるにあたり、皆さんにお願いがあります。 사업을 시작함에 있어서, 여러분에게 부탁이 있습니다.
~にしたがって ~에 따라	1 コーチの指示にしたがって、チームのスケジュールを組む。 코치의 지시에 따라, 팀 스케줄을 짠다. 2 社会が発展するにしたがって、社会問題も発生している。 사회가 발전함에 따라, 사회 문제도 발생하고 있다.
~につれて ~함에 따라	1 物価の上昇につれて、人々はより消費を控えるようになった。 물가가 상승함에 따라, 사람들은 보다 소비를 피하게 되었다. 2 親子の対話は年齢が上がるにつれて減少する傾向がある。 부모와 자식의 대화는 연령이 높아짐에 따라 감소하는 경향이 있다.
~にともなって ~에 따라, ~와 함께	1 地球温暖化にともなって、世界各地で火災が増えている。 지구온난화에 따라, 세계 각지에서 화재가 증가하고 있다. 2 オリンピックを開催するのにともなって競技場を改修した。 올림픽을 개최함에 따라 경기장을 수리했다.

16日 | 언어지식(문법) 문형③ **57**

17日 | 언어지식(문법) 문형 ④

☑ 발음과 뜻을 가리고 아는 단어인지 확인한 후 박스에 체크하고 학습하세요.

여러 품사 뒤에 접속하는 빈출문형

☐ **~うえに**
~인 데다가

1 そのデータは誤りであるうえに測定方法も間違っていた。
　그 데이터는 잘못된 데다가 측정 방법도 틀렸다.
2 彼はハンサムなうえに成績も優秀である。
　그는 잘생긴 데다가 성적도 우수하다.
3 低気圧のせいで頭が痛いうえに吐き気までする。
　저기압 탓에 머리가 아픈 데다가 속까지 울렁거린다.
4 ネットで調べたうえに、関連書籍も数冊読んでおきました。
　인터넷에서 조사한 데다가, 관련 서적도 몇 권 읽어뒀습니다.

☐ **~うちに**
~하는 동안에, ~사이에, ~내에, ~전에

1 世界の平均気温が21世紀のうちに5度も上昇するそうだ。
　세계 평균 기온이 21세기 동안에 5도나 상승한다고 한다.
2 状況がこちらに有利なうちに少しでも多く得点を獲得しよう。
　상황이 이쪽에 유리한 사이에 조금이라도 많이 득점을 획득하자.
3 早いうちに問題を解決するためにみんなで意見を出しましょう。
　빠른 시일 내에 문제를 해결하기 위해 모두 함께 의견을 냅시다.
4 普段からパスワードは忘れないうちにメモに書いています。
　평소에 비밀번호는 잊기 전에 메모에 적어 둡니다.

☐ **~おかげで**
~덕분에

1 不登校だった私は、いい先生のおかげで無事卒業できた。
　등교 거부하던 나는, 좋은 선생님 덕분에 무사히 졸업할 수 있었다.
2 部屋が静かだったおかげでよい睡眠がとれて疲れが吹き飛んだ。
　방이 조용했던 덕분에 좋은 수면을 취할 수 있어서 피로가 날아갔다.
3 校長の話が短かったおかげで早く集会が終わった。
　교장의 말이 짧았던 덕분에 일찍 집회가 끝났다.
4 虫歯を抜いたおかげで痛みがなくなり快適な生活を手に入れた。
　충치를 뽑은 덕분에 아픔이 사라져 쾌적한 생활을 손에 넣었다.

～かぎり
~하는 한

1 あの性格の**かぎり**秘密を隠しておくことはできなさそうだ。
저 성격인 한 비밀을 숨겨두는 건 못 할 것 같다.

2 実現可能である**かぎり**、私は夢を追いかけ続ける。
실현 가능한 한, 나는 꿈을 계속 좇을 것이다.

3 確実な証拠がない**かぎり**犯人として逮捕することは難しい。
확실한 증거가 없는 한 범인으로서 체포하는 것은 어렵다.

4 交通規制をする**かぎり**違反者の数はそこまで増えないだろう。
교통 규제를 하는 한 위반자의 수는 그렇게 늘지 않을 것이다.

～かというと／～かといえば
~인가 하면, ~이냐 하면

1 深刻な悩み**かというと**そうでもないので、心配しないでください。
심각한 고민인가 하면 그렇지도 않기 때문에, 걱정하지 말아주세요.

2 家事が得意**かといえば**正直得意な方ではありません。
집안일을 잘 하는가 하면 솔직히 잘하는 편은 아니에요.

3 暇だから見ているだけで面白い**かといえば**特別面白くはない。
한가하니까 보고 있는 것뿐으로 재미있냐 하면 특별히 재미있지는 않다.

4 なんで約束に遅刻した**かというと**30分寝坊したからです。
왜 약속에 지각했는가 하면 30분 늦잠 잤기 때문입니다.

～かどうか
~인지 아닌지

1 ここに落ちているハンカチが彼の物**かどうか**確認してくれる?
여기에 떨어져있는 손수건이 그의 것인지 아닌지 확인해 줄래?

2 本気**かどうか**なんてその人の目を見ればすぐにわかります。
진심인지 아닌지는 그 사람의 눈을 보면 바로 알아요.

3 結婚がいい**かどうか**実際にしてみるまで想像もできません。
결혼이 좋은지 아닌지 실제로 해보기 전까지 상상도 할 수 없어요.

4 明日、部長が会議に参加する**かどうか**ご存じですか。
내일, 부장님이 회의에 참석하는지 안하는지 알고 계십니까?

17日 | 언어지식(문법) 문형 ④

☑ 발음과 뜻을 가리고 아는 단어인지 확인한 후 박스에 체크하고 학습하세요.

☐ ~かもしれない
~일지도 모른다

1 この状況では、これが唯一の解決法**かもしれない**。
　이런 상황에는, 이것이 유일한 해결법일지도 모른다.
2 ウイルスは流行しており、事態は想像以上に深刻**かもしれない**。
　바이러스는 유행하고 있고, 사태는 상상이상으로 심각할지도 모른다.
3 自分は大丈夫だという思い込みは危ない**かもしれない**。
　자신은 괜찮다라는 확신은 위험할지도 모른다.
4 まだ悩んではいますが、次の面接は受ける**かもしれない**です。
　아직 고민하고는 있지만, 다음 면접은 볼지도 몰라요.

☐ ~がる
~해 하다, ~싶어 하다

1 子供が不安**がる**ので、大きな声で騒がないでくれませんか。
　아이가 불안해하기 때문에, 큰 소리로 떠들지 말아 주시겠습니까?
2 彼は競技の成績に対してとても悔し**がって**いた。
　그는 경기의 성적에 대해 매우 분해하고 있었다.
3 母は近頃、新型の自動車を買いた**がって**いる。
　어머니는 요즘, 신형 자동차를 사고 싶어한다.

☐ ~からといって
~라고 해서

1 祝日だ**からといって**受験勉強をしない理由にはなりません。
　국경일이라고 해서 수험 공부를 하지 않는 이유는 되지 않습니다.
2 満員電車が嫌だ**からといって**電車に乗らないわけにはいかない。
　만원 전철이 싫다고 해서 전철에 타지 않을 수는 없다.
3 芸能人に詳しい**からといって**誰でも知っているわけではない。
　연예인에 정통하다고 해서 누구라도 알고 있는 것은 아니다.
4 社員が増えた**からといって**すぐに業務の負担は減らない。
　사원이 늘었다고 해서 바로 업무의 부담은 줄지 않는다.

☐ ~ことか
~인지, ~던가

1 雲の隙間から見える月はなんときれいな**ことか**。
　구름 틈으로 보이는 달은 얼마나 아름다운지.
2 あなたがそばにいてくれるだけでどれほど頼もしい**ことか**。
　당신이 곁에 있어주는 것 만으로 얼마나 믿음직스러운지.
3 辛くて苦しいとき、この歌の歌詞に私は何度救われた**ことか**。
　괴롭고 힘들 때, 이 노래의 가사에 나는 몇 번이나 구원받았던가.

～ことから ~하다는 점에서, ~하기 때문에	1 留学生である**ことから**、学校から特別な配慮が与えられた。 유학생이라는 점에서, 학교로부터 특별한 배려가 주어졌다. 2 静かな**ことから**、この公園は読書に向いている。 조용하다는 점에서, 이 공원은 독서에 적합하다. 3 出品物が珍しかった**ことから**、多くの人の注目を集めた。 출품된 물건이 희귀했던 점에서, 많은 사람의 주목을 받았다. 4 ドキュメンタリーを見た**ことから**、環境問題に興味を持つようになった。 다큐멘터리를 봤기 때문에, 환경 문제에 관심을 갖게 되었다.
～ことに ~하게도	1 残念な**ことに**、今回の大会では優勝できなかった。 유감스럽게도, 이번 대회에서는 우승하지 못했다. 2 ありがたい**ことに**、ご近所さんが海外旅行のお土産をくれた。 감사하게도, 이웃 분이 해외 여행의 기념 선물을 주었다. 3 困った**ことに**、受験票を家に置いてきてしまった。 곤란하게도, 수험표를 집에 두고 와 버렸다.
～すぎず 너무 ~하지 않고	1 この洋服は子供**すぎず**大人**すぎず**絶妙にかわいくておしゃれだ。 이 옷은 너무 아이 같지 않고 너무 어른 같지 않고 절묘하게 귀엽고 세련되었다. 2 単調**すぎず**適度に刺激のある毎日を過ごしたいと思う。 너무 단조롭지 않고 적당히 자극이 있는 매일을 보내고 싶다고 생각한다. 3 大き**すぎず**ちょうどいい大きさの加湿器を探しているところだ。 너무 크지 않고 딱 좋은 크기의 가습기를 찾고 있는 중이다. 4 油断し**すぎず**緊張感を持って本番のテストに挑もう。 너무 방심하지 말고 긴장감을 가지고 실제 시험에 도전하자.
～せいか ~탓인지	1 熱の**せいか**頭が回らなくて思ったように宿題が進まない。 열 탓인지 머리가 돌아가지 않아서 생각만큼 숙제가 진행되지 않는다. 2 夕食が豪華な**せいか**普段よりもたくさん食べてしまった。 저녁이 호화로운 탓인지 평소보다 많이 먹어버렸다. 3 教室が薄暗い**せいか**、いつもと雰囲気が違って怖い。 교실이 어둑어둑한 탓인지, 평소와 분위기가 달라서 무섭다. 4 壁の色を変えた**せいか**、部屋が明るくなった気がする。 벽 색을 바꾼 탓인지, 방이 밝아진 느낌이 든다.

18日 | 언어지식(문법) 문형 ⑤

MP3 바로듣기

☑ 발음과 뜻을 가리고 아는 단어인지 확인한 후 박스에 체크하고 학습하세요.

☐ **~だけでなく** ~뿐 아니라	1 このレストランは味だけでなくサービスも一流である。 이 레스토랑은 맛뿐 아니라 서비스도 일류이다. 2 最新のイヤホンは小型なだけでなく高品質なところがポイントだ。 최신 이어폰은 소형일 뿐 아니라 고품질인 점이 포인트다. 3 歴史の教科書は厚いだけでなく重くて持ち運びが大変だ。 역사 교과서는 두꺼울 뿐 아니라 무거워서 가지고 다니는 것이 힘들다. 4 見るだけでなく実際に体験してみたほうが理解が深まる。 볼 뿐 아니라 실제로 체험해보는 편이 이해가 깊어진다.
☐ **~だけに** ~인 만큼	1 成人式の会場が地元であるだけにたくさん知り合いに会えた。 성인식 회장이 고향인 만큼 많은 지인을 만날 수 있었다. 2 娘が一生懸命なだけに私もできる限りのサポートをするつもりだ。 딸이 열심인 만큼 나도 가능한 한 서포트를 할 생각이다. 3 道が狭いだけに車で通るときは注意して運転しなければいけない。 길이 좁은 만큼 차로 지나갈 때는 주의해서 운전하지 않으면 안 된다. 4 私が気を使ってあげただけに、責任をもって働いてほしい。 내가 신경 써준 만큼, 책임을 가지고 일했으면 한다.
☐ **~だけのことはある** ~한 만큼의 가치는 있다	1 あの人は表現力が豊かだ。さすが小説家なだけのことはある。 저 사람은 표현력이 풍부하다. 역시 소설가인 만큼의 가치는 있다. 2 夫は何の臭いでも当てる。臭いに敏感なだけのことはある。 남편은 무슨 냄새라도 맞춘다. 냄새에 민감한 만큼의 가치는 있다. 3 ここのおかずはいつも売り切れる。他より安いだけのことはある。 이곳의 반찬은 항상 매진된다. 다른 곳 보다 싼 만큼의 가치는 있다. 4 彼女の通訳を見ると、留学しただけのことはある。 그녀의 통역을 보면, 유학한 만큼의 가치는 있다.
☐ **~てしょうがない** 매우 ~하다, ~해서 어쩔 수가 없다	1 手続きに必要な書類が複雑すぎて厄介でしょうがない。 수속에 필요한 서류가 너무 복잡해서 매우 번거롭다. 2 おばあさんが亡くなったことが悲しくてしょうがない。 할머니가 돌아가시게 된 것이 매우 슬프다. 3 テレビ番組のクイズの正解が気になってしょうがない。 텔레비전 프로그램 퀴즈의 정답이 궁금해서 어쩔 수가 없다.

☐ **〜てたまらない** ~해서 견딜 수 없다, 너무 ~하다	1 来月行われる大会の予選のことを考えると不安で**たまらない**。 다음 달에 실시되는 대회 예선을 생각하면 너무 불안해서 견딜 수 없다. 2 私の手をぎゅっと握る赤ちゃんがかわいく**てたまらない**。 나의 손을 꼭 쥐는 아기가 너무 귀엽다. 3 人の悪口ばかり言う彼を見ていると、腹が立っ**てたまらない**。 다른 사람의 흉만 보는 그를 보고 있으면, 화가 나서 견딜 수 없다.
☐ **〜てならない** 너무 ~하다	1 息子がちゃんと一人暮らしできるかどうか心配**でならない**。 아들이 제대로 혼자 살 수 있을지 너무 걱정이다. 2 大学のサークル勧誘があまりにもしつこく**てならない**。 대학의 동아리 권유가 너무 집요하다. 3 うちの犬は注射が苦手で、動物病院に行くのを嫌がっ**てならない**。 우리 개는 주사를 싫어해서, 동물 병원에 가는 것을 너무 싫어한다.
☐ **〜ても不思議ではない** ~해도 이상하지 않다	1 彼女は奇跡**でも不思議ではない**ほどの回復力を見せた。 그녀는 기적이라고 해도 이상하지 않을 정도의 회복력을 보였다. 2 彼の才能なら、天才と呼ばれ**ても不思議ではない**。 그의 재능이라면, 천재라고 불려도 이상하지 않다. 3 初めての海外旅行なら、不安**でも不思議ではない**。 첫 해외여행이라면, 불안해도 이상하지 않다. 4 昨日徹夜したから、今日は眠く**ても不思議ではない**。 어제 밤을 새웠으니, 오늘은 졸려도 이상하지 않다.
☐ **〜というのは** ~라는 것은	1 パソコン**というのは**パーソナルコンピューターのことである。 PC라는 것은 퍼스널 컴퓨터를 말한다. 2 彼がたいくつだった**というのは**その表情からすぐにわかりました。 그가 지루해 했다는 것은 그 표정에서 바로 알았습니다. 3 騒がしい**というのは**まさにあの人のことを指す言葉だ。 소란스럽다라는 것은 정말로 저 사람을 가리키는 말이다. 4 自分の過ちを認める**というのは**そう簡単にできることではない。 자신의 과오를 인정한다는 것은 그렇게 간단하게 할 수 있는 것은 아니다.

18日 | 언어지식(문법) 문형 ⑤

☑ 발음과 뜻을 가리고 아는 단어인지 확인한 후 박스에 체크하고 학습하세요.

☐ **〜とはいえ**
~라고는 하지만

1 食べ放題**とはいえ**、そんなに食べたら気持ち悪くなるよ。
무한 리필이라고는 하지만, 그렇게 먹으면 속이 안좋아질거야.

2 プロジェクトが順調だ**とはいえ**、決して油断をしてはいけない。
프로젝트가 순조롭다고는 하지만, 결코 방심해서는 안 된다.

3 野球がうまい**とはいえ**、プロの実力とは比べられない。
야구를 잘한다고는 하지만, 프로의 실력과는 비교할 수 없다.

4 いくら年をとった**とはいえ**、こんなに別人になるとは。
아무리 나이를 먹었다고는 하지만, 이렇게 다른 사람이 되다니.

☐ **〜とのことだ**
~라고 한다

1 会議の場所は第三会議室**とのことだ**が、時間はまだ未定だ。
회의 장소는 제3회의실이라고 하는데, 시간은 아직 미정이다.

2 新しい寮はとても快適だ**とのことだ**が、費用は少し高いらしい。
새 기숙사는 매우 쾌적하다고 하는데, 비용은 조금 비싼 모양이다.

3 今回の試験は厳しい**とのことだ**が、努力すれば合格できるだろう。
이번 시험은 어렵다고 하는데, 노력하면 합격할 수 있을 것이다.

4 新製品は来週発売する**とのことだ**が、価格はまだ発表されていない。
신제품은 다음 주에 발매한다고 하는데, 가격은 아직 발표되지 않았다.

☐ **〜というように**
~라는 식으로, ~라는 것처럼

1 一つ仕上げるのに5時間**というように**時間を定めて仕事をしている。
하나를 완성하는 데 5시간이라는 식으로 시간을 정해서 일을 하고 있다.

2 友達は何かが心配だ**というように**ため息ばかりついている。
친구는 뭔가가 걱정인 것처럼 한숨만 쉬고 있다.

3 女の子は嬉しい**というように**にっこりと微笑んでいた。
여자아이는 기쁜 것처럼 방긋 미소 짓고 있었다.

4 部下は納得いかない**というように**不満そうな表情をしていた。
부하는 납득이 되지 않는다는 것처럼 불만인듯한 표정을 하고 있었다.

~というより
~라기 보다

1 彼の人生話を聞いて、共感**というより**憧れを抱いた。
그의 인생 이야기를 듣고, 공감이라기보다 동경을 품었다.

2 文字を読むのが面倒だ**というより**興味がないので本は読まない。
글을 읽는 것이 귀찮다기보다 흥미가 없어서 책은 읽지 않는다.

3 この味噌汁は塩辛い**というより**むしろ水っぽい。
이 된장국은 짜다기보다 오히려 싱겁다.

4 先週の議会は話し合う**というより**もはや喧嘩に近かった。
지난주 의회는 의논한다기보다 어느새 싸움에 가까웠다.

~というわけだ
~인 셈이다

1 その単語がなぞを解くキーワードだ**というわけだ**。
그 단어가 수수께끼를 풀 키워드인 셈이다.

2 首相が大阪を訪問中だから警備が厳重だ**というわけだ**。
수상이 오사카를 방문 중이니까 경비가 엄중한 셈이다.

3 この品質とサービスから見ると安い**というわけだ**。
이 품질과 서비스로 보면 저렴한 셈이다.

4 実家が近いから他支店に転勤を希望していた**というわけだ**。
집이 가깝기 때문에 타 지점으로 전근을 희망하고 있었던 셈이다.

~どころか
~는커녕

1 私はゲームの操作**どころか**電源のつけ方すら分からない。
나는 게임의 조작은커녕 전원을 켜는 방법조차 모른다.

2 あの日の記憶は曖昧な**どころか**何ひとつ覚えていません。
그 날의 기억은 모호하기는커녕 아무것도 기억나지 않아요.

3 彼は足が遅い**どころか**、学年で一番速いことで有名です。
그는 다리가 느리기는커녕, 학년에서 가장 빠르기로 유명합니다.

4 彼は手伝う**どころか**、妨害しようとだけしている。
그는 돕기는커녕, 방해하려고만 하고 있다.

19日 | 언어지식(문법) 문형 ⑥

MP3 바로듣기

✅ 발음과 뜻을 가리고 아는 단어인지 확인한 후 박스에 체크하고 학습하세요.

□ **~としたら** ~라고 한다면	1 もしこの気持ちが恋だ**としたら**、どきどきするのも説明がつく。 만약 이 마음이 사랑이라고 한다면, 두근두근 하는 것도 설명이 된다. 2 この犬が利口だ**としたら**、飼い主が倒れたら助けを呼ぶだろう。 이 개가 영리하다고 한다면, 주인이 쓰러지면 도움을 요청할 것이다. 3 その仮説が正しい**としたら**、日本の経済は今後さらに低迷する。 그 가설이 옳다고 한다면, 일본의 경제는 앞으로 더 침체된다. 4 一年に20パーセントずつ成長する**としたら**、5年で2倍になる。 1년에 20퍼센트씩 성장한다고 한다면, 5년이면 2배가 된다.
□ **~とする** ~라고 하다	1 財布を落としたのが駅だ**として**駅に届いているかはわからない。 지갑을 잃어버린 것이 역이라고 해서 역에 있을지는 모른다. 2 その記事が本当だ**とする**と人類はもうすぐ月に行けるようになる。 그 기사가 진짜라고 하면 인류는 이제 곧 달에 갈 수 있게 된다. 3 目的地までの道のりが遠い**とする**と、ここで一度休んでおくべきだ。 목적지까지 길이 멀다고 하면, 여기서 한번 쉬어둬야 한다. 4 息子のお小遣いを増やす**とする**と、家計を見直す必要がある。 아들의 용돈을 늘린다고 하면, 가계를 다시 볼 필요가 있다.
□ **~とは言うものの** ~라고는 하지만	1 週末**とは言うものの**、仕事がたくさんあって休めなかった。 주말이라고는 하지만, 일이 많이 있어서 쉴 수 없었다. 2 気の毒**とは言うものの**、誰もその青年に手を差し伸べはしない。 안쓰럽다고는 하지만, 아무도 그 청년에게 손을 내밀지는 않는다. 3 怖い**とは言うものの**、同時に興味があるというのも事実だ。 무섭다고는 하지만, 동시에 흥미가 있다는 것도 사실이다. 4 予算を増やす**とは言うものの**、どこから資金を補うかは不明だ。 예산을 늘린다고는 하지만, 어디에서 자금을 보충할지는 분명치 않다.

~とは限らない (꼭) ~하다고는 할 수 없다	1 誰も進まない道だとしても、それが間違いだ**とは限らない**。 아무도 가지 않는 길이라고 해도, 그것이 틀렸다고는 할 수 없다. 2 国民の総所得が高いからといって全国民が豊かだ**とは限らない**。 국민의 종합소득이 높다고 해서 전 국민이 풍족하다고는 할 수 없다. 3 一人でいることが必ずしも寂しい**とは限らない**。 혼자서 있는 것이 반드시 외롭다고는 할 수 없다. 4 医者とは言え、すべての病気が分かる**とは限らない**。 의사라고는 해도, 모든 병을 안다고는 할 수 없다.
~ながらも ~이지만	1 私の宿題**ながらも**、友人がほとんどの問題を解いてくれた。 나의 숙제지만, 친구가 대부분의 문제를 풀어주었다. 2 不器用**ながらも**心の優しい兄は私の自慢です。 서투르지만 마음씨가 상냥한 오빠는 나의 자랑이다. 3 苦しい**ながらも**1キロを泳ぎきったことは彼の自信になった。 힘들지만 1킬로미터를 다 헤엄친 것은 그의 자신감이 되었다. 4 あのサッカー選手は怪我し**ながらも**最後まで走った。 저 축구 선수는 부상당했지만 마지막까지 뛰었다.
~なければいけない/ ~なければならない ~해야 한다, ~하지 않으면 안 된다	1 気持ちを伝えるにはメールじゃなく手紙で**なければいけない**。 마음을 전달할 때는 메일이 아니라 편지로 해야 한다. 2 教師になりたければ教育に対して熱心じゃ**なければいけない**。 교사가 되고 싶으면 교육에 대해 열심이지 않으면 안 된다. 3 地元で一番の進学校に行くためには賢く**なければならない**。 이 지역에서 제일인 학교에 가기 위해서는 똑똑해야 한다. 4 どうにかしてみんなで彼女を慰める方法を考え**なければならない**。 어떻게 해서라도 다 같이 그녀를 위로할 방법을 생각해야 한다.

19日 | 언어지식(문법) 문형 ⑥

☑ 발음과 뜻을 가리고 아는 단어인지 확인한 후 박스에 체크하고 학습하세요.

☐ **〜なりに**
~나름대로, ~대로

1 結果はついてこなかったけど、彼**なりに**頑張ったと思う。
결과는 따라주지 않았지만, 그 나름대로 열심히 했다고 생각한다.

2 テニスは下手だが下手**なりに**人一倍練習を積み重ねてきた。
테니스는 서투르지만 서투른 대로 남보다 배로 연습을 거듭해왔다.

3 所得が低い**なりに**節約をしながら生活をしている。
소득이 낮은 대로 절약하면서 생활을 하고 있다.

4 検定試験を受けるなら受ける**なりに**対策をしないといけない。
검정시험을 친다면 치는 나름대로 대책을 세우지 않으면 안 된다.

☐ **〜に決まっている**
~임에 틀림없다, ~인 것이 당연하다

1 初めての給料で買うものといえば、両親へのプレゼント**に決まっている**。
첫 월급으로 사는 거라고 하면, 부모님 선물임에 틀림없다.

2 昨夜から何も口にしていないのだからぺこぺこ**に決まっている**。
어제 밤부터 아무것도 먹지 않고 있으니 배고픈 것이 당연하다.

3 10キロもあるお米を持っているんだから重い**に決まっている**。
10킬로그램이나 되는 쌀을 들고 있으니까 무거운 것이 당연하다.

4 夫は動物が大嫌いで、犬を飼いたいと言ったら反対する**に決まっている**。
남편은 동물을 매우 싫어해서, 개를 키우고 싶다고 하면 반대할 것임에 틀림없다.

☐ **〜に越したことはない**
~해서 나쁠 건 없다,
~더 좋은 것은 없다

1 絶対ではないが、依頼するのが専門家である**に越したことはない**。
절대는 아니지만, 의뢰하는 것이 전문가여서 나쁠 건 없다.

2 手術後の経過が順調であるの**に越したことはない**。
수술 후의 경과가 순조로운 것보다 더 좋은 것은 없다.

3 参考資料が足りないのは困るが、多い**に越したことはない**。
참고 자료가 부족한 것은 곤란하지만, 많은 건 나쁠 게 없다.

4 健康になるためには運動する**に越したことはない**。
건강해지기 위해서는 운동하는 것보다 더 좋은 것은 없다.

☐ **~にしては** ~치고는	1 アメリカ人**にしては**日本語の発音がいい。 미국인치고는 일본어 발음이 좋다. 2 でたらめ**にしては**あまりにも話に真実味があるように思う。 엉터리치고는 너무나 이야기에 진실성이 있는 것처럼 생각된다. 3 遅くまでコーヒーを飲んでいた**にしては**すぐに眠りについた。 늦게까지 커피를 마신 것치고는 바로 잠이 들었다.
☐ **~にしても** (가령) ~라고 해도	1 彼**にしても**こんなに難しいとは思わなかったはずだ。 그라고 해도 이렇게 어려울 거라고는 생각하지 않았을 것이다. 2 いくらかばんが邪魔**にしても**、手ぶらで行くわけにはいかない。 아무리 가방이 방해라고 해도, 맨손으로 갈 수는 없다. 3 眠いのは仕方ない**にしても**やるべきことは先に終わらせないと。 졸린 것은 어쩔 수 없다고 해도 해야 할 것은 먼저 끝내야 한다. 4 仮にデータが消えた**にしても**、USBに保存してあるので問題ありません。 만약 데이터가 사라졌다고 해도, USB에 저장되어 있으니까 문제없어요.
☐ **~にすぎない** ~에 불과하다, ~에 지나지 않는다	1 19世紀に10億**にすぎなかった**人口は今や80億を超えた。 19세기에 10억에 불과했던 인구는 이제는 80억을 넘었다. 2 信号無視による事故でないことのみが明らかである**にすぎない**。 신호 무시에 의한 사고가 아닌 것만이 분명함에 지나지 않는다. 3 実力不足というより、ただ相手が私たちより上手かった**にすぎない**。 실력 부족이라기보다, 그냥 상대가 우리보다 잘했던 것에 불과하다. 4 企業の戦略の一環として、一部人員を削減した**にすぎない**。 기업 전략의 일환으로써, 일부 인원을 삭감한 것에 지나지 않는다.

20日 | 언어지식(문법) 문형 ⑦

MP3 바로듣기

☑ 발음과 뜻을 가리고 아는 단어인지 확인한 후 박스에 체크하고 학습하세요.

☐ **〜にせよ/〜にもせよ**
~라고 해도

1 たとえうそ**にせよ**、人を傷つけるような発言は控えるべきだ。
설령 거짓말이라고 해도, 사람을 상처 주는 듯한 발언은 삼가 해야 한다.

2 どれほど心配**にせよ**、われわれにできることは残されていません。
아무리 걱정이라 해도, 우리가 할 수 있는 일은 남아있지 않아요.

3 どれほど若々しい**にせよ**、実際の年齢をあざむくことはできない。
아무리 풋풋하다고 해도, 실제 나이를 속일 수는 없다.

4 手術は終わった**にせよ**、しばらく安静が必要です。
수술이 끝났다고 해도, 당분간 안정이 필요합니다.

☐ **〜に違いない**
~임에 틀림없다

1 あの人は筋肉がすごい。きっと運動選手**に違いない**。
저 사람은 근육이 엄청나다. 분명 운동 선수임에 틀림없다.

2 臭いも受け付けないのをみると、彼女は納豆が苦手**に違いない**。
냄새도 받아들이지 않는 것을 보면, 그녀는 낫토를 꺼려함에 틀림없다.

3 あの人はいつも何かを心配しているので、用心深い**に違いない**。
저 사람은 항상 뭔가를 걱정하고 있으니까, 조심성이 많음에 틀림없다.

4 上司は朝から顔色が悪かったから、早退する**に違いない**。
상사는 아침부터 얼굴색이 나빴기 때문에, 조퇴할 것임에 틀림없다.

☐ **〜反面** ~반면

1 飲食事業は赤字である**反面**、化粧品事業は勢いがある。
음식 사업은 적자인 반면, 화장품 사업은 활기가 있다.

2 田舎は自然が豊かな**反面**、便利な施設があまりない。
시골은 자연이 풍부한 반면, 편리한 시설이 별로 없다.

3 去年亡くなった祖父の写真を見ると、懐かしい**反面**切なくなった。
작년에 돌아가신 할아버지의 사진을 보니, 그리운 반면 슬퍼졌다.

4 大学生活に期待を抱く**反面**、勉強についていけるか不安でもある。
대학 생활에 기대를 품는 반면, 공부에 따라갈 수 있을지 불안하기도 하다.

〜にもかかわらず
~에도 불구하고

1 多数の反対にもかかわらず、法案は通過してしまった。
다수의 반대에도 불구하고, 법안은 통과되어 버렸다.

2 定期券はまだ有効にもかかわらず、改札を通れなかった。
정기권은 아직 유효함에도 불구하고, 개찰구를 통과할 수 없었다.

3 締め切り間近で忙しいにもかかわらず余裕そうに見える。
마감 직전에 바쁨에도 불구하고 여유로워 보인다.

4 独特な髪色で目立っているにもかかわらず一切気に留めない。
독특한 머리 색으로 눈에 띄고 있음에도 불구하고 일절 개의치 않는다.

〜のみならず
~뿐만 아니라

1 コンサート会場のみならず周辺までもファンで覆いつくされた。
콘서트 회장 뿐만 아니라 주변까지도 팬으로 덮였다.

2 実用的のみならず経済的な製品は主婦に好まれる傾向がある。
실용적일 뿐만 아니라 경제적인 제품은 주부에게 선호 받는 경향이 있다.

3 その大学は入試が難しいのみならず学費が高いことで有名だ。
그 대학은 입시가 어려울 뿐만 아니라 학비도 비싼 걸로 유명하다.

4 犯人を取り逃がすのみならず、証拠資料も紛失してしまった。
범인을 놓쳤을 뿐만 아니라, 증거 자료도 분실해 버렸다.

〜ばかりに
~탓에, ~바람에

1 想像以上に快適な入院生活であるばかりに退院する気がなくなった。
상상이상으로 쾌적한 입원생활인 바람에 퇴원할 마음이 없어졌다.

2 便利なばかりに現代人はスマートフォンに依存しがちである。
편리한 탓에 현대인은 스마트폰에 의존하기 십상이다.

3 彼は言葉が足りないばかりに人に誤解されやすい。
그는 말이 부족한 탓에 다른 사람에게 오해받기 쉽다.

4 彼を信じてしまったばかりに裏切られて悲しい思いをした。
그를 믿어버린 탓에 배신당해서 슬픔을 느꼈다.

20日 | 언어지식(문법) 문형 ⑦

☑ 발음과 뜻을 가리고 아는 단어인지 확인한 후 박스에 체크하고 학습하세요.

☐ **〜はずだ** (당연히) ~일 것이다	1 あんなにしっかりした性格だから、きっと彼がリーダーの**はずだ**。 저렇게 똑 부러지는 성격이니까, 분명 그가 리더일 것이다. 2 ご褒美があるとすればもっと一生懸命な**はずだ**。 보상이 있다고 하면 더 열심일 것이다. 3 もし排水溝に生ごみが溜まっていたらたぶん生臭い**はずだ**。 만약 배수구에 음식물 쓰레기가 남아 있으면 아마 비린내가 날 것이다. 4 彼は意地でも計画通りに仕事を終える**はずだ**。 그는 오기로라도 계획대로 일을 끝낼 것이다.
☐ **〜はずがない/ 〜はずもない** ~리가 없다	1 昼間から遊んでいるところからして彼が会社員の**はずがない**。 낮부터 놀고 있는 점으로 봐서 그는 회사원일 리가 없다. 2 いつも部屋が汚いのをみると親友は片づけが得意な**はずがない**。 항상 방이 더러운 것을 보면 친구는 정리를 잘할 리가 없다. 3 焼いてから１日経ってしまったおもちが柔らかい**はずもない**。 굽고 나서 하루 지나버린 떡이 부드러울 리가 없다. 4 まじめな山田さんにそんなことができる**はずもない**。 성실한 야마다 씨에게 그런 일이 가능할 리 없어.
☐ **〜ばよかった** ~하면 좋았겠다, ~할 걸 그랬다	1 うそなら**ばよかった**のに、事実を突きつけられて心が痛む。 거짓이었으면 좋았을 텐데, 사실을 마주하게 되어 마음이 아프다. 2 静かなら**ばよかった**が、近くの工事現場から甚だしい騒音が聞こえた。 조용했으면 좋았겠지만, 근처 공사 현장에서 심한 소음이 들렸다. 3 価格が安けれ**ばよかった**が、このスマートフォンは高すぎる。 가격이 저렴했으면 좋았겠지만, 이 스마트폰은 너무 비싸다. 4 友達に素直に謝れ**ばよかった**と、後悔の気持ちでいっぱいだった。 친구에게 솔직하게 사과할 걸 그랬다고, 후회의 감정으로 가득했다.

☐ **〜ままで** ~인 채로, ~한 채로	1 大人になんかならずに、いつまでも子供の**ままで**いたいと願う。 어른이 되지 않고, 언제까지나 어린아이인 채로 있고 싶다고 바란다. 2 公衆トイレを常に清潔な**ままで**保つのは容易ではありません。 공중 화장실을 항상 청결한 채로 유지하는 것은 쉽지 않습니다. 3 あの子は昔から可愛い**ままで**何ひとつ変わっていない。 저 아이는 옛날부터 귀여운 채로 하나도 변하지 않았다. 4 クーラーをつけた**ままで**出かけて、部屋がひんやりしている。 에어컨을 켠 채로 나가서, 방이 서늘하다.
☐ **〜もかまわず** ~도 개의치 않고	1 あの人は人目**もかまわず**、道路の真ん中で踊っていた。 저 사람은 사람 눈도 개의치 않고, 도로 한가운데에서 춤추고 있었다. 2 若者は親が反対なの**もかまわず**アメリカへの留学を決めた。 젊은이는 부모가 반대하는 것도 개의치 않고 미국으로의 유학을 결정했다. 3 周りがうるさいの**もかまわず**必死に試験範囲を復習していた。 주위가 시끄러운 것도 개의치 않고 필사적으로 시험 범위를 복습하고 있었다. 4 服に汚れがつくの**もかまわず**、一生懸命に掃除を手伝っている。 옷에 때가 묻는 것도 개의치 않고, 열심히 청소를 돕고 있다.
☐ **〜ものだ** ~인 법이다	1 人の記憶というものは時間とともに変化するので不確かな**ものだ**。 사람의 기억이라는 것은 시간과 함께 변화하기 때문에 불확실한 법이다. 2 失敗したとしても前向きに頑張る人の姿はかっこいい**ものだ**。 실패했다고 해도 긍정적으로 노력하는 사람의 모습은 멋있는 법이다. 3 人は成長にともなって徐々に性格が変わる**ものだ**。 사람은 성장과 함께 서서히 성격이 변하는 법이다.
☐ **〜ものがある** ~이기도 하다, ~하는 데가 있다	1 あれほど努力していたのに不合格なのはかわいそうな**ものがある**。 저만큼 노력했는데 불합격인 것은 불쌍하기도 하다. 2 この寒い中、一時間も外で待たされるのは辛い**ものがある**。 이 추위에, 한 시간이나 밖에서 기다리는 것은 괴롭기도 하다. 3 このドラマは面白いわけではないが、何か人を引き付ける**ものがある**。 이 드라마는 재미있는 것은 아니지만, 무언가 사람을 잡아당기는 데가 있다.

20日 | 언어지식(문법) 문형 ⑦

✅ 발음과 뜻을 가리고 아는 단어인지 확인한 후 박스에 체크하고 학습하세요.

☐ **～ものだから**
~이기 때문에

1 ギターは初心者(しょしんしゃ)なものだから、ゆっくり教(おし)えていただきたいです。
기타는 초심자이기 때문에, 천천히 가르쳐 주셨으면 합니다.

2 このネックレスがあまりに素敵(すてき)なものだから、思(おも)わず買(か)ってしまった。
이 목걸이가 너무나 멋지기 때문에, 엉겁결에 사고 말았어.

3 彼(かれ)の作(つく)るご飯(はん)は本当(ほんとう)においしいものだから、毎回食(まいかいた)べ過(す)ぎる。
그가 만드는 밥은 정말 맛있기 때문에, 매번 과식한다.

4 今度(こんど)の事故(じこ)は不注意(ふちゅうい)で起(お)こったものだから、責任(せきにん)が重大(じゅうだい)だ。
이번 사고는 부주의로 일어났기 때문에, 책임이 중대하다.

☐ **～わけがない**
~할 리가 없다

1 昨日(きのう)まで元気(げんき)だったのに食中毒(しょくちゅうどく)なわけがないよ。
어제까지 건강했는데 식중독일 리가 없어.

2 皆(みんな)に優(やさ)しくて親切(しんせつ)な彼(かれ)がまさか意地悪(いじわる)なわけがない。
모두에게 상냥하고 친절한 그가 설마 심술궂을 리가 없어.

3 あの川(かわ)はにごってなくても底(そこ)がよく見(み)えないので浅(あさ)いわけがない。
저 강은 탁하지 않은데도 바닥이 잘 보이지 않기 때문에 얕을 리가 없다.

4 こんなに景気(けいき)がいいのに、赤字(あかじ)になるわけがない。
이렇게 경기가 좋은데, 적자가 날 리가 없다.

☐ **～わけだ/
～わけではない**
~인 것이다 / ~인 것은 아니다

1 人(ひと)にできないことができるからプロなわけだ。
남이 못하는 것을 할 수 있기 때문에 프로인 것이다.

2 彼女(かのじょ)はアナウンサーらしい。なるほど。それで発音(はつおん)が綺麗(きれい)なわけだ。
그녀는 아나운서라고 한다. 과연. 그래서 발음이 예쁜 것이다.

3 今日(きょう)はお祭(まつ)りがあるらしく、どうりで人(ひと)が多(おお)いわけだと思(おも)った。
오늘은 축제가 있는 것 같아서, 그 때문에 사람이 많은 것이라고 생각했다.

4 彼(かれ)はああやって毎日朝(まいにちあさ)から晩(ばん)まで練習(れんしゅう)していたから優勝(ゆうしょう)したわけだ。
그는 저렇게 매일 아침부터 밤까지 연습했기 때문에 우승한 것이다.

□ **～わりに** ~에 비해서

1 今日は日曜日の**わりに**市場に人が少なくて快適に買い物できた。
오늘은 일요일인 것에 비해서 시장에 사람이 적어 쾌적하게 쇼핑할 수 있었다.

2 この仕事は簡単な**わりに**お給料がいいのでとても人気だ。
이 일은 간단한 것에 비해서 급료가 좋기 때문에 아주 인기다.

3 平日は忙しい**わりに**売り上げが伸びないでいるので悩んでいる。
평일은 바쁜 것에 비해서 매상이 안 오르고 있기 때문에 고민이다.

4 幼いころから習っていた**わりに**、上手ではない。
어렸을 때부터 배운 것에 비해서, 잘 하는 것은 아니다.

-メモ-

-メモ-

-メモ-

-メモ-

해커스일본어 **japan.Hackers.com**

본 교재 인강 · 교재 MP3 · 온라인 실전모의고사 ·
N2 최신 기출 어휘·문형 자료 · 시험 D-20 빈출 단어·문형 암기장 ·
어휘 암기 퀴즈 · 청해 받아쓰기